CLAUDE CUÉNOT

PIERRE TEILHARD DE CHARDIN

LEBEN UND WERK

WALTER-VERLAG
OLTEN UND FREIBURG IM BREISGAU

DIE FRANZÖSISCHE ORIGINALAUSGABE, ERSCHIENEN UNTER DEM TITEL
«PIERRE TEILHARD DE CHARDIN, LES GRANDES ÉTAPES DE SON ÉVOLUTION»,
BEI PLON 1958, WURDE FÜR DIE DEUTSCHE AUSGABE
VOM AUTOR IN TEXT UND BIBLIOGRAPHIE ERGÄNZT UND ERWEITERT
DIE ÜBERSETZUNG DES TEXTES UND DIE ANPASSUNG
DER BIBLIOGRAPHIE BESORGTE
KARL SCHMITZ-MOORMANN

MCMLXVI

HERSTELLUNG IN DEN WERKSTÄTTEN DES WALTER-VERLAGS OLTEN
PRINTED IN SWITZERLAND

MEINER FRAU,

OHNE DIE DIESES BUCH NICHT GESCHRIEBEN

WORDEN WÄRE

INHALT

Vorwort 11

ERSTER TEIL
DEMETER

Lehrjahre 15

ZWEITER TEIL
DIE ROTGLUT DER MATERIE

Die Entdeckung des Menschlichen 55

DRITTER TEIL
DAS GOLD DES GEISTES

I Erste Periode von Tientsin [1923–1924]. Pariser Zwischenspiel [1924–1926] 99
II Die zweite Periode von Tientsin [1926–1927] 130
III Französisch-abessinisches Zwischenspiel. Der Abenteurer Christi 169
IV Vor der «gelben Kreuzfahrt» [Croisière Jaune] 190
V Die Entdeckung der Noosphäre und die Emersion der panchristischen Mystik 222

VIERTER TEIL
DIE WEISSGLUT DES PERSONALEN

I Die gelbe Kreuzfahrt 239
II Die erste Periode von Peking [1932–1938]: Verbindungen mit Frankreich 254
III Die erste Periode von Peking [1932–1938]: Internationale Bindungen 279
IV Die erste Periode von Peking [1932–1938]: Choukoutien 301
V Die erste Periode von Peking: Forschungskampagnen in China und außerhalb von China 325

VI Die erste Periode von Peking: Letzte Forschungsreisen in und außerhalb von China 348
VII Die letzten Monate der ersten Periode von Peking. Philosophische Bilanz 368

FÜNFTER TEIL
JENSEITS DER MATERIE

I Französisch-amerikanisches Zwischenspiel [1938–1939]. Die zweite Periode von Peking [1939–1946]: Wissenschaftliche Tätigkeit 391
II Die zweite Periode von Peking [1939–1946]: Allgemeine Interessen, Alltag und religiöses Leben 413
III Die zweite Periode von Paris [1946–1951]: Wiederaufnahme des Kontakts 440
IV Die zweite Periode von Paris [1946–1951]: Beziehungen mit Rom und wissenschaftliche Tätigkeit 468
V Die zweite Periode von Paris [1946–1951]: Philosophisches Tun 510
VI Die amerikanische Epoche [1951–1955]: Alltagsleben in New York. Erste südafrikanische Reise 542
VII Die amerikanische Epoche [1951–1955]: Zweite südafrikanische Reise. Gedanken über die Genese der Kontinente 573
VIII Die amerikanische Epoche [1951–1955]: Von der Anthropologie zur Anthropogenese 613
IX Die amerikanische Epoche [1951–1955]: Mystisches Testament 636
X Omega oder die endgültige Synthese 656

SECHSTER TEIL
DIE METAMORPHOSE

O Beata altitudo! – Schluß 667

ANHANG

Bibliographie der Werke von Teilhard de Chardin 713
Namenregister 799 Verzeichnis der Abbildungen 808

VORWORT

Es ist eine reine Freude, sich einer Sache, an die man glaubt, bis zum Ende hinzugeben.
P. Teilhard de Chardin, Brief vom 12. September 1933

Das vorliegende Werk ist vor allem eine Biographie, die sich bemüht, die großen Kraftlinien herauszustellen, die eine an Wechselfällen reiche Existenz ausgerichtet haben. In gewissem Sinne zeigt es sich als eine didaktische Arbeit, als eine Art Bestandsaufnahme der Teilhard-Studien in wissenschaftlicher Form, kurz, ein in die Gedankenwelt Pierre Teilhard de Chardins einführendes Handbuch. Es ist also wesentlich positiv, es bringt [und kommentiert] eine Menge Fakten, Dokumente und Inedita [Schriften und Briefe Teilhards, Zeugnisse über ihn], ohne von dem Versuch einer vollständigen Bibliographie zu sprechen, der das Werk abschließt. Es legt den Akzent auf das wissenschaftliche Wirken, um die geologische, paläontologische und biologische Grundlage des Teilhardschen Denkens zu zeigen. Ohne im Technischen aufzugehen, erscheint es so als ein Beitrag zu einem glänzenden Kapitel in der Geschichte der Wissenschaften, und dies um so mehr, als es an die anderen Gelehrten erinnert, die P. Teilhard gekannt hat.

Das Problem war also, in etwa die Einschnitte im wissenschaftlichen Leben Teilhards und die großen Wendepunkte seiner philosophisch-mystischen Entwicklung zusammenzubringen, und es erforderte ein recht heikles Bemühen, sie aufeinander abzustimmen. So haben die Teilhardsche Philosophie und Mystik in diachronischer Weise in einer gewissen Zahl synthetisierender Kapitel ihren Platz in diesem Buch. Der Autor bemüht sich dort zu zeigen, wie die grundlegenden Themen des Denkens Teilhards: das Kosmische, das Menschliche und das Christische, reicher werden und sich präzisieren, wie sie einander beeinflußt haben, um zu einer Harmonie zu gelangen, in der sie sich auseinander abzuleiten scheinen oder zumindest die Glieder ein und derselben «Reihe», die Segmente ein und derselben «Kurve» bilden. Er glaubt auch, entsprechend dem berühmten Vortrag Bergsons, ‹Die philosophische Intuition› [1911][1], das Grund-

[1] ‹L'Intuition philosophique› [1911], in ‹La Pensée et le Mouvant› [PUF].

problem der Einheit dieses Denkens herausgearbeitet zu haben. Wie hätte er nur die wissenschaftlichen Schriften berücksichtigen können? Vom übrigen getrennt, würden sie einbüßen, was als ihre Tragweite am hellsten zutage tritt: sie wären wie die Steine des Parthenon, auf dem Boden aneinandergereiht.
Und über das Ganze hinweg wird in aufeinanderfolgenden Strichen und dank mehrerer Porträts das Bild des Mannes selbst in diesem Buch sichtbar. Der Autor wollte ein persönliches Erleben aussagen: es gibt Begegnungen, die unvergeßlich sind. – Doch man täusche sich nicht, sein Eifer bleibt vor allem eine Methode: lieben, um von innen her zu begreifen. Das heißt, er wollte ein Werk im Dienste der Wahrheit, sozusagen des Faktischen, schreiben, und er hofft, das Wesentliche herausgestellt zu haben: den Menschen, wie er war, oder genauer, den Priester und Apostel, wie er war. Um so häufig wie möglich die Atmosphäre eines an Gehalt reichen Buches aufzulichten, ohne jedoch in die Manie der journalistischen Anekdoten zu verfallen, hat er einige hübsche Abenteuer aufgezeichnet und viele Landschaften, vor allem exotische, vor den Augen des Lesers aufleben lassen.
Er hat dieses Zeugnis in friedlicher Absicht geschrieben und vermieden, wen auch immer zu verletzen, allerdings ohne irgend etwas von der Wahrheit zu opfern. Das heißt, trotz der Ratschläge, die er eingeholt hat, übernimmt er die volle Verantwortung für die in diesem Werk ausgesagten Meinungen. Um so offen wie möglich zu sein, ist es nötig, gleichfalls deutlich zu sagen, was dieses Buch nicht ist: Es will nicht unmittelbar und systematisch eine philosophische und noch weniger eine theologische Studie über Teilhard sein. Es ist kaum Sache eines Laien, sich ohne jede Vorbereitung über theologische Fragen auszulassen.

C.C.

N.B. – 1. Angesichts des Umfangs des Buches, das wir weder in eine Anthologie verwandeln wollten noch konnten, haben wir in den Zitaten die Auslassungszeichen [...] häufig setzen müssen. – 2. Im Hinblick auf eine neue Auflage dieses Buches wäre der Autor jedem zutiefst dankbar, der ihm durch Vermittlung des Walter-Verlags alle unveröffentlichten oder unbekannten Dokumente, alle Zeugnisse und alle genauen Auskünfte mitteilen würde, die dieses Werk illustrieren, vervollständigen und gegebenenfalls berichtigen könnten. – 3. Die unveröffentlichten Texte einschließlich der Briefe sind mit Genehmigung der Inhaber der Rechte zitiert worden. – 4. Das Randzeichen B – bezeichnet Briefe, das Randzeichen W – Werke und Schriften.

ERSTER TEIL
DEMETER

LEHRJAHRE

Ein häufig von Wolken, Seglern des Unendlichen, zerfetzter Himmel. Im Hintergrund die Gebirgskette der Puys. Davor, rechts, die fast horizontale Platte der Gergovie-Hochfläche, links eine Mulde, in der sich in einem leichten Nebel die Doppelstadt Clermont-Ferrand drängt. Etwas näher beim Beschauer zeichnet dichtes Laubwerk sanfte Hänge, die sich kreuzen und ineinander verfließen. Die Stämme gleichen den ausgereckten Armen chthonischer Mächte. Im Vordergrund fällt nach rechts eine Wiese ab, links liegt ein kreisrunder Spiegel, auf dem immer kleine Wellen erzittern: ein Springbrunnen läßt sein spielerisches Gebet zum Himmel aufsteigen.

Hinter dem jadegrünen Vorhang der Tannen und mehrere hundert Jahre alten Akazien schlecht verborgen, läßt der Edelsitz von Sarcenat, von einem spitzdachigen Turm flankiert, um den die Schwalben zwitschern, in der aufgehenden Sonne die Weiße seines Verputzes, die Phantasie seiner Architektur, den Schiefer und die Ziegel seiner Dächer, die Asymmetrie seiner Giebel sichtbar werden. Dieser altüberkommene Wohnsitz mit seinem blendenden Licht, mit seiner Inschrift: «Dieses Haus ist dem Herzen Jesu, des Königs, geweiht», mit der uralten Grundbucheintragung und seinen Menschen ist ein singendes Haus, ein Winkel des alten Frankreich; es ist fest in dem durch seine Felsen und seine Geschichte doppelt ehrwürdigen und alten Boden gegründet.

Unter seinen Brüdern und Schwestern ein Junge von einigen Jahren. Er trägt eine leinene Kasakbluse, die mit einer Spitzenkrause verziert ist. Seine Haare locken sich rechts und links; in der Mitte sind sie kurz geschnitten und geben seine große Stirn frei. Ein liebevolles, braves und bereits frommes Kind? Zweifellos: Sein späteres Leben wird das bestätigen. In dieser harmonischen Familie erschienen ihm die Seinen unwiderstehlich liebenswert und als der natürliche Zauber einer Existenz, die in einem zutiefst christlichen Milieu aufblüht. Die Erziehung durch seine Mutter [eine Frau, die morgens um vier Uhr aufsteht, ihren Tag mit einem Gebet beginnt und dann den Rest ihrer Zeit damit verbringt, sich der Familie zu widmen], diese Erziehung leitet ihn an, das «Jesuskind» sehr zu lieben und das Herz Jesu zu verehren, dem es geweiht ist und dessen Bild im Salon hängt.

Ein vorbildlicher kleiner Edelmann in einer patriarchalischen Familie? Nicht nur das: Er hat einen geraden und durchdringenden Blick, von dem man sich nicht mehr frei machen kann, wenn das Kind einem in die Augen geschaut hat. Es hat sein verborgenes Leben. Nicht daß es in krankhafter oder schweigsamer Weise verschlossen, ein Heimlichtuer oder unverstanden wäre: Es konzentriert sich darauf, im Schweigen eine große Leidenschaft wachsen zu lassen, die Leidenschaft des Ewigen, das unwiderstehlich durch das hindurch gesucht wird, was unveränderlich erscheint. Seine erste Verzweiflung überkommt es, als es auf einem Stück Eisen, das es eifersüchtig bewahrte, Rost bemerkt. Es liebt die glänzende Reinheit der Flamme, die auf den Scheitern tanzt, und vor allem die Transparenz der Kristalle, die erstarrten, unbeweglichen, Stein gewordenen Flammen gleichen. Dieses Augen-Kind hat bereits Freude am Zeichnen, es beginnt sich für die Pflanzen und Tiere zu interessieren, doch unter den Insekten zieht es die Käfer, diese mit einer harten und schweren Rüstung geharnischten Ritter, vor. Es liebt das Beständige, das Absolute, es fühlt sich verletzt, da es die Locken, gebrechliche organische Reste, in der Glut des Herdfeuers verkohlen und sich winden sieht. Etwas Eigenartiges: in dem Maße, wie das Kind heranwächst, wird sein ganzes Leben – Empfindungen, Gefühle, Gedanken – würziger, farbiger, pathetischer: Das Kind beginnt, für das ewige Lächeln des Universums empfänglich zu werden.

Es ist kein Wunderkind, doch seine Seele ist voller Vorahnungen, sie fühlt sich bereits von der Leidenschaft für das Unbekannte und Neue verschlungen; und wenn Pierre des Abends, zu der Stunde, da die bunte Märchenwelt der Signale aufleuchtet, reist, folgt sein Herz dem Drang der großen Züge nach einem wunderbaren und verzauberten Morgen.

Dieses Kind, das auf den wenigen Morgen Land des Familiensitzes unaufhörlich etwas Neues findet, ist Marie-Joseph-Pierre Teilhard
1881 de Chardin, geboren am 1. Mai 1881 zu Sarcenat bei Orcines, einer Ortschaft sieben Kilometer westlich von Clermont-Ferrand auf einer Insel des kristallinen Sockels des Massif Central mit seinem Wall

Pierre Teilhard de Chardin, etwa fünf Jahre alt
Schloß Sarcenat, wo er seine Kindheit verbrachte

Teilhard, vierzehnjährig, im Jesuiten-Kollegium von Notre-Dame de Mongré

von vulkanischen Ausflüssen, die die Kette der Puys hinabsteigen[1]. Der Notar, der 1325 einen Kaufvertrag zwischen Bewohnern des kleinen Dorfes Dienne ausfertigte, dachte kaum an die zahlreichen Verzweigungen des Stammbaumes, dessen Wurzel er sein sollte[2]. Der Name Chardin kommt von einem Großvater Pierre-Cirice Teilhard, der 1841 Victoire Barron de Chardin heiratete. Sie hatten zwei Söhne, deren einer, Emmanuel, 1875 Mademoiselle Berthe-Adèle de Dompierre d'Hornoy, eine Großnichte Voltaires, heiratete. Aus dieser Ehe gingen elf Kinder hervor, das vierte war Pierre.

Vor 1789 waren die Teilhards kaum etwas anderes als Offiziere, Schatzmeister Frankreichs für den Steuerkreis der Auvergne, Staatsanwälte, Staatsräte, insbesondere in Aides, ohne nach mehr zu streben oder weiter aufzusteigen. Klugheit oder Mißtrauen, auf jeden Fall sind sie geadelt worden. Heute führen die Teilhard de Chardins folgendes Wappen: Geviert, in 1 und 4 grüner entwurzelter Lindenbaum, rot entflammt, auf goldenem Feld, mit drei goldenen Sternen im blauen Haupt: Teilhard; in 2 und 3 zwei goldene Delphine, die sich den Rücken zukehren, in mit oben einer, in der Mitte zwei und unten einer Kugel besetztem blauem Feld: Chardin. Devise: IGNEUS EST ILLIS VIGOR ET CELESTIS ORIGO, ein Vergilscher Hexameter, der besagt: «Ihre Kraft ist des Feuers und ihre Geburt vom Himmel.» Eine stolze, vielleicht prophetische Devise, die die Geburt eines Dichters des Feuers und eines Mystikers erahnen läßt[3].

Es ist heikel, mit vererbten Anlagen oder auch nur mit der Erziehung zu spielen. Versuchen wir trotzdem, einiges herauszustellen, und trotz ihrer tiefen Demut wollen wir damit beginnen, durch einige Worte die Mutter Pierre Teilhard de Chardins zu charakterisieren, die 1853 geboren und 1936 gestorben ist. Sie stammte aus der Pikardie und hatte es verstanden, sich diesem auvergnischen Milieu anzupassen. Mit ihrem schönen, ernsten Gesicht, das wie von innen erhellt schien, war sie eine ihrem Wesen nach fromme und bescheidene Frau, die zärtlich auf die Ihren blickte, die sich aber mit sanfter Stimme Gehorsam zu verschaffen wußte, ohne je

[1] Marcellin Boule hat die Auvergne als das «Paradies der Geologen» bezeichnet.

[2] Der eigentliche Ahnherr der Linie ist Astorg Teillard [sic!] [1478–1549], geadelt 1538.

[3] Vgl. Brief vom 30. Mai 1925: «Betet, damit ich mich in keinem Falle so weit gehen lasse, etwas anderes zu wollen als „das Feuer".»

ein Wort zuviel zu sagen; sie vermied es, sich in einen Sessel zu setzen, sie begnügte sich mit dem Stuhlrand[4] und schien sich zu entschuldigen wegen des geringen Platzes, den sie einnahm; ihren Mann bewunderte sie zutiefst; um die mondänen Konventionen kümmerte sie sich wenig; sie war eine Frau, die gern einen Blumenstrauß ordnete, die ihre Liebe ihrer ganzen Umgebung schenkte und die sich angesichts des Todes von sieben ihrer Kinder immer mehr in den göttlichen Willen ergab[5]. «*Liebe, heilige Mama*», der «*ich den besten Teil meiner Seele verdanke*», sagte P. Teilhard von ihr, als er erfuhr, daß er sie nicht wiedersehen würde. Und in einem anderen Brief[6] fügt er diese wichtige Erläuterung hinzu:

B – «Es bedeutet für mich auf jeden Fall eine große Kraft, zu erkennen, daß alles Bemühen der „Evolution" auf die Rechtfertigung und die Entwicklung einer Liebe [Gottes] rückführbar ist. Das sagte bereits meine Mutter. Doch ich sollte eines ganzen Lebens bedürfen, um diese Wahrheit in eine organische Schau der Dinge zu integrieren.»

Vom Vater, Alexandre-Victor-Emmanuel [1844–1932], von diesem Mann, der im Einklang mit den Wesen und Dingen dieser Welt lebte, dessen Arbeitszimmer aber ein unzugängliches Heiligtum war, hat Madame Claude Aragonnès[7] ein hervorragendes Porträt gezeichnet[8]:

[4] Ein charakteristischer Zug der damaligen Erziehung.

[5] Als sie die Nachricht vom Tode eines ihrer Söhne erhielt, entgegnete Madame Teilhard de Chardin einem Priester, der ihr sein Beileid aussprach: «Aber nein, wozu, das ist überflüssig, er ist doch vor uns im Himmel.»

[6] 15. August 1936.

[7] Literarisches Pseudonym von Mademoiselle Marguerite Teillard-Chambon, einer Cousine, Jugendfreundin und Briefpartnerin Pierres. Sie wollte uns die Jahre 1881 bis 1923 und viele unbekannte Einzelheiten der späteren Jahre enthüllen, als sie infolge eines Autounfalls innerhalb von vier Tagen starb [11. September 1959] – sterbend murmelte sie von P. Teilhard inspirierte Worte. Dank der verständigen Pietät ihrer Schwester Alice und Max-Henri Bégouëns sind die Kriegsbriefe P. Teilhards bei Grasset [Paris 1961] unter dem Titel ‹Genèse d'une Pensée. Lettres [1914–1919]› erschienen [deutsch bei Alber, Freiburg]. Die Kapitel der Jugenderinnerungen werden in einem ‹Cahier Teilhard de Chardin› veröffentlicht werden.

[8] Claude Aragonnès, ‹Pierre Teilhard de Chardin à Sarcenat [L'Auvergne littéraire, artistique et historique]›, 3. Trimester 1957, S. 11. Siehe auch G. Magloire [Dominique de Wespin], ‹Le Monologue de Sarcenat [Le Phare]›, Brüssel 13. September 1959, und ‹Sarcenat, Berceau des Teilhard de Chardin› [‹Synthèses›], Brüssel September 1959. Wir haben sehr viel daraus übernommen.

W– «Mein Onkel Emmanuel, von hoher Statur und stattlichem Aussehen, schüchterte mit seinen hellen Augen und seinem gallischen Schnurrbart seine Neffen und, ich glaube, sogar seine Kinder durch sein Schweigen ein. Seine seltenen Worte kamen unvorhergesehen, sie waren kostbar; in ihnen stritt der Humor mit der Gutmütigkeit um den Vorrang. Er war aus der „École des Chartes" hervorgegangen und ließ seine Provinz in den Genuß seiner Gelehrsamkeit kommen: er arbeitete geduldig sein Leben lang die Archive von Montferrand durch, eine gewaltige, freiwillige Arbeit, die die großen Ereignisse einer ganzen Vergangenheit der Auvergne aus dem Staube der Archive zutage förderte. Zur gleichen Zeit leitete er sehr gründlich mehrere Güter als wahrer „Gentleman Farmer" [...], der englische Zeitschriften erhielt, die seine Lieblingsthemen behandelten: Ackerbau, Jagd und Pferderennen. Als Humanist, der sich um die Pflege seiner Bildung bemühte, las mein Onkel viel, vor allem selbstverständlich Geschichte, und er wählte mit Geschmack die Bücher für seine Kinder aus. Er selbst leitete ihre Lateinstudien, bis sie für das Gymnasium alt genug waren. Ein anderer Beitrag zur Formung ihres Geistes bestand darin, ihnen die Lust an den Dingen der Natur zu vermitteln und sie anzuleiten, naturgeschichtliche Sammlungen anzulegen: Insekten, Vögel, Steine.»

Es ist überflüssig, hier ein Bild von allen Kindern – einige starben in jungen Jahren – in ihrer jeweils besonderen Berufung zeichnen zu wollen: Schiffsoffizier, Kleine Schwester der Armen, Ingenieur, Geschäftsmann, Berufsoffizier. Doch wer dürfte hier den Namen der Lieblingsschwester Pierres, den Namen Marguerite-Marie [1883–1936] auslassen, die mit zwanzig Jahren am Pottschen Übel erkrankte und von 1922 an der Apostel der katholischen Kranken-Union[9] war? Ihr Bruder gibt von ihr Zeugnis:

W– «Die katholische Kranken-Union hat mich brüderlich aufgefordert, in einigen Zeilen aufzuzeichnen, was ich über das innere Leben Marguerites wüßte. Dieser Aufforderung kann ich nicht leicht nachkommen. So innig und eng auch unsere Beziehungen gewesen sind, vor allem seit dem Krieg, wir, meine

[9] Deren energische Präsidentin sie von 1927 bis 1936 war, daher auch der Neckname: «die Marschällin». Sie war Anglistin und hatte begonnen, Benson zu übersetzen, der Pierre 1916 beeinflußte.

> Schwester und ich, haben selten Vertraulichkeiten ausgetauscht. Ein Familientemperament, zunächst. Auch ein vollkommenes Einverständnis. Wir begriffen uns, sie und ich, ohne Erklärungen, eben an der Weise, wie wir bei den verschiedenen Begegnungen des Lebens handelten und reagierten.»[10]

Man glaubt bei Pierre das Spiel der ererbten Talente, kompliziert durch die Erziehung, zu erahnen. Das aristokratische Temperament und die allgemeine Ausgeglichenheit erklären sich sowohl durch die Eltern als auch durch die Umgebung. Gewisse physische, charakterliche und intellektuelle Züge erinnern an den Vater, zum Beispiel der etwas an Bergbewohner gemahnende Gang[11], eine durchaus auvergnische Hartnäckigkeit, das Interesse für die Geheimnisse der Natur, die Leidenschaft für die Erforschung der Mineralien und Insekten[12]. Dagegen hat Pierre nichts von einem Archivar, er wird nur geringe Lust an der Gutsverwaltung zeigen. Das übrige, wir hätten fast gesagt, das Wesentliche, erinnert an seine tief geliebte Mutter: die Frömmigkeit und zweifellos auch diese Zurückhaltung der Gefühle, die Art, sich Herzensergüsse zu verbieten und den Kummer zu überwinden[13]. Dieser allgemeine Eindruck wird durch eine Erklärung von P. Teilhard bestätigt:

> W– «Ich war ein Kind gleich allen Kindern. Ich interessierte mich vor allem für die Mineralogie und die biologische Beobachtung. Ich liebte es, den Lauf der Wolken zu verfolgen, und ich kannte die Sterne bei ihrem Namen. [...] Meinem Vater verdanke ich eine gewisse Ausgeglichenheit, auf der alles übrige beruht, und die Freude an den exakten Wissenschaften. Meiner Mutter den besten Teil meiner Seele. Meine Mutter ist der Funke gewesen, der das Feuer entfacht!»

[10] ‹Témoignage fraternel› [‹Le Trait d'union›], Nr. 66, Oktober 1936, S. 6.

[11] Wie seine Brüder sollte er später die hohe Gestalt seines Vaters haben.

[12] Emmanuel Teilhard hat ‹Notes sur les observations ornithologiques faites par P. Belon en Auvergne [Mémoires de l'Académie d'Auvergne]›, 1884, 20 Seiten, veröffentlicht.

[13] «Sie haben viel leiden müssen», sagte ihm eines Tages eine Freundin im Hinblick auf den Augenblick, da er seine Mutter verließ, um sie nicht mehr wiederzusehen. Doch der Pater entgegnete: *«Aber nein, nein.»* Aus der Gewißheit, seine Mutter auf Erden oder im Himmel wiederzusehen, schöpfte er seine heitere Gelassenheit. – Es ist möglich, daß das Erbteil der Hornoy ihn außerdem für den Ruf des Meeres und der Exotik empfänglich gemacht hat.

Welchem Rhythmus folgt das Leben des Kindes[14]? Demselben wie das Leben des Schlosses, dieses geregelte Dasein nach einem geschmeidigen und zugleich kleinlichen Zeremoniell, das morgens mit dem Aufstehen um halb acht, einem Frühstück im Zimmer der Lehrerin und dem Unterricht [der Lateinunterricht ist Sache des Vaters und der Deutschunterricht Sache eines «Fräuleins»] beginnt und mit dem Abendessen um sechs Uhr und dem Nachtgebet endet. Um acht Uhr ist nämlich das ganze Haus kniend zum gemeinsamen Gebet versammelt, während dem Emmanuel Teilhard allein das Vorrecht hatte, sich auf dem Tisch aufzustützen; alle übrigen Anwesenden kehrten ihm, das Gesicht zur Wand, den Rücken zu. Am Sonntag feierte der Dechant von Orcines das Hochamt in seiner armen und vor Feuchtigkeit grünen Kirche aus dem 14. Jahrhundert[15]. Nach der Vesper spielen die Kinder Scharaden, während die Erwachsenen im Salon Tee trinken. Die kältesten Wintermonate – Januar, Februar, März – werden in Clermont verbracht, wo die Familie mit den Vettern ein altes Stadthaus aus dem 18. Jahrhundert, das heute verschwunden ist, am Platz Michel-de-l'Hospital teilt. Von den Mädchen getrennt, machen die Jungen bei ihren Spielen großen Lärm. Der Frühling bringt alle wieder zurück aufs Land, nach Sarcenat oder auch nach Murol in der Nähe von Maringues an den Ufern der Allier, einem Besitz, der gleichzeitig die Freuden der Jagd und des Fischfangs bot und wo man die Wildentenschwärme über dem Fluß kreisen sieht[16]. Eine patriarchalische Atmosphäre, eine gesunde Kameradschaft zwischen Vettern und Kusinen, kein Getue in der Kleidung, Gespräche ohne üble Nachrede – P. Teilhard wird am wenigsten anderen Übles nachsagen –, Freude an geistigen Dingen, und, sagen wir es ruhig, ein recht abgeschlossenes Milieu[17]. «Unsere Familie müßte unter einer Glasglocke

[14] Als grundlegende Quelle bleibt immer wesentlich Monique Givelet, ‹Marguerite-Marie Teilhard de Chardin, L'Énergie spirituelle de la souffrance›, Éd. du Seuil, Paris 1951.

[15] Von dieser Kirche aus brachte Teilhard, nach Frankreich zurückgekehrt, mit einem Chorknaben als Vorläufer, seiner Schwester Marguerite die heilige Kommunion.

[16] Um ihren Kindern eine Freude zu machen, verbrachten Pierres Eltern die Monate September–Oktober und April–Mai in Murol, so daß in den Osterferien dort alle zusammen waren.

[17] «Eine einzigartig bewahrte, dem Guten allein zugängliche Atmosphäre, in der das Böse niemals genannt wurde» [‹Synthèses›], Mai 1957, S. 426.

gestellt werden», schrieb 1900 Albéric, der Seemann, der als erster dem Nest entflog.

Es fehlen uns noch Einzelheiten über das Leben Pierres als Kind. Es überleben nur einige Erinnerungen:

W– «Eine Erinnerung? Die erste! Ich war fünf oder sechs Jahre alt. Meine Mutter hatte mir einige Locken abgeschnitten. Ich hob eine auf und näherte sie einer Flamme. Die Haare verbrannten in einem Augenblick. Das bereitete mir einen furchtbaren Kummer. Ich hatte gelernt, daß... ich vergänglich war[18]! [...] Was mich quälte, als ich ein Kind war? Die Gebrechlichkeit der Dinge. Was ich liebte? Meine Eisengötter! Mit dem Schloßnagel eines Karrens fühlte ich mich mit sieben Jahren im Besitz eines dauerhaften, ewigen Schatzes. Doch ich besaß nur ein Stück rostendes Eisen... Im Grase liegend, habe ich bei dieser Feststellung meine bittersten Tränen vergossen! [...] Von der Welt und selbst dem Jahrhundert abgeschlossen, lebte meine Familie in patriarchalischer Einfachheit. Und doch war das Abenteuer nicht aus meinem Leben ausgeschlossen. Mit etwa acht Jahren bin ich gemeinsam mit meiner Schwester Guite[19] ausgezogen, einen Vulkan zu entdecken. Nachdem wir die benachbarten Wälder durchsucht hatten, wurden wir zwei oder drei Kilometer vom Hause entfernt wiedergefunden.»[20]

Eines ist gewiß, die Landschaften der Auvergne prägten sich der Seele des Kindes und des heranwachsenden Jungen tief ein:

W– «Ich war ein von der Auvergne geformter kleiner Junge. Die Auvergne ist mein erstes naturgeschichtliches Museum und mein Naturschutzgebiet. In Sarcenat habe ich die Freuden des Entdeckens gekostet. [...] Ich glaube, die Auvergne hat mir die Freude an der Natur vermittelt. Sie hat mir meine kostbarsten Schätze geschenkt: eine Sammlung von Kieseln und Steinen, die sich dort oben, bei mir zu Hause, noch finden muß.»

18 «Tröste dich, mein kleiner Pierre», sagte ihm seine Mutter, «die Dinge gehen nicht ganz und gar verloren. Sie ändern sich. Sie verwandeln sich.»

19 Marguerite-Marie. Dieser Vorname stellte das Kind unter den Schutz der heiligen Marguerite-Marie Alacoque, der, nach den Biographen, Jesus am 16. Juni 1675 in Paray-le-Monial sein Herz zeigte.

20 Das ruhig eingestandene «wissenschaftliche» Ziel der Expedition entwaffnete den väterlichen Zorn, wenn die Kinder auch von einem Gewitter überrascht worden waren.

Später sollte Pierre immer wieder in seine Heimat zurückkehren, zweifellos, um die Seinen wiederzusehen, aber auch, um aus diesem Boden neue Kräfte zu schöpfen. Am 28. August 1918 erinnert ihn der Schrei des Waldkauzes an die Nächte der Auvergne, und am 4. Juli 1927 ruft ihm in der Mongolei, im Weitschang, die Flora intensiv mit einigen Abarten die Wälder und Wiesen der Auvergne ins Gedächtnis, ein

> B – «Teppich von gelben und roten Lilien, scharlachroten Primeln, Rhabarber mit weißen Rispen, große einfache Pfingstrosen, Orchideen, Venus-Frauenschuhe [...], Iris in Mengen!»[21]

Zwischen 1939 und 1946 rief er einmal aus:

> W – «Eine überglückliche Kindheit ist die Stärke des Mannes! Für diejenigen, deren Kindheit erfüllt war, bleibt immer die Zuflucht, in die Erinnerung zurückzukehren.»

Und am 18. September 1953 spricht er noch von den mit Tritomablüten bedeckten Hängen, wie es sie ehedem in Sarcenat gab[22].

... Das «grüne Paradies» der ersten Kindheit konnte nicht endlos dauern. Im April 1892 wurde er in das Jesuitenkolleg Notre-Dame 1892
de Mongré in Villefranche-sur-Saône [Rhône] aufgenommen[23]: ein großes Rechteck von dreistöckigen Gebäuden, das durch eine in der Mitte liegende gewaltige Kapelle in zwei kleinere Rechtecke unterteilt wurde; das Türmchen der Kapelle überragt eine von dichten Magnolienhecken umgebene Plattform und einen klar an-

[21] «*Die Auvergne ist die französische Mongolei mit ihren Basalthochflächen, die mit Seen und erloschenen Vulkanen übersät sind*», sagte er später. P. Teilhard hat immer unter anderem ein erstaunliches Landschaftsgedächtnis gehabt.

[22] «*Ich habe immer den Herbst vorgezogen*», hat er häufig erklärt. Doch seine Vorliebe für die Farbensymphonien hinderte ihn nicht, die Süße des Morgens und des Abends zu schätzen: «*Wie mild die Luft in Sarcenat am Morgen ist! Doch das Ende des Tages ist noch zärtlicher, wenn meine Bäume sich gegen einen perlblauen, mit grauen Wolken betupften Himmel abzeichnen.*»

[23] Das war in der Familie Teilhard die Regel. Mit zehn oder elf Jahren wurden die Jungen zu den Patres von Mongré geschickt; die Mädchen gingen nach Clermont zu den Ursulinen. Das Kolleg von Mongré gehört seit 1951 den Assumptionisten. P. Auguste Demoment SJ, der ausgezeichnete Archivar der Provinz von Lyon [dem wir sehr viel verdanken], hat einen ausgezeichneten Aufsatz über die Geschichte dieses Kollegs geschrieben: ‹Le Collège de Mongré au XIXe siècle [1852–1901]› *apud* ‹Établissements des Jésuites en France depuis quatre siècles›, fasc. 18–19, 1957, S. 170 bis 191. Er hat eine Studie über die intellektuelle und religiöse Ausbildung P. Teilhards im Anschluß an die Briefe Pierres an seine Eltern geschrieben.

LE

PRIX D'HONNEUR

OFFERT PAR

L'ASSOCIATION AMICALE DES ANCIENS ÉLÈVES

A ÉTÉ OBTENU PAR

PIERRE TEILHARD DE CHARDIN

D'Orcines (Puy-de-Dôme).

Ce prix d'honneur est décerné à l'élève de Philosophie, qui a fait la meilleure dissertation sur un sujet proposé par le Comité de l'Association amicale des anciens Elèves du Collège.

Cette année, les élèves de Philosophie ont eu pour sujet: *Le Bon sens et la Raison.*

1. Auszug aus dem Verzeichnis der prämiierten Schüler 1897

gelegten Park mit seiner langen Allee und seinen Rasen, die von Gruppen mit Kastanien- und Nadelbäumen beschattet sind – eine geometrische Insel, die von der gradlinigen Fläche der gleichfalls rechteckigen Felder umrahmt ist. Eine fromme und ländliche Kaserne mit irgend etwas Kartesianischem und Herrschaftlichem, die dank den großzügigen Legaten Marie-Thérèse Bottus de la Barmon-

ÉCOLE LIBRE NOTRE-DAME DE MONGRÉ

DISTRIBUTION

SOLENNELLE

DES PRIX

LE LUNDI 2 AOUT 1897

PRIX DE SAGESSE

DÉCERNÉS PAR LE SUFFRAGE DES ÉLÈVES AVEC L'APPROBATION DES MAÎTRES

PREMIÈRE DIVISION

1er Ptix. Marcel ARMAND, de Nantua (Ain).
2d Prix. Pierre TEILHARD DE CHARDIN, d'Orcines (Puy-de-Dôme).
Accessits. Henri LÉVIGNE, de Lyon.
Ernest RAMEL, de Thonon (Haute-Savoie).
Louis MIGNOT, d'Annonay (Ardèche).
Louis LAVAL, de Beaujeu (Rhône).
Henri GIRARDON, de Crenoble.
Bernard DE DIVONNE, d'Arles (Bouches-du-Rhône).
Albert BLANC, de Gap.
Paul d'URBAL, de Cosne (Nièvre).
Henri DE BERMOND DE VAULX, de Doué-la-Fontne (M.-et-L.).

2. Auszug aus dem Verzeichnis der prämiierten Schüler 1897

dière gebaut worden war. Auf einer Marmortafel an der Frontseite dieses Elitekollegs steht:

CHRISTO IN ADOLESCENTIBUS
SUB INVOCATIONE BEATAE MARIAE VIRGINIS[24].

Unten bei der Ehrentreppe ein riesiges Bild des heiligen Ignatius in priesterlichen Gewändern, das die Spuren pommerscher Bajonette aufweist.

Pierre wird in die Quinta der dritten Abteilung [Unterstufe] aufgenommen. Die Anfänge sind mehr als zufriedenstellend, zwei Preise und vier ehrenvolle Erwähnungen. In der Folge verläuft sein schulisches Leben ohne Hindernisse[25]. Zu seinen wichtigsten Lehrern zählt P. Henri Bremond, der spätere Autor des klassischen Werkes ‹Literarische Geschichte des religiösen Empfindens in Frankreich›. Einer der bevorzugten Lehrer in der Philosophieklasse war sein Physikprofessor, P. Desribes –, und diese Bevorzugung verstärkte vielleicht die Freude Pierres an den wissenschaftlichen Disziplinen[26]. So dumm es wäre, Pierre zu einem überbegabten Schüler abzustempeln, so klar ist es, daß er ein ausgezeichneter Schüler war, der ebenso gute Erfolge in den humanistischen Fächern [Griechisch, Latein, Deutsch] wie in den Naturwissenschaften erzielte: ein guter Beweis für seine Ausgeglichenheit. Die Preisverteilung der Philosophieklasse [2. August 1897] brachte eine gewisse Apotheose: sieben Preise, eine erste ehrenvolle Erwähnung, ein von der Vereinigung ehemaliger Schüler gestifteter Ehrenpreis – fünf Bände, die eine Reihe von Biographien berühmter Persönlichkeiten der Geschichte Frankreichs enthalten. Etwas Eigenartiges: die Ergebnisse in Religion sind weniger glänzend. In der ganzen Schulzeit ein einziger Preis und hier und dort eine ehrenvolle Erwähnung; das ist kein Zeugnis religiöser Lauheit – wir werden bald das Gegenteil feststellen –, sondern ein [in diesem Alter recht häufiger] Nonkonformismus dem Buchstaben des Katechismus gegenüber[27] –

[24] «Für Christus in der Jugend in Anrufung der seligen Jungfrau Maria».

[25] Folgt zunächst die Quarta [1892–1893], dann besucht Pierre die Tertia [1893 bis 1894] und die Humanistenklasse [1894–1895] der zweiten Abteilung [Mittelstufe], die Rhetorikklasse [1895–1896] und die Philosophieklasse [1896–1897] der ersten Abteilung [Oberstufe].

[26] Mit ihm und einigen anderen Schülern unternahm P. Desribes kleine wissenschaftliche Ausflüge in die Berge des Beaujolais.

[27] Vgl. H. Bremond, ‹L'Enfant et la vie›, Paris [Bloud et Gay] 1953, S. 163–166.

seither hat man sich unaufhörlich bemüht, den recht schwierigen Katechismus-Unterricht lebendiger zu gestalten.

Selbstverständlich bestand Pierre vor einem Prüfungskollegium von Clermont-Ferrand ohne Schwierigkeiten die beiden Teile des Baccalauréat ès lettres [Abitur], eine schöne Verteidigung und Illustration für die Pädagogik der Jesuiten, was der Prospekt des Kollegs geschickt so zusammenfaßte: «Es ist notwendig, daß die Lehrer, die die Jugend erziehen sollen, sie lehren, die Wissenschaft durch die Religion zu heiligen und der Religion durch die Wissenschaft zu dienen.» Erfreulicherweise ist uns über Pierre das Zeugnis Henri Bremonds überliefert[28]:

W– «Vor dreißig Jahren hatte ich einen kleinen, sehr intelligenten Auvergnaten als Schüler in den humanistischen Fächern; er war in allem der Erste, doch war er von einer einem zur Verzweiflung bringenden Bravheit. Die Zurückhaltendsten und die Schwerfälligsten der Klasse wurden manchmal lebhaft; eine lebendigere Lektüre oder ein reizvolleres Thema als Aufgabe ließ in ihren Augen eine Flamme aufleuchten. Bei ihm niemals; ich habe erst sehr viel später das Geheimnis hinter dieser scheinbaren Gleichgültigkeit erfahren. Er hatte eine andere, fesselnde und zeitraubende Leidenschaft, die ihn fern von uns leben ließ: die Steine.»[29]

Wir sind auch in der glücklichen Lage, über sein religiöses Leben
recht gut unterrichtet zu sein. Nachdem er am 26. Mai 1892, am 1892
Himmelfahrtstage, zu Mongré seine erste heilige Kommunion in
Gegenwart seines Vaters empfangen hatte, wurde der junge Pierre
im folgenden Jahre als ruhiger und gewissenhafter Schüler in die
Kongregation vom heiligen Aloysius von Gonzaga aufgenommen,
die die Elite der Mittelstufe zusammenfaßte. In der Oberstufe, in
der Rhetorik, wurde er Mitglied der Kongregation von der Unbefleckten Empfängnis; seine Weihe an die heilige Jungfrau vollzog
er am 8. Dezember 1895. Im folgenden Schuljahr [1896–1897] 1895
wurde Pierre, Schüler der Philosophie, von seinen Kameraden in
der Kongregation zunächst zum Sekretär [13. Oktober 1896] und 1896
dann zum Präfekten gewählt[30]. Die Rechenschaftsberichte dieses
Erziehungswerkes lassen uns das Bemühen um das innere Leben bei

[28] H. Bremond, ‹Le Charme d'Athènes›, Paris [Bloud et Gay] 1925, S. 29–30.

[29] Genauer: das Ewige in den Steinen.

[30] Der General René Ract-Madoux, der sein Mitschüler in der Philosophieklasse

diesen jungen Leuten erkennen. Am 8. November 1896, am Feste des heiligen Johannes Berchman, heißt es zum Beispiel:

W – «[...] P. Bonnet, Professor der Philosophie, [...] hat uns gezeigt, wie man ebensogut durch demütige Tugenden und durch die einfache Erfüllung der täglichen Pflichten zur Heiligkeit gelangen kann wie durch das Martyrium und durch die Wunder [...]»

Am Feste der Unbefleckten Empfängnis [6. Dezember 1896][31]:

W – «[...] unser Präfekt, Pater Ch. Grognier [...], hat uns einen sehr eigenständigen und doch treffenden Vortrag gehalten. „Das beste Mittel, der heiligen Jungfrau Maria unsere Liebe zu zeigen", hat er uns gesagt, „ist, daran zu arbeiten, Männer der Pflicht, Christen zu werden. So können wir, wenn wir das Kolleg verlassen haben, nützlich dafür arbeiten, Frankreich auf den Weg zurückzuführen, den Gott ihm vorgezeichnet hat, es wieder christlich zu machen. Damit würden wir Maria eine der herrlichsten Blüten ihrer Krone wiedergeben, denn, wie es das alte Wort so schön sagt, REGNUM GALLIAE, REGNUM MARIAE."»

Am 8. Dezember Besuch bei den Alten, die von den Kleinen Schwestern der Armen gepflegt wurden:

W – «Das ergab eine richtige Karawane mit dem kleinen Harmonium an der Spitze, dann die Kuchen, der Tabak, der Likör und die Florette. Als wir ankamen, haben wir all das sofort den alten Männern gebracht, die über den „Tropfen" und den Tabak begeistert waren. In der Krankenabteilung haben wir dasselbe getan. Dann haben wir alle möglichen Sachen gesungen, Kirchenlieder und die Zuaven[32] und sogar etwas Lustiges. Anschließend Fechten. [...] Wir sind dann nach diesem schönen Nachmittag glücklich aufgebrochen, glücklich, wie unser ehemaliger Sekretär so richtig gesagt hat, weil wir andere glücklich gemacht haben.»

war, schrieb uns: «Einfach ein guter Kamerad, arbeitsam, mit einem hohen Pflichtbewußtsein, von beispielhafter Führung und großer Frömmigkeit: der junge Teilhard war ein Musterschüler, der von seinen Kameraden sehr geschätzt wurde» [Brief vom 27. Februar 1957]. Dieselbe Achtung findet er später bei seinen Mitbrüdern im Noviziat, Juvenat, während der Philosophiestudien, im Scholastikat und im dritten Jahr.

[31] Die Kongregation hatte das Fest auf den vorhergehenden Sonntag vorverlegt.

[32] [sic!] Vielleicht eine Anspielung auf die päpstlichen Zuaven und ihre frommen Gesänge?

Unnötig, diese Texte zu kommentieren: Wenn sie auch naiv sind und noch keinerlei ausgeprägte Persönlichkeit verraten, bleiben sie doch nicht weniger rührend. Man wird die Tiefe dieser ersten Einprägungen in die ihrem Wesen nach religiöse Seele Pierres niemals überschätzen. Maria, die Mutter Jesu, hat immer ihren Platz in den Gedanken, Meditationen und Exerzitien P. Teilhards, der gern die «drei Feminina» miteinander verband: Maria, die Kirche und die Gesellschaft Jesu, und der dem Rosenkranzgebet treu blieb[33].

Nach einer Kindheit, in der es kaum Schwierigkeiten zu überwinden gab, trat Pierre Teilhard de Chardin am 20. März[34] 1899 in die 1899
Gesellschaft Jesu ein und wurde in das Noviziat von Aix-en-Provence aufgenommen[35]. Sosehr der «Boden» auch bereitet sein mag, die Berufung zum Ordensleben ist ein Geheimnis, das nur Gott kennt. Gott als Erstem dienen: das war in der Familie Teilhard normal. Doch die Berufung vom Familienmilieu und von der jesuitischen Erziehung her zu erklären, geht am Wesentlichsten vorbei, an diesem Bedürfnis nach Vollkommenheit, das Pierre drängte, in die Societas einzutreten: «*Mit siebzehn Jahren*», so hat er bekannt, «*bestimmte das Verlangen nach dem „Vollkommeneren" meine Berufung zum Jesuiten.*» Die Achtung, die jeder Laie einer priesterlichen Seele schuldet, verbietet jede Deutung.

Es kam für den jungen Mann nicht in Frage, unmittelbar von Mongré ins Noviziat überzuwechseln, denn als er das Kolleg verließ, war es um seine Gesundheit schlecht bestellt – Abmagerung und eine schwere Anämie. Sein Vater besaß die Klugheit, ihn in Clermont-Ferrand zu behalten und ihn unter Anleitung von Repetitoren auf die mathematischen Studien vorbereiten zu lassen; unter den Lehrern war ein M. Croze, ein bärtiger Mathematiker mit einem sachlichen Geist, der viel stärker den Problemen als den Fragen des Unterrichts zugewandt war – die Sonntage blieben den mineralogischen Exkursionen vorbehalten. Ein glückliches Geschick, das Pierre erlaubte, seine Gesundheit zu festigen und sich die unentbehrlichen mathematischen Grundlagen zu erwerben.

[33] Sein kleiner Rosenkranz ist noch vorhanden, er wird von Freunden sorgfältig aufbewahrt.

[34] Sein Grabstein gibt den 19. an; das ist das Datum seiner Abreise von Clermont, das er am Abend mit seiner Mutter verließ.

[35] Die Gebäude beherbergen heute das bischöfliche Kolleg.

Es seien einige Ereignisse genannt, die die jesuitische Ausbildung
1900 Pierres abstecken. Bis Ende September 1900 ist «Bruder Pierre» Novize in Aix; er sammelt, seinem neuen Leben ganz hingegeben, keine «Kiesel» mehr. Zusammen mit Bruder Auguste Valensin spielt er mit einer Kindergruppe und bereitet sie auf die erste heilige Kommunion vor. Im September 1900 verspricht er mit zweiundzwanzig anderen Novizen, sein ganzes Leben hindurch «täglich die lauretanische Litanei» zu beten, «um füreinander Standhaftigkeit» zu erbitten. Im Oktober 1900 ist sein Noviziat beendet, und
1901 gleichzeitig beginnt sein «Juvenat» in Laval, wo er am 25. März 1901 seine ersten Gelübde ablegt[36]. Ein Brief an seine Eltern zeigt uns, wie glücklich er war, diese erste Verpflichtung einzugehen:

> B – «Endlich bin ich Jesuit; ich habe nicht die Zeit, Euch heute sehr ausführlich zu schreiben, doch ich möchte Euch mein ganzes Glück sagen, endlich dem heiligsten Herzen Jesu durch die Jungfrau Maria ganz zu eigen zu sein. Wenn Ihr wüßtet, wie glücklich ich bin, mich endlich ganz und gar für immer an die Gesellschaft gebunden zu haben, vor allem zu dieser Zeit, in der man sie so sehr verfolgt. Ich habe heute viel für Euch gebetet, und gewiß wird der Herr all das nie vergessen, was Ihr getan habt, um meine Berufung zu erleichtern. Doch betet immer darum, daß ich mich dem gewachsen zeige, was der gütige Gott von mir verlangt. [...]»

Die Studien des «Juvenats» sind bekanntlich vor allem der literarischen Bildung gewidmet. Unter Anleitung einer Gruppe guter Professoren[37] erweist sich Pierre als ein ausgezeichneter Humanist, er verfaßt lateinische und griechische Verse, liest Äschylos im Urtext und verfaßt sogar für einen Unterhaltungsabend auf griechisch eine die ‹Frösche› des Aristophanes nachahmende Saynete. Er bereitet sich auf seine Licence ès lettres vor[38].

Doch 1901 ist das Jahr der «Ausnahmegesetze». Und im Jahre 1902 erreicht mit der Wahl Combes zum Ministerpräsidenten der Antiklerikalismus seinen Höhepunkt. Die Jesuiten Frankreichs zogen sich nach England oder auf die englischen Kanalinseln zurück.

[36] Nach zwei Jahren des Noviziats versteht sich das Datum von selbst.

[37] Insbesondere P. Laurand, Verfasser des bekannten ‹Manuel des études grecques et latines›, neu herausgegeben von P. Lauras, bei Picard.

[38] Die er im Laufe des Sommers 1902 an der Universität Caen besteht.

Schmerzliche Stunden, die durch einige heroisch-komische Zwischenfälle etwas erhellt wurden; man denke an die Abreise der guten Patres des Juvenats von Laval, die es für klüger gehalten hatten, Zivilkleider anzuziehen: sie verfügten über eine wenig zusammenpassende Sammlung von Anzügen, die von den Familien geschickt worden waren; der eine trug einen Zylinder über einer hellgrauen Jacke, der andere eine Autokappe und ein schwarzes Jackett, und wieder ein anderer eine grünlich schimmernde Melone und einen Gehrock[39].

Pierre setzte seine Ausbildung in Jersey fort[40]. Wir fürchten, die 1901–
philosophischen Vorlesungen entgingen nicht der Mittelmäßigkeit 1905
jener Epoche[41]. Auf alle Fälle haben die ‹Quodlibeta› des Jahres 1905, eine Art handschriftlicher Zeitschrift, die bereitwillig alle «freien Texte» der jungen Jesuiten aufnahm, eine Dissertation des «Philosophen» Pierre Teilhard mit dem Titel ‹Von der Willkür in den Gesetzen, Theorien und Prinzipien der Physik› überliefert. Richtige Studentenarbeit! Offen gestanden, handelt es sich um eine Reihe wenig eigenständiger Überlegungen: der Autor verweist mit unverhohlener Freimütigkeit auf Duhem und Henri Poincaré. Man hätte das auch so geahnt; denn man erkennt sofort die Auffassungen Duhems an der Symbolik der physikalischen Gesetze und den «Kommodismus» Poincarés. Es sind die Gedanken eines vorläufig der Physik und Chemie zugewandten jungen Geistes, der Freude an epistemologischen Betrachtungen hat. Bereits ein Talent treffender Vergleiche; ein Empfinden für deutliche und ausgeglichene Anordnung. Meisterqualitäten, die bleiben werden. Pierre Teilhard hat also bereits offene Augen für die zeitgenössische Philosophie, und er wird nicht aufhören, sich auf dem laufenden zu halten[42]. Die Atmosphäre war außerordentlich lebendig, denn er gehörte zu einem kleinen Kreis junger Leute mit unruhigem, brodelndem Geist: Doncœur, Demoré, Fontoynont, Burdo, Valen-

[39] P. Teilhard lächelte in Erinnerung daran noch in seinen letzten Lebensjahren.

[40] Vom Oktober 1901 bis Oktober 1902 zweites Jahr des Juvenats in Bon-Secours; von Oktober 1902 bis Oktober 1905 drei Jahre Philosophie in Saint-Louis.

[41] Ein von einem noch lebenden Zeugen bestätigter Eindruck. Es wurde vor allem die neuscholastische Philosophie gelehrt.

[42] Man darf nicht vergessen, daß seine ältere Schwester Françoise, die bei den Kleinen Schwestern der Armen eintrat, eine sehr starke Neigung zur Philosophie nährte.

sin[43]. Der «liebe große Freund Auguste Valensin»[44], kürzer Auguste genannt, dieser feinsinnige Humanist, der tief vom Blondelschen Denken geprägt war, blieb bis zum Ende der auserlesene Vertraute, dem man mit einem halben Wort alles sagen kann und der sofort versteht und dessen Urteil man sich unbedingt anvertrauen kann – um so mehr, als er mit all seiner herzlichen und intellektuellen Sympathie doch nicht in allen Punkten in die Teilhardsche Richtung geht. Er [und Charles] haben P. Teilhard die Augen für die Theologie geöffnet.

Wir wissen praktisch noch nichts über sein inneres Leben, von einem kurzen, blitzartigen Aufleuchten abgesehen. Bereits seit seinen Schuljahren, so vertraut er uns an, hatte Pierre sich bemüht, den evangelischen Geist der ‹Nachfolge Christi›, aus deren Text seine Gebete schöpften, mit seiner Neigung zur Natur zu versöhnen. Später, als Juvenist in Jersey, erwog er ernsthaft die Möglichkeit eines vollständigen Verzichts auf die Wissenschaft der Steine, die ihn fesselte, um sich ganz dem sogenannten «übernatürlichen» Tun zu weihen. Und P. Teilhard fügt hinzu:

> W– «[...] wenn ich in diesem Augenblick nicht „entgleist" bin, so verdanke ich das dem kräftigen gesunden Menschenverstand Pater T...s [des Novizenmeisters][45]. Tatsächlich beschränkte sich P. T... bei der Gelegenheit darauf, mir zu sagen, daß der Gott des Kreuzes von mir die „natürliche" Ausweitung meines Seins ebensosehr erwartet wie seine Heiligung.»[46]

43 Pierre Charles, der im Reich des Denkens einem Vulkan glich, schloß sich erst viel später dem Kreis an.

44 Über Valensin vgl. in den ‹Annales du centre universitaire méditerranéen›, Nizza Dezember 1954, S. 5–29: ‹Hommage au Père Auguste Valensin› [1879–1953]; in den ‹Études›, Februar 1955, S. 145–167: ‹Un grand seigneur de l'esprit le Père Auguste Valensin› von A. Blanchet; und ‹Auguste Valensin – Textes et documents inédits›, Paris [Aubier] 1961.

45 Es handelt sich um P. Paul Troussard.

46 Und doch war Pierre bereits er selbst. Das mag eine charakteristische Begebenheit zeigen. Es handelt sich um Françoise, eine ältere Schwester Pierres, die eine lange Zeit spiritueller Prüfungen durchmachte, bevor sie [1902] Postulantin bei den Kleinen Schwestern der Armen wurde: «Pierre, der um die Pläne seiner Schwester wußte, schrieb ihr, richtete sie während seiner kurzen Aufenthalte bei uns auf, und es gelang ihm mehr als einmal, ihr neuen Mut zu machen. Er warf ihr sanft ihren übertriebenen Pessimismus vor: „*Du betrachtest dein Kruzifix von hinten*", sagte er ihr; „*man muß nicht nur das Kreuz sehen, sondern Christus, der daran hängt*"» [‹Françoise

Halten wir dieses Bekenntnis der Leidenschaft für die Wissenschaft der Steine fest. Es gibt keinen Zweifel darüber, daß Pierre bereits in den ersten Jahren auf Jersey sich für die Geologie dieser Insel interessierte[47]. Vom Oktober 1902 an widmete unser «Philosoph» 1902
seine gesamte Freizeit und alle freien Tage den wissenschaftlichen Exkursionen, wobei er mehrere Mitbrüder mitnahm und sich ab 1904 mit P. Felix Pelletier[48] als Helfer verband; letzterer hatte sein 1904
Diplom der Chemie und der Mineralogie, und mit ihm zusammen unterzeichnete Teilhard seinen ersten mineralogischen und geologischen Aufsatz über die Insel im jährlichen Bulletin der Jersey Society.

Von September 1905 bis 1908 einschließlich ein unerwartetes[49] Zwi- 1905–
schenspiel. Pierre, zu dieser Zeit ein junger Ordensmann, aber noch 1908
nicht Priester, wird zum «Lektor für Chemie und Physik» am Jesuitenkolleg der Heiligen Familie zu Kairo ernannt. Es ist seine erste Berührung mit dem Orient, den er durch Ägypten kennenlernt. Hier ist er also Professor[50]. Zu seinen Aufgaben gehörte auch die des leicht übertrieben «Museumskonservator» genannten Lehrers, das heißt, die Verwaltung der Gesamtheit der von den Patres des Kollegs in Ägypten angelegten Sammlungen. Er hat die Erinnerung an einen Mann hinterlassen, dessen Unterricht fesselnd war, der aber weit über die Köpfe der Schüler hinwegging. Einer von ihnen, der heute selbst Jesuitenpater ist, erzählt:

Teilhard de Chardin, Petite sœur des pauvres›, S. 21]. Françoise und Pierre haben korrespondiert, und letzterer hörte nicht auf, seine ältere Schwester auf der Ebene des spirituellen Lebens zu unterstützen.

[47] Mit Jersey beginnt die Zeit, die der Pater die «*Phase der präliminaren Forschungen im Gelände*» genannt hat [1901–1912]: «*[...] das wesentliche Ergebnis dieser ersten Forschungen war vor allem, hervorragenden Geologen oder Paläontologen Fundstücke und Beobachtungen [zahlreiche neue Arten] mitzuteilen*» [‹Titres et Travaux›, S. 1]. P. Teilhard ist erst ein «Amateur».

[48] gestorben 1957.

[49] Unerwartet im Hinblick auf das Ziel der Reise; denn die Jahre der «Regenz», das heißt des Unterrichtens, sind in der Ausbildung des Jesuiten normal: das gewöhnliche Schema umfaßt: Noviziat [2 Jahre], Juvenat [2 Jahre], Philosophie [3 Jahre], Regenz [3 Jahre], Theologie [4 Jahre], «Drittes Jahr» [1 Jahr], insgesamt 15 Jahre.

[50] Während des Schuljahres 1905–1906 hatte er als Assistenten P. Paul Bovier-Lapierre: ein diplomierter Naturwissenschaftler, ein Forscher erster Ordnung, ein guter Prähistoriker, der seine Aufmerksamkeit auf die Schottersteinbrüche von Abbassieh in der Nähe von Kairo lenkte; er blieb mit ihm im Briefwechsel.

B – «Nach der Unterrichtsstunde war ich voller Bewunderung, doch ich hatte nicht viel begriffen.»

Pierre Teilhard hatte bereits zu dieser Zeit das Zeug zu einem Universitätslehrer und zugleich zu einem Forscher.

Wir haben ein wertvolles Zeugnis von Anastase Alfieri, dem Generalsekretär der Entomologischen Gesellschaft Ägyptens, erhalten können, der Schüler Pierre Teilhards und Joseph Clainpanains war: die beiden Ordensleute, die eine gemeinsame Neigung zur Naturgeschichte verband, waren Freunde geworden. Man mußte zu zweien sein, um den einzigen freien Tag mitten in der Wüste damit zu verbringen, Steine umzudrehen oder in der Backofenhitze irgendein großes Fossil aus einer Felswand zu lösen. Pierre Teilhard beschäftigte sich vor allem mit der Paläontologie, doch verachtete er weder die auf dem Lande oder in den Flüssen lebenden Weichtiere noch die Insekten.

W – «Teilhard und Clainpanain», schreibt Alfieri, «dürr wie Asketen, der eine war fast zwei Meter groß, der andere gelangte nicht über anderthalb Meter hinaus, bildeten einen eindrucksvollen Kontrast, der noch stärker wurde, wenn man sie zusammen sah; und sie waren immer zusammen, über Berg und Tal, und aus gutem Grunde.»

Der Schüler Alfieri folgte ihnen bei ihren Exkursionen, er war

W – «glücklich, die Tasche der Naturforscher, das Schmetterlingsnetz, die Arbeitswerkzeuge und die unentbehrliche Wasserflasche zu tragen; denn die langen Exkursionen waren nur im Laufe des Sommers, am Ende des Schuljahres, möglich.»

Eine der Exkursionen in das rote Gebirge von Abbassieh fand unter prasselndem Regen statt, da Pierre Teilhard geglaubt hatte, das die Hänge der Hügel hinablaufende Wasser würde den Sand mitreißen und paläontologische Stücke freilegen – das ist echt Teilhard; denn wenn es sich um die Forschung handelte, galt alles andere nichts mehr, weder die Befriedigung legitimer Bedürfnisse noch die elementarste Bequemlichkeit der Existenz.

Es ist schwierig, eine wenn auch nur ganz vorläufige wissenschaftliche Bilanz dieser Jahre zu ziehen. In Jersey und in Kairo, erklärte später der Pater bescheiden, studierte und lehrte er nach besten Kräften eine recht elementare Physik, die Physik vor den Quanta, der Relativität und dem Feinbau der Atome. Und er fügt hinzu:

W – «Ebensogut kann ich sagen, daß ich auf diesem Gebiet technisch ein Amateur – ein Laie bin.»

Er treibt hier die Bescheidenheit sicher etwas weit: P. Teilhard war weder Mathematiker noch Physiker, doch hielt er sich ständig über die allgemeine Bewegung der theoretischen Physik auf dem laufenden und vermochte ihre wichtigsten Ergebnisse richtig zu benutzen.

Zu dieser Zeit betrachtet er, durch die vor-relativistische und vorquantische Wissenschaft verführt, die Wesen als hauptsächlich durch die Materie miteinander verbunden und sucht im «Elementaren», in der Masse der Körper, die Gleichgewichtsstellung und das Prinzip der Beständigkeit des Universums. Wundern wir uns nicht über dieses tastende Vorgehen, dieses Verweigern, dieses teilweise Mißverstehen seiner selbst. Eine in den Lehrjahren normale intellektuelle Krise, um so normaler, als wir uns zu dieser Zeit in einem Tal der Entwicklung sowohl der Wissenschaft wie auch des religiösen Denkens befinden.

Der Geologe, Paläontologe und Naturkundler lassen also in Ägypten ihrem Herzen freien Lauf. Anfang April 1907 füllt unser «Regent» im Fayum bei Kasr-el-Sagha seinen Sack mit 1907

W – «seltsamen, wunderlichen Fossilien, von denen man sagt, es sei eine Symbiose des Einsiedlerkrebses mit Polypen gewesen» – «Leider oben in der Wand finden sich Meeresablagerungen mit Walfischknochen; einige Kilometer weiter finden sich die Sande mit großen Dickhäutern, in denen die unförmig gehörnten Schädel des *Arsinoitheriums* vergraben sind... Doch für derartige Forschungen braucht es eine wirkliche Expedition [...].»[51]

Zwei Auszüge aus Briefen lassen diese heiße Jagd nach Fossilien, Mineralien und seltenen Insekten recht lebendig werden:

B – [24. Oktober 1907] «Bei Behig in der Mariutwüste bin ich auf einen verlassenen Steinbruch gestoßen, der voller *Rumina, Buliminus Gaillyi, Helix philammia* [gezähnt] ist, ohne von den kleinen Arten zu sprechen, die M. Pallary[52] sehr interessierten: *Orcula Scyphus* und zweifellos *Coecilianella* [in Ägypten nicht nachgewiesene Gattung].

[51] ‹Huit jours au Fayoum› [‹Relations d'Orient›], Dezember 1907, S. 278.

[52] In Oran wohnhafter französischer Gelehrter, ein Spezialist der Mittelmeer-Conchyliologie.

In den großen Grasbüschen der Suezwüste habe ich zwei sehr eigenartige Heuschreckenarten aufgelesen, die das zukünftige Werk von Innès Bey noch mehr füllen werden[53].

Von Paris aus drängt mich M. du B., die *Chrysiden* [Hymenopteren, blaue, rote...] zu bearbeiten. Ich habe ihm seltene geschickt: Weibliche Tiere, während nur männliche bekannt waren, und umgekehrt.

Ich erwarte mit Ungeduld die Rückkehr M. C[ouyat]s. Er hat in der Akademie der Wissenschaften [9. Sept.] einen Aufsatz über unsere Zölestinkristalle veröffentlicht. Ich will ihm noch seltsamere andere zeigen, von denen die riesigen Radiolithen der Kreide von Abu-Roach voll sind.

Ich habe die Bekanntschaft der Pyramidenviper *Echis carinata* gemacht, zwei kleine habe ich im Alkohol. Wenn sie bedroht ist, reibt sie die Falten ihres Körpers mit einem recht starken Geräusch.»

1908 [12. März 1908] «Meine letzten Funde: M. Priem hat vor der Geologischen Gesellschaft Frankreichs eine Mitteilung über meine Fischzähne vom Berge Mokattam und über den Sirenenkiefer abgegeben. Zu Neujahr bin ich acht Tage in Oberägypten gewesen, und ich habe aus den Minieh-Schichten einen Vorrat an Echiniden[54] mitgebracht, die M. Fortau Freude machen[55]. Er bereitet einen Artikel über sie vor.

Am letzten Fastnachtsdienstag habe ich in der Kreide der Libyschen Wüste zwei kleine Asterias[56] aufgelesen, die auf dem Wege nach Paris sein müssen. Schließlich habe ich im Mokattam eine Schicht mit *Clypeaster*-Resten[57] gefunden, die zu dem Ergebnis führen könnte, das obere Mokattam in das obere Eozän zu verlegen. Vor einem Monat bin ich auf Schwerspataggregate gestoßen: das ist, wie ich glaube, für Kairo ein neues Mineral.»[58]

[53] Dr. Innès, der Direktor der Medizinischen Fakultät von Kairo, Besitzer großartiger Sammlungen.

[54] Seeigel.

[55] Französischer Ingenieur in Kairo, Mitglied des Ägyptischen Instituts; er hat mehr als sonst jemand zur Geologie Ägyptens beigetragen.

[56] Seesterne. Sie wurden von de Loriol beschrieben.

[57] große, platte Seeigel.

[58] ‹Relations d'Orient›, Mai–Juni 1908, S. 178–179.

Die Ergebnisse sind nicht zu verachten. Der junge Lehrer macht sich bereits bei einigen Spezialisten einen Namen. 1908 erscheint seine Studie über ‹L'Eocène des environs de Minieh› mit schönen geologischen Schnitten. Das Eozän: Pierre Teilhard beugt sich bereits über die Zeit des Tertiärs, die Ära, in der sich die Säugetiere entfalten und die Primaten entstehen. Doch die Beschaffenheit dieses Landes führt ihn dahin, sich vor allem mit Meeresfossilien zu beschäftigen. Er leistet gleichfalls seinen Beitrag zur Entomologie, indem er eines Tages die ‹Schöne Verteidigung eines Acridium›[59] bewunderte. Eine Hymenoptere[60] und eine Lepidoptere[61] sind dem jungen Jesuiten gewidmet, der bereits einem Fossil als Pate gedient hatte: einer Abart des *Gisopygus*. War Pierre Teilhard, wie er behauptet, der Gefahr ausgesetzt,

W– «in den Sumpf der Sammlungen und des Sammlertums abzugleiten»?

Beruhigen wir uns, der Pater war nie ein wahrer Sammler, und wenn er später die Freude an der neuen Art, dem seltenen Stück verlor, so blieb er doch um nichts weniger ein scharfer Beobachter und ein Freund der Tiere und Blumen.

Doch das Wichtigste

W– «angesichts der trostlosen Weiten der Wüste, deren Hochflächen ihre violetten Stufen übereinander schichten, so weit das Auge bis zu den wild exotischen Horizonten reicht»,

war in Ägypten die Entdeckung der Exotik, der begierig aufgenommene Orient mit seinem Licht, seiner Vegetation, seiner Fauna und seinen Wüsten. Die Vorliebe Pierre Teilhards gilt Oberägypten, «*ein berauschendes und blendendes Land*», doch die Landschaft Fayum, in der er acht Tage verbrachte, sollte ihm tiefe Eindrücke vorbehalten, insbesondere der Moëris-See, der Birket el Kerun,

W– «eine bläuliche, fast graue Wasserfläche, der gegenüber die gelben Steilufer der Wüste jäh emporragen [...]. Über den Untiefen stoßen Fischer ihre flachen Boote vorwärts; sie wirbeln das Wasser mit großen Stockschlägen auf, um eine Art Schleie in ihre Netze zu jagen [...]. Auf der Seite, an der wir uns befinden,

[59] Es handelte sich um ein *Acridium tartaricum*, das der Pater dabei überraschte, wie es sich gegen einen Vogel, den *Saxicola lugens*, verteidigte.

[60] *Chrysis teilhardi Buysson*, 1908.

[61] *Eublemma teilhardi Joannis*, 1909.

sinkt der Grund in unmerklicher Weise ab, und fast eine Stunde lang gleiten wir langsam in einem engen Fahrwasser inmitten von Zwergtamarisken vorwärts, aus denen Reiher und Bekassinen auffliegen und aus denen wie Kolibris schillernde Bienenfresser pfeifend erwachen. Endlich sind wir im Bereich der großen Schilfe; wir durchqueren ihr gedrängtes Massiv, und plötzlich gleiten wir hinaus in die freien Wasser. Bläßhühner und Enten, die in dichten Schwärmen den See bedecken, fliegen auf oder ziehen sich überstürzt ins Schilf zurück [...]. Wie wir umkehren, ist es bereits spät. In der Ferne haben sich die Pelikane in einer Reihe geordnet, um zu fischen, und sie gleichen einem weißen Streifen über der Wasserfläche. Die Sonne verschwindet, und wir gleiten über ein milchiges Wasser, das von tiefvioletten Bergen eingekreist ist.»[62]

Erläutern wir: Der junge Jesuit hatte nichts von einem nach historischen oder künstlerischen Sensationen begierigen Antiquar oder Ästheten an sich. Nein, der Orient ist für ihn die Wüste, deren Trostlosigkeit er nicht sieht, weil er das Mineral liebt, die ihm aber die Unermeßlichkeit der Materie und die Größe Christi offenbart. Der Orient, das ist der Osten in seiner Gegensätzlichkeit zum Westen und, nachdem einmal die Versuchung des Orients überwunden ist, die zwischen den beiden Universen zu verwirklichende Synthese. Der Orient ist das Missionsland, in das der heilige Franz Xaver und seine Gefolgsleute hinauszogen, er ist ein von den Soldaten Christi zu eroberndes Land... Der Dialog mit dem Osten, genauer mit Indien und China, wird sich das ganze Leben des Paters hindurch fortsetzen. Man wird niemals genug betonen, daß dieser Geologe, dessen Forscherkleidung später nicht einmal mehr die klerikale Zugehörigkeit verriet, verborgen von dem Geschlecht und dem Guß der großen jesuitischen Missionare war[63].

Bekanntlich sind die Studien in der Gesellschaft Jesu sehr gründlich. Auf das ägyptische Zwischenspiel folgt das Theologat in England zu Ore Place [bei Hastings in der Grafschaft Sussex], das vier Jahre,
1908– von 1908 bis 1912 einschließlich, dauerte. Ore Place ist ein großes,
1912 helles und ganz neues Haus, das gebaut wurde, um das Scholastikat

[62] ‹Relations d'Orient›, Dezember 1907, S. 276–278, passim.

[63] Er sollte den Nil nicht so bald vergessen, sein fernes Spiegelbild bedrängte ihn noch 1917 als ein Ruf der Tropen.

der Theologie zu beherbergen, das 1901 aus Lyon-Fourvière vertrieben worden war und sich zunächst für einige Jahre in das alte Gebäude des Hales Place zu Canterbury geflüchtet hatte. Das neue, ganz aus rosa Ziegeln errichtete Gebäude überragt auf dem Gipfel eines Hügels die Stadt Hastings und das Meer. Am 24. August 1911 wurde Pierre Teilhard in Gegenwart von Monsieur und Madame Teilhard de Chardin zum Priester geweiht. Am folgenden Tage empfingen seine Eltern aus seiner Hand die Kommunion[64]. Wir wissen erst wenig über die Kontakte des jungen Priesters mit der seelsorgerischen Arbeit. Ein Brief [Ore Place, Hastings, 18. Mai 1912] berichtet uns von einer Woche seelsorgerischer Arbeit in Belle in der Nähe von Boulogne:

B – «[...] am meisten bedauere ich, daß ich in Boulogne weder die Steilküste noch das Museum und auch nicht einen gewissen M. Sauvage, einen Fischspezialisten, besuchen konnte. Das hat mich nicht gehindert, eine sehr schöne Woche in einer reizvollen Gegend zu verbringen – ich wurde in einem mitten auf dem Land verlorenen Pfarrhaus wunderbar aufgenommen, ich fühlte mich dort gleich wie in einer Familie. An Arbeit fehlte es nicht, ich hatte sämtliche Beichten, und die Pfarre ist, wenn auch nicht sehr zahlreich, so doch gut erhalten; doch im ganzen eine leichte Aufgabe – genau das, was ein Anfänger braucht.»

In Paris [Brief vom 1. Januar 1913] nahm er sich junger Arbeiter an – sein erster Kontakt mit der arbeitenden Klasse:

B – «Um mich nicht allzu sehr zu laizisieren, gehe ich alle vierzehn Tage zu den kleinen Glasbläsern von Le Bourget, von denen ich Euch, glaube ich, bereits berichtet habe. Das letzte Mal war es zur Christmette. Diese armen Leute sind recht interessant und zeigen sich sehr vertrauensvoll; doch es ist unglaublich, wie sehr, selbst in einer recht kleinen Fabrik, deren Leiter *ausgezeichnet* ist, jemand bösartig mißhandelt wird, der sich nicht schlecht aufführen will; es gibt dort zwei oder drei Jungen [15–18 Jahre], die wirklich heroisch sind. Ich bin sehr zufrieden, daß ich dieses

[64] Wir werden zweifellos nie erfahren, welches Gebet er in seinem Innern während seiner ersten Messe sprach, doch dachte er gewiß an seine Schwester Françoise, die am 7. Juni in Schanghai an den Pocken gestorben war, nachdem sie erklärt hatte: «Pierre soll für mich beten; im Himmel werde ich ihn nicht vergessen» [vgl. ‹Françoise Teilhard de Chardin›, S. 68].

kleine Amt übernommen habe. – Für die letzten vierzehn Tage der Fastenzeit fahre ich nach Gap, allein. Ich werde dort viel sprechen müssen [dreimal am Tag in der ersten Woche], und das erschreckt mich etwas. Auf diese Weise werde ich den Rand der Alpen kennenlernen.»

Während des Ersten Weltkrieges tat der Pater sein möglichstes, um die verlassenen Pfarren in der Nähe der Front zu betreuen.

Wir sind zur Zeit noch sehr unvollkommen über diese vier Jahre in England unterrichtet. Zunächst eine Erinnerung an die außerordentliche Dichte und Intensität, die für Pierre zu dieser Zeit die Landschaften Englands, vor allem während des Sonnenuntergangs, annahmen – zu der Zeit, da die Wälder von Sussex, so hätte man gesagt, sich mit alldem «fossilen» Leben füllten, dem er von Steilhängen zu Steinbrüchen in den Wealden-Tonen nachjagte: In den Schichten aus Kalk, eisenhaltigem Sandstein, Ton und lignithaltigen Sanden dieser Kreidegebiete war nämlich wirklich etwas zu finden.

In einem Brief vom 1. März 1954 erinnert P. Teilhard in großen Zügen an diese fernen Jahre:

B – «Sie wissen, zu dieser Zeit war ich ein junger Theologiestudent, der nicht die Erlaubnis hatte, seine Zelle in Ore Place [Hastings] häufig zu verlassen – und ich hatte keine Kenntnisse der Anthropologie [oder gar der Vorgeschichte]: meine Hauptleidenschaft waren die knochenhaltigen Schichten des Weald und was sie an fossilen Zähnen enthielten.»[65]

Tatsächlich konnte dank der Großzügigkeit des Paters Rektor Pierre Teilhard mit seinem Geologenhammer und seiner Lupe seine wissenschaftlichen Exkursionen und Spaziergänge in Gemeinschaft mit seinem unzertrennlichen Begleiter Felix Pelletier sehr oft durchführen, und manchmal drang er sehr weit ins Innere des Landes vor[66]: Er schenkte dem Museum von Hastings und dem British Museum[67] einzelne Stücke und wurde von Albert Charles Seward,

[65] Er hatte die Freude, in den bone-beds ein Multituberculatum zu entdecken, dessen Untersuchung er Smith-Woodward, dem Direktor des British Museum, anvertraute.

[66] Sie nutzten auch die «kleinen Ferien» [Mitte August bis Mitte September], um nach Jersey zurückzukehren.

[67] Vgl. ein von Dr. Fletcher, dem Direktor des British Museum, unterzeichnetes Zertifikat und eine Mitteilung der ‹Geological Society of London› vom 14. November 1912.

der Professor für Botanik an der Universität von Cambridge war, in einem Aufsatz zitiert[68]. Bereits jetzt ist Pierre Teilhard über das Niveau eines Amateurs hinausgelangt, und er gewinnt ganz deutlich Geschmack an der Paläontologie der Wirbeltiere.
Es ist sicher, daß er anfing [und fortfuhr], Englisch zu lernen. Pierre Teilhard wird nicht aufhören, sich in dieser Sprache zu vervollkommnen. In China ist er bereits fähig, wissenschaftliche Schriften englisch abzufassen, doch bleibt er bei der Darstellung philosophischer Ideen noch etwas gehemmt; in den Vereinigten Staaten jedoch, gegen Ende seines Lebens, konnte er die abstraktesten und heikelsten Themen angehen und sich mit großer Leichtigkeit ausdrücken. Es ist ein einziges Paradox: seine Stimme ist nur auf amerikanischen Schallplatten erhalten geblieben. Er konnte schließlich so gut Englisch, daß er seit der Zeit in China in seinen Notizen und Briefen beständig von einer Sprache in die andere wechselte und so eine Art englisch-französische Mischsprache schrieb.
Das Wesentliche bleibt die religiöse Kultur. Es ist möglich, daß die biblische und exegetische Ausbildung Teilhards unzulänglich war, eine in jener Zeit recht allgemein verbreitete Schwäche. Der Pater hatte nie das Temperament eines Exegeten, und sein Geist wandte sich keineswegs besonders den biblischen Studien zu[69]. Er war ein «Wissenschaftler». Nachdem das gesagt ist, müssen einige Nuancen hinzugefügt werden. Gewisse Freizügigkeiten waren bei ihm viel mehr Schein als Wirklichkeit. Er hatte offensichtlich den prophetischen Geist des Alten Testamentes geerbt, von dem gewisse Bilder ihn bedrängten, zum Beispiel der Kampf Jakobs mit dem Engel. Wenn er im Hinblick auf gewisse heikle Punkte der Genesis meint, die Theologen müßten einen Schritt nach vorn in Richtung auf die Wissenschaft tun, so bittet er die Gelehrten, ihnen entgegenzugehen, damit die verschiedenen Erkenntnisebenen einander nicht stoßen. Er findet übrigens durch ein autonomes meditatives Bemühen ge-

[68] ‹A Contribution to Our Knowledge of Wealden Floras, With Especial Reference to a Collection of Plants from Sussex› [‹Quarterly Journal of the Geological Society of London›], 1913, Bd. 69, Nr. 273, S. 85–116 [eine fossile Pflanze trägt den Namen P. Teilhards: *Lycopodites Teilhardi sp. nov.*].

[69] Man wird trotzdem hellhörig, wenn er in dem Brief vom 14. Mai 1922 auf «*die Dissertation von P. Calmet* OSB *wider Vossius, der die Universalität der Sintflut nicht anerkennt*», in dem ersten Band der großen Bibel von Vence hinweist.

wisse Grundzüge der in der Bibel enthaltenen «Metaphysik» wieder[70]. Später, von 1919 an, hat er beständig ein NOVUM IESU CHRISTI TESTAMENTUM [VULGATAE EDITIONIS] bei sich, das heute auf unserem Schreibtisch liegt und als Unterlage für die Medaille von Raymond Delamarre dient. Seine Betrachtungshefte waren voller lateinischer Auszüge aus diesem Neuen Testament[71]. Seine Gedanken über das Johannesevangelium und gewisse Paulusbriefe sind erhellend, und durch eine bestimmte Einzelheit wissen wir, daß er 1945 sich immer noch über die allgemeine Bewegung der exegetischen Studien auf dem laufenden hielt.

In Ore Place machte Pierre Teilhard die Bekanntschaft eines Belgiers, des späteren P. Pierre Charles, der Professor für Theologie am Scholastikat zu Löwen wurde[72]. Die philosophischen Ideen P. Charles' waren von Anfang seiner Studien an, insbesondere unter dem Einfluß von P. Scheuer, im Sinne des traditionellen Thomismus mit einer Tendenz zu einer immer starreren dialektischen Konzeption festgelegt worden. Als scharfer Antikantianer wandte sich P. Charles der Philosophie nie berufsmäßig zu, und das zeitgenössische Denken kannte er nur aus gelegentlichen Kontakten und durch Vermittlung anderer. Sein Denken beschäftigte sich fast ausschließlich mit der Theologie, wo es sich mit großer Kraft und Ursprünglichkeit entfaltete, indem es häufig die Darlegung der traditionellen Thesen glücklich erneuerte, ohne jedoch sich jemals von ihnen zu lösen. P. Teilhard blieb immer voll Bewunderung für seinen «*lieben Freund, den großen Pierre Charles*». Und dieser nannte seinen Weggenossen «Mein Freund Pedro». Ihre durch den Ersten Weltkrieg unterbrochenen Beziehungen wurden nach dem Kriege wieder aufgenommen. Sie waren zunächst sehr eng. Seit 1920 begriff P. Charles [zweifellos unter dem Einfluß seines Freundes Teilhard], daß die menschliche Paläontologie eines Tages der Theologie sehr ernste Probleme stellen würde. Während die Oberen P. Teilhards noch zögerten, welche Richtung sie seinem intellektuellen Wirken geben

[70] Claude Tresmontant hat als Exeget und Philosoph das Verdienst, das gezeigt zu haben.

[71] Vgl. den Brief vom 2. August 1935, in dem der Pater vom heiligen Johannes und vom heiligen Paulus spricht [‹Epheserbrief›, ‹Kolosserbrief›]: «*In Peking will ich Euch die besten Stellen zeigen [in den alten Zeiten habe ich ein ganzes Heft damit gefüllt].*»

[72] gestorben 1957.

sollten, fragte dieser seinen Freund, was er dazu meine. P. Charles sagte ihm ohne zu zögern, seiner Meinung nach müsse er auf seiten der Vorgeschichte und der damit zusammenhängenden Wissenschaften suchen, und er drängte seinen alten Studienfreund lebhaft, sich für diese Richtung zu entscheiden. – P. Teilhard schickte P. Charles regelmäßig die berühmten daktylographierten Blätter, auf denen er die neuen Ideen festhielt, die sich ihm zeigten. P. Charles betrachtete die im ‹Göttlichen Bereich› dargelegten Ideen als mit den seinen restlos übereinstimmend, und er bedauerte, in dieser Denkweise nicht die dem inkarnierten Wort gewidmete theologische Abhandlung dargelegt zu haben. Er beeinflußte auch sehr stark die letzten, dem ‹Menschlichen Phänomen›[73] angehängten Seiten über die Sünde.

Wenn er auch lange Zeit von der Scholastik[74] durchdrungen bleiben sollte, übersteigt Pierre Teilhard doch schnell die der thomistischen Synthese inhärenten Kategorien und Methoden, da er ein wirkliches Unbehagen verspürt, in aller Form zu argumentieren und mit Syllogismen zu jonglieren. Unter seinen Lehrern bewunderte er kaum einen außer P. Léonce de Grandmaison, den er *«den göttlichen Léonce»*[75] nannte. Doch er studierte eifrig und bestand am 14. Juli 1912 glänzend seine «Puncta»[76]. Die Teilhardsche Theologie ist Gegenstand von Auseinandersetzungen. Doch wird man später bemerken, daß die durch gewisse religiöse Schriften des gelehrten Jesuiten hervorgerufenen Kontroversen sich nicht auf seinen Boden stellten. Teilhard kann gerecht erst später in der Zusammenschau beurteilt werden, zu der die Wissenschaft des 20. Jahrhunderts die

73 ‹Der Mensch im Kosmos›, C.H. Beck, München.

74 Seine ersten Schriften sind davon erfüllt und erfordern zu ihrem Verständnis eine gute thomistische Bildung. Am 10. Januar 1920 schrieb der Pater noch: *«Es wäre mir sehr nützlich, mich mit der Scholastik etwas mehr in Einklang zu bringen – ohne zu berücksichtigen, daß es in der gegenwärtigen Kirche keinen anderen Weg für eine Idee gibt als den aristotelischen Weg.»* Wie Descartes ist Teilhard aus der Scholastik emergiert, und die Philosophie der ersten Periode ist nur eine überarbeitete Scholastik. Schrieb er nicht noch am 8. Februar 1955: «*[...] da wir „auf den Schultern“ Platons, Aristoteles' und des heiligen Thomas aufgestiegen sind [...]*»?

75 Ein feiner Humanistenkopf, von einer großen, allem offenen Kultur; ein «Seigneur», der eine beachtliche Strahlkraft besaß.

76 Das Schlußexamen über die Gesamtheit der Thesen, das die theologischen Studien krönt.

Menschheit führt. Wenn der Pater auch kein Spezialist der Theologie war, so verstand er doch genügend davon, um mit den größten Theologen seiner Zeit beständige Beziehungen aufrechtzuerhalten und dauernde Diskussionen zu führen[77]. Nicht leichtfertig also hat er sich gewisse Kühnheiten erlaubt, sondern, wie er gern sagte, damit Christus unmittelbar an Seinem einzigartigen und zentralen Platz überall dort erscheine, wo die Forscher von morgen Fuß fassen. Wenn er zu weit gegangen ist, so aus Liebe und Eifer, so um die Unermeßlichkeit Christi adäquat auszusagen, so damit kein Gelehrter sagen könnte: «Die wissenschaftlichen Entdeckungen stehen im Gegensatz zur katholischen Lehre.» – Doch, ist er zu weit gegangen? Wird man nicht noch weiter gehen? Die in die Welt eingefügte Kirche evolviert mit ihr der Vollendung, «dem Vollalter Christi» entgegen. Lesen wir das Zeugnis eines jesuitischen Theologen, der in den Jahren von 1931 bis 1939 mit ihm korrespondierte:

B – «Der Ausgangspunkt und das Thema unseres Gedankenaustausches sind zunächst die Methode und die Voraussetzungen einer Theologie, eines christlichen Denkens gewesen. Sehr bald ist mir in evidenter Weise klar geworden, daß, wenn man in dieser oder jener Weise die Schau einer statischen, vollendeten und definitiven Welt anerkennt, man sich jeder Möglichkeit beraubt, der Tatsache Christi und der Offenbarung irgendeinen einsichtigen Sinn zu geben. In diesem Punkte waren wir uns allzusehr grundlegend einig, als daß wir das Bedürfnis verspürten, länger als nötig darüber zu diskutieren. Doch die Überzeugung des Paters ergab sich aus seiner Reflexion über die Wissenschaft; die meine dagegen aus der Reflexion über die Quellen der Offenbarung. Das Problem war, die Begegnung dieser beiden Ströme verschiedenen Ursprungs, die

[77] Sein theologischer Einfluß beginnt sich bereits bemerkbar zu machen; vgl. P.E. Mersch SJ, ‹La Théologie du Corps mystique›, Paris [Desclée de Brouwer]. Karmeliter sind dabei, über den Begriff des kosmischen Christus nachzudenken. Der flämische Theologe Wildiers hat im Oktober 1961 einen Kursus mit zwanzig Vorlesungen vor den Priestern und dem Bischof der Diözese Herzogenbusch [Holland] gehalten. Die Jesuiten von Kansas, USA, widmen ihm ein Studienjahr [1961/1962]. Die deutschen Jesuiten und Redemptoristen beginnen, ihn eingehend zu studieren. Der große französische Theologe Henri de Lubac SJ hat ein Buch über das religiöse Denken P. Teilhards veröffentlicht [Paris, Aubier]. Die Fachleute neigen immer mehr dahin, die Intuitionen des Paters zu bestätigen, dessen Formulierungen, so scheint es, niemals irrig sind.

aber Träger derselben Wahrheit waren, herbeizuführen. Man mußte sich von der Erbärmlichkeit einer „geläufigen" Theologie befreien, in der die lebendige und kraftvolle Tradition versunken war... Man mußte die Kritik der geistigen Strukturen, der unbewußten Vorentscheidungen unternehmen, die das Denken ausrichten, bevor es überhaupt zu denken beginnt... Das war das zentrale Thema unserer Gespräche. Der Pater hatte auch mit den Phantomen einer mumifizierten Theologie gekämpft, die noch nicht aus dem vorkritischen Stadium herausgetreten ist. Die Unternehmung muß sich auch auf die Schritte des Geistes selbst auf der Suche nach der Wahrheit richten. Man muß durchaus dahin gelangen, seinen eigenen Blick zu beurteilen...»

Wenn wir im Hinblick auf die intellektuelle Ausbildung Pierre Teilhards als Philosoph und vor allem als Scholastiker gezwungen waren, die Dinge zu nuancieren, so haben wir den Eindruck, daß nichts Derartiges im Hinblick auf seine spirituelle und «jesuitische» Bildung gesagt werden muß. Am 31. Dezember 1936 wies er noch auf «*die wertvolle Bildung, die mir die Gesellschaft gegeben hat*» hin. Er praktizierte immer die GEISTLICHEN ÜBUNGEN «*unseres Vaters Ignatius*», selbst wenn er in dem von einem der größten religiösen Genies des 16. Jahrhunderts abgesteckten Rahmen die Spiritualität eines Menschen des 20. Jahrhunderts entwickeln wird. Noch in seinen letzten Lebenstagen schrieb er an zwei verschiedene Korrespondenzpartner:

B – «Haben Sie jemals wirklich erkannt, in welchem Maße die EXERZITIEN [Fundament, Sünde, Reich, Banner,... alles, außer AD AMOREM][78] für den Gebrauch in einem in Genese befindlichen Universum unbedingt transponiert werden müssen und

[78] Die GEISTLICHEN ÜBUNGEN haben das Ziel, die Seele zu reinigen und sie alle Geheimnisse des Lebens Jesu Christi betrachten zu lassen. Das Werk beginnt mit dem Prinzip und dem Fundament [Weshalb existiert der Mensch? Welche Haltung muß er den geschaffenen Dingen gegenüber einnehmen?] und enthält zum Schluß eine Kontemplation, um die Liebe zu erhalten. «Reich» und «Banner» sind die abgekürzten Titel zweier Entwicklungen: *Der Aufruf des zeitlichen Königs* [in dem die Treue gegen den erobernden Gott des Evangeliums mit der Loyalität verglichen wird, die ein Ritter einem großherzigen König schuldet, der beschlossen hat, die Länder der Ungläubigen zu unterwerfen] und *Von Zwei Bannern* [wo der Exerzitant aufgefordert wird, zwischen dem Banner Luzifers und dem Banner Christi zu wählen].

großartig transponiert werden können [...]?[79] – [...] Ich bin immer mehr von der wachsenden Notwendigkeit betroffen, der wir gegenüberstehen, die EXERZITIEN [in ihrem Sinne!] neu zu denken, indem wir sie aus dem [statischen] „Kosmos", in dem sich der heilige Ignatius glaubte, in die „Kosmogenese" [„Noogenese"] transponieren, zu der das Universum für unser modernes Bewußtsein geworden ist.»[80]

Kurz, das Werk Teilhards steht, so viele Neuerungen es auch bringt, auf der Linie der ignatianischen Spiritualität: Es ist eine Weiterführung der ‹Contemplatio ad Amorem›[81].

Pierre Teilhard blieb sein ganzes Leben lang ein treuer und überzeugter Jesuit. Doch ist es nicht unnütz, den sehr militanten [man könnte fast sagen, aggressiven] Charakter gewisser Artikel dieser Zeit zu betonen. Wir denken an die beiden Aufsätze ‹Die Wunder von Lourdes und die kanonischen Untersuchungen›[82] und ‹Zur
1912 Fixierung der Züge einer Welt, die immer mehr verblaßt›[83]. Dieser junge Jesuit ist entschieden geistvoll [zumindest in dem Sinne, wie man dieses Wort zur Zeit Ludwigs XIV. verstand], und welch ein Stil, vor allem in dem zweiten Aufsatz:

W– «Oh, der angstvolle Blick auf die in dem Schlamm der Urmeere gefundenen Organismen, auf das aus dem Grunde der Höhlen ausgegrabene alte Werkzeug, auf den Menschen, der starb, bevor er gesprochen hatte, auf all die unbeweglichen Sphinxe, die gesehen haben und nicht antworten: wer hat sich, sofern er nur etwas das Problem des Lebens verspürt hat, ihm nicht lange hingegeben? Wer wird uns die Intuition der verschwundenen Zeiten wiedergeben, da sich die Schichten und Rassen bewegten und vermischten und so die Gebärde verwirklichten, von der wir kaum eine der möglichen Formen an ihren großen Überresten ablesen?»

[79] Brief vom 4. April 1955.
[80] Brief vom 4. April 1955.
[81] Es ist gleichfalls gut, daran zu erinnern, daß die Teilhardsche Theologie nach dem Vorbild der Theologie des heiligen Ignatius eine Theologie der Inkarnation sein wird.
[82] ‹Études›, 1909. Dieser Artikel erweckte Aufmerksamkeit und brachte dem Autor Glückwünsche ein.
[83] ‹Le Correspondant›, 1912.

Kann man das besser sagen? Der junge Priester, der beauftragt war, vom 27. August bis zum 4. September 1912 der Woche für religiöse Ethnologie in Löwen beizuwohnen[84], ist den Vorträgen aufmerksam gefolgt und hat verstanden, seine Notizen zu redigieren. Lassen wir uns nicht von der Ausgewogenheit des oben zitierten Satzes täuschen: Er will nicht nur einen stilistischen Effekt erzielen, er offenbart vielmehr eine ehrliche Liebe zur paläontologischen Wissenschaft. Erheiternd ist der herausfordernde Ton gewisser Stellen der nichtkatholischen Wissenschaft gegenüber. Man möchte mit dem Cid sagen: «Erscheint, Navarrer, Mauren und Kastilianer!», und parodieren: «Erscheint, Sektierer der offiziellen Wissenschaft!» Der Pater verlängerte übrigens seinen Aufenthalt in Löwen:

B – «Ich habe den Monat September damit verbracht, die primären Schichten Belgiens zu bearbeiten [Antoing, Enghien, Florennes, Marneffe (ich habe dort an Sie gedacht)]; jetzt bin ich in Fragen der Schichten und Faltungen beschlagen. Ich habe recht hübsche Fossilien gefunden [...].»[85]

Ende Dezember 1912 finden wir ihn wieder in Löwen, wo er die Fossiliensammlung von M. de Dorlodot studiert:

B – «Der Kanonikus ist zugleich ein Gelehrter und ein Edelmann, und auch ein Freund der Gesellschaft; seit einer Woche, da ich in Löwen bin, hat er mir alle seine Vitrinen geöffnet, mich zum Essen eingeladen, lange [geologische und andere] Theorien entwickelt und mir schließlich erlaubt, die Stücke mitzunehmen, die ich gerne haben möchte, um sie mit denen von Paris zu vergleichen. Er hätte nicht freundlicher sein können. Ich rechne damit, übermorgen abzufahren.»[86]

P. Teilhard baut sich bereits ein Netz wissenschaftlicher Beziehungen auf, wie er es auch in England getan hatte.

...Wie sollen wir diese wenigen biographischen Hinweise zusammenfassen? Erinnern wir an das Wort von Albéric: «Unsere Familie muß unter eine Glasglocke gestellt werden.» Pierre Teilhard hat

[84] Es handelte sich um einen sehr interessanten Versuch der katholischen Kirche, den Missionaren eine wissenschaftliche Ausbildung zu geben, die genügte, um vollwertige ethnologische Dokumente zusammenzustellen. Ist der Missionar nicht wirklich ein idealer Beobachter?

[85] Brief aus Paris vom 13. Oktober 1912.

[86] Brief aus Löwen vom 1. Januar 1913.

auch unter einer Glasglocke gelebt. Verstehen wir uns recht, denn es ist notwendig, diese Formel von jedem negativen Beiklang zu befreien. Doch bleibt eine Tatsache um nichts weniger wahr: Nachdem er die Freuden des Familienkreises erfahren hatte, hat Pierre eine etwas größere Familie gehabt, die aber weiterhin seinen Horizont umschreibt, nämlich die Societas Jesu. In die Welt, in die weite Welt hat er sich noch nicht hineinbegeben, wenn man von dem ägyptischen «Seitensprung» und den weiten Perspektiven der Wissenschaft absieht. Er hat geistige Kämpfe durchgemacht – doch welcher Novize hätte das nicht? –, im ganzen aber ist er in dieser Familie, die ihn aufgenommen hatte, glücklich, innig glücklich gewesen, und er fühlte sich in ihr wohl. Seit langem beseelt ein tiefes, verborgenes Leben Pierre Teilhard, und es findet in Konflikten, Weigerungen [im übrigen ohne Auflehnung] seinen Ausdruck. Dieser junge Jesuit zeichnet sich durch seine Intelligenz und seine wissenschaftliche Begeisterung aus. Und doch sind das nur in einen unvermeidlichen Konformismus eingetauchte Versprechen. Der Funke des Genies ist noch nicht aufgelodert.

Wir könnten hier stehenbleiben, nachdem wir einige Grundlinien dieser manchmal recht ungenauen Vorgeschichte skizziert haben[87]. Doch würden wir damit dem Titel dieses ersten Teiles nicht gerecht. Auf die Gefahr hin, einige der vorhergehenden Angaben wieder aufzugreifen, ist es nunmehr an der Zeit, die Themen des Teilhardschen Denkens zu präzisieren, die bereits in dieser ersten Periode gegenwärtig sind.

Dieser Sohn eines Archivars und Naturfreundes verspürte schon sehr früh eine Berufung zum Geologen. Diese Liebe zum Eisen, zu den Quarz- oder Amethystkristallen, zu den Chalzedonstücken, diese Vorliebe für die harte, unangreifbare, widerstandsfähige «materielle Materie» zeugen unwiderleglich von einem ernsten und tiefen Anruf. Eine ästhetische Anziehung? Vielleicht. Eine intellektuelle Neigung? Ohne Zweifel, denn der Mann sollte ein Gelehrter von internationalem Rang werden, der das «Notwendige» und das «Allgemeine» liebt. Doch es ist noch viel mehr als das. Als neuer

[87] Es sind noch etwa 700 Briefe Pierre Teilhards an seine Eltern erhalten, die in den Archiven der Provinz von Lyon liegen; doch sind sie vorläufig nicht zugänglich. Wir hoffen, daß dieser Zustand nicht ewig dauern wird.

Antäus, den kein Herakles jemals vom Erdboden zu lösen vermag, ist Pierre Teilhard ein Sohn der Erde, und sein ganzes Sein ist in der dunklen Materie verwurzelt. Er liebt diese Materie, weil er aus altem Stamm ist, weil er aus einem erdverwurzelten Edelgeschlecht geboren ist, dessen Leben sich mühelos dem großen natürlichen Rhythmus des Jahreszeiten anpaßt. Als Gelehrter wird er immer um das Experimentelle bemüht sein: so trostvoll auch in seinen Augen die Gesichtspunkte des Glaubens, eines übernatürlichen Geschenks, sein mögen, sie schließen nie die anreizende und empfänglich machende Funktion der Erfahrung aus. Keine begrifflichen Jonglierkünste und keine sich im leeren Raum bewegende Dialektik. Kein Primat der Mathesis mehr, deren transzendente Gleichungen, wenn sie auch auf das Wirkliche zurückfallen, nur einer dünnen Schicht von Spezialisten vorbehalten sind. Daß die zukünftige Weltanschauung dieses Naturforschers von einer Geologie getragen wird, das bezeugen unter tausend anderen Anzeichen der Sinn für die unendlich langsamen Rhythmen der Pulsschläge der Erde und die Teilhardsche heitere Gelassenheit angesichts der Krisen der gegenwärtigen Stunde.

Doch wenn Pierre Teilhard ein Geologe mit strenger Methodik wird, so vor allem aus einem «metaphysischen» Grunde, denn die Entscheidungen wissenschaftlicher Ordnung enthüllen, wenn sie auch zunächst Fähigkeiten verraten, noch tiefere geistige Einstellungen. Weil das Kind sein dunkles Bedürfnis nach dem Absoluten in die Vorliebe für das «Beständige», das «Ewige», das «Unveränderliche» gekleidet hat, liebt es diese Steine und Kristalle, die der Zeit zu trotzen und über die menschliche Gebrechlichkeit zu lachen scheinen. Die Grundkomponenten des Teilhardschen Denkens aufzuzählen, ist eine leichte Aufgabe. Es sind ihrer drei: das «Kosmische», das «Christische» und das «Menschliche». Das «Kosmische» oder der Sinn für die universelle Totalität und Solidarität, und folglich für die persönliche Teilhabe am Leben des Universums, ist bei dem Pater die Fortsetzung und Ausdehnung seiner Liebe zum Ewigen gewesen. Nachdem er das Ewige im «Beständigen», das heißt, in einem unveränderlichen Gegenstand gesucht und geliebt hatte und feststellen mußte, daß er dieses Gegenstands ermangelte, hat er das Ewige im Universum gesucht und geliebt. Man kann also nicht sagen, es sei eine vorzeitige Mutation eines primitiveren Elements [des Sinnes für das «Beständige»] eingetreten, eine Umwandlung, die sich in der Zeit der Pubertät in dem Augenblick vollzogen habe, da unter der Gewalt der sexuellen Kräfte der junge Mensch aus dem Zauberkreis der kindlichen Egozentrik herausgerissen wird und sich extravertiert. Hier liegt einfach eine Erweiterung, eine Orchestrierung [mit den aufsteigenden Vermögen des Heranwachsens] ein und desselben Themas, ein und derselben Leidenschaft vor. Die Einheit ist vollkommen. Die Pubertät erschien dem Pater viel mehr als ein Aufsteigen des Lebenssaftes denn «sexueller Kräfte» im eigentlichen Sinne. Nach seinen intimen Aussagen ist es evident, daß letztere von der Leidenschaft für das Ewige aufgesogen und sublimiert wurden, ohne je ein Eigenleben gehabt zu haben.

Doch dieser für die Welt Begeisterte – und das ist keine Ironie des Schicksals – ist aus einer christlichen, zutiefst angestammt katholischen Familie geboren, deren sittliche Gesundheit und deren Ehrlichkeit keinerlei Revolte à la Hervé Bazin hervorrufen oder rechtfertigen. In diesem Geschlecht der Edelleute gehört man zunächst Gott, und man findet es ganz natürlich, Ihm alles übrige zu opfern. Genauer gesagt: die Frömmigkeit ist christozentrisch, und diese Hingabe an das heiligste Herz Jesu nimmt eine zentrale Stellung ein, die das Kind daran erinnert, daß «die Liebe nicht geliebt wird», und in seine Frömmigkeit[88] den Sinn für das «Personale» einführt, das die Vorliebe für das Allgemeine und Notwendige, ein gewisser Widerwille gegen das Kontingente und Individuelle zu verwischen drohte. Ist das Christentum denn nicht, wenn es einmal auf das Wesentliche zurückgeführt ist, ein Dialog von Person zu Person? Das ganze Leben Pierre Teilhard de Chardins wird eine Explizierung seiner Frömmigkeit Christus gegenüber sein, und dieses [anscheinend so gebrechliche] Organ, das Herz Jesu, wird durch seine Strahlung vergrößert zu dem unwandelbaren Zentrum des ganzen Kosmos. Christus war die große, einzige Leidenschaft dieses Sohnes der Erde.

Bleibt noch ein drittes konstitutives Element, der Sinn für das «Menschliche», eine evidente Fähigkeit, das «Einmütige» in diesen

[88] Trotz einer gewissen Zurückhaltung der fleischhaften Individualität Jesu gegenüber, solange Pierre nicht erkannt hat, daß das Fleisch in Ihm ewig ist.

menschlichen Riesenmolekülen der Kollektive zu erkennen. Dieser Aspekt wird sich erst sehr viel später, zur Zeit des Ersten Weltkrieges, offenbaren. Auf jeden Fall kann man sagen, das ganze Teilhardsche Denken, oder genauer, sein ganzes spirituelles Leben lasse sich in dem komplizierten Zusammenspiel dieser drei Grundkomponenten zusammenfassen, und das «Menschliche» erweist sich als ebensowenig ausscheidbar wie die anderen. So gelangen wir nunmehr zu der Leitidee, die uns von jetzt an führen soll. Der Geist ist für den Pater vor allem die Einheit der Synthese, die Weigerung, innere Scheidewände aufzurichten, das freie Spiel gegensätzlicher Einflüsse, und das Ergebnis wird in dieser außergewöhnlich begabten Seele unbestreitbar eine Synthese sein, in der einander scheinbar widersprechende Bestrebungen miteinander harmonisieren, in der das Kind der Erde mit dem Kind des Himmels fraternisiert, indem sie eine Mystik erarbeitet, die reicher als die des Monisten, Heiden oder Quietisten ist – deren Werte sie bewahrt, ohne in ihre Irrtümer abzugleiten. Der Monist nämlich stürzt sich in eine totale Einheit hinein, der Pater aber gelangt dorthin, ohne seine Individualität zu verlieren. Der Heide betet die greifbaren Götter an, der Pater aber geht, um bis an das Ziel seiner Anbetung zu gelangen, durch die Dinge hindurch, indem er sich von ihnen löst, um sich an Jesus, den Gottmenschen, zu hängen. Der Quietist läßt sich köstlich von der göttlichen «Phantasie» wiegen, der Pater aber wird bis zum Ende des menschlichen Bemühens gehen und durch seinen wilden Kampf mit der Materie den Kampf Jakobs mit dem Engel erneuern. Und der Lohn dieses Lebens der Synthese[89], das sich immer der verstümmelten [oder vermauerten] Existenz des modernen Spezialisten – eines der Dramen des 20. Jahrhunderts – verweigern wird, wird ‹Die Messe über der Welt› [1923], die Freude eines

[89] Dieser Wille, Gott in der wissenschaftlichen Forschung gegenwärtigzuhalten, wird bereits in einem vom 13. Oktober 1912 aus Paris datierten Brief sichtbar: «*Sie haben durchaus recht, mich nicht um mein Los zu beneiden, und ich versichere Ihnen, wenn es jetzt mein Geschick ist, mich zu „drängen", so geschieht das nicht aus Leidenschaft. Trotz allem ist es ein schwieriges Problem, mit Lust eine erfreuliche Materie zu bearbeiten, ohne sich aufsaugen zu lassen, und in dauerndem Kontakt mit Leuten zu leben, die in der Wissenschaft das höchste Interesse sehen, ohne schließlich zu glauben, „daß das geschehen ist". So werden Sie auch gut daran tun, von Zeit zu Zeit unseren Herrn zu bitten, daß ich nicht aufhören möge, all diese Dinge, mit denen ich mich beschäftige, als armselig anzusehen, sobald sie nicht mehr ausdrücklich für Sein Reich sind, das kommen soll.*»

gelungenen Lebens sein, in dem die widersprechendsten Vermögen des Seins in einem einzigen, unglaublich vollen Ton zu schwingen beginnen.

ZWEITER TEIL
DIE ROTGLUT DER MATERIE

Bisher haben wir mit großen Schritten die «Vorgeschichte» und die «Frühgeschichte» des Paters ausgemessen. Durchschreiten wir nunmehr die Propyläen, die uns zu der Geschichte des Teilhardschen Denkens im eigentlichen Sinne führen.

Von 1912 bis 1914, also zwei Jahre hindurch, widmet sich P. Teilhard, ohne seine Verbindung mit England und Jersey zu verlieren, in Paris den Wissenschaften[1]. Mitte Juli 1912 hat er nämlich, nach- 1912
dem er seine «Puncta» bestanden hatte, seine erste Begegnung mit Marcellin Boule, dem Professor für Paläontologie am Museum. 1936 erinnerte er anläßlich des Jubiläums seines alten Meisters in reizender Weise an diese Begegnung:

W– «Erinnern Sie sich an unsere erste Begegnung etwa Mitte Juli 1912?... An jenem Tage schellte ich zaghaft gegen 2 Uhr an dem seitdem so häufig durchschrittenen Tor des Laboratoriums am Platz Valhubert. Es war genau am [geheiligten!] Vortage Ihrer Abreise in die Ferien, und Sie waren sehr beschäftigt. Doch Thévenin setzte sich über die Anweisungen hinweg. Sie empfingen mich trotzdem. Und [...] Sie machten mir den Vorschlag, bei Ihnen in der Schule Gaudry – in Ihrer Schule – zu arbeiten. Und so begab ich mich in das hinein – und zwar innerhalb von fünf Minuten –, was seitdem meine Existenz ausmacht: die Forschung und das Abenteuer auf dem Feld der humanen Paläontologie. Niemals hat, so glaube ich, die Vorsehung in meinem Leben so umsichtig und mit solchem Einsatz gespielt...»[2]

Zum Beginn des Universitätsjahres belegte der Pater Vorlesungen bei Jean Boussac[3] am Institut Catholique, bei Haug [allgemeine Tektonik, Geologie des Sekundärs], bei Cayeux [Collège de France] über die Lithologie der Sedimente. Er konnte nicht besser dem ge-

[1] Er wohnt 13, rue du Vieux-Colombier.

[2] ‹L'Anthropologie›, 1937, Bd. 47, S. 599–600.

[3] Er begleitete ihn bei der Exkursion, die letzteren vom 13. bis zum 23. Juli 1914 in die Dauphiné-Alpen führte. – Jean Boussac war der Schwiegersohn von Pierre Termier [der Teilhard sehr schätzte]. Jean Boussac fiel im August 1916 an der Front. Auf diese traurige Nachricht hin dachte P. Teilhard einen Augenblick daran, die Geologie aufzugeben: «*Mit Boussac verschwindet einer der Pfeiler meiner „Zukunft“*» [Brief vom 8. September 1916].

lehrten und aristokratischen Orden dienen, zu dem er ganz natürlich durch seine Herkunft, seine Frömmigkeit und seine Bildung gehörte[4]. Sehr rasch scheint P. Teilhard aufgrund seiner Intelligenz, seiner Freimütigkeit und seiner wissenschaftlichen Begeisterung von allen angenommen worden zu sein, einschließlich des gefürchteten Boule, der auch aus der Auvergne stammte, der aber ein vierschrötiger, autoritärer, knurriger kleiner Mann war, der mit einer seltenen Schärfe des Wortes begabt war und keinen Widerspruch vertrug[5] – er hatte etwas von einer Bulldogge –, doch er war von seltener Intelligenz, ein guter Geologe und ausgezeichneter Paläontologe, der in der vergleichenden Paläontologie besonders hervorragte[6], und ein vorzüglicher Neandertaler-Spezialist[7]. Später sollte der Pater sehr entschieden mit ihm diskutieren, ohne allerdings aufzuhören, ihn wie einen Vater zu achten und zu lieben[8].

[4] Es wird gut sein, wieder daran zu erinnern, daß er sich bereit erklärt hatte, ein geistliches Amt bei den «kleinen Glasarbeitern von Bourget» zu übernehmen, entsprechend der jesuitischen Tradition, danach zu streben, demütige Werke zu tun.

[5] Er war politisch sehr weitherzig und nahm ohne Unterschied die Frau eines militanten Revolutionärs und einen Jesuiten in sein Laboratorium auf, vorausgesetzt, daß sie gute Arbeiter waren. Dieser Kontakt mit der äußersten Linken interessierte P. Teilhard damals sehr stark, ohne ihn jedoch in Verwirrung zu bringen.

[6] Boule vertraute seinem jesuitischen Schüler die aus den Phosphoriten von Quercy stammende Sammlung an, die den Stoff zu den beiden ersten wichtigen Veröffentlichungen des Paters lieferte: ‹Les carnassiers des phosphorites du Quercy› [1914], ‹Les primats des phosphorites du Quercy› [1916]. Von 1912 bis 1923 reicht die Zeit, die P. Teilhard die «*Phase der paläontologischen Forschungen in Europa*» nennt: «*Im Laufe dieser zweiten Periode [...] galten meine Arbeiten vor allem der Paläontologie der Säugetiere des mittleren und unteren Tertiärs Europas*» [‹Titres et travaux›, S. 1].

[7] Der Pater spricht [‹Titres et travaux›, S. 7] von der «*initialen Atmosphäre eines Laboratoriums, in dem täglich neben mir die Skelette von La Chapelle-aux-Saints und La Ferrassie präpariert und studiert wurden*». Der bisherige «Amateur» P. Teilhard wandelt sich in einen Berufspaläontologen. A. Lacroix [‹L'Anthropologie›, 1937, Bd. 47, S. 602] hat geistvoll die Atmosphäre dieses Laboratoriums in Erinnerung gerufen, in dem «unsere Ohren von Aussprüchen summen, die nicht alle paläontologisch sind. Wieviel Geschichtchen haben so die Mauern dieses [...] Laboratoriums gehört, leichte Geschichten, die in den Wirbeln des blauen Rauchs der Zigaretten aufflogen; denn in diesem ruhigen Milieu, in dem man sich im letzten Winkel der fernsten Provinz glauben mochte, arbeitete man zwar entschieden während mehr als vierzig Stunden in der Woche, jedoch nicht in griesgrämlicher, sauertöpfischer Weise und auch nicht mit mönchischer Strenge.»

[8] Der Schüler hat sogar kurz vor dem Zweiten Weltkrieg in der Kapelle der *Études* der zweiten Ehe des Meisters den Segen gespendet. In einem Brief ermuntert der

Boule erwiderte diese Zuneigung. Als er während des Ersten Weltkrieges Briefe von seinem Schüler erhielt, weinte, so wird berichtet, dieser gefürchtete Auvergnate vom «hohen Berge». Auf jeden Fall ließ er ihm bereits 1922 eine einzigartige Ehrung zuteil werden:
W– «Unser neuer Laureat besitzt alle Eigenschaften, die man von einem vollkommenen Naturwissenschaftler verlangen kann: flottes Arbeiten, durchdringende Beobachtung, eine ebenso wertvolle wie seltene Verbindung der Freude an der subtilen Analyse mit der Freude an der machtvollen Synthese, große geistige Unabhängigkeit. Er steht noch am Anfang seiner Laufbahn, und sie kündigt sich bereits als sehr brillant an.»[9]

Diese Vorstellung löste eine andere aus. M. Boule ist nämlich am IPH [Institut de Paléontologie Humaine] der Vorgesetzte von Abbé Henri Breuil, dem späteren «Papst» der Vorgeschichte. Die beiden Kleriker kommen sich rasch nahe. Teilhard und Breuil verabredeten sich am Tor des Museums, gingen zum Mittagessen ins Buffet des Austerlitzbahnhofs, spazierten durch den Jardin des Plantes [botanisch-zoologischer Garten mit naturwissenschaftlichem Museum] und diskutierten wissenschaftliche oder religiöse Probleme des Ursprungs des Menschen oder der Sünde, dann trennten sie sich, der eine, um in das paläontologische Laboratorium des Museums zurückzukehren, der andere, um das IPH wieder aufzusuchen. Eine glückliche Zeit der intellektuellen und geistigen Gärung in einer in voller Evolution begriffenen Welt. Die Grundzüge des Teilhardschen Temperaments sind bereits sichtbar: dieses Bedürfnis, mit der Spitzengruppe zu marschieren, die Freude am Positiven, die Abscheu vor der Polemik, die Kunst, alles herauszuholen, was das Denken des anderen an Reichtümern enthält, eine Art «Futurismus», ein sehr gesundes Denken, das nicht bei der Vergangenheit stehenbleibt, das sich nicht allzusehr über die Gegenwart

zum Freund gewordene Schüler M. Boule, ‹Les Hommes fossiles› neu herauszugeben: «*[...] ich wünschte wirklich sehr, daß Sie sich ein Herz faßten und Ihr Buch beendeten. Dieses Buch erwarten immerhin viele von Ihnen. In gewisser Weise gehört es Ihnen nicht – und Sie können es ebensowenig wie ein Stück Brot verweigern [...]. Mir scheint, es müßte Ihre größte Freude sein, die letzte Hand an ein Werk zu legen, durch das Sie den anderen die Substanz des Teils der Wahrheit übermitteln, den Ihr Leben entdeckt hat. Sagen Sie nicht: „Was nützt das?“ Es ist nicht nichts, dem Leben zu helfen, neu aufzubrechen und fortzufahren*» [Brief vom 2. April 1940].

[9] ‹C.R. Somm. Soc. Géol. France›, Sitzung vom 9. Juni 1922, S. 130–131.

beunruhigt, das sich auf die Marschrichtung hin wendet: das erklärt den großen Frieden und auch den großen Schwung.

Der Beweis allgemeiner Hochachtung, deren sich der junge Jesuit erfreut, ist – nach einem Aufenthalt im Corrèze bei den Bouyssonies, um die Höhlen von La Chapelle-aux-Saints zu besuchen – eine denkwürdige Rundreise zu den Höhlen mit prähistorischen Male-
1913 reien in Nordwestspanien, Ende Juni 1913. Er besucht die Höhle von Altamira [Santillana del mar] in der Provinz Santander, die Grotte von Hornos de la Pena in San Felice de Buelna, die Höhle von Castillo in Puenteviesgo, die Grotte der Pasiega [in der Nähe derselben Ortschaft] und Pindal zu Pimiango [Tina Mayor] in der Umgebung von Oviedo. Er war nicht allein: Nels C. Nelson, Paul Wernert, Hugo Obermaier[10], Miles C. Burkitt und Abbé Henri Breuil sind mit ihm. Er konnte kaum einen besseren Kreis finden. Hier findet er bereits diese internationale Brüderlichkeit, in die er später «vernarrt» war.

Diese Party muß recht lustig gewesen sein. Der Amerikaner Nelson vom AMERICAN MUSEUM OF NATURAL HISTORY [New York] hat uns glücklicherweise zwei ausgezeichnete Photographien, die eine von Obermaier, die andere von Burkitt vor der Höhle von Castillo aufgenommen, aufbewahrt. Auf der ersten sitzt Pierre Teilhard ganz links von seinen Gefährten und macht mit seiner Hacke in der Hand – er hat weder eine Jacke noch einen Klerikerkragen an – durchaus den Eindruck, das Werkzeug gebrauchen zu wollen, dessen Stiel seine rechte Hand hält. Sein schwarzer, in den Nacken geschobener Filzhut bemüht sich, an seinen klerikalen Stand zu erinnern. Das zweite Bild ist der irdischen Nahrung gewidmet. Es zeigt die leibliche Stärkung, kürzer Lunch genannt, in einem vom Tageslicht erhellten Winkel des Höhleneingangs, den der Deutsche H.O. [wie uns Abbé Breuil erzählt hat] auf den Namen Gasthaus «Zur Kröte» getauft hatte. Teilhard sitzt, mit einer Jacke bekleidet und immer noch seinen Filzhut auf, im Profil: er macht einen konzentrierten und nachdenklichen Eindruck. Auf einem weißen Tischtuch stehen einige Flaschen. Das Gesicht Abbé Breuils,

[10] In der Korrespondenz wird er später H.O. genannt. Ein deutscher Priester, ein großer Freund von Breuil und Spezialist der prähistorischen Archäologie Spaniens. Er war damals Kollege von Abbé Breuil am IPH und wurde später Professor in Madrid.

der damals Professor am Institut für menschliche Paläontologie war, scheint vor Geist zu sprühen. P. Teilhard blieb ihm gegenüber immer etwas schüchtern, und in seinen letzten Lebensjahren wählte er ihn zu seinem engen Vertrauten. Diese beständige Ehrerbietung hinderte ihn nicht, mit ihm kraftvoll über Probleme wissenschaftlicher Ordnung zu diskutieren. Von dieser Spanienfahrt existiert nur eine, allerdings sehr charakteristische Anekdote, die uns Burkitt wie folgt erzählt:

B – «Ich grub in der Zeit um 1912 in der Höhle von Castillo in Nordspanien, und eine Zeitlang war Teilhard bei uns. Er war eine faszinierende, lebensvolle Persönlichkeit. Hugo Obermaier leitete den „dig", und es waren häufig Deutsche in der Gruppe, doch gesprochen wurde französisch. Ich hatte keine englischen Bücher bei mir und begann, das dauernde Reden in der Fremdsprache ermüdend zu finden, und so ging ich eines Tages nach Santander hinein, um einiges an englischer Literatur zu finden. Das einzige Buch in dem Geschäft war Zolas ‹Lourdes›. Teilhard kam hinzu, als ich den Band las, und er war wütend! Ich erklärte ihm alle Umstände, doch er wollte mich nur weiterlesen lassen, wenn ich ihm versprach, Lourdes zu besuchen, sobald die Ausgrabungssaison abgeschlossen war, und zwar mit einem Einführungsbrief von ihm an das Bureau de Constatations – wobei zu bemerken ist, daß ich damals 22 Jahre alt und ein protestantischer Engländer war –. Ich versprach es und ging selbstverständlich nach Lourdes; es war sehr interessant für mich, und ich war Teilhard sehr dankbar [...]. Ich weiß nicht, ob diese kleine Geschichte Sie interessiert. Sie liegt ganz auf der Linie seiner starken, lebendigen Persönlichkeit. Meine Frau, die ihn sehr viel später kennenlernte, bittet mich zu sagen, wie sehr sie von seinem wohlerzogenen, höflichen Benehmen beeindruckt war. Diese feine Höflichkeit war irgendwie tief in seiner Persönlichkeit verwurzelt und war die des christlichen Mystikers und Edelmannes zusammen genommen.»[11]

... Der Pater hat also die Vorgeschichte entdeckt. Dieser Geologe und Paläontologe, der sich vor allem für das Tertiär [und das Quartär] interessierte, beginnt sich den Ursprüngen des Menschen zuzuwenden. Der junge jesuitische Gelehrte erwirbt sich eine genügend

[11] Brief an C. Cuénot vom 23. Juli 1959.

große vorgeschichtliche Bildung, um in der Lage zu sein, bei seiner Ankunft in China selbständige Arbeiten zu verfassen.

Ein anderes Ereignis trug dazu bei, ihn auf die menschlichen Ursprünge hinzulenken, nämlich die Affäre des *Eoanthropus*. Die bemerkenswerte Geschichte des Menschen von Piltdown begann 1912, als Charles Dawson, ein ortsansässiger «Solicitor»[12] und Amateurarchäologe und -geologe, dem naturgeschichtlichen Museum von London und insbesondere Sir Arthur Smith-Woodward, dem Konservator der geologischen Abteilung, eine gewisse Zahl von Fundstücken überbrachte. Darunter Bruchstücke dicker menschlicher Schädelknochen von schokoladenbrauner Farbe, fossile Flußpferd- und Elefantenzähne und grobe Feuersteinwerkzeuge. Sie waren, so sagte Dawson, von Erdarbeitern gefunden worden, die bei Barkham Manor, Piltdown in Sussex, nicht weit von Uckfield, Kies holten. Dieser Kies war von einem alten Fluß angeschwemmt worden. Woodward erklärte sich einverstanden, Dawson zu begleiten, um an derselben Stelle Ende Mai und im Laufe des Monats Juni 1912 Grabungen durchzuführen. Das Ergebnis war die Entdeckung neuer Stücke, ein Fragment eines äffisch geprägten Kiefers mit zwei Zähnen, einige andere Schädelreste, mehrere Zähne und Knochen fossiler Tiere, mehrere Feuersteinwerkzeuge – und später ein bemerkenswertes Werkzeug aus Knochen. Im August 1913 wurde ein Eckzahn gefunden, gleichfalls äffischer Prägung, dessen Verschluß jedoch an den menschlicher Zähne erinnerte und keineswegs an die modernen großen Anthropoiden. Schließlich wurden 1915 die Reste eines zweiten Menschen von Piltdown, eines *Eoanthropus Dawsoni*, als von einem Platz in drei Kilometer Entfernung von der ersten Fundstelle herkommend, gemeldet.

Es ist unnütz, hier die Kontroversen zusammenzufassen, die die gelehrte Welt spalteten und die insbesondere Smith-Woodward, der behauptete, der Affenkiefer und der Menschenschädel gehörten zu demselben Individuum, gegen Marcellin Boule, der die beiden Elemente trennte und das erste einem Affen zuschrieb, stellte. Später ließen die Entdeckungen von Java, China und Südafrika [und zwar mit Grund] den *Eoanthropus* noch weniger einordbar, noch rätselhafter erscheinen. In jüngster Zeit [1949–1953] hat das Problem des

[12] Rechtsanwalt und Notar.

Menschen von Piltdown in England seine endgültige Lösung gefunden dank den modernsten Techniken [und insbesondere den Analysen des Prozentsatzes an Fluor in den verschiedenen Stücken]. Der Kiefer des *Eoanthropus* stammt von einem modernen Orang-Utan, die Zähne sind künstlich in eine menschliche Form gefeilt worden, und eine Färbung hatte dem Knochen das Aussehen eines Fossils gegeben. Die Schädelstücke sind menschlich und alt, jedoch künstlich mit Hilfe von Eisenoxyd gefärbt und von einer anderen Fundstelle nach Piltdown gebracht worden. Sie gehen nicht über das Neolithikum zurück. Das Knochenwerkzeug seinerseits ist mit einem Stahlmesser bearbeitet worden.

Dawson war so geschickt, im Laufe des Ersten Weltkrieges zu sterben[13], die Affäre des «englischen Glozels» ist endgültig abgeschlossen. Nur auf der psychologischen Ebene bewahrt sie den Geruch des Geheimnisvollen. Die begründetsten Annahmen sprechen gegen Dawson. Er schien gewiß eine große Freundschaft für Sir Arthur zu hegen, doch er war des Plagiats und mithin der Täuschung fähig, und er kann den Ehrgeiz gehabt haben, die Existenz eines «missing link» zu beweisen. Es ist bestürzend festzustellen, mit welcher Genauigkeit der Fälscher über die verschiedenen Diskussionen unterrichtet war, was ihm ermöglichte, Jahre hindurch das «Lager» entsprechend den Bedürfnissen zu «trüffeln». Doch der entscheidende Beweis gegen Dawson fehlt noch immer. Man kann die Existenz einer anderen Persönlichkeit von recht hoher wissenschaftlicher Bildung nicht ausschließen – ein Studentenstreich? –, und in diesem Fall stellt sich die Frage, ob Dawson beständig getäuscht wurde, oder sogar, ob er die Rolle des Mitwissers spielte[14]. Auf jeden Fall steht fest, daß das paradoxe Gespenst des *Eoanthropus* nur noch im Museum der Fälschungen und in einem satirischen Gedicht weiterbesteht.

Von englischen Zeugen wissen wir, daß Pierre Teilhard im Frühjahr oder im Sommer 1909 die Bekanntschaft Dawsons machte [der junge Jesuit hatte gerade sein Theologat begonnen]. Es war eine Zufallsbegegnung. Die beiden Männer hielten die Verbindung aufrecht. Dawson brachte einmal Sir Arthur nach Ore Place mit,

[13] am 10. August 1916 in Lewes.

[14] Zu der gesamten Angelegenheit vgl. das gründliche und lebendige Buch von J. S. Weiner, ‹The Piltdown Forgery›, Oxford University Press 1955 [mit Index].

um ihm die fossilen Stücke Pierre Teilhards zu zeigen. Letzterer arbeitete drei- oder viermal mit Dawson und Sir Arthur in Piltdown. Er war nicht bei der Entdeckung des Kiefers zugegen, doch
1913 Ende August 1913 kehrte er nach mehreren Studientrimestern bei Marcellin Boule nach England zurück, verbrachte eine Nacht in Lewes und fuhr mit Dawson und Sir Arthur nach Piltdown hinaus, um die Lokalität 2 zu besuchen, wo er am Samstag, dem 30., sogar einen Eckzahn fand[15]. Der letzte überlebende Zeuge beschreibt P. Teilhard mit folgenden Worten:

B – «Er war sehr scheu und still unter den Wissenschaftlern, die gleichfalls anwesend waren.»

Vergessen wir nicht, daß P. Teilhard noch nicht einmal das Staatsexamen hatte. Recht besehen ist er immer, trotz allen Anscheins, schüchtern geblieben.

Es ist also in keiner Weise erstaunlich, daß ein «Anfänger» einer Koryphäe der Wissenschaft wie Smith-Woodward Vertrauen schenkte. Fügen wir rasch hinzu, daß der Pater, nachdem er ein Paläontologe von internationalem Rang geworden war, immer ein Unbehagen dieser phantastischen Kreatur gegenüber empfunden hat, die er stets mit einem Fragezeichen oder dem Beiwort «rätselhaft» versah. Am 28. November 1953 schrieb er einen Brief an Oakley, den großen englischen Gelehrten, der den *Eoanthropus* entlarvt hatte, um ihn zu beglückwünschen:

> B – «Ich beglückwünsche Sie sehr herzlich zu Ihrer Lösung des Piltdown-Problems. Anatomisch gesehen war *Eoanthropus* eine Art Monstrum. Und vom paläontologischen Standpunkt aus war es ebenfalls schockierend, daß ein „Dawn-Man" in England vorkommen sollte. Deshalb bin ich zutiefst von Ihren Schlußfolgerungen befriedigt, obwohl sie mir, gefühlsmäßig gesprochen, eine meiner hellsten und frühesten paläontologischen Erinnerungen verderben...»

Tatsächlich ist die Bilanz der Affäre von Piltdown keineswegs nega-

[15] Charles Dawson schreibt in seinem Artikel in den ‹Quarterly Journal of the Geological Society of London› [1913, S. 122, Anm. 1]: «Pater Teilhard SJ, der uns bei einer Gelegenheit begleitete, entdeckte eines der Werkzeuge IN SITU in der mittleren Schicht des Kiesbettes und einen Teil des Zahnes eines pliozänen Elefanten im untersten Bett.» Diese «Entdeckung» fand im Juni 1912 statt und fällt nicht mit der des pseudomenschlichen Eckzahns zusammen.

tiv gewesen. Dieser angebliche Fund, in dem er nie eine wichtige Rolle gespielt hat, bot den großen Vorteil, den Geist P. Teilhards auf einen Pol auszurichten und ihm die Macht des Staunens zu erschließen, die die wissenschaftliche Entdeckung in anthropologischen Fragen hat[16]: FELIX CULPA.

... August 1914. P. Teilhard ist noch nicht mobilisiert[17]. Er setzte 1914
also seine wissenschaftlichen Studien fort und begann nach der Marneschlacht sein Drittes Jahr in Canterbury[18]. Er vollendete es nicht, denn eine erneute Musterung [Dezember 1914] erklärte ihn «tauglich». Er wurde fast sogleich mobilisiert und der 13. Sanitätsabteilung zugeteilt; er liegt zunächst in Vichy und dann in Clermont-Ferrand. Doch er will nicht länger hinten stehen, er will an die Front. Sein Wunsch wird erfüllt. Am 20. Januar 1915 ist er Sani- 1915
täter zweiter Klasse im 8. marokkanischen Schützenregiment, das am 22. Juni 1915 zum 4. gemischten Zuaven- und Schützenregiment wurde[19]. Sein aus den Cevennen stammender Stabsarzt, Dr. E. Salzes, berichtet uns seine Ankunft wie folgt:

B – «[...] eines Morgens [...] sah ich, als Regimentssanitäter von Clermont-Ferrand eintreffend, einen großen jungen Mann allein ankommen: einfach und vornehm, mit einem klaren Blick, der sich, daran war nicht zu zweifeln, auf eine Intelligenz und ein Herz hin zu öffnen schien. Um tiefer „arabisch" zu werden, hatte er das Blau gegen das Khaki der Truppen Afrikas und das Käppi gegen die Chechia vertauscht [...]. Das war mein erstes Zusammentreffen mit P. Teilhard.»[20]

Als zuletzt entstandenes unter den Schützenregimentern sollte das 4. gemischte als erstes die rote Fangschnur erhalten, und der General Guyot de Salins, der Kommandant der 38. Division, betrachtete es immer als eine Elitetruppe. Es ist hier nicht unsere Aufgabe, die wechselnden Geschicke des 4. gemischten Schützen- und Zuaven-

[16] Aus diesem Grunde widmete er sich dem Studium der Fossilien der Säugetiere, um den Menschen wieder in die Gesamtheit der Lebewesen hineinzustellen.

[17] Eine Nachmusterung hatte ihn 1902 und 1903 zurückgestellt und ihn 1904 hilfsdiensttauglich erklärt.

[18] Dieses Jahr der Sammlung und des intensiven Meditierens, das die Ausbildung des Jesuiten krönt.

[19] Abgekürzt das 4e mixte T. Z.

[20] Brief an C. Cuénot vom 19. Januar 1957.

regimentes nachzuzeichnen[21]: diese Existenz von einem Tag zum anderen, mit dem Wechsel von Gleichgültigkeit, Dumpfheit, Mutlosigkeit und schwungvollem, begeistertem Neubeginn, und das Ganze von dem Glauben an das Geschick des Landes und der Hoffnung beherrscht, trotz allem zu siegen. Die ersten Monate des Jahres 1915 vergehen in der Nähe der Oise und der Somme, fast auf der Höhe des Winkels, den die Front bildete, die vom Osten kommend nach Norden abbog. Im April–Mai und im August 1915 finden wir das 4. gemischte im Abschnitt von Ypern. Im September desselben Jahres nimmt es an der großen, besonders harten und mörderischen Champagne-Offensive teil. Im Juni, im August, im Oktober und im Dezember 1916 bedeckt es sich in Verdun mit Ruhm. 1917 begegnen wir ihm in der Champagne in der Gegend von Chemin-des-Dames nahe bei der Aisne, dann auf den Nordhängen der Hügel bei Reims. Im März–September 1918 steht es in dem Gebiet westlich von Soissons mitten in der zweiten Marneschlacht[22] und nimmt anschließend an der Gegenoffensive teil. Im Oktober 1918 ist es nahe beim Oberelsaß und der Schweizer Grenze so gut wie in Urlaub. Auf die Nachricht des Waffenstillstands hin setzt sich das Regiment elsaßwärts in Bewegung, und eine seiner Abteilungen nimmt am 25. November an dem denkwürdigen Einmarsch in Straßburg teil. Am 30. Januar 1919 marschiert das Regiment über die Kehler Brücke nach Deutschland, nach Baden, ein.

Wenn auch die sicheren Anhaltspunkte zahlreich sind dank der Regimentsgeschichte, dem Tagebuch des Bataillonsarztes Dr. Salzes und vor allem dank der Korrespondenz, wäre es doch unmöglich, die Chronologie der Kriegsjahre unseres Sanitäters in ihren Einzelheiten aufzuzeichnen; sein Leben war mit der alltäglichen Existenz seiner Einheit verschmolzen. Wesentlich ist festzuhalten, daß seine

[21] Vgl. ‹L'Histoire d'un régiment à fourragère rouge. Le 4ᵉ Régiment mixte de Zouaves-Tirailleurs pendant la Grande Guerre›, Imprimerie française, Bizerta, 113 S., o.D. [1919].

[22] Vgl. Brief vom 8. April 1918: «*Ich verhehle Ihnen nicht, daß die Ankunft in einem von Panik erfüllten Gebiet nichts Erfreuliches an sich hat. Es war tragisch und eindrucksvoll, den Strom der Flüchtlinge entlang einem Feind entgegenzumarschieren, der wie eine unwiderstehliche Woge vorzudringen schien [...]. Ich habe wieder Dörfer zusammenbrechen sehen, die vier Tage früher noch bewohnt waren... Wir wohnten in mit Kartoffeln vollgestopften und mit Mostfässern gefüllten Kellern. Das Vieh irrte durch die Felder, und wir zertraten den grünen Weizen... und das war nicht in „Bochien“!*»

Als Lehrer für Chemie und Physik im Jesuitenkolleg in Kairo, 1905
In der Castillo-Höhle in Spanien mit [v. l. n. r.] Nels C. Nelson, Paul Wernert, Hugo Obermaier, Miles C. Burkitt, 1913

Als Sanitätssoldat im Ersten Weltkrieg 1914/18

hohe Gestalt sich überall entlang den vordersten Linien zeigt und er auf seiner Brust eine Pyxis mit dem Allerheiligsten trägt. Sein scharfer Blick hält die Landschaften fest:

W– «Die Ebene von Ypern im April 1915, als die Luft nach Chlor roch und die Geschosse die Pappeln an der Yperlé kappten [...], die große, stumme Weite Flanderns, wo die einander gegenüberstehenden Armeen bei den toten Wassern zu schlafen scheinen [...]. Der düstere Gipfel der Halden bei den zerstörten Siedlungen.»

Soweit über Flandern.

«Die verbrannte Schlucht der Maashöhen, wo die schweren Granaten die Erde überall wie zahllose Solfataren rauchen lassen [...], die Zitadelle während dieser Tage eines unvergeßlichen Tohuwabohu, in dem inmitten von Staub und Schreien Lebensmittel, Raketen und Handgranaten an jene verteilt werden, die zum großen Schlag ausziehen werden.»

Soweit zu Verdun.

«Es war Nacht, eine klare und ruhige Nacht in einem aufgewühlten, von Graten und Sümpfen zerschnittenen Abschnitt. Am Boden unter den Pappeln hielt sich noch der von den letzten Gasen hinterlassene Geruch. In dem Wald weiter oben hörte man von Zeit zu Zeit ein Rauschen wie von einer Waldschnepfe, die auffliegt, das Fallen einer Granate, die mit einem plötzlichen und flockigen Bersten funkensprühend explodiert. Und die Grillen hörten deswegen nicht auf, zu zirpen [...]. In der Dämmerung bin ich auf den Hügel gestiegen, vor dem sich der Abschnitt ausbreitet, den wir gerade verlassen haben und in den wir wahrscheinlich bald zurückkehren werden. Vor mir, jenseits der Wiesen, hebt sich, von aufsteigendem Nebel verhüllt, in dem die Windungen der Aisne milchige Flecken bilden, der nackte Kamm von Chemin-des-Dames scharf wie eine Klinge gegen den goldglühenden, von Drachen betupften Himmel ab. Hier und dort läßt vereinzelt eine Mine einen Wirbel schweigsamen Rauches aufsteigen.»[23]

Soweit für Chemin-des-Dames.

Der Krieg ist im Prinzip mit der intellektuellen Arbeit unvereinbar.

[23] ‹La Nostalgie du Front› [‹Études›], 1917, passim.

Es ist eigenartig, doch die Ausbeute des Paters ist alles andere als gering. Während der Ruhezeiten füllte er mit seiner zugleich winzigen, schnellen, energischen und charakteristischen Schrift Hefte, in denen er seinem Denken eine bereits komplexe und reiche Formulierung gibt. Wie konnte er die Zeit zum Schreiben, und so überlegt zu schreiben, finden, wie vermochte er seine physische Müdigkeit zu vergessen und von einer Umgebung zu abstrahieren, die der Meditation so wenig entgegenkam?[24] Außerdem schloß er sich eng mit anderen für die Vorgeschichte Begeisterten, den Söhnen Bégouën[25], zusammen, und es gelang ihm, eine Dissertation anzufangen, indem er die geologischen Schnitte der thanetianen Ablagerungen in den Schützengräben von Reims beobachtete und Fundstücke sammelte, ohne zu ahnen, daß gegenüber die Deutschen bei ihren unterirdischen Arbeiten gleichfalls nach Funden Ausschau hielten, die in München von Max Schlosser untersucht wurden[26]. Wir werden später von den grundlegenden spirituellen Entdekkungen sprechen, die P. Teilhard dem Krieg verdankt. Überraschend ist: er litt nicht allzusehr unter diesem Schauspiel des Todes und der Trostlosigkeit. «Du hast mir deinen Schlamm gegeben, und ich habe Gold daraus gemacht», sagte Baudelaire zu Paris. Der Pater machte auch Gold aus dem Schlamm der Schützengräben; denn er hatte die übernatürliche Gabe, aus den Dingen und den Wesen den Saft zu ziehen, durch den er für Gott wuchs. Der Anblick der Ruinen ließ in seinem Geist weniger das Bild der Zerstörung einer ehrwürdigen Vergangenheit und jahrhundertealter Gewohnheiten als die Möglichkeit aufsteigen, neu zu bauen, sich aus den ausgefahrenen Geleisen, aus dem Besitzertum herauszureißen:

W– «Als ob nicht jede größere Ordnung immer aus den Ruinen der kleineren Ordnung hervorgegangen wäre!»[27]

[24] Er besaß allerdings ein seltenes Vermögen der «Abstraktion», und er ist in besonderer Weise ausgeglichen und organisiert.

[25] «*De vraies perles*» [wahre Perlen], schrieb er am 5. September 1940 [auf französisch in einem langen, englisch geschriebenen Brief]; vgl. das Zeugnis von Max H. Bégouën in ‹La table ronde›, Juni 1955. In der Zeit zwischen den beiden Kriegen war der Pater den Eheleuten Max H. Bégouën ein lieber Freund, und er besuchte sie regelmäßig im Hause Rue Raynouard 6 in Paris.

[26] Der Pater nutzte seine Urlaube, um zu arbeiten: «*Ich bin weiterhin ziemlich stark beschäftigt mit dem Studium seltsamer Weichtiere*» [Brief vom 19. November 1917].

[27] ‹La grande monade› [1918].

Das ist nicht Unempfindlichkeit – P. Teilhard stemmte sich immer gegen das Leiden –, sondern das Bedürfnis, sich auf eine schönere Zukunft auszurichten, in der das Sein stärker ist als das Haben[28].

Als eine Eliteseele in einem Eliteregiment hat sich der Korporal gut «geschlagen». Er wurde im Laufe der Schlacht an die Brennpunkte geschickt, sofern er nicht aus eigener Entscheidung dorthin ging, denn er durfte sich frei bewegen. In der Überzeugung, daß der Tod nur ein Zustandswandel ist, ging er gelassen hin, die Verwundeten aus dem Stahlgewitter zu bergen[29] – wenn er auch am Vorabend von Douaumont überzeugt war, daß er «an der Reihe» und sein Leib dazu bestimmt sei, in «wilder Erde» zu ruhen. Nennen wir eine Episode unter vielen anderen. Wir stehen im Monat August 1916, mitten in der Schlacht um Verdun im Abschnitt Fleury-Ravin des Vignes:

B – «Im Befehlsstand des Oberstleutnants Vernois wird der Verlust des Hauptmanns Courtiaux gemeldet, der von einem deutschen Maschinengewehr getötet oder von einer Granate zerfetzt worden sein soll. Courtiaux unterrichtete im Zivilleben am Gymnasium von Tunis. Er war ein großartiger Kamerad, sehr höflich und mutig. Obwohl Atheist, stand er mit Teilhard im besten Verhältnis. Der Oberstleutnant wollte klar sehen und wünschte, wenn möglich, den Leichnam Courtiaux' zurückholen zu lassen, und er befahl, eine Patrouille aus Freiwilligen zur Suche auszuschicken. Als Teilhard das erfuhr, erbat er vom Oberstleutnant Vernois die Gunst, der Patrouille die Gefahren zu ersparen, denen sie sich aussetzen würde, und allein auf die Suche nach dem Leichnam gehen zu dürfen. Nach einigem Zögern erhielt Teilhard vom Obersten die erbetene Erlaubnis. Am Tage versuchte man festzustellen, wo Courtiaux gefallen war – fast unmittelbar vor einem deutschen Maschinengewehrnest. Als es Nacht geworden war, brach Teilhard gegen 22 Uhr über den Boden robbend auf, und in der frühen Dämme-

[28] Sehr viel später schrieb er [Brief vom 1. Januar 1951]: «*Ich habe natürlich Abscheu vor dem Kriege [ich betrachte ihn als ein politisches Mittel, dem bestimmt ist, eines Tages zu verschwinden, – in seiner Gestalt des gegenseitigen Tötens]*», doch er fügt hinzu: «*Die Menschen werden nichts Gutes schaffen, solange sie sich nicht der [organischen] Bewegung bewußt geworden sind, die sie mitreißt und der sie helfen müssen, und dieses Bewußtsein wird ihnen nur durch eine Reihe kräftiger Stöße kommen...*»

[29] Er kehrte aus ihnen ohne einen Kratzer zurück.

rung kehrte er mit der Leiche Courtiaux' auf dem Rücken zu unseren Linien zurück: 200 bis 250 Meter trennten unsere Linien [wenn man so sagen kann, denn das waren nur noch mehr oder weniger miteinander verbundene Granattrichter] von denen der Deutschen.»[30]

Diese Kaltblütigkeit kann uns nicht erstaunen: Ein Teilhard und ein Priester konnten sich kaum anders verhalten. Das Ergebnis waren Erwähnungen[31], das Kriegskreuz[32], die Militärmedaille[33], Ehren, die er nicht ablehnen konnte. Fast ein Jahr nach seiner Rückkehr ins Zivilleben wurde er am 16. Juni 1920, auf einen Vorschlag von seinem alten Regiment, der auf allen Kommandostufen unterstützt wurde, zum Ritter der Ehrenlegion ernannt; Grade und Auszeichnungen haben ihn allerdings nie bekümmert. Fügen wir hinzu, daß sie seiner Größe nichts hinzufügen konnten.

P. Teilhard wurde also von seinen Vorgesetzten geschätzt. Bereits am 15. Mai 1915 wird er auf Vorschlag seines Stabsarztes zum Korporal befördert:

B – «Als ich ihn näher prüfte, wurde mir klar, daß mein erster Eindruck richtig war. Es kam darauf an, aus ihm ein Vorbild zu machen. Kurze Zeit später ließ ich ihn im Einvernehmen mit dem Korpschef zum außerplanmäßigen Sanitäterkorporal ernennen. Mit diesem Titel war er an keine bestimmte Gruppe gebunden. In den Ruhestellungen, an der Front, während der Operationen hatte er freie Hand und erfüllte seine Aufgabe so, wie er es für richtig hielt.»[34]

Der Pater hatte im Herzen seines Chefs die großen Reserven des Wohlwollens und der Liebe erahnt, die ein etwas rauhes Äußeres verbargen. Am 25. November 1916, als der Arzt seinen vierten Offiziersstreifen erhalten hatte, übernimmt Teilhard die Aufgabe, Dr. Salzes die Glückwünsche der Sanitäter des ersten Bataillons zu übermitteln:

[30] Dem Oberleutnant Jacquemot vom 4e mixte zu verdankender Bericht [Brief an C. Cuénot vom 14. Februar 1957].

[31] 29. August 1916 im Tagesbefehl der Division; am 17. September 1916 im Tagesbefehl der Armee; vgl. auch das ‹Journal officiel› vom 2. Mai 1921 und das ‹Livre d'or des anciens élèves du Collège Notre-Dame de Mongré›.

[32] 1. September 1915.

[33] 24. Juni 1917.

[34] Brief an C. Cuénot vom 19. Januar 1957.

B – « [...] Ich komme also in ihrem Namen [vor allem im Namen der Alten – deren Reihen stark gelichtet sind und deren Namen meiner Unterschrift folgen], um Ihnen zu sagen, daß wir doppelt glücklich sind, daß Sie, unser alter Stabsarzt von der Oise und von Ypern, die Beförderung erhalten haben, die wir alle wünschten, und daß Sie beim Regiment geblieben sind. Sie können gar nicht glauben, welchen Eindruck der Ruhe und Sicherheit uns Ihre Gegenwart hier gibt: fast täglich kann ich das aus den Worten meiner Kameraden heraushören. – Mehrere haben mir bei der Rückkehr aus ihrem letzten Urlaub gesagt, daß die Ankündigung Ihrer Ernennung nicht wenig dazu beigetragen hat, sie von ihrer Schwarzseherei zu heilen...

Ich nehme die Gelegenheit wahr, Ihnen [diesmal in meinem eigenen Namen] zu sagen, wie gerührt und dankbar ich ob Ihrer Güte gegen mich bin. Ihnen gehört wirklich meine Liebe. Ich möchte sie Ihnen immer mehr bezeugen, indem ich Ihrem Dienst nur Ehre mache. Sie dürfen mir glauben, daß ich häufig für Sie bete [...].»

Als aber der General Guyot de Salins ihn zum Feldgeistlichen der 38. Division mit dem Rang eines Hauptmanns ernennen wollte, ließ sich der Pater von den Vorhaltungen des Oberstabsarztes nicht erschüttern, und er antwortete in etwa dies: «*Ich bin in der Truppe nützlicher; ich tue dort mehr Gutes. Erweisen Sie mir die Gunst, mich unter den Leuten zu lassen.*»

Alle hatten ihn gern, die Mannschaften ebenso wie die Offiziere. Die in ihrer Mehrheit muselmanische Truppe hatte keinen offiziellen Feldgeistlichen. P. Teilhard übte diese Funktion aus. Mehrere Charakterzüge neben seinem Mut hatten von vornherein seine Persönlichkeit gekennzeichnet: seine Güte, seine Einfachheit, seine Demut. Als eines Tages ein Sanitäter wegen einer schweren Verfehlung zum «Ball» verurteilt war, das heißt, mit gepacktem Tornister unter den freundlichen Bemerkungen lieber Freunde im Kreise marschieren mußte, griff der Pater zugunsten des Pflichtvergessenen ein. In den Gräben teilte er selbstverständlich das Leben der Truppe, und auf den Märschen bestand er darauf, seinen Tornister zu tragen: Während eines Quartierwechsels ging der Stabsarzt zu Fuß neben ihm, und sie plauderten miteinander. Der Sanitäter Teilhard schien ermüdet zu sein. Sein Vorgesetzter schlug ihm vor, seinen «Krempel» auf einen Wagen zu werfen, um ihn davon zu entlasten, und wäre es auch nur für die Zeit zwischen zwei Rastpunkten. Glatte Ablehnung: «*Ein Korporal gibt kein schlechtes Beispiel.*» – Korporal? Gewiß, doch antwortete hier nicht eigentlich der Priester und Jesuit? Nutzlos, hier die vielen Christen zu nennen, die er gestützt und betreut hat. Er verstand zu den Soldaten zu sprechen, und er kannte die Worte und die Gesten, um im gegebenen Augenblick die Moral der Kämpfer wiederaufzurichten. Wenn sie sich an ihn wandten, nannten die Männer ihn «Monsieur Teilhard» und unterschieden ihn so von den anderen Gemeinen. Die Muselmanen ihrerseits, die zu ihm nicht weniger Vertrauen hatten, sagten, wenn sie von ihm sprachen, «Sidi Marabut», und sie erbaten seinen Rat im täglichen Leben und seinen Beistand in der Stunde des Todes.

Der Oberleutnant Jacquemot hat die Erinnerung an eine Messe bewahrt, die P. Teilhard feierte:

B – «Wir waren in die Linien [die Front] vor Nieuport-Ville, genau gesagt vor Lombaertzyde-Passchendaele verlegt worden – mitten nach Flandern. Wer aber diese Ecke in Belgien kennt, weiß, daß es sich um ein sehr ungastliches, sumpfiges Gelände handelt. Unmöglich, auch nur den winzigsten Schützen- oder Laufgraben auszuheben: Nach 0,40 bis 0,50 m stieß man auf Wasser. Die ganze Linie war mit Schanzkörben und Sandsäcken aufgebaut worden; die Erde mußte manchmal recht weit hinten geholt werden wegen des sehr hohen Grundwassers [...]. Unsere notdürftigen Unterstände aus Brettern, Knüppeln und den wunderlichsten Materialien konnten nicht höher als einen Meter über den Boden gebaut werden. Und es wimmelte darin von Ratten. In einem dieser Unterstände hat Teilhard auf die Bitte einiger Franzosen und meiner selbst bereitwillig eine Messe für unsere Familien gelesen. Das war, wenn meine Erinnerung mich nicht täuscht, Anfang Januar 1916 – am 5. oder 6. –. Da wir in diesem Unterstand nicht aufrecht stehen konnten, las der Offiziant und hörten die Mitfeiernden diese Schützengrabenmesse auf den Knien. Wir waren insgesamt unserer sechs in dem erwähnten Unterstand. Als Teilhard in seinem kleinen Köfferchen seine geweihten Gefäße und die priesterlichen Gewänder verpackte, schickten die Deutschen uns einen Granathagel in unseren Abschnitt. Niemand wurde von den Splittern verletzt, und Teilhard sagte uns ruhig und voller Ernst: „*Ich hatte euch noch einen*

Segen zu geben. Christus, Der mit uns ist, hat nicht gewollt, daß einer von uns getroffen würde." Und Teilhard gab uns seinen Segen, bevor er an seinen Platz auf dem Sanitätsposten zurückkehrte.»

Wog dieser Krieg nicht ein Drittes Jahr auf? Am 26. Mai 1918 legte 1918
der Pater in Sainte-Foy-lès-Lyon[35] seine feierlichen Gelübde ab. Einer seiner Oberen hatte sich diesen Gelübden widersetzt, doch der andere bürgte für den Glaubensmann, der Soldat war. Wir wissen durch eine vertrauliche Mitteilung, wie sehr diese Gelübde in voller Kenntnis ihrer Bedeutung abgelegt wurden. Einer klugen und zuverlässigen Persönlichkeit, die ihn fragte, in welchem Geisteszustand er sich vor der Ablegung der Gelübde befand, antwortete der Pater in etwa dies: «*Ich werde das Gelübde der Armut ablegen: Niemals habe ich besser begriffen, in welchem Maße das Geld ein machtvolles Mittel im Dienste und zur Verherrlichung Gottes sein kann. Ich werde das Gelübde der Keuschheit ablegen: Niemals habe ich besser begriffen, in welchem Maße der Mann und die Frau sich ergänzen können, um sich zu Gott zu erheben. Ich werde das Gelübde des Gehorsams ablegen: Niemals habe ich besser begriffen, in welchem Maße Gott in seinem Dienste frei macht.*» – «Sie sind also etwas unsicher gewesen, als Sie Ihre Gelübde ablegten?» – «*Nein, ich habe keinen Augenblick der Unruhe gekannt. Ich habe auf Gott vertraut in der Gewißheit, daß er mir gewähren würde, Seinen Willen in meinem Ordensleben und die Treue meinen Gelübden gegenüber zu verwirklichen.*»

Drei Texte erlauben, diese schönen Worte zu kommentieren und ihre Tragweite zu präzisieren. Zunächst der wichtigste, weil er dem Ereignis parallel läuft:

> W – «Herr, ich träume davon, aus all den Reichtümern, die ungenützt sind oder mißbraucht werden, die ganze Dynamik herausgezogen zu sehen, die sie einschließen. – An dieser Arbeit mitwirken, das ist das Werk, dem ich mich weihen will!
>
> Soweit es meine Kräfte erlauben, will ich, weil ich Priester bin, von nun an der erste sein, der sich dessen bewußt wird, was die Welt liebt, erjagt und leidet; – der erste, zu suchen, mitzufühlen und sich abzumühen; – der erste, mich zu entfalten und mich zu opfern; – umfassender menschlich und edler irdisch als irgendein Diener der Welt.

[35] Der Pater gehörte zur Provinz von Lyon.

Ich will einerseits mich in die Dinge versenken und, indem ich mich mit ihnen vermische, aus ihnen durch Besitznahme bis zur letzten Partikel all das herauslösen, was sie an ewigem Leben enthalten, – damit nichts verlorengeht. – Und ich will gleichzeitig durch Leben der evangelischen Räte im Verzicht all das heimholen, was die dreifache Begierde an himmlischem Feuer einschließt, – die in der Liebe, im Gold und in der Unabhängigkeit eingeschlossene Macht in der Keuschheit, in der Armut und im Gehorsam heiligen.»[36]

In voller Klarheit, im vollkommenen Bewußtsein der in der menschlichen Liebe, im Geld und in der freien Forschung eingeschlossenen geistigen Möglichkeiten und mit dem entschiedenen Willen, sie dank einer restlosen Gemeinschaft mit Christus durch die Keuschheit, die Armut und den Gehorsam «heimzuholen», legte also der Pater seine ewigen Gelübde ab.

Tatsächlich erhob die Freiheit seines Gelehrten- und Forscherlebens ihn zu unerforschten mystischen Gipfeln, die durch ‹Die Messe über die Welt› [1923], ‹Der Göttliche Bereich› [1926–1927], und ‹Das Christische› [1955] gekennzeichnet sind, und er hatte häufig Gelegenheit, zu verstehen zu geben, und zwar sogar Verwaltungsräten gegenüber, welchen sozialen und religiösen Wert das Geld hat:

W – «Als erstes sagen wir, das Gold ist in sich etwas sehr Schönes, sogar etwas Heiliges. Weshalb? Weil es auf Erden für die Menschheit die materielle Energie in brauchbarer Form darstellt; das Gold ist das Erdöl, die Kohle, ist die Kunst, und das sind Bücher, eine Bibliothek. Es ist das Symbol und das Transportmittel all dieser Einheiten, das ist Sache der elementaren Ökonomie; in diesem Sinne ist es großartig. Doch je stärker, je großartiger es ist, um so mehr [...] muß man sich in acht nehmen. Das Gold, das in dem Maße, wie es dient, wie es den menschlichen Strom trägt, vollkommen ist, zersetzt sich in dem Maße, wie es stehenbleibt [...]. Das Stehenbleiben macht, daß das Gold, das in sich etwas Gutes ist, schlecht und zur Quelle der Übel wird. Von dem Augenblicke an, da man diese Energie aufhält, um sie sich dienen zu lassen, wo man sie von ihrer normalen Richtung ablenkt, von

[36] ‹Le prêtre› [1918]. Die Schrift ist sichtbar aus Anlaß seiner feierlichen Gelübde verfaßt worden.

dem Augenblick an, da man sie stagnieren läßt, zersetzt sie sich und wird schlecht. Den Reichtum mißbrauchen, den Reichtum aufhäufen, sich seiner schlecht bedienen, ist, so sage ich, nicht nur eine Sünde der Ungerechtigkeit wider das Individuum, das daneben steht und nichts hat: es ist eine Sünde wider die Welt, weil die Menschheit, um zu leben, um sich zu entwickeln, dessen bedarf, um Geistiges hervorzubringen [...].»[37]

Über die Keuschheit schrieb er Bewundernswertes:

W– «[...] Die Jungfräulichkeit wird über die Keuschheit wie das Denken über das Leben gesetzt im Durchgang durch eine Umkehr oder einen einzigartigen Punkt.

[...] In der gegenwärtigen Stunde bewahrt die Vereinigung der Leiber ihre Notwendigkeit und ihren Wert für das Geschlecht. Doch ihre spirituelle Qualität ist von nun an durch den höchsten Typ der Vereinigung definiert, den sie nährt, nachdem sie ihn vorbereitet hat. Die Liebe ist auf dem Wege des „Zustandswandels" inmitten der Noosphäre. Und in dieser Richtung bereitet sich der kollektive Übergang der Menschheit in Gott vor.

Derart stelle ich mir die Evolution der Keuschheit vor.

Theoretisch ist diese Transformation der Liebe möglich. Zu ihrer Verwirklichung genügt es, daß der Anruf des personalen göttlichen Zentrums stark genug verspürt wird, um die natürliche Anziehung zu überwiegen [...].

Das Leben wird dadurch gelähmt, daß man nicht glaubt und nicht wagt. Die Schwierigkeit liegt nicht darin, die Probleme zu lösen. Sie liegt darin, die Probleme zu stellen. Wir aber sehen jetzt: sich der Leidenschaft bemächtigen, um sie dem Geist dienen zu lassen, wäre mit biologischer Evidenz eine Voraussetzung des Fortschritts. Früher oder später also wird die Welt durch unsere Ungläubigkeit hindurch diesen Schritt tun. Denn alles, was wahrer ist, findet sich; und alles, was besser ist, tritt schließlich ein.

Eines Tages werden wir nach dem Äther, den Winden, den Gezeiten, der Schwerkraft für Gott die Energien der Liebe einfangen. Und dann wird der Mensch ein zweites Mal in der Geschichte der Welt das Feuer gefunden haben.»[38]

[37] Vortrag vor der Gruppe Légaut in Chadefaud am 27. November 1930.

[38] ‹L'évolution de la chasteté›, Februar 1934 [‹Die Evolution der Keuschheit›].

1919 P. Teilhard wird am 10. März 1919 demobilisiert. Er verbringt einige Tage in Clermont und begibt sich dann nach Lyon, um dort Exerzitien zu machen. Von der ersten Aprilhälfte an ist er mit Sicherheit in Paris, wo er Vorlesungen hört und mit dem Museum Kontakt aufnimmt. Am 2. August schreibt er von Jersey, wo er ungefähr zwei Monate in Arbeit und Erholung, im Kontakt mit jungen Menschen und in der Einsamkeit verbrachte. Er studiert im Laboratorium Seetiere, vor allem aber systematisiert er seine Kenntnisse in der Botanik. Er trifft sich mit seinem Freund, P. Charles, der extra von Löwen gekommen war, und vor allem führt er zahlreiche Gespräche mit P. Auguste Valensin, mit dem er über das Problem des Pantheismus Spinozas diskutiert und von dem er sich die Ansichten Maurice Blondels über den Bestand des Universums in Christo erklären ließ.

Wozu all diese wissenschaftlichen Beschäftigungen? – Er bereitet sich auf das naturwissenschaftliche Diplom [licence] an der Sorbonne vor. Zusammen mit Pierre Lamare[39] hört er die Vorlesungen von Hérouard und Robert und meldet sich zu dem besonders für die Demobilisierten angesetzten Prüfungstermin. Er erhält im Juni
1919–1920 1919 das Prüfungszeugnis in Geologie mit der Note «Gut». Doch die Botanik [Oktober 1919] und die Zoologie [19. März 1920] sind trüber. Während er durchaus versuchte, die Regel der jesuitischen Studenten anzuwenden, die ihnen vorschreibt, dem Studium einen wirklichen «Eifer» entgegenzubringen, den Erfolg im Studium anzustreben, ohne sich allerdings darin zu gefallen, ist der Pater, der bereits das Alter des Forschens erreicht hat, dieses schulischen Arbei-

In einer Zeit, da viele den Fortschritt mit einer Rückkehr zur Vergangenheit verwechseln [mit anderen Worten: in eine «regressive Evolution» abgleiten, wie zum Beispiel die Anhänger der Priesterehe], ist es symptomatisch, in der Philosophie Nicolai Berdjajews eine der Pater Teilhard ähnliche Intuition über die «Evolution der Keuschheit» zu finden: «*Nicht die dem Mann angeglichene Frau, sondern das Ewigweibliche wird eine große Rolle in der zukünftigen Periode der Geschichte zu spielen haben [...]. Doch das Christentum kann in seinen Hoffnungen nicht bei der Reproduktion der Art stehenbleiben... Die natürliche Zeugung des alten Adam muß in die geistige Zeugung des neuen Adam verwandelt und verklärt werden. Hieran knüpft die Entdeckung des mystischen Sinns der Liebe an, der verklärenden, nicht mehr der Zeit, sondern der Ewigkeit zugewandten Liebe [...]*» [‹Un nouveau Moyen Age›].

39 Und Théodore Monod. – Lamare, ein nichtkonformistischer Geist und ergebener Freund, ist Geologe in Bordeaux.

tens müde[40]. Er war Schüler [und später Freund] von Alfred Lacroix[41], er wurde von Pierre Termier ermutigt, und am Museum fand der Pater Marcellin Boule wieder. In diese ferne Zeit geht seine Freundschaft mit Paul Rivet, dem zukünftigen Gründer des Musée de l'Homme, zurück. Rivet hatte gleich nach seiner Demobilisierung den Plan gefaßt, die wissenschaftlichen Beziehungen mit den Deutschen wieder anzuknüpfen:

W– «Mein erster Besuch», schreibt er, «galt dem großen Professor Marcellin Boule; die Darlegung meines Planes stieß bei ihm auf heftigen Widerstand. Er sollte leider nicht der einzige sein. Ich war so erregt, daß ich einem Priester keinerlei Aufmerksamkeit schenkte, der als stummer Zeuge diesem Gespräch beiwohnte. Einige Augenblicke nach meiner Rückkehr in mein Laboratorium schellte ein Besucher an der Tür. Es war dieser Priester, Pater Teilhard, dem es ein Anliegen war, sofort zu kommen, um mir sein vollständiges Einverständnis mit mir mitzuteilen. Wir besprachen uns... An diesem Tage entstand eine große Freundschaft; sie hat ohne Schatten fünfunddreißig Jahre hindurch gehalten [...].»[42]

Die von Abbé Bremond erzählte Begebenheit muß sich in diesen Nachkriegsjahren abgespielt haben[43]:

W– «Als Barrès sich in ihrem Museumspalast unsere ehrwürdigen Vorfahren zeigen ließ, war er zunächst sehr bewegt, dann fragte er an M. Boule gewandt, der ihm als Erklärer diente, unter anderem, welche Wirkung derart eindrucksvolle Entdeckungen auf den religiösen Glauben unseres Landes haben könnten. Als einzige Antwort zeigte der berühmte Gelehrte ihm lächelnd einen jungen Jesuiten – es war P. Teilhard de Chardin –, der sich mit gelassenster Vertraut-

[40] Vgl. Brief vom 28. Februar 1920: «*Ich bin ziemlich von der Vorbereitung meines letzten Examens für das Lizentiat [Ende März] in Anspruch genommen, und obendrein saust mir zuweilen davon der Kopf. Ich glaube, es wird Zeit, daß ich aus dieser Vorbereitungszeit herauskomme, in der ich bald ein Jahr stecke. In unserem Alter ist das Schülerdasein ermüdend.*»

[41] Professor der Mineralogie am Museum; vgl. Brief an Lacroix vom 19. Juni 1926: «*Ich vergesse nicht Ihr Laboratorium, das in meiner Erinnerung neben einigen recht seltenen Plätzen einen „auserwählten" Ort darstellt, an dem ich mich immer glücklich gefühlt habe.*»

[42] ‹France Observateur›, 21. April 1955, S. 17.

[43] Der TERMINUS AD QUEM ist 1923: in diesem Jahr starb der Autor von ‹La colline inspirée›.

heit inmitten dieser Fossilien bewegte. Die Offenbarung wird wegen so geringer Dinge nicht zusammenbrechen.»[44]
Der Pater arbeitet seit Ostern 1920 ernsthaft wieder an seiner Dissertation über die Säugetiere des französischen unteren Eozäns und ihre Fundorte[45], die er bereits in den Schützengräben von Reims begonnen hatte und die, nachdem sie bereits am 5. Juli 1921[46] angenommen worden war, mit Erfolg[47] am 22. März 1922 verteidigt wurde – vor einem ungewohnten Publikum, mit einer sich sehr lobend aussprechenden Jury. Boule hatte ihm nämlich sehr wohlüberlegt geraten, das bewundernswerte, von einem alten Arzt aus Reims, dem Dr. Victor Lemoine, gesammelte und dem Museum übergebene Material zu untersuchen, was den jungen Gelehrten nicht hinderte, in Arbeitsjacke und blauer Hose mit Hacke und Spaten im Gelände zu arbeiten. Ein Brief vom 20. Juni 1920 erinnert an diese harte Arbeit in einer Sandgrube:

B – «Tatsächlich habe ich Eure „Anzeige" in dem Augenblick erhalten, als ich gerade nach Reims aufbrach, das heißt am 5.; und seit diesem Tage, so kann ich Euch sagen, betrug mein tägliches Arbeitsmaß ausnahmslos sieben bis acht Stunden Erdarbeit in sie-

[44] H.J. und A. Bremond, ‹Le charme d'Athènes et autres essais›, Paris [Bloud et Gay] 1925.

[45] In einem Brief vom 4. Juli 1920 spricht er von «*meinem* MODUS STUDENDI, *der darin besteht, von morgens um neun bis abends um sechs außer Hause zu sein*», und ein Brief vom 21. Juni 1921 präzisiert: «*Meine ganze Kraft steckt in der Arbeit im Gelände oder im Laboratorium.*»

[46] Das Gutachten von E. Haug ist am 3. Juli 1921 unterzeichnet. Der hervorragende Geologe hatte die Arbeit seit dem Monat März in Händen gehabt. Er spricht sich über sie sehr lobend aus: «Herr Pierre Teilhard de Chardin ist kein Anfänger in der Paläontologie [...]. Das Werk von Herrn Teilhard [...] gereicht durch die Bedeutung der erzielten Ergebnisse seinem Autor zur größten Ehre und verdient folglich die Druckerlaubnis.»

[47] Addenda zum Gutachten über die Dissertation von E. Haug: «Die Verteidigung hat nur den ausgezeichneten Eindruck bestätigt, den die Lektüre des Manuskripts hinterließ. Die Art und Weise, wie die die zweite These bildenden Fragen dargelegt wurden, haben die Professorenqualitäten und die Geistesklarheit des Kandidaten deutlich herausgestellt. Er ist gewiß zu einer schönen wissenschaftlichen Laufbahn berufen. Die Jury hat keinen Augenblick gezögert, ihm den Doktortitel mit der Erwähnung „sehr ehrenvoll" zu verleihen.» – Zu den drei ersten großen paläontologischen Veröffentlichungen des Paters vgl. die ausgezeichnete Besprechung von J. Piveteau, ‹Bull. soc. géol. de France›, 6. Serie, Band VII, Lieferung 6, 1957, S. 788 bis 790.

ben Kilometer Entfernung von hier, so daß ich, wenn ich abends nach Hause kam, nur noch den einen Gedanken hatte, zu schlafen. Glaubt nicht, daß unangenehme Geldnöte mich dazu gebracht hätten, ein Vermögen zu verdienen [...], ich bin nur hierher gekommen, um Ausgrabungen im Berg von Berru im Hinblick auf meine Dissertation durchzuführen. – Nachdem ich gestern die Jagd auf die kleinen Zähne der eozänen Säugetiere abgeschlossen habe, nutze ich, bevor ich nach Paris zurückkehre, meinen ersten Tag der Ruhe seit zwei Wochen, um Euch meine wärmsten Glückwünsche zu schicken [...].»[48]

Diese Arbeit, die mehr als nur ein Versprechen künftiger Arbeiten enthielt[49], war übrigens die dritte umfassendere Arbeit, die beiden ersten waren den Raubtieren und den Primaten der Phosphorite

[48] Das ist nicht die einzige Berührung mit dem Gelände. Um 1920 herum macht P. Teilhard einen achttägigen Besuch in Löwen, der Anlaß zu zahlreichen Gesprächen mit P. Charles ist. Während dieses Besuches organisierte letzterer in Gesellschaft mit P. Teilhard und einigen anderen, darunter P. Brisbois, einen Besuch der prähistorischen Fundstellen, wo er Forschungen begonnen hatte: die Höhle des Doktors in Hucorgne, die Höhlen des Lessetales. Ferner ist zu nennen: am 13. März 1921 eine Exkursion nach Chelles, vom 8. bis zum 11. April Studium der Umgebung von Alès zusammen mit P. Termier und seinen Schülern der Bergakademie, am 21. Juni eine Rundfahrt von Epernay bis Viz und zum Mont-Aimé, am 6. September der Besuch von Niaux in Gesellschaft von Abbé Breuil und Dorothy Garrod, der Schülerin von Professor Sollas [Oxford]. D. Garrod sollte eine gute Prähistorikerin werden [Ausgrabungen in Gibraltar und Palästina] und lehrte in Cambridge. Neu zum römischen Katholizismus bekehrt, hatte sie noch letzte Skrupel und Fragen, und P. Teilhard half ihr sehr, indem er ihr den Text des ‹Göttlichen Bereichs› übermittelte. 1922 fuhr er nach Ariège, um die Höhlen des Grafen Bégouën zu besuchen. Doch bereits zu dieser Zeit interessierten sie ihn nur in dem Maße, wie sie ihm ein Element der Zukunft lieferten. Am 31. Juli 1922 ist er in La Fléchière, Thonon, Haute-Savoie.

[49] Er hat kaum den Doktorgrad erworben, da wird ihm bereits der Viquesnel-Preis von der Société Géologique de France zugesprochen, deren Mitglied er bereits seit 1912 war. Bis 1927 einschließlich blieb er in ihr recht aktiv: wir stellen eine Reihe von Diskussionsbeiträgen, zwei Ansprachen im Jahre 1925 und eine Präsidentenansprache im Jahre 1926 fest. Doch er wurde von China ganz in Beschlag genommen. Seit 1922 veröffentlicht er Berichte in ‹L'Anthropologie› und macht Mitteilungen vor der Anthropologischen Gesellschaft [Société d'Anthropologie] [21. März 1923, 17. März 1926]. Am 17. Oktober wird er zum Mitglied der Biogeographischen Gesellschaft gewählt, der er am 20. November 1925 eine Mitteilung über das Alter gewisser Elemente der kontinentalen Faunen vorlegte. Bereits 1923 hatte die Akademie der Wissenschaften ihm den Preis Roux zugesprochen.

von Quercy gewidmet: Die Geologen und Paläontologen sind gewohnt, sich zunächst Sicherheit zu verschaffen, bevor sie eine Dissertation vorlegen[50].

Der junge Gelehrte unterhält oder entwickelt seine Beziehungen mit dem Ausland. Im August 1920 finden wir ihn in England[51], wo er von dem Anblick des neuen Schädelbruchstücks und des neuen Zahnes beeindruckt ist, die 1915 in Piltdown «gefunden» wurden. Im Laufe des ersten Vierteljahres 1921 tritt er mit dem Basler Gelehrten Stehlin in Verbindung:

> B – «Ich sage Ihnen meinen lebhaften Dank, daß Sie mir Ihre ersten Eindrücke mitgeteilt haben, denn Ihre Ansicht über meine Arbeit gehört zu jenen zwei oder drei Urteilen, an deren Kenntnis mir am meisten liegt. Meine ganze Bitte an Sie ist, mich in den Einzelheiten – wenn Sie die Zeit dazu finden – Ihre weiteren Bemerkungen wissen zu lassen, wie Sie es mit einem Mitarbeiter halten würden. Ihre Erfahrung ist viel größer als meine, und die Säugetier-Paläontologen sind so wenig zahlreich, daß sie sehr eng zusammenarbeiten müssen. – Umgekehrt werde ich Ihnen alle ergänzenden Auskünfte geben, die Sie vielleicht wünschen.»[52]

Er besucht ihn am 7. oder 8. August 1922 in Basel, und er behält die Aufnahme, die er dort fand, in guter Erinnerung. In demselben Monat August nimmt der Pater an dem Kongreß von Brüssel teil, wo er dem Chinesen Wong, dem Ko-Direktor des chinesischen Geologischen Landesamtes [National Geological Survey of China], begegnet. Bereits 1920 hatte er die Bekanntschaft von Granger [vom American Museum] gemacht. Er zeigt ihm Exemplare eines sehr kleinen Tarsiden *[Pseudoloris]*[53]. P. Teilhard arbeitet natürlich an

[50] Boule hatte bereits bei der ersten Begegnung den Pater aufgefordert, die Raubtiere der Phosphorite von Quercy zu studieren, da er sowohl die ganze Bedeutung als auch alle Schwierigkeiten dieses Gegenstandes kannte. Die kurze Abhandlung über die Primaten desselben Bereichs ist durch einen glücklichen Fund im Museum von Montauban veranlaßt worden.

[51] Vermutlicher Reiseweg: Löwen [um P. Charles und das Personal der ‹Revue des Questions scientifiques› aufzusuchen], Hastings [um den Kontakt mit dem Scholastikat von Ore Place wieder aufzunehmen] und London [aus wissenschaftlichen Gründen], vgl. Brief vom 4. Juli 1920.

[52] Brief vom 5. April 1921. Die spärliche Korrespondenz wurde bis zum 28. August 1928 aufrechterhalten.

[53] Seine Dissertation bildet einen entscheidenden Markstein in seinen Beziehungen

europäischem Material, er hat bereits eine Reihe fester Freundschaften und beginnt, die Aufmerksamkeit der gelehrten Welt auf sich zu lenken. Seine 1920 erschienene Studie: ‹Notes sur la structure de l'île de Jersey›, die endlich eine Erklärung für die Tektonik dieser Insel bietet, weckt zum Beispiel die Bewunderung des englischen Geologen H. Plymen. Bereits jetzt gilt das wesentliche Interesse des Paters dem Auftreten des Menschen und der Hypothese seiner Ursprünge unter den Tarsiern. Da ihn dieses Problem anzieht, ist er auf dem besten Wege, der europäische Spezialist der archaischen Typen zu werden.

Alle Fäden seines Schicksals sind entschieden dabei, sich zu verknüpfen. In die Kettenfäden seines Lebens schießt das Schiffchen [das nichts anderes als die Führung Gottes ist] die Grundschemata ein, die in Zukunft nur noch bereichert und vervollkommnet werden müssen. Um 1920 herum macht P. Teilhard die Bekanntschaft von Abbé Gaudefroy, einem Mineralogen von Rang, der zusammen mit Abbé Breuil im Priesterseminar war. Letzterer hatte nämlich darauf bestanden, sie miteinander bekannt zu machen. Trotz seines Mißtrauens ließ sich Abbé Gaudefroy überzeugen und folgte seinem Kameraden bis zu einem wirklichen Taubenschlag im obersten Stock des Hauses Nr. 13 in der Rue du Vieux-Colombier. Breuil stellte sie einander vor und zog sich zurück. Die ersten Worte Gaudefroys waren etwa diese: «Ich mißtraue den Jesuiten, weil man mir gesagt hat, ihr seiet eine Geheimgesellschaft, ihr hättet Statuten, die ihr niemandem zeigtet, und eure Briefe würden von eurem Oberen geöffnet...» – Worauf der Pater schallend zu lachen begann, wie es seine Freunde alle an ihm kannten: er öffnete eine Lade auf der linken Seite seines Schreibtisches, zeigte dem Abbé die REGULAE SOCIETATIS JESU und sagte: «*Nehmen Sie, das sind meine Statuten, andere habe ich nicht.*» Und Abbé Gaudefroy, ein kluger, ehrlicher und guter Priester, der aber etwas zurückhaltend war wie alle Leute aus dem Norden, hatte sogleich Vertrauen zu ihm – und wurde in gleicher Weise belohnt.

Die Begegnung mit Abbé Gaudefroy hatte für den Pater eine doppelte Konsequenz. 1919 war Gaudefroy ans Institut Catholique beru-

mit den Vereinigten Staaten, da der Pater die Säugetiere des französischen unteren Eozäns mit den amerikanischen Säugetieren des Paläozäns, die gerade Gegenstand einer gründlichen Revision gewesen waren, sehr eingehend verglich.

fen worden, um den Lehrstuhl zu übernehmen, den ehedem der große Geologe Albert de Lapparent berühmt gemacht hatte und der heute von dem Enkel des letzteren eingenommen wird. Doch Gaudefroy war Mineraloge [und kein Geologe]: Für die Spezialwissenschaftler sind das wirklich zwei ziemlich klar abgegrenzte Disziplinen. Gaudefroy forderte also, daß der Lehrstuhl geteilt würde, und er übernahm selbst die Mineralogie [die sich im Erdgeschoß, Aufgang C, des Institut Catholique befindet] und schlug Teilhard für die Geologie vor[54] [erster und zweiter Stock]. Dieser
1920– Vorschlag wurde angenommen[55]. Von 1920 bis 1923 lehrte der
1923 junge Jesuit am Institut Catholique. Was immer man auch darüber gesagt hat, er hat einen tiefen Eindruck hinterlassen, zumindest bei gewissen Schülern, die heute Meister geworden sind – J. Cuvillier, A. de Cugnac, J. Piveteau – und ihn als einen durch seine Klarheit, seine Begeisterung und seine Hingabe an die Sache erstrangigen Professor in Erinnerung behalten haben:

B – «Ich bin tatsächlich im Jahre 1921–1922 Schüler von Pater Teilhard de Chardin gewesen.

Ich habe seinen so erstaunlich lebendigen und klaren Unterricht noch in deutlicher Erinnerung; er verstand es, ihn mit zahlreichen Bemerkungen noch mehr zu beleben, die für uns ebenso viele Probleme darstellten und unsere Aufmerksamkeit wach hielten.»[56]

«[...] mit einem Lehrer wie Teilhard wurde alles klar, und sein inneres Feuer umhüllte uns so sehr, daß es manchmal vorkam, daß eine um 5 Uhr begonnene Vorlesung um 8 oder 9 Uhr abends zu Ende ging, ohne daß wir uns der Zeit bewußt wurden. Doch er

[54] Tatsächlich hatte bereits Anfang 1919 der große katholische Geologe Emmanuel de Margerie, der dem Pater in Strasbourg begegnete, spontan die Frage des Institut Catholique aufgegriffen und versprochen, den Rektor, Mgr. Baudrillart, unmittelbar nach seiner Rückkehr aufzusuchen. Der Obere in Lyon, P. Chauvin, hatte keine grundsätzlichen Bedenken gegen diesen Plan. In einem hierauf folgenden Brief hatte er sogar den Aufenthalt P. Teilhards in Paris im Hinblick auf die geologischen Studien als wünschenswert ins Auge gefaßt.

[55] Vgl. Brief vom 20. Juni 1920: «*Es ist wahrscheinlich, daß ich im nächsten Jahr mit den Vorlesungen über Paläontologie und Geologie am Institut Catholique beauftragt werde.*» Einige Tage später wurde die Kandidatur zum Dozenten der Geologie gutgeheißen. Nach der Verteidigung seiner Dissertation wurde der Pater außerordentlicher Professor für Geologie an der Naturwissenschaftlichen Fakultät.

[56] Brief von J. Cuvillier an C. Cuénot vom 29. Dezember 1958.

hatte uns das ganze Karbon zusammenfassend erklärt, und keinen Augenblick hatten wir das Empfinden, nicht zu begreifen. Was die andere Weise angeht, einen tiefen Eindruck zu hinterlassen, nämlich für immer das Herz und den Geist jener zu prägen, die ihm nahegekommen sind, haben sich, so glaube ich, ihm nur wenige seiner Schüler entziehen können.»[57]

Wenn die Naturwissenschaften nur wenige Anhänger hatten, so waren letztere für sie nicht weniger begeisterte Diener – das gilt sowohl von den Lehrern wie von den Schülern. Der Rektor des Institut Catholique – es war seinerzeit Mgr. Baudrillart –, der P. Teilhard ob seiner didaktischen Qualitäten und seiner Forschergabe sehr hoch schätzte, kämpfte darum, ihn zu behalten.

Als weitere Konsequenz aus dieser Begegnung mit Abbé Gaudefroy ergab sich die Bekanntschaft mit M. Portal. Nach einer kurzen Zeit des Unterrichts an der höheren Schule war Abbé Gaudefroy um das Jahr 1907 an das Universitätsseminar gekommen, das M. Portal, ein Lazarist, in dem Haus Nr. 88 der Rue du Cherche-Midi gegründet hatte, das seinem Orden gehörte. Später war Abbé Gaudefroy seinem Freund in sein neues Hauptquartier Nr. 14, Rue de Grenelle gefolgt [um 1909]. M. Portal [eine schöne Priestergestalt, mit offenem Geist und mit dem brennenden Verlangen, die Seelen zu erobern] hatte mehrere Studienzentren oder Zentren der apostolischen Aktion gegründet, insbesondere zusammen mit P. Laberthonnière und mit Édouard Le Roy, und ein weiteres mit den Studenten der École Normale Supérieure. Als M. Portal durch Vermittlung von Abbé Gaudefroy P. Teilhard kennengelernt hatte [um 1920], bat er ihn, vor der Gruppe der «Normalianer» einen Vortrag zu halten. Letztere erneuerten diese Bitte Jahre hindurch, nachdem ihnen hierin verschiedene Kreise der Studenten der École Polytechnique vorausgegangen waren, die von seinem wagemutigen und neuen Denken gefangengenommen wurden und denen gegenüber er mit seinen Kräften nicht haushielt[58]. Der Botaniker R. Franquet hat ihn vor

[57] Brief von A. de Cugnac an C. Cuénot vom 9. November 1958.

[58] Vgl. Brief vom 16. März 1921: «*Meine beiden gegenwärtig wichtigsten Hilfen [...] sind die Gespräche mit einigen Freunden [vor allem Doncœur und Abbé Breuil] und eine Reihe von Ansprachen vor den Ingenieuren und den Studenten der Polytechnique des Pater Pupey-Girard – Ansprachen, die mich zwingen, nicht wenige Bestrebungen meiner Seele, die Sie kennen, zu präzisieren und [dem äußeren Gebrauch] anzupassen*»; und Brief vom

katholischen Ingenieuren predigen hören: Seine Predigten standen außerhalb der Normen, sie waren von hoher Geistigkeit und nicht immer leicht zu verstehen. Man kann nie genug das priesterliche Wirken P. Teilhards betonen, der, wenn er die Wissenschaft auch um der Wissenschaft willen liebte, sie doch vor allem pflegte, um in wirksamerer Weise Apostel zu sein[59], der in der Stille und der Demut arbeitete.

Zwischen Édouard Le Roy, dem großen Professor am Collège de France, und P. Teilhard vermittelte die Bekanntschaft dagegen Abbé Breuil, wie ein kurzer Brief vom 19. Oktober 1921 beweist:

B – «Monsieur,

Mein Freund, Abbé Breuil, hat mir kürzlich von Ihnen mit Worten berichtet, die in mir das schon alte Verlangen erneuert haben, Ihnen zu begegnen. – Wenn Sie eines Tages über eine freie Minute verfügen, in der wir unsere Gedanken austauschen könnten, wäre ich Ihnen wirklich dankbar, wenn Sie es mich wissen ließen.

Darf ich Sie unterdes meiner hochachtungsvollen Sympathie für Ihre Weise, die Wahrheit zu lieben und zu suchen, versichern.

P. Teilhard.»

Kurz gesagt, der Pater hat bereits in Europa Wurzeln geschlagen, und nach und nach spürt er, wie seine Beziehungen sich ausweiten und sein Einfluß weiter dringt. Zwar hatte er nach seiner Ernennung am Institut Catholique im Hinblick auf diese Professorenstelle geschrieben:

B – «[...] ich würde natürlich eine „Prospektoren"-Stelle in Beirut, Schanghai oder Trichinopoly, wo es an Leuten fehlt, vorziehen.»[60]

Doch dieses Bedauern währte nicht lange. Sowohl als Gelehrter wie auch als Priester hatte er seinen Ort durchaus in Paris, und er

17. Dezember 1922: «*Im Januar werde ich zu den „Normalianern" M. Portals sprechen.*» Er hat auch großes Ansehen bei den jungen Klerikern.

[59] Vgl. Brief vom 26. Mai 1925: «*Ich brauche Ihnen nicht noch einmal zu sagen, einen wie geringen Platz die Geologie in der Genese dieses Evangeliums in mir einnimmt. Ich bedurfte eines Kontaktes mit dem Wirklichen, um mich zu wecken und mich zu nähren – auch einer Arbeit am Wirklichen, um an dem „menschlichen Bemühen" teilzuhaben und den Bund zu praktizieren, den ich zwischen dem Menschen und dem Christen predigte. Die Geologie ist für mich das gewesen. Doch ich glaube, jede andere Erfahrung hätte auf mich dieselben Wirkungen gehabt.*»

[60] Brief vom 4. Juli 1920.

sah es in etwa als seine Pflicht an, sich eine Plattform intellektuellen Wirkens in einem Zentrum wie der Hauptstadt, einer Art magnetischen Pols, einer Retorte, in der die neuen Ideen destilliert werden, nicht entgehen zu lassen. Der beste Beweis für diese Einwurzelung ist die Tatsache, daß er sich immer nach der Hauptstadt sehnte und daß er bei jeder Rückkehr nach Frankreich ganz natürlich sein apostolisches Wirken wieder aufnahm. Ebenso sollten seine Beziehungen zu den belgischen Gelehrten und zu Belgien lange halten, und sie lockerten sich nur unter dem Zwang der Dinge. Um sich darüber klar zu werden, genügt es, die Bibliographie durchzublättern: 1924 ein Aufsatz in Zusammenarbeit mit L. Dollo über ‹Les gisements de mammifères paléocènes de la Belgique›[61], 1925, 1926, 1927 und 1928 finden sich verschiedene Veröffentlichungen in belgischen Zeitschriften über die fossilen Säugetiere dieses Landes. Der Pater hielt immer Verbindung mit Löwen und der ‹Revue des Questions scientifiques›, und in diesem Land hat er sowohl unter den Wallonen wie unter den Flamen seine glühendsten Bewunderer.

Wenn man die allgemeine Entwicklung dieses Zeitabschnittes definieren will, gliedert er sich in drei deutlich unterschiedene Teile. In der Mitte liegt der Erste Weltkrieg. Diese Apokalypse zerteilt die Studien- und Ausbildungsjahre, auf die das Lizentiat und dann der Doktor der Naturwissenschaften folgen. Doch vor dem Krieg ist P. Teilhard wirklich nur ein Lehrling. Nach dem Krieg kündigt sich die Meisterschaft bereits an, und die internationalen Beziehungen werden angeknüpft. Andererseits finden wir nicht mehr dieselbe Atmosphäre. Der Korporal Teilhard war sich seiner selbst bewußt geworden, und dieses Bewußtwerden fand von den ersten Jahren nach der Demobilmachung an seinen Ausdruck in einer Gärung, in einem Brodeln, dessen Folgen sehr bald spürbar werden sollten.

In dieser Zeit, die die Jahre 1912–1923 umfaßt, beginnt die Materie «rot zu glühen», folgen die grundlegenden geistigen Entdeckungen aufeinander. Eine wesentliche Mutation des Teilhardschen Geistes,

[61] Die Dissertation Pater Teilhards hatte ihn in die erste Reihe der französischen Paläontologen gestellt. Louis Dollo, damals Direktor des Königlichen Naturgeschichtlichen Museums von Brüssel, hatte ihn aufgefordert, eine Revision der Fauna des Paläozäns Belgiens vorzunehmen. Ein Nekrolemuride des Sparnacien von Orsmaël hat den Namen *Teilhardina belgica Teilhard*.

der endlich eines seiner Hauptthemen meistert: Der ehemalige Fixist bekehrt sich endgültig zum Evolutionismus. Bereits in seinen theologischen Jahren in Hastings [1909–1912] war

W– «das Bewußtsein einer tiefen, ontologischen, totalen Trift des Universums»

um ihn herum in ihm gewachsen, bis es seinen ganzen inneren Himmel restlos überzog. Unter welchen Einflüssen? Die Lektüre von Bergsons ‹Schöpferischer Evolution› war eher der Anlaß zu einem persönlichen Bewußtwerden, das Zusammentreffen einer inneren Evidenz und eines einfachen Bedürfnisses, die Erkenntnisse der Naturwissenschaft zu begreifen, – die nur der Evolutionismus verständlich macht. Eine doppelte Erleuchtung, ein doppelter Blitz, der nur eins ist am Himmel der Gewißheiten. Die Evolution, eine einfache Hypothese der Biologie des 19. Jahrhunderts, offenbart sich in den Augen P. Teilhards als die Voraussetzung alles wissenschaftlichen Denkens und wird zu einem Polymerisationszentrum für den menschlichen Geist, da von nun an [welcher Art auch immer die Diskussionen unter den Biologen über ihren Mechanismus und ihre Modalitäten sein mögen] die Evolution alles ergreift, alles in Bewegung setzt, einschließlich der Physik, indem sie die gesamte Kosmologie beherrscht.

Der junge Jesuit ist also für den Evolutionismus gewonnen. Von nun an scheint ihm nichts auf einer breiteren Grundfläche der Erfahrung und der Kritik gegründet zu sein, und nichts scheint ihm mit größerer Sicherheit in der Wissenschaft und in der Philosophie von morgen zu überleben. In Zukunft ist in seinen Augen die Einheit der Welt dynamischer oder evolutiver Natur, das Universum ist kein unbeweglicher Kosmos mehr, sondern eine Kosmogenese, und alles entfaltet sich in einer biologischen «Raum-Zeit». Wir können hier nicht versuchen, eine Parallele zwischen dem Bergsonschen und dem Teilhardschen Evolutionsbegriff zu ziehen. Wir haben bereits gesagt: Die Lektüre der ‹Schöpferischen Evolution›[62] bestätigte einen intellektuellen Elan, doch sie brachte ihn nicht hervor, und

[62] Deren erste Ausgabe in das Jahr 1907 zurückgeht. Über Teilhard und Bergson hat Madame M. Barthélemy-Madaule eine Doktorarbeit abgeschlossen: ‹Teilhard et Bergson›, Paris, Éd. du Seuil, 1963. [Deutsche Übersetzung in Vorbereitung.] Vgl. ihren ausgezeichneten Artikel ‹Bergson et Teilhard de Chardin› in ‹Les études bergsoniennes›, Paris [PUF] 1960, Vol. V, S. 65–81.

Pierre Teilhard de Chardin spürte sehr bald, wie sich die Eigenständigkeit seiner Konzeptionen Bergson gegenüber festigte. Er warf dem Bergsonschen Kosmos vor, sich als eine divergente Irradiation im Ausgang von einem Quellzentrum darzustellen, während seine Konzeption wesentlich konvergent ist, weshalb er auch die Bergsonsche Konzeption eines vitalen Wachsens ohne Finalität verwirft. P. Teilhard sollte, wenn er auch Finalist, oder genauer, Anhänger der Orthogenese[63] war, den Mechanismen ihre Bedeutung, ihre gewaltige Bedeutung, lassen, insbesondere in den elementaren Formen des Lebens, während er zugleich ihre Rolle in den komplexen Formen, insbesondere beim Menschen, verringerte und betonte, daß das Leben im Grunde psychischer Natur ist.

Wenn der kosmische Sinn bei P. Teilhard sich in unaufhebbarer Symbiose mit dem Evolutionismus verbunden hat, so zieht der Pater aus dieser Lehre eigenständige Konsequenzen. Durch ein rein scheinbares Paradox und im Unterschied zur Spencerschen Philosophie erledigt diese Sicht der Dinge in ihm die Hypothese, nach der das «*Konsistente*» das «*Elementare*», das «*Undifferenzierte*», wäre. Der Dualismus Materie–Geist, Leib–Seele löst sich in seinen Augen «*wie ein Nebel vor der aufgehenden Sonne*» auf. Materie und Geist sind nicht mehr zwei Dinge, von denen das zweite sich auf das erste zurückführen ließe, sondern zwei Zustände, zwei Seiten ein und desselben kosmischen «Stoffes». Der Geist, der langsam aus der Materie emergiert, verdrängt im Denken des Paters die Bedeutung des Mineralischen und des Atomaren, und im Geiste, im Sehr-Komplexen hat nunmehr alle Konsistenz ihren Ort, die also nicht mehr «nach rückwärts in der Materie», sondern «nach vorn im Geist» zu suchen ist. Die Evolution folgt einer aufsteigenden Bewegung, und sie wird nicht zurückfallen. Diese wesentliche Mutation hat ihren Ort in der Zeit um 1914. Ein spiritualistischer Evolutionismus, wenn man so will, der es ablehnt, das Höhere auf das Niedere zurückzuführen, der jenes als wirklicher ansieht als dieses, jedoch ein Evolutionismus, der von einem geschärften Sinn für die konkrete Genese zeugt. Dieses Bemühen, unter dem Zeichen der Dauer einen mehr als zweitausendjährigen Dualismus zu überwinden, ist einer der Grundzüge des Denkens P. Teilhards, des großen Streiters wider

[63] Das heißt, die gerichtete Addierung kleiner Mutationen.

das Ewige der Dualismen und der antithetischen Begriffe im Namen ihrer «Komplementarität» im Konkreten und folglich ihrer Synthese[64].

Doch Teilhard ist jetzt in dem Feuerofen, der ihm zwei seiner Brüder, Gonzague [1914] und Olivier [1918], nehmen und aus dem der letzte heute noch lebende Teilhard, Astorg-Joseph, als Schwerkriegsversehrter heimkehren wird. Zunächst scheint das Leben in den Schützengräben wie ein Katalysator auf den Geist des jungen Jesuiten zu wirken, und die erste Synthese ist ‹Das Kosmische Leben› [24. März 1916], das zweifellos in der Umgebung von Nieuport verfaßt wurde. P. Teilhard will seine Liebe zur Materie und zum Leben ausströmen lassen und sie mit der Anbetung der einzigen, absoluten und endgültigen Gottheit in Einklang bringen. Er geht von dieser initialen und grundlegenden Tatsache aus, daß jeder von uns mit allen seinen materiellen, organischen und psychischen Fasern an alldem hängt, was ihn umgibt. Die menschliche Monade ist wie jede Monade wesentlich kosmisch. Das Problem stellt sich für den Christen also in diesen Termini: Muß man, um mit Christus vereint zu sein, sein Interesse von dem eigenen Weg des Kosmos abwenden? Doch P. Teilhard ist überzeugt: irgendeine Abkehr des Interesses angesichts all dessen, was den Zauber und das Interesse unseres natürlichen Lebens ausmacht, ist keine Grundlage für unser übernatürliches Wachsen. Wir können so den durch das kosmische Erwachen erweckten Elan bewahren unter der Voraussetzung, daß wir den beseligenden Wert und die ewigen Hoffnungen der «Heiligen Evolution» durchdringen[65]. Wir lassen einen Auszug aus dem eben ‹Die Heilige Evolution› betitelten Abschnitt folgen[66]. Der Pater verleiht dort in geglückter Weise dem Empfinden der Allgegenwart Gottes, der totalen Hingabe des Mystikers an den göttlichen Willen und dem Bemühen Ausdruck, mit dem Unsichtbaren

[64] Aus diesem Grunde stellt sich dieses Denken an die Antipoden aller offenen oder verdeckten Formen des Manichäismus.

[65] ‹Le milieu divin› [‹Der Göttliche Bereich›], ein Werk der Reifezeit, ist viel nuancierter: Es gibt Augenblicke, in denen man sich verleugnen und auf gewisse Dinge verzichten muß, um übernatürlich fortzuschreiten. Jeder hat einen anderen Weg... Wenn die Askese uns die Selbstbeherrschung gegeben hat, können wir die Geschöpfe «recht benutzen». Der Pater hat diese volle Freiheit des Gebrauchs am Ende der EXERZITIEN des heiligen Ignatius und der Entsagung des Krieges gefunden.

[66] 1. Teil: ‹Die Hand Gottes über uns›.

durch die Vermittlung der sichtbaren Welt zu kommunizieren und so das Reich Gottes mit der kosmischen Liebe zu versöhnen:

W– «Jedes Fluidum, das durch mich hindurchgeht, das mich einhüllt oder gefangennimmt, strömt letzten Endes aus dem Herzen Gottes aus, – es überträgt in der Weise einer subtilen und wesentlichen Energie das Pulsieren des Willens Gottes. Jede Begegnung, die mich liebkost, mich anstachelt, mich verletzt, mich beleidigt... oder mich zerbricht, ist eine Berührung der vielförmigen, aber immer anbetungswürdigen Hand Gottes. Jedes Element, das mich konstituiert, fließt über von Gott. Und indem ich mich den Umarmungen des sichtbaren und greifbaren Universums überlasse, kann ich mit dem reinigenden Unsichtbaren kommunizieren und mich dem unbefleckten Geist einverleiben:

– Gott schwingt im Äther; und durch ihn dringt Er unmerklich bis in das Mark meiner materiellen Substanz ein. Durch Ihn verbinden, beeinflussen und tragen einander alle Körper in der Einheit der totalen Sphäre, deren Grenzoberfläche von uns nicht vorgestellt werden kann.

– Gott arbeitet im Leben. Er hilft ihm, hebt es empor, gibt ihm den Anstoß, der es vorantreibt, den Hunger, der es anzieht, das Wachstum, das es verwandelt. Ich spüre Ihn und ich berühre Ihn und ich „lebe" Ihn in dem tiefen biologischen Strom, der in meiner Seele kreist und sie mit sich fortrollt.

– Gott scheint in der Menschheit durch und personifiziert sich in ihr[67]. Ich ertrage Ihn in meinem Bruder; ich höre Ihn in den Befehlen der Oberen sprechen; – und dann begegne ich und unterziehe ich mich von neuem wie in einem zweiten materiellen Bereich der beherrschenden und durchdringenden Berührung Seiner Hand auf der höheren Ebene der kollektiven und sozialen Energien.

Je tiefer ich in mich hinabsteige, um so mehr finde ich Gott im Herzen meines Seins; – je mehr ich die Bindungen vervielfache, die mich an die Dinge fesseln, um so enger schließt Er mich ein, – Gott, Der in mir das so lang wie die Gesamtheit der Jahrhunderte währende Werk der Inkarnation Seines Sohnes fortsetzt.

Ich bin glücklich, daß ein Anderer mich bindet und mich dahin

[67] Das heißt, «scheint durch die menschlichen Personen hindurch», wie der weitere Text des Abschnittes beweist.

gehen läßt, wohin ich nicht gehen wollte. Ich segne die Umstände, die Glücksfälle wie die Mißgeschicke meiner Laufbahn. Ich segne meinen Charakter, meine Tugenden, meine Fehler, meine Unvollkommenheiten. Ich liebe mich so, wie ich mich empfangen habe und wie mein Schicksal mich geformt hat. Mehr noch als das, ich bemühe mich, den geringsten Hauch, der mich anweht, zu erahnen und zu erfassen, um ihm meine Segel weit entgegen zu spannen. Ich will, daß meine Seele dem göttlichen Willen, von dem die Natur ganz erfüllt und durchtränkt ist, eine transparente, geschmeidige, gehorsame Monade sei.

Gesegnete Passivitäten, die ihr mich mit jeder Faser meines Leibes und meiner Seele umschnürt, Heiliges Leben, Heilige Materie, – durch die ich zur gleichen Zeit wie durch die Gnade mit der Genese Christi[68] kommuniziere, da ich, indem ich mich fügsam in eure weiten Falten verliere, im schöpferischen Tun Gottes schwimme, Dessen Hand seit dem Ursprung nicht aufgehört hat, den menschlichen Ton zu modellieren, der bestimmt ist, den Leib Seines Sohnes zu bilden, ich weihe mich eurer Herrschaft; ich überliefere mich euch, ich nehme euch an, und ich liebe euch.»

Und der Text schließt mit einem Gebet:

«O Christus Jesus, Du trägst wahrhaft in Deiner Güte und Deiner Menschheit die ganze unversöhnliche Größe der Welt. – Und deswegen, um dieser unsagbaren, in Dir verwirklichten Synthese dessen willen, was unsere Erfahrung und unser Denken niemals zu vereinen gewagt hätten, um sie anzubeten: Das Element und die Totalität, die Einheit und die Vielheit, den Geist und die Materie, das Unendliche und das Personale, – um der undefinierbaren Konturen willen, die diese Komplexität Deinem Antlitz und Deinem Tun gibt, gibt mein von Liebe zu den kosmischen Wirklichkeiten ergriffenes Herz sich leidenschaftlich Dir hin! [...]»

Es fällt uns in keiner Weise schwer, in dieser Schrift die beiden ersten Grundkomponenten, den [durch die evolutionistische Sicht präzisierten] kosmischen Sinn und den christischen Sinn sowie ein erstes Bemühen um Synthese zu erkennen. Tatsächlich übernimmt Chri-

[68] Genese Christi oder Christogenese bezieht sich im Denken Teilhards immer auf die Genese des mystischen Leibes.

stus, der Gottmensch, der alles synthetisiert, bereits eine kosmische Funktion, wie der Leitgedanke zu verstehen gibt:

W– «Es gibt eine Gemeinschaft mit Gott und eine Gemeinschaft mit der Erde und eine Gemeinschaft mit Gott durch die Erde.»

Dagegen fährt man zusammen, wenn man nur den Titel eines der folgenden Aufsätze liest: ‹Die Sehnsucht nach der Front› [September 1917]. Wie kann man, selbst wenn man für die nationale Unabhängigkeit kämpft, sich nach der täglichen Häßlichkeit und dem dauernden Schrecken sehnen[69]? Die Seele Pater Teilhards verflüchtigt, ich weiß nicht durch welche Gnade Gottes, das Übel, und das ist außerhalb theoretischer Gründe eine der Quellen des Teilhardschen Optimismus. Das ist jedoch nicht das Wesentliche. Die Front war für den Pater die Gelegenheit einer einzigartigen Erfahrung, in der er das Privileg hatte, die dritte grundlegende Komponente seines spirituellen Lebens zu entdecken. Bisher hatte Pierre Teilhard de Chardin immer im geschlossenen Raum gelebt. Zunächst der Horizont der Familie, dann das Ordensleben, vor allem in den Jahren der Ausbildung, in denen die Kontakte sehr eingeschränkt sind, und sie waren noch stärker beschränkt durch die Verfolgungen, die die jungen Jesuiten von ihrer Heimat trennten. Doch der Sanitätskorporal steht nunmehr über der Pseudounterwerfung des konventionellen Lebens, er sieht wesentlich weiter und wahrer, er ist eingetaucht in die unermeßliche menschliche Gegenwart, in einen von den kollektiven Darstellungen beherrschten spirituellen Teig, in eine der seinigen an Reichtum, Dauer und Zukunft überlegenen Wesenheit. In blitzhaftem Aufleuchten gewinnt er Zugang zu den Wundern einer gemeinsamen Seele. Er ist nur noch eine Partikel des Werkzeugs, das bohrt, ein Element des Bugs, der die Wogen teilt. Er handelt von nun an im Namen der ganzen Nation, und diese teilweise Entindividualisierung entfesselt in ihm ein köst-

69 Seine Kriegserinnerungen wurden während seines Aufenthaltes in Reims wieder lebendig; vgl. Brief vom 20. Juni 1920: «*Ich muß mich dagegen wehren, um nicht jene Zeiten zu bedauern; auf jeden Fall fühlt man sich, wenn man wieder an diesen Orten vorbeikommt, etwas traurig und ironisch, daß man niemanden hat, mit dem man derartige Erinnerungen teilen könnte.*» P. Teilhard mußte wie viele andere eine etwas mühsame Zeit der Wiederanpassung an das Zivilleben durchmachen, von der die Schrift ‹Verheißenes Land› [‹Terre promise›] [Februar 1919] zeugt.

liches Empfinden einer im Hinterland unbekannten Freiheit, einer Freiheit, die ihren Ort auf der Ebene des Seins und nicht des Habens hat. Außerdem bedeutet diese Erfahrung für den Priester eine Offenbarung: Weit über der Sorge um die Einzelseelen hat er eine universelle Funktion zu erfüllen, das Opfer der ganzen Welt an Gott. Trotz bereits erkennbarem prophetischem Schimmer, zum Beispiel im ‹Mystischen Milieu› [13. August 1917], kann keine Rede davon sein, P. Teilhard außernatürliche intuitive oder perzeptive Fähigkeiten zuzuschreiben: HOMO ERAT. Doch Teilhard mochte durchaus nur ein Mensch sein, es ist nicht zu bezweifeln, daß dieser Sohn der Demeter über eine außergewöhnliche Schärfe des allgemeinen kosmischen Sinns verfügte, das heißt, der Fähigkeit, die Konsistenz der Totalität zu spüren[70], wie auch der Kunst, die Organizität der menschlichen «großen Moleküle» aufzuspüren und mit den Massen zu sympathisieren, eine zutiefst gelebte und erfahrene Einmütigkeit[71], und zwar so sehr, daß Ende 1917 bis Anfang 1918 der aus den Drahtverhauen aufsteigende Vollmond sich für ihn in ein Symbol der denkenden Erde, eine erste Vorahnung der Noosphäre, verwandelte:

W– «Über den Graten der benachbarten Gräben habe ich den Mond aufgehen sehen. Die schmale und zaudernde Sichel der letzten Dämmerungen ist nach und nach zur leuchtenden, vollen Scheibe geworden. Einzigartig und glorreich löst sich der Mond, der vor vierzehn Tagen unsichtbar war, von den schwarzen Erderhebungen, er gleitet, so möchte man sagen, durch die Drahtverhaue. – Sei gegrüßt, symbolischer Stern! [...] Wer ist es, der vor mir heute abend aus dunklen Gräben hervorgeht? Ist es der Mond, oder aber die Erde, eine geeinte Erde, eine neue Erde?»[72]

...Wir haben versucht, die tiefere geistige Bedeutung dieser Zeit herauszustellen: die Entdeckung der Evolution und des «Menschlichen». Doch würde man sie schlecht charakterisieren, wollte man in ihr nur einfache Lehrjahre sehen. Wir erleben nämlich bereits das

[70] Neben der fließenderen Metapher der «Schicht» des Universums verwendet er beständig das Bild des «Stoffes», das die Greifbarkeit einschließt.

[71] Vgl. Brief vom 29. September 1918: «*[...] ich könnte sehr wohl eine instinktive Vorliebe für die [keineswegs abstrakten!] in gewisser Weise unmittelbar wahrgenommenen kollektiven Wesenheiten haben.*»

[72] ‹La grande monade› [‹Die große Monade›] [Anfang].

erste Aufblühen des Teilhardschen Genies, eine Blüte, zu der die ersten Jahre nach 1918 die natürliche Verlängerung bilden werden[73]:

B – «Die 30 Monate einsamen Denkens in einer Atmosphäre großer Dinge haben mich, so scheint mir, in der Weise langer Exerzitien geformt. Wissen Sie, ich werde zugleich sehr realistisch und sehr mystisch?»[74]

Seine Werke sind bereits «gültig» genug, daß Maurice Blondel sich die Mühe nimmt, sie zu lesen und zu kritisieren:

B – «Mit Blondel habe ich [über Auguste Valensin] etwa ein Jahr hindurch in Verbindung gestanden [unmittelbar nach dem Ersten Krieg, um 1920][75]. Gewisse Punkte seines Denkens haben sicher stark auf mich gewirkt: der Wert der Aktion [die bei mir eine quasi-experimentelle Energetik der biologischen Potenzen der Evolution geworden ist] und der Begriff des „Panchristismus" [zu dem ich bereits unabhängig gelangt war, ohne jedoch zu wagen, ihn in jener Zeit so klar zu benennen].»[76]

Doch diese Kontakte über eine Mittelsperson führten nicht zum Ziel. Die beiden Männer gelangten in dem Begriff des Übernatürlichen nicht zum Einklang, und Blondel, wenn er auch die Existenz eines «kosmischen Denkens», das heißt, eines in den Kosmos eingegossenen Denkens, bejahte, hatte nicht den kosmischen Sinn und noch weniger den für ein Universum im Zustand der Kosmogenese.

Die Schriften des Paters sind manchmal kurze, kraftvoll aus zutage liegenden Balken gefügte ontologische Essays. Sein Denken ist bisweilen unvollständig, abstrakt, unausgeglichen[77], und doch brodelt unter diesem dünnen scholastischen Panzer der Lavastrom einer

[73] Seit Anfang des Jahres 1921 ist sich der Pater endgültig seiner Originalität bewußt geworden. Bereits 1919 zeugte ‹Die geistige Potenz der Materie› von einem ersten kraftvollen Bemühen um innere Befreiung.

[74] Brief vom 26. Juli 1917.

[75] Diese Beziehungen begannen im Dezember 1919 und wurden in der Folgezeit nie ganz unterbrochen [vgl. Brief vom 13. Oktober 1925].

[76] Brief vom 15. Februar 1955.

[77] Deshalb sah der Pater sie gegen Ende seines Lebens als überholt an. Gewiß dürfen sie nur unter Vorbehalt benutzt werden. Doch ist es nicht unnütz, anzumerken, daß der Pater dieselbe Strenge wesentlich jüngeren Schriften von grundlegender Bedeutung gegenüber zeigte. Demut: Weigerung zu erstarren und auch Verkennen der wesentlichen Bedeutung der Vergangenheit bei einem Mann, der kein Historiker war.

außerordentlichen Eigenständigkeit. Überall bilden sich Risse in der Kruste, und in diesen Explosionen kündet sich die nahe Emergenz großer vitaler Themen an: Die Masse eines Körpers ist in den Augen der modernen Physiker kein Absolutum mehr, vielmehr erweist sie sich als eine Funktion ihrer Geschwindigkeit; ebenso verliert für P. Teilhard das Sein seine Würde eines Grundbegriffs. Nunmehr erweist sich «das Vereinigen» als ursprünglicher als das Sein. Die Schöpfung ist vor allem eine Bewegung der Vereinigung, und diese Vereinigung bringt das Sein hervor: diese Grundidee trägt von nun an die ganze Metaphysik des Paters und bricht noch 1948 in ‹Meine Weltschau› durch.

Doch im Laufe dieser «intellektuellen Flitterwochen» gibt sich der Sanitäter Teilhard nicht damit zufrieden, zu philosophieren. Manchmal überläßt sich der Pater in der ‹Großen Monade› einer göttlichen Phantasie und phantastischen Balletten der Imagination. Wir finden auch sehr wichtige Meditationen über die Rolle des Priesters und über das «mystische Milieu», die manchmal sehr klar schon ‹Die Messe über die Welt› [1923] oder ‹Der Göttliche Bereich› [1926–1927] ankündigen. Dem Pater verdanken wir vielleicht eine der besten Definitionen des modernen Priesters, der als der «Super-Lebendige» begriffen wird, als der, dessen beseelende Flamme dem Laien hilft, den sakralen Sinn des Universums wiederzuentdecken:

> W– «Jeder Priester hat, weil er Priester ist, sein Leben einem Werk universellen Heils geweiht. Wenn er sich seiner Würde bewußt ist, darf er nicht mehr für sich selbst, sondern muß er für die Welt leben nach dem Beispiel Dessen, Den darzustellen er gesalbt ist.
>
> Für mich, Jesus, so scheint mir, gewinnt diese Pflicht eine viel unmittelbarere Dringlichkeit und eine präzisere Bedeutung als für viele andere, die wesentlich besser sind als ich.
>
> [...] Ich möchte, Herr, zu meinem geringen Teil, der Apostel, und [wenn ich so zu sagen wage] der Evangelist Deines *Christus im Universum* sein. – Ich möchte durch meine Meditationen, durch mein Wort, durch das Wirken meines ganzen Lebens die Beziehungen der Kontinuität aufdecken und predigen, die aus dem Kosmos, in dem wir uns bewegen, ein durch die Inkarnation vergöttlichtes Milieu machen, das durch die Kommunion vergöttlicht und durch unsere Mitwirkung vergöttlichbar ist.

Christus kraft der eigentlich organischen Bindungen in das Herz der als die gefährlichsten, die naturalistischsten, als die heidnischsten verrufenen Wirklichkeiten tragen: das ist mein Evangelium und meine Sendung.
Wäre das nicht, Herr, die Versöhnung Gottes mit unserem Jahrhundert, wenn die Menschen in jedem einzelnen ein Element des Pleroma unterschieden! – wenn sie begriffen, daß das Universum in seiner natürlichen Überfülle und in seinem eindrucksvollen Realismus sich nur in Christus vollendet; – und daß Christus seinerseits nur durch ein bis an die Grenzen seiner Möglichkeiten getriebenes Universum hindurch erreicht wird!...
Jenen, die das Wirkliche durch seine Schätze verführt und durch seine drohende Nähe unterjocht, will ich das in allen Dingen kreisende Leben des Herrn Jesus zeigen, – die wahrhafte Seele der Welt.
Jenen, die der Adel des menschlichen Bemühens blendet, will ich im Namen Christi bestätigen, daß die Arbeit der Menschen geheiligt ist, – geheiligt in dem Willen, der sie Gott unterwirft, und geheiligt in dem großen Werk, das sie im Laufe ihres unendlichen Tastens erarbeitet: die natürliche und übernatürliche Befreiung des Geistes.
Jenen, die in ihrer Religion feige, zaghaft, knabenhaft oder eng sind, will ich in Erinnerung rufen, daß die menschliche Entwicklung von Christus für Seinen Leib erheischt wird, und daß es angesichts der Welt und der Wahrheit *eine absolute Pflicht der Forschung* gibt [...].»[78]

Manchmal schließlich handelt es sich um halb dichterische, halb religiöse Visionen, die sichtbar von authentisch philosophischen Intuitionen beseelt sind und die von jenen, die mit Begriffen umzugehen gewohnt sind, als Quelle benutzt werden sollten. Lassen wir uns nicht täuschen. P. Teilhard ist kein Mystiker, der aus Bescheidenheit seine Visionen unter einer literarischen Verkleidung verbergen würde: Er verkleidet nie. Die ‹Drei Geschichten nach Benson› sind das genaue Gemälde dessen, was er spürte und begriff, wie die beiden folgenden Zitate bezeugen, die unmittelbar zwei mystische Erfahrungen auszusagen versuchen. In der ersten der ‹Drei Geschichten› versucht der Pater die unsagbare Schönheit Christi, diese

[78] ‹Le prêtre› [1918].

Vision des Lichtes auszudrücken, die ihn tatsächlich selbst in den dunkelsten Stunden nie verließ:

W– «Sie haben häufig in der Nacht gewisse Sterne ihr Licht wandeln sehen, bald blutige Perlen, bald samtene violette Funken. Sie haben auch die Farben über eine transparente Blase laufen sehen...

So leuchteten in einem unaussagbaren Schillern auf dem unbeweglichen Gesicht Jesu die Lichter aller unserer Schönheiten. Ich vermag nicht zu sagen, ob das nach dem Wunsch meines Verlangens geschah oder entsprechend dem gnädigen Willen Dessen, Der mein Verlangen lenkt und kennt. Sicher ist, daß diese zahllosen Nuancen der Majestät, der Süßigkeit, der unwiderstehlichen Anziehung aufeinander folgten, sich verwandelten, ineinander verschmolzen in einer Harmonie, die mein brennendes Verlangen restlos stillte...

Und immer schwebte hinter dieser bewegten Oberfläche, sie tragend, sie auch in einer höheren Einheit konzentrierend, die unmitteilbare Schönheit Christi... [...]

Dieses Funkeln der Schönheit war so total, so einhüllend, auch so schnell, daß mein in all seinen Vermögen getroffenes und durchdrungenes Sein bis in das Mark seiner selbst in einem Ton aufblühender Freude und streng einzigartigen Glücks schwang.»

In der dritten der ‹Drei Geschichten› hat der Priester Pierre Teilhard gerade seine Pyxis geöffnet und kommuniziert und ist so mit der göttlichen Unendlichkeit in Kontakt getreten:

W– «Ich rief da all mein Vermögen der Sammlung zu Hilfe. Ich konzentrierte auf die göttliche Partikel das wachsende Schweigen und die wachsende Liebe meiner Fähigkeiten. – Ich machte mich grenzenlos demütig, gehorsam, lenksam wie ein Kind, um in nichts den geringsten Wünschen meines himmlischen Gastes zu widersprechen und mich von Ihm unmöglich unterscheidbar zu machen, und zwar so sehr, daß ich durch den Gehorsam nur eins wäre mit den Gliedern, die seine Seele befehligt. Ich reinigte ohne Unterlaß mein Herz, um so mein Inneres unaufhörlich noch transparenter für das Licht zu machen, das ich in mir barg.

Eitles und seliges Mühen!

Immer war die Hostie mir voraus, ferner in der Konzentration und dem Aufblühen meines Verlangens, ferner in der Durchdringlichkeit des Seins für die göttlichen Einflüsse, ferner in der Klarheit der Liebe... Durch die Rückbiegung und dauernde Reinigung meines Seins drang ich unendlich weiter in sie hinein, wie ein Stein, der in einen Abgrund fällt, ohne jedoch dahin zu gelangen, seinen Grund zu berühren. So dünn die Hostie war, ich verlor mich in ihr, ohne dahin zu gelangen, sie zu ergreifen oder mit ihr zusammenzufallen. *Ihr Zentrum floh mich, indem es mich anzog!*»

Die Form der ‹Drei Geschichten nach Benson› ist, offen gesagt, von seltener Schönheit, denn der Pater erscheint hier als ein Dichter sowohl der Materie wie auch der Flamme und des Lichtes. Er nimmt irgend etwas zum Ausgangspunkt: die Milchglaslampe seiner Kusine, die sich von innen her erleuchtet, ein Herz-Jesu-Bild im Stil Saint-Sulpice[79], und all das verklärt sich. Diese Lampe wird zur Weltkugel, und wenn sie sich erleuchtet, ist das die christische Diaphanie. Das Herz Jesu – Frömmigkeit der Kindheit, die in ihm Gestalt gewonnen hat – flammt, strahlt auf, wirft seine Strahlen bis in die dunkelsten Winkel der Materie, die sich in einen gigantischen Berg Tabor verwandelt.

Ja, das Genie P. Teilhards drückt sich manchmal in dichterischem Feuer aus. Der Pater ist Dichter, daran ist nicht zu zweifeln. Es ist kaum notwendig, an die erstaunlichen Rhythmen zu erinnern, die die ‹Geistige Potenz der Materie› [1919], ‹Die Messe über die Welt› [1923], gewisse Stellen in ‹Das Herz der Materie› [1950] und auch ‹Beim Anblick eines Zyklotrons› [1953] beseelen. Wir sind versucht, seine lyrischen Werke zu den schönsten Seiten der religiösen Dichtung der Welt zu zählen. Der Pater, der ein Mystiker ist und sogar ein Kosmomystiker, hat im kosmischen Christus, Den der heilige Paulus gesehen hat, einen neuen Grund gefunden, das Herz des Auferstandenen zu lieben, und diese Flamme beseelt sein ganzes Werk. Andererseits ist er Paläontologe; die Paläontologie aber offenbart [wie übrigens auch die Astronomie] dem staunenden Blick des Menschen wenn auch nicht das Unendliche, so doch zumindest die Unermeßlichkeit der Tiefen der Zeit. Das schönste

[79] Er hatte eine Vorliebe für ein bestimmtes Herz-Jesu-Bild, das er den geliebten Menschen am Vorabend langer Trennungen gab und von dem er ein mit erschütternden Anrufungen beschriebenes Exemplar bei sich trug.

Heldengedicht ist weder die ‹Ilias› noch das ‹Mahabharata› noch ‹Gilgamesch› noch ‹Schah nameh›, sondern das wunderbare Abenteuer des Lebens, das noch umfassender ist als Victor Hugos ‹Legende der Jahrhunderte›, weil es die jugendliche Erde vor dem Leben und die lebendige Welt vor dem Menschen einschließt. Die mystische und epische Dichtung Teilhards wird sogar eschatologisch, quasi prophetisch am Schluß des ‹Menschlichen Phänomens›. Die große Linie der Propheten Israels ist nicht tot. Und diese Dichtung quillt wie die Quellen in einem Lande lebendiger Wasser überall auf. P. Teilhard hat, wenn er Fresken zu malen versteht, auch die Gabe der Metapher, und bei ihm gewinnen einige der abstraktesten Begriffe der Wissenschaft Bildcharakter. Man denkt manchmal an Pascal, manchmal an Lukrez: ein Pascal, der, vom Jansenismus befreit, den Sinn für das kosmische Leben gewonnen hätte und nicht mehr von dem ewigen Schweigen der unendlichen Räume erschreckt würde; – an Lukrez, der, von seiner schwerfälligen Lehrhaftigkeit, seinem groben Materialismus und seiner Auflehnung befreit, im Leben der Welt die Motive des Hoffens und des Glaubens entzifferte. Louis Racine und der Kardinal de Polignac hatten von einem Anti-Lukrez geträumt: P. Teilhard ist gelungen, woran sie gescheitert waren, und sein ganzes Werk ist ein DE NATURA RERUM, das von einem Priester Christi gezeichnet ist, von einem «im Göttlichen Ozean gerollten Kiesel».

Doch dieser neue Hopkins versteht sehr wohl, wenn es ihm notwendig erscheint, die abstrakten Ideen und die festgefügten, exakten Beweisführungen zu handhaben. Kultiviert man nicht an den Abhängen der italienischen Vulkane Wein- und Olivengärten, die in makellosen Reihen gepflanzt sind? Ein dichtes, genaues, abstraktes, schwieriges Denken mit einem sehr persönlichen Wortschatz: P. Teilhard ist, wenn er es für nötig hält, keine einfache Lektüre, vor allem nicht am Anfang und am Ende seines Lebens. Doch eine geheime Flamme beseelt all das. Bereichern nicht die befruchtenden Säfte der Lava in geheimnisvoller Weise die Trauben, die an den Hängen des Vesuv und des Ätna reifen? Will man Pascal vorwerfen, die Logik mit der Leidenschaft zu verbinden? Hat man nicht auch Nietzsche vorgehalten, ein Dichter-Philosoph zu sein?

Die Stunde der ersten Synthese hat bereits geschlagen.

DRITTER TEIL
DAS GOLD DES GEISTES

ERSTES KAPITEL
ERSTE PERIODE VON TIENTSIN [1923–1924]
PARISER ZWISCHENSPIEL [1924–1926]

Eine Dissertation soll, wie Boule zu sagen pflegte, ein Anfang sein: Am 13. August 1922 schrieb P. Emile Licent von den Ufern des Schara Osso Gol[1] an P. Teilhard, um ihn aufzufordern, zu ihm zu kommen. 1923 erhält der Professor am Institut Catholique vom Museum den Auftrag und die Mittel zu einer Ausgrabungskampagne in Zentralchina. Dieses Jahr bedeutet einen entscheidenden Wendepunkt in der geistigen Entwicklung des Paters und eröffnet die längste und fruchtbarste Periode seiner wissenschaftlichen Laufbahn. Er ist zu einem Forscher mit «Siebenmeilenstiefeln» geworden. Die Phase der Forschungen in Ostasien beginnt[2].

Welche bestimmten Umstände drängten P. Teilhard, die Heimat zu verlassen? Bevor wir auf diese Frage antworten, sind zunächst einige Worte über P. Emile Licent, einen Jesuiten der Provinz Lille, zu sagen. Er war für die Naturgeschichte begeistert und hatte bereits mit zwölf Jahren angefangen, Pflanzen und Muscheln zu sammeln. Er trat sehr jung in die Gesellschaft Jesu ein; gleichzeitig mit seiner religiösen Ausbildung erwarb er sich sein Universitätswissen: er träumte davon, in einem ungläubigen Land ein wissenschaftliches und christliches Strahlungszentrum zu gründen. Nach seiner Promotion zum Doktor der Naturwissenschaften erreichte er, daß er nach China aufbrechen durfte. Er kam dort im März 1914 an und begann in Sienshien, in der grauen und staubigen Eintönigkeit der Ebene des Nordens. Er versuchte die Sprache zu erlernen, er gewöhnte sich an die Landessitten, übte sich für lange Reisen und bildete einige verständige Diener aus, die ihm als Hilfskräfte dienen könnten, und all das mit sehr begrenzten Mitteln. Er wollte zugleich Geograph, Geologe, Naturkundler und Ethnograph sein. Er hatte den großen Ehrgeiz, das Becken des Gelben Flusses systematisch zu erforschen und ein Museum und Laboratorium zu schaffen, um dort seine Sammlungen aufzubewahren und Bearbeiter aufzunehmen.

[1] In der großen Schleife des Gelben Flusses.

[2] An die Stelle seiner anfänglichen Vorliebe für die archaischen Säugetiere des unteren Tertiärs sollte ein wachsendes Interesse für die relativ jungen fossilen Arten treten.

Während er auf eigene Kosten das rauhe Forscherleben in von Räubern verpesteten Gegenden kennenlernte, durchquerte er jahrelang die große Ebene des Tscheli, die mongolischen Steppen, die Cañons des Schansi, und er wagte sich sogar bis an die Ränder der tibetanischen Hochebene vor: und seine zoologischen, botanischen und mineralogischen Sammlungen wuchsen ständig. Sie mußten untergebracht werden: P. Licent wählte Tientsin zum Sitz seines Museums, das er nach den beiden großen Flüssen Nordchinas, dem Gelben und dem Weissen Fluß, Hoang-ho-Pai-ho-Museum nannte. Weshalb Tientsin? Vielleicht lag eine Spur von Herausforderung in dieser Entscheidung. In Tientsin, der «Hochburg» der Lazaristen, waren die Jesuiten nur geduldet, und zwar wegen der «Großen Schule für Handel und Industrie», die von der Propaganda-Kongregation gefördert wurde. Auf jeden Fall bedeutet ohne Geld zu bauen ein Wagnis. P. Licent ging es ein. Dank der Unterstützung der französischen Botschaft und der Großzügigkeit der Chinamission, dank aber auch der Zähigkeit seines Gründers, begann das Hoang-ho-Pai-ho-Museum schließlich zu wachsen, zunächst das Zentralgebäude, das von den Flügeln ergänzt wurde. Dieser rauhe Kämpe forderte P. Teilhard auf, zu ihm zu kommen.
Der Zufall seiner Forschungen hatte P. Licent zur Entdeckung bedeutender Fossilien führender Schichten in den pontischen Ablagerungen der Provinzen Kansu und Schensi geführt. Wie gewöhnlich hatte er es für gut erachtet, sich zur Identifizierung dieser Säugetierreste an Spezialisten zu wenden, und er hatte charakteristische Stücke an das Museum geschickt, mit dem er seit 1914 in dauernder Beziehung stand. Marcellin Boule, der Direktor der paläontologischen Abteilung, hatte sie P. Teilhard anvertraut. Letzterer schrieb mehrfach an den Absender um umfassendere Auskünfte. Bereits am 4. Juli 1921 lud der gelehrte Missionar seinen Pariser Korrespon-
1922 denten ein, nach China zu kommen. Am 13. August 1922 wiederholt er von den Ufern des Schara Osso Gol, des «Flusses der gelben Wasser», aus seine Aufforderung. Ende 1922/Anfang 1923 setzte er sich endgültig durch[3]. Die betroffenen Parteien trafen ein Gentle-

[3] Es ist gut, daran zu erinnern, daß auf dem Kongreß in Brüssel [August 1922] Wong P. Teilhard erklärt hatte: «daß man beim Geologischen Landesamt von China große Ausbeuten an Fossilien [Säugetiere] erwarte, die älter seien als das Pontium. – All das kündigt für die Paläontologie schöne Zeiten an...» [Brief vom 20. August

men's Agreement: Das Museum von Paris[4] übernimmt die Kosten der Kampagne, und P. Teilhard erhält einen offiziellen Auftrag. P. Licent soll mit Rücksicht auf seine neunjährige Erfahrung Leiter der Expedition sein. Die Einzelstücke gehen an das Museum, die Zweitstücke an das Hoang-ho-Pai-ho-Museum. Die Expedition trägt den Namen «Französische paläontologische Mission».

Im Februar 1923 wird aus Frankreich ein Telegramm geschickt: 1923

B – «Komme für ein Jahr. Wann abreisen? Antwort an Procurchine, Paris. Teilhard.»

«Ankommen 15. Mai», war die lakonische Antwort P. Licents. Teilhard verließ Paris vor allem, um ein Beispiel der Weise zu geben, wie er die Christenpflicht begreift, und auch, um reisend und wirkend dahin zu streben, besser Meister seines «Glaubens» zu werden und ihn kraftvoller darlegen zu können. Am 6. April schifft P. Teilhard sich in Marseille ein; am 17. Mai ist er in Schanghai; am 23. kommt er in Tientsin an. Die ‹Reisebriefe›[5] unterrichten uns hinreichend über diese Überfahrt: das Interesse des Künstlers für die verschiedenen Landschaften, das Interesse des Botanikers und Zoologen für Ceylon, zahlreiche Gespräche an Bord, die im Pater sowohl den Anthropologen als auch den religiösen Geist bereichern, und dies um so mehr, als einer der Gesprächspartner, Doktor Béchamp, ein hochbegabter Kopf ist – ein sehr intelligenter Ungläubiger, der zum Freunde Teilhards wird und dessen Einwände nützlich sind. Der Gelehrte ist manchmal unbefriedigt:

B – «Die Reise verläuft normal, – doch wirklich, man sieht zuviel Wasser und nicht genug Steine [es sei denn, in zu großer Entfernung]»,

erklärt er spaßend am 5. Mai 1923. Ein bunter Film aller Zivilisationen, der ein Problem spiritueller Ordnung stellt:

B – «In einer ersten Annäherung möchte ich sagen, daß die rasche Durchquerung so vieler verschiedener Völker, die ich seit

1922]. Im Anschluß an dieses Gespräch hatte sich der Pater beeilt, mit seinen Giraffiden Chinas Stellung zu beziehen [vgl. seinen Aufsatz ‹Sur une faune de mammifères pontiens provenant de la Chine septentrionale›, 20. November 1922].

[4] Mit Hilfe des Unterrichtsministers, der Académie des Sciences und des Institut de Paléontologie Humaine.

[5] Veröffentlicht bei Grasset [1956], Paris. Deutsch bei Karl Alber, Freiburg 1958 [‹Geheimnis und Verheißung der Erde›].

meiner Abreise von Marseille gesehen habe, in mir vor allem den Eindruck hinterlassen hat, daß die Welt etwas noch Größeres und schrecklicher Kompliziertes ist, als ich dachte. Wirklich, eine Reise in den Fernen Osten stellt eine Art von „Versuchung des Vielen" dar. Wie soll man die geistige und herzliche Einswerdung dieser Bruchstücke der Menschheit erhoffen, die sich auf allen Stufen zwischen den wilden Sitten und den mit unseren christlichen Anschauungen leidlich auseinanderklaffenden Formen der Neu-Zivilisation einordnen? – Koste es, was es wolle, man muß sich zugleich *an einen Sinn* und *an einen Zielpunkt* der menschlichen Gärung klammern [...].»[6]

Unsere beiden Jesuiten stehen nun einander gegenüber. P. Licent, dieser schwere Stier des Nordens, zeigt sich als ein breitschultriger Mann mit einem kalten Blick und in einem bunt zusammengewürfelten Gewand. Dieser Anti-Konformist ist bestimmt ein alter Landfahrer, der gewohnt ist, über alle Straßen Chinas zu laufen, der fähig ist, die Entfernungen zu berechnen, und den weder umherziehende Räuber noch die Drohungen der Soldateska erschrecken. Er versteht, sich die Neugierigen vom Leibe zu halten. Als für die Missionare arbeitender Missionar kennt er einen guten Teil des Landes sehr genau; als Stützpunkt nimmt er die großen und kleinen im ganzen Lande verstreuten christlichen Missionen, deren Netz seine Aufgabe weitgehend erleichtert[7]. Er ist Naturkundler, ein ausgezeichneter Entomologe, aber kein Geologe. Vor allem ist er ein Sammler, er häuft seine Funde unmethodisch[8] in seinem Museum Hoang-ho-Pai-ho auf, in diesem dreistöckigen Gebäude, das er in der Race Course Road zu Tientsin hat bauen lassen. Er möchte es immer an erster Stelle sehen[9], er liebt es über alles und bewacht es scharf als Gut der Kirche gegen alle Diebe, gegen die wirklichen und die eingebildeten[10]. Er ist ein Beobachter, doch seine Intelligenz

[6] Brief vom 27. Mai 1923.

[7] Er schrieb an alle seine Confratres, um sie zu bitten, ihm Fossilien zu sammeln.

[8] Man darf nicht übertreiben. Die im Innern des Museums aufgenommenen Fotografien zeugen von einem gewissen Bemühen um Übersichtlichkeit und Verständlichkeit.

[9] Von hierher erklärt sich eine gewisse Hast, sich der Ideen anderer zu bemächtigen, um damit sein ‹Bulletin du Musée Hoang-ho-Pai-ho› zu füttern. Barbour wußte darüber einiges.

[10] Die zwei geladenen Gewehre, die nach seiner Abreise in seinem Büro gefunden wurden, zeugen nicht von der Absicht, zu spaßen.

ist nicht überragend, er weiß weder einzuordnen noch zu hierarchisieren, und er urteilt nicht immer richtig. In den großen Dingen ist er empfindlich, und er kommandiert gerne und regt sich schnell auf; doch Pater Licent ist ein Organisator, der keine Mühe scheut. Im praktischen Leben kennt sein Einfallsreichtum keine Grenzen[11].

P. Licent hatte zunächst «vor Freude gebebt», als er sah, wie die Pläne P. Teilhards Gestalt annahmen. Doch dieses Beben dauerte nicht lange. Die Uneinigkeit, die zwischen beiden Gelehrten herrschte, ist eine allen bekannte Tatsache, wenn sie auch einen Punkt gemeinsam hatten, nämlich die Unfähigkeit, sichtbar zu bekunden, was sie fühlten, oder sogar die Neigung, nach außen das Gegenteil dessen zur Schau zu tragen, was ihre tiefen Empfindungen waren, und zwar um so mehr, je tiefer sie waren. P. Licent sollte sehr bald auf seinen jungen Kollegen eifersüchtig werden, der ihn durch seine geologischen und paläontologischen Kenntnisse und seine Befähigung zur Synthese überragte und der, da er weder Sammler noch ein Zusammenraffer war, die Unklugheit begangen haben muß, zu betonen, wie nützlich es für das Hoang-ho-Pai-ho-Museum wäre, falls es in die Zukunft blicken wollte, sich zu häuten und sich in «ein wirkliches Forschungsinstitut zu verwandeln». P. Licent war außerdem ein Individualist. Sehr bald wurde P. Teilhard dagegen von den bereits bestehenden Gruppen angezogen – Schweden, Amerikanern und Chinesen –, und er begriff, daß jede Arbeit ohne eine enge Zusammenarbeit mit den chinesischen Gelehrten im Hinblick auf das nationale Erwachen des Landes unmöglich würde. Schließlich wurden die Verbindungen mit Tientsin und P. Licent immer lockerer, je enger die Beziehungen zwischen dem Pater und Peking wurden. Diese Hypothesen, von denen einige durch die Briefe bestätigt werden, sind kein Grund, diesen hitzköpfigen Direktor des Museums zu verurteilen: Der Mann war nicht zutiefst unsympathisch[12], und er hatte das gewaltige Verdienst [das man ihm keineswegs absprechen kann], einen kraftvollen Anstoß zur wissenschaftlichen Forschung in Nordchina gegeben zu

[11] Er kannte zum Beispiel die tausendunddrei Weisen zu verhindern, daß ein Zelt von den böigen Winden der Mongolei fortgerissen wurde.

[12] In einer Zeit sehr schwerer Spannung schrieb der Pater: «*Licent ist ein Mann mit Herz, und er ist beispielhaft*» [Brief vom 30. Dezember 1930].

haben, und zwar vor der Begründung der offiziellen Institutionen[13].

In den Jahren 1929–1932 wurde der Gegensatz schärfer[14]. Am 16. Juni 1929 spricht der Pater von «*recht heftigen Reibungen mit Licent*». Am 7. Oktober 1929 finden wir längere Ausführungen über seinen alten Weggefährten:

B – «Der dunkle Punkt ist immer dieser gute Freund Licent, den ich nicht fallenlassen kann [weder aus innerer Bindung – noch aus Dankbarkeit – noch aus Vorsicht im Hinblick auf meinen Orden] und dessen allzu individualistisches Werk [...] mich immer weniger interessiert. Je mehr ich nach Peking gehe, um so mehr zieht er sich davon zurück. Er wird nervös, er bildet sich ein, man setze ihn herab. Das ist recht peinlich. – Es handelt sich im übrigen bei Licent nicht um engstirnige Eitelkeit [obwohl er in so ungeschickter Weise den Eindruck erweckt]: er ist nur auf sein Museum eifersüchtig wie ein Tiger, er sieht darin das Werk, das fortzusetzen seine Sendung ist. – Ich hoffe noch, daß wir zu einem freundschaftlichen Modus vivendi kommen. Tatsächlich habe ich ihn seit Juni nicht gesehen. Wir sind jeder für sich gereist.»

Am 3. Mai 1931 lesen wir weiter:

B – «Licent bereitet seinerseits eine Art von Massenveröffentlichung seines neolithischen Materials vor [das teilweise von mir gefunden wurde]. Ich befürchte etwas, daß das ein umfassendes, nicht analysiertes Auspacken wird, das aus heterokliten Zusammenstellungen besteht. Doch ich darf keinen Blick darauf werfen. Nach der Abhandlung über den Sangkan-ho, wo ich wider meinen Willen das Museum von Tientsin nicht genug herausstellen konnte [wegen des Eindrucks, den das Ihnen bekannte Pamphlet auf Boule gemacht hat], bin ich nunmehr „vor die Tür" des Museums gesetzt worden. In gewissem Sinne befreit

[13] Vgl. Brief vom 20. August 1923: «*Zur selben Zeit, wie ich geologisiere, sammelt P. Licent, während er mir zugleich hilft, Pflanzen, Insekten, Vögel etc. – Es sei ohne jede Parteilichkeit ihm gegenüber [zu seinen Gunsten] gesagt, daß ich nicht glaube, daß man in Paris seinen wahren Wert, die gewaltige Sammel- und Reiseleistung richtig einschätzt, die er seit zehn Jahren geleistet hat.*»

[14] P. Teilhard war angesichts seines extremen Sanftmuts unfähig, sich mit wem auch immer zu «verärgern».

mich das. Doch ich habe den Eindruck, daß die Sache in Licents eigenem Interesse zu weit getrieben ist. Er und ich können offensichtlich nicht im selben Boot fahren [der Geist ist auf der einen und anderen Seite zu sehr anders]. Doch würde ein breiter Raum für eine fruchtbare Zusammenarbeit bleiben, und Licent will, von einem Eindruck beherrscht, auf nichts hören. Ein Wort von Ihnen, wenn Sie hier vorbeikommen, wird vielleicht wirksamer sein als alle meine Annäherungsversuche, die nichts nützen.»[15]

Diese Gegensätze waren nicht endgültig, wie Ende 1932 ein «reizender» Brief von Licent und 1936 die Veröffentlichung eines in Zusammenarbeit mit P. Licent geschriebenen Aufsatzes ‹New remains of postschizotherium from S. E. Shansi› beweisen. Wie konnte man sich mit einem Mann entzweien, der die Güte selbst war? Am 12. Juli 1938 schrieb Teilhard noch anläßlich der endgültigen Abreise seines alten Weggefährten freundlich:

B – «Er fehlt mir wie ein alter Kamerad. Doch, glaube ich, wird die Arbeit im allgemeinen jetzt leichter sein.»

Nichts ist weniger verletzend als diese Feststellung.

Willens – unwillens haben die beiden Männer zusammengearbeitet, vor allem in den ersten Jahren. Es gibt zahlreiche von den beiden Gelehrten unterzeichnete Abhandlungen – der eine wie der andere ist ein guter Beobachter. Tatsächlich konnten diese beiden feindlichen Brüder jahrelang nicht ohne einander auskommen, und sie versöhnten sich im Gelände, weil sie dort spürten, daß sie einander brauchten[16]. Der Schüler Marcellin Boules übertraf seinen reizbaren Mentor durch seine technischen Kenntnisse und unersetzlichen geistigen Qualitäten. Der Gründer des Hoang-ho-Pai-ho-Museums war andererseits der unentbehrliche Führer für diesen Europäer, der nie ein Wort Chinesisch lernte und nichts von diesem Land kannte, in das er ohne eine besondere Vorbereitung gekommen war. In diesem rauhen Zusammensein machte P. Teilhard seine Forscherlehre durch.

Eine Expedition in den Ordos erlaubt keine Improvisation. Nach-

[15] Vgl. auch die Briefe vom 29. September und vom 30. Dezember 1929, die dem Höhepunkt der Krise entsprechen; vgl. gleichfalls den Brief vom 13. März 1932.

[16] Am 16. Juni 1929 erklärte P. Teilhard noch: «*Ich bin gerade einen Monat lang mit Licent durch die Mandschurei gereist, was unseren Beziehungen einen Grad von Herzlichkeit wieder gegeben hat, der seit langem verschwunden war.*»

dem der Schock überwunden war, der in den Missionaren häufig durch die Fremde und insbesondere durch das eintönige Schauspiel Nordchinas hervorgerufen wird, nutzte P. Teilhard seine Zeit, um sich etwas in die chinesische Geologie einzuarbeiten, sich besser über die zu überwindenden Schwierigkeiten klar zu werden und das Hoang-ho-Pai-ho-Museum zu besichtigen, das er mit diesen Worten beschreibt:

> B – «Hier in Tientsin finde ich ein noch bescheidenes, aber vielleicht zu einem raschen Wachstum bestimmtes Arbeitszentrum: eine Art noch nicht klar umrissener Aurore, deren Gebäude jedoch errichtet werden und das im September einige Schüler aufnehmen soll. Das Museum P. Licents, dem ich zu Hilfe komme, ist ein großes dreistöckiges Gebäude, in dem mich paläontologische Schätze erwarten.»[17]

Andererseits ist er am 7. Juni in Peking anläßlich einer Sitzung der Geologischen Gesellschaft, wo er eine [englisch abgefaßte] Mitteilung über die Sammlungen P. Licents macht, mit dem Geological Survey[18] Chinas Kontakt aufnimmt und den jungen Wong wiederfindet, der im vorhergehenden Jahr noch Student in Brüssel war. Am 12. Juni morgens reisen sie von Tientsin mit der Eisenbahn ab[19]. Das Ziel ist die weite Hochfläche der Westmongolei, die in der großen Schleife des Hoang-ho liegt und von P. Licent bereits im Vorjahre besucht worden war. Der nützliche Teil der Expedition beginnt in Paotou westlich der Blauen Stadt und nördlich der Schleife des Gelben Flusses. Ein Brief[20] beschreibt uns den Zug,

> B – «eine Karawane von zehn Maultieren, mit der wir seit dem 22. Juni reisen, teils als Mandarine, teils als Soldaten, – in Khaki-Anzügen und mit mehreren Gewehren».

Weshalb umgingen sie die Hochfläche, um den Südosten des Ordos zu erreichen[21]? Für diese Marschroute gab es zwei Gründe: die

[17] Brief vom 23. Mai 1923. «Aurore» spielt auf die Jesuitenuniversität Aurore von Schanghai an.

[18] Geologisches Landesamt.

[19] Am 13. Oktober 1923 ist Pater Teilhard zurück in Tientsin.

[20] Datiert vom 15. August 1923.

[21] Annähernd umfaßte die Fahrt in etwa einen Marsch in Richtung Ost–West, einen Marsch in Richtung Nord–Süd, ein Hin und Zurück in Richtung West–Ost und Ost–West, eine Spitze ins Schensi im Süden der Großen Mauer und die Rückkehr über den Flußweg bis zur Stadt Paotou, wo die Patres die Eisenbahn nahmen.

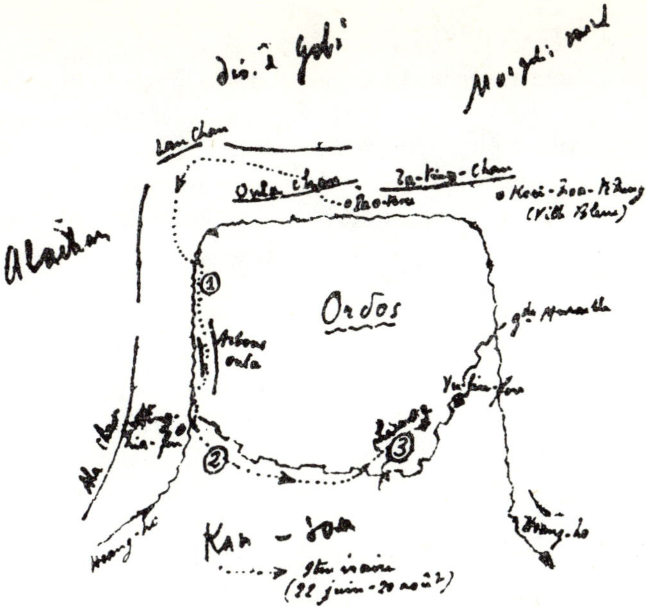

3. Brief an Alfred Lacroix über die Expedition im Ordos [mitgeteilt von der Académie des Sciences]

Trockenheit und die Räuber, die ein Eindringen in das Herz des Ordos verhinderten. Tatsächlich hatte Ende März 1923 ein Missionar aus dieser Gegend, P. Mostaert, an P. Licent geschrieben: «Sie haben mein in Ning-shia aufgegebenes Telegramm und meinen Brief sicher erhalten, in dem ich Ihnen einen Überblick über die Lage in der Gegend gegeben habe, und ich riet Ihnen, Ihre Reise in den Ordos auf einen späteren Zeitpunkt zu verschieben. Die Soldaten setzen ihre Einschüchterungspolitik fort; sie ziehen durch die christlichen Gemeinden und sagen, man werde die europäischen Priester töten. Kürzlich sind einige Soldaten bis an das Tor der Einfassungsmauer gekommen, um uns zu beschimpfen.» Etwas später schrieb derselbe Missionar wieder: «Die Soldaten setzen ihre Manöver gegen uns fort. Ein gewisser Oberst Feng hat kürzlich gesagt, man müsse mit uns Schluß machen, uns töten und unsere Köpfe auf die Mauern stecken. Es ist schwierig, Ihnen irgendeinen Rat zu geben.»[22]

22 Es kam glücklicherweise zu keinem Zwischenfall.

Es würde zu weit führen, wollten wir eine methodische Bilanz dieser Forschungen ziehen: geologische Beobachtungen über die Gebirge im Norden von Paotou und über die Gebirgskette von Arbusula[23] und paläontologische Studien an vier Punkten von ungleicher Bedeutung. Wesentlich ist zu wissen, daß die beiden Gelehrten an zwei Stellen sichere Spuren des altsteinzeitlichen Menschen gefunden haben: am 23. Juli am Choei-tung-kau und im August an den Ufern des Schara Osso Gol[24], eines eigenartigen kleinen Flusses, der am Grunde eines 80 m tiefen Cañons fließt:

B – «Nahe einer mongolischen Behausung, die in eine erhärtete Erdtafel hineingegraben ist [die ehedem vom Chara-Ousso-Gol herausgeschnitten wurde]. Ringsherum Dünen und Steppen, in denen die Pferde und Schafe neben Gazellen unter der unaufdringlichen Aufsicht langhaariger Mongolen mit weiten Stiefeln weiden.»[25]

An den Ufern des Schara Osso Gol nahmen die Ausgrabungen ein ansehnliches Ausmaß an; denn die beiden Patres beschäftigten zwanzig Arbeiter, sowohl Mongolen wie Chinesen, und sie erhielten eine unerwartete Hilfe von dem Grundbesitzer, einem intelligenten Mongolen namens Wanschok[26], der die unerwartete Rolle eines Fossilienjägers spielte.

Bei der Entdeckung des paläolithischen Lagers von Choei-tung-kau verleiht Teilhard – er entdeckt dort als erster bearbeitete Steine – seiner Freude Ausdruck:

B – «Ich glaube, das ist die erste Entdeckung dieser Art in China und selbst im Fernen Osten. Es ist also vielleicht eine wirkliche Entdeckung und es drängt mich, sie Breuil und Boule mitzuteilen.»[27]

[23] Vgl. Brief vom 18. Dezember 1923: «*Ich habe die Struktur des Arbus-ula [sehr einfache, zum Ordos abfallende Falte mit mylonitischem Rand, der Termier in Verzückung versetzt hätte] entwirren, dort ordovizische Graptolithen finden und [zu eilig] die Fossilien führenden pliozänen Sande erforschen können, die über die pontische Rote Erde im NW-Winkel des Ordos hinausgehen. Dieses Pliozän, das ich im Süden wiedergefunden habe, stellt für China eine Neuheit dar.*»

[24] Der Pater schreibt auch Chara-Ousso-Gol.

[25] Brief vom 7. August 1923.

[26] Oder Wansjock. Der Pater fand, die Mongolen seien den Chinesen intellektuell überlegen.

[27] ‹Lettres de voyage›, 26. Juli 1932 [Grasset, Paris].

Ein guter Biograph P. Teilhards, P. Leroy, fügt diesem Kommentar hinzu:

W – «Innerhalb von etwa zehn Tagen wurden einige hundert Kilo bearbeiteter Steine aus einem Hauptlager ausgegraben, die reichste bis dahin in China bekannt gewordene paläolithische Fundstelle. In Schichten des Pleistozäns sind die vorgeschichtlichen Werkzeuge [...] durch ihre Feinheit, ihre Mannigfaltigkeit und ihren Reichtum bemerkenswert; Schaber und Handspitzen gehören zum Typ des Moustérien oder Aurignacien; sie sind unbezweifelbare Zeugen für die Existenz des paläolithischen Menschen in diesen Gebieten [...][28]. Die französische paläontologische Mission kam mit einer beachtliche Ausbeute zurück. Zum erstenmal war die Existenz des paläolithischen Menschen südlich des Jenissei nachgewiesen worden. Diese Entdeckung bildete das Vorspiel zur Entdeckung des Sinanthropus, die sechs Jahre später das sensationelle Ereignis der vorgeschichtlichen Forschung in China sein sollte.»

Die Jahre in China begannen entschieden gut für P. Teilhard. Doch vergessen wir nicht, daß P. Licent weitgehend den Weg zu dieser Entdeckung gebahnt hatte. Nach den Angaben zweier belgischer Missionare, der Patres Mostaert und de Wilde, hatte er bereits paläolithische Stücke und Fossilien führende Lager gefunden. Die Namen der beiden französischen Jesuiten werden immer miteinander verbunden bleiben, und zwar mit Recht. Es bleibt deshalb um nichts weniger wahr, daß P. Teilhard außer den notwendigen geologischen Kenntnissen die unentbehrlichen Intuitionen und die notwendige Gabe der Synthese mitbrachte.

Es wäre ungenau, diese erste Reise in die Mongolei nur unter dem Gesichtspunkt der geologischen und archäologischen Studien zu sehen. P. Teilhard hatte einen zu offenen Geist, als daß er sich in sein Spezialfach vergraben hätte. Der Künstler war bei ihm immer eins mit dem Geologen und Naturforscher. Der Ethnologe bemerkt, wie offen einem die Mongolenfrauen unter ihren Diademen aus Korallenperlen hervor in die Augen schauen. Er sieht die rote Farbe des spitzen Hutes der Notabeln. Landschaften, Städte, Pflanzen- und Tierwelt, alles interessiert ihn. Man lese den Anfang der ‹Reise-

[28] Knochenreste sind von Forschern des kommunistischen Chinas gefunden worden [ein Stück des Scheitelbeins und ein Schenkelbruchstück].

briefe› nach und vor allem die wunderschönen Beschreibungen mit dem Titel ‹Mongolische Dinge›, die in einem mitten in einer tiefen, viereckigen Barke errichteten Zelt niedergeschrieben wurden, während das Boot sich drehend den Strom hinabtreibt; auf der linken Seite gleitet die hohe blaue Wand des Ala-Schan vorbei, und zur Rechten zeichnet sich die grau-rote Hochfläche des Ordos ab; – eine langsame Bootsfahrt zwischen schilfgrünen Ufern, wo die Wildgänse zu Hunderten in das schlammige seichte Wasser unter einem kalten, dunstigen Himmel einfallen. Ein Bild des Schensi:

B – «Dieser Norden des Schensi ist wirklich eine seltsame Gegend. Der Löß hat sichtlich vor nicht langer Zeit eine große, leicht gewellte Peneplain gebildet. Dann hat eine [noch andauernde] Phase intensiver Ausfurchung eingesetzt, die in diese Peneplain ein unentwirrbares Netz von Schluchten eingezeichnet hat, die Tiefen bis zu 200 m erreichen können. Die wenig zahlreichen Bewohner hausen in in den Löß gegrabenen Höhlen und bebauen alles, was die Erosion noch nicht erreicht hat, mit Hirse, Sorghum und Buchweizen. Man bewegt sich durch das Bett der Gießbäche vorwärts oder über die sich zwischen den Schluchten hinschlängelnden oder in die Steilwände eingeschnittenen [ständig einbrechenden] Pfade. Inmitten des Löß fühlt man sich verloren wie in einem tiefen Wald.»[29]

Der Pater glaubte China zum endgültigen Niedergang verurteilt [eine Meinung, die er übrigens sehr bald berichtigte]:

B – «[...] ich habe in China [soweit ich es gesehen habe] nicht das in Gärung befindliche Reservoir gefunden, in dem ich hoffte, den großen Wein kochen zu sehen, der unser Abendland wieder aufmuntern würde. Bisher habe ich nur Rassen auf dem Wege des Aussterbens oder Primitive [die Chinesen] gesehen, die sich rasch vermehren, ohne noch irgendein anderes Zeichen schöpferischer Fähigkeit zu geben. Das heißt nicht, daß das Bild des Fernen Ostens mich restlos enttäuscht hat. Es gab früher in diesen Ländern Menschen, die Dinge [über die Welt] wahrgenommen haben, doch die abgesunkenen Bonzen und Lamas haben sie verlorengehen lassen [wir können sie jedoch wiederfinden]. Und es gibt wirklich jetzt noch in dem menschlichen Ameisenhaufen,

[29] Brief vom 9. September 1923.

der den Pazifik umgibt, eine verwirrende Mannigfaltigkeit spiritueller Tendenzen [...]. Ich werde nach Frankreich mit der immer wachsenden Überzeugung zurückkommen, daß die Welt eine viel größere Sache ist, als wir ahnen können.»[30]

Und am 23. Oktober fügt er hinzu:

B – «Ich hoffe, zumindest mittelbar werde ich, wenn ich aus dem Fernen Osten zurückkomme, meine Ideen besser beherrschen und besser zu ihrer Verteidigung gewappnet sein.»

Von diesem neuen spirituellen Elan zeugt die bekannte ‹Messe über die Welt›. Tatsächlich sieht er in den großen Einsamkeiten der Mongolei [die ihm menschlich als eine erstarrte und tote Zone erscheinen] dasselbe, was er ehedem an der Front [die menschlich die lebendigste Zone war, die es je gab] sah: eine einzige Operation ist dabei, sich auf der Welt zu vollziehen, und sie allein kann unser Tun rechtfertigen: die Herauslösung irgendeiner geistigen Wirklichkeit durch die Bemühungen des Lebens hindurch. Wenn er tagelang auf dem Maultier reitet, wiederholt er wie ehedem mangels einer anderen Messe:

W – «Da ich wieder einmal, Herr, nicht mehr in den Wäldern der Aisne, sondern in den Steppen Asiens, weder Brot noch Wein noch Altar habe, erhebe ich mich über die Symbole bis zu der reinen Majestät des Wirklichen, und ich, Dein Priester, bringe Dir auf dem Altar der ganzen Erde die Arbeit und Mühsal der Welt dar. Die Sonne hat eben dort hinten den äußersten Zipfel des ersten Morgens angezündet. Wieder einmal mehr erwacht, erzittert unter dem sich bewegenden Strahlkreis ihrer Feuer die lebendige Oberfläche der Erde und beginnt wieder ihre erschrekkende, mühevolle Arbeit.»[31]

P. Teilhard war nicht nur wegen einer Forschungsreise nach China gekommen: Die «Ideen» interessierten ihn noch mehr als die Geo-

[30] Brief vom 15. August 1923. Präzisieren wir noch, daß in Ning-shia der Pater [vgl. Brief vom 3. Oktober 1923] einem bemerkenswert tibetanisch sprechenden Missionar begegnet war, der ihm bestätigt hatte, daß es [sogar noch im Herzen einiger chinesischer Philosophen und einiger Lamas] das alte buddhistische Bemühen noch gebe, den Rhythmus der Welt zu erforschen, einen Durchblick durch ihre zahllosen Evolutionen zu schaffen, den höchsten Buddha zu erwarten, der alles loskaufen soll.

[31] Es ist wichtig, darauf hinzuweisen, daß die originale, vervielfältigte Ausgabe dieses bekannten Textes nur einfach die Angabe *Ordos 1923* enthält, und nicht *Ordos Ostern 1923*. Zu Ostern war der Pater noch nicht in China. Wenn man einen Brief

logie. Er fürchtet, wenn er den Winter über in Tientsin eingesperrt bleibt, verliere er kostbare Zeit, die ihm im Museum sehr nützlich wäre, um seine Arbeiten voranzutreiben. Doch letzten Endes streckt er bei Mgr. Baudrillart, dem Rektor des Institut Catholique, seine Fühler aus. Während er ihm durchaus bekennt, daß er, wenn es nach seiner Neigung ginge, es vorzöge, nicht allzu lange in China zu bleiben, erklärt er sich bereit, die Entscheidung des Museums in dem Fall anzunehmen, daß letzteres ihm dazu rät, noch eine Frühjahrsreise zu unternehmen [Rückkehr nach Paris im August oder September 1924]. Aus diesen durch zwei Briefe[32] bezeugten Fakten ergibt sich, daß der Pater keineswegs die Absicht hatte, in China Karriere zu machen, und daß es lediglich um die Frage ging, ob die Expedition des Jahres 1923 durch eine Frühjahrskampagne ergänzt werden sollte oder nicht. Die Antwort Marcellin Boules und die Mgr. Baudrillarts[33] waren positiv: Der Pater sollte seine Abwesenheit bis zum Frühjahr verlängern.

In Erwartung des chinesischen Frühjahrs, das heißt, dieser «*ewigen*
1923– *Staubwinde auf weißen Blüten und unter blauem Himmel*»[34], war der
1924 Winter in Tientsin keine verlorene Zeit: 60 Kisten, 3000 Kilo an Ausbeute waren zu klassifizieren und zu sortieren, kurze Abhandlungen zu schreiben, das Material des Museums mußte mit Hilfe der guten Dienste eines Pariser Korrespondenten vervollständigt und das Buch von Vialleton gegen den klassischen Transformismus widerlegt werden[35]: es gab genug zu tun. Der Pater ist in aller Liebe und sogar in aller Freundschaft[36] voll polemischen Feuers: dieses

vom 7. August [dem Tag nach dem Feste der Verklärung, einem der vom Pater neben der Epiphanie, Ostern und der Himmelfahrt bevorzugten Feste] Glauben schenkt, war das Gedicht bereits im Entstehen, bevor er überhaupt in den Fernen Osten aufbrach. Der Aufenthalt im Ordos war für es deshalb nicht weniger entscheidend.

[32] 15. August und 23. Oktober 1923.

[33] Letzterer durch Vermittlung von Lacroix, dem ständigen Sekretär der Académie des Sciences.

[34] Brief vom 15. April 1929.

[35] ‹Membres et ceintures des vertébrés tétrapodes. Critique morphologique du transformisme›, Paris [Doin] 1924. Vialleton lehrte an der Medizinischen Fakultät von Montpellier. 1929 setzte er erneut zum Angriff an: ‹L'origine des êtres vivants. L'illusion transformiste›, Paris [Plon].

[36] Am 7. Januar 1930 schrieb P. Teilhard: «*Der Tod des guten Vialleton hat mich geschmerzt – denn von seinen philosophischen Ideen abgesehen war er ein wahrer Gelehrter und ein sehr gutherziger Mensch.*»

Buch wirkt auf seinen Geist wie ein machtvoller Katalysator und zwingt ihn, während es durchaus seine evolutionistischen Überzeugungen verstärkt, seine Positionen zu präzisieren. Die Auseinandersetzungen mit Vialleton und die sich daraus ergebenden Überlegungen über den Begriff der Evolution bilden eine der wichtigen eigenständigen Entwicklungen dieses Zeitabschnittes von 1923 bis 1931, der auf der intellektuellen Ebene eine Zeit des Kampfes darstellt. Dieses Ringen um die Ideen war nicht unnütz, denn P. Teilhard verstand zu wählen und sich an den Kernpunkt der Probleme zu stellen, und die Einwände Vialletons waren nicht vergeblich, da sie den Evolutionisten gestatteten, ihre Positionen zu präzisieren und endgültig die Schlacht zu gewinnen, doch haben sie diesen Sieg hinausgezögert, und sie waren dazu gezwungen, eine Frage offen zu lassen, die für die Fachleute seit langem geregelt ist[37].

P. Teilhard hielt sich während dieses Winters 1923–1924 auch häufig in Peking auf. Er nimmt mit den amerikanischen Anthropologen, Paläontologen und Geologen Beziehungen auf und interessiert sich besonders für Dr. Granger, den Paläontologen der großen amerikanischen Gobi-Expedition. Anfang Januar nimmt er an einem geologischen Kongreß teil:

B – «Zunächst einmal habe ich sechs Tage in Peking, dieser reizenden Stadt, anläßlich eines kleinen geologischen Kongresses verbracht, von dem ich Ihnen bereits geschrieben habe. Eine recht zahlreiche, sehr buntscheckige [Chinesen, Amerikaner, Franzosen, Engländer, Schweden, Russen...], jedoch sehr herzliche Versammlung. Viele Mitteilungen, die fast alle neue und wesentliche Fakten brachten. – Welcher Unterschied zwischen der Geologie, wie man sie hier betreiben kann, und der, in der die Muschelsucher des Pariser Beckens versauern! – In China leben wir noch im Goldenen Zeitalter der geologischen Forschung. – Trotz allem wird es hier wie anderswo nicht mehr lange dauern, bis das Inventar der Schichten und Fossilien in seinen großen Zügen aufgenommen ist, und ich sage mir häufig: in einer Generation wird die Wissenschaft, mit der ich mich be-

37 Trotz zweier kürzlich erschienener Bücher: R. Bertrand-Serret, ‹La superstition transformiste›, Paris [Bordas] 1952, und L. Bounoure, ‹Déterminisme et finalité›, Paris [Flammarion] 1957 [siehe auch L. Bounoure ‹Difficultés d'une approche philosophique des grands problèmes de la Biologie› in ‹Critique›, März 1957].

fasse, anfangen zu welken, wenn es nicht gelingt, ihren Gegenstand zu vergrößern, ihre Methoden zu wandeln. Es muß einen Weg geben, das Studium der Erde in einer tieferen und synthetischeren Weise anzugehen, indem man sie als *ein Ganzes* betrachtet, das mit mechanischen, physischen, chemischen, *spezifisch irdischen* Eigenschaften ausgestattet ist. – Mir scheint, man muß dahin gelangen, diese Eigenschaften herauszuarbeiten, anstatt wie besessen bis in die Einzelheiten die Wirkung einzelner Ursachen zu verfolgen, die nur winzige Teile der Erde beeinflussen. Wenn ich mein Leben von vorn anzufangen hätte, würde ich mich der Geodynamik oder der Geochemie zuwenden. – Um auf Peking zurückzukommen, ich habe dieses Mal ebensowenig wie bisher die Zeit gehabt, es als Tourist zu besuchen. Ich sehe es kommen, ich werde nach Frankreich zurückkehren, ohne in den kaiserlichen Palast oder in den Tempel des Himmels vorgedrungen zu sein. – Ich bedauere das nur teilweise. In der „Atmosphäre" dieser ehrwürdigen Dinge zu sein, gefällt mir ebensosehr, wie wenn ich ihnen sehr nahe käme und sie in ihren Einzelheiten genau beschaute. Ich liebe an Peking dieses Gefühl, mitten im Herzen des alten China zu sein. Meine schönsten Erinnerungen an diese Stadt werden vielleicht diese nächtlichen Heimfahrten in der Rikscha durch die dunklen, sich windenden Gassen unter einem großartig bestirnten Himmel bleiben, vor dem sich wie „chinesische Schatten" die kleinen geschwungenen Dächer und die mit Rabennestern bedeckten knorrigen alten Bäume abheben.»[38]

Hier bereits der Traum von einer synthetischen Wissenschaft der Erde... China, für die Geologie und die Paläontologie ein fast jungfräuliches Land...[39]. Empfänglichkeit P. Teilhards für die Atmosphäre – er ist ebenso begabt, ein Bild von einer Stadt zu geben, wie eine Naturlandschaft zu malen...[40]

[38] Brief vom 14. Januar 1924.

[39] Kann man sich in unserer Zeit, da man bei den geringfügigsten Gegenständen Gefahr läuft, auf eine Überfülle von Literatur zu stoßen, vorstellen, welche Freude man dann in einem neuen, kaum studierten Lande verspüren konnte?

[40] Wenn P. Teilhard auch genaugenommen niemals ein leidenschaftlicher Liebhaber der Kunst des Fernen Ostens gewesen ist.

---

4. Karte Chinas und der umliegenden Gebiete ▶

ÄUSSERE MONGOLEI
INNERE MONGOLEI
MANDSCHUREI
KOREA
GELBES MEER
CHINESISCHES MEER
FORMOSA
WÜSTE GOBI
nördlicher Dalainor
südlicher Dalainor
Hailar
GROSSER CHINGAN
Tsitsikar
Nonni
Charbin
Sungari
Wladiwostok
Schiling-Gol
Lin-si
Mukden
Weitschang
LANG-SCHAN
ALA-SCHAN
Huhehot (Blaue Stadt)
Kalgan
Santauho
Paotou
Tatung-fu
Peking (Peiping)
Pai-ho
Kaiping
Choukoutien
Tientsin
Taku (Tangku)
Arbus-ula
ORDOS
Schara Osso Gol
Paote
Sienshien
Choei-tung-kau
Jü-lin-fu
Taijüan
LIAO-TUNG
Golf von Tschili
Port Arthur
Korea-Bai
SCHANTUNG
Tsingtau
Je-ngan (Je-nan)
SCHENSI
SCHANSI
PETSCHILI-EBENE
Hoang-ho (Gelber Fluß)
Loyang
Sian (Si-ngan-fu)
Tungkwan
Lo-ho
TSIN-LING-SCHAN
HONAN
Yün-shien
Kun-shien
Nanking
Schanghai
Tschöngtu
cheng-tou, Chengtu)
SZETSCHUAN, SZECHUAN, SSEU-CHOUAN)
Wan-hsien
Itschang
Hankau (Hankow)
Yangtse (Blauer Fluß)
Tschungking (Chung-King)
Kweilin
ÜN-NAN
KWANGSI
Nanning
KWANGTUNG
Kantou (Kanton)
Swatou
Hongkong
TONKIN
Hanoi
ANSU
intschou
nming

Dieses Hin und Her zwischen Tientsin und Peking [benachbarte Städte] genügt P. Teilhard nicht. Er beginnt, das Land zu bereisen.

1924 Die Briefe geben Zeugnis von drei Reisen, die erste im Januar, die beiden anderen im Februar 1924. Die eine führt zu den Kohlenlagern von Kaiping [drei Stunden Fahrt von Tientsin auf der Mukden-Bahn]; Einführung in den primären Boden Chinas[41]. Die zweite ist ein reiner Anstandsbesuch in dem bischöflichen Zentrum der Jesuitenmission in Sienshien, in der Tscheli-Ebene, 200 Kilometer südlich von Tientsin. Die dritte ist wie die erste eine geologische Fahrt und führt den Pater in die Berge, die den Rand der Tscheli-Ebene an der Grenze des Honan und des Schansi bilden, 400 Kilometer südlich von Peking an der Eisenbahnlinie Peking–Hankau. Sienshien ist nicht einfach zu erreichen:

B – «Man gelangt nur schwierig dorthin nach drei Stunden Bahnfahrt, einer Nacht in einem chinesischen Loch und sechs Stunden Rüttelns in einer Art kleinen Wagens, der aus einem viereckigen Kasten mit einem zylindrischen Dach besteht, der ohne die Vermittlung irgendeiner Federung auf zwei Rädern aufliegt.»[42]

Diese Ortschaft macht den Eindruck eines riesigen Klosters, einer Art von Trappisten-Siedlung mit zahlreichen Nebengebäuden [Kolleg, Seminar, Schwesternhaus, Druckerei usw.]:

B – «Einmal dort angekommen, beginnt man zu begreifen, was es bedeutet, inmitten Chinas und der Chinesen zu sein. So weit das Auge reicht, nichts als graue Erde, die bis zum letzten Quadratzentimeter ausgeharkt ist und die den ganzen Winter hindurch noch einmal ausgeharkt wird, damit auch nicht der geringste Strohhalm verlorengehe. Auf dieser entblößten Öde ein dichtes Netz von Dörfern aus Lehm, die von im allgemeinen kleinen Bäumen umgeben sind [man läßt ihnen nie die Zeit zu wachsen], und gewaltig viele Friedhöfe [die häufig die Hälfte des

[41] Allgemein gesprochen läßt sich die geologische Arbeit P. Teilhards in zwei Punkten zusammenfassen, die offensichtlich durch die Struktur Chinas [und seiner Nebengebiete] bedingt sind: Studium des alten Sockels Chinas, Studium der Ablagerungsschicht [mit einer Feinanalyse ihrer verschiedenen «Horizonte» und ihrer verschiedenen Veränderungen durch vulkanische Einbrüche, Ektogranitisation oder Endogranitisation].

[42] Brief vom 26. Februar 1924.

Grund und Bodens beanspruchen!]. – Schließlich in den Dörfern ein Ameisengewimmel von Chinesen, nicht böse, aber primitiv, träge, alltäglich; sie leben in der Routine und im intellektuellen Halbschatten und sind instinktiv den Menschen des Westens feindlich gesinnt, deren Wohltaten sie nutzen, die sie aber im Grunde als unerwünscht und lästig ansehen. Wenn man in diese Landschaft und in dieses soziale Milieu hineingetaucht ist, hat man den Eindruck, sich aufzulösen oder zu ersticken. Alle Missionare spüren das und anerkennen, daß das die schlimmste ihrer Mühsale ist. Sie lieben, das versteht sich von selbst, ihr Werk und ihre Aufgabe, weil sie ihre letzte Bedeutung erkennen. Doch HIC ET NUNC sind sie in die menschliche Masse eingetaucht, ohne auf den geringsten festen Boden zu treffen, an dem man ein Interesse oder eine spürbare Zuneigung anknüpfen könnte. Das ist wirklich die Hingabe an Gott, die für jeden um einen gewissen *anscheinenden* Verzicht „erschwert" wird. In diesem weichen, verschwommenen, nachgebenden Milieu hat der Geist Tendenz, blutleer zu werden […].»[43]

Der dritte Ausflug brachte ihm eine andere Erfahrung:

B – «Diese Spazierfahrt hat mir diesmal nicht die große zentrale Residenz einer Mission, sondern die kleinen Missionsposten und die Lebensweise auf diesen Posten mit einem eingeschränkten Komfort gezeigt, und was noch schlimmer ist, man ist dort der Sympathie [oder zumindest den *äußeren* Sympathiebekundungen] der aufdringlichen, indiskreten und ungenierten Chinesen ausgeliefert. – Mit Licent reisen wir als Soldaten oder als halbe Mandarine, das heißt, wir halten Distanz. – Dieses Mal habe ich den Kontakt mit der Masse erfahren.»[44]

P. Teilhard scheint auf den ersten Blick recht streng über die chinesische Masse zu urteilen. Er schreibt weiter:

B – «Die chinesische Seele ist wesentlich trüb, verschwommen, veränderlich, ungreifbar [sogar für sich selbst]; sie ist auch, und dies ganz natürlich, materialistisch, alltäglich, agnostisch […].»[45]

Doch seine Reaktion angesichts dieser Leute, deren Sprache er nicht versteht, ist durchaus nicht negativ:

[43] Brief vom 1. März 1924.

[44] Brief vom 26. Februar 1924.

[45] Brief vom 26. Februar 1924.

B – «Merken Sie wohl, ich bin keineswegs gegen diese Leute voreingenommen [...], und ich glaube, das beherrschende Gefühl bei mir angesichts der chinesischen Menge ist Mitleid, das große und erhebende, wahrhaft „phil-anthropische" Mitleid, das vermutlich eine der machtvollsten Bekundungen der in unserem Unterbewußtsein noch schlafenden Kraftreserven ist. Ich sage Ihnen nur ganz naiv, was ich gesehen und empfunden habe. – Ich glaube, wiederum aufgrund meiner Erfahrung, daß sich das Problem des Apostolats und seine Schwierigkeiten bei den Chinesen der gebildeten, europäisierten Klasse ganz anders stellen. Bei letzteren ist die chinesische Verschwommenheit und ihre Unbegreiflichkeit für den westlichen Menschen stark zurückgedrängt. [Mit zwei oder drei Menschen dieser Kategorie habe ich wie mit Pariser Freunden gesprochen!] Man stößt dann allerdings auf einen nicht mehr instinktiven, sondern organisierten Agnostizismus. Das ist unwichtig; – wenn die Christianisierung dann schwieriger ist, hat sie Aussichten, haltbarer zu sein.»[46]

P. Teilhard schloß tatsächlich sehr rasch mit einigen seiner chinesischen Kollegen feste Freundschaft. Er verfolgte mit Sympathie das nationale Erwachen Chinas, und später, als er den ‹Geistigen Beitrag des Fernen Ostens› [1947] untersuchte, wußte er den chinesischen Geist zu würdigen. Diese Zitate beweisen, wie sehr der Pater sich für das Problem der Missiologie und das Schicksal der Missionare in China interessierte. Er äußert ihnen gegenüber manchmal Kritik, doch er liebt sie und begreift ihre Schwierigkeiten. Seinen Vorschlägen über die einzuschlagende allgemeine Linie fehlt es nicht an Kühnheit, und sie haben das Gute, zu einem tätigen Nachdenken über das gewichtige Thema, über das ganze Problem des «Neuansatzes» der christlichen Ausdehnung zu zwingen, das eines der Hauptanliegen P. Teilhards war.

1924 ... Die Frühjahrskampagne kommt näher [April–Juni 1924]. Es fehlt nicht an Schwierigkeiten: Kriegsdrohung zwischen Mukden und Peking, Geldfragen, Trockenheit, Räuber. Das gewählte Ziel ist der östliche Rand der Gobi [das Gebiet des Dalainor und des Schiling-Gol] westlich von Mukden. P. Teilhard hätte vorgezogen, in das Innere des Ordos vorzudringen, dessen Randgebiete er nur berührt

[46] Brief vom 1. März 1924.

hatte, oder das Massiv des Lang-Schan [Grenze der Gobi, an der nordwestlichen Kehre der Schleife des Gelben Flusses] zu studieren. Doch diese Zielgebiete waren aus verschiedenen Gründen schwierig zu erreichen: Unsicherheit, möglicher Mangel an Wasser oder Futter. Weshalb gerade dieses Gebiet der großen mongolischen Wüste? Die Japaner waren dort bereits durchgezogen, doch sie hatten dabei vor allem militärische oder industrielle Absichten. Es war also noch kaum bekannt, und P. Teilhard hoffte, dort Fossilien führende tertiäre Ablagerungen zu finden. Außerdem hatte die American Expedition nicht die Absicht, dorthin zu gehen: Die beiden Forschungsunternehmen würden so einander ergänzt haben.

Die ‹Reisebriefe› geben uns reichlich Auskunft über die pittoreske Seite der Expedition der beiden Jesuiten. Beschränken wir uns auf zwei Bilder. Zunächst diese allgemeine Charakteristik der Mongolei:

B – «Seit fast zwei Monaten reiten wir auf dem Maultier quer durch ein felsiges, gebirgiges, kaltes und rauhes Land – es ist einem Cantal oder einem Velay recht ähnlich, in dem es weder Baum noch Strauch gibt. Diese Lage der Dinge hat ihre Ursache in den Verheerungen durch die chinesischen Siedler, die für ihre Kurzsichtigkeit durch eine furchtbare Bodenabschwemmung bestraft werden, die nach und nach ihre ganze Erde fortschwemmt. Nicht weit von hier, auf mongolischem Boden, ist nur wenig gesiedelt worden, und die Vegetation ist reicher. Die Büsche wimmeln von schönen Kragenfasanen.»[47]

Und diese Beschreibung der Noore:

B – «Und schließlich hatte ich eine ungewöhnliche Aussicht: von der Kuppe eines das Land etwa 150 Meter überragenden Hügels hatte ich das seltsame Schauspiel sich kräuselnder, grün betupfter weißer Wogen, die gut die Hälfte meines Blickfeldes ausfüllten und sich weiter erstreckten, als mein Auge reichte: es glich vollkommen dem Meer. Zu meiner Linken in fünf oder sechs Kilometer Entfernung ein großes Noor. Zu meiner Rechten in etwa der gleichen Entfernung eine Perlenschnur von fünf oder sechs noch größeren Nooren. Hinter mir die Kette grüner Berge, die wir morgen durchqueren werden.»[48]

[47] Brief vom 20. März 1924.

[48] Brief vom 30. Juni 1924.

Landschaften, Humangeographie, Ethnographie: alles interessiert P. Teilhard. Unter archäologischem Gesichtspunkt ist die Bilanz praktisch negativ: Jungsteinzeitliches, im allgemeinen an der Oberfläche. Bis zum 28. April blieb die Reise paläontologisch uninteressant, der zweite Teil dagegen war fruchtbarer. Auf der Breite des Dalainor und auf der Länge von Kalgan stoßen die beiden Gelehrten auf ein großes mio-pliozänes Becken:

B – «Keine schönen Ausstellungsstücke, sondern zahlreiche Stücke, die ermöglichen, eine mannigfaltige Fauna für zwei in der Mongolei kaum bekannte Bereiche [Miozän und Pliozän] festzustellen.»[49]

Der geologische Teil scheint bedeutender zu sein:

B – «Wir haben unseren Plan verwirklicht, das heißt, einen langen Streifen der Gobi im Westen des Dalainor erforscht. Die Ergebnisse sind nicht so glänzend wie im letzten Jahr, sie sind aber sicher. Wir haben ein großes, Fossilien führendes mio-pliozänes Becken gefunden, das von gewaltigen Basaltströmen bedeckt ist, die ihrerseits über mehr als 100 Kilometer von Quartär-Vulkanen überragt werden, die noch ebenso frisch sind wie die Puys der Auvergne. All das ist sehr neu und klärt wichtige Fragen der Geologie Chinas. – Ich bringe die Unterlagen für einen geologischen Schnitt über mehr als 1000 Kilometer in einem verworrenen Land mit [...].»[50]

Am 10. September ist P. Teilhard in Schanghai und betet am Grab seiner ältesten Schwester Françoise, der Ordensschwester Marie-Albéric vom Heiligsten Herzen Jesu, die als «Gute Mutter» – das heißt als Oberin – des von den Kleinen Schwestern der Armen in Schanghai gegründeten Hauses im Alter von kaum zweiunddreißig Jahren an den schwarzen Blattern gestorben war[51]. Am 13. September verläßt der Pater China.

Wie soll man die, wenn man so will, die erste Periode von Tientsin

[49] Brief vom 25. Juni 1924.

[50] Brief vom 13. Juli 1924.

[51] Vgl. über diese Schwester: ‹Françoise Teilhard de Chardin, Petite Sœur des pauvres›, Clermont-Ferrand, imprimerie L. Billet, s.d., 75 S., und ‹Sœur Marie-Albéric du Sacré-Cœur, Petite Sœur des pauvres›, imprimerie de la Salle Bureau, Montréal [Canada] P.Q. 1949, 91 S. [Anonyma, der Autor ist Marguerite-Marie Teilhard de Chardin].

zu nennende Zeit zusammenfassen? Der Wohn- und Arbeitsort ist sicher Tientsin, doch wird der Pater sichtbar von Peking, dem Zentrum des geistigen und wissenschaftlichen Lebens, angezogen. Er hat bereits unter den Schweden, Amerikanern und Chinesen feste Freundschaften angeknüpft[52]. Genau genommen ist China in seinen Augen nur ein Zwischenspiel, da er sich nach seinem Museum und dem Leben in Paris, der Drehscheibe des Denkens, sehnt. Doch dieses Abenteuer hat gründliche und sogar außergewöhnlich glänzende Ergebnisse gezeitigt, die ihm erweiterte Grundlagen geben. Die Forschung ist in seinen Augen

B – «eine vitale und heilige Funktion, die Quelle allen höheren menschlichen und mystischen Lebens»,

und er fügt in demselben Brief hinzu[53]:

B – «Ich glaube, mein vernünftiger Glaube an den christlichen und göttlichen Wert des *unaufhörlich vermehrten Wissens* und meine Verachtung für die Fixisten oder Begrenzer unserer Erkenntnisse sind nie vollständiger gewesen.»

Seine Horizonte begrenzen sich also weder auf die Geologie noch auf die Paläontologie; denn der Gelehrte und der Ordensmann sind in ihm eins. Er bemüht sich nicht, die Sprache zu lernen, und er kümmert sich kaum um Geschichte und Kunst. Doch offenbart er sich als ein Beobachter ersten Ranges: Landschaften, Pflanzen, Tiere, Menschen, alles zieht ihn an. Ihn beschäftigt bereits das Missionsproblem, und er wendet sich prüfend dem zeitgenössischen China zu. Zweifellos täuscht er sich zunächst über China [es ist leicht, rückblickend den Propheten zu spielen], doch sieht er sehr bald klar, und zwar früher als die anderen Europäer. Eine reiche und komplexe Haltung, in der der Diener Christi und der ganze Mensch ins Spiel kommen.

...Am 6. September ist P. Teilhard nach einer wechselvollen Reise 1924
durch ein im Kriege befindliches China in Schanghai angekommen, wo er sich mit Erleichterung einer jungen chinesischen Schülerin an deren Bestimmungsort, dem Kolleg von der Heiligen Familie, entledigt. Die Rückfahrt nach Frankreich an Bord der «Paul-Lecat» ist melancholisch. Der Pater tröstet sich mit dem Lesen von Roma-

[52] Wir kommen darauf zurück.

[53] vom 13. Juli 1924.

nen, der ersten vorläufigen Abfassung des geologischen Berichts über die letzte Expedition und dem Besuch des Museums von Colombo. Am 15. Oktober ist er in Marseille, und von dort fährt er nach Paris. Doch wissen wir nur sehr wenig über diese Zeit vom November 1924 bis zum April 1926, das heißt, über etwa anderthalb
1925 Jahre. Ende Juli 1925 macht er in Saint-Etienne Exerzitien [teilweise in Gesellschaft von P. Valensin]. Ein Brief vom 16. August desselben Jahres, der in Sarlat [Dordogne] geschrieben ist, spricht von einer Rundfahrt über Lyon und Clermont-Ferrand, und er kündigt die Absicht an, noch etwa vierzehn Tage auf dem Lande zu bleiben. Dieser Plan wurde verwirklicht, wie ein Brief an einen anderen Korrespondenten beweist:

B – «Wie Sie aus dem Kopf dieses Briefes ersehen können, bin ich hier in Sarlat. Da Breuil von seinen Arbeiten in den Eyzies absehen mußte, habe ich mich ganz einfach hier in der Ruhe eines alten Bauernhauses niedergelassen. Ich habe einen kurzen, aber wohltuenden Ausblick auf tiefgrüne Hügel, auf denen Trüffeln wachsen, und auf eine kleine Anhäufung mit vergilbten Ziegeln bedeckter, spitzer Dächer, die Sarlat, die Kreisstadt, von oben gesehen, ausmachen [...]. Ich gehe wenig aus. Doch nächste Woche besuche ich die Bouyssonies; und dann holt mich Boule mit dem Auto für eine Rundfahrt zu den Ausgrabungen im Périgord ab.»[54]

Im September 1925 führt ihn eine geologische Exkursion zum Kloster auf dem Odilienberg in den Vogesen. Mit anderen Worten, seine Reisen haben, was ganz natürlich ist, das Ziel, sowohl kirchliche Angelegenheiten zu regeln [um den «Provinzial» von Lyon aufzusuchen], wie Vorgeschichte zu betreiben und bei dieser Gelegenheit seine Familie wiederzusehen.

Als Mann der Wissenschaft findet der Pater mühelos seine europäischen Verbindungen wieder: mit Belgien und L. Dollo, und vor allem mit England. Er wird dort eine Rundreise machen; wir begegnen ihm nämlich hier in Begleitung von Abbé Breuil und D. Garrod: Am 3. April 1925 besucht er das Museum von Ipswich [Suffolk] und die Ablagerungen des Crag, in denen Reid Moir die berühmten «Eolithen»[55] fand. Zwischen dem 6. und 9. April unter-

[54] Brief vom 22. August 1925.

[55] Heute immer mehr umstritten.

sucht er die eiszeitlichen und zwischeneiszeitlichen Steilhänge von Cromer [Norfolk]. Doch die große Sache bleibt immer China. Dank der Zuhilfenahme der Reihen des British Museum und dank dem im Museum von Paris zusammengetragenen Arbeitsmaterial [Bücher und Fundstücke] kann P. Teilhard endlich seine verschiedenen Berichte in endgültige Form bringen, und zwar mit Hilfe Abbé Breuils, der die paläolithischen Werkzeuge untersucht. Der Aspekt der Probleme entwickelt sich in seinem Kopf weiter:

B – «[...] ich beginne, meine Ansicht über mein „Pliozän" des Ordos [Schichten von Santauho oder St-Jacques, auf der Karte unten mit A bezeichnet] zu ändern [...]. Ich bin also praktisch entschlossen, das Alter meiner Formation zu vermindern, und ich bin bereit, alle darunter liegenden roten Erden [ohne Fossilien] des Ordos im Norden des Arbus-ula in das Eozän anzusetzen: instinktiv und unvorsichtig hatte ich sie als pontisch angesehen [...]. Gleichzeitig mit diesem Brief schicke ich Ihnen [vorläufig] die Fahnen eines Berichts über meine Reise von 1923. Er ist seit einem Jahr geschrieben, und zwar unter Annahme der Hypothese, nach der die Sande von St-Jacques pliozän sind. Ich fange an, nunmehr auch nicht mehr sicher zu sein, ob man im Arbusula eine Phase herzynischer Faltung unterscheiden muß. Das kommt dabei heraus, wenn man zu schnell schreibt...»[56]

Derartige Bekenntnisse setzen den Gelehrten nicht herab, sie erhöhen ihn vielmehr, weil sie von einem lebendigen Denken zeugen, das immer bereit ist, sich zu kritisieren, sich zu vervollkommnen, das immer auf das Wahre hin ausgespannt ist, – das immer im Zustand des Umbruchs ist. Die Fähigkeit zur Selbstkritik [im nicht verzerrten Sinne des Wortes] zeugt von nun an von einer wissenschaftlichen Meisterschaft, die sich immer mehr bestätigt.

Unnütz, alle Berichte und Abhandlungen aufzuzählen, die er ins reine schreibt, alle Arbeiten, die er in Angriff genommen hat, während er auf die Ankunft von P. Licent wartet [November 1925]: Die Funde aus China verlangen eine sehr lange Aufarbeitung. Dem Tertiär und vor allem dem Quartär gilt das Interesse dieses Spezialisten der Säugetiere. Am 20. Juli 1925 erklärt er, daß er sich seit einiger Zeit ganz besonders mit den Nagetieren beschäftigt *[Siphneus,*

[56] Brief vom 3. November 1924.

Prosiphneus]. Er sollte immer eine gewisse Zärtlichkeit für die Nagetiere haben, «*eine häufig vernachlässigte, aber sehr interessante Gruppe*», schreibt er am 10. August 1929, und er gelangte zu allgemeinen Ansichten von höchstem Interesse über die Orthogenese der Siphneiden[57]. Wenn das auch wenig aufsehenerregend in den Augen des großen Publikums ist, ist es, so scheint es, einer seiner anerkanntesten Ruhmestitel in den Augen der Spezialisten[58].
Und schließlich, wenn Teilhard auch seine europäischen Verbindungen wieder aufnimmt und seine chinesischen Bekanntschaften abschreibt, bleibt er doch in Kontakt mit China und insbesondere mit P. Licent. Letzterer teilt ihm seine Pläne für 1926 mit, er schickt ihm Fossilien und hält ihn über die Ausgrabungen bei Kalgan im Tal des Sangkan-ho auf dem laufenden, die er zusammen mit dem Schotten George B. Barbour ausführt, der Professor in Peking ist[59]. Der Geist der Synthese des Paters wird bereits wirksam: Es scheint ihm immer klarer zu werden, daß man in China zwei große Perioden des Quartärs zu unterscheiden beginnt, die jede zwei Hauptfazies umfassen; ein oberes Quartär, das an den Abhängen eine lößige Fazies und in den offenen Becken Sande umgreift, und ein unteres Quartär, das an den Abhängen rote Erden mit Kalkkonkretionen und in den Tiefen Sande mit großen *Unio [Quadrula]* um-

[57] Eine Art von Ratte-Maulwurf. Die Festlegung ihrer stratigraphischen Stufenleiter erlaubte dem Pater, eine ganze Reihe neuer stratigraphischer Unterscheidungspunkte zwischen den roten und gelben Erden zu entdecken.
[58] Durch Vermittlung der Nagetiere machte der Pater die Bekanntschaft J. Virets, der heute Professor an der Universität von Lyon ist. Letzterer erzählte uns darüber folgende Anekdote [Brief vom 23. Januar 1957]: «Meine erste Begegnung mit ihm muß in das Jahr 1926 zurückgehen. Als Professor am Lycée Ampère bereitete ich damals in meinen freien Augenblicken meine Doktorarbeit im geologischen Laboratorium der Universität vor. Vor mir auf meinem Arbeitstisch hatte ich die Knochen kleiner fossiler Nagetiere ausgebreitet, die ich im Laufe meiner Forschungen in der bourbonischen Limagne gesammelt hatte. Ich sehe noch diesen großen, hageren Körper sich über meinen Rücken beugen, meine Ausbeute betrachten und mir ohne Einleitung sagen: „Das ist aber sehr interessant, was Sie dort studieren, stellen Sie sich vor, man findet dieselben unter demselben Aspekt in China!“ Und dann stellte er sich vor. Selbstverständlich war mir sein Name nicht unbekannt; ich hatte seine Dissertation gelesen. Und ich war sofort begeistert über die Art, wie er es verstand, sich in aller Einfachheit auf das Niveau eines Anfängers einzustellen, wie ich damals einer war.»
[59] Heute in Cincinnati [Ohio, USA].

faßt[60]. Diese umfassenden Perspektiven sind sehr charakteristisch für den Teilhardschen Geist, der Freude am Fresko, an den großen Linien hat.

Wie immer strebt der Pater dahin, über seine Fachfragen hinauszugelangen, und er bemüht sich, in den Bereich vorzudringen, wo der Mann der Wissenschaft anfängt, über die von seinem Fach aufgeworfenen allgemeinen Probleme zu philosophieren. Er denkt weiter über die Evolution nach. Wir wissen, daß er im Winter 1925–1926 viermal einen Vortrag über dieses Thema hielt, zum 1925–
Beispiel vor dem Cercle du Luxembourg[61]. Um 1925 schuf er 1926
gleichfalls das Wort und den Begriff der Noosphäre[62], die wir später analysieren werden und die von Édouard Le Roy und von Vernadsky übernommen wurden[63]. Zwischen 1920 und 1930 war die Bindung zwischen P. Teilhard und Le Roy sehr eng, und zwischen 1925 und 1927 war die Zusammenarbeit zwischen diesen beiden großen Geistern zweifellos am sichtbarsten. Der Pater suchte den Professor am Collège de France Mittwoch abends in der Rue Cassette auf, und die beiden Männer diskutierten dann zusammen in voller Gemeinschaft des Denkens die Ideen, die dann in den Vorlesungen vorgetragen werden sollten:

> B – «Ich sehe Le Roy weiterhin regelmäßig. Es ist wirklich wahr, dieser Mittwochabend ist für mich eine der besten „geistlichen Übungen" jeder Woche geworden. Ich kehre immer besser und wieder aufgemuntert zurück.»[64]

Édouard Le Roy, dessen Originalität des Denkens man übrigens nicht leugnen kann, hat beiden Denkern infolge ihrer Gespräche

[60] Die Unio sind zweischalige Süßwasser-Lamellibranchiaten[-Muscheln].

[61] Er schrieb den Text während der Überfahrt von Marseille nach Schanghai im Frühjahr 1926 ins reine: «*Mir scheint*», schreibt er am 26. August 1926, «*daß damit eine neue Klarstellung gegeben wird.*»

[62] Zum erstenmal bezeugt in ‹L'hominisation› [Paris, 6. Mai 1925] SUB FINE; der Terminus wurde nach dem Vorbild des Wortes Biosphäre [lebendige Hülle der Erde] geprägt.

[63] «*Vernadsky war zu jener Zeit in Paris – und ich habe ihn häufig gesehen*» [Brief von Ostern – 18. April 1954]. Vernadsky war ein russischer Geologe aus Leningrad, der sich auch das Ziel gesetzt hatte, eine einzige Wissenschaft des ganzen Phänomens zu schaffen. Deshalb forderte Abbé Gaudefroy P. Teilhard auf, die ‹Geochemie› von Vernadsky zu lesen.

[64] Brief vom 10. Januar 1926.

gemeinsam gewordene Ideen zur Aussage gebracht. Jene berühmten Vorlesungen am Collège de France im Jahre 1925–1926 beziehen sich häufig auf P. Teilhard, der bei ihrer Abfassung als Berater auf der Ebene der biologischen Philosophie diente. Doch war das Nehmen und Geben beidseitig. Wenn der Pater im Leben einen Aufstieg zum Unwahrscheinlichen sieht, das heißt, die Ausarbeitung immer komplexerer und durch die Gesetze der Statistik nicht vorhersehbarer Gebilde, verweist er ausdrücklich auf Édouard Le Roy. Kurz, zwischen den beiden Denkern bestand eine Symbiose, wie es ein Wort des letzteren nahelegt:

W – «Ich habe so lange und so oft in unmittelbarem Gespräch die im folgenden dargelegten Anschauungen mit P. Teilhard diskutiert, daß wir selbst heute nicht mehr in der Lage sind, unseren entsprechenden Anteil herauszulösen, und ich muß mich also darauf beschränken [oder doch fast darauf beschränken], ein für allemal ihn umfassend zu zitieren.»[65]

Wenn der letzte wiedergefundene Brief P. Teilhards an Édouard Le Roy vom 28. Januar 1934 datiert ist, wenn die intellektuelle Ausrichtung des Paters sich der Phänomenologie zuwandte und sich etwas von den metaphysischen Positionen Le Roys entfernte, so wurden die Verbindungen deshalb nicht abgebrochen. Erklärte P. Teilhard doch seinem Freund:

> B – «Es bestehen jetzt zwischen uns genügend feste Bande der Zuneigung und des restlosen Verstehens, als daß wir noch auf einen Brief angewiesen wären.»[66]

In dem postumen Werk Édouard Le Roys, ‹Essai d'une philosophie première›[67], das die Vorlesungen des Jahres 1940–1941 wiedergibt, finden wir Anmerkungen dieser Art:

W – «Ich habe im Vorhergehenden kaum etwas anderes getan als, manchmal fast wörtlich, eine unveröffentlichte Arbeit P. Teilhards

[65] ‹L'exigence idéaliste et le fait de l'évolution›, S. 82. Vgl. auch É. Le Roy, ‹Les origines humaines et l'évolution de l'intelligence›, Paris [Boivin] 1928: «Die Ansichten, die wir vorlegen werden, [...] haben wir, er und ich, so häufig und so eingehend miteinander diskutiert, daß wir dahin gelangt sind, sie in derselben Ordnung untereinander zu verknüpfen, sie durch fast die gleichen Formulierungen auszusagen, so daß wir nunmehr selbst nicht mehr eine genaue Scheidung unserer jeweiligen Beiträge durchzuführen vermögen» [Kap. I, S. 8].

[66] Brief vom 28. Januar 1934.

[67] Paris [PUF] 1956, Bd. I.

zusammenzufassen, in der er die Ergebnisse unserer gemeinsamen Meditationen ausgesagt hat.»[68]

Als der Pater die Nachricht vom Tode seines Freundes erhielt, schrieb er uns am 1. Dezember 1954:

B – «Ja, ich bin erschüttert worden durch den Tod des lieben, großen Édouard Le Roy [...]. Es gibt wenig Menschen, die ich so sehr bewundert und geliebt habe wie Édouard Le Roy. So heiter, so vollständig menschlich – und so tief christlich.»

Und in einem zwei Tage späteren Brief ist ein Absatz zu lesen, der alles zusammenfaßte:

B – «Ja, der Tod Édouard Le Roys hat mich, so sehr er vorauszusehen war, erschüttert. Ich liebte ihn wie einen Vater, und ich verdankte ihm viel: nicht gerade daß ich ihm irgendeine besondere Idee verdanke, vielmehr hat er mir, vor allem zwischen 1920 und 1930, Vertrauen gegeben, meinen Geist erweitert [und meinen Treuesinn der Kirche gegenüber...], und er hat mir auch [am Collège de France] als Sprachrohr für meine entstehenden Ideen über die Hominisation und die „Noosphäre" gedient. Ich glaube, das Wort „Noosphäre" stammt von mir [wird man das je genau wissen?]. Doch er hat es hinausgelassen. Von 1930 an haben die Umstände [das heißt, mein Aufenthalt in China] unsere fortlaufenden Beziehungen unterbrochen. Doch hatten wir uns immer sehr gern. Menschen wie diese müßte man für unsere Zeit heiligsprechen: Christen, die ihr Glaube drängt, sich vollständig und bis zum Ende zu vermenschlichen.»

Der Pater gibt sich nicht damit zufrieden, wieder in das geistige Leben der Hauptstadt einzutauchen. Das Denken und das priesterliche Wirken bilden in seinem Geist ein Ganzes. Er hat mit P. Portal die Verbindung wieder aufgenommen und kümmert sich weiterhin um die Studenten der École Normale Supérieure der Rue d'Ulm und der von Saint-Cloud – um die «Cloutiers» oder «Cloutards» –, er widmet sich auch den Studenten der Polytechnique[69] und den verschiedenen Gruppen der USIC[70]. Im Dezember 1924 oder Januar 1925 ist ein Rundgespräch P. Teilhards über André Gide und

[68] S. 413.

[69] Vgl. Brief vom 13. Oktober 1925: «*[...] Ich bin in der letzten Woche von Pupey-Girard zu Einkehrtagen für seine X mobilisiert worden.*» [X = Argot für Polytechnique.]

[70] Union Sociale des Ingénieurs Catholiques.

‹Les Nourritures terrestres›, in der Rue de Grenelle bei M. Portal, dem offiziösen Seelsorger der Gruppe Tala[71] der Rue d'Ulm bezeugt. Wir besitzen eine sehr eindringliche Erinnerung daran von Gabriel Germain[72]:

W – «Wir versammelten uns in der Rue de Grenelle bei P. Portal, einem Lazaristen, dem Leiter der Gruppe. Ich sehe uns mühelos um den sehr langen, mit einem grünen Tuch bedeckten Tisch mit unseren Gesichtern braver junger Leute, die ebenso viele mitleidlose Spötter verbargen, die bereit waren, den Redner auf dem Rückweg zwischen der Place Saint-Sulpice und der Rue d'Ulm zu zerfetzen. P. Teilhard sprach, und sofort wurde sichtbar, daß er zu den Mutigen, nicht zu den Unschuldigen gehörte. Von meinem Platz aus an einem Ende des Tisches nahe dem Eingang sah ich seine hohe, gebieterische Gestalt fast im Profil. Er sprach mit halbgeschlossenen Augen, eine klerikale Gewohnheit, die ich bei anderen nicht liebte, die aber dieses Mal zu dem meditativen Ton des Gesprächs paßte. Sein Wort richtete sich an ihn selbst, bevor es zu uns gelangte, und diesem inneren Abstieg verdankte es seine Kraft. Es ging keineswegs um Paläontologie. Dieser Wissenschaftler hatte zum Gesprächsthema die Literatur gewählt, und zwar die modernste in jener Zeit, André Gide und insbesondere die ‹Nourritures terrestres›, und ganz besonders wollte er uns zeigen, daß die christliche Spiritualität in dieser Lobrede auf die fleischliche Welt ihr Gut zu finden vermag. Nicht, daß er den Autor wider seinen Willen zum Christen machen wollte. Nicht das, vielmehr suchte er durch Gide hindurch und trotz Gide in dem Text die lebendigen Quellen, aus denen eine christliche Seele trinken konnte. Und er fand sie.»[73]

Und der Zeuge fügt hinzu, daß er später, nach einer langen, schweren Krankheit, diesen Text von Gide las:

W – «Doch wider meinen Willen hielt ich, da ich ‹Les Nourritures› las und wieder las und sie in mein Leben einbaute, etwas von der mystischen Interpretation fest, die in meinen Geist eingegraben war. Wenn ich diese Erfahrung habe überstehen können, ohne daß ich dabei innerlich zersetzt wurde, so verdanke ich das zum Teil der begeisterten Theologie P. Teilhards.»

[71] In der Studentensprache der Normalianer bedeutet *Tala:* katholisch.

[72] Examensjahrgang 1923 – Philologie.

[73] ‹Cahiers du Sud›, Nr. 335, S. 96–97.

Nichts ist treffender als dieser Bericht. Er bezeugt das Interesse, das der Pater der modernen Literatur entgegenbrachte, und hier wird diese Philosophie des «Ja» voll sichtbar, die für den Pater so charakteristisch ist und durch die er zu zeigen sucht, daß die Liebe zur Erde keineswegs mit einem wohlverstandenen christlichen Leben unvereinbar ist, und durch die er sich bemüht, diese «Erdgläubigkeit», diese Gidesche Liebe zum Augenblick, zu verchristlichen oder zumindest den von einem Christen übernehmbaren Teil herauszukristallisieren.

P. Teilhard ließ bereits in sich seinen ‹Göttlichen Bereich› reifen, wie es ein anderes Zeugnis anzeigt, das wir Jacques Perret[74] verdanken, der gegenwärtig Professor an der Sorbonne ist. Gelegentlich dreitägiger Exerzitien in den Fastnachtstagen 1925 predigte Pater Teilhard, so erzählt Jacques Perret,

W– «uns seinen ‹Göttlichen Bereich›; die Wirkung auf uns war gewaltig: wir fanden dort einen Typ des religiösen Denkens, der ganz besonders für Christen geeignet war, die beruflich in der Welt zu leben und zu arbeiten haben würden. Weit davon entfernt, eine Randprovinz des christlichen Tuns zu sein, weit davon entfernt, sich als ein von der Kirche unserer Schwäche gemachtes Zugeständnis rechtfertigen zu müssen, wurde das Tun auf der menschlichen Ebene, das Werk der Welt uns als die unmittelbarste Aktualisierung, als die Verlängerung des zentralsten Wollens Gottes auf die Welt dargestellt. Die Beziehung all dessen zu dem höchstzielenden inneren Leben, zu der personalsten Liebe zu Jesus Christus ist für mehrere von uns, ist für mich eine endgültige Offenbarung gewesen.»

[74] Examensjahrgang 1924.

ZWEITES KAPITEL

DIE ZWEITE PERIODE VON TIENTSIN [1926–1927]

Ende 1926 gab P. Teilhard endgültig seine Zugehörigkeit zum Institut Catholique auf. Trotz der Proteste Mgr. Baudrillarts hatten die Oberen des Paters letzteren gebeten, sich zurückzuziehen. Er wurde aufgefordert, sich auf wissenschaftliche Veröffentlichungen zu beschränken; man zieht es vor, ihn fernzuhalten, ohne ihn übrigens streng zu behandeln. Was ist geschehen? Es ist möglich, daß gewisse evolutionistische Artikel oder Vorträge zu wenig vorbereitete Geister beunruhigt haben. Als 1921 der Artikel ‹Wie sich heute die Frage des Transformismus stellt› in den ‹Études› erschien, war diese Schrift P. Teilhards praktisch die Schrift eines Vorläufers, und sie spiegelte nur erst wie auch seine beiden Vorträge in Enghien im Frühjahr 1922 die Auffassungen einer Elite gelehrter Priester wider. Die Krise wurde jedoch ausgelöst durch gewisse Konzeptionen und ein gewisses «Blatt» des Paters über das schwierige Problem der Erbsünde. P. Teilhard hatte keineswegs vorgegeben, als Dogmatiker zu sprechen – er dogmatisierte nie –, es handelte sich um persönliche, vorläufige Auffassungen, um einen Versuch, die traditionellen Konzeptionen mit den evolutionistischen Perspektiven in Übereinstimmung zu bringen, die sich notwendig ausbreiten mußten. Doch dieser an sich sehr interessante Versuch durfte jungen Leuten nicht ohne Vorbereitung und ohne eine vertiefte theologische Ausbildung vorgelegt werden[1]. Der Pater war wie der heilige Paulus für die Elite und für die «Heiden» berufen. Die Autoritäten, von denen der Pater abhing, lenkten, wie das Papsttum, behutsam die Herde im eigentlichen Sinne des Wortes – wie der heilige Petrus behutsam mit den Juden umging. Der Gegensatz war unvermeidlich, denn er findet sich zu allen Zeiten.

Es ist unnütz, die Schicksalsschläge dieser harten Prüfung aufzuzeichnen, in der zwar nicht der Glaube, wohl aber die Berufung Pater Teilhards in Frage gestellt wurde. Doch wissen wir immerhin aus einem Brief vom 16. August 1925, daß die innere Befriedigung beginnt dank dem liebevollen Vertrauen seines Provinzials, dem

[1] Er hatte ihn jedoch im *Karmel* vor jungen Theologiestudenten vorgetragen.

warmen Verständnis eines halben Dutzends Freunde und der moralischen Hilfe Édouard Le Roys, der immer von einer großartigen Gottes- und Wahrheitsliebe beseelt ist:

B – «[...] ich habe wiederum, klarer und konkreter, gesehen, daß nichts Spirituelles und Göttliches einem Christen oder einem Ordensmann widerfahren kann, es sei denn durch die Vermittlung der Kirche oder seines Ordens: und die deutlichere „Einsicht" in diese elementare Sicht hat mich sicherlich wieder ins Gleichgewicht gebracht.»

Und ein Brief vom 22. August bestätigt diesen geistlichen Sieg:

B – «Um auf etwas noch mehr *Inside*[2] zu sprechen zu kommen, wenn das möglich ist, – mir scheint, der in Saint-Etienne gewonnene Standpunkt behauptet sich und treibt ganz normal seine Verzweigungen in meine übrigen Einstellungen oder inneren Ansichten. Ausdrücklicher und wirklicher als vor der „Krise" [...] glaube ich an die Kirche als die „Mittlerin" zwischen Gott und der Welt, und ich liebe sie. Und mir scheint, das gibt mir großen Frieden.»

... Am 26. April 1926 finden wir also P. Teilhard an Bord der 1926
«Angkor». Am 10. Juni ist er in Tientsin. In den ‹Reisebriefen› finden sich nützliche Auskünfte über den Zustand seines Geistes während der Überfahrt. Kurz, er ist gereift: Sein erstes grundlegendes Werk, ‹Der Göttliche Bereich›, datiert von 1926–1927. Er ist viel empfänglicher für die Mannigfaltigkeit der Rassen und viel empfindlicher für die dichten Wände zwischen den Geistern: P. Teilhard sollte niemals an die Gleichheit der Rassen[3], sondern an ihre Komplementarität glauben. Dagegen wird er weniger von der Exotik berührt; der Zauber der ersten Begegnung mit dem Fernen Osten ist nicht mehr wirksam, was nicht heißt, daß man in der Korrespondenz nun nicht mehr jene pittoresken Bilder findet, in denen der Künstler, der Naturkundler und der Paläontologe einander mühelos die Hand reichen:

B – «Heute sind wir den ganzen Morgen an Sumatra entlang gefahren: eine Auftürmung hoher Berge, die zum Teil mit dichten Wäldern bedeckt sind, aus denen dauernd gewaltige Gewitterwolken aufsteigen. Von der Malakkastraße aus gesehen ist die

[2] Englisch: Innerlicheres.

[3] Sie ist für den Biologen unannehmbar.

Anhäufung von Dämpfen vor einem lichtblauen Himmel außerordentlich. Wie schade, daß man nicht in diesem Eden der Zoologie an Land gehen kann, um die Orangs, die Gibbons und die Tupaias[4] bei sich zu Hause zu besuchen. Ich betrachte von weitem achtungsvoll diesen möglichen Schauplatz des Abstiegs von den Bäumen.»[5]

Eine wichtige Einzelheit: Der Pater macht die Bekanntschaft Henry de Monfreids, der sich auf seine Besitzungen in Abessinien begibt:

B – «Ich habe zwei wahre Freunde gewonnen; doch sie sind leider in Djibouti an Land gegangen. Es sind zwei Einwohner Neuillys, von denen der eine, der Ehemann, zehn Monate im Jahr auf seinem Butr wie ein Araber im Roten Meer kreuzt, – während seine Frau allein inmitten der Somalis der afrikanischen Küste lebt: zwei unabhängige, menschliche Künstlertemperamente. Wir haben endlose Gespräche über alle möglichen Themen geführt, und wir haben uns geschworen, uns in Paris wiederzusehen.»[6]

Das Reizvollste dabei ist, daß auch Henry de Monfreid diese Begegnung in einem glänzenden Porträt erzählt hat:

W– «[...] ich hatte auf der Brücke der zweiten Klasse, wo sich Kleriker und Ordensschwestern in großer Zahl finden, einen großen Teufel von Abbé bemerkt, hager und kraftvoll, und seine Bewegungen hatten etwas zu Männliches und zu Freies an sich, um nicht einen einzigartigen Gegensatz zu der Zerknirschung und den salbungsvollen Gesten zu bilden, die vom Seminar als unauslöschliche Kennzeichen des Priestertums zurückgelassen worden waren. Ich hatte mit Sympathie dieses energische und feine schmale Gesicht betrachtet, in dem die durch vorzeitige Falten betonten Züge wie in hartes Holz geschnitten schienen. Das funkelnde und lebhafte Auge hatte etwas Lachendes an sich, ohne ironisch zu sein; es drückte Nachsicht und Güte aus. Dieser Priester trug keine Sou-

[4] Rufen wir in Erinnerung, daß die Tupaias oder Spitzhörnchen [die äußerlich kleinen Eichhörnchen gleichen] eine eigenartige Verbindung von Charakteristika zeigen, durch die sie einen Übergang von den Insektenfressern zu den niederen Primaten bilden. Im älteren Eozän waren sie sehr weit verbreitet, heute sind es seltene, auf einen engen Bereich des Erdballs beschränkte Tiere, fast «lebende Fossilien».

[5] Brief vom 15. Mai 1926.

[6] Brief vom 15. Mai 1926.

tane, sondern den Straßenanzug, der die Jesuiten auszeichnet[7]. [...] „Mein Abbé" las in diesem Augenblick: als ich vorbeiging, hob er seine Augen, und unsere Blicke kreuzten sich. Lächelnd machte er die Andeutung eines Grußes [...].»[8]

P. Teilhard war kontaktfähig, wenn er auch im Grund nur für eine kleine Zahl zugänglich war, und er wußte die eigenständigen Persönlichkeiten zu unterscheiden. Der Henry de Monfreids mangelte es nicht an Kraft, und diese Begegnung mit dem «Piraten»[9] sollte später wissenschaftliche Konsequenzen haben.

Der Autor von ‹Charas› stellt P. Teilhard als von vielen Seiten beansprucht dar. In Wirklichkeit vergeudete dieser nicht seine Zeit:

> B – «Ich habe mich entschlossen, an Bord den Vortrag über den Transformismus zu Papier zu bringen, den ich in diesem Winter mehrere Male gehalten habe. Ich betone vor allem die Unmöglichkeit, an den Kern des Transformismus zu rühren, ohne das ganze Gebäude unserer sinnlichen Erkenntnis durcheinander zu bringen, – und auch die sehr hohe sittliche und religiöse Haltung [die vielleicht für unsere Zeit wesentlich ist], die die recht verstandenen evolutionistischen Anschauungen einem auferlegen.»[10]

Wie seine Bibliographie und seine Korrespondenz beweisen, benutzte der Pater häufig seine Überfahrten, um seine Werke in die endgültige Form zu bringen. Ganz allgemein besitzt er ein sehr großes Konzentrationsvermögen. Sein philosophisches Denken und sein Innenleben ließen sich von seinem wissenschaftlichen Tun und den Wechselfällen seiner Existenz nur wenig ablenken oder in bestimmte Bahnen weisen.

Bevor wir die Untersuchung der Zeit angehen, die wir die zweite Periode von Tientsin nennen wollten – es handelt sich in Wirklichkeit um eine Übergangszeit, in der die Anziehung Pekings immer

[7] Dieser schwarze Straßenanzug ist die übliche Kleidung der Priester und Ordensleute in Ländern mit einer katholischen Minderheit. Er ist keine Besonderheit der Jesuiten. Das gilt nur in gewissem Maße in den romanischen Ländern, wo der Klerus weitgehend die Soutane trägt.

[8] ‹Charas›, Paris [Éd. du Pavois] 1947, 2. Teil, 5. Kap.

[9] Wir übernehmen den eigenen Ausdruck des Paters.

[10] Brief vom 15. Mai 1926.

stärker wurde –, ist es wesentlich, daran zu erinnern, daß die Bindungen zum Institut Catholique erst zum Ende des Jahres 1926 endgültig abgebrochen wurden. Am 16. Januar 1927 schrieb der Pater an einen Freund:

B – «[...] Ihren Brief vom 5. Dezember habe ich erst heute morgen erhalten; er brachte mir die Nachricht, daß das Band zwischen dem Institut Catholique und mir fraglos endgültig zerrissen ist. Ich bin davon recht wenig betroffen worden. Als ich Paris im April verließ, hatte ich den Eindruck, daß meine Zukunft in dichtem Nebel liege, – und seitdem habe ich in China immer mehr mit dem Eindruck gelebt, daß ich eine neue Heimat gefunden hätte. Nun, Sie begreifen, der endgültige Schnitt mit meiner Lebensweise der Jahre 1920–1926 war bereits teilweise vollzogen.»

Es ist gewiß, daß P. Teilhard, wie später in den Vereinigten Staaten, dank einer sehr großen Anpassungsfähigkeit heimisch wurde. Doch verstand er immer, die Liebe zur ganzen Welt mit der Liebe zu Frankreich zu verbinden:

B – «Und je mehr ich Franzose bin, um so menschlicher fühle ich mich.»

Wenn man dem Pater glauben darf, wenn er erklärt, er sei nur recht wenig betroffen – dieser Mann ist von einer beständigen Geradheit und Ehrlichkeit –, so ist er andererseits sehr darum besorgt, die Bindungen mit Paris aufrechtzuerhalten, dessen «*berauschende und substantielle Atmosphäre*» er liebt; denn «*wahrscheinlich nirgendwo in der Welt besitzt die geistige Schicht, mit der sich die Erde umhüllt, eine derartige Spannung*». Nach seinen eigenen Worten[11] gibt er die Hoffnung nicht auf, schließlich seine Bleibe irgendwo in der Umgebung des Museums oder des Instituts Monaco zu finden:

B – «Sehen Sie, ich wünsche im wesentlichen, meine Wurzeln in Paris zu behalten, wo ich mein ganzes wahres Leben, mein bestes Wirkvermögen und die unentbehrlichen Mittel zur Vollendung meiner Arbeiten habe.»[12] – «[...] Ich werde folgenden Plan vorschlagen: man soll mir in Paris die Zeit lassen, meine Ergebnisse zu veröffentlichen und den Kontakt mit dem wissenschaftlichen Milieu wieder aufzunehmen [18 Monate], und ich

[11] Brief vom 18. April 1927.

[12] Brief vom 12. November 1926.

fahre für weitere 18 Monate nach China zurück [das Geld für die Reise würde ich finden].»[13] – «Das einzige, was ich zu retten suche, ist meine Verwurzelung in Paris. Wissenschaftlich habe ich sie notwendig; denn ich kann hier nichts an Bestimmungen und Veröffentlichungen abschließen; – und andererseits ist meine Fähigkeit des Forschens an den Kontakt gebunden, den ich mit dem geologischen Milieu Europas aufrechterhalten könnte. – Ich werde also folgenden Plan vorschlagen, der sich seit November immer deutlicher vor mir abzeichnet: zwischen Paris und Tientsin hin und her pendeln, mit dem festen Wohnsitz am letztgenannten Ort, wenn man darauf besteht; – das heißt, fortsetzen, was ich seit 1923 tue.»[14]

Nachdem er halb melancholisch die letzte Sonne des Jahres 1926 tiefrot in der sumpfigen Fläche des Tscheli hatte versinken sehen, erhält Pater Teilhard endlich einen günstigen Bescheid:

B – «Das Prinzip meiner Rückkehr nach Frankreich in diesem Herbst, um zu veröffentlichen – auf die ein neuer Aufenthalt in Tientsin folgt, macht keinerlei Schwierigkeit. Was später kommt, werden wir sehen.»[15]

Tatsächlich schiffte sich der Pater am 27. August 1927 nach Frankreich ein. Bis 1939 funktionierte diese Pendelbewegung fast regelmäßig.

Bei einer so komplexen und so bewegten Existenz muß man, während man durchaus den großen Rhythmen der Chronologie folgt, in den Einzelheiten der logischen Einordnung einen großen Platz einräumen. Wir werden also nacheinander die Expedition ins Gelände, die wissenschaftlichen Institutionen Chinas, die Beziehungen P. Teilhards zu den Schweden und Amerikanern, zu den chinesischen Gelehrten und den Organisationen des Landes, zum Museum und zum Institut de France behandeln. Abschließend werden wir einige Hinweise auf Choukoutien geben.

P. Teilhard beschäftigt sich in Tientsin in den ersten Tagen damit, das beträchtliche Material zu inventarisieren, das P. Licent im vorhergehenden Jahr aus den *Quadrula* führenden Schichten des Tales

[13] Brief vom 31. Dezember 1926.

[14] Brief vom 16. Januar 1927 [dasselbe Thema wird in einem anderen Brief vom 16. Januar aufgegriffen].

[15] Brief von Ostern, 17. April 1927, vgl. bereits den Brief vom 5. April 1927.

des Sangkan-ho im Süden von Kalgan und im Westen von Peking mitgebracht hatte. Doch weder P. Licent noch P. Teilhard sind Stubengelehrte. Der Kontakt mit dem Gelände ist für sie eine Lebensnotwendigkeit. Nach einem Aufenthalt in Peking bricht P. Teilhard also mit seinem Gefährten auf. Wir zählen drei Hauptkampagnen: eine fehlgeschlagene Expedition in Richtung des Kansu, eine Reise in das Tal des Sangkan-ho, eine neue Rundreise in der östlichen Mongolei.

P. Licent hatte die Absicht, sich in das südliche Schensi zu begeben, dann nach Lantschou im Kansu in Reichweite Tibets zu gehen und den Kukunor zu erreichen. Eine stärker geographische als geologische Reise. Weshalb gerade die Randgebiete Tibets besuchen? Ebenso wie er in die östliche Mongolei gegangen war, um die Arbeiten der Amerikaner zu ergänzen, will er nun die Grenzgebiete dieses Bereichs erforschen, um zu den Arbeiten der Schweden einen Beitrag zu leisten. Das ist nur eine Hypothese, doch kommt ihr einige Wahrscheinlichkeit zu.

Doch Licent und Teilhard hatten nicht mit dem Bürgerkrieg gerechnet, der Ou-Pai-Fou und die bolschewisierenden Kuominchun des Westens einander entgegenstellt. Im Juli 1926 dringen die beiden Gelehrten, die von Tungkwan[16] aufgebrochen sind, bis fünf Kilometer vor Sian, das heißt, bis zur «Feuerlinie» vor und sehen sich gezwungen, umzukehren. Ihre Forschung beschränkt sich darauf, Zentralchina und insbesondere das Schansi zu studieren. Am 25. August sind sie in Tientsin zurück. Unter paläontologischem Gesichtspunkt ist die Reise fast ganz fehlgeschlagen. Dagegen sind die Ergebnisse geologischer Art nicht unerheblich: P. Teilhard ist es gelungen, die Elemente zu einer recht wichtigen Arbeit über das chinesische Quartär zusammenzutragen. Dieses halbe Scheitern sollte später ausgeglichen werden; im Jahre 1929 stellen wir einen Aufenthalt im Schansi-Schensi fest. Wenn wir von einem halben Scheitern sprachen, so deshalb, weil das Mißgeschick[17] durchaus nicht vollständig ist. Zum erstenmal macht P. Teilhard mit Zentralchina Bekanntschaft. So erweitert sich das Feld seiner Erfahrungen also immer mehr. Das gilt auch unter politischem und menschlichem

[16] Im Norden von Honan, am Hoang-ho, in der Nähe des Schensi und des Schansi.

[17] In den ‹Reisebriefen› sind zahlreiche pittoreske Einzelheiten über diese Expedition zu lesen.

Gesichtspunkt. Der Pater entdeckt das alte China und stellt die Verheerungen der Soldateska fest:

B – «Meine Reise – die erste, die mich ins eigentliche China führte – hat mich viel über die unergründlichen Massen dieses Landes gelehrt: Myriaden von ruhigen Bauern und so verderbenbringende Soldaten. Ich glaube aber nicht, daß diese Massen der Sauerteig der Zukunft sind; sie sind höchstens der noch träge Teig oder [die Soldaten] das Hindernis. Ich bin wochenlang inmitten von Pagoden oder Stelen eines Landes umhergereist, das in Staub zerfällt: das wahre China ist trotz allem Schaum in Europa oder in den großen Städten. In gewisser Hinsicht bedauere ich die [vorläufige?] Niederlage der Kuominchun. Mangels etwas Besseren stützen diese sich auf die Sowjets; doch ihre Armee stellt, und das ist ein sehr eigenartiges Phänomen, eine unbestreitbare Macht der Ordnung, des Friedens und des Evangeliums dar!! Die Truppen richten öffentlich und in Massen Gebete an Christus, – und ich habe auf den Gräbern ihrer Soldaten das Kreuz gesehen. China ist in voller Unordnung. Die Eisenbahnen befinden sich in einem Wirrwarr. Drei Viertel des Volkes sind gleichgültig gegenüber dem, was geschieht. Trotz allem bin ich überzeugt, daß es vor einer Generation dahin kommen wird, daß etwas Neues entsteht.»[18]

Man bemerkt sofort den Unterschied im Ton zu dem Brief vom 15. August 1923. P. Teilhard ist weiterhin von den Zeichen der Altersschwäche und von der Passivität der Massen betroffen, doch spürt er auch das Vorhandensein eines Sauerteigs, der diesen trägen Teig aufgehen lassen wird[19].

Wir haben bereits vom Tal des Sangkan-ho gesprochen. Welch eigenartiges Abenteuer, diese Entdeckung des Nihowan-Horizontes[20], eine geniale Intuition, die ihrem wirklichen Autor, Barbour, zuzuerkennen das unentwirrbare Durcheinander der Dokumente,

[18] Brief vom 26. August 1926.

[19] Es wäre ein schöner Artikel über dieses Thema zu schreiben: P. Teilhard, Zeuge des zeitgenössischen China. Trotz der anfänglichen Enttäuschung haben seine Analysen, die weit über eine Chronik hinausgehen, in glücklicher Weise die allgemeine Kurve der Evolution formuliert, und nicht ohne Grund hat Roger Lévy, der Kenner der Fragen des Pazifik, ihn nach seiner endgültigen Rückkehr aus China lange ausgefragt.

[20] Nach dem Namen eines in diesem Tale gelegenen Dorfes.

zumindest im ersten Angehen, verhindert. Die Tatsachen, wie wir sie haben rekonstruieren können, sind folgende: Seit 1922 zeichnet der Schotte auf Ersuchen der Geologen der Central Asiatic Expedition die Karte des Bezirks von Kalgan auf. Von einem Bauern und von P. Vincent[21] aufmerksam gemacht, begann der junge angelsächsische Gelehrte sich für das Tal des Sangkan-ho zu interessieren. 1924 machte P. Vincent auch das Hoang-ho-Pai-ho-Museum darauf aufmerksam, wo P. Licent P. Teilhard die von dem Missionar gebrachten Fundstücke zeigte. Aus diesem Grunde erklärte sich Pater Teilhard zusammen mit Professor W. W. Davis einverstanden, sich um den 25. August nach Kalgan zu begeben. Er wurde von Barbour zum Großen Tor [Great Gate] nahe bei der Stadt geführt, diskutierte das Problem der Terrassen und das Vorhandensein von *Unios* und Gips im Becken des Sangkan-ho, er lenkte die Aufmerksamkeit auf die Silizifikation der Knochen und drängte Barbour [im Hinblick auf die Kriegsgerüchte], seine Exkursion in das Tal des Sangkan-ho zu beschleunigen. Letzterer widmete ihr nur drei Tage[22], doch durch eine Art Erleuchtung[23] hatte er genügend Zeit, zwei übereinanderliegende Horizonte zu unterscheiden, und der untere war der Nihowan-Horizont mit den dicken *Bivalvia* [Muscheln], die den *Quadrula* gleichen, die V. K. Ting in den [San Mên genannten] Schnellen des Gelben Flusses festgestellt hatte. Schichten des unteren Quartärs vom Typ Sanmênien, die bisher nur im Tal des Hoang-ho bekannt waren, fanden sich so also anderswo in Verbindung mit Wirbeltierresten wieder. Angesichts der Bedeutung dieser Ergebnisse entschied P. Teilhard, daß die Fundstelle noch einmal aufzusuchen sei, was während seiner Abwesenheit geschah: Im Herbst 1924 gingen Barbour und P. Licent an eine vorläufige Untersuchung des Tales[24]. Im September 1925 unternahmen die beiden Gelehrten eine zweite Fahrt nach Nihowan, die zur Ent-

[21] Mitglied der apostolischen Mission von Kalgan; ein Lokalgelehrter, der bereits nützliche Bemerkungen über das Tal des Sangkan-ho gemacht hatte.

[22] Barbour hat uns geschrieben, daß er ein Foto von P. Teilhard vor den Schichten von Nihowan besaß. Doch nichts beweist, daß der Pater ihn 1924 begleitet hat.

[23] Vgl. die Feststellung P. Teilhards [Brief vom 20. Juli 1925]: «*Er ist ein ausgezeichneter Beobachter.*»

[24] Das Opusculum von P. Licent ‹Terrasses du Sangkan-ho› [‹Bull. Musée Hoang-ho-Pai-ho›], 1924, ist anscheinend früher als die am 3. Januar 1925 verlesene Abhandlung von Barbour ‹The Deposits of the San Kan-ho Valley› [‹Bull. Geol. Soc.

deckung zahlreicher Fossilien führte, die P. Teilhard nach seiner Rückkehr aus Europa als aus dem unteren Pleistozän stammend identifizierte.

Das war die Lage der Dinge, als Teilhard und Licent um den 21. September 1926 Tientsin verließen. Am 11. Oktober waren sie an ihrem Stützpunkt zurück. Genau genommen war die Reise aus verschiedenen Gründen etwas abgekürzt worden: die Notwendigkeit, einen von Missionaren geliehenen Wagen zurückzugeben, der Einbruch des Winters und schließlich die hinderliche Nähe einer Räuberbande, die zwei Nachbardörfer erpreßt hatte. Sieben Kisten mit Fossilien für das Museum. Keine menschlichen Reste. Doch der Pater hat selbst das Becken studieren und sich so in die Lage versetzen können, etwas Genaues über seine Geologie und seine Paläontologie zu veröffentlichen. Es handelt sich um eine große lakustrische Formation, die die erste gut bekannte alt-pleistozäne Fauna in China enthält. Einige Monate später wurde sich P. Teilhard klarer der Bedeutung der erhaltenen Ergebnisse bewußt:

> B – «Trotz hinderlicher Umstände [innere Wirren des Landes und Räuber] habe ich die Geologie einer wichtigen Gegend erfassen können; und die Weiterführung der Ausgrabungen Licents hat Ergebnisse gezeitigt, die eine nachfolgende Untersuchung der Fossilien als bedeutsamer erwiesen hat, als ich im ersten Augenblick hoffte. Wenn ich die Früchte der Arbeit dieses Jahres und von 1925 vereinige, stehe ich vor einer unermeßlichen Dokumentation über ein Gelände, das bisher in China fast noch gar nicht bekannt war. Das Jahr ist also nicht verloren, – selbst wenn man nur die Zahl und die Qualität der Fundstücke in Betracht zieht, die ich nach Europa zurückbringen kann.»[25]

Schließen wir ein für allemal die Kontroversen über die Entdeckung des Nihowan-Horizontes. P. Licent hat an ihr, trotz seiner Veröffentlichung über die ‹Terrasses du Sangkan-ho›, keinen Anteil; seine *wirkliche* Rolle war die eines Reisegefährten und eines [übrigens sehr bedeutenden] Fossiliensammlers. Nicht P. Teilhard hat diesen neuen Horizont *gefunden*, sondern Barbour. Doch ist gewiß, daß der Pater für den Professor an der Yenching University

China›], Bd. 4, Nr. 1, 1925. In Wirklichkeit ist es später, und das Dokument ist vordatiert. Die wissenschaftliche Priorität Barbours unterliegt *keinem* Zweifel.

[25] Brief vom 31. Dezember 1926.

eine wertvolle Hilfe war dank seinem Spürsinn, mit dem er künftige Entdeckungen vorausahnte. Er hat die Bedeutung der Silizifikation der fossilen Knochen begriffen, er hat sie mit den lakustrischen Gegebenheiten der Gegend in Verbindung gebracht, er hat Barbour gedrängt, das Tal genauer zu untersuchen, und er hat ihm geholfen, seine Geologie aufzuarbeiten.

...Wie immer ist Pater Teilhard für die Landschaften aufnahmefähig:

B – «Um auf den Sangkan-ho zu sprechen zu kommen: unserm Aufenthalt dort oben fehlte es nicht an Erfreulichem. In dieser Jahreszeit, da die mageren Sorgho- und Hirseäcker geschnitten sind, war das ganze Land erdfarben: grau, gelb, rot. Doch all diese wüstenhafte Armut war in eine solche Reinheit goldenen Lichtes getaucht, daß das Auge sich daran nicht satt sehen konnte. Das Tal war nur 800 Meter hoch. Doch ringsherum gruppierten und streckten sich die langen und hohen, nackten und schartigen Bergketten: im Süden ein Massiv von 3000 m weiß vom Schnee, – und im Norden erspähte man durch einige Löcher den hohen, wie eine Treppenstufe glatten Rand der großen mongolischen Hochfläche. Ich habe recht häufig in Erinnerung an 1924 dorthin geblickt. Könnte ich doch wieder hinaufsteigen!»[26]

Doch dieser Blick, der sich an der Reinheit des goldenen Lichtes nicht satt sehen konnte, wendet sich auch dem chinesischen Elend zu:

B – «Ich habe ein zweites Mal in diesem Jahre das chinesische Elend in Kriegszeiten gesehen. Nachdem sie nacheinander von zwei Kriegsarmeen gerupft wurden, werden die Bauern des Sangkan-ho jetzt von den Friedensgarnisonen geplündert; und wenn diese sich entfernen, steigen die Räuber von den Bergen herab. Ergebnis: Niemand hat mehr Tiere zum Arbeiten, und alles versteckt sich. Wirklich, China ist gegenwärtig vom Norden bis zum Süden das Opfer der Militärs. Die zahlreich rekrutierten chinesischen Soldaten, die aus dem von ihnen durchquerten Lande leben, sind zu $^{8}/_{10}$ brutale, uninteressante Banditen. Sie finden sich überall, und sie verursachen überall Übel und Not. Von Zeit zu Zeit lassen die hohen Chefs sie in Haufen erschießen. Doch es

[26] Brief vom 12. Oktober 1926.

beginnt sofort von neuem. – Nur die Kuominchun des Westens und die Cantoner des Südens sind diszipliniert, – gut für das Volk; – doch sie sind andererseits bolschewisiert und von einem unbarmherzigen Fremdenhaß. Wenn sie auch nur teilweise in dem Kampf der Waffen, des Geldes und der Kompromisse siegen, der sich gegenwärtig am Yangtse abspielt, wird, so glaube ich, China sich reorganisieren; doch die Missionen werden harte Zeiten erleben, und nur der eingeborene Klerus wird die Brücke zu den neuen Zeiten schlagen können.»[27]

Dieser Text, hellsichtig und von Mitleid bebend, gewinnt einen fast prophetischen Klang.

...Nach dem Erscheinen der Abhandlung über den Sangkan-ho verlassen die beiden Patres Tientsin am 12. Mai 1927, um sich in 1927
das Gebiet unterhalb des Südwestwinkels der Gobi, nicht weit vom Dalainor, und insbesondere ins Weitschang zu begeben[28]. Am 8. August sind sie in Tientsin zurück. Weshalb diese neue Reise in die östliche Mongolei? Die beiden Forscher haben kaum eine andere Wahl: Der Westen ist durch den Bürgerkrieg versperrt, und die Räuber wüten überall. Selbstverständlich kehren Licent und Teilhard nicht an genau dieselbe Stelle zurück. Wenn die Wahl dieser Reise auch weitgehend durch die äußeren Umstände erzwungen war, wenn die endgültige Festlegung des Reiseweges auch Sache P. Licents war[29], so bleibt doch um nichts weniger wahr, daß die Forschungsunternehmen bei dem Schüler Marcellin Boules immer zwei Grundregeln gehorchen: Erweiterung und Vertiefung der geologischen und paläontologischen Kenntnis des Landes: Erweiterung: denn man muß seinen Gesichtskreis vergrößern, Fossilien führende Lager suchen, die Forschungen untereinander verknüpfen, neue Horizonte studieren. Vertiefung: denn man muß in dieselben Gebiete oder in benachbarte Regionen zurückkehren, um die erlangten Ergebnisse zu bestätigen und zu vervollständigen.

P. Teilhard ist von diesem neuen Forschungsunternehmen zutiefst

[27] ibidem.

[28] Diese Gegend wird so nach ihrer wichtigsten Stadt genannt.

[29] P. Teilhard war den Notwendigkeiten des praktischen Lebens gegenüber, einschließlich des Kaufs einer Eisenbahnfahrkarte, recht hilflos, was ihn nicht hinderte, auf der wesentlich höheren Ebene der wissenschaftlichen Forschung ein Organisator ersten Ranges zu sein.

befriedigt. Sehr wenige Fossilien, aber viele geologische Ergebnisse, die ihm erlauben, eine Abhandlung derselben Art wie die über den Dalainor mit Bestätigungen und Ergänzungen zu schreiben, denn diese Gegend war fast ganz unbekannt[30] [sie ist charakterisiert durch eine Fülle von Jura- oder Kreide-, Andesit-, Granit- und Rhyolithfelsen, auf die spättertiäre Basalte folgten]. In einem Brief vom 7. Juli 1927 finden wir die Beschreibung einer weiten Landschaft:

B – «Äußerlich ist die Gegend, in der ich mich aufhalte, sehr pittoresk, und sie wäre bewundernswert, wenn die Chinesen nicht ihrer Gewohnheit gemäß sturköpfig alles abschnitten, was brennt [...]. – Stellen Sie sich eine gewaltige, leicht nach Osten geneigte Plattform von 1700 bis 1900 Meter Höhe vor: eine basaltische Hochebene, die von abgerundeten Kegeln und raupenförmigen *Dykes*[31] überragt wird [Spuren einer alten Peneplain von etwa 2000 m Höhe]. Der Basalt bedeckt einen Sockel mesozoischer eruptiver Felsen, die als scharfe Kämme auf dem Grund und an den Seiten der Täler erscheinen. – Nur die Täler sind mehr oder weniger bewohnt. Die völlig verlassene Hochebene bildet eine große Weide mit Spuren eines alten Waldes aus Tannen, Lärchen und Birken. Wir haben dort mehrere Tage unter dem Schutz von etwa fünfzehn bewaffneten und berittenen Christen gelagert, die Rehe, Wapitis und die kleinen Tetras jagten, während Licent Pflanzen und ich Steine sammelte. – Nachts hatten wir dort nur +4° und +2° [Ende Juni!]. Doch insgesamt war das Wetter großartig und die Gegend bezaubernd. Ich konnte mich fast in der Auvergne wähnen – jedoch eine größere, einsamere Auvergne. Zu dieser Jahreszeit waren die Wiesen in voller Blüte: Teppiche aus roten und gelben Lilien, scharlachroten Primeln, weißen Pfingstrosen und hell gestreiften Rhabarbern. Das war Europa oder Sibirien, zumindest viel eher als China. – Auf Ting-pang zu wechselt das Bild: die weißen Sande treten hervor, die in die Täler eindringen und sich wie Schnee an den Bergen festhängen. Das ist bereits die Gobi.»

[30] Vgl. Brief vom 7. August 1927: «*Ich glaube, daß wenigstens drei Viertel meiner Beobachtungen neu sind; das Weitschang ist nämlich noch nie von den Geologen aufgesucht worden.*»

[31] Vulkanische Füllmassen in meist senkrechten Gesteinsspalten, die aber auch schräg sein können.

–Wie könnte man verkennen, daß die Korrespondenz P. Teilhards [wie das, mutatis mutandis, bei Flaubert der Fall ist] bereits jetzt als eines seiner Hauptwerke angesehen werden muß? Flaubert verfaßte seine Briefe abends, wenn die Tagesarbeit erledigt war, und er überwachte sich dabei sehr viel weniger. P. Teilhard überwacht sich überhaupt nicht. Häufig genug schreibt er in Eile unter den unbequemsten Umständen. Offensichtlich liest er seine Briefe nicht nach, er schaut sich beim Schreiben nicht zu. Wir lieben an seinen Briefen ihre Spontaneität, das Fehlen literarischer Künstelei, ihre nicht gewollte Kunst, die wie auf einem festen Tuff auf der vollen Kenntnis der «Realien», der geologischen Strukturen, der Fauna, der Flora, beruht, manchmal mit aufgepfropften Bildern der geliebten Auvergne.

... Gehen wir etwas zurück und wenden wir uns der Zeitspanne zwischen der Exkursion in das Tal des Sangkan-ho [1926] und der Rundreise durch die Mongolei [1927] zu. Der Pater erfreut sich in Tientsin eines blauen Herbsthimmels, und in Erwartung der Kampagne im nächsten Frühjahr ist das eine Zeit der Ruhe. Er brütet über seinen Fossilien: Die Fauna scheint ihm viel eher einen Aspekt des «oberen Pliozäns» als den des Pleistozäns zu zeigen, und vor allem mit Hilfe der Nagetiere beginnt P. Teilhard überall in Nordchina ein bestimmtes physiographisches Niveau, das Sanmênien, zwischen dem Pontium und dem Löß zu unterscheiden. Das sind bei einem Gelehrten von Rang ganz normale Berichtigungen, und sie sind besonders charakteristisch für den Pater, dessen Denken ganz allgemein, selbst in der Philosophie, auf dem Wege fortschreitender Annäherungen und Verbesserungen vorgeht. Es handelt sich bei ihm keineswegs um ein zögerndes Vorgehen, um Tastversuche, sofern man von den unvermeidlichen Unsicherheitsfaktoren aller Forschung absieht, vielmehr weitet sich der Gesichtskreis seiner Ideen aus einem Bedürfnis nach Synthese, nach umfassenderen Ansichten immer mehr. Der Pater ist nicht nur ein scharfer Beobachter, sondern auch ein Architekt, ein Theoretiker.

Doch der Friede des chinesischen Winters kann durch die Überlegungen über das «sanmêniensche» Niveau nicht ausgefüllt werden. Wer Frieden sagt, sagt Sammlung, geistige Vertiefung, innere Einkehr. Der Pater führte immer gleichzeitig die Wissenschaft, das Denken und die Spiritualität weiter. Am 15. Oktober 1926 ruft er aus:

B – «Gott bewahre mir diese tiefe Lust und diese Art hellsichtiger Trunkenheit, die mich mit Seinsfreude berauschen, die ich wie aus einer ewigen Quelle trinke. In manchen Augenblicken verspüre ich, wenn ich tief in die Steine und die Fossilien versunken bin, eine namenlose Seligkeit bei dem Gedanken, daß ich in einem unzerstörbaren und liebenden totalen Element[32] das höchste Prinzip besitze, in dem alles Bestand hat und belebt wird.»

‹Der Göttliche Bereich› reift in seinem Geist, denn P. Teilhard ist selbst auch endgültig gereift:

B – «Jetzt bearbeite ich meine Fossilien, – und da ich beginne, mich „ohne" Aufgaben zu finden, habe ich mich entschlossen, in Form eines Buches, das fast ein Andachtsbuch ist, die Art Spiritualität niederzuschreiben, die Sie ebensogut wie ich und früher als ich kennen. Ich nenne es „*Der Göttliche Bereich*". Also nichts Neues, wenn nicht das Bemühen, meine Ansichten in Form einer allen zugänglichen praktischen Haltung mit einem offensichtlichen Mindestmaß an systematischen Gesichtspunkten zur Aussage zu bringen. Mir scheint, es wird mir gelingen, etwas christlich Unbestreitbares hinzustellen.»[33] – «Etwas besorgt mich ein wenig, nämlich, wie es mir gelingen mag, meinen Winter mit Beschäftigungen auszufüllen, die meinen Aufenthalt in China wirklich nutzen. Ich sehe voraus, daß ich bis zum Januar aus den Dokumenten, die ich in Händen habe [und sie sind doch wirklich zahlreich], alles herausgeholt habe, was sie mir hier geben können [...]. Da die Abfassung der für Peking bestimmten geologischen Aufsätze beendet ist, habe ich mir als Arbeit auf meinen Schreibtisch etwas gelegt, was Sie belustigen wird: ich verfasse in einer möglichst einfachen und orthodoxen Form, und auch möglichst frei von systematischen Gesichtspunkten, ein kleines Traktat über das „Innere Leben". Ich nenne es „*Der Göttliche Bereich*", – und ich versuche dort einzig und allein eine unbestreitbar christliche *praktische* Haltung zur Aussage zu bringen [...]. – Ich möchte das in aller Ruhe, fast wie ein Gebet, zu Ende führen.»[34] – «Inzwischen [...] schreibe ich eine Art kleines Traktat über die Spiritualität, das ich „*Der Göttliche Bereich*" nenne. Es ist das We-

[32] Ein Element in dem Sinne, wie man vom Wasser als einem Element spricht.

[33] Brief vom 8. November 1926.

[34] Brief vom 12. November 1926.

sentliche dessen, was ich in meinen Einkehrtagen gepredigt habe, das heißt, die Methode, „alles zu vergöttlichen". Ich versuche, diese Arbeit in einfachen und unanfechtbaren Worten zu schreiben – ohne sichtbaren Rückgriff auf irgendein philosophisches System; und ich möchte mein ganzes Herz dort hineinlegen.»[35]

– «Habe ich Ihnen übrigens gesagt, daß ich meine Freizeit damit ausfülle, ein kleines „Traktat vom geistlichen Leben" zu schreiben? Ich nenne es „*Der Göttliche Bereich*", – und ich bemühe mich, es einfach, nicht systematisch, unanfechtbar zu halten.»[36]

‹Der Göttliche Bereich›, bei dem man sich fragen darf, ob er nicht eines Tages als das große geistliche Buch dieser ersten Hälfte des Jahrhunderts und als ebenso wichtig erscheinen wird wie zu ihrer Zeit die ‹Nachfolge Christi›, die ‹Exerzitien› des heiligen Ignatius und die ‹Philothea› des heiligen Franz von Sales, dieses Hauptwerk ist ein schöner Ausgleich für jene fehlgeschlagene Exkursion ins Kansu.

Greifen wir noch einmal auf den Brief vom 31. Dezember 1926 zurück. Wir lesen dort diesen grundwichtigen Abschnitt:

B – «Intellektuell bin ich von den technischen geologischen Forschungen in einem Bereich und in einem Land, das noch voller zu entdeckender Dinge ist, sehr angetan und in Anspruch genommen. Und doch habe ich, vor allem seit zwei Jahren, den Eindruck, schrittweise zum Studium nicht mehr der prähistorischen, sondern der *gegenwärtigen* Menschheit hingezogen zu werden. Ich begreife immer besser den Menschen als *das große irdische Phänomen*, als das Phänomen, in dem die größten geologischen Ereignisse und umfassendsten Bewegungen des Lebens kulminieren. Mit anderen Worten, ich entdecke *menschliche Verlängerungen zur Geologie*. [...] Mein erstes Ziel wird sein, all jene, die sich mit den allgemeinen menschlichen Fragen befassen [Geographie, Ökonomie, Politik...], zu der Erkenntnis zu führen, welche [wahrhaft geologische] Größenordnung und welchen [wahrhaft biologischen oder hyperbiologischen] Grad von Organisation die Wirklichkeiten haben, mit denen sie umgehen. Ohne es zu merken, leben wir das dramatischste und bewegteste Zeitalter unseres Planeten; die Geologen berücksichtigen, ich weiß nicht weshalb,

[35] Brief vom 31. Dezember 1926.

[36] Brief vom 16. Januar 1927.

alle konzentrischen Sphären, aus denen die Erde besteht, außer einer: jene, die von der denkenden menschlichen Schicht gebildet wird; – und diejenigen, die sich für den Menschen interessieren, stehen im allgemeinen der Geologie fremd gegenüber. Die beiden Gesichtspunkte müßten verbunden werden.»[37]

Ist das nicht bereits der Ansatz des ‹Menschlichen Phänomens› [1938–1940]? Integration der Biologie in die Physik, Integration des denkenden Menschen in die Biologie und durch Vermittlung der letzteren in den Kosmos, – die großen philosophischen Synthesen künden sich bereits zehn Jahre voraus an. P. Teilhard ist ein positiver Gelehrter, wenn es sich darum handelt, Tatsachen beizubringen und zu interpretieren, doch zur selben Zeit steht er hoch über seiner Wissenschaft, getragen von einem heute noch sehr seltenen kosmischen Sinn.

Das mannigfaltige Tun des Paters ist nur voll verständlich, wenn man die damals in Peking existierenden wissenschaftlichen Institutionen kennt. In den ‹Reisebriefen›[38] finden wir einen äußerst nützlichen Hinweis: «*Die sehr komplexe und äußerst dichte internationale Forschungsorganisation, die damals in Peking geschaffen wurde, umfaßte drei Zentren: den Geological Survey [chinesisch-amerikanisch-schwedisch], das Medizinische Rockefeller-Institut [amerikanisch-chinesisch] und die Freie Chinesische Universität [amerikanische Gründung]. Die an diesen verschiedenen Institutionen mehr oder weniger gemeinsam wirkenden Forscher waren als Geologische Gesellschaft und Naturgeschichtliche Gesellschaft zusammengefaßt, zu denen noch ein vorgeschichtliches Forschungsinstitut [Carnegie-Stiftung] hinzukam. Außerdem gab es zeitlich begrenzte Missionen, wie die Andrews-Mission [amerikanisch]*[39] *und die Sven-Hedin-Expedition [schwedisch].*»

[37] Vgl. den Brief vom 16. Januar 1927: «*Ich habe den Plan einer Arbeit über den Menschen – nicht genau den prähistorischen Menschen, sondern den Menschen als das größte tellurische und biologische Ereignis unseres Planeten. Ich bin immer mehr davon überzeugt, daß wir für die menschliche irdische Schicht ebenso blind sind wie unsere Vorfahren für die Gebirge und Ozeane. Und diese Überlegung wird schrittweise immer mehr die Dominante meiner wissenschaftlichen Überlegungen. Es gibt, mit anderen Worten, menschliche Verlängerungen der Geologie, die man herauszustellen beginnen müßte.*»

[38] S. 102–103, Anm. 1 [vor dem Brief vom 20. Februar 1927].

[39] Die zentralasiatische Expedition, die von 1923 bis 1930 von Roy Chapman Andrews als dem Vertreter des American Museum of Natural History in New York geleitet wurde.

Ein hochintelligenter Chinese, V.K. Ting[40], hatte das Geologische Landesamt von China[41] geschaffen, das das Werk des Schweden J. Gunnar Andersson, des geologischen Beraters der Bergwerke, ergänzte. Er lud Dr. A.W. Grabau ein, als leitender Paläontologe zum Survey zu kommen, gab die ‹Palaeontologica sinica› heraus und gründete die Geologische Gesellschaft Chinas, sammelte um sich eine Gruppe junger Wissenschaftler, baute mit seinem Kollegen Wong Wen-Hao Laboratorien auf und begann die Herausgabe eines topographischen und geologischen Atlas. V.K. Ting – polyglott, kultiviert, sehr kritisch, er begriff die westliche Mentalität – hatte in Glasgow studiert. Wong hatte in Löwen die Universität besucht und sprach fließend Französisch. Er war ein sehr scharfsinniger Mann, ein guter Mineraloge, sehr liebenswürdig im Umgang, doch blieb er verschlossen, ein Drahtzieher und zweifellos sehr ehrgeizig[42]. Er war bereits der Stellvertreter V.K. Tings und wurde sein Nachfolger, als letzterer unter Verzicht auf seine Funktionen im Survey sich ganz den Bergwerken von Peipiao widmen wollte. – Chinesen, Amerikaner und Schweden gehörten gewöhnlich zu diesem Geologischen Landesamt – eine der aktivsten Zellen des neuen China und eines der Elemente, die der intellektuellen Kristallisation des Landes ihre Achsen bestimmten. Der Deutschamerikaner A.W. Grabau hatte Ting und Wong geholfen, die Geologische Gesellschaft Chinas und das Naturgeschichtliche Museum von Peking zu gründen. Andererseits hatte die Rockefeller-Stiftung, gleichfalls in Peking, das Peiping Union Medical College [PUMC] geschaffen,

[40] Über V.K. Ting [1887–1936] vgl. ‹V.K. Ting, Biographical Note› by Wong Wen-Hao [‹Bulletin of the Geological Society of China›, Bd. XVI, 1936–1937], ‹The V.K. Ting memorial volume›, XI.

[41] National Geological Survey of China.

[42] Vgl. Brief vom 17. September 1929: «*Wong ist dabei, ein großer Mann zu werden [wenn man so sagen darf]. Er gehört jetzt einem Haufen nationaler und internationaler Kommissionen an. Seine anerkannten Verdienste und seine bekannte Uneigennützigkeit machen ihn zu dem notwendigen Mann. Ich hoffe, daß das ihn nicht zu sehr von der Geologie fernhält, die seiner bedarf.*» P. Teilhard aß mit ihm noch Weihnachten 1950 zu Abend: «*[...] unverändert mit seinem großen Filz und seinem weiten Überrock, – mit seinem charmanten gelben Lächeln, – köstlich und pathetisch ruhig*» [Brief vom 1. Januar 1951]. Noch ein ihn betreffender Auszug: «*Habe übrigens die Bestätigung erhalten, daß Wong „zur anderen Seite“ übergegangen ist. Ist das wirklich aus Überzeugung geschehen? oder aus einem Muß?...*» [Brief vom 22. Januar 1955]. – Die Zeugnisse über Wong sind widersprüchlich.

an dem der Kanadier Davidson Black[43] die Arbeiten des känozoischen Laboratoriums in der Abteilung «Anatomie» des Medizinischen Kollegs [oder des Medizinischen Rockefeller-Instituts] in Gang brachte. Viele Briefe P. Teilhards sind auf Papier mit dem Kopf «Department of Anatomy, Peiping Union Medical College, China» geschrieben.

An Universitäten im eigentlichen Sinne sind drei wichtige zu nennen: 1. Die Yenching-Universität, die in etwa zwanzig Kilometer Entfernung von Peking, nicht weit vom Sommerpalast, ihren Standort hatte, war von einer protestantischen Vereinigung aller Sekten gegründet worden[44]. Diese Gründung nahm rasch einen sehr schönen Aufschwung dank einem Lehrkörper ersten Ranges; Barbour zum Beispiel lehrte dort seit 1921, mit einer Unterbrechung [Winter 1922–1923], während der er an der Peyang-Universität in Tientsin unterrichtete. – 2. Die Pei-Ta-Universität oder National University of Peking wurde wenig später geschaffen [Grabau lehrte dort]. – 3. Die Fu-Jen-Universität [katholisch], die später hinzukam, war von amerikanischen Benediktinern gegründet worden, die von deutschen oder österreichischen Steyler Patres [SVD] abgelöst wurden.

Kurz gesagt, Peking ist das Zentrum des geistigen Lebens. Die wissenschaftliche Forschung wird vor allem von den Schweden [die von der Universität von Uppsala dorthin delegiert sind] und von den Amerikanern organisiert, doch letztere bereiten, indem sie Chinesen ausbilden, bereits die Ablösung vor. All das bildet ein um so verwirrenderes Netz, als auch die anderen großen Städte ihre Hochschuleinrichtungen haben; Schanghai: die Aurore-Universität [unter anderen], Tientsin: das Hoang-ho-Pai-ho-Museum und die Peiyang-Universität, Nanking das Nationale Forschungsinstitut und die Academia Sinica, deren korrespondierendes Mitglied der Pater 1929 wird. Doch diese Verwicklung ist unvermeidlich, wenn man-

[43] Vgl. über ihn G. B. Barbour, ‹Memorial of Davidson Black› [‹Proceedings of the Geological Society of America for 1934›], Juni 1935.

[44] Zur Geschichte der Yenching-Universität wird auf folgende Schriften verwiesen: 1. Anonym, ‹Shaping a New World›, Yenching University, Peiping 1925 [?], 14 ff.; 2. Galt, ‹History of Yenching› [das Original befindet sich im Besitz von Dr. Dwight Edwards, in Princeton]; 3. Dr. Charles H. Corbett, ‹History of the Yenching University› [unvollendetes Manuskript, das sich im Besitz des United Board for Christian Higher Education in Asia, New York, befindet].

nigfaltige Initiativen in einem anarchischen Land das Universitätsleben vorbereiten[45].

Ohne versuchen zu wollen, die schwedischen und amerikanischen Beziehungen des Paters aufzuzeichnen, beschränken wir uns darauf, einige Hinweise zu geben und einige Namen zu nennen. Zunächst eine kurze Begegnung mit dem Kronprinzen von Schweden. Am 20. Oktober 1926 macht P. Teilhard in seiner Gegenwart in Peking eine Mitteilung:

B – «[...] Ich bin nach Peking gefahren anläßlich einer zu Ehren des schwedischen Kronprinzen [fast ein professioneller Archäologe] von den wissenschaftlichen Gesellschaften Pekings veranstalteten Sitzung – der schwedische Einfluß in Peking ist sehr groß. Mir wurde die Ehre zuteil, eine der drei vorgesehenen Mitteilungen zu machen, und ich habe [englisch] zwischen einem reinen Chinesen und einem Schweden gesprochen. Ich bin in diesen Internationalismus vernarrt. Der Kronprinz hat übrigens eben heute seine Reise in Tientsin unterbrochen, zu dem einzigen Zweck, unsere vorgeschichtlichen Sammlungen zu besuchen, was uns ein großes „Gesicht" gegeben hat. Leider war in der Nacht gerade der Winter in Form eines plötzlichen starken Schneefalls eingebrochen, dem Schwärme von Wildgänsen vorausflogen, – das machte den Zugang zum Museum nicht leicht.»[46]

Wir sind nur wenig über die Beziehungen zwischen dem Pater und dem Schweden Gunnar Andersson unterrichtet, der 1916 aus Schweden nach Peking kam, um als Advisor in Mining in den Dienst der chinesischen Regierung zu treten. Wir können nur ein Bild von ihm geben, wie Barbour es gezeichnet hat:

W – «Andersson war ein Riese von Mann, von großer Körperkraft und unbezähmbarem Mut, ein idealer Prospektor für rauhe Gegenden. Auf seinem Oberschenkel trug er noch die Narbe, die den Biß eines tollwütigen Hundes anzeigte, der ihn auf einer früheren Expedition weit von jeglicher ärztlicher Hilfe angefallen hatte. Andersson hatte ein Schüreisen im Feuer erhitzt und es ohne

[45] Hoffen wir, daß wir eines Tages eine genaue Geschichte all dieser dauernden oder vorläufigen Institutionen besitzen werden und daß wir dann die genauen Beziehungen P. Teilhards mit den einen und den anderen definieren können. Wir kennen glücklicherweise bereits das Wesentliche: seine Bindungen an den Geological Survey.

[46] Brief vom 12. November 1926.

Zögern ins Fleisch gebohrt und die Wunde so wirksam kauterisiert.»

Über die Beziehungen zu dem großen Forscher Sven Hedin haben wir dagegen einige Einzelheiten. Am 27. Februar schreibt der Pater:

B – «Die letzten vierzehn Tage waren durch einen Aufenthalt in Peking gelegentlich des Meetings der Geologischen Gesellschaft beansprucht. Ich habe dort in sehr herzlicher Weise die Bekanntschaft Sven Hedins gemacht, der für zwei Jahre nach Turkestan aufbricht. Er hat mir sogar vier Mitglieder seiner Expedition [zwei Schweden und zwei Chinesen] geschickt, damit ich ihnen einige Ratschläge für die Suche nach alten bearbeiteten Steinen und fossilen Knochen gebe.»

P. Teilhard bewahrte die Erinnerung an diesen sprühenden und unermüdlichen Schweden[47] [mit dem er fast zusammen gereist wäre]; so beteiligte er sich 1935 an einer Festschrift für den großen Erforscher Zentralasiens.

Unter den Amerikanern setzt sich die erste Gruppe aus den Mitgliedern der Andrews-Mission zusammen[48]: Andrews, Matthew[49], Granger[50] und Nelson, die sich alle vier auf das Studium der Mongolei spezialisiert haben. P. Teilhard läßt sich zwischen den vier Mitgliedern der Expedition fotografieren, und Matthew, Granger und Nelson kommen am 19. Juni 1926 nach Tientsin, um die Ausbeuten des Paters zu prüfen und zu diskutieren. Andrews[51] wird recht häufig in den Briefen P. Teilhards genannt, während der Kanadier Matthew und Granger regelmäßige Briefpartner sind: Vereinbarungen von Treffen, Austausch von wissenschaftlichen Auskünften, Veröffentlichungen, Fossilien und Abgüssen. Keine philosophischen und religiösen Diskussionen. Nichts Vertrauliches. Wenige Bemerkungen wie diese:

B – «Die Erde ist unser, nicht wahr?»

Ein anderer wichtiger Name ist unbestreitbar Henry Fairfield Os-

[47] Sven Hedin, geben wir das zu, war von sich selbst recht eingenommen; anläßlich eines ihm zu Ehren gegebenen Banketts in Peking am 14. März 1935 sprach er fast zwei Stunden ohne Unterbrechung – von denen Teilhard einen guten Teil dazu benutzte, durch seine Mimik Abbé Breuil zum Lachen zu bringen.

[48] Third American Expedition.

[49] Er ist von Herkunft Kanadier, Paläontologe.

[50] Amerikaner, ebenfalls Paläontologe der Expedition.

[51] Er war ihm bereits am 25. August 1924 in Kalgan begegnet.

born, der Schöpfer und Direktor des American Museum und Gründer der Osborn Library. Der Ton P. Teilhards ist offensichtlich sehr respektvoll: Das ist ein «hoher Herr». Am 10. März 1927 gewann der immer sehr ergebene Ton eine Nuance von Herzlichkeit. Osborn[52] war ein glänzender Paläontologe und ein amerikanischer «Grand Seigneur», sehr liebenswürdig und einfach, doch er war sich durchaus bewußt, wer er war. Er schrieb die erste wichtige Studie über P. Teilhard[53], und als letzterer mit dem Nachruf auf den großen amerikanischen Gelehrten beauftragt wurde, schloß er mit diesen Worten:

> W– «Jenen, die Professor Osborn gekannt haben, bleibt von ihm vor allem im Gedächtnis die leuchtende Spur eines Mannes, der unermüdlich den Menschen Vertrauen zu schenken wußte und unaufhörlich an die geistige Macht der Menschheit glaubte.»[54]

Zwei andere Namen unter den in China eine feste Stelle innehabenden Gelehrten verdienen mehr als eine Erwähnung: der Geologe A.W. Grabau, der Chief Palaeontologist des Geological Survey of China, und Dr. Black. Der Deutschamerikaner Grabau, «*der Vater aller naturgeschichtlichen Institutionen in China*», war ein Original mit seinen wallenden Haaren und seinen dauernden theoretischen Grübeleien, über die sich P. Teilhard später erheiterte. Übrigens in aller Gutmütigkeit. Den ehemaligen Professor an der Columbia-Universität [New York] hinderten sein Alter und die Bedrohung durch verschiedene Krankheiten nicht, voller Leben zu bleiben und im Gespräch zum Scherzen aufgelegt zu sein. Der Pater hatte ihn sehr gern und schätzte seinen intuitiven Geist und seinen Humor. Dr. Davidson Black seinerseits hatte 1921 einen Lehrstuhl für Anatomie am Peiping Union Medical College erhalten, das heißt, an der amerikanischen Medizinischen Fakultät. Als Anthropologe weckte er 1927 das Interesse des Geologischen Landesamtes von China für die Schaffung des Cenozoic Research Laboratory[55]

[52] Er starb am 6. November 1935 im Alter von 78 Jahren.

[53] ‹Explorations, Researches and Publications of Pierre Teilhard de Chardin›, 1911 bis 1931 – [American Museum Novitates], 25. August 1931, Nr. 485, S. 1–13, 1 Karte in Schwarzweiß, 1 Porträt, Bibliographie.

[54] ‹L'Anthropologie›, 1936, Bd. 46, S. 706.

[55] Forschungslaboratorium für das Känozoikum [das Känozoikum ist mit dem Tertiär synonym].

[mit Unterstützung der Rockefeller-Mission] zur erschöpfenden Erforschung der Lager von Choukoutien, wo der *Sinanthropus* entdeckt werden sollte. Ein Mann mit lebhaften und geschmeidigen Bewegungen – die Indianer Kanadas hatten ihn «die kleine weiße Bisamratte» genannt –, ein energischer Kopf mit Selbstvertrauen, der es mit der Wahrheit peinlich genau nahm, bescheiden, herzlich seinen chinesischen Kollegen und seinen Untergebenen gegenüber, zärtlich zu seinen Kindern, ein leidenschaftlicher Arbeiter. Teilhard empfand bald eine sehr lebendige Freundschaft für ihn:

B – «Black arbeitet die ganze Nacht wie eine Ratte. Er ist mir ein sehr lieber Freund.»[56]

Und diese Zuneigung wurde durchaus erwidert; denn der Kanadier liebte den Spaß, und wenn die beiden Männer sich gehenließen, verstanden sie die Fröhlichkeit der Jugend wiederzufinden. P. Teilhard erwies ihm später tiefbewegt seine Huldigung:

W – «Was Davidson Black zur außergewöhnlichen, treibenden Seele der Zusammenarbeit machte, war außer dem Charme und der Vitalität seiner so vollständig menschlichen Natur die Universalität und zugleich die vollständige Koordination seiner Fähigkeiten und seiner Ansichten. Methodisch in der Verwaltung wie in der Bibliographie, wunderbar geschickt in der Herauslösung der Fossilien und der Herstellung der Abgüsse, seinen Eingebungen folgend und zugleich doch methodisch in der Forschung, verband er mit seiner Spezialwissenschaft der Anatomie sehr weitgehende Kenntnisse der Geologie, Physik und Chemie. In seinen Augen bildete die Entdeckung der menschlichen Ursprünge wirklich nur ein einziges Problem mit der allgemeinen Geschichte des Lebens und der Kontinente. [...] Black hatte großartige Pläne, die sein tätiger und willensstarker Geist bis an die Grenze der nahen Verwirklichung geführt hatte [...], er dachte ernsthaft an eine methodische Prospektion der Vorgebirge der asiatischen Hochfläche. In Indien, in Belutschistan, in Persien hatte er sich im Zuge einer kürzlichen Reise klarer, im Falle der Verwirklichung notwendiger Hilfen versichert. Eine Brücke und eine Zusammenarbeit mit Afrika waren vorgesehen und sogar bereits in Ansätzen gegeben [...].»

[56] Brief vom 28. April 1933.

Und der Pater fügte hinzu:

W– «Niemand scheint heute in der Lage zu sein, so viele Fäden zu knüpfen, wie diesem in höchstem Maße hellsichtigen und aktiven Mann in seinen Händen zu vereinigen gelungen war.»[57]

Es sollte gerade die Größe Teilhards mit ausmachen, die Fackel aufzuheben und das Programm Blacks zu verwirklichen.

Auf den Schotten George B. Barbour, heute ein bekannter Geologe, der sich 1932 endgültig in den Vereinigten Staaten in Cincinnati niederließ, haben wir bereits hingewiesen: er arbeitete 1925 an den Ausgrabungen am Sangkan-ho. Er hatte eine vollkommene Gentleman-Erziehung genossen und besaß eine erstaunliche Kunst, die aufeinanderfolgenden Stadien der Geschichte einer Landschaft zu analysieren, die Spuren der Erosions- und Auffüllungsperioden zu finden und sie mit orogenetischem oder klimatischem Geschehen zu verbinden[58]. Ein kultivierter Mensch, fähig, aus seiner Wissenschaft herauszutreten und die religiösen Probleme zu begreifen: er war so geschaffen, einer der intimen Freunde des Paters zu werden, und er sollte mit ihm gemeinsam mehrere Kampagnen unternehmen. Die beiden Männer, der protestantische Presbyterianer und der katholische Jesuit, ergänzten einander vollkommen in jeder Hinsicht. Barbour, der Chinesisch sprach, ein realistischerer Kopf und gut über die von gewissen chinesischen Gelehrten gesponnenen Intrigen unterrichtet, der aber ebenso großmütig in seiner Seele war wie P. Teilhard, spielte in etwa die Rolle des *Reisegefährten* in dem berühmten Märchen von Andersen[59].

Diese Liste amerikanischer oder angelsächsischer Freunde ist in keiner Weise vollständig. Wesentlich ist, festzustellen, daß P. Teilhard in beständigen freundschaftlichen Beziehungen zu den Amerikanern Chinas und des American Museum in New York steht, mit denen er wie mit seinesgleichen umgeht [abgesehen von dem Osborn bezeugten Respekt]. Die amerikanischen Bindungen

[57] ‹L'Anthropologie›, 1934, Bd. 44, S. 425–426.

[58] Vgl. Brief vom 5. April 1934: «*Barbour ist ein guter Freund und ein scharf sehender Physiograph. Wir, er und ich, haben eine ganz verschiedene Weise, die Fakten zu erfassen. Doch das ist gerade ein Vorteil.*»

[59] Er hat bewundernswerte Erinnerungen veröffentlicht: ‹At Work in the Field›, in ‹The World of Teilhard›, Baltimore 1961, S. 24–34. ‹In the Field with Teilhard de Chardin›, New York 1965, wird soeben ins Deutsche übersetzt.

des Paters sollten bis zum Ende seines Lebens dauern, und zwar immer wärmer und herzlicher, und nach China sollten die Vereinigten Staaten ihm zur zweiten Heimat werden. Muß darauf hingewiesen werden, daß ohne die drei Jesuitenpatres Licent, Teilhard und Pierre Leroy[60] die französische Wissenschaft, von der Croisière Jaune abgesehen, in China kaum vertreten war, zumindest was die Geologie und Paläontologie betrifft?

Eigentümlicher sind die chinesischen Beziehungen P. Teilhards. Wir haben bereits einige Hinweise über Ting und Wong gegeben. Andere Chinesen treten während der ersten Periode von Peking in Erscheinung: Pei Weng Chung und C. C. Young[61]. Wir werden davon noch sprechen. Im Augenblick muß die wesentliche Tatsache erhellt werden, daß der Pater nach seinen eigenen Worten[62] «*immer mehr ein chinesischer Geologe*» wird. Weshalb entwickelt sich P. Teilhard, während er durchaus ein westlicher Denker bleibt, in dieser Richtung? Man kann dafür zwei Gründe entdecken. Insgesamt zeigt sich seit 1923, wie auch immer die Wogen des Bürgerkrieges gehen und welches auch die Verkörperungen des xenophoben «Kuominchun» seien, der chinesische Nationalismus als ein aufsteigendes Phänomen. Ostern 1927 stellt der Pater fest:

B – «[...] das Land wird von der nationalistischen Propaganda restlos unterminiert.»

Und außerdem ist die Zeit vorbei, da Europa das einzige wissenschaftliche Forschungszentrum war. Peking hat dank den Bemühungen Europas und Amerikas eine wachsende Bedeutung gewonnen:

B – «Die Zeit ist vorbei, da man in den Fernen Osten ging, um alles nach Europa als dem einzigen wissenschaftlichen Forschungszentrum zu bringen. – Peking wird rasch auch ein immer selbständigeres Zentrum geologischer Arbeiten; – und ich arbeite jetzt für dieses Zentrum zumindest im gleichen Maße wie für Paris, wo die wirkliche Bedeutung einiger meiner Arbeiten sich dem Einblick fast vollständig entzieht.»[63]

[60] Biologe, Student und Schüler von Lucien Cuénot, der ihn wegen seiner Verstandes- und Herzensqualitäten sehr schätzte; später Assistent und Freund Teilhards.

[61] Englische Form von Yang. Er wurde P. Teilhard im Laufe des Winters 1927 anläßlich einer Reise von London nach München in Paris vorgestellt.

[62] Briefe vom 12. Oktober und vom 12. November 1926.

[63] Brief vom 12. November 1926.

Das konkrete Ergebnis dieser aufsteigenden Woge des Nationalismus ist eine immer wachsende Erschwerung der wissenschaftlichen Expeditionen im gesamten chinesischen Territorium, weil sie auf den böswilligen Widerstand der chinesischen Behörden stießen[64].

Ein vom 13. April 1929 datierter, sehr interessanter Text bezeugt einmal mehr beim Pater diese intuitive Fähigkeit, diese Art sechsten Sinns, mit dem er die psychische Temperatur der großen menschlichen Moleküle, den geistigen Zustand eines ganzen Volkes wahrnimmt:

B – «[...] das Ende meines Aufenthaltes in Peking war interessant und ausgefüllt. Ich habe Sven Hedin aufgesucht. Wir haben uns ungefähr drei Stunden lang freundschaftlich und sogar intim unterhalten. Hedin ist ein „most fascinating man", der mit seinem Charme nicht geizt. Ich habe den Eindruck, mit mir hat er einen etwas persönlicheren Ton angeschlagen, und zwar aus einem Grunde, den ich keineswegs vermutete. 1926, als er seinen Aufbruch nach Turkestan vorbereitete, hat Hedin sich an der chinesischen Empfindlichkeit in Sachen wissenschaftlichen Eigentums gestoßen, und er ist der erste gewesen, der die chinesischen Bedingungen in Fragen der Forschungsexpeditionen auf chinesischem Boden annahm. Zu diesem Zeitpunkt ist er, ohne daß ich etwas davon ahnte, von seinen besten europäischen Freunden kritisiert und fallengelassen worden, die ihm vorwarfen, zu den Chinesen überzugehen. Doch zu diesem Zeitpunkt war ich ihm begegnet und hatte ihm geraten, den Chinesen Vertrauen zu schenken und ihren Weg zu gehen. Er bewahrt mir dafür eine rührende Dankbarkeit, als ob er all die Monate, die seinem Erfolg

64 Er sollte immer stärker werden. Am 2. April 1929 gesteht P. Teilhard ein, daß «*die Chinesen allen ausländischen Forschungen bei ihnen gegenüber derart argwöhnisch geworden sind, daß ihnen jeder nicht nationale Organismus [selbst wenn er in China seinen festen Standort hat wie das Museum Licent] ein Dorn im Auge ist. Einzelne wie ich dagegen sind willkommen*»; vgl. Brief vom 15. April 1929: «*Seit drei oder vier Jahren haben sich die Ideen in China sehr, sehr rasch gewandelt. Es ist eine Art Komitee für das „Öffentliche Wohl" gegründet worden,* THE COMMISSION FOR THE PRESERVATION OF CHINESE ANTIQUITIES *[ein vor allem aus Literaten gebildetes Komitee!] – und dieser mißtrauische Organismus zwingt den Survey selbst zu den strengsten Maßnahmen ausländischen Expeditionen gegenüber.*» Die Andrews-Mission hat davon einiges erfahren. Der Croisière Jaune wurde von Nanking verboten, sich irgendeiner wissenschaftlichen Arbeit zu widmen.

vorausgingen, der vollständig ist, auf mein Wort hin gelebt hätte: er besitzt jetzt das volle Vertrauen der xenophobsten Chinesen und hat unter denen, die er mitgenommen hatte, nur ergebene Freunde.»[65]

P. Teilhard begeht hier einen Irrtum in der zeitlichen Festlegung: wie ein bereits zitierter Auszug aus einem Brief beweist, wurden die beiden Männer im Februar 1927 einander vorgestellt. Doch das ist unwichtig. Wesentlich ist, festzuhalten, daß die Chinesen selbstverständlich über diese «pro-chinesische» Haltung des Paters auf dem laufenden waren [die übrigens mit der allgemeinen «Politik» der katholischen Kirche übereinstimmte].

Da sie im Laufe privater Empfänge und wissenschaftlicher Kongresse in Peking reichlich Gelegenheit hatten, den Wert des gelehrten Jesuiten richtig einzuschätzen, ließ das Ergebnis nicht auf sich warten: Der Geological Survey bemühte sich, einen moralisch und wissenschaftlich derart wertvollen Mitarbeiter für sich zu gewinnen. In einem Brief vom 27. Februar 1927 verkündet der Pater:

B – «[...] das Geologische Landesamt in Peking vervielfacht seine Angebote[66]. Ich bin bereits jetzt praktisch am Survey mit der „Überwachung" aller Forschungen und Arbeiten über die fossilen Säugetiere beauftragt [das heißt, über die tertiäre und quartäre Geologie Chinas] – und zwar mit Zustimmung der Chinesen, Amerikaner und Schweden, die gewöhnlich zu genanntem Geologischen Landesamt gehören.»[67]

Diese Überwachung hat für P. Teilhard in seinen Augen ein zweifaches Interesse. Zunächst ein wissenschaftliches, das versteht sich von selbst. Da er sozusagen ein chinesischer Beamter wird, kann er sich frei bewegen und junge chinesische Gelehrte ausbilden, und er verfügt auch über eine größere Autorität, ein größeres «Gesicht». Dann ein menschliches und religiöses; denn schließlich ist er der erste Katholik, der erste jesuitische Priester, der in einer offiziellen Institution protestantischer Einstellung [Schweden und Angelsach-

[65] ‹Reisebriefe›.

[66] Die Angebote wurden sowohl von den chinesischen Direktoren als auch von Andersson gemacht, der sich bis dahin mit dem Känozoikum [Tertiär] und den Säugetieren befaßt hatte.

[67] Später, 1929, wurde diese offiziöse Funktion in eine praktisch offizielle Stelle, die eines Honorary Adviser, eines Ehrenrates des Survey, umgewandelt.

sen] und agnostischer Tendenz [Chinesen] Fuß faßt. Es ist nicht daran zu zweifeln, er ist eine treibende Kraft. P. Lejay[68] berichtet hierzu folgende Anekdote:

W – «Ich erinnere mich, als ich zu einem Kongreß dieses Amtes[69] eingeladen war, glaubte ich mich nach einer Sitzung verpflichtet, einen amerikanischen Gelehrten zu beglückwünschen, der eine glänzende Darlegung vorgetragen hatte. „Schweigen Sie", antwortete er mir, „von vier Abhandlungen, die vorgetragen worden sind, sind drei ausschließlich von Teilhard: um unseren Tagungen mehr Leben zu geben, hat er nicht in Erscheinung treten wollen: ich bin nur ein Statist gewesen."»

P. Teilhard ist der *«Grabau der Säugetiere geworden»;* er begreift sehr wohl, daß das ein großer Erfolg ist:

> B – «Ich bedaure um so weniger, nicht unmittelbar für dauernd nach Paris zurückzukommen, als ich den Eindruck habe, daß das Leben vor mir im Fernen Osten zurückweicht. Wenn die im Gange befindliche chinesische Revolution meine Pekinger Freunde nicht vorübergehend zwingt, ihre Pläne zu verschieben, ist der mir im Geological Survey angebotene offiziöse Platz äußerst interessant, – sowohl im Bereich der wissenschaftlichen Forschung als auch im Hinblick auf die Möglichkeit, mit der menschlichen Masse in Berührung zu treten und auf sie einzuwirken. – Hier vollziehen sich in diesem Augenblick „menschliche Bewegungen" von einer quasi-geologischen Weite, an denen teilhaben zu können ein großes Glück sein würde.»[70]

Der Pater fand also die Spur jener großen Jesuiten wieder, die im 17. und 18. Jahrhundert in China die europäische Wissenschaft einführten und den Söhnen des Himmels ihre technischen Kenntnisse brachten. Er verzichtete übrigens in keiner Weise auf sein Wirken in Paris, dem Zentrum seines Apostolats. Er glaubte vielmehr, diese wichtige Funktion am Survey werde ihm, da sie sein wissenschaftliches Ansehen vermehrte, eine festere «Plattform» schaffen. In seinem Leben ist alles miteinander verbunden.

Diese Einwurzelung im Boden Chinas hat komplexere Konse-

[68] ‹Rapport sur les titres du P. Pierre Teilhard de Chardin› [Bericht über die Ehrentitel P. Pierre Teilhard de Chardins].

[69] Geological Survey.

[70] Brief von Ostern 1927.

quenzen. Versuchen wir, sie eine nach der anderen herauszulösen. Zunächst wendet sich P. Teilhard außerhalb der Kampagnen im Gelände immer mehr nach Peking:

B – «Ich habe Peking sehr gern, es erinnert mich an Paris [...]. Ich fühle mich dort wohl, weil ich dort eigenständigen und tätigen Leuten aller Art begegne, – und weil man in der relativen Isolierung, in der sich die einen wie die anderen finden, ganz natürlich mit großer Offenheit und Intimität miteinander spricht. Und dann gefällt mir der Rahmen mit seinem fast zynischen Frieden. Die Welt und China mögen von einem Ende bis zum andern erbeben: Peking bleibt unbeweglich unter seinem blauen Himmel mit seinen weißen Blüten inmitten seines gewaltigen Staubs.»[71]

Offen gesagt, er fühlte sich in Tientsin weniger wohl: eine Stadt der Bankleute und Hafenarbeiter, eine Art gewaltiges Emporium, aus dem jede Möglichkeit eines intellektuellen und geistigen Kontakts verbannt war. Er schloß sich dort in eine ruhige Zurückgezogenheit, in der man denkt und betet, in eine unaufdringliche Regelmäßigkeit ein.

So werden die Aufenthalte in Peking also immer zahlreicher. Der Pater verbringt praktisch den ganzen Monat Dezember 1926 in der Hauptstadt mit den Mitgliedern des Panpazifischen Kongresses von Tokio: Australier, Neuseeländer, Amerikaner, Franzosen, und er ist vierzehn Tage lang der «Führer» von Alfred Lacroix, dem ständigen Sekretär der Académie des Sciences, gewesen:

B – «Wir sind gestern von Kalgan zurückgekommen. Eine sehr interessante Reise für Lacroix, die er im Auto über die Straße von Urga bis auf die Basalte durchführen konnte. Eiskaltes Wetter, aber kein Wind. Die Eisenbahnfahrt war fast ebenso unwahrscheinlich wie im letzten September: von mittags bis 2 Uhr morgens auf der Hin- und Rückfahrt in Wagen mit zerbrochenen Scheiben. Immerhin, es ist alles gut gegangen, und wir haben sehr gelacht.»[72]

Barbour, der auch Mitglied des Pan-Pacific Science Congress war, hatte Lacroix nach Peking mitgebracht. Es kamen auch zwei Amerikaner, Bailey Willis und Nevin Fenneman [der später Barbour

[71] Brief vom 15. April 1929.
[72] Brief vom 15. Dezember 1926.

nach Cincinnati berief]. Anläßlich dieses Kongresses entschloß Teilhard sich sogar, die Kunstheiligtümer und die Paläste von Peking zu besuchen, ohne sich sehr dafür zu interessieren; denn im Unterschied zu Abbé Breuil ist er in keiner Weise ein Kunstliebhaber[73]. Am meisten liebt er an China die Geometrie der Stadtmauern, die Krümmung der Dächer, die zahlreichen Stockwerke der Türme, die Poesie der alten, mit Raben überladenen Bäume, das trostlose Profil der Gebirge. Die Nippsachen, die Kapselemaille- und Porzellansachen und die Jadesteine sind ihm widerwärtig. Er macht nur eine Ausnahme für die Jadesteine der Zeit um 2000 vor Christus, deren Linien fast ebenso rein sind wie bei ägyptischen Schmuckstücken.

Im Laufe des Februar 1927 nimmt er am Meeting der Geologischen Gesellschaft teil. Ist er nicht der ständige Vertreter Frankreichs? Wir haben bereits diesen Ausspruch des Paters zitiert: «*Ich bin in diesen Internationalismus vernarrt.*» Der gelehrte Jesuit entfaltet sich in diesen wissenschaftlichen Versammlungen. Im Hinblick auf dieses Meeting der Geologischen Gesellschaft schreibt er:

B – «Sehen Sie, ich liebe Paris immer noch ebenso sehr. Doch scheint mir, ich atme noch besser in den so lebendigen internationalen Gruppen des Pazifik... Das ist so frei, so weit, so herzlich!»[74]

Doch es handelt sich nicht nur um eine herzliche Atmosphäre. P. Teilhard macht im Laufe dieser Tagungen eine eigentümliche unanimistische Erfahrung:

B – «[...] zur gleichen Zeit, da ich, so hoffe ich, einige Fäden an meinem Netze spann [das Netz möglicher Einflüsse], spürte ich, wie der unverbesserliche Internationalist, oder genauer der „Erdbewohner“, sich in mir kräftigte.»[75] – «[...] an diesem Tage, in dieser Versammlung, die vielen Abreisen vorausging, in dieser von Leidenschaften und Haß so geladenen Atmosphäre des Fernen Ostens sind wir gewiß von etwas Pathetischem durchfahren

[73] Er hat keine Vorliebe für die Vergangenheit um der Vergangenheit willen: «*Wirklich, man entstellt die Geschichtswissenschaft, wenn man darin ich weiß nicht welches Unternehmen sieht, das in Gang gebracht wurde, um auf dem Schlachtfeld des Lebens verlorene oder liegengelassene Partikel der Wahrheit und der Schönheit zu suchen. Diese Dinge könnten an sich ruhig verschwinden, ohne daß wir damit viel verlieren würden*» [‹Die natürlichen menschlichen Einheiten›, 15. September 1935, in ‹Schau in die Vergangenheit› – ‹Vision du passé›, Éd. du Seuil, S. 267].

[74] Brief vom 27. Februar 1927.

[75] 5. Dezember 1926, in ‹Reisebriefe›.

worden. Der Tisch war mit Apfelblüten übersät, dem Zeichen des Frühlings und der Stürme. Jeder hat, einer nach dem anderen, von Freundschaft, Zusammenarbeit, von mehr oder weniger großen Hoffnungen gesprochen. Ich bin sicher, weil ich es bei den anderen in jedem Augenblick spüre oder erfahre, die Welt ist voller Kräfte, doch sie liegt in Zuckungen und erstickt, weil niemand, nicht einmal der Christ, kommt, um ihr das Beispiel und den Weg eines vollmenschlichen Tuns und Lebens zu zeigen, das für alles Gute und alle Schönheit und alle Wahrheit leidenschaftlich geöffnet ist. Es gibt nur einen einzigen unwiderstehlichen Kontakt, um anzuziehen und zu vereinigen, nämlich den des ganzen Menschen mit dem ganzen Menschen.»[76]

Das hat zur Folge, daß dieser «Weltgeist» erklärt:

B – «Ich träume von einer Art „Buch der Erde", in dem ich mich nicht als Franzose noch als Element irgendeiner Abteilung, sondern als Mensch oder als „Erdbewohner" schlechthin sprechen ließe. Ich möchte das Vertrauen, das Streben, die Fülle und auch die Enttäuschungen, die Unruhen, diese Art von Schwindel dessen aussagen, der sich der Bestimmungen und der Interessen der ganzen Erde [Menschheit] bewußt wird. In diese Seiten, in denen ich versuche, mich keiner der mir überkommenen Ideenströmungen einzufügen, sondern vielmehr einzig und allein das auszudrücken, was ich empfinde, möchte ich den Ausdruck meines Glaubens an das menschliche Werk und die menschliche Einheit eingehen lassen, – und meines Zornes wider die Wände und Decken, die die zur Vereinigung bestimmten geistigen Bruchstücke noch in Fächern scheiden, – und unserer Enttäuschung, da wir uns auf einer Kugel eingeschlossen sehen, deren begrenztes Interesse sich erschöpft, – und unserer Angst, da wir uns alle zusammen allein inmitten des Sternenraumes sehen. Mir scheint, hier liegt noch ein gewaltiger psychologischer Bereich der Leidenschaften und des Denkens, den niemand angeht, weil das Wahnsinn zu sein scheint, der aber ebenso streng objektiv ist wie ganz gleich welche Kategorie familiärer oder sozialer Sorgen. – Wenn es mir gelänge, das fertigzubringen, so wäre das, wie mir scheint, in etwa das Buch meines Lebens.»[77]

[76] 20. Februar 1927, in ‹Reisebriefe›.

[77] Brief vom 12. Oktober 1926.

In diesen Texten wird sichtbar, wie die Teilhardsche Philosophie an dem Wirken des Gelehrten und seinen vitalen Erfahrungen ansetzt. Immer ist die Idee da, daß die Forschung

B – «eine vitale und geheiligte Funktion ist, – die Quelle alles höheren und mystischen Lebens[78].»

Ferner erscheint P. Teilhard auf der wissenschaftlichen Ebene als ein Internationalist, als ein für die Menschheit und die Erde leidenschaftlich Begeisterter, für die er einen zugleich umfassenden und konkreten Sinn hat. Sollte er nicht 1931 ‹Der Geist der Erde› schreiben? Und unter diesem Gesichtspunkt wird ihn jeder beliebige Gelehrte begreifen, denn es sind nationalistische Wahnsinnsformen, seien sie nazistisch oder stalinistisch, notwendig, um diese friedliche Atmosphäre zu stören, in der Menschen jeder Herkunft in demselben Kult des Wissens in Gemeinschaft stehen und dazu beitragen, dieselbe unsichtbare Stadt aufzubauen, das heißt die Noosphäre. Dieser Sinn für die Erde ist bei Teilhard, wenn er auch angeboren war, gewiß durch seine Forschererfahrung entwickelt worden. Schließlich in noch tieferer Weise die Idee der menschlichen Konvergenz, die Hoffnung, daß die Menschheit durch die Sozialisation diesen Ausweg nach vorn finden wird, nach dem sie strebt, – all das ist die Frucht einer sehr konkreten Erfahrung, der Arbeit im Team. Schweden, Amerikaner, Chinesen sind im Survey nicht mehr voneinander zu trennen, und dieser in sich so geeinte Organismus arbeitet selbst eng mit den anderen zusammen, um nichts von den gelehrten Gesellschaften und Kongressen zu sagen, die immer mehr zu der Schaffung einer Art einmütigen, kollektiven Bewußtseins beitragen. Ein großer Erfolg dieser Team-Arbeit wird Choukoutien sein. Wie hätte die Teilhardsche Philosophie [die übrigens die Personalität hochachtet] individualistisch sein können? – Man wird vom Denken des Paters niemals etwas begreifen, wenn man sich weigert, in ihm die «Chiffre» [im Sinne Karl Jaspers'] einer erstaunlichen Persönlichkeit zu sehen mit ihrem höchsten, einzigartigen Zusammenklang, ihren Hauptthemen und ihren Lebenserlebnissen, diesen tiefen Bewußtwerdungen im Laufe einer ungewöhnlichen reichen Existenz.

...Verlassen wir den Zaubergarten der allgemeinen Ideen, um in

[78] Brief vom 13. Juli 1924.

den trockeneren Bereich der Tatsachen zurückzukehren. Wir haben bereits eine der praktischen Folgen dieser chinesischen Kehrtwendung P. Teilhards untersucht: die immer stärkere, von Peking ausgeübte Anziehung. Ein anderes konkretes Ergebnis ist, daß der Pater dahin strebt, sich vom Museum zu lösen [das freundschaftlich mit ihm bricht] und die Bande mit dem Institut fester zu binden, insbesondere mit Alfred Lacroix, dem ständigen Sekretär der Académie des Sciences.

Als Schüler von Marcellin Boule war P. Teilhard mit einem Auftrag des Museums 1923 nach China gefahren – Boule träumte davon, den Pater endgültig an diese ehrwürdige Institution zu binden und aus ihm seinen Nachfolger zu machen. Doch dieser Traum ging nicht in Erfüllung. Wir lassen einige Texte folgen, die die Entwicklung der Beziehungen zwischen dem Lehrer und dem Schüler abstecken:

B – «[...] mein armer alter Lehrer Boule wünscht in seinem Kummer[79] so sehr meine Rückkehr und wagt fast nicht, mich offen darum zu bitten [ich weiß das von dritter Seite], so daß ich erröte, ihn noch um Geld zu bitten, um hier zu bleiben. Ich weiß nicht recht, was ich tun soll. Persönlich würde ich gern eine Frühjahrskampagne machen, – aus vernünftiger Überlegung zumindest ebensosehr wie aus Lust daran. Ich muß meinen Aufenthalt hier ausnutzen.»[80] – «Nunmehr werde ich Ihnen sagen, daß das Bemühen, die französischen Sammlungen zu bereichern, für mich, während ich durchaus in meinen Ansichten ihnen den Platz wahre, den ich ihnen um der Gerechtigkeit willen schulde [denn ich werde zum Teil dafür bezahlt], hinter dem Bemühen und dem Interesse zurücktritt, an der gewaltigen Arbeit der panpazifischen Geologie mitzuwirken, die zur Zeit auf der östlichen Hemisphäre durchgeführt wird. Seit sieben Monaten habe ich meine Kenntnisse und meine Wirkungsfähigkeit in diesem Bereich verdoppelt.»[81] – «Ich stehe jetzt [natürlich zusammen mit mehreren anderen] an der Spitze der geologischen Bewegung in China. Es gelingt mir, in meinem Spezialbereich, gewisse Formationen über eine Ausdehnung zu entwirren, die halb Europa

[79] Er hatte kurz zuvor seine erste Frau verloren.

[80] Brief vom 12. Oktober 1926.

[81] Brief vom 31. Dezember 1926.

entspricht. Ohne mich, das heißt, ohne das, was ich vertrete, ist das Museum im Fernen Osten nicht vorhanden [was Boule auch immer darüber denkt]; mit mir bildet es ein Gegengewicht zu Nagasaki und Uppsala.»[82] – «Eine andere zu vertreibende Wolke sammelt sich über dem Museum. Boule hat mir kürzlich geschrieben – übrigens in sehr liebenswürdiger Weise –, daß er mir für dieses Jahr die Gelder stoppe [das ist für mich, nebenbei gesagt, kein Hindernis für meine Frühjahrsreise]. Nun habe ich aus einer sicheren Quelle des Laboratoriums erfahren, daß er unzufrieden ist: 1. weil ich wider seine Absicht fortgegangen sei [als ob das mein Fehler wäre!!]; 2. weil ich für andere Ziele als sein Museum arbeite. Ich habe nunmehr begriffen, daß alles, was ich ihm über meine Entdeckungen hier erzählte [Ergebnisse, die für Peking und die allgemeine Geologie interessanter sind als für seine Regale], ihn mehr aufreizte, als daß es ihn befriedigte. – Da ich ihn immer fast wie ein Sohn lieben werde, habe ich ihm soweit wie möglich nicht wider den Strich geantwortet. Sie werden aber begreifen, was mich angeht, so werde ich nicht um einen Strich von meiner Handlungsweise abweichen. Allem voran die große Forschung, der Dienst an der Wahrheit. Danach das Museum. Es ist vollkommen klar, nicht wahr, daß das Museum aus dieser Lage der Dinge nur gewinnen kann. – Lacroix hat das auf den ersten Blick durch sein Lorgnon gesehen. Ich habe übrigens an Paul Lemoine[83] eine regelrechte Apologie geschickt. – Was Boule betrifft, so wird eine Viertelstunde des Gesprächs mit ihm alles wieder zurechtrücken.»[84]

Es ist nicht unsere Sache, in diesem freundschaftlich gebliebenen «Streit» zwischen P. Teilhard und Marcellin Boule Stellung zu nehmen: Boule wollte wie P. Licent, daß man für sein Museum arbeite. Tatsächlich hat P. Teilhard dazu beigetragen, das Museum zu bereichern: Er hat ihm seine Funde aus dem Ordos geschickt, und ein Brief vom 12. Oktober 1926 kündigt sieben Kisten mit Fossilien für diese Institution an. Doch insgesamt sind die Expeditionen P. Teilhards[85] für das Museum wenig nutzbringend: Der Pater wendet

[82] Brief vom 20. Februar 1927, in ‹Reisebriefe›.

[83] Professor für Geologie und Direktor des Museums.

[84] Brief vom 27. Februar 1927.

[85] Schansi 1926, östliche Mongolei 1927.

sich der Geologie Chinas zu und neigt dazu, sich auf die chinesisch-amerikanischen Organismen zu stützen, die über große Kapitalien verfügen. China wandelt sich, es ist nunmehr unmöglich, Sammler dorthin zu senden, – nur Mitarbeiter sind noch erwünscht. In gewissem Sinne war es normal, daß Boule die Unterstützungen des Museums nicht weitergab, doch bleibt die Begründung des Paters deshalb um nichts weniger richtig: Was das Museum an unmittelbaren Vorteilen verlor, gewann es an französischem Ansehen im Fernen Osten. Wenn das französische Landesamt für wissenschaftliche Forschung [Centre National de la Recherche Scientifique] zu jener Zeit bestanden hätte, wäre das die Lösung des Dilemmas gewesen.
Auf jeden Fall werden die Beziehungen zwischen dem Pater und Alfred Lacroix enger. P. Teilhard mußte durchaus eine feste Bindung im Westen behalten, denn letzten Endes erscheint seine «Stellung» [im verwaltungstechnischen Sinne des Wortes] recht hinfällig. Vor allem aber ist Alfred Lacroix, der auch ein alter Lehrer des Paters ist, ein Geologe[86], also besser in der Lage, die Bedeutung der geologischen Arbeiten Pater Teilhards in China zu begreifen. Die Beziehungen zwischen den beiden Männern sind dauerhaft[87]. Schon am 13. Juli 1924 hören wir, daß der Pater «*nicht wenige Fundstücke für Lacroix*» mitbringt. Am 12. Oktober 1926 erfahren wir, daß letzterer dem Pater finanzielle Hilfe zuteil werden läßt. Am 16. Januar 1927 erklärt P. Teilhard:

B – «[...] den ganzen Monat Dezember habe ich in Peking verbracht in Gesellschaft von Mitgliedern des Kongresses von Tokio: Australier, Amerikaner, – und schließlich Lacroix, mit dem ich vierzehn Tage zusammen geblieben bin. Es war für mich eine Freude, diesen hervorragenden und so menschlichen Mann wiederzusehen. Wir haben zusammen eine epische Exkursion nach Kalgan unter unwahrscheinlich unbequemen Bedingungen gemacht. Doch hat er wenigstens etwas von den wichtigsten eruptiven Gesteinen Chinas gesehen, und er war darüber sehr befriedigt.»

Die Beziehungen wurden in immer herzlicherer Form aufrechter-

[86] Spezialist für Eruptivgesteine. P. Teilhard unterrichtete ihn laufend über dieses Thema. Es ist sicher, daß das Opusculum ‹A map of the younger eruptive rocks in China› [1937] von dem Einfluß Lacroix' zeugt.

[87] Sie haben zwischen 1923 und 1939 miteinander korrespondiert. Lacroix starb 1948.

halten. Wir wissen, zu Ostern 1927 hat Lacroix einen sehr freundschaftlichen Brief geschrieben, in dem er dem Pater versprach, ihm mit allen Kräften zu helfen. Am 7. Juli 1927 bringt letzterer seinem Lehrer hundert Kilo sorgfältig ausgewählter Proben mit. Kurz, P. Teilhard hat den Verlust der Unterstützung, die Boule für ihn darstellte, reichlich ausgeglichen. Er erhält finanzielle Hilfe[88] in einer schwierigen Zeit des Übergangs, da er nicht mehr über die Unterstützung des Museums verfügt und das amerikanische Geld für ihn noch nicht erreichbar ist. Er hat gleichfalls die moralische Hilfe des Instituts erhalten – in Erwartung, daß letzteres ihm seine Pforten öffnet. Und schließlich wird anerkannt, daß er praktisch allein die Rolle des ständigen Vertreters Frankreichs im Bereich der panpazifischen Wissenschaften wahrnimmt. Man gewinnt den Eindruck, daß die Vorsehung unaufhörlich über den Pater gewacht hat, zunächst, um seine Schriften zu erhalten, die fast in ihrer Gesamtheit zu verschiedenen Epochen von Freunden gerettet worden sind, die sich, ohne sich untereinander zu verständigen, abgelöst haben, um ihn in seinem wissenschaftlichen Leben zu stützen und ihm zu ermöglichen, jedesmal an den entscheidenden Punkten einzugreifen: Wirklich, wenige Gelehrte haben das Privileg gehabt, so nahe an dem größten Teil der grundlegenden Entdeckungen im anthropologischen Bereich beteiligt gewesen zu sein.

...Bevor wir mit P. Teilhard China verlassen, wollen wir beobachten, wie am Horizont ein neuer Stern aufsteigt, der für den Pater eine neue Chance sein sollte: Choukoutien[89]. Die erste Anspielung auf diese nunmehr berühmte Fundstelle findet sich in einem Brief vom 12. November 1926:

> B – «Das geologische Team von China hat – auf der oben erwähnten Sitzung in Peking – bekanntgegeben, daß es zwei menschliche Zähne in einer sehr alten quartären Schicht gefunden habe [sie ist annähernd gleichzeitig mit meiner Schicht im Süden von Kalgan]. Das wäre ein wichtiges Ereignis; leider bin ich von der menschlichen Natur der in Frage stehenden Zähne noch nicht überzeugt. Ich habe nur eine Fotografie davon gesehen. Die Fundstücke befinden sich in Uppsala.»

[88] Aus der Loutreuil-Stiftung [vgl. Brief vom 22. Juni 1926: Bestätigung des Empfangs einer neuen Unterstützung von 10000 fFr.].

[89] Die genaue Bezeichnung ist Tchou-K'ou-tien.

Eine zweite Anspielung finden wir einige Monate später[90]:

B – «Aus vielen Gründen vermute ich, daß die Ablagerungen der Höhle von Choukoutien aus der Zeit des Sanmênien stammen. Und doch wären die beiden humanoiden Zähne Zdanskys äußerst interessant. Leider muß ich bekennen, daß die Fotografien mir nicht sehr überzeugend erschienen sind. Auf jeden Fall setzt Dr. Black, wie Sie wissen, neue Ausgrabungen an.»

In ‹Das Auftreten des Menschen›[91] findet sich ein guter historischer Überblick über die Ausgrabungen:

W – «Choukoutien ist eine etwa fünfzig Kilometer südwestlich von Peking gelegene Ortschaft am Rande der Kette [Si-Schan oder Hügel des Westens], die an dieser Stelle die große Ebene des Tscheli begrenzt. Rund um das Dorf steigen die letzten Ausläufer der Berge in runden Buckeln herab; sie sind aus einem sehr harten, blauen Kalkstein aus der Zeit des Ordoviziums gebildet, der seit undenklichen Zeiten von den Bewohnern des Landes ausgebeutet wird, um Kalk herzustellen. In dieser Kalkformation ist ein Netz von mit roter Erde ausgefüllten Spalten, die fast alle Fossilien führen, an der Stirnseite der Steinbrüche freigelegt worden [...]. Ein rotes Fenster in einer Mauer bläulichen, harten Felsens: so zeigte sich vor etwa zwanzig Jahren[92] den enttäuschten Steinbrucharbeitern der voller Fossilien steckende Spalt, der bald unter dem Namen „Lokalität I" von Choukoutien berühmt werden sollte.»

Dr. J. G. Andersson sah sie um 1921 zum erstenmal. Er ahnte kaum, daß sich hinter diesem Fenster

W – «eine fast unerschöpfliche Masse von Ablagerungen mit einer Länge von mehr als 100 Metern, einer mittleren Breite von 30 Metern und einer Dicke von mehr als 50 Metern»

verbarg. 1922 ließ er hier von dem an der Universität Uppsala tätigen österreichischen Paläontologen O. Zdansky graben, und dieser brachte zwei einzelne Zähne [einen hinteren Mahlzahn und einen oberen vorderen Mahlzahn] menschlichen Typs zutage, die heiße Kontroversen auslösten. Nachdem er lange Zeit mit diesen beiden

[90] Brief vom 10. März 1927.

[91] ‹L'Apparition de l'Homme›, Éd. du Seuil, S. 85–86 und 122–123, ‹Das Auftreten des Menschen›, Walter-Verlag, S. 84–85 und 120–121.

[92] um 1907.

Zähnen in seiner Westentasche herumgefahren war, aus der er sie hervorzog, um sie den Spezialisten zu zeigen, veröffentlichte er 1927 seine Entdeckung, ohne ihre genaue Tragweite zu ermessen[93]. Zu dieser Zeit verließ Dr. Andersson China. Er fand einen begeisterten Nachfolger in der Person von Davidson Black. Dank der engen Zusammenarbeit des Geologischen Landesamtes von China und der Rockefeller-Stiftung wurde von Black und Dr. Wong Wen-Hao ein sehr weit gefaßter Ausgrabungsplan aufgestellt und dank den von den Amerikanern bereitgestellten mächtigen finanziellen Mitteln sogleich in die Tat umgesetzt. Bereits 1927 wurden unter der Leitung von Dr. B. Bohlin 300 Kubikmeter Gestein und Fossilien führende Breccie aus der Lokalität 1 gefördert, und man löste einen dritten Zahn unbestreitbar menschlichen Typs heraus. 1928 organisierte Black am PUMC das Cenozoic Research Laboratory.

Es ist recht reizvoll, festzustellen, daß P. Teilhard, der eine der großen Persönlichkeiten von Choukoutien sein sollte, den hominiden Charakter des Sinanthropus zu verteidigen, und dazu beitragen sollte, die kulturellen Fähigkeiten des letzteren zu beweisen, einige Skepsis dem humanoiden Charakter dieser Zähne gegenüber zeigt. Böswillige [vorausgesetzt, daß solche sich im wissenschaftlichen Bereich zu Wort melden] könnten sagen: «Blindheit, Mangel an Intuition.» Doch man könnte das auch genau umgekehrt sehen: «Klugheit, kritischer Geist, Weigerung, sofort Feuer und Flamme zu sein, Bedürfnis, die Gegenstände selbst in Händen zu haben, und Weigerung, nach einer einfachen Fotografie zu urteilen.» P. Teilhard ist kein Mann der Bibliothek, im Gelände triumphierte er; denn seine Intelligenz setzt unmittelbar am Konkreten an. Es ist im übrigen auffallend, festzustellen, daß seit seinem MEA CULPA über den vorläufigen Bericht über die Reise des Jahres 1923 dieser immer so synthetische, nach umfassenden Durchblicken begierige Geist im Bereich der Fakten und der Interpretation der Fakten von äußerster Vorsicht bleibt. Am 18. Februar 1934 schreibt er:

93 ‹Preliminary Notice of two Teeth of a Hominid from a Cave in Chihli [China]› [‹Bull. Geol. Soc. China›], Bd. V, Nr. 3–4, Dezember 1927, S. 281–284. [Die Abhandlung ist vom Anfang April 1927 datiert.] Zdansky war durch den Lärm verärgert worden, den die Presse um seine Entdeckung machte; sie sah in dem «Mann von Peking» einen Hominiden des Tertiärs.

B – «Es ist in der Wissenschaft schlecht, mehr Ideen als Fakten zu haben.»

Andererseits scheint P. Teilhard durchaus sehr früh die Bedeutung des Fernen Ostens für das Problem der menschlichen Ursprünge vorausgeahnt zu haben. In seinem ‹Bericht über die Ehrentitel P. Pierre Teilhard de Chardins› zitiert P. Lejay folgende Tatsache:

W – «Ich erinnere mich nämlich an eine Unterhaltung, die ich mit Teilhard an Bord des Schiffes führte, auf dem ich mich zufällig 1926 zusammen mit ihm befand, als er sich zum zweitenmal nach China begab. Da ich ihm mein Erstaunen ausdrückte, daß er so leichtherzig die glänzende Laufbahn opferte, die ihn offensichtlich in Frankreich erwartete, antwortete er mir: Dort hinten wird man dazu beitragen, daß die Frage des fossilen Menschen die größten Fortschritte macht: eines Tages wird man seine Spuren von Java bis zur Mongolei verfolgen.»

1927 ... Am 27. August 1927 schifft sich P. Teilhard seinem Wunsch entsprechend, im Herbst wieder in Paris zu sein, nach Frankreich ein. Am 1. Oktober ist er in Marseille. Diese in China verbrachten vierzehn Monate sind ungewöhnlich fruchtbar gewesen. Ein gemäßigtes und im übrigen sehr vorteilhaftes Exil! Auf der religiösen Ebene ‹Der Göttliche Bereich›, unter wissenschaftlichem Gesichtspunkt nützliche Kampagnen und ein moralischer und intellektueller Platz erster Ordnung in der chinesischen Geologie. «Der lächelnde Gelehrte», wie die Gelben ihn benannten, besitzt ein unvergleichlich größeres «Gesicht» in China, in den internationalen Kreisen und in Paris.

DRITTES KAPITEL
FRANZÖSISCH-ABESSINISCHES ZWISCHENSPIEL
DER ABENTEURER CHRISTI

Über den Aufenthalt P. Teilhards in Frankreich [1. Oktober 1927 1927
bis 7. November 1928] sind wir noch nicht vollständig unterrichtet. Ohne uns der Gefahr eines Irrtums auszusetzen, können wir mit Gewißheit sagen, daß er seine Zeit zwischen der Familie, den Freunden, der Wissenschaft, der Philosophie und dem religiösen Wirken aufzuteilen verstand. Die achtungsvolle Sorgfalt des ältesten Sohnes von Édouard Le Roy hat uns ein kurzes Handschreiben des Paters an seinen großen Freund überliefert:

B – «– Das scheint mir *sehr gut* zu sein – Sie haben meine Gedanken [über den Platz des Menschen in der Systematik] kraftvoll präzisiert und systematisiert. – Ich habe auf den S. 6, 7 und 8, 12 eine Bemerkung dazu gesetzt. Wir können darüber reden wie auch über die Idee von Geoffroy St-Hilaire – Buffon über das „Menschenreich". – Ich muß am Mittwoch, dem 26., in der Auvergne sein. – Ich werde Sie am *Montag*, dem 24., um halb neun abends aufsuchen. – Teilhard.»[1]

Ohne in eine willkürliche Interpretation zu verfallen, können wir daraus zwei Tatsachen ablesen. Die eine wird bereits durch die ‹Reisebriefe› belegt: Er sieht die Seinen gern wieder, und es gefällt ihm, sich von den Landschaften seiner Kindheit neu durchdringen zu lassen, deren Bild ihn bis in die Mongolei begleitet. Die andere Tatsache ist, daß sich die Ideengemeinschaft mit Édouard Le Roy als enger denn je erweist. Unsichtbar ist Pater Teilhard am Collège de France gegenwärtig[2].

Einige Auszüge aus Briefen vermitteln uns besser den Eindruck von der Atmosphäre:

B – «Persönlich befinde ich mich immer noch in dem Wirbel

[1] Mit Hilfe von Rückschlüssen sicher vom Donnerstag, dem 20. Oktober 1927, datiertes Handschreiben.

[2] Die Seiten, von denen die Rede ist [über den Platz des Menschen in der Systematik], entsprechen den drei ersten Vorlesungen über ‹Les Origines humaines et Évolution de l'intelligence›, die zum erstenmal in der ‹Revue des Cours et Conférences› vom Dezember 1927 erschienen sind.

der Wiederaufnahme der Arbeiten [und der Beziehungen] [...]. Ich habe den Kontakt mit den Normalianern durch ihren Seelsorger, M. Hemmer, einen Freund von Portal, Pfarrer an der Trinité, wiederaufgenommen. – Außerdem noch einiges nebenbei. Ich sitze an zwei Abhandlungen, und sogar an dreien. Übermorgen fahre ich nach Brüssel um geologischer Angelegenheiten willen. Ich rechne damit, 24 Stunden in Löwen zu bleiben, wo Charles mich erwartet.»[3] – «Meine Existenz verläuft normal, sehr in Anspruch genommen durch das Museum, – und daneben nicht wenige Zusätze, in fast allen Kreisen, von der äußersten Rechten bis zur äußersten Linken [...]. Außerhalb des Labors sehe ich, wie ich Ihnen schon sagte, eine gewisse Zahl von Leuten. Unter ihnen sind die Normalianer die interessantesten. M. Hemmer [Pfarrer an der Trinité], dem die Gruppe anvertraut ist, hat wenig Zeit, um sich mit ihr zu befassen, so daß ich keine Schwierigkeiten habe, dorthin zu gehen, wenn man mich darum bittet, das heißt, so häufig wie möglich [...]. Während der Fastnachttage werde ich die Einkehrtage der Gruppe in Gentilly halten. Insgesamt habe ich wenig Zeit zum Denken. Paris ist aufreibend; und so sage ich mir im Gedanken an Tientsin [wohin ich zum Herbst immer noch zurückzukehren gedenke, um die aufgebrochene Furche weiterzuführen] häufig: HAEC NOBIS DEUS OTIA FECIT[4]. [...] Habe neulich Vialleton gesehen. Er scheint mir noch immer ebenso gutmütig, jedoch in seinen Konzeptionen immer verschwommener zu sein [...]. Dieser ausgezeichnete Mann, der von seinen nicht selbstlosen Bewunderern zum Philosophen erhoben wird, kann schließlich noch gefährlich werden.»[5] – «Habe mehrmals Valéry wiedergesehen.»[6]

Die Bibliographie und die bio-bibliographischen Notizen tragen die Spur des wissenschaftlichen Lebens des Paters. Während Lacroix sich mit der Bestimmung der Steine befaßt, arbeitet er an den aus

[3] Brief vom 11. November 1927.

[4] «*Diese Muße, die ein Gott uns bereithält.*» Der Pater zitiert aus dem Gedächtnis den Text von Vergil [Buc. I, 6], der genau lautet: DEUS NOBIS HAEC OTIA FECIT.

[5] Brief vom 14. Februar 1928.

[6] Brief vom 9. Juni 1928. Durch Vermittlung des Barons d'Huart, eines Jahrgangskameraden Albérics an der Marineakademie, eines verständigen Mannes, der in der Pariser und der «Akademischen» Gesellschaft eine exponierte Stellung einnahm, begegnete P. Teilhard dem Autor von ‹La jeune Parque›.

China mitgebrachten Fossilien. Er besucht weiterhin die Geologische Gesellschaft Frankreichs und die Geographische Gesellschaft. 1928 sehen wir ihn auch in der Anthropologischen Gesellschaft. Er läßt seine belgischen Beziehungen wieder aufleben – im November 1927 begegnen wir ihm in Löwen. Er veröffentlicht in verschiedenen Zeitschriften, in den ‹Comptes rendus sommaires de la société de Bio-Géographie›; in ‹Palaeobiologica› [Wien und Leipzig]; in dem ‹Bulletin de l'Académie Royale de Belgique›; in den ‹Archives de l'Institut de Paléontologie humaine›[7]. Alle Zeitschriften wenden sich an ihn.

Sein priesterliches Leben ist immer noch ebenso erfüllt. Jacques Perret hat uns sein Zeugnis davon gegeben:

B – «Als der Tod P. Portals am 19. Juni 1926 unsere Gruppe in eine entsetzliche Verwirrung gestürzt hatte, die allem Zaudern, jeglicher Meinungsverschiedenheit Platz einräumte – Sie kennen das Unabhängigkeitsstreben und den Widerspruchsgeist der Normalianer –, klammerten wir uns an P. Teilhard: er war der einzige, der unter uns Einmütigkeit zustande brachte; seine geistige Überlegenheit erfüllte uns und gab uns zugleich Sicherheit. Wir baten ihn, die Betreuung unserer Gruppe zu übernehmen; natürlich konnte er nicht annehmen, doch sehe ich, daß er vom Januar bis zum Juni 1928 wenigstens zehnmal zu uns kam, sei es zu Vorträgen, sei es zum Abendessen [die Gruppe Tala verfügte damals dank Légaut über ein Appartement „in der Stadt"], zu denen wir Normalianer, Ehemalige und Studenten von St-Cloud einluden.»

Der Geist wehte damals in der Gruppe Légaut:

B – «Ich habe Ihre Seiten über die Gruppe Légaut gelesen [...], diese ganz besondere Gruppe darf man nicht mit der Gesamtheit der Tala, Normalianer und anderer verwechseln... Seit 1926–1927 hatte die Gruppe Tala der Rue d'Ulm sich gespalten: auf der einen Seite die etwas aufrührerischen guten Katholiken, die schnell einen konformistischen, klassischen Weg gefunden haben, und auf der anderen Seite schroffe Leute, die um Perret, Montel und Légaut geschart ein einzigartiges [oder doch zumindest seltenes] Abenteuer in der Geschichte des Christentums versuchten: das Christentum, das Evangelium, die Heiligkeit nicht nur ernst, sondern in ihren

[7] In Zusammenarbeit mit M. Boule, H. Breuil und E. Licent.

totalsten Forderungen zu nehmen – und zugleich in der Welt zu bleiben und das Leben des Forschers, des Gelehrten, des Technikers mit derselben Leidenschaft, derselben Sauberkeit zu leben, wie man sie bei den Besten der Ungläubigen erahnt. Wir verbrachten Stunden im Gebet [...]. Diese so intensiv religiöse Gruppe aber [die den kirchlichen Autoritäten Furcht einflößte] hatte Teilhard gern. Dort gab er vielleicht den besten Teil seines Denkens frei. Und wir haben als erste in Vervielfältigungen [und mit welchem Aufwand an Vorsichtsmaßnahmen] die ersten Texte Teilhards veröffentlicht. Lesen Sie die ‹Lettres d'Antoine Martel›, die von R. Pons herausgegeben wurden [Revue des Jeunes], und Sie werden die in der Gruppe herrschende Atmosphäre begreifen.»[8]

Halten wir einige genaue Tatsachen fest: Im Februar 1928 hält der Pater in Gentilly unvergeßliche Einkehrtage für die Normalianer; unter ihnen waren der spätere Philosoph Borne und der spätere Historiker des Christentums Marrou. Am 4. und 6. Juni geht er nacheinander die Themen *Leben und Materie* und *Der religiöse Wert der Welt* an. Diese Einkehrtage, die ‹Der Göttliche Bereich› zum Thema hatten, fielen in eine der kritischsten Zeiten der Gruppe Tala und bewirkten eine völlige Umkehr der Situation. Die Gruppe verließ belebt und geeinigt das Knabenseminar von Gentilly, und ein Normalianer, der damals bereits Universitätsprofessor war, schrieb in zwei Tagen und zwei Nächten mit eigener Hand das Manuskript ab, das der Pater ihm nur einige Stunden für eine einfache Einsichtnahme geliehen hatte. Das Gedächtnis Étienne Bornes hat lebendige Bilder von diesen Einkehrtagen aufbewahrt:

W– «[...] Ich werde immer die Erinnerung an diese im Februar 1928 von P. Teilhard für die Normalianer der Rue d'Ulm gehaltenen Einkehrtage behalten. Ich war damals dem Einfluß Alains unterworfen und von diesen Ideen Alains beeindruckt, die aus der Religion eine Art bewundernswerter Poesie und Mythologie machten; ich war wie zerrissen zwischen Alain und der Religion. Doch P. Teilhard hat mir den Sinn für die Wirklichkeit des Übernatürlichen gegeben; dank ihm habe ich diese authentische Begegnung erfahren, die nicht darin besteht, ein System, eine Lehre zu entdecken, sondern mit dem in Kontakt zu treten, was wirklicher ist als das

[8] Brief von G. Soulages [ein ehemaliges Mitglied der Gruppe Légaut] an C. Cuénot, vom 31. Januar 1959.

Phänomen. Ich habe entdeckt, daß die Messe ein Tun ist, das die Welt wandelt, und ich habe das Empfinden für die machtvolle Realität des christlichen Faktums gewonnen.»[9]

Unsere Ernte würde etwas mager sein ohne die Großzügigkeit von Mme Jean Teilhard d'Eyry [geborenen Odette Bacot], die uns einen der erlesensten Texte P. Teilhards zur Verfügung gestellt hat, die Ansprache, die er am 15. Juni 1928 in der Brautmesse der beiden jungen Leute hielt. Der ganze Mann wird in diesen acht gedruckten Seiten sichtbar, die bescheiden den Titel tragen: ‹Für Odette und für Jean›. Kurze Anspielungen auf seine beruflichen Gewohnheiten als Paläontologe, persönliche Kindheitserinnerungen, ein zurückhaltendes Lob der zukünftigen Gatten und ihrer Familie, eingeflochtene philosophische Durchblicke, die Darlegung der idealen Auffassung von der Ehe mit tiefen Einsichten über den geistigen Sinn der Vereinigung von Mann und Frau, eine Herabrufung allen unsichtbaren Segens, der diese Kirche erfüllt, und ein kurzes Gebet. Wenn wir ausführlich über die priesterliche Seele P. Teilhards zu sprechen hätten, würden wir diesen Text Absatz für Absatz kommentieren. Den Pater zeichnet aus, daß seine Heiligkeit sich, wenn ich so sagen darf, in unmittelbarer Verbindung auf das Menschliche aufpfropft, daß das Übernatürliche kampflos eine Natur von einer seltenen Qualität, von einem außergewöhnlichen Adel umstrahlt. Hören wir diesen Anruf, der die ganze Spiritualität der Ehe zusammenfaßt, diesen Willen, den Geist durch den biologischen Trieb hindurch zu erreichen und die Augen fest auf ein und dasselbe Ziel gerichtet zu halten: nach vorn und nach oben – diese beiden Worte, die das ganze Teilhardsche Ideal zusammenfassen:

W – «Wenn Ihr beide dem Anruf [sagen wir besser: der Gnade] antworten wollt, die das von Gott beseelte Leben heute an Euch richtet, stützt Euch ohne Bedenken, ohne zu zögern, auf die

[9] Das Wirken P. Teilhards unter den Studenten der École Normale erschöpfte nicht sein ganzes Priesterleben. Wir halten fest, daß er am 1. August 1928 an den Missionstagen von Juilly, an einem der «intellektuellen Einkehrtage» Maurice Vaussards, teilnahm. Dort trat er in Beziehung zu Abbé [heute Monseigneur] Bruno de Solages, der damit begann, ihn über die Evolution auszufragen. Der Pater schickte ihm anschließend ‹Die Grundlagen und der Gehalt der Idee der Evolution›. Da er sich über den Wert dieses Denkens klar wurde, wurde Mgr. B. de Solages, ein entschlossener, die Augen nicht verschließender Mann, einer seiner treuesten und energischsten Verteidiger.

greifbare Materie, faßt auf ihr einen unentbehrlichen Halt; doch durch sie hindurch, über sie hinaus glaubt an den ungreifbaren Geist.

Glaubt an den Geist hinter Euch, das heißt, an die lange Folge der Euren gleicher Vereinigungen, die von Geschlecht zu Geschlecht einen Schatz von Gesundheit, Weisheit und Freiheit aufgehäuft haben, um ihn Euch weiterzugeben. Dieser Schatz wird heute in Eure Hände gelegt. Bedenkt, daß Ihr vor Gott und dem Universum dafür die Verantwortung tragt.

Glaubt folglich auch an den Geist vor Euch. Die Schöpfung bleibt niemals stehen. Das Leben will sich durch Euch beide hindurch fortsetzen. Eure Vereinigung möge so keine geschlossene Umarmung sein; sie möge sich vielmehr in der Geste, die tausendfach mehr vereint als alle Ruhe, in der Geste des gemeinsamen Bemühens um ein und dasselbe, immer größere, leidenschaftlich geliebte Ziel, verwirklichen.

Glaubt also [und diese Worte fassen alle anderen zusammen] an den Geist zwischen Euch. Ihr habt Euch einander als ein unendliches Feld gegenseitigen Begreifens, Bereicherns und Sensibilisierens geschenkt. Ihr werdet Euch also vor allem im Durchdringen und im beständigen Austausch der Gedanken, der Gefühle, der Träume und des Gebetes begegnen. Nur dort, das wißt Ihr, im Geist durch das Fleisch hindurch gibt es weder Sättigung noch Enttäuschungen oder Grenzen. Nur dort ist für Eure Liebe freie Luft, das große Tor.»

Keine Emphase, keine Geziertheit. Das Wesentliche der Spiritualität der Ehe ist in einfachen und unmittelbaren Worten ausgesagt. Diese Worte erscheinen, wenn man sie liest, ganz natürlich. Ist es nicht die höchste Kunst des Predigers, die tiefen Überzeugungen zum Ausdruck zu bringen, die auszusagen die Gläubigen unfähig sind?

1928 ...Nach einem angenehmen und lustigen Aufenthalt in Montsalvy [Cantal], den er zusammen mit Boule mit dem Studium des Diluviums der Auvergne, und zwar fast die ganze Zeit mit dem Auto unterwegs, verbrachte[10], nach einem kurzen Besuch in Chambon [Cantal] bei seiner Base, nach einem Aufenthalt auf dem Besitz der Bégouën im Ariège, wo er achtundvierzig Stunden lang Breuil

[10] In den Aubrac-Bergen im Aveyron.

sieht, mit ihm die Höhlen des Duc d'Audoubert und der Trois Frères besucht und im übrigen in großer Stille bei den kleinen Kalkhügeln, die von tausend von einer vorgeschichtlichen Welt belebten Höhlen durchbohrt sind, angesichts der Pyrenäen lebt, deren nackte hohe Granitgrate sich hinter großen bewaldeten Bergrücken erheben[11], schifft P. Teilhard sich am 7. November 1928 in Marseille auf einem alten «Seelenverkäufer» der Messageries Maritimes, der «Chantilly», ein, doch begibt er sich nicht unmittelbar in den Fernen Osten: Er ist von Henry de Monfreid eingeladen worden und wird in Gesellschaft von Pierre Lamare[12] rund zwei Monate in Französisch-Somaliland verbringen, etwa vom 20. November 1928 bis Anfang Februar. Wozu dieser Aufenthalt in Somaliland und in Abessinien? Er versuchte es

B – «auf gut Glück, einfach von diesem allgemeinen Prinzip meines Lebens geleitet, daß man keine Gelegenheit verlorengehen lassen darf, zu erfahren und zu suchen[13].»

Diese Rundreise, über die uns die ‹Reisebriefe› sehr ausführlich unterrichten, umfaßte drei voneinander zu unterscheidende Abschnitte: einen Aufenthalt in Obock, einen Aufenthalt in Harrar und wiederum einen Aufenthalt in Obock. Nach dem üblichen Empfang durch ein Rudel von Negerjungen, die «A la mé»[14] schreien, damit man ihnen Geldstücke über Bord werfe, die sie tauchend auffischen wollen, wohnt der Pater in dem alten großen Haus der Monfreid, das zwischen dem blauen oder grünphosphoreszierenden Meer, das gegen seine Mauern schlägt, und einer gewaltigen, wüstenhaften goldenen Fläche gelegen ist, die im Westen von hohen violetten Gipfeln begrenzt wird; die Einrichtung der Wohnung gleicht, von einigen gestrichenen Wänden abgesehen, einer Fischerhütte oder einem Schiffsdeck. Doch die Somaliküste war eine ziemliche Enttäuschung und zeitigte nicht all die Ergebnisse, die der Pater sich davon erhofft hatte; denn der Gouverneur, der Henry de Monfreid

[11] Chronologische Markpunkte: am 21. August ist er in Chambon und kommt von Montsalvy zurück; am 1. September ist er seit Dienstag in Les Espas bei den Bégouën; am 12. September ist er in Paris zurück.

[12] Dessen endgültiges Ziel der Jemen war.

[13] Brief vom 25. Februar 1929. Ergänzen wir dazu, daß er mit einer Mission des Museums beauftragt war.

[14] A la mer: Ins Meer.

feindlich gesinnt war, erlaubte lediglich den Besuch des Randstreifens des eruptiven Massivs des Mabla. Doch bei seiner Rückkehr aus Abessinien durfte sich P. Teilhard in wissenschaftlicher Hinsicht viel größerer Freiheit erfreuen.

Es stimmt, er benutzte diese ersten vierzehn Tage, um auf dem Boot des Schriftstellers im Roten Meer zu kreuzen; er führte ein äußerst primitives Leben – sie zerstampften die Weizenkörner, um Brot zu backen –, bewunderte das Smaragdgrün der Lagunen, das sich gegen die roten Felsen und das violette Blau der hohen See abhebt, sammelte bei Ebbe Austern auf den Luftwurzeln des Austernbäume, ging bei Sonnenaufgang an Land, um auf den Berg zu steigen und dort die ersten Felsenmalereien zu entdecken, er betrachtete zusammen mit Monfreid die Tiefe des Himmels und die Unermeßlichkeit der Sterne und half seinem Freund, Christus überall in der Schöpfung zu sehen: er gab ihm den Schlüssel des Mysteriums und half ihm zu begreifen, daß alle Elemente, alle Ereignisse zusammenwirken, um uns aufsteigen zu lassen. Und Monfreid kommentierte seine Erinnerungen mit diesen Worten:

«Seit diesem Augenblick ist Teilhard mein Bruder [...]. Als Mann, in seiner Reinheit der Seele war Teilhard ein außerordentlicher Mensch. Nichts Trübes in ihm, kein Schatten. Ein Mann von der Klarheit eines Diamanten, der ganz von diesem göttlichen Licht durchtränkt ist. Dieser Mann ist ein Licht, man legt an ihn keinen Maßstab an.»[15]

In einem Brief vom 4. Dezember 1928 entdecken wir den gelehrten Jesuiten in Sandalen, Leinenhose und ärmellosem Hemd. Er durchläuft die Umgebung von Obock und arbeitet. Man möge uns die Strenge dieses Textes verzeihen:

B – «Die geologische Geschichte des Korallenplateaus erscheint mir folgendermaßen:

1. Auftauchen des Korallenufers [Ende des Pliozäns?].
2. Ausfurchung eines ersten Netzes von Reißbächen und Kücsteneinschnitten.
3. Absinken, das eine Rückkehr des Meeres in die Küsteneinschnitte mit sich bringt [bis zu mehreren Kilometern in das Lan-

[15] Wir fassen die am 2. und 15. Februar 1958 gesprochenen Worte zusammen. Denselben Eindruck machte er auf Max Bégouën. Wenn man sich von dem Feuer Rechenschaft geben will, das Teilhard einzuflößen fähig war, muß man sich mit

desinnere]. Gleichzeitig eine intensive Auffüllung der ganzen Uferzone des Mabla durch gewaltige Kiesel [ich glaube den Übergang von Fluß- zu Meeresterrassen klar festgestellt zu haben]. Diese sehr bedeutende Phase entspricht wahrscheinlich einem europäischen Eiszeitmaximum.

4. Wiederauftauchen, das die Ausfurchung der heutigen Reißbäche und Steilküsten bis zu etwa dreißig Metern unterhalb der „eiszeitlichen" Auffüllung mit sich bringt.

Gegenwärtig bildet das Plateau von Obock eine sehr ebene Oberfläche [auf der die Korallenformation *nackt* zutage tritt ohne jede alluviale Ablagerung], – diese Oberfläche schließt sich topographisch an die Kieselschicht an, die die großen, vom Mabla herunter gekommenen Kiesel bedeckt. Dieses Plateau aber – und um darauf zu kommen, habe ich meine geologische Einführung gegeben – ist von stark patinierten, bearbeiteten Steinsplittern [Feuersteine und Rhyolithe] übersät. Es handelt sich nicht nur um zufällige Splitter, wie sie Eingeborene beim Aufbrechen von Muscheln hätten erzeugen können. Die Werkzeuge sind sehr selten, *sie sind* aber *vorhanden*. Der gewöhnlichste Typus ist im Stil des „Moustérien": Scheiben, Schaber, Spitzen [selten, aber eindeutig]. Ein einziges, recht kleines Stück [es hat die Länge des kleinen Fingers] ist weitgehend und geschickt auf beiden Seiten bearbeitet. Es gehört vielleicht in ein anderes Zeitalter. – All das ist nicht sehr bedeutend; doch habe ich alles aufgelesen, was ich konnte, und ich werde es Ihnen bald schicken. – Alles, was man zum Alter sagen kann, ist, daß die Werkzeuge *jünger* als das endgültige *Wiederauftauchen* [vierte oben genannte Phase] sind. Ich habe nämlich Splitter auf den Erosionsoberflächen *unterhalb* des Niveaus von 30 Metern auf den Hängen der heutigen Wadi gefunden. Der Mensch, der die Werkzeuge hergestellt hat, scheint in einem dem gegenwärtigen sehr ähnlichen topographischen Rahmen gelebt zu haben. Doch vielleicht gab es zu jener Zeit etwas Humus, der heute vom Wind fortgeweht ist. Man kann sich auf dem heutigen Plateau nicht recht eine dichte Bevölkerung vorstellen.

dem Sohn des Prähistorikers unterhalten. In gewissen hochstehenden Menschen lebt ein «Teilhard-Geist», der etwas außerordentlich Bewegendes ist. Das ist eine einfache Feststellung.

Ich hoffe, diese bruchstückhaften Beobachtungen in Abessinien etwas zu vervollständigen. – Was die Bruchstellen der Feuersteine angeht, glaube ich bemerkt zu haben, daß die auf dem Boden liegengelassenen Stücke zahlreichen natürlichen, kleinen, nachträglichen Absplitterungen durch kleine Stöße gegen die Schneiden ausgesetzt gewesen sein können. Es handelt sich nicht um eine Wieder-Benutzung. Sie werden das an den Stücken feststellen, die ich Ihnen schicke.»

Wir haben absichtlich diesen Auszug aus einem Brief trotz seiner Trockenheit und seines technischen Charakters zitiert. Wir wollten zumindest einmal den Gelehrten in den Einzelheiten bei der Arbeit zeigen. Dieser Text ist in dreifacher Weise charakteristisch: durch die Methode, durch die Beobachtungsgabe, von der er zeugt, und durch den kritischen Geist. P. Teilhard ist zunächst Geologe, anschließend auf die Säuger spezialisierter Paläontologe und erst an dritter Stelle Vorgeschichtler und Anthropologe. Die große Bedeutung der paläontologischen und archäologischen Entdeckungen des Paters liegt darin, daß sie immer eine feste geologische Grundlage haben, die auf alle Fälle selten bestritten werden kann. Darin wird die Methode P. Teilhards deutlich sichtbar: zunächst die Gegend geologisch begreifen und dann die alten Spuren der Gegenwart des Menschen suchen. Der geologische Rahmen zuerst, das übrige später; denn der Rahmen liefert zumindest einen relativen chronologischen Maßstab, der erlaubt, die Lebewesen und die Dinge zu datieren. P. Teilhard bewunderte die Beobachtungsgabe Barbours. Doch nach Aussage aller, die ihn gekannt haben, war auch er in besonderer Weise begabt. Sein lebhaftes Auge gewahrte auf der Oberfläche des Bodens alles, was ein bearbeiterer Stein oder ein Steinsplitter sein konnte. In ‹La Croisière Jaune›[16] bemerkt Georges Le Fèvre:

W– «Seine geschulten Augen entdeckten den winzigsten bearbeiteten Stein, der sich rot von der grauen Nacktheit des vom Winde glattgefegten Bodens abhob.»

Der Pater ist, das darf nicht vergessen werden, ein visueller Typ. – Nebenbei bezeugt dieser Brief den kritischen Geist des gelehrten Jesuiten und die Vorbehalte, mit denen er sich ringsum absicherte:

[16] Plon, Paris 1952, neue Ausgabe, S. 291–293.

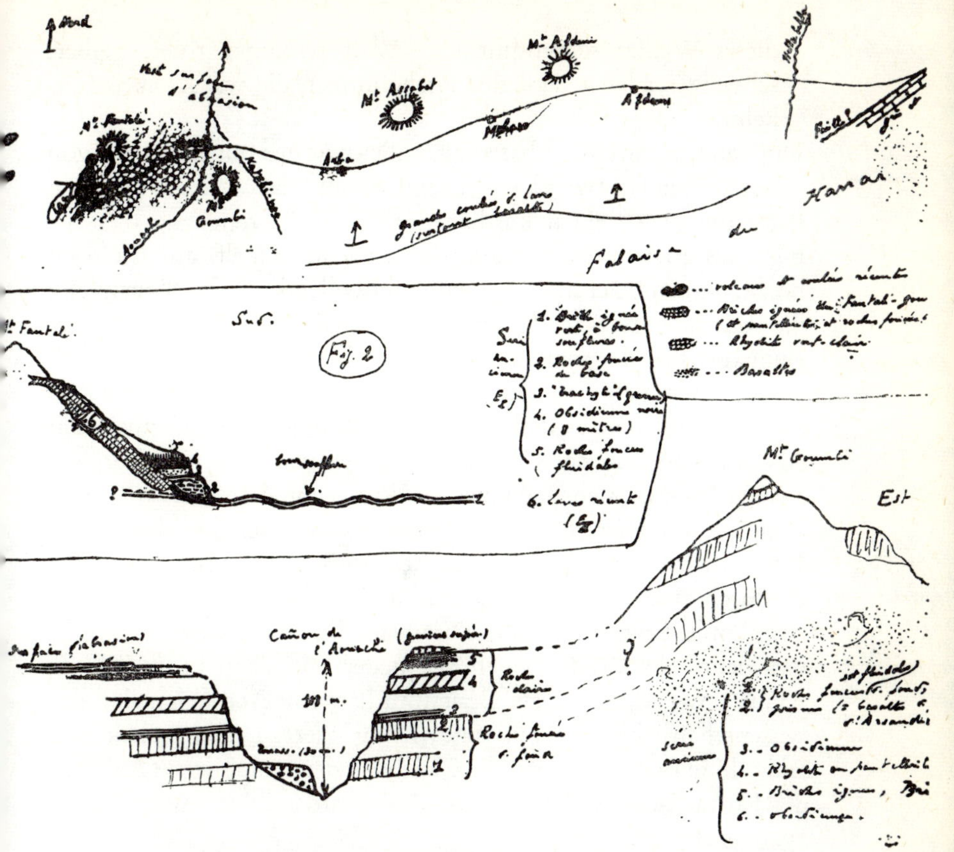

5. Geologische Skizze des Harrar in Abessinien,
Zeichnung von Teilhard de Chardin [mitgeteilt von der Académie des Sciences]

Gewisse Absplitterungen der Feuersteine scheinen ihm natürlichen Ursprungs zu sein. Die Paläontologen kennen die Nachteile der gerollten Steine, die nicht IN SITU sind und der menschlichen Bearbeitung fremde Stöße erhalten haben können.

Dic Briefe P. Teilhards sind von äußerster Mannigfaltigkeit, sehr häufig innerhalb desselben Schreibens. Dieser technische Text von so strenger Trockenheit schließt mit einem Feuerwerk:

B – «Ich habe es mir nicht entgehen lassen, die lebenden Korallenbänke zu betrachten; das ist wunderbar. In dem kristallklaren Wasser dehnen sich die roten, grünen, geäderten Schwammkorallen aus, sie formen Kugeln oder sie bilden Büsche; und inmitten dieses Waldes schwimmt eine Welt seltsamer roter, gelber, schwarzer, blauer, violetter Fische umher, die wie Kolibris funkeln.»

Und jetzt, am 8. Dezember 1928, reißen wir uns mit Bedauern von dieser bunten Feenwelt los und nehmen mit Pierre Lamare und dem Pater die CFE[17], einen köstlichen kleinen Operettenzug, der nie mehr als 40 Stundenkilometer fuhr, nachts anhielt, um Atem zu holen, und am nächsten Morgen wohlwollend mit der Signalpfeife die Reisenden weckte, die sich in den von der Gesellschaft erbauten Bungalows niedergelassen hatten; so gab er ihnen freundschaftlich zu verstehen, daß man trotz allem weiterfahren müsse – eine menschenfreundliche Gesellschaft, deren mitleidiges Maschinenpersonal [da das Wasser in der Gegend sehr selten war] den eingeborenen Frauen erlaubte, sich einen kleinen Vorrat von dem kostbaren Naß zu holen, um ihnen so mühsame Fußmärsche durch den überhitzten Busch zu ersparen. Machen wir einen Ausflug in die Schluchten des Hawasch, und lassen wir uns anschließend [was nur ein Vorwand zum Umherschweifen ist] in Dire Daua [in dem Elektrizitätswerk, das Henry de Monfreid gehört] nieder und dann in dem Dorf Araui[18], wo Monfreid ein Besitztum hatte. In Abessinien sind die wissenschaftlichen Ergebnisse gewichtig. Pierre Lamare erhält eine endgültige Bestätigung für die Gleichheit des geologischen Aufbaus des Harrar und des Jemen, und P. Teilhard erklärt am 19. Januar 1929 in Obock:

B – «Das Ende meines Aufenthaltes in Abessinien ist von zwei wichtigeren Erfolgen gekennzeichnet gewesen. Ohne von dem bedeutenden Stock an für Lacroix gesammelten Steinen und Beobachtungen zu sprechen, habe ich innerhalb einiger Tage in der Umgebung von Dire Daua 1. eine Höhle mit einer bedeutenden versteinerten Ausfüllung aus schönen, wahrscheinlich paläolithischen Werkzeugen und einigen Zeichnungen gefunden; und 2. ein mit Ammoniten ausgefülltes Niveau; das ist etwas in diesem Teil Abessiniens noch Unbekanntes, und vom geologischen Gesichtspunkt ist das sehr wertvoll. Es handelt sich also in diesen beiden Fällen um ganz Neues. Ich habe Boule sogleich aufmerksam gemacht, und ich hoffe, eine Kiste mit Muster-

[17] Chemin de fer Franco-Éthiopien: Französische-Äthiopische Eisenbahn.
[18] Unterhalb des malerischen Dorfes aus Lehmhütten, das Harrar heißt.

stücken kommt schnell und gut in Paris an. Kurz und gut, ich bin nunmehr in der Lage, zumindest zwei hübsche Abhandlungen über Äthiopien und Somaliland zu schreiben.»[19]

Er mußte im Laufe der Erforschung einer dieser Höhlen eine homerische Schlacht wider die Mauerwespen schlagen[20]:

W– «Ich erinnere mich an eine von ihnen», schreibt Monfreid, «in der wir gegen eine gefährliche Armee von Mauerwespen kämpfen mußten, die ihre Nester an den Kalksteingewölben aufhängen. Diese dicken Insekten mit einem schwarzen Leib und stahlblauen Flügeln, die sonst im allgemeinen nicht angriffslustig sind, verteidigen ihre Felsenstadt mit wilder Wut.

Wir waren kaum bis zu der schmalen Terrasse gelangt, die dem Felsunterschlupf vorausging, als sich auch schon ihr Schwarm als ein summender Vorhang vor seinem Eingang entfaltete. Der Schwarze, der uns begleitete, hielt uns rechtzeitig zurück: ein Schritt weiter, und all diese riesigen Wespen wären über uns hergefallen. Ihr Stich ist so schmerzhaft, daß sehr häufig der darunter liegende Muskel gelähmt wird. Obendrein ist die Giftmenge so groß, daß zehn Stiche den Tod verursachen können.

Jedoch es mußte erforscht werden; Teilhard hatte aufgrund des Zeugnisses einiger nach außen geförderter Steine keinen Zweifel an der Bedeutung dieser Höhle, und er hätte nicht gefürchtet, das Abenteuer zu wagen, wenn der Schwarze und ich ihn nicht zurückgehalten hätten.

Es bedurfte einer regelrechten Belagerung, um die geflügelte Garnison zu vertreiben. Sie bestand darin, nachts mit genug Buschwerk einzudringen, um den ganzen Unterschlupf wie einen Backofen auszubrennen. Der Schwarze weigerte sich, uns zu helfen, und zwar aus spirituellen Gründen, wenn ich so sagen darf; denn es handelte sich, wie es scheint, um nichts weniger, als die von diesen Riesenwespen bewachten und verteidigten gefährlichen Geister zu verjagen.

Endlich, vor der Morgendämmerung, ließ die Flamme die Nester voller Larven und die Wespen selbst aufprasseln, die jene grimmig verteidigten. Wir mußten fliehen, um uns der Wut dieser verzweifelten Kämpfer zu entziehen. Als es Tag wurde, erkannte ich das

[19] ‹Reisebriefe›.

[20] Er war von Henry de Monfreid, der das Land großartig kannte, auf sie aufmerksam gemacht worden.

schmale und asketische Antlitz Teilhards in diesem riesigen und geschwollenen Gesicht nicht wieder. In seinem Kampfeseifer hatte er eine ganze Reihe von Stichen erhalten, und an dem Schmerz, den mir ein einziger verursachte, kann ich den Schmerz ermessen, den er, ohne jede Klage, ertragen mußte. Wenn es ihm auch unmöglich war, zu lächeln, begriff ich doch, daß er über diesen teuer erkauften Sieg glücklich war.»[21]

Dieser gegen sich selbst harte Kämpfer hatte als Parole:

B – «Es geht nicht darum, zu wissen, ob das Wasser kalt ist: man muß hindurch.»[22]

Wie gewohnt, interessierte sich der Pater für die Geographie, die Ethnologie, und seine Notizen sind genau und treffend:

B – «Es ist für mich ein großes Vergnügen, neben der Arbeit eine derart von allem, was ich bisher gesehen habe, verschiedene Natur zu betrachten. Wenn der Wüstenstreifen an der Küste einmal durchquert ist, trifft man unmittelbar auf den typischen afrikanischen Busch mit seinen zahllosen, spärlich gesäten Mimosazeen, seinen großen Euphorbiazeen in Kaktus- oder Kandelabergestalt, seinen Antilopen, seinen bunten Vögeln und seinen Termitenhaufen. Hier, in Araui, bin ich mehrmals unseren Freunden, den Affen, begegnet: graue, auf den Bäumen sitzende Affen, – und „von den Bäumen herabgestiegene“ Hundsaffen, denen man in großen Herden begegnet [männliche, weibliche und kleine Tiere jeden Alters], die sich wie auf den Boden gehockt mit großer Geschwindigkeit fortbewegen. All dies, in Verbindung mit der heißen Sonne, die selbst hier, in etwa 1300 Meter Höhe [wir grenzen an eine Hochfläche von 2000 und mehr], erlaubt, am Tage in Hemdsärmeln zu leben, bildet einen lebendigen und bunten, durchaus belebenden Rahmen. Sie würden sich in Araui wunderbar zum Arbeiten aufgelegt fühlen; man würde Ihnen für Sie ganz allein eine Hütte bauen, und Sie hätten, um sich auszuruhen, den Anblick der Tukane, Nektarvögel und der kleinen Kardinalfinken, die vertrautesten unter all diesen Tieren, – und sie sind hier, wo ihnen niemand etwas sagt, sehr wenig furchtsam.

Wenn ich mehr Anthropologe oder mehr Ethnograph wäre, würden die Völkerschaften, wie ich annehme, mich sehr inter-

[21] In ‹La Table Ronde›, Juni 1955, S. 68–69.

[22] Brief vom 14. Mai 1922.

essieren. Tatsächlich vermag ich kaum etwas anderes zu sehen in den Dankalis, Somalis, Gallas usw., die uns umgeben, als großartige kupferbraune Tiere, die selbst in den kultivierten Ebenen in langsamem Trab im „Gänsemarsch" herumziehen, im allgemeinen bewaffnet mit einer langen Lanze und einem breiten Messer.»[23]

Auf der mehr anekdotischen Ebene wären viele lustige Geschichten von dieser Fahrt durch Somaliland und Abessinien während dieser

B – «drei arbeitsvollen und vollkommen glücklichen Monate unter den Antilopen, den Somalis und den Affen»

zu erzählen.

Welch sprühender Zusammenprall der Geister zwischen den beiden Pierres! An einem Donnerstag, am 13. Dezember, verlassen sie das Tal des Hawasch und fahren zurück nach Dire Daua.

B – «Nach zwei Stunden Fahrt», erzählt uns Pierre Lamare, «fuhr der Zug über einen kleinen Viadukt über die schattige und malerische Schlucht eines kleinen Flusses, eine Schlucht, die uns obendrein noch durch einen schönen geologischen Schnitt anzog. Angesichts dieses verführerischen und flüchtigen Schauspiels konnte mein Weggenosse nicht den Ausruf unterdrücken: *«Ach, wenn man nur den Zug hier anhalten könnte! Wie schade, daß wir nicht dorthin gehen können, uns das anzusehen!*" Doch in genau demselben Augenblick, da er diesen unvorsichtigen Wunsch aussprach, hörten wir ein Eisengeklirr, auf das heftiges Schütteln und Stoßen folgten. Die Wagenreihe blieb plötzlich stehen: die Spitze des Zuges war entgleist [...]. Die Angelegenheit brachte fünf bis sechs Stunden Verspätung ein [...]. Teilhard und ich konnten diese Verzögerung ausnutzen, um in Muße zu erforschen, was uns interessierte [...]. Ordnungsgemäß zusammengestellt, setzte sich der Zug recht und schlecht wieder in Bewegung, sicher voller guten Willens, jedoch unfähig, die fünf Stunden Verspätung aufzuholen, die uns der Zwischenfall gekostet hatte. Er kam erst gegen Mitternacht in Dire Daua an. Doch während der ganzen Fahrt bemühte ich mich, den Wunscheifer meines alten Freundes zu mäßigen: „Vor allem keine Wünsche mehr, mein Freund..., denn wenn es auch offensichtlich ist, daß Sie von einigen Ihrer Oberen nicht sehr gern gesehen werden, so stehen Sie doch

[23] Brief vom 30. Dezember 1928.

mit dem Himmel auf bestem Fuße. Wenn Sie wollen, daß wir in Dire Daua heute abend ohne weiteren Zwischenfall ruhig schlafen können, rufen Sie ihn nicht mehr an bis zu unserer Ankunft. Ein Wunder am Tag genügt!"»[24]

Wir hatten dem Leser zu Beginn einen recht braven Jungen mit tiefblauen Augen vorgestellt... Das Senfkorn ist nicht gestorben. Halten wir unter Dutzenden ein neues Bild des Paters fest, und zwar genau zum Ende dieser Epoche, da [wie wir zeigen werden] «Das Gold des Geistes» auf die «Rotglut der Materie» folgte. Wir haben als symbolisches Zeichen ein Bild von diesem Schiffsausflug gewählt, den Henry de Monfreid und P. Teilhard[25] nach dem Ghubbet Kharab an der am weitesten landeinwärts gelegenen Stelle des Golfes von Tadjoura machten[26].

1929 ...Januar 1929. Das Rollen des «Piraten» hat die Horizontlinie leicht verschoben. Der Golf von Tadjoura zwischen Obock und Djibouti ist von Schaumspiralen betupft, die sich auf dem Grund eines mürrischen Meeres ausbreiten. Links, fast im Vordergrund, ein Brückenaufbau, unter dessen Bogen man einen Teil der gleichfalls durchbrochenen Reling mit einem Blick nach vorn auf einen der Gangspills sieht, um die das Ruderreep aufgewickelt wird. Rechts eine Gruppe von drei Personen, die in bezug auf die Symmetrieachse leicht aus der Mitte verschoben sind. Jede von ihnen befindet sich in einer anderen Ebene. In der dritten, am Steuerrad [das nicht sichtbar ist], eine feierliche ebenholzschwarze, dicklippige Gestalt mit stumpfer Nase, rundem und glattrasiertem Schädel, die starr in die Fahrtrichtung sieht: es ist der Rudergänger, das unbewußte Symbol der farbigen Massen, mit denen der Pater eng zusammenlebte. Im Vordergrund, nach Backbord, sitzt der kleine Daniel de Monfreid, ein vom Meerwind zerzauster Blondkopf in einem Jacquard-Sweater[27].

[24] Brief an C. Cuénot vom 1. August 1955.

[25] Pierre Lamare war durch eine schwere Angina zurückgehalten worden.

[26] Es war die vorletzte Exkursion des Paters, die letzte galt dem Assal-See, einer Art Totes Meer etwa 200 Meter unter dem Meeresspiegel und zum Teil mit einer Salzkruste bedeckt, deren Temperatur durch die Sonnenstrahlung so hoch ist, daß die Vierfüßler und Vögel, die sich darauf wagen, auf der Stelle zugrunde gehen.

[27] Teilhard liebte wie jeder gesunde und normale Mensch die Kinder. Ohne seine

Im Mittelfeld, die beiden anderen Gestalten durch seine Größe überragend, eine dritte Figur, die wie das Kind auf der Reling sitzt. Die Hose wirft Falten und ist über die Knie gespannt. Die Jacke, deren drei Knöpfe zugeknöpft sind, ist unwahrscheinlich verzogen, und der unterste Knopf ist Zugkräften ausgesetzt, denen er wahrscheinlich erliegen wird. Von dem runden, gestärkten Kragen, diesem Halseisen des Geistlichen, hat sich der lange Hals befreit. P. Teilhard ist frei... und später, bei einer seiner Heimfahrten, akzeptierten seine Pariser Oberen ohne Schwierigkeiten die gelben Handschuhe und den dunkelblauen Hut, den er von seinen Zwischenlandungen mitgebracht hatte. Der zum Forscher unter allen Winden gewordene ehemalige Professor ist vom Eigner des «Piraten» eingeladen worden, und wenn man mit den Wellen kämpft – Gott mag wissen, was in den Laderäumen ist –, trägt man keine runden Kragen.

Aus dem rechten Ärmel entschlüpft eine lange, kräftige und schmale Hand, die entspannt auf dem Knie liegt. Aus dem Halsausschnitt taucht ein Gesicht mit ausgeprägten Zügen empor. Die Haare, die im Winde wehen, wie es ihnen gefällt, sind nicht mehr sehr zahlreich und geben eine hohe Stirn frei. Die Augen sitzen tief unter den Brauenbogen. Eine große Nase, ein großer Mund, ein willensstarkes Kinn. Der Pater sieht den Fotografen an, und doch sieht er über ihn hinaus. Er ist frei, und doch bleibt dieses hagere, energische, intelligente Gesicht gespannt: Die innere Schau ist zu stark. Genau genommen ist es nicht einmal eine Schau. Der scharfe, bohrende Blick, dessen Flamme das Unendliche durchdringt und die Tiefen der Materie auslotet, hat keine Mühe, bis zum physischen Herzen Jesu emporzusteigen.

Ist es möglich, in der Seele dieses Abenteurers Christi, dieses unzivilisierten, ungezähmten P. Teilhard zu lesen, der von der Last der gesellschaftlichen Konventionen und diesen Mondänitäten befreit ist, die keineswegs der leichte Rausch dieser glänzenden Vorträge ausgleicht, bei denen man allzusehr umdrängt ist? Kann man das Herz dieses Exoten mit seiner von einer unermeßlichen Freiheit geweiteten Brust entziffern? Der Pater hat eine feurige und leiden-

Berufung zum Priester und Ordensmann hätte er einen ausgezeichneten Vater abgegeben. Doch die katholische Kirche hätte damit einen ihrer größten Denker und tiefsten Mystiker verloren.

schaftliche Seele, und er ist nicht nur ein ehrlicher Mensch, sondern auch, in gewissen Bereichen, ein naiver Mensch[28] und, wir wollen es sagen, ein köstlich kindlicher «Elefant im Porzellanladen»... Er liebt es, vorzustoßen... Auf den ersten Blick mag das bei diesem Mann mit seinem grundguten und sanften Herzen unter seiner vom Humor gemäßigten auvergnaten Rauheit überraschen. Er, der im allgemeinen der nachgiebigste Mensch der Welt ist, wird in gewissen Fällen absolut unnachgiebig, und – das ist in den Augen einiger das Schlimmste – er macht daraus kein Geheimnis. Ist er ein schwierig zu begreifender Charakter, der sich einmal bis zum äußersten anpaßt und sich dann wieder widersetzt oder genauer der Wollust der Starrköpfigkeit überläßt? Nein, dieser Widerspruch existiert nur scheinbar. Trotz seiner Ursprünge aus der Auvergne ist der Mann weder zutiefst halsstarrig noch dickköpfig, er ist vielmehr ganzheitlich und so unfähig, in den Gedanken nachzugeben, deren Richtigkeit er erprobt hat. Seine Botschaft, seine apostolische Berufung bilden einen unangreifbaren Block. Er hat seine Positionen festgelegt, und er hält sie.

Wie dem immer auch sei, alle hatten ihn gern: Mehr als je erfährt sein Herz die von bevorzugten Zuneigungen erfüllte Zärtlichkeit. Seine ursprüngliche Familie hat sich ausgeweitet dank jener anderen so sehr geliebten Familie, die nach und nach um ihn, ausgehend von den auseinanderklaffendsten Elementen, die Herzensverwandtschaften der wissenschaftlichen Forschung und des Denkens sammelt. P. Teilhard hatte das Glück, das er verdiente: In jedem Abschnitt seines Lebens findet er Freunde, um sein Werk zu retten, um ihn in der Prüfung zu stützen, um ihm zur Klärung zu verhelfen, um ihm beizustehen, er selbst zu werden. Auch später wird er sie noch finden. Er hat den Geist der Freundschaft[29], und er weiß sehr wohl, daß die großen Freundschaften sich weit weniger in der gegenseitigen Durchdringung als im Voranschreiten zu zweien in eine neue Welt entwickeln. Der Kontakt mit den Freunden IN

[28] Man darf übrigens diese Naivität nicht übertreiben. Er hatte zweifellos eine zu hochgemute Seele, um ein Fuchs oder ein Drahtzieher zu sein; einige seiner ergebenen geistlichen Freunde übernahmen es, ihm als Schild zu dienen. Doch besaß er eine zu hohe Intelligenz, um ungeschickt zu sein, und er verstand sehr wohl, die Gutwilligen, die er weckte, [für den großen Christus] einzusetzen.

[29] Er hat niemals Freunde in der Not oder in Gefahr verlassen.

INTELLECTU ET IN DOMINO gehört für ihn tatsächlich zu den lebensnotwendigen Bedürfnissen; denn dieser Optimist ist zugleich ein Skrupulant, der dauernd an sich selbst zweifelt und folglich das Bedürfnis verspürt, mit anderen zu sprechen, zur Diskussion zu kommen.

Doch noch tiefer als die Freundschaft herrscht in ihm die sinnliche Liebe zum Universum: Die Welt hat sein Herz ergriffen, denn das sinnlich Wahrnehmbare überflutet es mit seinen Reichtümern. Neben ihren Dienstbarkeiten ist die Materie die physische Freude, der begeisternde Kontakt, die vermännlichende Anstrengung, die Freude des Wachsens. In ihrer Gemeinschaft mit dem Universum vermählt sich die Seele dem Schöpferbemühen. Der Wille zum Erfolg, eine gewisse leidenschaftliche Vorliebe für das hervorzubringende Werk bilden einen unablöslichen Teil seiner Geschöpfestreue. Immer in die Bresche springend, immer an der Spitze des am meisten hoffenden und am meisten voranstürmenden Teils der Menschheit: Pater Teilhard ist so der überzeugte Bundesgenosse all jener, die glauben, die Menschheit könne nur unter der Bedingung gelingen, daß sie mühevoll bis an die Grenze ihrer selbst voranschreitet und darin selbst über die physischen und natürlichen Minderungen sieghaft bleibt. Nichts Menschliches ist ihm fremd. Dieser Gedanke, diese materielle Vervollkommnung, diese Harmonie, diese besondere Nuance der Liebe, diese köstliche Komplexität eines Lächelns oder eines Blickes: all das liebt er, und er vermag nicht zu glauben, daß das vollständig sterben könnte.

Auf der Reling dieses «Piraten», dessen Kiel wie ein Pflugmesser eine hoch wogende Fläche durchschneidet, sitzt das «Ich» des Abenteuers und der Forschung, jener, der immer bis an die äußersten Grenzen der Welt gehen will, weil er sich die Forschung zu einer heiligen, absoluten Pflicht gemacht hat, der er sich mit Leib und Seele geweiht hat. Er ist auch der Mann, der sich den Genuß, den Weg der geringsten Anstrengung, den trägen Besitz der Dinge und der Ideen verweigert, der sich schmerzhaft von sich selbst losreißt, um sich in die Gefahr, zur Arbeit, zur beständigen Erneuerung der Ideen, zur inneren Erneuerung, zur rastlosen Erweiterung und Läuterung seines Ideals zu drängen. Dieser Mann baut in dem ständigen Bemühen, über sich hinaus zu gelangen, in jedem Augenblick bereit, die geliebtesten Entwürfe hinter sich zurückzulassen, nicht nur sein Werk, sondern schmiedet auch durch alle Tage seines Erdenlebens hindurch seine Seele. Ihm ist auch diese andere Synthese gelungen, deren Entwurf in die Zeit des Ersten Weltkrieges zurückgeht, die Synthese der Bindung an die Erde und der Loslösung. Weil der Mensch auf seine Geruhsamkeit und auf seine Ruhe verzichten muß, weil er unaufhörlich zugunsten besserer Formen die ersten Formen seines Schaffens, seiner Kunst, seines Denkens aufgeben können muß[30], ist dieses dauernde Sich-Losreißen mit der strengsten Entsagung identisch, und zwar so sehr, daß der Christ, und insbesondere dieser jesuitische Priester, der dem Kielwasser und den Schaumkämmen den Rücken gekehrt hat, zugleich der gebundenste und der losgelösteste aller Menschen ist. Wahrlich, in seinen eigenen Augen zählt er nicht mehr, ist er nicht mehr da. In seiner quasi-kosmischen Demut, die die Anonymität sucht, hat er sich in dem Bemühen verloren, das ihn vervollkommnet; denn er vergißt nicht, daß das Ziel, auf das hin sich die Erde bewegt, jenseits nicht nur jeden individuellen Dinges, sondern auch der Gesamtheit der Dinge liegt, denn er lebt die wahre Reinheit, jene, die keine blutleer machende Trennung, sondern ein Aufschwung durch alle Schönheiten hindurch ist; denn der Weg der Loslösung ist gerade eben der Weg des menschlichen Bemühens, das übernatürlich durch das Kreuz berichtigt und verlängert wird; denn die Welt wird keineswegs durch Unterdrückung, sondern durch Läuterung vergöttlicht; denn Gott ist für uns die ewige Entdeckung und das ewige Wachsen.

Dieser Abenteurer mit dem hageren Gesicht und dem tiefen Blick, der seine Hände nicht in den Ärmeln verschränkt, ist ein geborener Missionar, ein für das göttliche Milieu leidenschaftlich Begeisterter, der sich wie erstarrt fühlt, wenn das Feuer der göttlichen Gegenwart um ihn herum noch nicht genügend entzündet ist. Er nährt die unauslöschliche Leidenschaft, zu Christus zu gelangen, doch in Erwartung dessen träumt er davon, der Evangelist, der Apostel Christi *im Universum* zu werden. Er strebt dahin, einer dieser Menschen zu werden, die sich der Aufgabe geweiht haben, durch ihr Leben das Beispiel der allgemeinen Heiligung des menschlichen

[30] Das erklärt seine [in den Augen des Historikers ungerechtfertigte] Strenge seinen frühen Werken und gewissen Briefwechseln gegenüber, deren Standpunkte er als überholt ansah.

Bemühens zu geben[31], einer dieser Menschen, deren gemeinsames religiöses Ideal es wäre, den göttlichen Möglichkeiten oder Forderungen, die jegliche irdische Beschäftigung in sich birgt, ihre bewußte, vollständige Explizierung zu geben. Sein höchster Ehrgeiz ist, unser Jahrhundert mit Gott zu versöhnen, da sich das Universum nur in Christus vollendet und Christus seinerseits nur durch das bis an die Grenzen seiner Möglichkeiten vorangetriebene Universum hindurch erreicht werden kann.

...Pater Teilhard segelt bereits auf die endgültige Synthese zu.

[31] Vgl. Brief vom 2. April 1930: «*Instinktiv glaube ich, ich muß zunächst die Treue zur Wissenschaft, das heißt, das gegebene Beispiel des menschlichen Bemühens gewährleisten: der Rest [die Hauptsache], das heißt, der spirituelle Einfluß, wird hinzugegeben werden.*»

VIERTES KAPITEL
VOR DER «GELBEN KREUZFAHRT» [CROISIÈRE JAUNE]

1929 Anfang Februar 1929 schifft sich P. Teilhard in Djibouti an Bord der «André-Lebon» ein. Wir wissen nur wenig von dieser Überfahrt:

B – «Von Djibouti an ist die Überfahrt außergewöhnlich schön gewesen. Ein ruhiges Meer, milde Temperaturen. Mich überkam ein gewisses Bedauern, wieder nach Norden zu fahren. Im Grunde bin ich ein Mann der Tropen.»[1]

Er liest ‹Les Conquérants› von Malraux; in der körperlichen und seelischen Ruhe ist er von seiner Denkarbeit in Anspruch genommen und verfaßt ein «Papier»:

B – «[...] es ist etwas scharf und hart. Doch wollte ich einmal wirklich versuchen, mit mir selbst absolut ehrlich zu sein.»[2]

Am 15. März finden wir ihn in Tientsin:

B – «Ich bin also wieder hier in Tientsin – im Grunde glücklich – und sogar mit einem Gefühl des Wohlergehens, wieder ein regelmäßiges Leben zu führen, angefangen mit dem Sakramentsbesuch am Morgen und der Betrachtungsstunde... China wirkt auf mich, ich weiß nicht weshalb, geographisch tonisierend; und in den Hautes Études erfahre ich immer eine Art geistiger Erneuerung, die Assimilation IN DEO des gewaltigen Vorrats an unvergorenem Saft, den ich während meiner so angespannten Aufenthalte in Paris ansammle.»[3]

Von März 1929 bis Mai 1931 dauert ein besonders komplexer Zeitabschnitt. Wir werden zunächst die «Stellung» P. Teilhards am Geological Survey untersuchen; dann werden wir die sich daraus ergebenden Konsequenzen studieren: seine Rolle in Choukoutien, eine andere, neue Art von Reisen. Schließlich werden wir von den Vorbereitungen der *Croisière Jaune* und den Reisen sprechen, die sie mit sich brachten.

[1] Brief vom 25. Februar 1929.
[2] Brief vom 2. April 1929. Es handelt sich um ‹Der menschliche Sinn›.
[3] ibidem.

Wir haben bereits ein Teilstück des Briefes vom 27. Februar 1927 zitiert: Schweden, Amerikaner und Chinesen haben gemeinsam den Pater gebeten, am Survey in offiziöser Stellung die Überwachung all dessen zu übernehmen, was die fossilen Säuger betrifft. Am 2. April 1929 haben seine «*lieben Freunde des Survey*» zu einem neuen Vorstoß angesetzt, und P. Teilhard findet sich zwischen zwei Feuern:

B – «[...] Ich befinde mich in einer schwierigen Lage zwischen meinen Freunden vom Geological Survey Chinas, die mir die Arme weit offen halten, ohne Licent haben zu wollen, und Licent, den ich aus Freundschaft, aus Dankbarkeit, aus Anstand, aus Sorge um die Interessen der SJ-Mission nicht fallenlassen kann... Ich bin gegenwärtig in eine mühsame Verhandlung verwickelt... Ich nehme an, daß wir zu einer Übereinkunft kommen werden.»

Doch das Geologische Landesamt, das einzige wirkliche wissenschaftliche Zentrum Chinas, wünscht immer mehr, ihn für sich zu gewinnen, und sein Freund Wong verhandelt in Nanking über die offizielle Eingliederung P. Teilhards als Scientific Adviser of the Geological Survey[4]. Wir erfahren weiter, daß am 16. Juni 1929 die Aufforderungen des Geologischen Landesamtes dringlich werden und der Pater am übernächsten Tag als Berater des Geologischen Landesamtes ins westliche Schansi mit einem chinesischen Geologen[5] aufbrechen soll. Im Schansi ist er den alten Gewohnheiten entsprechend beauftragt, sich vor allem mit den tertiären und quartären Formationen zu befassen. Am 7. Oktober desselben Jahres aber erklärt der Pater in Peking, daß er nunmehr ein Büro im Survey hat[6]. Außerdem hat Nanking ihn zum korrespondierenden Mitglied seines «Nationalen Forschungsinstituts»[7] ernannt. Und Pater Teilhard ruft aus:

B – «Es ist wirklich eine Geistesfreude [im Zentrum selbst der Erarbeitung der chinesischen geologischen Wissenschaften], an

[4] Vgl. ‹Reisebriefe› [13. April 1929].

[5] C. C. Young.

[6] Vgl. Brief vom 29. September 1929: «*Äußerlich zunächst festigt sich meine Stellung im Geological Survey immer mehr. Ich gehöre jetzt praktisch zum „Generalstab"; und ich habe viel Mühe, begreiflich zu machen, daß ich trotz allem nicht endgültig in den Räumen des Survey in Peking Wohnung nehmen kann.*»

[7] Zentrale in Nanking.

der Ernte und an der Synthese der Dokumente zu arbeiten, die von überall her herbeiströmen.»

Da er nunmehr, wie die Amerikaner es nennen, eine VIP – A Very Important Person – ist, wird der Pater berufen, an den Ausgrabungen von Choukoutien teilzunehmen. Am 6. Dezember 1929 erklärt der Pater auf einem Briefbogen mit dem Kopf *The National Geological Survey of China*:

B – «[...] um nur von den wichtigsten Studien zu sprechen: ich nehme immer mehr die geologische und [nicht menschliche] paläontologische Leitung des berühmten Choukoutien in die Hand.»

Die Ausgrabungen sind in vollem Gange: 1927 waren 300 Kubikmeter Felsen und fossilienhaltiger Breccie gefördert worden. 1928 erreicht die Ziffer 2800 und 1929 3000. Im April 1930 hat eine hartnäckige und äußerst sorgfältige Arbeit, die in einem sehr harten Boden fast immer mit Sprengungen weitergeführt wird, bereits zur Sicherstellung von 1500 Kisten mit Fossilien geführt. Die Amerikaner führen im Einvernehmen mit den Chinesen die Sache in großem Stil durch und sieben praktisch den ganzen Hügel durch – zumindest die fossilienführende Spalte.

Das Ergebnis dieser systematischen und hartnäckigen Arbeit war die Entdeckung des *Sinanthropus* [er wurde von Davidson Black so getauft]. Bereits 1928 waren zwei Kieferbruchstücke gefunden worden. Am 28. Dezember 1929 richteten Teilhard und Black an Boule ein triumphierendes Telegramm: NEW YEAR GREETINGS. RECOVERED CHOU-KOU-TIEN UNCRUSHED ADULT SINANTHROPUS SKULL ENTIRE EXCEPT FACE. LETTER FOLLOWS.[8] Der Brief gab dazu Erläuterungen:

B – «In Choukoutien ist der größte Teil des „Zerebral"-Schädels eines *Sinanthropus* in unverformten Zustand gefunden worden [...]. Seine Kiefer fehlen. Das Stück ist, so wie es ist, erregend. Größe wesentlich dieselbe oder etwas größer als beim *Pithecanthropus*, jedoch deutliche Stirn- und Scheitelwulste [fast wie bei der Schädeldecke von Neandertal]. Augenhöhlenvisier und Schläfeneinschnürung sind stärker als bei den Neandertalern.»

[8] «*Neujahrsgrüße. Sichergestellt Choukoutien unzerdrückten erwachsenen Sinanthropus Schädel, ganz außer Gesicht. Brief folgt.*» «Der Alte» wird der respektlose Spitzname sein, mit dem P. Teilhard später den *Sinanthropus* belegt.

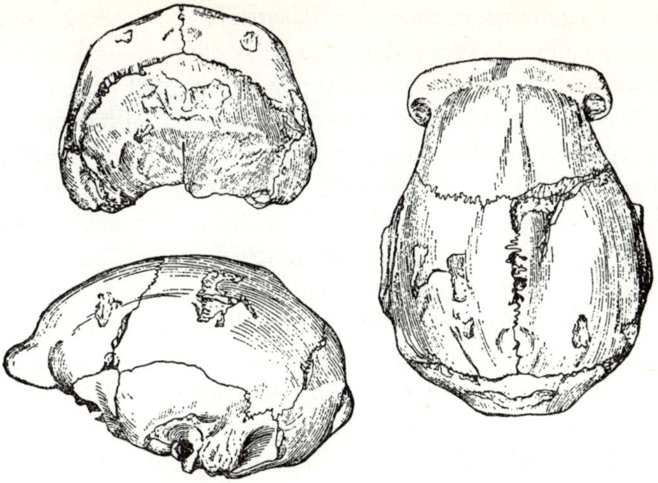

6. Der Sinanthropus von Choukoutien, Schädel 1 [nach einer Zeichnung von J. Leriche]

Die Entdeckungen folgen aufeinander. 1930 verkündet der Pater am 31. Juli:

B – «Bei Wiederaufnahme meiner Arbeit in Peking habe ich die schöne Überraschung erlebt, einen zweiten Schädel des *Sinanthropus* zu betrachten, der während meiner Abwesenheit gefunden worden war. Dieses zweite Fundstück ist nicht vollständiger als das erste [oder nur geringfügig in gewissen Punkten]. Doch ist es trotzdem sehr schön. Und außerdem besteht zwischen den beiden Fossilien eine vollständige Identität der Form. Ich habe viel Glück, an dieser Sache mitzuarbeiten. Und Glücksfälle wie dieser lassen mich endgültig mich einzig und närrisch in den göttlichen Einfluß verlieben, der die Welt lenkt.»[9]

Es genügt nicht, zu sagen, Pater Teilhard habe das Glück gehabt, an einer der grundlegenden Entdeckungen der zeitgenössischen Anthropologie mitzuwirken. Es ist wesentlich, seine genaue Rolle in Choukoutien zu präzisieren. Wenn er auch zusammen mit Licent den paläolithischen Menschen von China *gefunden* hat[10], so hat er

[9] Insgesamt wurden sechs Schädel und ein halbes Dutzend Kiefer entdeckt.

[10] Genauer sein Werkzeug und seine Feuerstellen, also den Beweis für seine Existenz.

doch genau genommen nicht den *Sinanthropus* entdeckt. Diese Ehre kommt in gleicher Weise den beiden Vorläufern Andersson und Zdansky und vor allem einer Gruppe zu, die sich wesentlich aus Black, Teilhard[11] und einigen jungen chinesischen Mitarbeitern [vor allem Young und Pei] zusammensetzte: ein schönes Beispiel der wachsenden Rolle des Teams in den Fortschritten der Wissenschaft: Black befaßte sich vorwiegend mit den Knochenbruchstücken des *Sinanthropus* und vor allem mit diesen Schädeln, die Chinesen arbeiteten aktiv an der Gesamtheit der Forschungsunternehmen mit und überwachten die Arbeiten an der Fundstelle[12]. Nachdem diese Einschränkungen gemacht sind [sofern sie überhaupt notwendig sind, da P. Teilhard niemals versucht hat, für sich den Hauptanteil zu beanspruchen], bleibt doch um nichts weniger wahr, daß der Pater eine wichtige und zu bestimmten Zeitpunkten entscheidende Rolle gespielt hat. Er ist wirklich der Geologe von Choukoutien gewesen[13], und ihm ist es in erster Linie zu danken[14], daß die Stratigraphie dieses berühmten Lagers schließlich entwirrt wurde, daß die gewaltige Spalte der Lokalität 1 sich endgültig als eine alte, ausgefüllte Höhle erwies und daß die Gesamtheit der Fauna als unterlößig datiert werden konnte, das heißt, als zum alten Quartär gehörig [das früher als die Lößablagerungen ist]. Pater Teilhard hat also durch seine geologischen Kenntnisse dazu beigetragen, das außerordentliche Alter des *Sinanthropus* zu beweisen. Und vergessen wir nicht, daß die Lokalität 1, wenn sie auch die einzige war, die urmenschliche Reste freigab, weit davon entfernt ist, die einzige fossilienführende Spalte zu sein; man zählte schließlich etwa zwanzig Lokalitäten.

Doch es scheint, daß der gelehrte Jesuit in einem entscheidenden Augenblick eingriff. Wir lassen den Bericht der Tatsachen folgen, wie er uns von P. Pierre Leroy überliefert ist, dessen Freundschaft

[11] Vergessen wir nicht George B. Barbour, den Physiographen der Rockefeller-Stiftung, der auch zur Zeit Blacks in Choukoutien gearbeitet hat.

[12] Der «offizielle» Entdecker des ersten Schädels des *Sinanthropus* ist Pei. Tatsächlich hat er das Glück gehabt, die Hand auf den ersten Schädel zu legen. Es ist wichtig, ihm hier sein Recht zukommen zu lassen.

[13] Vgl. Brief vom 15. April 1929: «*Ich bin praktisch mit dem Studium der Stratigraphie und der Paläontologie der Lagerstelle beauftragt*», und vom 1. Januar 1930: «*Es ist wirklich* exciting *[wenn auch etwas gefährlich], ganz allein ein großes Gebäude zu errichten.*»

[14] Und in zweiter Linie den chinesischen Gelehrten.

mit P. Teilhard 1928[15] begonnen hatte. Wenn der Beginn auch keinerlei Beziehung zu Choukoutien hat, geben wir dieses Zeugnis doch in extenso wieder, weil es wieder einmal mehr die priesterliche Seele P. Teilhards offenbart. P. Pierre Leroy, der von der Gesellschaft als Mitarbeiter P. Licents abgestellt worden war, hatte 1930–1931 eine erste Reise unternommen, um mit dem chinesischen Milieu in Berührung zu kommen und an Ort und Stelle die Reise- und Sammelmethoden zu erlernen. Nach einer aufregenden Fahrt ins Schantung, wo er mit den Räubern und Piraten[16] Verstecken spielen mußte, strandete der junge Scholastiker[17] am Ostertage in Peking, übermüdet und sehr verlegen, gerade an diesem Tage anzukommen, und er hatte die erfreuliche Überraschung, auf P. Teilhard zu stoßen: Infolge eines technischen Zwischenfalls war der chinesische Teil der *gelben Kreuzfahrt* noch nicht aufgebrochen. P. Teilhard fiel dem jungen Jesuiten um den Hals, umarmte ihn und sagte ihm: «*Gehen Sie hinaus in die Kapelle, ich gebe Ihnen die Kommunion.*» Dann [wir waren im April] nahm er ihn mit zum känozoischen Laboratorium. Der Pater fragte dort seinen großen Freund Pei Wen-Chung, den Leiter der Ausgrabungsarbeiten:

«*Was gibt es Neues in den Ausgrabungen?*»

«Nichts», antwortete Pei.

«*Und außerdem?*»

Pei zögerte, öffnete eine Schublade und legte nachlässig einen kleinen Quarzitkiesel[18] auf den Tisch. Der Pater nahm ihn auf, untersuchte ihn und rief aus:

«*Das ist sehr wichtig. Das hier ist ein Steinwerkzeug*» und fragte nach der genauen Fundstelle. Man forschte in dieser Richtung, und tatsächlich wurden Hunderte Kilo Steinwerkzeuge und Feuerspuren

[15] Vgl. P. Leroy, ‹Le Père Teilhard de Chardin [Jésuites de l'Assistance de France]›, 1955, Nr. 4, S. 20: «Im Mai 1928 machte ich seine Bekanntschaft. Er war allein in seinem Laboratorium im Untergeschoß des Naturgeschichtlichen Museums von Paris. Seine spontane und einfache Begrüßung hatte mir gleich wohlgetan. Er hatte mir seinen Sessel angeboten und sich ungezwungen auf die Ecke des Tisches gesetzt [...]. Mehr als eine Stunde lang führte er mit mir ein Gespräch, in dem die neuen Ideen in Überfülle hervorsprudelten.»

[16] Letztere hatten die bedauerliche Gewohnheit, die Schiffe zu entern.

[17] Er war noch nicht zum Priester geweiht.

[18] Das Werkzeug von Choukoutien besteht aus Quarzen, Hyalinquarzen und Sandsteinen [und nicht aus Feuersteinen wie in Frankreich und Deutschland].

entdeckt. Einige Stücke wurden an Abbé Breuil geschickt, der sie als bearbeitet erkannte. Der *Sinanthropus* war also *faber*. So steht P. Teilhard am Ursprung dieser Funde[19].

Dieser Bericht wird durch einen Brief vom 3. Mai 1931 bestätigt, in dem der Pater im Hinblick auf CKT[20] schreibt:

B – «Ich bin sehr neugierig geworden, als ich dank den neuen Arbeiten mehrere Niveaus unterscheiden konnte, die einzigartige Ähnlichkeiten mit Niveaus „menschlichen" Wohnens aufweisen [in der *Sinanthropus*-Zone]: geschwärztes Bett, in dem wir in einstündigem Loskratzen [auf demselben Niveau, und dann in der „Asche"] ein [geschwärztes] Bisonhorn, ein Argalihorn und Schalen von Straußeneiern zusammen mit zahlreichen Splittern weißen Quarzes fanden [...]. Wir werden damit beginnen, von den geschwärzten Dingen Analysen zu machen. Ich zweifle kaum daran, daß es sich um Kohle handelt. Doch wird es gelingen, zu beweisen, daß es sich um Verbranntes und nicht um eine Art Torf handelt? Unterdes bin ich sehr froh, dort hinten einen Rundgang gemacht zu haben, um die Aufmerksamkeit unserer Ausgrabungsleiter zu wecken, die, wie nicht anders zu erwarten, noch niemals ein archäologisches Niveau in einer Höhle gesehen haben. Sie haben das sehr gut begriffen.»

Die beiden Zeugnisse widersprechen einander nicht. Das erste bestätigt den Brief: Das Eingreifen des Paters ist so gut wie sicher entscheidend gewesen, und die Existenz «kultureller Niveaus» wäre ohne ihn wahrscheinlich unbemerkt geblieben. Doch aller Wahrscheinlichkeit nach hat der Pater zweimal eingegriffen, einmal im Laboratorium dieses plötzliche Auffahren, diese plötzliche Erleuchtung angesichts eines behauenen Steines, und dann an Ort und Stelle, da er in dem von den Arbeitern geschaffenen riesigen geologischen Schnitt die wie von Asche geschwärzte Schicht sieht. P. Teilhard war ein im Freien wirkender Geologe.

[19] Pei, das ist anzumerken, hatte immerhin eine gewisse Intuition, da er den Stein beiseite legte. Erinnern wir weiter daran, daß a] bereits zwei Quarzsplitter bemerkt worden waren; daß b] Abbé Breuil Ende Herbst 1930 im IPH ein aus Choukoutien stammendes Hirschgeweih untersuchte und P. Teilhard Brandspuren und Spuren eines Steinwerkzeuges gezeigt hatte [vgl. ‹La Table Ronde›, Juni 1955, S. 21].

[20] Übliche Abkürzung für Choukoutien in den Briefen des Paters.

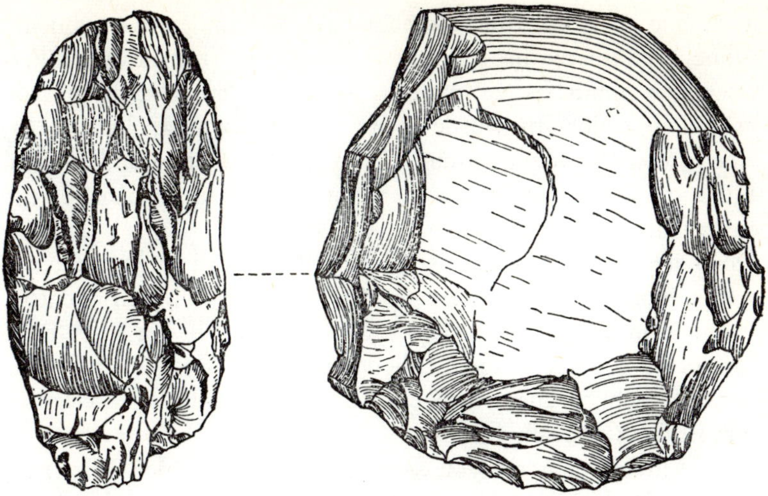

7. Steinwerkzeug von Choukoutien [nach einer Zeichnung von J. Leriche]

Die Entdeckung des kulturellen Wirkens des Sinanthropus[21] war aber wichtiger als alles andere, von den Knochenfunden abgesehen. Der Sinanthropus hatte also die «Stufe der Reflexion» überschritten[22], und wie Prometheus hatte er bereits das Feuer «geraubt». Er hatte also vor den Neandertalern und den Neandertaloiden seinen Platz in der menschlichen «Genealogie» oder genauer in den verschiedenen menschlichen Wogen. Seine «Kultur» pflückte bereits die Frucht der Entdeckung der Vorfahren, und wie Antoine Meillet einmal sehr folgerichtig bemerkte: er mußte bereits eine gewiß sehr einfache und sehr rudimentäre Sprache sprechen. Man konnte also dahin gelangen, zwischen dem Tier und dem Menschen zumindest

[21] Man hat Werkzeuge in den Lokalitäten 1, 5, 13 und 15 gefunden.

[22] Wenn es sich wirklich um seine Werkzeuge handelt, was durch ihren atypischen Charakter und das Vorhandensein der Knochen des Sinanthropus in den kulturellen Schichten sehr wahrscheinlich gemacht wird. Die Entdeckung einer Art von Pithecanthropus, des *Atlanthropus*, zusammen mit einer Industrie in der Sandgrube von Ternifine bei Pelikao [im Departement Oran] läßt es «in hohem Maße angemessen erscheinen, den chinesischen und javanischen Individuen die Handfertigkeit zuzuschreiben, die mit Exaktheit den afrikanischen Vertretern derselben Gruppe zuerkannt wird» [Éd. Boné SJ, ‹La Question de l'Homme fossile› in ‹Revue du Clergé africain›, November 1956; ein ausgezeichneter, lesenswerter Artikel].

noch eine Zwischenstufe anzunehmen[23]. Eine andere Konsequenz: Ohne ein Pithecanthropus zu sein, zeigt der Sinanthropus überraschende Ähnlichkeiten mit dem ersten fossilen «Menschen» von Java. Per analogiam wurde es nunmehr schwierig, dem «Menschen» von Choukoutien eine Kultur zuzuschreiben und sie dem Pithecanthropus zu verweigern, wenn auch die sachlichen Beweise dafür beim letzteren fehlen[24].

Doch das Leben beschränkt sich für P. Teilhard nicht auf einen engen Horizont, auf das ewige Hin und Her zwischen Tientsin, Peking und Choukoutien. Am 7. Mai 1929 verläßt der Pater Tientsin, um sich P. Licent anzuschließen und mit ihm einen Monat in der Mandschurei zu verbringen. Am 10. Juni nämlich, so erfahren wir, ist er in Tientsin zurück.

Am 16. Juni berichtet er von dieser Reise mit folgenden Worten:

> B – «Ich bin einen Monat lang mit Licent durch die Mandschurei gereist, und das hat unsere Beziehungen wieder zu einem seit langem verschwundenen Grad der Herzlichkeit gebracht [...]. In der Mandschurei bin ich vor allem mit der Eisenbahn gefahren [aber auch leider in chinesischen Wagen durch gräßlichen Schlamm]. Ich bin bis über Hailar hinaus entlang der Transsibirischen Bahn vorgestoßen, das heißt, bis zu 5 Werst von Sibirien entfernt [neun Tage von Paris entfernt] [...]. Habe nur wenig Fundstücke mit zurückgebracht, jedoch viele Beobachtungen, teils persönliche, teils mir von dem russischen Geologen[25] mitgeteilte. Der Zusammenhang zwischen der Struktur dieser nördlichen Länder und der Chinas, die ich kannte, ist sehr klar[26]. Ich verdopple beinahe mit einem Schlag meinen Bereich.»

[23] Noch nicht entdeckt. Der *Sinanthropus* gehört ins mittlere Pleistozän. Im unteren Pleistozän aber gab es bereits Industrien.

[24] Immerhin hat von Koenigswald in einer Schicht des Horizonts von Trinil [Java] Steinwerkzeuge gefunden.

[25] Ahnert.

[26] An einen anderen Briefpartner fügt er, gleichfalls am 16. Juni 1929, folgende Präzisierungen hinzu: «*Ich habe zunächst die unermeßliche Schlammdecke der zentralen Mandschurei und die Sande der Becken des Nonni und des Argun eindeutig mit dem Pleistozän Chinas verbinden können. Anschließend, und das wird Sie mehr interessieren, habe ich festgestellt, daß auf der Breite des Dalainor des Nordens die Struktur des Großen Chingan genau dieselbe ist wie jene, die ich 1924 im Bereich des Dalainor des Südens aufgenommen hatte [...].*»

Diese Reise verlief noch im alten Stil mit den klassischen Unbequemlichkeiten. Bezeichnend für die Zähigkeit, mit der der Pater sein Forschungsfeld erweitert. Entsprechend einem sehr klaren, aber mit Anpassungsfähigkeit durchgeführten Plan eignet sich P. Teilhard methodisch das unermeßliche chinesische Reich an. Er besitzt bereits gründliche Kenntnisse über Nordchina und die Innere Mongolei. Es geht nunmehr darum, Abstecher, tiefe Vorstöße in die Randgebiete zu machen, um die Verbindung mit den anderen Forschern herzustellen und zu einer allgemeinen tektonischen Synthese für den nördlichen Teil des Landes zu kommen. Auf die Mandschurei folgt die gelbe Kreuzfahrt, der Vorstoß bis nach Turkestan.

Am 18. Juni 1929 verläßt der Pater Tientsin, um ins Schansi zu fahren. Er begleitet auf dringliches Bitten Wongs einen jungen chinesischen Geologen, C. C. Young, und bleibt vom 20. Juni bis zum 10. September im westlichen Schansi und im nördlichen Schensi. Diese Reise in einer der eigenartigsten Gegenden Chinas, die der Pater jemals gesehen hat, verläuft gut:

B – «Ein von Gießbächen völlig ausgewaschenes Land – irgendwie gespenstig unter seinem eintönigen Mantel aus grauem Löß, – unter einem unbarmherzig grellen und trockenen Himmel.»[27]

Bereits am 10. August bezeugt der Pater in einem Brief seine Befriedigung[28]:

B – «Wir haben in Tatung-fu unsere kleine Karawane zusammengestellt [6 Maultiere und 3 Boys]; und seit bald zwei Monaten ziehen wir auf der Suche nach Fossilien und geologischen Entdeckungen kreuz und quer zwischen den gewaltigen Kalksteinmassiven umher und vor allem quer durch die außerordentliche Decke [pliozäner] roter und gelber [Löß-] Erden, die diese wenig gastlichen Regionen kennzeichnen. Mir scheint, ich habe gute Arbeit geleistet, insbesondere was eine bessere Vorstellung von den „roten Erden“ und die paläontologischen Geschichte des Hoang-ho angeht. Ich glaube auch, Paläolithisches gefunden zu haben [in vier- oder fünfhundert Kilometer Entfernung von meinen Lagern des Jahres 1923]. Auch einige gute Fossilien [vor allem Nagetiere: eine häufig vernachlässigte, aber sehr interes-

[27] Brief vom 25. Juli 1929, geschrieben in Paote [Schansi].

[28] Siehe auch Brief vom 12. August 1929.

sante Gruppe]. Kurz und gut, ich bin zufrieden. Doch müßte uns der Regen vorwärtskommen und arbeiten lassen. Dieses ganze Gebiet [Becken des Hoang-ho] hat seit zwei oder drei Jahren unter einer fast vollständigen Trockenheit gelitten, die Hungersnot mit sich brachte. Und jetzt wird es zuviel Wasser geben.»

Das Endergebnis ist mehr als zufriedenstellend:

B – «Ich habe viel beobachtet und vor allem im Schansi-Schensi viel aufgelesen [Dokumente über die großen mesozoischen[29] Faltungen und die Geschichte des Endes des Tertiärs]. Ich habe das Material für mehr als zehn Aufsätze und für zwei Abhandlungen in Händen. Das läuft „wie geschmiert", wie Sie sehen, und das ohne großes Verdienst meinerseits. Das Glück hat mir einfach erlaubt, gegenwärtig einer der Europäer [und selbst der Chinesen] zu sein, der Nordchina am genauesten gesehen hat, und zwar gerade in dem Augenblick, da unsere geologischen Kenntnisse über dieses große Land anfangen, Gestalt anzunehmen. Und was ist da nicht alles zu sagen!»[30]

Dieser Freudenausbruch läßt einen träumen: Es ist durchaus evident, daß das Genie immer Neues schaffen und unerwartete Wege bahnen wird. Doch gibt es gewiß eine Epoche der Wissenschaft, die fast vorbei ist: die staunende Entdeckung unbekannter Kontinente und ganz neuer Ausschnitte.

Es ist amüsant, daß die Briefe im Laufe dieser Rundreise durch das Schansi-Schensi kein Wort über die erschreckende Verpflegung verloren, die der Pater drei Monate lang ertragen mußte. Da er sich nicht an die chinesische Küche hatte gewöhnen können, hatte ein Pater von Tientsin ihm einen Koch gefunden, doch bei der ersten

[29] Mesozoikum ist gleichbedeutend mit Sekundär.

[30] Brief vom 7. Oktober 1929. Vgl. Brief vom 29. September 1929: «*Wie Sie sehen, „das läuft wie geschmiert". Nach und nach bin ich so, ohne großes Verdienst meinerseits, einer der über die geologischen Probleme Chinas am besten unterrichteten Geologen geworden. Und was ist da nicht alles zu sagen!…*» Der Vollständigkeit halber sei noch auf eine viertägige Fahrt im November 1929 zusammen mit Barbour, Wong und H. S. Wang hingewiesen, die zunächst zu den Mentehkou-Kohlenbergwerken und dann zum Chaitang-Becken in den Westlichen Hügeln [im Bereich von Peking] führte, um die Mündung des Fen-ho-Flusses zu untersuchen. Auf dieser Fahrt schlug Barbour den Namen «Panchiao Stage» für eine der physiographischen Erosionszeiten in der nachpliozänen Geschichte Nordchinas vor.

Mittagsrast, nachdem sie die Stadt Tatung[31] verlassen hatten, erwies sich der geschickte Küchenmeister als unfähig, in einem chinesischen Ofen Feuer anzuzünden und weiche Eier zu kochen. Später half ihm einer der Boys, Eier zu braten, und zwar drei für jeden. Eine großartige Entdeckung! Der Küchenmeisterlehrling war davon so begeistert, daß er drei Monate hindurch und zu den drei Mahlzeiten jedem der Reisenden drei Spiegeleier servierte. P. Teilhard ertrug dieses Experiment mit Heiterkeit. Alles war ihm völlig gleichgültig, wenn die Wissenschaft auf dem Spiele stand.
Das Besondere an dieser Rundreise ist aber keineswegs der Mißbrauch der Eiweißstoffe, sondern die Tatsache, daß P. Teilhard zum erstenmal in seiner Eigenschaft als offizielle Persönlichkeit reist. Er ist mit einem chinesischen Freund zusammen, der ihm alles erleichtert, und das um so mehr, als der eine wie der andere chinesischer Beamter ist. Die beiden Männer verstehen einander im übrigen gut. Young bewundert den Umfang der Kenntnisse des gelehrten Jesuiten: Stratigraphie, allgemeine Geologie, Paläontologie der Wirbeltiere, Zoologie und Botanik. Er bekennt ihm seinen Agnostizismus: Der Unterschied, sagt er, zwischen Europäern und Chinesen sei, daß ein Europäer *eine* Religion, und zwar eine Familienreligion, habe. Bei ihnen glaube ein Sohn, was er wolle: etwas in seiner Jugend, etwas anderes in der Mitte seines Lebens, und später wieder etwas anderes... P. Teilhard dagegen mit seiner absoluten Achtung der Seelen hütet sich vor jeder Proselytenmacherei und sieht sogar davon ab, das Tischgebet bei den Mahlzeiten zu sprechen. Dies ist eines der Paradoxe P. Teilhards, das genau gesagt nur für jene eines ist, die ihn nicht gekannt haben. Im Namen einer Gegenwart, die größer ist als er und von der er Zeugnis gibt, bekehrt dieser Priester mit der missionarischen Seele, ohne zu versuchen zu bekehren. Er erwartet die Stunde und die Frage der Seelen. Erst in diesem Augenblick teilt er die Botschaft mit. Mit den Männern der Wissenschaft, ob es nun alte Freunde sind oder Fremde, spricht er kaum über anderes als die Wissenschaft, auf gleichem Fuße mit ihnen als Mitglied dieser unsichtbaren Stadt des Geistes, deren Ausstrahlung die Bleimauern der Grenzen durchbohrt. So erhält er auch, ohne das angestrebt oder berechnet zu haben, eine

[31] Endstation der Eisenbahnlinie im Nordschansi.

äußerste Glaubwürdigkeit, und er läßt häufig die Erinnerung eines Meteors, eines zutiefst geliebten und bewunderten Mannes zurück, der nicht danach strebte, in die Seelen einzubrechen [nicht einmal um der guten Sache willen][32].

1930 Der Komfort wird größer. Nachdem er am 22. Februar 1930 mit seinem Freund Graham und der amerikanischen Kolonie den Washington Day gefeiert und die Gelegenheit benutzt hatte, um ein Uhr morgens mit Sven Hedin über den Sinn des Lebens zu diskutieren, unternimmt der Pater Anfang März eine zweiwöchige geologische «Expertise» im Südschansi. Tatsächlich kehrt er in diese Provinz bis nach Tungkwan im Südwestwinkel zurück, um Barbour zu begleiten. Eine bequeme Reise auf der Autostraße – 650 Kilometer in 48 Stunden:

B – «Meine Reise ins Schansi [...] fand statt, um Barbour zu begleiten, der mit Nyström ins Südschansi fahren mußte, um eine das „Famine Relief" interessierende Straßenfrage zu klären. Da ich die Gegend kannte, habe ich mir gesagt, es wäre für die Harmonie unserer stratigraphischen Konstruktionen gefährlich, wenn Barbour sie eilig zum erstenmal ohne meine Hinweise besuchte. Und ich habe mich plötzlich entschieden, ihn zu begleiten. Gute Ergebnisse, glaube ich. Barbour nimmt meine Ansichten restlos an [über die Notwendigkeit, einen sehr großen Teil dessen, was bisher als mittleres oder oberes Pleistozän (Löß) angesehen wurde, in das untere Pleistozän oder das obere Pliozän zu verweisen]. Wurden in Taijüan in dem sehr hübschen und fast luxuriösen Haus Nyströms aufgenommen.»[33]

Noch kennzeichnender ist im Frühjahr 1930[34] nach der Reise ins

[32] Die Agnostiker, die links stehenden Leute und die Freimaurer fühlten ihm gegenüber eine Art geistiger Sicherheit, da sie keinerlei Einbruch zu fürchten brauchten, und sie achteten ihn deswegen um so mehr.

[33] Dieser Brief vom 22. März enthält zwei Irrtümer. Am 31. Dezember 1929 war Barbour bereits im Schansi in Taijüan. Einen Monat später machte er dort einen zweiten, raschen Besuch. Er hatte die unter-lößige Erosion in den Schichten von Taijüan bereits richtig interpretiert [vgl. George B. Barbour, ‹The Taiku Deposits and the Problem of Pleistocene Climates›, reprinted from the ‹Bulletin of the Geological Society of China›, vol. X, Peiping 1930, Grabau Anniversary Volume]. P. Teilhard bestätigte einfach die Tatsache, daß die Schichten von Taijüan, wie Barbour geschrieben hatte, der Reihe von Nihowan entsprechen.

[34] Vom 22. April bis zum 21. Mai [Datum der Rückkehr nach Tientsin].

Schansi eine Rundfahrt in den Nordwesten, in die Mandschurei, mit fünf jungen chinesischen Geologen, darunter C.C. Young. Diese Reise[35] hat eine vor allem geologische Zielsetzung. Die ‹Reisebriefe›[36] geben uns davon nur eine Landschaftsbeschreibung:

B – «Große rauhe Ebenen. Die Lepra der chinesischen Häuser und Kulturen erstreckt sich über ein Land, das gestern eine grenzenlose Steppe war. Das ist etwas Dramatisches unter dem Gesichtspunkt des menschlichen Bemühens, durchzuhalten und sich bis in die härtesten Gegebenheiten hinein auszubreiten. Man ist hier in den niedrigsten Schichten der Menschheit.»

Durch eine Laune des Schicksals ist uns in Erwartung, daß die Dokumente aus dem Dunkel hervorkommen, nur eine heroisch-komische Episode überliefert[37]. Wenn er zu einer Kampagne aufbrach, zog P. Teilhard einen einfachen khakifarbenen Anzug von militärischem Schnitt an. Seine Wickelgamaschen gaben ihm ein noch kriegerischeres Aussehen. Ergebnis: Er verlor das Aussehen eines katholischen Priesters, und gewisse Autoritäten in den Provinzregierungen begannen, ihn zu verdächtigen. Eines Tages stattete er in Liau-Tung einem örtlichen General einen Besuch ab, und dieser fragte Young ganz offen, welches die wirkliche Identität dieses Franzosen sei: er verdächtigte ihn, ein Militär und kein katholischer Priester zu sein. Der General wäre etwas beruhigt worden, wenn er die Taschen dieses Ausländers untersucht hätte: Taschenmesser, Handlupe, Vorhangschloßschlüssel, Marschkompaß und Kleingeld steckten in seinen Hosentaschen und ließen die Rocktaschen für das kleine schwarze karierte Notizbuch, Bleistift und Füllhalter, und die Brusttaschen für sein Brevier auf der einen und für Zigaretten und Streichhölzer auf der anderen Seite frei[38]: Die Mitglieder der fünften Kolonne haben kaum die Gewohnheit, oben auf chinesischen Wagen ihr Brevier zu beten, während sie ihre Beine über die linke Wagendeichsel baumeln lassen!

35 Sie führte die neue Linie Mukden–Tsitsikar entlang und umfaßte insbesondere eine Fahrt in den Großen Chingan, um seine Tektonik zu studieren. Vgl. Briefe vom 22. März und vom 25. Juni 1930.

36 ‹Lettres de voyage›, S. 130 [Campagne du Gobi, Mai 1930].

37 Ohne daß damit ein Schimmer des Lächerlichen auf den Pater fiele, wimmelt es von pittoresken Abenteuern in seinem Leben.

38 Er benutzte einen kurzstieligen Hammer und hatte immer einen Meißel bei sich, um Fossilien auszugraben.

Im Juni–Juli 1930 nahm unser Scientific [oder Honorary] Adviser an einer amerikanischen Expedition nach Zentralasien teil, die von Andrews organisiert wurde und im Dodge fuhr[39]. Er gelangt nach Kalgan, dann in die Gobi und lagert mit seinen amerikanischen Begleitern[40] im WOLF CAMP am Fuß eines fossilienführenden Steilhanges. Eine schöne Landschaft, ganz in langen flachen Linien, die aus tertiären Ablagerungen gebildet sind. Eine spärliche Vegetation: Ein Teppich dünngesäter grasartiger Pflanzen [kleine Lauchgewächse] bedeckt alles mit einem grünen Schleier: hinreißend schön, aber eintönig. Eine wenig mannigfaltige, aber zahlreiche Fauna: Gazellen, Wölfe [wir haben elf in der Umgebung des Lagers geschossen], Adler und Falken, Trappen und Kraniche. Am 30. Juli ist er, so erfahren wir, in Tientsin zurück. Die wissenschaftlichen Ergebnisse sind unter geologischem [Datierung ins Spätpaläozoikum des «Mongolian bathylit» von Berkey] und paläontologischem Gesichtspunkt [Auswertung einer pliozänen Reihe – Entdeckung einer Knochenansammlung von Platybelodonten] durchaus beachtlich:

B – «Und jetzt stehen unsere acht blauen Zelte am Rande einer unermeßlichen, aus roten und weißen Ablagerungen gebildeten Hochfläche, aus der wir zahlreiche Gebisse eines ganz außergewöhnlichen Mastodons ausgraben, dessen von zwei breiten Stoßzähnen begrenzter Unterkiefer sich in Gestalt eines riesigen Löffels abrundet. Wir befinden uns einige 200 Meilen nordwestlich von Kalgan, mitten in der Gobi – allen Stürmen und gegenwärtig der Kälte der Mongolei ausgeliefert [gestern waren wir alle in Pelzen]; doch haben wir andererseits um uns herum eine unermeßliche Einöde [die ebenso gleichförmig ist wie das Meer], deren große, flache, abgestufte Oberflächen im Abendlicht wunderschön werden. Wir leben von Gazellen, die Andrews schießt: er ist ein ebenso guter Jäger wie großartiger Unterhalter[41]. Die Mitglieder der Expedition bilden eine wahre Familie, in der man sich wohl fühlt. Kurz, ich verbringe sehr angenehme und inter-

[39] Bereits im Februar 1928 hatte Osborn ihm von New York gekabelt, um ihn aufzufordern, sich als Prähistoriker der Central Asiatic Expedition anzuschließen.

[40] Unter ihnen befand sich Granger.

[41] Er war auch ein sehr geschickter Mann, der fähig war, Expeditionen zu organisieren und die notwendigen Mittel zu erhalten.

essante Tage – in denen ich endlich eine ernsthafte Verbindung zwischen der Geologie Chinas und der Mongolei versuchen kann.»[42]

Kurz, Teilhard ist endgültig von den Amerikanern adoptiert worden.

Mit dem amerikanischen Geld und den Chinesen als Stütze gewinnt der Pater eine größere Freiheit den französischen Institutionen und insbesondere Marcellin Boule gegenüber. Genau genommen müßte diese Aussage sehr sorgfältig nuanciert werden. In einem Brief vom 7. Februar 1930 lesen wir:

B – «Sie sagen nichts über Lacroix. Ich hoffe im stillen, daß das ein Zeichen dafür ist, daß der Rückfall, von dem mir Lamare [am 23. Dezember] berichtet hat, nicht so schlimm war. Doch bleibe ich in dieser Hinsicht in Sorge. Wir haben diesen Mann noch notwendig – und ich liebe ihn zutiefst.»

Weshalb erklärt er, Alfred Lacroix sei noch notwendig? Die Stellung P. Teilhards am Survey ist bereits sehr fest. Doch ihm liegt daran, zwischen Peking und Paris hin und her zu pendeln. Wenn man eine Synthese aller Texte versucht, in denen der Pater seinen Standpunkt darlegt, ist festzustellen, daß P. Teilhard die Sehnsucht nach Paris weniger aus wissenschaftlichen als aus religiösen Gründen bewahrt. Zweifellos darf man nicht vergessen, daß der Pater 1931 bereits fünfzig Jahre alt ist. Was wird aus ihm, wenn die chinesische Ader versiegt, wenn er nicht mehr in der Lage ist, schwierige und mühsame Expeditionen zu unternehmen? Doch im Augenblick hat er Paris für seine wissenschaftlichen Arbeiten [Ausarbeitung seiner Abhandlungen, Identifizierung paläontologischer und archäologischer Fundstücke usw.] weniger notwendig. Tatsächlich kennt er China besser, das geistige Rüstzeug in Peking ist dank der Hilfe der Amerikaner laufend verbessert worden, und man begegnet in China genügend hervorragenden Fachleuten, die dauernd oder vorübergehend dort sind und weniger notwendig auf Paris zurückgreifen müssen. Viel stärker stehen für ihn im Vordergrund die Gründe spiritueller Ordnung. In China ist der Pater allein. Die Missionare leben verstreut und haben den Kontakt mit Europa verloren, P. Teilhard versteht sich nicht mit P. Licent, er lebt in einem

[42] Brief vom 25. Juni 1930. Siehe auch die pittoresken Seiten in den ‹Reisebriefen›.

entweder protestantischen oder positivistischen Milieu – die Amerikaner und Angelsachsen, mit Ausnahme von Barbour, begreifen seine religiöse Philosophie nicht – oder aber in einem pragmatistischen und atheistischen Milieu – die Chinesen[43]. In Paris dagegen hat er seine Vertrauten, seine Proselyten, seine Normalianer, seine «Cloutards», seine Polytechniker, dort ist der wirkliche Boden seines religiösen Wirkens, auf das er niemals verzichtet. Die Lösung ist also durchaus dieses Pendeln zwischen Peking und Paris in Erwartung einer Klärung der Sachlage und einer endgültigen Lösung. Der Pater konnte durchaus zuweilen eine leise Eigenliebe zeigen, doch hatte sie niemals etwas von Knauserigkeit an sich; denn es handelte sich immer darum, die Wissenschaft voranzubringen und eben dadurch genügend Autorität zu gewinnen, um von Christus zu Gläubigen und Ungläubigen zu sprechen.

Die einzig mögliche Form des Proselytismus, die dem Pater in China möglich war, war die geistliche Führung seiner europäischen Freunde[44]. Wir lassen einige Rat gebende Briefe an Madame Haardt, die Witwe des Forschers, folgen, deren Sohn Claude heißt. Man wird mühelos die seltene Qualität des Seelenführers und Erziehers erkennen:

B – «[...] Ihren Brief vom 10. September mit dem Foto von Claude habe ich empfangen [...]. Alles, was Sie über den Kleinen sagen, interessiert mich sehr. Ich glaube, Sie haben recht. In keiner Weise würde er genauer und großartiger den Weg seines Vaters weitergehen, als wenn er Missionar würde. Doch im Grunde gibt es viele verschiedene Weisen, den Mut und die Hingabe des Missionars zu entfalten. Sie müssen nach und nach unterscheiden, was bei dem Kind überwiegt: der Intellektuelle, der Praktiker oder „der Mystiker". Es geht darum, diese tiefe Neigung zu wahren und sie gleichzeitig durchaus mit dem grund-

[43] Gegen Ende Januar 1924 war P. Teilhard bei Ting zum Abendessen eingeladen, und während er die Seegurkensuppe und das in kleine Würfel geschnittene Fleisch aß, war er geradewegs die Frage der chinesischen Philosophie und des chinesischen religiösen Temperaments angegangen. Ting hatte ihm geantwortet, China gehe durch eine antireligiöse Phase, und das passe sehr gut zu ihm; denn von Natur sind die Chinesen Pragmatiker und Agnostiker.

[44] In den ‹Reisebriefen› wurden zwei bewundernswerte spirituelle Briefe veröffentlicht, die an Max Bégouën, den ältesten Sohn des Grafen Bégouën, gerichtet sind [11. November 1929 und 8. April 1930].

legenden Ehrgeiz zu beseelen, *sich* im Dienste der Schöpfung irgend etwas *Großem hinzugeben*. Vor allem diese Atmosphäre der „Hingabe an einen Größeren als er selbst" müssen Sie um Claude herum in dieser Zeit unaufdringlich pflegen. In diesem Milieu wird er instinktiv die Form annehmen und wählen, die am besten seiner Natur entspricht. Selbstverständlich kommt nichts der Einweihung in das Göttliche und die Gottesliebe gleich, um ganz gleich wem den Sinn und den Geschmack für die Größe des Lebens zu geben. Doch muß man darüber wachen, daß das Göttliche wirklich als ein Prinzip der Entfaltung in der Anstrengung aufgezeigt wird. Nichts Kleinliches. Nichts, was verfälscht, indem es zwingt. Nichts, was entmenschlicht unter dem Vorwand, zu über-menschlichen [...]. Versuchen Sie schrittweise [und zwar eben um in Ihnen die wahre „Christin" zu formen, deren Claude bedarf], über eine Menge von Verwicklungen und Vorurteilen hinaufzutauchen, die von selbst verschwinden würden, wenn wir eine richtigere Schau der Dinge hätten. Man muß die Wesen leidenschaftlich lieben in dem Maße, wie sie schön [oder verbesserbar] sind und uns helfen, mit ihnen emporzusteigen. Und im gegenteiligen Falle, weshalb sich um sie kümmern? Letzten Endes gehören sie zum Nichts. Man kann dieses Letztere nur sich selbst überlassen. Üben Sie sich, weit, klar und einfach zu sehen. Und gehen Sie gerade in innerer Ruhe Ihren Weg, ohne sich um das zu kümmern, was erzählt wird. „Eines nur ist notwendig", nämlich Gott in einem erfüllten Leben zu finden vermögen. Sie wissen das schon seit langem theoretisch. Versuchen Sie, das in Erfahrung umzusetzen.»[45] – «Gegenwärtig sind Sie, das scheint ganz klar zu sein, vor allem das Opfer Ihrer physischen Ermüdung. Sie haben physisch nicht die Kraft, gegen ein Eindringen der Vergangenheit zu reagieren, von der Sie sich jedoch absolut „entbannen" müßten *in dem Maße*, wie die Vergangenheit Sie schwächt und traurig macht. Ich wiederhole Ihnen: Suchen Sie Georges-Marie nicht im Zurückliegenden, weder in Afrika noch in Asien noch in den materiellen Spuren, die Ihnen natürlich sehr teuer sind. Er ist nicht mehr dort. Und er erwartet Sie dort nicht mehr. Um als Christ zu sprechen [da wir schließ-

[45] Brief vom 1. Januar 1934.

lich Christen sind, wäre es auch in einer etwas erneuerten Weise], G.-M. hat jetzt den Gott gefunden, den er tastend durch seine heldenhaften Wanderungen hindurch suchte. Dessen bin ich ebenso sicher wie meiner eigenen Hoffnung. In Gott also müssen Sie ihn suchen, das heißt, im *Vorausliegenden*, in dem Aufbau Ihres erneuerten Lebens [...]. Seien Sie ihm *dort* treu, und nicht in einer rückschauenden Sentimentalität, mit der zu brechen Sie den Mut haben müssen. In gewissem Sinne bedauere ich wie Sie das Verschwinden gewisser materieller Spuren seines Wirkens. Doch seine wahrhafte Spur ist nicht dort; – und er wäre der erste gewesen, über diese Verluste zu lächeln, vorausgesetzt, daß das Wesentliche seines Geistes und seines Elans gewahrt würde, und es ist gewahrt. Was Sie persönlich angeht, so möchte ich so weit gehen, zu sagen, dieses Ende des Museums Citroën, so schmerzhaft es Ihnen auch hat erscheinen müssen, muß Sie befreien und nicht deprimieren. Es ist der materielle Ausdruck dieser moralischen Umkehr, die Sie retten muß. Nicht vergessen, aber im Vorausliegenden suchen. Das ist die Lehre, die Claude mehr als alle materiellen Erinnerungen an seinen Vater, in denen er hätte Gefahr laufen können, sich einzuschließen, wachsen lassen und beseelen wird.»[46] – «Ich nehme an, die materiellen Schwierigkeiten in Verbindung mit irgendwelchen physischen Depressionen haben in diesen Tagen Ihre Traurigkeit überfließen lassen. *Was auch geschehen sei*, ich flehe Sie an, lassen Sie den Mut nicht sinken. Die Wahrheit des Lebens liegt in einer unbeirrbaren Hoffnung, daß die Sonne schließlich alle Wolken vertreiben wird. Ich habe es Ihnen gesagt, und ich sage es Ihnen noch einmal. Trotz allem, was Sie fühlen mögen oder als offensichtlich zu erkennen glauben, ist Ihr Leben nicht „zu Ende". Ich bin überzeugt, daß es *beginnt*. Entscheiden Sie sich einfach, nicht mehr in der Vergangenheit zu leben – was nicht heißt, daß Sie diese vergäßen –, sondern einfach, daß Ihre Weise [die wahre Weise], ihm treu zu sein, darin bestehen muß, nach vorn zu bauen – das heißt, seiner würdig zu sein. Isolieren Sie sich also nicht. Ziehen Sie sich nicht in das Innerste Ihrer selbst zurück. Kommen Sie so häufig wie möglich mit Ihren Freunden zusammen. Verschenken Sie

[46] Brief vom 3. Februar 1936.

sich. Dieses Geschenk wird Sie befreien und Sie aufblühen lassen. Ich möchte, Sie fänden einen Haufen Leute und Dinge, denen Sie sich in edler Weise hingeben können [...]. Kein Wort kann wirksam sein, wenn es nicht von Gott an der Quelle selbst unserer Eindrücke und unseres Denkens gesprochen wird. Je verlorener Sie sich fühlen, um so mehr müssen Sie sich in Gott hineinwerfen. Haben Sie das wirklich versucht?»[47]

Bereits ‹Der Göttliche Bereich› war das Werk eines Seelenführers, eines Seelenkenners, der mit Autorität spricht:

W – «Ich spreche hier aus Erfahrung, man möge das nicht vergessen.»

Welche Methode hat P. Teilhard? Man müßte über das Zeugnis von Dutzenden oder vielleicht Hunderten von Seelen verfügen, die er in der Stille bekehrte oder leitete oder denen er einfach beistand, einschließlich des Zeugnisses der Priester, die er zum Glauben zurückführte: ein Zeugnis, das zu erhalten und vor allem vor der Öffentlichkeit darzulegen, praktisch unmöglich ist[48], weil es das verborgenste Leben der Seele berührt. Zunächst kennzeichnet den Pater eine unermeßliche Nachsicht, eine außerordentliche Fähigkeit des Mitfühlens. Seine erste Bewegung ist, fast vollständig mit der Seele zur Deckung zu gelangen, der er begegnet ist, sich ihrem Rhythmus anzupassen, ihre tiefen Sorgen zu erfassen[49]. Man fühlt sich begriffen in dem besten Teil seiner selbst, in etwas, das größer ist als man selbst und gebieterisch hervorzutreten verlangt, und das übrige, das weniger Gute und das Schlechte, scheint, und das ist das Erstaunliche, zu verblassen, ins Nichts zu versinken. Das sind von nun an, wie Verlaine sagen würde, Dinge der frühen Morgendämmerung, Gesichte des Endes der Nacht, die bereit sind, sich in «der Ekstase des reinen Hymnus» aufzulösen. P. Teilhard ist der Wind, der von den hohen Gipfeln weht, ist eine Landschaft hoher Berge bei klarem Wetter, und unsere kleinen individuellen Komplexe schmelzen wie der Schnee an der Sonne. Er versteht, geradewegs auf das Wesentliche zuzugehen, mit einer Geste alle nutzlosen

[47] Brief vom 5. April 1936.

[48] Wenn wir auch über einige vertrauliche Dokumente verfügen.

[49] Die «Toleranz» P. Teilhards wird durch seine Forderung nach totaler Wahrheit diktiert. Er achtete zunächst aufmerksam auf den Teil der Wahrheit, den sein Partner besaß.

Komplikationen beiseite zu schieben, eine unbeirrbare Hoffnung in Gott einzuflößen, die Seelen von jeder Art des Hängens am Vergangenen abzuwenden, um sie zu zwingen, nach vorn zu blicken, Neues zu bauen, sich dem Nächsten hinzugeben, dem Größeren als man selbst; denn die Grundsteine der wirklichen Treue ruhen auf der Zukunft auf. Doch all das ist noch nichts. Das Ergreifendste ist diese unermüdliche Geduld. Weil seine Liebe zu den Seelen sich entsprechend dem Gebot des Evangeliums selbst mit seiner Liebe zu Gott, das heißt, zum Absoluten, identifizierte, ist der Pater als Sieger aus der höchsten Prüfung aller Seelenführer hervorgegangen.

Man täusche sich hier nicht. P. Teilhard bleibt sehr entschieden in Fragen der Grundwahrheiten und der Disziplin der Kirche. Ein geschiedener Freund, der daran dachte, sich wieder zu verheiraten, hat uns bekannt, mit welcher Eindeutigkeit der Pater ihm in dieser Hinsicht antwortete. Wenn er in diesem oder jenem Brief ein Zugeständnis in einem wichtigen [nicht in den Bereich der Moral fallenden] Punkt zu machen scheint, so einfach deshalb, weil das übrige bei dem Gesprächspartner gut gehalten hat, weil bei letzterem noch eine Achse des Fortschritts da ist und weil der strittige Punkt sich später klären wird, wenn der Partner spirituell auf einer höheren Stufe stehen und er die Kohärenz und die Verkettung der Dogmen gesehen haben wird. P. Teilhard hat die Gabe, vom Nullpunkt aufzubrechen, und das nicht nur durch einen Kunstgriff, sondern aus Liebe zur Wahrheit, aus dem Bedürfnis, sie Stück für Stück vor dem Auge Gottes wieder herzustellen. Der Pater weicht nie der Schwierigkeit aus, er geht sie geradewegs an, er vertraut sich an, er verbirgt niemals sein wirkliches Denken, und er sucht in Begleitung seines Partners. Bereits diese Suche ist werthaft und in sich tröstlich. «Tröste dich, du suchtest mich nicht, hättest du mich nicht gefunden», sagte bereits der Christus Pascals. Doch der spirituelle Wert liegt nach Ansicht des Paters nicht nur in der Absicht. Die Stadt der Menschen bauen heißt bereits die Stadt Gottes bauen. Das Tun ist keine unnütze Verdoppelung, kein Überbau, auf den man schlimmstenfalls verzichten könnte, wenn nur die Absicht recht ist. Es nimmt einen christigenden Wert an, da es die Menschheit zusammenschweißt, den mystischen Leib bereitet, welcher Natur auch immer dieses Tun sei: Vergeistigung der Materie oder kommerzielles Bemühen[50]. Und all das ist nicht nur tröstlich, sondern erhebend. Diese Führung der Seelen wirkt wie ein kostbarer Sauerteig, der den menschlichen Teig aufgehen und ihn zu einer über-irdischen Zukunft aufsteigen läßt:

B – «Eine Religion, die nicht nur Ritus, Verpflichtung oder Verbot sei – sondern ein Glaube, an dem alle anderen Arten des Glaubens anknüpfen und sich entfalten – in einem Licht von Leben und Personalität»[51].

Wer könnte die Begegnung mit P. Teilhard vergessen?

...Doch Europa ruft ihn nicht nur zur Seelenführung. Der Pater erhält von der Firma Citroën das äußerst schmeichelhafte Angebot, an der gelben Kreuzfahrt als Geologe teilzunehmen. Zu Anfang scheint er dem keine sehr große Bedeutung beizumessen:

B – «Unterdessen fordert die transasiatische Mission Citroën mich dringlich [seitens des Museums und der Ministerien] auf, sie auf dem chinesischen Wegstück zu begleiten [...]. Ich habe keine große Lust, anzunehmen. Wenn man jedoch diesen Trip mit einer dem Survey nützlichen und angenehmen Arbeit verbinden kann, bin ich vielleicht bereit.»[52] – «Bin aufgefordert worden, auf chinesischem Territorium die transasiatische Mission Citroën zu begleiten. Ich weiß nicht, ob sich das einrichten läßt. Im besten Falle läuft dieser Plan darauf hinaus, in Kettenfahrzeugen eine Reise der Art zu machen, wie ich sie seit 1923 mache.»[53]

Doch das Projekt gewinnt an Umfang:

B – «Im Anschluß an eine Begegnung [in der letzten Woche] mit dem Bevollmächtigten der gelben Kreuzfahrt Citroën in China, dem Kapitänleutnant Point, der von Paris zurückkam, haben sich meine Ansichten über die genannte Kreuzfahrt gewandelt. Der Plan ist in dem, was mich betrifft, erweitert worden. Ich hätte das ganze Frühjahr 1931, um im Auto das westliche China in der Karawane zu besuchen, die von Peking der Mission entgegenfährt. Anschließend würde ich von Peking bis nach Hanoi von der Kreuzfahrt mitgenommen, als *ihr* Geologe, der

[50] Man könnte aus dem Teilhardschen Denken eine ganze Theologie der Arbeit und des Handels ableiten.

[51] Brief vom 29. Oktober 1935.

[52] Brief vom 29. September 1929.

[53] Brief vom 7. Oktober 1929.

das Geologische Landesamt Chinas vertritt. Unter diesen Bedingungen habe ich angenommen [Lyon hat mir alle Freiheit gegeben].»[54]

Die Kontakte in Peking genügen nicht, er muß nach Paris und in die Vereinigten Staaten fahren, das um so mehr, als der Pater ein recht umfassendes Bedürfnis nach einer Rückkehr nach Frankreich verspürt:

B – «Aufrechtzuerhaltende wissenschaftliche Beziehungen, Veröffentlichungen, Bestimmung von Fossilien, Kontaktnahme mit der Mission Citroën und vielleicht noch mehr die Sicherstellung des „spirituellen Atemholens"»[55].

P. Teilhard besteigt am 10. September die Transsibirische Bahn und rechnet damit, etwa am 25. in Paris zu sein. Sein Aufenthalt in Frankreich wird kurz sein, da er Ende Januar nach Amerika weiterfährt. Wie benutzt er seine Zeit? Auch hier wieder tappen wir im dunkeln:

B – «[...] kaum hier angekommen, bin ich in einen wahren Wirbel von Leuten und Dingen gerissen worden [meine «zweite Existenz», die mich wieder erfaßt hat], aus dem herauszukommen mir nicht gelingt. Ich bin nun schon seit mehr als einem Monat in Paris, ohne daß ich den Eindruck habe, merklich in dem vorangekommen zu sein, was ich tun wollte.»[56]

Er verbringt wahrscheinlich einige Zeit in der Auvergne, wie das Zeugnis P. Gannes nahezulegen scheint[57]:

B – «Ich bin dem Pater zum erstenmal 1930 [...] in der alten Jesuitenresidenz in der Rue Bansac zu Clermont-Ferrand begegnet. Wir sind Landsleute... Ich war Philosophiestudent. Nach dem Abendessen lud der Pater mich ein, zu einem Gespräch auf sein Zimmer zu kommen, und ich werde mich immer an seine „Hinführung zum Thema" erinnern. [Wir saßen auf dem Bett: alle Stühle waren wackelig...] „Begreifen Sie", sagte er mir, „was heute geschieht, ist sehr wichtig: wir sind dabei, das Neolithikum zu verlassen." Ich bat ihn, mir einige Augenblicke Zeit zu lassen,

[54] Brief vom 7. Februar 1930. Lyon bezeichnet seinen Provinzial, der in Lyon residiert.

[55] Brief vom 23. März 1930.

[56] Brief vom 6. November 1930.

[57] Brief an C. Cuénot vom 1. Februar 1960.

um mich auf diese Wellenlänge einzustellen..., und wir trennten uns zwischen drei und vier Uhr morgens. Lieber Pater Teilhard! Er war da wie eine Quelle, die nur ihrem eigenen Druck gehorcht, die reinste, der ich je begegnet bin. Er hat mich begreifen lassen, daß die wirkliche Demut mit der größten Kühnheit identisch ist.»
Wir wissen, daß er, um die von der Gobi aufgeworfenen Probleme zu lösen, mit Lacroix, Cayeux und Jacob diskutiert. Wir wissen auch, daß er die gelbe Kreuzfahrt vorbereitet: Im November 1930 ißt er in Gesellschaft der Bégouën mit einem Freund Abbé Breuils zu Abend, dem Enkel Henry Fields, des amerikanischen Milliardärs und Gründers des Field Museum in Chicago, des Rivalen des American Museum von New York. Es handelt sich offensichtlich um ein diplomatisches Essen, da der Pater den Enkel des Milliardärs in Chicago wiedersehen wird. Andererseits findet er seine Normalianer wieder. Am 25. Oktober hält er ihnen einen Vortrag: *Humanisation, Humanismus, Divinisation*. Im November–Dezember folgt eine Reihe von vier Vorträgen[58] für die Gruppe Marcel Légaut in Chadefaud in der Auvergne[59]. Allgemeines Thema: *Versuch der Integration des Menschen in das Universum*[60].

In seinem vierten Vortrag faßte P. Teilhard seine Aussagen mit diesen Worten zusammen:

> W– «Da wir den Menschen als ein gewöhnliches Phänomen annahmen, haben wir im Universum einen noch im Fortschreiten begriffenen Prozeß der Personifikation gesehen; da wir dieses Werk der Personalisation untersuchten, haben wir erkannt, daß es eine Haltung nach sich zog, die man die Wirk-Anstrengung nennen könnte. Im dritten Vortrag, da wir die Bedingungen suchten, die diese Wirk-Anstrengung ermöglichen, sich durch eine Schicht hindurch zu verlängern, die im Universum frei ist, haben wir gesehen, daß die wesentliche Bedingung letzten Endes wäre, daß wir vor uns einen Beweggrund haben, der nichts ande-

[58] Am 19. und 27. November und am 3. und 10. Dezember.

[59] Wir haben bereits von dem Mathematiker Légaut gesprochen. Erinnern wir daran, daß dieser eine kleine katholische Gruppe gegründet hatte, die Normalianer, Professoren und Volksschullehrer vereinigte. Nachdem er an der Naturwissenschaftlichen Fakultät von Rennes rationale Mechanik gelehrt hatte, wandte er sich, des Umgangs mit abstrakten Symbolen etwas überdrüssig, 1940 in der Dauphiné der Landwirtschaft zu.

[60] Der Text von dreien ist gerettet worden.

res wäre als das Bewußtsein, ein dauerhaftes und wahrscheinlich ein Werk von in sich selbst personalem Wert zu verwirklichen. So haben wir nach und nach gesehen, wie das menschliche Phänomen zur Religion wuchs [...]. Ich will [...] Ihnen heute abend zeigen, wie wir im Ausgang von dem, was wir in den vorhergehenden Vorträgen erklärt haben, in der Welt um uns herum und im Innern unserer selbst klarer sehen können.»

Auf jeden Vortrag folgte natürlich eine Diskussion. Fest gefügte Vorträge, die einen neuen Schritt in Richtung auf die große Synthese des ‹Menschlichen Phänomens›, auf diese große Physik im Sinne der Griechen, auf diese große Wissenschaft vom Wirklichen darstellt,

W– «in der der Mensch nicht mehr wie heute als eine Ausnahme oder als etwas Äußerliches angesehen würde, sondern ganz integriert wäre und folglich seinen Interpretationswert und seinen Schlüsselwert beitragen würde».

Welche Wirkung hatten die Vorträge P. Teilhards? Wir können das aus dem Zeugnis von Marcel Légaut erahnen[61]:

B – «Wir waren auch voll Bewunderung und Erstaunen, einen Priester zu entdecken, der die religiösen Fragen mit kraftvollem Geist anging, ohne daß man bei ihm das geringste Ausweichen des Geistes, das geringste Bemänteln oder Überschminken nicht gelöster Schwierigkeiten, dorniger oder nicht dorniger Fragen bemerkte, die noch einer Antwort bedurften.

Gewiß, wir waren mit unserem guten Willen gläubiger junger Menschen durchaus von der Möglichkeit einer derartigen spirituellen und intellektuellen Ehrlichkeit überzeugt. Tatsächlich hatten unsere geschärften Geister trotz der Sorgfalt, mit der Monsieur Portal seine geistlichen Vortragsredner unter den redlichsten auswählte, sehr rasch jedesmal, wenn sich die Gelegenheit bot, die Flucht vor dem Einwand durch ein Lächeln oder einen Spaß, das Fehlen des persönlichen Interesses an der strengen Erhellung der behandelten Fragen aufgedeckt; eher ein Bemühen, zu belehren als zu suchen; eher die Schwierigkeiten der anderen zu lösen als die eigenen, indem man sich diesen durch die Beanspruchung durch das Apostolat entzieht.

[61] Das genau genommen sich auf eine frühere Zeit vor dem Tode M. Portals bezieht.

Bei Pater Teilhard war das umgekehrt. Er deckte unsere Zaghaftigkeiten des Kleingläubigen, unsere intellektuellen Feigheiten, unser unbewußtes und sehr ausdauerndes Suchen nach Sicherheit und Ruhe auf; und schließlich die Knabenhaftigkeit unseres Glaubens und das gut verborgene bösartige Doppelspiel unseres spirituellen Lebens.

Ja, die spirituelle Einheit ist nicht die Folge von Scheidewänden, Abgrenzungen, Zaghaftigkeiten oder von als Unterwerfung aufgemachten Feigheiten. Sie steht am Ende des hellsichtigen, mutigen Bemühens, das der Glaube leitet, das die Gnade befruchtet, das die Prüfung und die Zeit reinigen.

Der Pater war zu jener Zeit bereits auf dieses Reifen durch den Glauben und die Gnade, und auch durch das Leiden und die Ausdauer hin ausgespannt. Seine Gegenwart war für uns, die wir ins Leben aufbrachen, und für unsere Existenz eine wahre Wegzehrung.»

Dieses Zeugnis ist um so gültiger, als Marcel Légaut später, wie er selbst sagt, das Denken des Paters «streng und scharf kritisiert» hat; obgleich er ihm durchaus seine Bewunderung, seine Dankbarkeit und seine Treue wahrte. P. Teilhard ist zu den Normalianern in genau dem Augenblick gekommen, da sie planten,

B – «eine wissenschaftliche Forschungsgruppe zu gründen, die als Quelle und Stütze ihrer Zusammenarbeit den Glauben und das religiöse Leben haben sollte».

P. Teilhard bekräftigte und verwirklichte dieses nacheinander von P. Gratry und P. Lamy erblickte Ideal. Ohne dogmatisieren oder wahrsagen zu wollen, scheint das dank P. Teilhard im Katholizismus zu den endgültigen Eroberungen zu gehören.

... Gegen Ende Januar 1931 schifft sich der Pater nach den Vereinigten Staaten ein. Am 8. Februar ist er mit Sicherheit in New York. Die ‹Reisebriefe› unterrichten uns gut über diesen Aufenthalt. Die wichtigen Tatsachen sind bekannt: Vortrag in New York[62] und an der Columbia-Universität ein Kolloquium mit den Geologen der Mongolei [denn die gelbe Kreuzfahrt sollte die Innere Mongolei durchqueren], ein Besuch bei Paul Claudel zu dem Thema eben

[62] Am 10. Februar 1931 sprach er vor dem Osborn Research Club und faßte die Ergebnisse seiner Forschungen in China zusammen.

dieser Kreuzfahrt, Besuch im Field Museum in Chicago. P. Teilhard faßte seine Eindrücke mit diesen Worten zusammen:

B – «Sehr gute Reise, ohne Zwischenfälle – bin gemeinsamen lieben Freunden begegnet: Osborn, Nelson – Field, der mich sehr freundlich in Chicago empfangen hat [...]. Das Field Museum gleicht noch etwas einem Basar, doch es ist eine gewaltige und zukunftsträchtige Institution [...]. Field selbst hat auf mich einen ausgezeichneten Eindruck gemacht [...]. Kurz, Amerika hat mir gefallen – wahrscheinlich deshalb, weil man mich wie ein verzogenes Kind empfangen hat [*übertriebene* Bewunderung, in der sich die etwas „junge" Seite des Landes zeigt] – aber noch mehr, weil man bei allen Forschern die Jugend, den Eifer spürt, ohne daß man sich darum sorgt, einen Platz oder einen Lehrstuhl zu erlangen. – Ich brauche jetzt in New York, Chicago oder San Francisco nur vorstellig zu werden, um sofort Arbeit oder eine Stellung zu bekommen.»[63]

Eigenartig, diese beiden Sänger des Kosmos, Claudel und Teilhard, verstanden einander nicht. Der berühmte Dichter war etwas geneigt, alle Probleme als gelöst anzusehen, weil er, Claudel, sich bekehrt hatte, und er besaß keinen Sinn für die Kosmogenese.

Der amerikanische Modernismus, an dem Duhamel so sehr Anstoß nahm, verletzte P. Teilhard in keiner Weise. Ist sein Geist nicht beständig der Zukunft zugewandt? In den religiösen Kreisen dagegen bemerkt er, daß die nunmehr unter den Naturforschern aller Länder geläufigen wissenschaftlichen Positionen noch Anstoß erregen: Evolution wird noch als ein Synonym für materialistischen Monismus angesehen. Das ist eine Meinung, die der Pater von nun an sein ganzes Leben lang bekämpfen wird: «*Trotz allem, in Paris sieht man schärfer*», bemerkt er ohne Bitterkeit[64]. Auf jeden Fall sind die konkreten Ergebnisse ausgezeichnet. Die nationale Geographische Gesellschaft von Washington, die mehr als 1800000 Mitglieder zählt und deren Ziel die Verbreitung der geographischen Wissenschaft durch die ganze Welt ist, gewährt Georges-Marie Haardt, dem Leiter der Mission Citroën, eine ebenso hohe Subvention, wie sie sie Byrd für seine Reise zum Südpol gewährt hatte, und sie läßt

[63] Brief vom 26. März 1931.

[64] ‹Lettres de voyage›, S. 135 [Einführung 1931].

sich in der Mission durch einen ihrer hervorragendsten Mitarbeiter, Maynard Owen Williams, vertreten, was sie seit ihrer Gründung im Jahre 1888 noch nie für ein ausländisches Unternehmen getan hatte.

Der Pater schifft sich Ende Februar in San Francisco an Bord der «President-Garfield» ein. Am 16. oder 17. März kommt er in China an nach einer großartigen Überfahrt über den Pazifik, mit einem Halt in Hawaii, wo er die Bekanntschaft des Geologen Gregory macht [ein Zwischenspiel von fast wehmütigem Zauber], und in Kobe mit einem Ausflug nach Kioto. Im Laufe dieser langen Seereise vollendet er am 9. März 1931 die Abfassung von ‹Der Geist der Erde›, einer Schrift, die in sehr verschiedener Form das Thema der Vorträge vor der Gruppe Marcel Légaut wieder aufgreift. Wir gehen nicht näher auf diese Überfahrt ein, von der wir nur ein kurzes Bild geben wollen:

B – «Die Überfahrt über den Pazifik hinterläßt in mir eine ebenso friedliche Erinnerung wie der Name dieser Wasser – wahrscheinlich, weil ich viel gearbeitet habe. Eine tiefe, indigoblaue See, mit Schwärmen einer Art schwarzer Sturmschwalbe, die verächtlich und geheimnisvoll 48 Stunden von der Küste entfernt verschwinden. Nur 48 Stunden in Japan verbracht, dessen wunderbare, ins schattige Grün vergrabene Tempel aus gewachstem Holz ich ohne Begeisterung gewürdigt habe. Und endlich habe ich mit Vergnügen den Staub Pekings, seinen blauen Himmel, seine blühenden Apfelbäume, seine Rikschas, seinen Verfall und die beständige Klage seiner Tauben wieder gefunden, die mit einem Schwirren im Schwanz vorbeifliegen.»[65]

Dagegen werden wir einige charakteristische Auszüge aus ‹Der Geist der Erde› zitieren. Dieses Werk enthält bewundernswerte Formulierungen, und die entfesselten Nationalismen unserer Tage würden gut daran tun, über sie nachzudenken:

W – «Das Zeitalter der Nationen ist vorbei. Es handelt sich jetzt für uns darum, wenn wir nicht zugrunde gehen wollen, die alten Vorurteile abzuschütteln und die Erde zu bauen.»

P. Teilhard ist bereits Weltbürger, nicht als ein Heimatloser oder Entwurzelter, sondern als ein Mann, der unter voller Wahrung sei-

[65] Brief vom 25. April 1931.

ner Bindungen an Frankreich und an die Auvergne bereits über die Vaterländer hinaus emergiert:

W– «Unter „Sinn für die Erde“ muß man hier den die Leidenschaften entflammenden Sinn des gemeinsamen Schicksals verstehen, das den denkenden Teil des Lebens immer weiter fortreißt. Von Rechts wegen ist kein Gefühl tiefer in der Natur gegründet und mithin mächtiger als dieses. Doch in der Wirklichkeit kann keines später erwachen, da es zu seiner Explizierung verlangt, daß unser über die wachsenden [aber immer noch allzu engen] Kreise der Familie, der Vaterländer, der Rassen emergierendes Bewußtsein endlich entdeckt, daß die *einzige wahrhaft natürliche und wirkliche menschliche Einheit* der Geist der Erde ist.»

Und die erste der Kräfte, die den Sinn der Erde ausmachen, ist die Liebe:

W– «Die Liebe ist die universellste, die fruchtbarste und die geheimnisvollste der kosmischen Energien [...]. Die ausdrucksstärkste und die zutiefst wahrste Weise, die universelle Evolution zu erzählen, wäre wahrscheinlich, die Evolution der Liebe nachzuzeichnen [...]. Zum Manne, durch die Frau hindurch, schreitet in Wirklichkeit das Universum voran. Die ganze Frage [die für die Erde vitale Frage...] ist, daß sie einander erkennen.

Wenn der Mann nicht die wahre Natur, den wahren Gegenstand seiner Liebe erkennt, herrscht unheilbare und tiefe Unordnung. Grimmig bemüht, an einer zu kleinen Sache eine Leidenschaft zu sättigen, die auf das All ausgerichtet ist, sucht er notwendig durch die immer anwachsende Materialität oder Vielzahl seiner Erfahrungen eine tiefe Unausgeglichenheit zu erfüllen. Eitle Versuche – und in den Augen dessen, der den unschätzbaren Wert des menschlichen „geistigen Quantums“ ahnend erkennt, ein entsetzlicher Verlust! Lassen wir, ich bitte Sie darum, jeden sentimentalen Eindruck und alle prüde Entrüstung beiseite. Betrachten wir vielmehr ganz kalt als Biologen oder als Ingenieure die rotglühende Atmosphäre unserer großen Städte am Abend. Dort – und übrigens überall – verschleudert die Erde dauernd in reinem Verlust ihre wunderbarste Kraft. Die Erde brennt „in freier Luft“. Wieviel Energie, glauben Sie, geht in einer Nacht für den Geist der Erde verloren?...

Nimmt der Mann dagegen die universelle Wirklichkeit, die geistig durch das Fleisch hindurchscheint, so wird er den Grund dessen entdecken, was bisher sein Liebesvermögen enttäuschte und pervertierte. Die Frau steht vor ihm als die Anziehungskraft und das Symbol der Welt. Er vermag sie nur zu umarmen, indem er sich seinerseits nach dem Maße der Welt weitet. Und weil die Welt immer größer und immer unvollendet und uns immer voraus ist, findet der Mann sich zu einer grenzenlosen Eroberung des Universums und seiner selbst verpflichtet, um seine Liebe zu erfassen. In diesem Sinne kann der Mann die Frau nur in der vollzogenen universellen Vereinigung erreichen. – Die Liebe ist eine heilige Energiereserve – und sozusagen das Blut selbst der geistigen Evolution: das enthüllt uns als erstes der Sinn der Erde.»

Dieser wunderschöne Text über den kosmischen Sinn der Liebe und über den Wert des Weiblichen als Stufe des geistigen Aufstiegs, der von der Materie ausgeht und in Christus endet, bildet einen Widerhall zum Finale des Faust:

Das Ewig-Weibliche
Zieht uns hinan.

Die ausgeglichenen Geister haben immer, im Unterschied zu den Schopenhauers und Nietzsches, dem Weiblichen seinen Platz eingeräumt. Doch der Unterschied zwischen Teilhard und Goethe bleibt tief. Das Weibliche ist für Teilhard nur eine Stufe und kein Endpunkt.

...Und jetzt, von März bis Mai, wartet er auf den Aufbruch der gelben Kreuzfahrt, eine übrigens recht ausgefüllte Wartezeit, in der er Peking kaum verläßt, außer für eine kurze Fahrt nach Choukoutien und einige Tage in Tientsin, wo er seinen ‹Geist der Erde› ins reine schreibt. Wir haben es bereits gesagt: Wahrscheinlich ist es ihm zu danken, daß das kulturelle Tun des *Sinanthropus Pekinensis* sichtbar gemacht wurde, was die These von einem Sinanthropus ausschloß, der als einfache tierische Beute von einem noch unbekannten Menschen in die Höhlen geschleppt worden wäre. Der Pater hat außerdem die Freude, zu erfahren, daß neue Funde in dem zentralen Becken des Schansi eine glänzende Bestätigung für seine letzten Theorien über das ältere Pleistozän Chinas liefern. Er übermittelt an Abbé Breuil die Einladung von Davidson Black, der wünscht, daß der große Prähistoriker komme, um sich die Ausgrabungen von Choukoutien von nahem anzusehen. Er läßt einem Russen aus Harbin eine sehr schöne Sammlung jungsteinzeitlicher Gegenstände abkaufen:

B – «Vollkommen klare Lagerstelle mit Gräbern in Tsitsikar. Typ Linn-si, jedoch mit, was die Knochenbearbeitung betrifft, charakteristischen Werkzeugen. Sie werden das hier sehen, und auf den Zeichnungen, die ich machen lasse und die mir gut zu sein scheinen. Ich hoffe, nicht zu viele Häresien aufgestellt zu haben... Doch wir haben hier niemanden für die Typologie. Ein sehr hübscher Stichel – und Harpunen mit einer Reihe Widerhaken aus gewöhnlichem Knochen.»[66]

Die Aussage: «*Ich hoffe, nicht zu viele Häresien aufgestellt zu haben*», ist entzückend. Und gewisse Gelehrte haben P. Teilhard angeklagt, heimlich ein Ehrgeizling zu sein!

Diese Zeitspanne, die wir in einer etwas negativen Weise: *Vor der gelben Kreuzfahrt*, getauft haben, offenbart sich als eine Epoche des Übergangs zu einem neuen Lebensstil. Wäre nicht der sehr starke Einschnitt dieser Kreuzfahrt, könnte man sagen, die «erste» Periode von Peking habe bereits begonnen. Schon vor den Vorbereitungsreisen nach Frankreich und in die Vereinigten Staaten ist seine Zeit aufgeteilt, die «kleine» Hälfte ist Tientsin vorbehalten [weil dort das Museum Licent steht und der Pater seine Exerzitien in der jesuitischen Schule der Hautes Études machte], die andere, die «größere» Hälfte, gehört Peking, der Stadt der Intellektuellen, dem Gehirn Chinas. Nach der Rückkehr aus Amerika erwartet der Pater, wie es ganz natürlich ist, in Peking das Zeichen zum Aufbruch der Kreuzfahrt:

B – «Praktisch ist Tientsin für mich nur noch ein gesetzlicher Wohnsitz, und ich verbringe meine Zeit in Peking oder mit den Leuten von Peking.»[67]

Die zahlreichen Rundfahrten in Gesellschaft von P. Licent haben, von der Fahrt in die Mandschurei abgesehen, praktisch aufgehört. Da er den offiziellen Titel Scientific Adviser trägt, ist unser Berater ein Bevollmächtigter Chinas geworden, er nimmt an den chinesischen Expeditionen teil, oder aber er wird von den Amerikanern aufgefordert und selbstverständlich von gleich zu gleich behandelt

[66] Brief vom 3. Mai 1931.

[67] Brief vom 25. April 1931.

und mit einer liebevollen Bewunderung umgeben. Unter philosophischem und spirituellem Gesichtspunkt befinden wir uns gleichfalls an einem Wendepunkt, wie wir feststellen werden, wenn wir versuchen, in einer synthetischen Sicht zu definieren, was die Jahre 1923–1931 für das Teilhardsche Denken bedeuten.

FÜNFTES KAPITEL
DIE ENTDECKUNG DER NOOSPHÄRE UND DIE EMERSION DER PANCHRISTISCHEN MYSTIK

Vielleicht wird man eines Tages dahin gelangen, eine Biographie des inneren Lebens des Paters zu schreiben. Doch viele wichtige Dokumente sind entweder verlorengegangen [außer es erwarten uns erfreuliche Überraschungen] oder bleiben unzugänglich. Es kann also keine Rede davon sein, es Monat um Monat, Tag für Tag zu verfolgen, und trotz seines Reichtums und seiner Komplexität müssen wir uns damit abfinden, es gedrängt zu beschreiben, indem wir von Gipfel zu Gipfel fortschreiten. Bereits 1919, der Epoche der ‹Geistigen Potenz der Materie›, bereits 1916, dem Datum der Abfassung der ersten Erzählung nach Benson[1], während all dieser entscheidenden Jahre der Freiheit und Gemeinschaft mit dem «Menschlichen» war der Mann bereits er selbst. Gott in der Materie? Der Priester im dunkelblauen Anzug sieht ihn bereits: Durch die, wie er sie nennt, «Eucharistisation» assimiliert die Hostie fortschreitend die Menschheit und durch diese das Universum, das unentbehrlich ist, um die Fülle des mystischen Leibes Christi zu vollenden. Der hartnäckige menschliche Eifer, die Erde zu erobern, indem das Erwachen des Geistes in der Welt gefördert wird, bietet also dem inkarnierten Worte einen angewachsenen Bereich der Eroberung. P. Teilhard hat bereits den heiligen Paulus [und den heiligen Johannes] mit einem neuen Blick gelesen, indem er das paulinische Pleroma entdeckt und preist: das Universum in seiner mystischen vollen Reife und Totalisation. Kehren wir zu unseren Skrupeln zurück. Wer von Perioden spricht, setzt genaue Daten, TERMINUS A QUO, TERMINUS AD QUEM, voraus. Doch wenn es sich um ein derart synthetisches, derart einheitliches Denken handelt, laufen solche Grenzziehungen mit ihrer scheinbaren Genauigkeit Gefahr, absurd zu sein. Sprechen wir also einfach bei dieser Lage von einer neuen Variation über die grundlegenden Themen, Variation, deren wesentliche Weisen, wie der Pater selbst bezeugt,

[1] ‹Le Christ dans la Matière› [Christus in der Materie].

von der ‹Messe über die Welt› [1923] und dem ‹Göttlichen Bereich› [1926] gebildet werden.

So paradox das auch erscheinen mag, wenn man so kraftvolle, harmonische oder belebende Werke liest wie diese, deren Titel wir genannt haben, diese so fruchtbare «Periode», in der das seiner selbst bereits sichere Genie seine erste Synthese verwirklicht, ist eine Krisenzeit. Nein, ganz entschieden, das paßt nicht zu gewissen theologischen Interpretationen. Ihn, der wesentlich zur Kirche gehört, ihn, der sich seiner Ordensberufung gewiß ist[2], ihn, der in Dingen der intellektuellen Ehrlichkeit niemals Zugeständnisse macht, ihn überrascht diese Dissonanz, und zwar um so mehr, als man ihm nach einigen Jahren wissenschaftlicher Missionen in China schließlich seinen Lehrstuhl für Geologie am Institut Catholique genommen hat. Wenn er auch niemals in seinem Glauben erschüttert gewesen zu sein scheint, war seine Seele doch gewiß der Schauplatz harter geistiger Kämpfe, und das Bild seiner Darstellung von der Welt spiegelt sein inneres Leben wider: eine Genese, genauer, eine Orthogenese, die keineswegs das Suchen und Tasten ausschließt.

Woraus baute sich diese Krise auf? Versuchen wir, ihre Elemente eins nach dem anderen herauszulösen. P. Teilhard verdankt zunächst dem Fernen Osten die Offenbarung der Unermeßlichkeit der Erde und der Menschheit[3]. Er hat noch einmal, jedoch in einem wesentlich größeren Maßstab, eine Erfahrung gemacht, die während des Ersten Weltkrieges bereits entscheidend und befreiend gewesen war, die Erfahrung der Vielheit, des riesigen menschlichen «Moleküls». Der Pater hat erlebt, wie er in eine phantastische Masse von mehreren hundert Millionen Menschen hineingenommen war, er hat sich obendrein mitten im Herzen des Heidentums, in einer Menge materialistischer und pragmatischer Tendenz erfahren, und dieser Kontakt hat durch eine Art Katalyse seine religiösen und mystischen Meditationen belebt, indem er diese missionarische Be-

[2] Seine Berufung des reifen Mannes setzte, sie ausweitend, seine Berufung des Jünglings fort.

[3] «Bisher hatte Teilhard tief die Anziehungskraft spüren können, doch hatte er nicht wirklich die Größe weder der Erde noch der Phänomene der Erde begriffen. Nun, diese Größe sollte ihm Asien offenbaren» [vom Pater verfaßter wissenschaftlicher Lebenslauf, Frühjahr 1950].

rufung aufglühen ließ, die in seinem Orden Tradition ist und ihn zu tätigem Nachdenken über das Problem der Missiologie zwang. Ist es ein reiner Zufall, daß die bewundernswerte ‹Messe über die Welt›, das meisterliche Anfangswerk der ersten großen schöpferischen Zeit des Paters, die [symbolische] Angabe *Ordos 1923* trägt? Die Teilhardsche Weltschau hat sich in einzigartiger Weise geweitet. Sie hat endgültig weltweite, noosphärische Maße angenommen. Der Pater sieht weit und von hoher Warte aus. Während er durchaus mehr als je an das «Phylum», das heißt, an seinen Orden und an den katholischen Stamm, gebunden bleibt, von dem er sich niemals zu lösen vermöchte, gewinnt er sozusagen Abstand. Sein Horizont des Jesuitenpriesters wird von grenzenlosen Perspektiven durchlöchert, so daß die Art Kreidekreis, der um ihn [wie um jedes Individuum] gezogen ist, seine Konturen verliert oder, genauer, in der Unermeßlichkeit von Raum und Zeit nur mehr ein geometrischer Punkt ist.

Außerdem erscheint die Stellung dieses zugleich so treuen und freien Priesters als sehr ungewiß. Sein Aufenthalt in China wird zum Exil. Bis zur Entscheidung über seine Sache am Institut Catholique bleibt der Pater in einer ungewissen Lage. Später hat er nur eine rein negative Gewißheit: Er weiß, was er nicht mehr ist, und er weiß nicht, was aus ihm werden wird. Er wagt nicht, genaue Fragen zu stellen. Wahrscheinlich ist es dem nicht zu bestreitenden Verständnis, der Achtung und dem Wohlwollen seiner unmittelbaren Oberen zu verdanken, daß sein Exil sehr gemildert wird. Der Pater kann Paris wiedersehen, um seine wissenschaftlichen Arbeiten fertigzustellen und um dort in intermittierender Weise sein Apostolat auszuüben. Zweifellos nimmt China ihn auch immer mehr in Anspruch und verwandelt sich in einen festen Anlegeplatz, da P. Teilhard sich dort sozusagen als chinesischer Beamter bewegt und Peking zu einem mächtigen Anziehungspol wird. Doch all das kann die tiefen Bedürfnisse des Paters nicht befriedigen, und die Zukunft bleibt durchaus ungewiß. Der gelehrte Jesuit bewahrt das Heimweh nach Paris, weil es das Laboratorium ist, in dem die Ideen durch eine Art geistiger Alchimie sich erarbeiten und synthetisieren lassen, in dem er beständig das Apostolat ausüben könnte, von dem er träumt und das so gut angefangen hatte.

Das Ergebnis ist zwischen 1926 und 1929 eine innere Befreiung, die ihren Höhepunkt im Winter 1928 und in den ersten beiden Monaten von 1929 erreicht, um sich anschließend in einer weiteren und ruhigeren Haltung, in einem großen Frieden aufzulösen. Was sich restlos wandelt, sind gewisse Weisen zu empfinden und zu urteilen, die einfach überholt sind, während der Glaube und die Treue unversehrt bleiben. Der Pater schafft sich Raum, er erfreut sich dieser Freiheit der Kinder Gottes, während er durchaus die Überzeugung bewahrt, daß Gott ihn an diesem bestimmten Platz, an dieser Stelle des Eingefügtseins in der Gesellschaft Jesu und nicht anderswo gewollt hat. In keinem Augenblick ist davon die Rede, die Kirche zu verlassen:

B – «Ohne innere Unlogik glaube ich in meine christliche Haltung in etwa alle [noch wenig verchristlichten] Elemente integriert zu haben, die sich mir nach und nach als wesentliche Faktoren meines Lebens entdeckt hatten. Das sagt Ihnen, daß ich wirklich mit der Kirche wie mit Gott in Frieden lebe.»[4] – «Mir scheint, jetzt – da ich zwar immer noch ebenso hingespannt bin auf „das, was kommt", aber unter Anerkennung, daß diese Neue Sache nur aus der Treue entstehen kann zu dem, *was ist* – stehe ich „jenseits der Revolte".»[5]

Angesichts dieser inneren Krise wurde ihm vorgeschlagen, seinen Orden zu verlassen und ein einfacher Weltpriester zu werden wie Abbé Bremond; denn dann könnte er seine wissenschaftliche Laufbahn viel freier fortsetzen. P. Teilhard lehnte ab; denn die Gesellschaft verlassen hätte geheißen seinen «göttlichen Bereich» verlassen. Nichts ist erhabener, nichts edler als die Formulierungen, denen wir in gewissen Briefen begegnen:

B – «Durch die Treue mit der durch den Glauben geweihten Welt kommunizieren.»[6] – «[...] alles, was von uns verlangt wird, ist, immer zu versuchen, zum Weiteren und Helleren aufzusteigen, – ohne irgendeinen dieser beiden Fäden fallenzulassen: die Ehrlichkeit gegen uns selbst und die Bindung an die Kirche.»[7] – «[...] Ich würde glauben, die „Welt" zu verraten, wenn ich den Platz verließe, der mir zugewiesen worden ist [...]. Seien Sie also

[4] Brief vom 25. August 1929.
[5] Brief vom 7. Februar 1930.
[6] Brief vom 20. Mai 1924.
[7] Brief vom 7. Mai 1927.

ganz gewiß, daß nicht einmal die Idee eines Gesuches, um den Orden zu verlassen, mir jemals durch den Kopf gegangen ist.»[8] – «[...] Ich habe mich vielleicht nie so endgültig an meinen Orden gebunden wie jetzt.»[9] – «[...] die Gesellschaft [...] ist deswegen um nichts weniger immer deutlicher *mein* Punkt des Eingefügtseins und des Wirkens im Universum.»[10]

Bereits am 2. April 1929 erfahren wir, daß die Ruhe wieder eingekehrt ist[11], und am 10. August spricht er mit innerer Gelöstheit von der «*kleinen Krise*», die er durchgemacht hat. Wundern wir uns nicht über dieses Beiwort: Der Pater liebte es nicht, zu dramatisieren. Am 6. Dezember 1929[12] schließlich lesen wir diese großartigen Zeilen:

B – «Ich habe den seltsamen Eindruck, die Fähigkeit verloren zu haben, etwas, was immer es auch sei, in bezug auf mich zu genießen [oder zu begehren]; während zugleich die höchste

[8] Brief vom 15. Juli 1929.

[9] Brief vom 10. August 1929.

[10] Brief vom 29. September 1929. Bereits die Bemerkungen über die Treue, die sich im ‹Göttlichen Bereich› [Éd. du Seuil, S. 174, ‹Der Göttliche Bereich›, Walter-Verlag, S. 167] finden, würden genügen, um zu erklären, weshalb der Pater die Gesellschaft Jesu nicht verlassen hat. Selbstverständlich standen die «Heiden» dieser Treue immer wieder überrascht gegenüber. Im Laufe der gelben Kreuzfahrt haben ihm, wie es scheint, einige Begleiter offen die Frage gestellt. Worauf er in etwa in diesem Sinne antwortete: «*Sie können es nicht begreifen, und doch werden Sie es erfassen. Sie, Reymond, sind in der kommunistischen Jugend und an der Universität gewesen. Sie, Point, waren auf der Borda. Ich meinerseits war in Jersey. Erinnern Sie sich an all das, was Sie an die Lehren und die Freundschaft Ihrer Lehrer bindet, an die Freundschaft und die Kameradschaft der Mitschüler, erinnern Sie sich an diese inneren, tiefen Verpflichtungen, die man mit zwanzig Jahren vor sich selbst eingeht. Bedenken Sie, wie sehr Sie all das bindet und wie es moralisch schwierig wäre, damit zu brechen, selbst wenn man daran dächte.*» Und der Pater ergänzte wahrscheinlich diese Erklärung aus Zurückhaltung seinen Begleitern gegenüber stillschweigend: «*Und außerdem ist in der Gesellschaft Jesu Jesus, und Jesus ist ein Chef, den man niemals verläßt.*» Eine sehr wahrscheinliche Ergänzung; denn als Reymond zum erstenmal die wirklich ausgesprochenen Worte berichtete, ergänzte er sie sogleich mit diesem letzten Satz. Es ist ein entscheidendes Ereignis seit den Renans und den Loisys: Ein großer religiöser Denker der modernen Zeit – vielleicht der größte – bleibt in der Kirche, mitten im Herzen des Phylums, und er bleibt seinen feierlichen Gelübden unterworfen. Ein Triumph der Treue.

[11] Vgl. bereits den Brief vom 10. Januar 1927: «Es wird mir, so hoffe ich, gelingen, durchzukommen, indem ich „von innen her" vorantreibe.»

[12] Vgl. auch den Brief vom 1. Januar 1930.

Größe der universellen Sache, in die wir durch die Existenz hineingenommen sind, mich beständig beherrscht. Es ist eine Art leidenschaftlicher Indifferenz, in der alles menschliche Eingreifen oder ehrgeizige Streben in weitem Maße fast inexistent geworden ist.»

Die Tiefe dieser Befreiung: Der Beweis dafür findet sich in der Haltung des Paters angesichts der Hinauszögerungen des Drucks des ‹Göttlichen Bereichs› im ‹Museum Lessianum›, Hinauszögerungen, die schließlich im Veto enden:

B – «Übrigens hat man mir, gleichfalls aus Löwen, mitgeteilt, daß ein kleines „Andachts"-Buch, ‹Der Göttliche Bereich›, dessen Manuskript ich Ihnen mangels eines Exemplars schließlich nicht gezeigt habe, im Druck *wäre*. Ich bezweifle das noch etwas; doch ist gewiß, daß die Revisoren dieser Arbeit „alle sehr befürwortend gegenüberstehen", in die ich vieles über die Bedeutung der Loslösung und der Entsagung, über den Wert der Materie, über den Sinn des Kreuzes usw. hineingelegt habe.»[13] – «Bei meiner Rückkehr von der Reise habe ich einen Brief aus Löwen [P. Charles] vorgefunden, der mich unterrichtete, daß um den 5. Juli herum mein Manuskript über ‹Der Göttliche Bereich› jeden Augenblick in Druck gehen würde, „da alle Begutachter sich befürwortend ausgesprochen haben"[14]. Seitdem keine Neuigkeiten mehr. Ich fange an zu glauben, daß etwas dazwischengekommen ist – und es fehlt nicht viel, daß mich das erleichtern würde [ich habe so viel von mir selbst in diese Seiten hineingelegt, daß sie mir postum lieber wären...].»[15] – «Das Eigenartigste ist der Fall meines ‹Göttlichen Bereichs›, der nach einer von Charles erhaltenen Nachricht bereits vor einem Jahr im Druck sein sollte und über den ich seitdem nichts Neues erfahren habe. Das beunruhigt mich übrigens recht wenig. Mir scheint, ich bin niemals in meinem Glauben an das Universum leidenschaftlicher und gefestigter und zugleich dem gegenüber gleichgültiger gewesen,

[13] Brief vom 7. Oktober 1929.

[14] Der Brief von P. Charles, der die Formulierung «alle Begutachter haben sich befürwortend ausgesprochen» enthält, ist in Wirklichkeit vom 8. Juli 1929.

[15] Brief vom 6. Dezember 1929. Dieses «etwas» war, daß ein nicht durchgearbeitetes Exemplar aufgegriffen und nach Rom zur Prüfung geschickt wurde [in Societate] [vgl. Brief vom 23. Oktober 1932].

was mir persönlich widerfährt, oder dem gegenüber, was kleinlich „menschlich" in der Welt ist.»[16]

Das war keine einfache Großsprecherei: Der Pater hatte genügend spirituelle Kraft, um die Prüfung anzunehmen, das Erscheinen dieses Werkes nicht zu erleben, in das er so viel von sich selbst hineingelegt hat, dessen heilsame Kraft er kannte und das sich als eines der wesentlichen Bücher der Spiritualität unserer Zeit offenbaren sollte. Es bleibt deshalb um nichts weniger wahr, daß, als später die Jesuiten von Beirut ‹Der Göttliche Bereich› in Form eines Heftes, und zwar in einer Privatauflage, gedruckt hatten, P. Teilhard sein Exemplar mit Rührung durchblätterte und erklärte, es sei für ihn eine unermeßliche Freude, zu wissen, daß einer seiner «Brüder» daran gedacht habe, diesen Text drucken zu lassen, den erscheinen zu lassen er selbst niemals weder die Möglichkeit noch das Recht gehabt hatte.

Das sind bereits zwei grundlegende Erfahrungen; eine neue Offenbarung der menschlichen Vielheit und eine Emanzipationskrise, die die Eröffnung neuer Perspektiven hervorrief und auf die ein großer Friede, ein endgültiges Hervortauchen aus der Sphäre zu enger theologischer Interpretationen und individueller Interessen folgte. Die Öffnung zum Kosmos ist vollständig. Doch zu welcher philosophischen Aussage führte diese doppelte Erfahrung? Wir können zwei Themen herausstellen: die Entdeckung der Noosphäre und die Emersion der panchristischen Mystik.

Um zu einem Verständnis dieser beiden Begriffe zu gelangen, muß man sich erinnern, daß bereits von der Ebene der positiven Wissenschaft an der Geist der Synthese immer eine wesentliche Rolle bei P. Teilhard spielt. Sehen wir von diesem hartnäckigen Bemühen ab, die in Nordchina gewonnenen Teilergebnisse zu einer umfassenden Gesamtkonstruktion zusammenzufügen. Jeder Gelehrte von Rang wäre genauso vorgegangen. Merkwürdiger ist dieser Text vom 14. Januar 1924, aus dem wir noch einmal einen Auszug zitieren:

B – «Es muß einen Weg geben, das Studium der Erde in einer tieferen und synthetischeren Weise anzugehen, indem man sie als *ein Ganzes* ansieht, das mit mechanischen, physikalischen, chemischen, *spezifisch irdischen* Eigenschaften ausgestattet ist.»[17]

[16] Brief vom 31. Juli 1930.

[17] Brief vom 2. März 1932.

Doch der Pater gibt sich nicht damit zufrieden, eine «totalitäre», ganzheitliche Wissenschaft unseres Globus zu skizzieren. Durch die Team-Arbeit in China hat er die Erfahrung einer neuen Einmütigkeit, einer internationalen Gemeinschaft in der Wahrheit gemacht, er hat gespürt, daß sich ein Netz geistigen Stoffes wie ein Nervengeflecht um die Erde spannte, und das ist einer der Ausgangspunkte der Teilhardschen Spekulationen über die Noosphäre.
Sie sind sehr charakteristisch für seine geniale Begabung zur Synthese. Es gibt einerseits die Physik und andererseits die Biologie: P. Teilhard bemüht sich, eine verallgemeinerte Physik zu schaffen, die den Kräften des Bewußtseins, der Spontaneität, des Unwahrscheinlichen Raum läßt, die durch das Leben vertreten sind, das als die Spur eines universellen Prozesses erscheint, da das irdische Leben nur eine Funktion der sideralen Evolution des Globus ist [der seinerseits nur eine Funktion der umfassenden, totalen kosmischen Evolution ist]. Einer der Zweige der Biologie heißt übrigens Anthropologie. Doch letztere interessiert sich nur für die Knochen und das Fleisch des Menschen, und sie läßt als nicht in den Bereich der positiven Wissenschaft gehörend das Problem der reflektierten Intelligenz, dieses unglaubliche Vermögen zu denken, beiseite, so daß der Mensch in dem, was an ihm das Menschlichste ausmacht, ein ungeheuerliches und lästiges Gelingen bleibt: Der Pater setzt sich als Ziel, eine verallgemeinerte Biologie zu schaffen, indem er sich bemüht, den ganzen Menschen in die Natur, in die kosmische Evolution, in die Erde zu integrieren. Wenn man, so sagt er, von der Materie ausgeht, wird der Mensch zur Unbekannten einer unauflösbaren Funktion; wenn man aber aus dem Leben den Ausdruck eines fortdauernden Wachstums zu mehr Spontaneität und Bewußtsein macht, dann findet das Denken in ihm seinen Platz. Im Ausgang von dieser komplexen Masche des Menschen entleert sich der Kosmos nach hinten, und er webt sich, einem einfachen Gesetz folgend, nach vorn weiter. Also Schaffung einer verallgemeinerten Biologie, für die die Noosphäre, die denkende Hülle der Erde, die natürliche Krönung der Biosphäre ist – Integration dieser Biologie in eine verallgemeinerte Physik, für die die aus der Hydrosphäre hervorgegangene Biosphäre unter günstigen Bedingungen die normale Folge der kosmischen Evolution ist. Hier haben wir einen schönen Erweis des synthetischen Denkens des Paters:

B – «[…] ich spüre, wie nach und nach sich die Achse meiner wissenschaftlichen Neigungen und Bemühungen von den materiellen oder lebenden Schichten der Erde in Richtung auf die denkende Schicht verschiebt, die auf unserem Planeten von der Menschheit gebildet wird. In diesem menschlichen Bereich haben, so scheint mir, die Geologie und die Paläontologie ihre wahren Verlängerungen; – und dort glaube ich das Wesen dessen zu erahnen, was mich zu diesen anderen Wissenschaften hinzog. – Wenn man einmal dank dem Studium der Gesteine und der alten Knochen begriffen hat, welches die Größenordnung und der Grad an Organizität des menschlichen Milieus ist, in das wir hineingetaucht sind, wird man dort, das versichere ich Ihnen, einen Gegenstand großartiger Studien finden: An diesem Gegenstand gehen wir noch in seltsam gleichgültiger Haltung vorbei, ähnlich wie unsere Vorfahren an den Bergen vorbeigingen. Doch in einem oder zwei Jahrhunderten wird die Menschheit ein klassischer Studiengegenstand geworden sein – der obere Endpunkt der „Naturgeschichte".»[18]

Man möge entschuldigen, daß wir vorgreifen. Doch es ist notwendig, die Konsequenzen dieser Bewußtwerdung der im menschlichen Phänomen konzentrierten kosmischen Reichtümer zu betonen. Zunächst wird die Materie, die «Heilige Materie», zum Mittel der Vergeistigung, und sie offenbart sich nach den Worten des Paters als die Gebärmutter des Geistes: Der Geist wird aus dem Schoße und in Funktion der Materie geboren. Doch dieser Panmaterialismus mit spiritualistischer Emergenz führt schließlich durch einen dialektischen Aufschwung zu einem sehr vorsichtigen und nuancierten Panpsychismus. Der Kosmos erscheint als im Innersten seiner selbst aus geistigem Stoff bestehend, und P. Teilhard sucht auf dem Wege des Hinabsteigens die Materie zu rekonstruieren, indem er den Geist als die ursprüngliche Substanz der Dinge annimmt. Welches sind die Determinismen der Materie? Sie ist das Ergebnis des Aufeinandereinwirkens einer Masse elementarer Freiheiten, die sich in Unordnung befinden; sie sind also der Statistik unterworfen. Man denkt selbstverständlich an Leibniz, dessen Terminus *Monade* eines der Lieblingswörter des Paters geworden ist. Doch Leibniz konnte,

[18] Brief vom 10. Januar 1927.

da er die Evolution und die Konvergenz nicht kannte, keine befriedigende Lösung zu diesem Problem der Kommunikation der Substanzen liefern, das der cartesianische Dualismus unlösbar gemacht hatte. Das Teilhardsche Bemühen, den Dualismus zu überwinden, scheint dank dem Begriff der Genese erfolgreicher zu sein. Während die Fortschritte der Wissenschaft bereits darangehen, eine Synthese der Gesetze der Materie und des Lebens zu schaffen, geht der Pater noch weiter: Er denkt daran, die Gesetze des «Physikalisch-Chemischen» und die des «Physikalisch-Moralischen» zu vereinigen; er erarbeitet eine menschliche Energetik, deren Bereich der des «Physikalisch-Moralischen» ist, und die vergeistigte Energie, jene Energie, die den Stoff unserer Einsichten, Gefühle und unseres Wollens bildet – eine unwägbare, aber doch durchaus wirkliche Energie – erscheint ihm als die schöne Blüte der kosmischen Energie. Wie sollte sie ansonsten die Körper beseelen und in inniger Verbindung mit dem Kosmos bleiben können? Diese menschliche Energetik ist einer der eigenständigsten Punkte des Teilhardschen Denkens und bildet ein neues Zeugnis für seinen Geist der Synthese: Synthese von Materie, Leben und reflektierter Intelligenz, Synthese der Energie der Physiker und der psychischen Energie [die zu einer Panenergetik führen sollte]. Die Teilhardsche Dialektik überwindet als eine lebendige Dialektik im Namen des Wirklichen die als einander widersprechend angesehenen Begriffe und synthetisiert sie. Sie steht durchaus in ihrer Zeit mit dieser Erarbeitung einer konkreten Anthropologie, die den menschlichen Geist als wesentlich der Dauer unterworfen und in den Leib und in den Kosmos integriert darstellt. Die Entdeckung der Noosphäre und die Aneinanderreihung der wissenschaftlichen Begriffe Barysphäre-Pyrosphäre-Lithosphäre-Hydrosphäre-Biosphäre-Noosphäre[19] stellen einen Schritt zur Eingliederung des Menschen, zur Bestimmung seines «Ortes» dar.

Wir haben bereits die erste von P. Teilhard im Denken seiner Zeit bewirkte Revolution herausgestellt: die endgültige Ersetzung der immobilistischen Kosmosschau durch die Kosmogenese. Betonen wir nunmehr die zweite, die in direkter Beziehung zu diesem Begriff der Noosphäre steht. Der Pater betont sehr zu Recht das Paradox, daß der Mensch, das Zentrum und der Schöpfer aller

[19] Die von der «Christosphäre» gekrönt werden soll.

Wissenschaft, den einzigen Gegenstand bildet, den in eine homogene Darstellung des Universums hineinzustellen unserer Wissenschaft noch nicht gelungen ist. P. Teilhard hat begriffen, daß der Mensch allein dem Menschen dazu dienen kann, die Welt zu entschlüsseln; denn der Mensch ist wahrhaft der Schlüssel der Dinge und die letzte Harmonie, der Knoten des Universums, um den herum die Elemente der Welt sich konzentrisch einer Struktur entsprechend verteilen. Kant stellte sich auf einen rein epistemologischen Standpunkt und interessierte sich nur für die Formen des menschlichen Geistes und gelangte so zu einem transzendentalen Idealismus. P. Teilhard jedoch stellt sich auf einen kosmologischen – genauer kosmogenetischen –, wesentlich weiteren Standpunkt, und er verliert nie den konkreten Menschen aus dem Auge. Das 19. Jahrhundert hatte sich, grob gesprochen, auf die Wissenschaften von der Materie konzentriert. Das 20. Jahrhundert wird trotz der aufsehenerregenden Entdeckungen der Biologie, der Relativitätstheorie und der Quantenphysik der Schöpfer der Wissenschaften vom Menschen gewesen sein, deren Rückstand den Wissenschaften von der Materie gegenüber beeindruckend ist. Wie könnten die künftigen Generationen den Beitrag dieses großen Jesuiten vergessen, der die Prämissen für eine Wissenschaft vom Menschen gelegt hat? Auf jeden Fall hat in unserer Zeit, da die Neo-Humanismen hervorwuchern, die auf die Entmenschlichung der Kunst und gewisser Zivilisationen antworten wollen, P. Teilhard das unermeßliche Verdienst gehabt, eine, um seinen eigenen Ausdruck zu gebrauchen, Neo-Anthropozentrik nicht mehr der Position[20], sondern der Evolution wiederhergestellt zu haben.

Synthese zwischen dem «Kosmischen» und dem «Menschlichen», das ist der tiefe Sinn der Noosphäre. Doch noch eine andere Synthese wird vom Teilhardschen Denken erarbeitet, die des «Kosmischen» und des «Christischen», deren Entwurf wir bereits gesehen haben. Die Prämissen des Paters sind streng orthodox: 1. Realismus der Inkarnation, durch die Christus, der Sohn Gottes, durch Sein Menschsein wahrhaft ein Teil des Kosmos geworden ist; 2. Loskauf des ganzen Kosmos, da der Menschensohn an allem menschlichen Tun teilgehabt und durch sein Vorübergehen unseren

[20] Wo die Erde naiv als Zentrum des Universums begriffen wird.

Bruder, das Feuer, und unsere Schwester, die Erde, gesegnet hat[21]; 3. Fortdauer der Inkarnation durch die Eucharistie und den mystischen Leib, da die vom Geist Christi beseelte Kirche wahrhaft der Leib des Erlösers ist. Die das Universum beherrschende und sich assimilierende Menschheit verwandelt es in eine menschliche Landschaft. Christus assimiliert sich durch die Eucharistie die Menschheit und folglich alle Säfte des Universums.

Die Schlußfolgerung ist logisch: Da der lebende Jesus ein integrierender Teil des Kosmos gewesen ist, der organisch in den Stoff des Universums eingeschlossen war, wird der auferstandene Christus, der nicht weniger als der lebende Jesus zu sein vermag, das organische Zentrum des Kosmos. Und damit systematisiert und krönt P. Teilhard das paulinische Denken, das den Auferstandenen, das heißt Jesus, der den Tod besiegt hat, bereits mit kosmischen Attributen ausstattete. Durch die Auferstehung ist der Leib Christi dem Kosmos koextensiv geworden, an den Ihn die Inkarnation organisch gebunden hatte, und der Pantokrator der alten byzantinischen Kirchen offenbart sich als das organische Zentrum des Universums und als die Triebkraft der Evolution. Im kosmischen Christus, das ist noch einmal zu sagen, findet der christliche Realismus seine logische, wenn auch bisher nicht erkannte Schlußfolgerung, und P. Teilhard verwirklicht die Synthese zwischen dem «Kosmos» und dem «Christischen». Das Heiligste Herz Jesu, das zum brennenden Schmelzofen geworden ist, hat sich über alle Maße in den Verhältnissen der Unermeßlichkeit des Universums ausgeweitet, und die Geschichte läßt durch ihr augenscheinliches Chaos hindurch sich letzten Endes auf die Synthese aller Elemente der Welt in Jesus zurückführen, da durch die Gewaltigkeit der Zeit und die verwirrende Vielzahl der Individuen hindurch sich nur ein einziges Werk vollzieht: die Angliederung seiner Erwählten an Christus; nur ein Einziges wird: der mystische Leib Christi im Ausgang von allen verstreuten oder skizzierten geistigen Kräften in der Welt. Und daraus folgt: je größer der Mensch sein wird, um so schöner wird schließlich die Schöpfung sein – und um so vollkommener wird die Anbetung sein können, und um so eher wird Christus für Seine mystischen Ausweitungen einen der Auferstehung würdigen Leib

[21] Der Zauber des Karfreitags ist keine reine musikalisch-dichterische Fiktion.

finden. Das wird sehr klar in dem folgenden Ausschnitt aus einem Brief gesagt:

B – «In Sachen „Bekehrungen“ tritt das Christentum sichtbar auf der Stelle. Nicht auf den heutigen Wegen, das ist ersichtlich, wird das Reich Gottes errichtet werden, – sondern durch irgendeine Renaissance, irgendeine „Offenbarung“, die [wieder einmal mehr in der menschlichen Geschichte] sich in der menschlichen Masse wie Wasser und Feuer ausbreiten wird. Das müssen wir herbeiwünschen und vorbereiten. Mir scheint [...], der Funke wird aus der Verbindung aufspringen, die sich früher oder später im Bewußtsein der Menschen zwischen Unserem Herrn und der Welt vollziehen wird, wodurch letztere in jenem am Endpunkt des langen Schöpferbemühens heilig und absolut wird.»[22]

Wir stoßen damit auf die Spiritualität des ‹Göttlichen Bereichs›, die der französische Kanadier Jean Le Moyne mit diesen Worten zusammengefaßt hat:

W– «Das Dogma beginnt, seine Physik zu offenbaren. Die spirituellen Affinitäten der Materie[23], die der Inkarnation, der Eucharistie und der Auferstehung fähig ist, zwingen sich auf. Der Mensch empfängt von allen Seiten Neuigkeiten von seinen kosmischen Verwandtschaften, er entdeckt sich hier zu Hause und mit allem «verbündet» und als Erbe von allem, und er gewinnt seine vollen zeitlichen Dimensionen, indem er sich in ein nach rückwärts über die ersten das Bewußtsein ankündigenden Dissymmetrien erforschbares und nach vorn über das höchste Vordringen des Geistes hinaus bis zur Vollendung der Parusie ausstreckbares kontinuierliches Ganzes einschreibt. Der Christ erhöht sich in der Funktion der Besetzung, der Beherrschung, der Vermehrung, der Deutung und der Sublimation, die ihm organisch zu eigen ist; er erhält die Versicherung, in einer Welt zu wirken, die der Heilige Geist mit seinen Absichten derart erfüllt, daß Er aus ihr ein göttliches Milieu macht. Es ist eine bewohnbare Welt, wie das Buch der Weisheit sagte, und sie flieht nicht, und sie läßt nichts von der Vermehrung verlorengehen, die wir, wir und unsere Werke, sind [...]. Die Theologie der Zusammenfassung wird ihren vollen Sinn gewinnen: wir können uns nun-

[22] Brief vom 28. April 1926.

[23] Vgl. das Buch von Kardinal Bellarmin [einem Jesuiten] ‹De Ascensione mentis in Deum per scalas creaturarum›, Éd. Casterman, coll. ‹Museum Lessianum›.

mehr in Den einschreiben, Der alles zusammenfaßt, wir, die wir von Ihm am Ort und Zeitpunkt unserer Grenzen ergriffen und in Seinen eigenen Dimensionen vollendet werden, und wir werden von Ihm zusammen mit der Welt ergriffen, deren Erneuerung und Fortbestand in der Herrlichkeit bereits begonnen haben.»

Es kann nicht genug auf den authentisch religiösen Charakter dieser Spiritualität hingewiesen werden: ein heiliger Sinn der Natur, die als Ausdruck des Schöpferdenkens, als Absicht Gottes angesehen wird; eine Religion folglich, die sich auf alles menschliche Tun, selbst auf das demütigste und anscheinend profanste, erstreckt. Ebensowenig kann man je genug den nicht nur religiösen, sondern authentisch christlichen Charakter dieser Spiritualität betonen, die offensichtlich auf die Inkarnation zentriert ist, auf das geschichtliche Ereignis des Kommens Gottes auf die Erde... man könnte genauer sagen, in den Kosmos. Heiligung der Natur auf einer ersten Stufe[24], – das Sakrament der Eucharistie bildet gewissermaßen eine zweite Stufe. Eindringliche Anerkennung des Übernatürlichen, des heiligen Ereignisses. Die Inkarnation wird in einem sehr realistischen Sinne verstanden: Auf jeden Fall findet sich nichts von einer modernistischen Interpretation, die die Wirklichkeit Christi in ein Symbol der Menschheit auflöste.

Eine männliche und erwachsene Frömmigkeit, die gewiß eine der grundlegenden Formen der Spiritualität des 20. Jahrhunderts sein wird.

[24] Der Pater hatte eine Schrift: ‹Das Sakrament der Welt›, geplant.

VIERTER TEIL
DIE WEISSGLUT DES PERSONALEN

ERSTES KAPITEL

DIE GELBE KREUZFAHRT

In Wirklichkeit bildet dieser große Zeitraum, der sich von den Jahren 1931 bis zum Tode des Paters *in Christo Jesu* [1955] erstreckt, trotz stark ausgeprägter Zäsuren ein Ganzes. Der Gelehrte gehört nunmehr zur internationalen Klasse, der Denker geht die großen Synthesen an. Um nichts weniger haben wir geglaubt aus Gründen, von denen wir am Ende dieses neuen Teils Rechenschaft geben werden, die Periode 1931–1938 herauslösen und ihr eine gewisse Autonomie geben zu dürfen. Auf jeden Fall stellt die gelbe Kreuzfahrt das beste Vorspiel dar.

Auch auf den ersten Blick erscheint es angesichts des Buches von Georges Le Fèvre[1], des Werkes von Louis Audouin-Dubreuil[2], der Dissertation von André Reymond[3] und der kostbaren Hinweise der ‹Reisebriefe› durchaus überflüssig, hier noch einmal das große Abenteuer nachzuzeichnen. Eine kurze Nachlese mag uns genügen.
Fassen wir kurz die Tatsachen zusammen. Am 12. Mai 1931 bricht 1931
Pater Teilhard mit der übrigen Mannschaft der gelben Kreuzfahrt [Chinagruppe] auf, der er sich in Kalgan im Nordwesten von Peking angeschlossen hat. Die Karawane fährt geradenwegs westwärts in Richtung Turkestan oder genauer Kaschgar die Gobi entlang, um zu versuchen, sich mit der anderen Gruppe im Herzen Asiens zu treffen. Hauptetappen: Su-tschou [Suchow] im Westteil des Kansu [Aufenthalt vom 11. bis zum 21. Juni], Oase von Hami im östlichen Sinkiang [Aufenthalt vom 28. Juni bis zum 1. Juli], Turfan [Aufenthalt vom 5. bis zum 17. Juli], Urumtschi, Hauptstadt von Sinkiang [vom 19. Juli bis zum 29. November], Aksu, nicht weit von der sowjetischen Grenze [2. Oktober 1931], wo die beiden Gruppen zusammenstoßen, dann Rückkehr über einen teilweise verschiedenen Weg, der zu einem großen Teil den Gelben Fluß entlangführt. Am 28. Januar 1932, in dem kleinen Dorf Patse-Kulin[4], greifen Banditen

[1] ‹La Croisière jaune›, Paris, Plon, Neue Ausgabe 1952.
[2] ‹Sur la Route de la Soie›, Paris, Plon, 1935.
[3] ‹Résultats scientifiques d'un Voyage en Asie centrale›, Paris [‹Revue de Géographie Physique›] 1938.
[4] Auch Patse-Bolong genannt.

8. Karte mit der Route der gelben Kreuzfahrt

die gelbe Kreuzfahrt an. Am 30. Januar erreicht die Expedition den Endbahnhof der Paotou-Eisenbahn, am 12. Februar befindet sich der Pater in Peking.

Wir müssen darauf verzichten, mit Georges Le Fèvre und den ‹Reisebriefen› in der Darstellung des Pittoresken zu wetteifern. Nichtsdestoweniger hier einige kurze Streiflichter:

B – «Turfan [Sinkiang], 8. Juli 1931
Über den grünen Pappelreihen der Oase, wo wir mehrere Meter unter Meereshöhe 39° im Schatten ertragen, kann ich, während ich Ihnen schreibe, die hohe schneebedeckte Schranke des Bogdo-Ula sehen, die östliche Verlängerung des Tienschan. Von Suchow ab wirkt die Zeichnung des Reliefs ganz und gar majestätisch.
Seit Kalgan verlief der von uns verfolgte Reiseweg fast ganz mitten durch die Wüste, durch eine nackte und verbrannte Einsamkeit, die alles übertrifft, was ich jemals an Wüste gesehen habe. Leben gibt es fast nicht außer Sandgazellen und großen Gebirgsschafen. Außergewöhnliche Bedingungen also, um die Gesteinsbildungen zu sehen.»

B – «Aksu, 7. Oktober 1931
[...] Sinkiang ist ein wunderbares und von sehr sympathischen Leuten bewohntes Land. Ich schreibe bei unveränderlich klarem und warmem Wetter in einem Garten, wo Trauben, Pfirsiche und Äpfel die Bäume zum Brechen bringen. Überall bärtige und beturbante Männer, verschleierte Frauen, Basare und Moscheen:

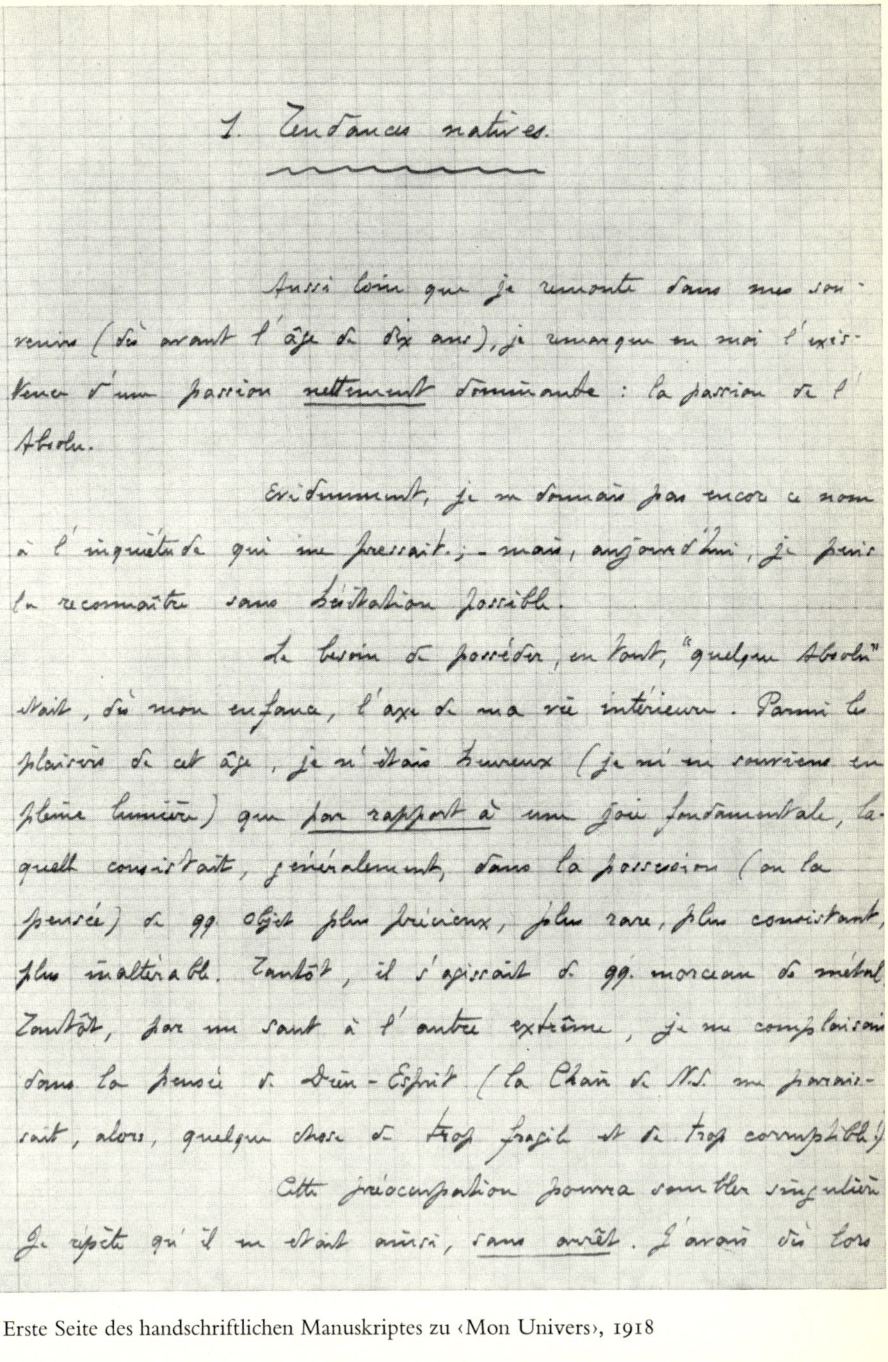

1. Tendances natives.

Aussi loin que je remonte dans mes souvenirs (dès avant l'âge de dix ans), je remarque en moi l'existence d'une passion _nettement_ dominante : la passion de l'Absolu.

Évidemment, je ne donnais pas encore ce nom à l'inquiétude qui me pressait ; – mais, aujourd'hui, je puis la reconnaître sans hésitation possible.

Le besoin de posséder, en tout, "quelque Absolu" était, dès mon enfance, l'axe de ma vie intérieure. Parmi les plaisirs de cet âge, je n'étais heureux (je m'en souviens en pleine lumière) que _par rapport à_ une joie fondamentale, laquelle consistait, généralement, dans la possession (ou la pensée) de qq objet plus précieux, plus rare, plus consistant, plus inaltérable. Tantôt, il s'agissait de qq. morceau de métal. Tantôt, par un saut à l'autre extrême, je me complaisais dans la pensée de Dieu-Esprit (la Chair de N.S. me paraissait, alors, quelque chose de trop fragile et de trop corruptible.)

Cette préoccupation pourra sembler singulière. Je répète qu'il en était ainsi, _sans arrêt_. J'avais dès lors

Erste Seite des handschriftlichen Manuskriptes zu ‹Mon Univers›, 1918

Teilhard mit den Teilnehmern an der Croisière jaune in China 1932–38
Teilhard mit Helmut de Terra auf Java, 1936

man glaubt sich bereits im Nahen Osten. Urumtschi ist strenger: das ist fast schon Rußland.»

In einer didaktischen Form hat A. Reymond, der im Herzen auch ein Künstler ist, das Ganze in ‹Allgemeinen Schlußfolgerungen› beschrieben[5]:

W – «Die Gesamtheit der Reise hat uns erlaubt, mit den wesentlichen Einheiten des Inneren Chinas Kontakt zu nehmen, jenen der geschlossenen Becken ohne Ausfluß zum Meer. Die Mongolei, die Wüste Gobi, das Sinkiang, das am 3. August 1931 bestiegene Himmelsgebirge[6]. Die allgemeine Struktur des Landes, die Aspekte der Vegetation, die wichtigsten Charakteristika der Flora und der Fauna haben wir zur günstigen Jahreszeit im Juni in der Gobi, im Juli im Sinkiang, im August in den Tienschan gesehen. Der Rückweg durch die Dunkelheit langer Nachtstrecken hindurch brachte uns die Erfahrung des sehr harten Charakters des chinesischen Winters, der Zerstörung der Flora und der entomologischen Fauna, des hinfälligen Lebens der Säugetiere, verstreuter Gazellenherden im Sinkiang und Kansu oder Herden von Tausenden gegen die Kälte und die Drohung der Wölfe versammelten Tieren in der begrasten Mongolei, in den Steppen um Batchalyn, Peiling-Miao, Boltai-Miao und Schara Murun. Diese Hinfälligkeit des Lebens im Winter, diese Landschaft der Wüste während der Monate Oktober bis Mai verstärken im mongolischen Frühjahr den Gegensatz zur gleichzeitigen Entfaltung der Pflanzen und Insekten vor der Gluthitze der Monate Juli bis August. Das überstark ausgeprägte kontinentale Klima prägt der Vegetation und der Fauna der zentralasiatischen Becken ihren residuellen Charakter auf, wo nur privilegierte Gruppen mit sehr deutlichen Anpassungsformen an die ungünstigen Trockenheitsbedingungen in kleiner Zahl überleben unter zahlreichen anderen, die die Wüste zurückdrängt oder auslöscht. Vorübergehendes Leben hart am Boden mit Faunen und Floren, die auf das Leben in den ver-

[5] Seite 87/88. Pater Teilhard hat an diesen Seiten einen gewissen Anteil, denn er hatte die Aufmerksamkeit seines Weggenossen auf das Insektenleben im mongolischen Frühling und die Einförmigkeit der farbigen Flecken der Gobiblumen in derselben Jahreszeit gelenkt.

[6] Reymond hat es verstanden, auch die faszinierenden Kämme des Tienschan mit den steilen Hängen zu beschreiben, an die sich von Doldengewächsen, Eisenhuten und Enzian bevölkerte Wiesen klammern – Gärten Eden, geschlossene Paradiese des Gebirges, in denen Schafe und wilde Ziegen weiden.

steppten oder wüstenhaften Becken mit armen oder mit Salpeter- oder Magnesiumsalzen angereicherten Böden der Verdampfungsbecken spezialisiert sind. Mit einer Fauna und einer Flora, die auf Gruppen und Arten begrenzt sind, die diese besonderen und im allgemeinen das Leben nicht begünstigenden Bedingungen ertragen können, aber gerade durch ihre Anpassung auch privilegierte Gruppen, die ihnen die Ausschließlichkeit der Bevölkerung dieser unfruchtbaren Gegenden gewährleistet, was, bei der allgemeinen Ausbreitung pflanzlicher Arten, die Zehntausende von Quadratkilometern bedecken, die außerordentliche Explosion der Frühjahrsknospung und das Gewimmel der Bevölkerung im Mai erklärt, wo jedes Gras eine Blume ist, wo zwischen den Kieseln Insekten voller Leben laufen, wo das Violett der Iriswiesen auf das Orange der in Blüte stehenden Becken mit Zygophyllazeen und Sarcozygium, auf die mit Rosablüten von Atraphaxis bedeckten Hügel und die Terrassen antwortet, die malvenfarbig von den entfalteten Blumenkronen des Hedysarum gefärbt sind. Acht Tage flüchtiger Entfaltung zwischen zwei toten Jahreszeiten, Blüte der mongolischen Hochfläche und der verbrannten inneren Gobi, souveräner Durchzug des Frühlings über diese Erde des Eises und des Feuers.»

Die gelbe Kreuzfahrt im weitesten Sinne des Wortes ist sehr verschieden beurteilt worden. Sie ist gepriesen und auf den Schild erhoben worden, und der ausgezeichnete Film von André Sauvage hat nicht wenig dazu beigetragen. Triumph der französischen Mechanik, sportlicher Rekord, Sieg der Hartnäckigkeit über alle Hindernisse, deren geringste nicht der böse Wille des Marschalls King, des Herrn von Sinkiang, des Halsabschneiders und Opiumrauchers, war, das Ganze mit den Gewehrschüssen der Banditen von Patse-Kulin gepfeffert[7]. Die Legende will sich heute auflösen, und natürlich übertreibt man in der anderen Richtung. Man braucht kein großer kritischer Geist zu sein, um festzustellen, daß dank der Böswilligkeit der Sowjets, die den einzigen, tatsächlich verwirklichbaren Weg verboten, die beiden Automobilkolonnen nicht wirklich zusammen-

[7] Pater Teilhard hat sich darüber spaßend geäußert: «*Wir sind schließlich in Peking angekommen, und zwar heute vor zehn Tagen nach einem Abschluß der Reise, der von großartigem Wetter, mäßiger Kälte [nicht mehr als –30 in der Nacht]* [sic] *und den normalen* [sic] *Zwischenfällen einer Reise in China [zwölf Kugeln in einem unserer Fahrzeuge, ohne Schaden] geprägt war.*» [Brief vom 21. Februar 1932.]

getroffen sind. In der Chinagruppe herrschten tiefe Mißhelligkeiten zwischen dem von Nanking zur Bedingung gemachten chinesischen Teil und dem europäischen Teil, Reibereien, die glücklicherweise dank der Diplomatie Pater Teilhards als chinesischem „Funktionär“ zu einem am 20. Juni 1931 unterzeichneten Protokoll führten, auf dem die Unterschrift des Paters steht. Die Gefangenschaft von Urumtschi hätte sehr wohl übel ausgehen können, und es ging nur um Haaresbreite gut. Durch die Ironie des Schicksals haben die Sowjets durch ihren Einfluß im Turkestan die Mission gerettet. Infolge der Böswilligkeit Kings, der Nanking gegenüber feindlich war, und mechanischer Notwendigkeiten, die sich aus einem allzu starren Fahrplan ergaben[8], wurde eine Menge wertvoller Beobachtungen unmöglich gemacht. Die Rückkehr mitten im Winter hat eher einem Rückzug als etwas anderem geglichen. Unter streng technischem Gesichtspunkt erlebte die gelbe Kreuzfahrt [Chinagruppe] kurz nach dem Aufbruch von Peking selbst nach den ersten hundert Kilometern eine ernsthafte Schwierigkeit mit den Gummis der Ketten, die zu brechen anfingen. Schließlich hat sie ein menschliches Leben gekostet, das Haardts, der in Hongkong von einer Infektionskrankheit hinweggerafft wurde[9]. Man könnte also eine lange Anklageschrift schreiben, und doch wäre das ungerecht: Wenn auch der Schein glänzender war als die Wirklichkeit, bleibt die gelbe Kreuzfahrt doch mehr als ein halber Erfolg, und die Überlebenden dieser Expedition – zumindest die wenigen, die wir kennen – haben noch eine Begeisterung bewahrt, die keineswegs Konvention ist. Hat nicht Teilhard, da er von den verschiedenen Unternehmungen Haardts sprach, erklärt:

W – «Für alle, die die Ehre hatten, an diesen Kreuzfahrten teilzunehmen, sind sie so etwas, werden sie immer in ihrer Erinnerung so etwas bleiben wie Sternstraßen...»[10]?

Es ist gesagt worden, in wissenschaftlicher Hinsicht wären diese neun Monate der Abwesenheit für den Pater praktisch verlorene Zeit gewesen. Gewiß ist, daß er sehr weit davon entfernt war, all das zu sehen, was er hätte studieren wollen[11], und daß die China-

[8] Er wurde glücklicherweise von den unvermeidlichen Pannen korrigiert.

[9] Der spätere Selbstmord von Victor Point hatte keinerlei Bezug auf die Kreuzfahrt.

[10] Ansprache anläßlich der Hochzeit von Claude Haardt, am 21. Dezember 1948.

[11] Trotz seines Eifers, den Geologenhammer zu benutzen, seiner Art, beim gering-

arbeit sich anhäufte, ohne erledigt werden zu können. Es genügt aber die Korrespondenz durchzugehen, um zu der Feststellung zu gelangen, daß er insgesamt nicht unzufrieden war:

B – «Was die Arbeit betrifft, bin ich sehr zufrieden. Trotz der ungünstigen Bedingungen, unter denen ich arbeite [schnelle Reise, ohne daß sich Aufenthalte an den interessanten Punkten einlegen ließen], gelange ich dahin, meinen Plan zu verwirklichen, die Verbindung zwischen der Geologie Chinas und der Geologie Zentralasiens herzustellen. Die Formationen und Strukturen setzen sich in unerhoffter Weise weiter fort. Hätte ich diese Prospektion nicht unternommen, würde sie mir in der Zukunft sehr fehlen. Unglücklicherweise wenige Fossilien – und nichts deutlich sehr Altes in der Vorgeschichte.»[12] – «Ich gebe es auf, Ihnen meine zehnmonatige Reise zu erzählen, die so traurig mit dem Tod Haardts zu Ende ging. Wenig Vergnügen, Haufen von Schwierigkeiten, aber schließlich, soweit es mich betrifft, erstklassige Ergebnisse [glaube ich...]. Ich habe recht wenig Probestücke mitgebracht und auch keine großen Einzelentdeckungen gemacht – doch hoffe ich, ich habe die Elemente zu zwei oder drei schönen Synthesen der alten und jüngeren Geologie [des Pleistozäns] Zentralasiens mitgebracht. Bedenken Sie, daß ich wahrscheinlich der einzige Geologe auf der Welt bin, der eine persönliche, direkte Anschauung von dem Land hat, das sich von Harbin bis Kaschgar erstreckt. Es gibt Möglichkeiten, daraus Schönes zu machen, indem ich meine Arbeit mit denen der amerikanischen [Gobi] und schwedischen [Sinkiang] Freunde verbinde. Daran arbeite ich.»[13] – «Ich bin also endlich gut von dieser endlosen Reise ins Sinkiang zurückgekommen, die fast ein Jahr gedauert hat. Verschiedentlich hat man mir vorgeworfen, daß ich mich diesem pseudowissenschaftlichen Abenteuer angeschlossen habe. Sie haben nicht begriffen, daß ich in die Kettenfahrzeuge Citroën eingestiegen bin, wie ich irgendein Kamel genommen hätte, weil ich es nötig hatte, Zentralasien zu kennen. Und schließlich beglückwünsche ich

sten Aufenthalt in Richtung der «Zeugen» [diese Felsenmassen, die der Erosion widerstanden hatten] loszustürzen, und seiner Kunst, seine Säcke mit «Kieseln» gerecht auf die verschiedenen Kettenfahrzeuge zu verteilen.

[12] Brief vom 7. Juli 1931.

[13] Brief vom 26. März 1932.

mich dazu. Ganz abgesehen von gewissen wertvollen Freundschaften, die ich geschlossen habe [zum Beispiel mit Hackin, dem Direktor des Guimet-Museums], ist diese Reise für mich trotz dieser evidenten Unzuträglichkeiten für die Arbeit eine geologische Offenbarung Asiens gewesen. Immerzu „Ärger". Doch die Pannen sind manchmal die Vorsehung des Geologen. Zum Ausgleich begreife ich jetzt eine Reihe von für die Struktur Asiens sehr wichtigen Dingen viel besser: Verteilung der Fazies, eruptive Reihen[14] usw. – Mit der Hilfe meines Freundes Norin von der Hedin-Mission glaube ich jetzt in der Lage zu sein, die Gleichzeitigkeit der gefalteten Auswurfkegel des Tarim und der Gobi mit den oberen Siwalik-Hills und unserem Sanmênien [End-Pliozän] Chinas [paläontologisch und stratigraphisch] zu beweisen. Alles beginnt sich quer durch Asien hindurch zu verknüpfen. Es wird wirklich schön. Ich bedaure bei dieser Reise nur, daß wir von der Politik kurz vor Kaschgar festgehalten wurden, was mich daran hinderte, die Verbindung zwischen den kontinentalen und marinen Formationen der Kreide und des Tertiärs zu sehen.»[15]

Nein, dieser «parawissenschaftliche Trip», diese großen Ferien sind nicht unfruchtbar gewesen, und es genügt, die Bibliographie des Paters von 1932 bis 1935 durchzugehen, um zumindest vier von der gelben Kreuzfahrt inspirierte Veröffentlichungen zu finden.

Daß der immer von seinem Geologenhammer, seiner Lupe und seinem Notizheft begleitete Pater eine unermüdliche Aktivität gezeigt hat, wird durch verschiedene Einzelheiten bewiesen. In der Umgebung von Urumtschi durchwandert der Pater am 27. und 28. Juli 1931 in Leinenhose, mit einer Baskenmütze auf dem Ohr das Flußtal oberhalb von Bie-Ango, von wo er mit geologischen Beobachtungen und außerdem einer Fülle alpiner Pflanzen, wie der großartigen Glockenblume *Codonopsis ovata Benth*, und zahlreichen Korbblütlern der alpinen Stufe zurückkommt. Von Urumtschi bis Aksu [6. September bis 2. Oktober 1931] widmet sich der Pater, der zu der Abordnung von vier Fahrzeugen gehört, die der Pamir-Gruppe entgegenfährt, durchaus präzisen Beobachtungen über die Flora und die Fauna[16]. Es ist überflüssig, einen rein technischen Text zu zitieren,

[14] Zwischen Khingan und Tienschan [vgl. Brief vom 7. März 1932].

[15] Brief vom 6. April 1932.

[16] A. Reymond hat sie in seiner Dissertation ausgewertet [S. 71–73].

doch hätte er sehr schön die Bemerkung eines chinesischen Gelehrten illustriert[17]:

W – «Er besaß eine außergewöhnlich umfassende Kenntnis der Naturwissenschaften.»

Von Liangtschou[18] aus unternimmt Pater Teilhard am 4. Januar 1932 einen Ritt zu Pferd zu den Kohlengruben von Tschou-Nin-Kou, einem kohlenführenden Becken in 2500 Meter Höhe, das er 50 Kilometer südwestlich von Liangtschou nach Durchquerung der von Schiefer und Granitwänden eingeschlossenen Flußschluchten erreicht. Für einen fünfzigjährigen Mann, der das Reiten nicht gewohnt ist, stellen hundert Kilometer im Sattel von Mitternacht bis Mitternacht eine schöne Leistung dar[19].

Die wissenschaftlichen Ergebnisse bleiben also auf der geologischen Ebene recht bemerkenswert. Nachdem ihm die Synthese Nordchinas gelungen war und nachdem er damit die Mandschurei verknüpft hatte, erhält der Pater nunmehr einen unermeßlichen Schnitt durch den chinesischen Far-West:

> B – «Zum Quartär und zum Gipfel des Tertiärs habe ich die Elemente einer guten Synthese vereinen, das heißt, bis Turfan die Schichten Ostchinas ausdehnen können. Von Turfan an tritt eine eigenartige Änderung ein: das Sanmênien verliert sich. Dagegen bewahrt der „Löß" seine Deutlichkeit.»[20]

Zwei Weggenossen haben uns von dieser gelben Kreuzfahrt schöne Bilder hinterlassen. A. Reymond schreibt:

W – «Teilhard muß man in diesen Tagen gesehen haben: ich möchte, Sie hätten ihn gesehen, Sie sähen ihn sich vor Ihnen aufrichten, wie er sich lebendig in meiner Erinnerung aufrichtet, wie ein vor dem Himmel Asiens schwingendes Banner, energisch, lebendig, großzügig, unermüdlich – ein Elan freudiger und täglicher Begeisterung – hier läuft er wie ein junger Mann, während er mich stehen läßt, um mit dem Hammer einen Kontakt zu prüfen, dort schickt er mich manchmal hin, ihm einen Block auf einer Quarzkuppe aufzulesen, die ihm unklar erschien. Er schonte sich nie,

[17] C. C. Young.

[18] Am Fuße des Nanschan-Gebirges.

[19] Er sagt in seinem Brief vom 23. Mai 1932, er sei «*frisch und gesund*» von seiner Reise nach Turkestan zurückgekehrt.

[20] Brief vom 16. Januar 1932.

schonte die anderen wenig, denen keine Möglichkeit blieb, sich zu schonen.»

Er hatte es ungern, wenn man ihn störte, und er weigerte sich, sich von dem Bilderjäger A. Sauvage verfolgen zu lassen. Auf der Rückreise in Turfan rief er in dem milden Novemberlicht, als er wissenschaftliche Ernte einbringen wollte, mit Nachdruck angesichts der Drohung der Kamera:

W – «Und jetzt laßt uns mit dem Kino in Frieden! Ihr könnt nur andere stören.»[21]

A. Sauvage hat von ihm ein lebendiges Porträt gezeichnet:

W – «Er war ein sehr schöner Mann [...]; ein Mann von unvergleichlichem Stil, einer zurückhaltenden und unwiderstehlichen Distinguiertheit. Seine Stimme, seine Cembalodiktion, sein Lächeln, das sich niemals bis zum Lachen erniedrigte, gruben sich dem ein, der nur etwas aufmerksam auf ihn geworden war. Völliges Fehlen des klerikalen Spiels. Ebenso einfach in seinen Gesten wie in seinem Verhalten, jedoch einfach wie eine Stele. Willig einladend, jedoch wie eine Marmorbank. Man spürte, daß man, selbst wenn man in Tuchfühlung mit ihm war, um nichts weniger einen unendlichen Abstand von seinem „Eingebrachten", diesem Denken, einhielt, das sich niemals aufblähte. Meistens machte man vor diesem von El Greco vorgezeichneten, scharfgeschnittenen Gesicht halt und flüchtete sich in die Banalitäten der Expedition: deren Feld war weit... Er verstand es hervorragend, ein Gespräch abzubrechen: in der Weise seines Ordens [...]. Von diesem höflichen, spaßenden, charmanten Menschen, der sogar Charmeur sein konnte, ging eine entwaffnende Einsamkeit aus. Er schien sich für seine Kameraden nur im Maße der Kameradschaft zu interessieren.»[22]

Genau genommen war diese gelbe Kreuzfahrt für ihn eine Zeit geistiger Prüfung:

[21] Der französische Text sagt hier: «emmerdeurs», das im Deutschen keine direkte Entsprechung hat [«Scheißkerle» gibt etwa die Tonart an] und in der Schärfe etwa der Sprache eines Götz von Berlichingen entspricht, von dem der Pater, der im Schützengraben am Ersten Weltkrieg teilgenommen hatte, nichts an sich hatte. Nur selten sprach er eine derart rauhe Sprache.

[22] Es stimmt sehr genau [sieht man von einigen festen Zuneigungen ab], daß der für den großen Christus begeisterte Pater sich wenig den Individuen zuwandte. Oder genauer, nicht aus Berechnung, sondern spontan erweckte er bei jedem den Eindruck, ihm seinen Vorzug zu geben, indem er sich ganz natürlich jedem anpaßte.

B – «Einer der schwachen Punkte dieser Reise ist die Fast-Unmöglichkeit der inneren „Sammlung“, die in der Zahl und der Komplexität der Mitglieder der Expedition begründet ist. Ein recht angenehmes Ganzes [wenn auch die kompakte Gruppe der Mechaniker eine Masse recht heterogener Ordnung gegenüber dem Rest darstellt], doch ist man niemals allein, weder physisch noch moralisch. Ich lebe in der Identifizierung mit meiner Arbeit. Die reflektierte und bewußte Reaktion wird zweifellos nachher kommen. Dieses neue Eintauchen in das rein Wirkliche außerhalb aller Konvention muß mich unausweichlich zeichnen. Ich spüre verworren, daß es mich von vielen Banden oder zu engen Ansichten nach links oder nach rechts vollends befreien wird.»[23]

Die Mitglieder der gelben Kreuzfahrt waren, wenn sie sich auch in ihrem Bemühen und angesichts der Asiaten einig waren, zu Anfang zumindest Pater Teilhard gegenüber nicht wohlwollend eingestellt, und sie griffen ihn sowohl als Priester wie auch als Jesuiten an[24]. Die Snobs stellten ihm lächerliche Fragen. Eines Tages fragte Georges-Marie Haardt ihn in dem ihm eigenen transzendentalen Ton:

«Pater, was halten Sie von der Seelenwanderung?»

«*Die Kirche, der anzugehören ich die Ehre habe*», antwortete Teilhard, «*hat zu diesem Thema ihre endgültige Meinung ausgesprochen.*»[25]

«Nun», entgegnete Haardt ernsthaft, «Sie sollten sie auffordern, ihre Positionen zu revidieren.»

Diese Art von Verhör war nicht wirklich boshaft. Sehr viel peinlicher war, wenn man einem Zeugen glauben darf, der Geist der atheistischen Mechaniker oder zumindest einiger unter ihnen. Nichtsdestoweniger scheint es, daß der Pater es verstand, das Herz einiger seiner Weggenossen zu gewinnen[26] und sie dahin zu bringen,

[23] Brief vom 7. Juli 1931.

[24] Vgl. Brief vom 13. März 1932: «*[...] in der vom Zufall zusammengewürfelten Gruppe, die wir bilden, kein einziger praktizierender Katholik.*»

[25] Der Pater selbst hat auch formell die Seelenwanderung verworfen, die in seinem System streng undenkbar ist.

[26] Vgl. Brief vom 13. März 1932, wo er von der «*schrittweisen Entdeckung des Schatzes der Freundschaft bei einer Reihe meiner Gefährten im Abenteuer*» spricht. Bereits am 25. April 1931 sprach er von seinen «*braven Freunden, die wirklich „number ones“ sind, wie man hier sagt*».

sich ihm anzuvertrauen: «Das ist ein feiner Pfarrer, er ist der einzige, der den Chef bekehrt», sagten die Titis[27]. Dieser Aristokrat hatte Sinn für den Arbeiter und für Christus, den Arbeiter, und er legte selbst mit Hand an wie die anderen:

W – «Von Zeit zu Zeit saßen wir schön bis zu den Achsen im Sand fest. Der Mechaniker allein blieb auf seinem Sitz. Wir anderen und Teilhard mit uns sprangen zu Boden. Spaten und Hacken gruben sich in den Sand, und während wir von hinten schoben, um den letzten Ruck zum Anfahren zu geben, sah ich auf der Höhe meines Kopfes, und ich darf sagen, ich sah mit Liebe, auf der Rückwand wie eine lebendige Blume die große Hand des Paters sich entfalten, die den Lastwagen schob, wie man ein Boot schiebt, um es zu Wasser zu bringen.»[28]

Mit einem einzigen Wort wußte er manchmal Bosheiten zu entwaffnen:

W – «In Urumtschi während eines langen Abends, der um so lastender war, als uns der Aufenthalt aufgezwungen war, begann ein Mitglied der Mission einen Prediger nachzuahmen... Auf diesem Gebiet ist die Parodie leicht. Unbestreitbar richtete sie sich an diesen Jesuitenkameraden, dessen Geheimnis die Vertraulichkeiten der Expedition nicht hatten antasten können... „*Das da ist ein Dominikaner*", sagte trocken der Pater[29]. Mit diesem Wort, das mir ein Genuß war – er war sich dessen bewußt und freute sich darüber –, öffnete er sich und begann von den Heiligen mit einer unerwarteten Lebhaftigkeit zu sprechen, indem er diese Fürsten der Gnade von aller Süßlichkeit befreite [...].»[30]

Und eines Abends in Peiling-Miao, in der Mongolei, am 25. Mai 1931, während unter dem Tuchdach über dem Kopfende der Betten der Balg einer Goldente, einer Kasarka, hing, erklärte der Pater angesichts eines über Gott geäußerten Zweifels, ohne die Stimme zu ändern, so als lege er ein Theorem vor:

[27] Titi = junger Pariser aus einfachen Kreisen mit schlagfertiger, spitzer Zunge.

[28] A. Reymond.

[29] Ein einfacher Spaß, der keinerlei Gereiztheit zu wecken vermöchte. Mit folgenden Worten stimmte Pater Teilhard einer Mutter [Haardts Witwe] zu, die ihren Sohn in eine Schule des Ordens der Predigerbrüder gegeben hatte: «*[...] ihr menschlicher und christlicher Einfluß ist weit und fortschrittlich. Es ist ein Orden, der Weite, Tradition und Rasse hat. Ich bin über Ihre Wahl sehr froh.*» [Brief vom 3. Februar 1935].

[30] A. Sauvage.

W – «*Gott ist eine sehr einfache Wahl, die Wahl zwischen einem Ja und einem Nein, zwischen dem Zeichen + und dem Zeichen —. Dieser Entscheidung kann keiner von uns ausweichen. Es ist außerordentlich unmöglich*[31]*, sich für die falsche Seite zu entscheiden.*»

Wenn er auch auf den Boden gestellt wurde mit der zu umfassenden rauhen Wirklichkeit, verstand es der Pater, sich eine Zelle zu schaffen, deren Grenzen der Horizont war[32]. Er durchdenkt neue Essays, von denen zwei tatsächlich das Licht der Welt erblickten. Das außerordentliche innere Leben des Denkers und Mystikers ist also nicht unterbrochen, dieses Denkers und Mystikers, der in Urumtschi mit der mongolischen Prinzessin Nirgedma de Torhout ein denkwürdiges Gespräch über die Bedeutung des Lebens und Gottes Teil am Universum führt und der, als er vier Tage hindurch von einem heftigen Fieber zu Boden geworfen und zum Fasten verurteilt wurde, die Möglichkeit fand, diese erzwungene Freizeit der Meditation und dem Gebet zu widmen, und dann, als das Fieber gefallen war, seinen Obliegenheiten wieder nachging, als wäre nichts gewesen. Ein Auszug aus einem Brief[33] weist uns, so scheint es, auf das Ergebnis dieser geistigen Konzentration hin:

B – «Innen bin ich eher gelassen, wenn auch immer kaltblütiger auf das Ziel der intellektuellen Befreiung von der Welt gerichtet, die mich immer bedrängt hat.»

Kein einziger praktizierender Katholik unter den Weggenossen Pater Teilhards, und doch fehlt keiner bei dieser Messe am 1. Januar
1932 1932, die der Pater in der Missionsstation von Liangtschou feiert. Gewiß, hier soll nicht von Wundern die Rede sein. Angesichts der Chinesen mußte man das Gesicht wahren und den Eindruck eines spaltenlosen Blocks geben. Doch seit wann weigerte sich die Gnade Gottes, deren Kanal der Pater war, die Zweitursache zu benutzen?

[31] Das Gedächtnis von A. Reymond schwankt zwischen unmöglich und schwierig. Doch die erste Lesart ist interessanter, denn wer das Wahre wählt, sieht dann mit Evidenz, daß dieses Wahre sich aufzwingt; es ist also vorzuziehen, unmöglich beizubehalten.

[32] Wir wissen, welchen Geistes er einige Wochen vor der Abreise war: «*Der wahre Name der „Anbetung“, das beginne ich zu begreifen, ist „die Forschung“, zu der man nur als passiven Widerpart die vertrauensvolle Unterwerfung unter die Hindernisse hinzufügen muß, die zu überwinden unmöglich ist: all dies unter dem Zeichen des Glaubens an die Zukunft des Universums.*» [Brief vom 25. April 1931].

[33] 29. März 1932.

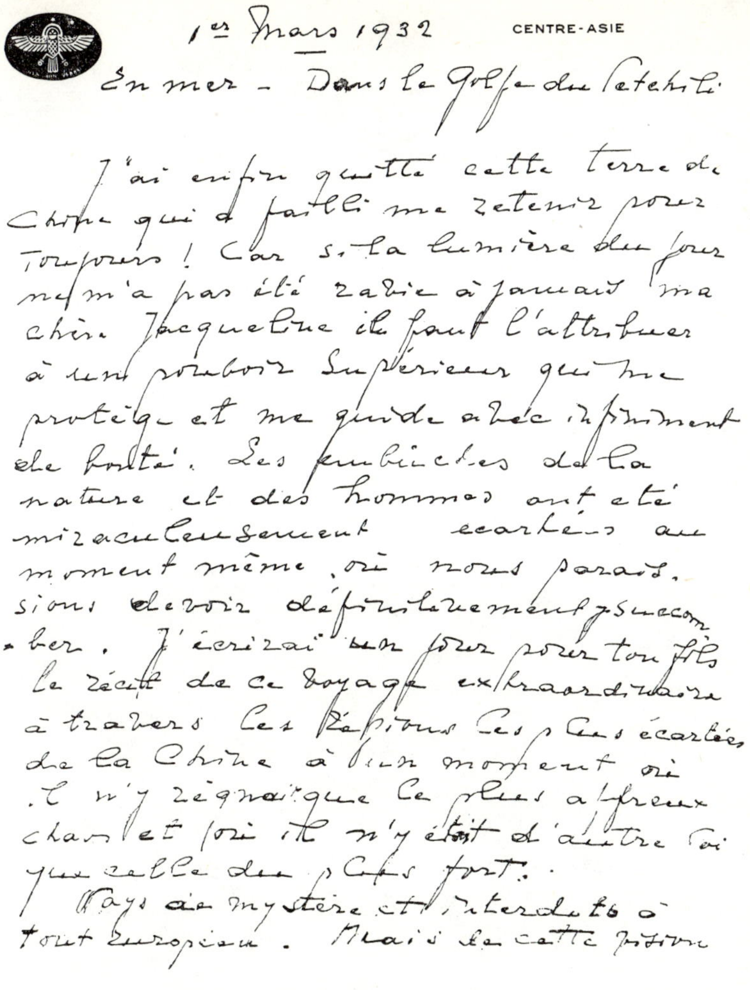
1er Mars 1932 CENTRE-ASIE
En mer – Dans le Golfe du Petchili

J'ai enfin quitté cette terre de Chine qui a failli me retenir pour toujours ! Car si la lumière du jour ne m'a pas été ravie à jamais ma chère Jacqueline il faut l'attribuer à un pouvoir Supérieur qui me protège et me guide avec infiniment de bonté. Les embûches de la nature et des hommes ont été miraculeusement écartées au moment même où nous paraissions devoir définitivement y succomber. J'écrirai un jour pour ton fils le récit de ce voyage extraordinaire à travers les régions les plus écartées de la Chine à un moment où il n'y règnait que le plus affreux chaos et où il n'y était d'autre loi que celle du plus fort.

Pays de mystère et interdits à tout Européen. Mais de cette prison

9. Letzter Brief von G.-M. Haardt an seine Frau [1932]

Audouin-Dubreuil hat uns den Text der von dem Soldaten Christi gehaltenen Ansprache bewahrt:

W – «Um neun Uhr liest Pater Teilhard de Chardin eine Messe, der wir beiwohnen.

In der mit tausend Farben ausgemalten Kirche, inmitten chinesischer Laternen, liegt das Jesuskind in seiner Krippe. Bevor er zum

d'horreur naît le rayon de lumière des Pères Missionnaires qui, isolés de tout sur ces terres maudites y vivant dans un renoncement complet. C'est près de Liangchow chez les Pères allemands de la Société du Verbe Divin que nous avons passé le premier jour de l'année. Ce matin là le Père Teilhard de Chardin avait consenti à dire une messe pour les membres de l'Expédition. C'était un spectacle bien émouvant de voir réunis, dans cette petite chapelle perdue au cœur de la Chine tous ces hommes dans leur équipement de route se recueillant devant Dieu avant d'affronter à nouveau tout l'imprévisible qui les séparait encore de leurs buts, à l'aurore de cette année nouvelle..

Le Père Teilhard de Chardin est un Prince de l'Église mais il a, autant qu'il est possible de le posséder, l'esprit

Altar emporsteigt, wendet Pater Teilhard sich zu uns um und sagt uns:

W – „Meine lieben Freunde. Wir haben uns heute morgen in dieser kleinen Kirche im Herzen Chinas zusammengefunden, um angesichts Gottes das neue Jahr zu beginnen.

Gott hat für jeden von uns hier wahrscheinlich nicht dieselben Umrisse, dasselbe Gesicht.

Doch weil wir alle Menschen sind, können wir uns nicht, keiner von uns, dem Empfinden und der reflektierten Idee entziehen,

daß über uns und uns voraus eine höhere Energie existiert, der wir durchaus – weil sie uns überlegen ist – das vergrößerte Äquivalent unserer Intelligenz und unseres Willens zuerkennen müssen.
In dieser machtvollen Gegenwart wollen wir uns, das sind wir uns schuldig, einen Augenblick zu Beginn dieses Jahres sammeln.
Diese universelle Gegenwart, die uns alle umhüllt, bitten wir als erstes, uns wie in einem gemeinsamen und lebendigen Zentrum mit denen zu vereinen, die wir lieben und die in so weiter Ferne von uns das neue Jahr beginnen.
Und da wir uns ihrer Allmacht erinnern, bitten wir sie, für uns, unsere Freunde und unsere Familien das komplizierte und anscheinend so unkontrollierbare Netz der Ereignisse, die uns im Laufe der kommenden Monate erwarten, günstig zu beseelen – damit der Erfolg unsere Unternehmungen kröne, damit die Freude in unseren Herzen und um uns herum sei; und damit in dem Maße, wie die Mühsal uns nicht erspart werden kann, diese Mühsal sich in die höhere Freude verkläre, daß wir unseren kleinen Platz im Universum halten und das getan haben, was wir schuldeten! Das kann Gott in unserer Umgebung und in uns durch Sein tiefes Wirken verwirklichen. Damit dies geschehe, werde ich Ihm für euch alle diese Messe, diese höchste Form des christlichen Gebets, darbringen.“[34]

[34] ‹Sur la Route de la Soie›, Plon, 1935, Seite 225.

ZWEITES KAPITEL
DIE ERSTE PERIODE VON PEKING [1932–1938]: VERBINDUNGEN MIT FRANKREICH

Nach der gelben Kreuzfahrt beginnt ganz eindeutig eine neue Epoche: die erste Periode von Peking [1932–1938]. Sie ist derartig komplex [denn der Aufenthalt in China wurde häufig durch neue Zwischenspiele unterbrochen], daß keinen Augenblick lang die Rede davon sein kann, die Chronologie zu respektieren. Wir werden also die zeitlichen Gegebenheiten streng den Notwendigkeiten der Logik, das heißt der Klarheit, unterordnen. Beginnen wir damit, die Beziehungen zu Frankreich und die Reisen nach Frankreich zu studieren.

Die Rückkehr nach Peking leitet für Pater Teilhard eine Reihe von Prüfungen und schweren Trauerfällen ein. Er wurde durch den Tod Haardts erschüttert, wie die ‹Reisebriefe›[1] beweisen:

> B – «Für mich persönlich bedeutet dieses plötzliche Verschwinden eines Mannes, dessen Herz und dessen Großmut mich gewonnen hatten, einen wirklichen Kummer, der durch das Bedauern, im letzten Augenblick nicht bei ihm gewesen zu sein, noch vermehrt wird. Wie ich Haardt kenne, hätte er sich in jenem Augenblick auf mich gestützt, und ich hätte es ihm ohne Zweifel leichter gemacht. Das ist ein großer Schmerz für mich.»

In diesen wenigen Zeilen spricht unlösbar voneinander der Freund und der Priester. Wir sind weit entfernt von der Marmorstele, und man kann nicht mehr von dem unendlichen Abstand seines «Denkens» sprechen.

Pater Teilhard war Opfer der grausamsten Verluste. Eine Anmerkung in den ‹Reisebriefen›[2] ruft uns in Erinnerung, daß

W – «er bei seiner Rückkehr auch vom Tod seines Vaters [11. Februar 1932] erfährt. In dieser Zeit seiner Verbannung erfolgt eine Reihe von Todesfällen in der Familie, die ihm sehr nahe gehen: es sterben zwei seiner Brüder, seine Mutter, seine Schwester. Es war ihm nie möglich, zu den Seinen zu eilen, sobald er von ihrem nahen Ende hörte.»

[1] Brief vom 18. März 1932.

[2] ‹Geheimnis und Verheißung der Erde›, Seite 185.

Tatsächlich fällt in das Jahr 1934 der Tod seines Bruders Viktor[3] und in das Jahr 1936 der seiner Mutter und seiner Schwester Marguerite-Marie. Im Jahre 1941 [das nicht mehr zu unserer Periode gehört] stirbt sein Bruder Gabriel[4]. Hier ein Auszug aus einem vom 15. September 1936 datierten Brief über den Tod von «Guite»:

B – «Gegen Mitte August[5] habe ich meine jüngste Schwester verloren [die einzige, die mir blieb]. Ich wußte nur zu gut, daß das zu erwarten war. Wir verstanden uns ganz besonders gut, sie und ich, und ihr Weggang hinterläßt bei mir eine große Leere [ähnlich der, in einer anderen Größenordnung, des Fortgangs von Black]. Wir bleiben jetzt nur mehr drei Brüder von zehn Geschwistern im Jahr 1900.»[6]

Es ist sehr bedauerlich, daß Marguerite-Marie es für gut gehalten hat, fast alle Briefe von Pierre zu vernichten; doch was die Schwester für den Bruder war, läßt das Vorwort zu ‹Die geistige Energie des Leidens›[7] und vor allem das ‹Brüderliche Zeugnis›[8] erahnen. Die heroische Präsidentin der katholischen Union der Kranken gab dem großen Jesuiten das Beispiel des guten Leidens, des zum Ausdruck der Liebe und zum Prinzip der Vereinigung transformierten Leidens. Hier der Schluß des ‹Brüderlichen Zeugnisses›:

W – «Ein von dem Sinn für die Erde genährter und ausgeglichener Sinn für das Göttliche. In dieser wesentlich christlichen Verbindung ihrer Vorliebe und ihres Glaubens hat Marguerite, so scheint mir, ihre wirkliche Entfaltung gefunden. Das ist das Moment, aus dem sie trotz der physischen Ohnmacht schreibt, wirkt, sich schenkt. Ist das Geheimnis ihres Einflusses nicht in diesem charmanten, von oben kommenden Wirken zu suchen, das doch ganz von gesundem Menschenverstand, Humor, Hochschätzung der greifbaren Werte – von Menschlichkeit gefärbt ist?

So erscheint mir also das innere Leben Marguerites als eine fortschreitende Vereinigung mit Gott, der immer deutlicher unter

[3] Generalstabsoffizier.

[4] Ehemaliger Schüler der *École centrale*, befaßte sich vor allem mit der Verwaltung der Güter der Familie, einer der jüngeren Brüder von Pierre.

[5] Am 17. August.

[6] Vgl. auch ‹Reisebriefe›, 5. September 1936.

[7] ‹L'énergie spirituelle de la souffrance›, Éd. du Seuil.

[8] ‹Témoignage fraternel› in ‹Le Trait d'Union›, Nr. 66, Oktober 1936, Seite 8-9.

den „Spezies“ der Erde gefunden wird. Doch in dieser Teilhabe am Sakrament der Welt geht aufgrund einer ihrem Leib ebensosehr wie ihrer Seele aufgeprägten Berufung ihre Vorliebe in Richtung des Kelches. Von Jugend an durch die Krankheit geprägt, später von einer unermeßlichen Familie Kranker umgeben, hat Marguerite als besondere Funktion gehabt, Gott im Herzen der menschlichen Schwäche zu suchen und zu entdecken.

Es liegt weder etwas Pessimistisches noch Passives noch Krankhaftes in dieser Vorliebe für die dunkelste Seite der Existenz. Zunächst verstand Marguerite kraft eben ihrer so realistischen [und so christlichen] Konzeption von der Vollkommenheit das Beispiel des hartnäckigen Ringens um die Gesundheit und des unermüdlichen Gebrauchs der Energien zu geben, die das Übel noch nicht angerührt hatte. Für den Christen geht es nicht nur darum, das Übel zu beherrschen, sondern es in der Tiefe seiner selbst zu verklären. Mit und im Anschluß an viele andere hat Marguerite durch ihr Beispiel bewiesen, daß diese Transformation möglich ist. Genügte es nicht, sie zu kennen, um wahrzunehmen, welche Kraft das Leiden in sich hat, um den Egoismus zu zerbrechen, das Herz zu sensibilisieren, den Verstand zu klären, Gott zu offenbaren?

Von dem unsichtbaren Licht erleuchtet, hat Marguerite gelebt, um sich und andere zu dem Zentrum schöpferischer Macht zu führen, das durch die Schatten des Todes hindurch über uns strahlt.»

Glücklicherweise, und das ist eine wertvolle Stütze, bleibt die Korrespondenz mit Frankreich regelmäßig und reichlich. Zu den wichtigsten wissenschaftlichen Briefpartnern zählen immer der getreue Abbé Gaudefroy und Abbé Breuil, dem der Pater ganz besonders ausführliche Berichte schickt. Zweimal, 1931 und 1935, kommt der berühmte Professor für Vorgeschichte am Collège de France nach China, um seinen «Schüler» zu sehen und die Ausgrabungen von Choukoutien zu begutachten. Das erste Mal war Pater Teilhard leider abwesend, die Rückkehr von der gelben Kreuzfahrt hatte sich hinausgezögert:

B – «Wie war ich zugleich bekümmert und zufrieden, als ich in Suchow erfuhr, daß Sie nach Peking gekommen waren, ohne daß ich dort war, um Sie in meine zweite Heimat einzuführen! Doch überwiegt immer noch die Befriedigung, und bei weitem. Wie ich mich gestern überzeugen konnte, als ich in den ‹Peking's Times› den Artikel von Elliot Smith fand, sind Sie grad rechtzeitig gekommen, um die Entdeckungen von Pei zu kontrollieren, eine Entwicklung der Beobachtungen, die ich Ihnen im April mitgeteilt hatte [...]. Ich bin glücklicher, als ich Ihnen sagen kann, bei dem Gedanken, daß Sie nunmehr meinen lieben Survey, das PUMC, das Labor von Black und die Horizonte von CKT kennen.»[9]

Dagegen hatten im Frühjahr 1935[10], dank der Unterstützung des Survey und der Großzügigkeit der Chinesen, die beiden Gelehrten die Freude, sich wiederzusehen. In diese Zeit fällt die Episode von dem «Jade-Buddha». In Peking zieht sich nordwestlich des kaiserlichen Palastes ein Wäldchen über einen sehr kleinen Hügel. Unter den Bäumen verbirgt sich ein winziger buddhistischer Tempel, den Teilhard gern hatte, weil er eine große Buddha-Statue aus Zipolin[11] in fast Lebensgröße enthält, die unrichtig von den Europäern der «Jade-Buddha» genannt wurde, eine Arbeit, die durch die Schönheit ihres Gesichts bewundernswert ist, auf dem eine ruhige Freude, die Ruhe der Euphorie und ein leichtes Lächeln oder eher der Ansatz eines Lächelns schweben[12].

Eines Tages nahm der Pater Abbé Breuil mit dorthin und erklärte ihm: *«Ich habe diesen Kopf sehr gern, weil er mir etwas sagt, er sagt mir, daß es etwas gibt, was das Christentum sich aneignen müßte. [...]»* Diese kurze Bemerkung erinnert an die tiefen Gedanken des Briefes vom 27. Mai 1923:

B – «[...] ich spüre mit noch größerer Kraft die Notwendigkeit, unsere Religion von allem zu befreien, was sie an spezifisch Mittelmeerischem an sich hat. Ich glaube nicht, halten Sie das fest, daß die größte Zahl der östlichen „Denkformen" etwas anderes sei als überholte und hinfällige Denkformen, denen bestimmt ist, mit dem menschlichen Typ zu verschwinden, der ihr Träger ist. Ich sage jedoch, daß die Betrachtung dieser Formen, so hinfällig sie auch sein mögen, eine derartige Überfülle von „Möglichkeiten" in der Philosophie und der Mystik und der Moral des Menschen

[9] Brief vom 16. Januar 1932.

[10] im März.

[11] Grauer kristalliner Kalkstein mit konzentrischen welligen Adern.

[12] Wir geben die von Abbé Breuil gelieferte Beschreibung wieder.

offenbaren, daß man sich kaum eine restlos und endgültig in das enge Netz von Vorschriften eingehüllte Menschheit vorstellen kann, [...] in dem gewisse Leute glauben, die ganze Fülle des Christentums entfaltet zu haben.»

Diese Freude des Wiedersehens zwischen den beiden Priestern wurde durch eine gemeinsame Rückkehr nach Frankreich mit der Transsibirischen Bahn Anfang Mai 1935 verlängert: nach drei Tagen Bahnfahrt kannte alle Welt Pater Teilhard.

Ein anderes Ereignis, die Freude des Paters, da er die Wahl Abbé Breuils ins Institut erfuhr:

B – «Und jetzt muß ich Ihnen sagen, daß ich mich über Ihren Erfolg im Institut freue. Sie haben recht, es war notwendig, daß die Vorgeschichte dort repräsentiert wurde. [...] Auch sehr froh darüber, daß Sie de Terra gern haben. Nach einem Brief von ihm kann ich Ihnen sagen, daß es auch umgekehrt so ist. Es ist nicht übel, daß der Freundeskreis sich auffüllt und zugleich enger wird. M.*** teilt mir heute mit, daß die Movius ihrerseits am Institut vorbeigekommen sind. Es würde mich interessieren zu erfahren, was Sie von der Irawadi-Industrie halten.»[13]

Wenn Pater Teilhard auch sehr gut mit den Menschen umzugehen verstand, machte er doch keine Berechnungen auf lange Sicht. Doch ohne daß er es ahnte, bereitete der Einbruch der Vorgeschichte ins Institut die späteren Erfolge des Paters in diesem ehrwürdigen Hause vor. Diese Anspielung auf amerikanische Freunde zeugt übrigens von dem Bedürfnis, das der Pater verspürte, daß seine wissenschaftlichen Freundschaften von seinem Lehrer gutgeheißen und bestätigt wurden.

Doch am Horizont sind andere Sterne emporgestiegen: Vaufrey, Professor am Institut für menschliche Paläontologie und Direktor von ‹l'Anthropologie›[14], der Geophysiker Lejay SJ, Jean Piveteau, Professor an der naturwissenschaftlichen Fakultät in Paris, der von 1932 an in Zusammenarbeit mit Pater Teilhard[15] veröffentlicht, und

[13] Brief vom 22. Juni 1938.

[14] Auf den wiederholten Rat Pater Teilhards stellte sich R. Vaufrey 1924 Marcellin Boule vor, der ihn sogleich in sein Laboratorium aufnahm und ihm ein Dissertationsthema anbot. Die ununterbrochenen Beziehungen begannen 1928.

[15] Während Piveteau einfacher Student an der Sorbonne war, hatte der Pater als Pate ihn am 23. Januar 1922 bei der Geologischen Gesellschaft Frankreichs eingeführt.

viele andere. Von Paul Rivet, dem Gründer des Musée de l'Homme, wissen wir bereits, daß er ein langjähriger Freund ist. Enge Bande verbinden den Pater mit dem Palais du Trocadéro, wie eine leider unvollständig datierte[16] Karte mit dem Briefkopf der ‹Études› beweist:

B – «14. November

Lieber Freund,

Ich kann Mittwoch nicht vor 6.30 bis 7.00 Uhr bei Ihnen ankommen. Ich habe an dem Tag im Trocadéro um 4.30 Uhr eine Besprechung, die zu verfehlen un-politisch wäre.

In Freundschaft Teilhard.»

Dem Pater lag also etwas am Musée de l'Homme, und seine Freundschaft wurde ehrlich erwidert. Es hat sogar einen Plan gegeben, Pater Teilhard mit einem offiziellen Auftrag nach Hanoi zu schikken[17], doch der Plan gelangte nicht zur Ausführung:

B – «Das in Frage stehende Projekt [für das ich dem Urheber unendlich dankbar bin] erscheint mir in seiner absoluten Form schwierig zu verwirklichen. Ich glaube nicht, mein Orden wäre damit einverstanden, daß ich eine *isolierte* Stellung in einem Land übernehme, wo wir kein Haus haben, dem ich zumindest nominell zugewiesen werden könnte. Im übrigen sehe ich nicht, was ich dabei gewänne, Peking gegen Hanoi zu tauschen. Das einzige, was ich praktisch ins Auge fassen könnte, wären ein, zwei oder drei Aufenthalte dort unten, um die Forschungen in Zusammenhang mit dem Yün-nan in Gang zu bringen. Der letzte Fund des *Javanthropus* hat mich davon überzeugt, daß es, wie ich dachte, genau die richtige Forschungsmethode ist, von Norden nach Süden den Ablagerungen der Spalten zu folgen und zwischen Peking und dem Malaiischen Archipel zu kratzen.»[18]

Ein anderes kräftiges Band bleibt bestehen, Édouard Le Roy. Pater Teilhard schickt ihm nur sehr wenige Briefe, die wirkliche, wissenschaftliche und geistige Rundblicke sind, und Le Roy, der mit Arbeit überlastet ist, antwortet ihm nicht. Doch die Freundschaft

[16] 1930 oder 1932.

[17] Nach einem Brief vom 16. Januar 1927 hatte das Institut national d'Ethnographie [Lévy-Bruhl und so weiter] bereits bei ihm vorgefühlt, ob er einen Auftrag für vorgeschichtliche Ausgrabungen in Indochina annehmen würde.

[18] Brief vom 5. Juni 1932.

zwischen den beiden Männern erkaltet nicht[19]. Die Freundschaftsbande bleiben ebenso stark, ebenso lebendig, und Abbé Gaudefroy, ein regelmäßiger Briefschreiber, stellt die Verbindung her. Das zentrale Ereignis ist, daß Édouard Le Roy 1931 auf den Index gesetzt wird.

Der Briefwechsel mit den Freunden ersetzt keineswegs Paris. Wie stellt sich der Pater während der ersten Periode von Peking ganz allgemein zu dem Problem der Aufenthalte in Frankreich und der Bindung an ein Pariser Haus? Wenn der Pater auch mehr und mehr von China in Anspruch genommen wird, hält er wie vor der gelben Kreuzfahrt und aus denselben Gründen an den Pendelfahrten Paris–Peking fest. Doch scheint es, daß es 1936 zu einem endgültigen Verzicht auf eine Professur am Museum seitens Pater Teilhards kam, wie der folgende etwas geheimnisvolle Absatz nahezulegen scheint.

B – «Ich habe keinerlei offiziösen Hinweis auf das Projekt, von dem Sie sprechen [Museum]. Ich bekenne, daß es mich nicht sehr stark reizt. Ich habe den Eindruck, für mich liegt die Weisheit darin, meiner jetzigen Linie zu folgen, bis sie zu Ende geht oder sich von selbst in etwas anderes umwandelt. Doch habe ich nicht das Empfinden gehabt, am Ende dessen zu sein, was mich hier erwartet.»[20]

Ein für Pater Teilhard charakteristischer Text: vollständiges Fehlen der Auflehnung, das Bedürfnis, seiner Linie bis ans Ende zu folgen, sich täglich der Vorsehung zu überlassen, die ihm im gegebenen Augenblick eine andere zu befolgende Linie anbieten wird. Und genau das ist bis zu seinem Tode eingetreten. Kurz, bis 1938, dem Zeitpunkt, da das weltweite Ansehen des Paters vorübergehend die Widerstände überwinden wird, besitzt Pater Teilhard als festen Wohnsitz nur China. Er darf nach Paris zurückkehren, doch er ist nicht in der Lage, sich dort den zweiten wesentlichen Stützpunkt zu schaffen, dessen er bedarf.

Wir stellen tatsächlich nur drei Aufenthalte in der Hauptstadt fest.
1932–1933 Von Ende September 1932 bis Ende Januar 1933, erster Aufenthalt in Paris. Wie gewohnt, wissen wir praktisch nichts darüber, abgesehen von einigen Brocken:

B – «[...] seit zwei Wochen habe ich das Pariser Leben wieder

[19] Was zeigt, daß die materiellen Zeichen täuschen können.
[20] Brief vom 11. Februar 1936.

aufgenommen, und zwar um so hastiger, als mein Aufenthalt begrenzt ist. In den Pausen, die mir die Abwicklung der Expedition läßt [Vorträge und Anfertigung des geologischen Weges], versuche ich mit Hilfe der Sammlungen des Museums, bestimmte Ungewißheiten in meinen paläolithischen Bestimmungen Chinas [insbesondere Hyänen und Rhinos] zu klären. Ich habe auch vieles mit Cayeux [Rotfärbung der Erden], Lacroix und Jacob [Tektonik] zu besprechen.»[21] – «Was soll ich Ihnen von mir berichten? Mein Aufenthalt in Paris ist ein richtiges Drunter und Drüber gewesen. Es ist mir jedoch gelungen, eine fast zum Druck fertige kurze Abhandlung und eine recht schöne farbige geologische Karte von der Strecke Kalgan–Hami dort zu lassen [ich habe ans Sinkiang nicht gerührt, das ich allzugut durch Norin kenne].»[22]

Wir wissen außerdem, daß er die Fauna von Choukoutien studiert, daß er im Oktober einen durchaus munteren und begeisterten Abbé Breuil wiedersieht und daß er vor dem 25. Dezember nach London gefahren ist, wo er sich mit Black trifft. Zu diesem Punkt müssen wir eingestehen, daß wir über seine Londoner und ganz allgemein seine englischen Verbindungen kaum auf dem laufenden sind. Alle Welt kennt die bewundernswerte Bibliothek des *British Museum of Natural History*. Der Pater hatte Freunde am British Museum und wahrscheinlich auch in Oxford, vielleicht alte Freundschaften, die während seines Aufenthalts in Hastings angeknüpft wurden, ganz gewiß jüngere Freundschaften, die durch sein wachsendes Ansehen als Spezialist für Geologie und Paläontologie des Fernen Ostens begünstigt wurden[23].

In Paris hält er um Januar 1933 in der Kapelle der Franziskaner-Missionarinnen Mariä in der Avenue Reille einen Vortrag für die Mitglieder der katholischen Kranken-Union, *Die Bedeutung und der konstruktive Wert des Leidens*[24]. Pierre Leiris begegnet Pater Teilhard bei

[21] Brief vom 18. Oktober 1932.

[22] Brief an Joseph Hackin vom 28. April 1933. Der Geologe und der Archäologe hatten während der gelben Kreuzfahrt Freundschaft geschlossen.

[23] Der Pater brauchte die Sammlungen des British Museum für seine Bestimmungen. In London wohnte er wahrscheinlich bei englischen Jesuiten, wo er unter anderen Pater Martindale begegnete, mit dem er lange Gespräche führte.

[24] ‹La Signification et la Valeur constructive de la Souffrance›, erschienen in ‹Le Trait d'Union›, Nr. 45, 1. April 1933, Seite 6–11.

Abbé Magnin im Pfarrhaus von St-Séverin anläßlich einer Sitzung der Gesellschaft für religiöse Studien, deren Seele Pater Laberthonnière gewesen war [der ganz kürzlich, im Oktober 1932, verstorben war]. Er sieht zumindest einmal seine Normalianer von der Rue d'Ulm wieder[25]. Das war meine erste Begegnung mit dem Pater. Im Zentrum für soziale Dokumentation an dem großen Tisch mit der grünen Decke, auf der ich inmitten der Neugierigen und der Mitglieder der Gruppe Tala[26] das gelbliche Papier des «Pot»[27] mit Eifer bekritzelte. Hier in ihrer Trockenheit und ihrem rein gesprochenen Stil die genaue Wiedergabe der Notizen, die ich damals machte:

W – «Orient und Okzident oder die Mystik der Personalität [Teilhard de Chardin].

Der Gegensatz zwischen einem kontemplativen Orient und einem ins Leben eingetauchten Okzident ist ein bestreitbarer Gegensatz. Wir verleihen dem Osten unsere Qualitäten.

1. Östliche Mystik. Es gibt nur Mystik, wenn der Geist versucht, den Gegensatz zwischen Einheit und Vielheit zu lösen, wenn es ein Streben zur Einheit gibt [keine Mystik des Pluralismus]. Für die östliche Mystik vollzieht sich die Lösung des Vielen zum Einen durch Unterdrückung des Vielen. Die Einheit hat nichts mit diesem Vielen gemeinsam, von dem man sich trennen muß [Maja]. Der Zustand des Nirwana ist ein Rausch der Leere. Doch ist das eine Haltung, die nicht wahr ist, a] für die Vergangenheit: die ganze Vergangenheit ist ein Bemühen um Akzentuierung der Wirklichkeiten, die das Viele konstituieren, b] für die Zukunft: sie rechtfertigt nicht die Bemühungen um die Zukunft, c] für unser Innenleben: der religiöse Sinn verlangt eine Einswerdung, die keine Auflösung des Seins sei. Um vereint zu sein, muß man zwei sein.

2. Westliche Mystik. Sie geht von der Idee aus, daß das Viele konvergenter Natur ist, mögliche Elemente einer graduellen Einheit, die zu Einheiten höherer Ordnungen führt. Die Einheit wird erzielt, indem die Dinge in höchstmöglicher Form in sich selbst verwirklicht werden. Infolgedessen liegt die einzige Möglichkeit, das

[25] Ende 1932 oder Anfang 1933.

[26] Der katholischen Gruppe [Tala bedeutet in der Studentensprache der École Normale Supérieure: katholisch].

[27] Das heißt der Verwaltung.

gegenwärtige Leben zu leben, darin, sich als Ziel zu setzen, die Welt zu vollenden. Übrigens scheint es, daß die Orientalen sich für die positiven Dinge interessieren.

3. Ihre Beziehungen zu der christlichen Mystik. Die westliche Mystik ist die legitime Weiterführung einer christlichen Haltung. Im Christentum findet sich eine östliche Komponente [vgl. zum Beispiel die Flucht in die Wüste]; doch gibt es den Glauben an die Auferstehung des Fleisches [Vollendung und Reinigung der Elemente]. In der Idee der Mystik durch Konvergenz findet sich ein asketisches Element. Die Konvergenz ist von der Ruhe verschieden. Die Entsagung besteht darin, beständig die Dinge zu übersteigen. Das Extrem der Zuneigungen führt zur Einheit. Für den heiligen Paulus ist das Antlitz der Welt eine große Anziehungsbewegung der Kreaturen in Richtung auf Gott. Gott steigt durch Christus in das Viele herab, um es an sich zu ziehen. Unterschied zwischen der Einheit der Abstraktion und der Einheit des Reichtums [der Konzentration], in der die Elemente sich durch all das vereinen, was sie an Vollkommenheit haben.

Es gibt keine christliche Philosophie, als ob es zwei einander entgegengesetzte Entitäten gäbe. Der Glaube entsteht nur aus dem Glauben, es steht nicht auf der einen Seite die Vernunft, auf der anderen der Glaube. Immer höhere Glaubensakte: die Welt hat einen Sinn – dieser Sinn ist der Geist – dieser Sinn geschieht durch die Einswerdung – Bejahung des Christentums. Die Philosophie ist vorchristlich, doch sie hat die Haltung eines Glaubens.»

Teilhard greift hier das Thema der sehr schönen Schrift ‹Die Straße des Westens, Auf dem Wege zu einer neuen Mystik› wieder auf, die das Datum Penang, 8. September 1932 trägt und zu der sich bereits eine Skizze in einem Brief vom 22. Mai 1932 findet:

B – «[...] Ich bin seit einigen Monaten versucht, eine Art Skizze der großen, von der Mystik versuchten Wege aufzuzeichnen, um dahin zu gelangen, das grundlegende intellektuelle und spirituelle Problem zu lösen: „Wie die Vielheit erklären, dann überwinden und zur Einheit gelangen?“ Mir scheint, es gibt zwei theoretische Lösungen [die alle beide versucht wurden]: die östliche Lösung [„man gelangt zur Einheit, indem man durch Flucht oder Unterdrückung die Illusion des Vielen verflüchtigt“] und die westliche Lösung – die, so muß ich sagen, erst kaum formuliert ist [„man gelangt zur Einheit, indem man durch Bemühen die – *der Natur nach konvergenten* – Kräfte des Vielen in ihrer Richtung weiterführt"]. Mystik der „Loslösung" oder Mystik des „Hindurchgangs"? Ich glaube [das macht mein ganzes Leben aus], daß das heutige Christentum sich *auf die zweite* ausrichtet, worin das Heil der Menschheit liegt.»

Weshalb greift er vor den Normalianern diese Schrift wieder auf? Der Pater nahm gern die Gelegenheit wahr, entweder den Kern seiner kommenden Schriften in Vorträgen darzulegen oder sie vor einem Auditorium zu prüfen, um sie abändern und vervollkommnen zu können. Es ist gewiß, daß Pater Teilhard kein Rassist war. Noch am 29. Juni 1954 erklärte er uns: «*Man behauptet, ich sei Rassist, doch ich bin kein Rassist. Es ist eine Tatsache, daß sich die Idee heute im Westen vorfindet; das wird sich vielleicht später ändern.*» Wenn so der Rassismus auch niemals das Denken des Paters streifte, ist doch gleichfalls wahr, daß er sich zu dieser Zeit als einen überzeugten abendländischen Menschen betrachtete, während er durchaus anerkannte, daß Indien lange Zeit der religiöse Pol der Erde blieb, und er sich fragte, welchen Verfeinerungen der Kultur oder des Denkens die Bildung dieses mystischen «Zyklons» in den Gangesebenen entsprechen könnte. Die ‹Straße des Westens› war Gegenstand freundschaftlicher Auseinandersetzung mit einem seiner getreuesten und loyalsten Freunde, Pater Henri de Lubac[28]. Dieser wandte zunächst ein: Gibt es nicht eine christliche Loslösung, und muß man nicht die Auffassung vertreten, daß die buddhistische Entsagung jedes sittlichen Wertes bar sei? Hier die Antwort:

B – «Ihre freundschaftlichen Kritiken an der ‹Straße des Westens› haben mich sehr interessiert. Doch wenn ich mich nicht täusche, bestätigen Sie gerade eben die Bedeutung dessen, was ich zu zeigen versucht habe [...]. Ich erkenne durchaus den Rhythmus Loslösung–Bindung an [vgl. ‹Göttlicher Bereich›]. Doch glaube ich, daß in der besonderen, *spezifischen* Natur der buddhistischen Loslösung die Schwäche und die [zumindest logische] Gefahr der

[28] Er gab zum Teil die Kritiken von Abbé Monchanin weiter, dieses sehr kultivierten Priesters, der aufgrund einer gebieterischen Berufung nach Indien in die Diözese von Trichinopoly gegangen war, um dort ein Asketenleben zu führen, das auf die Kontemplation Gottes und der Trinität zentriert war. Teilhard und Monchanin hatten sich ein- oder zweimal gesehen und miteinander sympathisiert.

östlichen Religionen liegen. Der Buddhist *verleugnet sich*, um das Verlangen zu töten *[er glaubt nicht* an den Wert *des Seins]*. Der authentische Christ vollzieht dieselbe Geste *aus einem Übermaß* an Verlangen und Glauben an den Wert des Seins. Das ist einer der Fälle, wo derselbe äußere Schein entgegengesetzte Wirklichkeiten deckt. Es erscheint mir in höchstem Maße wichtig, die Zweideutigkeit aufzudecken. Das heißt gewiß nicht, daß, vital gesprochen, die buddhistische Entsagung keinen sittlichen Wert habe. Doch ist sie Ausdruck einer falschen Theorie [wie so viele andere Pantheismen].»[29]

Doch der Gesprächspartner gibt sich nicht geschlagen: Sind die Religionen Indiens so negativ, wie Pater Teilhard glaubt? Ebenso wie sich angesichts des Shankara-Monismus Lehren von eindeutig pluralistischer Einstellung etwa in der Art der Leibnizschen Monadologie entwickelt haben, stellt sich auch dem Inana-Yoga, der Askese der Erkenntnis [für die alles Sein Ziffer des Absoluten, eines undifferenzierten Absoluten, ist], der Karma-Yoga, oder die Askese des Tuns, entgegen. Erneute Entgegnung Pater Teilhards:

B – «Im Grunde berührt es, wenn die Religionen Indiens weniger negativ sind, als ich gesagt habe, nicht wesentlich meine These, die vor allem zum Ziel hat, *zwei wesentliche Typen* möglicher Mystiken zu unterscheiden. Es wäre sehr ungewöhnlich, das räume ich ein, ließe sich irgendeiner dieser Typen irgendwo im *reinen Zustand* antreffen. Ich habe also vor allem die östliche Mystik als ein Beispiel genommen, das dem Negativismus so nahe kommt wie möglich. Unter diesen Vorbehalten oder Zugeständnissen glaube ich weiterhin, daß die östlichen Religionen und die östliche Kontemplation *logisch* das Tun töten. Ich sehe nicht, inwiefern der Ferne Osten eine Ausnahme bildet. In China ist der Buddhismus tot, und hat nicht ein japanischer Neobuddhist, Grousset, gesagt, seine Religion kulminiere im „Rausch der Leere“? Ich weiß, daß das vollendete Sein „Nicht-Sein“ heißen kann. Doch glaube ich nicht, daß es sich in diesen Dingen um eine einfache Frage von Worten handelt.»[30]

Schließlich wissen wir, daß dieser Pariser Aufenthalt mit einem brüderlichen Mahl zusammen mit den Mitgliedern der gelben

[29] Brief vom 8. Oktober 1933.
[30] Brief vom 29. April 1934.

Kreuzfahrt zu Ende geht – der einzige Schatten, der darauf fiel, war das Fehlen von Haardt und Point –:

B – «Als ich Paris am Tage nach einem reizenden Abendessen bei Pedro und Barbara [zusammen mit Le Fèvre, Goerger, Reymond, den beiden Ärzten usw.[31]] verlassen hatte, sollte in einigen Wochen der Film uraufgeführt werden, der sich als sehr schön ankündigte. Seitdem habe ich nichts erfahren. Das Buch von Le Fèvre war auf bestem Wege. – Ich frage mich, was jetzt aus Pedro wird, sein Vertrag bei Citroën lief aus, und Point ist leider nicht mehr da... – Er zeigte sich nicht besonders beunruhigt. Er und Barbara sind entzückend gewesen: der eigentliche gesellschaftliche Mittelpunkt der Mission!»

Wenn wir über diesen ersten Pariser Aufenthalt sehr schlecht unterrichtet sind, so sind wir besser über die Rückreise informiert [Februar-März 1933], und zwar dank der ‹Reisebriefe›: In Gesellschaft von Abbé Breuil und Pater Lejay, Vortrag in Saigon [10. März 1933]. Hier ein kurzer Bericht von der Überfahrt vom 26. Februar 1933:

1933 B – «*Outside*[32] gleiten wir seit einer Woche über die blauen und schimmernden Wasser des Indischen Ozeans. Mein Freund, Abbé Breuil, ist in Djibouti von dem Boot des Piraten Monfreid entführt worden – und ich bleibe allein mit dem lieben Freund Lejay. – Indes versuche ich *inside*[33], ein wenig mich aufzuraffen und zu denken. Um den Gewohnheiten treu zu bleiben, schreibe ich einige Seiten [zum persönlichen Studium], ‹Die Struktur des Geistes›, in denen ich versuche, eine Art Metaphysik von der Geist-Materie oder genauer vom Materie-Geist [das schlägt sich bei genauerer Überlegung nicht so sehr, wie man glauben möchte] mit Schlußfolgerungen über die Schöpfung und das Übel zu fixieren [...]. Ich versuche diesen Weg als eine Linie möglichen Zugangs zu einer der Seiten der Wahrheit. Und dann unterhalte ich mich nicht wenig mit verschiedenen Leuten. Und jedesmal entdecke ich einen Geist oder ein Herz, die durch dieselben Ketten

[31] Pedro, Brückenbauingenieur und Dolmetscher. Le Fèvre, Historiograph der Mission. Goerger, Generalsekretär. Reymond, Naturforscher. Die beiden Ärzte waren Delastre und Jourdan.

[32] äußerlich.

[33] innerlich.

gefesselt sind, die zu zerbrechen ich zwanzig Jahre gebraucht habe. – Soll ich Ihnen sagen, daß diese wiederholten Begegnungen, die zu den jüngsten Fehlschlägen meiner Literatur hinzukommen, in mir eine [bisher unbekannte] Leidenschaft geweckt haben: befreien... Bisher war ich vor allem spekulativ. Ich spüre, daß das Leben mich immer mehr zur Aktion drängen wird; und ich sehe nicht recht, was mich hindern könnte zu handeln. – Wie Gott will! – Es gibt Berufungen, denen man nicht widerstrebt. Das einzige, was mir Angst machen würde, ist das *Cymbalum Tinniens* zu sein, von dem die Schrift uns heute spricht.»

Der „Fehlschläge", auf die Pater Teilhard anspielt, sind zwei an der Zahl. Zunächst darf er ‹Der Geist der Erde› nicht erscheinen lassen, und dann hatte eine Intervention[34] einen Schlußstrich unter alle Projekte einer Drucklegung des ‹Göttlichen Bereichs› gezogen:

B – «Habe hier Pater *** gesehen, der mir die beiden endgültigen Zensuren über den ‹Göttlichen Bereich› gebracht hat. Alle beide sehr günstig. – Außer [in der einen] ein Verlangen nach Präzisierung über den „Sinn des Kreuzes", das ich leicht befriedigen könnte, glaube ich. Schade, daß alles aufgehalten worden ist.»[35]

Das Interessanteste aber ist diese neue vitale Haltung. Es hatte wirklich um 1931 im Augenblick des Einschnitts der gelben Kreuzfahrt eine tiefe Zäsur in der geistigen Evolution Pater Teilhards gegeben. Haben wir nicht gesagt, daß er mitten in die Aktion, mitten in die Wirklichkeit hineingetaucht war? In diesem Ringen Leib an Leib wider die Mechanik, wider die Absurditäten des Fahrplanes, wider den Atheismus der Mechaniker, gegen die Schlammlöcher und die Fließsande, wider die süß-sanfte Feindschaft Marschall Kings, wider die Schneestürme hat sich ein neuer Lebensstil herausgebildet.

... Zweite Reise nach Frankreich: Anfang Mai 1935 kehrt der Pater 1935
mit dem Trans-Sibirien-Expreß in Gesellschaft von Abbé Breuil für einen mehrmonatigen Aufenthalt nach Europa zurück, denn erst am

34 Die Verantwortung dafür fällt auf P. Janssens, der damals Rektor der katholischen Universität von Löwen war. Da er von einem «Skrupel» erfaßt wurde, hatte der Frankreich übrigens feindlich gesinnte zukünftige General der Jesuiten darüber nach Rom berichtet, und wie nicht anders zu erwarten, war die Antwort negativ gewesen.

35 Brief von Weihnachten 1932. Sein ganzes Leben lang, bis zum letzten Atemzug, kämpfte der Pater darum, gedruckt zu werden, wobei er mit Geduld alle von seinen Freunden vorgeschlagenen Berichtigungen annahm.

6. September schifft er sich nach Bombay ein. In den Einzelheiten sind uns die Fakten nur sehr schlecht bekannt. Der Pater legt einen Halt ein in Harbin, wo er Ahnert und die wenigen am Museum gebliebenen Russen sieht. In Paris begegnet er einer Menge von Leuten – unter anderem Barbour –, doch schafft er wenig wissenschaftliche Arbeit. Er bewundert um nichts weniger im Museum die Arbeiten von Jean Piveteau über die Fische der Trias von Madagaskar. Am 15. Juni 1935 hält Pater Teilhard eine sehr schöne Ansprache anläßlich der Trauung von Herrn und Frau de la Goublaye de Ménorval in der Kirche Saint-Louis des Invalides[36]. Er macht einen Sprung nach London, wahrscheinlich im Juli. Besichtigt die Reste des Palästina-Menschen [mehr als drei Skelette] und sieht auf dem Pult seines Freundes Hopwood die Abhandlung von Zdansky, in der die Auffassungen des Paters und der Chinesen über das Sanmênien recht hart kritisiert werden. Die Briefe ermöglichen, die Atmosphäre in Erinnerung zu rufen. Wir wissen, daß er «bei der Ankunft überbeansprucht» gewesen ist und daß er trotz des Gedränges

B – «viele Leute an dieser großen Wegekreuzung der rue de Grenelle sehen konnte [...]. Und so viele Kontakte mit Menschen aller Altersstufen haben mich mit Hoffnung erfüllt.»[37]

Abgesehen von einem kurzen Familientreffen knüpft er seine kirchlichen Bindungen wieder fester, tritt in engeren Kontakt mit seinem Orden und der Kirche. Ist die Christenheit nicht

B – «um uns herum die einzige kollektive Strömung lebendigen Denkens, die die Idee eines *personalen Ganzen* in der Welt aufrechterhält und vorantreibt?»[38]

Die Haltung seiner jesuitischen Freunde bewegt ihn:

B – «Ich fühle mich beschämt, wenn ich mir über all das klarwerde, was sie auf mich gründen [...]. Mich tröstet der Gedanke, daß meine Stärke, wenn sie ihren Sitz nicht in meinem eigenen Wert hat, von der Wahrheit dessen ausstrahlt, das zu sehen ich

[36] Sie ist glücklicherweise erhalten. Eliane Basse de Ménorval, Geologin, Paläontologin und Naturforscherin, ist heute Maître de recherches am CNRS. Sie hatte zusammen mit Jean Piveteau im Laboratorium von Boule gearbeitet.

[37] Brief vom 18. Januar 1936. Es handelt sich um das Haus Nr. 42 in der rue de Grenelle, die dritte Pariser Adresse des Paters nach dem Haus Nr. 13, rue du Vieux-Colombier und 5, rue du Regard und vor der Adresse 15, rue Monsieur [die ‹Études›].

[38] Brief vom 4. Juni 1935.

überzeugt bin. Und es ist der schönste Erfolg, von dem ich für mein Leben träumen könnte, daß ich eine neue Weltschau verbreitet hätte.»[39]

Einem Ordensfreund gibt er wertvolle Ratschläge:

B – «Verfehlen Sie nicht, in Ihren Vorträgen über die Ursprünge des Menschen [Sie werden daran denken, dessen bin ich gewiß] den geringsten Platz den hinfälligen und vorläufigen Konstruktionen zu geben, wie wir sie derzeit auf immer in Fluß befindlichen Dokumenten aufbauen können, um die allgemeinen Änderungen des Gesichtspunktes zu betonen, die sich letzten Endes auf die *Einwurzelung* des Menschen *im Universum* und eine in ihm so deutlich ausgeprägte *Er-neuerung* allen früheren Lebens auf einer neuen und höheren Ebene zurückführen lassen.»[40]

Man sieht, mit welch extremer Sorgfalt Teilhard die Ebene der wissenschaftlichen Forschung von der seiner Phänomenologie unterscheidet, wobei letztere eine Zwischenstufe zwischen der Wissenschaft und der Metaphysik ist. Die wichtigste Formulierung ist jedoch jene, die die gebrechlichen und vorläufigen Konstruktionen der Wissenschaft und ihr Immer-im-Fluß-Sein charakterisiert. Wer immer irgendeine Wissenschaft praktiziert hat, ist sich dieser ständigen Erneuerung, dieses dauernden, selbstverständlich nach vorn gerichteten Tastens bewußt, aus dem sich nicht eine skeptizistische Weisheit, sondern ein von Klugheit und methodischem Zweifel gedämpfter Enthusiasmus ergibt.

Ein anderer klerikaler Freund scheint bereit zu sein, ‹Mein Glaube›[41] unter Vorausschickung von ‹Die Grundlagen und der Kern der Idee der Evolution›[42] und ‹Der Geist der Erde›[43] zu veröffentlichen, und der Pater kommentiert:

B – «Das wäre selbstverständlich ideal. Doch ich wage nicht, so viel zu erhoffen.»[44]

Immer wieder dieselben Bemühungen des Paters, um seine Haupt-

[39] Brief vom 8. September 1935.

[40] Brief vom 23. Juni 1935.

[41] Peking, 28. Oktober 1934.

[42] ‹Les fondements et le fond de l'idée d'évolution›, Golf von Bengalen, Himmelfahrt 1926.

[43] ‹L'Esprit de la Terre›, Pazifik, 9. März 1931.

[44] Brief vom 29. Juli 1935.

werke zu veröffentlichen, und immer dieselben enttäuschten Hoffnungen.

Eine eigenartige Atmosphäre während dieses Pariser Aufenthaltes, die bereits deutlich die Jahre 1938/1939 ankündigt:

> B – «Alles scheint gegenwärtig in der Welt ein unmögliches Sammelsurium zu sein. Und doch bringt jeder Tag mir einen neuen Beweis dafür, daß wir dabei sind, unsere Rolle bei der Geburt von irgend etwas Großem zu spielen. Ich glaube, zu keiner Zeit ist die vitale Spannung je so stark gewesen.»[45] – «Überall im Lande beginnen kleine Gruppen aufzustehen, jede von ihnen mit einer besonderen Zeitschrift [‹Esprit›, ‹Die *neue* Erde›, ‹Die *neue* Menschheit› usw.]: die Ausrichtung des Denkens geht in jedem Falle eindeutig in dieselbe Richtung, ist ausgerichtet auf eine geistige Verjüngung der Welt. Es ist offensichtlich etwas im Kommen.»[46]

Welche Haltung nimmt der Pater inmitten dieser vielfältigen Begegnungen ein, die vom kommunistischen Führer bis zum Kanonenkaufmann reichen?

> B – «Ich zweifle kaum daran, ich werde eine höhere Ebene der „Leidenschaft für die Welt" und des kämpferischen Optimismus erreichen.»[47]

Seine persönliche Position ist eindeutig festgelegt:

> B – «Ich frage mich, ob heute die Menschheit nicht wirklich dabei ist, sich in jene, die an die Zukunft des Universums glauben, und jene, die nicht daran glauben, zu spalten. Und ich fühle mich entschlossener denn je, mich ersteren anzuschließen zur Eroberung der Welt.»[48]

Es geht nicht darum, eine praktische Meinung über das beste technische Mittel zur Verbesserung der politischen und wirtschaftlichen Bedingungen der Welt zu äußern. Nein. Zunächst müssen die allgemeinen Ziele für den Geist festgelegt werden. Das übrige folgt nach.

Dieses ein wenig fieberhafte Leben, in dem die Geologie geopfert wird, ist kein Sich-Verplempern, keine eitle Betriebsamkeit. Der Pater braucht einen erneuerten Ausdruck seiner selbst, den er von

[45] Brief vom 30. Juni 1935.
[46] Brief vom 16. Juni 1935.
[47] Brief vom 18. Mai 1935.
[48] Brief vom 4. Juni 1935.

einem erneuerten Glauben an das Leben erhalten wird. Langsam gewinnen seine Ideen Gestalt und organisieren sich:

B – «Außer einer kleinen Zahl von Beiträgen wissenschaftlicher Ordnung ist es meine bisher beste persönliche Verwirklichung gewesen, eine klare innere Schau neuer, in meiner „Philosophie" möglicher Entwicklungen zu erreichen. Eine „Philosophie der Vereinigung", die auf eine Analyse der personalen Struktur des Universums gegründet ist, erscheint mir sowohl als das, dessen unser modernes Denken am meisten bedarf, wie auch als das Werk, an dem mitzuarbeiten ich am meisten bereit bin. Ich gelange immer mehr zu dieser Schlußfolgerung, wenn ich mit meinen Freunden spreche und ihre [sehr günstige] Reaktion auf meinen ‹Mein Glaube› beobachte.»[49]

In Weiterführung dessen, was er bereits in diesem letzten Werk über die «Person» skizziert hatte, durchdenkt Pater Teilhard also bereits eines seiner Hauptwerke, *Entwurf eines personalen Universums* [1936]. Bei ihm macht die tiefe Einheit zwischen der Wissenschaft und dem Denken weit weniger die [evidente] Konvergenz zwischen der einen und dem anderen[50] als vielmehr dieses gemeinsame Charakteristikum eines dauernden Sich-Übersteigens aus. Geschlossenes Denken, offenes Denken: der Pater hat beständig für das zweite optiert.

… Am 6. September schifft sich Pater Teilhard also nach Bombay ein, wo er am 20. September an Land geht[51]. Während die Delphinherden im Roten Meer

B – «Forellensprünge machen oder sich damit unterhalten, hintereinander durch die Wellen zu schwimmen, die das Schiff aufwühlt»,[52]

meditiert der Pater aktiv: die Vergangenheit hat ihm die Konstruktion der Zukunft offenbart, und schließlich gelangt Pater Teilhard zu dem Schluß,

B – «daß es nur eine einzige wahre Art von Entdeckung gibt [die die historische Forschung uns lehrt], nämlich: die Zukunft

[49] Brief vom 16. Juni 1935.

[50] Dem Pater ist die Synthese zwischen seinen Priesterpflichten und seinen Gelehrtenbedürfnissen gelungen, daher seine heutige Zuhörerschaft.

[51] Für unsere Kenntnisse der Überfahrt stellen die ‹Reisebriefe› gegenwärtig fast die einzige Quelle dar.

[52] ‹Geheimnis und Verheißung der Erde›, Seite 211.

erbauen. Das ist ganz einfach, aber es gibt noch so viele Menschen, die so tun, als wäre die Vergangenheit an sich von Interesse, und sie so behandeln, wie es nur die Zukunft verdient.»[53]

Der Pater hat niemals etwas von einem Vergangenheitsschwärmer an sich gehabt. Er ist nie empfänglich für den Charme der alten Dinge gewesen, doch war er bisher Geologe und Paläontologe gewesen. Von nun an schlägt sein Geist langsam um. Der Gelehrte wird noch in Überfülle schaffen, doch kündigt sich bereits der letzte Lebensabschnitt an, die französisch-amerikanische Periode, in der die die menschliche Zukunft betreffenden Bemühungen vorrangig werden.

... Letzter dieser Peking-Periode angehefteter Aufenthalt in Frankreich: von den Vereinigten Staaten kommend macht der Pater in
1937 seinem Heimatland vom 19. April 1937 bis zum 6. August halt. In einer trüben Atmosphäre sozialer Forderungen und sozialen Hasses[54] kennen wir den Zeitplan Pater Teilhards. Es waren leider nach einer ersten Kontaktnahme [auch mit Wong und Pei] Monate der Krankheit[55]:

B – «Zunächst war mein Aufenthalt in Frankreich nicht ebenso gelungen wie der in Amerika. Ich war kaum in Paris, da überfielen mich eine Reihe von Anfällen eines seltsamen Fiebers [vielleicht Malaria, vielleicht aber auch nicht: die Ärzte haben nichts in meinem Organismus entdeckt], ein Fieber, das mich daran gehindert hat, in Europa irgendeine ernsthafte Arbeit zu schaffen[56]. Ich habe Vorträge und eine Reise nach England[57] absagen müssen und schließlich den Kongreß in Moskau[58]! Am Ende war ich es derart leid, daß ich beschlossen habe, nach China zurückzukehren[59], was ich auf dem Wege über Suez Anfang August getan habe.»[60]

[53] ‹Geheimnis und Verheißung der Erde›, Seite 212.

[54] Vgl. die Briefe vom 24. April und vom 20. Mai 1937.

[55] Die erste Anspielung auf sein physisches Handicap findet sich in einem Brief vom 13. Juni 1937.

[56] Er wurde ins Krankenhaus Pasteur eingewiesen. 1949 gemachte Röntgenaufnahmen der Lungen zeigen die Narben ausgeheilter Schäden.

[57] Sein Reiseziel war Cambridge.

[58] der auf Juli 1937 angesetzt war.

[59] Nachdem er sich im Juli in der Auvergne erholt hatte.

[60] Brief vom 9. Oktober 1937.

Die äußeren Fehlschläge im Leben Pater Teilhards sind wenig zahlreich: der Fehlschlag der Reise ins Kansu 1926, diese Krankheit 1937, 1940 die Unmöglichkeit, nach Yün-nan zu fahren, die große Krankheit von 1947, die von 1949, das Verbot, für eine Professur am Collège de France zu kandidieren, 1951 aus gesundheitlichen Gründen die Unmöglichkeit, Kenia zu besuchen. Das Jahr 1937 stellt im Hinblick auf die Gesundheit die erste Warnung dar, den ersten Riß, und es werden Folgen davon bestehen bleiben. Wie jeder voll bewußte Mensch hatte Teilhard die Minderungen ausgelotet, die im allgemeinen Alter und Krankheit bringen. Seit der Zeit des ‹Göttlichen Bereichs›[61] hatte er das ganze Vereinigungsvermögen aus diesen «Passivitäten» herausgezogen, doch diese christliche Annahme sollte ihn nicht seines normalen Anteils an dem Todeskampf des Meisters entheben. Wie Er hatte er, wenn auch wesentlich mutig, Angst vor dem «Kelch».

Wir haben deutlich gesagt: *äußere Fehlschläge*. Durch ein einzigartiges Geschick hat er nie ein tieferes Scheitern erfahren: eine harmonische Kindheit ohne Befleckungen oder Traumata, eine seltene Qualität der geistigen Substanz, eine außergewöhnliche Gabe, innerlich aus den Unannehmlichkeiten, Widrigkeiten und Enttäuschungen des Lebens Gewinn zu ziehen. «*Gott ist groß*», sagte er häufig, und er machte sich die schöne Formulierung von Pierre Termier[62] zu eigen: «*Alles was geschieht, ist anbetungswürdig.*» Doch das war besser als Resignation. Er zwang das Negative, das Vorzeichen zu ändern, sich in Gewinn für das innere Leben zu verwandeln. Seine Reaktion angesichts der Krankheit 1937 ist durchaus charakteristisch. Am 27. Juni schrieb er aus der Auvergne von den Ufern der Allier:

B – «Ich bin in meinem Heimatland der Auvergne inmitten des dunklen Grüns der Bäume auf dem kleinen Gut meines Bruders [...]. In dieser beruhigenden Umgebung habe ich den Eindruck, innerlich „aufzublühen“, und ich werde einer Art neuen Lichtes

[61] Vielleicht war er auch von der schmerzhaften Krankheit seiner Schwester Marguerite-Marie beeindruckt worden, die im ‹Göttlichen Bereich› wahrscheinlich der Ausgangspunkt der sehr schönen Meditationen über die Passivitäten der Minderung und die christliche Weise ist, in Christo abzunehmen.

[62] Von Léon Bloy übernommen. Die Formulierung findet sich in ‹La Femme pauvre› [sub fine].

bewußter, das unaufhörlich in mir im Laufe der offensichtlich etwas enttäuschenden Wochen dieses letzten Aufenthaltes in Frankreich aufstieg. Niemals zuvor vielleicht habe ich so klar die mögliche Bedeutung der Evolution meines inneren Lebens wahrgenommen [...]. Es ist notwendig gewesen, daß ich eine Menge von Gelegenheiten in diesen vergangenen Wochen verfehlte; und doch fühle ich mich im Endergebnis mehr *mich selbst* als je zuvor. Hatte ich es notwendig, etwas von der Wissenschaft der Vergangenheit abgeschnitten zu sein, um deutlicher die höheren Umfassungen des kommenden Universums wahrzunehmen?»[63]

Über die Rückreise Marseille–Schanghai [6. August bis 8. September 1937] sind wir gut unterrichtet. Trotz der Großartigkeit des Indischen Ozeans bricht die Unruhe angesichts des chinesisch-japanischen Krieges durch:

B – «Das Rote Meer ist heiß gewesen, jedoch in Grenzen; und gegenwärtig sind wir in den Brisen des Indischen Ozeans, dessen großes blaues Wasser, über das die fliegenden Fische hüpfen, Sie gern haben würden [...]. Wir verfolgen eher mit einiger Angst am Schiffsradio die wenig begreiflichen Ereignisse in China. Ich stelle mir vor, daß die Lage in Schanghai geklärt sein wird, bevor wir ankommen.»[64]

Im Laufe dieser Überfahrt schreibt er eines seiner grundlegenden Werke, ‹Die menschliche Energie›, das darauf abzielt, die menschliche Wissenschaft durch eine Wissenschaft vom Menschen zu vervollständigen und folglich die großen Linien einer menschlichen Energetik aufzeichnet:

W – «Kein Gegenstand [...] wird den Anspruch erheben kön-

[63] Vgl. bereits den Brief vom 13. Juni 1937: «*Da ich [in einer aktuellen und persönlichen Erfahrung] besser erkenne, wie sehr wir von der göttlichen Harmonisierung des Lebens abhängen, habe ich den Eindruck gehabt, daß ich meine vertrauten Anschauungen über die Welt vertiefte und vor allen Dingen etwas mehr von der theoretischen auf die praktische Ebene überging; das ist natürlich die größte Prüfung für jedwelche Theorie! Als Krönung meiner Überzeugung und meiner wachsenden „Bewunderung" in Sachen menschlicher Energie entdecke ich gerade eben jetzt deutlicher den erschreckenden Wert und die „Funktion" der [natürlich wohlverstandenen] „Gottesliebe" für den Aufbau der menschlichen Welt; „Gottesliebe", die bisher hauptsächlich als eine individuelle Beziehung zwischen den Menschen und dem Gipfel der Welt studiert wurde, – die aber jetzt als die höchste und universellste Form des Tätigseins begriffen werden muß.*»

[64] Brief vom 21. August 1937.

nen, auf sich die menschliche Energie zu totalisieren, es sei denn, er besitze eine Seele und sei ein „Jemand“. Im Zustand unpersonaler Kollektivitäten gelassen, sind die Erde und die Menschheit also positiv unvermögend, den geistigen Elan der Welt zu tragen und zu erhalten [...]. Auf der einen Seite kann es dem auferstandenen Christus des Evangeliums nicht gelingen, sich im Bewußtsein der Gläubigen über der Schöpfung zu halten, die Er per definitionem vollenden muß, es sei denn, Er verleibt sich die Evolution ein, die man Ihm entgegensetzen möchte. Andererseits sucht eben diese Evolution, um den Erfordernissen des aus ihren Transformationen geborenen reflektierten Tuns zu genügen, sich angstvoll im Grunde eines jeden von uns ein universales Zentrum des Denkens und der Zuneigung. Hier eine Sphäre, die nach einem Zentrum ruft. Dort ein Zentrum, das eine Sphäre erwartet [...].»[65]

Das Totalisationsprinzip der menschlichen Energie ist die Liebe:

W – «Eben jene, die mit größter Skepsis jeden Vorschlag aufnehmen, der dahin zielt, eine allgemeine Koordination des Denkens auf der Erde zu fördern, sind die ersten, den Zustand der Teilung anzuerkennen und zu beklagen, in dem die menschlichen Kräfte dahinvegetieren: ein Staub von Taten im Individuum, ein Staub von Individuen in der Gesellschaft... Selbstverständlich, sagen sie, wird eine unermeßliche Kraft in dieser hoffnungslosen Betriebsamkeit neutralisiert und geht verloren. Doch wie soll es ihres Erachtens möglich sein, daß jemals eine derartige Asche kohäriert? Die bereits in sich selbst natürlich geteilten menschlichen Partikeln stoßen darüber hinaus noch einander unheilbar ab. Sie können sie vielleicht mechanisch zueinander zwingen, doch ihnen eine gemeinsame Seele eingießen ist physisch nicht verwirklichbar.

Die Stärke und die Schwäche aller gegen die Möglichkeit einer späteren Einswerdung der Welt erhobenen Einwendungen scheinen mir in der Tatsache zu liegen, daß sie arglistig allzu wirkliche Erscheinungsformen vergrößern, ohne neue Faktoren in Rechnung stellen zu wollen, die in der Menschheit bereits wahrnehmbar sind. Die Pluralisten urteilen immer, als existiere und strebe

[65] Kapitel VI, 2,6.

nicht in der Natur außerhalb der gewöhnlichen vom „common sense" und der Soziologie in Betracht gezogenen verschwommenen oder oberflächlichen Beziehungen ein Zusammenhangsprinzip zur Existenz. Es sind im Grunde Juridizisten und Fixisten, die sich in ihrer Umgebung nichts vorstellen können als das, was ihnen immer gewesen zu sein scheint.

Doch sehen wir zu, was sich in unseren Seelen vollzieht, sofern nur in ihnen im von dem Gang der Evolution geregelten Augenblick die Wahrnehmung eines von universeller Konvergenz beseelten Zentrums emergiert. Stellen wir uns [das ist keine Fiktion, wie wir bald sagen werden] einen Menschen vor, der sich seiner personalen Beziehungen zu einem höchst Personalen bewußt geworden ist, zur Verbindung mit dem er durch das gesamte Zusammenspiel des kosmischen Tuns geführt wird. In einem derartigen Subjekt und im Ausgang von ihm wird unausweichlich ein Einswerdungsprozeß eingeleitet, der Schritt um Schritt durch folgende Etappen gekennzeichnet ist: Totalisation jeder Operation in bezug auf das Individuum; Totalisation des Individuums in bezug auf sich selbst; Totalisation [...] der Individuen im menschlichen Kollektiv [...], Totalisation der totalen menschlichen Energie in einer totalen Geste [...].

Wo also existiert in der heutigen Natur ein erster Ansatz, eine erste Annäherung des totalen Aktes, von dem wir träumen konnten?

Nirgendwo deutlicher, so scheint mir, als in dem Akt christlicher Liebe, wie er von einem modernen Gläubigen gesetzt werden kann, für den die Schöpfung in Termini der Evolution aussagbar geworden ist. In den Augen eines solchen Gläubigen stellt die Geschichte der Welt sich als eine umfassende Kosmogenese dar, in deren Verlauf alle Fibern des Wirklichen, ohne sich zu verschmelzen, in einem zugleich personalen und universellen Christus konvergieren. Im strengen Sinne und nicht bildhaft befindet sich der Christ, der sowohl die Essenz seines Schöpfers als auch die raum-zeitlichen Zusammenhänge der Natur begreift, in der glücklichen Lage, daß er durch die ganze Mannigfaltigkeit seines Wirkens und in Vereinigung mit der Vielheit der anderen Menschen in eine einzige Geste der Kommunion eingehen kann. Kurz, durchaus dem Punkt Omega vergleichbar, den unsere Theorie voraussehen ließ, strebt Christus [sofern Er sich in dem vollen Realismus Seiner Inkarnation enthüllt] dahin, die geistige Totalisation *genau hervorzubringen*, die wir erwarteten.»[66]

Man wundert sich, daß derartig ausgeglichene, durchkonstruierte, beruhigende Seiten während des besonders dornigen Schlußteils der Reise geschrieben werden konnten, der in diesem überraschenden Absatz eines vom 9. Oktober 1937 datierten Briefes zusammengefaßt wird:

B – «Die Rückfahrt war verhältnismäßig glatt. Wir entkamen um zwei Tage in Hongkong einem bösen Taifun, blieben einen Tag in Wusung, gerieten in einen anderen Taifun in der Nähe von Kobe. Auf jeden Fall fand ich am nächsten Tag in Kobe einen netten kleinen Maru, der mich friedlich in Taku landete. Ich war Ende September in meinem Pekinger Büro zurück.»

Einige Zeilen eines Briefes vom 15. Oktober 1937 fügen Einzelheiten hinzu:

B – «Meine Reise. Bereits alte Geschichte. Sie ist sehr gut verlaufen trotz der Cholera in Hongkong, der Blockade der Küsten und einem Taifun auf der Reede von Kobe.»

Ist das schwarzer Humor? Taifun und Cholera in Hongkong, Taifun in Kobe, Blockade der chinesischen Küste und Krieg in Schanghai, dessen Vororte von Bränden und dem Bersten der Bomben erhellt werden. Kurz, alles geht glatt! Nein, einfach eine für den Pater typische Reaktion, auf die bereits hingewiesen wurde: das Bedürfnis, die Gefahr «zu verkleinern», Fehlen der Egozentrik, Weigerung, sich interessant zu machen.

Im Grunde hat man, wenn man die Bilanz dieser wiederholten Aufenthalte in Frankreich ziehen will, nicht den Eindruck sehr wichtiger Ereignisse. Wahrscheinlich auf Weisung hin bleibt Pater Teilhard jedesmal nur wenige Monate. Er hat gerade Zeit genug, mit den Seinen, mit seinen Freunden, mit England, mit den Dokumentationsquellen Kontakt aufzunehmen und seine religiöse Gegenwart aufrechtzuerhalten. Vor allem Zeiten geistiger «Aufladung»[67]. Das Ergebnis des letzten Aufenthaltes ist auf der konkreten Ebene rein negativ. Kurz, zwei Punkte sind herauszustellen, die Interven-

[66] Kapitel VI, passim.

[67] Vor der gelben Kreuzfahrt schrieb er [2. April 1929]: «*Hier [in China] erfahre ich immer eine Art geistiger Erneuerung – die Assimilation in Gott des gewaltigen Vorrats an rohem Saft, den ich während meines so angespannten Aufenthaltes in Paris anhäufe.*» Am

tionen Abbé Breuils [die durch Teilhard provoziert wurden] in den Fragen von Choukoutien, der geduldige Kampf des Paters in Paris, eine feste Stelle zu erhalten, die ihm das Pendeln zwischen Peking und Paris ermöglicht und ihm für später eine Art Zuflucht bietet, ein Ringen, das erst 1938 zu greifbaren Ergebnissen führen sollte.

22. Juni 1934 lesen wir: «*Ich habe es nötig, von Zeit zu Zeit mit dem Geist und dem Herzen von Paris wieder Kontakt aufzunehmen. Und dann ist es jedesmal ein solcher Kampf, sich davon frei zu machen, daß ich Angst habe, wieder anzufangen...*»

DRITTES KAPITEL

DIE ERSTE PERIODE VON PEKING [1932–1938]: INTERNATIONALE BINDUNGEN

Wenn die Bande mit Frankreich eng bleiben, so werden die internationalen Bindungen des Paters immer fester. Es bildet sich nunmehr ein unermeßliches Netz. Die Beziehungen P. Teilhards zu den Schweden bewahren weiter dieselbe Herzlichkeit. Keine neuen Gesichter, so scheint es. Zum letzten Kontakt mit Andersson kommt es auf einem Dampfschiff zwischen Hongkong und Schweden Ende April 1938, zu dem Zeitpunkt, da Andersson, der immer mehr von der Archäologie in Anspruch genommen wird, in seine Heimat zurückkehrt. Während der gelben Kreuzfahrt Begegnung mit Norin in Urumtschi:

B – «Neulich hat die schwedische Expedition [die weggeht] einen Abend gegeben, an dem ich die russischen Tänze so hübsch fand. Es war für mich eine wahre Freude, Norin, Sven Hedins Geologen, wiederzusehen, der seit vier Jahren im Lande arbeitet. Wir beide verbrachten ganze Stunden damit, die Geologie Zentralasiens aufzustellen, und hatten dabei das seltene Vergnügen, über weite Räume zu sprechen, die wir beide kennen und lieben. Norin reist nach Kaschgar und Indien ab. Ich würde gerne mit ihm gehen. Aber mein Schicksal ist natürlich noch für einige Monate an Monsieur Haardt gebunden.»[1]

Am 5. November 1933 sagt der Pater einem Briefpartner, daß Sven Hedin sich darauf vorbereitet, auf Kosten Nankings Pläne für eine Automobilstraße zwischen Kwei-hua und Hami auszuarbeiten [in etwa längs des Reiseweges der Citroën-Expedition]. Wie man sieht, war Hedin nicht nur ein Forscher und Mann der Wissenschaft, vielmehr bemühte er sich, sein topographisches Talent in den Dienst Chinas und des antijapanischen Widerstandes zu stellen. Im Laufe

[1] ‹Geheimnis und Verheißung der Erde›, November [?] 1931. Am 11. November 1933 sieht P. Teilhard in Peking Norin wieder, «*welch wunderbarer Junge!*», der den ganzen Sommer hindurch im Kukunor und in Tsaidam umhergereist war und dem Hedin eindringlich riet, nach Schweden zurückzukehren, um Frau Norin wiederzusehen. Ein kurzer wissenschaftlicher Brief an Norin vom 16. November 1934, der mit einem kräftigen «cheerio!» endet, ist erhalten geblieben.

des Zweiten Weltkrieges kam es 1941 zu einem kurzen Briefwechsel zwischen P. Teilhard und Sven Hedin. Der Ton ist ganz offen freundschaftlich. Der gelehrte Jesuit schreibt dem Schweden:

B – «Es freut mich, daß ich diese Gelegenheit gefunden habe, Sie meiner immerwährenden Zuneigung zu versichern. Daß ich mehrere Jahre freundschaftlichen Kontakt mit Ihnen in Peking hatte, ist einer der Glücksfälle meines Lebens.»[2]

Und der große Forscher, der keineswegs durch seine Franzosenfreundschaft glänzte, machte sich die Mühe, auf diesen Brief, der im Original englisch geschrieben war, französisch zu antworten:

B – «Lieber und hochwürdiger Pater Teilhard de Chardin,
Ich danke Ihnen aufrichtig für Ihren reizenden und liebenswürdigen Brief vom 10. Februar, der hier mit ziemlicher Verspätung über die sibirische Post angekommen ist. Es ist wirklich rührend, daß Sie sich so viel Mühe gemacht haben, um uns zu helfen und unser Ringen um die Rettung der Sammlungen von Dr. Norin zu erleichtern [...]. Alle Freunde Chinas leiden unter diesem Krieg, der schon vier Jahre dauert und der niemandem nützen wird [...]. Doch Sie, lieber Pater Teilhard, Sie arbeiten immer für die Wissenschaft und für das Wohl der Menschheit. Ich wünsche Ihnen alles, was es an Bestem gibt, Erfolg, Gesundheit und große wissenschaftliche Entdeckungen. Mit freundschaftlichen Grüßen an alle unsere Freunde in Peking, seien Sie, lieber Pater Teilhard, meiner Bewunderung und meiner ehrlichsten Empfindungen versichert.
Ihr sehr ergebener und Ihnen verbundener Sven Hedin.»[3]

Die Beziehungen sind also direkt und herzlich. Die Arbeiten der Schweden interessieren den Pater sowohl um seiner allgemeinen Information als auch persönlicher Motive willen, um nämlich seine eigenen Arbeiten mit den von den Schweden im Sinkiang erzielten Ergebnissen zu verbinden. Ein eigenartiger Gegensatz zwischen den Unternehmungen von Teilhard-Licent und den Expeditionen Sven Hedins:

W – «In der Zwischenzeit mußte Teilhard eine seltene Hartnäckigkeit beweisen. Lange Zeit hindurch verfügt er nur über dürftige Mittel: Während zur selben Zeit Sven Hedin seine berühmten Expeditionen ins chinesische Turkestan aufzog [ich hatte

[2] Brief vom 10. Februar 1941.

[3] Von Stockholm am 22. Mai 1941 datierter Brief.

Gelegenheit, einer dieser eindrucksvollen Abreisen des berühmten schwedischen Reisenden beizuwohnen, Karawanen, die ein Luxusmaterial mitführten und... Maschinengewehre, ohne von den Dutzenden von Technikern zu sprechen], brach Teilhard zu seiner Reise mit einem Weggenossen, zwei chinesischen Dienern und... einigen Maultieren auf!»[4]

Ganz grob gesprochen, hatten die Schweden und die Amerikaner sich die chinesischen Nebengebiete geteilt: den Schweden das Sinkiang und Tibet, den Amerikanern die Gobi. Der Anschluß an die Amerikaner war also ebenso wichtig wie der an die Schweden, zumal die ersteren in Peking dominierten. Versuchen wir eine rasche, notwendig sehr unvollständige und sehr unvollkommene Bestandsaufnahme. Wir finden die Mitglieder der *Third American Expedition* wieder ohne Matthew. Granger ist zu einem guten Teil der anerkannte Korrespondent geworden und ersetzt letzten Endes Matthew. Die vom *American Museum* aufbewahrten Texte beginnen mit einem vom 24. April 1933 in Peking datierten Telegramm und hören mit einem am 12. Dezember 1940 in Peking datierten Brief auf. Der Ton ist nicht sehr verschieden von dem der Briefe Matthews. Es sind Briefe Gelehrter an Gelehrte, sehr freundschaftlicher Austausch von Neuigkeiten, Auskünften, Dokumenten. Keine große theoretische Diskussion, weder in der Wissenschaft noch in der Philosophie noch in der Religion. Doch sind es mehr als Geschäftsbriefe, der Stil bleibt persönlich, manchmal humorvoll. Es ist mehr als eine Beziehung. Es ist eine Freundschaft, die sich auf der wissenschaftlichen Ebene bewegt. Es ist sehr wahrscheinlich, daß die in der Gobi mit Granger und der Mission Andrews 1930 verbrachten Wochen eine solide Zuneigung geschaffen haben und daß diese Bande, insbesondere im Frühjahr 1937 anläßlich eines Besuches P. Teilhards in den Vereinigten Staaten, gefestigt wurden:

> B – «Ich muß Ihnen nun [recht spät] sagen, wie sehr ich im letzten Frühjahr Ihre Freundschaft und die Freundlichkeit von jedermann in Ihrer Abteilung geschätzt habe.»[5]

In der Korrespondenz an Granger wie auch in dem allgemeinen Ver-

[4] Lejay: ‹Rapport sur les Titres du Père Pierre Teilhard de Chardin›.

[5] Brief vom 9. Oktober 1937. Am 12. Juli 1938 schreibt der Pater an Roy Chapman Andrews, um dem *American Museum* dafür zu danken, daß es ihn wiederum zum korrespondierenden Mitglied ernannt hat.

halten des Paters fällt die Leichtigkeit auf, mit der er sich an jedermann nicht aus Berechnung, sondern spontan anpaßte, denn er trug in seinem Innern genug, um jedem zu antworten. Nelson wird ziemlich regelmäßig in dieser Korrespondenz mit Granger genannt. Bereits in einem an einen Franzosen gerichteten Brief vom 26. März 1931 sagte der Pater über ihn:

B – «Nelson, der immer etwas pessimistisch ist, läßt sich zu sehr vom Material in Anspruch nehmen, um mit seinen Veröffentlichungen voranzukommen, wie er möchte.»

P. Teilhard denkt an ihn, legt Wert darauf, ihn über sein eigenes Tun und Lassen zu unterrichten, und wünscht, über ihn unterrichtet zu werden. Das ist freundschaftlich, verrät aber nichts Wichtigeres.

Nach der Gruppe Andrews die anderen Mitglieder des *American Museum* und jene, die um diese Institution kreisen: Der «große» Chef Osborn taucht nur einmal in einer einfachen Anspielung auf, doch hatte Osborn im Februar 1931 anläßlich des Besuches des Paters in New York ihn als «Adoptivsohn des Hauses» anerkannt. Der Stern von George Gaylord Simpson steigt am Horizont auf. Bereits am 24. April 1934 richtet der Pater ein Telegramm an ihn. Er erkundigt sich übrigens nach dem, was der amerikanische Gelehrte macht. Und am 12. Juni 1938 läßt er ihm durch Granger seine Glückwünsche zu seiner glänzenden Beförderung zukommen. Insgesamt hat der Ton des Paters sich geändert: P. Teilhard steht auf gleichem Fuße mit den Größten.

Das Team des *American Museum* erneuert sich. Neue Namen tauchen auf. Colbert, in der Abteilung von Granger, Mrs. Nichols, *Scientific Assistant*, und viele andere. Der Ton ist freundlich, herzlich und sogar bewundernd, wenn es sich um Colbert handelt. Im Bannkreis des *American Museum* bewegt sich Childs Frick, der in Long Island lebende, außerordentlich reiche Paläontologie-Amateur. Der Pater ist ihm freundschaftlich genug verbunden, um am 5. November 1933 ins Auge zu fassen, unmittelbar mit ihm eine recht heikle Angelegenheit zu regeln, nämlich ihm zu helfen, aus dem im Schansi gesammelten Material die in erster Linie im eigentlichen Interesse der chinesischen Stratigraphie zu beschreibenden Formen auszuwählen. Ohne irgendwie die Rolle eines Diktators spielen zu wollen, lenkt oder überwacht der Pater nunmehr in diskreter Weise die geologischen und paläontologischen chinesischen Arbeiten, die in seine Kompetenz fallen. Eine besondere Rolle spielt Gregory, der in einem Brief vom 16. März 1931[6] zum ersten Mal auftritt, wo der Pater über einen Halt im Hafen von Honolulu [Hawaii] berichtet:

B – «Um mich mit diesen Wundern vertraut zu machen, hat der Leiter des Geologischen Dienstes im Pazifik, Dr. Gregory, mir sein Auto zur Verfügung gestellt, seine Gesellschaft und die seiner Frau, was mir einen reizenden Tag verschafft hat.»

Gregory erscheint erst in der Schlußformel eines vom 12. Dezember 1940 datierten Briefes wieder. Doch ist er eines der Elemente der panpazifischen, von den Amerikanern aufgebauten Organisation und eine Art Umspannwerk in dieser Hochspannungsleitung, die Kalifornien intellektuell mit Peking und China verbindet, mit Verzweigungen nach Japan, Insulinde und Australien.

Eine andere, sehr deutliche Kategorie wird – wir haben das bereits gesehen – von den in China ansässigen oder reisenden Angloamerikanern gebildet. In erster Linie George B. Barbour. Anfang 1930 führt der Pater diesen Geologen ins Schansi. 1934 reist er mit Barbour in Zentralchina. Aktive Zusammenarbeit auf der geologischen Ebene. Die beiden Gelehrten erfreuen sich einer großen Gemeinsamkeit der Ansichten. Andererseits war es für unseren in Amerika wohnenden Schotten [offensichtlich ein Mann von sehr großer Klasse] ein wertvolles Privileg, Wochen hindurch allein mit einer so außergewöhnlichen Persönlichkeit zusammenzuleben wie der des Paters, dessen philosophisches Genie und dessen Heiligkeit zu begreifen ihm gegeben war. Hat er nicht gerne in verschiedenen Briefen, die wir erhalten haben, P. Teilhard «our dear Saint» genannt? Auch er hat über Pierre – die beiden Männer nannten sich bei ihrem Vornamen[7] – sein Zeugnis gegeben, und hier das Porträt, das er von ihm skizziert hat[8]:

W – «Pierre Teilhard war der geduldigste, der am wenigsten argwöhnische unter den Menschen, immer geneigt, allem eine wohlwollende Deutung zu geben; nie stellte er die Motive für das Tun des anderen in Frage. In einem Land, wo die kurze und bündige Ab-

[6] ‹Geheimnis und Verheißung der Erde›, Seite 156f.

[7] Wenn sie Französisch sprachen, duzten sie sich.

[8] Barbour hat ein lebendiges kleines Buch mit Erinnerungen veröffentlicht: ‹On the field with Teilhard de Chardin›, New York, Herder and Herder, 1964 [‹Sur le terrain avec Teilhard de Chardin›, Paris, Éd. du Seuil, 1965].

lehnung als Unhöflichkeit betrachtet worden wäre, wo die Höflichkeit verlangt, daß man irgendeine einleuchtende Entschuldigung beibringt, wurden die Passierscheine uns aus manchmal offensichtlich erdichteten Gründen verweigert. Doch Pierre nahm immer den angeführten Grund an, als wäre es die reine Wahrheit, und er machte sich die Vorstellung zu eigen, die Behörden könnten irgendeinen Grund haben, uns die gewünschte Erlaubnis nicht zu gewähren. Es kam ihm nicht in den Sinn, sich zu fragen, ob die Behörden nicht von irgend jemand anders aufgefordert worden seien, unsere Bitte aus politischen oder persönlichen Gründen zurückzuweisen. Bei einer bestimmten Gelegenheit erwarteten wir 14 Tage lang in Schanghai ein Visum, das uns mehrere Male verweigert wurde, und zwar jedesmal unter einem anderen Vorwand. Schließlich mußten wir eine Expedition aufgeben, für die ich den Pazifik überquert hatte, und unsere Pläne für diesen Sommer ändern; und genau das wünschten einige von unseren alten chinesischen Kollegen, die hofften, so seiner Wirksamkeit ein Hindernis entgegenzustellen.
[...] Auf dem Gebiet der Forschung zeigte er sich unermüdlich, und er blieb ganze Tage auf den Beinen, ohne jemals seine Müdigkeit einzugestehen. Er trug immer einen baumwollenen Khakianzug, der unverwüstlich schien. Er hatte eine charakteristische Weise zu gehen, und er drehte den rechten Fuß bei jedem Schritt etwas mehr als den linken nach auswärts, als habe eine winzige Mißbildung des Gelenkes eine leichte Asymmetrie in seinem Gang verursacht[9]. Zu Pferd[10] zeigte er sich nicht weniger unermüdlich, und sein durchdringender Blick erlaubte ihm, ein paläolithisches Objekt mitten in einem Geröllfeld aus drei Meter Entfernung zu erkennen, ohne von seinem Pferd zu steigen. Die Notizen, die er unterwegs machte, im allgemeinen auf die quadrierten Seiten eines in schwarzes Moleskin gebundenen Heftes, erwiesen auf jeder Seite die Genauigkeit seiner Beobachtungen und seine glänzenden Deduktions- und Interpretationsfähigkeiten. Die ihm eigene Gabe, rasch die Bedeutung dieser oder jener neuen Einzelheit der Struktur zu erfassen, hat sich niemals deutlicher gezeigt als in der Art, wie er das Problem

[9] Er ging auf jeden Fall mit leicht nach außen gedrehten Füßen: «*Gebirglergang*», sagte er.

[10] Sein Vater und die Brüder liebten die Jagd und den Reitsport. Pierre war als Kind gewiß geritten.

der Geologie des Pliozäns und des Pleistozäns, wie es sich in den oberflächlichen Ablagerungen entlang der mongolischen Grenze zeigte, zu entwirren vermochte.»

Und in einem Brief vom 6. Mai 1958[11] fügt Barbour hinzu:

B – «Alles, was ich besaß, war sein. Immer. Jede Entdeckung, die ich machte, teilte ich mit ihm, so daß ich sie als ebensosehr sein wie mein eigen betrachtete – z. B. die Nihowan-Lokalität, und hinzu kam eine persönliche Zuneigung und Nähe, die niemals Erklärungen oder Entschuldigungen notwendig zu haben schien [...]. Teilhard behandelte mich wie einen jüngeren Bruder, und irgendwie ergänzte unsere Arbeit den Beitrag des anderen, während wir in unser Verständnis der chinesischen Geologie hineinwuchsen. Er war der edelste Mann, mit dem ich jemals zusammen lebte.»

Dieses Zeugnis von einem der kraftvollsten Köpfe der Vereinigten Staaten erforderte viele Kommentare. Es ist beeindruckend festzustellen, wie sehr insgesamt die Bilder, die wir von Teilhard zusammenstellen konnten, miteinander übereinstimmen. Immer diese Kraft der Ausstrahlung, diese tiefe Güte, diese radikale Nachsicht, außer, wenn es sich darum handelt, grundlegende Positionen der Kirche in Fragen des Dogmas und der Moral aufrechtzuerhalten. Immer diese physische Unverwüstlichkeit, diese Beobachtungsgabe, diese Schärfe des Denkens. Jedoch bringt Barbour Neues: diese Bemerkung über die Deduktions- und Interpretationsfähigkeiten des Paters.

... Barbour ist die junge Garde, Grabau ist die alte Garde. Von Zeit zu Zeit taucht Grabau in der Korrespondenz auf:

B – «Dr. Grabau geht es gut. Er wird immer mehr von den endlosen Entwicklungen seiner Pulsationstheorie in Anspruch genommen – über die ein klares Urteil zu geben mir schwerfallen würde: zu weit weg vom direkten Kontakt mit den Tatsachen im Gelände, fürchte ich,»[12] – «Grabau bleibt so jung wie möglich unter dem mystischen Impuls der Pulsationstheorie. Ich glaube nicht, daß seine Ansichten in ihrer derzeitigen Kompliziertheit angenommen werden. Doch muß man einräumen, daß er in verschiedenen Punkten suggestive Lösungen beibringt und die traditionellen Darstellungen der Dinge verjüngt. Er arbeitet sehr

[11] an C. Cuénot.

[12] Brief vom 8. November 1936.

hart Tag und Nacht und haßt es, seine Wohnung zu verlassen.»[13] – «Grabau ist O.K. und pulsiert. Er kann jetzt mit einem Stock allein ohne Krücken gehen, und er geht wieder zu Partys bis um 2.00 Uhr morgens. Wir feierten in großartiger Weise seinen 70. Geburtstag am letzten 9. Januar.»[14]

Zwei Punkte sind festzuhalten. Zunächst hat Teilhard als Gelehrter sich den Tatsachen zugewandt. Die Theorie krönt und erhellt sie bei ihm. Doch ersetzt sie sie niemals, sie füllt niemals die Lücken des Wissens. Im Hinblick auf einen anderen Gelehrten erklärte er bereits:

B – «Er und mehrere andere machen auf mich den Eindruck, fast im Leerlauf zu drehen auf der Grundlage einer noch ungenügenden Zahl von Fakten, in denen man jenseits einer gewissen präzisen Zone sehen kann QUOD LIBET [...]. Es ist schlecht, in der Wissenschaft mehr Ideen als Fakten zu haben.»[15]

Es ist nicht unnütz, den eminent positiven Charakter der Teilhardschen Wissenschaft zu betonen. – Ein anderer wichtiger Aspekt: Wir haben bereits auf seinen Traum von einer totalen Wissenschaft der Erde hingewiesen. Es ist wichtig, hier seine Konzeption der geologischen Evolution des Erdballs herauszuarbeiten. Bekanntlich erlebte Europa im Tertiär und Quartär mehrere Vereisungen. Reihen sehr langsamer Pulsationen, die durch das Vordrängen und den darauf folgenden Rückzug der Gletscher gebildet wurden[16]. Diese Fakten und noch andere legen nahe, daß die Geschichte des Erdballs nicht grundlegend irreversibel, daß sie vielmehr vor allem von Rhythmen beherrscht ist, was auf der wissenschaftlichen Ebene eine zyklische Konzeption der Zeit zu rechtfertigen scheint. P. Teilhard leugnet diese Rhythmen nicht, von denen einige evident sind. Doch erscheinen sie ihm wie Kräuselwellen, die eine Grundtrift in der Geschichte unseres Erdballs, nämlich den fortschreitenden Aufbau der Kontinente durch Granitisation, nicht stören können. Mit anderen Worten: die Zeit, sogar die geologische Zeit, ist in seinen

[13] Brief vom 12. Juli 1938. Das Ergebnis dieses Übermaßes an Arbeit sollte eine recht ernste Augenentzündung Ende Dezember 1940 sein.

[14] Brief vom 1. März 1940.

[15] Brief vom 18. Februar 1934.

[16] So unterscheidet man vier Haupteiszeiten: das Günz, das Mindel, das Riß und das Würm, die durch warme Zwischeneiszeiten voneinander getrennt sind.

Augen irreversibel. Ein Thema, das seine ganze Philosophie beherrscht. Das ist einer der Punkte, an denen man die Einheit des Teilhardschen Geistes spüren kann. Niemand glaube nun, diese Bemerkungen verringerten in irgendeiner Weise die Verdienste Grabaus. Er, der Vater der wissenschaftlichen Institutionen Chinas, mußte um 1937 wütend zusehen, wie er durch die japanische Besatzung zur Ohnmacht verurteilt war. Doch hält er zumindest bis zum Februar 1941 hartnäckig in Peking die amerikanische Repräsentation aufrecht.

Bereits 1934 war Davidson Black, der große Freund des Paters, gestorben:

B – «Ich habe Ihnen vor wenigen Tagen geschrieben. Aber ich muß es noch einmal tun, um Ihnen einige Einzelheiten über ein Unglück zu geben, von dem Sie durch die Presse erfahren haben werden. Davidson Black ist vorgestern abend plötzlich gestorben *[heart failure]*. Sein Herz war seit langer Zeit in schlechtem Zustand. Und vor fünf Wochen hatten wir eine Warnung bekommen. Aber man erhoffte eine Wiedergenesung. Und dann trat das Ende überstürzt ein. Black fühlte sich [scheinbar] besser. Er hatte gerade munter mit Freunden geplaudert, immer voller Pläne. Einen Augenblick später fand man ihn tot neben dem Tisch, in dem Labor, das Sie kennen, zwischen dem Sinanthropus und dem Schädel des *Upper Cave*. Ein schöner Tod so mitten aus dem Leben heraus. Aber eine schreckliche Leere.»[17] – «Ich fühle heute zutiefst die Notwendigkeit, die Welt aus ihrer materiellen Dunkelheit zu retten. Sie wissen bereits, daß Dr. Black gestorben ist. Doch die anscheinende Absurdität dieses vorzeitigen Endes – die stoische, jedoch blinde Annahme dieser Fatalität durch die Freunde der Umgebung, das vollständige Fehlen von „Licht" über diesem armen, in der Kältekammer des PUMC liegenden Leichnams haben meinen Kummer vertieft und meinen Geist revoltiert. – Entweder gibt es irgendwo ein Tor für das Denken und die Personalität – oder aber die Welt ist ein schrecklicher Irrtum. Und dann müssen wir stehenbleiben. – Doch weil niemand zugeben wird, daß man stehenbleiben muß – müssen wir also glauben. Diesen Glauben zu wecken, muß mehr als je meine Pflicht sein.

[17] Brief vom 18. März 1934, ‹Geheimnis und Offenbarung der Erde›, Seite 198f.

Ich habe es mir selbst geschworen über den Resten Davys – mehr als ein Bruder für mich.»[18] – «[...] Black fehlt mir sehr. Es ist wie ein Schatten oder eine Leere, die ich dauernd in mir trage...»[19]

Diese Texte erfordern keine Kommentare. Außerhalb der Familie war Black gewiß einer von jenen, die P. Teilhard am meisten liebte, denn die beiden Männer glichen einander. Diese wissenschaftliche Freundschaft war, wenn sie wahrscheinlich auch keinen philosophischen oder religiösen Hintergrund umfaßte, sehr brüderlich. Die Gemeinschaft, die Kommunion in der Wissenschaft, ist für den Pater kein leeres Wort. Daß Black und Teilhard sogar außerhalb von Choukoutien zusammengearbeitet haben und daß Black Kenntnisse zeigte, die weit über sein Fachgebiet hinausgingen, wird durch ein kleines Faktum nahegelegt. Von Tientsin schreibt der Pater nämlich am 25. Juni 1934:

B – «Seit Ostern [und gemäß dem von Black zusammengestellten Plan] habe ich den Yangtse von Nanking bis zu den ersten Ausläufern Tibets prospektiert.»

Black, der doch keineswegs ein ausgebildeter Geologe war, war also in der Lage, einen Prospektionsplan zusammen mit P. Teilhard aufzustellen. George B. Barbour hat den Brief wiedergefunden, den Davidson Black ihm am 6. Dezember 1933 von Peking schrieb:

B – «Ich habe dieses Schreiben hinausgezögert, bis ich den *Gang*[20], d.i. V. K. Ting, Wong Wen-Hao, J. S. Lee und Teilhard, zu einem Schwatz über die Probleme des Känozoikums versammeln konnte. Heute abend hatten wir einen solchen Schwatz, und ich glaube, ich irre mich nicht, wenn ich sage, daß unsere Meinungen einstimmig dahin gingen, daß wir Ihre Hilfe benötigen und begrüßen würden[21]. J. S. Lee ist natürlich derjenige, nach dem wir um Hilfe ausschauen

[18] Anderer Brief vom 18. März 1934. Es ist gut zu betonen, daß der Pater keineswegs aus Verzweiflung an die Unsterblichkeit glaubte. Diese zugleich christliche und philosophische Überzeugung ist in ihm keineswegs aus einem affektiven Schock entstanden. Letzterer hat sie nur gesteigert.

[19] Brief vom 25. Juni 1934. Bekanntlich widmete der Pater außer einer kurzen Ansprache bei der Zeremonie, die dem Tod des großen Anthropologen folgte, Davidson Black einen Nachruf.

[20] Im englischen Sinne des Wortes = die bunte Reihe.

[21] Um Blacks und Teilhards willen verzichtete Barbour auf seine Stellung bei der Geological Society of America und opferte das Jahr auf seine eigenen Kosten [mit Ausnahme der Reise- und Grabungskosten].

müssen bei der Ausweitung unserer känozoischen Studien auf das Yangtsebecken, weil diese Zone sein Spezialgebiet angesichts der gegenwärtigen Verteilung der „Forschungssphären" ist [...]. Ich lege den Brief Teilhards bei [Wong hat für sich geschrieben], in dem er die Hauptprobleme skizziert, bei denen er Ihre Hilfe zu haben wünscht [...]. Je mehr ich die Dinge bedenke, um so stärker nimmt mich die Idee gefangen, daß das Yangtsetal den Schlüssel zu vielen der eigentümlichen känozoischen Probleme birgt, die uns hier im Norden begegnen.»

... Bisher haben wir vor allem vertraute Namen genannt. Doch gibt es zahlreiche neue Gesichter. Aus dieser langen Liste greifen wir in etwas willkürlicher Weise drei wesentliche Namen heraus. Weidenreich, Helmut de Terra und von Koenigswald. Weidenreich [1873–1948], Nachfolger von Black – in der Zwischenzeit hatte P. Teilhard die Leitung vertretungsweise übernommen –, war, wenn auch kein Arier, sehr deutsch im «guten» Sinne des Wortes, wenig gesprächig, außer in seiner Spezialität, doktoral, ernst, wahrscheinlich sehr autoritär, ein bewundernswerter Arbeiter, der seiner «Gründlichkeit»[22] in erschöpfenden und monumentalen Abhandlungen freien Lauf ließ. – Übrigens bei den Nazis schlecht angesehen. Sie versuchten 1938 ihn zu hindern, nach Kopenhagen zu fahren, wo sie seine Gegenwart als nicht wünschenswert ansahen[23]. P. Teilhard widmete ihm, wie auch Black, einen Nachruf:

W – «Als Dr. Weidenreich in China ankam, waren die Ausgrabungen von Choukoutien in vollem Gange [...]. Ohne Überstürzung, jedoch in einem Rhythmus, den allein seine lange anthropologische Erfahrung möglich machte, gelang es Weidenreich, die vierfache Arbeit der Präparierung, der Abgüsse, der Abbildung und der Beschreibung der Fossilien mit einer solchen Geschwindigkeit und einer solchen Methode voranzutreiben, daß das vollständige Verschwinden dieses wertvollen Materials Ende 1941 [im Augenblick von Pearl Harbor] wissenschaftlich gesprochen kein besonderes Unheil darstellt [...]. Weidenreich nebst Black [das darf niemals vergessen werden] verdanken wir ein zweites Mal den Pekingmenschen. Doch zu derselben Zeit be-

[22] deutsch im Original.

[23] Was offensichtlich auf der moralischen und intellektuellen Ebene eine ausgezeichnete Empfehlung ist.

schränkte sich die Tätigkeit des „Dr. Wei" nicht auf Choukoutien [...]. Aufgrund dessen hatten sich enge Beziehungen zwischen den beiden Zentren Peking und Bandung [Java] herausgebildet. Und so entstand sehr bald zwischen Weidenreich und Ralph von Koenigswald die enge Verbindung, dank der zwei so untrennbar miteinander verbundene Forschungen wie die des Pithecanthropus und des Sinanthropus gemeinsam vorangetrieben werden konnten [...][24]. Menschlich gesprochen übte Dr. Weidenreich nicht denselben Zauber aus. Er hatte nicht dasselbe Begeisterungsvermögen wie Davidson Black. Doch vielleicht mußte er gerade zu seiner Zeit kommen mit seiner charmanten, natürlichen Gutmütigkeit und seiner kraftvollen wissenschaftlichen Solidität, damit das Werk vollendet werde, das sein glänzender Vorgänger in Gang gebracht hatte.»[25]

Zwischen dem gelehrten Jesuiten und dem «Dr. Wei» haben also nicht dieselben Freundschaftsbande bestanden wie zwischen dem Pater und Black. Auf jeden Fall bilden 1937 und 1938 unter dem japanischen Stiefel P. Teilhard, Weidenreich und Grabau in Peking die letzte Nachhut. Sie bewachen die Sammlungen und tauschen ihre geheimen Gedanken über die durch den Einbruch Nippons aufgeworfenen schweren Probleme aus. Wir werden von Weidenreich noch im Hinblick auf Choukoutien sprechen. Erinnern wir hier nur daran, daß wir ihm die Rekonstruktion von «Nelly», dem weiblichen Sinanthropus, verdanken, dessen Gesicht die tüchtige amerikanische Künstlerin Lucile Swan modellierte, die unmittelbar nach den Anleitungen Weidenreichs arbeitete, der die Arbeit angeregt hatte.

Den Deutschamerikaner Helmut de Terra hatte der Pater auf dem Internationalen Geologischen Kongreß von Washington kennengelernt [1933][26]. Die beiden Gelehrten machten zusammen die Forschungsreise nach Indien [1935], Birma [1937–1938][27] und die zweite

[24] Mit seiner gewohnten Bescheidenheit weist der Pater nicht auf die Rolle hin, die er in dieser Verbindung gespielt hat.

[25] ‹L'Anthropologie›, 1949, Band 53, Seiten 329-330.

[26] Der Pater war in Gesellschaft von Graham und Black dorthin gefahren. Barbour war von New York gekommen.

[27] In Birma lernte P. Teilhard den Amerikaner Hallam L. Movius jr., «*einen reizenden und sehr gelehrten Jungen*», kennen [Brief vom 30. Januar 1938], einen zum ersten Mal

Fahrt nach Java [1938]. Der Pater scheint viel Hochachtung für de Terra gehabt zu haben. Letzterer hatte keine Erfahrung in China, die ihm nur der Pater geben konnte. Doch war dieser Geologe ein guter, sehr erfahrener Beobachter, der neuen Ideen geöffnet und fähig war, groß zu sehen. Ein schöner Mann mit starken Schultern. Sehr deutsch im Geist und der Kultur trotz seiner fernen französischen Vorfahren. Außerdem ein liebenswürdiger Mann, mit dem man sympathisieren kann. In dem umfassenden Forschungsplan, von dem der Pater 1937 träumt, nimmt er einen Vorzugsplatz ein. Die beiden Männer hatten sich gewiß gern. Ein Brief des Paters vom 8. Oktober 1935 endet mit diesem Postskriptum:

B – «Greetings von de Terra [ein feiner Kerl!]»,

und ein anderer vom 20. Januar 1938 stellt fest:

B – «Mit de Terra verstehen wir uns wie zwei Brüder.»

Der Amerikaner seinerseits beginnt sein Zeugnis über Teilhard, das er uns geschickt hat[28], mit diesen Worten:

B – «Pater Teilhard war mein Freund. Das liebste und verehrteste menschliche Wesen, dem ich jemals begegnet bin.»

Immer bei sehr verschiedenen Menschen dieser selbe Eindruck von Licht, diese Freude, das Privileg zu haben, einer außergewöhnlichen Persönlichkeit nahezukommen.

Wie gewöhnlich richtet P. Teilhard es ein, daß Abbé Breuil mit seinen neuen Freunden in Beziehung tritt, denn er hat immer das Bedürfnis, seine Freundschaften von seinem Meister bestätigen zu lassen:

B – «Sehr glücklich, daß Sie de Terra gern gehabt haben. Aufgrund eines Briefes von ihm kann ich Ihnen sagen, daß es sich auch umgekehrt so verhält. Es ist nicht übel, daß der Freundeskreis sich auffüllt und zugleich enger wird. Marthe [Vaufrey] läßt mich heute wissen, daß die Movius am Institut vorbeigekommen sind.

in ein neues Land, fern von den klassischen und reichen Lagerstellen geschickten jungen Gelehrten, den der Pater etwas formte: «*Movius hat sich jetzt vollständig an die Aufgabe gemacht und scheint jetzt sehr gut die Frage der Technik des versteinerten Holzes zu begreifen*» [Brief vom 5. März 1938]. Movius ist immer noch an der Harvard-Universität. Dieser hartnäckige Amerikaner blieb bis zum Ende ein sicherer und liebevoller Freund.

28 De Terra hat einen kleinen Band Erinnerungen bei Beck, München, herausgebracht: ‹Mein Weg mit P. Teilhard de Chardin – Forschungen und Erlebnisse›.

Ich wäre daran interessiert zu erfahren, was Sie von der Irawadi-Industrie halten.»[29]

Eine andere von Abbé Breuil gutgeheißene Freundschaft ist die mit von Koenigswald:

B – «Marthe hat mir geschrieben, daß von Koenigswald in Paris vorbeigekommen sei. Ich hoffe, er hat Ihnen gefallen und Sie haben ihm gute Richtungen angegeben. Ich habe ihn sehr gern und er kann auf Java Großes leisten. Er ist in meinem Geist zusammen mit Pei, de Terra und Collings [Singapur] eine der Säulen der erträumten Organisation.»[30]

Dieser auf Java wohnende deutschholländische Paläontologe war eng in die beiden Reisen P. Teilhards auf die große Insel Niederländisch-Indiens verwickelt [Ende 1935/Anfang 1936 und 1938]. Wir werden ausführlich darauf zurückkommen[31]. Vom ersten Tage an auf Java ist der Pater gewonnen:

B – «[...] Von Koenigswald [ein prächtiger, begeisterter und sehr intelligenter Junge].»[32]

Und vom 11. Februar 1936 an[33] beginnt eine schöne wissenschaftliche Korrespondenz. Der Ton P. Teilhards ist gleich voller Zuneigung:

B – «Ich bin erst vor ein paar Tagen in Peiping[34] angekommen. Bisher keine Zeit, Ihnen ein paar Zeilen zu senden und Ihnen nochmals für die wunderschönen Tage zu danken, die ich so tief mit Ihnen genossen habe. Jetzt, dessen bin ich sicher, sind wir Freunde für immer.»[35]

[29] Brief vom 22. Juni 1938, bereits zitiert.

[30] Brief vom 7. Januar 1937.

[31] Ein kurzer Lebenslauf Ralph von Koenigswalds: dänischer Vater, deutsche Mutter. Geboren am 13. November 1902 in Berlin. In Deutschland groß geworden. Besteht seine Examina in München [1927], wo er drei Jahre lang Assistent am Museum ist. 1930 bietet ihm die holländische Regierung einen Platz als Paläontologe am Geologischen Landesamt von Niederländisch-Ostindien auf Java an, wo er, von einigen Unterbrechungen abgesehen, bis 1946 bleiben wird. Von 1946 bis 1948 arbeitet er am *American Museum* in New York. Ab 1948 ist er Professor für Paläontologie und Stratigraphie in Utrecht. Dieser Fall des Deutschdänen, der Holländer geworden ist und englisch mit einem Jesuiten aus der Auvergne korrespondiert, ist ein hübsches Beispiel des Internationalismus.

[32] Brief vom 19. Januar 1936.

[33] Der letzte erhaltene Brief datiert vom 26. Juli 1938.

[34] neuer Name Pekings.

[35] Brief vom 11. Februar 1936.

Eine untätige Freundschaft ist keine ehrliche Freundschaft. Denselben Brief setzte der Pater fort:

B – «Bei meiner Ankunft habe ich sofort einen langen Brief an Merriam [Carnegie-Institut] geschickt, um Sie und Ihre Arbeit der Aufmerksamkeit der Carnegie-Stiftung warm zu empfehlen.»

Und P. Teilhard als guter, dickköpfiger Auvergnat, der obendrein mit einem goldenen Herzen und einem Scharfblick begabt ist, um den wissenschaftlichen Wert seiner Freunde zu beurteilen[36], macht sich auf zum Sturm des «Forts» Carnegie. Er weist auf die schönen Entdeckungen von Koenigswalds überall hin. Er drängt ihn, Sonderdrucke zu verteilen, Abgüsse mit dem Museum von Paris auszutauschen. Er richtet es ein, daß Weidenreich im September 1938 seinen Kollegen besucht, und er freut sich, als er erfährt, daß der berühmte holländische Gelehrte Movius zum Mitarbeiter gewählt hat: Es ist immer eine gute Politik gewesen, sich Freunde in Amerika zu machen, ganz besonders in Harvard[37]. Den größten Dienst vermochte er von Koenigswald zu leisten, indem er ihn mit ungewöhnlicher Feinfühligkeit und der Hochachtung für einen bereits berühmten Gelehrten kritisierte und beriet:

B – «Da ich über die Dinge, die wir zusammen gesehen haben, weiter nachdenke, fühle ich mich immer mehr überzeugt, daß Sie sich in Ihren Veröffentlichungen [z. B. in Schweden] davon zurückhalten müssen, allzu endgültige Anschauungen über die Evolution der paläolithischen Industrien auf Java vorzutragen. Sie brauchen für Ihr Chelléen mehr stratigraphische Beweise. Legen Sie in *Ihren Schlußfolgerungen* nahe, was Sie wollen. Doch betonen Sie in erster Linie die *materiellen Fakten*. Sie sind am interessantesten. Und den Wissenschaftlern liegt mehr daran, die Fakten zu kennen denn Ihre persönliche Deutung.»[38]

Und zu der sehr wichtigen Entdeckung eines der ältesten fossilen Kinderschädel:

[36] Man konnte ihn in vielen anderen Punkten täuschen, doch niemals über den wissenschaftlichen Wert. Keine Mittelmäßigkeit vermochte ihn je zu blenden.

[37] P. Teilhard stand mit beiden Füßen auf der Erde. Und er wußte sich sehr gut in aller Liebe der Menschen zu bedienen, um die Wissenschaft voranzutreiben, niemals jedoch, um sich eine «Karriere» aufzubauen, denn die seine verläuft einzigartig im Zickzack. Sie wird von einer Reihe providentieller Glücksfälle gebildet, deren Gesamtheit, genau gesagt, einen sehr schönen Erfolg darstellt.

[38] Brief vom 11. Februar 1936.

B – «Mein persönlicher Eindruck ist, daß Sie sehr umsichtig sein müssen, bevor Sie sagen, daß Sie es mit einem jungen Pithecanthropus zu tun haben. Der erste Punkt ist – wie Sie gewiß sofort gesehen haben –, sorgfältig die Bedingungen des Fundes zu ermitteln. Sagen Sie mir, wenn Sie mir das nächste Mal schreiben, ob das Stück *in situ* oder zumindest unter Mineralisationsbedingungen gefunden wurde, die seine Schicht gewährleisten. Sind an der Stelle andere Fossilien bekannt geworden? Woher wissen Sie, daß es sich um Djetis handelt? Stellen Sie diese Punkte *äußerst klar* heraus, wenn Sie Ihre erste Mitteilung machen: sie sind grundlegend.»[39]

Nichts Passionierenderes, als in diesen Briefen die Wissenschaft im Entstehen zu verfolgen, wieder einmal mehr die durchaus Teilhardsche Vorliebe für die positive, von allen auswertbare Tatsache, seinen sehr ausgeprägten Sinn für den gebrechlichen und vorläufigen Charakter der [doch unentbehrlichen] Theorien, sein Bedürfnis nach Klarheit [wenige haben weniger blauen Dunst gemacht] und seinen kritischen Sinn festzustellen, den er durchaus auch gegen sich selbst zu richten verstand[40]. Ein einzigartig komplexes und doch harmonisches Temperament, in dem anscheinend gegensätzliche Forderungen zu einer einzigen Komponente in Richtung der Wahrheit führen.

Kurz, P. Teilhard kennt praktisch die ganze gelehrte Welt im Bereich der englischen Sprache. Er besitzt eine Basis in England [vor allem Oxford], einige Nebenbasen in den Vereinigten Staaten und eine Basis ersten Rangs in New York. Er bleibt in enger Verbindung mit letzterem wie mit Frankreich. Und er hält beständige Beziehungen nicht nur mit seinen unmittelbaren Mitarbeitern von Peking, von Tientsin [insbesondere Mauriel Trassaert] und Choukoutien aufrecht, sondern auch mit allen Gelehrten weißer Rasse, die im englischen oder niederländischen Indien, auf dem Malaiischen Archipel, im chinesischen Reich wohnen oder reisen. Freundschaftliche, herzliche und manchmal fast brüderliche Beziehungen. Man gewinnt

[39] Brief vom 2. April 1936.

[40] P. Teilhard hatte das Glück, zugleich Geologe und Paläontologe zu sein: deshalb betont er unaufhörlich die Notwendigkeit, die stratigraphischen und physiographischen Bedingungen zu präzisieren, die unentbehrlich sind, um die Fossilien zu datieren.

den Eindruck eines umfassenden Netzes, dessen Fäden der Pater teilweise in den Händen hat, in dem er als Verbindungsagent wirkt und mehr noch als Generalstabschef, der gleich einem Rutengänger fähig ist, das amerikanische Geld hervorsprudeln zu lassen oder es zumindest zum Besten der Paläontologie zu kanalisieren. Daß P. Teilhard intellektuell von allen und insbesondere von Abbé Breuil angenommen worden ist, versteht sich von selbst. Doch mit seinem gewohnten Takt und dank seinem intellektuellen und moralischen Ansehen hat er nur indirekt durch seinen Meister Abbé Breuil oder direkt eine Kontrollwirkung und eine Bildnerrolle ausüben können, von der wir im Hinblick auf die Chinesen und Choukoutien noch zu sprechen haben werden. Da er niemals jemanden verletzt hat, verstand er es, sowohl die Geister als auch die Herzen zu gewinnen.

Es ist gewiß, daß diese Welt von Gelehrten bis auf wenige Ausnahmen seine tiefen spirituellen Bedürfnisse nicht befriedigt hat. Diese Angelsachsen erweisen sich als bemerkenswerte Gelehrte, doch sind sie in ihren Szientismus, ihren Positivismus, ihren Empirismus, ihren Darwinismus derart verstrickt, daß sie, Barbour und einige wenige ausgenommen, unfähig sind, seinem philosophischen Denken zu folgen[41]. Erst später findet Teilhard in Julian Huxley einen angemessenen Gesprächspartner. Diese Art des Widerstandes des angelsächsischen Denkens gegen die Teilhardschen Konzeptionen ist für den Pater ein Stimulans gewesen.

Er anglisiert sich trotzdem in gewisser Hinsicht. Er macht weiterhin Fortschritte im Englischen. Die französischen Briefe und die persönlichen Notizen des Paters zeugen davon. Englische Wörter finden sich häufig. Und technische Termini britischen Ursprungs sozusagen immer. Der Stil der englischen Briefe ist, von einigen grammatischen Abweichungen abgesehen, merklich genau so schön wie der der französischen Korrespondenz. Die mündlichen Gespräche mit Barbour ihrerseits spielen sich in einem verblüffenden Jargon ab, der die Esperantisten vor Neid erblassen lassen könnte. Es ist möglich, daß dieses angelsächsische Milieu den Charakter P. Teilhards etwas beeinflußt hat, der immer mehr das Verhalten

41 Die wenigen englischen, übrigens sehr wörtlichen Übersetzungen von einigen seiner Schriften sollten daran nichts Wesentliches ändern.

eines Gentlemans im spezifisch angelsächsischen Sinne des Wortes annimmt und den Humor praktiziert[42].

Somit ist P. Teilhard endgültig von den Amerikanern angenommen worden. Seine Reise 1931 war bereits ein Triumph gewesen[43]. Die beiden folgenden [1933 und 1937], die in diese erste Periode von Peking fallen, waren nicht weniger gelungen.

Dank den ‹Reisebriefen› und einem unveröffentlichten Brief sind
1933 wir recht gut über diese Reise von 1933 unterrichtet. Ihr Ziel war in keiner Weise diplomatisch: Es ging darum, in Gesellschaft von Graham, Barbour, Black, Grabau und V. K. Ting am Internationalen Geologischen Kongreß in Washington vom 20. bis 30. Juli teilzunehmen[44]. P. Teilhard war, offen gesagt, nicht ohne sich zu sträuben abgefahren:

> B – «Diese neuerliche Reise begeistert mich nicht sehr, denn sie erscheint mir als ein ebenso großer Zeitverlust für meine persönliche Forschungsarbeit [mit dem Alter wird man geiziger mit der Zeit], sie kann mir aber unvorhergesehene Horizonte und Beziehungen erschließen[45]. Ich darf diese Chance nicht vernachlässigen.»[46]

Die Ergebnisse sind tatsächlich weit davon entfernt, bescheiden zu sein:

[42] Allerdings war der Pater ein Mann von Adel. Die Distinguiertheit ist etwas Internationales, und seine Güte verbot ihm die Ironie.

[43] Bereits vor seinem Aufbruch zur gelben Kreuzfahrt hatte die Kommerzielle Geographische Gesellschaft von Paris, die Asien betreffende Reisen oder Arbeiten belohnt, ihm die Medaille «Henri d'Orléans» angeboten.

[44] Die wichtigsten Etappen sind folgende: Abreise von China im Laufe des Juni 1933 an Bord der «President-Coolidge», Landung in San Francisco, Fahrt quer durch die Vereinigten Staaten in der Eisenbahn mit einem Aufenthalt von einigen Stunden in Chicago *[Field Museum]* und einigen Tagen in New York *[American Museum]*. Teilnahme am Kongreß von Washington, Aufenthalt von einigen Wochen im Westen der Vereinigten Staaten und insbesondere in Kalifornien [in die zu Anfang eine geologische Exkursion in die Sierra Nevada und in den Gran Cañon und dann eine dreitägige Rundfahrt in den Süden bis nach Santa Barbara fallen]. Wiedereinschiffung in San Francisco um die zweite Septemberhälfte, Überfahrt zurück über den Pazifik, der «*seine geologischen Geheimnisse unter seinem blauen Samt verbirgt*» [Brief vom 12. September 1933], Ankunft in China in den ersten Oktobertagen – am 8. Oktober ist der Pater sicher in Tientsin. Die Einzelheiten der Tatsachen und der Chronologie sind vorläufig noch sehr verschwommen.

[45] Zu den auf dem Kongreß neugeschlossenen Freundschaften zählt Helmut de Terra.

[46] Reisebrief 10. Juni 1933, ‹Geheimnis und Verheißung der Erde›, Seite 195f.

B – «Sehr gelungene Sitzung trotz der großen Hitze. Man verteidigte sich mit Bier, das, wie jedermann weiß, in Amerika wieder zu fließen begonnen hat. – Ich hatte mich für die Exkursion C 2 eingeschrieben, der ich bis nach Oregon folgte [...]. Von John Day Basin [Oregon] bin ich mit zwei Berkeley-Studenten aus San Francisco über die Straße der Sequoien [Redwood Highway] zurückgekommen, die in einer bewundernswerten, kaum bekannten[47] Umgebung den Pazifik entlangführt. Und dann habe ich drei Wochen dem Studium der Geologie der Sierra Nevada[48] und der Coast Ranges geopfert, um deren „asiatische" Analogien zu präzisieren, die eindrucksvoll sind. Das war mein persönliches Hauptziel, als ich nach Amerika kam. Ich hoffe, von diesem direkten Kontakt mit der pazifischen Küste eine gewisse Zahl von Ansichten zurückzubringen, die keine bloßen Vorstellungen sind [...].»[49]

Wenn er auch Spezialist für China und den Fernen Osten ist, bemüht der Pater sich beständig, seinen Erfahrungsbereich auszuweiten. Er hat das Bedürfnis, zu sehen.

Und der ganze Mann ist immer in dem gegenwärtig, was er tut. Mit seiner Gabe, das politisch-soziale Milieu zu «wittern», intuitiv mit den Kollektivphänomenen zu sympathisieren, erfühlt er die letzten Spuren des «Gold Rush» in der Sierra Nevada und die Atmosphäre des Experiments Roosevelt. Am wichtigsten aber sind – denn der Pater vergißt nie sein priesterliches Wirken – die religiösen Kontakte in New York und Washington. Die Frage, die sich die Menschen im allgemeinen stellen, lautet:

B – «ob wirklich das Universum Jahrmillionen alt ist. Und man spürt sehr deutlich, daß sie diese Ziffern wie eine reine Träumerei ansehen, die sich morgen auflösen wird. Wie soll man dieses Monument wissenschaftlichen und philosophischen Nichtbegreifens in Bewegung bringen! – Diese Generation hier muß offensichtlich vorübergehen.»[50]

[47] Teilhard kannte, das muß gesagt werden, die amerikanische Literatur über das Gebiet nicht.

[48] Zu der dreitätigen Rundfahrt in den Süden bis Santa Barbara vergleiche ‹Reisebriefe›, 12. September 1933.

[49] Brief vom 12. September 1933.

[50] Brief vom 25. Juli 1935.

Doch in seinen Briefen ist auch von glücklichen Entdeckungen die Rede:

B – «Und ich bin sehr glücklich überrascht, hier und dort bei den besten Köpfen einer Ideenströmung zu begegnen, die genau jener parallel ist, der wir selbst begegnet sind. Diese Feststellung ist wertvoll, denn sie beweist wieder einmal mehr die Spontaneität, die Allgemeinheit der Bewegung – und sie erlaubt zu hoffen, daß es durch eine wechselseitige Kontrolle oder Berichtigung auf einer genügend breiten Grundlage möglich sein wird, die wahrhaft orthodoxen Elemente und Formulierungen inmitten des Komplexes herauszustellen, der uns bezaubert.»[51]

1937 Die Reise von 1937 ihrerseits fällt in ein «*schweres und kompliziertes Jahr*» im Laufe der «*endlosen Pilgerfahrt*» seines Lebens[52]. Das Ziel dieser Überfahrt, die durch eine Einladung Helmut de Terras Gestalt gewann, ist ein Symposium über den *Early Man*[53], das am 25. März 1937 in Philadelphia unter der Ägide der *Carnegie Institution*[54] stattfinden soll. Die Bilanz ist eindeutig positiv. Es handelt sich nicht um einen Riesenjahrmarkt von Geologen, sondern um ein Treffen Ausgewählter: de Terra, von Koenigswald [Java], Miss Garrod

[51] Ibidem.

[52] Auch hier sind die ‹Reisebriefe›, die durch einige andere Dokumente ergänzt werden, die Hauptquelle.

[53] die menschlichen Ursprünge.

[54] Die Chronologie dieser Reise ist wie gewohnt sehr verschwommen: Am 25. Februar [sehr wahrscheinliches Datum] schifft der Pater sich in Schanghai auf der «Empress of Japan» ein und fährt über Tokio, wo er vom amerikanischen Botschafter empfangen wird; am 13. März landet er in Seattle, wo er den Pullman nimmt, der ihn in drei Tagen nach Chicago bringen soll. Von dort begibt er sich nach Philadelphia und wohnt bei den de Terras, in Bryan Mawr, einer Vorstadt von Philadelphia. Am 22. März 1937 verleiht der hochwürdigste Herr Edward V. Stranford, der Präsident des *Villanova College*, im Laufe einer Feierstunde Teilhard die Mendel-Medaille. Im College wird ihm zu Ehren ein Essen gegeben, bei dem der Pater kurz über Mendel spricht, wobei er betont, wie wesentlich es ist, biologische Forschung und biologisches Experiment zu der paläontologischen Weise der Annäherung an das Problem der menschlichen Evolution in Beziehung zu setzen. Er gibt sogar einem amerikanischen Journalisten ein Interview, dem eine allzu große Aufmachung gegeben wurde. Anfang April fährt der Pater nach New York. Er schifft sich auf der «Normandie» ein und landet am 19. April in Le Havre. Während der Überfahrt unterhält er sich mit Alexis Carrel. Der Essay P. Teilhards ‹Die menschliche Energie› wurde zum Teil von ihren Gesprächen inspiriert [vgl. Brief vom 17. April 1937].

[Oxford]...[55] Das Ziel war: ein wirkliches Lenkungs- und Exekutivkomitee [mit der *Carnegie Foundation* im Hintergrund] in Sachen prähistorischer Forschungen und Studien zu bilden, einen systematischen und finanziell soliden Forschungsplan für die Erforschung Chinas, Indiens und des Indomalaiischen Archipels aufzustellen. Es handelt sich tatsächlich im Bereich der Wissenschaft um eine Generalstabsberatung. Für den Augenblick sind uns sogar der Grundton der Gespräche und die darauf folgenden Entscheidungen unbekannt. Doch die Fakten sagen genug, denn 1937 und 1938 folgt die Forschungsreise nach Birma, wo der Pater zusammen mit Movius und de Terra [Vertreter der *Carnegie Foundation*] arbeitet, auf die eine Fahrt nach Java folgt, um von Koenigswald einen Besuch abzustatten.

P. Teilhard war nicht nur, wie gewöhnlich, der einzige anwesende Franzose, vielmehr ist es auch sehr wahrscheinlich, daß die eigentliche Initiative von ihm kam. Die Amerikaner hätten die Idee aufgegriffen und in Form gebracht. Das scheint eine Stelle aus einem Brief an von Koenigswald nahezulegen, der vom 26. August 1936 datiert ist und noch keinerlei Anspielung auf dieses Symposium enthält:

> B – «De Terra scheint sich jetzt sehr für die Philippinen und Java zu interessieren. Was könnten er, Sie, Collings, ich selbst und die Chinesen für einen hübschen, konvergierenden Angriff auf Südostasien machen, wenn wir die Gelder bekommen!»

Ohne aus dem Pater das Zentrum der wissenschaftlichen geologischen und paläontologischen Welt machen zu wollen, glauben wir gerne bis zum Erweis des Gegenteils, daß er die Idee de Terra oder J. C. Merriam, dem Präsidenten der *Carnegie Institution* in Washington, einflüsterte. Auf jeden Fall ist er es, der von Koenigswald zu diesem Symposium einladen ließ. So organisiert und synchronisiert der Pater die wissenschaftliche Arbeit bereits jetzt. Sollte er das nicht, mit ganz offiziellem Auftrag, in Südafrika tun [1951 und 1953]?

Philadelphia ist nicht sehr weit von New York. In der unermeßlichen kosmopolitischen City an den Ufern des Hudson schließt der Pater Bekanntschaft mit Alexis Carrel und erläutert ihm die Grund-

[55] Abbé Breuil hatte unglücklicherweise nicht kommen können.

linien und die Möglichkeit einer neuen Wissenschaft von der menschlichen Energetik. Andererseits nimmt er wieder unmittelbaren Kontakt mit den Mitgliedern des *American Museum* auf, wie der Schluß eines Briefes an Granger beweist[56]:

B – «Nun muß ich Ihnen [recht spät] sagen, wie sehr ich im letzten Frühjahr Ihre Freundschaft und die Freundlichkeit von jedermann in Ihrer Abteilung gewürdigt habe. Sagen Sie allen und jedem [Colbert, Thomson...] und den Pinkleys meine besten Wünsche. Und meine Grüße an Mrs. Nichols! Ich hätte ihr schreiben sollen, und sie muß mir böse sein. Was machen Nelson und Simpson? Meine besten getreuen Grüße an Roy[57], selbstverständlich.»

Wie gewohnt, wurde er also mit Herzlichkeit empfangen, insbesondere von Granger, der ihn bis auf sein Schiff, die «Normandie», begleitet. Es ist möglich, daß im Anschluß an diese Reise P. Teilhard zum korrespondierenden Mitglied des *American Museum* für Asien ernannt wurde, da 1938 Andrews diesen Ehrentitel erneuert.

Ohne die Wirklichkeit verzerren zu wollen, kennzeichnen diese drei Aufenthalte 1931, 1933, 1937 eine Art Abstufung. Die erste hatte zum Ziel, eine offiziöse Mission zu erfüllen. Doch bereits von dieser Reise an ist der Pater im *American Museum* und auch im *Field Museum* in Chicago zu Hause. Die zweite hat einen internationalen geologischen Kongreß zum Ziel. Man lädt nicht irgendwen zu einem Kongreß ein, doch ist es trotzdem ein großer Jahrmarkt. Der dritte setzt sich zum Ziel, ein Symposium zusammenzubringen, dessen Glieder jedoch streng ausgelesen sind. Es handelt sich tatsächlich um eine Konferenz, die ein halbes Dutzend oder ein Dutzend «Großer» vereint und wo es darum geht, Entscheidungen zu treffen, die zwei Kontinente angehen.

[56] Datiert vom 9. Oktober 1937 in Peking. Der erste Satz wurde bereits zitiert [s. oben].

[57] Roy Chapman Andrews.

VIERTES KAPITEL
DIE ERSTE PERIODE VON PEKING [1932–1938]: CHOUKOUTIEN

Am 20. Juni 1931 hatte der Pater seine Unterschrift unter das Protokoll des Übereinkommens zwischen dem chinesischen und dem europäischen Teil der gelben Kreuzfahrt gesetzt. War in seiner Eigenschaft eines offiziellen chinesischen Vertreters dieser französische Jesuit nicht der geeignetste Vermittler? Es ist also an der Zeit, wiederum von seinen Beziehungen zu den Chinesen zu sprechen. Wir haben bereits V.K. Ting und Wong Wen-Hao charakterisiert. V.K. Ting, der leider 1936 vom Tode dahingerafft wurde, ist eine große und starke Persönlichkeit, die zu befehlen versteht:

B – «Um das „Glück" vollzumachen, hat V.K. Ting die allgemeine Direktion der *Academia Sinica* angenommen. Das ist eine einflußreiche Stellung, in der er uns viel helfen kann – die ihn aber nach Nanking in dem Augenblick ruft, da wir ihn hier nötig hätten.»[1]

Er herrscht offiziös über den *Geological Survey*, und er hat ein Wort mitzureden bei der Verwendung der Fonds des *Cenozoic Research Laboratory*, das heißt des für die Ausgrabungen von Choukoutien bewilligten Geldes. P. Teilhard scheint mit ihm auf gutem Fuße gestanden zu haben, denn 1934 bemüht er sich erfolgreich, die von Black für die Reise Abbé Breuils in den Fernen Osten bewilligten Kredite aufrechtzuerhalten. Doch glauben wir nicht, daß die beiden Männer sehr eng miteinander verbunden waren.

Ganz anders war es mit Wong [Wall des Paters gegen die Intriganten], wie zwei Briefauszüge bezeugen:

B – «Über mein äußeres Leben sind wenig Neuigkeiten zu geben, außer dieser, die ernsthafte Konsequenzen hätte haben können: der Direktor des *Geological Survey*, unser lieber Freund Wong, hat – vorgestern – einen sehr schweren Autounfall in der Nähe von Schanghai gehabt. Es wird von Schädelbruch gesprochen. Ich möchte noch nicht die Konsequenzen ins Auge fassen, die dieses Unheil, wenn es sich präzisiert und akzentuiert, für die

[1] Brief vom 12. März 1934.

geologische Arbeit in China nach sich ziehen könnte. Der *Survey* stellt die Seele der gegenwärtigen Forschungen in diesem Lande dar. Und Wong ist sein Herz und seine Verteidigung... Das ist wieder einmal mehr ein Fall, wo man über die Ereignisse triumphieren muß, indem man sich ihnen anvertraut. Ich versuche, es zu tun. – Diese Katastrophe tritt übrigens in einem Augenblick ein, da die Arbeit in voller Entwicklung war. Wir werden uns bemühen, nichts zu verlangsamen.»[2] – «[...] Wir machen hier eine mit verschiedenen Schwierigkeiten übersäte Zeit durch. In dieser Hinsicht hat der Februar uns einen Rekord gebracht. Zuerst [und das ist das Schlimmste] hat Wong einen sehr ernsten Autounfall in der Nähe von Schanghai gehabt: Bruch des Stirnbeins. Die Verletzungen verheilen. Doch scheint ein Knochensplitter im Gehirn geblieben zu sein, was eine Operation notwendig machen wird; – und unterdes läßt der Geisteszustand zu wünschen übrig: Zeiten der Nervosität und des Deliriums. Es scheint, daß es trotz allem etwas besser geht. Doch Sie können sich denken, wie unruhig wir sind sowohl um den Freund als auch um den *Survey*. Sie wissen, Wong ist dessen Seele – und dessen Verteidigung.»[3]

Man erkennt sofort die entscheidende Rolle Wongs, eines scharfsinnigen Diplomaten, im *Survey* und die tiefe Zuneigung, die die beiden Männer verband. Ganz entschieden ist dieses Jahr 1934 ein dunkles Jahr, denn Black wird kurze Zeit nach dem Unfall von Wong sterben. Gott sei Dank geht es nach einer langen Genesungszeit für letzteren noch einmal gut, denn im Januar 1935[4] erfahren wir von P. Teilhard:

B – «Wir brechen zu dritt auf mit Wong, dem Unzertrennlichen, und Pei, dem Chefausgraber von Choukoutien.»

Zwischen P. Teilhard und Wong hat es niemals wirkliche Schwierigkeiten gegeben. Doch die japanische Invasion stellt ein schreckliches Problem. Als unnachgiebiger Patriot, der keinerlei Kompromiß mit dem Eroberer zugestand, wollte Wong 1936, daß die Ausgrabungen in Choukoutien beschleunigt würden, um vor den Japanern alles auszuräumen. Der Pater widersetzte sich dem aus technischen Gründen. Am 11. Februar 1936 schrieb er:

[2] Brief vom 18. Februar 1934.

[3] Brief vom 12. März 1934.

[4] Vgl. ‹Geheimnis und Verheißung der Erde›, Seite 202.

B – «Auf jeden Fall gehen die Ausgrabungen von CKT weiter. [...] Zählen Sie auf mich, daß die Fundstelle weder vernachlässigt noch verdorben wird. Selbstverständlich möchte Wong gerne, daß die Ausgrabungen schnellstens beendigt werden, um gegebenenfalls nichts den Japanern zu überlassen. Doch die Wissenschaft vor allem.»

... Die Japaner dringen weiter vor. Die chinesischen Mitglieder des *Survey* ziehen sich in das Yangtsetal zurück, und Wong will natürlich die wissenschaftlichen Forschungsbemühungen auf den Süden, das heißt die freie Zone, konzentrieren. Was tun?

B – «Alle chinesischen Mitglieder des *Survey* sind jetzt im Yangtsetal. Und ich bin hier praktisch allein gelassen [mit Weidenreich und Grabau] und frage mich, was werden wird. Ich meine, es wäre durchaus möglich, die Arbeiten von CKT weiterzuführen [ohne die geringste wirklich ärgerliche Einmischung], wenn mir nur Pei geschickt würde. Und ich hoffe noch, ihn zu bekommen. Doch Nanking ist schrecklich sentimental in dieser Hinsicht. Wird man mich bitten, daß auch ich in den Süden emigriere? Das frage ich mich. Unterdes klammere ich mich hier fest. Selbstverständlich will ich niemals etwas gegen die Gefühle Wongs und der anderen tun. Doch mit mehreren japanischen Gelehrten bereits in der Stadt [gerade nur um zu besichtigen] ist meine Stellung moralisch heikel [...]. Es ist Wongs Plan, die Bemühungen auf den Süden zu konzentrieren, was letzten Endes gut mit meinen eigenen Plänen zusammenstimmt. Nichtsdestoweniger haben wir die Verbindungen mit dem Norden notwendig.»[5]

Niemals hatte im Laufe seines wissenschaftlichen Lebens P. Teilhard einen derartigen Gewissenskonflikt zu lösen. Auf der einen Seite verlangen mehrere gebieterische Gründe von ihm, im Norden zu bleiben. Die Ausbeutung der Fundstelle von Choukoutien ist nicht beendet, und die Wiederaufnahme der Arbeiten wird nur möglich sein aufgrund eines stillschweigenden Übereinkommens mit den japanischen Eindringlingen. Doch Choukoutien ist die Wissenschaft, um so mehr als die Ausgrabungen in der berühmten Fundstelle von der *Rockefeller Foundation* subventioniert sind, deren Interessen verteidigt werden müssen. Und sehr zweitrangig erhebt sich die Frage, wie

[5] Vom 9. Oktober 1937 datierter Brief aus Peking.

man die Sammlungen von Peking gegen die Plünderung durch japanische Gelehrte schützen können will, wenn niemand da ist, um sie zu bewachen? Auf der anderen Seite steht der chinesische Patriotismus, der jedem Kompromiß abhold ist, die Taktik des leeren Raumes vor dem Feind [denn eine Zusammenarbeit mit den «Japsen» kann nur ihrer Propaganda dienen], steht der eindeutige Wille des Paters, den chinesischen Patriotismus nicht zu verletzen und die Freundschaft Wongs nicht zu enttäuschen: Im Falle eines kategorischen Rückzugsbefehls hätte P. Teilhard gehorcht. Das moralische Prestige Teilhards muß wirklich sehr groß gewesen sein, daß er seine Meinung durchsetzen konnte: Es gelang ihm sogar Mitte 1938, zum Studium der Fundstücke zwei Chinesen, Chia und Pei, zurückzuholen, die doch überzeugte Patrioten waren. Für die Wissenschaft vitale Arbeiten konnten also weitergeführt werden.

Young und Pei gehören offensichtlich einer viel jüngeren Generation an. Young Chung-Chien mit seiner hohen Stirn und seiner Brille ist von 1928 an einer der Spezialisten von Choukoutien. Er war Schüler des Münchner Gelehrten Schlosser, also deutscher Ausbildung, kannte insbesondere die Paläontologie der Wirbeltiere und war Wong ganz ergeben; er erwies sich vor allem als ein Mann des Laboratoriums. 1929 hat er die Ehre, in Zusammenarbeit mit Teilhard den vorläufigen Bericht über die fossilienhaltigen Ablagerungen von Choukoutien zu veröffentlichen. 1929 begleitet er Teilhard ins Schansi und Schensi. 1930 fährt er mit ihm in die Mandschurei. 1934 eine Rundfahrt ins Szetschuan. Diese Reisen, denen man zumindest 1936 die Ausgrabungen mit Camp im östlichen Schansi und im Szetschuan hinzufügen muß, hindern ihn nicht daran, in Peking und Choukoutien in Gesellschaft von Pei und P. Teilhard zumindest bis 1937 weiterzuarbeiten; danach trennt er sich vom Pater, um ihn nicht mehr wiederzusehen, und setzt sich zum Süden ab. Als er 1947 nach Peking zurückkehrte, war Pierre Teilhard nicht mehr da. Während der wenigen Jahre, die dem Tod des berühmten Jesuiten vorausgingen, traten die beiden Gelehrten in Briefwechsel, denn Young [ebenso wie Pei und Chia] hat die kommunistische Revolution überlebt und arbeitet immer noch in Peking[6].

Young, Briefpartner des Paters von 1930 bis 1953, hat sechs Seiten

[6] Er ist Direktor des *Laboratory of Vertebrate Palaeontology*, das 1953 das *Cenozoic Research Laboratory* ablöste und der *Academia Sinica* von Peking untersteht.

‹Memories of Père P. Teilhard de Chardin› geschrieben, die durch die Zeugnisse Biens und Barbours zu ergänzen und zu kontrollieren sind. Gewiß konnte er kaum über den Priester unterrichtet sein, denn P. Teilhard hatte ihm in sein Innenleben keinen Einblick gegeben:
W – «Obgleich er ein Katholik war *[sic]*, hatte er eine ungewöhnlich breite Kenntnis der Naturwissenschaften, zu meinem großen Erstaunen. Er war nach China als eine Art Bestrafung durch den Kardinal *[sic]* für irgend etwas gekommen, das er gegen die Idee der Religion geschrieben hatte *[sic]*.»
Diese Zeilen erinnern unwiderstehlich an den Nachruf eines englischen Journalisten, wo mit dem größten Ernst behauptet wurde, Teilhard sei mehrere Jahre hindurch vom Vatikan als Gefangener festgehalten worden. Dagegen sollte dieser atheistische Chinese, der über die kirchlichen Fragen nicht recht auf dem laufenden war, für ihn eine gewisse Zuneigung verspüren:
W – «Ich meinerseits hatte ihn sehr gern als einen meiner lieben Freunde und Lehrer.»
Der Tag der endgültigen Trennung war schmerzlich:
W – «Bald nach der japanischen Invasion mußte ich Peking in Richtung Süden verlassen. Es war ein trauriger Augenblick, der mir noch frisch im Gedächtnis ist, als er und Dr. Weidenreich auf dem Pekinger Bahnhof am Morgen eines frühen Wintertages mich an meinen Zug brachten.»
Und nach dem Kriege erlebt der Schüler die traurige Enttäuschung, den Lehrer nicht mehr wiederzufinden:
W – «Nach dem Ende des Krieges hatte ich keine Gelegenheit, nach Peking zu kommen und ihn sofort zu sehen, wie ich gehofft hatte. Doch auch jetzt kann ich noch nicht verstehen, weshalb er Peking fast unmittelbar nach Kriegsende verließ und nicht auf mich wartete [...]. 1947, als ich nach Peking zurückkehrte, hatte ich Gelegenheit, sein Pult im geologischen Institut zu sehen. Ich sah dort seinen Federhalter, seine Bücher und seine Sonderdrucke und andere Dinge noch unversehrt. Doch er selbst war gegangen.»
Die Erinnerung an P. Teilhard ist also im Geiste Youngs mit der Erinnerung an glückliche Tage und vielleicht mit bestimmten Gewissensbissen verbunden...
Wenn der junge chinesische Gelehrte trotz einer Welle der Undankbarkeit für Teilhard gewiß ein Mitarbeiter und Weggenosse war,

so war der *Scientific Adviser* am *Survey* für ihn ein höchst aufopferungsvoller und von 1935 an immer herzlicherer und liebevollerer Lehrer und Mentor. In einem Brief vom 5. Juni 1932 lesen wir:

B – «Meine Arbeit über den archäologischen Abschnitt und das Werkzeug von CKT ist für den Druck fertig – ebenso wie die Abhandlung über die *Artiodactylen* von Young [die von mir selbst stark überarbeitet wurde]»,

und aus einem Brief vom 5. November 1933 erfahren wir:

B – «Seit meiner Rückkehr nach China bin ich ziemlich beansprucht gewesen, hauptsächlich von Choukoutien. Zwei dicke Abhandlungen [die ‹Carnivoren› von CKT von Pei und die ‹Mikrofauna› von CKT von Young] sind fast in Druck [die Illustrationen sind fertig]. Und ich muß sie sorgfältig revidieren und eventuell überarbeiten.»[7]

Diese Intervention des Chefs bei den Arbeiten der jüngeren Mitarbeiter, die dadurch keineswegs gedemütigt werden, ist im wissenschaftlichen Leben nur normal. Doch sicherlich nur wenige Chefs treiben die Hilfsbereitschaft so weit, daß sie die Abhandlungen ihrer Schüler völlig neu schreiben. Auf der wissenschaftlichen Ebene war P. Teilhard weit weniger zum Lehrer als zum Forscher und Leiter von Arbeiten berufen.

Dieser stämmige Mann mit dem etwas massiven Gesicht und seinen nicht zu bändigenden Haaren, der ein pittoreskes Englisch und seiner selbst nicht sicheres Französisch spricht, ist Pei Wen-Chung, der zusammen mit Young in dem zuletzt angeführten Text genannt wird. Tatsächlich ist er von 1928 als einer der amtlich bestellten Ausgräber an der berühmten, von Andersson entdeckten Fundstelle. Als man Pei anbot, Bohlin in Choukoutien zu helfen, hatte Pei, ein Schüler

[7] Diese Überarbeitungen hatten mit der Rückkehr von der gelben Kreuzfahrt begonnen. Vgl. Brief vom 6. April 1932: «*[...] Ich habe hier sehr viel zu tun, nicht nur aufgrund der Ergebnisse der letzten Reise, sondern auch wegen des berühmten Choukoutien: Abhandlungen über die Fauna und über die Werkzeuge zu schreiben oder [wenn sie von meinen Mitarbeitern gemacht sind] fast vollständig neu zu schreiben [...]*»; vgl. auch die Briefe vom 4. Juni und vom 28. Dezember 1933 und den Brief des Pater Charvet an C. Cuénot [16. Dezember 1957]: «Er war vor allem mehrere Jahre hindurch der diskrete Ausbilder junger Chinesen, die er gern auf seine Forschungsfahrten mitnahm und deren wissenschaftliche Abhandlungen er korrigierte oder neu schrieb. Sein Name stand nicht einmal im Titel. Als ich ihm darüber mein Erstaunen äußerte, antwortete er mir: „*Das ist mir vollkommen gleich*“.»

Grabaus an der Pei-Ta-Universität, das Abschlußjahr seines Studiums noch nicht angefangen. Er bewies, indem er die Beobachtungen des Paters vom April 1931 weiterentwickelte, die kulturelle Aktivität des *Sinanthropus*. Im Januar 1935 unternimmt er mit Wong und dem Pater eine Fahrt in den Süden, ins Kwangsi. Dann erlaubt ihm, immer noch im Jahr 1935, seine Regierung, nach Europa zu fahren, um in Paris eine Dissertation zu schreiben und den Grad eines Doktors der Universität zu erwerben. 1937 ist er in Südchina zurück. Und 1938 entschließt er sich auf die Bitten Pater Teilhards und trotz seines Hasses gegen die Japaner, wieder in Peking zu arbeiten, und er ist ganz glücklich, daß er nach ungefähr achtmonatigen Bemühungen eine Reihe Kisten wieder in seine Hand gebracht hat, die die Stücke aus dem Ordos und von Choukoutien enthielten und die eine Flucht bis Schanghai gemacht hatten. Pei ist immer noch am Leben, und nachdem er dem Sturz Tschiang Kai-scheks seinen Beifall gespendet hat, nimmt er heute einen ehrenvollen Platz im kommunistischen China ein, wo er fruchtbare Forschungen weiterführt[8]. – Ein guter Ausgräber und guter Beobachter, ganz seinem Beruf zugewandt, mit einem sehr ehrlichen und geraden Kern, der Dankbarkeit fähig, in seinen Zuneigungen treu, bemüht, denen Freude zu machen, die er als seine Freunde anerkannte, in seinem Verhalten ihnen gegenüber ohne Arglist. Ein offener und ruhiger Charakter. Keinerlei religiöses Credo. Kurz, von der Wissenschaft abgesehen, stellte er sich sehr wenige Fragen. Pei war zutiefst betroffen von dem Tod Pater Teilhards. Letzterer schenkte tatsächlich dem jungen Chinesen eine Zuneigung und eine Achtung, an der man nicht einen Augenblick zweifeln kann. 1932 nennt er ihn freundlich «*den berühmten Pei*». 1935 charakterisiert er den «Erfinder» des ersten Schädels des *Sinanthropus* wie folgt:

B – «Pei ist ein reizender, sehr begeisterter Junge, und er hat noch niemals ein Schiff betreten.»

Am 1. Januar 1936 fordert er:

B – «Zeigen Sie diesen Brief Pei und sagen sie ihm meine ganz herzlichen Grüße. Er wird mir in China viel fehlen!»

Am 21. Juni 1937 schreibt er aus Paris:

[8] In einer Nummer von ‹China Reconstructs› [Juli/August 1954] hat er sogar einen Artikel veröffentlicht: ‹New Light on Peking Man› [Neues Licht auf den Pekingmenschen], wo der *Sinanthropus faber* zum Engels-Schüler geworden ist.

B – «[...] Ich habe mich die ganze Zeit der Gesellschaft Peis erfreut. Pei wird morgen um diese Zeit „Doktor der Universität von Paris“ sein. Seine Dissertation ist gut gedruckt und interessant. Insgesamt habe ich das Gefühl, daß er während der vergangenen zwei Jahre seine wissenschaftliche Persönlichkeit kräftig ausgebildet hat. Und zugleich gerade so ein netter Junge wie vorher.»

1938 stellt er fest:

B – «Pei ist indessen beschäftigt und leitet sehr gut das Laboratorium.»

Es scheint durchaus so, daß Pater Teilhard gleichfalls für ihn die Rolle des Mentors gespielt hat. Im Hinblick auf Choukoutien schreibt er:

B – «Ich sitze Pei im Nacken, damit er in seiner Stratigraphie sorgfältiger ist.»[9]

Pei war in der Geologie nicht sicher genug. Dagegen ist er ein guter Typologe. Er versteht, die Steinwerkzeuge zu beschreiben und methodisch zu graben. Als Pei nach Paris zu Abbé Breuil gefahren war, um seine Dissertation zu schreiben und zu verteidigen, ist der Pater aufs höchste verwundert über all das, was der große Prähistoriker Pei zeigt, und er dankt seinem alten «Lehrer» dafür[10]. Der Doktorand und der gelehrte Jesuit korrespondieren. Der Pater legt mit sehr viel Feingefühl für ihn Arbeit beiseite, alles, was er in den Kulturschichten gefunden hat, abgeschlagene Steine und zerbrochene Knochen, damit der künftige Doktor der Naturwissenschaft bei seiner Rückkehr «*seinen Scharfsinn*» üben könne. Man wäre versucht zu sagen, P. Teilhard sorge für ihn wie für einen Sohn:

B – «Ich schreibe letzterem. Ich verstehe nicht genau, weshalb

[9] Brief vom 8. Mai 1932.

[10] Abbé Breuil erwies sich wirklich im Hinblick auf Pei von einer seltenen Opferbereitschaft und half ihm aus allen Kräften. Er widmete ihm seine ganze Zeit und ließ ihn zu allen prähistorischen Fundstellen und Museen führen. Dieser unerschrockene Streitgeist, dem es zwanzig Jahre lang gelang, Boule die Stirn zu bieten, hatte die Zuvorkommenheit eines Grandseigneurs des Geistes. Er hat immer seine Zeit den Jungen gewidmet. Dieser Aufenthalt in Frankreich war für den jungen Chinesen entscheidend: «*Mit Pei verstehen wir uns wunderbar und immer besser. In jeder Hinsicht hat er sich seit seinem Aufenthalt in Frankreich erstaunlich entwickelt: treu, klug, aktiv, mit einem außerordentlichen Sinn für die Umstände und die Möglichkeiten. Er wird nach und nach eine kleine Persönlichkeit in der Stadt, an der Yenching, der katholischen Universität. In technischer Hinsicht wird er gewiß bald der beste und bekannteste chinesische Prähistoriker und Archäologe sein*» [Brief vom 12. Juni 1941 aus Peking].

er sich auf eine Arbeit über die quartäre Stratigraphie einläßt, anstatt sich auf die Abfassung seiner „Dissertation" zu konzentrieren. Das zwingt ihn zumindest zu lernen.»[11] – «Ich hoffe, Pei kommt mit seiner Dissertation voran.»[12] – «Habe heute einen Brief von Pei an Mrs. Hempel gesehen, in dem er von bei seiner Dissertation aufgetauchten Schwierigkeiten spricht.... Was ist los?... Versuchen Sie, ihm etwas unter die Arme zu greifen.»[13]

Man begreift, weshalb Pei sich der Stratigraphie des Quartärs zuwandte. Das war sein schwacher Punkt. Er hatte es begriffen. Es ist jedoch ein Irrtum, sich zu zersplittern, solange die Doktorarbeit noch nicht verteidigt ist, und P. Teilhard hatte recht. Man wird nie mit genügend Nachdruck die Opferbereitschaft betonen, die er unaufhörlich für die Jungen, seien sie Laien oder Kleriker, bekundete. Jene, die er nach dem Zweiten Weltkrieg P. Leroy bezeugte, ist ergreifend; eine Art intellektueller und spiritueller Vaterschaft. Und wie viele andere, die wir kennen, verdanken dem Pater die entscheidende Orientierung!

Die vorläufige Armseligkeit unserer Dokumente verbietet es uns, mit einiger Genauigkeit die nach Young und Pei aufsteigende Generation zu beschreiben. M. N. Bien[14] taucht in der Korrespondenz 1935 auf[15], und Chia Lan-Po wird 1936 zum ersten Mal genannt, da er im känozoischen Laboratorium an den Funden von Choukoutien arbeitet, wahrscheinlich anstelle von Young[16]. Nichtsdestoweniger findet sich in der Korrespondenz eine eigenartige Stelle, die wir zitieren müssen:

B – «Haben Sie übrigens im Abguß die erstaunlichen Stücke gesehen, die von der Lokalität 15 stammen [Chia hat sie mir nie gezeigt!]?»[17]

Vermeiden wir es, auf einen einfachen Zwischenfall hin Hypothesen

[11] Brief vom 15. Oktober 1936.

[12] Brief vom 28. November 1936.

[13] Brief vom 8. Dezember. 1936.

[14] Heute amerikanischer Bürger, arbeitet auf Rechnung einer großen Erdölgesellschaft und stellt die Verbindung mit Formosa her. Ein sehr aufrechter Christ und feiner Diplomat.

[15] 1938 ist er mit Young in den Süden geflohen.

[16] Chia ist wie Pei ein Patriot, der nicht gern unter der japanischen Herrschaft arbeitet. Er lebt heute im kommunistischen China, wo er weiter veröffentlicht.

[17] Brief vom 30. Mai 1938.

in die Luft zu bauen. Ist es Eifersucht, Xenophobie, das Bedürfnis, seine wissenschaftliche Unabhängigkeit zu bekunden, oder ganz einfach Vergeßlichkeit? P. Teilhard hat, wie wir gesagt und oft gesagt haben, im allgemeinen die Chinesen gern gehabt und geachtet. Doch haben wir eine recht beunruhigende Stelle von Barbour zitiert, der von ehemaligen chinesischen Kollegen des Paters spricht, die hofften, seinem Wirken Hindernisse in den Weg zu legen, indem sie bei den Verwaltungsbehörden vorsprachen. Man gewinnt den Eindruck, daß der Pater in der aufsteigenden Woge der Xenophobie[18] nicht immer ein leichtes Leben hatte[19]. Und er hat sich nur durchgesetzt kraft seiner Güte, Selbstlosigkeit und Heiligkeit, und weil er für die Chinesen Partei ergriffen hatte. Genau genommen war P. Teilhard zu loyal, zu aufrecht und zu rein. In ihm regte sich kein Verdacht. Und diese Art, am Übel vorbeizugehen, ersparte ihm viel moralisches Leiden.

Wie dem auch sei, es bleibt unbestreitbar, daß das Gesamtergebnis als ein glänzender Erfolg erscheint. Bereits am 6. Mai 1929 erklärte P. Teilhard[20]:

B – «[...] Ich war sehr gerührt vom guten Willen und von der Dankbarkeit meiner Schüler»,

und am 7. Februar 1930 sagte er:

B – «[...] Es ist für mich eine besondere Freude, die jungen chinesischen Forscher zu leiten und zu bilden.»

Genau dort war die eigentliche Domäne des Paters. Er hatte alles, was es zum Erfolg braucht. Seine Güte, die die Herzen zu gewinnen verstand, das Bedürfnis und die Freude, den Verstand zu bilden, ein klares Denken, einen kritischen Geist, unfähig, Unvollkommenheiten zu dulden, und die Vorliebe für das Gelände, also die konkreten Tatsachen. CHRISTO IN ADOLESCENTIBUS ... EUROPAE ASIAEQUE. Ist nicht, wenn es heute eine autonome chinesische Wissenschaft[21] gibt, der Grund dafür zum Teil, daß P. Teilhard ihr die Fackel weitergegeben hat? ET QUASI CURSORES LAMPADA TRADUNT.

[18] die übrigens durch ein Jahrhundert dauernde Demütigungen gerechtfertigt ist.

[19] Er beklagte sich niemals und weigerte sich, an eine gegen ihn und Barbour gerichtete Intrige zu glauben.

[20] ‹Geheimnis und Verheißung der Erde›, Seite 134.

[21] die dahin strebt, mit dem Westen in Verbindung zu treten, zum Beispiel mit Frankreich.

... Als wir von Black und den chinesischen Gelehrten sprachen, haben wir bereits das wechselnde Geschick von Choukoutien und des *Survey* mehr als angedeutet. Es ist nicht unsere Aufgabe, die ausführliche Geschichte der seit 1932, das heißt seit dem Ende der gelben Kreuzfahrt, erzielten Ergebnisse zu schreiben: diese sehr komplizierte Chronik würde sich mit der Bewegung der chinesischen Geologie und Paläontologie decken. Versuchen wir einfach, einige hervorstechende Tatsachen herauszugreifen, nachdem wir die besondere Sorgfalt bei der Ausgrabung[22] und die Regelmäßigkeit im Arbeitsrhythmus[23] herausgestellt haben. Wir haben bereits auf die Entdeckung einer lithischen Industrie durch P. Teilhard und Pei hingewiesen: Wir erleben die langen Entwicklungen dieses Fundes. Die aschenhaltigen Schichten gehören strukturell wirklich zu den alten Ablagerungen. Die Stratigraphie und die Paläontologie verbieten, in den Ablagerungen die Breccien [als die älteren] von den «Aschen» [als den jüngeren] zu trennen. Auf den ersten Blick erscheint die Industrie in der Lokalität 1 ebenso homogen wie die Fauna. Doch später, 1936, erweist sich die Industrie des unteren Komplexes als eindeutig von der des oberen Komplexes verschieden. Auf jeden Fall ist also, da der *Sinanthropus* faber, Werkzeughersteller, war, wenig wahrscheinlich, daß er die Beute unbekannter Menschen war, deren Gebeine verschwunden wären.

Die Zahl der fossiliferen [und implementiferen][24] Taschen nimmt zu[25], und jede liefert einen wichtigen Beitrag zur Kenntnis des Komplexes Choukoutien, da sie eine gewaltige Masse tierischer Reste freigeben: Fleischfresser und ihre Beute. Man beutet zum Beispiel eine Tasche mit *Kynocephalen*, den Vorläufern des *Sinanthropus* in den Grotten, aus. Zur Überraschung aller wird 1933 eine pliozäne

[22] wo die Spalte in Quadrate von zwei auf zwei Meter aufgeteilt ist, wo alle Reste sorgfältig ausgesiebt werden.

[23] Frühjahrskampagne, Herbstkampagne mit Laboratoriumsarbeiten, Präparation der Stücke und Abfassung der Abhandlungen in den Zwischenzeiten.

[24] das heißt Werkzeug enthaltend.

[25] Um nichts über die an anderen Stellen gefundenen Spalten zu sagen, zum Beispiel im Tal von Mentoukou, einer natürlichen Falle aus der Zeit des Villafranchien, also älter als Choukoutien, doch leider ohne Spur des *Praesinanthropus*. In Choukoutien gibt es sechs verschiedene Typen von Spalten, die vom Miozän bis zum oberen Pleistozän reichen und ebenso vielen verschiedenen Auffüllungsperioden entsprechen.

sandsteinige Tasche mit «*einer Menge Fische in brotlaibförmigen Kieseln*» entdeckt. Ein anderes Lager liefert Fossilien, die für eine wichtige Formation des Schansi charakteristisch sind. 1938 befaßt sich Pei mit der Lokalität 15 – wahrscheinlich eine Verzweigung der Lokalität 1 –, die eine gewisse Zahl sehr bemerkenswerter Werkzeuge freigibt. Doch am wichtigsten bleibt diese berühmte Lokalität 1, die als einzige Zähne, Schädelreste oder Kiefer des *Sinanthropus* liefert. Das Jahr 1936 ist besonders wohlgesinnt, denn am 28. November kündigt der Pater einem Briefpartner die Entdeckung von drei Schädeln unter der letzten Kulturschicht an. Am 6. Januar 1937 ein anderes, wichtiges Ereignis: man legt ein Bruchstück eines Oberkiefers mit sechs Zähnen frei, was Weidenreich und Lucile Swan endlich ermöglichen wird, das Gesicht und den Schädel ganz zu rekonstruieren. Am 30. Mai 1938 verkündet der Pater, daß er im «Labor» Bruchstücke von langen Knochen des *Sinanthropus* gesehen hat, was dahin zielt, die Konzeption der Gelehrten zu entkräften, die, weil sie überrascht waren, daß man nur Schädel fand, die Hypothese einer willentlichen Auslese aufgestellt hatten.
Eine letzte Überraschung. P. Teilhard hatte geraten, ein horizontales Streb und einen senkrechten Schacht einzutreiben. Um diesen Schacht zu graben und bequem hinabzusteigen, hatte man den Gipfel des Hügels weitgehend abgetragen: und groß war die Überraschung 1933, als man auf dem Gipfel eine kleine unabhängige Höhle[26] mit einer Oberfläche von 15 × 10 m und von 10 m Höhe entdeckte, die zahlreiche Knochen von Tieren, drei schöne neolithische Schädel, einige Werkzeuge, eine Knochennadel und ein Halsband aus 26 durchbohrten Eckzähnen von Füchsen enthielt! Ganz unten ist noch das Tier, ganz oben der *Homo sapiens* [jünger als der des Ordos], im Mittelteil ist der Prä- oder Parahominine, der bereits das Feuer beherrscht und *faber* ist, der also den Schritt der Reflexion getan hatte, wahrscheinlich eine rudimentäre Sprache sprach und dessen Gehirn 1200 cm^3 erreichen kann. *Cynocephalus, Sinanthropus, Homo sapiens*, der Pater ruft ironisch aus:

B – «Was für eine Menagerie, oder was für ein Hotel!»[27]

Die Größe der Ausgrabungen von Choukoutien liegt nicht nur in

[26] auf englisch Upper Cave [obere Höhle].

[27] Brief vom 11. November 1933. Kurz, «*der Sinanthropus [unteres Pleistozän] wird genau von den Kynocephalen [Ende Pliozän] und einem höheren paläolithischen Men-*

dem Umfang der finanziellen Unterstützung, die mit hellsichtiger Großzügigkeit von der *Rockefeller Foundation* gegeben wurde, noch in der Riesigkeit der unternommenen Arbeiten noch in der fast einzigartigen Zusammenarbeit zwischen Chinesen, Kanadiern, Deutschen und Franzosen. Ihre eigentliche Größe macht dieser beständige Kampf gegen die Launen des Schicksals und die sture Roheit der Nationalismen aus. 1934 ist das erste schwarze Jahr: es brachte das «Verschwinden» von V. K. Ting, der von diesem Etwas aufgesogen wird, das sich Akademie [hier *Academia Sinica*] nennt, die, wenn man sich nicht wild dagegen verteidigt, das Beste an Zeit und Intelligenz für administrative Aufgaben vergeudet. Es brachte den schweren Unfall Wongs, der Seele des *Survey*, von dem Choukoutien abhängt. Und vor allem den grausamen Tod Blacks, der mitten in der Arbeit – wir hätten beinahe gesagt, auf dem Feld der Ehre – in seinem Laboratoriumskittel zwischen den Überresten des Sinanthropus und den neuentdeckten Schädeln des oberen paläolithischen Menschen von Choukoutien starb. Auf Anordnung von Roger Greene, dem Leiter des PUMC, und mit formeller Zustimmung von V. K. Ting nimmt P. Teilhard in der Eigenschaft eines Interimdirektors die Aufgabe der vorläufigen Leitung wahr und kann sich also kaum vom Ort entfernen. Und durch wen seinen kanadischen Freund ersetzen? Hinzu kommt eine finanzielle Drohung: Die *Rockefeller Foundation* gewährte die Fonds Davidson Black persönlich, und diese Bewilligung lief 1936 aus. Greene, der Direktor des *Peiping Union Medical College*, fährt wohl nach Amerika, wo er das Werk Blacks verteidigen will. Doch die *Rockefeller Foundation* läßt, wenn sie auch Zusicherungen gibt, mit ihrer endgültigen Antwort schrecklich auf sich warten. Dann geht die Krise langsam vorüber. Wong, der Unzertrennliche, gesundet endlich, der Nachfolger Blacks, Weidenreich, ist durchaus entschlossen, die Arbeit bis auf den Grund voranzutreiben, und in seiner Spezialität als Anthropologe arbeitet er hervorragend, vielleicht noch besser als Black. Finanziell gelingt es dem «Känozoikum», sich herauszuhelfen und zu leben.

Doch bereits 1933 beginnt ein anderes Drama. Die japanische In-

schen [Ende Pleistozän] eingerahmt» [Brief vom 10. Dezember 1933]. – Heute hat der *Sinanthropus* seinen Platz im mittleren Pleistozän.

vasion, die eine immer tiefere Störung in das Leben des «Känozoikums» und die Ausgrabungen von Choukoutien bringen wird. Im April/Juni 1933 kommt es zum ersten Alarm in Peking bei der Annäherung der Japaner. Der *Survey* lagert einen Teil seiner Bücher und seiner Sammlungen aus und bringt sie in der Rockefeller-Stiftung bei Black in Schutz. Dann wird alles wieder ruhig, und die Bücherkisten kehren in den *Survey* zurück. Die Ausgrabungen von Choukoutien gehen weiter. Bei seiner Rückkehr nach China im Februar 1936 findet der Pater die Situation dunkel und schwierig. Von Peking aus erklärt er:

B – «Der größte Teil des Geologischen Landesamtes ist bereits nach Nanking in schöne Gebäude ausgewandert. Immerhin wird eine „Außenstelle Norden" des Landesamtes hier aufrechterhalten, und ich klammere mich hier fest, fast ohne Bücher und Vergleichsstücke... Die Ausgrabungen gehen in Choukoutien im nächsten Frühjahr weiter [...]. Ich werde nicht vergessen, Ihnen Fundstücke von CKT zu schicken: jene der Hyänen, Bären, Cerviden. Die Schwierigkeit liegt im gegenwärtigen Zustand der Zerstreuung unserer Stücke zwischen Peiping und Nanking.»[28]

Am 15. August 1936 erklärt er:

B – «Mein eigenes Leben bleibt dasselbe. In einem verdünnten Milieu arbeiten wir in Peking weiter, und die Ausmaße der Arbeit und „Entdeckungen" tendieren sogar dahin, zu wachsen [...]. Wir erhoffen noch Besseres für den Herbst.»

Die letzte Ausgrabungskampagne findet im Frühjahr 1937 statt[29]. Am 20. September dieses Jahres fragt sich der Pater melancholisch:

B – «Doch wann werden wir jetzt die Arbeit wiederaufnehmen?»

Choukoutien liegt nämlich im Niemandsland. Die Ebene ist von den Japanern besetzt, das Gebirge wird von den Roten gehalten... Bis zum Triumph von Volkschina, das einen Nationalpark daraus machen sollte, konnte man im Hinblick auf Choukoutien sagen: «PENDENT OPERA INTERRUPTA.» Die Wiederaufnahme der Ausgrabungen hätte eine Übereinkunft zwischen Japanern und Chinesen vorausgesetzt, und letztere wollten im Namen des «Widerstandes» nichts davon wissen.

[28] Brief vom 11. Februar 1936.

[29] bis zum 6. Juli.

All das wäre nur ein halbes Übel gewesen: In den Räumen des «Känozoikums» gibt es so viele Dinge zu verlesen, zu präparieren, zu studieren. Doch der *Survey* seinerseits ist der Ort einer neuen Tragödie. Die Japaner hatten in Peking eine Marionettenregierung eingesetzt: die legitimen Autoritäten von Nanking wollten mit dieser angeblichen Lokalregierung keinen Kontakt haben, und der Nordzweig des *Survey* lief Gefahr, ausgelichtet zu werden, da die Nationalpolitik einen Rückzug zum Süden anstrebte. Praktisch funktioniert das «Känozoikum» entsprechend der gewohnten Routine weiter. Doch die Gelehrten sind von Peking abgeschnitten und leiden unter einer immer angespannteren Lage:

> B – «Ich bin hier praktisch allein gelassen [mit Weidenreich und Grabau] und frage mich, was uns erwartet [...]. Grabau ist voller Grimm [...].»[30] – «Hier machen wir unter sehr heiklen Bedingungen weiter. Es kommt die Zeit, da wir unsere Laboratorien an die neuen politischen Bedingungen anpassen müssen. Und ich weiß bisher nicht, in welchem Maße unsere chinesischen Freunde hier wohnen können oder sich gezwungen sehen werden, auch in den Süden zu emigrieren. Auf jeden Fall werden wir unser Bestes tun, um hier ein kleines Bündel von Arbeiten unter dem Schutz des PUMC zu behalten.»[31]

... Doch Nanking verstärkt den Rückzug seiner Kräfte. Ohne Pei, der zu der Zeit in Europa ist, kann der Pater sich kaum von Peking entfernen. Und er steht zwischen zwei Feuern, da er sich weder mit Nanking überwerfen noch aufhören will, die Interessen der *Rockefeller Foundation* und Choukoutiens zu verteidigen, wo es noch für einige Jahre Arbeit gibt[32]. Die allerletzten Monate des Jahres 1937 bilden den Höhepunkt der Krise. Glücklicherweise lassen sich die Dinge etwas klären. Am 30. Mai 1938 erfahren wir, daß P. Teilhard zwei Chinesen, Chia und vor allem den «berühmten» Pei, zurückbekommen konnte. Offensichtlich leidet man an Entkräftung. Das Tempo ist verlangsamt; die Gebäude im Süden von Ping-Ma-Ssu hatte man einem neuen «Industrieministerium» überlassen müssen. Doch zumindest die Laboratorien funktionieren. Die berühmten Kisten Peis kommen endlich an, man kann noch Abhandlungen ver-

[30] Brief vom 9. Oktober 1937.

[31] Brief vom 24. Oktober 1937.

[32] bis 1939.

öffentlichen. Der japanische Tornado läßt die Fackel flackern, doch brennt sie hartnäckig weiter. So sind also, gewiß dank der Teilhardschen Diplomatie, die Ausgrabungen von Choukoutien so lange wie eben möglich trotz der japanischen Aggression weitergegangen und die Arbeiten im Laboratorium und die Abfassung der Abhandlungen lange genug weitergeführt worden, um die detaillierten Ergebnisse der Forschungen der Gelehrtenwelt zugänglich zu machen.

In welchem Maße läßt sich die Rolle des Paters in Choukoutien präzisieren? Er ist zunächst der intelligente und kompetente Zuschauer, der seine [französischen und amerikanischen] Korrespondenten über die Tatsachen und die sich auf den Tatsachen aufbauenden Theorien auf dem laufenden hält. Wenn man eines Tages versuchen wird, eine ausführliche Geschichte der Ausgrabungen von Choukoutien zu schreiben, werden die Briefe Pater Teilhards eine Quelle von größter Wichtigkeit sein. Bereits am 5. Juni 1932 erfahren wir im Hinblick auf den Sinanthropus, daß Black immer bestimmter die besonderen, jedoch bereits sehr homininen Charakteristika des Gehirns bejaht.

B – «Das stimmt mit der Industrie zusammen.»

Selbstverständlich diskutieren die Anthropologen unnachgiebig über den Sinanthropus:

B – «Boule, Abel und andere machen aus ihm einen Pithecanthropus. – Dubois und Herdlička wollen in ihm einen einfachen Neandertaler sehen [Dubois: damit nichts den Pithecanthropus verdunkelt; Herdlička: weil nichts Bedeutendes außerhalb von ihm oder Mitteleuropa, seinem Heimatland, entdeckt werden könnte]. Zwischen den beiden Extremen bewahrt Black seine anfängliche Position.»[33]

Die Idee Blacks geht nämlich dahin, daß der Sinanthropus eng mit dem Pithecanthropus verwandt ist, ohne sich jedoch mit ihm zu decken. Weidenreich gibt nach dem Tode Blacks der Forschung einen neuen Impuls:

B – «Weidenreich», läßt uns der Pater wissen, «ist immer mehr von der Identität *Sinanthropus = Pithecanthropus* und dem vollständigen Unterschied überzeugt, der diesen Typ von dem Neandertaler im eigentlichen Sinne trennt.»

[33] Brief vom 28. Januar 1934.

Und unser Berichterstatter fügt hinzu:

B – «Und ich glaube, daß er vollkommen recht hat.»[34]

Mit anderen Worten: Der Sinanthropus erweist sich immer mehr als Vertreter eines Vorneandertaler-Stadiums der Menschheit.

Doch selbst in dem Maße, wie er die «Beobachter»-Rolle spielt, bleibt Pater Teilhard keineswegs passiv. Der Begriff von Stadien[35] tendiert im Laufe seiner Überlegungen dahin, über den der Phyla zu dominieren:

B – «Aus allen Untersuchungen, die Weidenreich durchführt [und die er in monumentale Abhandlungen gießt], ergibt sich, daß bis in die Einzelheiten der Zähne der Sinanthropus der primitivste Hominide ist, den wir kennen. Wir sehen, wie sich die Vorstellung der Stadien oder ‚*Stages*" herausbildet, die über die Vorstellung von den „*Phyla*" dominiert: Das *Sinanthropus-Pithecanthropus-Stage*, das „*neandertaloide*" *Stage* und das „*Sapiens*"-*Stage*. Zum Beispiel: der *Homo soloensis* von Java scheint durchaus die „neandertaloide" Entsprechung der Gruppe Sinanthropus-Pithecanthropus zu sein. Ein Stage [zumindest] muß noch zwischen dem *Sinanthropus-Stage* und dem *anthropoiden Stage* erkennbar und auffindbar sein. Wo suchen?...»[36]

Pater Teilhard will sagen: Es gibt gewiß eine Filiation der Lebewesen und -arten. Der Transformismus kann darüber keinen Zweifel lassen. Theoretisch müßte man also in der Lage sein, einen vollständigen Stammbaum aufzustellen, wie man es für die Kapetinger getan hat. Dieser Baum heißt Phylum. Doch die Vorgeschichte und in allgemeiner Weise die Paläontologie vermögen nur einen Teil der verschwundenen Arten zu entdecken, um so mehr, als die mutierenden Individuen wenig zahlreich und im allgemeinen atypisch sind. Die Ursprünge tendieren also automatisch dahin, zu verschwinden. Von vornherein ist der wirkliche Einfügungspunkt der Arten, von Ausnahmen abgesehen, fast unmöglich zu erkennen, so daß man faktisch anstatt zu dem genaueren und komplizierteren Schema des Phylums, des Stammes und der sich verzweigenden

[34] Brief vom 15. Oktober 1936. Diese Bemerkung bezieht sich vor allem auf den zweiten Teil des vorhergehenden Satzes. 1937 sollte die Entdeckung eines halben Kiefers des *Pithecanthropus robustus* Teilhard zur Position Blacks zurückbringen.

[35] auf englisch: *Stages.*

[36] Brief vom 22. November 1936.

Äste kaum zu mehr denn einer viel gröberen Annäherung gelangen kann, nämlich der spezifischen Wellen, die sich ablösen, von Schuppen, die sich ineinander verschachteln, ohne daß zumindest vorläufig die wirklichen Berührungspunkte erkennbar sein könnten. In welcher neandertaloiden Form verbarg sich der Vorfahre des *Homo sapiens*? Wir werden es vielleicht niemals wissen, und von hierher gibt sich der [im «Absoluten» der Wahrheit falsche] Eindruck der Ablösung und nicht der Filiation.

Pater Teilhard ist weit mehr als ein tätiger und kluger Beobachter gewesen: Vergessen wir nicht diesen Ruf der Freude, der in einem Brief vom 8. Dezember 1933 durchbricht:

> B – «Ein vorsichtiges, jedoch sehr passionierendes Spiel. Es ist eine solche Chance im Leben, an der Entstehung von etwas mitwirken zu können!»[37]

Diese Mitarbeit muß klar ins Licht gerückt werden. In rein statistischer und äußerlicher Weise kann man ohne Mühe feststellen, mit welcher Regelmäßigkeit der Pater, während er gleichzeitig andere Forschungen vorantreibt, über Choukoutien veröffentlicht. Die Bibliographie von 1932 bis und mit 1938 zeigt uns zwei Kategorien von Veröffentlichungen: zunächst in der ‹Revue des Questions scientifiques› und in den ‹Études› die allgemein verständlichen Artikel gehobenen Niveaus, die zu der Berühmtheit des *Sinanthropus* und zur Verbreitung der Freude an den anthropologischen Studien beigetragen haben; dann die eigenständigen Aufsätze und Abhandlungen, zu denen die vom Pater revidierten Arbeiten von Young und Pei hinzugefügt werden müßten. Im großen und ganzen behandeln diese eigenständigen Abhandlungen die Steinindustrie einerseits[38] und andererseits die Säugetierfossilien, das alles wohlgemerkt mit einer sehr soliden und sehr ausgearbeiteten geologischen Infrastruktur. Gewisse Lokalitäten [9, 12] sind Gegenstand einer erschöpfenden Untersuchung. Mit anderen Worten, der Geologe, der Paläontologe und der Archäologe sind in gleicher Weise an der Arbeit. Und diese Veröffentlichungen gehen in brillanter Weise 1939 und während der folgenden Jahre weiter.

[37] Vgl. Brief vom 28. Dezember 1933: «*Ich würde niemals in Europa derartige wissenschaftliche Glückstreffer haben.*»

[38] Vgl. Brief vom 21. Februar 1932: «*Pei packt sein ganzes lithisches Material aus und ordnet es [ich kontrolliere ihn].*»

Das ist noch nicht das Wesentliche. Das unermeßliche Verdienst des Paters, das ihm eine gleiche Würde gibt wie die Peis, Blacks und Weidenreichs, liegt in seiner Rolle als Geologe und in der zugleich feinfühligen und entschlossenen Weise, wie er die Arbeiten und Veröffentlichungen zu koordinieren verstand. Das rechtfertigt die Begeisterung des Briefes vom 23. Mai 1932:

B – «Ich hätte niemals eine derartige wissenschaftliche Laufbahn zu erhoffen gewagt. Was für eine Ehre ist es für einen Geologen oder Paläontologen, sich als einer der ersten mit dem Sinanthropus von Peking befassen zu müssen.»

In seiner Eigenschaft als *Field Director* sitzt er – und mit gutem Recht – den anderen im Nacken, damit sie in der Stratigraphie sorgfältiger seien, bestimmt er die Epochen der verschiedenen Spalten, stellt er den Ausgrabungsplan auf, gelingt es ihm, das Geheimnis dieser gewaltigen «Spalte» zu erhellen, die von der Lokalität 1 gebildet wird:

B – «Ich habe den Eindruck [...], daß die Fundstelle sich als das Ergebnis eines schrittweisen inneren Zusammenbruches innerhalb einer Kalkmasse entwickelt hat, die *ursprünglich* ein komplexes System unterirdischer Gänge *enthielt* [wir wissen aufgrund der Steinbrucharbeiten positiv, daß derartige Gegebenheiten sich in CKT zeigen]. In Übereinstimmung mit diesem Mechanismus hat sich die Höhle *stufenweise* von der Basis bis zum Gipfel des Hügels verlagert. Bis zum schließlichen Zusammenbruch eines *dünnen*, übriggebliebenen Daches. *Genau auf diese Weise* ist die obere Höhle aufgefüllt worden und schließlich zusammengebrochen.»[39]

Schließlich hat Pater Teilhard dank seinen immer ausgedehnteren Kenntnissen und seinem Geist der Synthese die – sehr komplexe – Geologie von Choukoutien in den umfassenden geologischen Kontext Nordchinas und den unermeßlichen Rahmen des fernöstlichen Asiens hineingestellt. Bereits am 5. Juni 1932 ist er überzeugt, daß die gute Forschungsmethode darin besteht,

B – «den Ablagerungen der Spalten zu folgen und zwischen Peking und dem Malaiischen Archipel von Norden nach Süden zu kratzen».

[39] Brief vom 20. September 1937.

Am 28. Januar 1934 erklärt er:

B – «Kurz, in sechs Monaten haben sich unsere Vorstellungen über die Stratigraphie und die Physiographie von Choukoutien [und folglich über Nordchina] sehr stark präzisiert – in derselben Richtung.»

Bereits 1935 gewinnt die Synthese Gestalt:

B – «Meine Arbeit in Peking ist immer packender und interessanter. Im Laufe der letzten zehn Monate hoffe ich dahin gelangt zu sein, die Beziehungen zwischen der Geologie Nord- und Südchinas für das Tertiär und das Quartär zu erarbeiten. Einen Haufen Pläne und Dinge in Arbeit.»[40]

All das ist sichtbar, hinterläßt Spuren in den Veröffentlichungen. Weniger leicht ist die fast unsichtbare Rolle des Koordinators zu erkennen, die Pater Teilhard mit Geschick wahrzunehmen verstand. Die beiden folgenden Auszüge aus Briefen an Abbé Breuil sind trotz ihres technischen Aspektes tief ergreifend:

B – «[...] Bei meiner Rückkehr nach Peking war meine erste Sorge, Black, Pei *and Co*. aufzusuchen. Ihr Besuch hier ist wunderbar nützlich gewesen und hat eine Strömung der Sympathie hinterlassen. Ich habe Ihr „Paper" im Druck gelesen, Ihre Briefe gefunden, unsere Freunde erzählen lassen, die neuen seit meiner Abreise gefundenen Reihen von Fundstücken angesehen. Schließlich ist mein *derzeitiger* Eindruck folgender:

a] Zur *lithischen Industrie*. Ich fühle mich im wesentlichen in voller Übereinstimmung mit Ihnen. Doch bin ich nicht [d.h. ohne in mir das „Verlangen" eher nach diesem als nach jenem zu spüren, und dies in voller Freiheit des Geistes] ebenso wie Sie von der *Vollkommenheit* der Industrie betroffen. Die Bergkristallspitzen verdanken, wie mir scheint, ihre anscheinende Vollkommenheit nur der Qualität ihres Stoffes. Ich kann ebensowenig dort wie anderswo einen Typ des *definierten* Werkzeugs erkennen. Mir scheint, mit anderen Worten, daß der Sinanthropus sich der Steine bedient hat, indem er die offensichtlich natürlichen Eigenschaften ihrer Formen und ihrer Splitter benutzte, *ohne* ihnen eindeutig zuvor entworfene Formen *aufzuprägen* [...]. Sie werden vielleicht morgen recht haben. Für den Augenblick bleibe ich noch in einer ge-

[40] Brief vom 14. Februar 1935.

wissen abwartenden Haltung, was den *Grad* der Kultur des Pekingmenschen betrifft[41].

b] Zur *Knochenindustrie*. In diesem Bereich fühle ich mich [wahrscheinlich weil ich viel weniger Erfahrung habe als Sie] sehr unsicher. Es gibt offensichtlich zerbrochene und geriefte Knochen. Doch bin ich von der Existenz eines bestimmten Werkzeugs nicht überzeugt, weil ich glaube, in den fossiliferen Ablagerungen *aller Zeiten* auf Stücke gestoßen zu sein, die die Charakteristika aufweisen, die Ihnen in CKT auffielen [...]. Man darf also nicht zu schnell voraneilen, glaube ich. Vor allem nicht im Falle von MTK[42]: Man lauert uns auf und wird uns bei der ersten Gelegenheit angreifen [...].

Doch dies sind Kritiken oder Einwände zu Einzelheiten. Das eigentlich Wichtige für mich wie für Black ist, daß Sie, nachdem Sie hierhin gekommen sind, jetzt ein wenig einer der Unsrigen geworden sind, da Sie das Land, die Leute, das Material kennen. Es wäre ein Traum [der vielleicht wirklich wird], wenn Sie im Hinblick auf eine endgültige Veröffentlichung für einige Monate hierher zurückkämen.»[43]

«Was die Knochenindustrie angeht, sind wir hier am *Survey* entschlossen [vgl. die Anmerkung unten auf der Seite zu Ihrem Vortrag], uns noch nicht auf diesen Boden zu begeben, der uns zu glatt erscheint. Sie werden vielleicht in einigen Monaten oder einigen Jahren recht haben. Doch wir hier sind verpflichtet, nur *Sicheres* [oder zumindest so Sicheres wie möglich] vorzubringen, wenn wir nicht dem Ansehen des Unternehmens schaden wollen. – [Sie sind

[41] Auf jeden Fall ist in den verschiedenen Kulturschichten das Werkzeug nicht gleichförmig. Vgl. den Brief von Abbé Breuil vom 2. Juli 1934, datiert von Peking: «Gleichfalls habe ich seit meinem letzten Brief Pei gesehen. Die Ausgrabungen werden immer interessanter. Der Kiefer, von dem ich sprach, stammt also wirklich aus dem „Upper Travertine" [wechselnde Schichten von roten Tonen und stalagmitischen Decken], die bisher noch niemals ausgegraben worden waren. Die neuen Tatsachen sind nun folgende:

1. Pei ist in diesem Travertin auf eine wirkliche Kulturschicht gestoßen [höher als jene, die wir bereits kannten].

2. Das Werkzeug ist sehr bemerkenswert: große Feuersteinsplitter [stark patiniert], die zu schönen Werkzeugen bearbeitet sind. Vor allem große Schaber und eine Spitze [recht linkisch, was die Feinarbeit angeht, jedoch durchaus „Moustérien"].»

[42] Mentoukou.

[43] Brief vom 21. Februar 1932.

ein unabhängiger Mann, Sie engagieren nur sich selbst und können also viel kühner vorangehen.] [...] Es bleibt selbstverständlich, daß der *Survey* von Ihrem Besuch „erleuchtet" und angeregt bleibt; und wir wünschen nur, Sie wiederkommen zu sehen.»[44]

Es ist keinen Augenblick lang die Rede davon, die Auseinandersetzung zu entscheiden und zu Problemen Stellung zu beziehen, die nicht in unser Fachgebiet fallen[45]. Ein Normanne[46] würde sagen, die beiden Gelehrten hatten gleichmäßig recht und unrecht. Abbé Breuil ist eine Naturkraft. Als erstrangiger Prähistoriker und Typologe, der eine unvergleichliche Erfahrung erworben hat, ein kämpferischer Geist, der, wenn es not tut, alles und sein wissenschaftliches Ansehen einsetzt, ein ganz von Intuitionen und Antizipationen erhellter Kopf [Condé vor Rocroi]: er ist es gewohnt, allein harte Schlachten zu liefern, aus der die Gegner im allgemeinen restlos überfahren hervorgehen. P. Teilhard erkannte an[47], daß das Studium des lithischen Materials nicht genau auf seiner Linie liegt, wenn er auch von der werkzeuglichen Natur vieler Dinge wenig überzeugt bleibt[48]. Er räumt ein[49], daß die Knochen künstlich zerbrochen worden sind. Doch sein Charakter unterscheidet sich zutiefst von dem seines Lehrers. Zweifellos ist er bei aller Zuneigung und aller Feinfühligkeit fähig, sich Boule und Breuil entgegenzustellen, doch hat er kein zum Streit neigendes Temperament. Er gehorcht dem Teamgeist, ihm liegt vor allem an der Homogenität der Veröffentlichungen, er will vorsichtig vorankommen, Schritt um Schritt, indem er zunächst die Tatsachen beschreibt und nur Gewißheiten vorträgt oder zumindest nur, was so gut wie gewiß ist, ohne auf die Zukunft vorzugreifen. Schrieb er nicht an einen Freund[50]:

[44] Brief vom 25. März 1932.

[45] Um so mehr, als Abbé Breuil über die Existenz einer Knochenindustrie in Choukoutien und die eines *Homo faber*, sei er *Sinanthropus* oder ein anderer Mensch, in Nihowan, einem alten ausgetrockneten See, der älter als Choukoutien ist, sich in sehr sicherem Tone bejahend äußert [vgl. ‹L'Anthropologie›, Bd. 45, 1935, S. 745–746].

[46] Anspielung auf ein französisches Sprichwort, das die Bewohner der Normandie kennzeichnet.

[47] Brief vom 25. März 1932.

[48] Brief vom 30. Mai 1938. Er ist nicht absolut negativ, denn bereits am 7. März 1932 schrieb er: «*Letzten Endes hat Breuil vielleicht morgen recht...*»

[49] Vgl. oben; siehe auch die Briefe vom 5. Mai 1932 und vom 21. August 1936.

[50] Brief vom 22. Mai 1932.

B – «Ich habe Ihnen, so glaube ich, bereits gesagt, in welchem Maße ich fast schmerzhaft empfindlich war für das, was es in meiner Wissenschaft an Passivem, Annäherndem und Retrospektivem gab»,

und stellte er nicht in einem Artikel[51] als Axiom auf:

B – «[...] Bevor man in der Wissenschaft etwas anerkennt, ist es angemessen, zuvor versucht zu haben, es sich mit allen Mitteln als falsch zu beweisen.»?

Es ist unendlich ergreifend, und es gereicht den beiden Gelehrten ganz zur Ehre, wenn man feststellt, daß dieser ganze intellektuelle Gegensatz niemals ihre Freundschaft beeinflußt hat[52]. Nichts ist so wesentlich wie die Betonung des sehr positiven Charakters des Teilhardschen Denkens, das andererseits derart gewagter Extrapolationen fähig war, was gerade für die genannten Extrapolationen eine Gewähr ist. Ein komplexes Temperament? Daran ist nicht zu zweifeln. Je weiter man gehen wird, um so mehr wird man feststellen, daß auf der philosophischen Ebene ein anscheinend metaphorisches und etwas verschwommenes Vokabular einem sehr genauen und sehr festen Denken als Rahmen dient[53].

Fassen wir in einigen Formeln zusammen, was über Choukoutien zu

[51] ‹Les Fouilles préhistoriques de Péking›, ‹Revue des Questions scientifiques›, [‹Die vorgeschichtlichen Ausgrabungen von Peking›] 1934.

[52] Die Sache hätte bös ausgehen können, denn die Abhandlung Abbé Breuils über das Steinwerkzeug ist immer noch nicht herausgegeben, und um die Veröffentlichung über die Knochenindustrie [‹Bone and Antler Industry of the Choukoutien Sinanthropus Site›, Pal. Sin. new series D, Nr. 6, 40 Seiten und 26 Tafeln, Peking 1939] zu neutralisieren, hat Pater Teilhard Pei aufgefordert, eine Untersuchung über die natürlichen Ursachen der Knochenbrüche herauszubringen, in der der chinesische Gelehrte, um die Ironie voll zu machen, die Ideen Abbé Breuils benutzte. Man darf dem Pater für diese kleine Bosheit nicht böse sein: Er stand zwischen zwei Feuern und hat sich aus der Situation herausgewunden, so gut er konnte. Bei zwei Gelehrten, die keine Gottesmänner gewesen wären, hätte dieser Streit wahrscheinlich einen unversöhnlichen Haß erzeugt.

[53] Auf der wissenschaftlichen Ebene ist der einzige Mißgriff im Vokabular, den man im äußersten Falle Pater Teilhard vorhalten könnte, die Verwendung von «Anthropoide» anstatt von «Prä-Hominine» [vgl. oben Brief vom 22. November 1936]. Die Anthropoiden oder besser gesagt die Pongiden [Schimpanse, Orang, Gibbon, Gorilla und ihre Vorfahren] bilden ein von den Hominiden [Prä-Homininen, Australopithezinen und Archanthropinen, das heißt Pithecanthropus-Stadium, Paläanthropinen, das heißt neandertaloides Stadium, Neanthropinen, das heißt Stadium des modernen Menschen] verschiedenes Phylum.

sagen ist. Pater Teilhard hat weder die Spalte entdeckt noch die Schädel gefunden. Er hat sie ebensowenig beschrieben. Doch er war die Seele und der Geist der Forschung, und als die Eindringlinge mit den beschlagenen Stiefeln und der senffarbigen Uniform China erobern wollten, wurde dank der Intervention Pater Teilhards die Arbeit nicht «verpfuscht» und die Fundstelle nicht verdorben. Choukoutien ist eine der großen Chancen Pater Teilhards gewesen. Bereits am 22. Mai 1932 schrieb er:

B – «Sie beneiden mich in gewisser Weise, daß ich das Glück habe, einen „für das allgemeine Denken" so interessanten Stoff zu bekunden wie die Entdeckung des *Sinanthropus*. Ich erkenne ihren Wert an... Doch bin ich nicht besonders stolz darauf.»

FÜNFTES KAPITEL

DIE ERSTE PERIODE VON PEKING: FORSCHUNGSKAMPAGNEN IN CHINA UND AUSSERHALB VON CHINA

Kaum hatte Pater Teilhard bei der Rückkehr von der gelben Kreuzfahrt die Zeit, etwas zu verschnaufen, als er wieder ins Schansi aufbrechen mußte:

B – «Ich breche also morgen zur Reise auf, – ohne große Be- 1932
geisterung. Nach meinen großen Fahrten in den letzten Jahren reizt mich diese Reise auf dem Rücken des Maultieres, in schmutzigen Herbergen, in einem wenig reizvollen Land nicht. Doch will ich damit nicht sagen, daß sie mir nicht eines Tages nützt; und ich unternehme sie, um „getreu zu sein".»[1]

Mit Young begibt er sich in den Südosten des Schansi, um die pliozänen und pleistozänen Ablagerungen in einem weiten, von der Erosion verwüsteten und praktisch unbekannten Gebiet zu studieren. Er plant, bis zum Hoang-ho hinabzusteigen und auf die Eisenbahnlinie nach Peking zu stoßen. Eine ungefähr einmonatige Fahrt[2]. Eine typisch «archaische» Reise. Wie Pater Teilhard sehr richtig sagt:

B – «[...] Aber ich habe auch eine unbestimmte Vorstellung, daß ich jetzt zum letztenmal auf diese Weise herumziehe. Ich habe neue Dinge ins Auge gefaßt, die aber wahrscheinlich anderer Art sind, mehr meinem Alter entsprechend und der Art von Arbeit, die ich jetzt leisten kann.»[3]

Die gelbe Kreuzfahrt hat durchaus einen Einschnitt gekennzeichnet. Trotz der „*mäßigen*" Kälte von –30° in der Nacht hat der Pater sich Ende Juni sehr erschöpft gefühlt, und er hat sich zum Wiederaufbruch zwingen müssen. Doch wie Madame Claude Aragonnès[4] richtig bemerkt:

[1] Brief vom 3. Juli 1932. Hat er doch auch vom Fernen Osten gesagt: «*[...] Ich habe, wissenschaftlich gesprochen, eine großartige Basis für die Arbeit gefunden und geistig einen sehr schönen Boden, um meine Theorien über den religiösen Wert des menschlichen Bemühens in die Praxis umzusetzen.*» [Brief vom 31. Mai 1936.] Theorie und Praxis fielen bei Pater Teilhard zusammen.

[2] Der Pater war sicher Anfang September 1932 zurück.

[3] ‹Geheimnis und Verheißung der Erde›, Seite 186, 11. Juli 1932.

[4] ‹Geheimnis und Verheißung der Erde›, Seite 186.

W – «wird Pierre Teilhard noch lange der unermüdliche Reisende bleiben, der er seit 1923 ist, aber die Art und Weise seines Reisens wird sich tatsächlich bei seinen nächsten Expeditionen ändern. Er nimmt an Forschungsreisen teil, die von verschiedenen wissenschaftlichen Stiftungen veranstaltet werden, die seine Mitarbeit suchen. Das Auto wird das Maultier ersetzen, die materiellen Bedingungen werden viel besser sein.»

Die gelbe Kreuzfahrt stellt also durchaus einen Wendepunkt dar.

Das Schansi des Südwestens spielt, wie die Bibliographie beweist, eine beträchtliche Rolle in den geologischen und paläontologischen Forschungen des Paters, denn es ist ein von der Erosion verwüstetes, an «*Bad Lands*» reiches Land, wo man also Fossilien finden und die Formation des oberen Känozoikums in Ruhe studieren kann. An-
1933 fang Juni 1933 macht er in Begleitung von Barbour, wie die ‹Reisebriefe›[5] ausweisen, einen «Trip», eine kleine Rundfahrt, zu der er als Stützpunkt eine protestantische Gewerbeschule im Süden von Taiyüan nimmt. Barbour beschreibt die Ankunft am Abend in einem chinesischen Dorf wie folgt:

W – «Wenn wir abends, gerade vor Einbruch der Dunkelheit, in einem Dorf ankamen, fanden wir gewöhnlich Unterkunft, entweder auf dem K'Ang, das ist die Lehmplattform, auf der die Gäste der örtlichen Karawanserei in Reihen schliefen, oder auf der Steinbühne eines Freilufttheaters neben dem Dorftempel. Während wir unsere Feldbetten aus Segeltuch aufstellten, zündete der Koch ein Feuer an, kochte Wasser und kaufte Eier und Nudeln zur Vorbereitung der Abendmahlzeit. Wenn die Dunkelheit hereinbrach, hatten wir nur das schwache Licht einer Kerze oder Sturmlaterne. Nachdem wir unsere Tagesnotizen niedergeschrieben hatten, diskutierten wir über die Beobachtungen des Tages, bevor wir ins Bett krochen und das Licht auslöschten, um zu vermeiden, Mücken herbeizulocken. In diesem Augenblick sprach Pierre gelockert und zufrieden am freiesten über die seinem Herzen nahen Ideen. Häufig habe ich seitdem gewünscht, ich hätte einiges von den Gesprächen dieser Nächte aufgezeichnet, denn in ihnen lag der Keim zu vielen Ideen, die er später ausführlicher in ‹Mein Glaube› und ‹Das menschliche Phänomen› entwickelte.»

[5] ‹Geheimnis und Verheißung der Erde›, Seite 195.

Diese beiden Reisen ins Schansi[6] erlaubten dem Pater, eine wichtige Dokumentation anzuhäufen, die zur Quelle zahlreicher Veröffentlichungen wurde[7]. Sei es allein, sei es in Zusammenarbeit mit Young oder mit Trassaert[8], einem Physiker von erstaunlicher Intelligenz und seltener Anpassungsfähigkeit, der zu den Laboratorien von Tientsin gehörte und den der Pater zur Paläontologie «bekehrt» hatte.

Das Schansi stellt für P. Teilhard einen dieser festen Stützpunkte dar, wie sie jeder Mann der Wissenschaft sucht, um sich auf diese Weise eine wohlbegründete Reputation als Spezialist zu schaffen. Doch der Teilhardsche Geist der Synthese ist immer wach. Dank der systematischen Erforschung des Nordens des chinesischen Reiches, dank den zahllosen von Choukoutien aufgeworfenen Problemen[9] beginnt die geologische Struktur Nordchinas sich für das Tertiär und das Quartär ernsthaft zu klären. Doch muß die Verbindung mit Südchina geschaffen werden und durch es hindurch mit dem Malaiischen Archipel, Birma, Indien. Man muß den Ablagerungen der Spalten und Grotten von Norden nach Süden folgen. Bereits 1932[10] ist eines der Mitglieder des *Survey* aus dem Yün-nan zurückgekommen mit Fundstücken, die bewiesen, daß es dort fossilifere Höhlen von annähernd dem gleichen Alter wie Choukoutien gibt. Das erklärt, von den Zwischenspielen im Honan [1934] und Schantung [1936] – zwei vom Hoang-ho umspülte Provinzen – abgesehen, daß sich das Schwerkraftzentrum eindeutig nach Südchina und insbesondere ins Yangtsetal verschiebt.

[6] Es hat vielleicht noch andere gegeben.

[7] 1933, 1936, 1937.

[8] Vgl. Brief an Stehlin vom 28. Mai 1938: «Ich nehme an, daß Sie meine Arbeit [zusammen mit Trassaert] über die ‹Cerviden des Schansi› erhalten haben. Sie müssen nachsichtig sein. Es fehlt uns hier an vielen Büchern und an allen Vergleichsstücken mit Europa. Und doch ist es unmöglich, die Fossilien nach Paris oder anderswohin zu transportieren. Ich tue also, was ich kann. Es scheint mir wichtiger, für die Paläontologie wichtige Tatsachen zu veröffentlichen [und sei es in unvollständiger Weise], als sie zu „vergraben". Tatsächlich wären, hätte ich nicht so gehandelt, viele Dinge in unwiederbringlicher Weise in Nanking verschwunden. Doch zähle ich auf Sie, Schaube, Helbing und die anderen, um mich zu korrigieren!»

[9] Das Sich-Ineinanderfügen der beiden Geologien, der der Spalten und der der Becken und Terrassen, muß erarbeitet werden.

[10] Vgl. Brief vom 5. Juni.

Diese Expedition an den Blauen Fluß verlief in zwei Episoden. Im 1934 April 1934 läßt der Pater sich in der Begleitung von Norin, C. C. Young und J. S. Lee von Barbour mit auf eine Expedition an den mittleren Yangtse nehmen. Er trifft tatsächlich seinen angelsächsischen Kollegen in Schanghai und fährt den Fluß bis Hankow[11] mit einem seitlichen Abstecher über den Luschan hinauf. Am 25. April ist er nach Peking zurückgekehrt. Nachdem er in Begleitung von Barbour drei Tage in Choukoutien verbracht [8., 9. und 10. Mai] und am 11. Mai an einer außerordentlichen Sitzung der Geologischen Gesellschaft Chinas zum Gedenken an Davidson Black teilgenommen hat, nimmt Teilhard am 13. Mai den Zug nach Hankau, um zusammen mit Barbour und C.C. Young die Fahrt den Blauen Fluß hinauf bis in die Provinz Szetschuan[12] abzuschließen mit einem Aufenthalt in Itschang, Wan-hsien und Chung-King[13], bevor sie einen Keil nach Chengtu[14] vortreiben und sich nach Westen über die Straße ins chinesische Gebiet bis an die Grenzen des Beckens begeben. Am 25. Juni ist der Pater seit einigen Tagen sicher in Tientsin zurück.

Es geht vor allem darum, die Geologie des Quartärs zu studieren:

B – «Seit Ostern [und entsprechend dem von Black aufgestellten Plan] habe ich den Yangtse von Nanking bis zu den ersten Ausläufern Tibets prospektiert. Geologisch sehr interessant – aber für die Vorgeschichte nicht sehr „*promising*“. Äußerst wenig bloßgelegtes oberes Pleistozän. Die Gesamtheit der Terrassen [wahrscheinlich gerade ein wenig *zu* alt für den Menschen] ist tief lateritisiert worden, was jede Hoffnung auf Knochenreste [= aufgelöst] zu nehmen scheint. Der beste Punkt wären die fossiliferen Spalten von Wanhsien [Szetschuan], die ich besuchen konnte [Fauna vom Alter CKT, wie es scheint]. Unglücklicherweise handelt es sich um „*Dissolution Pits*“, die eine Rolle als natürliche Fallen und nicht als Wohnorte gespielt haben – was die Chancen vermindert

[11] Das heißt Hankau, richtiger Han-Keou. Wir respektieren die [angelsächsische] Orthographie des Paters. Übrigens ist die deutsche Schreibweise der chinesischen Namen veränderlich. Die postamtliche richtet sich meist nach der französischen, teilweise auch nach der englischen Schreibweise.

[12] Der Pater sagt auch: Sceu-Chouan. Deutsche Schreibweise Szetschuan.

[13] Der Pater sagt auch: Tchon-King. Deutsche Schreibweise Tschungking.

[14] Der Pater sagt auch: Tcheng-tou. Deutsche Schreibweise Tschöngtu.

[...]. Äußerst schöne und reizvolle Reise im übrigen. Szetschuan insbesondere ist ein wunderbares Land.»[15]

Diese Entdeckung Südchinas mit der Eisenbahn, dem Dampfschiff, dem Motorboot, im Sampan, Flugzeug, Tragsessel, dann jenseits von Tschungking in der Rikscha, im Ford Modell T, im Autobus ist wirklich etwas Wunderbares:

B – «Das Kulingebirge ist wirklich eindrucksvoll, einige vierzehnhundert Meter hoch und zwischen großen Seen gelegen. Sie würden sich am Anblick der mit Kiefern, Eichen und großen Bambussen bedeckten Hänge erfreut haben. Die Hügel waren rosa oder purpur oder gelb, voller blühender Azaleen, Rhododendren und wilden Flieders. Und die Grillen sangen gerade so wie in Peiping im Juni.»[16] – «Gestern haben wir mit einer Zollbarkasse eine wunderbare Fahrt in die Itschang-Schluchten gemacht. Das Wasser war hoch und stark und die Klippen herrlich. Überall liefen Wasserfälle die herabstürzenden Wände hinab, – und alles war intensiv naß und grün.»[17] – «Sobald man die Engpässe überwunden hat, betritt man Szetschuan, eine reiche und grünende Landschaft, in der ich jeden Augenblick ein viel chinesischeres China entdeckte. Die Pagoden sind glänzender und mehr verziert, die Hüte sind größer und spitzer, die Landschaft gleicht mehr dem China, das man aus Büchern kennt.»[18]

In einem anderen Brief spricht er von Gebirgen, die steil große Seen und Reisfelder, Kiefernwälder, Bambusse, mit blühenden Azaleen bedeckte Hügel überragen. Dieses Fest des Grüns und der Farben ist eine Abwechslung zu der Strenge Nordchinas.

Während des Besuchs der fossiliferen Spalten von Wan-hsien kam es zu einem lustigen Zwischenfall, den uns C. C. Young berichtet:

W – «Auf unseren Fahrten nutzten wir manchmal die Gelegenheit, in katholischen Missionen zu wohnen, um besseres Essen und bequemere Unterkünfte für die Nacht zu bekommen. Gewöhnlich gab es keine Schwierigkeiten bei solchen Übereinkünften, doch in Wan-hsien, im östlichen Szetschuan, fanden wir eine ganz andere Situation vor. Als wir ankamen, war die Stadt so überlaufen, daß es

[15] Brief vom 25. Juni 1934.

[16] Brief vom 20. April 1934.

[17] Brief vom 23. Mai 1934.

[18] ‹Geheimnis und Verheißung der Erde›, Seite 201, Tschungking, 30. Mai 1934.

uns unmöglich war, in einer Herberge Räume zu finden. P. Teilhard wußte, daß es dort eine große katholische Mission gab, und schlug vor, daß wir dort für ein paar Tage bleiben sollten. Als wir die Mission erreichten, erschien ein Chinese in einem langen schwarzen Talar und sah uns sehr seltsam an, als ob er uns verdächtigte, wir wären Verbrecher. Er fragte nach dem Beruf von Pater Teilhard, der wie gewöhnlich in seinem Feldanzug war. Wir sagten ihm die Wahrheit, daß er katholischer Priester sei, aber er glaubte es natürlich nicht und begann lateinisch zu Pater Teilhard zu sprechen. Obgleich Teilhard Latein sehr gut konnte, hatte er seit Jahren keine Übung mehr darin, es zu sprechen. So konnte er es nicht fließend mit dem chinesischen katholischen Pater sprechen, dessen Argwohn so bestätigt wurde. Er hielt Pater Teilhard für einen bösen Mann, betrachtete uns alle mit Argwohn und weigerte sich, uns in freundlicher Weise aufzunehmen. Er erlaubte uns zu bleiben, doch gab er uns ein sehr armseliges Zimmer. Zwei Tage später besuchte derselbe chinesische katholische Pater uns sehr höflich, wies uns einen viel besseren, verschwenderisch ausgeschmückten Raum an und gab uns sehr gutes Essen. Er entschuldigte sich bei uns mit Anstand für sein unfreundliches Benehmen, als er uns zuerst empfing. Aus diesem Wandel in seinem Benehmen wußten wir, daß er an die Missionszentrale von Chengtu telegrafiert hatte [...].»
In einem vom 25. Juni 1934 aus Tientsin datierten Brief kündigt der Pater für etwa den 1. Juli eine Abreise mit Barbour in die Gegend von Sianfu[19] im Schansi an: «*Eine Frage der nützlichen Verwendung dieses letzten Monats*». Diese Reise, auf die ein Brief von Peking am 14. Juli 1934 keinerlei Anspielung macht, fällt sicher mit der Fahrt ins westliche Honan zusammen[20]. Nachdem diese Provinz endlich von ihren Banditen gesäubert ist, bricht der Pater, ohne die Zeit zu haben, Atem zu schöpfen, am 16. Juli dorthin in Gesellschaft von G. B. Barbour[21] und dem chinesischen Gelehrten M. N. Bien auf. Am 19. Juli verlassen die Reisenden die Eisenbahn in Loyang und durchqueren die östlichen Tsin-ling-Schan. Rein geologische Erforschung, die erlaubt, die Forschungen abzuschließen, die im Hinblick auf die Ver-

[19] das heißt Si-ngan-fou.

[20] Unmittelbar östlich des Schansi gelegen.

[21] Der ausdrücklich von Amerika gekommen war, um die Pläne Blacks durchzuführen.

bindung der tertiären Formationen des Nordens und des Südens Chinas durchgeführt wurden: «*Unsere Hoffnungen sind übertroffen worden*», erklärt der Pater freudig[22]. Es genügt nämlich nicht, die beiden Enden der Kette, den Norden und den Süden, in Händen zu haben, vielmehr muß man die Zwischenglieder und diese so heikel zu analysierenden Gebiete studieren, in denen sich der Übergang vollzieht. Anscheinend gleicht das Kommen und Gehen Pater Teilhards einer Brownschen Bewegung. Tatsächlich hat der Zufall eine gewisse Rolle gespielt, indem er manchmal Schranken aufrichtete oder unerhoffte Gelegenheiten bot. Doch in der Gesamtheit ist der Plan offensichtlich: Konsolidierung der in einigen wesentlichen Gebieten erzielten Ergebnisse, Ausdehnung des Wirkkreises in den Norden, Ausdehnung des Wirkkreises in den Süden[23], wobei über die Grenzen Chinas hinausgegangen wird.

Hier noch zwei heroisch komische Episoden von dieser Reise ins Honan, die uns von Barbour aufbewahrt worden sind:

W – «Entsprechend den Eintragungen in mein zerfetztes Reisetagebuch zogen wir am Dienstag, den 24. Juli 1934, in den Hof des *Yamen* oder Richterpalastes in Luschi am Lo-ho-Fluß in Westhonan ein. Wir hatten die Eisenbahn vor zwei Tagen in Loyang verlassen. Aus der Aufregung und Neugier, die unsere Ankunft in den Dörfern am Wege hervorrief, war ersichtlich, daß wir offensichtlich die ersten „fremden Teufel" waren, die den Distrikt betraten, der mehrere Jahre lang durch Banditen verseucht gewesen war und immer noch als ein Hornissennest angesehen wurde. Die Nanking-Regierung unter Tschiang Kai-schek hatte gerade die Gegend gesäubert und neue Militärdistriktsoffiziere ernannt, um die Ordnung wiederherzustellen, und diese hatten ihr neues Amt noch nicht ange-

22 Der Brief vom 31. August 1934 fügt folgende Erläuterungen hinzu: «*[...] Ich habe im Juli einen vollständigen Querschnitt der Tsin-ling im Süden von Loyang gemacht [...]. Sehr interessant als Struktur: eine große Masse granitisierter Ablagerungen, die man als präsinisch ansah und die mir weitgehend paläozoisch erschienen*»; vgl. Brief vom 29. September 1934: «*Meine zusammen mit G. B. Barbour gemachte Reise ist sehr interessant gewesen. Auf dem verfolgten Längengrad bilden die Tsin-ling einen axialen Streifen granitisierten Paläozoikums, der im Norden und im Süden von dicken, detriten tertiären [? eozänen] Formationen eingefaßt ist, die im Laufe einer vorpliozänen Hebung der Kette gespalten wurden. Wir bereiten eine recht hübsche Karte von dem Reiseweg vor.*»

23 Wie der Pater am 15. Oktober 1936 schreiben sollte: «*[...] Neben* CKT *ist das wahre Arbeitsfeld jetzt Zentral- und Südchina [Spalten mit Orang].*»

treten. Der Paß über die Tsin-ling-Kette vor uns wurde immer noch nicht als sicher für Reisende angesehen, und wir waren an das militärische Hauptquartier verwiesen worden, um dort unsere Beglaubigungsschreiben vorzuweisen und Zugang und sicheres Geleit gewährt zu bekommen. Das neue Kommando war erst so kürzlich hier eingetroffen, daß wir seine ersten offiziellen Besucher waren und sogar bei ihnen erschienen waren, bevor die Gebäude ausgefegt worden waren. Der schneidige neue Distriktskommandeur fühlte sich durch die Gesetze der Höflichkeit verpflichtet, uns Gastfreundschaft anzubieten, und hielt uns im äußeren Hof zurück, während er die Örtlichkeit annehmbar herrichtete und eine Mahlzeit vorbereitete, um uns willkommen zu heißen: erst danach würden wir unsere Angelegenheiten besprechen können. Wir waren unterwegs, seitdem wir Kun-hsien vor 8.00 Uhr morgens verlassen hatten, und hatten zumindest eine Stunde vergeudet, um unsere Wagen und unsere Tiere über eine Fähre zu bekommen. Es hatte geregnet, und wir hatten nur einige 15 Meilen durch und durch schlechten Weges zurückgelegt. Pierre hatte sich auf die Steinstufen des *Yamen* gesetzt, um auszuruhen und die Entwicklung abzuwarten. Und er beobachtete die Bemühungen einiger Soldaten, die versuchten, ihre Ausrüstung von dem Rücken eines störrischen Maultiers abzuladen. Einer der Leute rief auf chinesisch, daß das Vieh bösartig sei. Doch die Bemerkung war an Pierre verloren, der noch immer über die Anwendbarkeit eines Kommentars von Li T'ai-fo nachdachte, den C. C. Young von einer Inschrift übersetzt hatte, die sie früher im Sommer im Roten Becken gesehen hatten. „Es ist ebenso schwer in Szetschuan zu reisen, wie in den Himmel zu kommen."

Gerade in diesem Augenblick ließen die Leute ihre Last fallen, als das Maultier mit einem Hinterbein ausschlug und Pierre an die Schläfe traf. Der Schlag brachte eine Ader zum Platzen, und innerhalb weniger Minuten hatte er eine Beule von der Größe eines Zwerghuhneies genau über der Stirnarterie. Innerhalb von fünf Minuten hatten wir den nächsten Raum im *Yamen* mit Beschlag belegt und sein Feldbett aufgeschlagen. Die ganze Nacht hindurch kühlte ich seine Schläfe mit dauernd gewechselten Kompressen. Eis gibt es einfach nicht in einem chinesischen Dorf im Juli. Und der Sanitäter des Ostens verfügte über keinerlei Medikamente außer etwas Äther. Ich las Pierre aus dem kleinen Brevier vor, das er früher am Nachmittag

auf dem Wagen benutzt hatte, und wartete angstvoll auf die Dämmerung. Doch seine eigene Sorge galt diesen „*armen Leuten*", die mit so großer Sorgfalt die Mahlzeit vorbereitet hatten, zu der nun keine Gäste da waren, um daran teilzunehmen. Gegen Morgen war die Schwellung deutlich zurückgegangen, und er versuchte darauf zu bestehen, weiterzufahren. Doch ich wies darauf hin, daß das Maultier mich daran gehindert hatte, die Schlußfolgerungen der Beobachtungen des vorhergehenden Tages niederzuschreiben, und daß der Polizeichef gesagt hätte, wir könnten nicht weiterfahren, bis Nachricht von einem Boten zurückkam, der vorausgeschickt worden war, um die Vorposten auf unser Kommen hinzuweisen.
Zwei Tage später war er in guter Form für die Reise. Der Weg war so eng geworden, daß der Wagen abgelohnt wurde und wir unser Gepäck auf Maultiere luden, wobei der Maultierführer in chinesischer Weise das Gewicht von Pierres Metallkiste durch drei schwere Steine ausglich, um so die Ladung im Gleichgewicht zu halten. Pierre zog es vor, mit dieser langen metallenen Offizierskiste zu reisen, auf deren Boden er einige zylindrische Behälter versteckt hatte, in denen einige 200 chinesische Silberdollars verstaut waren, – die einzige Währung, die angesichts der Entwertungslaunen des unbegrenzten Papiergeldes immer angenommen wurde.
Zwei Tage später schlängelten wir uns durch den Paß über den Grat der Tsin-ling-Kette. Auf der Südseite führte der Abstieg durch eine so enge, gewundene Schlucht, daß der Fußpfad den Bach an jeder Biegung kreuzen und nochmals kreuzen mußte. Am vierten Tag begannen wir mit einer 4 km langen Strecke, während der wir den Strom dreizehnmal gürteltief vor 8.00 Uhr morgens durchqueren mußten. Die Nummer 13 muß dem Maultier als unheilvoll aufgefallen sein, und die schlecht ausgewogene Ladung begann zu gleiten. Als das Vieh sich dem Ufer näherte, versuchte es, sich hinzulegen und sich zu rollen. Doch es brachte es zunächst fertig, den Koffer in zwei Fuß tiefes Wasser fallen zu lassen. Während der nächsten Stunde saßen wir am Ufer mit über die Büsche gebreiteten Kleidern, bis die Sonne den ganzen triefenden Inhalt getrocknet hatte, von dem Pierre heimlich den Silberdollarschatz entfernt hatte.»
Szetschuan erstreckt sich zu beiden Seiten des Yangtse. Doch der Pater mußte noch weiter nach Süden vordringen. Sagte er nicht im Hinblick auf seine Fahrt zwischen Nanking und Chengtu:

B – «Eine großartige Reise, die mir ein neues Drittel von China offenbart hat. Noch ein Drittel zu machen [das südlichste] – und ich glaube, wir beginnen klarzusehen im chinesischen Tertiär und Quartär.»[24]

1935 Anfang Januar 1935 wird zusammen mit Wong und Pei ein neuer Aufbruch organisiert[25]. Kwangsi und Kwangtung [Provinz von Kanton] waren für Pater Teilhard absolut neue Gebiete, wo er viel zu beobachten und zu lernen hoffte. Seine Erwartung wurde nicht enttäuscht. Von den erzielten Ergebnissen gibt er folgende Zusammenfassung:

W – «[...] Die Abfolge der pliozänen und pleistozänen Ablagerungen südlich des Tsin-ling beginnt Gestalt anzunehmen und zeichnet sich wie folgt ab [...]: 1. An der Basis eine mächtige Reihe von Kiesel- und Lehmschichten [Piemontit-Ablagerungen], die dem Villafranchien zu entsprechen scheinen; 2. darüber ein unregelmäßig entwickeltes System aus umgelagerten Lateriten und grauen Lehmen, das die Gesamtheit des Quartärs im eigentlichen Sinne darzustellen scheint. Bisher ist keinerlei menschliche Spur in diesem Pleistozän der Abhänge und Becken aufgefunden worden. Dagegen liefert derzeit die Erforschung der in den großen Karsten Südchinas vom Kwangsi und Yün-nan bis Szetschuan so zahlreichen Höhlen der Vorgeschichte für denselben Zeitraum einige präzise und interessante Ergebnisse. Einerseits schließen diese Höhlen quer durch das Kwangsi [und wahrscheinlich auch anderswo] wichtige Ablagerungen ein, in denen eine Industrie von mesolithischem Typ [...] unter angehäuften, verhärteten Aschen und Süßwassermuscheln gefunden wird [...]. Andererseits sind in denselben Grotten die Spuren einer tonigen, gelben, sehr viel älteren Formation zu erkennen, die eine sehr charakteristische Fauna enthält: Stegodon [...] und Orang. In diesen alten Tonen sind noch keinerlei sichere menschliche Spuren angegeben worden [...]: Doch steht zu erwarten, daß sie früher oder später auf-

[24] Brief vom 13. Juli 1934.

[25] Reiseweg: Schanghai–Kanton [mit dem Schiff], Besuch des Kwangsi [Kuang-Si] und insbesondere Fahrt nach Nanning im Südwesten [weniger als 200 km von Tonkin] und nach Kweilin [Kuei-lin] im Nordwesten. Dann Rückkehr über das Meer [Kanton–Schanghai–Taku, Hafen von Tientsin und Peking] im Laufe Februar.

tauchen[26]. Auf jeden Fall legen verschiedene Überlegungen den Gedanken nahe, daß die Ablagerungen mit Stegodon und Orang im südlichen China das genaue Äquivalent sowohl zu den Schichten mit Sinanthropus in Nordchina [in denen eine Fauna von nördlichem Typus überwiegt] als auch zu den Schichten mit Pithecanthropus auf Java sind [...].»[27]

Dieser in seinem technischen Inhalt etwas herbe Text ist sehr charakteristisch, denn er liefert uns den Grund für diese Reisen in den Süden, und er stellt auch sehr glücklich den Geist der Synthese Pater Teilhards heraus. Es handelt sich darum, die Synchronik der quartären und endtertiären Ablagerungen zwischen dem Norden und dem Süden Chinas herzustellen, – derart, daß die Äquivalenz der Schichten mit Sinanthropus im nördlichen China und der Schichten mit Pithecanthropus auf Java bewiesen wird. Es geht immer darum, Choukoutien in den unermeßlichen Kontext des asiatischen Ostens zu stellen. Und es ist sofort ersichtlich, weshalb der Pater zunächst das Szetschuan, dann das Kwangsi besucht hat: nämlich um den Höhlen und Spalten zu folgen in der Hoffnung, dort den ältesten Menschen zu finden.

Wie bedauerlich, daß das Wetter kalt und trübe ist! Von Nanning schreibt der Pater am 18. Januar 1935:

B – «Die Leute sehen verfroren aus und gehen unter Decken oder mit kleinen Körben mit brennender Holzkohle auf dem Bauch die Straßen entlang. Es ist ein Jammer, das Land ohne Sonne zu sehen, alles ist so tropisch; die gewaltigen grünen Bäume, die Früchte, der rote Boden, die Farne und die leuchtenden Vögel.»

Die Natur in der Umgebung von Kweilin ist überraschend:

B – «Vom Malerischen her gesehen, sind wir an einem der berühmtesten und eigenartigsten Orte Chinas. Rundherum um Kweilin und weit nach Süden ist das Land ein Wald von hohen

[26] Die Vorhersagen wissenschaftlicher Art Pater Teilhards sind mehrmals glänzend bestätigt worden. 1955 haben die Chinesen im Kwangsi Zähne des *Gigantopithecus* zusammen mit Stegodon gefunden. 1956 haben sie in den Höhlen derselben Provinz, in Leng-chai-Schan, zwei Kiefer des *Gigantopithecus* entdeckt [der eine von einem alten weiblichen, der andere von einem sehr jungen männlichen Wesen], die ein dem menschlichen Kiefer sehr nahe kommendes Aussehen haben.

[27] ‹L'Anthropologie›, Band 45, 1935, Seite 740.

Kalksteinsäulen oder Nadeln [etwa 80 oder 90 m hoch], die die außerordentlichste Landschaft bilden. Es sind die Überbleibsel eines hochgradig sezierten Kalksteinplateaus. Inmitten der phantastischen, aus einem ziegelroten Boden aufragenden Felsen läuft der Fluß, ein jadegrünes durchsichtiges Wasser. Es ist nur schade, daß das Land so stark entwaldet ist – hier ist die Vegetation nicht so tropisch wie in Nanning. Keine Palmen oder Cycas mehr in den Felsen. Doch sind wir immer noch im Land der Orangen, Mandarinen und Pampelmusen. Das Wetter ist wolkig und fast kalt. Die Häuser sind meistens offen, und es gibt kein Feuer, abgesehen von den Kohlenbecken.»[28]

Von nun an soll der «Drang nach Süden»[29] den Pater über die Grenzen des chinesischen Territoriums hinausführen. Wir haben es mehrfach angemerkt. Auf dem Internationalen Geologischen Kongreß von Washington im Jahre 1933 hatte Pater Teilhard Helmut de Terra kennengelernt. Etwas später empfing letzterer einen Brief von Davidson Black mit der Bitte, auf die eine oder andere Weise an den Forschungen mitzuarbeiten, die dem fossilen Menschen galten [wenn es in den Plänen des Amerikaners lag, nach Nordindien zurückzukehren]. In seiner Antwort fragte de Terra, ob ein Mitglied des Instituts von Peking ihn 1935 begleiten könne, um ihm und den anderen Mitgliedern seiner Gruppe zu helfen. Er hatte in seiner Eigenschaft als Direktor der *Yale North India Expedition* die Absicht, die Stratigraphie der Formationen der Siwalik-Hills[30] zu studieren, die Fossilien von Primaten zu sammeln und die Erforschung des Pleistozäns und der damit verbundenen paläolithischen Zivilisationen in der Salt Range und in Kaschmir weiterzuführen[31]. Daraufhin erhielt er einen Brief von Pater Teilhard, in dem dieser mitteilte, welches Interesse er diesem Plan entgegenbrächte: er sei in der Lage, mit seinem Kollegen in Indien zusammenzutreffen und sich seinen Arbeiten anzuschließen.

[28] Brief vom 28. Januar 1936.

[29] Im Original deutsch.

[30] Berge im Westen Nepals und im Süden Kaschmirs. Aus der Paläontologie wissen wir, daß die fossilen Anthropoiden nur südlich des Himalaja, in den Siwalik-Hills, gefunden werden, deren Fauna erst im mittleren Pliözän aufhörte, eine Waldfauna zu sein.

[31] Dieser Brief von Helmut de Terra ist sicher vor dem 11. November 1934 geschrieben worden.

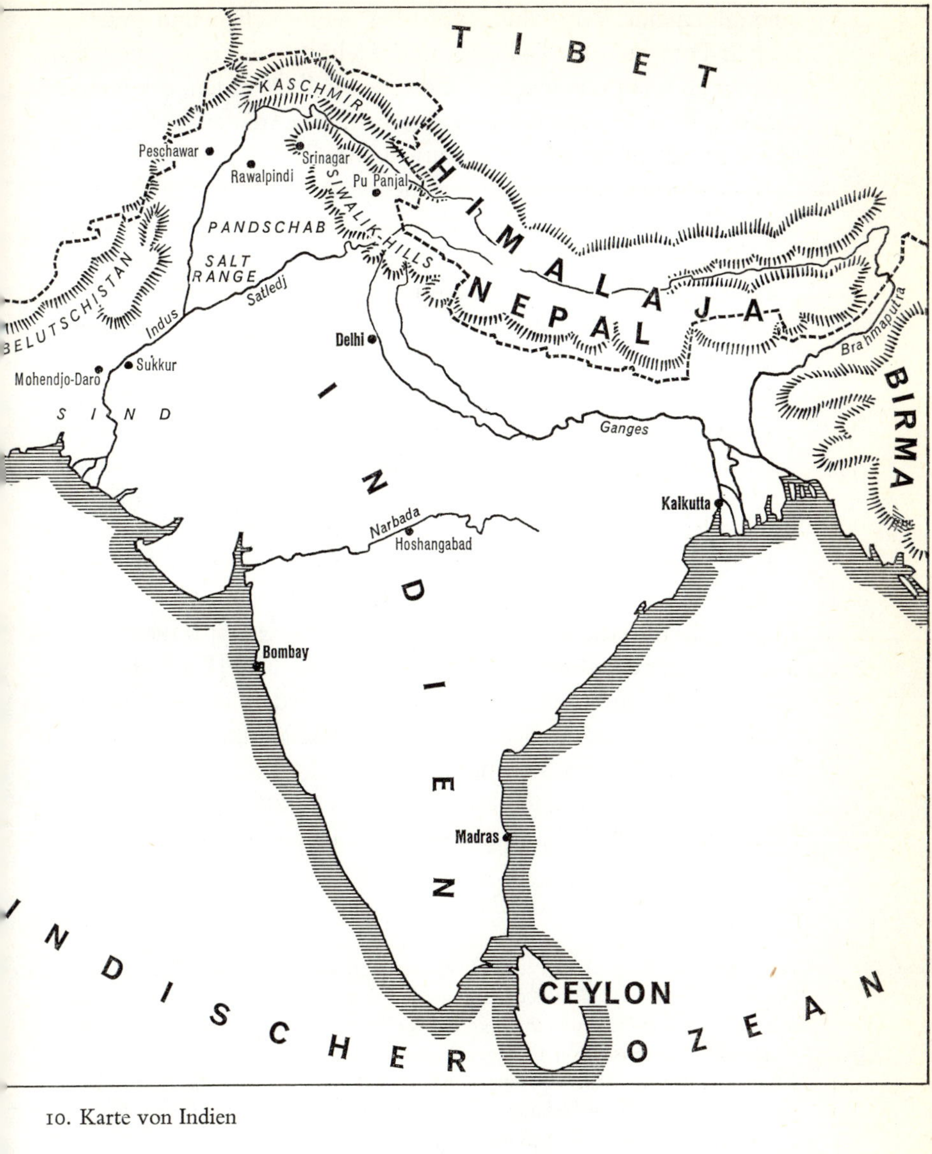

10. Karte von Indien

Dank den ‹Reisebriefen› sind wir weitgehend über diesen ersten Aufenthalt in Indien unterrichtet[32]. Es ist kaum möglich, auch nur

[32] Hier die wesentlichen Tatsachen: Ankunft in Bombay von Marseille her am 20. September 1935. Ankunft in Rawalpindi [Pandschab] mit der Eisenbahn, wo

eine allgemeine Vorstellung von den geologischen und prähistorischen Forschungen Teilhards und Helmut de Terras zu geben, wenn man nicht unverständlich werden will für jeden, der nicht in diesen beiden Wissenschaften versiert ist. Beschränken wir uns darauf, kurz auf einige Punkte hinzuweisen:

B – «Insgesamt habe ich seit meiner Ankunft in diesem Gebiet eine Woche in Kaschmir verbracht, einem gewaltigen Land, das höher als die Alpen liegt, um mich mit den Gletscherserien des Himalaja vertraut zu machen, und eine Woche in den am Fuße des Himalaja gelegenen Hügeln des Pandschab, um die Alluvialterrassen zu besuchen, die den Vergletscherungen entsprechen[33]. Ich bin im Grund nicht absolut von den Verknüpfungen de Terras und Pattersons überzeugt [bis auf eine Schicht mehr oder weniger] [...]. Selbstverständlich sind meine Gleichsetzungen mit China, „um mich verständlich zu machen“, durch und durch vorläufig. Ich glaube jedoch im Grunde, daß die Parallele stimmt: das Pandschab steht in vollkommener Symmetrie zum Sinkiang, das selbst eine Verlängerung Chinas ist.»[34]

Es geht darum, die Frage des Pleistozäns [Quartärs] Indiens durch Verknüpfung der alluvialen Schichten Nordindiens [Pandschab, Salt Range] mit den himalajischen Moränen wieder aufzugreifen, was ermöglicht, drei hauptsächliche himalajische Vergletscherungen zu bestimmen. Drei deutlich unterschiedene Formationen. Diese Ergebnisse können auf andere Gebiete Indiens, zum Beispiel auf den Süden des Pandschab, ausgedehnt werden; ein wahrscheinliches Äquivalent der pleistozänen subhimalajischen Formationen findet sich in den Schichten der Narbada [Zentralindien]. Weiter geht es

P. Teilhard den Engländer Patterson wiedersieht, «*ein netter und glänzender Junge*», damals Professor in Cambridge. Ankunft in Srinagar [Kaschmir], wo Teilhard sich mit de Terra trifft. Aufenthalt von einer Woche in Kaschmir, Rückkehr ins Pandschab, Exkursion von 15 Tagen in die Salt Range, Reise ins Sind mit einem Abstecher, um die Ausgrabungen von Mohendjo-Daro zu besuchen. Abreise am 30. November nach Zentralindien. Eine fünfzehntägige Reise ins Tal der Narbada. Ankunft in Kalkutta am 15. Dezember [spätestens]; Abreise von Kalkutta nach Batavia am 22. Dezember.

[33] Vgl. Brief vom 1. Oktober 1935: «*Es handelte sich für mich darum, die Geologie des Kaschmir zu begreifen, die der Schlüssel zu den dem Himalaja vorgelagerten Hügeln ist, wo ich vor allem arbeiten muß.*»

[34] Brief vom 8. Oktober 1935, ‹Geheimnis und Verheißung der Erde›, Seite 213.

darum, einen Zusammenhang zwischen dem Pandschab und dem Sinkiang herzustellen und folglich die indische Geologie mit der chinesischen Geologie [für das Känozoikum][35] zu verbinden. Diese etwas trockenen Einzelheiten beweisen, wie wir bereits für den Süden Chinas gezeigt haben, daß diese Reisen – das versteht sich von selbst – keineswegs eine Touristenphantasie sind, sondern einem vorbedachten Plan entsprechen. Vor allem aber weisen sie die außerordentliche Fähigkeit des Paters zur Verallgemeinerung auf: Er ist dabei, ein Netz aufzubauen, das vom Sinkiang bis nach Zentralindien reicht. Das ist eines der Charakteristika der Teilhardschen Wissenschaft, die wir in seiner Philosophie wiederfinden werden. Die Art des Vorgehens ist für den Gelehrten und den Denker dieselbe.

Die Geologie stellt die notwendige Infrastruktur für die Vorgeschichte dar. Ob es in der Gegend von Rawalpindi [bearbeitete Quarzkiesel] oder in Sukkur, am Rande von Belutschistan, oder im Tal der Narbada sei, die paläolithischen Funde sind überreich. In Sukkur:

B – «Über die unermeßliche alluviale Ebene ragt eine an Feuersteinen reiche Plattform aus Nummulitenkalk auf. Diese Plattform ist nichts anderes als eine riesige Werkstatt [...]: Millionen von Splittern und Werkzeugen.»[36] – «Die Narbada wird als das klassische Pleistozän Indiens angesehen, – um 1850 hatte man dort altsteinzeitliches Werkzeug IN SITU angezeigt. Aber seit 80 Jahren war *nichts* unternommen worden! Wir haben uns entschieden, dorthin zu gehen und nachzusehen, de Terra und ich. Groß war unsere Überraschung, dort Sedimente zu finden, die außerordentlich reich an alter Industrie sind – vielleicht ebenso reich wie Madras, und mit Fauna.»[37]

Die Reisenden stellen auch in der Gegend des Indus auf gewaltigen erratischen Blöcken Zeichnungen fest, die durch Hämmern oder Picken gemacht wurden und wahrscheinlich späteren Alters [Eneolithikum] sind. Und sie untersuchen in der Gegend der Narbada nahe einer kleinen Stadt namens Hoshangabad berühmte schwarzrote Malereien auf Quarzitwänden näher. Der Pater gewinnt den Eindruck, daß diese Malereien sehr schlecht analysiert worden sind

35 das heißt für das Tertiär und seine quartäre Weiterführung.
36 Brief vom 27. November 1935.
37 Brief vom 18. Dezember 1935, ‹Geheimnis und Verheißung der Erde›, Seite 221.

und daß es eindeutig zwei Zeitalter gibt: 1. alte Malereien in Rot [Tiere, naturalistische Darstellungen]; 2. jüngere Malereien [Kriegsszenen mit drei dargestellten Völkern].

Ist es möglich, die Rolle Pater Teilhards zu präzisieren? Roger Vaufrey hat geschrieben[38]:

W – «Und da wir von Asien gesprochen haben, wollen wir nicht – wie das allzu häufig geschieht – vergessen, daß ein Franzose, Pater Teilhard de Chardin, wenn er auch willentlich im Hintergrund blieb [das war unter nationalem Gesichtspunkt gewiß ein Fehler] und nicht die determinierende Rolle ausnutzte, die er im Gelände gespielt hatte, am Ursprung dessen gestanden hat, was wir über China, aber auch über Indien [am Fuße des Himalaja gelegenes Gebiet zumindest], Birma und Java wissen.»

Das widerspricht formell jenen, die im Pater einen subtilen Ehrgeizling und Emporkömmling sehen wollten. Pater Teilhard hat über Indien veröffentlicht. Doch da er sich als einen einfachen Gast ansah, ist er willentlich zurückgetreten. Und doch ist gewiß, ohne irgendwie deswegen die Verdienste Helmut de Terras[39] zu schmälern, dessen schöne Veröffentlichungen der Gelehrtenwelt wohlbekannt sind, daß die Rolle Pater Teilhards, wenn nicht determinierend, so doch zumindest höchst aktiv war. Er hat gewiß, wie der Brief vom 8. Oktober 1935 beweist, die von de Terra und Patterson aufgestellten Verknüpfungen in einem freundschaftlichen und sogar fast brüderlichen Teamgeist diskutiert, und er hat sicher mitgeholfen, gewisse Hypothesen zu korrigieren. Nach der Expedition, bei der Rückkehr nach Peking, hat er die Fauna des Villafranchien untersucht, die am Indus gesammelt worden war. Außerdem hat er in vollem Einverständnis mit de Terra Abbé Breuil gebeten, diskret die Arbeit von Patterson zu überwachen, nachdem letzterer nach Cambridge zurückgekehrt war[40]. Kurz, er hat die Rolle wiedergefunden, die er so glücklich in Choukoutien spielte, mit dem Unterschied, daß de Terra, wenn auch jünger als Teilhard, in keiner Weise ein Anfänger war. Es ist zum Teil Pater Teilhard zu verdanken, daß

[38] ‹Bulletin de la Société préhistorique française›, Band 49, 1952, Nr. 5–6, Seite 252.

[39] Vgl. Brief vom 19. November 1935: «*Ich glaube, daß die Arbeiten de Terras als Grundlage einer neuen Entwicklung der Vorgeschichte in Indien dienen werden […]. Ich verstehe mich wunderbar mit de Terra, der ein Mann und Geologe großen Formats ist.*»

[40] Brief vom 18. Dezember 1935.

die Vorgeschichte Indiens endgültig aus den Knospen hervorgebrochen ist und sich heute auf eine solide Grundlage stützt.
Wir haben über diesen indischen Aufenthalt einige wertvolle Erinnerungen gefunden, die die ‹Reisebriefe› ergänzen. Übergehen wir die wie immer scharfsinnigen Bemerkungen soziologischer Art: das Empordringen des antienglischen Gefühls, die wunden Stellen der musulmanischen Zivilisation mit der unheilbaren Unterlegenheit der Frau, die wunden Stellen der Hinduzivilisation mit der absurden Hochachtung vor den Kühen, die die Straßen verstopfen, und vor den Affen, die die Ernte zerstören. Hier drei Landschaften:

B – *1. Oktober 1935:* «Ich brauche Ihnen nicht das Kaschmirtal zu beschreiben, dessen Züge Ihnen bereits vertraut sind: ein Korb voll Grün zwischen zwei Reihen verschneiter Gipfel. Das Wetter ist großartig. Die Reisfelder sind gelb; die gewaltigen Platanen beginnen sich mit den ersten Tupfen des Herbstes zu röten. An der Grenze der Tannenwälder sammeln beturbante Bauern ihre Nüsse, in der Nähe von apfelgeröteten Obstgärten.» –

November 1935: «Hier sind die Bedingungen einfach vortrefflich. Vor zwei Tagen erlebte ich in den *Bad Lands* den wundervollsten Abend meiner Zeit in Indien. Die Sonne stand golden über den gelben und rosa Tonen der ausgetrockneten Wüste – über dem trockenen Gras und den dornigen Bäumen des Busches; ganz gleich festen weißen Wolken im blauen Himmel des Ostens schwebte der verschneite erhabene Pu Panjal [die zuletzt geborene Himalajakette] über der Landschaft. Und Schwärme grüner Papageien flogen auch vorbei.» –

16. Dezember 1935: «Ein goldenes Licht breitete sich über eine reizvolle Landschaft[41], die dicht von gewaltigen, immergrünen Bäumen: Mangobäumen, Banyans usw., betupft ist. Auf beiden Seiten des Tales die Tafelmassen der Ketten der indischen Halbinsel, bedeckt von einem dichten Dschungel, einem Dschungel, in dem der Tiger lebt: Sie könnten Pfauen im Wald fliegen sehen, einige Krokodile im Fluß und Mengen von Affen mit schwarzem Gesicht, weißem Kragen überall im Busch und entlang den Straßen. Übertrieben saubere und liebenswürdige Eingeborene, Männer mit weißen Gewändern und Turbanen, ganz in rosa oder

[41] Es handelt sich um Zentralindien.

scharlachrote Schleier gehüllte Frauen – ein viel angenehmerer Anblick als im Pandschab. Geologisch ist es ein Fest gewesen.»

Doch am meisten interessiert uns das «Verhalten» P. Teilhards. Helmut de Terra hat uns sein Zeugnis übermittelt:

B – «Ich kann mich noch gut an den Tag erinnern [im Oktober 1935], da unser Gast in Rawalpindi aus dem Zug stieg; sein lächelndes Gesicht zeigte diesen kühnen Ausdruck, dieses ganz besondere Licht, das er ausstrahlte, wenn er die Aussicht auf irgendeine wichtige Untersuchung wahrnahm[42]. Wir verbrachten mehrere Wochen zusammen, suchten nach fossilen Knochen, Artefakten und all den geologischen Merkmalen. Ich staunte über seine Ausdauer. Er lief in Tennisschuhen über rauhen Grund, den er so leicht berührte, als tanzte er[43]. Und zur Mittagszeit mit der in erbarmungsloser Hitze niederbrennenden Sonne nahmen wir eine kalte Mahlzeit ein. Und danach legte er sich in den Schatten eines Busches und schlief sofort für einige zehn oder fünfzehn Minuten ein, um dann vollständig ausgeruht und erfrischt zu erwachen. Er bat niemals um Vorrechte, was er gut hätte tun können, da er älter war als ich. Wenn wir im Gelände waren, war seine Hingabe an seine Arbeit so groß, daß es ihn gelegentlich zu irritieren schien, von meinen Klagen zu hören, wenn irgend etwas schief gelaufen war mit meinen Anordnungen im Lager oder beim Transport. Er lebte in seinem eigenen Zelt und teilte mit mir einen eingeborenen Diener, den er mit größerer Zuvorkommenheit behandelte, als gerechtfertigt erschien, angesichts der ärgerlichen Pflichtversäumnisse unserer eingeborenen Helfer. Er entdeckte als erster unter uns den Zahn eines fossilen Anthropoiden, einen winzigen weißen Fleck in der leuchtenden roten Wand eines Cañon. Er erkannte paläolithische Artefakten mit einer Art unheimlichen Instinkts. Oft las er eines davon auf, sah es kurz von allen Seiten

[42] Vgl. Brief Pater Charvets an Claude Cuénot [16. Dezember 1957]: «Dieser neue Mann, dieser „Teilhard schlechthin“, wurde sichtbar, wenn man den Forscher aufbrechen sah, strahlend, begeistert für seinen Bereich, die Erde, die ihn seit seinen frühesten Jahren in ihren Bann geschlagen hatte und deren Priester er auf seine Weise außerhalb der Tempel wurde. „*On field* [= im Gelände] finde ich Gott wieder“, sagte er immer wieder.»

[43] Audouin-Dubreuil spricht auch von seinen «geschmeidigen und großen Gesten». Barbour präzisiert: «Im Gelände zog die hagere Gestalt Teilhards mit stetem Schritt in etwas ungleichmäßigem Gang dahin. Denn ein Fuß – ich glaube, es war der rechte – war etwas mehr als der andere nach außen gewendet.»

an und reichte es mir mit den Worten: „*Es ist zweifelhaft, wir müssen mehr finden, um absolut sicher zu sein.*“ Später, während desselben Herbstes, fuhren wir für zwei Wochen ins Kaschmirtal[44], wo Dr. T. T. Patterson und ich selbst das Pleistozän studiert hatten, und daran anschließend fuhren Pater Teilhard und ich in das Narbadatal in Zentralindien. Hier fanden wir eine Wirbeltierfauna im mittleren Pleistozän in Verbindung mit frühen paläolithischen Industrien. Wir hatten auf einige menschliche Knochen gehofft, mein Freund erwartete sie an jedem Tag. Doch als wir schließlich diesen Platz verließen, wandte ich mich enttäuscht an ihn: „*Nicht schlimm*“, sagte er, „*wir haben einige wichtige Anhaltspunkte gefunden. Andere werden kommen, um unsere Arbeit weiterzuführen.*» Ich kann mich auch daran erinnern, wie Pater Teilhard bei einer Gelegenheit, da wir durch eine dichte dschungelgleiche Vegetation gingen, plötzlich stehenblieb, als lausche er. Der Wald schwieg. „*Der Wald*“, sagte er, „*gleicht dem Ozean, so voller verborgenen Lebens.*“ Er stand ganz still da und freute sich des Schweigens und schien etwas von dem verborgenen Leben zu atmen, das er so sehr liebte.»

Wie viele hervorzuhebende Charakterzüge auf dieser sehr schönen Seite: dieser leichte Gang und diese äußerste physische Robustheit, diese Leidenschaft für die Wissenschaft, dieser Scharfblick in der Beobachtung, die Vorsicht im Urteil, diese totale Uneigennützigkeit des Mannes, der für die künftigen Generationen arbeitet. Diese ständige Güte selbst gegen niedrigstehende Eingeborene, diese Gemeinschaft mit dem verborgenen Leben und der unermeßlichen Musik der Dinge.

Am 22. Dezember 1935 fährt der Pater von Kalkutta nach Singapur ab, wo er drei Tage bei dem gelehrten Prähistoriker Collings verbringt, dem Direktor des *Raffles Museum*. Von dort schifft er sich auf der «Ophir» mit dem Ziel Batavia ein, wo er gegen den 4. Januar ankommt. 1936
Weshalb dieser Abstecher nach Java? Pater Teilhard antwortete auf eine Einladung Ralph von Koenigswalds. Um hier klarzusehen, sind einige Seiten trockener Zusammenfassung unvermeidlich. Alle auf der Linie der menschlichen Paläontologie getanen

[44] Angabe im Widerspruch zu unserer Chronologie. De Terra hat gewiß die in Kaschmir verbrachte Woche und die den vor dem Himalaja gelegenen Hügeln des Pandschab gewidmete addiert. Der Aufenthalt in Srinagar [Kaschmir] ist nur sicher vom 26. September bis zum 1. Oktober einschließlich.

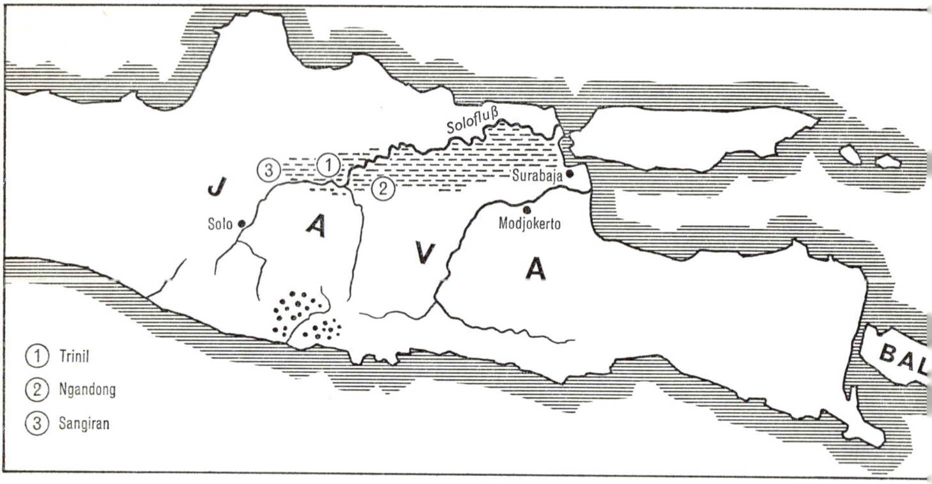

11. Schematische Karte von Ostjava. Die gestrichelte Zone ist die der Solo-Serie, die punktierte die der Karst-Serie [nach Teilhard de Chardin, *La Paléontologie humaine en Asie méridionale*, in *L'Antropologie* T. XLVII, 1937, Masson et Cie, édit.]

Schritte auf Java verteilen sich annähernd auf ein und denselben Meridian, der durch die Stadt Solo geht [im Ostzentrum der Insel], ein Ort, der an dem Fluß gleichen Namens liegt. Entlang dieses Schnittes sind zwei pleistozäne [quartäre] Reihen zu beobachten, die beide für die Vorgeschichte interessant sind. Im Norden enthält die Reihe des Solo folgende Horizonte: Ngandong, Trinil, Djetis. Die Schichten von Ngandong sind in horizontalen Terrassen entlang des Solo zu beobachten. Die Reihe Djetis–Trinil bildet ein langes Band, das sich vom Solo bis Surabaja [im Osten] erstreckt. Ein guter Schnitt wird nahe der Stadt Solo an der Kuppe des Sangiran sichtbar. Im südlichen Teil der Insel ist die Reihe des Karst, in der Gegend von Patjitan, südlich des Solobeckens zu beobachten, nicht mehr in einem eingesunkenen Becken, sondern in einer gehobenen Gegend, wo der miozäne Kalk [der nach Süden hin abfällt] eine Karstregion entwickelt hat. Die erste Entdeckung des Pithecanthropus ist verhältnismäßig alt, da sie in das Jahr 1890 zurückgeht. Während fünfundvierzig Jahren hallten Bücher und Handbücher der Wissenschaft und der Philosophie von leidenschaftlichen Auseinandersetzungen wider, die durch den berühmten, dank den Bemühungen

Dr. Dubois' an den Ufern des Soloflusses im Trinil gefundenen Schädel aufgeworfen worden waren. Nach langen Diskussionen hatten sich die meisten Gelehrten schließlich darauf geeinigt, in ihm den wahrscheinlichen Vertreter einer verschwundenen Gruppe großer Affen zu sehen: irgendein Riesen-Gibbon, meinte Marcellin Boule.
In den Ngandongschichten [den jüngsten] entdeckte 1932 von Koenigswald [und seine Mitarbeiter] elf Schädel oder große Schädelbruchstücke des *Homo soloensis*, Neandertaloide des mittleren Quartärs im weiten Sinne des Wortes, in Verbindung mit kulturellen Resten. 1935 neue Entdeckungen: in Sangiran, in den Trinilschichten, eine mikrolithische Industrie, und in der Gegend von Patjitan eine überreiche Feuersteinindustrie mit dem Charakter des Chelléen-Acheuléen [Typ Madras], die beide durch von Koenigswald gefunden wurden. Doch das entscheidende Licht kam in kurzer Folge auf die Entdeckung des Sinanthropus in China durch den gleichfalls 1935 in Sangiran erfolgten Fund eines zweiten, sehr viel vollständigeren Pithecanthropus-Schädels unter viel befriedigenderen stratigraphischen Bedingungen. Die Lage klärt sich plötzlich: Der Pithecanthropus ist kein Affe, sondern ein Hominine, und unter den Homininen steht er annähernd in demselben evolutiven Stadium wie der Sinanthropus. Er stellt mit Sicherheit einen Menschen des sehr alten Pleistozäns dar, und er ist vielleicht sogar geologisch etwas älter als der Sinanthropus. Kurz, Java scheint dank seiner geographischen Lage einen Kreuzungspunkt darzustellen, an dem zwei alte paläolithische Strömungen sich «treffen»: eine wahrscheinlich von Indien herabtreibende nordwestliche Strömung, Chelléen [und Flußpferd]; eine nach China aufsteigende nordöstliche Strömung [Pithecanthropus, Sinanthropus, Orang, Büffel...]. Damit wird der Sinn der Reise Pater Teilhards begreiflich. Java erscheint als einer der Angelpunkte zwischen Indien und China; die entscheidenden Entdeckungen waren gerade dank der Spürnase von Koenigswalds gemacht worden; schließlich muß versucht werden, einen befriedigenden Zusammenhang zwischen dem Pithecanthropus und dem Sinanthropus herzustellen. Pater Teilhard ist überall, wo man gerade Entdeckungen gemacht hat, macht oder machen wird.
Über den Aufenthalt des Paters auf Java sind wir durch die ‹Reisebriefe› und einen Brief vom 14. Januar 1936 sehr gut unterrichtet.

Er verbringt auf der Insel etwa zehn Tage zwischen dem 4. oder 5. und dem 15. [sicheres Datum] Januar. Von Batavia wird er nach Bandung mitgenommen, und von dort widmet er den größten Teil seiner Zeit Exkursionen in den Süden und das Zentrum der Insel. Man müßte versuchen, auch dort seine Rolle zu präzisieren, so kurz seine Durchreise auch gewesen sein mag. Man darf sagen, daß der Pater in diesen knappen Tagen die Entdeckungen kontrolliert, kritisiert hat, er half, sie ins reine zu bringen, und vervollständigte sie sogar. Er hat zunächst die Stratigraphie der Insel studiert, die Schädel des *Homo soloensis* genau geprüft, die Wirklichkeit der mikrolithischen, in der berühmten, sehr fossiliferen Kuppe von Sangiran aufgelesenen Industrie festgestellt, das Prä-Trinil- [d.h. Djetis-] Alter des im Karst des Südens aufgelesenen chelléenschen Werkzeugs in Zweifel gezogen, von Koenigswald die Fundstelle von Patjitan [Karst des Südens] erklärt, die der Holländer nur einmal gesehen und unvollständig begriffen hatte, die Notwendigkeit betont, für diese Fundstelle eine viel gewissere Stratigraphie zu schaffen. Um das Ganze zu krönen, entdeckt er immer noch in diesem südlichen Teil gerade oberhalb des Tales im Kalkstein mit seinem Freund einen Höhlengrund mit einer Fülle isolierter Zähne: Orang, großer Gibbon, Bär usw., und in «*absurder*» Weise den fossiliferen Taschen des Kwangsi ähnlich. Zum ersten Mal sind der Orang, der Gibbon, der Bär auf Java gefunden worden. Ein Zusammenhang mit Südchina ist also hergestellt. Offensichtlich hat Pater Teilhard weder Bali noch den Tempel von Borobudur[45] gesehen. Doch hat er seine Zeit nicht verloren, und er kann freudig schreiben:

B – «Zusammenfassend kann ich sagen, daß ich sowohl in Indien mit de Terra als auch auf Java mit von Koenigswald direkt auf zwei der brennendsten Sektoren auf dem Gebiet der Vorgeschichte gestoßen bin – und gerade in dem Augenblick der entscheidenden Offensiven, an denen ich teilnehmen konnte. Das vergrößert meine Erfahrung und meine Plattform beträchtlich.»[46]

[45] den er, ich weiß nicht aus welchem Grunde, Barabudin nennt.

[46] ‹Geheimnis und Verheißung der Erde›, Seite 223, 21. Januar 1936; vgl. Brief vom 18. Januar 1936: «*Ich habe vier wirklich reizvolle Monate in Indien und auf Java verbracht; Neues und Solides mitten innerhalb der schönsten Umgebung der Welt. Ich habe den Eindruck, wissenschaftlich etwas immer Größeres aufzubauen.*»

Er gelangt darüber hinaus vollends zu der Überzeugung, daß er für ein Leben in den Tropen geschaffen ist:

B – «[...] Ich habe in den ‚Kampongs' gelebt, in javanischen Dörfern, inmitten von freundlichen und anmutigen Eingeborenen, und ich habe in durstigen Zügen das Exotische dieses wunderbaren Landes getrunken. Java ist übervölkert: abgesehen von den hohen Berggipfeln und einigen Überresten des Dschungels besteht es fast nur aus einem riesigen Dorf, aber die Hütten sind so klein, so zerstreut, so verloren in dem unermeßlichen Grün, daß man nichts wahrnimmt als einen Palmenwald, rund um Reisfelder. Das Ganze wird beherrscht von einer Reihe von Vulkanen, von denen jeder so groß wie der Ätna ist.»[47]

[47] ‹Geheimnis und Verheißung der Erde›, Seite 227, 24. Januar 1936.

SECHSTES KAPITEL

DIE ERSTE PERIODE VON PEKING: LETZTE FORSCHUNGSREISEN IN UND AUSSERHALB VON CHINA

Begeistert von dieser unermeßlichen südasiatischen Rundreise, 1936 macht der Pater vom 15. bis zum 27. Januar die Überfahrt von Batavia nach Schanghai an Bord der «Tjinagara». Am 11. Februar ist er gewiß in Peking, nachdem er in Nanking den *Survey* besucht hat. Während dieser einsamen Überfahrt, die dem Denken und dem Gebet gewidmet ist, schreibt er eines seiner charakteristischen Werke: ‹Skizze eines personalen Universums›[1]. Der vor ihm liegende Weg scheint klar gezeichnet zu sein: Es geht nicht darum, die Welt durch Christus zu verdecken, sondern das Universum zu «panchristisieren». Eine doppelte Entdeckung, die des Personalen und die des Universal-Personalen:

W – «Wirklich, ich glaube nicht, daß es ein besseres oder auch nur ein anderes natürliches Zentrum der totalen Kohärenz der Dinge gibt außer der menschlichen Person. Und im Ausgang von dieser Masche, in der die Seele sich mit dem Fleisch verbindet, entleert sich der Kosmos nach rückwärts, und er webt sich nach vorwärts entsprechend einem einfachen, zugleich für den Verstand und für das Tun befriedigenden Gesetz. Die falschen Gegensätze zwischen Geist und Materie, Universalität und Personalität, moralischen Kräften und physischen Mächten verschwinden [...]. Das Christentum ist par excellence die Religion der Person [...]. Das Wesen des Christentums ist nicht mehr und nicht weniger als der Glaube an die Einswerdung der Welt in Gott durch die Inkarnation [...]. Unter dieser Voraussetzung ist klar: solange die menschliche Gesellschaft nicht das „neolithische" Familienstadium ihrer Entwicklung [d.h. bis zur Morgenröte der modernen wissenschaftlich-industriellen Phase] überschritten hatte, konnte die Inkarnation ihren Ausdruck nur in Symbolen juridischer Natur finden. Doch seit der zeitgenössischen Entdeckung der kosmischen großen Einheiten und umfassenden Energien beginnt

[1] Wobei «personal» im Sinne des englischen «personalistic», mit anderen Worten «personalistisch» zu verstehen ist – und nicht im Sinne von persönlich.

eine neue, befriedigendere Bedeutung sich für die alten Worte abzuzeichnen. Um Alpha und Omega zu sein, muß Christus, ohne etwas von Seiner menschlichen Präzision zu verlieren, den physischen Unermeßlichkeiten der Dauer und des Raumes koextensiv werden. Um über die Erde zu herrschen, muß Er die Welt überbeseelen. In Ihm entfaltet [oder genauer zentriert] sich somit aufgrund der gesamten Logik des Christentums das Personale derart, daß es universal wird.»[2]

Omega, das heißt das Universal-Personale, Schlußstein des Gewölbes der Welt und Motor der Kosmogenese, hat im Denken des Paters endgültig Konsistenz gewonnen. In dieser Schrift finden sich die sehr schönen Gedanken über den sexuellen Sinn, den menschlichen Sinn und den kosmischen Sinn[3]:

W – «Welchen Namen muß man, immer noch kraft unseres Systems, dieser physisch-moralischen Energie der Personalisation geben, auf die sich letzten Endes alle vom Weltstoff gezeigte Aktivität zurückführen läßt? Einen einzigen, vorausgesetzt, daß wir ihm die Allgemeinheit und die Kraft geben, die er annehmen muß, wenn er sich auf die kosmische Ebene erhebt: *die Liebe*.

Eine Liebe baut physisch das Universum.

Verfolgen wir in uns selbst, um sie zu erkennen und zu lenken, die Bekundungen dieser Grundkraft, aus der unser Leben gewebt ist. In drei aufeinanderfolgenden Stufen, so glaube ich zu sehen, offenbart sie sich unserem Bewußtsein: in der Frau [für den Mann], in der Gesellschaft, im All; durch den sexuellen Sinn, durch den menschlichen Sinn, durch den kosmischen Sinn.

a] *Der sexuelle Sinn*

[...] Durch die Frau, und durch die Frau allein, kann der Mann der Isolierung entgehen, in die seine Vollkommenheit selbst ihn einzuschließen drohte. Es ist somit nicht mehr streng genau, wenn man sagt, daß die Masche des Universums für unsere Erfahrung die denkende Monade sei. Das vollständige menschliche Molekül ist bereits in unserer Umgebung ein synthetischeres und von vornherein spiritualisierteres Element als die Individualperson = sie ist eine Dualität, die zugleich das Männliche und das Weibliche umgreift [...]. Kraft desselben Prinzips, das die „einfachen“ perso-

[2] Zusammenfassung. Die Religion des Personalen.

[3] 5. *Kapitel*. Die Energie der Personalisation.

nalen Elemente zwang, sich im Paar zu ergänzen, muß das Paar seinerseits über sich selbst hinaus die Vollendung weiterführen, die sein Wachstum erfordert [...]. Das Zentrum selbst, auf das hin die beiden Liebenden konvergieren, indem sie sich vereinigen, muß seine Personalität im Herzen selbst des Kreises kundtun, in dem sich ihre Vereinigung isolieren möchte. Auch ohne aus sich herauszugehen, findet das Paar sein Gleichgewicht nur in einem dritten, ihm Vorausliegenden [...].

b] *Der menschliche Sinn*

[...] Die bekundete Energie der Personalisation [...] muß durch eine andere Art von Anziehungskraft ergänzt werden, die die Totalität der menschlichen Moleküle zueinander ruft. Diese besondere Kraft der Kohäsion, die sich in die Gesamtheit der Noosphäre ergossen hat, nennen wir hier „den menschlichen Sinn" [...]. Heute bekundet sich zum ersten Mal in der Geschichte der Welt die Möglichkeit *reflektierter Massen.* Das menschliche Phänomen hat bereits die Stufe des Individuums verlassen, um sich ins Unermeßliche auszubreiten [...]. Der menschliche Sinn muß, wenn er nicht unmenschlich sein will, von der Art einer Liebe sein. Die Gesellschaft wird sich also unbezwinglich mechanisieren, wenn nicht Schritt um Schritt ihre aufeinanderfolgenden Wachstumsstufen von einem *Jemand* gekrönt werden. Die Menschheit muß, damit sie nicht bedrückend wird, ein übermenschliches Gesicht annehmen [...].

c] *Der kosmische Sinn*

Kosmischen Sinn nenne ich die mehr oder weniger bewußte Affinität, die uns psychologisch an das Ganze bindet, das uns umhüllt.

[...] In dem Kosmos, wie ich ihn hier beschreibe, wird es möglich, so unwahrscheinlich diese Aussage auch erscheinen mag, *das Universum zu lieben.* Und sogar nur in diesem Akt kann die Liebe sich mit unbegrenzter Klarheit und Macht entwickeln.

Wir mißtrauen mit gewissem Recht einer allzu verallgemeinerten Zuneigung. „Wer alles liebt, liebt nichts", sagt man gewöhnlich. Diese Gefahr existiert zumindest theoretisch nicht mehr für den, der begriffen hat, was ein Ganzes der Personalisation ist: nämlich eine bestimmte zentrale Gestalt, die am Zielpunkt der elementaren, immer besser in sich selbst definierten Gestalten auftaucht.

Auf ein solches Ziel gerichtet, läuft das Herz nicht Gefahr, auszutrocknen im unpersonalen und verschwommenen Streben. Vielmehr entdeckt es, ohne den Kontakt mit der konkreten Wirklichkeit der Seienden, die es umgeben, zu verlieren, das Mittel, alle zusammen in einem Gefühl zu umarmen, das trotz seiner maßlosen Ausdehnung die Wärme einer menschlichen Zuneigung bewahrt [...].»

So ermöglicht also der kosmische Sinn, den Egoismus des Paares zu zerbrechen, und der Sinn für das Personale verhindert, daß die Gesellschaft sich zum Termitenstaat entwickelt und die Liebe des Kosmos als eine Aufforderung zur Entspannung und zur Zerstreuung verstanden wird.

... Gott sei Dank kann P. Teilhard, nachdem die Reise beendet ist, aufatmen. Doch «an Ort und Stelle», das heißt in dem Dreieck Tientsin-Peking-Choukoutien, fehlt es nicht an Arbeit. Als erstes schickt er, im Einvernehmen mit seinen Kollegen, Gelehrte zum Sammeln von Fossilien in den Spalten des Szetschuan und in den Roterdeschichten des Yangtsetales: Die Forschungen folgen also dem Impuls, den er gegeben hat. Außerdem beschäftigt ihn das Schansi stark: In Tientsin untersucht er eine im Süden dieser Provinz gesammelte Fauna; in Peking hat er viel Arbeit mit dem Plio-Pleistozän-Material des mittleren Schansi. Im übrigen bereitet er eine Karte der Eruptivgesteine Chinas vor[4]. Doch fehlen ihm Angaben über das Schantung. Darauf soll es nicht ankommen, er fährt einfach gegen Ende Juli 1936 für einen dreiwöchigen Aufenthalt dorthin[5].

Hier eine gute Zusammenfassung dieser Reise, die ihn wieder in Form gebracht hat, auch wenn er durch eine Art Rückkehr in die heroischen Zeiten von neuem Bekanntschaft mit den Schrecken der chinesischen Gasthäuser und des chinesischen Wagens gemacht hat:

B – «Ich habe von Tsingtau bis zur äußersten östlichen Spitze den Südteil dieser Bretagne besucht, die von der „shantoner" Halbinsel gebildet wird. Eine durch den Straßenzustand erschwerte Reise. Ich habe von neuem Bekanntschaft machen müssen mit den primitivsten Fortbewegungsformen. Doch was ich

[4] Er dachte bereits am 11. November 1933 daran [Einfluß von Alfred Lacroix, Bedürfnis, das Studium der chinesischen Geologie zu ergänzen].

[5] Am 15. August ist er, wie wir sicher wissen, in Tientsin zurück.

gesehen habe, hat mich sehr interessiert, ohne in Rechnung zu stellen, daß das Wetter frisch und das Land äußerst pittoresk war: die zarten Ketten tauchen aus der im üppigen Grün der Hirse und des Sorgho stehenden Ebene empor. Ich fuhr dorthin um der strukturellen Geologie und der Eruptivgesteine willen, die Sie wenig interessieren. Doch habe ich nebenbei feststellen können, daß die Schantung-Halbinsel [Süden] eine für die Vorgeschichte so schlechte Gegend ist wie nur möglich. Keine Spur mariner Terrassen [alles versinkt: das war zu befürchten]. Keine guten Steine für Werkzeuge. Und kein Löß oder Lehm. Die ganz granitenen Gebirge sind von einem im allgemeinen dicken Mantel grober Arkose bedeckt und eingefaßt, der wahrscheinlich in vielen Punkten quartär ist, doch gibt es keinerlei Aussicht, irgend etwas zu finden.»[6]

1937–1938 Am 6. Dezember 1937 verläßt Teilhard trotz eines ausgesprochen unruhigen Jahres[7] Peking. Am 28. Dezember kommt er in Birma, in Rangun, an. Von einem der Dampfschiffe[8] schrieb er:

B – «Ich habe beschlossen, den ersten Teil meiner Reise dazu zu benutzen, meine „Exerzitien" zu machen... Irgendwie fehlen mir meine Notizen und meine vertraute Umgebung... Und doch, praktisch allein auf der See zu sein und ein Wirken zum Ziel zu haben, schafft eine günstige Atmosphäre, um das Beste Gottes wahrzunehmen. Viele Punkte scheinen sich einfacher und deutlicher meinem Geist zu zeigen.»[9]

Wie öffnet sich dieses neue Wirkungsfeld Pater Teilhard? Im März 1937 war der Pater in Philadelphia seinen beiden Freunden de Terra und von Koenigswald begegnet. Bereits im Monat Juni hatte Helmut de Terra mit Unterstützung der *Carnegie Foundation* ihm brieflich

[6] Brief vom 21. August 1936. Mit dem Schantung wird ein vollständiger, von Osten nach Westen gehender geologischer Schnitt bis zu den Grenzen Pamirs vollendet. Der geologische Nord–Süd-Schnitt von der Mandschurei [Harbin] bis an die indisch-chinesische Grenze war bereits verwirklicht [allerdings weniger vollständig].

[7] Aufenthalt in den Vereinigten Staaten und Aufenthalt in Frankreich.

[8] In Taku schifft er sich auf einem kleinen Frachtschiff, der «Hoihow», mit dem Bestimmungshafen Hongkong ein, doch findet er in Swatou [Chang-teou im Kwangtung] ein anderes Frachtschiff, die «Anhui», mit dem Bestimmungshafen Singapur. Am 23. Dezember verläßt er Singapur an Bord der «Carajara».

[9] Brief vom 10. Dezember 1937.

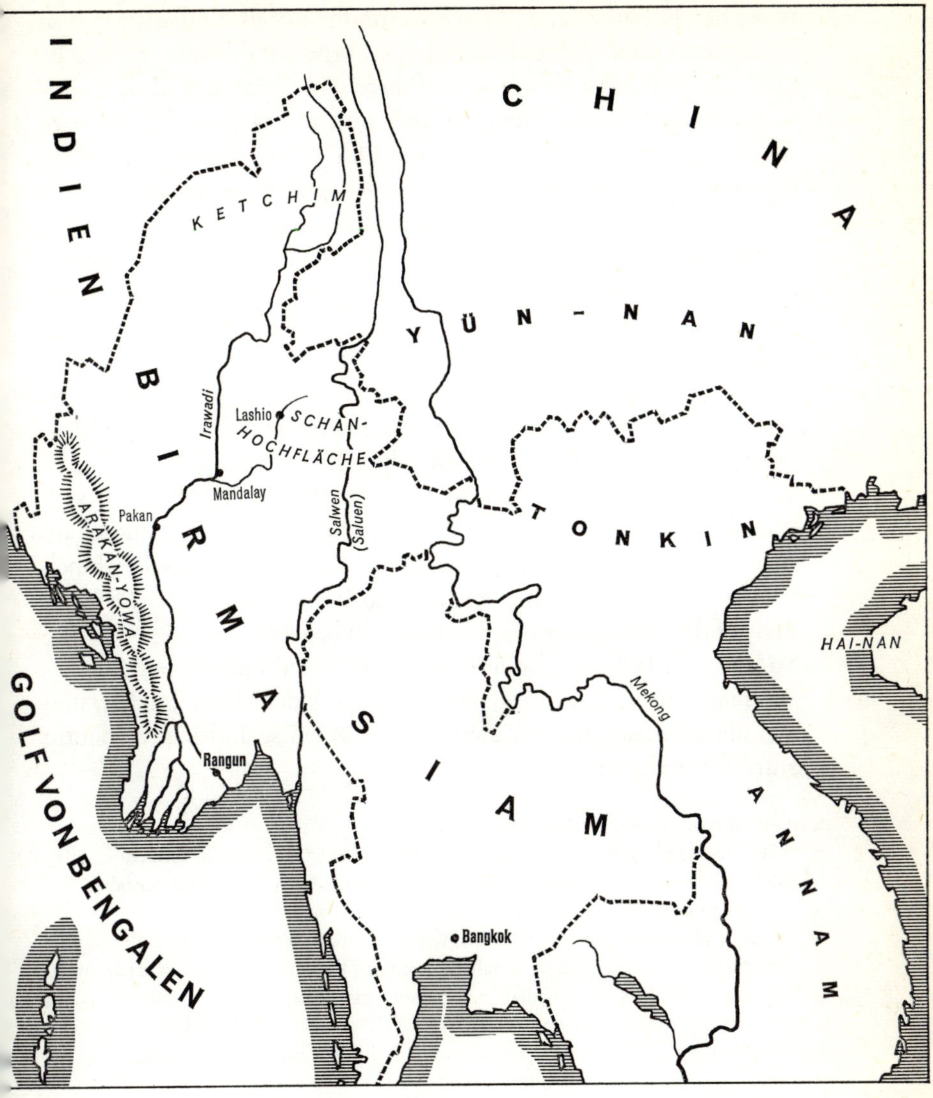

12. Karte von Birma

sehr genaue Vorschläge im Hinblick auf eine Rundfahrt in Birma gemacht [Dezember 1937 bis Februar 1938][10], und der Pater hatte,

[10] Die Harvard-Carnegie-Expedition.

unter der Bedingung, daß seine Gesundheit es ihm erlaube, bereits beschlossen, sich anzuschließen. Diese Reise auf die indochinesische Halbinsel hatte sich als um so verführerischer erwiesen, als im Yün-nan, der Grenzprovinz nach Birma hin, der chinesische Gelehrte M. N. Bien außer seinen Spalten mit Orang eine Reihe von Becken des oberen Eozäns-Oligozäns fand, die weitgehend das Gegenstück zu den mongolischen Formationen bildeten und die Brücke nach Birma schlugen. Er hatte gleichfalls einen Unterschlupf mit zementierten Ablagerungen entdeckt, die sicher menschliche Spuren enthielten[11]. Es war also möglich, im Westen der indochinesischen Halbinsel die glücklichen Funde von Indien zu wiederholen. Ebenso wie die Verbindung zwischen dem Sinkiang, Kaschmir und dem Pandschab hatte verwirklicht werden können, durfte man jetzt hoffen, die Zusammenhänge zwischen Birma und dem Yün-nan, also Südchina, aufzuklären. – Ein gigantisches Gebäude, dessen Pfeiler Mandschurei, Mongolei, Sinkiang, Kaschmir, Pandschab, Narbadatal, Nordchina, Südchina, Birma, Malaiischer Archipel, Java und sogar Annam heißen[12]. Es gab also ausgezeichnete Gründe, sich auf die indochinesische Halbinsel zu begeben[13].

So landet P. Teilhard also in Rangun. Wir sind über diesen Aufenthalt recht gut mit Unterlagen versehen dank den ‹Reisebriefen› und vier unveröffentlichten Briefen[14]. Die Ergebnisse sind ganz eindeutig zufriedenstellend:

[11] Briefe vom 9. und 15. Oktober 1937.

[12] Wo Fromaget, der Direktor des Geologischen Landesamtes von Indochina, 1937 dabei war, inmitten der annamitischen Kordilleren eine Fundstelle auszugraben, die eine Fauna mit Orang enthielt.

[13] Genau genommen wußte Teilhard, wie wir bereits erklärt haben, zumindest bis zum November nicht, ob er abfahren könne: Die chinesischen Gelehrten zogen sich immer weiter nach Süden zurück, und es war notwendig, daß jemand in Peking den Japanern gegenüber da war. Teilhard wurde glücklicherweise nicht dieser «ernsten Enttäuschung» und dieser Behinderung seiner «Karriere» ausgesetzt.

[14] Vom 20. Januar, 5. März, 16. März und 28. Mai 1938; vgl.: Helmut de Terra ‹Mein Weg mit P. Teilhard de Chardin – Forschungen und Erlebnisse›. München [C. H. Beck] 1962. Hier die wesentlichsten Fakten: Am 31. Dezember 1937 trifft Teilhard de Terra in Mogok [oder Mokok] auf der Schan-Hochfläche, in der Nähe der Grenzen des Yün-nan. Im Januar 1938 Abstieg in die Ebene, wo die Geologen, zu denen der amerikanische Vorgeschichtler Movius aus Harvard als Verstärkung gestoßen war, in den Terrassen des Irawadi, ein wenig südlich von Mandalay, oder

B – «1. Stratigraphisch, glaube ich, gelangen wir leicht dahin, den Anschluß zwischen Indien und China herzustellen. In Mogok hat de Terra in den Spalten, in denen nach Rubinen gegraben wird, Stegodon, *Elephas namadicus* und Rhinozeros aufgelesen = die Fauna des Szetschuan und des Yün-nan und des Kwangsi [...]. 60 Meilen weiter westlich von Mogok, am Irawadi, beginnt „Indien": Terrassen wie an der Narbada, grob gesprochen [...].
2. Archäologie. – Nachdem wir fast daran verzweifelt sind, altes Paläolithikum in der hohen Terrasse mit Flußpferd und Namadicus zu finden, haben wir schließlich, so glaube ich, die Hand darauf gelegt [...]. Es gibt dort, neben Quarziten, eine Industrie „fossilen Holzes", die eine ganz besondere Untersuchung verlangt, die mir aber in etwa gesichert erscheint.»[15]

Über die Schan-Hochfläche:

B – «Für die Archäologie ist nichts zu machen unter der Decke der Wälder und der Laterite. Und keine anerkannten fossiliferen Spalten[16]. Doch kommt dem Studium der Terrassen und der Konglomerate der Abhänge ihre Bedeutung zu, ganz besonders in bezug auf China. – Seit meinem Brief vom 13. Februar haben die Ernten am Irawadi sich weiterentwickelt. Gewiß schon tausend bereits gesammelte paläolithische Stücke. Movius hat sich ganz an die Aufgabe gemacht und scheint jetzt sehr gut die Frage der Technik des silizifizierten Holzes zu begreifen. Ich wünsche, daß er Ihnen eine Reihe zeigt, wenn er im Frühjahr in Paris vorbeikommt. Die Industrie scheint jetzt klar definiert zu sein [$^1/_2$ Quarzit, $^1/_2$ silizifiziertes Holz].»[17]

an den Hängen des Arakan-Yoma [die Kette, die den Irawadi vom Bengalischen Golf trennt] arbeiteten. In der zweiten Februarhälfte, bei Beginn der großen Hitzeperiode, lassen Pater Teilhard und de Terra Movius am Irawadi zurück, und wir finden sie in Lashio [auf der Schan-Hochfläche], westlich des Salwen [oder Saluen], wieder, von wo sie über die strategische Straße bis ins Salwen vorstoßen, das nur einige Kilometer vom Yün-nan entfernt ist. Am 24. März 1938 verläßt Teilhard mit Movius und de Terra Rangun mit dem Ziel Batavia.

[15] Brief vom 20. Januar 1938.

[16] Ein späterer Brief [16. März 1938] spricht im Gegenteil von dem «*Beweis für die Existenz fossiliferer Spalten auf der Schan-Hochfläche, die jenen Südchinas gleichen*»; vgl. Brief vom 28. Mai 1938: «*Die Spalten mit Stegodon befinden sich auf der Schan-Hochfläche ebenso wie in Südchina und Indochina [und Java].*»

[17] Brief vom 5. März 1938.

Ein Brief vom 12. Juli 1938 faßt das Ganze in wenigen Sätzen zusammen:

B – «Sie wissen, daß wir schließlich durch die Entdeckung einer Industrie des alten Paläolithikums in der Terrasse belohnt wurden, die 100 Fuß hoch den Irawadi überragt. Ich habe den Eindruck, daß es uns gelungen ist, recht hübsch die pleistozäne Physiographie in der Zone von Mandalay zu analysieren und die Phasen der unteren Länder dieser Region mit denen der Schan-Hochfläche zu verbinden und folglich mit dem Yün-nan und Südchina.»[18]

Diese Texte stellen den Hauptgrund für diesen Aufenthalt in Birma klar heraus: den Anschluß an Südchina [Yün-nan, und über diese Grenzprovinz hinaus Szetschuan und Kwangsi] verwirklichen. Das Synthesegenie Pater Teilhards ist nach den Maßen dieses unermeßlichen Kontinents. Was war seine eigentliche Rolle? Wir stoßen immer auf dieselbe Schwierigkeit. Es gibt zwei Weisen, den Pater als Gelehrten zu beurteilen. Einmal kann man selbstverständlich seine technischen Werke lesen und die neuen Tatsachen bestimmen, die er beigebracht hat, wie auch seinen Anteil an der Erarbeitung neuer Theorien. Das ist die erste Aufgabe. Doch gibt es noch eine andere, fast ebenso dringliche, aber sehr viel heiklere, nämlich, wie wir häufig nahegelegt haben, seinen Einfluß, seine Wirksamkeit als Berater, als «Überwacher», als Organisator zu umgrenzen. Durch seine Kenntnis Chinas hat er gewiß de Terra geholfen, sich geologisch auf den Schan-Hochflächen zurechtzufinden. Er hat gewiß dazu beigetragen, Movius zu formen, der unvorhergesehen zu unbekannten Fundstellen geschickt wurde und sich unerwarteten Techniken gegenübergestellt sah, zum Beispiel der des silizifizierten Holzes. Er hat das mit großem Feingefühl getan, und er ahnte den hohen intellektuellen Rang dieser «*reizenden und sehr gelehrten Jungen*», aus denen er sich nie versagende Freunde machte. Fügen wir zum Feingefühl – man verzeihe uns diese fixe Idee – die Bescheidenheit hinzu. Öffnen wir die Bibliographie und stellen wir hart zwei Nummern nebeneinander:

[18] Vgl. Brief vom 16. März 1938: «*Wir haben, so glaube ich, die notwendigen Elemente in der Hand, um in erster Annäherung den Anschluß der plio-pleistozänen Reihen Südchinas mit denen Nordindiens [und vielleicht des Malaiischen Archipels] herzustellen, was in meinen Vorstellungen das Hauptziel dieser kleinen Expedition war.*»

1938. ‹Geological and Archaeological Aspects of South-Eastern Asia› [in Zusammenarbeit mit H. de Terra und H. L. Movius]. – ‹Nature›, London, Bd. 142, Nr. 3591, S. 275–278.
1938. ‹Late Cenozoic Gravels and Soils in Upper Burma›. – Maschinengeschrieben, doppelter Zeilenabstand, 28 Seiten, 20 Figuren, 1 Karte – Ohne Angabe des Ortes, Mai 1938.
Durch reinen Zufall haben wir dieses Ineditum bei einem treuen Freund des Paters wiedergefunden. Gibt es viele Gelehrte, die, nachdem sie eine klare Abhandlung von 28 Seiten abgefaßt haben, sie zuunterst in einer Schublade liegenließen oder sie einem Freund überließen und sich damit zufriedengäben, einen dreiseitigen Bericht in Zusammenarbeit zu veröffentlichen, während es ihr elementares Recht wäre, diese Abhandlung drucken zu lassen? Wollte man griesgrämig sein, eine Rolle, die man sehr schwierig bis zum Ende durchhalten kann, wenn es sich um Teilhard handelt, so könnte man ihm allzu große Nachlässigkeit sich selbst und den Interessen der französischen Wissenschaft gegenüber vorwerfen[19].
Und jetzt wollen wir den *Elephas namadicus* und die Tonerde mit Knollen der «*Dry Zone*» ihrem Schicksal überlassen, um uns ein wenig an dieser Exotik zu berauschen:

B – «Im übrigen ein reizvolles Leben», heißt es in einem Brief vom 20. Januar 1938, «in einem außerordentlich bunten und pittoresken Land. – Nur etwas zu viele Pagoden und Pugys [Mönche]. Dieses Parasitentum ist erschreckend [...]. Trotz der trokkenen Zeit, die Blumen und Insekten auslöscht, ist der Dschungel faszinierend, vor allem der große Dschungel der Schan-Hochfläche. Das Land soll noch voller Elefanten sein. Tatsächlich sieht man nur Affen, Muntjakhirsche und wilde Hähne, die – außer, daß sie flinker sind – ganz den kleinen Hähnen des Hühnerhofes gleichen. – Wir führen [...], zusammen mit unseren birmanischen Boys, ein sehr angenehmes Leben. Noch frische Nächte – und ein unwandelbar blauer Himmel.»[20] – «Nachdem wir einige Tage in der Nähe eines sehr majestätischen Vulkans in der Ebene verbracht

[19] Wie es scheint, veröffentlichte er diese Studien aus Feingefühl nicht. Helmut de Terra, der krank und von persönlichen Sorgen niedergedrückt war, brauchte lange, um seinen geologischen Bericht abzufassen. Der Pater wollte nicht seinen Vorteil einem Freund gegenüber ausnutzen.
[20] Der Dschungel faszinierte ihn. Zum ersten Mal beobachtete er in den Bäumen

hatten [Popa], sind wir zur Schan-Hochfläche gezogen. Sehr kühles Wetter und welch großartige Szenerie; gewaltige grüne Wälder, über die der Frühling cremefarbene und rosa Tupfen breitet und gelegentlich flammenfarbene Flecken. Vor zwei Tagen fuhren wir im Auto über eine steil abfallende Straße in das tiefe Tal, wo der Salwen parallel zum Mekong fließt. Wenige Meilen weiter lagen die ersten Abhänge des Yün-nan. Überall Chinesen in ihren blauen Kleidern und mit ihren Maultieren, genau wie in Peking! Es würde Ihnen Freude machen, die Leute der Hügel zu beobachten: schwarz beturbante Shans, Ketchim-Frauen in großem „Décolleté", mit bunten Röcken, wilde, fast nackte Wans, die fast so scheu sind wie Dschungeltiere; eine vollständige ethnologische Sammlung.»[21]

Nichts sehr Wichtiges über das «Verhalten» des Paters. Eines Tages verlor de Terra irgendwo am Irawadi sein Ausgrabungsheft und sagte seinem Freund, daß der Gegenstand nicht in seinem Zelt sei und daß er zu einer bestimmten Lokalität zurückkehren müsse, wo die beiden Gelehrten gemeinsam einen geologischen Schnitt untersucht hatten:

B – «Da er sah, daß ich Schmerzen hatte», erzählt uns de Terra, «und unfähig war, meinen Kopf zu bewegen, wandte der gute Pater sich augenblicklich an unseren eingeborenen Assistenten und forderte ihn auf, ihn bei seiner Suche nach meinem Notizbuch zu begleiten. Beide kehrten spät in der Nacht zurück. Mein Freund stürzte triumphierend in mein Zelt und drückte es mir in die Hand. Er sah erschöpft, aber erleichtert aus.»

Immer diese Güte, dieses Vergessen seiner selbst und diese Leidenschaft für die Wissenschaft, die ihm den Verlust eines Dokuments unerträglich machte... Und jetzt eine kurze Anekdote. Eines Nachts wurde de Terra von irgendeinem Geschrei im Bereich des Lagers geweckt: es war Pater Teilhard, der im Schlafanzug Jagd auf einen

hangelnde Gibbons. Es war für ihn der engste Kontakt, den er jemals mit lebenden anthropoiden Affen in ihrer natürlichen Umgebung hatte.

[21] Brief vom 7. März 1938. Von dieser Reise brachte der Pater eine Reihe sehr schöner Diapositive mit [Dokumente über die physische und menschliche Geographie, die Landschaften, die Kultur, die örtliche Industrie, Bergwerksförderung zum Beispiel, die Rubin- und Saphirgruben, die mit Eingeborenenmethoden ausgebeutet wurden]. Pater Teilhard interessierte sich für alles.

Hund machte, der sich in sein Zelt verirrt hatte. Da de Terra sich unvorsichtig in die Bahn des Paters gestellt hatte, kam es in der Dunkelheit zu einem Zusammenstoß, und der Pater entschuldigte sich mit den Worten: «*Ich kann Hunde nicht leiden, die ihren Knochen unter meinem Bett zernagen.*» Das war das einzige Mal, daß de Terra ihn ungeduldig sah.

P. Teilhard war gewiß übersensibel und nervös, doch dominierte meistens, um die Worte Barbours aufzugreifen,

W – «diese göttliche Sanftmut, diese tiefe Menschlichkeit, die seine Heiligkeit charakterisierten».

Einer seiner intimsten Freunde bezeugt, daß er ihn selten zornig gesehen hat. Vor seiner Reise nach China gab es einige heftige Diskussionen mit seinen Mitbrüdern[22]. Einmal verspürte er in der rue du Regard das plötzliche Aufkommen eines Zorns gegen eine Dame, die ihre Hunde spazierenführte, doch hielt er sich zurück. Am 8. November 1931, im Laufe der gelben Kreuzfahrt, während einer zweistündigen Diskussion mit Le Fèvre und Williams, die paradoxerweise die Ansicht vertraten, ein Kind von sieben Jahren sei einem Mann von fünfzig gerade deshalb überlegen, weil es keine Studien gemacht habe, schlug der Pater [von Le Fèvre böswillig aufgereizt] schließlich mit der Faust auf den Tisch. 1932, während der Rückreise von derselben gelben Kreuzfahrt, erklärte er, als er mitten im Winter um fünf Uhr morgens von Maurice Penaud, dem Chef der Mechaniker, geweckt wurde, diesem mit Nachdruck: «*Maurice, Sie sind ein Mörder.*» Doch hatte er die Entschuldigung eines plötzlich unterbrochenen Schlafes. Nur ein einziges Mal war er wirklich wenig zuvorkommend. Nämlich während eines Vortrages, den er kurz nach dem letzten Weltkrieg hielt. Jemand setzte zu einer Kritik an. Pater Teilhard fiel ihm brutal ins Wort und hieß ihn schweigen... Es muß zu seiner Entlastung gesagt werden, daß es sich um einen der Autoren des Buches über ‹Die regressive Evolution› handelte. Im allgemeinen zeigte P. Teilhard seinen Widerrednern und denen gegenüber, die ihn nicht begriffen, eine sehr große Geduld, einschließlich gegenüber jenem armen pensionierten Oberst, der sich bei ihm über den Kummer beklagte, den ihm der Erfolg der evolutionistischen Theorien verursachte. Er ging sogar so weit,

22 Auf der Ebene der persönlichen Beziehungen scheinen seine [im allgemeinen gegenseitigen] Antipathien wenig zahlreich gewesen zu sein.

denen Vorwürfe zu machen, die ihre Gesprächspartner mit dem Rücken an die Wand drängen und zwingen wollten, ihre Widersprüche einzugestehen. Pater Teilhard gestand diese Weise des Vorgehens nicht zu. Er glaubte wahrscheinlich, daß der Mensch nicht nur aufgrund der Logik, sondern auch aufgrund der Erfahrung fähig sei, seine Theorien zu ändern; aller Geist reift. Jemanden zwingen, eine Position zu beziehen, bevor er für sie reif ist, hieße, in seiner Sicht, in die menschlichen Beziehungen das Gewicht einer Behauptung einführen, in der die Eigenliebe eine größere Rolle spielen würde als die ehrliche Überzeugung. Niemals erzählte Pater Teilhard etwas, um zum Lachen zu bringen oder irgend jemanden lächerlich zu machen[23], bis auf eine Ausnahme, nämlich am Schluß eines Vortrages im Laënnec-Kreis. Man hatte ihn aufgefordert, zu Ärzten von der Paläontologie zu sprechen, und er war auf den wütenden Widerspruch eines Jungen gestoßen. Dieser hatte angesichts des offensichtlichen Unterschiedes der fossilen Faunen die wunderbarste aller Erklärungen erfunden: «Wer sagt Ihnen, daß die auf den Grund des Wassers gesunkenen Fossilien dort nicht ihrer Dichte entsprechend abgelagert sind?»

1938 Am 24. März 1938 schiffen sich Movius, de Terra, ihre Ehefrauen und Pater Teilhard nach Java ein. Weshalb dieser zweite Abstecher nach Niederländisch-Indien? Die Entdeckungen des glücklichen von Koenigswald sind munter weitergegangen. Zunächst[24] hat der große Paläontologe in dem karstigen Gebiet von Patjitan, im Süden des Solobeckens, in den Spalten Stegodon gefunden, was ermöglicht, einen Zusammenhang mit dem Solobecken und den Spalten des Kwangsi nachzuweisen. Überraschend ist dabei, daß Pater Teilhard diese Entdeckung sozusagen vorhergeahnt hatte, als er am 14. Januar 1936 im Hinblick auf diese Karstregion schrieb:

B – «Man müßte dort Stegodon oder Flußpferde finden, um die Brücke zum Solobecken zu schlagen. Hoffen wir, daß das kommt. Ablagerungen dieser Art müssen im Karst in Fülle vorhanden sein.»[25]

[23] Dagegen stichelte er manchmal ohne Bosheit.

[24] Vgl. Brief vom 26. August 1936.

[25] In einem Brief vom 26. März 1932 erklärte der Pater dem Mineralogen Gaudefroy: «*Ich beneide Sie um die Möglichkeit genauer, endgültiger Studien und Experimente. Sie werden nicht glauben können, wie sehr ich in meinem Bereich häufig dumpf unter der*

Ein weiterer Anlaß zur Neugierde für Pater Teilhard: Am 2. April 1936 erfährt er, daß sein gelehrter Korrespondent in den lakustrovulkanischen Schichten des Djetis[26] [also unterhalb der Schichten von Trinil und Ngandong] einen Kinderschädel gefunden hat, der den Spitznamen «*Baby-Skull*» erhält und angesichts dessen der Pater ebenso begeistert wie verdutzt ist. Handelt es sich wirklich um einen jungen Pithecanthropus? Stammt er wirklich aus dem Djetis-Zeitalter? Die Begeisterung schließt bei Pater Teilhard niemals die Kritik aus, doch die Überraschungen gehen weiter. Die Kuppe von Sangiran[27] gibt neue Schätze frei. Am 20. September 1937 bekennt der Pater, daß er von den neuen Entdeckungen von Koenigswalds sehr neugierig gemacht ist: neue Zähne des *Gigantopithecus* und vor allem ein sehr mächtiger halber Unterkiefer des Pithecanthropus in der zerschluchteten Kuppe von Sangiran. Im Laufe des Oktobers[28] neue Aufregung: eine neue Kalotte des Pithecanthropus. Das scheint bewiesen: das Lager von Sangiran ist reicher als Trinil, und auf jeden Fall sind die Lager auf Java bemerkenswert fruchtbar. Es ist also angesichts dieser komplexen Zusammenstellung benachbarter und doch jeweils voneinander verschiedener Formen nicht mehr möglich, die Form von Peking und die von Java kurz und einfach zu identifizieren und aus dem Sinanthropus nichts anderes als einen Pithecanthropus zu machen. Der Pater vermutete bereits, daß der menschliche Zweig Pithecanthropus-Sinanthropus ein randständiger und stark individualisierter Zweig ist, der in den Anfängen des Quartärs sich für sich selbst in China und im Malaiischen Archipel am Rande der anderen, zentraleren menschlichen Gruppen vermehrte. Auf jeden Fall muß man es sich an Ort und Stelle ansehen und versuchen, die Schichten genau zu fixieren, in denen einerseits der *Homo modjokertensis* [der *Baby-Skull*] und andererseits die Kalotte des Pithecanthropus gefunden worden sind. Außerdem ist es der große Traum Pater Teilhards, von Koenigswald durch die Carnegie-Stiftung unterstützen zu lassen. Die amerikanischen Ge-

Begrenzung auf die Vergangenheit und auf die Beobachtung leide.» – Begrenzung auf die Vergangenheit gewiß. Doch der Paläontologe kann, ebenso wie der Physiker, das Glück haben, vorauszusehen.

[26] Der Name dieser Lokalität ist Modjokerto im Distrikt von Surabaja.

[27] Im östlichen Zentrum von Java.

[28] Vgl. Brief vom 15. und vom 24.

lehrten müssen also nach Java hingezogen werden. Das ist die Erklärung für diesen neuen Umweg über Niederländisch-Indien.

Ein Brief vom 26. April 1938, der durch einen Brief vom 28. Mai bestätigt wird, gibt uns alle nötigen technischen Hinweise über diese Rundfahrt. Die ‹Reisebriefe› liefern ebenfalls einige Beschreibungen[29]. Auf zwei Punkte ist hinzuweisen: 1. Der Aufenthalt auf Java war nicht sehr lang – da der Pater sich Peking gegenüber bereits verspätet fühlte, hat er die Exkursion vor ihrem Ende verlassen müssen und die Fundstelle des «*Baby-Skull*» in der Nähe von Surabaja nicht gesehen. – 2. Die beiden Reisewege hin und zurück enthielten einen Aufenthalt in Singapur, denn diese englische Stadt ist nicht nur ein unumgänglicher Zwischenhafen, vielmehr dient sie auch dem Paläontologen Collings, einem der Mitglieder des Teilhardschen «Netzes», als Wohnsitz. In einem von Hongkong am 26. April 1937 geschriebenen Brief erklärt der Pater nämlich:

> B – «Während wir auf Java waren, hat Collings, von Singapur, am Flusse Perak, südlich von Penang, die pleistozänen Sande besucht, auf die ihn das Geologische Landesamt hingewiesen hatte. Er hat auf den ersten Schlag [*in situ*, befindet sich in Ausgrabung] eine überreiche, sehr bemerkenswerte Industrie gefunden [...]. Das scheint das erste Paläolithikum des Malaiischen Archipels zu sein. Endlich!»

Wir können nicht auf die technischen Einzelheiten dieser Reise eingehen. Erinnern wir nur daran, daß der Pater die Gegend von Ngandong besucht hat, die nicht sehr leicht zugänglich ist, die Kuppe von Sangiran [Fundstätte des neuen Pithecanthropus] und die Karstgegend des Südens [Patjitan] mit großer Industrie wiedergesehen hat. Movius macht sich mit von Koenigswald an eine summarische Klassifizierung des gewaltigen, im Karstgebiet gesammelten Materials: Die Verwandtschaft mit dem «Irawadien» scheint sich als sehr eng zu erweisen, doch das Problem der ursprünglichen Ablagerungsstelle der großen paläolithischen Werkzeuge, die in den Terrassen der Gegend gerollt wurden, ist immer noch nicht geklärt.

[29] Hier die wesentlichen Punkte der Chronologie: Abreise von Rangun am 24. März 1938, Ankunft in Singapur am 30. März, Abreise von Singapur am 1. April an Bord der «Ophir», Ankunft in Batavia am 3. April, Abreise von Batavia am 16. April mit dem Ziel Singapur, Ankunft in Singapur am 18. April, Abreise von dort am 20. April in Richtung China an Bord der «Félix-Roussel», Ankunft in China im Mai.

Dagegen ist der neue Pithecanthropus, ein sehr schönes Stück, in klarer und sicherer stratigraphischer Lage mitten in der Basis der fluvio-lakustren Schichten von Trinil gefunden worden[30].

Die de Terras, die Movius, die von Koenigswalds und der Pater bildeten eine eindrucksvolle und sehr fröhliche «Party», vor allem, wenn sie in den javanischen Kampangs logierten. Hier eine Erinnerung an Pater Teilhard von de Terra:

B – «Von Birma fuhren wir über Singapur nach Java weiter, wo Dr. von Koenigswald uns zu einer gemeinsamen Exkursion nach Solo, Trinil und Sangiran erwartete. Im April 1938 machten wir eine denkwürdige Fahrt den Solo entlang. Von Koenigswald hatte es so eingerichtet, daß wir die Nacht in einer Eingeborenenhütte verbrachten, wo wir, von einer Menge Dorfbewohnern beobachtet, auf dem Boden schliefen. Am folgenden Tage marschierten wir durch den Wald den Fluß entlang, und wir gerieten auf dem schlammigen Weg häufig tief in den Dreck. Schweißgebadet witzelten wir über Pater Teilhards Tennisschuhe und die Art, wie er sie hin und wieder aus einem Schlammloch des Weges wieder zutage förderte. Unser Mittagsmahl, Kokosnußmilch und Bananen, wurde unter einer Gruppe von Palmenbäumen eingenommen. Ein Eingeborener, der uns in unseren schlammigen Kleidern sah, hielt uns für einige entkommene Sträflinge. Doch als wir ihm beibrachten, daß wir Sammler alter Knochen seien, floh er in Eile, als habe er Geister gesehen. Als wir spät am Nachmittag auf der Landstraße ankamen, wo wir auf unseren Wagen treffen wollten, sah mein Freund blaß und erschöpft aus. Es war das erste Mal, daß ich ernsthaft um ihn besorgt war. Doch als er sich am folgenden Tag erholt hatte, erkannten wir, wie sehr er darauf brannte, sich uns bei einer Fahrt zu einer paläolithischen Fundstelle auf der Ostseite Javas anzuschließen.»

Pater Teilhard kannte für sich kaum Schonung.

30 Vgl. Brief vom 28. Mai 1938: «*Auf Java habe ich mit von Koenigswald den neuen Schädel des Pithecanthropus und seine Fundstelle gesehen: stratigraphisch klare Lage inmitten der Schichten von Trinil, die so großartig in Sangiran, in der Nähe von Solo, bloßgelegt sind. Der Schädel ist ebenso gut erhalten wie der erste Schädel des Sinanthropus, den Black beschrieben hat. Ärgerlich ist nur, daß es noch nicht möglich ist, die wechselseitigen Beziehungen zwischen den großartigen Industrien des Südens und den Fundstellen mit dem Mann des Nordens herzustellen.*»

Bevor wir die letzten Monate der ersten Periode von Peking darstellen, geben wir hier zunächst eine sehr knappe chronologische Tafel, die die wichtigsten Fakten einordnet:

4. Juli 1932	Abreise ins Schansi
September 1932	Abreise von China nach Frankreich
Ende September 1932 bis Ende Januar 1933	Aufenthalt in Frankreich
Februar/März 1933	Rückreise Marseille–China
Anfang Juni 1933	Abreise ins Schansi
Ende Juni 1933	Abreise von China in die Vereinigten Staaten
Juli/September 1933	Aufenthalt in den Vereinigten Staaten
2. Septemberhälfte 1933	Abreise von den Vereinigten Staaten nach China
11. April 1934	Aufbruch zum mittleren Yangtse
13. Mai 1934	Neuer Aufbruch an den Yangtse [bis ins Szetschuan]
17. Juli 1934	Aufbruch nach Honan
Januar 1935	Abreise nach Südchina [Kwangsi und Kwangtung]
Mai 1935	Rückkehr nach Frankreich mit dem Transsibirienexpreß
6. September 1935	Abreise von Frankreich nach Bombay
20. September 1935	Ankunft in Bombay
22. Dezember 1935	Abfahrt von Kalkutta nach Batavia
15. Januar 1936	Abfahrt von Batavia nach China
Ende Juli 1936	Abfahrt ins Schantung
25. Februar 1937	Abfahrt von China in die Vereinigten Staaten
April 1937	Abfahrt von den Vereinigten Staaten nach Frankreich
19. April bis 6. August 1937	Aufenthalt in Frankreich

6. August bis 8. September 1937	Rückreise nach China
6. Dezember 1937	Abfahrt von China nach Birma
24. März 1938	Abfahrt von Birma nach Java
16. April 1938	Abfahrt von Java nach China über Singapur
Mitte September 1938	Abreise von China in die Vereinigten Staaten

Diese sehr knappe Chronologie bedarf einiger Anmerkungen. Wenn auch ganz klar ist, daß die großen Linien gut bekannt sind[1], so bleiben doch die Einzelheiten eigenartig verschwommen. Wer wird der mutige Biograph sein, der sich an diese unentbehrliche Aufgabe macht: Aufstellung einer kritischen Chronologie, eines genauen Kalenders mit dokumentarischen Beweisen an der Hand? Eine sichere und in die Einzelheiten gehende Chronologie bildet das Rückgrat einer guten Biographie. Sie darf sich nur mit Zurückhaltung bekunden, doch trägt sie den ganzen Organismus.

Ein anderer Kommentar: Man kann nicht umhin, über die tiefe Ordnung zu staunen, die in diesem anscheinend in Zickzacklinien verlaufenden Leben herrscht. Man könnte es, um die visuellen Schemata wieder aufzugreifen, die Pater Teilhard so gern verwandte, durch ein fast geometrisches, schönes Bild symbolisieren [siehe Seite 366].

Man darf die Dinge nicht zu sehr pressen. Das Leben mit seinen unvorhersehbaren Ereignissen spottet der Geometrie. Doch ist sichtbar, daß die beständige Zone durch ein Dreieck von geringer Ausdehnung gebildet wird. Der Gipfel ist Peking, wo Pater Teilhard das Känozoische Laboratorium und das Büro aufsucht, das ihm der *Survey* angeboten hat. Von dort begibt er sich nach Choukoutien, um die Ausgrabungen zu überwachen, und nach Tientsin, sowohl zu seinen Exerzitien als auch zu seinem anderen Laboratorium [Hoangho-Pai-ho-Museum], wo zum Beispiel Trassaert arbeitet. Von diesem Dreieck aus stößt er in die verschiedenen Richtungen vor. Er pendelt in recht regelmäßiger Weise zwischen den Vereinigten Staaten, von denen er abhängt, weil er dort mehr als die Hälfte seiner

[1] Zum Teil dank den ‹Reisebriefen›.

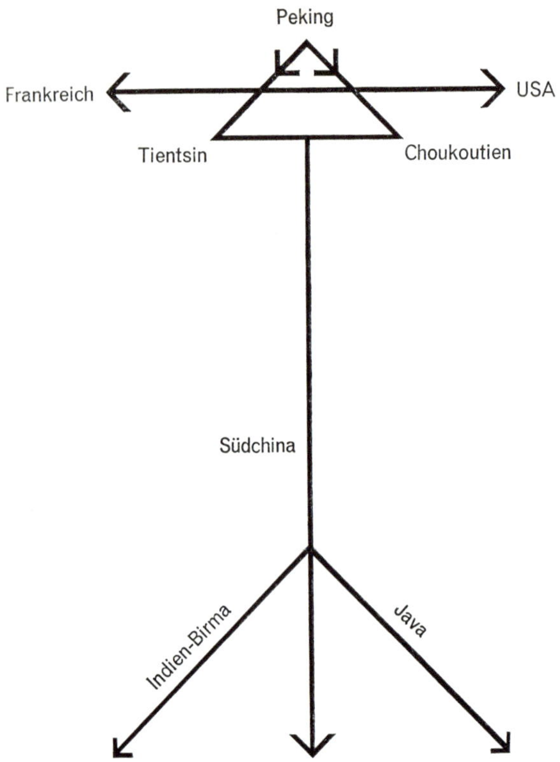

Freunde zählt und die chinesische Wissenschaft aus den amerikanischen Stiftungen ernährt wird, – und Frankreich, wo er sich eine feste Position schaffen möchte, wo er auch sehr liebe Freunde hat, wo er den besten Teil seiner Seele gelassen hat und dessen er bedarf, um mit der geistigen Bewegung seiner Zeit wieder Kontakt zu gewinnen. Der Drang nach Südchina und diese Verzweigung einerseits nach Indien und Birma und andererseits nach Java entsprechen ganz anderen Motiven rein wissenschaftlicher Art. Zu Beginn dieser Epoche «hält» der Pater bereits Nordchina, seine mandschurischen und mongolischen Nebengebiete «in Händen», und er ist bis ins Sinkiang vorgedrungen. Im Laufe dieser ersten Periode von Peking «eignet» Pater Teilhard, während er gleichzeitig seinen Griff über seinen Vorzugsbereich festigt, sich in fortschreitender Weise den Süden an: Szetschuan, dann Kwangsi [und Yün-nan]. Die Kenntnis des Sinkiang erlaubt die Herstellung der Verbindung mit Kaschmir und dem Pandschab, die des Yün-nan, den Zusammenhang mit Birma und Java zu sehen[2]. Um einen der Vergleiche Pater Teilhards aufzugreifen: Seine Existenz ist den Wäldern der Ile-de-France vergleichbar. Wenn man versucht, Ordnung hineinzubringen, beginnt man damit, sich in einer wimmelnden Komplexität von Tatsachen und Wegen und Richtungen zu verlieren. Dann hat man plötzlich die freudige Überraschung, an eine dieser Kreuzungen zu gelangen, wie unsere Vorfahren sie anzulegen verstanden, und alles läßt sich auf eine majestätische Ordnung zurückführen.

[2] Vgl. den Vortrag Pater Teilhard de Chardins über China, Birma und Java, den er am 17. Dezember 1938 vor der Gruppe Légaut gehalten hat: «[...] P. T... ist in der glücklichen Lage, sagen zu können, daß er die Brücke zwischen China und dem übrigen Asien, d. h. zwischen den quartären Stufen der verschiedenen Regionen, geschlagen hat» [Le Moncelet, 12. Januar 1939, Nr. 6, S. 4].

SIEBENTES KAPITEL
DIE LETZTEN MONATE DER ERSTEN PERIODE VON PEKING
PHILOSOPHISCHE BILANZ

In einem Brief vom 25. Mai 1933 kündigte Pater Teilhard an:

B – «[...] Rom [...] hat mich wissen lassen, daß ich alle Stellen oder Titel ablehnen müsse, die mir in Paris angeboten würden.»

Doch bereits am 1. Juli 1934 sagt er:

B – «Meine Beziehungen zur Obrigkeit sind friedlich.»

Die Situation hat sich also entwickelt. Unter welchem Einfluß? Das ist sehr schwierig zu sagen. Man kann nur Hypothesen aufstellen. Sie haben nur einen Fehler, daß nämlich die einen wie die anderen alle genauso gut zu sein scheinen. MAJOR E LONGINQUO REVERENTIA: Die Abwesenheit regelt viele Dinge, und der Pater hat sich unter Verzicht darauf, neun Zehntel der Werke, die er schreibt, zu veröffentlichen, damit abgefunden, nur als einfaches Ferment zu wirken. Er beginnt sogar, seine Abwesenheit zu begreifen und zu lieben: er hat das Empfinden, so inniger in die Welt hineingegeben zu sein[1]. Im übrigen sind Freunde am Ort geblieben, die immer ebenso ergeben bleiben, und Pater Teilhard hat mit der Hartnäckigkeit eines Auvergnaten nie die Hoffnung auf eine feste Stelle aufgegeben. Nun ist seine wissenschaftliche «Plattform» in einzigartiger Weise breiter geworden. Er ist nunmehr ein berühmter Gelehrter, der mit den Größten auf gleichem Fuße steht. Doch physisch beginnt er, rauhen Forschungsfahrten ins Gelände nicht mehr gewachsen zu sein[2]. 1937 war er krank gewesen. Es gelang ihm, wieder gesund zu werden, indem er seine Kräfte zusammenrafft, doch hat er nicht mehr dieselbe Kraft wie früher. Bereits 1938 war er sehr müde und sehr unruhig. Es wird also Zeit, daß er in Frankreich über eine Art fester

[1] Vgl. Brief vom 1. Juli 1934.

[2] Bereits 1934 beginnt die Erschöpfung spürbar zu werden: «*Und doch gehen die Jahre vorbei... und ich spüre häufig über mir den Schatten des „Tagesendes" wachsen. Das einzige, was mich „jung" und in Schwung hält, ist der immer wachsende Glaube, daß etwas Unermeßliches und Schönes durch die Welt hindurch in Bildung begriffen ist und daß es guttut, in diesem riesigen Strom zu schwimmen, indem man sich ihm überläßt*» [Brief vom 29. September; vgl. unten den Brief vom 26. März 1932].

Firma verfügt. Das sind also die tieferen Gründe für seinen ‹Bericht im Hinblick darauf, ein Hochschullaboratorium für Forschungen über die «kontinentale Geologie» [die in ihren Beziehungen zur menschlichen Paläontologie gesehen wird] zu erhalten›, den er am 1. Oktober 1937 an den Direktor der *Troisième Section des Hautes-Études* richtet und der von Marcellin Boule [Direktor des Instituts für menschliche Paläontologie], von Abbé Breuil [Prof. am Collège de France und am IPH[3]] und von Charles Jacob [Prof. für Geologie an der naturwissenschaftlichen Fakultät und Mitglied des Instituts] nachdrücklich unterstützt wird. Es war die Zielsetzung dieses Laboratoriums, auf den breitesten natürlichen Grundlagen die Geologie des Pleistozäns in ihren Beziehungen zum Auftreten des Menschen zu erarbeiten, wobei zu den Untersuchungen über die kontinentale Geologie die der Evolution der vormenschlichen Primaten hinzukam, deren Streuung in enger Beziehung zur Geschichte der Kontinente steht. Am 26. April 1938 erklärt sich, wie wir wissen, Rom damit einverstanden, daß Teilhard dieses Hochschullaboratorium übernimmt. Am 27. Mai 1938 gründet Minister Jean Zay dem Pater ein Laboratorium für auf die Ursprünge des Menschen angewandte Geologie[4].

Pater Teilhard hat also endlich eine gesellschaftliche Plattform in Frankreich gefunden [dem natürlichen Feld seines Apostolates]. Er wird also endlich regelmäßig hin und her fahren dürfen, denn, um die Ergebnisse, die er erahnt, zu bestätigen, zu kritisieren und zu verallgemeinern, spürt er das Bedürfnis engerer Kontakte mit der europäischen Wissenschaft, ohne sich von seiner Basis im Fernen Osten zu trennen [seinem einzigen und wahren Arbeitsfeld]. Ein Brief vom 22. Juni 1938 analysiert in eigenartiger Weise seine tieferen Reaktionen angesichts dieser glücklichen Neuigkeit:

B – «Im Grunde bin ich über das Hochschullabor nicht sehr begeistert; doch glaube ich deutlich zu sehen, daß das der tunliche Schritt war. Wäre ich der Neigung dessen gefolgt, was mir lieb ist, hätte ich vorgezogen, mich nicht von hier fortzubewegen. Doch das wäre wahrscheinlich der Weg des geringsten Wider-

[3] IPH, gebräuchliche Abkürzung für: Institut de Paléontologie humaine – Institut für menschliche Paläontologie.

[4] Dieses Laboratorium wurde in der Folge endgültig dem Institut für menschliche Paläontologie angegliedert.

standes gewesen. Auf jeden Fall bin ich entschlossen, ich habe Ihnen das gewiß schon gesagt, im Sommer 1939 für eine gewisse Zahl von Monaten nach China zurückzukommen.»

Wie gewohnt, hatte er die Linie der größten Steigung gewählt. Er jagte nicht nach Titeln oder hohen Stellungen. Seine Karriere interessierte ihn nur in dem Maße, wie sie dem Interesse der Wissenschaft diente.

1938 Während er darauf wartete, sich Mitte September nach Frankreich via die Vereinigten Staaten einzuschiffen, bleibt Teilhard in Peking. Die alte, jetzt immer mehr japanisierte Hauptstadt liegt völlig darnieder. Die Zahl der Europäer nimmt ab. Es ist unmöglich, in Choukoutien zu arbeiten, denn jede Wiederaufnahme der Ausgrabungen hätte die «Kollaboration» mit den Eindringlingen bedeutet. Glücklicherweise ist Pei da, und so ist es noch möglich, in verlangsamtem Tempo in den Laboratorien zu arbeiten[5] und, sei es über verschiedene Lokalitäten von Choukoutien oder über das Schansi, zu veröffentlichen. Das wissenschaftliche Leben ist mit dem freien China und dem Kuomintang nach Südchina geflohen, wo Young und Bien arbeiten, was die Kenntnis Südchinas vermehrt. In dieser etwas dumpfen und dahinschleichenden Atmosphäre, der Atmosphäre einer Vorgefangenschaft, macht der Pater Fortschritte in den ersten Skizzen seiner großen Arbeit über den «Menschen» – die ‹Das menschliche Phänomen› heißen wird. Diese letzten Monate stellen tatsächlich eine Übergangszeit dar, die deutlich die zweite Periode von Peking präfiguriert, die der japanischen «Gefangenschaft» und der großen intellektuellen Synthesen.

Zwei Ereignisse heben sich vor diesem Halbgrau ab: die freudige Botschaft von der Wahl Abbé Breuils ins Institut und die Abreise von P. Licent:

B – «Ich habe Ihnen sicher schon gesagt, daß Licent Tientsin mit dem Ziel Frankreich verlassen hat. Sie werden ihn gewiß in Paris sehen. Es scheint sehr zweifelhaft, daß er zurückkommt, wenn er die Möglichkeit einer Rückkehr auch noch nicht vollständig aufgegeben hat. Tatsächlich ist das Hoang-ho-Pai-ho-Museum dabei, sich zu häuten, und ich hege die Hoffnung, daß es sehr bald

[5] Am 30. Mai 1938 eine unerfreuliche Neuigkeit: «*Wir haben einem neuen Industrieministerium die Gebäude südlich von Ping-Ma-Ssu [früheres Labor von Pei usw.] überlassen müssen. Bis jetzt läßt man uns im Besitz der Nordgebäude.*»

die Gestalt eines Instituts für „kontinentale" Forschungen mit einer jungen Mannschaft annimmt. Man wird in gewisser Hinsicht alles Licent verdanken, und er hat durch die Übertreibung seiner Qualitäten das Mittel gefunden, sich unmöglich zu machen. Es ist höchst eigenartig, wie sehr er und Boule sich in gewisser Hinsicht gleichen: vielleicht haben sie sich deshalb nicht verstehen können.»[6]

Das Geobiologische Institut kündigt sich bereits in diesem Projekt der Erneuerung des Hoang-ho-Pai-ho-Museums an. P. Licent interessierte sich nur für das Becken des Gelben Flusses [ein, ehrlich gesagt, bereits unermeßliches Gebiet]. Jetzt faßte Pater Teilhard die Forschungen auf kontinentaler Ebene und in ganz anderem Geist als dem des Sammlers und Museographen ins Auge.

Armer P. Licent! 1937 war der Bau des Museums endlich beendet. Die Laboratorien organisierten sich. Jesuitische Mitarbeiter wurden dem Pater beigegeben. Doch dann kommt der chinesisch-japanische Krieg und nachher die Krankheit. Der kühne Jesuit, der 50000 Kilometer in schwierigen Ländern mit primitiven Transportmitteln gereist war, dieser Beobachter, der eine Masse von Dokumenten aufgehäuft hatte, sieht sich gezwungen, alles aufzugeben. Und P. Pierre Leroy, sein Geschichtsschreiber[7], kommt zu dem Schluß:

W – «Er wohnte von nun an in Paris; sein Königreich sollte nicht mehr ein Kontinent, sondern eine Ordenszelle sein; der Raum, den er zu durchlaufen hatte, sollte nunmehr der eintönige Weg von der rue de Grenelle bis zum Museum sein – ausnahmsweise fuhr er nach Montpellier oder besuchte er die Wälder von Versailles und Chantilly. Der große Forschungsreisende, der gebaut war, um eine Welt in Bewegung zu setzen, sollte darauf beschränkt sein, in Kartonkästen irgendwelche Insektensammlungen auf Nadeln zu spießen. In dieser Herbheit vergingen die letzten Jahre seines Lebens[8]. Weil er manchmal erschreckende Forderungen stellte, weil er unter einem Mangel an Rücksichtnahme oder Hochachtung so sehr litt, daß er davon unwiderruflich verletzt wurde, standen ihm nur wenige nahe.

[6] Brief vom 22. Juni 1938.

[7] ‹Jésuites de l'Assistance de France›, 1956, Nr. 4, Seiten 15–16.

[8] Er starb 1952. Auf die Nachricht von seinem Tode schrieb Teilhard: «*Der Tod Licents war mir nicht bekannt. Trotz allem eine wirkliche „Lücke"*» [Brief vom 6. März 1952].

Wenn er einerseits aufgrund seiner Autorität viel von denen erreichen konnte, die ihm bei seiner Arbeit halfen, hat er andererseits die Bestwilligen vor den Kopf gestoßen, er hat verletzt und andere leiden lassen. Das war der Sold für seine Qualitäten. Seine Energie, seine Hartnäckigkeit, sein Berufsbewußtsein, seine Kühnheiten wie sein Zaudern, sein wissenschaftlicher und apostolischer Ehrgeiz haben ihm ermöglicht zu verwirklichen, was wenige zu leisten fähig waren. Dank seinen Intuitionen hat er der wissenschaftlichen Forschung in Nordchina einen kraftvollen Impuls gegeben. Die offiziellen Institutionen sind erst entstanden, als es sein Museum bereits gab.»
Pater Licent und Pater Teilhard haben nicht miteinander sympathisiert, doch im Frieden Gottes sind sie gewiß vereint, und die etwas argwöhnische Seele Pater Licents, der nun nicht mehr das Gut der Kirche mit Gewehrkugeln zu verteidigen hat, wird sich gewiß bei dem Gedanken freuen, daß von nun an im Geist der künftigen Generationen die Namen der beiden Unvereinbaren für immer verbunden bleiben werden zur größeren Herrlichkeit Gottes... und der Söhne des heiligen Ignatius. Ein Jesuit hat vor den Amerikanern die wissenschaftliche Forschung in China in Gang gebracht, und ein anderer Jesuit hat sie durch sein Genie der Synthese mit Riesenschritten vorwärts schreiten lassen, hat ihr eine kontinentale Ausdehnung gegeben, ist die Seele eines unermeßlichen Netzes gewesen und hat genügend chinesische Gelehrte ausgebildet, so daß es im kommunistischen China noch weiterhin eine Geologie und eine Paläontologie gibt. Auf jeden Fall war der Nachfolger Pater Licents gut gewählt: der Jesuit Pierre Leroy hatte seine theologischen Studien abgeschlossen und sollte während der zweiten Pekinger Periode der treue und liebevolle Weggenosse Pater Teilhards sein.
... Bevor wir den Pater nach Frankreich zurückbegleiten, ist es unbedingt notwendig, den Versuch zu machen, die Bilanz seiner nicht streng technischen Wirksamkeit zu ziehen. Bisher ist es uns, ohne daß wir Kunstgriffe notwendig hatten, in etwa gelungen, die Rhythmen des wissenschaftlichen Lebens [und der Biographie im allgemeinen] mit denen des Denkens in Einklang zu bringen: Die Wechselfälle des äußeren Lebens des Paters haben nämlich «Schocks» hervorgerufen, die sich stark auf das Innenleben ausgewirkt und

es in providentieller Weise vertieft und ausgeweitet haben, – Schock des Ersten Weltkrieges mit der Entdeckung der kollektiven Seele, Schock Asiens, der ihm

W – «die Größe und die Schönheiten der Erde und ihrer Phänomene geoffenbart hat»[9].

Eine solche Willkürlichkeit kann, so scheint es, auch noch für die uns hier interessierende Periode vermieden werden. Gewiß sind das abessinische Abenteuer und die gelbe Kreuzfahrt nur zwei Episoden gewesen, und man darf diese beiden Fahrten nicht überschätzen. Gewiß laufen nach dem doppelten, von dem Krieg 1914/18 und der Entdeckung der Fernen Ostens ausgelösten Ansatz die Reaktionen des Teilhardschen Denkens nach einer ihm eigenen Chemie ab, und die äußeren Ereignisse werden in dieser Kettenreaktion nur als Katalysatoren wirksam. Es bleibt um nichts weniger wahr, daß dieses abessinische Abenteuer und diese gelbe Kreuzfahrt das Datum des Jahres 1930 einrahmen, das Pater Teilhard in ‹Das Herz der Materie› als einen Wendepunkt seines Denkens bezeichnet: der Augenblick, da eine bessere Strukturierung der Materie mit ihrer umfassenden psychogenen Einrollung die Umarmung der Energie der Inkarnation dichter macht. Vergessen wir ebensowenig, daß in einer Zeit innerer Befreiung und geistigen Kampfes [der ebenso hart ist, so sagt uns Rimbaud, wie die Schlacht der Männer] diese beiden Zwischenspiele Pater Teilhard für einen Augenblick wieder in den «wilden» Zustand versetzt haben, daß sie ihm erlaubten, «auszubrechen» und «die rauhe Wirklichkeit» zu umfassen.

In den Jahren von 1931 bis 1937/38 kann man, im großen Rahmen gesprochen, Vorbereitungsjahre sehen. Der Pater geht seiner Gewohnheit gemäß vor: eine Reihe relativ kurzer, dichter, systematischer und kraftvoll gegliederter Essays, durch die er vorwärtsdrängt, wie die Lavaströme sich durch den Busch hindurch voranbewegen und wie die Spähtrupps einer Armee die Außenposten des Gegners abtasten, ihn zwingen, sich zu demaskieren, und versuchen, sich in die Spalten zu infiltrieren. Dieselben tiefen Intuitionen kehren wieder, doch der Pater wiederholt sich nicht oder nur sehr wenig. Sein Denken strahlt in alle Richtungen aus wie diese machtvollen Scheinwerfer, die die verschiedenen Punkte des Geländes absuchen,

[9] ‹Geheimnis und Verheißung der Erde›, Seite 17.

die unter verschiedenen Winkeln den Himmel abtasten[10]. Von 1938 an dagegen bis zum Schluß entwickeln sich die großen Synthesen, deren eine, ‹Das menschliche Phänomen›, sehr breit ausgeführt ist. Unsere Kommentare über diese Vorbereitungsjahre werden so auch ziemlich kurz sein, und erst im folgenden Teil, das heißt zum Schluß unseres Buches, werden wir versuchen, die endgültige Synthese des Paters zu umreißen. Um überflüssige Wiederholungen zu vermeiden, beschränken wir uns hier darauf, einige Meilensteine zu setzen, ohne jedoch den Problemen auf den Grund zu gehen.

Man könnte die Existenz dieser Zeit des Denkens bestreiten und vollständig leugnen. Man könnte mit der Formulierung argumentieren, die in einem Brief vom 28. Januar 1934 im Hinblick auf den ‹Göttlichen Bereich› erklärt: «*Das bin ich ganz genau.*» Und der Pater erläutert, er bilde sich selbstverständlich nicht ein, die Wahrheit entdeckt und noch weniger fixiert zu haben. Doch gibt es nunmehr zuviel anerkannte Tatsachen, die bezeugen, daß die Richtung, in der er voranschreitet, zu einer Befreiung der Seelen führt. Kurz, ‹Der Göttliche Bereich› bleibt immer der tiefe Ausdruck seiner Spiritualität. Andererseits sind die Grundthemen des ‹Menschlichen Phänomens› seit langem im Keimen begriffen, und bereits am 26. September 1937 existiert diese große Synthese bewußt im Zustand des Projektes[11], das von Oktober an immer weiter reift[12], und am 5. August 1938 ist, wie wir wissen, das erste Kapitel angefangen und schreitet langsam, aber regelmäßig unter dem Impuls einer bruchlos zusammenhängenden Inspiration fort[13].

Diese Anmerkungen sind richtig. Bei Pater Teilhard lassen sich nicht aufeinanderfolgende Philosophien wie bei Schelling feststellen, die aufgeblüht sind und sich expliziert haben. Nichtsdestoweniger lassen sich ohne allzu große Willkür Zeitabschnitte unterscheiden. Zunächst, und wir zitieren hier einen Auszug aus diesem Text, stellt Teilhard, während er gleichzeitig bestätigt, daß er sich zu der Grundspiritualität des ‹Göttlichen Bereichs› bekennt, die Unzulänglichkeit gewisser intellektueller Infrastrukturen fest. Ferner ist ganz ein-

[10] 1931 ‹Der Geist der Erde›, 1934 ‹Mein Glaube›, 1936 ‹Skizze eines personalen Universums› [‹A Personalistic Universe›], 1937 ‹Die menschliche Energie›.

[11] ‹Geheimnis und Verheißung der Erde›, Seite 242.

[12] ‹Geheimnis und Verheißung der Erde›, Seite 259.

[13] ‹Geheimnis und Verheißung der Erde›, Seite 262.

deutig sichtbar, daß der Pater sich philosophischen «Entdeckungen» widmet. Im Augenblick von ‹Mein Glaube› hat die aufsteigende Dialektik Pater Teilhards sich präzisiert:

B – «Ich gehe den aufeinanderfolgenden Entwicklungen einer inneren Zustimmung nach, die von Glauben zu Glauben konvergierenderweise in den christlichen Strom [oder in das christliche *Phylum*] einmündet. Der Glaube an die Welt, der Glaube an den Geist in der Welt, der Glaube an die Unsterblichkeit des Geistes in der Welt, der Glaube an die wachsende Macht des Personalen in der Welt. Es scheint mir, als verfügte ich heute sicherer als vor einem Jahr über Einsichten, die mir gestatten, ernstlich daran zu glauben.»[14]

Tatsächlich ist, wie er am 14. Februar 1935 präzisiert, sein geistiges Gebäude

B – «auf der Grundlage einer vollständigen Bejahung des höchsten Wertes dessen aufgebaut, was sich um uns herum und in uns im Universum entwickelt»[15].

Einzigartige Kraft einer Apologetik, die das Christentum an die Spitze der Evolution stellt und die Christus als den einzigen, derzeit sich den Einheitsbestrebungen des Universums um uns herum öffnenden Ausweg darstellt. Ein anderes Sich-Bewußtwerden:

B – «Wie ich kürzlich an Fessard schrieb, ist meine große derzeitige Entdeckung [?!] die Erkenntnis: 1. daß das ganze menschliche Problem sich auf die Frage der Gottesliebe zurückführen läßt, – aber auch, 2. daß die Legitimität, die psychologische Möglichkeit [die überall zu meiner großen Überraschung bestritten wird] und der Triumph dieser Liebe von der *Vereinbarkeit* [oder besser der *wesentlichen Zusammengehörigkeit*] der beiden Termini: Universal und Personal *abhängen* [...]: insgesamt leugnet unsere Welt das Personale und Gott, weil sie ans All glaubt! Alles läuft

[14] ‹Geheimnis und Verheißung der Erde›, 23. September 1934. Das ist die Zusammenfassung von ‹Mein Glaube› [28. Oktober 1934], wo Pater Teilhard die Ungläubigen anspricht.

[15] Vgl. auch den Brief vom 4. Februar 1934: «*Ich denke häufig, unsere Menschheit, die gewiß heute erwachsener ist, als sie es vor 2000 Jahren war, bedürfte in gewisser Weise einer „Renaissance" Christi, – Christus, der sich für unseren Verstand und unser Herz in die neuentdeckten Dimensionen der Erfahrungswirklichkeit „re-inkarniert". Unser Christus muß fähig sein, diese fast maßlosen Ausdehnungen zu überragen und zu erleuchten.*»

nunmehr darauf hinaus, ihr zu beweisen, daß sie im Gegenteil an das Personale glauben muß[16], weil sie ans All glaubt.»[17]

Den Fortschritt, den menschlichen Glauben an die endgültige Einheit, «taufen» heißt versuchen, die «konvergente Natur» des Universums ins Licht zu rücken und damit die Existenz eines personalen Zentrums dieses Universums, das die Gewähr für die Bewahrung des Personalen ist, ohne die die Welt aufhören würde, ein mögliches Milieu für das reflektierte menschliche Tun zu sein, das andernfalls in das TAEDIUM VITAE dieses «was nützt's?» demissionieren würde, das so schmerzhaft in der Melancholie Dürers symbolisiert ist. Die humanitären, ganz auf das Universelle gerichteten Pantheismen «christifizieren» heißt, ihnen diese wunderbare und notwendige Verbindung

B – «der Universalität und der Personalität, die der Gott ist, dessen wir bedürfen, um gänzlich Mensch zu sein»[18],

heißt, ihnen die metaphysischen, ethischen und mystischen Reichtümer zeigen, die in diesen drei Worten enthalten sind: «Die Vereinigung differenziert.»[19] Diese in dieser kurzen Formulierung zusammengefaßte Entdeckung stammt aus dem Jahr 1937 und stellt die zweite große Erleuchtung des Paters dar; – die erste war die des ‹Göttlichen Bereichs› gewesen, welcher bedeutet, daß das Grundgeheimnis der Welt ein Zentrum darstellt[20]. – Ein Griesgram könnte sich darüber wundern, daß ein Jesuitenpater als eine große Entdeckung verkündigt, daß das ganze menschliche Problem sich auf die Frage der Gottesliebe zurückführen läßt. Pater Teilhard hat auf der religiösen und mystischen Ebene niemals daran gezweifelt. Doch geht es hier um eine philosophische Konstruktion, die eine TABULA RASA und ein äußerst eigenständiges Bemühen voraussetzt, um Christus Seinen Platz in der modernen Welt wiederzugeben, das heißt, um aus Ihm die beseelende Kraft aller dieser Humanitarismen zu machen, die vom 18. Jahrhundert an nur im Gegensatz zum

[16] Vgl. bereits den Brief vom 15. Juli 1929: «*Nach der Idee des Geistigen gewinnt die der „Person" in meinen Ansichten über die Welt rasch eine außerordentlich wachsende Bedeutung.*» Siehe auch den sehr wichtigen Brief vom 23. August 1929.

[17] Brief vom 15. August 1936.

[18] Brief von Ende August/Anfang September 1937.

[19] das heißt, personalisiert.

[20] Wir respektieren die sehr lakonische Formulierung des Paters. Begreifen: das grundlegende Geheimnis der Welt mündet in ein personales Zentrum aus.

Christentum auftreten konnten und folglich alle einem verschwommenen Pantheismus oder einem militanten Atheismus verfallen sind.

Als letzte Entdeckung die Notwendigkeit einer menschlichen Energetik. Bereits am 8. Oktober 1933 lassen sich die ersten Vorahnungen erkennen. Es genügt nicht mehr, sagt er uns,

B – «Öl in das Räderwerk der Welt zu gießen. Vielmehr brauchen wir jetzt „Benzin", – seitdem das Universum sich als *im Gang befindlich* enthüllt.»

1936 hat diese Energetik eindeutig Gestalt gewonnen:

B – «Eine andere Linie konkreten Denkens, die mich derzeit beschäftigt [und die nach und nach Gestalt gewinnt], ist folgende. Die praktische Wissenschaft vom Menschen [Moral, Ökonomie, Politik usw.] scheint bisher vor allem als ein Gleichgewichtsproblem aufgefaßt worden zu sein: jedem sein Recht, sein Brot, sein Land geben usw.... Doch handelt es sich sichtbar nunmehr darum, hier ein *Energieproblem* zu erkennen. Wie soll man es anstellen, um der Menschheit ihre Fülle geistiger Energien zu geben? Ich glaube, daß sich immer mehr hier der von der Zukunft benutzte Maßstab findet, um zu beurteilen, was das Gute ist.»[21]

Der Zusammenhang zwischen dieser menschlichen Energetik und der Entdeckung des Universal-Personalen ist klar:

B – «[...] Die dem Christentum eigene Funktion in der Welt [...] läßt sich meines Erachtens auf folgenden Punkt zurückführen: das menschliche Bemühen beseelen [über-beseelen]: 1. indem man ihm eine unbeschränkte Möglichkeit über den engen Kreis der derzeitigen kosmischen Dimensionen hinaus entdeckt; 2. indem man ihm diese Möglichkeit in einem nicht nur theoretischen, sondern bereits jetzt schon teilweise im Bereich der Tatsachen [„Offenbarung", Inkarnation] wahrnehmbaren höheren personalen Zentrum zeigt. – Unter diesem doppelten Gesichtspunkt erscheint das Christentum mir als eine höchste Triebkraft des menschlichen Fortschritts, als eine Krönung der Hominisation.»[22]

Die Richtung der Teilhardschen Apologetik ist deutlich erkennbar. Sie gründet sich auf den Postulaten des reflektierten Tuns: Es geht nicht nur darum, bestmöglich die Quellen der menschlichen Energie

[21] Brief vom 22. November 1936.

[22] Brief vom 15. Dezember 1936.

zu fassen, sondern ihre verborgenen Triebkräfte aufzuzeigen, ihre tiefen Erfordernisse aufzuhellen und anschließend zu zeigen, daß das Christentum letzteren entspricht. Methode der Immanenz, die die Methode aller Apologetik ist.

Pascal hatte sich auch einer Art existentieller Analyse des Menschen gewidmet: Die unlösbare Antithese seiner Größe und seines Elends konnte, nach dem Autor der ‹Pensées›, nur eine einzige «Synthese» aufweisen, nicht auf der Ebene der Dialektik, sondern auf der des Geheimnisses der Erbsünde. Und aus diesem Grundgeheimnis ergaben sich alle anderen. Doch Pascal, so groß auch sein Genie war, bewegte sich in einem vorrevolutionistischen und vormarxistischen Universum. Pater Teilhard hat alle Ankertaue mit dem Neolithikum gekappt, er fühlt sich in die Raumzeit hineingetaucht, das heißt, in diese erschreckende kosmische Evolution, deren Schwung zur Hominisation führt, zu dieser ihrer selbst bewußt gewordenen Menschheit, die jener Beschleunigung der Geschichte unterworfen ist, die Fortschritt heißt. Die [in einem statischen Universum unlösbaren] Widersprüche des Menschen hören [ohne zu verschwinden] auf, das Problem Nr. 1 darzustellen, denn in einer evolutionistischen Perspektive ist der Mensch in aller Evidenz ein unvollendetes Wesen. Wenn auch das Problem des Übels [einschließlich des berühmten P. O.[23]] immer seinen Platz in der Synthese finden muß, ist die apologetische Bewegung bei Pater Teilhard doch ganz anders als die Pascalsche Dialektik: Es handelt sich darum, zu analysieren, unter welchen Bedingungen eine ihrer selbst bewußt gewordene Evolution ihre Aufgabe weiterführen kann, und aufzuzeigen, daß das angemessen verstandene und zu den Dimensionen unseres neuen Kosmos ausgeweitete Christentum diesen Erfordernissen entspricht.

Alle von uns angeführten Texte sind formell und bezeugen eine Denkbewegung:

> B – «Ich bin heute besser als vor einem Jahr im Besitz von Gesichtspunkten [...], meine große derzeitige Entdeckung ist [...] eine andere Linie konkreten Denkens [...], die sich nach und nach definiert [...].»

Doch gibt es eine noch entscheidendere Stelle, die vom 27. Juni 1937 datiert:

[23] Vom Pater häufig verwendete Abkürzung zur Bezeichnung des PECCATUM ORIGINALE, der Erbsünde.

B – «Vielleicht nie zuvor habe ich so klar die mögliche Bedeutung der Evolution meines inneren Lebens wahrgenommen: der dunkle Purpur der universellen Materie, der für mich zunächst in das Gold des Geistes und dann in die Weißglut der Personalität und dann schließlich [und das ist die gegenwärtige Phase] in die immaterielle [oder genauer supramaterielle] Glut der Liebe überging.»

Dieser [im Original englische] Text überzeugt. Diese Periode, die mit den Jahren 1937/38 zu Ende geht, zeigt durchaus eine Tonalität oder genauer eine Grundfarbe, die ihre Einheit ausmacht.

Wir haben von Kettenreaktionen gesprochen, die substantiell von den äußeren Umständen unabhängig waren. Doch das Teilhardsche Denken ist niemals ein Reich in einem Reich gewesen: Das wissenschaftliche Leben, die Kirche und die Gesellschaft Jesu, der Unglaube der Menschen, das chinesische Drama und die Weltkrise, all das bildet eine einzigartig komplexe und in Bewegung befindliche Umgebung. Als Gelehrter glaubt er bereits zu Beginn der zweiten Periode von Peking, seit langem seinen Höhepunkt überschritten zu haben:

B – «Ich habe den Eindruck, für die Zeit, die der Herr erlauben wird, mitten in der Zeit wissenschaftlicher Leistungsfähigkeit zu stehen. Doch spüre ich, daß ich mich beeilen muß. Ich habe ein tiefes und beständiges Gefühl, daß die Sonne rasch über meinem Horizont sinkt. Sagen wir, es ist 4.00 Uhr abends...»[24]

Ein Paradox: Auf der einen Seite ist beim Pater die Freude des Erkennens um so reiner, als die Forschung ihm immer mehr

B – «als die höchste, werdende Form der Anbetung»[25]

erscheint. Auf der anderen Seite löst der Pater sich, ohne daß es deswegen zu der geringsten Verlangsamung in den technischen Veröffentlichungen käme, von 1935 bis 1937 von der Geologie und der Wissenschaft der Vergangenheit. Es stimmt schon, wie richtig gesagt wurde:

W – «Ein Paradox, dieser gelehrte Spezialist der Wissenschaft der Vergangenheit, der sich nur für die Zukunft interessiert.»

[24] Brief vom 26. März 1932. In gewisser Hinsicht stimmt das: Von 1938 an wird Pater Teilhard fast nur, und zwar aus Gründen höherer Gewalt, von bereits erworbenem Besitz leben. Doch ahnte er nicht, daß die Sonne von neuem über Südafrika aufgehen würde.

[25] Brief vom 26. März 1932.

Doch all das verbirgt eine tiefere Kohärenz des Denkens. Wenn der Pater schreibt:

B – «Was vergangen ist, ist tot und interessiert mich nicht mehr»[26],

so ist das keineswegs der Ausdruck eines Erschlaffens, eines Alterns, einer Verminderung seines schöpferischen Saftes, vielmehr ist es die Konsequenz eines engeren mystischen Kontaktes mit Christus, dessen strahlende Gestalt unaufhörlich wächst, und vor allem ist das darin begründet, daß der Gegenstand seiner Arbeit in gewisser Weise zwischen seinen Händen gewelkt ist, während sie ihm ihre Frucht brachte. Gewiß, um mit Autorität von der Zukunft zu sprechen, bleibt ein gefestigtes Ansehen als Spezialist der Vergangenheit notwendiger denn je. Gewiß, die Wahrnehmung und Erkenntnis gewisser großer allgemeiner Strömungen, die derzeit im Fluß sind, erfordern eine gewisse Perspektive und Rekonstruktion der Vergangenheit. Doch letzten Endes hat der Pater die wesentliche Folgerung aus letzterer gezogen,

B – «daß wir nämlich von einer fortschreitenden Welle von Bewußtsein getragen werden»[27].

Er scheint bereits erkannt zu haben, welches das Grundprinzip seiner Phänomenologie sein wird, nämlich daß alle Genese von ihrem Zielpunkt her begriffen werden muß, daß ein Ding nur in der Totalität seines Werdens einsichtig ist.

Teilhard gibt um so weniger die positiven Disziplinen auf, als er bereits 1932 die eigene Berufung erfahren hat, nämlich seine Ideen am Rande oder in Strahlungskreisen der Wissenschaft zu erarbeiten[28]. Er entwirft, indem er dem Denkphänomen einen Platz einräumt, eine verallgemeinerte Physik [die keine Metaphysik ist], denn

B – «das gegenwärtige menschliche Phänomen ist das klarste, das erhellendste und auch das „am fruchtbarsten" paradoxe Phänomen für die moderne Physik»[29].

[26] Brief vom 18. Januar 1936.

[27] ‹Geheimnis und Verheißung der Erde›, 8. September 1935, Seite 210.

[28] Vgl. Brief vom 23. Mai 1932: «*Kurz, ich verfolge ganz gerade – und ich werde, solange ich die Kraft habe, [...] meine wissenschaftliche Linie weiterverfolgen. Doch dahinter liegt eine ganze religiöse Schau der Welt und der Forschung, die sich in meinem Leben entwickelt hat [...]; – und das vor allem möchte ich mit Hilfe von ein wenig Bekanntsein in den Wissenschaften verbreiten.*»

[29] Brief vom 11. Oktober 1936.

Ohne deswegen die transzendenten Aussagen der klassischen Metaphysik zu verwerfen, träumt er von einer das Ganzheitsbedürfnis befriedigenden Phänomenologie, die jenseits der Unterteilungen und der unterschiedlichen Techniken insgeheim den wissenschaftlichen Geist beseelt:

B – «Mich zieht die Konstruktion einer zusammenhängenden Reihe von ‹Phänomenen› an, die sich unter der Einwirkung eines grundlegend einzigen evolutiven Prozesses vom geistigen Pol bis zum materiellen Pol der Erfahrung erstreckt. Sie wissen, es ist mein *Hobby*, zu beweisen, daß die Wissenschaft auf der Stelle tritt und daß sie der Religion einfach deshalb den Rücken kehrt, weil sie niemals versucht hat, das Denken in die von ihr aufgestellten Tatsachen zu integrieren. Ich nähere mich also letzten Endes mehr der *Geschichte* als der Metaphysik.»[30] – «Mir scheint derzeit, daß es zwei Arten von „Wissen" gibt: ein abstraktes geometrisches, *außerhalb der Dauer stehendes* pseudo-absolutes Wissen [= „die Welt der Ideen und der Prinzipien"], *dem ich* instinktiv *nicht vertraue;* – und ein „wirkliches" Wissen, das in der *bewußten Aktuierung* [d.h. in der weitergeführten Schöpfung] des Universums um uns herum besteht. Das erste dieser beiden „Wissen" wandelt weder die Welt noch das erkennende Subjekt. Das zweite deckt sich mit einer Vervollkommnung der Welt und einem ontologischen Wachsen des Subjekts [das ist par excellence der Fall der mystischen Erkenntnis] [...]. Ich mißtraue der Metaphysik [im gewöhnlichen Sinne des Wortes], weil ich dort eine Geometrie wittere. Ich bin bereit, eine andere Art von Metaphysik anzuerkennen, die wirklich eine Hyper-Physik wäre – oder eine Hyper-Biologie.»[31] – «[....] Ich wäre glücklich, Sie würden [wie ich selbst es versuche] *im Ausgang von dort* in die geistigen und menschlichen Fragen mit den Methoden der Wissenschaft eindringen, derart, daß an die Stelle der *Metaphysiken*, an denen wir sterben, eine Ultraphysik gesetzt würde [die wahre *φυσική* der Griechen, glaube ich], in der Materie und Geist in ein und derselben kohärenten und *homogenen* Erklärung der Welt umgriffen würden.»[32]

[30] Brief vom 13. Oktober 1933.
[31] Brief vom 29. April 1934.
[32] Brief vom 11. Oktober 1936.

Offensichtlich wird die große Synthese des menschlichen Phänomens in der Tiefe des Denkens des Paters erarbeitet.
Dieser Philosoph, der sich auf die kraftvollen Grundmauern der Wissenschaft stützt, bleibt um nichts weniger vor allen Dingen ein Priester. Es bedürfte eines sehr feinfühligen Taktes, um die Beziehungen des Paters mit Rom und seinem Orden zu behandeln. Äußerlich ist es, außer im Hinblick auf die unmittelbaren Oberen, die immer freundschaftliches Verständnis zeigten, eine lange Zeit der Spannung, die zum Schluß nachläßt, da der Pater schließlich die Erlaubnis erhält, ein Hochschullaboratorium in Paris zu übernehmen. Offen gesagt, behält er, wenn er auch die Veröffentlichung vieler wesentlicher Werke[33] nicht erreicht, doch in wissenschaftlicher Hinsicht volle Handlungsfreiheit. Innerlich müßte man bis ins Unendliche nuancieren, um ein genaues Bild zu erhalten. Wir haben gegen Ende der vorhergehenden Periode von einer großen Bewegung geistiger Befreiung gesprochen[34]. Es gibt keine «reine» Religion und noch weniger einen esoterischen Katholizismus. Es bleibt jedoch um nichts weniger wahr, daß man zwischen dem Wesentlichen und dem Sekundären unterscheiden muß, wobei letzteres häufig die Folge einfacher, geschichtlicher, kontingenter Gegebenheiten, die das Wesentliche verdecken, und gewisser repräsentativer, ritueller, moralischer, im Laufe der Jahrhunderte aufgebauter Konstruktionen ist. Von nun an unterscheidet Pater Teilhard eindeutig die Ebenen, – eine endgültige Erkenntnis. Er geht mit dem marschierenden Flügel vor, ohne sich allzusehr darum zu kümmern, ob die große Masse der Truppe folgt. Wie «der Flugzeugführer» ist er treu in dem Maße, wie er sie verläßt, um den Marschweg besser aufzuklären. Und wenn gewisse Nebengebäude vom Zusammenbruch bedroht werden: der Pater versucht nicht, sie zu stützen, er baut auf freiem und solidem Grund. Die Anerkennung der authentischen Werte ist in seinem Geist vollständig und endgültig. Geistiger Entdecker? Ja, das ist er, doch wundert er sich, daß

[33] zum Bespiel 1938 die im vorhergehenden Jahr verfaßte ‹Menschliche Energie›.

[34] In einem Brief vom 3. Juli 1933 findet sich noch ein durchaus charakteristischer Text: «*Ich habe das dunkle Gefühl, daß irgend etwas sich in mir bewegt und wächst: als ob im Laufe dieser neuen Periode vollständiger Freiheit mein wahres „Ich" fortführe, sich der Welt der Konventionen zu entziehen.*»

man nicht stärker zu sehen versucht, was in seinem Bemühen an Konstruktivem und sogar Konservativem ist.

Er hätte gerne seinen Einfluß in freier Wirksamkeit und eindeutiger Bekundung gesehen. Doch jetzt entdeckt er eine wirkliche Seligkeit in dem Bewußtsein, dunkel und in einer höchsten Geste der Anbetung zu wirken, er achtet die unwahrscheinliche Langsamkeit des Herrn des Universums, er nimmt es auf sich, zu verschwinden und zu erleiden. Kein Zaudern in Glaubensfragen. Wie jener Mann die Bewegung bewies, indem er ging, beweist Pater Teilhard seinen Glauben in einem immer weiter vorangehenden Marsch, – ohne Schwanken. Natürlich streift ihn keinen Augenblick die Idee, er könne seinem Orden den Rücken kehren, um zu versuchen, einer unabhängigen Laufbahn zu folgen. Diese Geste hätte in ihm das Vertrauen getötet, daß er in die Hände Gottes gegeben ist. Es gelingt ihm letzten Endes mit der Gnade Gottes, eine unaufhebbare Eigenständigkeit und eine unfehlbare Treue zur Kirche und zur Gesellschaft Jesu miteinander zu versöhnen. Und sehr bald erhält er seinen Lohn:

> B – «[...] weil ich besser als vor zwei Jahren sehe, was an Wertvollem und Unersetzlichem und „kosmisch Notwendigem" im Christentum ist, gleichen meine Reaktionen viel mehr denen eines Sohnes. Wer aber wirklich liebt, was er kritisiert, – der darf gefahrlos kritisieren.»[35]

AMA ET FAC QUOD VIS. Weil Pater Teilhard Christus in der Kirche und in der Gesellschaft Jesu innig geliebt hat, weil er so demütig gewesen ist, daß er die Auflehnung nicht kannte und einfach die Rolle des unsichtbaren Ferments annahm, wurde ihm die Ehre zuteil, zu den Kommandos der «Letzten Legion» zu gehören. Seine etwas schwierigen Beziehungen mit den Vertretern der Autorität haben gewiß bei ihm zur Vertiefung der Meditation über Christus, seines Gefühls, zum großen mystischen Leib zu gehören, und seines unbezwinglichen missionarischen Bedürfnisses, den modernen Unglauben zu Christus zurückzuführen, beigetragen.

Im Laufe der gelben Kreuzfahrt ist Pater Teilhard tatsächlich von Ungläubigen, um nicht zu sagen von militanten Antiklerikalen, umgeben. Das chinesische Milieu lebt in einem vollständigen Agnostizismus, für den das Christentum uneinsichtig ist. Die angelsäch-

[35] Brief vom 11. Oktober 1936.

sische Umgebung ihrerseits ist recht enttäuschend, von religiösen Menschen wie Barbour oder Lucile Swan abgesehen. Bereits am 7. Januar 1934 schrieb der Pater:

B – «Als Antwort für Mgr. Bruno de Solages sage ich ihm noch einmal, wie sehr alle Welt im Fernen Osten ein Buch über das Wesen des Christentums erwartet – oder über den christlichen Standpunkt [im Gegensatz zum Buddhismus oder zum Konfuzianismus...], das in alle Sprachen übersetzt würde. – Doch müßte es etwas von der Fülle und Gelassenheit des letzten Buches von Bergson haben. – Eine natürliche und durchkonstruierte Entwicklung der Ideen. Die Genese eines Glaubens an Christus im Ausgang von dem einfachen Glauben ans Sein [...]. Mit der Leidenschaft für die Wahrheit. – Wer wird uns diese SUMMA AD GENTILES geben?»

Das missionarische Bemühen Pater Teilhards, dem sein ‹Mein Glaube› entspricht, ist deutlich erkennbar. Deswegen erarbeitet er eine ganze Hierarchie von Glaubensakten, wobei der erste der Glaube an die Welt ist, um einen gemeinsamen Boden mit den Ungläubigen zu finden. Aus diesem Grunde stellt er das Problem in seiner ganzen Fülle: Um ansteckend zu werden, muß man zuerst «wieder-geboren werden» und eine lebendige Weltkonzeption anzubieten haben.

Es ist mit Recht gesagt worden, daß Pater Teilhard zu einer erschreckenden Zeit gelebt hat. Er machte sein Juvenat inmitten des antiklerikalen und antireligiösen Brandes zu der Zeit, da Émile Combes, der ehemalige Professor am Knabenseminar von Albi, wütete. Er beendet seine Studien inmitten der modernistischen Krise[36]. Dann wird er in den Glutofen des Ersten Weltkrieges geworfen. Von 1923 an wird er Zeuge der in China herrschenden Anarchie. Von der vertuschten Annexion der Mandschurei durch die Japaner [1931–1934] an erlebt er das chinesisch-japanische Drama. Die japanische Unsittlichkeit und Brutalität sind beispiellos. Und die

[36] Offen gesagt, wurde er nie von dieser Krise verwirrt, die eine ganze Generation erschütterte. Der grundlegende Realismus seines Denkens konnte in den entscheidenden Punkten des Christentums nicht mit diesem Symbolismus, diesem etwas verschwommenen und irgendwie vom Agnostizismus angefärbten Idealismus sympathisieren; vgl. Brief an G. Soulages vom 29. September 1950: «*vermeiden, daß das Dogma sich in Symbolismus verdampft – ausgezeichnet!*»

Tragödie beschränkt sich nicht auf den Fernen Osten. Es handelt sich um eine allgemeine Krise der Menschheit. Faschismus, Demokratie stoßen gegeneinander, und von 1936 an leitet das spanische Drama die Reihe ideologischer Kriege ein. Teilhard leidet darunter, daß er in diesem Augenblick fern von Europa ist, einmal, weil er sich nie gern als Drückeberger gefühlt hat, zum anderen, weil die sich in diesem Augenblick entwickelnden menschlichen Ereignisse den Kern seiner Bemühungen anrühren. Er wirft den Faschismen vor, nicht den Geist des Fortschritts zu haben, und er erschrickt, da er sieht, wie von ihnen instinktiv alle fixistischen, defaitistischen Elemente der Welt angezogen werden. Seine Haltung angesichts dieser Verwicklungen ist die eines kämpferischen Optimismus, eines Weltbürgers, der mit seinem Geist der Synthese versucht, alle «Progressisten»[37] um ein gemeinsames Programm zu sammeln:

B – «Was Sie mir über die Politik sagen, ist weiterhin sehr besorgniserregend, – sogar unter dem theoretischen Gesichtspunkt der menschlichen Zukunft [...]. Ich möchte mir eine neue Bewegung vorstellen, die die progressiven Energien der Erde um das folgende Programm sammelt: Universalismus, Futurismus [d.h. Glaube an eine Erneuerung der Erde] und Personalismus. Das ist nicht so eingehend wie das frühere „Freiheit, Gleichheit, Brüderlichkeit". Doch an diesem Programm könnten sich verwandte Kräfte erkennen, die in der gegenwärtigen Stunde in die alten [bereits!] überholten Kategorien der Demokratie [die Universalismus und Individualismus verwechselt], des Kommunismus [der Universalismus und Egalitarismus verwechselt] und des Faschismus [der Zukunft und Vergangenheit verwechselt] zerfallen. Ist Einigkeit über die allgemeine Marschrichtung erst einmal erzielt, würden die politisch-wirtschaftlichen Formen zu suchen sein, die technisch die besten wären [amerikanischer, italienischer oder russischer Typus, das ist mir gleich]. Vor allem aber den neuen Geist herausstellen [...]. Ich bin erschreckt von der Anziehung, die die Faschismen auf die Intelligenzschichten [?] ausüben, die in ihnen nichts anderes denn eine Hoffnung sehen, wieder ins Neolithikum zurückzufallen.»[38]

[37] Im weiten Sinne des Wortes!

[38] Brief vom 15. Oktober 1936.

Das Ergebnis all dieser Überlegungen ist die kleine Schrift ‹Die Menschheit retten, Gedanken über die gegenwärtige Krise› [1936 und 1940][39]. Der Teilhardsche Universalismus ist keinesfalls mit der Utopie von der Gleichheit der Rassen [die in so eindeutigem Gegensatz zur Biologie steht] zu verwechseln. Am interessantesten ist jedoch die Feststellung, daß die Teilhardsche Politik nicht nur im Einklang mit seinen allgemeinen Konzeptionen steht, sondern auch getreu den Geist der Synthese des Paters widerspiegelt. Wir haben gesagt, wie sehr die Wissenschaft dieses Spezialisten der Vergangenheit auf die Zukunft ausgerichtet war: Das Teilhardsche Programm kehrt entschlossen allen Vergangenheitshuldigungen den Rücken und weigert sich, sich von überholten Kategorien fesseln zu lassen. Die Verbindung zwischen Universalismus und Personalismus bildet das Echo zu der religiösen Entdeckung des Universal-Personalen. Die Gottesliebe ist die unerschöpfliche Quelle der menschlichen Energie, weil die Liebe die einzige Kraft ist, die die Dinge eins macht, ohne sie zu zerstören. Sie allein kann also die totalitären Tendenzen der menschlichen Gesellschaft und die Verwirklichung der Personalität miteinander versöhnen. Alles bildet beim Pater Teil eines Ganzen, Politik, Erarbeitung synthetischer Kategorien, mystische Entdeckung, daß die Vereinigung differenziert, und schließlich die Energetik.

Wohlgemerkt fanden, trotz der Verteilung von ‹Die Menschheit retten› an eine gewisse Zahl von Offizieren der französischen Armee, im Jahre 1940 die Ideen des Paters nicht das geringste Echo und sie übten nicht den geringsten Einfluß auf das Drama des Zweiten Weltkrieges aus. Die Sprache der Flugzeugbomben, seien sie nun atomar oder nicht, erfreut sich im Geist der kriegerischen und totalitären Völker einer anderen Überzeugungskraft, doch darf man trotz allen Anscheins nicht vergessen, daß die Ideen die Welt führen. Ein Inspirierter hat die Katastrophe des Islam ausgelöst. Ein linkshegelianischer jüdischer deutscher Ökonomist hat den schrecklichsten Gegner auf den Plan gerufen, dem das Christentum sich zu stellen hatte. Ein magerer nackter Fakir, ein Agitator ersten Ranges, hat es verstanden, der Besatzungsmacht das Gefühl eines schlechten Gewissens zu geben, und er hat sich als fähig erwiesen, den Engländern den

[39] Von der eine gekürzte Fassung in den ‹Études› erschien [1937].

Stuhl vor die Tore Indiens zu setzen, was den Ruin der britischen Macht bedeutete. Doch alle Anfänge sind dunkel und unbedeutend, und es braucht lange Zeit, bevor man die wirkliche Tragweite der Ereignisse ermessen kann. Die durch die grausige und ekelhafte Götterdämmerung der Nazis entehrten Faschismen sind zusammengebrochen und existieren nur noch im latenten, endemischen Zustand. Doch liegt nicht in diesem erbarmungslosen Ringen, das die Welt in politische Demokratien [die die Rechte der menschlichen Person hochhalten] und soziale Demokratien [die den Primat der Kollektivisation behaupten] zerfetzt, liegt nicht die Lösung dieses Ringens in einer Synthese Teilhardschen Typs und in einem erneuerten Christentum? Denn im christlichen Glauben versöhnen die These und die Antithese sich leicht im mystischen Leib.

Eine Art Glaubensbekenntnis, das vom 28. September 1933 datiert ist und an dem der Pater bis zu seinem Tode festhalten wird, faßt gut die geistige und religiöse Atmosphäre dieser Zeit zusammen:

W – «Wir können nicht zutiefst und unerschöpflich glücklich sein, es sei denn in personaler Einswerdung mit etwas Personalem in dem Ganzen [= mit der Personalität des Ganzen]. – Dies ist der letzte Ruf dessen, was „Liebe“ heißt.

Mithin wird die substantielle Lebensfreude in dem Bewußtsein oder Gefühl gefunden, daß wir durch alles, dessen wir uns erfreuen, das wir schaffen, überwinden, entdecken oder erleiden, in uns selbst oder in den anderen auf jeder möglichen Linie des Lebens und des Todes [sei es biologisch, organisch, sozial, künstlerisch, wissenschaftlich usw.] Schritt um Schritt die wachsende Weltseele oder den wachsenden Weltgeist vermehren [und wir Schritt um Schritt in ihn einverleibt werden].

Dieses Gefühl setzt lediglich voraus, daß wir ein leidenschaftliches menschliches Herz haben und daß wir darüber hinaus die drei folgenden Punkte anerkennen, nämlich:

1. Die Evolution oder Geburt des Universums ist „*konvergenter*“ [und *nicht* divergenter] Natur: – in Richtung auf eine Schlußeinheit;

2. Diese [schrittweise durch die Arbeit der Welt aufgebaute] Einheit ist *geistiger* Natur [wobei der Geist *nicht* als Ausschließung, sondern als Transformation oder Sublimation oder eine Klimax der Materie verstanden wird];

3. Das Zentrum dieser vergeistigten Materie, dieses geistigen Ganzen muß deshalb in höchster Weise *bewußt und personal* sein. Der alle geistigen Ströme des Universums sammelnde Ozean ist nicht nur ein Etwas, sondern *ein Jemand*. Er selbst hat ein Gesicht und ein Herz.

Wenn man diese drei Punkte einräumt, wird das gesamte Leben [einschließlich des Todes] für jeden von uns zur dauernden Entdeckung und Eroberung einer göttlichen und überwältigenden Gegenwart.

Diese Gegenwart erleuchtet die tiefsten geheimen Bereiche von jedem Ding und jedem Menschen in unserer Umgebung. Wir können es erreichen *in der Vollendung* [*nicht* in dem bloßen Genuß!] von jedem Ding und jedem Menschen. Und wir können seiner durch nichts und niemanden beraubt werden.»[40]

[40] Hier noch ein anderes Bekenntnis, das an einen Mann der Wissenschaft gerichtet war und das erste ergänzt, ohne ihm zu widersprechen: «*Sie fragen sich: „Ist die wissenschaftliche Forschung eine Abwegigkeit? Ein Irrweg?“ – Ich glaube, sie ist eine Form dessen [und zwar eine der vollkommensten, der unmittelbarsten Formen dessen], was wir das Sein oder das Leben oder die Evolution nennen. Ich kann mir die Welt nicht anders als durch ein schrittweises Erwachen des Bewußtseins definieren: Die Forschung ist gerade eben der Ausbreitungsrand dieses universellen Bewußtseins. – Damit ist die Frage nach dem Wert unseres Bemühens ganz gelöst. Die Bemühungen haben denselben Wert wie das Universum, das sich atomar in jedem von uns entwickelt. Alles läuft darauf hinaus, die Hypothese anzunehmen, daß das Universum weder eine zu vernachlässigende Größe noch etwas Absurdes ist – und daß es folglich befriedigend [und sogar beseligend] ist, sich dem anzuvertrauen, was sich im Grunde von ihm entwickelt. Diese Hypothese erscheint mir unendlich wahrscheinlicher als die andere. Logisch sind wir zwischen zwei mögliche Haltungen gestellt: wir mißtrauen den Dingen so sehr, daß wir ihnen gegenüber in Streik treten; – oder wir vertrauen uns ihnen an bis zur Leidenschaft*» [Brief vom 10. Dezember 1933].

FÜNFTER TEIL

JENSEITS DER MATERIE: DIE GLUT DER REINEN LIEBE

ERSTES KAPITEL
FRANZÖSISCH-AMERIKANISCHES ZWISCHENSPIEL [1938–1939]
DIE ZWEITE PERIODE VON PEKING [1939–1946]: WISSENSCHAFTLICHE TÄTIGKEIT

Die Periode, die sich über die Jahre von 1938 bis zum Tode [1955] erstreckt, zeigt sich äußerlich nach einem französisch-amerikanischen Zwischenspiel als ein Triptychon: die zweite Periode von Peking, die zweite große Pariser Periode[1] und schließlich die amerikanische Epoche. Innerlich findet sich hier, wenn das Denken auch beweglich, beständig im Fortschreiten begriffen bleibt, die endgültige Synthese, die volle Verwirklichung der geistigen Einheit.

Gegen Mitte September 1938 verläßt P. Teilhard bereits sehr er- 1938
müdet und sehr beunruhigt China. Doch begibt er sich nicht unmittelbar nach Frankreich. Er nimmt P. Pierre Leroy mit nach Japan, um zu versuchen, die französischen Positionen zu verteidigen. Er läßt dort seinen treuen Weggenossen zurück und nimmt am 21. September in Kobe die «Empress of Japan» mit dem Ziel Amerika. Am 4. Oktober ist er in Vancouver, einige Tage später, zwischen dem 10. und dem 20., hat er sein Hauptquartier in New York bei Granger. Anfang November ist er mit Gewißheit in Frankreich. Im Augenblick wissen wir kaum mehr[2].

Glücklicherweise sind wir besser über den Aufenthalt in Frankreich unterrichtet, der bis zum Juni des folgenden Jahres dauerte. Er ist nicht absolut ununterbrochen, denn am 24. März fährt der Pater von 1939
Dieppe nach Newhaven [um sich zunächst nach London zu begeben][3]. Am 31. desselben Monats ist er zurück und landet in Dieppe. Er fährt gleichfalls durch die französischen Lande, denn gegen Ende

[1] Die erste erstreckt sich über die Jahre 1919–1923.

[2] Am 15. Oktober verbringt er das Wochenende bei Pekinger Freunden, den Merells, in der Nähe von Worcester. Am 17. besucht er die Movius in Harvard. Gegen Ende des Aufenthaltes nimmt er an einer Direktionssitzung des *American Museum* teil.

[3] Er war bereits Mitglied der *Zoological Society of London* und *Honorary Life Member of the Society of Vertebrate Palaeontology* und wurde 1937 *Honorary Fellow of the Royal Anthropological Institute*. 1950 wird er in die *Linnean Society* aufgenommen. Doch diese Reise hat ein ganz bestimmtes Ziel: Patterson in Cambridge aufsuchen, um

des vorhergehenden Monats finden wir ihn vier Tage lang in Toulouse, wo er auf Einladung von Msgr. Bruno de Solages Vorträge hält[4].

Wie zeigt sich die Bilanz dieser Reise in sein Heimatland? Für dieses eine Mal können wir sie dank der Korrespondenz eindeutig ziehen. Der allgemeine Stil dieser sehr kurzen Zeit wird sehr gut in einem Brief vom 15. April 1939 zusammengefaßt:

> B – «Tatsächlich habe ich eine beträchtliche Zahl von Leuten gesehen, und ich habe die interessantesten Gespräche geführt. Doch muß ich mit Bedauern sagen, daß ich während dieser Zeit nicht viel wissenschaftliche Arbeit geschafft habe.»

In diesem Punkt ist er sich selbst gegenüber etwas streng, wie die Bibliographie beweist, die für die Jahre 1938–1939 recht ansehnlich bleibt[5], selbst wenn man von den in den chinesischen Zeitschriften, also bereits in China verfaßten Aufsätzen und Abhandlungen, absieht[6]. Er versucht, Leute und Fakten für eine methodischere Erfor-

ihn dahin zu bringen, eventuell an Stelle Helmut de Terras an einer vom *American Museum* geplanten Expedition in das Becken des Indus und der Sutlej teilzunehmen.

[4] Sein Zeitplan war folgender: «Vor seiner Abreise in den Fernen Osten hat P. Teilhard de Chardin auf eine Einladung des Rektors hin sich bereit erklärt, einige Tage in Toulouse zu opfern [...]. Am 26. Februar hat er vor der Société de Philosophie eine Mitteilung ‹Der Ort des Menschen in der Natur und die Struktur, die sich daraus für die Evolution ergibt› gemacht. Am 27. hat er in der *Faculté des lettres* der Staatsuniversität einen prähistorischen Kursus über die Ausgrabungen von Choukoutien und den *Sinanthropus* gegeben. Am 28. hielt er am *Institut Catholique* eine Geologievorlesung über das Quartär Chinas und des Fernen Ostens. Am 29. schließlich hat er im großen Saal des Instituts vor einem sehr zahlreichen Publikum einen Vortrag über die prähistorischen Forschungen in Burma gehalten. Seine Exzellenz Msgr. der Erzbischof hatte Wert darauf gelegt, bei dieser Sitzung zu präsidieren», ‹Bulletin de Littérature ecclésiastique›, Nr. 2, April/Juni 1939: ‹Chronique de l'Institut›, S. LXV; vgl. im eigentlichen Bulletin S. 92–93 die Zusammenfassung der wissenschaftlichen Vorträge durch P. F. M. Bergounioux OFM.

[5] Teilhard muß hier sogar ein besonderes Verdienst zuerkannt werden, denn im Jahre 1939 begannen seine Krisen der Beklemmung.

[6] Vgl. auch den Brief vom 5. Januar 1939: «*Ich bin mit meinem Labor [das noch in den Anfängen steht] im Institut für menschliche Paläontologie in dem Breuil benachbarten Raum zurechtgekommen. Boule kommt auch zweimal in der Woche; und dann vergeht der Nachmittag damit, die alten, aber immer interessanten Geschichten über das Goldene Zeitalter der Vorgeschichte zu hören. Der Geist des alten Mannes ist noch schrecklich spitz und voller gesunden Menschenverstandes in wissenschaftlichen Fragen. Tatsächlich bin ich in meiner wissenschaftlichen Arbeit seit meiner Ankunft hier nicht sehr viel vorangekommen [...].*

schung der «kontinentalen Geologie» zusammenzubringen. Er begibt sich im März 1939 nach Cambridge und London. Er bleibt wohlgemerkt in dauernden Beziehungen mit dem Fernen Osten, schreibt wie gewohnt an Young und bittet einen amerikanischen Briefpartner, Dr. Granger, den Freunden Young und Bien Bücher über die Paläontologie der Wirbeltiere zu schicken, denn dem *Geological Survey of China* mangelt es an seinem Zufluchtsort Yün-nan schrecklich daran, und das gerade in dem Augenblick, da die beiden chinesischen Gelehrten schöne Entdeckungen machen[7]. Immer dieselbe Güte, die den Pater drängt, nach allen Seiten Hilfe zu leisten. So versucht er am 6. Februar 1939, seinen besten Mitarbeiter von Tientsin, M. Trassaert, bei Abbé Gaudefroy am Institut Catholique unterzubringen, um ihn in die Mineralogie einzuführen. Wir wissen auch, daß im April 1939 von Koenigswald für einige Monate in Peking ist, um zusammen mit Weidenreich seine Pithecanthropinen zu studieren. Ohne allzusehr zu extrapolieren, darf man annehmen, daß P. Teilhard einen gewissen Anteil an dieser unentbehrlichen Gegenüberstellung hat. War es ihm nicht gelungen, von Koenigswald die Unterstützung der Amerikaner zu verschaffen, und hatte er nicht Movius angeregt, auf Java zu verweilen? Man hat den Eindruck, daß immer dasselbe Netz «Teilhard» funktioniert. Und selbstverständlich informiert sich der Pater über die jüngsten Entwicklungen der Wissenschaft. Am 13. April 1939 weist er auf den wunderschönen Neandertaler-Schädel hin, den im Februar der Italiener Alberto Carlo Blanc entdeckt hatte, der nach dem Zweiten Weltkrieg ein ergebener Freund wurde.

Mehrere Briefe geben uns Auskunft über das Tun P. Teilhards:

B – «Irgend etwas Tiefes und Weites ist offensichtlich in der Welt in Bewegung und insbesondere in Frankreich [weit hinter der lächerlichen politischen Bühne]. Seit vierzehn Tagen verbringe ich fast jeden Tag Stunden mit Leuten von außerordentlichster Mannigfaltigkeit von den Grenzbezirken der Arbeiterklasse bis zu den gebildetsten, agnostischsten oder anspruchsvollsten Teilen der Gesellschaft. Überall finde ich die Geburt oder zu-

Nichtsdestoweniger beginne ich etwas zu tun, das darauf abzielt, in Europa und Nordafrika eine Zusammenarbeit zu organisieren, um die kontinentalen Ablagerungen des jüngeren Känozoikums systematisch zu studieren.»

[7] neue Spalten mit Orang.

mindest die Erwartung eines neuen Glaubens des Menschen an eine geistige Evolution der Welt.»[8] – «Tatsächlich scheint das arme Frankreich, das in gewisser Weise in seinen äußeren Energien so geschwächt ist, innerlich schrecklich lebendig zu sein, vielleicht viel lebendiger denn irgendein anderes Land in der Welt. Ich hatte die unerwartetsten Begegnungen mit den einflußreichsten und manchmal, würden Sie sagen, den ungläubigsten und skeptischsten Leuten in Paris. Und jedesmal bemerkte ich, daß ich ihnen in gewissem Ausmaß das geben konnte, wonach sie heiß verlangten [...]. Ihre Eindrücke von Washington haben mich zutiefst interessiert. Die Notwendigkeit eines Wechsels im Herzen der Politik, eines „Ideals" für die Demokratie: Sie haben recht. Ich habe gerade eine Reihe von Gesprächen über dieses Thema mit einer Gruppe einflußreicher junger Männer in Paris geführt [...]. Wenn wir uns durchsetzen, wird etwas Neues in die Welt kommen. Dies ist der eigentliche Kampf meines Lebens – Kunst und Idee, dieses Problem habe ich bereits dreimal aufgeworfen, seitdem ich in Paris bin. Diese große Frage werden wir diskutieren, weil ich eine Antwort brauche.»[9] – «Ich hatte ein besonders interessantes Gespräch, das Ihnen Spaß machen wird, mit einigen sechzig Künstlern [Bildhauern, Malern, Schriftstellern, Musikern], die eine neue Sektion in der Gruppe für das Studium und die Vervollkommnung des Menschen bilden, die von dem französischen Ingenieur Jean Coudrot[10] [in Zusammenarbeit mit Aldous Huxley] organisiert wird. Ich hatte zu dieser auserlesenen Menge gegen Ende des Mittagessens zu sprechen, und mein Thema war ‹Wie ist auf der Linie der menschlichen Energie die Kunst zu verstehen und zu benutzen›. – Ich gab der Idee Ausdruck, daß die Kunst der Ausdruck des „Überschwangs" der menschlichen Energie und daß es ihre Funktion sei, diesem immer größer werdenden Zuwachs und Überschuß an schrittweise von den materiellen Banden befreiten geistigen Kräften eine Art von Konsistenz, eine intuitive und fast instinktive Gestalt und einen *per-*

[8] Brief vom 7. Dezember 1938.

[9] Brief von Weihnachten 1938.

[10] Coudrot hatte ein «Zentrum für das Studium der menschlichen Probleme» gegründet. Bereits 1937 spielt P. Teilhard in ‹Die menschliche Energie› [‹L'Énergie humaine›, Paris, Éd. du Seuil 1962, S. 157] auf diese Gruppe an.

sonalen Charakter zu geben: gerade so wie die Wissenschaft und die Philosophie, jedoch in einer spontaneren und personaleren Weise.»[11]

Später, nachdem er vor einigen katholischen Clubs für junge Leute gesprochen hatte, schrieb er:

B – «Ich bin davon überzeugt, daß wir eine der umstürzendsten menschlichen Bewegungen der Geschichte, die *keinerlei Spur* von Härte oder Haß, in welcher Form auch immer, in ihrem Voranschreiten aufweist, unbewußt erleben. Einfach die Liebe – aber die auf der Überzeugung gegründete Liebe, daß die Welt dabei ist, in einem *Jemand*, der gleichfalls liebt und klar definiert ist, zu konvergieren. Und an diesem Punkt setzen meine armseligen geistigen Bemühungen ein: weil meine „Ansichten" diesen Jungen und diesen Mädchen, die arbeiten, [wie auch für Leute anderer Klassen] eine Perspektive liefern, in der die Vergangenheit, die Gegenwart und die Zukunft sich in einer Atmosphäre materiellen Fortschritts und progressiver Liebe begegnen. Noch einmal entfaltet sich wahrscheinlich im Ausgang von den Massen von unten her ein neues Leben.»[12]

Diese Texte müssen kommentiert werden. Zunächst scheint der Pater sich zu vervielfachen: keine Propaganda, sondern priesterliches Wirken. Er verkehrt nicht nur häufig bei gewissen wichtigen Persönlichkeiten, zum Beispiel dem Lecomte du Noüy[13], vielmehr

[11] Brief vom 29. März 1939. Damit wurde im voraus auf den Einwand von Paule Régnier geantwortet [‹Lettres›, Desclée de Brouwer, 1955, S. 122]: «[...] Der Künstler kann nur ein verbissener Individualist sein. Deshalb wird er sich immer mehr in einer Welt hilflos fühlen, in der alles für die Kollektivität organisiert wird.» – Die Kunst ist offensichtlich «personalistisch» [während sie gleichzeitig einer das Individuum achtenden kollektiven Begeisterung bedarf, vgl. die Künstler der Kathedralen des Mittelalters, die ihre Werke nicht einmal signierten]. Eher gültig ist der andere Einwand [S. 99]: Die Kunst hat «eher mehr Glanz in der Vergangenheit» gehabt. Es ist tatsächlich unmöglich, von «Fortschritten» der Kunst zu sprechen. Doch wissen wir nicht, was eine Menschheit hervorbringen könnte, die ihrer selbst bewußt geworden ist und sich der totalitären Karikaturen und des sozialistischen «Realismus» entledigt hat. Es ist nicht hoffnungslos.

[12] Brief vom 7. April 1939 – den Schlußsatz werden wir noch nuancieren.

[13] Der sich zu dieser Zeit «*in einer eher hyperkritischen oder sogar skeptischen Phase dem vergeistigenden und hominisierenden Wert der Wissenschaft gegenüber*» befand [Brief vom 25. August 1947]. Lecomte du Noüy war von dem elementaren Materialismus gewisser Gelehrter seiner Umgebung enttäuscht worden, was einen gewissen Pessi-

steht er überall zur Verfügung, und zwar in allen Milieus, bei Gläubigen oder Ungläubigen, Bürgerlichen oder in Arbeiterkreisen[14]. Offensichtlich ist die Stunde günstig. In einem Frankreich, in dem die Vorahnung des Krieges und der Katastrophe herrscht, ist die Gärung der Ideen lebhafter als jemals, und man hat den Eindruck, daß die Welt sich einer entscheidenden Krise nähert, daß sie in eine Mutationsperiode eintritt. Und P. Teilhard, dessen Ideen gereift sind, fühlt sich nunmehr fähig, auf die moderne Unruhe die Antwort zu geben. In jeder Krisenzeit wenden die Menschen sich angstvoll der Geschichtsphilosophie zu, sie befragen die Vergangenheit, um zu versuchen, die Grundlinien der Zukunft zu erahnen, um sich so aus dem Pessimismus der gegenwärtigen Stunde herauszureißen. Der Pater aber hat eine Antwort, eine Botschaft, und durch die dunklen Aufwallungen des Sturmes hindurch vermag er die immer intensiveren Strahlen Omegas und die aufgehende Morgenröte des Ultrahumanen zu erkennen. Sein Optimismus ist nicht blind – er übersieht nicht, daß die Massen der Wegweisung bedürfen –, doch ist er kämpferisch und ansteckend, weil er auf einer absoluten Hoffnung gründet, weil er durch ein vitales und intellektuelles Gelingen gerechtfertigt ist, nämlich durch die gelungene Synthese zwischen dem christlichen Glauben und dem Glauben an den Fortschritt.

Sein priesterliches Wirken hat sich ausgeweitet. Er beginnt, die Arbeiterklassen anzusprechen. P. Teilhard hat niemals Politik getrieben. Wenn er sich auch weigerte, sich «zu drücken», so fühlte er sich doch als über dem Durcheinander stehend, im besten Sinne des Wortes. Er ist kein «Progressist» im engen Sinne des Wortes noch

mismus dem Menschen und der Wissenschaft gegenüber erklärt. Zu den ersten Begegnungen war es auf dem Dampfer «Ile-de-France» anläßlich der Überfahrt New York–Le Havre gekommen: «*Wir zeigten eine unmittelbare wechselseitige Sympathie*» [Brief vom 7. November 1938].

[14] Man müßte dahin gelangen, diese verschiedenen Gruppen zu identifizieren. Gewißheit haben wir nur im Hinblick auf die Gruppe Légaut, deren Sprachrohr ‹Le Moncelet› war, eine vervielfältigte monatliche Zeitschrift, die als Leiter und Drukker den Abbé Gaudefroy hatte. Wir stellen beispielsweise fest: Februar 1939, ‹Beobachtungen über die Bedeutung und die biologischen Bedingungen der Forschung› [Vortrag Teilhards]; 30. April 1939, ‹Die menschliche Energie›, von P. T. gelesen und analysiert von Pierre V.; 21. Mai 1939, ‹Der Ort des Menschen in der Natur› [Vortrag Teilhards]. – Der [reale] Einfluß P. Teilhards fand offen gestanden ein Gegengewicht im Einfluß Gabriel Marcels. Sehr einfache, fast familiäre Atmosphäre.

ein «christlicher Demokrat» gewesen und noch weniger ein Demagoge. Und doch verstand er bewundernswert, zu den manuellen und anderen Arbeitern zu sprechen. Und später sollte er ein eifriger Anhänger des Arbeiterpriestertums sein. Seine Spiritualität ließ sich nämlich spontan auf die Arbeit anwenden und fand ganz natürlich Jesus, den Arbeiter, wieder – Jesus, der unaufhörlich mit Seinem Vater am Werke ist. Seine Arbeit tun, heißt das nicht, an der Vergeistigung der Materie arbeiten und folglich die Stunde beschleunigen, da das Pleroma vollständig sein wird?

Ebensowenig ist etwas erstaunlich daran, daß der Pater, der sich so eifrig der Zukunft der Menschheit zuwandte, an den Aktivitäten von an den Menschheitsproblemen interessierten Ingenieuren teilgenommen hat. Anscheinend überraschender ist, daß er über Ästhetik gesprochen hat, deren Probleme ihn wenig beschäftigten. Doch verfügte er über eine derartige Intelligenz, daß er fähig war, über alles zu sprechen, ohne in Platitüden oder Banalitäten zu verfallen[15]. Mehr noch, er hatte in einem nicht häufig anzutreffenden Grade den Sinn für das Schöne, was mehr bedeutet, als über seine Probleme zu diskutieren. Freuen wir uns darüber, daß diese Gelegenheit P. Teilhard erlaubt hat, eine Ästhetik zu skizzieren und so eine Lücke in seinem Denken zu füllen.

Man erlaube uns, an dieser Stelle die Einstellung des Paters der Kunst gegenüber nachzuzeichnen. Er ist niemals ein Ästhet noch ein Antiquar oder ein Sammler gewesen. Er hat sich kaum darum Sorgen gemacht, die Museen zu besuchen, und er hat Zeit gebraucht, um sich zu entschließen, die Sehenswürdigkeiten des kaiserlichen Palastes in Peking zu besichtigen, dessen «*Fehler in der Proportion*» ihn schokkierten. Wenn er auch begabt war wie wenige Schriftsteller, küm-

[15] Das Eigenartigste an diesem Vortrag, der später unter dem Titel ‹Die Kunst in den drei Phasen der Ökonomie› gedruckt wurde, ist die unbewußte Begegnung mit einer Dichtung Schillers, ‹Die Künstler›, aus der wir folgende Auszüge anführen wollen:

«Nur durch das Morgentor des Schönen
Drangst du in der Erkenntnis Land.
[...]
Was wir als Schönheit hier empfunden,
Wird einst als Wahrheit uns entgegengehn.»

Vgl. auch in P. Teilhard de Chardin, ‹Pilger der Zukunft, Neue Reisebriefe› [Karl Alber, 1959], den sehr wichtigen Brief vom 2. Februar 1953.

merte er sich keineswegs um den Stil. Und doch, wer wagte zu behaupten, er sei der Kunst verschlossen gewesen? Er trug, wie seine Schwester Françoise, die Leidenschaft für alles Schöne in sich, jedoch für das Schöne in seinem Zusammenhang mit dem Ewigen. Eine große Stadt war für ihn viel mehr als ein naturwissenschaftliches Museum. Gewiß hat Rom ihn nicht bezaubert, doch hat das seinen Grund darin, daß er sich dort aufgehalten hat, nachdem er allzu viele erhabenere Schönheiten geschaut hatte; dagegen hat ein Zeuge gesehen, wie er stehenblieb, um die Landschaften von Paris zu bewundern. Gewiß schrieb er am 3. April 1930:

> B – «Die größte Freude, die mir eine gotische Kathedrale verschafft [...], ist das „triumphierende" Bewußtsein, daß unser Geist heute, und zwar für immer, aus ihren Gewölben ausgebrochen ist!»

Doch berichtigte er seinen Satz durch eine Parenthese: «*Ich finde ein solches Gebäude übrigens wunderbar.*» – Er hielt es keineswegs unter seiner Würde, mit Künstlern zu verkehren. Er kannte in China die amerikanische Bildhauerin Lucile Swan, und wenn er ihr beim Arbeiten zusah, sagte er manchmal in seiner direkten Art: «*This is wrong*»[16], und, so berichtete uns Lucile Swan, er hatte immer recht[17]. 1939 wurde ihm in den Vereinigten Staaten eine andere Bildhauerin, Miß Malvina Hoffman, vorgestellt, die später seine Büste anfertigte, wie Lucile Swan es bereits 1936 oder 1937 getan hatte[18]. In Peking schloß er Freundschaft mit dem Maler Mond – dessen wirklicher Name Edmond van Genechten war –, ein Flame, der auf chinesische Art malte. Und als er eines seiner Bilder einmal betrachtete, rief er aus: «*Lieber Mond, ich bedaure, daß ich nicht Kunst studiert habe!*» In den Jahren 1944–1945 macht er in der Gesellschaft der Musikfreunde mit, die von Mme Arsène-Henry, der Frau des französischen Botschafters in Japan, gegründet wurde, einer ausgezeichneten Musikerin, die er zum Beispiel bat, Beethoven-

[16] = Das stimmt nicht.

[17] Lucile Swan war ihm Ende 1929 vorgestellt worden: «Fast unverzüglich», so erzählt sie, «waren wir in eine ernste Unterhaltung verwickelt. Da er als Gelehrter sprach, sagte er, je mehr er in die Wissenschaft eindringe, um so gewisser wäre er der Existenz Gottes [...], das war für mich ein Licht.»

[18] Die in Paris von der Luxemburgerin Charlotte Engel ausgeführte und vom Bischof von Luxemburg gekaufte Büste ist postum [1959].

Sonaten zu spielen, denen er aufmerksam zuhörte, wenn er auch übrigens, von Wagner abgesehen, wenig Neigung zur Musik hatte. Später in Paris kannte er Jean Cassou und den Maler André Marchand. Er ging übrigens ins Konzert, zu den großen Gemäldeausstellungen, und er interessierte sich für die sakrale Kunst. Teilhards Liebe zur Schönheit war gewissermaßen unbewußt und spontan. Er sah sie und gab sie instinktiv wieder ohne Künstelei, denn er war ein Mann der Wahrheit, und die Schönheit leuchtete in seinen Augen wie der Glanz und die Aureole des Wahren.

Kurz, dieser Aufenthalt in Paris kündigte bereits die zweite große Pariser Periode an [1946–1951], die eine Periode des Wirkens und des Kampfes sein wird. Doch bereits am 23. Juni 1939 schifft sich Teilhard an Bord der «Champlain» ein. Er verläßt Frankreich in Richtung China, wobei er den Weg über die Vereinigten Staaten nimmt, um am Geologischen Kongreß in Berkeley [Kalifornien] teilzunehmen. Wir wissen über diese Amerikafahrt kaum mehr, als uns einer der Reisebriefe, zwei unveröffentlichte Briefe und eine unveröffentlichte kurze Karte sagen. Am 30. Juni landete der Pater in New York, wo er bis zum 18. Juli bleiben wird, da er viel im *American Museum* zu tun hat, wo er Weidenreich wiedersieht, der dort ein Jahr bleiben soll.

Anfang Juli wird er von Simpson genau an dem Tage empfangen, da sein Freund das erste Exemplar eines kürzlich gedruckten Buches ‹Quantitative Zoology› erhält. Ein erfreulicher Tag. Anschließend wird er von seinem Freund Field in Chicago empfangen, und er nimmt an dem Geologischen Kongreß von Berkeley teil:

B – «[...] Ich habe meinen Aufenthalt dort mit dem Pazifischen Kongreß von San Francisco beendet, wo ich zwei Mitteilungen gemacht habe. Mein wahrscheinlich interessantestes Gespräch habe ich mit Bailey Willis geführt, der in bezug auf die Jugend seines Denkens nur mit Ihnen verglichen werden kann. Er arbeitet wie ein junger Mann an einer umfassenden Theorie der Bildung der Kontinente [und insbesondere Asiens] durch Zuwachs infolge aufeinanderfolgender Granitbildungen, – und ich muß sagen, daß diese Sehweise, die mir verschwommen vorschwebte, mich gleich verlockt hat.»[19]

[19] Brief vom 20. Dezember 1939.

Dann fährt der Pater mit dem Zug nach Vancouver, um sich nach China einzuschiffen, wo er Ende August ankommt, nachdem er einmal mehr ein indigoblaues Meer und fliegende Fische angeschaut hatte, aber seine Unruhe steht nicht in Zusammenhang mit der Exotik; vor allem fürchtet er, daß Europa explodiert. Nach seinen Plänen kam er nach China für eine kurze Zeitspanne zurück. Tatsächlich sollte er von 1939 bis 1946 praktisch als Gefangener in Peking bleiben.

Wir sind über diese zweite Periode von Peking gut dokumentiert, und zwar dank den Briefen[20] und einem unveröffentlichten Vortrag, der am 3. Januar 1957 von einem der loyalsten Freunde des Paters gehalten wurde und den wir hier sehr weitgehend auswerten... Wir haben von einer halben Gefangenschaft gesprochen. Tatsächlich reist P. Teilhard kaum. Im Laufe des Winters 1939 hat er die Hoffnung, in den Süden, ins Yün-nan, zu fahren, doch schließlich fühlte er sich verpflichtet, an Ort und Stelle zu bleiben, um des «känozoischen» Laboratoriums willen. Gegen Mai/Juni 1940 mußte er sich nach Tientsin begeben, um das Hoang-ho-Pai-ho-Museum auszuräumen, das durch die Überschwemmungen von 1939 etwas beschädigt war:

B – «Ich habe kürzlich eine Woche in Tientsin verbracht. Die Überschwemmung ist schrecklich gewesen: 70 cm Wasser in den Sälen des Museums, und man fuhr im Boot von einem Gebäude zum anderen. Und dies ist noch nichts im Vergleich mit dem anderen Viertel, wo das Wasser mehrere Meter hoch in den Straßen stand. Man wird niemals die nach Hunderten [man spricht von Tausenden] zählenden Ertrunkenen in der chinesischen Stadt kennen [...]. Im Museum haben viele große Fossilien [Rüsseltiere] schwer gelitten, und zahlreiche Geweihe von Cerviden müssen rekonstruiert werden. [Sie sind in der feuchten Atmosphäre zerbrochen.] Ich habe einen interessanten Plan für die Wiederherrichtung des geologischen und paläontologischen Ausstellungs-

[20] Zitieren wir ein für allemal die unvergleichliche Quelle, die die ‹Neuen Reisebriefe [1939–1955]›, gesammelt und dargeboten von Claude Aragonnès, Paris, Karl Alber, 1959, darstellen. Siehe auch die lebendigen Artikel von Georges Magloire in ‹Synthèses› [Mai, Juli, Oktober, November und Dezember 1957], die in einem von den Éditions Synthèses, Brüssel 1958, herausgegebenen Heft zusammengefaßt sind. Leider sind Dichtung und Wahrheit in diesen beiden Artikeln nur schwer voneinander zu scheiden. – Madame Claude Rivière bereitet ein Buch ‹Avec Teilhard en Chine› vor [mit unveröffentlichten Briefen].

saales.»[21] – «In Tientsin hat die Überschwemmung letzten Endes viel Unheil an den Stücken angerichtet [Kiefer von Rüsseltieren und Geweihe von Cerviden]. Wir hoffen, das Wesentliche wiederherzurichten, doch ist das noch nicht geschehen. Und bei dem Kohlenmangel ist in den großen Sälen alles gefroren und unbewohnbar. In dieser Hinsicht haben wir große Pläne für die Umstellung und die Neugestaltung [in der eigentlichen Konzeption der Institution]. Doch kann ich Ihnen davon erst später sprechen. Es ist natürlich unnötig, Licent gegenüber darüber Äußerungen zu machen, wenn Sie ihm zufällig begegnen sollten.»[22]

Von Mitte Oktober 1940 an fährt er fast jeden Sonntag in die *Western Hills* in der unmittelbaren Umgebung Pekings zum Picknick. Gegen Ende November fährt er einmal nach Choukoutien. Im September–Dezember 1940 denkt er daran, sich zum Herbst 1941 in die Vereinigten Staaten zu begeben, um mit Hilfe der schönen Sammlung Frick seine pliozänen Fleischfresser des Schansi zu bearbeiten. Doch Pearl Harbor [7. Dezember 1941] setzt einen Schlußpunkt unter dieses Projekt. Im Sommer 1942 verbringt er einen Aufenthalt am Meer, an der Grenze nach Mandschukuo. Gegen November 1942, so wissen wir, kommt er von einer Reise nach Schanghai zurück, wo er an der Aurora-Universität einen Vortrag gehalten hat. Seit seiner Rückkehr von Schanghai, so erklärt er am 13. November 1943, hat er sich nicht von Peking fortbewegt

B – «außer für einen ausgezeichneten viertägigen Aufenthalt in den Hügeln bei einem alten Freund, Dr. Bussière, einem Mann der Combraille, dem es gelungen ist, hier, mitten in China, ein Stück Auvergne gleichfalls auf Granit zu schaffen»[23].

Und er nimmt keinerlei ernsthafte Reise vor dem Frieden in Aussicht. Die schöne, manchmal recht ermüdende, aber doch so fruchtbare Zeit der Forschung in alle Richtungen ist tatsächlich zu Ende. Und selbstverständlich ist das wissenschaftliche Leben eingeschränkt:

B – «Natürlich ist der große Ärger, daß wir nicht mehr die Anregung und die Erhellung irgendeines neuen Materials haben. Wir arbeiten gerade eben an den alten Dingen weiter.»[24]

[21] Brief aus Peking vom 3. November 1939.

[22] Brief aus Peking vom 15. Dezember 1939.

[23] Ende August 1944 kehrt er mit P. Leroy für drei Wochen dorthin zurück.

[24] Brief vom 13. September 1939.

Seine Beziehungen mit dem Ausland sind sporadisch, abgesehen von einer kurzen Korrespondenz mit Sven Hedin[25]. Bereits am 12. Dezember 1940 beklagte der Pater sich darüber, daß er praktisch jeden nützlichen Kontakt mit dem Gelände verloren hat. Seine Fahrt nach Choukoutien mit einem eindrucksvollen Rahmen einflußreicher Japaner und einer amüsierenden und völlig nutzlosen Entfaltung militärischer Kräfte[26] hat lediglich zum Ziel, den Zustand der Fundstelle festzustellen, wo jede Arbeit unmöglich ist. Selbstverständlich ist die Grabungsstelle intakt, doch die Baracken sind sorgfältig geplündert worden. Die 1940 aufschimmernde schwache Hoffnung, die Ausgrabungen im Frühjahr wiederaufzunehmen, erwies sich als völlig eitel. Bleiben glücklicherweise die Laboratorien[27]. Das «Känozoikum»[28] bleibt noch offen, Weidenreich ist nach einem Aufenthalt

[25] Es handelt sich, wie wir gesehen haben, darum, die Sammlungen von Dr. Norin zu retten und nach Schweden zu schicken.

[26] Vgl. den reizenden Bericht über die Expedition in ‹Synthèses›, Oktober 1957, S. 82–83, von Georges Magloire.

[27] Das traurige Los der Schädel des *Sinanthropus*, die in den Panzerschränken des PUMC untergebracht waren, ist bekannt. Weidenreich hatte an Tschiang Kai-schek geschrieben, um seine Zustimmung dazu zu haben, sie in Amerika in Sicherheit zu bringen. Letzterer gab schließlich sein Einverständnis. Die Schädel wurden eingepackt, den amerikanischen Soldaten anvertraut, die in Taku sich bereit erklärt hatten, die Kisten zu übernehmen. Doch nach Pearl Harbor dekretierten die Japaner die Beschlagnahme aller amerikanischen Güter, und die Kiste mit den Schädeln verschwand. Weder die japanische Polizei noch die japanische Gendarmerie, die alarmiert wurden, vermochten sie wiederzufinden, trotz des Wettbewerbs, der durch ihre wechselseitige Antipathie angestachelt wurde. Es ist möglich, daß ein japanischer Unteroffizier, der beauftragt war, ein Inventar der amerikanischen Kisten in Taku anzufertigen, die Schädel einfach ins Wasser geworfen hat. Nach einer anderen Quelle wären die Kisten, die den *Sinanthropus* enthielten, am Ufer des Meeres in einer kleinen Bucht auf der Höhe von Tangschan abgestellt worden. Dort wären sie verschwunden. Siehe das Zeugnis von Oberst Ashurst in der ‹New York Times› vom 5. Januar 1952 und den in ‹Science›, Bd. 129, Nr. 3352, 27. März 1959, S. 825, erschienenen Artikel ‹Where is Peking-Man? Anthropologists are speculating about the war-lost specimen›. Georges Magloire hat in ‹Synthèses›, Oktober 1957, S. 82, hübsch die Enttäuschung der Japaner im PUMC erzählt – nach der Agentur Neues China haben die Chinesen gegen August 1959 einen neuen, sehr gut erhaltenen fossilen Unterkiefer gefunden.

[28] Das *Cenozoic Research Laboratory* hängt immer noch vom *National Geological Survey of China* ab. Wohlgemerkt wurde das PUMC durch die Japaner nach dem Angriff auf Pearl Harbor von seinem ausländischen und chinesischen Personal geräumt.

in New York dort immer noch ebenso aktiv, und P. Teilhard arbeitet dort regelmäßig mit Pei, seiner «einzigen Stütze», denn das in den Schubladen aufgehäufte Material ist gewaltig, und es muß Lokalität um Lokalität inventarisiert und beschrieben werden. Alle diese fragmentarischen Beschreibungen laufen Gefahr, irgendwie langweilig zu erscheinen. Doch nach ihrem Abschluß beabsichtigt Teilhard, aus ihnen die Substanz in Gestalt einer Art Zoologie Chinas zu extrahieren und zu konzentrieren, in der die verschiedenen Gruppen mit ihrer Geschichte vom unteren Pliozän an dargestellt würden. Er glaubt, daß das Ergebnis sehr erhellend sein wird aufgrund der Zahl genauer Angaben, die sich über eine große Zahl unterschiedener Schichten erstrecken[29]. Tatsächlich wird der Plan nicht in genau dieser Form verwirklicht werden: er wird zur Nr. 8 der Veröffentlichungen des Geobiologischen Instituts: ‹Chinese fossil mammals: a complete bibliography› [1942 in Zusammenarbeit mit Pierre Leroy]. Eine vielleicht weniger ehrgeizige Verwirklichung, die aber besser den Kompetenzen des Paters entspricht, der ein Spezialist für die Säugetiere ist, und das ein sehr vollständiges und leicht zu handhabendes Verzeichnis darstellt, das Zeugnis gibt von den glänzenden, [von 1920 an] durch die Zusammenarbeit des Hoang-ho-Pai-ho-Museums, der schwedischen Paläontologen von Uppsala, der Central Asiatic Expedition und des «Känozoikums» erzielten Ergebnissen.

Wir haben eben kurz von dem Museum Pater Licents in Tientsin gesprochen, dessen Gebäude sich im Bereich der von den Jesuitenpatres gegründeten Handelshochschule befand. Nun wurde das Gebäude von dieser Institution begehrt. Tatsächlich waren viele Studenten aus Südchina in Tientsin steckengeblieben. Keine Möglichkeit, neue Gebäude zu bauen, um Schlafsäle zu schaffen. Der Pater Superior beanspruchte also das Museum für sich und forderte seinen neuen Direktor Pater Pierre Leroy auf, die Örtlichkeiten zu räumen. Doch das Museum enthielt beträchtliche Sammlungen: Es befanden sich dort Tausende von Fischen und Fröschen in Formol,

[29] Vgl. Brief vom 18. Februar 1941: «*[...] Wir konzentrieren uns auf die Laboratoriumsarbeit [es gibt dort noch eine Masse Dinge zu studieren und zu beschreiben], und ich versuche auch, die verschiedenen, seit zwanzig Jahren in allzu vielen fragmentarischen Veröffentlichungen zerstreuten Ergebnisse auf mehrere Arten zu synthetisieren. Diese Art von Arbeit ist sehr viel interessanter und sogar fesselnder, als ich zunächst dachte.*»

man begegnete sogar fossilen Elefanten... All das mußte nach Peking gebracht werden. Der Botschafter Frankreichs, Henry Cosme, stellte den Patres gewisse Räumlichkeiten in der Wachtkaserne der Botschaft in Peking, Rue Labrousse 3, zur Verfügung. P. Teilhard kam etwas ärgerlich angesichts des dadurch verursachten Zeitverlustes nach Tientsin, um abzubauen, auszusuchen, «zu lüften». Diese sehr umfangreiche Arbeit erforderte zwei Monate, Mai und Juni
1940 1940. Die beiden gelehrten Jesuiten hatten die Idee [von recht Teilhardschem Klang], das ehemalige Hoang-ho-Pai-ho-Museum in eine Art Institut für kontinentale Forschungen zu verwandeln. Doch die Idee blieb teilweise ein Traum, denn um sie konkret zu verwirklichen, hätte es eines guten Petrographen [hauptsächlich für die sedimentären Forschungen] und eines guten Paläobotanikers [vor allem für das Mesozoikum und das Känozoikum] bedurft, die bei dem Zustand des Niedergangs, in dem sich Frankreich befand, ebenso selten waren wie der blaue Vogel. Andererseits mußte der vorgesehene Titel fallengelassen werden, denn für die japanischen Ohren hatte [Gott weiß weshalb] das Beiwort «kontinental» eine politische Bedeutung[30]. Nichtsdestoweniger funktionierte der Organismus dank den beiden Gelehrten unter dem Titel Geobiologisches Institut, ein noch ehrgeizigerer Titel und auch noch teilhardscher. Denn der Pater sah von nun an alles in der Größenordnung der Erde[31]. Das Ziel blieb dasselbe: die gemeinsame Evolution des Bodens und des Lebens auf dem asiatischen Kontinent zu studieren, der so angesehen wurde, als bilde er einen halb autonomen Kern der Erdkruste; nur geologische und biologische Fakten behandeln, die einen kontinentalen Wert haben. Im Bannkreis dieses Instituts Veröffentlichungen, auf denen vor allem die Namen von Pierre Leroy und Pierre Teilhard de Chardin stehen und die trotz der zahlreichen Hindernisse dank dem damaligen französischen Verleger von Peking, Henri Vetch, und zumindest teilweise dank den Subventionen von Henry Cosme sowie der Alliance française von Schanghai möglich gemacht wur-

[30] Nach Pearl Harbor wurde ein japanischer Paläontologe an das Geobiologische Institut beordert. Selbstverständlich versuchte die Kampetei [japanische Geheimpolizei], sich über Tun und Lassen der Patres zu unterrichten. Sie hatte genau genommen guten Grund, sich über ihren aktiven Patriotismus zu beunruhigen.

[31] Teilhard hatte dieses Institut dem Christuskönig geweiht. Im Inneren eine beim hl. Paulus entnommene Inschrift: UT SIT DEUS OMNIA IN OMNIBUS.

den. Unter den wichtigsten Arbeiten des Paters finden wir ‹New Rodents of the Pliocene and Lower Pleistocene of North China›[32], 1942
deren Tragweite der Pater in einigen Zeilen zusammenfaßt:

B – «Dieses Jahr[33] habe ich eine Abhandlung herausgebracht, die mir eine meiner besten zu sein scheint, und zwar über eine Gruppe von fossilen Ratten und Maulwürfen, die erlaubt, gewisse allgemeine Schlußfolgerungen über die Evolution der lebenden Gruppen zu ziehen.»[34]

Wir kennen bereits die sehr große Bedeutung, die Pater Teilhard den Siphneiden beimaß. Dieses Mal hat er die Phylogenese völlig neu gestaltet. Derselbe Brief fährt in einem für die Bescheidenheit des Paters recht charakteristischen nachlässigen Ton fort:

B – «Eine andere, kürzlich erschienene Abhandlung über die Vorgeschichte Chinas verdient ebenfalls Erwähnung.»

Es handelt sich offensichtlich um die Arbeit ‹Early Man in China›[35] [1941], die eine Synthese erster Hand der Erkenntnisse über die Formationen des jüngeren Känozoikums und die Verteilung der menschlichen Überreste des Pleistozäns in China darstellt. Das Geobiologische Institut veranlaßt trotz der Dokumentationsschwierigkeiten nicht nur eine Reihe von Abhandlungen, deren jede einer ausführlichen analytischen oder synthetischen Untersuchung einer die geologische oder biologische Struktur Asiens angehenden Frage
gewidmet ist. Im September 1943 geben die beiden gelehrten 1943
Jesuiten eine neue Zeitschrift heraus, die in unregelmäßigen Abständen erscheint, ‹Geobiologia›, auf deren ersten Band erst 1945 ein zweiter folgte. ‹Geobiologia›, Sondernummer der ‹Miscellanea›, ist – wie die Ankündigung des ersten Bandes betont –

W – «kein Potpourri von Neuigkeiten, sondern eine ausgewählte Sammlung von Informationen und Gedanken zum Gebrauch der Geologen und Naturforscher des Fernen Ostens. Nicht die größtmögliche Zahl von wissenschaftlichen Auskünften sammeln, sondern in der Masse dessen, was gefunden und veröffentlicht wird, die für eine kohärente Schau der Biosphäre bezeichnenden und interessanten Elemente herausstellen.»

[32] Neue Nagetiere des Pliozäns und des unteren Pleistozäns Nordchinas.

[33] Es handelt sich in Wirklichkeit um 1942.

[34] Brief vom 13. November 1943.

[35] ‹Der vorgeschichtliche Mensch in China›.

Doch was ist genau unter Geobiologie zu verstehen? In einer glänzenden Einführung[36] gibt P. Teilhard ihre Definition:

W – «Um diesen Punkt zu begreifen, muß man sich zunächst in Erinnerung rufen, daß von Jahr zu Jahr unter den Gelehrten aller Disziplinen eine doppelte Evidenz um uns herum größer geworden ist:

1. Die erste besagt, daß die Lebewesen, in ihrer Gesamtheit genommen, ein einziges, an die Oberfläche der Erde gebundenes System bilden, – ein System, dessen Elemente [in welcher Assoziationsordnung man sie auch betrachtet] nicht nur einfach aneinandergedrängt und -geformt sind wie Sandkörner, – sondern organisch voneinander interdependent sind wie die Wasserfäden eines hydrodynamischen Netzes, wie die in einer kapillaren Oberfläche gefangenen Moleküle.

2. Und die zweite besagt, daß diese organische Schicht – die über die ganze Fläche dessen ausgebreitet ist, was man häufig die „Kruste" nennt, was aber in Wirklichkeit die chemisch aktivste Zone des Planeten ist, – physisch in ihrer Genese und in ihrem Fortbestand nicht von der allgemeinen Masse der Erde getrennt werden kann, die sie bedeckt. Die Erde, nicht nur räumlicher Träger, sondern „Gebärmutter" der lebenden Schicht, die sie umhüllt.

Von hierher erklärt sich die wachsende Bedeutung, die von der Wissenschaft der Vorstellung der Biosphäre beigemessen wird, – wobei letztere nicht mehr als eine einfache metaphorische Entität betrachtet wird, sondern durchaus als eine physische, ebenso objektive und für die Erde ebenso wesentliche Wirklichkeit wie die verschiedenen anderen „Sphären" [mineralische, flüssige, gasförmige], deren konzentrische Anordnung den Leib unseres Planeten aufbaut.

Seit langem war bereits die Idee von den Physikern und Chemikern angenommen worden, daß die anorganische, irdische Materie ein natürliches Ganzes darstellt, dessen Elemente, weit davon entfernt, eine akzidentelle Anhäufung darzustellen, in ihren Verhältnissen und in ihrem Ineinandergefügtsein eine bestimmte Struktur und eine bestimmte Zusammensetzung ausdrücken, die an die atomare und siderale Architektur des Universums gebun-

[36] S. 1–2.

den sind. Von hierher erklärt sich die heute zum Abschluß gekommene Herausindividualisierung einer Physik und Chemie der Erde.
Nunmehr zeichnet sich im Bereich des Lebens dieselbe Strömung ab, die zu demselben Ergebnis führt.
Einerseits präzisiert und beschleunigt sich [wie ich gerade gesagt habe] die Bewegung, die dahin strebt, die Biosphäre in den Rang der umfassendsten wissenschaftlichen Wirklichkeiten zu erheben, die wir kennen.
Und andererseits zeigt sich korrelativ dazu ein noch leerer Platz auf der Stirnseite selbst der Wissenschaft für eine Disziplin, die sich insbesondere der Erforschung dieser Biosphäre widmet.
Wir hatten bereits die Geophysik und die Geochemie. Hier nun tritt, um die Dreizahl vollzumachen, die Geobiologie in Erscheinung.
Die so als „die Wissenschaft von der Biosphäre" definierte Geobiologie erweist sich unmittelbar als autonom. Mit anderen Worten, sie läuft nicht Gefahr, wie man hätte einwenden können, mit anderen Disziplinen verwechselt zu werden, wie zum Beispiel der Paläontologie, der Ökologie, der Biogeographie, wo das Leben gleichfalls in Beziehung zur Vergangenheit oder Ausdehnung der Erde studiert wird. Sie stellt sich nämlich nicht neben diese verschiedenen Forschungsrichtungen der Biologie auf derselben Ebene als eine weitere Forschungsrichtung, vielmehr stellt sie sich über deren ganze Gruppe als ein totalisierendes Prinzip anderer Ordnung, das sie verknüpft, lenkt und alle in ein Bündel konzentriert, ohne daß eine Überkreuzung möglich wäre, und zwar auf einen doppelten Gegenstand, der ihr spezifisch und unmittelbar zu eigen ist:
1. Zunächst das Studium der organischen Zusammenhänge jeder Ordnung, die zwischen den Lebewesen erkennbar sind, welche als in ihrer Totalität ein einziges, in sich geschlossenes System bildend betrachtet werden.
2. Dann das Studium der physikalisch-chemischen Zusammenhänge, die die Entstehung und die Entwicklung dieser „geschlossenen lebenden Schicht" mit der planetaren Geschichte verknüpfen.»

Das ist gewiß einer der für die Teilhardsche Wissenschaft charakteristischsten Texte. Wenn der Pater auch dauernd bewiesen hat, daß er ein Analytiker ersten Ranges war, hat er doch immer das Ideal einer umfassenden und synthetischen Wissenschaft angestrebt. Zwischen den Lebewesen herrschen organische Zusammenhänge, so daß die lebende Schicht ein Ganzes bildet, und dieses Ganze ist selbst an die umfassende physikalisch-chemische Evolution der Erde gebunden [die selbst Funktion der sideralen Evolution ist]. Diese Ausrichtung steht durchaus in Übereinstimmung mit den Tendenzen des modernen Geistes: Der Mensch wird nicht mehr als ein Reich in einem Reich betrachtet, sondern als ein organisch-psychischer Komplex, der immer in Beziehung zum Kosmos steht, und von dorther erklärt sich die Entstehung einer konkreten Anthropologie. Die Gesellschaft wird nicht mehr als eine einfache Anhäufung von Individuen betrachtet: Eine Sammlung von Individuen stellt nur eine soziale Wirklichkeit dar, wenn sich in ihr Beziehungen SUI GENERIS herausbilden, die der Gruppe eine gewisse Organizität verleihen. Das psychologische Leben wird nicht mehr [im Namen ich weiß nicht welches geistigen Atomismus] so betrachtet, als entstehe es aus dem Aufeinandereinwirken elementarer Zustände, die sich untereinander verbinden. Es gehorcht Ganzheitsstrukturen, die von der Form- oder Gestaltpsychologie studiert werden, die, anstatt das Ganze durch die Teile zu erklären, die Teile durch das Ganze erklärt. Selbst die Medizin tritt in diese Fußstapfen, denn die psychosomatische Medizin bemüht sich, das Menschenwesen in seiner Totalität und in seiner Einheit zu begreifen – da die heutige Anthropologie in jedem personalen Leben etwas sieht, das ein Ganzes bildet.

Doch das Geobiologische Institut maßt sich keineswegs an, das gewaltige Feld der Entdeckungen zu überschauen, das weiter oben beschrieben ist:

W – «Im Ausgang von dem [wahrscheinlichen, aber durch die Erfahrung zu überprüfenden] Hilfspostulat, daß die Kontinente keine akzidentellen Fragmente, sondern natürliche Einheiten der Erdkruste sind, so daß man dort in einem *kleineren Bereich ohne Entstellung* des Gegensatzes die Probleme der Biosphäre angehen kann, setzt das Institut von Peking sich einfach folgendes dreifaches Ziel:

1. Auf allen möglichen Wegen die Bildung des asiatischen Kontinents zu studieren.

2. Parallel dazu die Herausbildung und die Differenzierung der pflanzlichen und tierischen Formen auf der Oberfläche dieses Kontinents zu rekonstruieren.

3. Wenn möglich den Synchronismus und die wechselseitige Einwirkung dieser beiden Entwicklungen herauszustellen.

Genese und genetische Interdependenz der Kontinente und ihrer Fauna oder Flora in dem typischen Falle Asiens.»[37]

Man erkennt gleich den Sinn für das Praktische und Positive im Teilhardschen Geist, der trotz seiner ehrgeizigen Ziele der Synthese niemals die Erde verläßt und immer den Sinn für das Wirkliche bewahrt. Er ist in Asien mit einer außergewöhnlichen Erfahrung des Fernen Ostens. Er wird sich auf diesen typischen Fall beschränken. Und genaugenommen ist diese erahnte Wissenschaft noch nicht vollkommen individualisiert – was schadet es? Die Geobiologie wird zunächst einem «Geist», einer Forschungsmethode, entsprechen. In biologischer Hinsicht widmet der Pater seine besondere Aufmerksamkeit der Biologie der Gruppen und

W – «der organisch-plastischen Einwirkung, die auf die tierischen und pflanzlichen Formen von dem [anorganischen oder lebendigen] *kontinentalen Milieu* ausgeübt wird, in dem sie sich entwickeln»[38].

Das ist einer der Gründe, aus denen seine Wahl zunächst auf die Siphneiden fiel, eine Gruppe, die man in ihrer morphologischen, geographischen und geologischen Integrität darstellen konnte[39].

[37] S. 3.

[38] S. 3–4.

[39] Bekanntlich stellt Nordchina ein erstaunliches «Laboratorium» für den Paläontologen dar, denn die Faunen haben sich dort in kontinuierlicher Weise entwickelt, ohne daß sie durch Kataklysmen verjagt oder zerstört worden sind. Seit langem schon versuchte P. Teilhard, die paläontologische Methode zu erneuern, indem er sie «biologischer» machte, d. h. indem er die ausgegrabenen Fossilien in das biologische Ganze der studierten Zone hineinstellte: «*[...] Einer der ersten, wenn ich mich nicht täusche, jemals angestellten Versuche, um eine Zoologie aufzubauen, in der kein Unterschied mehr zwischen lebenden und ausgestorbenen Formen in ein und derselben Gegend gemacht würde*» [‹Titres et travaux›, S. 7]. Der Naturkundler läßt sich beim Pater nie verleugnen. Allerdings schrieb er am 9. Januar 1920 von Paris an Dr. Salzes: «*Ich bereite meine letzte Prüfung vor, die ich gerne vor Ostern bestehen möchte. Diesmal handelt es sich um die Zoologie, die ein umfassender Bereich mit genauen und positiv festzuhaltenden Daten ist, – ohne in Rechnung zu stellen, daß ich wenig Neigung verspüre, ein Nervensystem kleiner Tierchen zu sezieren. – Ich möchte, ich könnte mich bereits jetzt*

In geologischer Hinsicht gibt P. Teilhard den Problemen spezifisch kontinentaler Natur den Vorzug, nämlich der Registrierung und Analyse der rhythmischen Phänomene und in noch stärkerem Maße der Erforschung der gerichteten und kontinuierlichen Prozesse unter der Oberfläche der Rhythmen verschiedener Ordnung. Aus diesem Grunde trägt die erste Veröffentlichung des Geobiologischen Instituts, die vom Pater unterzeichnet ist, den Titel ‹The granitization of China› [1940], wo er die Bildung der Kontinente durch Granitisation, durch eine Art aktiven und irreversiblen Wachstums, zu erklären versucht, während die letzte Erklärung der Flexurationen[40] in einem Druck des subkontinentalen Magmas gesucht werden muß. Aus demselben Grunde findet sich auch in diesem Band 1 der ‹Geobiologia› die berühmte Studie ‹The genesis of the Western Hills›[41], eine tektonische und geologische Synthese über die Peking benachbarten Höhen.

> W – «Das außergewöhnliche Interesse der westlichen Hügel für die Geologie»,

so sagt er uns[42],

> «liegt darin, daß ihre Bildung auf einer elementaren Stufe und unter bemerkenswert reinen Bedingungen der Einfachheit einen tektonischen Mechanismus [„Flexuration"] bekundet, dessen Betrachtung wahrscheinlich unsere Ansichten über die Fragen des Aufbaus der Kontinente erhellen muß.»

Kurz, die Genese der westlichen Hügel stellt einen aufgrund seiner Einfachheit besonders erhellenden Fall dar, und die Phänomene, deren Sitz sie sind, finden eine überraschende Parallele in den japanischen Kordilleren. So gehorcht also das gesamte wissenschaftliche

wieder ganz der Paläontologie zuwenden, in der ich wahrscheinlich für den Rest meiner Tage eingeschlossen bleiben werde.» – Selbstverständlich war P. Teilhard vor allem Paläontologe. Er hat sich der Zoologie praktisch nie gewidmet, außer in Ägypten. Doch ist dieser Text vor allem der Ausdruck der Ungeduld eines Mannes, der bereits die wissenschaftliche Forschung gekostet hat und sich zu Schulaufgaben gezwungen sieht. Tatsächlich konnte er schon aufgrund seiner Neigung zur Synthese nicht verfehlen, die allgemeine Biologie zu Hilfe zu nehmen.

40 Kontinentale Flexur heißt die «Zone, wo die Hülle der Kontinente und der Grund der Ozeane die Krümmungsrichtung wechseln» [J. Bourcart, ‹Géographie du fond des mers›, Paris, Payot, 1949, S. 74].

41 ‹Die Genese der westlichen Hügel›.

42 ‹Geobiologia›, Bd. 1, S. 43.

Schaffen Teilhards, abgesehen von den glücklichen Zufällen der Entdeckung, einer Art Logik, einer intellektuellen Planung. Selbst der Zwang und die äußeren Beschränkungen werden zum Besten des Interesses der Wissenschaft benutzt. Wäre der Pater nicht sozusagen Gefangener in Peking gewesen, hätte er dann die Zeit gefunden, sich einem so gründlichen Studium der *Western Hills* zu widmen?

Das Geobiologische Institut[43] haben wir so sehr herausgestellt, um so von neuem die grundlegenden Charakterzüge der Teilhardschen Wissenschaft, ihre synthetische Ausrichtung zu betonen und um zu zeigen, daß sie lebendig geblieben ist, wenn sie auch des Kontaktes mit dem Gelände beraubt war [abgesehen von den *Western Hills*]. Doch von den letzten Monaten des Jahres 1943 an gewinnt der Pater, ohne daß deswegen die Veröffentlichungen aufhörten, den quälenden Eindruck, daß er ans Ende seines unveröffentlichten Stoffs gelangt ist, so daß ihm nichts anderes zu tun übrigbleibt, als alte Dinge wiederzukäuen. Die Zeit vergeht schnell, und gerade die Jahre, auf die P. Teilhard sehr stark zählte, vergehen für ihn, so sagt er uns, «mit Nichtstun»[44]. Der Pater übertrieb ein wenig! Die Jahre 1944 und 1945 [die Bibliographie beweist das] sind nicht leer gewesen. Auf der streng wissenschaftlichen Ebene ist es schwierig, sie als schöpferisch zu bezeichnen. Doch ist es überflüssig, nach zwanzig Jahren der Forschung Schlußfolgerungen zu ziehen? Das philosophische und religiöse Denken bleibt – so werden wir sehen – gleich dicht und fruchtbar, und es wird kraftvoll der Wissenschaft aufgepfropft:

W – «[...] Nach und nach hat sich aufgrund der langsam im Kontakt mit den Fakten vollzogenen Annäherung zwischen den beiden verbundenen Vorstellungen der genetischen Struktur der Faunen und der genetischen Struktur der Kontinente eine dritte

[43] Das eine neue Note nach Peking brachte, die die Harmonie der Yenching-Universität, des *Cenozoic Laboratory* und des *Fan Memorial Institute* abrundete. Letzteres war ein wissenschaftliches Institut, das dank der Großzügigkeit eines chinesischen Mäzens gegründet worden war und dessen Ziel es war, in Laboratoriumsmuseen die Sammlungen zur Naturgeschichte Nordchinas zusammenzustellen und den Spezialisten zu erlauben, sie in einer Reihe von Veröffentlichungen zu analysieren, die von verschiedenen Disziplinen herkamen [Zoologie, Botanik, allgemeine Biologie, Paläontologie].

[44] Brief vom 13. November 1943.

Vorstellung, die der genetischen Struktur der Menschheit [die als eine biologische Einheit sui generis planetarer Weite betrachtet wird], schließlich dem Geist des Geologen aufgedrängt.»[45]

[45] ‹Wissenschaftlicher Lebenslauf›, Frühjahr 1950.

ZWEITES KAPITEL

DIE ZWEITE PERIODE VON PEKING [1939–1946]: ALLGEMEINE INTERESSEN, ALLTAG UND RELIGIÖSES LEBEN

Immer noch in demselben Brief vom 13. November 1943 fügte Teilhard hinzu:

B – «Zum Ausgleich verlängere ich die Liste meiner wissenschaftlich-philosophisch-religiösen Manuskripte immer auf derselben Linie, – jedoch indem ich merklich meine Anschauungen vertiefe und vereinfache.»

Seine unveröffentlichten Schriften häufen sich tatsächlich vom ‹Menschlichen Phänomen›, das im wesentlichen im Juni 1940 beendet ist, bis hin zu ‹Leben und Planeten› [Juni 1945] über diese sehr wichtige Studie ‹Zentrologie›, die am 13. Dezember 1944 abgeschlossen wird; es handelt sich um

W – «einen universellen Erklärungsversuch in Gestalt verketteter Sätze: keineswegs um eine geometrische Synthese a priori im Ausgang von irgendeiner Definition des „Seins", – sondern um eine erfahrungsmäßige Rekursionsformel, die im phänomenalen Feld überprüfbar und in angemessener Weise auf die Totalität des Raums und der Zeit extrapolierbar ist. Keine abstrakte Metaphysik – sondern eine realistische Ultraphysik der Vereinigung.»

Wir werden erst am Ende dieses fünften Teiles die großen philosophischen Entdeckungen des Paters darlegen. Erinnern wir einfach daran, daß er im Laufe der zweiten Periode von Peking seine dritte und vierte Erleuchtung fand. Im Jahre 1942: *Die Komplexität «erzeugt»*[1] *das Bewußtsein.* Zu einem nicht genau bekannten, jedoch späteren Zeitpunkt: *Die Reflexion wächst [Der Schritt und die Fortschritte der Reflexion].* – Diese Formulierungen zeigen wie fast alle Aussagen, die eine innere Erleuchtung zusammenfassen, ein harmloses Gewand, weil diejenigen, die das Denken gut kennen, sie schon seit langem assimiliert haben, und weil die anderen, von ihrer Kürze und Einfachheit getäuscht, ihre Tragweite nicht erfassen. Es handelt

[1] Bildhafte Verwendung des Verbums, wie die Anführungszeichen nahelegen. Zu verstehen: «macht möglich». Zu keinem Zeitpunkt scheint der Pater den Schöpferakt ausgeschlossen zu haben.

sich tatsächlich um zwei grundlegende Entdeckungen, das Gesetz von Komplexität-Bewußtsein [das im Herzen der Teilhardschen Philosophie seinen Ort hat] und die eschatologische Perspektive des Auftretens eines Ultrahumanen[2], das durch die Fortschritte der Reflexion möglich wird. Pascal sah den Menschen zwischen zwei Unendlichen, dem Unendlichen der Größe [wir würden heute sagen dem Makroskopischen] und dem Unendlichen der Kleinheit [dem Mikroskopischen], verloren. Pierre Teilhard nimmt ein drittes Unendliches wahr, das die zwei ersten synthetisiert und nach ihm mit der eigentlichen Trift des Universums übereinstimmt, nämlich das Unendliche der Komplexität, diese außergewöhnliche Fähigkeit der Materie, im Rahmen der Raumzeit, das heißt der Evolution, immer komplexere Gebäude zu konstruieren, unter der Bedingung, daß die physikalisch-chemischen Voraussetzungen günstig sind: Kristallisation, Aufbau von Makromolekülen, Auftreten der Viren, Auftreten der lebenden Zellen, Zusammenfassung der Zellen zu Kolonien, dann zu Organismen, Drängen des Lebens in Richtung eines immer komplizierteren Nervensystems, – das sind bekannte Fakten. Doch P. Teilhard stellt sehr genau das Gesetz von Komplexität-Bewußtsein[3] heraus. Die Materie strebt von Natur aus zum Leben, das in Erscheinung tritt, wenn das Gebäude genügend komplex ist, und das um die Erde herum eine Art Hülle mit immer geschmeidigeren und freieren Reaktionen schafft, die Biosphäre. Wenn aber das Nervensystem und insbesondere das Gehirn eine zulängliche Entwicklung erreicht haben, transformiert der mehr oder weniger elementare Psychismus des Lebens seinerseits sich in Reflexion, das heißt, das Leben erwirbt beim Menschen die einzigartige Eigenschaft, der Welt und sich selbst gegenüber Abstand zu

[2] Vgl. Brief vom 30. April 1952: «*[...] unter dem Einfluß der Fakten und der Entwicklung meines Denkens [insbesondere in China] während des letzten Krieges habe ich die Überzeugung gewonnen, daß es die von mir zu leistende Geste [...] ist, meine Überzeugung auszusagen und zu verteidigen, daß wir [durch den Effekt der sozial-technisch-geistigen Konvergenz] auf ein Ultrahumanes und ein höheres Zentrum dieses Ultrahumanen zugehen.*»

[3] Vgl. Brief vom 28. Juli 1939: «*[...] es macht das große Problem dieser Zeit aus [sowohl in der Mystik und in der Religion wie auch in der Moral, der Geschichte, der Biologie, der Physik, der Metaphysik und der Soziologie...], eine neue Konzeption des Geistes nicht mehr im Gegensatz, sondern als Transformation und Sublimation der Materie durchzusetzen.*»

gewinnen und eben dadurch sich zu denken. Neben die Lebenshülle stellt sich damit eine neue Hülle, die Noosphäre, die der denkenden Menschheit, die versucht, die Evolution zu beherrschen. Noch etwas Neues: die Priorität des Kollektivs vor dem Individuellen[4], denn das Kollektiv wird als eine biologische Superorganisation begriffen, die eine wechselseitige Reflexion der elementaren individuellen Reflexionen ermöglicht, eine Reflexion im zweiten Grade, eine Superreflexion, denn ist einmal die Schwelle des Menschen überschritten, schreitet die Reflexion weiter voran und wächst. Wir erinnern an das Wort des großen Nietzsche: «Der Mensch ist ein unvollendetes Wesen.» Der Einsame von Sils Maria träumte von einem individuellen Übermenschen. Doch die Ära der Stirners und der Nietzsches ist vorbei, ob man das bedauert oder nicht. Die menschliche Mühsal erscheint immer mehr als eine Gruppenarbeit, vor allem unter wissenschaftlichem Gesichtspunkt. Die Menschheit strebt, welches auch immer ihr politisches Regime sein mag, dahin, sich zu kollektivieren. Die eigenständige Idee Pierre Teilhards, die durchaus mit seinem Gesetz von Komplexität-Bewußtsein übereinstimmt, besagt nun, daß, gelangt die Menschheit wirklich dahin, sich kollektiv zu organisieren, diese Konstituierung eines kollektiven Organismus mit der Herausbildung eines höheren Bewußtseins einhergeht. Kurz, die menschliche Sozialisation ist kein Epiphänomen, sondern die authentische Weiterführung der Hominisation, also der menschlichen Evolution, – die Hoffnung des Menschen, zu diesem Ultrahumanen zu gelangen, das ihm erlauben wird, das Göttliche mit größerer Treue widerzuspiegeln bis zu dem Tage, da die Menschheit in einer äußersten Spannung mit ihrem vergeistigtsten [verchristlichtsten] Teil in die Ekstase hinübergleiten wird. Präzisieren wir: Dieses Ultrahumane bezeichnet keinen neuen Menschen, keinen Übermenschen, sondern einfach den Neuaufbruch des Denkens durch das Phänomen der «Planetisation», – Fortschritte der Technik, die entscheidend werden für die Ultrageschwindigkeit der Kommunikationsmittel, wechselseitige Intensivierung des Gedankenaustausches bei beständig beschleunigten Geschwindigkeiten. Kurz, P. Teilhard ist es, dank seinen beiden Erleuchtungen, gelungen, seine Ultraphysik [d.h. seine Kosmologie] auf eine gut durchstrukturierte Phänomenologie

[4] Vgl. die treffende Formulierung P. Teilhards: «*Der isolierte Mensch denkt nicht mehr und schreitet nicht mehr voran.*»

aufzustützen und sie in eschatologische Perspektiven einmünden zu lassen.

Wenn Teilhard zahlreiche Schriften verfaßt, wenn seine grundlegenden Perspektiven reicher werden und sich vertiefen, so zeugen diese Fakten von einem äußersten intellektuellen Brodeln. Letzteres bekundet sich auf alle Weisen: Gespräche, Vorträge, Lektüre. Der Pater spricht mehrere Male in der Öffentlichkeit vor einer sehr aufmerksamen Zuhörerschaft. Im November/Dezember 1940 hält er drei Vorträge in sehr verschiedenen Kreisen [College *Women Association*, Protestantisch-theologischer Kreis, *Yenching University*]. Die Französische Botschaft bittet ihn, am 3. März 1941 über ‹Die Zukunft des Menschen in den Augen eines Paläontologen› zu sprechen. Im November 1942 hält er an der Aurora-Universität von Schanghai einen Vortrag, ‹Ein drittes Unendliches, das Gesetz von Komplexität und Bewußtsein›, der Widerhall fand, und zwar derart Widerhall fand, daß gewisse Leute, die von der Kraft und der Organizität seines Denkens erschreckt waren, ihn baten, nicht wiederzukommen[5]. Er erregte übrigens manchmal Verwunderung, denn wenn sein Publikum eine gewisse Zahl von «Gentils»[6] umfaßte, vermied er es, sie zu verletzen, indem er den Namen Gottes aussprach, und er sprach nur von Logos und Omega zum großen Ärgernis derer, die traditionell-apologetische Homilien im Stil des 19. Jahrhunderts erwarteten. Beeilen wir uns hinzuzufügen, daß er den Namen Gottes in allen anderen Fällen aussprach, denn Gott gehört für ihn zu diesen Evidenzen, die keinerlei Beweises bedürfen. Am 26. März 1943 sprach P. Teilhard über die fossilen Menschen vor der Katholischen Universität von Peking. Am 28. Dezember desselben Jahres trägt er auf Bitten von Mary Chobin Tschang, der Präsidentin des Chinesisch-französischen literarischen Kreises von Peking, seine ‹Gedanken über das Glück› in der École Auguste-Comte vor einem überfüllten Saal vor, – das Personal der Französischen Botschaft, der Dichter Hundhausen, der auf einer kleinen Insel inmitten chinesischer Bücher lebte, Pei, P. van Genechten, Herbert Tichy, ein österreichischer Anthropologe, der mit dem Motorrad nach China gekommen war, die Kaiserin Pouhy, die in Paris geboren ist, P. Leroy, der vor ein paar Tagen erst operiert wor-

[5] Das Leben Teilhards in China war nicht immer leicht.

[6] wie er die Ungläubigen gern nannte.

den war. Mehrere seiner kleinen Schriften haben einen Vortrag als Ansatzpunkt. So wurde ‹Leben und Planeten› gleichfalls in der Französischen Botschaft in Peking am 10. März 1945 vorgetragen, dieses Mal jedoch vor einem Auditorium amerikanischer Admirale und Generale. Selbst wenn es nicht den Hinweis gäbe, der auf der Seite 2 der Originalausgabe steht, deren Copyright vom Juni 1945 datiert, würde der Ton selbst des Textes genügen, um das nahezulegen:

W – «Wir erleben und erleiden derzeit unbestreitbar Ereignisse, die mit der allgemeinen Evolution des irdischen Lebens zusammenhängen – Ereignisse von *planetaren Dimensionen.* Für einige Augenblicke müssen wir also den Planeten zum Maßstab nehmen, und dazu fordere ich Sie auf, um zu versuchen, besser zu verstehen, besser zu ertragen und sogar, wenn ich so sagen darf, mehr zu lieben, was Größeres als wir um uns herum geschieht und uns mitreißt.

Welches Gesicht gewinnt im Licht der umfassendsten, modernsten und sichersten, zugleich objektiv und optimistisch interpretierten Auffassungen der Astronomie, der Geologie und Biologie das Weltabenteuer, in das wir hineingenommen sind? Das festzustellen, möchte ich heute abend mit Ihnen gemeinsam versuchen.»[7]

Wir haben später einige Vorträge des Paters gehört. Seine ihm angeborene Schüchternheit wurde nicht sichtbar, und man hatte im Gegenteil den Eindruck einer großen Leichtigkeit. Der Plan war immer klar, didaktisch im besten Sinne des Wortes. Seine wohlklingende Stimme stellte sich in den Dienst eines kraftvollen Denkens, das sich spontan mit einer inneren Dynamik entwickelte, ohne eine Überfülle von Notizen zu Hilfe zu nehmen und ohne sich sklavisch an einen vorgefertigten Text zu binden. Vollkommene Einfachheit, Vornehmheit und Zurückhaltung. Die Majuskeln, die manchmal indiskret das Teilhardsche Denken schmücken[8], sind bei

[7] ‹Die Zukunft des Menschen›, S. 133.

[8] Sie sind wahrscheinlich bei ihm ein einfaches Mittel, Schlüsselworte herauszustellen, in etwa wie im Deutschen der große Buchstabe das Substantiv von den anderen Wortkategorien unterscheidet. Es ist gleichfalls eine Gewohnheit der französischen oder angelsächsischen Naturforscher, die Namen der Tiere groß zu schreiben.

ihm niemals Ausdruck eines Wortrausches oder einer Emphase oder einer Effekthascherei. Späße waren selten. Das Denken des Paters hatte zu viel Gewicht, als daß er daran dachte, den Spaßmacher zu spielen oder auch nur die Zuhörerschaft aufzulockern, – ein ernstes Denken, gewichtig an Sinn, jedoch niemals überspannt und noch weniger wichtigtuerisch prophezeiend trotz der unermeßlichen Perspektiven, die es zu eröffnen vermag.

P. Teilhard nutzte seine ihm aufgezwungene Freizeit, um viel zu lesen, auf englisch und französisch, wobei er sich Notizen machte und die Texte kommentierte[9]. Es kann nicht die Rede davon sein, die ganze Liste aufzuzählen. Eines Tages wird, so hoffen wir, ein mutiger Gelehrter die vollständige Liste der wissenschaftlichen und nichtwissenschaftlichen Lektüren des Paters aufstellen und versuchen, festzustellen, was letztere ihm gebracht haben – eine lange, schwierige, heikle, aber unentbehrliche Arbeit. Versuchen wir zum Beispiel seine Lektüren von 1945 zu klassifizieren [wobei wir die technischen Bücher beiseite lassen].

Zunächst «literarische» Lektüren: Dostojewski, ‹Die Besessenen›; A. Gide, ‹Vorträge über Dostojewski›; Tolstoi, ‹Kreuzersonate›, ‹Krieg und Frieden› [auf englisch]; Graham Greene, ‹Die Macht und die Herrlichkeit› [auf englisch]; A. Camus, ‹Die Pest›; Jean-Paul Sartre, ‹Der Ekel›; – allgemeiner Eindruck: grundlegende Lektüren, zum Beispiel große russische Romane, der literarischen Aktualität zugewandtes Interesse, wobei jedoch jedesmal das Wesentliche gewählt wird, etwas, das wirklich ein entscheidendes Werk ist, eine Sorgfalt, die von einem gewissen Ahnungsvermögen zeugt. Wenn auch ‹Der Ekel› von 1938 stammt, zählte Jean-Paul Sartre noch nicht zu den gefeierten Autoren. Diese Aufstellung würde genaugenommen durch Auslassung sündigen. Die angelsächsische Ausrichtung P. Teilhards ist sehr viel klarer. Ende 1944 ist zum Beispiel zu notieren Sinclair Lewis, ‹Elmer Gantry›; Santayana, ‹The Last Puritan›; Arthur Koestler, ‹Darkness at Noon›[10], Werke, die religiöse Probleme oder damit zusammenhängende Probleme behandeln. Teilhard, der doch Deutsch gelernt hatte, scheint keine Gelegenheit ge-

[9] Das Vorherrschen der englischen Titel erklärt sich sehr einfach durch die Tatsache, daß es sehr viel leichter war, sich Bücher englischen oder amerikanischen Ursprungs zu verschaffen.

[10] ‹Sonnenfinsternis›.

habt zu haben, die deutsche Literatur zu studieren. Zu starker angelsächsischer Einfluß.

Eigentlich religiöse oder genauer religiös-philosophische Lektüren: Sir Arthur Evans, ‹The Earlier Religions of Greece in the Light of Cretan Discoveries›; J. L. Myres, ‹Who were the Greeks›; P. de Labriolle, ‹La Réaction païenne›; Rougier, ‹Celse›; E. Troeltsch, ‹Christian Thought›; Barth, ‹God in Action›; F. Foerster, ‹Le Christ et la Vie humaine›; Maréchal, ‹Études sur la Psychologie des Mystiques›; Roger Bastide, ‹Les Problèmes de la Vie mystique›; Aldous Huxley, ‹The Perennial Philosophy›; Johans, ‹Vers le Christ par la Védanta›[11]. Wie man sieht, ist das Feld der Neugierde weit: Das Christentum und die mystischen Probleme bilden den zentralen Knotenpunkt. Doch der Pater strahlt in alle Richtungen aus, zum griechisch-römischen Heidentum und nach Indien. Sein religiöser Humanismus ist eurasiatischer Haltung.

Allgemeine Philosophie, Geschichtsphilosophie und Naturphilosophie: Novalis, ‹Fragmente›; Nietzsche, ‹Die fröhliche Wissenschaft›, ‹Morgenröte› [in französischer Übersetzung]; Bachelard, ‹Le nouvel Esprit scientifique›; Condorcet, ‹Prospectus d'un Tableau historique des Progrès de l'Esprit humain›; Cournot, ‹Considérations sur la Marche des Idées et des Évènements dans les Temps modernes›; Gobineau, ‹La Renaissance›; André Gide, ‹L'Avenir de l'Europe›; Gerald Heard, ‹The Ascent of Humanity›; Toynbee, ‹A Study of History›. Es kann nicht die Rede davon sein, hieraus ehrgeizige Schlußfolgerungen zu ziehen oder über einige Titel zu brüten. Doch bestätigen sie einen allgemeinen Eindruck. Die Bildung des Paters ist in wissenschaftlicher Hinsicht gewiß solid[12]. Es ist nicht die Bildung eines Spezialisten, jedoch die eines sehr weiten Geistes, der starke Einsichten in die für ihn, für die Bedürfnisse seines inneren Lebens wesentlichen Autoren hat, nämlich Spinoza, Leibniz, Karl Marx, Nietzsche, Bergson, Maurice Blondel. Anscheinend ver-

[11] 1944 hatte der Pater mit Interesse Draper, ‹History of the Conflict between Religion and Science› gelesen.

[12] Auf den ersten Blick scheint er sich um die Theologie weniger bemüht zu haben. Doch darf man nicht vergessen, daß der Jesuit, der das Ordensgelübde abgelegt hat, einem Doktor der Theologie gleichkommt, und daß der Pater sich auf dem Wege des Briefwechsels [vgl. Brief von Msgr. Bruno de Solages an Claude Cuénot vom 29. Dezember 1958] oder durch mündliche Diskussionen auf dem laufenden hielt.

möchte nichts Teilhard Nietzsche nahezubringen – einer der großen Meister, der den zeitgenössischen Menschen gedacht hat –, und man könnte das Spiel der Gegensätze vervielfachen. Für Nietzsche ist Gott tot. Für den Pater ist Gott lebendig, und Er reflektiert sich in der auf dem Wege der Einrollung und der Konvergenzrichtung auf Omega[13] hin befindlichen Noosphäre. Für Nietzsche ist die Geschichte keine Reifung, Vollendung, Eschatologie, sondern ewige Wiederkehr wie bei den Griechen. Das Teilhardsche Denken dagegen wird von der Vorstellung der Irreversibilität beherrscht, und im Ausgang von dieser Vorstellung argumentiert er, um die Bewahrung des Ego nach dem Tode zu bejahen. Nietzsche ist ein Individualist: Der Übermensch Nietzsches, durch den der Mensch sich selbst übersteigt, nachdem er sich von dem Hirngespinst der Hinterwelt befreit hat, ist ein Einsamer. Für Teilhard – und man spürt hier die Erfahrung der wissenschaftlichen Teamarbeit – wird sich das Auftreten des Ultrahumanen nur in und durch die Sozialisation verwirklichen... Und doch gilt, wie M. Nédoncelle sehr richtig bemerkt:

W – «Als Nietzsche uns „den letzten Papst" als einen „Halluzinierten der Hinterwelt" darstellte, ahnte er nicht, daß ein Jesuit im 20. Jahrhundert einen „Sinn für die Erde" haben würde, der alle Nietzsche-Jünger der Welt vor Neid erblassen lassen könnte.»[14]

Tatsächlich hat P. Teilhard, wenn er manchmal auch auf Nietzsche Bezug nimmt, direkt im Herzen Christi das ergriffen, wonach Nietzsche strebte. Er ist keinem Einfluß unterworfen, weil er von einem von viel höher herkommenden Licht geblendet war. Dieses Licht erklärt die paar Berührungspunkte zwischen Teilhard und Nietzsche. Teilhard hat als der neue Zarathustra den Menschen von einem schlecht begriffenen und an der Erde uninteressierten Jenseits befreit. Wenn man P. Teilhard gelesen hat, erscheint die Erde nicht

[13] Omega ist für den Pater: a] Gott, Zielpunkt und Erfüllung des Universums; b] der auferstandene Christus der Parusie, der am Zielpunkt der sozialen und geistigen Reifung der Erde wiederkommt; c] der Gipfel der Seelen, die sich wie ein Gewölbe in der endgültigen Gemeinschaft zusammenkrümmen, in der, da Gott «alles in allem» ist, der Blitz zwischen dem Himmel und der Erde auffahren wird, in der der kosmische Christus sichtbar werden und die Menschheit transformieren wird.

[14] ‹Un Prophète des Convergences humaines› in ‹Revue des Sciences religieuses›, Juli 1957, S. 295.

mehr nur als dieses Jammertal, aus dem man möglichst schnell entkommen möchte. Sie ist eine Mutter, und das personale Heil wird bewirkt, indem sie vergeistigt, indem sie zu Gott als Hostie emporgehoben wird. Der Christ ist nach Teilhard nicht mehr ein Deserteur im Geiste, er liebt wie der heilige Franziskus unsere Schwester Erde, weil sie ihm vom Geist spricht. Was war die tiefe Inspiration des späteren Nietzsche, dessen, der den Pessimismus Schopenhauers und den gefährlichen Zauber der Wagnerschen Musik überwunden hatte? Im Namen des dionysischen Rausches wirft der Autor des ‹Willens zur Macht› dem Christentum vor, Energien zu zerbrechen, die Individualitäten unter einem Pessimismus östlichen Ursprungs zu ersticken. P. Teilhard scheint einfach aufgrund seines Bemühens, die authentische Inspiration des Evangeliums, die wahrhafte katholische Spiritualität wiederzufinden – die der Auferstehung –, im großen und ganzen auf die Nietzschesche Kritik am Christentum geantwortet zu haben. Seine Dialektik dynamisiert im Höchstmaß das menschliche Bemühen und die menschliche Arbeit, weil sie beweist, daß alles gesunde Wirken die Menschheit in Richtung ihrer ewigen Bestimmung voranschreiten läßt.

Daß P. Teilhard sich für die Naturphilosophie interessiert, ist in keiner Weise überraschend bei einem Naturforscher, der die Ergebnisse der Physik verfolgt und im selben Jahr daran denkt, Whitehead, ‹La Science et le Monde moderne›; Juvet, ‹La Structure des nouvelles Théories physiques› zu lesen. Wichtiger ist seine Vorliebe für die Geschichtsphilosophie. Bekanntlich hat in unserer angsterfüllten Zeit die Meditation über die Geschichte in starkem Maße an Umfang gewonnen: Spengler, Meinecke, Toynbee, Raymond Aron usw. Eine der eigenständigen Schöpfungen Teilhards sind seine sehr persönlichen Gedanken über den Begriff der Zivilisation. Bekanntlich wurde der große englische Historiker Arnold S. Toynbee in seinen Anfängen von den neuen Konzeptionen Oswald Spenglers stimuliert, für den die Zivilisationen in sich geschlossene Organismen waren, deren Lebenszyklus dem der Jahreszeiten ähnlich wäre. P. Teilhard, der überall auf dem laufenden ist, liest Spengler und Toynbee, und er trägt sogar dazu bei, letzteren in Frankreich bekannt zu machen[15]. Doch wenn er diesen beiden großen Köpfen

[15] In den Papieren P. Teilhards finden sich Anspielungen auf Toynbee am 6. und

seine tiefe Bewunderung zollt, wirft der Pater, hierin seiner synthetischen Schau getreu, ihnen vor, daß sie, während sie die menschliche soziale Evolution durchaus auf biologische Weise behandeln, die Geschichte doch außerhalb und abseits von der Biologie halten und so den Bereich der Zoologie und den der Kultur voneinander trennen. Tatsächlich, sagt P. Teilhard, sind die kollektiven menschlichen Einheiten psychologische Arten, gerade ebenso natürliche Gruppen wie irgendeine wiederkäuende oder fleischfressende Varietät – gibt es nicht Raubstaaten? –, allerdings mit diesem Unterschied, daß das psychische Element vorrangig geworden ist und daß neben die «chromosomale», in die Geschlechtszellen, in den Keim eingeschriebene Vererbung eine Art außerindividueller Erziehungsvererbung tritt, die die Erhaltung und Anhäufung des Erworbenen gewährleistet.
Und man wundere sich ebensowenig darüber, daß Condorcet von P. Teilhard gelesen wurde. Teilhard ist ein Mann der Wissenschaft, doch der Gelehrte ist ein Mensch, bei dem die Erkenntnis die Quelle einer reinen, brennenden und uneigennützigen Freude ist. Daran teilhaben, wie der Mensch sich des Universums bewußt wird, heißt einen Akt des Glaubens an den Menschen setzen, heißt einstehen dafür, daß sein Bemühen nicht unnütz ist und zur Reifung der Erde, zu ihrem Emporsteigen in Richtung einer lichteren, weniger von Finsternissen geladenen Zukunft beiträgt. Man kann sich nur schlecht einen Gelehrten denken, der nicht an den Fortschritt glaubt, und teilweise ist der Glaube an die Wissenschaft die Quelle des Teilhardschen Optimismus[16]. Im großen und ganzen datiert die Scheidung zwischen der katholischen Kirche und dem modernen Denken und vor allem der Wissenschaft aus dem 18. Jahrhundert[17]. Zwischen einer Kirche, die von gewissen Theologen in einer statischen Philosophie des Kosmos festgehalten und obendrein immer noch in einem Teil ihrer Glieder vom jansenistischen Pessimismus geprägt ist, einerseits und der dem Optimismus und der Entdecker-

12. Dezember 1947 im Hinblick auf einen Artikel der ‹Times› vom 17. März 1947. Am 12. Dezember notierte der Pater: *«? Dominanz in seiner Weltanschauung der Pulsation und der Funktion Übel [Challenge]. – Nur subzentral?…»*

[16] Genauer der Glaube an den Sinn des Universums, der bei Teilhard in dem immer eins seienden Lichte seines Wissens und seines Glaubens sichtbar wird.

[17] das eine Explosion des menschlichen Geistes darstellt.

freude ganz zugewandten Philosophie der Aufklärung war der Konflikt unvermeidlich. Auf der einen Seite die Vorstellung, daß der Mensch gefallen war und daß das Kommen Christi nur einen Teil der unheilvollen Folgen der Sünde hatte gutmachen können, und auf der anderen Seite die Vorstellung, daß das Übel vor allem der Stachel des Guten, der Schatten war, der das Licht deutlicher hervortreten läßt, die Prüfung, aus der die Menschheit siegreich in Richtung einer immer reineren und schöneren Zukunft hervorgehen würde, die unter der Herrschaft des Riesen Vernunft und des Engels Freiheit stehen würde. Das Ergebnis dieser Auseinandersetzung war die Scheidung zwischen der Kirche und dem Fortschritt und das Auftreten aller Art neuer mehr oder weniger maskierter Religionen des Deismus, der Theophilanthropie, des Szientismus, der Fortschrittsreligion und der Freimaurerei, bis endlich der Fortschritt vom marxistischen Materialismus in die Hand genommen wurde. Das Teilhardsche Denken schenkt in Weiterführung eben der von Albert dem Großen eingeleiteten und vom heiligen Thomas weitergeführten Bewegung der menschlichen Vernunft wieder Vertrauen[18]. Während er gleichzeitig den analytischen Geist des 18. Jahrhunderts, das heißt diese falsche Vorstellung verwirft, daß das Komplexe durch die einfachen Elemente erklärt würde, schreibt Teilhard nach dem Vorbild der Aufklärungsphilosophie der Wissenschaft eine wesentliche Rolle in der Noosphäre zu. Die Religionen der Wissenschaft sind in seinen Augen keine Derivate, kein Ersatz des Christentums, die höchstens einer gewissen Herablassung würdig wären, sie sind vielmehr wertvolle Fermente, die das Christentum sich einverleiben müßte, um über sich selbst hinauszugelangen und in der Evolution, in dem Voran, den authentischen Anruf seines Hauptes zu erkennen.

Schließlich Bücher zu dem Themenkreis der allgemeinen Biologie, der Soziologie und der Ethnologie: Darwin, ‹Die Abstammung des Menschen und die Auslese in bezug auf das Geschlecht›; Jean

[18] Vgl. E. Borne: «[...] trotz der Mißverständnisse, die sich zwischen P. Teilhard und dem zeitgenössischen Thomismus aufgerichtet haben, gibt es eine Fülle von Analogien zwischen P. Teilhard und dem hl. Thomas von Aquin. Vom hl. Thomas bis P. Teilhard schenkt ein christlicher Optimismus der Welt Vertrauen, rehabilitiert er die Natur unter Benutzung der positivsten Hilfsmittel der jeweiligen Zeit», ‹Témoignage chrétien›, 31. Januar 1958.

Rostand, ‹Pensées d'un Biologiste›; J. Murphy, ‹Primitive Man: His essential Quest›; Gerald Heard, ‹The Ascent of Humanity›; Oswald Spengler, ‹Mensch und Technik›; Marcel Blanchard, ‹Saint-Simon et les Saint-Simoniens›; John Dewey, ‹Can Science be Humanized?›[19]; B. Malinowsky, ‹The Argonauts of the Western Pacific›; E. Nordenskjöld, ‹Origin of the Indian Civilisation in South America›; P. A. Means, ‹The Ancient Civilisation of the Andes...›. Diese Lektüren sind lehrreich: Der Pater hat immer Freude an der Ethnologie gehabt. Überraschender jedoch ist das Interesse, das er der Soziologie entgegenbringt. Schreibt er nicht in einem Brief vom 17. Juli 1947 während seiner schweren Herzerkrankung:

B – «Ist das ein Hinweis darauf, daß ich mich auf die Linien des soziologischen und religiösen Denkens konzentrieren soll, die für mich immer das eigentliche Interesse des Lebens ausgemacht haben?»

Nichts wäre interessanter, als die sozialen Konsequenzen der Teilhardschen Synthese zu untersuchen. MUTATIS MUTANDIS spielt das soziale Faktum in seinem Denken eine sehr viel wichtigere Rolle als bei Karl Marx, weil es die Bedingung der ewigen Vollendung der Menschheit ist, einer Menschheit, die aufgrund der Tatsache, daß sie der mystische Leib des inkarnierten Wortes ist, in gewisser Weise Gott selbst angeht, da die göttliche Gnade auf die endgültige Vollkommenheit des mit dem Sohne Gottes vereinten Leibes zielt. Das Leben, stellt Teilhard fest, zeigt den sozialen Aspekt. Die Lebewesen haben die Tendenz, sich zusammenzuschließen, und bei den Insekten ist das Leben sogar der Gefangene seiner sozialisierten Instinkte geworden. Für den Menschen bringt allein das kollektive Bemühen die Hoffnung, sich selbst zu übersteigen aufgrund des Gesetzes von Komplexität und Bewußtsein, das bestimmt, daß jeder Zuwachs an Komplexität von einem höheren Bewußtsein unterspannt sei. Das Auftreten eines immer komplexeren sozialen Lebens, das durch die Notwendigkeit der wissenschaftlichen Forschung, der Technik und durch die planetare Kompression, die die Menschheit in sich selbst zusammendrängt, notwendig wird, dieses

[19] Im Dezember 1944 hat P. Teilhard lange Zeit über das berühmte Buch von James Burnham ‹The Managerial Revolution› nachgedacht.

Auftreten öffnet dem Fortschritt der Noosphäre unermeßliche Perspektiven. P. Teilhard fürchtet die technische Zivilisation nicht. Er hat im Gegenteil verstanden, ihre tiefe Spiritualität herauszustellen, er hat sie Christus zurückgegeben. Die Gedanken des Paters über derart abstrakte und schwierige Fragen der politischen Ökonomie sind nicht die Frucht einfacher Neugier, denn der Pater hat nie so etwas wie ein Steckenpferd gekannt. Der kapitalistische Egoismus, der die Antagonismen der Klassen weckt, ist vor allem auf die Produktion, den Gewinn ausgerichtet und bringt die Arbeitslosigkeit hervor: Nun ist es gerade die große Idee P. Teilhards, daß es eine biologische Koinzidenz zwischen dem Auftreten der Arbeitslosigkeit in der Produktion, einer Arbeitslosigkeit, die einen Teil der menschlichen Energie freistellt, und dem menschlichen Bemühen gibt, die Evolution durch die große Strömung der Forschung weiterzuführen, indem man die Entdeckungen vorantreibt. Weshalb nicht diese freigesetzte Energie für die vitalen Zwecke der evolutiven menschlichen Zukunft nutzen? Das ganze Problem besteht darin, eine rohe Energie [der größte Teil der Arbeitslosen gehört nicht zur arbeitenden oder intellektuellen Elite] in schöpferische Energie zu transformieren, was erlauben würde, die Ära des Profits in die Ära der Forschung zu transponieren und das Zeitalter der Produktion durch das Zeitalter der Entdeckung zu ersetzen. Die Teilhardsche Soziologie stellt eines der wichtigsten Kapitel seiner Human-Energetik dar. Ihm kommt es wenig auf die anzunehmende Struktur an, das Wesentliche ist, die Verschwendung des menschlichen Potentials zu verhüten und durch rationelle Organisation der Forschung die Höchstentwicklung der Menschheit zu beschleunigen [immer im Hinblick darauf, dem Christentum neue Möglichkeiten zu geben, sich zu «übersteigen»].

So bleibt also das intellektuelle Leben P. Teilhards in einzigartiger Weise reich. Man muß ihm das als Verdienst anrechnen. Ist er nicht wie auf der wissenschaftlichen Ebene von der Welt abgeschnitten?

B – «Trotz allem sind wir hier insgesamt von jeder großen lebenden Strömung abgeschnitten [es gibt wohl solche Strömungen, die neben uns herziehen, ohne uns jedoch zu durchdringen oder uns zu beleben], und das führt zu einer langsamen und verfänglichen Atonie. Ich habe den Eindruck, daß wir hier trotz der Mühsal und Tragik, die uns erspart werden, an schlechter Stelle stehen, um durch die Krise hindurchzugehen.»[20]

Von hierher erklärt sich das tiefe Heimweh nach Frankreich und dem Hause Rue Monsieur 15, denn er ist mit Geist und Seele bei seinen Freunden und seinem Oberen der *Études*. Und doch wird er von dem Gefühl getragen, daß die Welt sich mitten in einer Mauser befindet:

B – «Ich frage mich, ob Sie in Frankreich irgend etwas von diesem Wechsel der Ebene oder der Stufenleiter der menschlichen Werte spüren, die wir während des ersten Krieges erfahren haben. Gewisse Dinge zählen weniger – oder sie zählen nicht mehr – angesichts gewisser anderer. Meine Hoffnung und bis zu einem gewissen Punkte meine Überzeugung geht dahin, daß wir auf einen Zustand der Welt zutriften, der die Erwartung all derer überspielen wird, die noch glauben, sie könnten die alten Schläuche flicken. Ein Wechsel des Durchmessers der Sphäre, der die alten Hüllen zerbrechen läßt...»[20]

Kurz, der Pater hätte trotz schwieriger, sogar recht bedrückender Umstände sich die Worte «Ich werde durchhalten» zur Devise nehmen können. Doch dieses Bild wäre allzu abstrakt und recht unvollständig, wenn wir uns P. Teilhard nicht in seiner alltäglichen Existenz einerseits und in seinem spirituellen Leben andererseits vorstellten. Als der Pater Ende August 1939 in Peking ankam, war der Empfang nicht ermutigend. Er wurde von dem Generaloberen der Jesuitenpatres empfangen, der [aufgrund seines wirklichen Namens] den Beinamen «der Großnavigator» hatte. Letzterer war nicht besonders aufgeschlossen und liberal. Bei seinem ersten Besuch sagte er zu P. Teilhard: «Reverendo Padre, Sie sind unerwünscht, weil Sie Evolutionist und Kommunist sind. Sie müssen also so bald wie möglich nach Frankreich zurückkehren.» – «*Ich? ich bin kein Kommunist.*» – «Sie sind Evolutionist, also reicht das aus, um zu beweisen, daß Sie Kommunist sind.» Der Großnavigator mußte seinen Evolutionisten an Bord behalten[21]. Und P. Teilhard, der gute Miene zum bösen Spiel machte, bezog wieder seine Wohnung in der *Chabanel Hall*. Gestatten wir uns einen kurzen Blick zurück. Bis 1937 hatte der Pater

[20] Brief vom 13. November 1943.

[21] Die missionarischen Kreise [deren apostolischer Eifer nicht in Frage zu stellen ist] lebten damals in einem geschlossenen Raum, in einem statischen Universum, ohne Fenster auf die wirkliche Welt. Doch hatten sie dafür eine Entschuldigung, daß näm-

nahe beim Pet'ang gewohnt, nämlich bei dem dem Lazaristenorden angehörenden Bischof von Peking, Msgr. Montaigne. Man stichelte dort wohl etwas gegen ihn, doch ließ man ihm seine Freiheit. Am 6. November 1937 jedoch erklärt P. Teilhard, daß er umgezogen ist:

> B – «Im übrigen habe ich, und zwar ganz gegen meinen Willen, das Pet'ang verlassen müssen. Mein Orden hat hier ein Haus für die jungen Rekruten gegründet, die Chinesisch lernen müssen. Und ich konnte anständigerweise nicht draußen bleiben. Diese neue Situation hat gewiß einige Vorteile: ich befinde mich trotz allem in einer festeren Position und gewisserweise „in der Familie". Doch sind die Nachteile sehr zahlreich: das Haus liegt sehr weit [im Norden von Fu-Jen!, eine halbe Stunde in der Rikscha vom PUMC, eine *Viertelstunde* vom *Survey*]; eine noch rudimentäre Einrichtung, die Gruppe der Mitbrüder ist disparat [mit einem spanisch-kanadischen Übergewicht, d. h. unaufgeschlossen]. Und ihre Sorgen und ihre Beschäftigungen haben mit den meinen nichts gemeinsam. Doch all das ist nur eine unbedeutende Sache. Man ist mit mir so freundlich wie möglich, und ich werde mir wie anderswo mein Loch schaffen. Nur fühle ich mich bisher nicht wohl. Tientsin ist dem um hundert Gipfel überlegen.»

Chabanel Hall[22] war ein wenig angenehmes Haus, in dem eine sehr strenge Disziplin herrschte. Eine Zusammenstellung von Gebäuden im Kasernenstil mit sich aneinanderreihenden Zimmern, die von Priestern und Scholastikern bevölkert wurden, die sich dem Studium des Chinesischen widmeten und ein sehr strenges Studentenleben führten. Obendrein hörte man alles von einem Zimmer zum anderen. P. Teilhard entfloh dem soviel wie möglich und begab sich durch den kaiserlichen Park hindurch[23] jeden Tag zum PUMC und verließ so seine Wohnung vom Morgen bis zum Abend. Glücklicherweise konnte nach dem Umzug des Hoang-ho-Pai-ho-

lich aus finanziellen Gründen ihre Reisen nach Europa auf ein Minimum beschränkt waren. Doch muß man nuancieren, ein Teil, einige Oberen und ein nicht unbedeutender Teil des COMMUNE VULGUS, blieb auf die neuen Ideen begierig.

[22] Nach dem Namen eines französischen Jesuiten, der im 17. Jahrhundert in Kanada zum Märtyrer wurde.

[23] Ein kurzer Blick darauf im Frühjahr: «*Gestern habe ich den kaiserlichen Park durchquert, um in mein „Kloster" zurückzukehren. Alle Kirschbäume waren rosa auf der grauen Erde, unter einem blauen, von Staub verschmutzten Himmel. Ein wahrer chinesischer Frühling, der von den Wirren des Krieges nichts weiß*» [Brief vom 2. April 1940].

Museums der Pater *Chabanel Hall* verlassen. Das Geobiologische Institut befand sich nämlich im Viertel der Botschaften, sehr weit von dem vom Großnavigator gesteuerten Gebäude entfernt. Die tägliche Hin- und Rückfahrt war unmöglich, es blieb nur eine Möglichkeit, dort zusammen mit Pierre Leroy zu wohnen[24].

Das Leben P. Teilhards war dort außerordentlich regelmäßig. Um 7 Uhr feierte er die Messe[25]. Gegen 8 Uhr rauchten die beiden Gelehrten Teilhard und Leroy eine Zigarette und diskutierten zusammen etwa 20 bis 25 Minuten. Nach diesen Augenblicken der «Beratung» erklärte Teilhard: «*Lieber Freund, ich arbeite*» oder «*Jetzt wird gearbeitet.*» Er nahm dann ein Notizheft, eine Art philosophisches Tagebuch, in das er die während der Nacht gekeimten Ideen eintrug. P. Teilhard hatte nämlich die Eigenart, daß sein Denkvermögen verdoppelt war, wenn er sich ausgestreckt hatte. Manchmal entdeckte man ihn am Nachmittag auf seinem Bett, den Kopf auf beiden Händen ruhend, und im Anschluß an dieses Nachdenken POST MERIDIEM kritzelte er auf Papierfetzen unentzifferbare Notizen. Am nächsten Tag dachte er alles das noch einmal durch und notierte es in seinen Heften. Er schrieb so bis gegen 9 Uhr. Von 9 bis 12 Uhr widmete er sich der Abfassung einer wissenschaftlichen Abhandlung. Zu Beginn des Nachmittags, gegen 14 Uhr, ist P. Teilhard im Laboratorium des «Känozoikums» und beugt sich über die Fossilien von Choukoutien, um die vielen tausend Kisten aufzuarbeiten und zu inventarisieren. Tatsächlich herrscht einiges Leben in *Lockhart Hall*, das heißt im PUMC [das die Fossilien beherbergt], denn Pei ist immer noch dort, ebenso wie Weidenreich, der immer tief in der Arbeit steckt. Um 17 Uhr macht der Pater Besuche, um drei Stunden später zurück zu sein, denn auf den Glockenschlag 20 Uhr wurde die Tür des Geobiologischen Instituts unwiderruflich vom Pater Minister abgeschlossen. Doch P. Teilhard stellte sehr scharfsinnige Berechnungen an, um genau auf die Minute zurückzukommen, und mit Hilfe wer weiß welchen Charismas berechnete er seine Zeit so

[24] Ein Pater Rektor unter Beistand eines Paters Minister, d.h. eines Ökonoms, war mit der Leitung des Hauses beauftragt. Der Rahmen war viel angenehmer mit seinem Vorhof, der von Obstbäumen und weißen Hühnern bevölkert war.

[25] Den Patres stand dort ein als Kapelle eingerichtetes Zimmer zur Verfügung. P. Teilhard, der auf der ersten Etage neben P. Leroy wohnte, machte zumindest zweimal Exerzitien in der Rue Labrousse [21.–29. Oktober 1944, 20.–28. Oktober 1945].

genau, daß er auf einige zehn Sekunden genau ankam, bevor der Schlüssel sich im Schloß drehte.
An den Sonntagen erlaubte er sich, wenn das Wetter schön war, mit der Eintönigkeit der Woche zu brechen. Von Mitte Oktober 1940 an hat der Pater die Gewohnheit angenommen, sich in die *Western Hills* zu begeben, wo allein ein begrenzter Abschnitt zwischen dem Teich des Schwarzen Drachen und Patachou einigermaßen sicher war. Er schloß sich mit Vergnügen den von der französischen Kolonie organisierten Picknicks an, die ihm immer einen Platz in der geräumigen «Kutsche» freihielt. Bei der Ankunft stellte der Pater im Khakianzug, einen Filzhut[26] auf dem Kopf und den Geologenhammer in der Hand, immer dieselbe Frage: «*Um wieviel Uhr wird zu Mittag gegessen?*», und machte sich ganz allein auf, um anschließend schöne Gesteinsstücke und sogar fossile Pflanzen zurückzubringen.
Im Dezember 1940 war das Leben in Peking, das gute alte Leben von ehemals, trotz der Abreise vieler amerikanischer Freunde noch nicht tot. Grabau hielt durch und entwickelte weiterhin Träume von grenzenlosem Ehrgeiz und vielleicht teilweise von Genialität: Dank der Gegenwart einer Frau hat sein in Tou Ya Ts'ai gelegenes Haus seine Beliebtheit und fast seine Fröhlichkeit wiedergefunden. Die Leute kamen dort gern am Sonntagnachmittag zusammen und schufen eine Atmosphäre, die fast mit der von ehedem identisch war. Letzter Widerschein einer verurteilten Welt. In dem Maße, wie die japanische Drohung deutlicher wurde, zog sich das Leben zurück. Die Zahl der Gesprächspartner nahm ab. Der Auszug der Amerikaner ging weiter[27], und die französische Kolonie wurde immer kleiner:

> B – «Peking hat zwei Drittel seiner ausländischen Bewohner verloren, und das Leben ist ziemlich stumpfsinnig. Ich persönlich habe überhaupt keine Pläne, und ich lebe von einem Tag zum anderen und hoffe das Beste.»[28]

Immerhin bleiben einige getreue Freunde auf dem Posten[29], zum

[26] Er mußte in der Folgezeit am linken Arm die rote Armbinde tragen, mit der die guten Japaner die Angehörigen der «Feind»-Völker schmückten.

[27] Pearl Harbor [7. Dezember 1941] leerte das Viertel der Gesandtschaften [Internierung der Briten und der Amerikaner und auch Verhaftung chinesischer Gelehrter].

[28] Brief vom 14. Oktober 1941.

[29] «*Die Botschaft bleibt mit den Besuchern, die sie aus Japan und Schanghai anzieht, gesellschaftlich der große Rückhalt*» [Brief vom 13. November 1943].

Beispiel Henry Cosme, der französische Botschafter in Peking[30], Roland de Margerie, Geschäftsträger[31], und Charles Arsène-Henry, französischer Botschafter in Tokio, ein außergewöhnlich vornehmer und kultivierter Kopf, der sich für alles interessierte und fähig war, darüber zu sprechen und zu schreiben[32]. Doch von einigen glänzenden Ausnahmen abgesehen, werden die wirklich interessanten Begegnungen in dieser Kriegszeit selten[33]. P. Teilhard, der viel nachdachte, provozierte gerne Diskussionen über seine Ideen. Im allgemeinen gingen letztere geklärt und gefestigt aus diesen Gesprächen hervor. Alle Abende ging er ein großes Thema an: die Liebe, die Vereinigung, die Personalisation, und jedesmal zeigte er die Gabe der treffenden Formulierung. Es ist gesagt worden, der Dialog sei diesem Skrupulanten notwendig gewesen, der, wenn er auch auf der theoretischen Ebene Optimist war, immer an sich selbst zweifelte: Sich ausdrücken war bei ihm gewiß ein Bedürfnis, doch in Wirklichkeit zweifelte er nicht derart an dem, was aus seiner Tiefenschau herkam. Dieser Grund blieb im Gegenteil undurchdringlich. Ein hervorragender Zeuge sagt, er habe ihn niemals die Position im Anschluß an eine Unterhaltung wechseln sehen. Ohne Stolz überragte der Pater alle anderen, und er wurde niemals von irgend jemandem überragt. Berufung, Genie und Herz machten aus ihm einen unangreifbaren Gipfel, an dem Wind und Wellen sich brachen, und es ist ihm gelungen, zu gehorchen, ohne irgend etwas an seiner Berufung zu ändern.

Die allgemeine Hochachtung vor ihm wird durch eine Reihe von

[30] 1885–1952. Ein energischer und mutiger Mann, der es verstand, als er Arsène-Henry in Japan ersetzen mußte, sich den Japanern gegenüber durchzusetzen, indem er stoisch unter den Bombenangriffen auf seinem Posten in der Nähe des Kaisers blieb. In Peking reservierte P. Teilhard seine Dienstage der Französischen Botschaft.

[31] Später französischer Botschafter am Vatikan, heute im Ruhestand.

[32] Ihm sind zwei schöne Bücher zu verdanken: ‹Essai sur la Civilisation› und ‹Cohérence et Harmonie des Choses›. Er warnte die Amerikaner vor dem kommenden Angriff auf Pearl Harbor. Man weiß, was Roosevelt aus der Auskunft machte und weshalb. Der Botschafter starb plötzlich am 14. November 1943. Nach der Messe zum Gedächtnis von Arsène-Henry am 8. Mai 1945 erfuhr der Pater durch das Geläute der Glocken Pekings den Waffenstillstand in Europa.

[33] P. Teilhard empfing einige chinesische Gelehrte, die ihn heimlich besuchten. Die japanischen Gelehrten ihrerseits kamen ins Geobiologische Institut, um zu sehen, ob es dort wesentliche Stücke gäbe, und sie versuchten, sie verschwinden zu lassen. So der ehrenwerte Professor Tanaka mit seinen riesigen runden Brillengläsern.

Zeugnissen bewiesen, die übrigens von Leuten sehr verschiedenen Geistes herkommen. Sein Arzt, ein Protestant, der mit seinem Patienten manchmal über, wie Teilhard es nannte, «*unsere kleinen Differenzen der Jurisdiktion*» diskutierte, schrieb uns wie folgt:

B – «Der hochwürdige Pater Teilhard de Chardin war ein Kranker, der durch die Einfachheit erbaute, mit der er die kleinen leiblichen Miseren annahm. Es brauchte viel Überredung, um seine Zustimmung zu erhalten, sich auszuruhen, wenn es absolut notwendig war, was übrigens sehr selten vorkam.»

Mme Arsène-Henry hat ihn uns als einen kraftvollen religiösen und priesterlichen Menschen gezeichnet, und sie betonte die Heiligkeit des Priesters, indem sie diese treffende Formulierung hinzufügte: «Wer Teilhard nicht die Messe hat lesen sehen, hat nichts gesehen.»

Hier noch der Auszug aus einem Brief, den Mme Henry Cosme, die Witwe des Botschafters, geschrieben hat[34]:

B – «Jeder Mensch kann aus seinem Leben ein Meisterwerk machen; das gelingt mehr Menschen, als man annimmt; doch ist es wenigen besser gelungen als P. Teilhard de Chardin. Bewußt oder sogar unbewußt strebt jeder Mensch guten Willens dahin, das Beispiel Christi, des Gottmenschen, nachzuahmen. Ich bin niemandem begegnet, der sich dieser Aufgabe besser hingab als Pater Teilhard [...]. Hart gegen sich selbst, zeigte er den Charakter des wahren Soldaten, des Soldaten Gottes, als wahrer Sohn des Ordens, den er gewählt hatte und dem er immer zutiefst verbunden blieb. Aber noch eindringlicher war seine universelle Güte, die sich auf alle erstreckte, auf Gute oder Böse, eine Unterscheidung, die er übrigens kaum zuließ, und zwar so sehr, daß es in seiner Gegenwart unmöglich war, irgendwelche abfälligen Worte zu sagen, die die Liebe verletzten. Er lehnte es ab, anklagende Worte zu hören, und wollte in jedem Menschen nur seine Qualitäten sehen; den Rest ließ er willentlich im Schatten. Bei ihm fühlte man sich besser. Doch dieser außerordentlich gute Mensch war auch tapfer. Er hatte sein Leben dem Kampf geweiht, dem Kampf gegen die falschen Ideen, gegen alles Häßliche, ein mutiger Kampf, bei dem er sich nicht einmal Rechenschaft gab, gegen wen er sich richtete noch wie seine Worte interpretiert werden könnten. Er sprach dann aus der Fülle als

[34] 1. Dezember 1956.

Apostel [...]. Er blieb immer der französische Edelmann, mit einer gewissen Ungeniertheit, die ihm eine noch größere Strahlungskraft gab. Wenn er von seinen paläontologischen Forschungen sprach, tat er es widerwillig, wenn auch das Interesse, das sie weckten, immer gefangennahm.»[35]

Seine Oberen von China sind im Hinblick auf ihn einmütig. Zwei genau parallele Erklärungen von Msgr. Montaigne und von Pater Charvet SJ:

B – «Er lebte unser Leben und teilte im allgemeinen unsere Mahlzeiten. Sein Leben bei uns war das eines guten Ordensmannes in seiner Gemeinschaft: tägliche Messe, geistliche Übungen und Arbeit [...]; er war immer sehr liebenswürdig, sehr gut uns gegenüber, immer bereit, uns Nichteingeweihten über dieses oder jenes „seines Gebiets" Erklärungen zu geben, die für uns verständlich waren. Seine Güte und seine Willfährigkeit machten ihn uns sehr sympathisch... one of us!»[36] – «In seinen Unterhaltungen erstaunte er immer durch seine Bescheidenheit. Er trug vor, ohne Anmaßung; niemals eine schneidende Behauptung. Häufig unterbrach er sich: „*Was meinen Sie dazu? So sehe ich die Dinge.*" [...] Sein so allgemein anerkannter persönlicher Charme erklärt sich nicht nur durch seine natürliche und einfache Vornehmheit, sondern vor allem durch eine liebende Spontaneität, die sich unmittelbar allen Kreisen anpaßte. Er war zutiefst menschlich [...]. Natürlich habe ich ihn vor allem innerhalb der Gemeinschaft gekannt. Als regulärer Ordensmann lebte er wie alle Welt ohne Dispens oder besondere Regelung. Einfach, ehrlich erkannte er seine Verpflichtungen an: „*Haben Sie keine Angst, mir zu befehlen, ich bin Jesuit, ich werde gehorchen*", erklärte er mir eines Tages in Peking anläßlich eines meiner Besuche. Persönlich habe ich als Oberer niemals Schwierigkeiten mit ihm gehabt, wohl aber sehr herzliche, freundschaftliche Beziehungen. In der Intimität der Gemeinschaften von Tientsin und Peking zeigte er

[35] Es ist schwierig, für diejenigen, die sie nicht erlebt haben, die Atmosphäre in Peking während des Krieges unter dem japanischen Stiefel zu beschwören. Man lud einander ein, lebte eng aneinandergedrängt und klammerte sich an die Fahne. Es war eine peinliche und zugleich wunderbare Atmosphäre, in der man das Ende erwartete.

[36] Brief von Msgr. Montaigne an Claude Cuénot [29. Oktober 1957] [one of us = einer der Unsrigen].

sich immer als fröhlicher Geselle und ließ mit sich als Gründer der Kongregation „Von der göttlichen Phantasie" Spaß treiben! Bei den Versammlungen oder den Begegnungen mit den Missionaren von Schent, auf seinen Forschungsreisen oder bei den Erholungen des Pet'ang in Peking war er immer einfach und sympathisch.»[37]

Wir haben gerade von den Patres von Schent gesprochen, sehr aufgeschlossene Geister, die nach neuen Ideen sehr begierig waren, die P. Teilhard gewiß überall säte, jedoch mit Vorsicht und Geiz. Und einer von ihnen hat sich die Mühe gemacht, uns zu präzisieren:

B – «Vielleicht interessiert es Sie, zu erfahren, daß auch ich einer von denen bin, die dem Pater die Gnade verdanken, in ihrem Glauben durch seine liebenswürdigen und erhellenden Gespräche beschützt und gestärkt worden zu sein.»[38]

Tatsächlich hatte er, nachdem er einige der unveröffentlichten Aufsätze P. Teilhards gelesen hatte, ihm einen langen Brief geschrieben, und Teilhard hatte ihm voller Güte geantwortet:

> B – «Ich bin zwischen dem 20. und 28. in Exerzitien. Doch es kann mir nur guttun, mit Ihnen über Gott zu sprechen.»[39]

... All das ist, wenn man so sagen darf, sein äußeres Leben. Es ist unendlich schwierig, von dem inneren Leben eines Priesters zu sprechen, vor allem eines Priesters, bei dem zwei geistige Ausrichtungen nebeneinander stehen und miteinander harmonieren, das «kephalische» sakramentale Tun[40] und die Christifizierung des menschlichen Bemühens in allen seinen Formen, die auf einen neuen Typ der Heiligkeit[41] zielt und in die Universalisation[42] Christi, das heißt, die Anbetung eines Christus Evolutor et Universalis, mündet. Ganz gewiß war das Denken P. Teilhards beständig der Gegenwart Gottes zugewandt. Er betonte diese göttliche Gegenwart sehr stark und wiederholte unaufhörlich: *«Man sollte an Gott denken.»* Und wenn P. Leroy ihn mit seinem Punkt Omega aufzog, antwortete er: *«Gott ist Person. Gott ist Person. Man muß an Ihn wie an eine Person denken. Ein Gott, der nicht personal wäre, wäre kein Gott»;* denn er hat

[37] Brief von P. Charvet an Claude Cuénot [16. Dezember 1957].

[38] Brief von P. Paul L. M. Serruys an Claude Cuénot [7. September 1959].

[39] Brief vom 18. Oktober 1945.

[40] d.h. die Konsekration der Hostie.

[41] Die in der Fabrik und im Laboratorium aufblüht.

[42] Universalisation im Sinne von «Unermeßlichwerden».

immer den Glauben an einen personalen Gott und an die Gottheit Jesu Christi festgehalten.

Dieser Priester mit derart hochstehenden philosophischen Anschauungen, der gewiß nicht zu den kleinen Frömmigkeitsübungen neigte, besaß um nichts weniger einen Rosenkranz, den er betete. Sein Brevier war voller kleiner Zettel, auf denen er im Hinblick auf das Offizium die Frucht seiner Betrachtungen zusammenfaßte. P. Teilhard wurde eines Tages nach *Chabanel Hall* eingeladen, weil dort der apostolische Legat, Msgr. Zanin, zu Besuch war. Nun bemerkte letzterer, daß er sein Brevier vergessen hatte. Der Großnavigator nahm das erste, das ihm unter die Hände kam. Msgr. Zanin las es und sagte, als er es zurückgab: «Dieses Brevier gehört gewiß einem Mann von hoher Spiritualität.» Dieser Mann war niemand anders als P. Teilhard.

Teilhard war tatsächlich von hoher Spiritualität, er brannte vor Verlangen, sich Gott immer mehr zu nähern[43]. Bereits am 15. Februar 1940, zu der Zeit also, da er das Buch seines Lebens schrieb, ‹Das menschliche Phänomen›, bekannte er:

> B – «Ich möchte, ich fühlte mich bereits frei, ein wenig die wissenschaftlichen Seiten der Natur zu vergessen und unmittelbarer zum Studium ihrer mystischen Weiterführungen zurückzukehren.»

Stärker als je hat er die Intuition der

> B – «unermeßlichen Kraft, die in dem Sinn oder Gefühl für die Einheit enthalten ist – und insbesondere in dem Sinn und dem Gefühl für die organischen Zusammenhänge, die den Geist mit der Materie verknüpfen».

Doch betont er vor allem zwei Dinge,

> B – «nämlich erstens, daß jeder in seiner Existenz sich bemühen muß, das Höchstmaß an Wirklichkeit und „Personalität" dem höhern Zentrum zu geben, – wobei letzteres das spezifische und beschwerliche Bemühen der Kontemplation einführt; – und zweitens, daß Gott letzten Endes nur jenseits des Besitzes der Welt nicht durch eine Negation, sondern durch eine Art Umkehr der sichtbaren Dinge erreichbar ist. Hauptsächlich die Vorstellung und die Geste dieser Umkehr müssen im Lichte des Verlangens und des

[43] Vgl. was ein Oberer in Frankreich der Mutter Oberin eines Erziehungshauses anvertraute: «P. Teilhard ist der religiöseste und eifrigste aller meiner Ordensleute.»

Gebetes entdeckt werden. Kurz, die grundlegende und befreiende Haltung der Vereinigung mit dem Christus Universalis ist ein höchst einfacher, aber zugleich äußerst reicher, komplexer und schwieriger Akt. Er muß den ganzen Besitz der alten Mystiken in einer neuen Mystik synthetisieren.»[44] – «Es wäre mir unmöglich, den ‹Göttlichen Bereich›, so wie er ist, neu zu schreiben. Vielmehr glaube ich wahrzunehmen, daß ich in dieser ersten Aussage dessen, was ich fühlte, einen grundlegenden Punkt nicht genügend explizitiert habe: nämlich, daß am Zielpunkt unseres [heiligen und notwendigen] Bemühens um Konvergenz in und mit allen Dingen Gott letzten Endes nur erreicht wird in einer Geste der Umkehr. Die wahre, positive „Vernichtung", die gerade aus dem Paroxysmus unserer Entwicklung geboren wird.»[45]

Die Entdeckung dieser geistigen Geste der Umkehr, dieser Exzentration außerhalb der «MATERIA MATRIX» durch einen Paroxysmus der Liebe rechtfertigt deutlich den Einschnitt, den wir zwischen der ersten und der zweiten Periode von Peking glaubten machen zu müssen, wie auch den gewählten Titel: ‹Jenseits der Materie: Die Glut der reinen Liebe›. Und diese mystische Exzentrierung läßt sich, wie es bei einem Mann, dessen Wesen und Denken eins sind, natürlich ist, mit der persönlichen Exzentrierung identifizieren:

B – «[...] Je mehr die Jahre verstreichen, desto mehr beginne ich zu glauben, daß es einfach meine Funktion war, in stark verkleinertem Maßstab nach dem Bilde des Täufers derjenige zu sein, der ankündigt und herbeirief, was kommen sollte. Oder aber ich vermute, daß von mir einfach gefordert wird, einer neuen Seele zu helfen, in dem geboren zu werden, was bereits ist. Indem ich dies sage, habe ich nicht das Bewußtsein, mich einer Aufgabe entziehen zu wollen. Doch glaube ich, wenn der Herr uns etwas Großes sichtbar werden lassen will, läßt Er es aus unseren einfachsten, am wenigsten berechneten Bemühungen hervorgehen, – ohne daß wir es erahnt hätten. Das ist die Geschichte aller großen religiösen Bewegungen und aller Entdeckungen [...]. Wenn ich mich der objektiven Prüfung der Tatsachen und meiner Fähigkeiten zuwende, gelange ich schließlich immer zu der Schlußfolgerung, daß von mir gefordert wird, entsprechend meiner

[44] Brief vom 7./8. Dezember 1939.

[45] Brief vom 15. Februar 1940.

individuellen Linie zu versuchen, noch mehr in der Tiefe „Jesuit" zu sein. Wenn der große Christus wirklich der ist, den wir glauben, – und wenn Er wirklich verlangt, sich meiner zu bedienen, um Ihn zu predigen, dann wird Er in dieser Treue mich holen kommen.»[46]

Doch im Laufe dieser zweiten Periode von Peking werden die Fortschritte nur um den Preis beständigen Ringens erreicht. Denn dieses Leben in der chinesischen Hauptstadt war für ihn bedrückend. Von allem abgeschnitten, fühlte er sich dahinwelken, und, mehr noch, er machte Zeiten – physischer[47] und moralischer[48] – Niedergeschlagenheit durch, zu denen wahrscheinlich noch die mystischen Reinigungen hinzukamen. Das religiöse Leben enthält schwere Prüfungen, und in dem Maße, wie man weiter vordringt, wie die Kristallisation um eine gewisse Zahl von Leitideen geschieht, erwartet man Hilfen, die nicht immer kommen. P. Teilhard hat in seinem Leben sehr großes Leiden gekannt. Da er mit dem Siegel der Auferstehung geprägt war, mußte er zuvor mehr als andere an der Agonie Jesu teilhaben. Genaugenommen wurde die schlimmste Prüfung ihm immer erspart: Das Licht seines Glaubens erlosch nie, wurde nicht einmal schwächer[49]. Man darf sogar sagen, daß bei ihm der Glaube

[46] Brief vom 13. April 1940.

[47] Er mußte in einigen Wintern unter Kälte und Hunger leiden.

[48] Es versteht sich von selbst, daß P. Teilhard die Niederlage Frankreichs und sein Mangel an innerer Kraft zutiefst getroffen haben. Bereits vor dem Unheil quälte er sich: «*Ich frage mich manchmal, ob ich recht daran tue, nicht in die Heimat zurückzukehren. Wenn Sie eine Idee oder ein Gefühl haben, zögern Sie nicht, es mir zu sagen*» [Brief vom 20. Dezember 1939]. Und nach der Katastrophe: «*Der Zusammenbruch Frankreichs ist ein harter, aber vielleicht notwendiger Schlag gewesen. Am meisten bedrängt mich dabei, daß ich bis hierher an dem Ort, wo ich bin, nicht das Wiederauferstehen eines wahrhaft konstruktiven Geistes spüre. Es muß eine neue Formel gefunden werden, und sie wird schließlich gefunden werden, um den Menschen zu vollenden, und die Leute von Vichy scheinen mir [aus der Entfernung gesehen] die letzten zu sein, die sie entdecken könnten*» [Brief vom 5. September 1940]. Keinen Augenblick lang war Teilhard der Versuchung ausgesetzt zu sagen: «SUAVE MARI MAGNO...», vgl. Brief vom 5. Juli 1940: «*Das ist für die Franzosen der Augenblick, viel Mut, Glauben an die Zukunft – und Phantasie – zu haben. Und jetzt bedaure ich auch ernstlich, nicht im Lande zu sein.*»

[49] In dieser Hinsicht sind die Zeugen formell und einmütig. Der Pater litt grausam unter dem Gegensatz zwischen seiner eigenen Gottesschau und gewissen noch allzuhäufig anzutreffenden Bildern. Einer meiner Korrespondenten hat mir in dieser Hinsicht vom Pater gesagt [Brief vom 30. Dezember 1958]: «Die Linie, die Sie von seiner Evolution aufzeichnen, ist kraftvoll. Doch glauben Sie nicht, daß sein Leben

und die Hoffnung [die einander bedingen] unaufhörlich wuchsen, immer heroischer wurden in dem Maße, wie der Ordensgehorsam ihn der menschlichen Mittel beraubte, das Apostolat zu verwirklichen, das im Grunde sein Daseinsgrund war. Er ist davon immer ebenso überzeugt wie 1934: Man kann nur wirken, indem man an seine Freiheit und an die Existenz Gottes glaubt, und man kann nicht so tun, als ob man glaubte, das heißt, fortfahren zu handeln trotz eines ernsthaften Zweifels an dem Wirklichkeitscharakter der Freiheit und Gottes. Sich einen Augenblick lang vorstellen, Teilhard hätte Tun und Glauben trennen können, hieße, sich über ihn in allem und jedem täuschen. So komplex und nuanciert sein Denken auch gewesen ist, der Pater war ein Monolith, unfähig, einen Glauben vorzuspielen, der aufgehört hätte, der seine zu sein. Und gerade deshalb verstand er es, Priester zur Kirche zurückzuführen oder ihre Zweifel in vitalen Punkten des Glaubens zu erhellen.

Doch wenn P. Teilhard nie den Schmerz erfahren hat, sich abseits von der authentischen Kirche treiben zu fühlen, jener Kirche, die vom Geist Christi inspiriert wird, erfuhr er doch Widersprüche und Widerstände, und er litt tief darunter, daß seine Hauptwerke nicht veröffentlicht wurden. Im April 1941 ist ‹Das menschliche Phänomen› in Rom angekommen. Wohlgemerkt zögerte sich die Antwort angesichts der Ereignisse lange hinaus. Am 6. August 1944 erfährt der Pater, daß sein Hauptwerk von der Zensur zurückgewiesen worden ist. Er muß also das Manuskript wieder vorlegen, nachdem er es revidiert und verbessert hat. Doch die Enttäuschung

wie jedes intensive, tiefe, angespannte menschliche Leben vor allem von einer nicht geradlinigen Modulation, von Zeiten der Fülle und der Leere charakterisiert wird? [...] Die Gestalt P. Teilhards, die aus meinen Papieren emergiert, ist nicht so geschlossen, nicht so beständig wie jene, die Sie gezeichnet haben: in ihr ist weniger kontinuierliches Licht, aber vielleicht mehr Beben. Es hat also auch in seinem Leben nicht an diesen Ungewißheiten gefehlt, die die Größe des Mannes noch pathetischer und noch gebrechlicher machen.» – Ich habe, das stimmt, versucht, die Hauptrichtung der Entwicklung P. Teilhards herauszustellen: sie ist gewiß aufsteigend. Doch tatsächlich kann diese Entwicklung einer Sinuskurve verglichen werden, von der nur die Achse aufsteigend ist. Der Pater hat Kämpfe durchgemacht [das haben wir gesagt], er hat Tiefen, Dunkelheiten gekannt, doch hat er ihnen entrinnen können im Laufe einfacher Gespräche, tragischer Worte, doch hat er immer in der Kirche bleiben wollen, das tun wollen, was die Kirche tut, nicht unter dem Impuls eines sinnentleerten Mechanismus, sondern um in Kontakt mit den Quellen lebendigen Wassers zu bleiben.

ist tief: Es ist schmerzlich, zu sehen, daß, weil dieser oder jener Punkt etwas aneckt, konstruktive Anschauungen von äußerster Aktualität nicht verbreitet werden können und sogar zu befürchten ist, daß sie ganz unterdrückt werden[50]. Ist eine derartige Maßnahme nicht in der Ordnung des Denkens eine Abtreibung? Und der Pater leidet darunter und ruft aus:

W – «To worry, to worry[51]... Das Leben ist, je bewußter es ist, derart mühselig, daß es sich weder als Zustand an sich noch für sich erklären läßt.»

Wenn das Kreuz ihm als ein Symbol des Fortschritts, der Vollendung, des Umschlagens durch das Bemühen der Zentrierung, der Überzentrierung hindurch erscheint[52], erinnert er sich daran, daß Christus gleichfalls gekommen ist, indem Er sich exzentrierte, daß das unausweichliche Leiden [und zwar allein dieses] eine unendlich wertvolle Reserve, Energie der Exzentrierung ist, daß es eine Energie der Dezentrierung des Elements unmittelbar in Gott darstellt. Teilhard fragt sich sogar mit diesen Skrupeln, die ihm so vertraut sind, ob er nicht diesen Punkt seit dem ‹Göttlichen Bereich› [der ihm einen gerechten Platz einräumte] allzusehr vergessen hätte.

Allerdings erlaubte sein sehr großherziges Temperament ihm, seine Fröhlichkeit, seinen Schwung wiederzugewinnen:

W – «Man muß absolut weiterlächeln. Die wesentliche Geste, die fruchtbarste wahrscheinlich, ist, zu lächeln mit einem Etwas, das der Liebe gleicht [...].»

Eines Abends, als er stärker als gewöhnlich das schmerzliche Gefühl seiner Nutzlosigkeit hatte, wurde ihm eine plötzliche Entspannung gewährt: Er hörte die [verbotene] BBC, die mit größtem Ernst und dem Ton des Bedauerns in der Stimme ankündigte: «Wir erfahren heute vom Tod P. Teilhards, der in Tibet von Räubern ermordet wurde.» Auf seiten unseres Ermordeten kam es zu einer Explosion des Vergnügens.

[50] So wird begreiflich, weshalb die unmittelbaren Oberen P. Teilhards ihm so viel Freiheit gelassen haben. Einmal, weil er als Mensch und als Priester sicher stand. Dann als Ablenkung, um zu verhindern, daß er allzusehr angesichts des Nichterscheinens seiner wichtigen Werke leide, in denen er das wichtigste Mittel seines Apostolates sah.

[51] Sorgen, Sorgen.

[52] Und selbstverständlich ein Weg der Erlösung.

Als P. Teilhard am 25. Juni 1947 für Leistungen im Ausland zum Rang eines Offiziers der Ehrenlegion befördert wurde, faßte die Darlegung der Gründe all das gut zusammen, was Frankreich dem Gelehrten verdankt:

W – «Hervorragende Dienste, die der geistigen und wissenschaftlichen französischen Wirksamkeit durch eine Gesamtheit von in der Hauptsache in China verfaßten und veröffentlichten Arbeiten geleistet wurden und die ihm in den internationalen wissenschaftlichen Kreisen, und insbesondere in den angelsächsischen, höchstes Ansehen erworben haben. Er kann gegenwärtig auf dem Gebiet der Paläontologie und der Geologie als eines der Ruhmeszeichen der französischen Wissenschaft angesehen werden, deren internationales Prestige aufrechtzuerhalten er durch seine persönlichen Beziehungen zu den ausländischen Gelehrten viel beigetragen hat.»[53]

[53] Diese Darlegung der Motive faßt ausgezeichnet das Äußere zusammen. Sie wird von einer Notiz von Prof. Movius für Prof. Le Corbeiller in Harvard bestätigt: «Es ist nur fair, festzustellen, daß kein Gebiet der alten Welt, wo auf dem Felde des frühen Menschen Forschungsarbeit geleistet wurde und geleistet wird, so viel der Führung und der organisatorischen Fähigkeit eines einzelnen Wissenschaftlers verdankt, wie das im Falle Chinas der Fall ist» [21. Mai 1952]. – Für sein Innenleben zieht ein Brief vom 5. April 1946 die Bilanz: «*Diese sieben Jahre haben mein Haar weiß gefärbt und mich innerlich gestärkt [ich hoffe, nicht verhärtet...]. Der erste Krieg hatte mich auf den Weg gebracht. Dieser hat meinem Leben die Spitze abgebrochen, doch sehe ich gewisse zentrale und klare Dinge deutlicher, und dem werde ich den Rest meines Lebens widmen*» [in ‹Neue Reisebriefe›]. – Max-H. Bégouën hat auf der Teilhard-de-Chardin-Tagung in Cerisy-la-Salle [24. Juli bis 4. August 1958] eine unveröffentlichte Schrift vorgelegt: ‹Die Stunde der Entscheidung – ein möglicher Sinn des Krieges› [Peking, Weihnachten 1939], in der der Autor uns ein großes Beispiel der Hoffnung gibt: «*An der Wurzel der Hauptwirren, in die die Nationen heute hineingenommen sind, glaube ich die Zeichen eines Wechsels im Alter der Menschheit zu erkennen [...]. Ob wir wollen oder nicht, das Zeitalter der lauen Pluralismen ist endgültig überholt. Entweder gelingt es einem einzigen Volk, alle anderen zu zerstören und zu absorbieren. Oder aber, alle Völker werden sich in einer gemeinsamen Seele zusammenschließen, um mehr Mensch zu sein. Das ist, wenn ich mich nicht täusche, das durch die gegenwärtige Krise gestellte Dilemma [...]. Möge unter dem Schock der Ereignisse sich in uns die Leidenschaft, zu vereinigen, brennender entzünden als uns gegenüber die Leidenschaft, zu zerstören. Vielleicht gelangt in diesem Augenblick hinter unseren Schlägen der andere dahin, zu erkennen, daß wir ihn mehr achten und herbeiwünschen, als er uns zu hassen glaubt. Er wird erkennen, daß wir ihm nur widerstehen, um ihm zu bringen, was er sucht. Und dann wird, in seinem Ursprung selbst getroffen, der Konflikt von selbst und für immer sterben.*»

DRITTES KAPITEL
DIE ZWEITE PERIODE VON PARIS [1946–1951]: WIEDERAUFNAHME DES KONTAKTS

1945 Am 8. Mai 1945 verkündete das Geläute aller Glocken Pekings den Waffenstillstand in Europa und regte den Pater an zu schreiben:

W – «Tag V. – Erleichterung – aber nicht „Freude" –, weil an sich und zumindest unmittelbar dieser brutale Sieg des Menschen über den Menschen kein Sieg der Menschheit ist...»

Am 17. August 1945 stellen die japanischen Truppen nach der doppelten Lehre von Hiroschima und Nagasaki in China das Feuer ein. Die Straße nach Frankreich öffnet sich also für Teilhard, und zwar um so mehr, als General de Gaulle seine Heimkehr verlangt hatte. Doch wie nach Paris zurückkommen? Nachdem er am 22. Februar
1946 1946 vom britischen Generalkonsul in Tschungking das Visum erhalten hatte, nutzte er seine amerikanischen Freundschaften und Hilfen, denn ein General der US-Army besorgte ihm ein Flugzeug, das ihn am 20. März 1946 mit einigem Gepäck und zwei Kabinenkoffern in Schanghai absetzte. Dort konnte P. Teilhard an Bord der «Strathmore» gehen. Am 1. April war er in Hongkong. Am 30. in England. Am 3. Mai schiffte er sich in Newhaven nach Frankreich ein. Leider ließ er in Peking fast die Gesamtheit seiner Bücher, seiner Papiere wie auch eine ihn darstellende Bronzebüste [von Lucile Swan][1] zurück. Diese Papiere, zu denen die Hefte mit philosophischen Notizen gehören, wurden später, nachdem sie zunächst im Geobiologischen Institut gelassen worden waren, in *Chabanel Hall* zentralisiert, doch nach dem Sieg von Volkschina weiß niemand, was aus ihnen geworden ist.

Wenn man versucht, diese zweite Periode von Paris zu beschreiben[2], stößt man auf recht ernste Schwierigkeiten. Einmal ist recht deutlich, daß die erste Reise nach Südafrika [1951] im Hinblick auf das Denken keinen Einschnitt bedeutet. Wir kennen nicht das Datum der letzten Erleuchtung des Paters «Die Konvergenz des Universums, die Evolution konvergiert»[3], doch von 1951 an wird der

[1] Ein anderes Exemplar ist glücklicherweise gerettet worden.

[2] Die erste entspricht den Jahren 1919–1923.

[3] Eines nur ist gewiß, daß sie früher als am 25. Juli 1952 erfolgte.

Himmel des Teilhardschen Denkens um keinerlei neue Konstellation mehr reicher, wenn er auch von einem Licht der Synthese durchdrungen wird, die ‹Das verheißene Land›[4] ankündigt. Der Einschnitt von 1951 ist also, wenn man so sagen darf, rein äußerlich: Er skandiert die öffentliche Existenz des Gelehrten und nicht sein tieferes Leben[5]. Sein einziger Vorteil ist, daß er in einer außerordentlich dichten Biographie etwas Luft schafft.

Eine andere Schwierigkeit: Diese wenigen Pariser Jahre sind von einer erstaunlichen Komplexität. Wie der Pater sehr richtig bemerkt:

> B – «Ich zähle auf den Herrgott, um meinen Weg Schritt um Schritt zu präzisieren. In diesem Augenblick sehe ich nicht sehr klar.»[6] – «[...] Ich komme in einer nebligen Zukunft nur Schritt um Schritt voran.»[7] – «Ich lebe von einem Tag zum anderen – und folge dem Faden der Ideen, die weiterhin sich abspulen, während ich mich bereits am Ende des Knäuels glaubte.»[8]

Diese Existenz von einem Tag zum anderen bei einem Menschen, der tastet und versucht, sich neue Lebensrhythmen zu schaffen, ist recht schwierig zu beschreiben, wenn man nicht ins einfache Erzählen verfallen will, dessen Grenzfall die Tageszeitung wäre. Von hierher ergibt sich die letzte Verlegenheit: Der Abstand ist noch nicht ausreichend. Zuviel Leute haben Teilhard gekannt – wir selbst unter anderen. – Doch wie soll man in diesen Kontakten das Bedeutsame von dem unterscheiden, was nebensächlich ist? Nichts ist schwieriger, als in einer allzu jungen Vergangenheit die Leitlinien herauszustellen.

Auf den ersten Blick gewinnt man also den Eindruck einer Zerstreuung. Kann man von einem «mondänen» Leben sprechen? Der Pater hatte nichts von einem Salonpriester an sich. Doch da er aristokratischer Herkunft war, fühlte er sich bei den Aristokraten zu Hause, sei es in den Salons[9] oder in der Welt der Diplomatie: In Peking hatte

[4] Das ist der Titel des letzten Kapitels seines letzten Essays, ‹Das Christische›.

[5] Er ist um so künstlicher, als er bereits 1946 den Ruf Südafrikas vernahm.

[6] Brief vom 7. Oktober 1947.

[7] Brief vom 4. Dezember 1947.

[8] Brief vom 12. Mai 1950.

[9] Zum Beispiel dem Marianne de Goldschmidt-Rothschilds oder der Herzogin Edmée de La Rochefoucauld [wo er Paul Valéry, Maurice de Broglie, Leprince-

er feste Freundschaften geschmiedet, die neu geknüpft wurden. Und aufgrund einer Kettenreaktion kommt es zu neuen Kontakten, neuen Einladungen. Teilhard ist leider ein gefeierter Mann[10], und die Damen des Hauses träumen davon, diesen glänzenden Redner zu empfangen, der seinen Widerrednern [deren er bedarf] glänzende Gefechte liefert. Man darf sagen, daß der Pater mit einem großen Teil der Elite Dialoge führt. Er korrespondiert mit Emmanuel Mounier, dem personalistischen Philosophen und Gründer der Zeitschrift ‹Esprit›. Er tritt mit Roger Lévy, Professor an der *École nationale d'administration*, dem Spezialisten für Probleme des Pazifikraumes, in Verbindung. Roger Lévy besucht ihn in den *Études* und befragt ihn lange über die chinesische Politik und den chinesischen Kommunismus. Er lädt ihn gleichfalls zu sich zusammen mit Gabriel Marcel ein. P. Teilhard verkehrt auch mit den wissenschaftlichen Kreisen. Seit der Befreiung hatte Paul Rivet, der Gründer des *Musée de l'homme*, begonnen, in regelmäßigen Abständen[11] im Restaurant des *Musée de l'homme* zu einem sehr einfachen Mittagessen eine Gruppe einzuladen, die den Generalinspektor Dayras, den Ingenieur Detœuf[12], Guillaume de Tarde, Francis Perrin, Henri Boucher, Sauvy, Isambert und Parodi umfaßte, das heißt Männer, die aus allen politischen und gesellschaftlichen Richtungen kamen und die eine tiefe Freundschaft und ein gleicher Wille, sich zu verstehen, verband. P. Teilhard äußerte, als er einmal eingeladen war, den Wunsch, zu dieser Gruppe zu gehören, und wurde natürlich sogleich in den Kreis aufgenommen[13]. Rührend sind seine Treue zu den Freunden aus dem Fernen Osten, die er in Paris wiedergefunden hat, und seine Bemühungen, jenem unter ihnen behilflich zu sein, der keine Stellung hat, ihn moralisch zu stützen und ihm zu helfen, einen «Job» zu finden. Man hat fast den Eindruck, daß er, ohne sich

Ringuet, Paul Rivet begegnete]. – Vgl. diesen Auszug aus dem Brief von Paul Valéry an R. Jouve: «Ich habe leider nicht die Möglichkeit gehabt, unseren Teilhard zu sehen, mit dem ich gerne einen – ganz reizenden – Disput führe.»

[10] Sogar im Parlament ist von ihm die Rede gewesen [vgl. ‹Journal Officiel›, 15. März 1946].

[11] etwa alle zwanzig Tage.

[12] Sind heute beide tot. Paul Rivet starb 1958.

[13] Zu Beginn war er regelmäßig dabei, dann blieb er aus Gesundheitsgründen immer häufiger abwesend, und schließlich hörte er gegen Ende 1950 zum großen Bedauern aller auf zu kommen.

deswegen von seiner wahren Familie zu lösen, noch eine andere geschaffen hat, deren Tun und manchmal stürmische Geschichten er mit Zärtlichkeit, Nachsicht und Humor verfolgt, ohne sie jemals zu dramatisieren. Man täusche sich hier nicht: Wie bereits ‹Der Priester› nahelegte, ist dieses «gesellschaftliche» Leben [das man nicht als mondän bezeichnen könnte] für den Pater weit weniger das Verlangen, seine Volkstümlichkeit «zu pflegen», als Treue zu seiner Berufung.

Diese erste Weise des Wirkens geht mit einer individuellen und kollektiven Aktion einher. Der Pater empfängt in den Räumen der *Études* häufig am Morgen[14]. Er empfängt unter anderem Intellektuelle, jungen oder mittleren Alters, die sich für sein Denken begeistert haben, die mit ihm diskutieren, ihn befragen, seine Werke sammeln und sogar Arbeiten über ihn entwerfen. Das ist für ihn kein Anlaß zur Eitelkeit, vielmehr ermutigt er sie und versucht mit viel Geduld und manchmal Langmütigkeit zu klären, geradezubiegen, auszurichten. Die Beziehungen sind übrigens nicht rein intellektueller Natur: Durch den Ideenaustausch hindurch wirkt die Teilhardsche Spiritualität. Und da die Jungen Vertrauen haben, teilt ihm dieser unter ihnen seine Verlobung mit, und jener andere, der bereits verheiratet ist, bittet ihn, seine Tochter, die kleine Clarisse, zu taufen[15]. Die Abreise nach Amerika zerbricht die Bande nicht, und sie wird zum Anlaß wertvoller Briefwechsel. Selbstverständlich «gibt» der Pater das meiste, doch die anderen liefern ihm geistige Nahrung – Neuigkeiten, Zeitungsausschnitte, Artikel aus Zeitschriften –, und vor allem dienen sie ihm, dank ihren Fragen, ihren Einwänden, als Hilfs- und Reizmittel. Glücklicher Zusammenklang mit den Jungen!

Bereits bei seiner Rückkehr nach Paris am 26. Juni 1946 schrieb Teilhard mit Begeisterung:

> B – «Ich werde von allem, was ich in Frankreich sehe, sehr aufgemuntert und eingenommen. Sollte Frankreich wirklich die Wiege sein, in der nach zweitausend Jahren Christus „universell" wiedergeboren werden will? ... Auf jeden Fall steigt ein Licht gewiß am Horizont auf.»

[14] Die Nachmittage waren ganz streng seinen Arbeiten und Besuchen vorbehalten.

[15] Am 21. Dezember 1948 hält der Pater eine Ansprache anläßlich der Trauung von Claude Haardt, dem Sohn des Forschers.

Und im folgenden Jahr, am 7. Oktober 1947, präzisiert er:

B – «Meine ganze Zeit seit meiner Rückkehr ist von hauptsächlich parawissenschaftlichen Beschäftigungen in Anspruch genommen worden [Gespräche und Vorträge aller Art], die in die Richtung gehen, die mir immer unter allen anderen teuer war und immer teurer wird: ein Neudenken des Christentums auf der Stufe und in den Dimensionen des Universums so, wie es sich uns immer klarer enthüllt.»

Ebenso wie die Sterne riesige Laboratorien sind, in denen die Materie erarbeitet wird, so ist Paris das Zentrum, von dem die Ideen im entstehenden Zustand aufschießen, und nach der langen Isolierung von Peking findet der Pater es begeisternd, in diesen Tiegel wieder hineinzutauchen, in dem die Zukunft brodelt.

Er vervielfacht die Gegenüberstellungen, die ihm erlauben, sich auf dem laufenden zu halten. Im Mai oder Juni 1946 kommt es zu einer Begegnung Teilhard–Berdjajew bei Abbé Pierre. Thema: ‹Marxisten und Existentialisten›[16]. Im Laufe dieser Unterhaltung kam es vielleicht zu folgendem Gedankenaustausch zwischen den beiden Männern: «Es geht mir in keiner Weise darum, mich selbst zu retten, wenn die Menschheit nicht gerettet wird», sagte Berdjajew. Und P. Teilhard antwortete: «*Die Zeit ist gekommen, wir stehen in einer Epoche, da man nicht mehr an sein persönliches Heil denken darf, oder, genauer, man muß daran denken, jedoch immer im Dialog und immer in Bezug zu dem des anderen. Man rettet sich nicht allein. Jede Seele, die sich erhebt, erhebt die Welt. Jede Seele, die sich erniedrigt, erniedrigt die Welt.*»[17] Der Dialog P. Teilhards mit dem Marxismus datiert schon von lange her, aus den zusammen mit Ida Treat[18] im Laboratorium Marcellin Boules verbrachten Jahren. Doch ist es nicht unnütz, auch

[16] Der Ort der Teilhardschen Philosophie läßt sich ganz wesentlich in bezug auf den Marxismus und den Existentialismus bestimmen; vgl. Madeleine Barthélemy-Madaule, ‹Teilhard de Chardin – Marxism, Existentialism: A Confrontation› in ‹International philosophical Quarterly›, Bd. 1, Nr. 4, Dezember 1961, S. 648–667 [hervorragend]; vgl. auch C. Cuénot, ‹Situation de Teilhard de Chardin› in ‹Bulletin de la Société industrielle de Mulhouse›, 1963, Nr. 3 [Nr. 812 der Gesamtreihe], S. 7–32, und ‹Teilhard et le marxisme› in ‹Europe› [Paris], 43. Jahrgang, Nr. 431–432, März–April 1965, S. 164–185.

[17] Über die Konvergenz zwischen diesen beiden Geistern wäre eine umfassende Studie zu machen.

[18] Erste Frau von Vaillant-Couturier, mit dem Teilhard Bekanntschaft schloß. Am

darauf hinzuweisen, daß der Pater sich für das östliche Christentum interessierte, weil letzteres seinen kosmischen Sinn unversehrt bewahrt hatte. Am 21. Januar 1947 kommt es innerhalb der Gruppe *Science et Conscience* [Wissenschaft und Gewissen] in Gegenwart von P. Dubarle OP zu einer Debatte zwischen Pater Teilhard und Gabriel Marcel, der eine Darlegung des Paters über die Frage ‹In welchem Maße führt die materielle Organisation der Menschheit letztere in Richtung eines Punktes geistiger Reifung?› vorausging. Nichts ist kennzeichnender und packender als das Duell, das sich zwei große Geister liefern, von dem wir hier einen kurzen Auszug geben:

Gabriel Marcel: «[...] Meine persönliche Antwort ist sehr mißtrauisch. Ich bin mir völlig im klaren über Ihre Betonung des kollektiven Charakters dieses integrierenden Bewußtseins, doch frage ich mich, weshalb ein solches Bewußtsein einen geistigen Wert darstellen sollte; ich verstehe unter „geistig" einen Bezug auf gewisse Werte, die sehr bestimmte Werte sind. Nehmen wir das Beispiel der Ärzte von Dachau: Kann man auf dieser Ebene Optimist sein? Was ist das integrierende Bewußtsein dieser Gelehrten wert? Ich sehe nicht, was es dort an Hominisierendem geben sollte.»

P. Teilhard de Chardin: «*Der Mensch muß, um Mensch zu sein, alles menschlich bis zu Ende versucht haben. Das scheint wesentlich zu sein. Eine integrierende Schau haben, ist sehr geistig, und beginnen, zusammen etwas zu erkennen, ist von geistigem Stoff.*»[19]

Gabriel Marcel: «Eine antichristliche Konzeption, die uns zum prometheischen Menschen zurückbringt.»

P. Teilhard de Chardin: «*Der Mensch wird, wenn er über das nachdenkt, was er tut, dahin geführt, zu erkennen, daß er aus sich selbst heraustreten muß, um seinen Gipfel zu erreichen. Den prometheischen Menschen macht aus, daß er sich weigert, seine Geste zu transzendieren. Prometheus ist in die Enge eines totalen Todes getrieben.*»

[...]

Deutlich sichtbar stehen zwei Konzeptionen des Christentums ein-

15. Dezember 1945 hatte er eine Diskussion über den historischen Materialismus mit dem Russen Vinogradow gehabt.

[19] Teilhard will, wenn der Text des Stenogramms richtig ist, sagen, daß das kollektive Bemühen, die Geheimnisse der Materie zu durchdringen, ein geistiger Akt ist. Je geistiger aber der Akt ist, desto mehr kann er verchristlicht sein, wenn die übernatürliche Liebe ihn vervollständigt.

ander gegenüber. Für Gabriel Marcel ist das Universum eine «zerbrochene» Welt. Wie P. Teilhard sieht er intensiv den Menschen in seiner Bedingtheit als inkarniertes Wesen, doch angesichts des tiefen Sprunges, der durch das Übel in das Menschsein hineingetragen wird, wobei vorausgesetzt wird, daß der Mensch in einem ganz persönlichen Drama zwischen der Anrufung und der Verweigerung schwankt, ist Gabriel Marcel vor allem für all das empfänglich, was die Kollektivisation und die Entwicklung der Technik [zusammenhängende Phänomene] an Entmenschlichendem enthalten. Er entziffert im Triumph des Kollektivismus und der Technik eine neue Bekundung des prometheischen Geistes [Gott sein Gut entreißen, um selbst Gott zu werden], das heißt des Stolzes, der Verweigerung Gottes. P. Teilhard leugnet nicht das Übel: für ihn ist die Technik ein Bemühen, die Materie zu vergeistigen, den Kosmos an den Menschen zu assimilieren und folglich das Pleroma zu bereichern. Andererseits bringt die Kollektivisation, da sie eine neue Komplexität schafft, ein höheres, klareres, reflektierteres, der Widerspiegelung Gottes fähigeres Bewußtsein mit sich und macht allein die Reifung des Menschen[20] möglich, das heißt eines Zustandes höherer Spannung, eines Bewußtseinsniveaus, in dem das Antlitz Gottes sich in seinem Reichtum, in seiner Einheit in adäquaterer Weise widerspiegeln kann. Die Integration der Menschheit ist die notwendige, wenn auch nicht zulängliche Vorbedingung für die Vollendung des Pleromas: Nicht zulänglich, denn es bedarf obendrein einer Art Umkehrung, einer Art Herausreißens des Geistes aus der Materie, seiner Gebärmutter, damit er endgültig auf die göttliche Kreisbahn gelangt. – Charakteristisch ist auch die Anspielung Gabriel Marcels auf die SS-Ärzte: Verrieten diese mit ihren sadistischen und im allgemeinen absurd-nutzlosen «Experimenten» – maskierte Foltern – nicht beim Menschen die Existenz des Dämonischen, einer Perversion, die unerklärlich ist, wenn man sich damit zufriedengibt, aus dem Übel ein Nebenprodukt der Evolution zu machen? Die Existenz der Konzentrationslager ist eines der größten Argumente, die man gewöhnlich wider den Teilhardschen Optimismus vorbringt. Worauf Teilhard entgegnet, daß er niemals die Existenz von zugleich intelligenten und perversen Menschen geleugnet hat und daß die

[20] Das Ultrahumane existiert bereits im Keimzustand und kann nicht anders als wachsen.

Konzentrationslager nur mit größerer Intensität die Essenz selbst des Übels illustrieren, das Verweigerung der Einheit, der Integration, der Liebe Gottes ist. Der Gegensatz Teilhard–Gabriel Marcel scheint unaufhebbar. Sehr bald, so scheint es, hörten die beiden Männer auf, miteinander zu sympathisieren, doch «alles, was aufsteigt, konvergiert», und die zunächst divergenten Wege haben sich angenähert. Gabriel Marcel hat sich sehr stark in Richtung Teilhards entwickelt, während er durchaus er selbst blieb, das heißt, einer unserer eigenständigsten zeitgenössischen Denker.

Die Gegenüberstellungen mit Berdjajew und Gabriel Marcel waren nicht die einzigen. Im Mai 1947 hielt Louis Lavelle im *Centre catholique des intellectuels français* vor einem Publikum von mehr als 250 Personen einen Vortrag über das Thema ‹Wozu dient die Welt?›. – Lavelle vertrat mit sehr viel Nuancen folgende These: «Diese Welt weist Züge auf, mit denen der Mensch nicht zusammenstimmt. Der Mensch ist von der Welt abhängig, jedoch in dem Maße, wie das geistige Leben höher wird, löst sich der Mensch von den äußeren Wirklichkeiten, um sich an die inneren Wirklichkeiten zu binden. Dann spürt er deutlich, daß nur die Seele eine tiefere Bedeutung hat, daß es das eigentliche Problem ausmacht, jenseits der Gesellschaft der Leiber die engeren Beziehungen zwischen den Geistern zu gewährleisten.» – Es handelt sich um eine Darlegung des französischen Universitätsidealismus. Die Welt, diese unermeßliche Erscheinung, ist durch unsere Begrenzung geprägt. Genau genommen trägt diese Begrenzung dazu bei, in jedem eine Mannigfaltigkeit von Kräften zu wecken. Der Mensch bereichert, aktualisiert sich im Kontakt mit der Welt. Die Welt ist für den Menschen eine fruchtbare «Prüfung». Darüber hinaus spielt das Universum eine Mittlerrolle zwischen den Bewußtheiten. Doch macht es das Eigentliche der Welt aus, daß sie eines Tages verlassen werden muß.

P. Teilhard erhebt sich gegen diese Konzeption. Er verlangt, daß wir so vorgehen, daß das, was wir Gott zuschreiben, nicht notwendig der Welt genommen wird. Gibt es nicht eine «Isotopie» des Seins? In seiner primären Gestalt besitzt das Sein von vornherein seine vollkommene Einheit: Es ist Gott. In seiner sekundären Form ist die Einheit des Seins zu schaffen, und sie wird nur auf dem Weg eines langen Prozesses der Einswerdung erreicht. ESSE EST UNIRI: Sein heißt sich vereinen. Darin liegt der ganze Sinn der kosmischen Evolution. In einem Denken wie dem P. Teilhards, das von der Idee der Vereinigung [die viel besser explizitiert ist als in der alten Metaphysik des Seins] beherrscht ist[21], wird der Kosmos zu einem Kernstück, und er hat nichts mehr weder mit einer Erscheinung noch mit einem Hindernis gemeinsam. Und P. Teilhard hatte von seiner Sicht her nicht unrecht mit der Schlußfolgerung: «*Man kann nicht umhin, bei Herrn Lavelle ein recht geringes Interesse für die Welt zu spüren, die allzusehr als Mittel betrachtet wird trotz der großen Weite der vorgetragenen Anschauungen.*» Dieser Gegensatz hinderte keineswegs den Sohn Demeters und den Bannerträger des Idealismus daran, einander in freundschaftlicher Erinnerung zu behalten. Am 15. November 1949 schrieb Louis Lavelle:

B – «[...] Ich schließe mich mit großer Freude jedem Schritt an, der zum Ziel hat, P. Teilhard de Chardin zu ermöglichen, das große Werk zu verwirklichen, an dem er mit so bewundernswertem Eifer arbeitet. Alle diejenigen, die sich um das geistige Geschick der Menschheit bemühen, können nur wünschen, mit ihm daran zu arbeiten. Ich würde mich, was mich betrifft [...], über alle Gelegenheiten freuen, die mir ermöglichen, mich mit ihm über die besten Mittel zu besprechen, die geistige Zukunft der Menschheit voranzubringen [...].»

1951 spendete Lavelle der Idee einer Stiftung Teilhard de Chardin, die von den Getreuen des Paters aufgebracht wurde, seinen Beifall. Der große Professor am Collège de France vertrat, wenn er auch kein Existentialist war, die offizielle Philosophie. Die Begegnung mit dem Heideggerianer J. Hyppolite, «*dem charmanten Prof. der Philo. an der Sorbonne*»[22], stellt einen Kontakt mit einem anderen Aspekt der Universitätsphilosophie, der Phänomenologie und dem existentiellen Denken, dar. Die beiden Männer sympathisierten sichtbar lebhaft miteinander. Diese Freundschaft begann nach der Befreiung mit einer Begegnung bei Mme Romain Rolland zwischen Teilhard, Hyppolite und drei «marxistischen» Professoren über das Thema ‹Die Zukunft des Menschen›.

[21] Der Terminus der Menschheit steht unter dem Zeichen des Terminus der Trinität, das heißt des Heiligen Geistes, der aus dem Vater und dem Wort auf dem Wege einswerdender Liebe hervorgeht, was den Primat des UNIRI, der die Teilhardsche Metaphysik kennzeichnet, und den Primat der Liebe in seiner Energetik erklärt.

[22] Brief vom 28. März 1951. J. Hyppolite ist heute Professor am Collège de France.

B – «Der Pater», so bezeugt Hyppolite, «stand weit jenseits der politischen Fragen, doch sein Geöffnetsein und seine Großherzigkeit sind mir beim ersten Mal aufgefallen.»[23]

Teilhard notiert selbst über den Gehalt dieser Diskussion:

W – «Die beiden wichtigen Punkte:

1. *Wärme*. Die Nichtchristen *wissen psychologisch nicht, worum es sich handelt* [ebenso wie häufig die Christen in Fragen des Glaubens an die Welt]. Der Begriff, *die Erfahrung* der Liebe entgeht ihnen...

2. *Irreversibilität*. Für mich geht es darum, den *Punkt* der [planetaren] *Reifung* festzustellen: „Circumflexion". Im Anstoß an Haldane strebt der Neomarxist dahin, sich in die Perspektiven einer vitalen *Expansion* zu entziehen – das heißt, einer *Vitalisation* der *Totalität* des *stellaren Raumes*...»

Gehen wir auf den zweiten Punkt etwas näher ein: In gewisser Weise würde der Marxist offenen Geistes gerne die Eschatologie der klassenlosen Gesellschaft mit dem Punkt Omega zusammenbringen, der als Punkt der natürlichen Konvergenz der Menschheit begriffen wird. Doch wenn man ihn daran erinnert, daß es aufgrund der langsamen Agonie der Sonne und der unbarmherzigen Gesetze der Entropie das Geschick unserer Erde ist, zu sterben, und wenn man ihn fragt, welcher Ausweg dann der Menschheit erlaubt sein wird, antwortet er – das war bereits die Idee von Wells – mit den Perspektiven einer interplanetaren oder intragalaktischen Kolonisation, was nur eine Weise ist, der mystischen Vorstellung von der Parusie und dem Hinübergleiten der Menschheit in die Ekstase in Gott auszuweichen.

In der Folgezeit kam es noch zu mehreren Begegnungen bei Mme Delhomme[24]:

B – «Wir haben zu dieser Zeit viel über den Existentialismus diskutiert. Im Prinzip war ich von dem Optimismus Teilhards betroffen – in dem Sinne, daß er mehr Hegelianer war als ich selbst[25];

[23] Brief von J. Hyppolite an Claude Cuénot [24. April 1957].

[24] Eine von ihnen muß in den März 1951 fallen.

[25] Nur in diesem Sinne. Teilhard hatte im übrigen keine Sympathie für eine Metaphysik, in der das Historische und das Wirkliche, das heißt die Kosmogenese, gezwungen sind, sich der Vernunft zu beugen. Eine der Leitideen Hegels ist nämlich die Rationalität der Geschichte, die Identität der logischen Bewegung und des Wirklichen. Mit anderen Worten, die Geschichte ist die lebendige Illustration der

ich fühlte mich zurückhaltender als er im Hinblick auf die Bewußtseinskrise der Menschheit; ich betonte das totale Risiko; er erkannte dort wohl eine Gefahr, doch antwortete er mir mit „Lichtjahren" und einer allgemeinen Kurve, einem philosophischen [und auch christlichen] Vertrauen in die Zukunft des Menschen [...]. Ich glaube, P. Teilhard ging eindeutig über den Existentialismus mit dieser poetischen und prophetischen Schau der Zukunft [deren Stütze für ihn die Wissenschaft war] hinaus. Er räumte mir wohl ein, daß die Bewußtwerdung tragisch sei, doch war das für ihn nur ein Moment. Er ging in Richtung auf die Zukunft mit einem Bergsonschen Vertrauen, mit der Gewißheit zugleich des Propheten und des Gelehrten. Zwischen uns herrschte gewiß eine unmittelbare Sympathie. [...]»[26]

Auch hier, in dieser Begegnung mit einer anderen Form der offiziellen Philosophie, sind die Reaktionen P. Teilhards negativ. Im Laufe eines Artikels haben wir bereits einen klassisch gewordenen Auszug aus einem Brief vom 11. April 1953 zitiert[27]:

B – «Ich erkenne an, daß meine „Phänomenologie" nicht die Husserls oder Merleau-Pontys ist. Doch wie soll man ein anderes Wort finden, um eine Weltanschauung zu definieren, die auf dem Studium der Entwicklung des Phänomens gründet? Man ist durchaus gezwungen, das Wort „Evolution" für untereinander sehr verschiedene Theorien zu verwenden... Tatsächlich, wenn ich richtig begreife, schmücken die „Phänomenologen" sich zu Unrecht mit ihrem Titel: in dem Maße, wie sie eine der wesentlichsten Dimensionen des Phänomens übersehen, das nicht nur von einem individuellen Bewußtsein wahrgenommenes Sein ist, sondern [darüber hinaus und zugleich] diesem besonderen Bewußtsein anzeigt, daß es in einen universellen Prozeß der „Noogenese" hineingenommen ist. Ich begreife nicht, wie man sich

Dialektik. Für P. Teilhard, und in dieser Hinsicht nähert er sich dem Marxismus, fällt die Dialektik kurz und einfach mit der Bewegung des Wirklichen zusammen, dessen Zusammenhänge die Wissenschaft betont. Er lehnt es ab, eine Logik aufzubauen [und noch weniger eine Epistemologie] und in sie das Wirkliche hineinzuzwingen, ob es will oder nicht. Ist die Wissenschaft nicht ein beständiges Hin und Her zwischen der Hypothese und dem Experiment, die sich gegenseitig informieren?

[26] Brief von J. Hyppolite an Claude Cuénot [24. April 1957].

[27] Brief an Claude Cuénot. Es ist unwichtig, daß das Datum aus späterer Zeit stammt als die hier in Frage stehende Periode.

„Phänomenologe“ nennen und ganze Bücher schreiben kann, ohne die Kosmogenese und die „Evolution“ auch nur zu erwähnen, zu nennen!»

Und Teilhard fügt hinzu, daß gewisse Philosophen «*sich noch in einem prägalileischen Universum bewegen*». P. Teilhard steht auch, das versteht sich von selbst, dem philosophischen Atheismus sehr feindlich gegenüber: Wie sollte die bewußt und Herrin ihrer selbst gewordene Evolution ihren Elan weiterführen können, wenn sie sich nicht der Ursache und des Zielpunktes dieses Elans, eines zugleich unendlich liebenden und liebenswerten personalen Zentrums bewußt würde? Die Gewißheit der Existenz Gottes ist das grundlegende Postulat der menschlichen Energetik, die einzige Hoffnung, die Evolution zum Neuaufbruch zu bringen.

Kurz, P. Teilhard spürt sehr wohl, daß er ein «Free-Lance Thinker», ein Einzelgänger, ist[28]. Die Reihe seiner schwarzen Männer ist nunmehr vollständig: die Existentialisten – wie könnte der andere, der im selben Team arbeitet und vom selben wissenschaftlichen Ideal beseelt ist, der Feind sein? –, die Millenarier, die als ferne Epigonen Joachims von Fiore sich vorstellen, nach der Herrschaft der beiden ersten Personen der Trinität müsse die des Heiligen Geistes kommen, das Goldene Zeitalter, in dem die Wahrheit keiner Symbole mehr bedürfte, um sich zu bekunden, die Hindu-Anhänger, die, von Swamis geleitet, Lehren erarbeiten, in denen christliche und vedantische Ideen wirr durcheinandergehen, und schließlich die modernen Apokalyptiker:

B – «In ihren kurzfristigen Antizipationen sehe ich nur eine Woge der „Schwarmgeisterei“, die sie von der großen Arbeit abkehrt, die in meinen Augen *nunmehr allein zählt:* im Herzen eines jeden von uns die lebendige Synthese zwischen der aufsteigenden evangelischen Bewegung in Richtung *des Empor* [Glaube an Gott] und der modernen Fortschrittsbewegung in Richtung auf *das Voran* [Glaube an den Menschen] zu bewirken.»[29]

[28] Vgl. Brief vom 7. April 1950: «*Sehen Sie, wenn sich in mir eine Änderung vollzieht […], so ist das nur das Ans-Ziel-Gelangen einer inneren Evolution außerhalb jeglichen fremden Einflusses, einer Evolution, die begonnen hat, seit ich mich kenne – und die, aus verschiedenen Gründen [größeres Bewußtsein – und verschiedene Konflikte] […], dahin strebt, sich zu beschleunigen.*»

[29] Brief vom 17. November 1947.

Von einem tiefen Glauben an die menschliche Zukunft beseelt, verwirft der Pater die Katastrophenperspektiven, was ihm in seiner Umgebung solide Feindschaften einbringt. Die Verwerfung der apokalyptischen [nicht spezifisch christlichen] Eschatologie schließt keineswegs einen sehr lebendigen Sinn für die Parusie aus, der durchaus an den alten Glauben der Urkirche in seiner tiefen Inspiration [ich sage nicht: seinen Vorstellungen] erinnert. Je weiter man geht, um so mehr erkennt man in dem Teilhardschen Denken einen hyperorthodoxen Katholizismus, ein Christentum, das sich *wiedergefunden* hat und das, da es wieder Herr der dauernden Werte geworden ist, fähig wird, die moderne Welt anzunehmen. Weil der Pater es verstanden hat, an die wahre Tradition anzuknüpfen, das heißt an den Sinn für die *geistige* Kontinuität der Kirche, ist er letzterer treu geblieben. – Im Grunde ist, vom Marxismus und den humanitären Pantheismen des 19. Jahrhunderts abgesehen, die für das Teilhardsche Denken ein dauernder Anreiz sind, die Haltung der Paters eher eine globale Ablehnung. Das ist keine «Einseitigkeit»[30], keine Verachtung des Denkens des anderen. Doch besitzt der Pater die Gabe, instinktiv jede unnütze oder schädliche Nahrung zu verwerfen. Darüber hinaus ist bei seiner Rückkehr von Peking sein Denken praktisch vollendet. In einer ganz persönlichen Chemie beschränken die Systeme der anderen [und auch nur einige] sich darauf, die Rolle von Katalysatoren zu spielen.

Kontakte mit den «Jungen», Kontakte mit den repräsentativen Persönlichkeiten: soweit zum individuellen Wirken. Doch tatsächlich sind im zweiten Falle diese Begegnungen weit davon entfernt, immer privat zu sein. Der Pater ließ das intime Gespräch unter vier Augen mit den halb öffentlichen Dialogen[31], mit dem kollektiven Wirken, abwechseln. Er nimmt selbstverständlich an Versammlungen der Jesuiten oder unter Leitung der Jesuiten teil, oder zumindest interessiert er sich dafür. Am 19. Januar 1947 wohnt er einer Versammlung wissenschaftlich arbeitender Priester bei[32]. P. Domi-

[30] im Original deutsch.

[31] Große Vorträge waren ihm verboten, er lehnte sie übrigens selbst ab. Bei der Begegnung mit Lavelle hatte er sich, da er so viele Leute versammelt sah, zunächst geweigert, aufs Podium zu steigen.

[32] Sie fand monatlich einmal an einem Sonntag bei P. Lejay statt – am 28. Dezember 1947 finden wir P. Teilhard bei P. Lejay zusammen mit P. Dubarle.

nique Dubarle trug zunächst Gedanken über ‹Kosmologie und Theologie› vor. Hier eine Zusammenfassung der Diskussion, deren wesentliche Teile uns von einem Zuhörer aufbewahrt worden sind:
«[...] P. Teilhard de Chardin erklärt, wenn es Übel in der Natur gebe[33], so weil die Anordnung etwas kostet. Der Schmerz sei der Preis des Seins. In bezug auf die Erklärung der Rolle des Zufalls in der Entwicklung und dem Auftreten des Lebens zeigte er auf, daß es scheine, Gott könne das Sein nicht erreichen, wie Er wolle, daß Er einem Widerstand gegenüberstehe. Gott spiele also mit dem Zufall und benutze die verwirklichten Gelegenheiten, um die Einfügung des Lebens in die Welt zu gewährleisten[34].
– Gott kann nur voll und wirksam eingreifen, bemerkt P. Dubarle, wenn Er eine seiner würdige Potenz findet. Es bedurfte also des Menschen, damit die Welt übernatürlich werden könnte.
„*Das ist genau, was ich meine*", sagt P. Teilhard, „*wenn ich Gabriel Marcel auffordere, die Notwendigkeit eines Punktes der Parusie anzuerkennen, damit in gewisser Weise Christus komme, sich auf ihn zu stellen.*"
Im Hinblick auf das Übel unterscheidet Abbé Semat das Übel in der Natur vom Sündigen.
Das Sündige ist nach P. Teilhard die Form der Unordnung, die dem reflektierten Zustand des Vielen entspricht. P. Teilhard anerkennt, daß der Typ des Übels immer schlimmer wird. Das läßt den Erfolg des Universums in der Schwebe. Doch aufgrund der statistischen Unfehlbarkeit der Freiheiten hindert nichts eine Wahrheit daran, aufzusteigen[35].
Dubarle: „Ein Komet könnte die Erde zerstören."
P. Teilhard: „*Das wird nicht geschehen.*"
Dubarle: „Das ist eine theologische und keine philosophische Antwort."
P. Teilhard: „*Unser Leben kann nur ein gläubiges Leben sein.*"»
Dieses schwache Echo einer Diskussion, die sicher sehr interessant

[33] d.h., wenn Gott das Übel erlaubt.

[34] Einfacher: Gott steht, da er das Viele schafft, Widerständen gegenüber. Er benutzt die vom Universum und den Seienden gebotenen Möglichkeiten, um das Leben hervorzubringen und aufsteigen zu lassen.

[35] Das Dokument sagt: «Das läßt den Erfolg des Universums mit statistischer Unfehlbarkeit der Freiheiten in der Schwebe; nichts hindert eine Wahrheit, aufzusteigen»; eine verworrene und recht wenig befriedigende Lesart, die zu berichtigen wir uns verpflichtet glaubten.

gewesen ist, stellt eine gewisse Zahl von grundlegenden Punkten der Teilhardschen Philosophie gut heraus: 1. Damit die Inkarnation Christi möglich wurde, bedurfte es in der menschlichen und religiösen Evolution eines gewissen Punktes der Reifung. Damit die Parusie möglich wird, muß die Menschheit einen gewissen Punkt der Einmütigung erreichen. – 2. Gott wirkt global auf die Gesamtheit der Evolution ein und benutzt folglich in elektiver Weise alle von den Zweitursachen gebotenen Chancen. – 3. Das Übel ist ein Nebenprodukt der Evolution: Keine Evolution ohne Tasten, ohne Einführung des Zufalls, und folglich bleiben Scheitern und Versagen immer möglich. Die Sünde ist die reflektierte, bewußte Form des Übels.[36] – 4. Die Teilhardsche Philosophie ist eine aufsteigende Reihe von Glaubensakten, die die Reihe der im Laufe des Lebens erworbenen Gewißheiten darstellt. Was die Hypothese einer plötzlichen Zerstörung der Menschheit durch eine kosmische Katastrophe angeht, so verwirft der Pater sie als höchst unwahrscheinlich, und die Astronomen werden ihm nicht unrecht geben.

Diese Versammlungen der wissenschaftlich arbeitenden Priester haben nur eine offiziöse Existenz[37]. Priester und Laien versammeln sich in anderen Organisationen offizieller Natur. Es gibt die katholischen Intellektuellen, die in jedem Jahr eine große, um ein Thema zentrierte Woche organisieren, und es gibt auch die katholische Union französischer Wissenschaftler[38]. P. Teilhard hat hier eine gewisse Rolle gespielt. Zum Beispiel greift er in der von der UCSF im Februar 1950 organisierten Debatte über das Thema ‹Das religiöse Denken angesichts des Faktums der Evolution› ein und ergreift nach J. Piveteau, H. Tintant und P. Dubarle das Wort. Hier die Zusammenfassung dessen, was er sagte, in einem Brief vom 19. Februar 1950:

B – «Ich habe die Absicht [die Versammlung hat zum Thema

[36] Gehen wir etwas näher auf das ein, was der Pater mit dieser Formulierung «*Das Übel, Nebenprodukt der Evolution*» sagen wollte: Das Übel wird möglich durch das Auftreten des Vielen [Schöpfung]. Das Viele evolviert in Richtung auf die Einswerdung [gut]. Das Übel ist das Versagen in der Einswerdung [physisches Übel] oder der willentliche Widerstand gegen die Einswerdung [sittliches Übel].

[37] Sie hatten 1946 begonnen. Lassen wir das Internationale Jesuitenkolloquium beiseite, wo P. Teilhard am 20. August 1947 einen sehr schönen Vortrag über die entscheidende Rolle der Forschung wie auch ihre Bedeutung für die Gesellschaft Jesu hielt.

[38] Union catholique des scientifiques français, abgekürzt UCSF.

‹Die Evolution›], darauf aufmerksam zu machen, daß es seit einem Jahrhundert eine tiefe Evolution der Idee der Evolution gibt – letztere hat sich zugleich „universalisiert“ [derart, daß sie in allen Bereichen zur Weise des Erkennens geworden ist] und „humanisiert“ [d.h. sie hat sich auf den Menschen als Achse hingeordnet], und dies mit dem Ergebnis, uns zu einer viel komplexeren „Physik“ zu zwingen als die der Relativisten und Einsteinianer.»

Der erhellende Text dieser Mitteilung ist in ‹Schau in die Vergangenheit›[39] erschienen. Es ist also nutzlos, ihn hier wiederzugeben. Zitieren wir einfach einige Zeilen:

B – «Man kann noch in kürzlichen Werken lesen: „Die Evolution, eine verdammenswerte Theorie, weil sie behauptet, das Mehr ginge aus dem Weniger hervor...“ Man lasse uns doch ein für allemal in Frieden.»

Niemand kann die Ungeduld übelnehmen, die P. Teilhard zeigt und die heute noch die unsrige ist. Mehr als je nämlich leben wir in einer Zeit geistiger Ungewißheit. Man spricht wieder von dem «transformistischen Aberglauben», und ein kürzliches Buch von Louis Bounoure, ‹Determinismus und Finalität›[40], schleudert gegen die Evolution wieder die Blitze, die ehedem schon Vialleton benutzte, und erregt in einer Wochenschrift nur eine recht weiche Antwort von Jean Rostand, die unvorsichtigerweise den Titel trägt ‹Erzählen wir über die Evolution Märchen für große Leute?›[41], zur großen Freude aller in den Provinzstädten im Hinterhalt liegenden Fixisten. Gott sei Dank besitzt die Wissenschaft genügend schwere Artillerie, um die antievolutionistischen Stellungen endgültig zu zerschlagen. Gewiß hat man selten das Auftreten einer neuen Art beobachtet, man sieht einfach, wie die Formen aufeinander folgen, ohne daß ihre wirkliche Filiation aufgezeichnet werden könnte. Doch dasselbe gilt auch für die Bildung der Sprachen. Gibt es aber einen einzigen Sprachforscher, der es, ohne sich lächerlich zu machen, wagen würde, zu leugnen, daß Vulgärlatein [oder manchmal Mittellatein] der Ursprung der romanischen Sprachen sei? Und doch treten sie nach Jahrhunderten der Dunkelheit plötzlich endgültig heraus-

39 Walter-Verlag, 1965, ‹La Vision du passé›, Éd. du Seuil, 1957.

40 ‹Déterminisme et Finalité›, Éd. Flammarion, 1957.

41 ‹*Répétons-nous, sur l'évolution, des Contes de fées pour grandes personnes?*›

gebildet in Erscheinung. Diese Vorstellung, daß die Systematik Linnés in Wirklichkeit ein genealogischer Stammbaum ist, ist derart gut verankert, daß sie dazu antreibt, die fehlenden Glieder, die Zwischen- oder Anfangsformen zu suchen, und daß sie ermöglicht, sie zumindest relativ zu datieren. Die Vorstellung der Filiation der Arten ist also eine Methode der Forschung, der Entdeckung und der Datierung, deren Fruchtbarkeit sich als unerschöpflich erweist. Ist die Fruchtbarkeit nicht neben der Kohärenz eines der Zeichen der Wahrheit? Und diese Filiation schließt nicht Fälle erstaunlicher Stabilität aus.

Gewiß sind unsere Konzeptionen über die Genealogie der Arten in einzigartiger Weise nuanciert und verfeinert worden. Wir wissen heute: Die Art stellt ein statistisches Mittel dar, sie ist von «fasriger» Struktur, das heißt, man hat angesichts der Komplexität der Tatsachen diese allzu linearen Konzeptionen des 19. Jahrhunderts aufgegeben[42]. Wir übersehen ebensowenig, daß, da der Ausgangspunkt der Arten von einer kleinen Zahl häufig atypischer Individuen von geringer Körpergröße gebildet wird, die Ursprünge sich verwischen[43]. Doch was beweist das gegen den Evolutionismus? Auch die Sprache ist ein Mittelwert, denn sie existiert lebendig nur in den Dialekten mit ihren unendlichen Nuancen und vor allem im individuellen Wort. Auch die Ursprünge der Sprachen verwischen sich: Das Frühgriechisch oder das Gemeingriechisch, jenes, das die Dialekte der Antike hervorgebracht hat, ist verschwunden, ohne Spuren zu hinterlassen. Doch hat kein Hellenist jemals an seiner Existenz gezweifelt. Vor allem seit der Entzifferung der Täfelchen auf Minos B, die uns ein noch älteres Griechisch lieferten als das Homers.

Die Antievolutionisten können in anderer Hinsicht durchaus ehrenwerte Leute und sogar in ihrer Spezialität gute Gelehrte sein. Doch entdeckt man in ihrem Geist ein verworrenes Magma: ehrliche Unruhe und Weigerung angesichts eines überholten Vitalismus und

[42] Der *Sinanthropus* ist nicht der Vorfahre des Neandertalers, der nicht der Vorfahre des *Homo sapiens* ist; letzterer geht auf einen noch unbekannten *Protosapiens* zurück.

[43] Wir werden zum Beispiel niemals wissen, ob das Leben an einem einzigen Punkt oder an mehreren Punkten gleichzeitig aufgetreten ist, ob die Bakterien, die Pflanzen und die Tiere einen gemeinsamen Ursprung haben. Als einziges kann man sagen, daß dieselben Substanzen bei ganz verschiedenen Wesen einförmig rechts- oder linksdrehend sind.

zu simplistischer Konzeptionen, das Verlangen, von sich reden zu machen, sich als Nichtkonformisten hinzustellen, den geheimen Sehnsüchten einer gewissen Zahl von «Steckengebliebenen» und Reaktionären zu antworten, die dauernde Verwirrung zwischen der Kategorie der Evolution und den transformistischen Hypothesen, die noch nicht abgeschlossen sind, den Schrecken, das «Mehr» aus dem «Weniger» hervorgehen zu sehen und in die Enge des Materialismus getrieben zu werden – während der Evolutionismus nur sagt, «das Mehr folgt auf das Weniger» –, Nachgeschmack des Platonismus, ein naiver Schöpferglaube, der Gott zwingt, sich beständig zu bemühen, um neue Entenarten zu fabrizieren, während es so einfach wäre [abgesehen von der übernatürlichen Berufung des Menschen], in der Evolution den phänomenalen [im kantischen Sinne des Wortes] Aspekt des göttlichen Schöpfertums und die Begründung eines fortdauernden Wirkens zu sehen. Kein ernsthafter katholischer Gelehrter, sei er Priester und sogar überzeugter Thomist, denkt mehr daran, die phänomenale Schau der Welt in Gestalt eines verallgemeinerten Evolutionismus in Frage zu stellen. Man sage sich also ein für allemal: Dagegen setzen heißt auf den Verlierer setzen.[44]

Wir werden nicht weiter auf diese Beteiligung P. Teilhards an diesen offiziösen oder offiziellen Versammlungen eingehen: Er war im eigentlichen Sinne kein eifriger Besucher, nicht aus Lauheit, sondern weil die Originalität seines Denkens zu stark war und weil er sich dort nicht immer sehr wohl fühlte. Er gewinnt den Eindruck, daß die geöffnetsten seiner Unterredner unsicher bleiben angesichts der Zukunft, der Konvergenz, des Auswegs der geistigen Durchdringung und der idealtechnischen Beherrschung des Kosmos. Kurz, daß die Schau bei ihnen noch so verschwommen ist, daß es fast entmutigend ist. Hier ein Briefauszug[45], in dem er die Woche der katholischen Intellektuellen über die Hoffnung kommentiert:

B – «Soweit ich es beurteilen kann, hat die Woche dieses Jahr wieder einmal mehr gezeigt, daß sich derzeit zwei Formen des Christentums gegenüberstehen: ein Christentum der Verachtung

[44] Vgl. Brief vom 23. März 1930: «*Wirklich ernst an dem transformistischen und evolutionistischen Streit ist die erschreckende Trägheit des offiziellen christlichen Denkens, den Bewegungen des menschlichen Bewußtseins und des menschlichen Geistes zu folgen [und mehr noch, ihnen zuvorzukommen].*»

[45] 2. Juni 1951.

der Welt [oder der Flucht]; und ein Christentum des Übersteigens [oder der Evolution]. Kein anderes Thema als das gewählte hätte entscheidender sein können [...]. Tatsächlich [...] sprach man von „menschlichen Hoffnungen", ohne an die präjudizierende Vorfrage zu denken, ob nämlich der Mensch [objektiv – außerhalb jeder Sentimentalität, Philosophie und Mystik] biokosmisch das Recht hat, zu hoffen. Haben wir es „HIC ET NUNC" in der Erfahrung beim Menschen mit einem Baby, einem jungen Menschen, einem Erwachsenen – oder einem Greis zu tun? Mit anderen Worten, wie stellt sich evolutiv im Jahre 1951 das wahrscheinliche menschliche Potential dar? – Ich werde bis zu meinem letzten Atemzug all den Tauben eines Pseudoexistentialismus und eines Pseudochristentums zurufen: Das macht die ganze Frage aus.»

Eine große Lehre der Hoffnung ist also die tiefe Inspiration der Teilhardschen Philosophie. Der Optimismus des Paters ist weit weniger in seinem Temperament als in einer absoluten Hoffnung gegründet, die er niemals aufgegeben hat, weder in den Stürmen der Geschichte noch in seinen persönlichen Prüfungen. Doch stützt er sich in gleicher Weise auf eine konkrete Anthropologie, auf ein genaues Durchdenken der Vergangenheit und der Zukunft der menschlichen Art.

Zwischen den Jahren 1946 und 1951 hatte P. Teilhard eine gewisse Zahl von Vorträgen gehalten, und zwar nur in geschlossenen Kreisen, um der Weisung zu gehorchen. Er war ein glänzender Vortragsredner: beständig notierte er sich mögliche Themen. Doch ebenso wie man trotz des Anscheins das Bild eines mondänen Teilhard aufgeben muß, darf man nicht glauben, der Pater hätte Freude daran gehabt, sich auf einem Podium oder an einem grünen Tisch zu zeigen, denn im Grunde verbarg er seine Schüchternheit. Hier die Liste der Vorträge, Ansprachen oder Gegenüberstellungen, die wir feststellen konnten[46]:

Mai oder Juni 1946, Gegenüberstellung Teilhard–Berdjajew bei Abbé Pierre[47].

Thema: ‹Marxisten und Existentialisten›.

19. Juni 1946, Vortrag vor jungen Priestern der Rue du Regard.

[46] Diese Hinweise wurden uns zum größten Teil von Louis Roinet, agrégé des lettres, gegeben.

[47] der damals Boulevard Saint-Germain 174 wohnte.

Thema: ‹Auf dem Wege zu einer neuen Mystik? Die Liebe der Evolution›.

26. Juni 1946, Vortrag bei Professor J. B. Barrière im Beisein von P. Dubarle, Emmanuel Mounier usw.

Thema: ‹Der psychische Widerhall der Atombombe›[48].

Juli–August 1946, Vortrag in Le Châtelard [in der Nähe von Lyon].

Thema: ‹Das Reich Gottes im Rahmen der Exerzitien des heiligen Ignatius›.

14. August 1946, Vortrag auf dem Kongreß der Union française universitaire [UFU] in Besançon.

Thema: ‹Der Mensch und die Paläontologie›.

Vor Juni 1947, Vortrag im Institut catholique, Hörsaal d'Hulst.

Thema: ‹Der spirituelle Beitrag des Fernen Ostens›.

16. Januar 1947, von Jeanne Mortier organisierter Vortrag in dem Saal der Gärtner [salle des horticulteurs], Rue de Grenelle, Paris.

Thema: ‹Der Ort der Technik in einer allgemeinen Biologie der Menschheit›[49].

19. Januar 1947, Versammlung der wissenschaftlich arbeitenden Priester bei P. Lejay.

Darlegung P. Dubarles über das Thema ‹Kosmologie und Theologie› [Diskussionsbeitrag von P. Teilhard].

21. Januar 1947, Gruppe «Wissenschaft und Bewußtsein», Gegenüberstellung Teilhard–Gabriel Marcel bei den katholischen Intellektuellen in Gegenwart von P. Dubarle.

Thema: ‹Das Gesetz von Komplexität und Bewußtsein›.

27. August 1947, Vortrag P. Teilhards auf dem Kolloquium von Versailles [Internationales Jesuitentreffen].

18. Januar 1948, Vortrag bei Mme Borgé-Lagarde, Cité Vaneau 7.

Thema: ‹Die beiden Formen des Glaubens›[50].

Februar 1948, Vortrag in der École supérieure de guerre [Kriegsakademie], Paris.

Thema: ‹Die Einordnung und Struktur der menschlichen Gruppe›.

48 Vgl. den Artikel in den ‹Études›; in ‹Zukunft des Menschen›, S. 187ff., Walter-Verlag, 1963.

49 ‹Place de la technique dans une biologie générale de l'humanité›. Vgl. den Aufsatz mit demselben Titel.

50 Vgl. den Aufsatz ‹Agitation ou Genèse?›, ‹Gärung oder Genese?›, in ‹Zukunft des Menschen›, S. 279ff.

4. Juli 1948, Vortrag in der Galerie Devêche, Rue Brécy.
Thema: ‹Östliche Mystik und Mystik des Westens›.
21. September 1948, Vortrag in Versailles in der Sainte-Geneviève-Schule im Laufe einer Sitzung der Geistlichen der Katholischen Aktion unter den Arbeitern [Action catholique ouvrière][51].
Thema: ‹Der moderne Neohumanismus und seine Reaktionen auf das Christentum›[52].
29. Januar 1949, Vortrag bei der Gräfin von Saint-Martin, Place des Vosges 20.
Thema: ‹Die existentielle Angst›[53].
9. Juni 1949, Vortrag im Friedenshaus [Maison de la Paix] [Eröffnungssitzung der Studientage].
Thema: ‹Der Sinn für die Art beim Menschen›[54].
16. Oktober 1949, Vortrag vor den katholischen Intellektuellen, Rue Madame 61.
Thema: ‹Das Ultrahumane›[55].
21. Januar 1950, Vortrag bei der Gräfin von Hauteville, Boulevard Malesherbes 50.
Thema: ?[56]
17. Februar 1950, Vortrag in den Räumen von «L'Âge nouveau›, Rue d'Assas 86.
Thema: ‹Sozialisation und menschliche Einmütigung›[57].
25. Februar 1950, Mitteilung anläßlich der vom UCSF organisierten Debatte[58].

[51] die zu dieser Zeit noch tastete.
[52] Da er seine Gesichtspunkte über den Ort des Christen in der Arbeiterwelt – mit stillschweigender Bezugnahme auf den Marxismus – darlegte, gab der Pater einen neuen Beweis für das Interesse, das er dieser Arbeiterwelt entgegenbrachte.
[53] Vgl. den Aufsatz ‹Die Existenzangst›, ‹La peur de l'existence›, in ‹L'Activation de l'Énergie›, Bd. 7, Éd. du Seuil, 1963, S. 187ff.
[54] Vgl. ‹Le sens de l'espèce chez l'homme› in ‹L'Activation de l'Énergie›, S. 203 ff.
[55] Vgl. den Aufsatz ‹Der Kern des Problems› in ‹Zukunft des Menschen›, S. 343 ff.
[56] Vgl. den Aufsatz ‹L'Unanimisation humaine›, ‹Die menschliche Einmütigung›, in ‹Zukunft des Menschen›, S. 371 ff.
[57] Vgl. Brief vom 19. Februar 1950: «*Vorgestern bin ich anläßlich eines recht gemischten Treffens [etwas glattes Parkett], zu dem man mich in den Räumen der Zeitschrift ‹L'Âge nouveau› [die Ihnen gewiß unbekannt ist] eingeladen hatte, gezwungen gewesen, recht hart Position zu dem neuen „Fall Galilei" zu nehmen – indem ich noch einmal sagte, daß gewisse skeptische und konservative Positionen bereits jetzt geologisch verurteilt erscheinen.*»
[58] Vgl. oben.

18. März 1950, Vortrag in der Cité universitaire.
Thema: ‹Die Phasen eines lebenden Planeten›[59].
30. April 1950, Vortrag in der Galerie Devêche.
Thema: ‹Blick auf die menschliche Zukunft›.
23. Oktober 1950, Vortrag in Lüttich auf Bitten der Jesuiten.
Thema: ‹Die Zukunft der Menschheit [in den Augen eines Biologen]›.
24. Oktober 1950, derselbe Vortrag in Brüssel.
8. April 1951, Vortrag, Rue de l'Abbé-Grégoire 12.
Thema: ‹Kosmos und Kosmogenese›[60].
Juli 1951, von der Zeitschrift ‹Psyché› organisierter Vortrag.
Thema: ‹Die Evolution der Verantwortung in der Welt›[61].
Diese Aufzählung ist zweifellos sehr unvollständig[62]. Sie läßt die Wirksamkeit auf dem World Congress of Faiths, die Vorlesungen an der Sorbonne und die in den Vereinigten Staaten gehaltenen Vorträge beiseite. Doch sind alles in allem diese Vorträge nicht besonders zahlreich. Wie im Jahre 1939 wird der Pater sichtbar von allen Seiten angesprochen, doch ist er letztlich sehr nüchtern geblieben, er schnitt nur seine grundlegenden Anliegen an und bemühte sich, zunächst über das zu sprechen, was er anschließend schreiben würde. Sein Denken konzentriert sich auf einige Hauptthemen: die Kosmogeneseschau, die Evolution, ihre Gesetze, ihre ethisch-mystischen Konsequenzen, die menschliche Zukunft, die Sozialisation und das Auftreten des Ultrahumanen.
Im Grunde ist diese anscheinende Zerstreuung vor allem Wiederaufnahme des Kontakts, Wiedereintauchen in den Pariser Schmelztiegel, in dem die neuen Ideen geschmiedet werden nach diesen sechs Jahren, die in geistiger Hinsicht zur vollständigen Einrostung

[59] Vgl. den Aufsatz ‹Réflexions sur l'Ultra-Humain ou Les phases d'une planète vivante›, ‹Gedanken über das Ultra-Humane oder die Phasen eines lebenden Planeten›, in ‹Zukunft des Menschen›, S. 381 ff.

[60] Vgl. den Aufsatz mit demselben Titel ‹Cosmos et Cosmogénèse›. Wir haben diesen Vortrag gehört und Notizen gemacht.

[61] Vgl. den in ‹Psyché› veröffentlichten Artikel, Neudruck in ‹L'Activation de l'Énergie›, S. 211 ff.

[62] Ein Brief vom 11. Dezember 1950 erwähnt einen Vortrag am Samstag, dem 9. Dezember. – Ohne daß uns das Datum genauer angegeben wurde [1948?], wurden wir auf ein Treffen bei Marcel Moré in Gegenwart von Berdjajew, Gabriel Marcel und Vladimir Lossky hingewiesen.

zu führen drohten. Diese Zeit der «Wiederaufladung» war nicht nutzlos, denn in den Vereinigten Staaten sollte von 1951 an das Exil auf ihm lasten und, von seinen zahlreichen und getreuen Briefpartnern abgesehen, sollte er wiederum vom Erworbenen leben. Darüber hinaus hat, wie er sehr hübsch sagt[63], die Begegnung mit sehr verschiedenen Köpfen ihm erlaubt, die Welt des modernen Denkens besser zu «*triangulieren*» und seine persönliche Position besser festzulegen.

Eine andere Quelle der Kraft und der Frische: die Heimaterde der Auvergne und die wiedergefundene Familie. Er bedarf der Heimat, der TERRA MATER, um seine erschütterte Gesundheit wiederherzustellen, die vertraute Atmosphäre wiederzufinden[64] und diesen Kontakt mit der Auvergne wiederaufzunehmen, die er unaufhörlich in seinem Herzen trug und in den verschiedensten Gegenden Chinas
1947 wiederfand. In der Nacht vom 1. zum 2. Juni 1947 erhält er eine erste ernste Warnung. Er hatte am 1. Juni bei Mme Solange Lemaître schöne Worte über das Geheimnis der Himmelfahrt gesprochen und gesagt, es sei das schönste Fest des Jahres und man begehe es nicht mit genügend Feierlichkeit, während es doch die vorweggenommene Vollendung des Universums ist, das zum Vater im Herzen des glorreichen Christus zurückkehrt. Am nächsten Tag sollte er einen Erwachsenen taufen, eine Persönlichkeit der hohen Gesellschaft, die ihm ihren Wunsch anvertraut hatte, katholisch zu werden, und deren religiöse Unterweisung er geleitet hatte[65]. Doch in der Nacht befielen ihn infolge eines Infarkts des Myokards, der vielleicht durch Spritzen gegen das Gelbfieber ausgelöst wurde, Erstickungsanfälle, und einer der Patres der *Études*, der herbeigerufen wurde, ließ ihn in die Klinik der Brüder des heiligen Johannes von Gott in der Rue Oudinot überführen. Während des Transports verfiel er in ein

[63] Brief vom 28. März 1951.

[64] Die allerdings durch den grausamen Tod eines 1947 auf ihrem Besitz unglücklich ertrunkenen Neffen in Trauer versetzt war. Letzterem hatte P. Teilhard diesen Brief geschrieben, aus dem wir [nach dem Gedächtnis] eine sehr kurzweilige Stelle zitieren, die an einen P. Teilhard erinnert, der entspannt ist, wie man sich innerhalb der Familie oder unter Freunden bewegt: «*Arbeite nicht zuviel, die Phantasie ist das halbe Leben. Nichtsdestoweniger muß man Prinzipien haben und Sprachen lernen.*»

[65] Ohne indiskrete Proselytenmacherei hat dieser Priester unaufhörlich um sich das Evangelium verbreitet, er führte eine befreundete Frau zu ihrer ersten Kommunion, half einer anderen verheirateten Frau, den Weg der Pflicht wiederzufinden usw.

Koma und schwebte vierzehn Tage lang mit sehr hohem Fieber zwischen Leben und Tod.

Teilhard mußte, zwischen zwei Kopfkissen gestützt, in sitzender Haltung bleiben. Er fühlte sich vom Flügel des Todes gestreift: «*Sagen Sie mir irgend etwas, was mich ans Leben bindet*», sagte er zu einer Freundin, die ihn besuchen kam. In gewissen Augenblicken vermochte er kaum zu sprechen. Als sein Freund Roger Lévy ihn besuchen kam, beschränkte P. Teilhard sich darauf, einen Finger auf den Mund zu legen, und bei seinem Weggang schickte er ihm mit zwei Fingern auf den Lippen den Friedensgruß. – Gott sei Dank gewann seine angeborene Robustheit die Oberhand, und Teilhard gewann wieder Freude am Leben. Eines Tages überraschte ein Jesuitenpater ihn dabei, als er wie ein Kind mit einer Rechenmaschine spielte. Doch von Ende Juli an mußte er einige Monate in der Klinik der Schwestern von der Unbefleckten Empfängnis am Rande des Waldes von Saint-Germain bleiben, in dem er jeden Nachmittag spazierenging und tief die Schönheit der großen Bäume zusammen mit Freunden bewunderte, die ihn dort aufsuchten. Ein Brief beweist uns, daß er noch am 2. September 1947 mit der Hoffnung dort war, Ende des Monats nach Paris zurückzukehren. Ihm wurde bis zum 1. Dezember Ruhe befohlen, was ihn daran hinderte, am 1. und 2. November an den Gesprächen von Châtelard teilzunehmen, die von Emmanuel Mounier über das Thema ‹Das Christentum und die moderne Welt› organisiert worden waren. Diese harte Prüfung wurde überwunden, doch die Gesundheit P. Teilhards mußte weiterhin geschont werden. Weder Kaffee noch Tabak. Flugzeug verboten, und in gewissen wenig zugänglichen Gegenden Südafrikas beförderte man ihn aus Vorsicht im Tragsessel.

Seine Krankheit gab ihm Anlaß zu dieser schönen Meditation [datiert vom 20. Juli]:

W – «In der Frühe [in den ersten Stunden] des *1. Juni* ein Herzanfall, der mich zu Jesus hätte schicken können. Dann die Zeit im Krankenhaus [Rue Oudinot]. Und ein Wendepunkt in meinem Leben. Erzwungener Verzicht auf das große Leben on the Field[66]. Heute zu eben dieser Stunde sollte ich im Flugzeug auf dem Wege

[66] = im Forschungsgelände.

nach Johannesburg sein... Was bedeutet all das? Was die Modalitäten angeht, werden wir später sehen. Im wesentlichen will und kann ich nur einen Sinn darin sehen: nämlich *das Herausgerissenwerden aus dem Kosmischen um der innigeren, wirklicheren Einfügung in das Christliche willen* – das einzig *letztlich* Notwendige im Universum –, und dies um den Preis eines gewissen sicheren wissenschaftlichen Verlustes [den andere ausgleichen werden]...»

Auf jeden Fall tun ihm die Aufenthalte in Moulins, auf dem Besitz seines Bruders Joseph im Puy-de-Dôme, zutiefst wohl. Hier einige Beschreibungen, die neben die Erinnerungsbilder der Kindheit zu stellen sind:

B – «[...] Ihr Brief [...] hat mich in dem außergewöhnlich friedlichen Rahmen von Moulins bei einem lind und schön gewordenen Wetter erreicht. Von meinem Fenster kann ich, während ich Ihnen schreibe, jenseits des Gekräusels der bewaldeten Hügel [wir sind in 400 m Höhe oder etwas höher] die Ebene der Limagne sehen, dann als Skyline[67] die ganze Kette der Vulkane vom Mont-Dore bis zu den Puys, den Puy-de-Dôme gerade gegenüber, genau im Westen. Dort müßte es sehr relaxing sein. Seit meiner Ankunft hier – bald vierzehn Tage bereits! – habe ich nicht wenige Briefe geschrieben – einige ergänzende Notizen zu meinem „Wie ich es sehe“ [befindet sich derzeit in Re-typing und Vervielfältigung bei einer Freundin], und schließlich habe ich etwa zehn Seiten niedergeschrieben, die meine Bibliographie [die ich aufgearbeitet habe] im Hinblick auf eine eventuelle Kandidatur am Collège de France begleiten sollen. – Dazwischen gehe ich mit meinem Bruder spazieren, der mir seine Pflanzungen zeigt[68]. Meine beiden anderen Schwägerinnen sind uns besuchen gekommen. Diese Besuche und die beständige Gegenwart des jungen Paares [...] [ein Erfolg] machen das alte Haus froher, das das häufig nötig hat [...].»[69] – «[...] Ich habe einen Monat in großer

[67] d.h., der sich vor dem Himmel abzeichnende Horizont.

[68] Teilhard spricht aus dem natürlichen Empfinden der Zurückhaltung weder von seinen kurzen einsamen Spaziergängen, während deren er seine Seele zu Gott erhob, noch von dem täglichen Gebet des Rosenkranzes am Abend. Les Moulins diente ihm für eine Reihe von Exerzitien als Rahmen [30. August bis 7. September 1948, 25. August bis 2. September 1949, 27. September bis 4. Oktober 1950].

[69] Brief vom 28. August 1948.

13. Schloß «Le Mauzun», Blick von Les Moulins, Puy-de-Dôme [Zeichnung von G. B. Barbour]

Ruhe bei meinem Bruder verbracht [...], altes Familienhaus des 17. Jahrhunderts voller alter Gobelins, hochfahrender Wappenschilde[70], aber auch erfüllt vom Duft des Alters, voller alter Geräusche und ganz von großen Eichen umgeben mit einem wunderbaren Ausblick: jenseits der welligen Hügel, lakustrisch, die ganze Kette der Vulkane am Horizont vom Mont-Dore bis zu den letzten Puys, und weit hinauf nach Norden noch [der Puy-de-Dôme liegt genau im Mittelpunkt der Linie, und am 14. September geht die Sonne genau hinter ihm unter].»[71] – «Ich meinerseits bin hier bei meinem Bruder seit dem 11. – und ich rechne, dort bis etwa zum 15. September zu bleiben. Alles ist hier so ruhig – und die Sicht so schön auf die Kette der Puys, hinter denen die Sonne jeden Abend großartig untergeht! [...] Angesichts der Hitze bin ich fast unbeweglich. Letzten Samstag jedoch haben wir Freunde besucht in der Gegend der Haute-Loire in einem hinreißenden Schloß des 17. Jahrhunderts, das noch ganz aus dieser Zeit stammt – in allem, einschließlich der Schondecken auf den Betten. Und das Schloß inmitten der Wälder, verloren in einer der verlorensten Ecken der Auvergne. Grün und fast feucht trotz der Jahreszeit. Sie

70 Joseph Teilhard hat glücklicherweise von seinem Vater die Neigungen des Historikers geerbt. Pierre dagegen hatte kein Gefühl dafür, was legitim ist am Stolz auf das Wappen.

71 Brief vom 17. September 1948.

würden diese Ecke gern haben[72]. Im übrigen bleibe ich in meinem Zimmer mit dem Blick auf die Aussicht. Und ich führe ganz sachte die endgültige Abfassung meiner Vorträge über den Menschen weiter: nur noch eineinhalb Kapitel [die bereits verfaßt sind] in endgültige Form zu bringen [...].[73] – «Ihr Brief vom 12. hat mich hier erreicht – wo ich wie gewöhnlich bei meinem Bruder meine Ferien in der etwas unbestimmten Eigenschaft eines „Schloßkaplans" verbringe – angesichts der Kette der Puys, weit von jeder Eisenbahn und inmitten von Eichen. Ich bin hier vor einer Woche angekommen und rechne damit, bis gegen Mitte September hier zu bleiben [...]. Hier nichts wesentlich Neues. Ich entwerfe eine erste Skizze [endgültig?] eines Versuchs, den ich seit langem durchdenke: ‹Das Herz der Materie› [keineswegs im Sinne von Graham Greene![74]]: Versuch einer Rekonstruktion der psychologischen Genese, die mich historisch [von meiner Kindheit an] von einem verschwommenen und allgemeinen kosmischen Sinn her zu dem hat gelangen lassen, was ich heute „den christischen Sinn" nenne.»[75]

Teilhard war innerlich reich genug, um alles aus sich heraus zu schöpfen, dessen er bedurfte. Doch ebenso wie die ‹Messe über die Welt› in den Einsamkeiten der Mongolei entstanden ist, ist es wahrscheinlich, daß der zugleich majestätische und spielerische Rahmen der Auvergne dieses autobiographische Meisterwerk inspirierte, in dem ein Denker und Ordensmann unter Beherrschung des Staubs der Ereignisse hellsichtig die Bilanz seines Lebens zieht. Das ist, wenn man so will, die Proustsche Erfahrung in der Madeleine[76], jedoch ist der Hintergrund das ganze Gekräusel der bewaldeten Hügel, die manchmal von Ruinen gekrönt sind, und am Horizont das Profil der alten Vulkane. Und dieser Rückblick hat nichts von einer Flucht aus der Gegenwart an sich, nein: Es handelt sich darum, von der Kindheit ausgehend eine Bestandesaufnahme der tiefen Werte

[72] Es handelt sich um das Schloß von Ibertie.

[73] Brief vom 17. August 1949.

[74] Anspielung auf den berühmten Roman von Graham Greene ‹The Heart of the Matter›, der tatsächlich keinerlei Beziehung zu dem Essay P. Teilhards hat.

[75] Brief vom 18. August 1950.

[76] Prousts Urerfahrung des Transzendentalen in der Madeleine-Kirche in Paris. [Anm. d. Übers.]

zu machen, deren komplexes Zusammenspiel eine der reichsten Spiritualitäten hervorgebracht und aus P. Teilhard einen der Meister des inneren Lebens gemacht hat. Profil der Seele, Profil der Puys, wer weigerte sich, zwischen ihnen die Harmonie eines Geheimnisses der Entsprechung zu entdecken? Dieser kosmische Baum, dessen Zweige sich von Asien bis nach Amerika erstreckten, tauchte seine Wurzeln in den Boden der Auvergne[77].

[77] Vgl. den in Moulins am 14. September 1946 geschriebenen Brief: «*Diese vierzehn Tage, die auf eine recht bewegte Rundfahrt an den Doubs und nach Lyon folgten, haben mich gründlich ausgeruht. Vielleicht spürt man mit dem Alter stärker das Bedürfnis, in die Heimat zurückzukehren. Diese langen Jahre in China hatten in mir den Eindruck erweckt, als liege mir nichts mehr an der Auvergne. Jetzt sehe ich deutlich, daß dieser Eindruck nur eine Illusion war...*» [Teilhard hatte seine Exerzitien in Châtelard (Rhône) vom 17. bis zum 24. August gemacht.]

VIERTES KAPITEL
ZWEITE PERIODE VON PARIS [1946–1951]: BEZIEHUNGEN MIT ROM UND WISSENSCHAFTLICHE TÄTIGKEIT

In Paris, im französischen Zentralmassiv hat der Pater nach sechs Jahren halber Gefangenschaft sich ganz wiedergefunden. Es ist an der Zeit, in dieser verworrenen Periode einige Grundrichtungen, einige Wegachsen herauszustellen. Wir werden zunächst die Frage der Beziehungen mit Rom streifen.

Gegen September 1934 schrieb P. Teilhard:

> B – «Es ist mir heute fast gleich, nicht gedruckt zu werden. Was ich sehe, ist unvergleichlich größer als alle Trägheiten und alle Hindernisse.»

Der Pater spielte nicht «den starken Mann». Er hatte keinen anderen Ehrgeiz, um seine eigenen Worte zu gebrauchen, als der Stein zu sein, den man in die Fundamente einmauert. Andererseits lebte er einen solchen Glauben an die Wahrheit, daß er sich weigerte zu glauben, daß wichtige Werke oder Ideen verlorengehen könnten. «*Man muß*», sagte er uns am 6. Juni 1951, «*ein sehr großes Vertrauen zur Heimholung der Bemühungen haben.*» Es bleibt um nichts weniger, daß er mit recht Auvergnater Hartnäckigkeit und vor allen Dingen aus priesterlicher Berufung, nämlich um Seelen zu Christus zu führen, alles getan hat, um gedruckt zu werden. Es lag ihm sehr viel daran, daß ‹Das menschliche Phänomen› erschiene, und er hat die Frage unmittelbar nach seiner Rückkehr stellen müssen, denn am 26. Juni 1946 erfahren wir aus einem Brief, daß er die beiden Gutachten zu diesem Meisterwerk erwartet. Ein Freund ist sogar

> B – «freundlich genug, um die Manuskripte in drei Exemplaren abtippen zu lassen».

Doch im September 1947 wurde er aufgefordert, nichts Philosophisches mehr zu schreiben[1].

[1] Die Nachricht erreichte ihn in Saint-Germain, kurz nach der vom Tode seines Neffen, und einige Freunde beunruhigten sich wegen seines Herzens. Tatsächlich handelte es sich nicht im eigentlichen Sinne um eine feindliche Maßnahme ihm gegenüber. Da ein in Rom sehr im Blickfeld stehender Theologe, Garrigou-Lagrange, eine kleine Schrift ‹Zur Verteidigung der Theologie› geschrieben hatte,

Msgr. Bruno de Solages bezog in einem Artikel von seltener Festigkeit[2] mutig in den Kontroversen der Zeit Stellung unter Betonung des für das zeitgenössische Denken entscheidenden Faktums:

W – «Das entscheidende Faktum im modernen Denken stellt der verallgemeinerte Evolutionismus dar, ich meine die Substituierung einer evolutiven Zeit anstelle der zyklischen Zeit des Aristoteles in allen Bereichen, und in Auswirkung davon die Eroberung aller menschlichen Disziplinen durch die Geschichte, denn von jetzt an wird die ganze Schöpfung und das ganze menschliche Denken von dieser evolutiven Zeit umspült. Die Wissenschaft schreibt nur die Geschichte des Lebens; die Geologie schreibt die Geschichte der Erde; die Astrophysik schreibt die Geschichte der Sterne; die Atomphysik schreibt die Geschichte der Atome. Das gesamte Universum wird in diese große Trift der Zeit hineingerissen, anstatt wie die ewige Uhr des Aristoteles sich um sich selbst zu drehen [...]. Doch das ist noch gar nichts. Wenn alles im Universum evolviert, wenn das Universum selbst eine Genese, eine Entwicklung, eine Geschichte hat, dann wird auch das Denken der Menschen in diese Trift hineingerissen: und man schreibt die Geschichte der Kulturen, die Geschichte der Philosophien, die Geschichte der Religionen, die Geschichte der Theologie, die Geschichte der Dogmen. Doch ändert sich dann alles, und gibt es dann keine unveränderliche Wahrheit, keine beständigen Werte, kein Transzendentes mehr? Genau das ist das ernste, dem christlichen Denken gestellte Problem [...], nämlich, wie soll man inmitten dieses verallgemeinerten Evolutionismus die transzendenten Werte und Wirklichkeiten aufrechterhalten? HIC LABOR, HIC OPUS.»[3]

Eine Seite weiter lesen wir nach dieser allgemeinen, zutiefst richtigen Idee ein überzeugtes Loblied auf P. Teilhard:

W – «Die biologische Evolution war mechanistisch und materialistisch. Es macht die tiefe christliche Tragweite des Werkes dieses

wo er die Indizierung von fünf Ordensleuten verlangte, fürchtete man eine Verurteilung durch das Heilige Offizium, was das Verbot erklärt, theologische Themen anzugehen. Doch stimmt es, daß man ihm davon «abriet», an dem Internationalen Kongreß für Philosophie in Rom vom 15. bis 20. November 1946 teilzunehmen, während P. Fessard, ein Hegelianer, sich dorthin begeben durfte.

[2] ‹Pour L'Honneur de la Théologie› in ‹Bulletin de Littérature ecclésiastique›, Nr. 2, April–Juni 1947.

[3] S. 81/82.

großen Gelehrten – der Weltruf besitzt –, dieses kraftvollen Denkers, dieses blendenden Schriftstellers und, so füge ich hinzu – denn es ist nicht seine Art, in einer öffentlichen Kontroverse Privatpapiere zu benutzen –, dieses Gentlemans P. Teilhard de Chardin aus, daß es ihm in höherem Maße als irgendeinem anderen gelungen ist, zu zeigen, daß die Evolution selbst nur durch den Geist erklärt werden kann und daß sie an ihrem Ursprung, weil sie Ihn am Ende postuliert, einen transzendenten Gott postuliert. P. Teilhard ist kein Fachtheologe, und man darf von ihm nicht verlangen, daß er allein mit einem Schlag alle theologischen Probleme löst. Es ist an den Theologen, zu arbeiten. Doch die Theologen verdanken ihm diesen unermeßlichen Dienst, daß er ihnen die Dimensionen der Welt der Wissenschaft offenbart hat, in denen sie von nun an denken müssen, wenn sie im 20. Jahrhundert ihr Handwerk ausüben wollen nach gerade dem im 13. Jahrhundert vom heiligen Thomas gegebenen Beispiel, und diesen anderen unermeßlichen Dienst, daß er ihnen eine von innen her berichtigte Konzeption der Evolution gezeigt hat, die, anstatt sich aufgrund ihrer materialistischen und mechanistischen Natur einer christlichen Weltschau entgegenzustellen, sich ihr ganz natürlich öffnet.»[4]

Diese Seiten, die um so eindrucksvoller sind, als Msgr. de Solages trotz seiner Freundschaft zum Pater[5] in keiner Weise ein «Jünger» P. Teilhards ist und andererseits sehr authentisch, traditionalistisch bleibt, indem er etwa in der Art eines P. Sertillanges eine kraftvolle Bindung an die Scholastik mit sehr weiten Öffnungen auf die Erfordernisse des modernen Denkens verbindet, diese Seiten also verhindern nicht eine negative Entscheidung unter anderen P. Teilhard gegenüber, der in eine gewisse Verlegenheit versetzt wird: Gehört der Artikel ‹Der menschliche Neuaufbruch der Evolution und seine Folgen›, der im Sommer 1947[6] für die ‹Revue des Questions scientifiques› geschrieben wurde, zur Wissenschaft [was die Meinung des Paters ist] oder zur Philosophie?

1948 1948 bietet sich ihm eine der schönsten Möglichkeiten seiner Laufbahn: Abbé Breuil, Professor am Collège de France, wird emeri-

[4] S. 83.

[5] und zu den Bégouëns.

[6] ‹Le Rebondissement humain de l'évolution et ses conséquences›, erschienen am 20. April 1948; deutsch in ‹Zukunft des Menschen›, S. 257ff.

tieren. Auf Aufforderung von Francis Perrin sondiert Paul Rivet bei P. Teilhard und läßt ihn offiziös wissen, daß das Collège de France einstimmig für ihn stimmen würde, wenn der berühmte Paläontologe kandidieren sollte. Am 18. September kündigt der Pater einem Briefpartner an, daß er aller Wahrscheinlichkeit nach in den ersten Oktobertagen nach Rom fahren werde:

B – «In den ersten Novembertagen muß ich dem Collège de France ja oder nein sagen können und gegebenenfalls rechtzeitig nach hierher zurückkehren, um vor dem 15. oder 20. November „Besuche" zu machen.»

P. Teilhard kommt also am 5. Oktober in der Ewigen Stadt an, um zu sagen, nicht was er «auf dem Herzen hatte, sondern was ihm am Herzen lag». Seine Briefe berichten uns von seinen Eindrücken in charmanter Weise:

B – «Seit bereits zwölf Tagen habe ich mich in heiligen Orten eingerichtet, von denen ich niemals gedacht hätte, daß ich mich ihnen je nähern müßte, und wo ich, nebenbei bemerkt, äußerst freundlich empfangen worden bin. Es ist an der Zeit, Ihnen einige Neuigkeiten und einige Eindrücke mitzuteilen [...]. Rom hat mir keinerlei Schock verursacht und, das spüre ich, wird mir keinen Schock verursachen: weder einen ästhetischen noch einen spirituellen. Darauf war ich gefaßt. Der Vergangenheit gegenüber bin ich immunisiert; – und dem Pittoresken gegenüber gibt es für mich nichts mehr, das mich erstaunte – nach dem großen Osten. Andererseits habe ich mich unmittelbar in diesem südlichen und bunten Milieu wohl gefühlt. Und dann, das ist wichtiger, ist mir deutlich geworden [in St. Peter – nur dort], wie sehr das Christentum ein Phänomen für sich ist [das „christliche Phänomen" – ich hatte recht] mit seiner paradoxen, jedoch unerschütterlichen und wirkenden Gewißheit, das irdische Ende eines „Bogens" darzustellen, der zwischen dem Menschen und dem überspringt, was jenseits des Menschen ist [...]. Nächst St. Peter – weiter zurück – habe ich hier die Kirche Gesù am liebsten – ja, die Gesù trotz ihres Gewimmels an Statuen und Abgüssen und ihrer außerordentlichen Gemälde oder Fresken, die [hier durch ein Bein, dort mit einem Flügel – man möchte sagen aus Karton] über die Vorsprünge und Säulen hinweg verlängert werden. Ich bekenne, daß ich am Altar von P. Ignatius erschüttert war – und noch stärker in der kleinen Kapelle unserer Lieben Frau della strada: all die großen Leute, die vor diesem Bild gebetet haben... Familienerinnerungen; – Eindrücke einer religiösen Kindheit und dann vor allem auch dort das Bewußtsein, daß der Orden etwas Großes ist [...]. Die Kurie ist ein mächtiges, modernes Gebäude, das sich an hübsche Gärten [Palmen, Mandarinen, Mimosen] anlehnt, die sich in den Tuff gekrallt haben. Eine buntscheckige Gemeinschaft [ich bin zusammen mit den „Schriftstellern", d.h. den Archivratten – die mit Radio Vatikan zusammengekoppelt sind], etwas zu sehr *Chabanel*[7] [und man muß sogar sagen, wie sehr!], – doch liegt das notwendig am Ort; nichts dagegen einzuwenden. Vor allem Spanier, aber auch Deutsche, Schweizer, Ungarn, ein Ire, ein Amerikaner. All diese Leute, wie ich Ihnen sagte, sehr herzlich und freundlich [...]. Habe einmal den großen Chef gesehen, der mich gleich gewonnen hat: frank, unmittelbar und menschlich [...].»[8] – «[...] Ich sehe weiterhin Stückchen von Rom – und nach und nach nicht wenige Leute. Vorgestern bin ich bei einem Treffen Garrigou-Lagrange vorgestellt worden: wir haben gelächelt und von der Auvergne gesprochen [...].»[9]

Die in einem Satz zusammengefaßte Anekdote der Begegnung mit P. Garrigou-Lagrange ist hübsch: der Pater erobert mit einem Lächeln einen seiner schlimmsten Gegner, und die Auvergne dient als neutrales Gelände. Ein anderes Detail: am 19. Oktober macht er wahrscheinlich zusammen mit dem Baron Alberto Carlo Blanc[10] eine Exkursion zum Monte Circeo, 15 km von Terracina, im äußersten Süden der Pontinischen Sümpfe. Dort hatte 1938 Baron Blanc,

B – «einer der besten und begütertsten Prähistoriker Italiens, seinen berühmten Neandertalerschädel»

gefunden,

«der zwischen Resten von Flußpferden und Hyänen auf dem Boden einer zufällig durch die Arbeiten Mussolinis wieder geöffneten Höhle lag».

Im übrigen darf man nicht glauben, daß dieser römische Aufenthalt,

[7] Erinnerung an das Haus in Peking.
[8] Brief vom 15. Oktober 1948.
[9] Brief vom 30. Oktober 1948.
[10] Die beiden Gelehrten hatten sich bereits 1938/39 in Frankreich gesehen und eine Exkursion nach Norditalien geplant.

der am 7. November zu Ende ging, idyllisch gewesen sei. Wenn der Pater die Kurie mit *Chabanel Hall* vergleicht, bringt er zum Ausdruck, wie sehr er unter seiner Freiheitsbeschränkung litt, er, dem in China eine große [niemals mißbrauchte] Unabhängigkeit zur Gewohnheit geworden war[11]. Der Pater spürte seine Isolierung um so mehr, als er nichts von einem Archivar[12] oder einem Historiker an sich hatte und die Gesellschaft der «Schriftsteller»[13] ihn nicht bezauberte. Vor allem sind ihm gewisse römische Stellungnahmen zum Evolutionismus peinlich. Man sieht höheren Orts nicht deutlich genug, daß das menschliche Denken mit der Entdeckung des verallgemeinerten Evolutionismus eine Schwelle überschritten hat, wie sie von der Geschichte seit dem ersten Auftreten der Reflexion auf der Erde wahrscheinlich noch nicht festgestellt worden ist. Das Christentum wird seinen Eroberungsmarsch erst in dem Augenblick wiederaufnehmen, da es den zeitgenössischen [biologischen und evolutiven] Neohumanismus, den menschlichen Glauben an das Voran anerkannt, in sich hineingenommen und christifiziert hat.

Auf der praktischen Ebene sind die Ergebnisse offensichtlich vollständig gleich Null. Im Hinblick auf das Collège de France ist die Antwort negativ [er erfährt sie am letzten Tag]. Der vorgeschlagene Lehrstuhl berührt ein zu sehr im Blickpunkt stehendes Thema, als daß die Gesellschaft sich engagieren könnte[14]. Zum ‹Menschlichen Phänomen› ist nichts entschieden[15]. Das ist offensichtlich ein wenig glänzendes Ergebnis. Tatsächlich machte der Pater, als er in Paris

11 Tatsächlich ist er bis zum Ende zugleich sehr diszipliniert und frei geblieben. Man darf nicht vergessen, daß er sich ohne Schwierigkeiten der Disziplin des Kollegs und den Jahren der strengen Disziplin des Noviziats und des Scholastikats gebeugt hat.

12 Er hatte die ärgerliche Angewohnheit, alle seine Papiere zu vernichten, einschließlich der Briefe, die er erhielt.

13 Diese «Schriftsteller», das sei in Erinnerung gerufen, sind eine Gruppe von Patres, die die Geschichte der Gesellschaft Jesu studieren.

14 In Wirklichkeit ging es weniger um das Thema als um die Höherstellung des Paters auf einen Lehrstuhl, von dem aus er seine Synthese darlegen würde.

15 Eine erste Stellungnahme war verhältnismäßig kritisch und haarspalterisch. Eine zweite erwies sich als sehr viel klüger und positiver und befürwortete die Veröffentlichung. Fügen wir noch hinzu, daß der Pater zunächst einen Antrag auf Druckerlaubnis für den ‹Göttlichen Bereich› gestellt hatte. Hier der Text des Antrages: «*[...] Das Manuskript, das offiziell in Louvain [im Hinblick auf eine Veröffentlichung in den ‹Lessiana›] geprüft wurde, war angenommen worden – die Revisoren hatten sich zugunsten nicht nur der Möglichkeit, sondern auch der Opportunität einer raschen*

vom Bahnhof abgeholt wurde, kaum den Eindruck, über diese Reise glücklich zu sein. Nichtsdestoweniger nahm er, was das Collège de France betrifft, eine philosophische Haltung ein, er hätte dort nur zwei Jahre lehren können. Im September fühlte er sich noch zu erschöpft, um ein arbeitsreiches Jahr zu beginnen. Man hatte ihm in Rom [insbesondere von seiten des P. Generals] viel Sympathie und Vertrauen gezeigt. Wenn die Gesellschaft sich nicht hinter ihn stellen wollte, so hatte sie andererseits immer zeigen wollen, daß sie ihn als eines ihrer legitimen Kinder anerkannte – was sie immer tun sollte. Kurz, diese Reise hatte P. Teilhard in seinen Sympathien und Gegensätzen geklärt und gestärkt. Mehr als je fühlt er sich im Kern an die Gesellschaft und die Kirche gebunden. Doch gerade deswegen fühlt er sich auch mehr als je an seine Berufung gebunden, einen durch und durch «menschlicher machenden» Christus zu predigen und folglich ein Christentum, das die menschliche Seele mit allem noch von der Schöpfung erwarteten Zuwachs durch und durch sensibilisiert. «SENTIRE CUM ECCLESIA», jedoch derart, daß «ECCLESIA SENTIAT CUM MUNDO»[16]. Es ist fast gewiß, daß ‹Der Kern des Problems› [das dem P. Assistent[17] geschickt wurde] weitgehend von den römischen Erfahrungen inspiriert wurde. Hier eines der Grundthemen:

B – «Dringende Notwendigkeit für den christlichen Glauben an das Empor, den menschlichen Neoglauben an das Voran in sich hineinzunehmen, der [das ist ein Faktum, und zwar ein bleibendes...] aus dem objektiven Auftreten eines Ultrahumanen vor uns entstanden ist [eines Ultrahumanen, das einen Neohumanismus auslöst, der automatisch ein Neochristentum[18] nach sich zieht...].»[19]

Die Reaktion war charakteristisch:

B – «Man sieht in Rom weder die Zweckmäßigkeit noch die

Drucklegung ausgesprochen. Ich besitze noch den Text der Stellungnahmen [...]» [Rom, Oktober 1948].

16 «Mit der Kirche fühlen», aber derart, daß «die Kirche mit der Welt fühlt».

17 ‹Le Cœur du problème›, deutsch in ‹Die Zukunft des Menschen›, S. 343 ff. Der Pater Assistent von Frankreich, d.h. der in Rom mit den französischen Angelegenheiten beauftragte Jesuitenpater.

18 Der Pater meint «ein Übersteigen des Christentums». Seine Feder wird im Briefstil von der Symmetrie mitgerissen.

19 Brief vom 29. Oktober 1949.

Gewißheit einer auf den Glauben an den Menschen gegründeten Apologetik. Für die Kirche ist der einzige wirklich gewährleistete Zukunftswert das ewige Leben»,

worauf P. Teilhard freundschaftlich antwortet, daß

B – «die Synthese der beiden Glaubensformen IN CHRISTO JESU keine willkürliche Taktik AD USUM INFIDELIUM war, sondern HIC ET NUNC eine Bedingung des Überlebens für eine wachsende Zahl von Christen darstellte, – und daß man sofort [denn das Problem ist gestellt, und der Boden spaltet sich unter unseren Füßen] zwischen der Christianisierung des Neohumanismus oder seiner Verurteilung wählen muß»[20].

Sehr deutlich stehen sich [auf dem Boden gemeinsamer Überzeugungen] zwei Konzeptionen des Christentums gegenüber. Die eine führt die grosso modo mittelalterliche Tradition weiter, die der berühmten Formulierung des Evangeliums «Mein Reich ist nicht von dieser Welt» eine übertriebene Deutung gibt[21]. Die andere versucht, den Boden zurückzugewinnen, der seit dem Aufkommen der Humanitätsreligionen, die im 18. Jahrhundert entstanden sind und deren siegreicher Vertreter der Marxismus ist, verlorengegangen ist. Tatsächlich sind die beiden Tendenzen von ungleichem Wert. Seit den Aposteln und dem heiligen Paulus war das Christentum erobernd, «kosmisch»[22]. Seine Abweichungen und die Exzesse des Dogmatismus haben diesen Elan beschnitten.

Diese Jahre 1949–1951 sind für uns noch zu nahe, als daß wir aus unserer Zurückhaltung heraustreten könnten. Halten wir nichtsdestoweniger einige Fakten fest. Im Oktober 1949 zeigt der Pater im

20 Brief vom 29. Oktober 1949 [AD USUM INFIDELIUM = zum Gebrauch der Ungläubigen].

21 Sie besagt nicht: «Die Welt [das Universum] interessiert mich nicht»; der authentische Sinn ist einfach: «Ich bin nicht König wie Cäsar, um ein Königreich mit Waffen zu erobern.»

22 Wenn man 1 Kor 15, 28 nachliest: «Ist ihm [dem Sohn] alles unterworfen, dann wird auch der Sohn sich selbst dem unterwerfen, der ihm alles unterworfen hat, auf daß Gott alles in allem sei», erinnern diese übrigens in ‹Das Christische› [1955] zitierten prägnanten Worte unwiderstehlich an P. Teilhard, da sie die fortschreitende Christifizierung der Menschheit beschwören, die ihre Vollendung in der Rückkehr Christi, der kommt, um das Pleroma in den Schoß des Vaters heimzuholen, finden wird. Eine einzige Messe über die Welt, ein einziger Kreuzweg, eine einzige, der ganzen menschlichen Geschichte koextensive Inkarnation…

Hinblick auf ‹Das menschliche Phänomen› einen weniger großen Pessimismus. Es gibt tatsächliche Fortschritte in Richtung auf die «Amnestie», doch gilt die Weisung, noch zu warten[23]. Im Februar 1950 wurde ein Manuskript von ‹Die menschliche zoologische Gruppe›[24] höheren Orts übergeben und durch einen sehr eindringlichen Brief eines Freundes unterstützt. Anfang März wurde der Empfang in sehr vorsichtiger Weise bestätigt: Das Manuskript wird geprüft. Die Vertreter eines integralen Thomismus sind starr wie in den schlimmsten Tagen. Ende des Monats eine gute Nachricht, eine wohlwollende römische Zensur, die tatsächlich ihren Ausdruck nur in der Aufforderung findet, Einzelheiten zu glätten, den Punkt auf das i zu setzen, was der Pater sehr rasch erledigt. Doch die Atmosphäre jenseits der Alpen ist beunruhigend. Ungewisse Drohungen schweben über gewissen französischen Theologen. Man spricht von einem Syllabus. Im April/Mai schweigt Rom über das «Buch Nr. 2». Im Juni erscheint das Schweigen um so ominöser, als die Drohungen gegen die «neue Theologie»[25], die von den jesuitischen Theologen der Fourvière in Lyon vertreten wird, mehr Gestalt gewinnen. Es ist die Rede von der Amtsenthebung von fünf Professoren, was einen gewissen Wirbel verursacht und Protestbriefe von verschiedenen Seiten veranlaßt. Schließlich kommt am 28. Juni die endgültige Antwort von Rom an, negativ. Man findet keinen Satz, der eine Zurechtweisung verdient; man schützt sich einfach hinter dem Grund, der Pater gehe über die «Wissenschaft» im eigentlichen Sinne hinaus. P. Teilhard antwortet «*freundlich – aber nachdrücklich...*» und läßt eine befreundete Person das Buch vervielfältigen.

Selbstverständlich begann unter Ausnutzung dieser «günstigen» Umstände und, wie gesagt wird, unter Mißbrauch der Gutgläubigkeit hoher Würdenträger ein mutiger Autor, der mit *** zeichnet, in einem Pamphlet mit dem Titel ‹Die erlösende Evolution P. Teil-

[23] Der Pater mußte sterben, damit dieses meisterhafte Buch erscheinen konnte [Éd. du Seuil, deutsch bei Beck, München, unter dem Titel ‹Der Mensch im Kosmos›].

[24] ‹Le Groupe zoologique humain›, deutsch bei Beck unter dem Titel ‹Die Entstehung des Menschen›.

[25] Tatsächlich gab es keine neue Theologie; unter den bezeichneten Opfern sehr verschiedener Orientierung dachte niemand daran, hatte niemand dieses Wort verwandt. Ein von einer in Rom wohnenden Persönlichkeit erfundener oder, genauer, wiedererfundener Kriegsruf. Im Grunde handelt es sich um einen «Aprilscherz» der Theologen.

hard de Chardins›[26] gegen den Pater zu wüten. Nicht gefährlich, aber dumm und obendrein auch noch nicht auf dem laufenden:

B – «Natürlich werde ich nicht antworten; ebensowenig wie auf die Artikel in ‹La Pensée catholique›. Wie Boule sagte, wird das Schweigen am besten mit wertlosen Dingen fertig. Doch ist es schade, daß so viele Leute durch den Titel betrogen werden. Ohne in Rechnung zu stellen, daß dieser Titel für sich allein beweist, wie sehr der Autor mich falsch verstanden hat; denn er unterschiebt, nach mir habe das kosmische Werden eine Art immanenter erlösender Kraft, – während ich in all meinen Essays ganz im Gegenteil unaufhörlich die „erlösenden" Eigenschaften der Evolution von einem christlichen [personalen und transzendenten] Zentrum abhängen lasse... Man könnte nicht weiter vorbeischießen.»[27]

Allerdings traten machtvolle Verteidiger auf, denn in einem schönen ökumenischen Elan gingen Katholiken und Protestanten mit dem Dummkopf[28] ins Gericht, auf der einen Seite Professor Théodore Monod[29], auf der anderen Seite die Arbeitsgruppe des ‹Esprit›. Und da wir unsere Metapher bei dem guten Fabelschreiber entlehnt haben, wollen wir auf einen zur gleichen Zeit von einer bekannten Zeitung geleisteten sensationellen «Bärendienst»[30] hinweisen, die ein Loblied auf die «klandestinen» Schriften des Paters veröffentlichte, die sie in etwa als den Keim einer neuen Religion anpries.

[26] ‹L'Évolution rédemptrice du Père Teilhard de Chardin›. Ein Pamphlet, das ein etwas eiliger Bibliograph der Gesellschaft Jesu, von seinem Schwung mitgerissen, P. Teilhard de Chardin zuschrieb [sic]. Letzterer sah sich dazu gezwungen, in den ‹Études› diese lästige Vaterschaft abzulehnen. Die Jesuiten lachen noch heute darüber.

[27] Brief vom 15. Juli 1950.

[28] Ein Agrégé der Medizin und der Philosophie. – Der französische Originaltext zitiert hier frei eine Fabel von La Fontaine [VII, 1]: ‹Crièrent haro sur le baudet›.

[29] Professor am Museum und Direktor des Französischen Instituts im Schwarzen Afrika [Institut français d'Afrique noire, IFAN] in Dakar, Ozeanograph und Kamelreiter. Eine Art Asket, der sich selbst gegenüber noch härter war als gegenüber den anderen. Ein liberaler Protestant, der von evangelischem Glauben und evangelischer Liebe brannte. Seine persönlichen Beziehungen mit P. Teilhard wurden 1947 wiederaufgenommen. Diese beiden «geistigen Menschen» hatten sofort miteinander sympathisiert.

[30] Wir greifen den Ausdruck P. Valensins wieder auf, den der Pater bereits verwandt hatte.

Der Zwischenfall hat nur diese Bedeutung, daß er in sehr natürlicher Weise eine rasche Klarstellung rechtfertigt. Von 1935 an wurden bestimmte Schriften des Paters von intimen Freunden[31] vervielfältigt, die von dem Pater seine Texte erbaten und die Bedeutung dieser Schriften begriffen. P. Teilhard hat nicht den Ausdruck «klandestine Schriften» geprägt aus dem einfachen Grunde, weil er die Vervielfältigungen, zu denen seine Freunde die Initiative ergriffen hatten[32], nicht als klandestin ansah. Für ihn handelte es sich um Schriften, durch die er eine Liebespflicht den Seelen gegenüber erfüllte, die ihrer bedurften. Am 18. August 1950 schrieb er:

B – «Doch wie soll ich aufhören, ohne all meinen tiefsten Pflichten Gott und den Menschen gegenüber zu versagen? ... Ich bin also entschlossen, weiterzumachen wie bisher – ich rechne mit dem Zufall – oder genauer mit der Legitimität meiner Sache. Ich weiß sehr wohl, daß alle Häretiker das gesagt haben. Doch im allgemeinen ging ihre Haltung nicht dahin, Christus größer als alles zu machen, was im Grunde das einzige ist, was man mir vorwerfen könnte.»

P. Teilhard konnte nicht anders denn eine innere Evidenz aufleuchten lassen, die ihn erhellte. Normale [und fruchtbare] Spannung zwischen der Hierarchie und Initiativen, die auf den ersten Blick beunruhigend und im Gegensatz zu der Weise des Vorgehens der überkommenen Kirche zu stehen scheinen, die sich aber sehr bald als durchaus orthodox erweisen werden. Kein Leben ohne Konflikte, und die Kirche ist wesentlich lebendig[33]. Der Pater ist innerhalb der Kirche kein Reformator, sondern ein Evolutor. Der Christus P. Teilhards ist kein anderer als der auferstandene Jesus, aber anstatt Herr und Meister des Kosmos zu sein, offenbart Er sich nunmehr als die lebende Triebkraft der Kosmogenese. Teilhard ist der tradi-

[31] Den Bégouëns. Allerdings hatten die Carlhians [in Lyon] schon früher angefangen, die Schriften zu vervielfältigen.

[32] Um zu vermeiden, immer wieder dieselben Schriften abschreiben zu lassen.

[33] Es ist gut, auch daran zu erinnern, daß es nicht einen exoterischen und einen esoterischen Teilhard gab. Selbstverständlich sind die persönlichen Briefe Teilhards kühner als gewisse von Berufstheologen revidierte Schriften, doch das ist bei jedem Menschen so, und man darf die Freiheit der Kinder Gottes nicht vergessen. Seine Ideen wechselten, wenn er sie ordnete und in Gestalt brachte, nicht das Vorzeichen, und sie legten keine Maske an. Das berühmte Sprichwort «LARVATUS PRODEO» läßt sich nicht auf Teilhard anwenden.

tionelle Katholizismus plus die Evolution[34], das heißt einfach, dem Mysterium der Inkarnation wird, mit allen sich daraus ergebenden Konsequenzen, eine weitere Dimension gegeben, die der Raumzeit, das heißt der grundlegenden Dauer der Welt. Teilhard ist der heilige Paulus nach Lamarck, Darwin und Karl Marx, ist einfach ein glückliches Bemühen um Heimholung der eigentlichen Substanz des modernen Denkens, um das Christentum an die Spitze des Fortschritts zu stellen.

Wenn wir auch nicht zur Polemik neigen, scheint es uns doch unumgänglich, uns noch einmal dem Urheber dieses «Bärendienstes», François-Albert Viallet, zuzuwenden. In ‹Le Monde› vom 25. März 1950, S. 7, Sp. 3, findet sich folgende Notiz:

W – «Unter dem Titel ‹Die Zukunft Gottes›[35] wird F.-A. Viallet bei den Éditions Paul Mourousy das erste P. Teilhard de Chardin gewidmete Werk veröffentlichen, dessen Denken dem Publikum nicht so bekannt ist, wie es sein sollte, weil seine in häufig spezialisierten Zeitschriften verstreuten Schriften nur in Gestalt von seinen Bewunderern angefertigter Kopien im Umlauf sind.»

Trotz seiner tiefwurzelnden Güte fühlte der Pater sich verpflichtet, an Beuve-Méry, den Direktor von ‹Le Monde›, folgende Richtigstellung zu schicken:

B – «Sehr geehrter Herr Direktor!

In der Nummer von ‹Le Monde› vom 25. März dieses Jahres [S. 7, Sp. 3] kündigt Ihre literarische Information ein Buch von F.-A. Viallet [Éditions Mourousy] an, das mir „gewidmet" sei [sic].

Ich bin darüber sehr betroffen. Da ich Herrn Viallet und sein Manuskript kenne, kann ich Ihnen nämlich versichern, daß, wenn Herr Viallet mich auch häufig zitiert, dennoch:

1. seine Arbeit in keiner Weise eine Darlegung [höchstens einen teilweisen Nachhall] meiner Ideen darstellt,

[34] Vgl. den Brief vom 1. Januar 1951: «*In der letzten Zeit hat sich der ganze „Nucleus" meiner inneren Perspektive von neuem meinem Geist als durch und durch von der alleinigen Transposition in die Dimensionen der Kosmogenese, der traditionell in Termini des Kosmos ausgesagten Schau abhängig und „ableitbar" dargestellt: Schöpfung, Geist, Übel, Gott [und noch spezifischer Erbsünde, Kreuz, Auferstehung, Parusie, Liebe ...] – all diese Vorstellungen erhellen einander und kohärieren, werden sie in die „Genese"-Dimension übertragen, in überraschender Weise.*»

[35] ‹L'Avenir de Dieu›.

2. und ebensowenig seine Gottesidee, soweit ich sie zu begreifen vermag, in irgend etwas mit der Struktur meines Denkens verknüpft ist. Ich teile sie nicht; und ich habe häufig Gelegenheit gehabt, das dem Autor gegenüber immer wieder nachdrücklich zu betonen.

Ich wäre Ihnen sehr dankbar, wenn Sie diese Richtigstellung in der Weise und an der Stelle, die Ihnen angemessen erscheinen, einrücken lassen wollten...»

Viallet hat sich darauf versteift, Bücher zu schreiben, die angeblich über P. Teilhard handeln, in denen er aber in Wirklichkeit seine eigenen Ideen darlegt, die nichts mit denen des Paters gemein haben. Sein deutsches Buch ‹Zwischen Alpha und Omega. Das Weltbild Teilhard de Chardins› [Glock und Lutz-Verlag, Nürnberg 1958] hat die Deutschen mehrere Jahre hindurch buchstäblich in die Irre geführt. Am erstaunlichsten ist, daß er es gewagt hat, am 25. Januar 1963 in der ‹Deutschen Zeitung› unter dem Pseudonym François Tuparles die Behauptung zu verbreiten, die französische Veröffentlichung des ‹Göttlichen Bereichs› weiche an 150 Stellen vom Originaltext ab. Er weiß nicht, daß zwei Fassungen des ‹Göttlichen Bereichs› existieren und daß die französische Ausgabe die zweite druckreife Fassung wiedergibt, die tatsächlich ungefähr 150 Varianten aufweist. Die zweite Fassung ist außerordentlich selten, da von den sieben der Zensur im Hinblick auf den Druck vorgelegten Exemplaren anscheinend nur noch zwei maschinengeschriebene, von Teilhard unterzeichnete Exemplare existieren, doch wird auf sie bereits im Jahre 1958 in der Bibliographie Cuénot hingewiesen.

Es bleibt um nichts weniger wahr, daß der zweite Teil des Jahres 1950 und die erste Hälfte des Jahres 1951 für P. Teilhard recht mühsam waren. Das Oberkommando wird im Hinblick auf ihn nervös, und der Pater tut nicht viel, um eine Entspannung herbeizuführen. Er kann nicht anders als sehen, was er sieht, und nichts könnte ihn dahin bringen, abzubiegen. Er nimmt nichts tragisch. Er ist weder erbittert noch enttäuscht. Er fühlt sich ebenso im Schwung wie je, doch er verzichtet nicht auf diese Offenheit, die aus ihm eine der eigenständigsten Persönlichkeiten der Gesellschaft und der Kirche Frankreichs macht. Keinerlei Provokation, keinerlei Geheimbündelei, sondern unaufhaltbare Übertragung eines authentischen Lichtes; der Pater gehorchte der triumphierenden Kirche. Er mußte durch seine Botschaft nicht nur Frankreich, sondern der Welt Hilfe und Richtung geben[36].

Selbstverständlich spielt er weiterhin seine Rolle als geistlicher Berater, und er tat es mit dem Takt und der unendlichen Liebe, deren Geheimnis er besaß. Ein wissenschaftlich arbeitender Priester legte ihm einen philosophisch-religiösen Aufsatz vor. Der Pater antwortete ihm:

B – «Ihre Seiten sind voller interessanter, häufig neuer Durchblicke; richtige Bestrebungen; offene Eingeständnisse, die für den Leser erleichternd wirken. Insgesamt begreife ich Sie bis ins letzte. Doch vermag ich nicht zu sehen, wie ein derartiger Aufsatz das Imprimatur erhalten könnte – nicht nur im Hinblick auf die Offenherzigkeit seiner Kritik, sondern auch infolge gewisser Zweideutigkeiten oder möglicher Verwechslungen in den Ausdrücken.»[37]

Und der übrige Brief greift mit dieser Klarheit, die allein die wahre Liebe zu geben vermag, Punkt für Punkt die unbestreitbaren Aussagen auf, stellt die Wahrheit wieder her und erhellt eben dadurch die Seele eines Priesters für immer. Etwas später[38] erklärte er einem altkatholischen[39] Pfarrer:

B – «[...] ich sehe nur in dem römischen Trieb, *in seiner Unversehrtheit genommen*, den genügend breiten und genügend differenzierten biologischen Wurzelstock, um die erwartete Transformation zu bewirken und zu ertragen.»

Aufgrund einer recht seltenen Gnade ist der Pater durch seine geistige Weite, seine Offenheit, seine Unabhängigkeit fähig, sowohl Jesuiten, nichtjesuitische Priester und Laien wirksam zu lenken als auch den Geist Christi den «Gentils» einzugeben. Nichts ist so ergreifend wie seine Korrespondenz mit Lucien Cuénot, einem ungläubigen großen Biologen[40], der seinen Tod nahe wußte und ein Jahr

[36] Er hat es immer abgelehnt, sich in politische Angelegenheiten einzulassen. Der Petition für den Frieden wider die Atombombe hat er seine Unterschrift verweigert, weil er allzu deutlich die hinter der Taube versteckte Falle sah.

[37] Brief vom 21. Dezember 1949.

[38] Brief vom 4. Oktober 1950.

[39] Die Altkatholiken sind Katholiken, die die päpstliche Unfehlbarkeit nicht anerkennen und die Interkommunion mit den Anglikanern verwirklicht haben.

[40] Er war zu klug, um integraler Positivist zu sein, er spürte metaphysische Unruhen mit einer pantheistischen Religiosität, doch verunmöglichte ihm sein Positivismus, das Teilhardsche Denken und die Teilhardsche Spiritualität zu begreifen.

lang unerschrocken mit dem Tode rang, um sein letztes Buch abzufassen. Am 12. Mai 1950 schrieb der Pater ihm:

B – «Unnötig, Ihnen zu sagen, wie sehr ich mich seit sechs Monaten über Ihr Befinden auf dem laufenden gehalten habe. [...] Ich glaube nicht, daß es eine bessere [noch auch nur eine andere] Form der Anbetung gibt. – Ich weiß, Sie arbeiten an Ihrem „Testament" des Menschen und Gelehrten. Wenn der Herr mir dazu die Zeit läßt, möchte ich das tun können. Sie wissen, wie sehr alle Ihre Freunde dieses Wort von Ihnen erwarten.»

Und sein Briefpartner schrieb ihm einen halb spaßhaften, halb traurigen, aber sehr ergreifenden Brief in seiner zittrigen Handschrift – der mit diesem Postskriptum schloß: «Denken Sie trotzdem an mich in Ihren Gebeten.» Daraufhin antwortete Teilhard mit diesen bewundernswerten Zeilen:

B – «Lieber Meister und Freund,

Ich bin von Ihrem Brief äußerst gerührt und betroffen gewesen. Daß Sie sich die Mühe gemacht haben, mir zu antworten! Und dann all das, was Sie mir so hellsichtig und ruhig über sich selbst sagen... Ich will glauben, daß Sie die Zeit und die Kraft haben werden, uns, sei es auf wenigen Seiten, Ihr Testament des Menschen zu hinterlassen, der sehr viel die Welt betrachtet und der sie sehr groß gesehen hat. – Und mit einem Herzen, wie ich es nicht oft verspüre, ja, bete ich für Sie [...] in der Überzeugung, daß diese Bemühungen guten Willens, so zaudernd sie auch sein mögen, sich gegenseitig korrigieren und stärken und daß sie über das „Phänomen" hinausstoßen, wenn sie sich vereinen.

Ich bete also für Sie wie für mich, damit uns die [möglichst kritische, aber auch möglichst warme] Schau eines fundamental liebenden und liebenswerten Universums gegeben werde, dem man sich, nachdem man für es viel gearbeitet hat, überlassen kann, wenn man die Augen schließt. So werde ich versuchen, auch meinerseits in nicht allzu weiter Ferne abzuschließen.

[...]

God bless you![41]

Ganz herzlich

Teilhard.»[42]

[41] Gott segne sie!

[42] Brief vom 17. Mai 1950.

Die äußerste Schönheit dieses letzten Briefes liegt in der Feinfühligkeit, von der er zeugt, und in seiner tiefen Demut. Es ist unmöglich, den Mann nicht zu lieben, der diese Zeilen schrieb. Nur P. Teilhard war fähig, einem Ungläubigen diesen Wunsch einzugeben:
B – «Denken Sie trotzdem an mich in Ihren Gebeten»,
und ihm in seiner Eigenschaft als Fürbitter den ersten Strahl des großen Christus, und sei es auch nur für einen Augenblick, zu bringen.
... Wenn wir in dieser komplexen Periode als ersten Leitgedanken die Beziehungen des Paters mit den römischen Autoritäten gewählt haben, so, weil letztere in gewissem Maße seine wissenschaftliche Tätigkeit bedingten, – das Paradox eines Gelehrtenlebens, dessen glänzende Erfolge von 1926 an einer Reihe von Exilen zu verdanken sind, deren Annahme das ganze Maß der Treue P. Teilhards zu seinem Orden erkennen läßt. Einer der Gründe für die Abreise nach Südafrika und in die Vereinigten Staaten im Jahre 1951 ist darin zu suchen, daß er gut daran tut, sich zurückzuziehen, um das Mißtrauen zu beruhigen. Zum Zeitpunkt seiner Abreise war es sogar höchste Zeit.
Bevor man sich eine allgemeine Vorstellung von dem wissenschaftlichen Leben des Paters zu dieser Zeit machen kann, ist es notwendig, zunächst die Fakten festzustellen, die man in zwei Kategorien einteilen kann: 1. die offiziellen Titel P. Teilhards – 2. seine wissenschaftliche Tätigkeit.
Wir erinnern uns, daß der Pater seit 1938 Direktor des Laboratoriums für auf die Ursprünge des Menschen angewandte Geologie [Adresse: Rue René-Panhard 1] im Institut für menschliche Paläontologie ist, das der École pratique des Hautes-Études angegliedert ist, – eine Funktion ohne Gehalt. 1947 wird er zum Forschungsdirektor am Landesamt für Forschung[43] ernannt und zum Offizier der Ehrenlegion befördert [25. Juni]. Im selben Jahre wird er zum korrespondierenden Mitglied der Akademie der Wissenschaften in der Abteilung Mineralogie gewählt. Das ist offensichtlich eine Weise, die unvergleichlichen, im Fernen Osten geleisteten Dienste zu belohnen. 1948 kann er unter uns nunmehr bekannten Umständen den Auf-

[43] *Centre national de la recherche scientifique*, abgekürzt CNRS. Bis zum Ende seines Lebens wurde er vom CNRS unterstützt, das ihn 1951 mit einer Mission in den Vereinigten Staaten beauftragte.

forderungen des Collège de France nicht nachkommen[44]. Das kann man nur bedauern, denn eine kurze Schrift Teilhards, ‹Bemerkungen über den Unterricht der Vorgeschichte›[45] [23. September 1948], gab an, in welcher Weise er seinen Unterricht begriffen hätte:

W – «Selbst im Ausland, an den privilegiertesten Universitäten, bewahrt der Unterricht der Vorgeschichte eine Tendenz, die menschlichen Probleme in fragmentarischer Weise zu studieren und sozusagen „in kleinen Stückchen": eine Reihe zerstreuter Einzelheiten [stratigraphische, osteologische, archäologische, ethnographische...], in denen die großen Linien des Phänomens ihre Deutlichkeit verlieren. Nirgendwo werden, soweit ich weiß, Vorlesungen gehalten, in denen *die Einortung, die Struktur* und *die Entfaltung* [und dann *die Kompression in sich selbst*] der menschlichen zoologischen Gruppe, als ein Ganzes betrachtet, technisch dargestellt werden, – im Ausgang von zweifellos präzisen Fakten, aber auch unter den Hauptlinien ihrer Zueinanderordnung und ihrer Entwicklung. Mir will scheinen, in dieser noch neuen Richtung, das wäre interessant, sollte das Collège de France ein Experiment machen, das zu versuchen ich bereit wäre: „mit Hilfe und im Ausgang von der menschlichen Paläontologie und Paläosoziologie, die als Wurzeln oder Plattform begriffen werden, die ersten Grundlinien einer Wissenschaft von der Anthropogenese skizzieren, – höherer und noch allzu schlecht individualisierter Bereich der Biologie".»

1950 Doch das Jahr 1950 sollte ihm einen Ausgleich bringen. Anfang Mai wird er aufgefordert, für das Institut zu kandidieren:

B – «[...] infolge einer unvorhergesehenen Initiative von Jacob kandidiere ich seit vierzehn Tagen für das Institut [nichtresidierendes Mitglied, Abteilung Mineralogie, Nachfolge des Botanikers Maire von Algier]: eine in extremis gestellte Kandidatur, bei der ich mich [völlig ungewollt] im Wettstreit mit Guyénot aus Genf befinde [den ich zutiefst achte!]. Letzterer wird von Caullery gestützt, der normalerweise ganz offen für mich wäre. Wahl in zehn Tagen. Ich habe viele für mich, doch viele Stimmen haben sich bereits für Guyénot festgelegt. Wenn es dieses Mal schiefgeht,

[44] Im Hinblick auf die Kandidatur am Collège de France verfaßte er seine ‹Titel und Arbeiten› [‹Titres et travaux›] [vgl. Brief vom 28. August 1948].

[45] ‹Observations sur l'enseignement de la préhistoire›.

so glaube ich, daß ich die Sache drei Monate später in der Tasche haben würde bei dem von einem der Cottons frei gelassenen Platz. Ich hatte keine Lust, meine Kandidatur aufzustellen. Die Freunde [...] haben mich dazu überredet. Ich habe den unbestimmten Eindruck, einer Schwäche nachzugeben[46]. Dieser Platz am Institut interessiert mich, wissen Sie, nur in dem Maße, wie er mich gegen gewisse Angriffe abschirmt oder, um einen anderen Vergleich zu nehmen, in dem Maße, wie er meinen „Projektilen" Durchschlagskraft geben wird.»[47]

Der Pater wurde am 22. März zum nichtresidierenden Mitglied gewählt. Weshalb dieses günstige Abstimmungsergebnis? Der unbestrittene wissenschaftliche Wert des gelehrten Jesuiten genügte, um ihm die Mehrheit zu gewährleisten, um nichts von seinem moralischen Ansehen und den Freundschaften zu sagen, die ihn umgaben. Doch ist nicht ausgeschlossen zu glauben, daß die *Académie des sciences* – ohne notwendig für seine Ideen gewonnen zu sein – gleichfalls die Loyalität und die Unabhängigkeit des Denkers, des Mannes der Wahrheit, wenn es je einen gab[48], hat ehren wollen. Wir finden auf jeden Fall in der Korrespondenz sehr charakteristische Aussagen:

B – «Ich habe den unbestimmten Eindruck, einer Schwäche nachzugeben [...]. Ich bin nicht besonders stolz auf diese Entscheidung [...], dieser Erfolg hat für mich nur Bedeutung in dem Maße, wie [...].»

Nein, wirklich, der Pater war das Gegenteil von ehrgeizig. Die Titel interessierten ihn nur in dem Maße, wie sie ihm mehr Gewicht, eine größere Möglichkeit des priesterlichen Wirkens gaben. Gewiß hat er für seine wissenschaftliche Laufbahn die Gelegenheiten seines ‹Göttlichen Bereichs› ergriffen, doch geschah das einfach, weil er die Forschung bis zu Ende vorantreiben wollte, weil letztere eine der Formen der Anbetung ist. Selbstverständlich hatte er einem seiner getreuesten Freunde geschrieben:

[46] Vgl. Brief vom 12. Mai 1950: «*Ich bin nicht besonders stolz auf diese Entscheidung.*»
[47] Brief vom 14. Mai 1950.
[48] Vgl. den Brief vom 26. Oktober 1950: «*In Wirklichkeit hat die Wahl einen stillschweigenden „Hintergedanken" gehabt: Geste der Bejahung zugunsten eines freieren „religiösen" Denkens und vielleicht eine kleine Rache für die Geschichte mit dem Collège de France.*»

B – «Einen mächtigen Mann zu kennen ist immer gut»[49], und er hat sich selbst die Freundschaft mächtiger Männer verschafft. Doch geschah das ohne persönliche, egoistische Berechnung. Die Macht ist Geld, und Geld ist nur das Mittel, die Forschung zu fördern. Dieses großartige Wort stammt von ihm:

B – «Ich habe nur den Ehrgeiz, in die Fundamente dessen geworfen zu werden, was wachsen wird.»[50]

Immerhin ruft seine Wahl einen Freudenausbruch bei den Jesuiten und bei allen Freunden hervor, so daß P. Teilhard von Empfang zu Empfang geht. Am 3. Juni um 5 Uhr erwarten die Vaufreys ihn bei sich zu einem kleinen Fest zu seinen Ehren: Man drängt sich in dem großen Studio, wo die alten Möbel mit einem ganzen ethnographischen Museum in brüderlicher Eintracht stehen. Am 12. Juni

B – «Champagner in den *Études*, für die Akademiker: mehr als vierzig waren da, ohne die zu zählen, die verhindert waren und ihr Bedauern ausgedrückt hatten. Ganz offensichtlich bin ich weniger um meiner ‚Wissenschaft" als um meiner Ideen willen ernannt worden – was unendlich viel bedeutsamer ist.»[51] Am 24. Juni «großes kaltes Buffet» zu seinen Ehren bei einer Konvertitin: «Sehr lustig: Caullery war dort und Gouhier [...].»[52]

Wenn die Wahl ins Institut die Beziehungen P. Teilhards mit gewissen römischen Autoritäten auch nicht entspannte, wenn sie für ihn leider kein wirksamer Schutz war, warf sie doch zumindest einen neuen Glanz auf die Gesellschaft. Ist es ein Zufall, wenn im Oktober 1950 die Jesuiten von Lüttich und Brüssel ihn um einen Vortrag baten?[53]

Kann man nun die wissenschaftliche Tätigkeit des Paters genau nachzeichnen? Genau genommen handelt es sich anscheinend um eine verhältnismäßig undankbare Periode. In einem Brief vom 26. Januar 1947 erkennt er im Hinblick auf die reine wissenschaftliche Forschung an:

[49] Brief vom 31. März 1950.

[50] ‹Reisebriefe›, S. 14.

[51] Brief vom 20. Juni 1950.

[52] ebenda.

[53] Im selben Jahr 1950 wurde er zum Mitglied der *Linnean Society* in London gewählt. 1952 verlieh die Geologische Gesellschaft von Frankreich ihm den Gaudry-Preis.

B – «Auf der Linie der letzteren tue ich leider nichts Wichtiges [außer daß ich für den lokalen Gebrauch Dinge ummünze, die ich bereits in China gesagt und gedruckt habe].»[54]

Nehmen wir die Bibliographie zur Hand. Was finden wir auf der eigentlich technischen Ebene? Recht wenig: Aufsätze und kurze Notizen über China und Zentralasien, weiter einen Abstecher nach Siam und einen anderen ins Harrar [1951]. Offensichtlich lebt Teilhard von dem Erworbenen[55]. Die über die Frage des fossilen Menschen erschienenen Artikel[56] ihrerseits sind nur die Übersetzung des in China erschienenen englischen Werkes[57]. Der Pater spricht selbst von der «*vollständigen offiziellen Untätigkeit*» seines Laboratoriums für auf den Menschen angewandte Geologie[58]. Wir sind weit entfernt von der Masse vom Geobiologischen Institut inspirierter Publikationen. Ganz gewiß hat der Pater unter diesem Verlust des Kontaktes mit dem Gelände schwer gelitten. In Peking hatte er sogar noch in den Zeiten der beschlagenen Stiefel und der senffarbigen Uniformen die *Western Hills* und die in den Schubladen aufgehäuften Dokumente. Was sollte er in Paris tun? Es kann nicht die Rede davon sein, die 1923 unterbrochene europäische Laufbahn wiederaufzunehmen[59].

Tatsächlich ist diese Periode des Tastens, der Erwartung und des

[54] Brief vom 26. Januar 1947.

[55] Es ist richtig, daß der Artikel ‹Remarques sur les flexures continentales de Chine› [‹Bulletin de la Société géologique de France›] 1946 kraftvoll seine Schlußfolgerungen über das Vorhandensein von Graniten im alten chinesischen Sockel zusammenfaßt.

[56] Zeitschrift ‹Psyché›, 1947.

[57] ‹Fossil Men›, 1943.

[58] Brief vom 29. August 1950.

[59] Vgl. den Brief vom 21. November 1946: «*[...] Mein Leben war und bleibt etwas, das eher einem Strudel gleicht. Gewisse mir eigene philosophisch-wissenschaftliche Ideen, die ich während dieser letzten zwanzig Jahre unaufhörlich entwickelt hatte, sind Gegenstand beständiger Anfragen: so daß der größte Teil meines Lebens von privaten oder öffentlichen Gesprächen, Artikeln usw. in Anspruch genommen wird – nichtsdestoweniger mit einigem Gewinn für meine eigenen Gedanken. All dies ist höchst interessant und sogar erregend; doch bleibt nur sehr wenig für die technische Wissenschaft. Tatsächlich bleibt mir gerade jetzt praktisch keinerlei zu untersuchendes Material. Während des Krieges in Peking habe ich fast alles schreiben und veröffentlichen können, was ich auf der Linie der Geologie und der Vorgeschichte zu sagen oder zu beschreiben hatte: so daß ich nunmehr auf neue Gelegenheiten warten muß.*»

Übergangs, in der Teilhard sich in Bereitschaft zu halten scheint, weit weniger leer, als es den Anschein hat. Vom 17. bis zum 23. April 1947 nimmt er am Internationalen Kolloquium über Paläontologie und Genetik teil. Arbeitssitzungen und Empfang in der Aula der Naturwissenschaftlichen Fakultät von Paris, Vortrag im Geologie-Hörsaal derselben Fakultät, Besuch des Instituts für menschliche Paläontologie, Gruppenfoto im Park Montsouris. Bei diesem Kolloquium werden schwerwiegende Probleme diskutiert [Orthogenese, Ende der Arten...], und mehrfach wenden sich die Auguren respektvoll an den großen Jesuiten: «Was meint Teilhard dazu?» Die gelehrte Welt, Mlle Alimen, Lucien Cuénot, Grassé, Guillaume, Haldane, Menschikow, Jean Piveteau, Simpson, Viret, Watson und viele andere, findet sich nach dem Zweiten Weltkrieg wieder, und die Noosphäre webt sich von neuem und repariert die Risse des Krieges. Im übrigen denkt der Pater, weit davon entfernt, auf dieses umfassende Forschungsnetz zu verzichten, das er im Fernen Osten geknüpft hatte, daran, es noch auszuweiten:

B – «Ich möchte auch mit Ihnen über eine engere Zusammenarbeit der Vorgeschichtsforscher der ganzen Welt diskutieren: ein Netz Peking-Java-New York-Cambridge-Rom... Hier treten meine noch sehr verschwommenen Pläne zu einem Symposium in Südafrika über die Frage der Spalten mit Australopithecinen in Erscheinung [...][60]. Während des Krieges habe ich in China alles veröffentlicht, was in meinem Kopf, in meinen Heften und in meinen Schubladen zu sagen oder zu beschreiben blieb: so habe ich das absolute Bedürfnis, irgendwo ins Gelände zurückzukehren. Wird in einem Jahr China genügend reorganisiert sein, um die Arbeit wiederaufzunehmen [sei es in Choukoutien, sei es in den Spalten mit Gigantopithecus im Süden]? Das läßt sich unmöglich voraussehen.»[61]

Die wesentliche Bedeutung dieses Textes liegt im Auftauchen Süd-

[60] Vgl. den Brief vom 21. November 1946: «*Meine Vorstellung geht dahin, an einem bestimmten und gut gewählten Problem die Wirksamkeit eines spezialisierten Forschungsteams zu erproben.*»

[61] Brief vom 18. Juli 1946. Teilhard hatte weit besser als andere den Umfang der kommunistischen Bewegung in China begriffen. Doch da er aufgrund seines Optimismus auf kurze Sicht ein recht schlechter Prophet war, war er von dem amerikanisch-asiatischen Schisma überrascht, zu dem es 1950 kam.

afrikas im Geiste Teilhards als ein mögliches Forschungsgelände. Seit langem schon war die Aufmerksamkeit P. Teilhards, der, das versteht sich von selbst, über die allgemeine Bewegung der Wissenschaft auf dem laufenden war, von Afrika angezogen worden. In einem Brief vom 18. Februar 1934 erklärt er einem Briefpartner:

B – «Die Entdeckung in Kenia von einem „*Sapiens*"-Typ im *alten* Pleistozän [*wenn* die Entdeckung bestätigt wird] wäre ein neuer Beweis dafür, daß die Neandertaloiden keinen Wurzelstock gebildet haben.»

Und am 15. September 1934 weist er denselben Adressaten unter den jüngsten interessanten Entdeckungen in der Vorgeschichte hin auf

B – «den Unterkiefer [Bruchstück] von Kannan[62], Ende 1932 [Kenia], um den [Doktor Leakey] in England viel Lärm gemacht wird... Die Fundstelle gehört zu einem offensichtlich sehr alten Quartär [zum großen Teil ausgestorbene Fauna, die *Dinotherium*, einen vom afrikanischen Elefanten verschiedenen Elefanten, usw. umfaßt...]; der Kiefer aber erinnert an den *Homo sapiens!* Die vorgeschlagene Hypothese geht dahin, der *Homo sapiens* sei in Afrika zu dem Zeitpunkt aufgetreten, wo anderswo noch eine neandertaloide oder präneandertaloide Menschheit vorherrschte. Ich glaube, man muß weitergehende osteologische Daten abwarten. Auf jeden Fall sind die Fundstellen in Kenia von erstrangiger Bedeutung. Reich an Werkzeugen, wobei der Typus des Acheuléen vorherrscht.»

Bereits 1924 entdeckte Dr. R. Dart [in Taungs, im Norden von Kimberley] den ersten Schädel des Australopithecus[63]. Doch erst von

[62] Oder Kanam. Es handelt sich um einen sehr fossilisierten Unterkiefer, der wahrscheinlich nicht IN SITU, sondern an der Oberfläche aufgelesen wurde. Kleine Zähne, vorstehendes Kinn. In einem sehr viel späteren Brief [14. Dezember 1953] zeigt Teilhard eine gewisse Skepsis der Authentizität dieses Stückes gegenüber. Tatsächlich kann man, da seine «Personalien» nicht genügend deutlich sind, es nicht berücksichtigen.

[63] Ein Primate mit noch schwacher Gehirnkapazität, verlängerter Schnauze, der das Feuer noch nicht kannte. Er zeigte eine Mischung primitiver Merkmale, die den vom Menschen verschiedenen Primaten gemeinsam sind, und spezifisch eigentümlicher Merkmale [humanoide Merkmale der Zähne, Allesfressergebiß, verbreiterte Backenknochen, aufrechter Gang, absolute Zweifüßigkeit]. 1959 entdeckten Dr. Leakey und seine Frau in der Oldoway-Schlucht [Kenia] in der ältesten Schicht

1946 an, das heißt, im Anschluß an systematisch von Broom und Dart in den fossiliferen Breccien sowohl von Sterkfontein [in der Nähe von Johannesburg] als auch von Makapan [im Norden von Pretoria] vorangetriebenen Ausgrabungen, begann der zufällige Fund von Taungs nach langem Widerstand in den Augen der Anthropologen seine volle Bedeutung zu gewinnen. Wie die Korrespondenz ausdrücklich anzeigt, war der Pater über diese systematische Ausgrabungskampagne dank Abbé Breuil, dem großen Ken-

[mitten in der unteren Schicht Bed I] einen Schädel von *Zinjanthropus*, der die Charakteristika der Australopithecinen aufwies und auf den ersten Blick in Verbindung mit einer sehr reichhaltigen lithischen Industrie vom Typus der Pebble Industry [Geröllsteinkultur] [um 1750000 vor Christus] zu stehen schien. Doch von 1960 an hat eine Reihe von Entdeckungen in den früheren, gleichzeitigen und späteren Schichten wie denen des *Zinjanthropus* [das ganze Bed I und die Basis von Bed II] dahin geführt, 1963 einen *Homo habilis* zu definieren, der weiter in Richtung auf den Menschen evolviert ist und für das Steinwerkzeug verantwortlich ist, das zunächst dem *Zinjanthropus* zugeschrieben wurde. Nachdem er vorerst aufgestiegen war, wird nunmehr die Beförderung des *Australopithecus* rückgängig gemacht. Doch ist es nicht unmöglich, daß sie ihm eines Tages wieder zurückgegeben wird; denn wenn auch die meisten in den Schichten mit Australopithecinen gefundenen Tierknochen von Hyänen zerbrochen zu sein scheinen, finden sich doch mehrere lange Knochen mit senkrecht befestigten Knochensplittern. Der *Australopithecus* scheint also wirklich Knochenwerkzeug benutzt zu haben. In Südafrika war seine Lieblingsbeute der Pavian, deren Schädel dieselben Verletzungen aufzeigen, die beweisen, daß der Australopithecus Rechtshänder war. Der Name findet sich bei Teilhard erstmals in einem Brief vom 16. Dezember 1939: «*Von Koenigswald hat mir geschrieben. Er hat in den tiefsten Schichten von Trinil [wiederum in Sangiran] ein großes Kieferfragment von einem großen Anthropoiden gefunden [vorderer Prämolar mit zwei Wurzeln, aber kleiner Eckzahn], was ihn in die Nähe der Australopithecinen rücken könnte*», und er erscheint von neuem in dem Brief vom 2. April 1940: «*In der Januar-Nummer von ‹Natural History› hat Weidenreich die Rekonstruktion des letzten gefundenen Schädels vom Pithecanthropus [einschließlich des Oberkiefers], die er mit Hilfe der Techniker des Museums von New York angefertigt hat, mit sehr schönen Illustrationen veröffentlicht [...]. Die Ähnlichkeit mit dem Australopithecus ist bemerkenswert. In dieser Hinsicht sah ich dieser Tage einen an Weidenreich gerichteten Brief hier durchkommen, der von Südafrika kam und wo gesagt wurde, daß Dart und andere zu vermuten beginnen, daß die „Paranthropinen" durchaus wirkliche Anthropinen sein könnten.*» – Im Hinblick auf den Brief vom 16. Dezember 1939 wird es gut sein, noch einmal daran zu erinnern, daß der Mensch zu einem von den Anthropoiden im eigentlichen Sinne verschiedenen Zweig gehört, nämlich dem Zweig der Hominiden, der sich recht tief unten ablöst und bereits im Oligozän individualisiert. Ergänzend sei gesagt, daß die Naturwissenschaftler Teilhards Terminus *Anthropoiden* zugunsten des Terminus *Pongiden* aufgegeben haben.

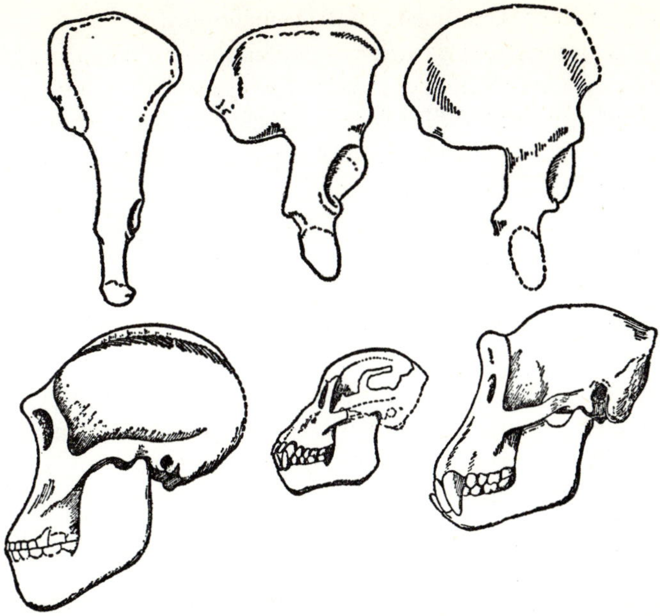

14. Beckenknochen des Australopithecus [rechts oben] im Vergleich zum Menschen und Schimpansen. Schädel des Australopithecus [unten links] verglichen mit dem Schädel eines fossilen Affen [Proconsul] und des Schimpansen [nach D.M.S. Watson, *Africa and the origin of Man*, in *American Scientist*]

ner Südafrikas, auf dem laufenden[64]. Auf jeden Fall hatte bereits Anfang März 1947 die Idee einer Reise in die südliche Hemisphäre in seinem Geist Gestalt gewonnen, und Teilhard sah ihre Verwirklichung für den Monat Juli sehr ernstlich vor und wünschte lebhaft die Anwesenheit Barbours[65]. Doch am 25. August 1947 schreibt er von Saint-Germain-en-Laye, wo er seine durch einen schweren Herzanfall erschütterte Gesundheit wiederherstellt:

B – «Ich habe mich noch nicht recht darüber hinweggetröstet,

64 Abbé Breuil war dort dreimal gewesen. Das dritte Mal im Laufe des Zweiten Weltkriegs. Er war ein Freund von Marschall Smuts, der auf seine Anregung hin Barbour herbeirief und P. Teilhard anregte, er möchte kommen, um ein Gutachten über die jüngst in diesem Land eingebrachten Fossiliensammlungen zu geben.

65 Teilhard rechnet damit, sich der von Camp, dem Paläontologen der Berkeley-Universität, geleiteten Expedition anzuschließen.

daß aus meiner Reise nach Südafrika nichts geworden ist, von der ich viel erwartete, um mich wissenschaftlich zu erneuern. Doch hier ist die Gelegenheit, das so tiefe Wort Léon Bloys zu wiederholen, das er gerne zu Termier in seinem Unglück sagte: „Alles, was kommt, ist anbetungswürdig“ [vorausgesetzt, muß man selbstverständlich hinzufügen, daß wir Gott den Ereignissen, und selbst den absurden, durch unser Vertrauen und unseren Glauben einen Sinn geben lassen].»

Doch kann es ganz entschieden im Leben Teilhards kein endgültiges Scheitern geben. Die Sache ist nur aufgeschoben, und es scheint durchaus so zu sein, daß eine ganze Konspiration diese Reise erleichtern wird unter besseren Bedingungen und zu einem vielleicht günstigeren Zeitpunkt. Auf jeden Fall haben die Amerikaner nicht vergessen, daß sie in der Person P. Teilhards einen Freund und einen wertvollen Helfer haben. Sagte der Pater nicht bereits am 20. Dezember 1939 von Amerika: «*fast meine zweite Heimat*»? Simpson schreibt ihm und ruft ihn ans *American Museum* in New York. Am 5. Dezember 1947 antwortet Teilhard ihm mit einem Brief, aus dem seine Rührung spricht:

B – «Ich bin sehr glücklich und gerührt über den wirklich liebenswerten Brief, den Sie mir geschickt haben und in dem Sie mich einladen, dorthin zu kommen, um eine gewisse Zeit in Ihrer Abteilung am *American Museum* zu arbeiten. In welchem Maße dieser Traum sich verwirklichen wird, dessen bin ich noch nicht absolut sicher. Doch spüre ich, daß mich nichts wirksamer im Herzen und im Gehirn verjüngen könnte, als wieder einmal mehr in Ihrer Umgebung zu sein.»

P. Teilhard, hierin seiner jesuitischen Ausbildung getreu, ist ein Mann, der nicht den ersten Impulsen folgt und nicht leichtfertig handelt. Doch erscheint ihm sichtbar eine Reise nach Amerika verlockend:

B – «Vielleicht werde ich versuchen, im Frühjahr nach New York zu fahren, wo man mich verlangt. Ich darf nicht steif werden. Indessen habe ich hier genug zu tun – trotz der Einschränkungen –, weil das Milieu durchaus bereit ist, sich zu entflammen...»[66]

[66] Brief vom 4. Dezember 1947.

Tatsächlich schifft Teilhard sich Ende Februar nach New York ein. Hier einige Eindrücke von der Reise und der Ankunft:

B – «Reise ohne Zwischenfälle. Nächtliche Einschiffung in Cherbourg unter Schneeschauern [...]. Kaltes, aber annehmbares Wetter, außer einem Tag schwerer See mit zerbrochenem Geschirr und tangentieller Schwebebewegung des gesamten Materials an Bord [einbegriffen mein Bett, das, mit mir darauf, die ganze Länge der Kabine durchquert hat][67]. Selbstverständlich großer Komfort – und große Geschwindigkeit [600 Meilen am Tag]. Fünf Tage sind zu kurz, um Bekanntschaft zu schließen, wenn man niemanden an Bord kennt [...]. Es ist mir gelungen [...], die ersten Verbindungen mit dem *American Museum* und einigen Patres hier herzustellen [...]. Warmer Empfang am *American Museum*. Doch die von Granger hinterlassene Leere ist für mich spürbar. Habe von Koenigswald um einige Tage verfehlt [er wird in Utrecht lehren]. Weidenreich hat sich nicht merklich geändert. Er bleibt sehr aktiv, und er wird eine bemerkenswerte Abhandlung über den *Homo soloensis* herausbringen. Frick habe ich noch nicht gesehen. Soll ich Ihnen bekennen, daß ich, als ich mich in diesem paläontologischen Milieu wiederfand, mit aller Deutlichkeit empfand [mit einer vorausgesehenen Deutlichkeit], daß, mit Ausnahme dessen, was die menschlichen Ursprünge betrifft [und, das ist seltsam, die Bildung der Kontinente – weshalb? wahrscheinlich weil das „planetar“ ist], ich nunmehr eine Art von Ekel angesichts des Studiums der Vergangenheit spüre [...]. Dies klärt nicht meine unmittelbare Zukunft. Was werde ich hier technisch diese Wochen hindurch tun? Sehr wenig wahrscheinlich. Dagegen möchte ich die Kontaktnahme mit der hiesigen Menschheit vervielfachen. Sehr verschwommen spüre oder ahne ich, daß die Vorsehung mich vielleicht an diesen Orten erwartet, um mich ich weiß nicht in was einzufügen. Warten wir ab... Ich bin noch weit davon entfernt, in New York selbst meinen ersten Rundblick abgeschlossen zu haben.»[68]

Ekel dem Studium der Vergangenheit gegenüber[69]: Diese Ausrich-

[67] Teilhard ist gegen die Seekrankheit nie anfällig gewesen.

[68] Brief vom 1. März 1948.

[69] Vgl. den Brief vom 20. April 1948: «*Diese Idee einer im Gang befindlichen Überevolution der Menschheit wird immer mehr meine wissenschaftliche Plattform [...]. In-*

tung auf die menschliche Zukunft hatte sich bereits deutlich vor dem Zweiten Weltkrieg bekundet. Die Erfordernisse des Teilhardschen Denkens sind derart imperativ, daß der Pater, ohne im eigentlichen Sinne den Kontakt zu verlieren, aus seiner Wissenschaft emergiert. Von ganz wenigen Ausnahmen abgesehen[70], hört der Pater auf, zu den technischen Fortschritten der Geologie beizutragen. Er befaßt sich nur mehr mit dem Menschen, seinen Ursprüngen und seinen Zukunftsaussichten. Wenn er weiterhin über die Bildung der Kontinente meditiert, so nur, weil diese einen planetaren Aspekt zeigen[71] und auch weil unter dem Rhythmus der Zyklen die Kontinentalisation eine irreversible Trift verbirgt gleich der Evolution der lebenden Wesen. Es herrscht also eine verborgene Parallelität zwischen dem Aufbau und der Granitisation dieser gigantischen Sockel einerseits und der wachsenden Komplexifikation des Lebens andererseits[72]. Das Leben hat nur zu einem höheren Bewußtsein gelangen können, weil es sich aus dem Meer herausgerissen hat, was nur möglich wurde durch die Bildung und Ausdehnung der Kontinente.

Doch diesem Text kommt eine tiefere Bedeutung zu. Am 27. August 1927 schrieb Teilhard aus Tientsin:

> B – «Ich habe keinen anderen Ehrgeiz, als hinter mir die Spur eines logischen Lebens zurückzulassen [...].»[73]

Das Leben des UOMO QUALUNQUE[74] setzt sich aus Zaudern, Tasten, Scheitern, Flügen, die nicht gelangen, Kreisen und Zyklen, aus denen man nicht fliehen kann, zusammen, fast wie in ‹Hinter verschlossenen Türen›. Oder aber die Zeit, das ist der Fall Flauberts, erweist sich als hinterhältig, zernagend und zerstörerisch wie diese

dessen habe ich hier endgültig festgestellt, daß die Arbeit an den Fossilien [zumindest außerhalb der Arbeit im Gelände, die ich kaum noch ins Auge fassen kann] für mich von nun an ohne Reiz ist. Ich habe endgültig die Kehrtwendung nach vorne gemacht.»

70 ‹Les Chloritoïdes des Western Hills près Pékin› [1949], ‹Sur la nature et la signification des collenia précambriennes› [1952]; vgl. auch das lebhafte Interesse, das er der südafrikanischen Stratigraphie entgegenbrachte [1951 und 1953].

71 Bereits vor der Gründung des Geobiologischen Instituts betrachtete das wissenschaftliche Denken Teilhards nur mehr die Gesamtheit des Erdballs.

72 Am 4. Juli 1937 [‹Reisebriefe›] rief er bereits aus: *«Es ist doch der Geist, der alles belebt, sogar die Pflanzen, sogar die Steine?»* Doch vertritt er nicht, wie J. Corneloup bemerkt hat, die Position eines Hylozoisten.

73 ‹Reisebriefe›, S. 13.

74 ein x-beliebiger Mensch.

Parasiten, die ihre Opfer schließlich ihrer ganzen Substanz entleeren. Das Leben P. Teilhards folgt aufgrund von außergewöhnlich günstigen Umständen, infolge der extremen inneren Geschlossenheit des Mannes und vielleicht auch aufgrund einer Art providentieller Konspiration gewissermaßen einem königlichen Weg. Sein augenblickliches Scheitern wird ausgeglichen und endet schließlich mit einem positiven Gewinn. Sein Tasten addiert sich wie die kleinen Mutationen einer Orthogenese und gewinnt einen Sinn. Die Epochen folgen in einem Leben aufeinander, dessen Wechselfälle und Widrigkeiten letzten Endes den harmonischen Kurven einer aufsteigenden Straße folgen, und, das ist eigenartig, die Grundlinien jeder Periode zeichnen sich bereits deutlich in der vorausgehenden Periode ab. Hat P. Teilhard infolge der Krankheit Südafrika verfehlt? Er wird die Unterstützung einer amerikanischen Stiftung finden, um später die Reise unter sehr viel besseren Bedingungen zu unternehmen. Seine Stellung in Frankreich wird immer schwieriger, und fehlen ihm nicht die notwendigen Mittel und Wege, um seine Anschauungen zu verwirklichen? Das befreundete Amerika wird ihm Gastfreundschaft anbieten, und dieselbe Stiftung wird ihm ermöglichen zu wirken. Diese amerikanische Reise ist eine Art Probe im Kleinen der amerikanischen Periode [1951–1955]. Er gewann bereits die Mitglieder seines Ordens für sich:

W – «Er war ein Mann von lauterer Heiligkeit, männlicher, persönlicher Integrität und tief menschlicher Sympathie und einem erstaunlichen Grad kindlicher Gewissenhaftigkeit und Demut: ein Charakterzug, der auch von seinen unmittelbaren Oberen in der Gemeinschaft seines eigenen Ordens bezeugt wird. Er hielt sich an die Regeln der Gesellschaft nicht mit gewöhnlicher Korrektheit, sondern mit der unendlichen Feinfühligkeit kindlicher Genauigkeit.»[75]

P. Teilhard nutzte seinen Aufenthalt, um mit der amerikanischen Wissenschaft und den Vereinigten Staaten der Nachkriegszeit Kontakt zu gewinnen:

B – «Hier führe ich weiterhin dieselbe ungewisse Existenz – ohne bestimmte Arbeit [noch], ohne Entscheidung über die Zukunft – inmitten vieler verschiedener Kontakte. Doch spüre ich

[75] John La Farge SJ, apud R. J. Francœur, ‹The World of Teilhard›, Baltimore, Helicon-Press, 1961, S. 4–5.

dunkel, daß ich unter [mit Hilfe?] dieser Gärung mich weiterhin polarisiere – in Richtung dieser noch unbenannten Wissenschaft, nämlich der biologischen Analyse der allgemeinen Bedingungen der Ultra-Anthropogenese. Ich habe Ihnen gesagt, daß ich darüber am 9. April einen Vortrag am *Viking Fund* halten soll. Heute abend habe ich Höppeli bei Weidenreich getroffen [...]. Geben Sie mir bei Gelegenheit die politische Temperatur des Landes an: hier herrscht der hysterische Antikommunismus. Doch spürt man allzusehr die Propaganda.»[76] – «Ich bin nach Washington gefahren. Hübscher Aufenthalt in einer hinreißenden Frühlingsumgebung: die noch dunklen Wälder von Virginia waren ganz von grünen, rosa und transparentroten Farben irisiert. Viele Freunde aus China wiedergesehen [...]: Sie sehen von hier die Familientreffen! Zwei gute Kontakte mit der *Catholic University* hergestellt [oder wiederhergestellt]: F. Connolly [Gehirnspezialist, sehr offen] – und F. Coopers [ein Ethnologe], sehr freundlicher Empfang [...]. Von dem abgesehen, habe ich seit einer Woche zweimal gesprochen: gestern im *American Museum:* über die Genese Ostasiens; und letzten Freitag in der *Viking Foundation* über ‹The Trend and Significance of Human Socialisation›[77] vor einer Gruppe von Anthropologen. Ich war überrascht, daß ich mich so leicht und sogar leidenschaftlich auf englisch ausdrückte... Ich glaube, es hat eingeschlagen. Ich werde vielleicht in Harvard um den 10. Mai herum rückfällig werden. Und ich denke an eine Reihe von sechs Vorträgen im nächsten Jahr an der Columbia oder Harvard[78]... Vorausgesetzt, daß die Obrigkeit mir keine Knüppel zwischen die Beine wirft. Mit alldem, glaube ich, wird sich meine Rückkehr nach Frankreich bis Ende Juni hinauszögern. Um so mehr, als sich auf seiten SJ gute Kontakte ankündigen. Letzten Sonntag sind vier Nathanaëls mich besuchen gekommen; und ich habe zu ihnen zwei Stunden hindurch [ich glaube sehr christlich] über die vitalen Themen gesprochen. Was ich ihnen von meinen letzten Eindrücken über den hiesigen Klerus gesagt habe, bleibt wahr: doch gibt es entschieden noch mehr Hoffnung, als ich dachte. Viele Junge und halb Junge haben kein

[76] Brief vom 20. März 1948.
[77] ‹Die allgemeine Richtung und die Bedeutung der menschlichen Sozialisation›.
[78] Sie fanden nicht statt.

anderes Verlangen, als die Perspektiven umzukehren[79]. [...] Barbour in Washington und hier gesehen.»[80]

Wie immer weigert Teilhard sich, wie das Beispiel der vier Nathanaëls beweist, das geistige Leben vom spirituellen Wirken zu trennen. Die beiden Vortragsthemen symbolisieren gut seine Hauptanliegen: Genese der Kontinente, Zukunft der Menschheit. Die doppelte Begegnung mit Barbour hat wichtig sein und zum Teil über Südafrika handeln können. Nur eines ist auf jeden Fall sicher, daß nämlich Barbour zumindest seit 1947 stark an Südafrika interessiert ist. Professor J. C. van der Horst, Präsident der *Bernard Price Foundation for Palaeontological Research* [Universität von Witwatersrand], hatte Barbour als Geologen eingeladen, die Grotten von Makapan[81] zu besuchen, und Barbour war dieser Einladung mit um so größerer Eile nachgekommen, als 1947 Dr. van Riet Lowe im Laufe vorläufiger Sondierungen in der «Höhle der Herde»[82] eine dicke [altpaläolithische], an Zweiseitern reiche Reihe von Breccien und Aschen erkannt hatte. Am 12. und 13. August 1947 hatte Barbour unter Führung von van Riet Lowe das Tal von Makapan besucht, die «Höhle der Herde» geprüft und über letztere eine Abhandlung abgefaßt, die mit diesen Worten beginnt:

W – «Die Höhle der Herde bietet die wohlbegründete Aussicht, einen einzigartigen Beitrag zu dem Wissen über ein wichtiges Stadium der menschlichen Vorgeschichte zu liefern.»

Eine Kopie dieser Abhandlung[83] befand sich in Händen P. Teilhards, der mit seinem ihm gewohnten rosa Bleistift auf der Rückseite vermerkt hatte «*Barbour Cave of Hearths 1947.*» Es ist also nicht unbegründet, wenn man annimmt, daß Barbour und Teilhard anläßlich ihrer beiden Treffen über Südafrika und seine Verheißungen gesprochen haben.

[79] Zu einem unbestimmten Zeitpunkt wurde P. Teilhard von dem katholischen Rektor der Fordham University, Fr. Gannon, und von einer Gruppe seiner Professoren als Ehrengast zum Century Club eingeladen. – Die Fordham University, eines der geistigen Zentren der Jesuiten, liegt im gleichnamigen Stadtteil im Norden von New York.

[80] Brief vom 15. April 1948.

[81] 250 km nördlich von Pretoria, entlang den Dolomitenhängen des Makapan-Tales.

[82] «Cave of the Hearths».

[83] Das Original war am 17. August an van der Horst geschickt worden.

Doch das wesentliche in diesem Brief vom 15. April 1948 genannte Faktum ist dieser Vortrag im *Viking Fund* über das Ziel und die Bedeutung der menschlichen Sozialisation. P. Teilhard begegnet endlich einer Institution, auf die zu zählen er hoffen kann. Wir geben hier den Schluß dieses Vortrags wieder, wie er in einem «*Abstract*» zusammengefaßt ist, den wir ins Deutsche übersetzen:

W – «[...] ein frisches und neues Stadium der allgemeinen Evolution beginnt derzeit mit dem Menschen. Denn die Evolution wird nicht nur im Menschen ihrer selbst bewußt [Julian Huxley], vielmehr macht im Menschen [sofern der Mensch sozial den wissenschaftlichen Weg des Superanordnens seiner selbst in Richtung auf die Ultrareflexion entdeckt] das Leben einen Sprung nach vorn unter dem Einfluß eines erkennbaren und immer wachsenden Auto-Transformationsvermögens. Wenn wir diese Sehweise annehmen, beginnt für die Anthropologie offensichtlich eine neue Ära. Bis hierher wurde die Anthropologie im wesentlichen als die reine Beschreibung des vergangenen und gegenwärtigen individuellen oder sozialen Menschen angesehen. Von nun an sollte es die Grundlinie ihres Interesses sein, die Vorwärtsevolution des Menschen zu leiten, zu fördern und zu bewirken. Nichtbiologen vergessen häufig, daß, den verschiedenen Regeln der Ethik, Ökonomie und Politik zugrunde liegend, gewisse allgemeine und unausweichliche Bedingungen des organischen Wachstums in die Struktur unseres Universums eingeschrieben sind. Die Bestimmung dieser Grundbedingungen des biologischen Fortschritts im Falle des Menschen sollte das spezifische Arbeitsfeld der neuen Anthropologie sein: die Wissenschaft von der Anthropogenese, die Wissenschaft von der zukünftigen Entwicklung des Menschen.»[84]

Dieser Vortrag im *Viking Fund* stellt fast den Höhepunkt des Aufenthalts in Amerika dar. Ende Mai ist P. Teilhard der Meinung, daß sein Ziel erreicht ist:

B – «Im übrigen nichts Wichtigeres mehr zu tun. Die Leute fahren zu diesem Zeitpunkt weg. Alles leert sich. In Boston [Harvard]

[84] Vgl. den Brief vom 9. November 1948: «*[...] Ich fühle mich immer mehr entschlossen, den Rest meines Lebens der Analyse und dem Aufweisen des biologischen Wertes des sozialen Phänomens zu widmen [d.h. dem Aufweisen der Wirklichkeit einer gewissen in Gang befindlichen „Superhumanisation“].*»

gewesen in der letzten Woche, aber nur wenig Leute außerhalb der Anthropologie [Movius, Hooton...] gesehen.»[85]

Teilhard hat also aus den Vereinigten Staaten alles herausgeholt, was sie ihm zu der Zeit geben konnten. Die Ergebnisse sind nicht mager, wie zwei Auszüge aus Briefen an Paul Fejos, Director of Research am *Viking Fund*, bezeugen:

B – «Seitdem ich bei Ihnen war, habe ich eine ganze Reihe verschiedener Leute am *American Museum* und anderswo getroffen; und ich spüre immer stärker die Notwendigkeit einer „neuen" Anthropologie, die sich nicht so sehr der Beschreibung als dem Verständnis, der Kontrolle und der Vollendung der menschlichen sozialen Evolution als einem Ganzen widmet.»[86] – «Während dieser drei in Amerika verbrachten Monate [zum größten Teil hier in New York, aber auch in Washington und Boston] ist es mir, so glaube ich, gelungen, sehr viel klarer als bisher meine Ansichten über „die neue Anthropologie" deutlich herauszustellen – und, das ist noch wichtiger, ich hatte bei verschiedenen Gelegenheiten die Möglichkeit, ihren Wert und ihre Überzeugungskraft zu prüfen.»[87]

Teilhard hat also seine Freunde am *American Museum* und darüber hinaus Weidenreich, Barbour und Movius wiedergefunden. Die *Viking Foundation* weiß ihn in Zukunft zu schätzen. Kurz, der Weg nach Südafrika führt über die Vereinigten Staaten. Die Verbindung zum amerikanischen Katholizismus ist ebensowenig nutzlos. Doch das Wesentliche liegt vielleicht nicht dort. Überall, wo er ist, hat P. Teilhard die Gabe, seine Seele wiederzufinden und sein inneres Leben zu vertiefen:

B – «Letzten Endes hat dieser neue Kontakt mit Amerika vor allem dazu gedient, mich etwas tiefer meine Seele finden zu lassen: wachsende Uninteressiertheit für die Vergangenheit – und sozusagen „blendende" Wahrnehmung der beiden Pole meines Denkens und meines Tuns: 1. der Mensch steht noch mitten im zoologischen Wachstum; und 2. muß folglich der christliche

[85] Brief vom 23. Mai 1948. Am Montag, den 10. Mai, ist er einer Einladung der Movius gefolgt, zwei oder drei Tage bei ihnen zu verbringen. Am 11. März nimmt er an einem zu seinen Ehren veranstalteten Treffen teil.

[86] Brief vom 10. März 1948.

[87] Brief vom 31. Mai 1948.

Glaube an Gott eine Komponente auf der Linie des menschlichen Fortschritts entwickeln [was nebenbei die zulängliche und notwendige Voraussetzung dafür ist, daß dieser christliche Glaube, einmal auf die richtige „Frequenz" gebracht – syntonisiert –, von neuem die Welt zum Vibrieren und zur Resonanz bringt]. Alles läuft für mich von nun an darauf hinaus und darauf, das herauszustellen.»[88]

Die Rückkehr von Amerika im Juni 1948 leitet eine recht arme Periode ein. Zunächst wird Teilhard, der noch ermüdet und niedergedrückt ist, sich in der Nähe von Paris [Seine-et-Oise] ausruhen und seine Ferien in Les Moulins [August/September] beenden. Dann kommt die Angelegenheit mit dem Collège de France: Aufenthalt in Rom im Oktober und Anfang November. Danach halten wir unter wissenschaftlichem Gesichtspunkt anhand der Bibliographie einfach fest: ‹‚Geobiologische' Beobachtungen über die Einordnung, die Struktur und die mögliche Ultra-Entwicklung der Menschheit [Entwurf einer Abhandlung oder einer Vorlesung über Anthropogenese]›[89], Dezember 1948: Es handelt sich um eine Skizze zu ‹Die menschliche zoologische Gruppe›[90]. Anfang Februar 1949 ist er noch in Paris und beginnt an der Sorbonne eine Reihe von Vorlesungen über die Themen, die dieses Werk behandelt. Doch an einem Tage, da Mme Lauffrey, die Tochter von Professor Jacob, ihn zum Mittagessen zu ihrem Vater abholen sollte, befielen P. Teilhard Schüttelfröste, und man mußte ihn im Taxi zu den *Études* bringen. Von dort mußte man ihn zur Klinik transportieren, wo er bis zum 18. April blieb – einfache Rippenfellentzündung. Am 19. [Osterdienstag] begab er sich nach Saint-Germain-en-Laye, um dort bis zum 6. Juni zu bleiben[91]. Ebenso wie im Jahre 1937 zeugte diese Krise von seiner Überarbeitung und seiner Erschöpfung. Auch hier wieder erlaubte ihm seine Robustheit, diese neue Prüfung zu überwinden, und er hat gewiß seine erzwungene Freizeit ausgenutzt, um

[88] Brief vom 17. Mai 1948.

[89] ‹Observations ‚géobiologiques' sur la mise en place, la structure et l'ultra-développement possible de l'humanité [Esquisse d'un traité ou cours d'Anthropogénèse]›.

[90] ‹Le Groupe zoologique humain›.

[91] Um seine Rekonvaleszenz in der Klinik der Schwestern von der Unbefleckten Empfängnis zu beenden. Die kurze Schrift von vier Seiten ‹Der Sinn für die Art beim Menschen› [‹Le Sens de l'espèce chez l'homme›] ist vom 31. Mai 1949 in Saint-Germain-en-Laye datiert.

die Schrift ‹Die menschliche zoologische Gruppe›[92] in den Einzelheiten auszuarbeiten, deren letzte Seite vom 4. August 1949 in Paris datiert ist.

Am Ende desselben Jahres kündigt sich ein Erwachen der wissenschaftlichen Tätigkeit an. Zwischen dem 16. und 22. Oktober Mitteilung auf dem 21. Internationalen Kongreß für Naturphilosophie: ‹Der Blick in die Vergangenheit, was er der Wissenschaft bringt und was er ihr nimmt›. Die Jahre 1950 und 1951 sind entsprechend einer 1950–
besseren Gesundheit eindeutig tätigkeitserfüllter. Rückkehr zur 1951
Lebensfreude, die durch diese kurze Beschreibung des Pariser Frühlings symbolisiert ist:

B – «Hier setzt der Frühling sich ganz langsam durch: die Kastanien grünen, und die Obstbäume auf den Champs-Elysées färben sich rosa, gerade wie in Peking.»[93]

Er hält fünf Vorlesungen an der Sorbonne für ein Examen in der Anthropologie über das Pleistozän des Fernen Ostens. Die Studenten treten an ihn heran, denn er wird gebeten, am 18. März einen Vortrag in der Cité universitaire zu halten. Vom 19. bis zum 25. März nimmt er an einem Symposium teil:

B – «In der letzten Woche bei Grassé internationales Symposium über die Soziologie der Tiere [zwei Professoren aus Chicago: Emerson und Allee]. Ein wirklicher Erfolg [...]. Dagegen haben die literarischen Soziologen der Sorbonne durch ihre Abwesenheit geglänzt! Versteifen sie sich immer noch darauf, den Menschen als einen vom anderen Kosmos unabhängigen Kosmos zu behandeln [...]?»[94]

Weshalb diese Teilnahme P. Teilhards? Er ist ein Freund von Grassé[95]. Doch das ist nicht das Wesentliche. Bereits während seines letzten Aufenthaltes in Amerika haben sich seine Hauptbemühungen auf das Problem der menschlichen Sozialisation polarisiert, ein biologisches Phänomen, dessen Wurzeln in die tierische Sozialisation

[92] Transposition des ‹Menschlichen Phänomens› auf eine viel nüchternere wissenschaftliche Weise.

[93] Brief vom 31. März 1950.

[94] Brief vom 31. März 1950.

[95] Er hat übrigens den Höhepunkt der Berühmtheit erreicht. Als André George eine Befragung über das Thema ‹Was ist das Leben?› durchführt, steht die Antwort P. Teilhards an der Spitze in den ‹Nouvelles Littéraires›, 2. März 1950.

eintauchen. Die Bemerkungen Teilhards über die Literaten[96] ihrerseits sollten in den letzten Jahren seines Lebens nur zahlreicher und schöner werden. Unter Literaten verstand er jene, die aus dem Menschen ein Reich in einem Reich machen, die die kosmischen Wurzeln des Menschen und die biologische Natur der menschlichen Sozialisation verkennen.

Nach der Teilnahme an dem Tag der Biologie während der Woche der katholischen Intellektuellen[97] und seiner Wahl ins Institut erhält er einen neuen Vorschlag von seiten seines Freundes Jean Piveteau:

> B – «Es ist nunmehr die Rede von Vorlesungen „for advanced students"[98] in Paläontologie an der Sorbonne, – und Piveteau fordert mich auf, daran mitzuarbeiten. Mein Plan geht dahin, bei dieser Gelegenheit eine dritte Abfassung meiner Anschauungen über den Menschen [biologische Struktur und physische Natur] abzufassen – und [ohne Revision oder Zensur selbstverständlich: das ist mein Recht] in den ‹Annales de Paléontologie› zu veröffentlichen, die Piveteau auf nicht streng technische Themen ausdehnen will.»[99]

Das Thema präzisiert sich, es wird ‹*Die Anatomie der menschlichen Gruppe*›[100] lauten. Der Pater bearbeitet sein Thema von neuem, das immer mehr Gestalt gewinnt:

> B – «Und dann werde ich sicherlich an der Sorbonne eine Reihe
> 1950–1951 von „Seminaren" im Dezember–Januar halten über das Thema ‹Die phyletische Struktur der menschlichen Gruppe›: ein zweites Wiederauftischen des ‹Menschlichen Phänomens›, ich hoffe, noch besser „focussed"[101], und ich habe die Absicht, es als Abhandlung den ‹Annales de Paléontologie› zu geben.»[102]

Er verfaßt im voraus in erster Annäherung die fünf an der Sorbonne vorgesehenen Vorlesungen. Schließlich sollen sie beginnen:

> B – «Freitag beginne ich meine freien Vorlesungen an der Sorbonne [über die phyletische Struktur der menschlichen Gruppe]:

[96] *«Lassen wir die Soziologen der Sorbonne in Frieden.»*

[97] *Semaine des intellectuels catholiques.* Vgl. Brief vom 14. Mai 1950.

[98] «Für fortgeschrittene Studenten».

[99] Brief vom 6. Juli 1950.

[100] Brief vom 29. Juli 1950.

[101] = schärfer eingestellt, schärfer zusammengefaßt, konzentrierter.

[102] Brief vom 11. November 1950. Diese Studie erschien tatsächlich in den ‹Annales de Paléontologie› im Februar 1951.

fünf Tage, einen Tag pro Woche – mein Text ist zu drei Vierteln geschrieben. Mir wäre eine kleine Gruppe von „advanced students" lieber gewesen. Piveteau [der die Reihe eröffnet hat] kündigt mir ungefähr achtzig Hörer an. Auch egal.»[103]

Die Reihe schließt am 2. Februar:

B – «Nächsten Freitag beende ich meine Reihe von „Seminar"-Kursen in der Sorbonne [Geologie] über die phyletische Struktur der menschlichen Gruppe. Letzten Endes hat es mir viel Freude gemacht, sie zu halten. Und die endgültige Abfassung [die ich gleichzeitig vorbereite im Hinblick auf eine Abhandlung für die ‹Annales de Paléontologie›] ist merklich von dem in Rom vor sechs Monaten festgehaltenen Essay verschieden. Auf jeden Fall bin ich so beschäftigt!»[104]

Man darf sich von dem humorvollen Ausdruck «*Wiederauftischung*» nicht täuschen lassen. Teilhard maß in Wirklichkeit der ‹Menschlichen zoologischen Gruppe› einen größeren Wert bei als dem ‹Menschlichen Phänomen›. Wenn er recht häufig dasselbe Thema wieder aufgriff, so hatte er doch die Gabe, es unter verschiedenen Aspekten darzustellen, es zu transformieren, es reicher zu machen, es besser zu zentrieren und immer klarer umrissene Fassungen zu erarbeiten. Keine Rhetorik, keine Paraphrase, keine Ausweitung. Man spürt auch, wie sehr seine Ideen über das menschliche Phänomen ihm am Herzen lagen, weil er, um seine Ideen bekanntzumachen, um seinen Zensoren jeden Vorwand zu einer Ablehnung nehmen zu können, bis zum Schluß gerungen hat, indem er dauernd ‹Das menschliche Phänomen› umarbeitete und verschiedene Bearbeitungen verfaßte, die sich auf einer immer mehr der Wissenschaft näheren Ebene bewegten.

Diese Vorlesungen über ‹Die phyletische Struktur der menschlichen Gruppe› sind praktisch das letzte feststellbare Zeugnis von der wissenschaftlichen Tätigkeit des Paters während der zweiten Pariser Periode: Das funkelnde Sternbild des Kreuzes des Südens steigt dank den Ratschlägen Théodore Monods am Horizont auf:

B – «Entsprechend Ihren Vorschlägen beginne ich, ernstlich an Südafrika zu denken. 51?»[105]

[103] Brief vom 1. Januar 1951.
[104] Brief vom 28. Januar 1951.
[105] Brief vom 15. Juli 1950.

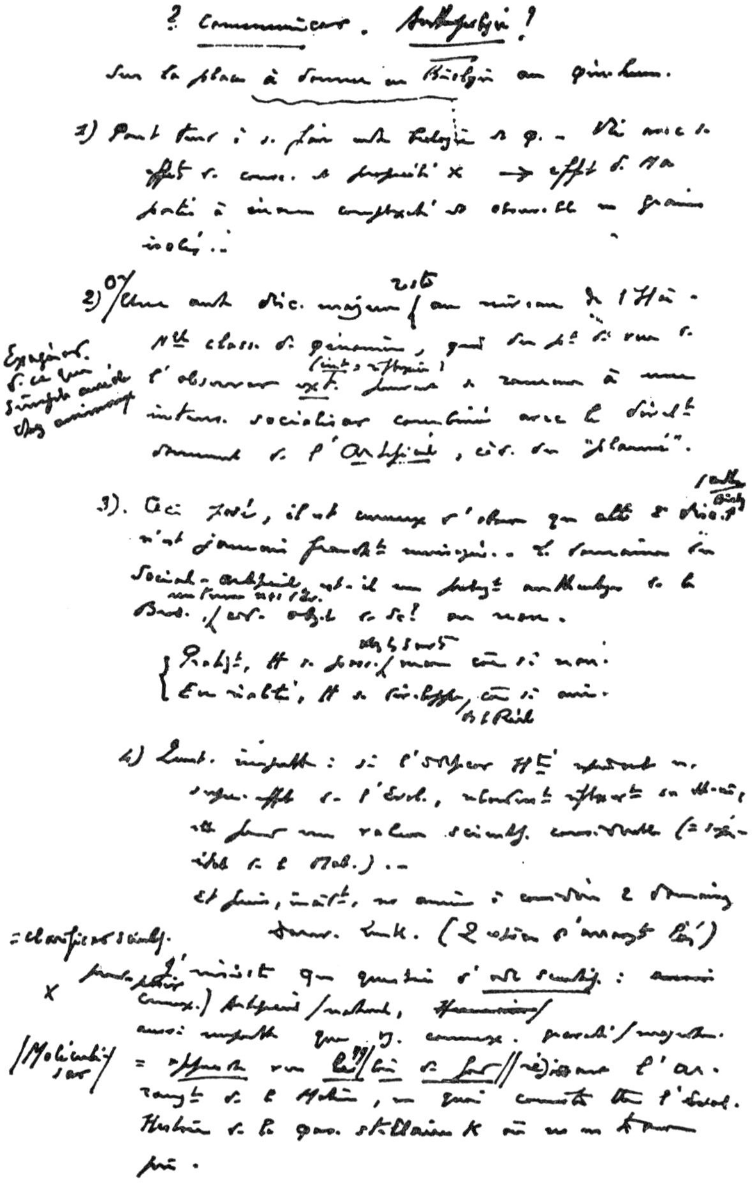

15. Teil eines Originalmanuskriptes von Teilhard aus dem Jahre 1947 [‹Über den Platz, der dem menschlichen Phänomen in der Biologie anzuweisen ist›]

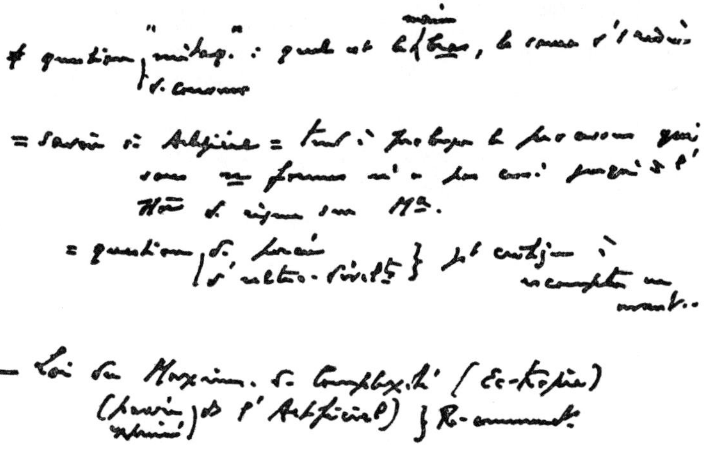

Die Idee gewinnt Gestalt. Um so mehr, als im August 1950 Barbour P. Teilhard in Les Moulins besucht hat. In einem Brief vom 29. August 1950 an einen anderen Briefpartner macht P. Teilhard, wobei er allerdings zwei Fragezeichen vorausschickt, eine Anspielung auf «*eine Rundfahrt in Südafrika*». Der Zeitpunkt zeichnet sich ab:

B – «[...] Ich verhalte mich immer mehr *so, als ob* ich Ende Juli nach Johannesburg aufbrechen müßte. Das gibt meinem Leben einen Reiz, einen Daseinsgrund und nebenbei eine Art Ablenkung oder Screen [...].»[106]

Théodore Monod drängt: Es ist für Teilhard eine Pflicht, zuzusehen, was es auf seiten der Australopithecinen gibt. Letzterer ist davon so sehr überzeugt, daß er den römischen Autoritäten gegenüber davon spricht und sorgfältig seine Reise vorbereitet, wie er an Monod schreibt:

B – «Da Sie das Glück gehabt haben, Kenia und Transvaal wiederzusehen, haben Sie vielleicht von Broom erfahren, daß ich jetzt genaue Pläne mache, um zu sehen, was auf seiten der Australopithecinen vor sich geht. Ihr Brief vom 2. Oktober hat den letzten Anstoß zu meinem Entschluß gegeben. Wenn die allgemeine Politik und die finanziellen Quellen es mir erlauben [ich zähle auf

[106] Brief vom 19. Oktober 1950 [screen = Schild].

den *Viking Fund*, um mich zu stützen], möchte ich im nächsten Juli aufbrechen, für einige Monate.»[107]

Diese weite Reise ist keine kleine Sache. Er muß sich über den gegenwärtigen Stand der Geologie in Südafrika informieren. Und außerdem verlangt das von einem Manne, dessen Herz nicht mehr sehr kräftig ist, eine große physische Anstrengung.

B – «Hier vergehen die Tage und bringen mich unmerklich einer Abreise nach Afrika näher, die mir noch unwirklich erscheint [...]. Es wird für mich immer evidenter, daß dieses Wiederhineintauchen in die Geologie für mich *die* Geste ist, die ich zu machen habe. Doch gerade eben diese Geste verlangt einige Anstrengung von mir. Wie Gott will...»[108]

Die Dinge klären sich. Ende Januar 1951 kann der Pater auf Unterstützung des *Viking Fund* hoffen:

B – «Die Antwort von Fejos[109] erhalten: was meine Unterstützung betrifft, ist nichts vor der Sitzung des Board[110] [im März?] entschieden; doch die Lage scheint günstig. Ich habe provisionally[111] einen Platz auf einem *Union-castle* vom 15. Juli vormerken lassen.»[112]

Doch die in Aussicht genommene Reise ändert ihre Gestalt: Die Unterstützungen werden nicht nur gewährt, vielmehr wird P. Teilhard auch aufgefordert, einen ganzen Forschungsplan aufzustellen, und darüber hinaus hat er die Absicht, in New York etwas aufzubauen, was seinen amerikanischen Aufenthalt hinauszögern kann:

B – «Ihnen wie mir fehlt ein Shelter out of France[113]. Ich bin, wenn es Gott gefällt, im Aufbruch begriffen. Meine Fahrkarte nach London für den 5. Juli ist gekauft. Abreise von Southampton am 12. Ich soll Barbour in London treffen; und er wird sich mir per Flugzeug in Johannesburg anschließen [...]. Alles klärt sich providentiell. Anscheinend kann ich den Südafrikanern positiv zu

[107] Brief vom 6. Dezember 1950.

[108] Brief vom 9. Mai 1951. Dieser Auszug und die folgenden Auszüge sind an einen anderen Adressaten gerichtet.

[109] Director of Research des *Viking Fund* [der seither zur *Wenner-Gren Foundation for Anthropological Research* wurde].

[110] = Direktorenkonferenz, Aufsichtsrat.

[111] = vorerst, in Voraussicht auf die Entscheidung.

[112] Brief vom 28. Januar 1951.

[113] Ein Unterschlupf außerhalb von Frankreich.

Diensten sein, indem ich ihnen [als „Adviser“[114]] helfe, einen Forschungsplan aufzustellen [Auswahl der zu bearbeitenden Spalten usw.], den ich im Herbst nach New York weitergeben soll. Damit verwandelt sich das Gesicht meiner Reise: Zusammenarbeit und geleisteter Dienst anstatt eines einfachen, fast touristenhaften Besuches. Providentiell ist auch, daß ich mich aus Paris fortstehlen kann [...]. Tatsächlich konzentriert sich mein inneres und äußeres Tun immer mehr auf das Problem, die Bedeutung des als ein Effekt der „Konvergenz durch Anordnung“ des Universums in sich selbst wahrgenommenen menschlichen Phänomens [anhand unbestreitbarer Indizien] so „wissenschaftlich“ wie möglich herauszustellen und sichtbar zu machen: dieser Effekt ist nicht [wie man allzu häufig, besonders in Amerika, sagt] verlangsamt, sondern befindet sich in voller Beschleunigung [geradeso wie nach den Aussagen der Astrophysiker die räumliche Ausdehnung der Welt]. Ich spüre, es gibt hier ein entscheidendes, herauszustellendes Phänomen, gerade am Angelpunkt zwischen dem Biologischen und dem „Geistigen“. Und ich habe einige Hoffnung, mit der Sache von Fejos im Herbst in New York die Entstehung eines Organismus auszulösen, der speziell konstruiert und ausgerüstet ist, um die Wirklichkeit des genannten Phänomens aufzudecken und zu bestätigen [eine Art kleinen Palomars anderer Art] [...]. Ich frage mich, ob all das nicht meine Zwischenlandung in New York im November *sehr stark* verlängern wird.»[115]

Es ist gewiß, daß, wäre P. Teilhard 1947 nach Afrika gefahren, die Reise unter weit weniger günstigen Bedingungen als 1951 erfolgt wäre, und es berührt eigenartig, wenn man sieht, daß die Ereignisse von 1923 sich grosso modo zu wiederholen scheinen. Der Pater glaubt, für einige Monate zu verreisen, und bleibt schließlich fern von Frankreich.

Versuchen wir, eine vorläufige wissenschaftliche Bilanz dieser Jahre 1946–1951 zu ziehen. Zunächst eine Binsenwahrheit: Es ist gewiß, daß der Pater sich auf den neuesten Stand gebracht und mit allem wieder Kontakt aufgenommen hat, was in der Gelehrtenwelt zählt. Muß daran erinnert werden, daß die Wissenschaft rasch weitergeht und nichts fataler ist, als isoliert von der anglo-amerikanischen Welt

114 «Berater».

115 Brief vom 19. Juli 1951.

zu leben, die Gelehrte ersten Ranges hat und über beträchtliche Mittel verfügt? Worin liegt im Grunde die wirkliche Bedeutung dieser Kongresse, Kolloquien oder Symposien? Weit weniger in den behandelten Themen als in den unmittelbaren Beziehungen zwischen den Gelehrten verschiedener Länder. Zwei oder drei Gespräche auf den Fluren bewirken häufig mehr als das Lesen der von fernen Autoren abgefaßten Abhandlungen. Und P. Teilhard bringt seine Freunde in den Genuß dieses unermeßlichen Netzes von Beziehungen. Mit welch väterlicher Liebe berät er den einen unter ihnen, der in den Vereinigten Staaten arbeitet, und mit welch geduldiger und feinfühliger Hartnäckigkeit richtet er es ein, ihm in Paris im Hinblick auf seine Rückkehr ein Laboratorium zu finden!

Technisch ist diese Periode ziemlich steril. P. Teilhard ist kein Gelehrter des Schreibtisches, und als Spezialist findet er nur im Gelände zu sich selbst. Südafrika wird für ihn eine gute Sache sein, und in gewissem Maße, MUTATIS MUTANDIS, den Verlust Asiens ersetzen, indem es ein letztes Aufflammen hervorruft und ihm einen neuen Ehrentitel gibt. Der Hauptgrund, der uns verbietet, die Wirksamkeit dieser zweiten Pariser Periode als VESTIGIA ANTIQUAE FLAMMAE[116] zu qualifizieren, liegt darin, daß tatsächlich die Forschungen Teilhards einen neuen Stil angenommen haben. Wie viele Gelehrte am Ende ihrer Laufbahn[117] hat er genügend Tatsachen aufgehäuft, handhabt er sie mit genügender Leichtigkeit, um sich über sie zu erheben, ohne sie zu verraten, und um sie in einer «gültigen» Philosophie zu synthetisieren. Ihn interessiert die Anthropologie. So schreibt er am 9. Mai 1950:

B – «[...] Mich fesselt immer dieselbe Frage der menschlichen zoologischen Gruppe [Struktur, Ausdehnung, Kompression und Konvergenz]. Und natürlich fesseln mich die religiösen [oder mystischen] Weiterungen des Problems noch mehr.»

Sein Bemühen gilt nun wirklich der Anthropologie, wie ‹Die menschliche zoologische Gruppe› [1949], ‹Die phyletische Struktur der menschlichen Gruppe› [1951][118] und die eindeutig in diese Richtung gehenden grundlegenden Artikel, zum Beispiel in der ‹Revue

[116] Spur des alten Feuers.

[117] 1946 wird er 65 Jahre alt.

[118] ‹La Structure phylétique du groupe humain›, deutsch in ‹Das Auftreten des Menschen›, S. 180ff.

des Questions scientifiques›, beweisen. Die anthropologischen Ideen Teilhards sind 1951 reif genug, so daß er sich in Amerika bemühen kann, sie auf Symposien vorzutragen und sie in einer umfassenden Forschungsinstitution zu konkretisieren. Kurz, während dieser Jahre der Verfügbarkeit hat der Pater zwei Dinge zur Reife gebracht: die Intuition, daß Südafrika ein neuer, entscheidender Punkt sei, wo seine Gegenwart nützlich wäre, wenn nicht unentbehrlich, und eine neue Konzeption der als Anthropogenese begriffenen Anthropologie. Darüber hinaus hat er durch seine Verbindung zu Paul Fejos und dem *Viking Fund* die Mittel gefunden, die ihm erlauben, in den beiden Bereichen zu wirken.

Der Auszug aus folgendem Brief [Paris 2. Juni 1950] charakterisiert diesen Zeitabschnitt gut:

B – «Persönlich lebe ich von einem Tag zum anderen, – und spiele mit der Idee irgendeiner letzten Reise [Südafrika] und schreibe Bücher, für die das Imprimatur mir regelmäßig verweigert wird, was ihren Inhalt nicht daran hindert, überallhin zu gelangen.

Im Grunde bin ich glücklich, weil Gott und die Welt mir immer schöner erscheinen – der eine durch die andere und in derselben Bewegung.»

FÜNFTES KAPITEL

DIE ZWEITE PERIODE VON PARIS [1946–1951]: PHILOSOPHISCHES TUN

Im November 1946 läßt P. Teilhard dem Internationalen Kongreß für Philosophie in Rom eine Mitteilung zukommen: ‹Über die Grade wissenschaftlicher Gewißheit der Evolutionsidee›[1]; im Oktober 1949 legt er dem 21. Internationalen Kongreß für Naturphilosophie in Paris eine andere Mitteilung vor: ‹Der Blick in die Vergangenheit, was er zur Wissenschaft beiträgt und was er ihr nimmt›[2]. Diese beiden Gesten sind symbolisch: Wissenschaft und Philosophie streben in dieser zweiten Periode von Paris zur Koinzidenz. Von dem Gelehrten sprechen heißt bereits von dem Denker sprechen. Es kann nicht die Rede davon sein, Schritt um Schritt dem philosophischen Vorgehen des Paters zu folgen: Ein dicker Band würde dazu nicht ausreichen. Wir werden uns damit zufriedengeben, das allgemeine Verhalten dieser zweiten Periode zu charakterisieren und zwei bestimmte Verhaltensweisen des Paters zu untersuchen, die Beziehungen zum *World Congress of Faiths* und vor allem die Verbindung mit Julian Huxley.

Die schöpferische Kraft hat nicht nachgelassen. Die letzten Schriften sind von demselben Saft wie die anderen. Sie bringen vielleicht keine substantiellen Neuigkeiten bei, doch werfen sie neue Lichter. Auf dem Gipfelpunkt eines geistigen Aufstiegs schafft man ebensowenig wie auf dem Gipfel des Annapurna alle beschrittenen Wege noch einmal, vielmehr erfaßt man sie unter neuen Zusammenhängen, und man erkennt besser ihren Zielpunkt. Man beherrscht die Synthese. Die Korrespondenz des Paters bleibt von äußerstem Reichtum und zeugt von dauernder Spannkraft. Neue Anliegen brechen auf, zum Beispiel die vielfachen Bemerkungen über die Kybernetik, über den Begriff des Feed-Back, über die Beziehungen von Information und Entropie[3]. Zwischen 1949 und 1952 liest er

[1] ‹Sur les degrés de certitude scientifique de l'idée d'évolution›.

[2] ‹La vision du passé. Ce qu'elle apporte à la science et ce qu'elle ôte› [deutsch: ‹Die Schau in die Vergangenheit›, S. 345].

[3] Vgl. ‹Machines à combiner et super-cerveaux› [‹Études›], März 1950 [‹Kombinationsmaschinen und Supergehirne›]. Teilhard hoffte, in der Kybernetik gewisse

weiterhin Werke grundlegender Natur, die eindeutig um die Anthropologie, die Soziologie, das Problem der Kultur und der Rasse zentriert sind[4]. Er zeigt keineswegs den Starrsinn des Mannes, der glaubt, die Wahrheit gefunden zu haben, und tatsächlich Gefangener seines Systems bleibt. Wenn er manchmal ungeduldig wird, so, weil seine Intuitionen blendend hell sind und ihn berauschen und er über das Nichtbegreifen erstaunt ist. Er lebt konkret täglich die grundlegenden Themen seiner Philosophie, die nichts mit diesen kunstreichen Konstruktionen zu tun haben, die man ein für allemal abfaßt, die man in dicke Bücher schreibt mit dem tröstlichen Eindruck, daß es genügen wird, den Gesprächspartner auf jenen Band und jene Seite zu verweisen. Nein, er kann sich ruhig ausgeben, er bleibt von seiner geistigen Schau erfüllt. Denkrhythmen und Lebensrhythmen sind bei ihm eins, und seine individuelle Existenz vermag sich in keinem Augenblick von seinen grundlegenden Intuitionen zu desolidarisieren, von ihnen zu abstrahieren. Teilhard teilhardisiert nicht, er imitiert sich nicht, er ist einfach und in endgültiger Weise der geworden, der er ist. Gewiß hat er in einem bestimmten Sinn eine Entscheidung getroffen, jedoch weil er handeln will, also einige Angriffsrichtungen wählen und darauf all sein Bemühen konzentrieren will. Es gibt ein Alter, das früher oder später eintritt, in dem man sich vereinfacht. P. Teilhard ist in diesem Stadium angelangt[5]. Er hat die Bilanz seines Lebens gezogen, und alles hat sich in einem Bündel erhellender Gewißheit konzentriert. Er braucht nur mehr zu versuchen, die Augen derer zu öffnen, die nicht sehen. Die Zeit des schöpferischen Emporquellens ist also nicht zu Ende. Wie könnten die Schöpferkräfte versiegt sein, wenn man über die Zukunft geneigt lebt?

B – «Persönlich vermag ich kaum anders als nach vorne zu blicken – in einer Art Hingerissenheit für das, was mir ein schrittweiser Aufgang der „christlichen Energie“ zu sein scheint...»[6]

Hinweise über den Mechanismus des menschlichen Gehirns [in Analogie] zu finden, und diese Maschinen von einer erschreckenden Komplexität, eine Art von Supergehirnen im Dienste der Kollektivität, symbolisierten für ihn, was das kollektive Denken in der geeinmütigten Noosphäre sein würde.

[4] In den letzten Jahren las Teilhard vor allem Zeitungsartikel und Ausschnitte.

[5] Vgl. den Brief vom 9. Mai 1950: «*Meine Ideen scheinen eine Phase erreicht zu haben, da sie einfacher, weniger zahlreich und umfassender werden, anstatt sich zu vervielfachen.*»

[6] Brief vom 18. Oktober 1947.

Weit davon entfernt, zurückgezogen oder auch nur auf dem Höchststand zu bleiben, wirft die Flut bis 1955, wenn auch der Höhepunkt nahe ist, noch einige machtvolle Wogen auf das Gestade, bis sie auf den dunklen Granit der vom Tode aufgeworfenen Deiche stößt.

Welches sind die grundlegenden Themen der zweiten Periode von Paris? Wir haben darüber mehrere nähere Angaben, von denen wir nur zwei zitieren wollen:

B – «Für mich steht immer mehr diese doppelte Überzeugung fest: 1. daß der entscheidende Punkt des gegenwärtigen geistigen Problems in der Synthese eines Empor mit einem Voran liegt, und 2. daß das Lösungsprinzip dieses Problems der zwei Glaubensformen in dem Erkennen eines kritischen Punktes der menschlichen Reifung über uns liegt – Erfahrungsseite und Ansatzpunkt der Parusie. Diese Idee einer in Aussicht stehenden menschlichen Superevolution [durch sozialen Effekt der Totalisation] wird in eigenartiger Weise von den größten Geistern unserer Tage vernachlässigt [...].»[7] – «Tatsächlich konzentriere ich mich, seitdem die Arbeit im Gelände für mich schwierig geworden ist, immer mehr auf einen besseren [und noch sorgfältiger wissenschaftlichen] Zugang zu dem Problem des als Produkt und Index unserer planetaren Evolution als einem Ganzen betrachteten Menschen. Die immer weniger konjekturale Existenz vor uns in der Zukunft von irgendwelchen „ultrahumanen“ Bedingungen [die aus der reinen Analyse der historischen Kurve der Hominisation abgeleitet sind] fasziniert mich.»[8]

Versuchen wir, diese Briefe durch einige Texte zu erhellen. In seiner Schrift ‹Vom Kosmos zur Kosmogenese›[9] [15. März 1951] betont der Pater, daß trotz der Nachzügler die Menschheit eine Schwelle überschritten hat, nämlich die geistige Schwelle von der Kosmosschau-Konzeption einer immobilen Welt mit einer zyklischen Zeit – zur Kosmogeneseschau[10], in der der Evolutionismus

[7] Brief vom 19. März 1948.

[8] Brief vom 21. Januar 1950.

[9] ‹Du cosmos à la cosmogénèse›.

[10] Hier eine der besten Definitionen, die Teilhard von dem Begriff der Kosmogenese gegeben hat: «*[...] Ein organisches Universum, in dem jedes Element und jedes Ereignis nur durch Geburt auftreten kann, d. h. im Zusammenhang mit der Entwicklung des Ganzen [...]. Seit dem hl. Thomas hat das Universum eine neue Dimension gewonnen: die Organizität*» [Brief vom 28. September 1950].

Teilhard auf einem internationalen Kongreß für Paläontologie
Teilhard mit Lucien Cuénot

Teilhard im Garten von G.G. Simpson in Albuquerque, Neu-Mexiko, 1952

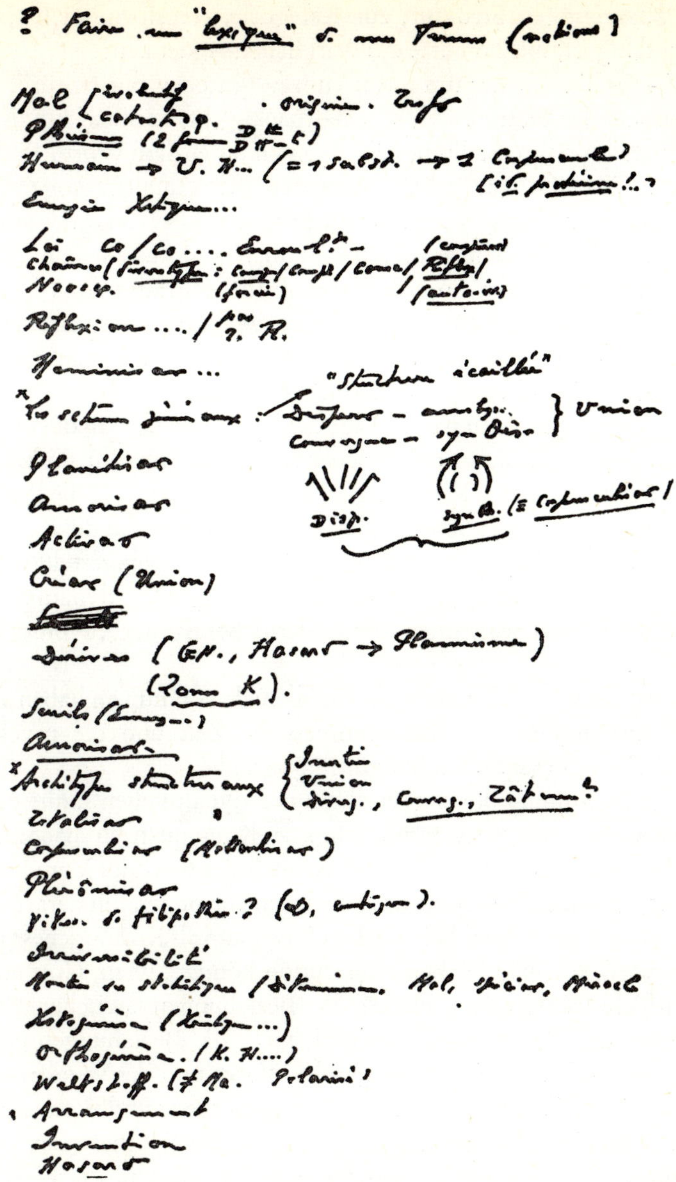

16. «Faire un lexique de mes termes», Originalmanuskript von Teilhard, 1951

sich zur geistigen Struktur, zur Kategorie, transformiert hat, die allein fähig ist, die Totalität des Wirklichen zu denken:

W – «Blicken wir um uns herum [...], stehen wir bestürzt angesichts der Feststellung, wie hartnäckig die wirklich kindische Vorstellung ihre Stellung hält, daß sich unter dem Wort „Evolution" ein einfacher „örtlich begrenzter" Streit unter Biologen verberge, die uneins werden über die Frage des Ursprungs der lebenden Arten. „Darwinismus", so kann man noch anstelle von „Evolutionismus" sagen hören!... Als ob im Zeitraum eines halben Jahrhunderts nicht infolge der raschen Verkittung der verschiedenen, mehr oder weniger unabhängig voneinander von ausnahmslos allen Gruppen wissenschaftlicher Forscher festgestellten, besonderen Triften mit jedem Tage evidenter würde, daß die Ontogenese des Mikrokosmos [der jeder von uns ist] nur Sinn und einen physisch möglichen Rahmen hat, wenn er nicht nur in die Phylogenese irgendeines zoologischen Zweiges, sondern in die Kosmogenese selbst eines ganzen Universums wieder hineingestellt wird; und in der Wahrnehmung dieser grundlegenden dynamischen Einheit besteht wesentlich der moderne Schritt der „Evolutionsidee"!

Begreifen wir es also recht ein für allemal: von nun an haben sich für uns und unsere Nachkommen die Zeit und die psychologischen Dimensionen endgültig gewandelt.»

Die Wahrnehmung dieser grundlegenden dynamischen Einheit des Universums muß notwendig religiöse Konsequenzen nach sich ziehen. Gewiß, der Gott der Bibel ist auch der Gott des Voran, der Gott der Evolution[11]. Doch die Menschen vermögen ihn derart erst zu sehen in dem Augenblick, da das Universum als Kosmogenese gesehen wird. In einer solchen Konzeption können, wenn Gott auch wesentlich transzendent bleibt, die Beziehungen zwischen dem Schöpfer und der geschaffenen Welt nicht die Beziehungen einer reinen Äußerlichkeit in der Weise des Werks und des Werkmanns bleiben. Die Kosmogenese ist nicht nur Divergenz und Wandel, sie ist zunächst eine Bewegung der Konvergenz, der Synthese, der Vereinigung. Wie aber könnte Gott vereinigen, ohne in die Welt in irgendeiner Weise einzutauchen und folglich ohne an der Mühsal der

[11] Wie die symbolischen ersten sechs Tage der Genesis nahezulegen scheinen.

Welt teilzuhaben, die die Mühsal einer unvollendeten Vereinigung ist? Damit sind die Schöpfung und die Inkarnation nicht mehr nur einzigartige und umstürzende Ereignisse in der Geschichte der Welt. Die Schöpfung geht vor unseren Augen weiter, sie ist unter ihrem phänomenalen Aspekt eine tägliche Erfahrung. Andererseits ist, wenn die Inkarnation in ihrer menschlich-göttlichen „Zelle“, welche Jesus ist, auch ein einzigartiges Ereignis bleibt, doch evident, daß Gott, da Er sich immergiert, unmöglich sich nicht christifizieren kann. Die Vorahnung Christi durchzieht das ganze Alte Testament, und durch die Kirche hindurch setzt sich das Tun Christi dank der Eucharistie weiter fort, die die Effekte der Inkarnation ausweitet. Das ist der allgemeine Sinn dieses gleichfalls aus der Schrift ‹Vom Kosmos zur Kosmogenese›[12] entnommenen Textes:

W – «Bisher hatte ein Gott des Kosmos [d.h. ein Schöpfer vom „effizienten“ Typ] offensichtlich genügt, um unser Herz zu erfüllen und unseren Geist zu befriedigen. Von nun an [und hier ist wahrscheinlich die tiefe Quelle für die moderne religiöse Unruhe zu suchen] vermag nichts mehr, es sei denn ein Gott der Kosmogenese, d. h. ein Schöpfer des „beseelenden“ Typs, unsere Anbetungsfähigkeit auszufüllen.

Es ist selbstverständlich und an erster Stelle notwendig, um jeden Preis [und aus kosmischer Notwendigkeit] die ursprüngliche Transzendenz dieses neuen *Deus Evolutor*, der im Herzen selbst des alten Werkmeister-Gottes emportaucht, zu wahren: denn wenn Er nicht der Welt prä-emergiert war, wie könnte Er ihr dann als Tor und Erfüllung nach vorne dienen? Doch genausosehr [oder sogar noch mehr: denn gerade hierin besteht die erwartete Erneuerung] ist es angemessen, Seinen immanenten Charakter zu vertiefen, zu bewundern und auszukosten.

In der Welt der konvergenten Kosmogenese heißt schaffen für Gott *vereinigen*. Doch vereinigen heißt, sich immergieren. Doch sich [in den Plural] immergieren heißt, „sich korpuskulieren“. Und sich korpuskulieren heißt in einer Welt, deren Anordnung statistisch Unordnung [und mechanisch Anstrengung] nach sich zieht, in die Sünde und den Schmerz hineintauchen – um sie zu überwinden.

[12] ‹Du cosmos à la cosmogénèse›, S. 6–7.

Und hier wird eben damit Schritt um Schritt ein bemerkenswerter und fruchtbarer Zusammenhang zwischen Theo- und Christologie sichtbar.

Trotz des Geistes [oder sogar des Buchstabens] der Schriften des heiligen Paulus oder des heiligen Johannes darf man sagen, daß die Heilsgestalt und Funktion Christi bis in die jüngste Zeit in der geläufigen dogmatischen Formulierung etwas Konventionelles, Juridisches und Akzidentelles bewahrten. Weshalb die Inkarnation? Weshalb das Kreuz?... Gefühlsmäßig und pastoral erwies sich die christliche Ökonomie als durchaus lebbar und wirksam. Doch intellektuell gesprochen stellte sie sich eher als eine willkürliche Reihe zufälliger Ereignisse dar denn als ein organisch zusammenhängender Prozeß. Und die Mystik litt darunter...

Nun wohl, dieser Mangel an ontologischer Kohärenz [und folglich an geistigem Einfluß] berichtigt die Entdeckung eines Typs des Universums, in dem einerseits, wie wir gesehen haben, Gott nicht als der erste Beweger [nach vorn] auftreten kann, ohne sich zu inkarnieren und ohne loszukaufen, d.h. *ohne sich* in unseren Augen *zu christifizieren* [...].»

Einige Formulierungen, die aus einer zehn Jahre älteren Schrift[13] entnommen sind, fassen den Kern dieses Textes zusammen:

W – «Der Sinn für die Erde öffnet sich und bricht nach oben in einem Sinn für Gott auf; und der Sinn für Gott wurzelt und nährt sich nach unten in dem Sinn für die Erde. Der transzendente personale Gott und das in Evolution begriffene Universum bilden nicht mehr zwei einander widerstreitende Zentren der Anziehung, sie treten vielmehr in eine hierarchisierte Verbindung, um die menschliche Masse in einer einzigen Springflut emporzuheben.»

Die Synthese zwischen dem Empor und dem Voran vollzieht sich wesentlich im Augenblick der Inkarnation. Sie wird weitergeführt durch die Eucharistie. Sie erfüllt sich in der Parusie. Doch diese Parusie muß, wie die Schöpfung, eine Erfahrungsseite aufweisen. Es muß eine Reifung der kosmischen Noogenese aufgrund eines sozialen Effektes der Totalisation, aufgrund einer Superevolution

[13] ‹Sur les bases possibles d'un credo humain commun› [1941], deutsch: ‹Über die möglichen Grundlagen eines gemeinsamen menschlichen Credos›, in ‹Zukunft des Menschen›, S. 109ff.

geben, d.h. aufgrund einer Art Über-Schöpfung, die einen entscheidenden Fortschritt in der Vereinigung darstellt. Und in der Parusie werden der Punkt Omega, das Zentrum der menschlichen Konvergenz, und Christus-Omega, d.h. das ewige Wort, zusammenfallen und sich als ein einziges bildend offenbaren. Die vollkommene Synthese der beiden Glaubensformen wird dann verwirklicht sein:

W – «[...] es erscheint mir zugleich vital für unseren mystischen Sinn und evident für unsere Vernunft, daß, so ultra-unverdient auch die Tiefe sei, bis zu der sich gegenwärtig für uns das Herz Gottes öffnet, dieser Gott umgekehrt der Bedingung genugtun muß [...], *der* Gipfel eines von nun an von uns als strukturell monokephal und evolutiv unvollendet erkannten Universums zu sein. Und deswegen genügt es für Christus, um sich [entsprechend den Worten des heiligen Paulus] alle Dinge einzuverleiben und folglich in den Schoß des Vaters „mit der Welt in Ihm" zurückzukehren, nicht mehr, wie wir vielleicht glaubten, übernatürlich eine Seelenernte zu heiligen, vielmehr muß Er auch in derselben Bewegung schöpferisch die kosmische Noogenese zum natürlichen Zielpunkt ihrer Reife bringen.»[14]

Damit aber die Noogenese zum natürlichen Zielpunkt ihrer Reife gelange, ist es von vitaler Dringlichkeit, im Menschen «die Lust am Leben» [d.h. den evolutiven Druck] zu überwachen und zu nähren, die entschieden die grundlegendste kosmische Energie ist. Die Menschheit geht nämlich gegenwärtig durch eine gefährliche Krise hindurch: In ihr ist die Evolution bewußt geworden. Nunmehr genügen der Instinkt und die dunklen Lebenskräfte nicht mehr, sie voranzutreiben. Der Mensch befragt sich über den Sinn seines Seins in der Welt, und das ewige «Wozu?» des TAEDIUM VITAE droht ihn auszuhöhlen. Die bewußte Evolution kann dem nur entgehen, wenn sie sich als irreversibel, d.h. unsterblich, erkennt – eine Notwendigkeit, die weder sentimental noch logisch, sondern rein energetisch ist:

W – «[...] Das Universum muß, aus physischer oder psychologischer [was hier auf dasselbe hinausläuft] Notwendigkeit, *gewisse Eigenschaften* besitzen, die den funktionellen Erfordernissen

[14] ‹Du cosmos à la cosmogénèse›, S. 7.

eines reflektierten Tuns entsprechen: andernfalls wird die Atonie oder sogar der Widerwillen in der menschlichen Masse mit Sicherheit steigen – alle vorantreibende Kraft im Herzen des Lebens wird unwirksam gemacht oder wird umschlagen.

[...]

Die erste dieser Eigenschaften oder Bedingungen [...] ist, daß das auf der Komplexität erblühte Bewußtsein auf die eine oder andere Weise dem Zerfall entgeht, vor dem letzten Endes nichts den es tragenden körperlichen oder planetaren Stiel bewahren kann. Von dem Augenblick an, da sie *sich denkt*, kann die Evolution sich selbst nicht mehr bejahen noch sich selbst verlängern, wenn sie sich nicht als *irreversibel*, d.h. als unsterblich, erkennt [...].

Und die zweite Bedingung – alles in allem eine bloße Explizierung der ersten – ist, daß die so entdeckte und erkannte Irreversibilität nicht einen beliebigen Teil, sondern das tiefste, kostbarste und unmitteilbarste Zentrum unseres Bewußtseins betrifft [...].

Ein *irreversibles* Aufsteigen im *Personalen:* wenn es irgendeinem dieser beiden aneinander gebundenen Attribute nicht genügt, muß das Universum [...] für ein reflektiertes Tun sehr rasch zu einem erstickenden Milieu werden; d.h., es wäre von Grund auf untauglich für jeden Neuaufbruch der Evolution.»[15]

Es ist also ersichtlich, wie das Denken des Paters vorgeht: Angesichts der Notwendigkeiten der Stunde hat P. Teilhard zwei entscheidende Punkte gewählt und hält sich energetisch an sie. Gibt es einen Bruch zwischen dem Christentum und der Wissenschaft? Sie müssen versöhnt oder, genauer, synthetisiert werden. Ein Teil der Elite hat die Lust am Leben verloren und erschrickt angesichts dieser wachsenden Sozialisation? Man muß ihr neuen Mut geben und ihr den Sinn dieser Evolution verständlich machen. Bleibt noch eine konkrete Aufgabe, nämlich zu versuchen, experimental diese menschliche Konvergenz zu beweisen. Erinnern wir an diese entscheidenden, bereits zitierten Zeilen des Briefes vom 19. Juli 1951:

B – «Tatsächlich konzentriert sich mein inneres und äußeres Tun immer mehr auf das Problem, so „wissenschaftlich" wie möglich die Bedeutung des als einen Effekt „der Konvergenz durch An-

[15] ‹Le rebondissement humain de l'évolution et ses conséquences› [‹Revue des questions scientifiques›], 20. April 1948, S. 177–179, deutsch: ‹Der menschliche Neuaufbruch der Evolution und seine Folgen›, in ‹Zukunft des Menschen›, S. 269–271.

ordnung" des Universums in sich selbst wahrgenommenen menschlichen Phänomens [an unbestreitbaren Indizien] herauszustellen und sichtbar zu machen.»

Doch dazu bedarf es eines wissenschaftlichen Forschungsorgans. Und das wird Teilhard in New York zu schaffen versuchen. Dieser Mann, der mit den Füßen fest auf der Erde stand, wußte die Umstände unmittelbar zu nutzen, vorauszuschauen, zu organisieren, die Initiativen seiner Gefährten zu steuern. Er verstand, um an ihnen den Hebel seines geistigen Wirkens anzusetzen, Stützpunkte zu finden oder sie schaffen zu lassen, und die Stützpunkte, die er wählte, waren alles andere als gewöhnlich.

Einer von ihnen war der Weltkongreß der Gläubigen für den Frieden[16], englischen Ursprungs[17]. Der Pater gewährte freundschaftlich dem Orientalisten Jacques Bacot, dem Präsidenten des französischen Zweiges, seine Hilfe. Während er einen täglichen und offiziellen Beistand ablehnte, den er nicht geben konnte, wollte er doch eine Einheitsbewegung ermutigen. Man bat ihn, einen Eröffnungsvortrag zu schreiben[18], man fragte ihn nach Ideen, und um behilflich zu sein, übernahm er es, gewisse Texte von im Französischen unsicheren Ausländern zu korrigieren. Er gab seine Ratschläge und schenkte manchmal seine Fröhlichkeit: Letztere – eine Seite seines Charakters, die man nicht im dunkeln lassen soll – war

[16] *World Congress of Faiths for the Peace.*

[17] Seine Geschichte befindet sich in Solange Lemaître, ‹Une grande Figure de l'Unité: Abdul Baha›, Adrien-Maisonneuve, 1952, S. 56–61, und vor allem in S. Lemaître, ‹Le Congrès universel des croyants›, 1946–1962, vervielfältigte Schrift von 21 Seiten, mit einem Vorwort von André Massignon, 4 S. P. Teilhard [‹Le Congrès universel des croyants›, September 1950] hat das Wirken und das Ziel dieser Bewegung gut definiert: «*All jene zur Begegnung und zum gegenseitigen Erkennen [insbesondere mit Hilfe der periodischen informativen Vorträge] führen, die aus irgendeinem Grunde glauben, das Heil und der Erfolg des Menschen bestehe darin, sich zu einmütigen; – diese Annäherung soll, so sagten wir, mit der ganz eindeutig gefaßten Vorstellung bewirkt werden, daß durch einfache Gegenüberstellung und wechselseitige Einwirkung [die bis zu Ende vorangetrieben wird] aus den verschiedenen Typen wissenschaftlichen Denkens und religiösen Glaubens, die gegenwärtig über die Welt verbreitet sind, ein großes Licht aufleuchten kann, das endlich vor aller Augen etwas [oder jemanden] vor uns enthüllt… Das ist alles, was wir suchen – und alles, was wir anstreben.*»

[18] ‹La foi en l'homme›, Februar 1947. Der Vortrag wurde von René Grousset vorgelesen, deutsch: ‹Der Glaube an den Menschen›, in ‹Die Zukunft des Menschen›, S. 243 ff.

gesund und mitteilsam und gab ihm eine gewisse Jugendlichkeit. Er entschuldigte sich manchmal dafür mit den Worten: «*Sie haben mich wie ein Kind zum Lachen gebracht.*» Mme Solange Lemaître, eine der beiden Generalsekretärinnen dieser Bewegung, gab uns von ihm folgendes Zeugnis:

W – «Dieser authentische Christ, der vom Zeichen des Genies geprägt war, wenn man diesem Terminus außer der seltenen Begabung, die er meint, einen Sinn der Fülle, der Klarheit, der Inspiration geben will, dieser authentische Christ also hatte etwas Sonnenhaftes, Strahlendes, Vitalisierendes an sich. Er war von äußerster Großzügigkeit des Geistes. Es ist gut, diesen Punkt zu betonen. P. Teilhard vermochte auf der Stelle mit einem Lächeln eine schlimme Treulosigkeit zu verzeihen, die er gerade erfuhr und die heftige Reaktionen auf seiten derer hervorrief, die Zeuge davon waren. Er hatte nicht die geringste Anstrengung zu machen, um den Schuldigen loszusprechen und zu vergessen, was ihm ungerechterweise angelastet worden war. Wirklich, er erwartete nichts von den Menschen, weil er alles von Gott empfing. Er „verstand", seinen Nächsten nach dem Evangelium zu lieben. Der individuelle Pessimismus mißfiel ihm ebensosehr wie ein Unkraut, das man sät. Er stellte immer mit Überraschung die eigentümliche Neigung derer fest, die sich endlos über das Übel, über das, was dunkel, häßlich ist, verbreiten... anstatt die Schönheit und den sicheren Gang der Welt in Richtung auf ihren Zielpunkt anzuschauen. Mit einem einzigen, scharfen, durchdringenden Blick erkannte er [...] bei einem Gesprächspartner [...] einen positiven Wert, der berufen war, fruchtbar zu sein, der aber mangels eines reichen Bodens sich bereithielt, die geringsten Partikeln wahrgenommenen Lichtes aufbrechen zu lassen, zu begünstigen. Das Negative war ihm entgegengesetzt. Da er wußte, wie sehr die Menschen nach Hoffnung und der menschlichen Wärme einer verstehenden Sympathie verlangen, ermutigte er gern. P. Teilhard de Chardin hat viele Geister befruchtet, viele „arme Böden" bereichert und häufig einen wankenden Glauben gefestigt.»

René Grousset zählte zu den Gründungsmitgliedern des *World Congress*. Die Freundschaft zwischen den beiden Männern war eines der wichtigsten Ereignisse dieser Zeit, und bei der Nachricht von seinem Tode verspürte der Pater wirklichen Kummer:

B – «[...] ich habe mit Erschütterung an Sie gedacht, als ich neulich das Ende des lieben Grousset erfuhr [...]. Es wird Zeit brauchen, bis wir uns daran gewöhnt haben, nicht mehr auf sein Lächeln zu warten und ihm zu begegnen... Hier ist auf jeden Fall einer, der durch das ganze Leben dem Weg eines Gläubigen gefolgt ist und ihn uns gezeigt hat. Noch einmal, ich möchte, daß Sie nicht zu viel Kummer haben – und daß dieses Verschwinden Ihnen [und uns] im Gegenteil dazu diene, aufrechter zu gehen und höher zu schauen...»[19]

Grousset und Teilhard waren geschaffen, um miteinander zu sprechen. Eines Abends, am 25. Januar 1949, aß der Pater mit dem großen Historiker zu Abend,

W – «und die Astronomie beschäftigte seinen Geist im Hinblick auf eine Entdeckung[20] ganz besonders. Er erklärte, wenn die astronomischen Berechnungen nicht eine so große Zahl von Ziffern benötigten, hätte er diese überaus faszinierende Wissenschaft gewiß eingehender studiert. Er begann darüber zu meditieren: «*Den Himmel, die Sonne, den Mond, die Sterne, die Planeten und die Grundprobleme, die von alldem gestellt werden, betrachten, führt notwendig zur metaphysischen Angst für die meisten Leute*", sagte er. Und er skizzierte in wenigen Worten die Definition der „*existentiellen Angst*", die nach seiner Meinung einen Aspekt der menschlichen Biologie bildet. Da er diesen Worten „*existentielle Angst*" einen viel allgemeineren und viel tieferen Sinn gab, verwandte er sie, um eine kosmische Angst zu bezeichnen, die fähig ist, jeden Menschen zu erfassen, der klug oder unvorsichtig genug ist, um zu versuchen, die Abgründe der Welt um sich herum ins Auge zu fassen und auszumessen.»

Und am nächsten Tage brachte er Mme Solange Lemaître ‹Ein Phänomen der Konter-Evolution in der menschlichen Biologie oder die Existenzangst›[21] zum Lesen.

Die sehr schöne Studie des Paters, ‹Der geistige Beitrag des Fernen Ostens› [10. Februar 1947], ist gleichfalls aus einer Unterhaltung mit

19 Brief vom 21. September 1952.
20 Wir wissen nicht, welche Entdeckung.
21 ‹Un phénomène de contre-évolution en biologie humaine ou la peur de l'existence›. Das war das Thema seines Vortrages vom 29. Januar bei der Comtesse de Saint-Martin in Anwesenheit von Gabriel Marcel.

Grousset entstanden[22]. P. Teilhard unternimmt dort eine kurze, aber kraftvolle Apologie der abendländischen Zivilisation, deren anscheinender Materialismus den Ansatz einer neuen Mystik verbirgt, nämlich jener, die durch die wissenschaftliche Eroberung des Wirklichen die Erde annehmen will, um sie Gott darzubringen. Er gibt einen geistigen Rundblick des asiatischen Ostens, in dem er mit Recht drei kulturelle Blöcke unterscheidet, die er sehr glücklich definiert: Japan, China und Indien. Mit der ihm eigenen Gabe, «den Ort und die Formulierung» zu finden, erweist er ihnen eine gerechte Huldigung, doch behauptet er angesichts dieser drei jahrtausendealten Kulturen seine abendländische Eigenständigkeit. Nach ihm mündet der «*heroische Sinn für das Kollektive in Japan*» in eine geschlossene Moral, die des Klans oder der Rasse; der «*praktische naturistische Sinn für das Menschsein in China*» führt zu einer Art immobilen Friedens, in dem der Mensch, der seines prometheischen Sinns für das Tun beraubt ist, unter einem verschlossenen Himmel ein unbewegliches kosmisches Gleichgewicht sucht. Dem «*metaphysischen Sinn für das Göttliche in Indien*» seinerseits, bei dem er sehr viel länger verweilt, wirft P. Teilhard vor, die Auflösung des Vielen zum Einen durch die Unterdrückung des Vielen zu bewirken, denn für den Hinduismus hat die Einheit nichts mit diesem Vielen gemeinsam, von dem man sich trennen muß. Demgegenüber geht die abendländische Mystik «*von der Idee aus, daß das Viele konvergenter Natur ist*», daß letzteres aus «*möglichen Elementen einer schrittweisen Einheit, die zu Einheiten höherer Ordnung führt*», gebildet ist, daß letzten Endes die Einheit erreicht wird, «*indem die Dinge im höchstmöglichen Maße in sich selbst verwirklicht werden*», was als erstes Ziel notwendig macht, die Welt zu vollenden. Kurz, Indien bietet als Ideal eine «*Einheit der Abstraktion*» oder der «*Entspannung*», das Abendland eine Einheit der «*Konzentration*», in der die Elemente sich durch all das vereinen, was sie an Vollkommenheit haben. Und wir rühren an die geniale Intuition des Paters: Die Prämisse jeder wahren Mystik und der erobernden Bewegung der Wissenschaft, die dahin

[22] ‹L'apport spirituel de l'Extrême-Orient›. Erinnern wir auch daran, daß Teilhard, der weniger an seine wissenschaftlichen Aufgaben gefesselt ist, sich für die vergleichende Mystik interessiert und im Musée Guimet Bücher über die Kunst und die Philosophie des Fernen Ostens liest. 1948 nimmt er am Kongreß der Orientalisten teil.

gelangt, die Erde zu vergeistigen und zu einer menschlichen Landschaft zu modellieren, fallen zusammen und sind eins. Weit davon entfernt, den Menschen von seiner irdischen Aufgabe abzukehren, ist allein das Christentum fähig, die Wissenschaft weiterzuführen, dem Menschen die Lust an der Arbeit wiederzugeben und die Evolution neu aufbrechen zu lassen, indem es ihn dem TAEDIUM VITAE entreißt.

Zum erstenmal wird angesichts der alten Weisheiten des Ostens das Abendland, da es die Synthese zwischen der Wissenschaft und einem endgültig von allem östlichen Pessimismus gereinigten christlichen Glauben vollzieht, ansteckend und überzeugend. Doch wie hätte dieser Missionar sich damit zufriedengeben können, dem Osten einen erobernden Glauben zu zeigen, so erhebend er auch sein mochte? Eine Mission verlangt, damit sie wirkungsvoll sei, vor allem die Lust an der Synthese, ein inniges Verständnis des «zu bekehrenden» Volkes, den Willen, durch eine Art liebenden Blickes in letzterem das Beste seiner selbst zu entziffern: «NON ANGLI, SED ANGELI», sagte der Apostel Englands. Die «missionarische» Größe P. Teilhards fand von dem ersten Entfalten seines Genies an ihren Ausdruck in dem ausgeprägten Sinn für die Synthese. Er verlangt nicht vom Osten zu demissionieren, sondern die Wasser seiner verschiedenen Ströme in die mystische Flut einströmen zu lassen, deren offene Schätze er aufzeigt. Es gibt keine Mystik, es sei denn in der Stunde, da der nach Einheit strebende Geist «*den Gegensatz zwischen der Einheit und der Vielheit aufzulösen strebt*». Indien aber verdanken wir «*die erste wahrhaft mystische Strömung*[23] *[d.h. mit einer Tendenz zur universellen Vereinigung], deren Spuren von der geschriebenen Geschichte bewahrt worden sind*». Der Pater geht unter voller Wahrung seiner kritischen Einstellung sogar so weit, von «*der Bildung dieses mystischen*[24] *Zyklons in den Ebenen des Ganges*» zu sprechen. Es gibt außerdem keine Mystik, es sei denn, man bewahrt den Sinn für das Menschliche und das gute Gleichgewicht mit dem Kosmos: Ist die chinesische Lektion nicht da, um uns wertvolle Lehren zu vermitteln? Und schließlich gibt es keine Mystik, es sei denn, die mensch-

23 Wohlgemerkt, die Mystik ist im eigentlichen Sinne die Vereinigung mit Gott in Christus, und sie besteht nicht in der Vernichtung des Ich im unpersönlichen Einen.

24 «Mystik» wird hier verstanden als «intensive Suche nach Gott und das Widmen der menschlichen Kräfte dieser Suche».

lichen Personen, die Egos, nehmen es unter Bewahrung des Besten ihrer selbst an, zu konvergieren und an einem mystischen Leib teilzuhaben, in dem sie sich erfüllen, ohne sich zu verlieren oder aufzulösen; denn die Zukunft des Menschen liegt in der Sozialisation, der wahre Kollektivismus reduziert das Individuum nicht auf das Anonymat des «man», das Heidegger so verabscheut: Und kann Japan nicht zum Aufbau dieses kollektiven Sinnes beitragen, in dem durch die Sozialisation, durch die Teamarbeit, durch die Denkmaschinen, die Menschheit ein Ultrahumanes anstreben und ein einmütiges Bewußtsein erwerben kann, das fähiger ist, Gott zu reflektieren?[25]

So hat also ein Ideenaustausch mit René Grousset P. Teilhard dahin geführt, die Beziehungen der religiösen Strömungen zu präzisieren, in die ihn seine langen Aufenthalte im Osten eingeweiht hatten. Er ist ein zu offener Geist, um nicht mit dem Osten zu sympathisieren, und so lädt er ihn ein, sich selbst zu übersteigen, und da alles, was aufsteigt, konvergiert, erahnt er einen Gipfel, in dem die Einheit werden kann. In eben dieser Übersteigung muß sich in seinen Augen die Versöhnung zwischen dem Osten und dem Westen vollziehen. Auf jeden Fall sind die Wechselfälle der Veröffentlichung von ‹Der geistige Beitrag des Fernen Ostens› recht lustig. Eines Tages – und zwar 1950 – besuchte Robert Aron Teilhard an seinem üblichen Wohnsitz. Letzterer sagte ihm mit Gelassenheit[26] und einem Humor, der das Bedauern überdeckte: «*Ah! wissen Sie, was sie mir angetan haben, sie haben meinen Artikel abgelehnt.*» Robert Aron entgegnete halb spaßend: «Lassen Sie mich ihn in der ‹Revue de la Pensée juive›[27] veröffentlichen.» P. Teilhard brach in Lachen aus und gab den Text dem Vertreter des Alten Testaments, der ihn mit den bescheidenen Initialen T. C. erscheinen ließ. Doch das Neue Testament gewann 1956 die zweite Runde und veröffentlichte in den ‹Monumenta Nipponica› den Text ohne Pauken und Trompeten von neuem, dieses Mal mit dem vollständigen Namen und einem aus Paris kommenden Segen. Rührende Zusammenarbeit zwischen der

[25] Das einmütige Bewußtsein hilft, sich Gottes bewußter zu werden, doch erlaubt selbstverständlich die Vereinigung in der Caritas und in der Liebe die intensivere Zirkulation des göttlichen Lebens [das durch Christus hindurchgeht].

[26] Er war «trainiert» und erwartete immer eine ewige Ablehnung.

[27] deren Direktor er war.

Kirche und der Synagoge. Nur P. Teilhard war imstande, eine derartige Einmütigkeit zu bewirken.

Welche Bedeutung in den Augen P. Teilhards dem Gelingen des Dialogs mit dem Osten zukam, wird durch den Vortrag vom 4. Juli 1948 in der Galerie Devêche über das Thema ‹Östliche Mystik und Mystik des Westens›[28] deutlich aufgezeigt, wovon wir hier eine Zusammenfassung geben:

W – «Man kann den Amerikanern vorwerfen, daß sie keine Zukunftsschau haben. Es ist gut, ihnen einige Perspektiven zu zeigen.

1. *Der Sinn für die Art.*

Wider die Kräfte des Zerfalls, die durch die Entfernung der Bewußtheiten begünstigt werden, wirkt eine planetare Tendenz zur Solidarität. Man muß an dem Aufbau eines gemeinsamen Geistes arbeiten.

2. *Eine Mystik des Westens.*

In der östlichen Perspektive wird der Geist immer als Antagonist der Materie dargestellt. In der Mystik des Westens erhält man den Geist durch Anordnung der Materie in Übereinstimmung mit der Schau der in Wachstum befindlichen Art. Man muß diese noch unzulänglich formulierte Mystik entwickeln.

3. *Erneuerung des christlichen Geistes.*

Die christliche Lehre wurde zu einem Zeitpunkt herausgebildet, da die Welt fixiert gesehen wurde. Doch die menschliche Art befindet sich in Bewegung, und sie muß eines Tages zu ihrer geistigen Vollendung gelangen. In dieser Perspektive nimmt das Christentum alles aufsteigende Streben der Menschheit in sich hinein, und es kann die gesamte menschliche Bewegung in sich selbst beleben.»

Meditation über die Anthropogenese, vergleichende Mystik, Ökumenismus, missionarische Meditation über das Übersteigen des Christentums und den Weg, ihm seine größte Eroberungskraft zu verleihen – der enge Zusammenhang zwischen all diesen Themen beweist, daß die Wiederaufnahme des Dialogs mit dem Osten und das kraftvolle Bemühen, ihn in eine ökumenische Konzeption der Menschheit zu integrieren, eine der Hauptbemühungen Teilhards

[28] Die nachfolgende Zusammenfassung stammt von L. Roinet.

in der zweiten Periode von Paris darstellt. Den Ökumenismus anstreben heißt übrigens nicht hinduisieren, wie dieser entscheidende Satz in einem Brief vom 21. Dezember 1949 beweist:

B – «[...] wenn Sie wüßten, wie sehr ich den Hindu-Mystiken mißtraue, die weit weniger auf der Liebe erzeugenden Vereinigung als auf der die Liebe ausschließenden Identifikation gegründet sind.»

Der *World Congress* war ein bereits bestehendes Organ. Doch ist noch eigenartiger, zu sehen, wie der Pater das Organ zu schaffen oder, genauer, schaffen zu lassen versucht, dessen er bedarf, und das führt uns dahin, seine Beziehungen zu Julian Huxley, dem ersten Direktor der Unesco, zu studieren, ein guter Weg, dieses Triangulationsbemühen zu vervollständigen, mit dem wir versucht hatten, den Ort P. Teilhards in bezug auf seine Zeit zu bestimmen.

Doch haben wir gerade das Wort Unesco ausgesprochen. Bevor wir die Freundschaft Teilhard–Huxley studieren, wollen wir versuchen, die Beziehungen Teilhards zu dieser internationalen Institution zu erläutern. Der gelehrte Jesuit war einem Diplomaten namens Torrès-Bodet vorgestellt worden, der seinen Wunsch danach geäußert hatte. Der Pater war damals eine der großen Pariser Persönlichkeiten, und selbstverständlich hatte er dieser Begegnung zugestimmt. Man konnte zu diesem Zeitpunkt einige Hoffnung auf die Unesco setzen[29]. Am 22. März 1947 verfaßt P. Teilhard ‹Einige Bemerkungen über die Menschenrechte›[30], deren Grundidee ist:

W – «[...] das Ziel einer neuen Definition der Menschenrechte kann nicht mehr wie ehedem sein, dem Element in der Gesellschaft die größtmögliche Unabhängigkeit zu sichern, sondern festzulegen, unter welchen Bedingungen sich die unvermeidliche menschliche Totalisation vollziehen kann, nicht nur ohne in jedem von uns, ich sage nicht die Autonomie, sondern [was etwas ganz anderes ist] die unmitteilbare Einmaligkeit des Seins, das wir

[29] 1951, während er im übrigen durchaus Sympathiegefühle bewahrte, zeigte P. Teilhard eine gewisse Enttäuschung: «*Meines Erachtens macht es den Fluch der Unesco aus, daß sie mit einem Generalstab von Männern aufgebrochen ist, die aufgrund ihrer sozialen Stellung gewählt wurden, ohne kritische Berücksichtigung ihrer menschlichen Fähigkeit des Sehens. Ich spreche hier natürlich nicht von Huxley: eine glänzende Ausnahme!*» [Brief vom 28. März.]

[30] ‹Quelques réflexions sur les droits de l'homme›, veröffentlicht 1949, deutsch in ‹Zukunft des Menschen›, S. 253.

besitzen, zu zerstören, sondern auf eine solche Weise, daß diese sich steigert.»

Als Antwort auf eine von der Unesco veranstaltete Rundfrage über die Demokratie, darauf abzielend, die Spannung zu lösen, die in jenem Zeitpunkt Westen und Osten, liberale Demokratien und Volksdemokratien [sozialistische Demokratien], einander gegenüberstellten, verfaßt der Pater am 2. Februar 1949 ‹Das Wesen der Idee der Demokratie, ein biologischer Zugang zu dem Problem›[31], wo er, von der Biologie ausgehend, die Antinomie zu überwinden sucht:

W – «Erklärt sich nun aber diese so seltsame und hartnäckige Spaltung, die innerhalb aller sogenannt „demokratischer" Bewegungen die beiden gegensätzlichen Begriffe Liberalismus und Dirigismus [d.h. Individualismus und Totalitarismus] wieder in Erscheinung treten läßt, nicht ganz von selbst, wenn man feststellt, daß diese beiden anscheinend widersprüchlichen Formen des sozialen Ideals einfach den beiden natürlichen Komponenten [Personalisation und Totalisation] entsprechen, deren Zusammenspiel biologisch das Wesen und die Fortschritte der Anthropogenese definiert? Hier Zentrierung des Systems auf das Element; dort dagegen auf die Gruppe. Bald tritt der erste, bald der zweite der beiden Vektoren besonders hervor und überwiegt den anderen, und zwar so sehr, daß er alles in sich hineinnehmen will. Ein Schritt nach rechts, ein Schritt nach links... darin findet sich keinerlei grundsätzlicher Widerspruch – sondern nur Gleichgewichtsstörung, Disharmonie – oder sogar [weshalb auch nicht?] unvermeidliche und notwendige Alternanz. Biologisch, ich wiederhole es, gibt es keine wirkliche Demokratie ohne ausgewogene Verbindung der beiden sich ergänzenden Faktoren, die sich im Reinzustand hier in individualistischen und dort in autoritären Regimen darstellen.»

Im Augenblick der Krise von 1939 hatten wir gezeigt, mit welcher Leichtigkeit man aus den philosophischen Prämissen eine Teilhardsche «Politik» ableiten kann. Man kann nicht umhin, hier die Leichtigkeit zu bewundern, mit der das Denken Teilhards mit Hilfe seines grundlegenden Prinzips «*die Vereinigung differenziert*» den

31 ‹L'essence de l'idée de démocratie. Approche biologique du problème›, deutsch in ‹Zukunft des Menschen›, S. 313ff., Zitat S. 317f.

Antagonismus zwischen den beiden Demokratien dank seinem biologischen Zugang zu dem Problem zu lösen scheint. Was lehrt das Leben uns? Auf der einen Seite führt der ganze Lebens-«Schwung» zur Herausarbeitung der Monade, der menschlichen Person, der Zelle, in der zum erstenmal das Universum seiner selbst bewußt wird. Auf der anderen Seite spielt bereits vom tierischen Stadium an die Sozialisation eine wesentliche Rolle; beim Menschen wird sie die Hoffnung erlauben, zu einem Ultrahumanen zu gelangen. Die Antinomie löst sich in die Bewegung des Lebens selbst auf unter der Bedingung, daß das Problem auf seiner eigentlichen Ebene, der der Biologie, gestellt wird. Die Kollektivismen personalisieren, den kollektiven Sinn den individualistischen Demokratien einblasen, ist nicht das das Mittel, diese schreckliche Spaltung aufzuhalten, die die Menschheit in zwei Blöcke teilt?[32]

Viel wichtiger sind noch die an Torrès-Bodet geschriebenen Briefe zum Thema der Erklärungen der Unesco über das Rassenproblem. Hier ein Auszug aus dem ersten, vom 27. Juli 1950 datierten Brief:

> B – «[...] die verschiedenen menschlichen „Rassen" sind [in dem Maße, wie wir sie weiterhin trotz ihrer Konvergenz voneinander unterscheiden können] biologisch nicht gleich, sondern vielmehr verschieden und komplementär [wie die Kinder ein und derselben Familie]. Und gerade dieser genetischen Mannigfaltigkeit muß man wahrscheinlich den extremen biologischen Reichtum der Menschheit zuschreiben. Die Natur baut nichts mit „demselben"! Sollte nicht gerade deshalb, weil es viele menschliche „Isotopen" gibt [und weil sich wahrscheinlich noch alle Tage welche bilden], die Menschheit derart große erfinderische und konstruktive Wirkmöglichkeiten haben? Muß man nicht, um ein schönes Gemälde zu machen, eine ganze Skala verschiedener Farben auf der Palette haben, deren man sich bedient?
>
> [...] Eine derartige Perspektive, nicht der *Gleichheit* der Rassen, sondern ihrer *Komplementarität durch Konvergenz*, ist die einzige, die das [historisch evidente] Faktum erklären kann, daß, der modernen Bewegung der Kompression vorausliegend, die sie zwingt, sich zu verbinden, die verschiedenen ethnischen menschlichen Gruppen teilweise unabhängigen Entwicklungszyklen ge-

[32] Es versteht sich von selbst, daß die Gedanken Teilhards keinerlei Echo fanden.

folgt sind: und zwar derart, daß viele unter ihnen sich zweifellos endgültig fixiert hätten [oder aber morgen in die Unbeweglichkeit zurückfallen würden], wenn sie nicht von fortschrittlicheren und jüngeren Gruppen neu belebt [und dauernd angereizt] würden.

Nichts von all dem, so scheint mir, könnte den Stolz von irgend jemandem verletzen: vorausgesetzt selbstverständlich, daß jeder von uns endlich begreift [wie jedes Glied ein und derselben Familie], daß letzten Endes das einzig Wichtige der allgemeine Erfolg der Menschheit ist, d.h. ihr globaler Zugang zum höheren Zielpunkt [welcher Art er auch sein mag] ihrer planetaren Evolution. Und selbst wenn gewisse unzulänglich „humanisierte" Geister sich verletzt fühlen sollten durch das Faktum, daß es in dem gemeinsamen menschlichen Vorgehen nicht nur „besser begabte" Individuen, sondern Gruppen – „Führungsgruppen" gibt, – was soll man dagegen tun?... Man muß sich endlich entscheiden, wie in der Physik anzuerkennen, daß es Gesetze gibt, gegen die man nicht spielt.»[33]

Der ganze Brief müßte hier vollständig zitiert werden, denn, so scheint es, dies ist der kraftvollste Text, den das heikle Problem der Rassen veranlaßt hat. Und wie das immer so ist, er ist unveröffentlicht, und die Unesco hat ihn in keiner Weise berücksichtigt[34]. Eine Art Gesetz der Menschheit bewirkt, daß auf einem gewissen Grad der sozialen Stufenleiter, selbst wenn sie durch die unmittelbare Sanktion des Wirklichen bedroht sind, die Mächtigen der Welt gegenüber kurz und einfach taub werden und [bis zur Katastrophe] in einer wattierten Welt leben, die systematisch die Geräusche des Universums erstickt. Die Formel «Mussolini ha sempre ragione», die zu einer blutigen, an einem Fleischerhaken hängenden Leiche führt, ist von universeller Tragweite. Am 29. Juni 1954 sagte Teil-

[33] Am 11. Juni 1952 schrieb P. Teilhard, als er erfuhr, daß die Unesco eine zweite Fassung ihres Kommuniqués über die menschlichen Rassen vorbereitete, von neuem an Torrès-Bodet.

[34] Da sie Mitglieder sehr verschiedenen religiösen oder ideologischen Standpunktes umfaßt, konnte sie nicht von einer «synthetischen» Ideologie verlockt werden. Dagegen errichtete sie eine internationale Kommission für eine Geschichte der wissenschaftlichen und kulturellen Entwicklung der Menschheit, die die ‹Cahiers d'Histoire mondiale› veröffentlicht, die diese teilweise bereits redigierte Geschichte vorbereiten.

hard zu uns: «*Man sagt, ich sei Rassist; doch ich bin kein Rassist.*» Für den Rassisten spaltet die Menschheit sich endgültig in höhere Rassen und niedere Rassen, jede Verschmelzung wäre unmoralisch und bildete eine Befleckung. Die biologisch niederen Rassen waren nur zu einem nutz, nämlich die niederen Aufgaben zu erfüllen, und niemals würde die Menschheit dahin gelangen, eins zu werden[35]. Für P. Teilhard gibt es tatsächlich Rassen, die an der Spitze der Evolution stehen, und andere, die an einen toten Punkt gelangt sind. Für ihn ist nicht jede Vermischung in gleicher Weise gut: Es gibt optimale Proportionen. Doch an dieser Stelle hören die Analogien auf. Das ganze Rassenproblem muß von dem Faktum beherrscht und bestimmt werden, daß die menschliche zoologische Gruppe der Rassen biologisch noch nicht vollendet ist und daß sich vor ihr noch weite Möglichkeiten der Ultraanordnung eröffnen. Die Menschheit evolviert in Richtung einer Art Totalisation, und dieser Prozeß räumt jeder Rasse ihre Rolle ein, und sie sind nicht gleich, sondern komplementär und synthetisierbar. Das Teilhardsche Denken skizziert also zwischen den verschiedenen Rassen eine

B – «Haltung der sympathischen Zusammenarbeit in der einmütigen Teilhabe an einem Bemühen um „Ultra-Humanisation", in der jede Nuance der Menschheit aller anderen bedarf, um zur Reife zu gelangen»[36].

Wir finden diese Idee der Komplementarität wieder, die die Gedanken über den Vortrag ‹Der geistige Beitrag des Fernen Ostens› beherrschte. Es handelt sich nicht darum, beim Pater vorgefertigte Lösungen für alle gegenwärtigen Probleme zu finden – er hat lediglich Forschungsrichtungen angegeben –, doch sind wir, bekennen wir es, inmitten der gegenwärtigen Verworrenheit, inmitten dessen, was P. Teilhard mit Recht

B – «Geschwätz, verzweifelte Mittel oder Sentimentalität in Fragen der menschlichen Organisation»

[35] In gewissem Maße transponiert der Rassismus den Nietzscheismus und seinen Willen zur Macht von der individuellen Ebene auf die Ebene einer erwählten Rasse [die offensichtlich mit dem Erobervolk wechselt]. Er fügt Träumereien, Mythologien über die Existenz reiner Rassen hinzu, während in Wirklichkeit die gegenwärtigen Rassen, selbst die gesündesten, nur mittlere Typen sind, die sich aus sehr langen Vermischungsprozessen ergeben haben, die letzten Endes zu einem Erfolg geführt haben.

[36] Brief vom 11. Juni 1952.

nannte, über all das betroffen, was dieses Denken an Richtigem, Gesundem und Authentischem enthält.

Da die Unesco sich letzten Endes taub stellte, begann Teilhard einen wesentlich lebendigeren Dialog mit Julian Huxley. Bereits in der Zeit um den 15. Oktober 1944 hatte ein schweigendes Gespräch begonnen, als der Pater ‹What I dare think› las[37]. Die beiden Männer begegneten sich zum erstenmal anläßlich eines Essens, zu dem Baron Guillaume, Botschafter Belgiens in Paris[38], im November oder Dezember 1946 eingeladen hat. Teilhard und Huxley zeigten unmittelbar Interesse füreinander, und sehr rasch war eine feste, zugleich persönliche und intellektuelle Freundschaft entstanden. Die beiden Männer sahen sich von Zeit zu Zeit 1947 und 1948, damals, als Huxley die Funktion des Generaldirektors der Unesco übernahm[39]. Als Torrès-Bodet die Nachfolge antrat, blieben die Beziehungen ebenso herzlich. Am 4. September 1950 schrieb Julian Huxley aus Amerika an P. Teilhard und schickte ihm seinen Essay über ‹Evolutionary Humanism›. Am 17. Oktober bestätigte Teilhard, nachdem er den Essay gelesen hatte, ihm den Erhalt der Sendung:

> B – «Diesen Essay habe ich mit leidenschaftlicher Erregung gelesen – weil Sie in ihm hellsichtig [und mit Ihrer einzigartigen Erfahrung der Unesco] präzis die Essenz dessen aussagen, was ich seit langem erträume. Ist eine derartige Koinzidenz des Denkens angesichts der Fakten nicht der beste Beweis dafür, daß derzeit im menschlichen Denken etwas emporsteigt und sich formuliert?»

Im Laufe des Dezembers 1950 eine kurze Begegnung Teilhard–Huxley anläßlich der Durchreise des letzteren in Paris. Am 29. Dezember gab der Pater ihm gegenüber seiner Freude über den Besuch Ausdruck:

[37] Bereits am 12. Juli 1941 schrieb Teilhard: «*Parallel dazu bringe ich weiter eine bessere, klarere und konzentriertere Darstellung meiner Ideen über den Ort des Menschen im Universum voran. Julian Huxley hat gerade ein Buch oder, genauer, eine Reihe von Aufsätzen: ‹The Uniqueness of Man›, auf eine derart der meinen parallele Weise herausgebracht [jedoch ohne Gott am Ende der Reihe zu integrieren], daß ich mich gestärkt fühle.*»

[38] P. Teilhard hatte den Baron Guillaume in Peking zur Zeit der Japaner kennengelernt.

[39] Er war es bereits 1946.

B – «Diese wenigen Zeilen, um Ihnen zu sagen, wie glücklich ich war, Sie bei Ihrer Durchreise in Paris zu sehen, – um Ihnen [Ihnen und Mrs. Huxley] meine besten Wünsche für 1951 zu sagen, – und um Ihnen dafür zu danken, daß Sie mir Ihren letzten Essay [‹New Bottles for new Wine›] geschickt haben, dessen Lektüre mich fasziniert hat.»[40]

Am 24. Dezember 1950 schreibt er:

B – «Zu Huxley lesen Sie doch seine ‹Huxley Memorial Lecture›, 1950 [...]. Ich glaube, Julian H. hat nicht wenig von mir übernommen [und vice versa]. Doch die Konvergenz ist bemerkenswert. Ich habe ihn [Huxley] vor einer Woche in Paris getroffen: ganz von seiner Idee, der Schaffung eines Zentrums oder Instituts „for higher researches in the line of human Ideology“[41], erfüllt [den Ausdruck habe ich fabriziert: doch ist das wirklich seine Vorstellung]. – Einfach packend...»

Zwischen dem 19. und 22. März 1951 eine neue Begegnung, gleichfalls in Paris. Julian Huxley teilt Teilhard zwei Berichte mit, von denen einer sein Projekt vom 6. März ist. Er bittet ihn außerdem um einen Beitrag zu einem kollektiven Werk ‹Evolution as a Process›, das in England erscheinen soll. Und die Beziehungen gingen in dieser Art weiter bis 1955, Austausch von Briefen, Dokumenten und Begegnungen in der *Wenner-Gren Foundation* – Teilhard freute sich darüber, daß Huxley immer mehr zum «Hause» gehörte.

Diese Sympathie zwischen zwei Männern so verschiedenen Ursprungs ist überraschend. Hier das Zeugnis Julian Huxleys[42]:

W – «Von dem Augenblick meiner ersten Begegnung 1946 mit P. Teilhard an, sehr bald nachdem ich nach Paris als Leiter der Unesco gegangen war, wurde ich gewahr, daß ich nicht nur einen Freund gefunden hatte, sondern einen Partner im intellektuellen und geistigen Abenteuer. Obwohl er das Problem des menschlichen Ge-

[40] Der vollständige Titel lautet ‹New Bottles for new Wine: Ideology and scientific Knowledge›, Vortrag für die Huxley-Medaille, veröffentlicht vom *Royal Anthropological Institute of Great Britain and Ireland*. Es handelt sich um einen Aufruf zur Konstruktion einer «Ideologie» der Evolution [Glaubensideologie]. Huxley hatte eine Woche in Paris verbracht, um zusammen mit der Unesco ein Projekt der «Geschichte der wissenschaftlichen und kulturellen Entwicklung der Menschheit» aufzustellen.

[41] «für höhere Forschung auf der Linie der menschlichen Ideologie».

[42] ‹Encounter›, April 1956, S. 84.

schicks vom Standpunkt eines Christen und eines Jesuitenpaters angegangen war und ich von dem eines Agnostikers und Zoologen, waren wir denselben Denklinien gefolgt und zu erstaunlich ähnlichen Schlußfolgerungen gelangt. Der Grund dafür war, daß wir beide entschlossen gewesen waren, das menschliche Geschick [d.h. den Menschen, seinen kosmischen Hintergrund und seine kosmische Heimat und die Beziehung zwischen ihnen] als ein Phänomen anzusehen – von so vielen Seiten wie möglich, aber nur und immer als Phänomen, nicht als ein metaphysisches oder ethisches oder theologisches Problem. Bei einer solchen Annäherung wird der Mensch nicht als eine der Natur fremde oder von ihr getrennte Schöpfung angesehen, sondern als ein Teil [und als ein sehr wesentlicher Teil] des Phänomens der Evolution. Und Verstand und Geist erscheinen weder als ein irrelevantes Epiphänomen noch als eine übernatürliche Injektion, sondern als höchst wichtiges natürliches Phänomen.»

Wohlgemerkt, wer Begegnung sagt, sagt nicht Koinzidenz. Teilhard betonte etwas mehr die Bedeutung einer Energetik, die die Anwendung der wissenschaftlichen Methode auf die Geschichte und auf die sozialen Studien [wo qualitative Unterschiede und der Begriff des Wertes auftauchen] und die Versöhnung von Subjektivität und Objektivität erlaubt. Vor allem ist das letzte Ziel des Evolutionsprozesses nach P. Teilhard nicht nur, höchstentwickelte Persönlichkeiten hervorzubringen. Die Vorstellung, daß die Gesellschaft zum Ziel habe, Persönlichkeiten im individualistischen Sinne des Wortes zu entwickeln, stellte in den Augen P. Teilhards einen Irrtum dar.

Hier ein wichtiger Auszug aus einem Brief an Huxley, genaugenommen aus einer etwas späteren Periode als der hier studierten, der zeigt, auf welcher Höhe dieser Briefwechsel stand:

B – «Dank für die Übersendung von ‹Evolution in Action›. Ich habe sie mit einer derart leidenschaftlichen Hingabe gelesen, daß alle Seiten meines Exemplars nunmehr mit Bleistiftstrichen bedeckt sind. Es ist bemerkenswert, zu sehen, wie sehr Ihr Denken, das meine [und sogar, trotz seines Pessimismus, das von Charles Galton-Darwin in ‹Next Million Years›] einander nahe sind in dem, was den kritischen Ort und die kritische Bedeutung des menschlichen Phänomens im Universum berührt.

Wir sind alle drei beeindruckt von der revolutionären Sammlung der Menschheit in sich selbst und von der sich innerhalb dieses

totalisierten Ganzen vollziehenden Entwicklung eines verzweigten Netzes von Kulturen und „Creeds“[43], das in eigenartiger Weise innerhalb des denkenden Milieus die verschiedenen Patterns[44] der zoologischen Phylogenese reproduziert. Wir unterscheiden uns noch [Sie, G. Darwin und ich], wenn es darum geht, den biologischen Wert der Sozialisation zu beurteilen. Für Sie [und für G. Darwin] liegt, so möchte es scheinen, in dem Phänomen der menschlichen Totalisation lediglich eine Art Akkumulationsprozeß vor, der schließlich in ein Gleichgewicht mündet. Doch sollte es wirklich nicht möglich sein, einen weiteren Schritt zu tun und [wissenschaftlich] zu erkennen, daß der „Pool“, den Sie so gut beschreiben, nicht nur *Konfluenz*, sondern *Konvergenz* [eine unwiderstehliche und irreversible Konvergenz] des Denkens in sich selbst ist? Eine derartige Konvergenz [vorausgesetzt, daß ihr auf dem Weg weder die physische Energie noch der psychologische „Drive“[45] fehlen] würde nach vorn einen kritischen Punkt der Speziation [oder, wenn Sie es vorziehen, der Reflexion oder Einmütigung] definieren, der gerade eben das ist, was Ihrem „Evolutionary Humanism“ vollen energetischen Wert geben könnte [...].
Etwas anderes. Ich bin durchaus mit Ihnen einverstanden, daß das langwährende Spiel der großen Zahlen fähig ist, die Trift eines Teils des Universums in Richtung auf das Unmögliche einzuleiten. Doch wie soll man diese Eigentümlichkeit der natürlichen Auslese erklären, „persistantly“[46] in der Welt diese besondere Form des Unwahrscheinlichen wachsen zu lassen, die zu den am organischsten zentrierten und folglich bewußtesten Anordnungen führt? – Oder sollte zufällig [wie bereits Bergson in seiner ‹Évolution créatrice› sagte] der Weltstoff sich uns wissenschaftlich als mit einer Art besonderer „Schwerkraft“ ausgestattet darstellen, die ihn unter Ausnutzung aller Chancen, *mittels einer größeren Komplexität, in Richtung von immer mehr Bewußtsein* fallen [oder genauer aufsteigen] läßt? – Mit anderen Worten, glauben Sie, der Weltstoff würde, wäre er nicht ursprünglich in einem gewissen

[43] Credos.
[44] Typen, Muster.
[45] Impuls, Triebkraft.
[46] beständig, hartnäckig.

Sinne „loaded"[47], den geringsten Ansatzpunkt zu einer natürlichen Auslese bieten?»[48]

Julian Huxley ist ein Mann, der aufbaut. Wir haben gesagt, daß er zwischen dem 19. und 21. März 1951 P. Teilhard zwei Berichte gezeigt hatte, die dazu bestimmt waren, sein Projekt eines Gehirntrusts [brain trust] zur Erforschung einer menschlichen «Ideologie» zu begründen. Sein Projekt vom 6. März regte P. Teilhard zu einem Memorandum an, dessen ersten Teil wir hier wiedergeben:

W – «MEMORANDUM AN DR. JULIAN HUXLEY [22. März 51]

Bei einer vorläufigen Einschränkung des Umfangs der Pläne glaube ich, daß es strategisch vorteilhaft wäre, die vorgesehene Operation in mehrere Schritte aufzuteilen: der erste dieser Schritte wäre die einfache Errichtung eines „*Institute for human Studies*" – oder genauer eines Forschungsinstituts für das Studium und die Kontrolle der menschlichen Kräfte der Self[Ultra-]Evolution, oder noch einfacher, eines „*Institute for the Study of human Self-Evolution*".

In erster Annäherung würde ich mir vorstellen, daß dieses Institut aus zwei Zweigen gebildet wird, der eine theoretisch, der andere angewandt [letzterer in drei Abteilungen unterteilt].

THEORETISCHER ZWEIG.

A. Diesem ersten Zweig würde obliegen:

a] die Aufgabe des immer unbestreitbareren Aufweisens der *Existenz* und

b] die immer klarere Bestimmung der *Achsen* einer [immer reflektierteren, erfinderischeren und geplanteren] *Trift* des Humanen in Richtung auf ein Ultrahumanes.

Einige Beispiele der zu untersuchenden Punkte:

Indizien einer planetaren „psychischen Erhitzung".

Effekte der planetaren Kompression auf die menschliche Anordnung.

[47] beladen.

[48] Brief vom 27. Februar 1953. Das Werk ‹Les singularités de l'espèce humaine› [‹Annales de Paléontologie›], 1955 [deutsch: ‹Die Besonderheiten der menschlichen Art› in ‹Das Auftreten des Menschen›, S. 277 ff.], dessen erster Titel ‹L'avenir de l'espèce humaine›, ‹Die Zukunft der menschlichen Art›, lautete, bildet teilweise eine Antwort an Julian Huxley und Charles Galton-Darwin. Auf einem maschinengeschriebenen Exemplar des Textes ‹The Transformation and Prolongation in Man of the Progress of Evolution› ist bereits mit Bleistift vermerkt: «*[für Huxley] 1951.*»

Totalisation und Personalisation.

Allgemeine Bedingungen einer Self-Ultra-Hominisation, seien sie physischer [Problem der Nahrungs- und Energiequellen] oder psychischer Natur [Problem des Unterhalts der Lust an der Evolution].

ANGEWANDTER ZWEIG.

Energetische Abteilung. – [...]

Eugenische Abteilung. – [...]

Orientationsabteilung. – [...]»

Es ist leider nicht möglich, diesen Text mit dem Projekt Huxleys zu vergleichen, das wir nicht kennen. Auf jeden Fall taucht die Idee eines «Instituts für menschliche Studien» von neuem in einem Bericht Huxleys vom 9. April 1951 auf. Dieses Institut hat nach dem englischen Biologen wesentlich das Ziel, die Potentialitäten des Menschen als Sozialwesen auszuloten, und stützt sich auf drei Ideen:

W – «a] auf die Einheit der Erfahrung und das gegenwärtige Bedürfnis nach Integration verschiedener Aspekte der Erfahrung und ihrer Erforschung [...];

b] auf breite Evolutionsprinzipien, insbesondere auf die Tatsache, daß die bezeichnendste Eigenheit des Evolutionsprozesses die Autotransformation mit einer fortschreitenden, aber graduellen Verwirklichung neuer Möglichkeiten ist;

c] auf den Wert der wissenschaftlichen Methode auf allen Gebieten und umgekehrt die Unerwünschtheit eines dogmatischen oder rein subjektiven Zugangs».

Die Verwandtschaft zwischen den beiden Konzeptionen ist evident: Bedeutung der menschlichen Sozialisation, Bedürfnis nach Synthese, Evolutionismus, Auftreten neuer Schwellen, die nicht auf rein äußere und mechanische Aktionen zurückzuführen sind, Anwendung der wissenschaftlichen Methode auf das Studium des Phänomens im weitesten Sinne des Wortes dergestalt, daß die Wertbetrachtungen [also die qualitativen und subjektiven Betrachtungen] den objektiven Betrachtungen untergeordnet werden, Zurückweisung einer die Welt aus Prinzipien a priori deduzierenden Metaphysik, während die Weltschau wesentlich relational und nicht deduktiv sein muß. Die Unterschiede, die Huxley von P. Teilhard trennen, sind auf die angelsächsische Erziehung des ersteren zurückzuführen. Bei Huxley findet sich noch eine Art Szientismus, der in England [und jenseits des Atlantiks] noch sehr in Mode steht und stark vom Darwinismus durchtränkt ist. Huxley verwirft weder das Christentum noch die Theologie, er bewahrt eine Art Religiosität, doch glaubt er, die Wissenschaft könne die alten Mystiken ersetzen, während sie nach P. Teilhard ihnen Nahrung bringen muß.

Die Unterschiede aufzeigen heißt nicht jemandem einen Vorzug geben. Wir werden uns darauf beschränken, drei Ideen hervortreten zu lassen. Wie Julian Huxley sehr zu Recht erklärt, nachdem er [in glänzenden Termini] ‹Das menschliche Phänomen› besprochen hat:

W – «Es ist, so glaube ich, interessant, zu erwähnen, daß all diese Punkte ganz unabhängig auch von mir betont worden waren [zum erstenmal formulierte ich die Idee eines kritischen Punktes zwischen der biologischen und menschlichen Evolution 1914]; es ist interessant, aufzuzeigen, wie zwei Denker, der eine als von christlichen Prämissen ausgehender Paläontologe, der andere als von rationalistischen Prämissen ausgehender Allgemeinbiologe, beinahe gezwungen sind, dieselben Phänomene als bezeichnend herauszupicken und dieselben allgemeinen Schlußfolgerungen aus den Fakten zu ziehen [...].»[49]

Zwei unabhängige Denker waren sich also begegnet. Die Fragen der Priorität ihrerseits sind völlig eitel: Die beiden Männer hatten jeder auf seiner Seite seine Weltanschauung zur Reife gebracht. Die Schau Teilhards ist bereits in seinen Jugendschriften gegeben, und als er das Privileg hatte, Huxley zu begegnen, hatte er ‹Das menschliche Phänomen› bereits abgeschlossen[50]. Ein zweiter Punkt: Nachdem die beiden Männer sich einmal kennengelernt hatten, haben sie in zugleich wissenschaftlicher und freundschaftlicher Weise diskutiert, und sie haben einander durch ihre wechselseitigen Kritiken geholfen, ihr Denken zu präzisieren und zu vertiefen[51]. Schließlich,

[49] ‹Encounter›, April 1956, S. 85–86.

[50] Teilhard hatte sich bereits 1938/39 für ein dem Institut für Humanstudien ähnliches Projekt interessiert. Er trug keimhaft in sich diese Vorstellung von einem Kollektivisator-Organismus, der sich aus seiner Berufung und seiner Sendung ergab.

[51] Wenn Teilhard sagt, die Menschheit ist die bewußt gewordene Evolution, bezieht er sich ausdrücklich auf Huxley. Seit langem hatte er mit dem angelsächsischen

und damit werden wir abschließen, fand zum erstenmal ein katholischer Gelehrter und Denker außerhalb der streng technischen Probleme einen mit einem angelsächsischen Rationalisten gemeinsamen Boden – d.h. die Möglichkeit, von Christus in der Sprache des 20. Jahrhunderts zu sprechen.

Gegen Mitte Juli 1951 brach Teilhard nach Südafrika auf. Immer hellhörig für die Weisungen des Auferstandenen, der seinen «*Göttlichen Bereich*» webte, hatte er die notwendigen Dispositionen getroffen, damit seine Schriften bei seinem Tode die apostolische Mission erfüllen könnten, der er sich geweiht wußte[52]. Diese Aufgabe, um derentwillen er das letzte Exil annehmen und nach seinen eigenen Worten als «*Kind des Gehorsams*» sterben sollte.

Man darf keine anderen Erklärungen für das Testament P. Teilhards suchen als seinen Glauben und seine Treue zu dem, was er seinen «*Göttlichen Bereich*» nannte. Der Pater hörte unaufhörlich auf die Stimme Gottes, die durch sein providentielles Milieu, durch die Ereignisse zu ihm kam, die sich in diesem Rahmen entfalteten. Als einige seiner Freunde, erregt über die Behinderung seiner wissenschaftlichen Laufbahn oder seiner apostolischen Freiheit, ihm rieten, sich von seinem Ordensband zu befreien und sich mit der Rolle eines Weltpriesters zufriedenzugeben, antwortete er unerschütterlich: «*Ich würde aus meinem Göttlichen Bereich heraustreten, ich würde das Band zerreißen, das mich an den Willen Gottes gebunden hält, ich hätte nicht mehr das Vertrauen, von ihm geführt zu werden.*»

Ebenso ließ er, als ein Mitglied seiner Familie seine Aufmerksamkeit auf die Notwendigkeit lenkte, ein Testament zu machen, um sein Werk zu retten, diese Aufforderung verhallen, ohne ihr nachzukommen.

Doch ließ am 2. Juli 1951, eine Woche vor seiner ersten Abreise nach

Denken im Dialog gestanden, doch zum ersten Male [abgesehen von einigen sehr großen Gelehrten vom Typ Simpsons] fand er einen ihm gleichwertigen Gesprächspartner. Eine gute Parallele zwischen Teilhard und Huxley findet sich in M. Gex, ‹Vers un Humanisme cosmologique› [‹Revue de Théologie et de Philosophie›, Lausanne 1957, Nr. 3, S. 197–198]. Siehe auch das schöne Vorwort von Sir Julian Huxley zu der englischen Übersetzung des ‹Menschlichen Phänomens›, die bei Harper & Collins erschienen ist: ‹The Phenomenon of Man›.

[52] Brief vom 26. Mai 1925: «*Ich möchte trotz allem gerne, daß der Herr mir erlaubt, noch aktiver an der Verbreitung von Ideen zu arbeiten, nach denen ein gutes Drittel der Gläubigen und ein wahrscheinlich gleich großer Teil der Ungläubigen positiv hungert.*»

Transvaal, der Administrator der Zeitschrift ‹Études› ihm, von seinem Gewissen aufgefordert, sagen: «Sichern Sie die Zukunft Ihrer Schriften, wir können sie niemals veröffentlichen.» Und ohne zu zögern, folgte P. Teilhard diesem Rat. Er tat es in vollem Seelenfrieden. Tatsächlich steht nichts im Kirchenrecht einer derartigen Disposition formell entgegen, über die die Kanonisten weiterhin diskutieren. Die Manuskripte fallen nicht unter die Verpflichtungen des Gelübdes der Armut[53].

Wenn wir auf P. Jouve[54] anspielten, so geschah das mit Absicht, weil diese Initiative ihm und dem Hause der ‹Études› zur Ehre gereicht. Der Fall P. Teilhards hatte deutlich gezeigt, daß der «Malthusianismus», wenn er auch formell verboten ist, sofern er das Leben betrifft, in dem doch höheren Bereich des Denkens herrscht. In dieser Sphäre kommen die Verletzungen des Naturrechts nicht nur in den Genuß der Straflosigkeit, vielmehr werden sie praktiziert, als wären sie legitim. Ein Unverständnis, ein einfacher Grund der Opportunität, der «Angst»[55], genügen, um plötzlich Ordensleute und Priester ihrer Funktionen zu berauben oder sie von ihren Aktivitäten zu entfernen, sie dahin zu bringen, ihre Werke aus dem Verkauf zu ziehen und so umfangreiche und wohltuende Arbeiten zunichte zu machen wegen einiger von engstirnigen Köpfen herausgestrichener Textstellen, die häufig einige Jahre später anerkannt werden[56].

So wäre ‹Der Göttliche Bereich› ins Nichts zurückgefallen ohne das Eingreifen P. Jouves und die Folgsamkeit P. Teilhards; letzterer entschloß sich, außerhalb der Gesellschaft seine Werke testamentarisch zu vermachen, von denen er spürte, daß sie für die Kirche fruchtbar und unentbehrlich für den Kampf gegen den marxistischen Atheis-

53 Gerade weil es in bestimmten, klar definierten Vorschriften gebieterisch ist, befreit das kanonische Recht, und das ist eines seiner Ziele, das Gewissen des Priesters in all dem, was es nicht ausdrücklich vorschreibt [wir befinden uns natürlich immer auf der Ebene der kirchlichen Angelegenheiten].

54 Der bereits schmerzlich in seiner Sehkraft und seiner Gesundheit angegriffen war und im folgenden Jahr sterben sollte.

55 Man kann kaum von «Klugheit» sprechen, denn die Kardinaltugend der Klugheit, die im Dienste der Gottesliebe steht, teilt deren Wagnisse und ermutigt die Vorläufer.

56 Es ist ein Skandal, daß das Buch P. Louis Barjons, ‹Le Père Teilhard de Chardin› [1956], nicht hat erscheinen können, während die Zeitschrift ‹Divinitas› eine Sondernummer gegen P. Teilhard veröffentlicht hat [1959].

mus sein müßten. Werden alle jene, die verantwortlich sind für Menschen, die durch Vermittlung der kirchlichen Autorität ihr Sein und ihre Freiheit Gott geopfert haben, in Zukunft besser erkennen, daß sie ihre Ordensleute wie die Hostie nur mit «vor Liebe zitternden» Händen handhaben dürfen? Darf man sich nicht fragen, ob sie nicht das Problem einer Verletzung des Naturrechts aufgeworfen haben, jene nämlich, die nicht nur einen Ordensmann daran gehindert haben, diese oder jene besondere Schrift zu veröffentlichen [das mag ihr Recht sein], sondern darüber hinaus ihm systematisch sein ganzes Leben hindurch verboten haben, ein Denken zu bekunden, das in den Augen der Vorsichtigsten vom religiösen Standpunkt aus unbestreitbar von großer Bedeutung ist [wenn es auch gewisse Vorbehalte oder gewisse Erläuterungen erforderlich machen kann, die seiner Veröffentlichung hätten beigefügt werden können]?[57] Es wird eines der Verdienste des französischen Katholizismus sein, daß er verstanden hat, mutig seine Verantwortung auf sich zu nehmen, um die natürlichen Rechte im Bereich des Denkens zu verteidigen und so der notwendigen Evolution in Richtung einer weniger inquisitorischen Weise der Wahrung der dogmatischen Wahrheit den Weg gewiesen zu haben.
Wir haben allen Grund zu hoffen, daß der Fall P. Teilhards, ebenso wie seine lange und äußerst mühselige Prüfung [dieses Los ist das Geschick aller Vorläufer], zu einer Wahl von Revisoren führt, die weniger «Schriftgelehrten»[58] gleichen und dafür universeller kom-

[57] Es ist ganz eindeutig klar, daß der hl. Ignatius einen unverzüglichen und restlosen Gehorsam dem Befehl des Oberen gegenüber verlangte, «vorausgesetzt [so erläutert er], daß man nicht mit Gewißheit in ihm irgendeine Sünde erkennen kann» [‹Constitutiones Societatis Jesu›, VI, 1, 1]. Ist nun nicht evident, daß jede Verletzung des Naturrechts, also des Denkens, eine Sünde darstellt? – Als er einmal wider einen geschriebenen Befehl gehandelt hatte, gab P. Manare Ignatius von seinen Gründen Rechenschaft. Letzterer hieß sein Tun gut: «Der Mensch gibt den Befehl. Aber Gott allein gibt die Unterscheidung» [‹Acta Sanctorum›, 31. Juli, Nr. 902–903]. Es versteht sich von selbst, daß dieser Text einen Kommentar erfordert und daß der hl. Ignatius zu einem Ordensmann spricht, der ihm alle Garantien gegeben hatte. Darf man aber nicht P. Teilhard zumindest auf dieselbe Stufe mit P. Manare stellen?

[58] Vgl. den Brief Teilhards an einen Freund: «*Nun kann ich mich nicht der Evidenz entziehen, daß der Augenblick gekommen ist, da der christliche Sinn „Christus" aus den Händen der Kleriker [d.h. jener unter ihnen, die die „Schriftgelehrten" der Kirche sind] „retten" muß, damit die Welt gerettet werde.*» Siehe auch den sehr schönen Artikel ‹Le

petent sind: Revisoren, die eher mit einem «bitte einfügen» als mit einem «bitte streichen» tätig wären. Mit anderen Worten, die Schwierigkeiten, die Pater Teilhard erfahren hat, haben gewiß dazu beigetragen, zu begreifen, daß es einen Platz [zwischen der eng verstandenen Orthodoxie und der Häresie] für eine notwendig tastende und ungenaue Forschung gibt, die aber um nichts weniger zur Wahrheit strebt und also geschützt und gewahrt werden muß.

Saint-Office et l'Église›, der in ‹Le Monde› am 24. September 1959 erschienen ist, und ‹L'Opinion d'un Père de la Compagnie de Jésus›, erschienen am 26. September 1959.

SECHSTES KAPITEL

DIE AMERIKANISCHE EPOCHE [1951–1955]: ALLTAGSLEBEN IN NEW YORK ERSTE SÜDAFRIKANISCHE REISE

Am 5. Juli 1951 verläßt P. Teilhard Frankreich mit dem Ziel London, wo er sich mit Barbour treffen soll. Am 12. Juli verläßt er Southampton, und am 1. August erklärt er von Johannesburg aus, wo er seit einigen Tagen ist:

> B – «Hier bin ich also [...] nach einer sehr angenehmen und von Zwischenfällen freien Reise[1]. Wir haben hier schönes Winterwetter vorgefunden, frisch und sonnig, genau wie Peking im Februar.»

Inmitten dieser Fröhlichkeit des südlichen Winters ahnte Teilhard nicht, daß eine neue Periode seines Lebens begann.

Die Darlegung der, wie man es nennen kann, amerikanischen Epoche stößt auf zwei Schwierigkeiten von sehr ungleicher Bedeutung: Dieses Mal gibt es eine Fülle von Dokumenten. Man muß eine Auswahl in der eindrucksvollen Masse von Fakten und Ideen treffen. Diese Überfülle an Dokumenten erklärt sich aus vier Gründen. Wenn aufgrund des Gesetzes des Auslöschens der Ursprünge die Briefe seltener werden in dem Maße, wie man in der Zeit zurückgeht, vermehrt sich ihre Zahl umgekehrt, wenn man sich dem Schluß des Lebens nähert. Andererseits versucht Teilhard, der von all seinen Freunden fern ist, die Verbindung mit den meisten unter ihnen aufrechtzuerhalten. Mehr noch, da er ein berühmter Mann ist, wird er von allen Seiten angesprochen, und viele Unbekannte, viele Nathanaëls, versuchen mit ihm in Beziehung zu treten. Schließlich scheint es, daß sein Denken sich lieber den Zufälligkeiten der Korrespondenz folgend ausdrückt:

> B – «Doch ich stelle fest, daß der Kern meines Denkens immer lieber außerhalb gegliederter Essays zutage tritt, dem Zufall und dem Anreiz der Briefe folgend, die diesem oder jenem meiner Briefpartner zu schreiben sind.»[2]

[1] Wie gewohnt, nutzt er die Reise, um einen neuen Essay zu schreiben, ‹Die Konvergenz des Universums›, ‹La convergence de l'univers›.

[2] Brief von Ende März [?] 1955.

Es muß gesagt werden, daß letztere, wenn man so sagen darf, alles tun, um ihn zu provozieren, indem sie ihm ihre Probleme anvertrauen und versuchen, ihn auf dem laufenden zu halten und ihn mit wissenschaftlichen, religiösen oder philosophischen Artikeln und Neuigkeiten zu versorgen.

Eine andere Schwierigkeit: Chronologie und Logik sind für diese Periode von etwas weniger als vier Jahren endgültig unvereinbar. Man muß die eine der anderen opfern, wir wollen sagen, die erste der zweiten. Ein entscheidender, vom 10. Dezember 1951 in New York datierter Brief vertraut uns an:

B – «Ich sehe die Arbeit hier auf drei [immer innereren] Ebenen:
– Mitarbeit an der Organisation von Forschungen über die menschlichen Ursprünge in der Welt [mein „Grant" wird das Etikett tragen: *Research Associate for Palaeanthropology*][3];
– Bemühen, um wissenschaftlich das Problem einer Weiterführung [und unter welcher Form?] der biologischen Kräfte der Evolution und der Speziation in der zeitgenössischen Menschheit herauszuarbeiten;
– schließlich [für mich allein] Fortsetzung des Bemühens um Synthetisierung des Empor mit dem Voran in einem religiösen Denken [Christologie], das den neuen Dimensionen des Universums angepaßt ist.»[4]

Wir werden also ganz natürlich drei wesentliche Teile unterscheiden: die technische Tätigkeit Teilhards, seinen Versuch, die Anthropologie zu reformieren, sein religiöses Denken, wobei wir den drei Teilen eine Beschreibung seines Lebens in den Vereinigten Staaten vorausschicken.

Diesen Alltag kennen wir aus einigen Streiflichtern hier und dort und aufgrund einiger, nichtsdestoweniger zulänglicher, Zeugnisse. Gewöhnlich teilt Teilhard in New York seine Zeit zwischen der

[3] Das heißt: «*Die [von der Wenner-Gren Foundation mir bewilligten] Gelder werden das Etikett tragen: Forschungsbeirat für die Paläanthropologie.*» Der *Viking Fund*, der von einem Amerikaner schwedischen Ursprungs, Wenner-Gren, geschaffen worden war, hatte zugleich wissenschaftliche, mildtätige und erzieherische Ziele. Als er zur *Wenner-Gren Foundation* wurde, hat letztere sich in präziser Weise vorgenommen, die anthropologischen Forschungen zu fördern.

[4] Siehe auch die Briefe vom 30. November und 4. Dezember 1951 und vom 22. und 23. Dezember 1953.

Wenner-Gren Foundation, dem *American Museum*, freundschaftlichen Beziehungen und *Park Avenue [St. Ignatius Loyola Residence]*, wo er logiert. Hier ein Zeugnis des Reverend Robert I. Gannon SJ[5]:

B – «[...] bei der abendlichen Rekreation war er immer unterhaltsam, manchmal in tiefer Diskussion, manchmal in munterem Gespräch. Er konnte fröhlich sein, und er hatte viel Sinn für Humor. Er war bei allen amerikanischen Patres beliebt, die ihn als ein Musterbeispiel der Demut und Nächstenliebe ansahen. Jeden Monat kam er zu einer einstündigen Besprechung in mein Zimmer und wollte seine Arbeit und seine Probleme und seine Schwierigkeiten mit der Einfachheit eines jungen Scholastikers besprechen. Sein Tod weckte in uns allen das Gefühl eines persönlichen Verlustes.»[6]

In der *Park Avenue* werden einem noch die Gartenecken gezeigt, wo Teilhard, nachdem er seine Messe in der Herz-Jesu-Kapelle gefeiert hatte, sich gerne sammelte oder seinen Rosenkranz betete, sei es zu Füßen eines in der von zwei Gebäuden mit großen Fenstern gebildeten Ecke an der Mauer befestigten großen Kruzifixes, sei es zu Füßen einer Nische der Jungfrau, die über dichten blühenden Büschen in die Umfassungsmauer eingelassen war.

Während er bis zu seinem Tode ein Glied der Gemeinschaft blieb, mußte er nach zwei Jahren eine andere Unterkunft suchen:

B – «Diese letzten Wochen sind für mich etwas unruhig gewesen: zunächst, weil ich einige Tage in Washington verbracht habe; und dann, weil ich in der letzten Woche eine Unterkunft außerhalb von *St. Ignatius* suchen mußte. Eine Komplikation von Abbrucharbeiten und widerspenstigen Mietern hat den reizenden P. Gannon gezwungen, für drei Monate sieben Patres des Hauses auf die Straße zu setzen – innerhalb von acht Tagen. Dank der geistigen Weite P. Mcmahons [Provinzial] und der Unterstützung von Roger Straus [...] habe ich ein relativ günstiges Asyl in einem sehr vornehmen und sehr ruhigen Männerklub finden können [strenge Klausur!...], dem *Lotos Club [5 East 66th Street]*[7] – zwei

[5] Rektor der *Loyola School.*

[6] Brief an Claude Cuénot vom 6. September 1957.

[7] Sein Weggehen wurde von dem ganzen Personal bedauert: "He was so good a man!", sagten unter Tränen der Liftführer und die «coloured woman», die auf seiner Etage die Funktionen des Zimmermädchens ausübte [vgl. ‹Synthèses›, Dezember 1957, S. 454].

Schritte von der *Wenner-Gren Foundation* – und auch von einer dominikanischen Pfarrei [fünf Minuten zu Fuß, um zur Kirche zu gehen]. Ende gut, alles gut. Doch all das erleichtert nicht die Arbeit [...]. Geduld. Ich müßte immerhin mich etwas besser im „Göttlichen Bereich" einzurichten verstehen.»[8]

Dank seiner Anpassungsfähigkeit scheint der Pater eine durchaus ausgeglichene Existenz geführt zu haben, und er scheint so glücklich gewesen zu sein, wie man es sein kann, wenn man von der Heimat, der TERRA MATER, fern ist, wenn man den Tod sehr lieber Freunde erfährt, «*der arme liebe Jouve*» [1952][9], «*der liebe Auguste Valensin*», und Pierre Charles', dessen Verschwinden ihn «*sehr allein gelassen hat*» [1954]. Er hat sein «Office», sein Büro, in der *Wenner-Gren Foundation*, und er gehört zum Generalstab, was ihm ermöglicht, die interessantesten Leute der Vereinigten Staaten zu sehen[10]. Sein Aufenthalt bei der *Wenner-Gren* ist ganz gewiß ein Erfolg. Seine Arbeit nimmt Form an, und dank seinem «*sanften Druck*» wirkt er auf die allgemeine Politik der *Foundation* ein. Wenn er auch vorgibt, daß sein Englisch trotz der Hilfe gewisser amerikanischer Freunde noch «*schrecklich französisch*» sei, versteht er die Sprache vollkommen, und es gelingt ihm, nicht nur technische Ergebnisse – das ist seit langem zur Gewohnheit geworden –, sondern auch abstrakte Ideen und die Konzeptionen seiner eigenen Philosophie ohne unüberwindliche Schwierigkeiten in ihr auszusagen. Wenn auch Paul Fejos, der dauernd überarbeitet ist, nur selten zu sehen ist, erfreut der Pater sich seiner Zuneigung und seines Vertrauens[11]. Er fühlt sich

[8] Brief vom 7. März 1954.

[9] Vgl. den Brief vom 29. September 1952: «*Dank für Ihre letzten Briefe, von denen der letzte mir das Ende [die Erlösung] des lieben Jouve ankündigte. Eine große Leere in meinem Leben... [...] Ja, immer mehr: das allein und einzig Notwendige.*» Sehr hart traf P. Teilhard auch der Tod seines Lehrers und Freundes, des Geographen und Geologen Emmanuel de Margerie [1862–1953].

[10] 1951 wird er Honorary member of the *New York Academy of Sciences.*

[11] Vgl. den Brief vom 9. Juli 1954: «*[...] der Direktor, Dr. Paul Fejos, ist mir ein großer Freund geworden.*» Teilhard genoß in den Vereinigten Staaten allgemeine Hochachtung; vgl. den Brief von J. O. Brew, Direktor des *Peabody Museum of Archaeology and Ethnology* von Harvard an Paul Fejos [25. Januar 1951]: «Jedermann fühlt hier, daß er einer der führenden ausländischen Gelehrten ist.» Einer seiner amerikanischen Freunde bezeichnet ihn als «fine gentleman», was noch mehr bedeutet als «vollendeter Edelmann».

von Jahr zu Jahr immer tiefer an die *Foundation* und seine Aufgabe gebunden:

B – «Auf jeden Fall fühle ich mich hier glücklich: anpassungsfähiges und warmes Milieu!»[12]

Kurz, er fühlt sich in New York wohl. Er hat einige Freundeshäuser ausgewählt, in die er sich teilt, wodurch er vermeidet, sich nach allen Seiten zu zerstreuen. Seiner Gewohnheit gemäß strebt er nicht die Bekehrung an, und doch entwickelt sich jene zutiefst materialistische Persönlichkeit in fortschreitendem Maße dank ihm zum Glauben und zum Gottvertrauen, und sie entschließt sich sogar schließlich, den Pater in eine Kirche zu begleiten. Dank ihm findet Christus langsam und ohne seinen Namen zu nennen den Weg auf die undankbarsten Böden und zu den [in den Augen französischer Katholiken] sonderbarsten Geistern. Von Zeit zu Zeit wird die Regelmäßigkeit des Lebens durch den Besuch einer wichtigen, von Europa kommenden Persönlichkeit oder von einer «Party» oder von kleinen Reisen unterbrochen. Am 17. Februar 1952 schreibt er:

B – «Ich komme von Washington [Georgetown University] zurück, wo ich reizend empfangen wurde – ganz besonders vom Rektor [der früher einmal eine Art von Dissertation an der Sorbonne gemacht hat und seine Wohnung in der Rue Raynouard hatte] [...]. An der Katholischen Universität hat die Anthropologische Abteilung [...] mir einen Cocktail gegeben, wo ich vielen Leuten begegnet bin: insbesondere zwei glänzenden Scholastikern [der eine in Physik, der andere in Biologie], denen ich heimlich den „Dämon“ der Forschung zu injizieren versucht habe. Gleichfalls die Leute des *Smithsonian* [Paläontologie und Anthropologie] gesehen; und mit meinen Freunden Grew [ehemaliger Botschafter in Japan] unter uns zu Abend gegessen. Der Himmel wölbte sich tiefblau über den noch schwarzen Wäldern [sie werden sehr bald rosa sein] des Potomac. Dieser Ausflug hat mir gutgetan.»

Einige Monate später[13] erhalten wir einen ganz anderen Eindruck:

B – «Heute morgen fahre ich für drei Tage nach Boston [Harvard]. Das letzte Wochenende verbrachte ich in Yale, das ich

[12] Brief vom 31. Januar 1955.

[13] 24. März 1952. Weisen wir noch darauf hin, daß er sich Mitte November 1952 nach Boston begibt zum jährlichen Kongreß der *Geologischen Gesellschaft* und zu dem der *Society of Vertebrate Palaeontology*.

noch nicht kannte; und um die Rundreise von New Haven zu Ende zu bringen, habe ich einen Tag im Deep von Connecticut verbracht [...]. Das Land [von den Gletschern zerfurchte granitene Plattform] hat mich durch seine Wildheit überrascht [außerhalb der übervölkerten Inseln]: überall Wald, Wald, soweit das Auge reicht. Das Ganze so hübsch unter seinem zarten Laub mit den leuchtenden Apfelbäumen und „Dogwoods"[14].»

In New York verkehrt er mit einigen Künstlern und nimmt manchmal an offiziellen Feierlichkeiten teil. Sehr viel interessanter jedoch für ihn als diese lärmenden Versammlungen sind die persönlichen Besuche, die ihm all die wichtigen Persönlichkeiten abstatten, die in New York landen: Pierre Chouard, Professor für Pflanzenphysiologie an der Sorbonne, P. Bergounioux, Professor für Geologie am Institut Catholique von Toulouse, Baron Alberto Carlo Blanc, italienischer Geologe und Paläontologe, der Arabist Massignon, André Malraux, Denis de Rougemont, Roger Lévy, Jacques Rueff, der Botaniker Henri Prat und seine Söhne... Ein Brief[15], den ein niederländischer Spezialist für Parapsychologie, Dr. Michel Pobers, an uns richtete, beschwört sehr gut den Ton der Gespräche P. Teilhards:

B – «Ich antworte sehr gerne auf Ihre Fragen über meine Begegnung mit P. Teilhard de Chardin, die in New York im Laufe eines Abendessens bei Monsieur Hervé, Attaché beim französischen Generalkonsulat, stattfand.

Ich kannte sehr wenig vom Werk P. Teilhard de Chardins: ich hatte früher seinen Artikel [...] [‹Die Richtungen und die Voraussetzungen der Zukunft›] gelesen, doch war ich über seine Arbeiten nicht auf dem laufenden.

Im Laufe des Abendessens erwähnte irgend jemand die Studienreise, die ich gerade nach Jamaika und Haiti gemacht hatte, und die seltsamen physischen und physiologischen Phänomene, die ich während gewisser „Obeah"- und „Vudu"-Zeremonien beobachten konnte. Nach dem Abendessen nahm P. Teilhard de Chardin mich beiseite, und ungefähr zwei Stunden lang haben wir über wissenschaftliche Untersuchungsmethoden der sogenannten „paranormalen" Phänomene diskutiert. Ich stellte überrascht fest, daß P. Teilhard nicht nur

[14] Hartriegel.

[15] datiert vom 7. Juli 1955.

die Literatur über die Phänomene oder die Fähigkeiten paranormalen Charakters gründlich kannte, sondern auch die Laboratoriumsarbeiten und die statistischen Berechnungen von Prof. J. B. Rhine in Durham, Nordkarolina, von Dr. S. G. Soal in London usw. Er machte einige kritische, äußerst richtige Bemerkungen über die Anwendung der statistischen Schätzung und der Wahrscheinlichkeitsrechnung auf die Psychologie und im allgemeinen auf die Humanwissenschaften. Ich informierte ihn über neue Experimente, die ich in Zusammenarbeit mit Prof. Jung und seinem Institut in Zürich erarbeiten wollte. Auch dort wieder war ich von seinen breiten Kenntnissen und seinem tiefen Verständnis der Jungschen Theorien, insbesondere der Begriffe des Archetypus und des kollektiven Unbewußten, überrascht. P. Teilhard, der der Psychoanalyse gegenüber im allgemeinen sehr zurückhaltend war, machte nichtsdestoweniger eine sehr deutliche Unterscheidung zwischen den Theorien Freuds, Adlers und Horneys und den Jungschen Konzeptionen, mit denen sein persönliches Denken einige Berührungspunkte hatte.
Wir sind sehr rasch einer Meinung gewesen über die Unmöglichkeit, die besonderen Aspekte der Psychologie oder Psychopathologie des Individuums zu analysieren, ohne zuvor das Problem des „ganzen Menschen" zu stellen, vielleicht sogar, ohne ihn zuvor in ein noch umfassenderes Ganzes des „menschlichen Universums" zu integrieren. Hierzu skizzierte Teilhard in wenigen Worten seine Theorie des „biologischen Erfolges des Menschen".»
P. Teilhard war immer ein glänzender Gesprächspartner. Doch er zerstreute sich nicht. Wenn er *der* interessanten Persönlichkeit begegnete, unterschied er sie sofort, und es kam zu einem Gespräch abseits der anderen, das Stunden dauern konnte. Da er eine der bewußtesten und reichsten «Monaden» unserer Menschheit geworden war, erfreute er sich auf der wissenschaftlichen und anthropologischen Ebene einer an Breite und Tiefe gewaltigen Kultur, die durch vielfältige Kontakte und dauernden Gedankenaustausch vermehrt wurde. Seine Zurückhaltung der Psychoanalyse gegenüber erklärt sich aus verschiedenen Gründen. Als voll ausgeglichener, voll bewußter Geist ohne Verdrängungen oder Komplexe entzog er sich dem Psychoanalytiker vollständig. Er bewegte sich auf den hohen Graten, weit von unseren Nichtigkeiten und unseren Mias-

men. Doch war er ein zu offener Geist, um die Konstruktionen der Psychoanalytiker zu verwerfen. Hat die Psychoanalyse nicht den gewaltigen Vorteil, zu beweisen, daß der menschliche Geist wie alles übrige eine Geschichte hat, und kann sie nicht von einer menschlichen Energetik benutzt werden? Teilhard glaubte, daß alle Fähigkeiten des Menschen in die Energetik eingehen würden, weil die Liebe die höchste Energie in Gott und im Menschen ist.

Andererseits ist es eigenartig, zu sehen, wie P. Teilhard sich für die Parapsychologie interessiert. Er verabscheute das Unklare und hat sich nie viel um die Psi-Phänomene[16] gekümmert, doch wußte er, weit davon entfernt, die Vervollkommnung der menschlichen Fähigkeiten dank der Einmütigung auszuschließen, daß sich die menschlichen Fähigkeiten, je mehr der Mensch Mensch ist, um so mehr als kosmischer, menschlicher und universeller Sinn entwickeln:

B – «Vorsicht [...] vor allem, was dem Okkultismus, von einer vergangenen Weisheit weitergegebenen Geheimnissen, registrierbaren Kommunikationen mit dem Jenseits gleicht... Ich schließe absolut nicht eine wissenschaftliche Erforschung des Extrasensoriellen aus – d.h. eines gewissen „interpsychischen Milieus", das möglicherweise [kosmisch] mit dem elektromagnetischen Milieu der Physiker zusammenhängt.»[17]

In New York gab es noch ein Haus, dem P. Teilhard eine alte Zuneigung bewahrte, nämlich das *American Museum*, zu dem ihn unaufhörlich die von der *Wenner-Gren Foundation* geforderten Forschungen hinriefen. Hier eine Erinnerung, die sich vor allem auf die letzten Jahre bezieht, ohne jedoch die Zeit vor dem Kriege auszuschließen[18]:

B – «Er kam gewöhnlich in die Osborn-Bibliothek und setzte sich dorthin, wo er einen großartigen Ausblick auf den Horizont der 59. Straße, jenseits des Zentralparks, genießen, die Aussicht bewundern und nebenbei alle Neuigkeiten usw. aufgreifen konnte. Er

[16] d.h. was in den Bereich der Parapsychologie gehört [Gedankenübertragung, Zweites Gesicht usw. ...].

[17] Brief oder Notiz vom 20. Januar 1955.

[18] Brief von Mrs. Rachel H. Nichols an Claude Cuénot [10. Juli 1956]. Der Mann dieser Amerikanerin, John S. Nichols, ist ein Künstler, dem wir bewundernswerte Fotografien von P. Teilhard verdanken, insbesondere jene, die in ‹Quaternaria› [1955] und im ‹Bulletin de la Société Géologique de France› [1957] veröffentlicht worden sind.

schien sich wirklich darüber zu freuen, zu allen Abteilungsparties eingeladen zu werden, die wir gelegentlich gaben, und wir baten ihn immer zu den Christmas-Parties und einigen anderen, wenn Gäste da waren, die ihm Freude machen konnten [...]. Und er bestand immer darauf, mir bei dem Geschirr zu helfen! Zwei oder drei von uns brachten alle Gläser in unser Laboratorium, und er trocknete sie munter ab, während ich sie spülte. Natürlich war es diese Wärme seiner Persönlichkeit, die bewirkte, daß jedermann ihn gern hatte, der ihn kannte. Er pflegte gelegentlich zum Abendessen zu kommen, und einmal nahm ich ihn hinterher mit über den Times Square, da ich erfahren hatte, daß er in all seinen Jahren in New York niemals die hellen Lichter des Broadway gesehen hatte. Er freute sich wie ein Kind über all die wunderbaren Reklamelichter [...].»[19]

Christmas... Es scheint, dies ist eine der Zeiten, in denen der Pater als Künder der Einmütigkeit enger mit der großen kosmopolitischen Metropole in Gemeinschaft tritt, während er durchaus manchmal ein belustigtes Lächeln bewahrt:

B – «Im Augenblick stehen wir mitten im Christmas-Fieber. Es ist seltsam und rührend, wenn man sieht, wie sehr sogar in allzu laikaler Weise diese Zeit hier ganz entschieden von einem Geist guten Willens und zwischenmenschlicher Sympathie geprägt ist: „The Christmas Spirit", etwas spezifisch Wirkliches...»[20] – «New York umhüllt sich rasch mit Bäumen und Weihnachtsgeist. Überall findet man „Santa-Claus" in rotem Gewand und weißem Bart und Geglitzer in den Geschäften. Im Grunde sehr nett und sehr naiv [zugleich sehr geschäftstüchtig].»[21]

Am 2. Januar, nach den Neujahrsglückwünschen, ist der Zauber vorbei:

B – «Gestern war ich zum 1. Januar „Puter essen" auf dem Lande bei einer herrlichen trockenen Kälte. Die Wälder, die hier alles bedecken, sobald keine Stadt mehr da ist, standen in voller Schönheit. Und dann ist Christmas zu Ende: die Geschäfte sind leer, und die fortgeworfenen Weihnachtsbäume häufen sich vor den Türen.»[22]

[19] Teilhard verband die Frische und die Spontaneität eines Kindes mit einem höchst erwachsenen Denken.

[20] Brief vom 23. Dezember 1952.

[21] Brief vom 5. Dezember 1954.

[22] Brief vom 2. Januar 1955.

Doch New York bleibt eine fröhliche Stadt:

B – «Hier nichts Neues. Die Weihnachtsbäume und die Santa-Claus sind nach Hause gegangen [man sieht die „Valentine“[23] in Erscheinung treten] [...], mir gefällt es in New York [...]. Sie kennen das Wetter: große Schneefälle, auf die rasch schöne klare und krispe Tage wie in Peking folgen. Fröhlicher als Paris.»[24]

Und wenn Teilhard Ruhe nötig hat und sich zu sammeln wünscht, begibt er sich zu Freunden von Freunden in Purchase, die ein reizendes Landhaus in der Umgebung von New York bewohnen:

B – «Blumen, dichtes Grün und eine absolute Ruhe»[25]

– von Angesicht zu Angesicht dem großen Christus gegenüber.

Wir haben tatsächlich vorgegriffen: 1951 ist Teilhard erst über einen 1951
langen Umweg in New York angekommen, nämlich über das südliche Afrika. Doch sein Wirken in Südafrika ist nur einsichtig, wenn man versucht, sich über die Lage bei seiner Ankunft klarzuwerden. Ein Brief vom 1. August faßt sehr deutlich die Dinge zusammen:

B – «Meine ersten Eindrücke über die Arbeitsmöglichkeiten in Südafrika im Zusammenhang mit der Entdeckung von Knochenresten des frühen Menschen sind *gut*. Meiner Meinung nach eröffnen sich derzeit drei Hauptforschungsrichtungen dem unmittelbaren Angriff.

A. – Am wichtigsten von allem ist die weitere Erforschung der Sterkfontein-*Australopithecus*-Fundstellen [in Verbindung mit der Präparierung der fossilen Nichtprimaten, die von dem verstorbenen Dr. Broom ausgegraben wurden, im Laboratorium]. Mein Hauptbemühen wird dahin gehen, mit Unterstützung von Robinson die besten Möglichkeiten in dieser Gegend auszukundschaften.

B. – Nächstwichtig sollte unfraglich die Vervollständigung der Ausgrabungsarbeiten an der bemerkenswerten Makapan-Fund-

[23] Bekanntlich schreiben zum 14. Februar, dem Valentinstag, die jungen Männer in den angelsächsischen Ländern den jungen Mädchen Liebesbriefe und machen ihnen Geschenke. Wer kennt nicht in den ‹Romances sans paroles› von Verlaine die hübschen Verse ‹A Poor Young Shepherd›, die den Valentinstag feiern?

[24] Brief vom 13. Januar 1952.

[25] Brief vom 27. Juni 1953. Er verkehrte auch mit dem Paläontologen Frick, der in seinem großartigen Besitz Roslyn auf Long Island wohnte, mit dem Park, in den er die seltensten Arten von Nadelhölzern gepflanzt hatte einschließlich der berühmten Metasequoia, dem in Szetschuan, in China, entdeckten «lebenden Fossil».

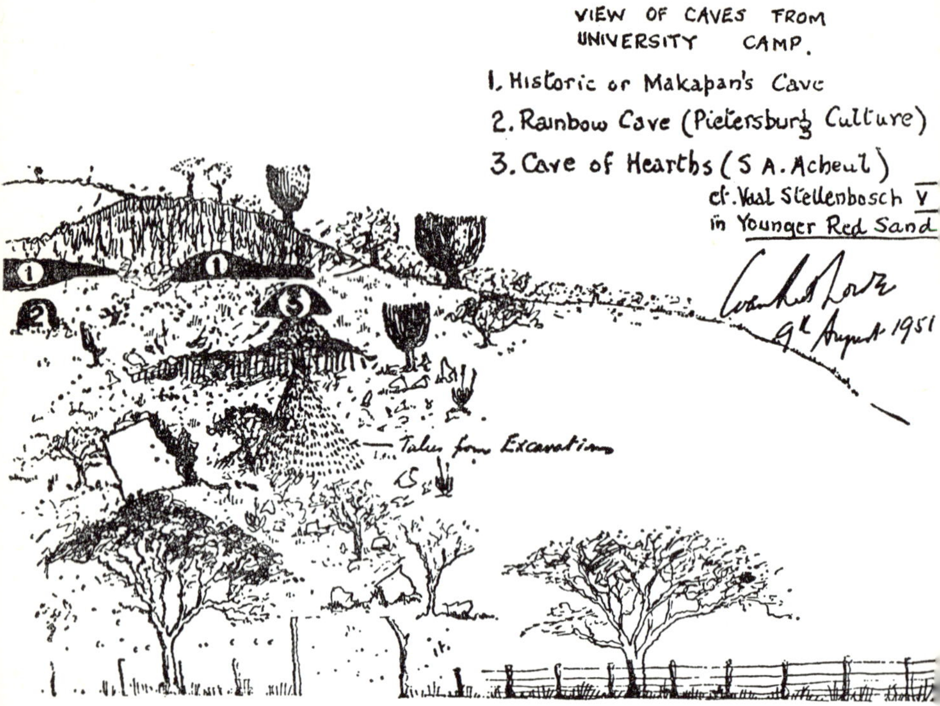

17. Die Höhle der Herde [Cave of the Hearths], Makapan, Zeichnung von van Riet Lowe, 1951

stelle sein, die von Dr. van Riet Lowe festgestellt wurde. In diesem kleinen südafrikanischen „Choukoutien" [das in harter Breccie typische Faustbeile und eine reiche Fauna enthält] gibt es ernsthafte Aussichten, Knochen des *frühpleistozänen Menschen* Südafrikas zu finden. Ich habe vor, mich diesen Monat an Ort und Stelle zu begeben. Allem Anschein nach könnten die Ausgrabungsarbeiten in einem bescheidenen Zeitraum und mit verhältnismäßig bescheidenen Kosten vervollständigt werden.

C. – Ganz kürzlich ist an der See, einige hundert Meilen nördlich von Kapstadt, eine offene Fundstelle [verfestigte Sanddünen] gefunden worden, die stark fossilisierte Reste von Elefant, Rhino, Pferd und Wiederkäuern enthält in Verbindung mit Faustbeilen [und folglich mit jungpaläolithischen Einschlüssen: wahrscheinlich zwei Horizonte]. Die Lokalität könnte uns mit einem Freiluftgegenstück zu den Makapanhöhlen-Ablagerungen versorgen und sollte deshalb genau studiert werden. Doch wurde die Stelle [die im Wagen wegen der Sande schwierig zu erreichen ist] bisher noch nicht von kompetenten Stratigraphen untersucht.

Das Projekt A sollte unter Leitung des Geologischen Landesamtes von Pretoria [Robinson] weitergeführt werden. – Projekt B fällt in den Aufgabenbereich des Archäologischen Landesamtes von Johannesburg [van Riet Lowe]. – Projekt C liegt im Bereich von Kapstadt [Dr. Goodwin]. Doch scheinen zwischen den drei entsprechenden Gruppen von Wissenschaftlern eine gegenseitige Freundschaft und ein gemeinsamer Forschungseifer eine leichte und verständnisvolle Zusammenarbeit zu gewährleisten.»

Tatsächlich ist das Netz wissenschaftlicher Organismen in Südafrika außerordentlich dicht. Hier die wichtigsten:

Transvaal: Archäologisches Landesamt von Südafrika [Dr. van Riet Lowe[26]]; das *Price Institut* für Paläontologie in Johannesburg [J. Kitching]; die Medizinische Fakultät der Universität von Witwatersrand in Johannesburg [Dr. R. Dart]; das Museum von Transvaal und das Geologische Landesamt Pretoria [Dr. J. T. Robinson].

Oranjefreistaat: Museum von Bloemfontein.

Kap-Provinz: Universität von Kapstadt [Dr. Goodwin].

Wie dieser Brief sehr deutlich anzeigt, sind die Forschungen auf drei Punkte ausgerichtet:

A. – Die Spalten mit *Australopithecus*, von denen eine der wichtigsten die Spalte mit *Paranthropus* und *Telanthropus* von Swartkrans ist [in der Nähe von Sterkfontein in Transvaal].

B. – Die «Höhle der Herde» [«The Cave of the Hearths»]:

W – «250 km im Norden von Pretoria, längs der Dolomithänge des Tales von Makapan, ist eine Reihe von Höhlen oder Spalten auf verschiedenen Höhenstufen zu finden: die untersten [talab-

[26] Ehemaliger Ingenieur des Straßen- und Wasserbauamtes. Entdeckte die Vorgeschichte und wurde Schüler von John Goodwin. Eine aufreibende und im allgemenen gut geleitete Tätigkeit. Einer der großen Organisatoren der südafrikanischen Vorgeschichte. Wurde dank Abbé Breuil zum Gründer des *Archaeological Survey*. Nahm Teilhard sehr gut auf. Starb sehr plötzlich 1955. Am Ausgangspunkt Materialist, war er, zum Teil unter dem Einfluß von Breuil, zum Spiritualisten und Theisten, sogar zum sehr liberalen Christen geworden.

wärts] vollständig gefüllt und intensiv stalagmitisiert [Breccien mit *Australopithecus*]; die obersten [talaufwärts] sind noch teilweise geöffnet und enthalten [im allgemeinen über den mächtigen Stalagmitschichten am Boden] verschiedene ungleich verfestigte archäologische Schichten.»[27]

Im mittleren Teil dieses Systems findet sich eine fast aufgefüllte Höhle namens «The Cave of the Hearths». Nach einem Querschnitt von van Riet Lowe [der vom 9. August 1951 datiert] trifft man von unten nach oben auf eine Stalagmitenschicht, eine Schicht alter roter Sande [mit *Australopithecus*], eine zweite Stalagmitenschicht, eine jüngere Rotsandschicht [von ungefähr 3 m Dicke und aus der Zeit des Acheuléen] mit zahlreichen Herdspuren [daher der Name der Höhle], eine dicke Schicht stark verkitteter Felsen, die auf ein erstes Einbrechen des Dachs zurückzuführen ist, eine Kulturschicht aus der Zeit des Pietersburg[28], eine dicke Felsenschicht, die auf ein drittes Einbrechen zurückzuführen ist, eine Kulturschicht aus der Bantuzeit. Dr. van Riet Lowe [dem das sehr große Verdienst zukommt, die Fundstellen von Makapan erkannt zu haben] hatte sich bereits 1947 ersten Sondierungen gewidmet, und er hatte sogar in demselben Jahre in einer Schicht mit Zweiseitern einen Vorderteil eines Unterkiefers gefunden, der zu einem ungefähr zwölf Jahre alten Kind gehört und «neandertaloide» Züge aufwies.

C. – Die Fundstelle von Hopefield ihrerseits beschreibt P. Teilhard mit folgenden Worten:

W – «Einige 120 Kilometer nördlich von Cape Town und ein Dutzend Kilometer östlich der Saldanha-Bai [auf der Farm Elandsfontein, in der Nähe der kleinen Stadt Hopefield] wird stellenweise unter einem Mantel jüngerer Dünen eine teilweise verfestigte Dünenformation sichtbar. Infolge Winderosion durchzieht sich dieses verhältnismäßig weiche System von verkalkten und eisenhaltigen Ablagerungen mit zahlreichen becherförmigen Vertiefungen. Und in diesen Vertiefungen häufen sich in großer Zahl [durch den Wind freigelegt, doch oft noch mit Kalkstein oder eisenhaltigen Gesteinen verkrustet] stark fossilisierte Knochen und Geräte an. Eine nicht besonders archaische Fauna, in der es aber

[27] ‹L'Anthropologie› 1954, S. 75, deutsch in ‹Das Auftreten des Menschen›, S. 254/55.

[28] mittleres Paläolithikum.

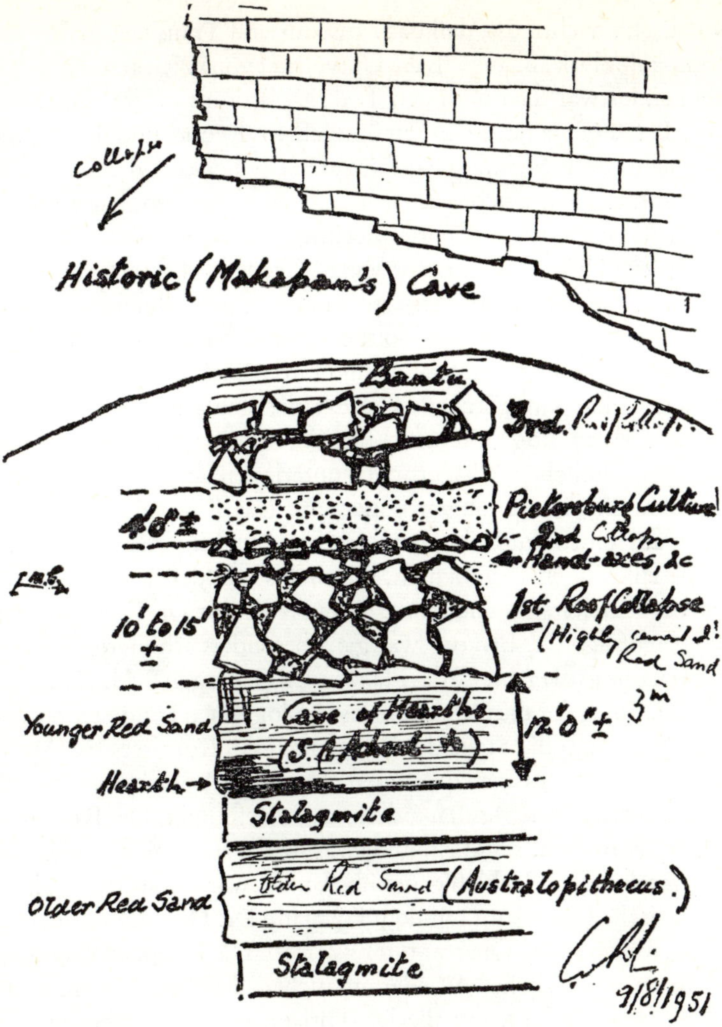

18. Geologischer Schnitt durch die Höhle der Herde, Zeichnung von van Riet Lowe, 1951

nicht an ausgestorbenen Typen fehlt [...]. Industrie mit Zweiseitern: End-Acheuléen [Stellenbosch], nach den Fachleuten.»[29]
Die Mission P. Teilhards verlangte ein gewisses Fingerspitzengefühl.

[29] ‹L'Anthropologie› 1954, S. 74, deutsch in ‹Das Auftreten des Menschen›, S. 252/53.

Nicht sehr wichtig ist, daß das Museum von Transvaal stärker von der Lokalpolitik abhängt als die Universität von Witwatersrand. Sehr viel heikler war die durch den Tod Dr. Brooms geschaffene Situation. Letzterer, eine außergewöhnlich kraftvolle und bunte, von der öffentlichen Meinung[30] gestützte Persönlichkeit, die sich öffentlich rühmte, den bestehenden Autoritäten zu trotzen, hatte sich auf die «Jagd» nach den Australopithecinen und den anatomischen Vergleich zwischen den verschiedenen Gliedern dieser Gruppe beschränkt, alles übrige interessierte ihn nur in sehr allgemeiner Weise und in bezug auf die Australopithecinen. Er hatte die erschöpfende Untersuchung der Gesamtfauna und ihre Beziehungen zu dem geologischen und klimatischen Kontext vernachlässigt. Er hatte vor allem eine sorgfältige Untersuchung der Stratigraphie und den Vergleich mit ähnlichen Ablagerungen unterlassen unter dem Vorwand, das hieße die Bemühungen verzetteln. Das Ergebnis davon war, daß er aus seinen Entdeckungen nicht alle Früchte gewinnen konnte, die sie zu bringen vermochten, um nichts von den Kritiken, die er hervorgerufen hatte, und seinen Streitereien mit Dr. Dart zu sagen. Die Nachfolge Dr. Brooms war ganz besonders schwierig gemacht worden durch die Abreise des glänzenden Geologen S. H. Haughton im Jahre 1950, der die Direktion des Geologischen Landesamtes verlassen hatte, um die Stelle des Präsidenten des Komitees für Atomenergie von Pretoria anzunehmen. Der neue Verantwortliche für die Fundstellen mit *Australopithecus* in Sterkfontein, Dr. Robinson, jünger als Broom, stand einem etwas heikel zu liquidierenden und zu verwaltenden Nachlaß gegenüber, und zwar um so mehr, als das Geologische Landesamt seit dem Fortgang Dr. Haughtons sich sehr viel weniger für das Quartär interessierte[31]. Die Hauptschwierigkeit lag in dem kürzlichen Wiederauftauchen des Nationalismus der Afrikanders, die der Kontrolle der «Uitlanders» feindlich gegenüberstanden[32]. Man mußte also sorgfältig den Schein wahren. Schließ-

[30] Er erfreute sich der Protektion Marschall Smuts'. Broom war ein schottischer Arzt, der sich in Australien gänzlich der Paläontologie der Reptilien der Trias verschrieben hatte. Boule betrachtete ihn in diesem Punkte als einen sehr großen Spezialisten. In Südafrika hatte Broom mit dem anthropologischen Studium der Banturassen begonnen. Ein Idealist und leidenschaftlicher Anhänger des Evolutionismus.

[31] Genau genommen begann das von Broom ausgelöste Fieber abzuklingen.

[32] In Rhodesien war die Situation unter diesem Gesichtspunkt viel besser.

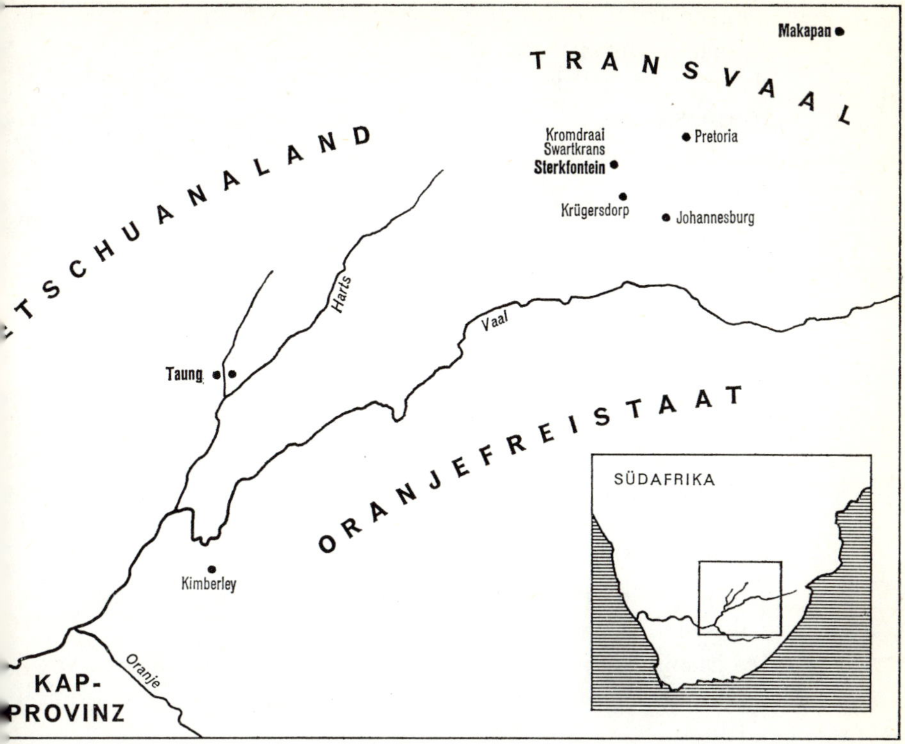

19. Karte der Fundorte des Australopithecus [nach *Dawn of Man in South Africa*, von Kenneth P. Oakley, Proc. of Roy. Institution, vol. 35, Nr. 160, 1953–1954]

lich war die Situation eines evolutionistischen Jesuiten inmitten antievolutionistischer südafrikanischer Reformierter[33] [natürlich außer den Männern der Wissenschaft] der Gefahr ausgesetzt, trotz des von Abbé Breuil hinterlassenen Eindrucks etwas lästig zu sein. In diese Galeere schiffte P. Teilhard in der Kraft seiner Arglosigkeit sich ohne Furcht ein, und er verstand sehr wohl, sie zu steuern mit der liebevollen Hilfe George B. Barbours, der mit zwei Memoranden[34] dazu beitrug, daß er klarer sah. Da dieser bereits die südafrikanischen Gelehrten kannte, hatte er die Opferbereitschaft so weit getrieben, daß er sich auf eigene Kosten nach Südafrika begab und eine in etwa providentielle Rolle spielte, indem er den Weg frei machte, die not-

[33] Vgl. den Brief vom 7. Februar 1954.

[34] 5. August und 8. September 1951.

wenigen Exkursionen vorschlug und Teilhard erlaubte, wertvolle Zeit zu gewinnen.

Hat man einmal die wissenschaftliche Situation in Südafrika begriffen, werden die Reisen P. Teilhards sofort einsichtig. Es ist nutzlos, auf die Einzelheiten der Tatsachen und der Gespräche einzugehen, die er mit allen Spitzenkräften dort unten führte[35]. In sehr großen Zügen läßt sich folgendes sagen: zunächst Hauptquartier in Johannesburg-Pretoria [mit einem Abstecher nach Kimberley], dann Reise Durban–Kapstadt, dann Hauptquartier in Kapstadt[36], Besuch aller wichtigen Sammlungen, in denen paläontologische Dokumente zusammengestellt sind. Es handelt sich genau gesehen um eine Reise, die eine sorgfältige Information anstrebt, und es scheint, P. Teilhard sei überall gut aufgenommen worden. Hätte man sich andernfalls so viel Mühe gegeben, um ihm alles zu zeigen? Am 11. September 1951 erklärt er befriedigt:

> B – «Ich kann mir selbstverständlich auf dem Gelände nicht mehr dieselbe Arbeit wie früher erlauben. Dennoch kann ich, dank guten Straßen und guten Autos, in etwa das Wesentliche dessen sehen, was ich brauche.»

Die Leichtigkeit, die P. Teilhard wiedergefunden hat, überrascht:

> B – «[...] physisch geht es mir gut – eindeutig besser als seit drei Jahren.»[37]

[35] Van Riet Lowe, Haughton, Dart, Basil Cooke [Universität von Johannesburg], Jackson, Malan, Read, Robinson, Schönland, Dr. A. Chubb, Miß Latimer, Goodwin, Drennan.

[36] Hier einige ergänzende Einzelheiten: Aufenthalt in Johannesburg und Pretoria [Besuch von Sterkfontein mit van Riet Lowe und Barbour, Besuch der Höhlen von Makapan], Aufenthalt in Kimberley – Oranjefreistaat – [Exkursionen in die Umgebung, Besuch in den Steinbrüchen von Taungs], erneuter Aufenthalt in Johannesburg [Exkursion nach Vereeniging im Süden von Johannesburg, erneuter Besuch von Sterkfontein und von Swartkrans mit Robinson, kurze Reise nach Pretoria, um Robinson und die Gesamtheit seines Materials zum *Australopithecus* zu sehen], Abreise von Johannesburg in den letzten Septembertagen, um sich über folgenden Reiseweg nach Kapstadt zu begeben: Durban [Besuch des Museums und der Schluchten des Umgeni Rivers zusammen mit Dr. Chubb], Einschiffung in Durban nach Kapstadt, Zwischenlandung in East London [Besuch des Museums] wie auch in Port Elizabeth und schließlich Aufenthalt in Kapstadt [Spazierfahrt mit Goodwin nach Sea Point, Exkursion nach Stellenbosch, dieser Lokalität, die einer der Perioden des südafrikanischen Paläolithikums ihren Namen gegeben hat, Exkursion nach Hopefield-Elandsfontein mit Drennan und Goodwin].

[37] Brief vom 16. August 1951.

Und eine Reihe von Landschaften zieht vorbei. Zunächst Johannesburg:

B – «Hier ist Frühling – ein Pekinger Frühling ohne Sandwinde. Kühle Nächte [wir sind hier fast auf 2000 m]; doch der Himmel ist unveränderlich blau – mit rosarot leuchtenden Obstbäumen in den Gärten. Johannesburg ist eine Art Detroit [mit sky-scrapers[38]], das zwischen einer Zone weißer Halden [das Dumping der Goldminen] im Süden – und einer Wohnzone mit von Eukalyptus- und Mimosenbäumen beschatteten Villen im Norden eingefaßt ist. Eine Stadt, bei der einem der Pioniergeruch noch in die Nase sticht; aber keineswegs unangenehm. Um so weniger als man, wenn man hinausfährt, gleich südlich von hier in die unermeßlichen Weiten eines „Veld" – das ganz den Steppen Chinas gleicht – und bereits mitten in den afrikanischen Busch gelangt, sobald man über Pretoria hinausgeht.»[39]

Hier noch ein – technischerer – Bericht über eine Exkursion nach Kimberley:

B – «Ich glaube, mein letzter Brief war vor dem Aufenthalt, den ich Ende August in der Nähe von Kimberley verbrachte – der Stadt des Diamanten. Eine weniger pittoreske Exkursion als die nach Makapan – aber auch sehr interessant. In den alten Schottern des Vaal, die beständig und überall von den Diamantensuchern durchwühlt werden, findet sich in an amazing way[40] eine Überfülle alten Paläolithikums. Ein erstaunlich flaches Land [tatsächlich ist hier die alte kontinentale, von Karbonmoränen abgeschliffene Oberfläche bloßgelegt worden], das, so weit das Auge reicht, von großen Gräsern und Dornsträuchern bedeckt ist, und man wundert sich [und bedauert], keine Giraffen und Nashörner mehr umherlaufen zu sehen. Zum Abschluß sind wir in den Steinbrüchen von Taung gewesen, wo um 1925 der erste Australopithecus gefunden worden ist. Ein wahres Choukoutien am Rande der Kalahari.»[41]

Man stellt überrascht fest, wie sehr die Bilder Chinas sich in das Gedächtnis Teilhards eingegraben haben. Er sucht ein neues Choukou-

[38] Wolkenkratzer.

[39] Brief vom 16. August 1951.

[40] in höchst erstaunlicher Weise.

[41] Brief vom 7. September 1951.

tien in Südafrika, und die Landschaften des Fernen Ostens suchen ihn heim[42]. Immer noch im Hinblick auf Johannesburg spricht er von *«einem unbeirrbaren Pekinger Himmel»* und bemerkt, daß *«die Obstbäume voll Rosa sind, wie im März auf den Western Hills»*[43]. Doch gibt es nicht nur Transvaal mit den unermeßlichen Horizonten, dem unveränderlich blauen Himmel. Das südliche Afrika hält gegen Ende des Aufenthaltes noch einige Einfälle oder einige Überraschungen bereit. Der Pater erklärt nämlich aus Kapstadt:

B – «Wie Sie sehen, habe ich schließlich [nicht ohne Bedauern] die weiten Horizonte und die großartige Sonne des Transvaal verlassen, – um hier einen ebenso großartigen Frühling zu finden [zumindest as far as[44] die Vegetation und die Blumen are concerned], jedoch klimatisch viel unsicherer. Strahlendreine Tage werden plötzlich von häßlichen Südstürmen unterbrochen, die den berühmten Tafelberg mit Wolken bedecken, der ganz steil gerade vor meinem Fenster emporsteigt. Wir sind über Durban und dann die Küste entlang [mit einem Schiff] hierhergekommen: eine Reise, die durch das Beladen oder Entladen des Frachtschiffes lang und recht langweilig gemacht wurde – und durch einen Einbruch schlechten Wetters: drei ganze Tage im Regen in Port Elizabeth! Ich bedaure trotzdem nicht diese Prüfung. Um diesen Preis habe ich mehrere geologisch interessante Dinge am Rande des Kontinents sehen können – ohne von dem berühmten Crossopterygier *[Latimeria]* zu sprechen, der 1937 in East London gefangen wurde und der mir von Miß Latimer selbst gezeigt wurde: ein gewiß außerordentliches Schauspiel, dieser riesige Ganoide von fast zwei Meter Länge mit seinen lappigen Flossen – das erstaunlichste lebende Fossil, das ich jemals betrachtet habe. Unser Schiff [nach Buenos Aires] wird hier zum 15. erwartet. Indessen mache ich einige ergänzende Exkursionen voller Interesse, die auch sehr pittoresk sind. Vorgestern funkelte unter einem großartigen Himmel das Land von unerwarteten Blüten: ein Teppich aus großem weißem Aronstab, Anemonen und bunten Korb-

[42] Vgl. den Brief vom 11. September 1951: *«Für mich äußerst interessante Rundfahrt in dem Maße, wie sie mir erlaubt, mit Asien einen anderen Kontinent zu vergleichen und in „Kontrast" zu bringen.»*

[43] Brief vom 7. September 1951.

[44] in dem Maße wie.

blütlern, auch Heidekraut von einem intensiven Rot, derart, daß es die Augen ermüdete.»[45]

Ganz sichtbar fasziniert Afrika P. Teilhard, vor allem Transvaal. Zunächst ein paläontologisches und geologisches Interesse, das aber auch

B – «von den elementaren, schematischen und extremen Formen, die das „menschliche Phänomen" [wie in einem geschlossenen Laboratorium] annimmt: dieser außergewöhnlichen, vom Gold und vom Diamanten ausgelösten psychischen Fermentation [...]»[46],

geweckt wird. Die Mystik verliert nie ihre Rechte, und der Brief fährt mit diesen Worten fort:

B – «All dies stärkt mich letzten Endes jenseits und durch die Australopithecinen und die Festlandsockel hindurch in der leidenschaftlichen Überzeugung, daß die Menschheit dunkel dabei ist, ein neues Antlitz Gottes zu entdecken [oder zu sehen, wie es sich ihr entdeckt]: den Deus-Evolutor einer Kosmogenese.»

Totale Gegenwart eines Menschen für alle Ereignisse seiner Existenz, die aber nicht den sehr positiven Charakter seines Bemühens beeinträchtigt. Wir hatten zu Anfang die ersten Eindrücke Teilhards [Sterkfontein, Makapan, Hopefield] zitiert. Ein anderer Aspekt des Problems der menschlichen Ursprünge ist neben der Frage der Australopithecinen [Swartkrans] und des Menschen der Zweiseiter [«Höhle der Herde»] aufgetaucht: die Position und das Alter der Pebble Industry[47] [Industrie zerbrochener Kiesel, die älteste menschliche Industrie]. Ganz allgemein zeigt Südafrika die erfreuliche Besonderheit, daß es in der lithischen Industrie eine Entwicklung von einer bemerkenswerten Kontinuität von den Ursprüngen an aufweist. Ein Entwurf des Schlußberichtes von P. Teilhard an die *Wenner-Gren Foundation* [der etwa vom 20. September 1951 datiert] faßt seinen neuen Standpunkt kraftvoll zusammen:

W – «a] *Das Australopithecinen-Problem.* Nachdem ich alles bisher in den Gebieten von Taung, Sterkfontein und Makapan gesammelte Material besichtigt habe, geht meine Überzeugung da-

[45] Brief vom 8. Oktober 1951.

[46] Brief vom 4. September 1951.

[47] Die französischen Prähistoriker verwenden den Ausdruck «pebbleculture». Im Deutschen spricht man außer von Pebble-Industrie auch von Geröllwerkzeugen.

hin, daß die zoologische Bedeutung der Australopithecinen, weit davon entfernt, übertrieben worden zu sein, im Gegenteil noch ziemlich unterschätzt wird. Aufgrund ihrer weiten geographischen Verbreitung und der großen Dichte ihrer Population [etwa 25 allein in der kleinen Swartkrans-Spalte festgestellte Individuen!], aufgrund ihres starken Polymorphismus, aufgrund ihrer endgültig humanoiden Züge – und trotz eines höchst eigenartigen Typus des Zahnbildes [außerordentlich breite Kronen bei den molariformen Zähnen in Verbindung mit äußerst verkleinerten Eck- und Beißzähnen] – stellen die Australopithecinen, die möglicherweise im „*Telanthropus*" *capensis* kulminieren, eine höchst erhellende Gruppe dar, die dem Menschen *von unten* ebenso nahe [wenn nicht näher] kommt wie die *Pithecanthropinen von oben her*[48].

b] *Die primitive Pebble Industry*. In Transvaal [ebenso wie in Ostafrika] kommen unfragliche Artefakte höchst elementarer Art [zersplitterte Kiesel] IN SITU in alten Schottern vor, die früher als das Auftauchen der primitivsten Faustkeiltypen sind. Tatsächlich sind dies möglicherweise die frühesten Spuren menschlichen Tuns, die bisher irgendwo in der Welt festgestellt wurden. Immer sorgfältiger die Verteilung dieser frühesten Werkzeuge aufzuzeichnen und zu versuchen, ihre chronologische Position in Beziehung zu den Australopithecinen zu bestimmen, ist gewiß eine der faszinierendsten und nützlichsten Forschungsrichtungen, die sich heute der allgemeinen Wissenschaft vom Menschen öffnet.

c] *Die Evolution der lithischen Industrie*. Wahrscheinlich ist in keinem anderen Land [mit Ausnahme von Kenia] die schrittweise Entwicklung der lithischen Industrie [von grob zerschlagenen Kieseln bis zu Faustbeilen und schließlich zu Klingen] so klar und vollständig [durch gut getrennte und datierte Stufen] vertreten wie in Südafrika. – Wenn auch nur von zweitrangiger Bedeutung im Vergleich mit den Problemen der menschlichen Ursprünge, lohnt dieser bemerkenswerte Prozeß der technischen Evolution

[48] Dies ist eine etwas elliptische und dunkle Formulierung. Teilhard will vielleicht sagen, daß der Abstand zwischen Australopithecinen und Pithecanthropinen gering ist; folglich ist, ob man von den Ursprüngen des Menschen [Schritt der Reflexion] ausgeht oder vom modernen Menschen, der Abstand praktisch derselbe, und zwar um so mehr, als die Australopithecinen in ihren Weiterführungen den Ausgangspunkt der pithecanthropinen Woge erreichen oder sogar darüber hinausgehen.

doch eine Überprüfung mit vermehrter Genauigkeit, und zwar insofern er einen vollkommen einförmigen und universellen evolutionistischen Trend der menschlichen Kultur verrät, – eigenartig unabhängig von den verschiedenen zoologischen Typen des Menschen, die nacheinander oder gleichzeitig für ihre Entwicklung verantwortlich waren.

Insgesamt also scheint Südafrika, obwohl es dem mutmaßlichen Zentrum der menschlichen Ursprünge etwas peripher ist [und obwohl es seit dem Tertiär im wesentlichen Erosionskräften unterworfen war] und vielleicht weil es eine Sackgasse am Ende des Kontinentes bildet, in einer höchst lebendigen Weise die Hauptphasen oder Pulsationen der frühen „Hominisation" registriert und bewahrt zu haben.

Und folglich stellt es strategisch einen höchst geeigneten Angriffsbereich für die anthropologische Forschung dar.»

Es würde zu weit führen, wollten wir diesen Berichtsentwurf zu Ende zitieren. Die Vorschläge P. Teilhards lassen sich in zwei große Kategorien einteilen:

a] Kurzfristige Forschungen: Zunächst die Ausgrabungen von Swartkrans [unter der Leitung von Robinson] und der Höhle der Herde [unter der Leitung von van Riet Lowe] subventionieren. Nebenher die geologische Prospektion von Hopefield unterstützen.

b] Langfristige Forschungen: Im Augenblick kann angesichts des Geistes enger Zusammenarbeit nicht die Rede davon sein, die verschiedenen Institutionen in einem einzigen «Institut des Menschen» oder «Känozoischen Laboratorium» zu zentralisieren, doch wird Robinson fähig sein, ein langfristiges Programm vorzulegen[49].

Nicht erwähnt hat der Pater in diesem Bericht eine ganze Theorie, die sich in seinem Geist aufbaute. Am 15. September 1951 notiert er:

W – «*Gespräch beim Abendessen mit Cooke.*

[...]

3. Idee: die Australopithecinen vom Menschen zurückgedrängt [vom Klima begünstigt?] wie die *Bushmen von den Bantus* [Sackgasse...].»

[49] P. Teilhard hatte nach einem Gespräch mit Haughton [8. September 1951] zumindest einen Augenblick lang an ein Komitee für Afrika südlich der Sahara gedacht [mit Haughton, Théodore Monod, dem Direktor des IFAN, und Millot von Madagaskar].

Und am 23. September finden wir folgende Erläuterungen:

W – «Im Acheuléen 4, menschliche Antizyklone in Uganda-Kenia. Im oberen Paläolithikum Antizyklone im Mittelmeerraum. Im Mesolithikum Antizyklone: 2 Zentren: Nordafrika – Nordeuropa?

Im oberen Neolithikum Antizyklone-Halbmond[50] Ägypten–Mesopotamien.

Shifting[51] der Antizyklone der Hominisation...»

Diese sehr elliptischen Hinweise besagen, daß wahrscheinlich in der Gegend von Uganda und Kenia die Menschheit entstanden ist. Zu einem zweiten Zeitpunkt hätte sich der menschliche Fleck ausgebreitet und hätte die Australopithecinen nach Süden abgedrängt, die trotz humanoider Merkmale [aufrechte Haltung] noch Tiere waren[52]. Danach habe sich die Antizyklone, die Zone starken menschlichen Drucks, eindeutig nach Norden verschoben, habe das Mittelmeer erreicht und auf Europa und Asien übergegriffen. Eine eigenständige Theorie? Absolut gesehen, nein. Vor Teilhard hatte Dr. Leakey Kenia als die Wiege des *Homo sapiens* bezeichnet. Eine spontan vom Pater wiedergefundene und ausgeweitete Idee? Sehr wahrscheinlich.

Am 12. Oktober notiert der Pater eine neue Intuition:

W – «Idee: die Australopithecinen: mehr als eine afrikanische Schuppe?? Eine in alle Enden und Zipfel der Kontinente verdrängte Schicht [was den *Meganthropus* erklärte? – der kein true[53] *Pithecanthropus* wäre]??»

Der Pater will sagen, das Gegenstück zum Australopithecinen-Stadium hätte auch in Asien existieren können, und das Drama, dessen Opfer in Afrika die Australopithecinen gewesen sind, nämlich dieser Rückzug vor dem Menschen, hätte auch anderswo seine Entsprechung haben können.

Wieder einmal erfassen wir im lebendigen Wirken die geistigen Gaben P. Teilhards. Zunächst seine Kunst, sofort die entscheidenden Punkte herauszustellen und das Wesentliche vom Sekundären zu unterscheiden. Gewiß, er ist von Barbour und den südafrikanischen

[50] Das will sagen: Antizyklone in dem Halbmond Ägypten–Mesopotamien.

[51] Verschiebung.

[52] Siehe Anhang am Schluß des Kapitels.

[53] kein *wahrer* Pithecanthropus.

Gelehrten geführt worden, doch die Schärfe seines Verstandes hat die Bedeutung des Phänomens «*Australopithecus*» erfaßt. Er hat als erster den besonderen Charakter der Fundstelle von Saldanha-Hopefield und ihren Wert für die Vorgeschichte und die menschliche Paläontologie betont, – dann seine Fähigkeit der Verallgemeinerung. In weniger als zweieinhalb Monaten skizziert er eine ganze Konzeption der afrikanischen Vorgeschichte. In weniger als dreieinhalb Monaten beginnt er mit einem einzigen synthetischen Blick Afrika und Asien zu umfassen. Etwa um die [sehr annähernd] selbe Zeit des 12. Oktobers hält er vor der Südafrikanischen Archäologischen Gesellschaft einen wichtigen Vortrag, von dem noch ein Entwurf und eine Nachschrift erhalten sind. Wir zitieren einen Auszug aus der letzteren:

W – «P. Teilhard wandte sich nunmehr den Ursprüngen des Menschen zu und sagte, nachdem ihm zunächst erzählt worden sei, der Mensch habe seine Ursprünge in Europa in einem Neandertalerstamm, und später, er sei in Zentralasien auf der *Sinanthropus*-Linie geboren, sei er seit 1933 dahin gelangt zu glauben, daß der fernöstliche fossile Mensch [*Pithecanthropus* und damit verbundene Formen] nichts anderes denn ein irgendwie seitlicher Zweig von Hominiden sei, der sich wahrscheinlich in Südostasien ganz am Rande vom Hauptzentrum der Hominisation entwickelt habe. Und er war deshalb sehr erfreut, als er dieses Land besuchte, zu sehen, wie sehr in Afrika der Mensch entschieden älter und tiefer eingewurzelt erschien als in Asien: zunächst paläontologisch gesprochen [Vorhandensein von zahlreichen tertiären Affen und frühpleistozäner Ausbruch der Australopithecinen], aber auch kulturell. Denn während in Asien die lithischen Industrien unregelmäßig und diskontinuierlich vom Süden bis zum Norden verstreut sind, als hätte der Mensch [der zunächst vom Süden, dann vom Westen und schließlich vom Norden her kam] das ganze Pleistozän gebraucht, um endgültig auf dem Kontinent Fuß zu fassen, sind in Süd- und Ostafrika dagegen eine erstaunliche Kontinuität und ein erstaunlicher Reichtum an Steinwerkzeugen evident, die mit einer sehr alten Geröllindustrie[54] beginnen, um in einer unglaublich vollkommenen Acheuléen-

[54] Pebble-Industrie.

Kultur zu kulminieren. In Europa und Asien scheint der frühe Mensch einem Neuankömmling zu gleichen, in diesem Lande dagegen scheint er in seinem Geburtsland zu sein. Für einen Asien-geologen und -paläontologen ist dies die große Lehre aus einem Besuch in Südafrika.»

Daß dieser erste südafrikanische Aufenthalt für P. Teilhard materiell ein Erfolg ist, vermag durch nichts in Frage gestellt zu werden. Ein Augenzeuge, der Teilhard erlebte, schrieb aus Buenos Aires an einen gemeinsamen Freund:

B – «Er ist, wie ich weiß, viel zu bescheiden, als daß er Ihnen sagte, daß ihm sowohl hier als auch in Südafrika Stellen und Verträge angeboten worden sind. – Obwohl er sie alle lachend abwies, glaube ich, daß er über sein Ansehen erfreut ist [wie er es sein sollte]!»

Ein herzlicher Empfang hatte ihm erlaubt, einen sehr umfassenden Überblick zu gewinnen, und gerade dadurch war er bei seiner Ankunft in den Vereinigten Staaten in der Lage, die *Wenner-Gren Foundation* nützlich zu beraten. Wie war es möglich, daß ihm auf afrikanischem Boden diese recht heikle diplomatische Partie gelang? Gewiß erhielt er Hilfe und Rat von Freunden [darunter Barbour], die ihn über die Lage unterrichteten. Seine Herzensreinheit, seine Offenheit, seine Loyalität, sein geistiges Ansehen, kurz, die Ausstrahlung seiner Persönlichkeit, schafften den Rest.

Wichtiger jedoch scheint es, daß herausgestellt wird, daß diese Reise vor allem ein innerer Erfolg war. In einem Brief vom 16. September 1951 erklärt er:

B – «[...] dieser Kontakt mit dem Gelände hat mich angeregt und sozusagen geistig verjüngt.»

Dieser neue Kontakt mit der Vergangenheit veranlaßt ihn, schärfer in Richtung der Zukunft zu blicken:

B – «Insgesamt habe ich hier viel über das Problem der menschlichen Ursprünge gelernt [mir fehlt jedoch Kenia!...]. Doch zur gleichen Zeit [sowohl in Reaktion zum Präkambrium wie auch zum Pleistozän] werde ich von hier doppelt davon überzeugt aufbrechen, daß die Kenntnis der Vergangenheit eitel ist, wenn sie nicht dahin führt, uns auf die Spuren der Bewegungen [oder Prozesse] zu bringen, die gegenwärtig in uns und um uns herum weitergehen und die wir sowohl uns zu eigen machen als auch kontrollieren müssen. Aus dieser neuen Zeit der Isolierung und des

Kontakts mit dem Wirklichen werde ich, das spüre ich, immer unwiderruflicher der Aufgabe geweiht und zu ihr entschlossen emergieren, die physisch-biologische Wirklichkeit einer unwiderstehlichen menschlichen Bewegung in Richtung einer wachsenden Reflexion auszusagen und zu predigen. Eine wahrlich ebenso unbeugsame Trift wie die der Materie im Schoße der Atome oder der Galaxien. Ich bereite einen neuen Essay [...] über ‹Die Reflexion der Energie› vor, in demselben Sinne, wie man von der „Erhaltung" oder der „Degradation" der Energie spricht [...]. Ich weiß nicht, wohin all das mich führen wird [...]. Doch weiß ich eines vollkommen: daß nämlich *absolut nichts* [außer der Krankheit oder dem Tod natürlich] mich in Zukunft aufzuhalten vermöchte.»[55]

Ein durch und durch verjüngter P. Teilhard in bester Form schifft sich also in der letzten Dekade des Oktobers nach New York ein, jedoch über den längsten Weg, via Buenos Aires, Rio de Janeiro, Trinidad. Dieser Umweg war nicht ohne Grund gewählt worden:

B – «Schließlich ist es für mich sehr dienlich gewesen, über Argentinien zu fahren, nachdem ich gerade Südafrika verlassen hatte – so daß ich plötzlich both from the geological and anthropological point of view[56] die Analogien und die Kontraste zwischen den beiden Kontinenten erfuhr[57]. Es versetzt einem einen Schock, wenn man hier eine Permeiszeit und Sandsteine aus dem Devon wiederfindet, die jenen gleich sind, die ich gerade in Durban und am Kap verlassen hatte [ein Punkt für Wegener...], und was den Menschen betrifft, erfährt man einen anderen Schock, wenn man, nachdem man gerade das „Explosions"-Zentrum der paläolithischen Industrie [in Afrika] verlassen hat, hier die Welle am Ende des Laufes, d.h. am äußersten Punkt der Entspannung, zu fassen bekommt, nachdem sie ganz Asien der Breite nach und ganz Amerika der Länge nach durchquert hat. Wohlgemerkt, ich

[55] Brief vom 7. September 1951.

[56] «sowohl unter geologischem als auch unter anthropologischem Gesichtspunkt».

[57] Vgl. auch den Brief vom 15. Oktober 1951: «*Ich würde nicht ärgerlich darüber sein, im Vorbeigehen auch gewisse jüngste Aussagen über das Alter gewisser lithischer Industrien der Gegend zu überprüfen, Aussagen, die mir phantastisch und auf einfache Analogien der Form gegründet zu sein scheinen. Allzu vielen Prähistorikern, selbst bekannten, fehlt es wirklich allzusehr an geologischer Ausbildung.*»

habe unglücklicherweise diesen doppelten Schock nur in den Sammlungen und Museen erfahren können. Doch auf diesem Gebiet war das Glück mir hold, – aufgrund der Tatsache, daß hier ein allgemein bekannter, guter deutscher Prähistoriker [Dr. Oswald Menghin, der sich seit dem Kriege hierher zurückgezogen hat] anwesend ist, der dabei ist, die Kenntnisse, welche die Vorgeschichte über dieses Land besaß [insbesondere in Patagonien], vollständig zu erneuern. Ich habe bei ihm Haufen von Dingen gesehen, die außerhalb von hier noch niemand kennt. Interessant vor allem durch den Kontrast und um die Kurve der ersten „planetaren" menschlichen Expansion zu schließen. Aber trotz allem auch interessant für jeden, der versucht, „das menschliche Phänomen" in seinen allgemeinen Bewegungen auszumessen und zu beschreiben. Im übrigen ist Buenos Aires, wie ich zu Jouve sagte, ein unermeßliches Marseille oder eine „unermeßliche Konzession", aus der offensichtlich alle Exotik verschwunden ist [außer in den Gewässern – seltsame Fische – des Rio de la Plata].»[58]

Und an anderer Stelle bemerkt Teilhard:

W – «[...] South America = Antipode von South Africa [...]! „Atomisierte", vielfältige, verfallene Industrien [...].»

Wenn er auch nicht die Umgebung von Buenos Aires bereist und noch weniger die seltenen Höhlen [mit wenig alten Füllungen] und die langen atlantischen Terrassen untersuchen konnte, hat Teilhard doch immerhin eine Vorstellung von dieser Welle paläolithischer Kultur nicht mehr an ihrem Entstehungs- und Expansionspunkt, sondern am Ende ihres Laufes, am äußersten Punkte ihrer Entspannung [chronologisch und geographisch]. P. Teilhard liebt diese Kontraste, und er bestrebt sich, sich alle Kontinente «anzueignen». Nur Australien wird ihm letzten Endes zu seinem großen Bedauern entgehen.

[58] Brief vom 8. November 1951.

ANHANG

Wir geben hier einige Literaturhinweise zu dem Problem der Australopithecinen und den anthropologischen Entdeckungen in Afrika, wobei vorausgesetzt wird, daß der Band VII des ‹Traité de paléontologie› von J. Piveteau [Paris, Masson, 1957] allgemein bekannt ist.

Boné, E., ‹Les industries humaines au Transvaal› in ‹Études›, Juli–August 1955, S. 111–113.

Brain, C. K., van Riet Lowe, C., Dart, R. A., ‹Kafuan stone artefacts in the post-australopithecine breccia at Makapansgat› in ‹Nature›, 1955, T. 175, S. 16–23.

Howell, F. Clark, ‹The age of the Australopithecines of Southern Africa› in ‹American Journal of Physical Anthropology›, 1955, T. 13, S. 635–662.

Robinson, J. T., ‹The dentition of the Australopithecinae›, Pretoria 1956, VI + 180 S. [‹Transvaal Museum Memoir›, Nr. 9].

Robinson, J. T., Mason, R. J., ‹Occurrence of stone artefacts with australopithecus at Sterkfontein› in ‹Nature›, 1957, T. 180, S. 521–524.

Leakey, L. S. B., ‹A new fossil skull from Olduvai› in ‹Nature›, 15. August 1959, Nr. 4685, S. 491–493.

Leakey, L. S. B., ‹The newly-discovered skull from Olduvai: first photographs of the complete skull› in ‹Illustrated London News›, 18. September 1959, S. 288–289.

Piveteau, J., ‹L'Australopithèque et le problème des origines de l'homme› in ‹Les Nouvelles littéraires›, 15. Oktober 1959, S. 1 und 7.

Vallois, H. R., ‹L'Australopithèque travaillait-il la pierre? Les nouvelles découvertes de Sterkfontein et d'Oldoway› in ‹L'Anthropologie›, 1959, T. 63, Nr. 3–4, S. 386–391.

Leakey, L. S. B., ‹Finding the world's earliest man› in ‹National Geographic Magazine›, September 1960, T. 118, Nr. 3, S. 420–435.

Leakey, L. S. B., ‹Recent discoveries at Olduvai Gorge› in ‹Nature›, 1960, T. 188, S. 1050.

Clark, J. D., ‹Sites yielding hominid remains in Bed I Olduvai Gorge› in ‹Nature›, 1961, T. 189, S. 903.

Coppens, Y., ‹Découverte d'un Australopithéciné dans le Villa-franchien du Tchad› in ‹Comptes-rendus hebdomadaires de l'Académie des sciences›, Paris 12. Juni 1961, T. 252, Nr. 24, S. 3851–3852.

Leakey, L. S. B., ‹Exploring 1750000 years into man's past. Clock for the ages: Potassium argon› in ‹National Geographic Magazine›, Oktober 1961, T. 120, S. 504–592.

Leakey, L. S. B., ‹New finds at Olduvai Gorge› in ‹Nature›, 1961, T. 189, S. 649.

Leakey, L. S. B., ‹The juvenile mandible from Olduvai› in ‹Nature›, 1961, T. 191, S. 417–418.

Leakey, L. S. B., ‹African contribution to the evolution of man› in ‹The South African Archaeological Bulletin›, 1961, T. 16, Nr. 61.

Leakey, L. S. B., Evernden, J. K., Curtis, G. H., ‹Age of Bed I Olduvai Gorge, Tanganyika› in ‹Nature›, 1961, T. 191, S. 478.

Mason, R. J., ‹Australopithecus and the beginning of the Stone age in South Africa› in ‹The South African Archaeological Bulletin›, 1961, T. 16, Nr. 61.
Boné, E., ‹Un siècle d'anthropologie préhistorique› in ‹Nouvelle revue théologique›, 1962, T. 82, S. 622–631 und 709–734.
Coppens, Y., ‹Découverte d'un Australopithéciné dans le Villa-franchien du Tchad. Note préliminaire› in ‹Problèmes actuels de paléontologie. Evolution des vertébrés›, Paris, Editions du Centre national de la recherche scientifique, 1962, S. 455 bis 459.
Napier, J., ‹Fossil hand bones from Olduvai Gorge› in ‹Nature›, 1962, T. 196, Nr. 4853, S. 409–411.
Robinson, J. T., ‹Australopithecines and the origin of man›, Auszug aus ‹Smithsonian Report for 1961›, Washington, Smithsonian Institution, 1962, S. 479–500.
Robinson, J. T., ‹Australopithecines and artefacts at Sterkfontein› in ‹The South African Archaeological Bulletin›, Juni 1962, T. 17.
Vallois, H. R., ‹Les nouveaux Zinjanthropus d'Olduvai et le problème de l'ancienneté de l'homme› in ‹L'Anthropologie›, 1962, T. 66, Nr. 1–2, S. 175–183.
Arambourg, C., ‹Le gisement de Ternifine› in ‹Archives de l'Institut de Paléontologie humaine›, 1963, Nr. 32 [S. 1–86: ‹Historique et géologie›, mit R. Hoffstetter; S. 87–190: ‹L'Atlanthropus mauritanicus›].
Ardrey, R., ‹Les enfants de Caïn›, Paris, Stock, 1963, 346 S. [Übersetzung aus dem Englischen] [verteidigt die Position R. A. Darts].
Boné, E., ‹Olduvai gorge [Tanganyika]. Récentes découvertes et profondeurs nouvelles en paléontologie humaine› in ‹Revue des questions scientifiques›, Juli 1963, T. 24, S. 305–342.
Boné, E., ‹Paleontological species and human speciation› in ‹South African Journal of Science›, 1963, T. 59, Nr. 6, S. 273–277.
Clark, J. D., ‹Ecology and culture in the African Pleistocene› in ‹South African Journal of Science›, 1963, T. 59, Nr. 7, S. 353–366.
Dobzhansky, Theodosius, ‹A debatable account of the origin of races› in ‹Scientific American›, Februar 1963, T. 208, Nr. 2, S. 169–170 und 172 [Besprechung von Carleton S. Coon: ‹The Origin of races›].
Hay, R., ‹Stratigraphy of Beds I through IV, Olduvai Gorge, Tanganyika›, in ‹Science›, 1963, T. 139, S. 829–833.
Koenigswald, G. H. R. von, ‹Australopithecus und das Problem der Geröllkulturen› in ‹Homo›, 1963, Sondernummer, S. 139–152.
Koenigswald, G. H. R. von, ‹Zur Systematik der Hominiden› in ‹Zeitschrift für Morphologie und Anthropologie›, 1963, T. 53, Nr. 1–2, S. 124–138.
Leakey, L. S. B., ‹Adventures in the search for man› in ‹National Geographic Magazine›, Januar 1963, S. 123, Nr. 1, S. 132–152.
Robinson, J. T., ‹Australopithecines, culture and phylogeny› in ‹American Journal of physical Anthropology›, 1963, T. 21, Nr. 4, S. 595–605.
Tobias, P. V., ‹Cranial capacity of Zinjanthropus and other Australopithecines› in ‹Nature›, 1963, T. 197, S. 743–746.
Watson Davis, ‹New age for ancient man› in ‹Science News Letter›, 9. März 1963, T. 83, S. 154–155.

Coppens, Y., ‹Homo habilis et les nouvelles découvertes d'Olduway› in ‹Bulletin de la Société préhistorique française, C. R.›, 1964, Nr. 7, S. 171–176.
Davis, P. R., Day, M. H., Napier, J. R., ‹Hominid fossils from Bed I, Olduvai Gorge, Tanganyika. Fossil foot bones› in ‹Nature›, 1964, T. 201, Nr. 4923, S. 969–970.
Hemmer, H., ‹Homo habilis, eine neue Hominidenart aus Ostafrika› in ‹Homo›, 1964, T. 15, Nr. 2, S. 106–109.
Koenigswald, G. H. R. von, ‹Early man in East Africa: new discoveries› in ‹Experientia› [Schweiz], 1964, T. 20, Nr. 10, S. 584–585.
Leakey, L. S. B. und Mrs. M. D., ‹Recent discoveries of fossil hominids in Tanganyika: at Olduvai and near Lake Natron› in ‹Nature›, 1964, T. 202, Nr. 4927, S. 5–7.
Leakey, L. S. B., Tobias, P. V., Napier, J. R., ‹A new species of the genus Homo from Olduvai Gorge› in ‹Nature›, 1964, T. 202, Nr. 4927, S. 7–9.
Oakley, K. B., ‹The problem of man's antiquity. A historical survey› in ‹Bulletin of the British Museum, Natural History, Geology›, 1964, T. 9, Nr. 5, S. 83–155.
Oakley, K. B., Campbell, B. G., ‹Newly described Olduvai Hominid› in ‹Nature›, 1964, T. 202, Nr. 4933, S. 732.
Piveteau, J., ‹Les découvertes d'Olduway [Tanganyika] et le problème des origines humaines› in ‹Science, progrès, nature›, 1964, Nr. 3356, S. 457–462.
Tobias, P. V., ‹The Olduvai Bed I hominine with special reference to its cranial capacity› in ‹Nature›, 1964, T. 202, Nr. 4927, S. 3–4.
Tobias, P. V., ‹The early hominid remains from Tanganyika, Australopithecus and Homo› in ‹7th International Congress of Anthropological and Ethnological Sciences›, Moskau August 1964.
Tobias, P. V., Koenigswald, G. H. R. von, ‹A comparison between the Olduvai hominines and those of Java and some implications for hominid phylogeny› in ‹Nature›, 1964, T. 204, Nr. 4958, S. 515–518.
Dart, R. A., ‹Olduvai Gorge, 1951–1961: Fauna and Background› – A Review in ‹South African Journal of Science›, Juni 1965, Nr. 6, S. 226–228.
Robinson, J. T., ‹Homo ‚habilis' and the Australopithecines› in ‹Nature›, 1965, T. 205, Nr. 4967, S. 121–124.
Leonardi, Piero, La più antica umanita fossile ‹Civiltà delle macchine›, [Roma] Nov.–Dez. 1965, XIII. Jahrgang, Nr. 6, S. 57–61.
Tobias, P. V., ‹Books of the year›, in ‹Encyclopaedia Britannica›, 1965, S. 252–255.
Es ist nicht Sache eines Nichtspezialisten, das schwierige Problem der Australopithecinen und der Ursprünge des Menschen zu klären. Wir beschränken uns darauf, hier die eindringliche Zusammenfassung wiederzugeben, die H. R. Vallois von der Arbeit von J. T. Robinson, ‹Australopithecines and the origin of Man›, Auszug aus ‹Smithsonian Report for 1961›, Washington, Smithsonian Institution, 1962, gegeben hat [vgl. ‹L'Anthropologie›, 1964, T. 68, Nr. 3–4, S. 417–418] – die Angaben zwischen runden Klammern ( ) stellen Ergänzungen aufgrund jüngerer Veröffentlichungen dar –: «Robinson ist neben Dart der beste Kenner der Australopithecinen […]. Die Familie der Hominiden umfaßt seiner Auffassung nach drei Gattungen: *Paranthropus, Australopithecus* und *Homo* [zu der der Autor im Anschluß an

einige amerikanische Anthropologen die Pithecanthropinen unter dem Namen *Homo erectus* zählt], und die beiden ersten Gattungen, die die Australopithecinen im weiten Sinne des Wortes darstellen, sind voneinander stärker verschieden als der *Australopithecus* von der Gattung *Homo*. Tatsächlich trennen zahlreiche Charakteristika den *Paranthropus* – eine Pflanzenfresserform von großer Körpergröße – vom *Australopithecus* – eine Allesfresserform von kleiner Körpergröße. Ersterem muß man zweifellos den *Zinjanthropus* von Oldoway wie auch den *Meganthropus* von Sangiran zugesellen. Wenn die von Evernden und Curtis vorgeschlagene Datierung des *Zinjanthropus* richtig ist, wäre diese Gattung also zumindest 1 000 000 Jahre alt (nach J. Piveteau, ‹Les découvertes d'Olduway [...]› in ‹Science, progrès, nature›, 1964, wird der *Homo habilis* mit 2 000 000 Jahren datiert, während der *Zinjanthropus* 1 750 000 Jahre zurückgehen soll). Den *Telanthropus* seinerseits betrachtet Robinson jetzt nicht mehr als eine unabhängige Gattung; er ist ein Pithecanthropine, das heißt ein *Homo erectus:* Letzterer ist ein Zeitgenosse der Australopithecinen gewesen, da er mit ihnen zusammen in Swartkrans wie übrigens auch [da der *Meganthropus* ein Paranthropine ist] auf Java gefunden wird.
Unter Beiseitelassung der Frage des Knochenwerkzeugs, das Dart den Australopithecinen zuschreibt – und für das Robinson, ohne formell zu entscheiden, kein eifriger Parteigänger zu sein scheint, – prüft der Autor die Frage des in Sterkfontein-Extension und in Oldoway I gefundenen und im allgemeinen den Australopithecinen zugeschriebenen Steinwerkzeugs. Er wendet sich gegen diese Idee. Das Werkzeug von Sterkfontein-Extension stammt vom *Telanthropus*, das heißt vom südafrikanischen *Pithecanthropus*. Das von Oldoway muß von dem Wesen stammen, das Leakey in der Schicht I gefunden hat und das durch einen Unterkiefer und zwei Scheitelbeine vertreten ist, die einen voluminöseren Schädel als den des darüberliegenden *Zinjanthropus* voraussehen lassen (dieses Wesen, das Leakey zunächst *Präzinjanthropus* nannte, ist von ihm endgültig *Homo habilis sp. nov.* getauft worden. Tobias, ‹The Olduvai Bed I hominine with special reference to its cranial capacity› in ‹Nature›, 1964, legt das Schädelvolumen auf ein Mittel von 673,5 bis 680,8 cm^3 fest). Dieses Wesen, so meint Robinson, ist wahrscheinlich ein *Australopithecus*, der aber aufgrund seiner Schädelkapazität von dem bereits bekannten *Australopithecus africanus* verschieden ist und auf dem Wege der Transformation in Richtung auf den *Homo erectus* wäre; befand er sich vielleicht bereits in diesem Stadium?
Letzten Endes, stellt Robinson abschließend fest, muß man einräumen, daß die Gruppe der Australopithecinen sich sehr früh geteilt hat. Der Zweig *Paranthropus* hat von vornherein einen unabhängigen Weg eingeschlagen und eine weite geographische Verbreitung gehabt. Er hat sehr lange gelebt und ist im mittleren Quartär ohne Nachkommenschaft ausgestorben. Der Zweig *Australopithecus* hat relativ spät zumindest zwei Zweige hervorgebracht: den *Australopithecus africanus* und den *Telanthropus*, wobei letzterer ein Vertreter des Menschen im eigentlichen Sinne ist und noch dieselbe Lebensweise wie seine noch Australopithecinen gebliebenen Vettern hat, an deren Stelle er in kurzer Zeit treten sollte. Aus ihm haben sich, vielleicht in verschiedenen Regionen parallel zueinander, die späteren menschlichen Typen entwickelt.»

SIEBENTES KAPITEL

DIE AMERIKANISCHE EPOCHE [1951–1955]: ZWEITE SÜDAFRIKANISCHE REISE GEDANKEN ÜBER DIE GENESE DER KONTINENTE

Teilhard landet also in der zweiten Novemberhälfte 1951 in den Vereinigten Staaten, nachdem er zwischen Buenos Aires und New York einen Essay für Julian Huxley überdacht hatte: ‹Gedanken über die Transformation und Weiterführung des Evolutionsprozesses im Menschen›[1]. Die Situation ist eigenartig, denn diese Reise nach Amerika war im Prinzip keineswegs eine endgültige Abreise. Am 7. Dezember 1951 schreibt er aus New York:

> B – «Ich selbst [...] bin vorläufig hier gestrandet oder gelandet: der Ast, auf dem ich hocke, ist die *Wenner-Gren Foundation* [für Anthropologie], wo man mich zu bleiben bittet, solange es notwendig sein wird [...].»[2]

In zeitlichem Abstand von 28 Jahren wiederholen sich in etwa dieselben Ereignisse. Abreise von Europa nach einem fernen Kontinent, im Prinzip für eine sehr begrenzte Zeit, dann verlängert sich das Provisorium, ohne jemals endgültig zu werden. Unterschlupfmöglichkeiten hat Teilhard immer gehabt, ein Zuhause nie. Diese neue Trennung von Frankreich verursacht Wogen der Traurigkeit, doch gelingt es ihm in etwa, mit ihnen fertig zu werden:

> B – «Manchmal ein verschwommener Eindruck von Niedergeschlagenheit, daß ich hier von Paris abgeschnitten bin. Doch gibt es Ausgleichsmöglichkeiten. Und der Eindruck geht vorüber. Wichtig ist, daß ich hier etwas Gutes leisten kann.»[3]

Gewiß ist Paris fern, doch die Bande sind nicht zerrissen.

Es genügt nicht, mit Südafrika Kontakt aufzunehmen oder einen Bericht zu schicken. Wenn er auch andere Vorhaben hat, die ihm mehr am Herzen liegen und denen er sich widmen möchte, wertet er seine Beobachtungen in einer Reihe kurzer Aufsätze und knapper Mitteilungen aus. Wir wissen zum Beispiel, daß er im März 1952

[1] Der englische Originaltext mit dem Titel ‹The Transformation and Prolongation in Man of the Process of Evolution› sollte erst am 4. Februar 1952 beendet werden.

[2] In der Eigenschaft als Research Associate.

[3] Brief vom 10. Dezember 1951.

zwei Vorträge zu halten hat, den einen in der *National Academy of Sciences*, deren Ehrenmitglied er ist[4], den anderen in der *Wenner-Gren*[5]. Mehr noch, er integriert die erzielten Ergebnisse in das, was wir bereits über den fossilen Menschen wissen. Vom 9. bis zum 20. Juni 1952 organisiert die *Wenner-Gren* ein kleines Symposium über Anthropologie, und Teilhard verfaßt im Hinblick darauf einen etwas umfangreicheren Essay[6]. Offensichtlich versucht er, die *Wenner-Gren* in Richtung von Südafrika [zumindest teilweise] zu kanalisieren. Und das Symposium vom Juni 1952 hat eine günstige Wirkung ausgeübt:

B – «Hier, in der Stiftung, scheint es ein indirektes Ergebnis des Symposiums vom Juni gewesen zu sein, die Stiftung dahin zu bestimmen, ihre Bemühungen auf eine Unterstützung zu konzentrieren, die den Forschungen über die Ursprünge des Menschen in Afrika zu geben ist. Bisher wird das Projekt nur einfach geprüft. Doch kann es sich entwickeln, und es kann etwas durchaus Faszinierendes dabei herauskommen.»[7]

P. Teilhard erreichte schließlich seinen Zweck:

B – «[...] das Neueste ist, daß die *Wenner-Gren Foundation* sich eben entschlossen hat, ihre Bemühungen auf die Erforschung der menschlichen Ursprünge in Afrika zu konzentrieren. Die ersten Entwürfe des Projekts betreffen vor allem das Afrika der großen Seen und Südafrika [...]. Die *Wenner-Gren Foundation* denkt nicht daran, sich bei den lokalen Forschern einzumischen – sondern nur daran, deren Forschungen an systematisch – von den interessierten Gelehrten selbst – ausgewählten Punkten zu fördern.»[8]

Teilhard hatte mit Hilfe der bewundernden Zuneigung von Paul Fejos den Sieg davongetragen[9]. Und wie es sich gehört, tritt er in

[4] ‹On the zoological position and the evolutionary significance of Australopithecines›.

[5] ‹The new advances made by prehistory in South Africa› – am 14. März 1952 gehaltener Vortrag.

[6] ‹Fossil man. On the birth, growth and present status of our idea of fossil man›.

[7] Brief vom 2. Oktober 1952.

[8] Brief vom 25. November 1952. Am 7. November hatte eine kleine Sitzung des «Generalstabs» stattgefunden.

[9] Bereits am 4. Januar 1952 hatte er sich in einem Bericht an Paul Fejos zugunsten eines Projektes ausgesprochen, das darin bestand, Dr. Oakley vom *British Museum of Natural History* in London nach Südafrika zu schicken, um auf die Australo-

den Hintergrund, weit davon entfernt, die persönliche Rolle zu betonen, die er gewiß gespielt hat[10].

Der beste Beweis dafür, daß sein Wirken entscheidend gewesen ist, liegt darin, daß er ausgewählt wird, um wieder nach Afrika zu fahren. Am 13. Januar 1953 gewährt der Direktorenrat ihm eine Subvention in Höhe von 5000 Dollar, und das Programm der nächsten Reise umfaßt:

> B – «1. Die Untersuchung der menschlichen Knochen und Werkzeuge, die kürzlich in Hopefield [nahe von Kapstadt] gefunden wurden, im Hinblick auf eine eventuelle Intensivierung der Arbeit an dieser Lokalität.
>
> 2. Eine genauere Inspektion der „Höhle der Herde" von Makapan [Anfang des Paläolithikums] – die Dr. van Riet Lowe im nächsten Sommer in entscheidender Weise mit der finanziellen Unterstützung der *Wenner-Gren-Stiftung* ausgraben wird.
>
> 3. Eine Rekapitulation der kürzlich in Transvaal und [?] in Rhodesien erkannten oder erforschten fossiliferen Spalten – zur gleichen Zeit eine bessere Planung für die Erforschung derartiger Spalten in der in Frage stehenden Zone.»[11]

Am 30. April 1953[12] haben, so wissen wir, die Ausgrabungen in Makapan begonnen:

> B – «Van Riet Lowe hat mit Unterstützung der *Wenner-Gren Foundation* die Ausgrabungen in den verkitteten Aschen [an Zweiseitern reiche Herde] der *Cave of the Hearths* in Makapan eben begonnen. Ich hätte nach Kenia gehen mögen. Keine Möglichkeit [wegen der Mau-Mau und auch wegen meiner möglichen Herzallergie gegen die Gelbfieberspritze].»

pithecinen die wirksameren Datierungsmethoden mit Hilfe des Fluors anzuwenden – doch vertrat er weiterhin die Priorität der Ausgrabungen als des einzigen Mittels, die Sammlungen an stratigraphischen und osteologischen Daten sowohl im Hinblick auf den paläolithischen Menschen als auch auf die Australopithecinen zu vermehren.

[10] Vgl. auch den Brief vom 21. September 1952: «*Unter meinem sanften Druck [oder dem der Evidenzen und der Ereignisse] hat besagte Stiftung [d.h. ihr Direktor, Dr. Fejos] entschieden, die Hauptkraft ihres Bemühens auf die Erforschung der fossilen alten Menschen in Zentral- und Südafrika zu richten. Und in dieser Sache fordert Dr. Fejos mich auf, sozusagen sein erster Leutnant zu sein. Wie schade, daß man nicht zehn Jahre jünger ist!*»

[11] Brief vom 12. März 1953.

[12] In Wirklichkeit hatten sie schon zehn Jahre früher begonnen.

Es ist also unentbehrlich, dieses kleine Choukoutien [wahrscheinlich jünger als sein asiatisches Analogon] von neuem zu besuchen, die einzige Fundstelle dieses Typs, die bisher südlich der Sahara aufgefunden wurde. Hoffnung, einen Schädel zu finden. Ist es nicht wirklich ein Paradox, daß man so unwissend über die Schädelmerkmale des Menschen in der Frühzeit des afrikanischen Paläolithikums ist, während es von seinen Werkzeugen IN SITU wimmelt? Darüber hinaus sind zu Beginn des Jahres 1953 neue Tatsachen entdeckt worden:

B – «Im Januar ist die Schädelkalotte eines dem „*Homo rhodesiensis*" analogen Menschen nördlich von Kapstadt[13] [in den verfestigten Sanddünen, die ich vor zwei Jahren besucht habe] gefunden worden: doch sie ist relativ jung, wie es scheint [äußerstes Ende des Altpaläolithikums?]. Die Geologie der Fundstelle ist noch nicht befriedigend erarbeitet worden. Gleichfalls zu Beginn dieses Jahres sind interessante alte Breccien in Rhodesien[14] erforscht worden, die eine Industrie von sehr primitivem Aussehen [„Geröllindustrie"] zusammen mit einem großen Pavian enthalten. Immer mehr scheint es so, daß die Australopithecinen niemals in Verbindung mit dem Menschen [noch mit irgendeiner Industrie] gefunden werden, – und daß sie folglich als zugleich [chronologisch] „vormenschlich", „antehuman" und [zoologisch und psychologisch] „parahuman" angesehen werden müssen.»[15]

Genau genommen ist der Pater über diese zweite Rundreise nicht besonders begeistert:

B – «Ich fühle mich nicht besonders verlockt von dieser Reise an Orte, die ich bereits kenne, und für eine Art Arbeit, die mir immer weniger „vital" erscheint. Immerhin bin ich mir darüber im klaren, daß ich genau in diesem Augenblick dort unten sowohl den Forschungen als auch der Organisation der Forschungen einen nützlichen Elan geben kann. Und dann habe ich, wie ich Ihnen sagte, diese bescheidene Plattform notwendig, um mir Gehör zu verschaffen [...]. Ich zähle auf diese Monate auf hoher See, um mir

[13] von Keith Jolly.

[14] In Lusaka, Nordrhodesien. Der *Homo rhodesiensis* seinerseits, Vertreter einer jungpaläolithischen Kultur im Endpleistozän und Angehöriger eines *Parasapiens*-Zipfels irgendeines sehr alten *Sapiens*-[oder Präsapiens-]Kernes, war vor der ersten Reise Teilhards entdeckt worden.

[15] Brief vom 18. Juni 1953.

eine Aufwallung des Lebens und der Ideen zu geben: – über den Menschen, die Kontinente – und auch [wenn nicht vor allem] über den gegenwärtigen Zustand [und die Zukunft] der „Hominisation".»[16]

Er braucht diese bescheidene Plattform, doch braucht letztere gleichfalls ihn:

B – «Auf jeden Fall beweisen zwei kürzlich aus Südafrika erhaltene Briefe, daß es dort wirklich etwas für mich zu tun gibt [auf der Ebene der bescheidenen Überwachung und Belebung der Arbeiten] und daß ich erwartet werde.»[17]

Dies sind zwei sehr kennzeichnende Auszüge, vor allem der erste. Teilhard ist immer tiefer von dem christischen und christifizierenden Wert der Forschung, der spezifischen Geste der menschlichen Ko-Reflexion überzeugt, doch die Vergangenheit fesselt ihn immer weniger. Seines Erachtens beginnen die Wissenschaften der Vergangenheit, die zu einem gegebenen Augenblick vital waren, als solche ausgedient zu haben. In Wirklichkeit gibt es keine Wissenschaft von den Ursprüngen, weil letztere sich in der Analyse auflösen. In Wirklichkeit zählen die Prozesse und die Gelenkstellen [z. B. die Gelenkstelle zwischen dem Leben mit Reflexen und dem reflektierten Leben] und vor allem die Zukunft des Menschen, die vom Phänomen der Konvergenz beherrscht wird. Und doch fährt Teilhard von neuem aus vielfältigen Gründen nach Afrika. Die Wissenschaft ist für ihn niemals eine Flagge gewesen, unter der er, sei es philosophische, sei es religiöse Anschauungen durchbringen wollte. Doch ist diese Wissenschaft an sein Apostolat gebunden, und er ist sich durchaus darüber klar, daß sein wissenschaftliches Ansehen seinem religiösen Denken größeres Gewicht verleiht. Andererseits findet der Pater im Kontakt mit der TERRA MATER immer alle seine

[16] Brief vom 15. Juni 1953.

[17] Brief vom 27. Juni 1953. An Ort und Stelle konnte er mühelos feststellen, daß er recht daran getan hatte, diese zweite Reise zu unternehmen: «*Schließlich bestätigt all das, was ich seit den zwei Wochen, die ich hier bin, gesehen und gehört habe, mich in der Vorstellung, daß ich gut daran getan habe, zu kommen. Ich gerate mitten in die Periode der Neuorganisation und des neuen Aufschwungs der Forschungen nach den menschlichen Ursprüngen, und zwar in einem kritischen Bereich der Erde. Ich glaube, ich kann auf diesem Boden in Fragen der Organisation und Anregung Nützliches leisten. Auf jeden Fall lerne ich viel – und die Ideen kommen. Man muß sich nur immer mehr dem lenkenden Einfluß des „Göttlichen Bereichs" anvertrauen*» [Brief vom 30. Juli 1953].

Lebens- und Denkkräfte wieder. So illusorisch es wäre, die Teilhardsche Philosophie als Funktion eines individuellen Charakters, Temperaments zu erklären [trotz der unbestreitbaren Bande, die den Menschen und das System vereinen], ist es doch unentbehrlich, unter der Verkettung der Begriffe eine Gesamtheit von sehr eigenständigen Erfahrungen herauszustellen, deren eine gerade eben die der MATERIA MATRIX, der Materie-Gebärmutter des Geistes[18] ist, d.h., die Materie trägt den durch ein schöpferisches Eingreifen erzeugten Geist in sich. Schließlich ist P. Teilhard, dieser zugleich so sanfte und so unbezähmbare Mann, ein Mann der Pflicht. In China bricht er, kaum daß er von einer mühevollen Expedition zurückgekehrt ist, zu einer anderen auf, wenn das unentbehrlich ist. 1953 ist er 72 Jahre alt, sein Herz ist krank, doch man braucht ihn: Er wird von neuem aufbrechen.

1953 So verläßt also am 1. Juli 1953 P. Teilhard New York an Bord der «African Endeavour» mit dem Reiseziel Südafrika. Reise ohne Zwischenfälle:

B – «Wenn Sie das blaue Meer lieben und freie Zeit haben, machen Sie es wie ich: nehmen Sie die Farrel Line, und Sie fahren[19] 18 Tage lang bequem über die See, ohne etwas anderes als Ascension und St. Helena zu sehen... Großartige Gelegenheit, nachzudenken und zu arbeiten.»

Tatsächlich ist eine seiner Schriften, ‹Der Stoff des Universums›[20], mit folgenden Worten datiert:

W – «St. Helena in Sicht [Überfahrt von New York zum Kap], 14. Juli 1953.»

Die Schrift beginnt mit den Worten:

«So will ich wieder einmal mehr versuchen, etwas weiter den immer fliehenden Grund dessen zu erreichen und auszusagen, was ich spüre, was ich sehe, was ich lebe.»

[18] Ebenso ist diese Dialektik, nach der das Radiale [psychische Energie] sich vom Tangentiellen [materielle Energie] loslöst, um letzten Endes als die wesentliche Wirklichkeit des Universums zu erscheinen, Ausdruck einer tiefen geistigen Evolution, einer Art fortschreitender Loslösung, deren Etappen von der Rotglut der Materie bis zur Glut der reinen Liebe uns erlaubten, die Wegstrecken des inneren Lebens Teilhards abzustecken.

[19] Der Zustand seines Herzens verbot ihm, wie bereits gesagt, das Flugzeug zu nehmen.

[20] ‹L'étoffe de l'univers›.

Die Unermeßlichkeit des Ozeans ist der Meditation ebenso förderlich wie die versteinerten Wogen und die endlosen Wellen der Wüste.
Der Rhythmus des neuen Kommens und Gehens Teilhards in Südafrika zeichnet sich deutlich ab[21]. Da er nicht nach Kenia fahren kann, trotz der verheißungsvollen Fundstellen, bleiben nur drei wichtige Punkte zu prüfen: Hopefield [daher der Aufenthalt in Kapstadt bei der Hin- und der Rückreise], Makapan [daher der Aufenthalt in Johannesburg–Pretoria, gleichfalls auf der Hin- und der Rückreise], Lusaka [daher die Reise nach Nordrhodesien]. Die von Broom in Swartkrans begonnenen Arbeiten waren 1952 von

[21] Die Fakten sind folgende: Am 18. Juli landet Teilhard in Kapstadt, wo er fünf Tage bleibt. Am 23. oder 24. kommt er in Johannesburg an, wo er das Material von Hopefield untersucht und von wo er herumreist: Am 29., so wissen wir, ist er in Pretoria, wo er sich mit Robinson und Haughton unterhält. Vom 2. bis zum 4. August finden wir ihn in Makapan, wohin er sich über die gute asphaltierte Straße begeben hat, die an einem bestimmten Punkt an einer Gruppe großer Bäume vorbeiführt, bei denen Livingstone biwakiert hat. Dann führt er eine Reihe wichtiger Gespräche mit Cooke, van Riet Lowe, Dr. Jeffreys, Dart. Ende August verläßt er trotz der Verbots der Ärzte Johannesburg im Flugzeug, um in Livingstone, Nordrhodesien, zu landen. Am 26. August ist er in Lusaka, im Nordosten von Livingstone, und zwar in Gesellschaft von Desmond Clark, dem Direktor des Rhodes-Livingstone-Museums in Livingstone, er unternimmt verschiedene Exkursionen [das Bienenloch, die Guano-Höhle: Kafue-Schlucht, das Kopje, Fahrt den Sambesi hinauf]. Am 28. November schreibt er an den englischen Gelehrten Oakley: «*In der Nähe von Lusaka zeigte D. Clark mir Freeman's hole [wo wir verschiedene zerbrochene Kiesel* IN SITU *gefunden haben] und die Breccie des Twin River [wo wir – d.h. Clark – die andere Hälfte des Quarz-Artefaktes hervorholten, den Sie und er vor einigen Monaten erkannt und abgebrochen hatten].*» Am 31. August ist er gewiß in Livingstone zurück, wo er das Museum besichtigt, nachdem er die berühmten Wasserfälle des Sambesi [Victoria Falls] betrachtet und die Terrassen des linken Ufers untersucht hat. Anfang September ist er in Johannesburg zurück und folgt derselben Art von Obliegenheiten: Aufenthalt in Pretoria, Gespräche mit Robinson, dem Chemiker Brain, Haughton, neuer Besuch in Makapan [15. September]. Am 20. September verläßt er Johannesburg mit dem Ziel Kapstadt. Seine letzten Tage sind gut ausgenutzt. Zum Beispiel am 24. September besucht er die *Medical School* der Universität [R. Singer, Keane, Mabbut, Keith Jolly], um dort die neuen Ergebnisse der Ausgrabungen von Hopefield zu sehen: Eine neue Fundstelle war nämlich drei oder vier Meilen von Elandsfontein entdeckt worden. Wir wissen auch, daß er das Museum von Bloemfontein im Oranjefreistaat besucht und Hofman und T. F. Dreyer gesehen hat, der 1932 25 Meilen nördlich von Bloemfontein ein wichtiges fossiles Schädelbruchstück entdeckt hatte.

Dr. Robinson zu Ende geführt worden, und die «Jagd nach den Australopithecinen» ging vor allem im Laboratorium weiter,

W – «in den Blöcken von fossilienhaltigen Breccien, die entweder aus dem Schutt der alten Kalköfen von Makapan oder aus den verschiedenen Spalten der Gegend von Sterkfontein stammen»[22]

– Laboratorien in Johannesburg [Medizinische Fakultät] unter Dr. R. Dart und in Pretoria [Transvaal Museum] unter der Leitung von Dr. Robinson, der eine bemerkenswerte Methode zur Auflösung der Breccien mit Essigsäure gefunden hatte.

Wenn Teilhard auch für die sichtbaren Herrlichkeiten des Kosmos aufgrund einer Art Vertiefung des inneren Lebens und einer Art Müdigkeit der Exotik gegenüber weit weniger empfänglich geworden ist, – finden sich doch hier und dort einige Abstecher, einige konkrete Bilder. Ein großer Auszug aus einem Brief[23] gibt einen zusammenfassenden Überblick über den Beginn dieses südafrikanischen Aufenthaltes:

B – «[...] unser bequemes kleines Schiff [10000 t] ist in Kapstadt bei Frühlingswetter gerade eine Woche vor einer Kältewelle angekommen, die sehr unerfreulich gewesen ist und die jetzt vorbei ist. Fünf Tage in Kapstadt geblieben [eben lange genug, um die in diesem Jahr in den verfestigten fossiliferen Dünen von Hopefield gefundene, sehr neandertaloide Kalotte zu sehen], dann hierher, nach Johannesburg, heraufgefahren, wo ich bereits eine ganze Menge Dinge erledigt habe: Besuch in Pretoria, um Robinson und das neue Australopithecinen-Material zu sehen – und, in den letzten Tagen, Besuch bei den großen Ausgrabungen von Makapan [300 km nördlich von hier über die asphaltierte Straße vom Kap nach Kairo], wo mein Freund van Riet Lowe dabei ist [mit der finanziellen Unterstützung der *Wenner-Gren Foundation*], ein „kleines Choukoutien" auszuräumen[24].

Insgesamt bin ich an allem, was ich sehe, äußerst interessiert: sei es unter dem allgemeinen Gesichtspunkt der menschlichen Ur-

[22] ‹L'Anthropologie›, 1954, S. 77, deutsch in ‹Das Auftreten des Menschen›, S. 259.

[23] 5. August 1953.

[24] Während dieses Monats August – in Anwesenheit P. Teilhards – entdeckte Desmond Clark unbestreitbare Werkzeuge.

sprünge, sei es unter dem besonderen Gesichtspunkt der zu verfolgenden Strategie, um den Generalangriff in Afrika, südlich der Sahara, zu führen. Mit einem guten „Fünfjahres"-Plan [zu dem ich Fejos zu bekehren hoffe] scheint es möglich zu sein, in Makapan eine typische Skala übereinanderliegender Ablagerungen aufzustellen, die von den Schichten mit Australopithecus [basales Pleistozän] bis zum Jungpaläolithikum [einschließlich] reicht. Mit zwei oder drei ähnlichen Punkten [darunter Hopefield in der Nähe von Kapstadt und Oldoway in Tanganjika] wäre eine erste Triangulation, ich wiederhole, südlich der Sahara, abgeschlossen. Um das Netz zu vervollständigen, hoffe ich, Anfang September nach Nordrhodesien [Lusaka] zu fahren, wo man eben Breccien gefunden hat, die Werkzeuge von „prächelléenischem" Aussehen enthalten. Diese ganze Organisationsarbeit ist um so faszinierender, als ich [dank der Freundschaft Fejos'] die Kriegskasse in greifbarer Nähe fühle; ohne in Rechnung zu stellen, daß sich hier ein kraftvolles und sympathisches Team von Jungen entwickelt. Kurz, ich sehe [jedoch dieses Mal in Afrika] sich ein internationales Team vom selben Typ bilden wie jenes, das gerade vor 1939 die Forschungen nach dem Early Man[25] im Fernen Osten so fesselnd machte.

An zweiter Stelle bin ich zutiefst an der wirtschaftlichen und sozialen Situation des Landes interessiert: eine Uranindustrie entwickelt sich mit unwiderstehlichem und beschleunigtem Rhythmus in einem Lande, das noch von Rinderhirten bevölkert ist. Und dann genieße ich unter einem diametral entgegengesetzten Gesichtspunkt sehr stark diese Landschaft, deren große Fauna leider [und unvermeidlich] im Laufe der letzten siebzig Jahre verschwunden ist [es scheint, daß in der Umgebung von Pretoria die Elefanten und Giraffen noch spazierengingen, als ich geboren wurde!], deren wesentliche Grundzüge jedoch noch da sind. In diesem Monat ist alles ziemlich grau oder gelb. Immerhin blüht aber, um das Auge zu erfreuen, in diesem Augenblick die Aloe, deren rote, rosa oder gelbe Schäfte sich überall zwischen den Sonnenschirmen der Akazien und den Kandelabern der Euphorbien zeigen. Ich spreche hier vom Busch nördlich von Pretoria, der sich

[25] nach dem «frühen Menschen».

in dieser Gestalt bis nach Abessinien erstreckt. Rund um Johannesburg, auf der Hochebene, ist der Anblick strenger. Doch das Licht ist in dieser Jahreszeit großartig. Ein unbeirrbar blauer Himmel und eine trockene und „krispe" Atmosphäre. Genau Peking gegen Ende des Herbstes. Morgens gefriert es ein wenig.

Alles läuft also so gut wie möglich.»

Über den «Streifzug» nach Rhodesien sind wir gleichfalls gut unterrichtet. Am 25. oder 26. August betrachtet Teilhard zwischen Livingstone und Lusaka auf dem ganzen Wege eine sehr trockene, häufig verbrannte, schrecklich weite und monotone Buschlandschaft ohne Fauna, doch in der Nähe von Lusaka finden sich sehr schöne «Quassia», Bäume mit goldgelben Blüten. Am 30. August fährt er mit Clark den Sambesi hinauf. Teilhard erinnert an den Sambesi Livingstones, doch vermag er nur noch das zu lieben, was sich im Zustand der Evolution befindet: Der Sambesi ist bereits Vergangenheit, er, sein Röhricht, seine Papyrusbüsche, seine Krokodile, seine Flußpferde und seine Energie, muß von einer auf der Suche nach einer neuen Schönheit, einer neuen Natur befindlichen Menschheit kanalisiert werden. P. Teilhard ist für das Heimweh nach der Vergangenheit nicht empfänglich, er sieht nur mehr die Zukunft, und wenn ihm der feine Sand des Sambesi durch die Finger rinnt, beschwören diese Milliarden Körner in seinem Geist die selbst mit dem Unendlichen vervielfachte Unendlichkeit der Zahl der in die Noogenese hineingenommenen Elemente und Korpuskeln. Wie immer, vermag der Pater als Maler und Naturforscher zu sehen, doch der Anblick dieses mächtigen Flusses endet in einer kurzen lyrischen Betrachtung. Totale Gegenwart eines Dichters und vor allem eines Denkers für alles, was er tut.

Nordrhodesien beeindruckt ihn ganz entschieden, spricht er doch davon in einem Brief vom 9. September 1953 von neuem mit Nachdruck:

B – «Hier haben sich seit dem 5. August die Dinge weiter günstig entwickelt. Die „Glanznummer" des Aufenthaltes ist eine Reise [Ende August] nach Northern Rhodesia gewesen, wo ich mir, in der Nähe von Lusaka[26], eine Reihe von Spalten angesehen habe, die fossilienhaltige und Werkzeugeinschlüsse aufweisende

[26] Twin River's Site.

Breccien enthalten, die vielleicht die Brücke zwischen den Schichten mit Australopithecinen und den ersten afrikanischen lithischen Industrien [Pebble Industry] herstellen. Ich hoffe, die *Wenner-Gren Foundation* dazu zu bestimmen, dort eine Ausgrabung zu subventionieren, die möglicherweise einen wichtigen Punkt in der „Triangulation" der menschlichen Ursprünge Afrikas südlich der Sahara festlegen könnte[27]. Im Laufe dieses Streifzuges habe ich viel gelernt. Ich habe aber auch ein sehr eindrucksvolles Land gesehen, dessen Aussehen sich gewiß nicht geändert hat, seitdem Livingstone es bereiste. Unermeßliche wellige Flächen, die von großem Busch bedeckt sind, in dem gegen Ende der trockenen Jahreszeit eine gewisse Zahl von Bäumen vor dem Hintergrund großer gelber Gräser zu grünen beginnt. Oberhalb der Victoriafälle, flußaufwärts [ich habe dort zwei Tage verbracht], bekommt man noch leicht Flußpferde zu sehen, die sich friedlich im Sambesi baden. Von Johannesburg nach Livingstone sind wir im Jet-Comet gereist [weniger als zwei Stunden, anstatt drei Tage in der Eisenbahn oder im Wagen], hin und zurück über eine Flugbahn, die, da sie in ihrem Scheitelpunkt einige 12000 m erreicht, nicht viel zu sehen gestattet. Bei der Rückkehr habe ich jedoch in einer günstigen Beleuchtung eine große Saltpan[28] der Kalahari zu erkennen geglaubt.

Und jetzt verbringe ich meine letzten Tage in Johannesburg. Morgen soll ich nach Pretoria zurückkehren [Geologisches Landesamt und Robinson]; und in der nächsten Woche habe ich die Absicht, die großen Ausgrabungen von Makapan wiederzusehen, die im nächsten Jahr wiederaufgenommen werden müssen. Es handelt sich darum, wie ich Ihnen sagte, eine vollständige typische Skala aufzustellen, die die Australopithecus-Schichten mit den Zweiseiterschichten verbindet. Bisher sind keine menschlichen Knochen gefunden worden, das ist eine kleine Enttäuschung [doch der beste Teil der Ablagerungen ist vielleicht noch nicht angegangen worden]. Insgesamt werde ich befriedigt abreisen, nun-

[27] Im November 1953 gewährte Paul Fejos dank dem Eingreifen Teilhards Desmond Clark eine Subvention für die Ausgrabungen an der Fundstelle von Twin River's. In der *Wenner-Gren* betonte P. Teilhard unaufhörlich mit Nachdruck die Bedeutung von Nordrhodesien.

[28] «Salzpfanne».

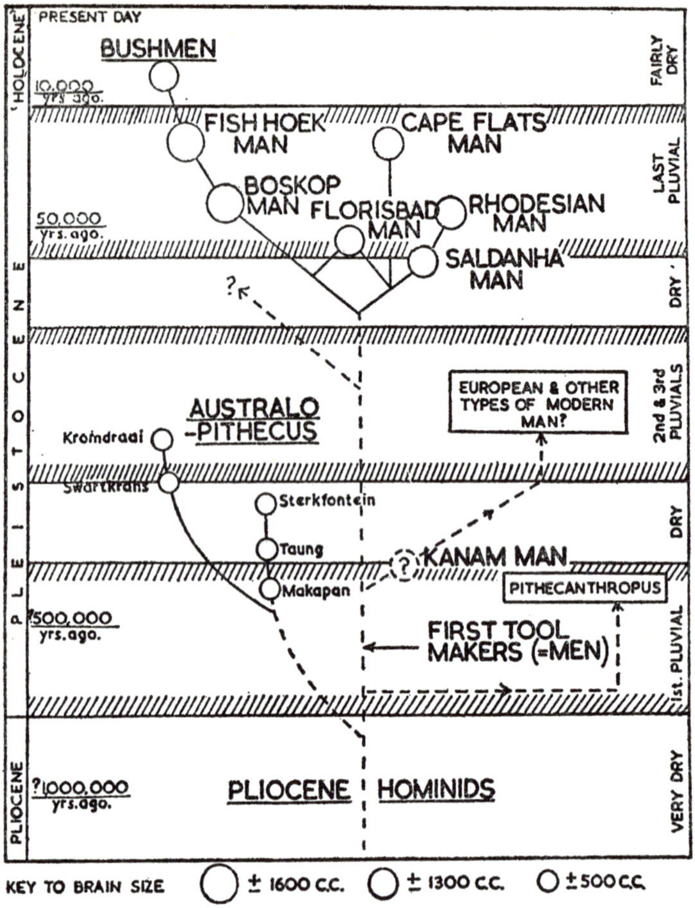

20. Evolution der Hominiden in Afrika [nach *Dawn of Man in South Africa*, vgl. 19]

mehr voll und ganz davon überzeugt, daß die Bewegung in Gang gebracht ist und daß man nur mehr an sieben oder acht vom Kap bis Tanganjika abgesteckten guten Stellen „begießen“ muß. Mir fehlt sehr [doch weiß ich andererseits nicht, was ich tun könnte wegen des Gelbfiebers und seines Impfstoffes] die Kenntnis der großartigen lakustren Reihen im Bereich der großen Seen...»

Es ist nutzlos, auf den Stand der Forschungen im Augenblick des zweiten Aufenthaltes Teilhards einzugehen. Einmal unterrichten uns darüber die oben zitierten Briefauszüge in ausreichender Weise.

Außerdem hat P. Teilhard darüber in ‹L'Anthropologie›, 1954, eine ausgezeichnete Chronik erscheinen lassen: ‹Die Forschungen zur Entdeckung der menschlichen Ursprünge in Afrika südlich der Sahara›, wo er mit großer Genauigkeit zeigt, wie sehr

W – «die paläoanthropologischen Forschungen in diesem für die Untersuchung der menschlichen Ursprünge besonders gut gelegenen Gebiet an Organisation, an Präzision und an Intensität gewonnen haben»[29].

Es handelt sich in erster Linie darum, zu versuchen, das Problem der Australopithecinen klarzustellen. Nach einem Gespräch mit Robinson am 29. Juli in Pretoria notiert der Pater:

W – «1. Zwei Stammreihen *Australopithecus-Plesianthropus* [stärker humanoider Schädel] [weniger humanoides Zahnbild]
Paranthropus [weniger humanoider Schädel] [stärker humanoide Zähne]

2. *Telanthropus* für sich [3. Stammreihe].»

Es handelt sich vor allem darum, eine vollständige Stratigraphie mit den entsprechenden paläontologischen und archäologischen Merkmalen aufzustellen: Australopithecus-Schichten, Schichten mit Pebble Industry [IN SITU], Schichten mit hand-axes [Faustkeilen] mit ihren fünf verschiedenen Gerätetypen. Und diese Synthese wird nach P. Teilhard den Vorteil haben, daß sie sichtbar werden läßt, daß Australopithecus und Mensch einander ausschließen.

MUTATIS MUTANDIS stellt das afrikanische Wirken im Leben P. Teilhards durchaus eine Wiederholung des asiatischen Wirkens dar[30]. Wie in Asien, sieht der Pater groß. Das ganze Afrika südlich der Sahara interessiert ihn. Er schaut hinüber nach Mozambique und Angola. Auf einen Brief, den der portugiesische Geologe Fernando Mouta am 18. August 1953 an ihn schreibt, antwortet P. Teilhard am 4. September:

[29] ‹Les recherches pour la découverte des origines humaines en Afrique, au sud du Sahara›, S. 74, deutsch in ‹Das Auftreten des Menschen›, S. 252.

[30] Vgl. den Brief vom 23. Dezember 1952: «*1925 ist Peking die Chance meines Lebens gewesen. Vielleicht wird New York mein zweites Peking sein. Doch bin ich nicht mehr 40 Jahre alt*...»

B – «Ihr Brief hat mir sehr viel Freude gemacht [...]. Weil ich nunmehr davon überzeugt bin, daß eine sehr anpassungsfähige und lebendige Organisation „für das Studium der menschlichen Ursprünge südlich der Sahara“ dabei ist, sich spontan herauszubilden, und daß in dieser Organisation [oder diesem Organismus] Portugal [aufgrund der Position und der Ausdehnung seines afrikanischen Gebiets] eine erstrangige Position einzunehmen berufen ist. – Der Kontakt zwischen den Mitgliedern eines brillanten Teams ist bereits hergestellt: Leakey in Kenia, D. Clark in Rhodesien, Robinson in Pretoria, van Riet Lowe, Dart, Cooke usw. in Johannesburg... Alle Welt hier wünscht und erwartet eine immer engere Zusammenarbeit mit Mozambique und Angola.

[...]

Ohne sich irgendwie in Ihre Forschungs- und Beschreibungsarbeit *einmischen zu wollen* [...], ist die *Wenner-Gren Foundation* bereit, das weiß ich, Ihnen zu helfen, an wichtigen Punkten die notwendigen Ausgrabungen zu machen.»

Er richtet den Blick auch nach Französisch-Westafrika, wie ein charakteristischer Brief an Théodore Monod, den Direktor des IFAN, beweist:

B – «Ihre Tips über das Treffen von Tananarivo sind mir durch einen guten Brief von Mouta[31] bestätigt worden, auf den ich meinerseits als Antwort [auf seinen Vorschlag] einen Brief geschickt habe, den er im „Oltramare“-Ministerium von Lissabon vorzeigen kann, um letzteres davon zu überzeugen, welches Interesse Portugal daran hat, in der heute gut angelassenen Bewegung zur Erforschung der menschlichen Ursprünge in Afrika südlich der Sahara nicht für sich allein zu bleiben. Wir brauchen gewiß unverzüglich in Angola einen guten Stützpunkt [ich meine eine gute Ausgrabung in einer gut gewählten fossilienführenden Spalte] – und auch eine sauber gemachte Studie der marinen Terrassen in Mozambique [...]. Haben Sie in Ihrem Bereich keine Kalkmassive [kristallin oder nicht]? Wenn ja, überwachen Sie die Breccien der Spalten. Die Karste der afrikanischen Hochebene enthalten überall, wo ich sie gesehen habe, Mensch oder Vormensch.»[32]

[31] der portugiesische Geologe, siehe oben.

[32] Brief vom 8. September 1953; vgl. auch den Brief an Théodore Monod vom

P. Teilhard träumt in Afrika von einem ebenso umfassenden Gebäude wie im Fernen Osten, und seine Schritte auf seiten Portugals führen gerade zum gewünschten Erfolg. Am 6. März 1954 übermittelt Teilhard an Dr. Mouta den großen Wunsch von Desmond Clark,

B – «unter Führung oder mit Zustimmung der portugiesischen Gelehrten die Spalten von Humpata [Angola][33] zu besichtigen».

Mehr noch, Teilhard denkt daran, die Brücke nach Indien zu schlagen: Ein Brief vom 13. Januar 1954 macht eine Anspielung auf die Suche nach dem «Menschen der Faustkeile» im Tal der Narbada, eine Suche, die dem afrikanischen Projekt eng verwandt ist. Der Pater hat ebensowenig den Fernen Osten vergessen und denkt daran, einige Monate auf Formosa zu verbringen,

B – «um die Forschungen in einem alten fossilienführenden Quartär in Gang zu bringen»[34].

Doch wie sieht nun tatsächlich die Bilanz dieses zweiten Aufenthaltes im Lande der Buren aus? Sie erscheint uns sehr komplex. Der Pater beglückwünscht sich selbst dazu:

B – «Schließlich bin ich mit meiner Reise so zufrieden wie möglich. Ich habe viel gelernt und gesehen; ich glaube, klarere Vorstellungen über die geologischen Ursprünge der menschlichen Art zu haben; und ich bin mir bewußt, daß ich [mit den Dollars der Stiftung] bei der Errichtung eines bemerkenswerten Forschungsnetzes in Südafrika und südlich der Sahara geholfen habe.»[35]

30. Juli 1953: *«Es wird evident, daß heute in fünfzig Jahren die Geschichte der menschlichen Ursprünge in Afrika aufgezeichnet sein wird, indem man dem Netz der fossiliferen Spalten [plio-pleistozäner Karst] folgt, die „providentiell" von den präkambrischen Dolomiten mehr oder weniger überall südlich der Sahara geliefert wurden. Robinson und Cooke sind sich einig in der Auffassung, daß man unmittelbar eine methodische Prospektion genannter Spalten beginnen muß im Ausgang von gewissen Forschungszentren: Sterkfontein, Makapan, Lusaka, Angola... Ich glaube, Dr. Fejos wird sich leicht überzeugen lassen.»*

[33] 1948 von Dr. Mouta entdeckt. Letzterer, der groß sah, übernahm es gern, D. Clark in die fossiliferen Breccien von Angola im April einzuführen [vgl. Brief vom 26. März 1954]. Leider hat die *Junta de Investigaçoẽs do Ultramar* nicht erlaubt, die großen, von dem portugiesischen Gelehrten erarbeiteten Projekte zu verwirklichen, die doch die volle Gutheißung und Zustimmung P. Teilhards erhalten hatten.

[34] Brief vom 31. Januar 1955.

[35] Brief vom 15. November 1953.

Auf der Ebene positiven Tuns hat der Pater als Geologe wirksam eingreifen müssen, damit die Stratigraphie gewisser Ablagerungen [vor allem Hopefield] besser studiert wurde, und sein synthetischer und organisatorischer Geist hat gewiß die Südafrikaner «polarisiert»: Unter dem Datum vom 10. September 1953 schreibt der Pater:

W – «*Gespräch mit Haughton* [Stiftung]. Die panafrikanische Organisation der Forschungen.»

P. Teilhard, der praktisch über die «Kriegskasse» verfügte, verstand eine gescheite Verwendung für sie zu finden. In einem Brief vom 28. November 1953 teilt er Kenneth P. Oakley vom *British Museum*, Mitarbeiter von Desmond Clark, mit, daß die *Wenner-Gren Foundation* beschlossen hat, die vollständigen Ausgrabungen von Twin River [Nordrhodesien] zu subventionieren. Van Riet Lowe seinerseits erinnert uns in einem Brief an Paul Fejos[36] daran, daß er bereits 8400 Dollar erhalten hat, und eine Antwort P. Teilhards[37] garantiert ihm die erbetene Nachzahlung von 1600 Dollar:

B – «[...] was die Forschungen in Afrika betrifft, besitzt und behält Makapan die Priorität.»

Beständig finden wir aus der Feder Teilhards kommend die Metaphern «Angriffslinie», «Angriffsfront». Eine Offensive aber ist nur wirkungsvoll, wenn sie sich gegen einen einzigen oder eine sehr geringe Zahl von Punkten richtet. Gesuche werden an ihn von verschiedenen Seiten herangetragen, und es sind häufig Freunde oder geachtete Kollegen. Höflich, freundlich lehnt er ab, um die Zersplitterung des Bemühens zu verhindern. Ebensowenig liebt er das Aufsehenerregende:

B – «[...] das große Anliegen ist derzeit in Afrika [für die Paläoanthropologie], die Frage des „Prächelléen" [Kafuan[38]] und der Australopithecinen zu erhellen... Man beschäftigt sich allzusehr, wie mir scheint, mit den Hand-axes-Horizonten – aufsehenerregender, leichter und unterhaltsamer.»[39]

Einer der Gründe, die er bei Fejos anführt, um 1954 nach Frankreich und England zurückzukehren, ist:

[36] vom 23. Dezember 1954.

[37] vom 29. Dezember 1954.

[38] Ein anderer Name der Pebble Industry; nach dem Namen eines Nebenflusses des Sambesi, des Kafue-Flusses in Rhodesien, der nahe an Lusaka vorbeifließt.

[39] Brief vom 15. Mai 1954.

B – «dort mit den Schlüsselgelehrten in Kontakt zu kommen, die nunmehr an dem „afrikanischen Projekt" der Stiftung arbeiten [hauptsächlich Dr. Arambourg, Dr. Mortelmans und Dr. Oakley]. In diesem Arbeitsabschnitt wäre es, das spüre ich, wichtig, zu einem neuen Ideenaustausch vor dem Kongreß von Livingstone im Jahre 1955 zu kommen [Desmond Clark aus Livingstone wird im nächsten Sommer in England sein].»[40]

Die diplomatische Rolle P. Teilhards ist, wie man sieht, nicht einfach gewesen. Allerdings ist ihm kräftig geholfen worden:

B – «bei der „Psychologie". Und Sie wissen, wie sehr in diesen Dingen meine Treuherzigkeit der Lenkung bedarf.»[41]

Nichtsdestoweniger bleibt, daß er, weit davon entfernt, Eifersüchteleien entstehen zu lassen, es verstand, feste Freundschaften zustande zu bringen. Ein kleines Faktum scheint davon Zeugnis zu geben: Van Riet Lowe schließt einen Brief an ihn mit dieser Formel: «Our Love and Saalams to you [....]»[42], und die Antwort Teilhards beginnt mit «*Dear Peter*». Er nennt ihn also bei seinem Vornamen [wie er es bei Barbour tat]. Mit liebevoller Hochachtung haben die Professoren Dart [Universität von Witwatersrand], Goodwin, Drennan, Singer [Kapstadt], Robinson [Pretoria] von ihm zu P. Édouard Boné SJ gesprochen – Dart hat sogar den Wunsch geäußert, ein Bild des Paters zu besitzen. Die Farmer Mr. und Mrs. Peppercorn, auf deren Grund die Höhle von Makapansgat gelegen ist, haben an ihn die Erinnerung eines sehr großen, unendlich ein-

[40] Ende 1954 kam eine gute Nachricht von Makapan: «*[...] die Entdeckung von „Pebble Industry" in den Schottern, die in den Lime-Works [Kalkbrüchen] über den Breccien mit Australopithecus liegen [...], der Fund ist von erstrangiger Bedeutung*» [Brief vom 6. Dezember]. Tatsächlich betrachtete Teilhard es bereits vom Endbericht seiner ersten Reise an als wesentlich, die chronologische Lage der primitiven Geröllindustrie in bezug auf die Australopithecinen zu erhellen. Wohlbemerkt stützt der Pater sich, um auf die Forschungen in Südafrika einzuwirken, auf seine amerikanischen Kollegen Barbour und Movius. Am 4. März 1955 sollte er noch ein Gespräch mit Movius über verschiedene das Forschungsprogramm betreffende Themen führen.

[41] Brief vom 5. August 1953. Wenn man die untergründigen Rivalitäten oder den offenen Haß kennt, die in der Gelehrtenwelt herrschen [wir kennen einiges davon], neigt man dazu, diese Reinheit des Herzens zu bewundern, die Teilhard erlaubte, gewisse Spannungen außer acht zu lassen und Beziehungen zu unterhalten, die allem Anschein nach einander ausschlossen.

[42] «Mit unseren ganz herzlichen Grüßen und Salams für Sie [...].»

fachen und zugänglichen Gentlemans bewahrt. Das schönste Zeugnis wird uns von J. Desmond Clark in seinem Beileidsbrief gegeben, den er am 23. April 1955 an Paul Fejos schickte:

B – «[...] P. Teilhards Tod hat einen der glänzendsten und erfolgreichsten Paläontologen aus unserer Mitte genommen, und die Lücke, die sein Scheiden läßt, wird noch in vielen kommenden Jahren zu spüren sein.

[...] Seinen Charme, seine Höflichkeit und seinen Einfluß werden wir nie vergessen, und das Andenken an seine Persönlichkeit und seinen Besuch bei uns ist heute so lebendig, als wäre es erst gestern gewesen. Obwohl er selbst nicht länger bei uns ist, werden wir uns noch lange seiner Vitalität und Freundlichkeit erinnern, und wir fühlen mit sehr vielen anderen, daß wir einen wahren Freund und Lehrer verloren haben.»

Geologe, Anreger, Diplomat, Persona grata: Ja. Mehr noch, Südafrika hat das Teilhardsche Denken befruchtet. Es ist völlig nutzlos, seinen schönen Artikel ‹Afrika und die menschlichen Ursprünge›[43] wieder aufzugreifen, der aus seinem Vortrag am 28. Juni 1954 im Haus der Gelehrtengesellschaft in Paris entstanden ist. Interessanter ist es, den Ideen in ihrer Entstehung zu folgen. Nach P. Teilhard ist die Anthropogenese zweipolig, und sie umfaßt zwei Zentren, jedes mit konzentrischen pongoiden, australopithecoiden, pithecanthropoiden, neandertaloiden Ringen, das eine in Asien, das ein gescheitertes Zentrum darstellt, weil es nicht zum *Homo sapiens* geführt hat[44], das andere in Afrika, welches das wichtigste und interessanteste Zentrum ist, weil dort die Hominisation bis zum Ende vorangetrieben worden ist. Alles vollzieht sich, als hätte es zwei Zentren gegeben. Doch schließt Teilhard daraus nicht auf einen Polyphyletismus, er glaubt einfach an die Segmentierung einer Evolutionsfront, an eine Verdoppelung des menschlichen Phylums in unmittelbarer Nachbarschaft seiner Ursprünge. Er gelangt so zum «Gesetz der Segmentierung der Evolutionsfronten», zu der die Schraubenantilopen ein anderes Beispiel liefern.

Wir haben eben im Hinblick auf die beiden Zentren von vergleichbaren konzentrischen Ringen gesprochen. Der allgemeine Aspekt

[43] ‹L'Afrique et les origines humaines› in ‹Revue des Questions scientifiques›, 1955, deutsch in ‹Das Auftreten des Menschen›, S. 262ff.

[44] Der *Homo sapiens* ist in Asien ein Eindringling.

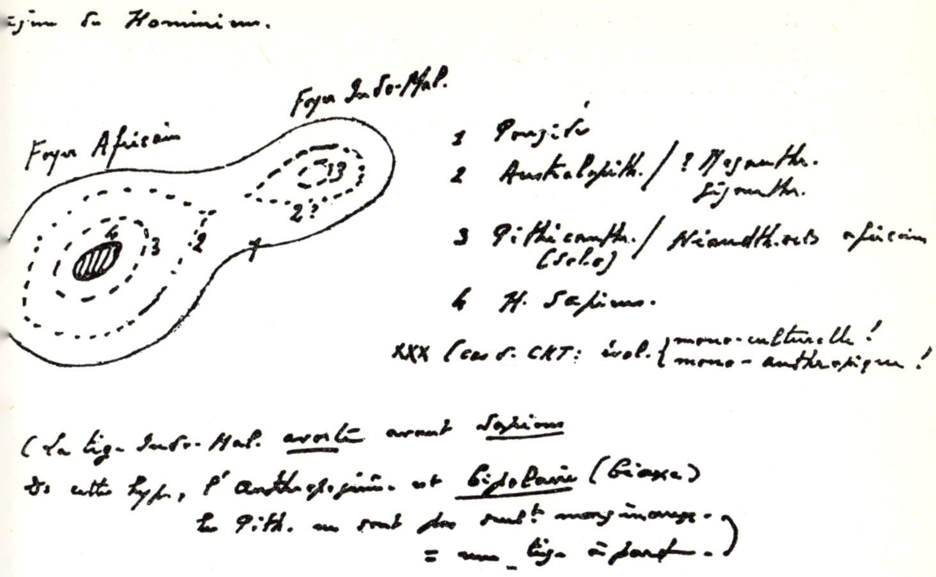

21. Nach Teilhard ist die Anthropogenese bipolar, Handschrift 1953

der beiden Zentren, des afrikanischen und des indomalaiischen, weist mit diesen konzentrischen Kreisen tatsächlich eine gewisse Analogie auf. Doch darf man sie nicht allzusehr pressen und zum Beispiel Reihen paralleler Formen aufstellen.

W – Australopithecus = Meganthropus
Telanthropus = Pithecanthropus
Homo Rhodesiensis = *Homo soloensis*

Beim gegenwärtigen Forschungsstand scheint die unmittelbare [implizite oder explizite] Gleichstellung der asiatischen und afrikanischen Formen eine Quelle der Verwirrung zu sein.

Dem afrikanischen Zentrum kommt in den Augen Teilhards eine doppelte Bedeutung zu. Geographisch, anthropogenetisch weist das afrikanische «Zentrum und Reservoir» zwei Funktionen auf: Afrika ist als äquatoriales Afrika ein Tiegel, als südliches Afrika ein Divertikel, der aufgrund seiner Rolle als Sackgasse in zerstreutem Zustand ein mehr oder weniger vollständiges Spektrum der aufeinanderfolgenden Wellen der Speziation bewahrt. Man gelangt so für Afrika zu einer Geschichte in drei Schritten: 1. An den Ursprüngen eine Periode der Erarbeitung: Der Mensch und mit ihm der *Homo sapiens* wird irgendwo in Kenia-Uganda, der tiefen Mutationszone, geboren; 2. Eine Expansionsperiode: Der Mensch strebt nach Norden, von woher sich eine Zwischenphase erklärt, in der man nur mehr eine verdünnte Menschheit [Buschmänner?] findet; 3. Eine Neuinvasion dieses leeren Raumes durch die «Eu-Schwarzen», d.h. die wahren Schwarzen, die Bantus, eine Mutation auf der Ebene des *Homo sapiens*, der diesen freien Raum für eine neue Expansion ausnutzt [in etwa vergleichbar derjenigen der Indianer].

Doch wenn es richtig ist, daß sich im südlichen Afrika ein Pulsations-«Spektrum» bildet, dann überschneiden sich die Wellen manchmal. Unter dem Datum des 29. Juli 1953 lesen wir folgenden Hinweis:

> W – «Der Mensch von Hopefield scheint anzuzeigen, daß der afrikanische Mensch der Zweiseiter in sich selbst einen [schuppigen] Komplex bildete, in dem die vermuteten *Protosapiens*-Typen von randständigen „neandertaloiden" Typen[45] umgeben werden. – Es ist uns noch nicht hinreichend gegenwärtig, in welchem Maße die Genese eines neuen zoologischen Typs [in der Speziation] ein zugleich präzises und kompliziertes Phänomen ist, das einem durchaus bestimmten Mechanismus [entsprechend einem Pattern] gehorcht.»

Letzten Endes zwingt Afrika den Pater, eine geschmeidigere Definition des Monophyletismus[46] zu erarbeiten und zu einem besseren Verständnis oder einer besseren Wahrnehmung der «*Speziationsfiguren*» zu gelangen. Er erahnt eine neue Wissenschaft der Orthogenese, die «Patterns» der Speziation, und in einer ganzen Gruppe in aktiver Differenzierung unterscheidet er eine orthogenetische Achse und eine Reihe divergenter Abweichungen. So stellen also die «Patterns» statistische «Figuren» dar, die sich schließlich entsprechend gewissen Vorzugsachsen des Gleichgewichts, des Wirkens und der Evolution entwickeln. Das vom Pater aufgezeichnete

[45] Zu denen auch der Mensch von Hopefield selbst gehört.

[46] Über den Monophyletismus des *Homo sapiens* gibt es für Teilhard keinen Zweifel. Doch entscheidet er nicht die Frage, ob gewisse Rassen, wie die Buschmänner, randständige Überlebende sind, die das Monophylum des *Homo sapiens* flankieren, oder aber, ob es sich um randständige Formen des Monophylums handelt. Dagegen ist er von dem extremen Alter des *Homo sapiens* überzeugt, dessen [allerdings unbekannte] Präsapiens-Formen Zeitgenossen der Pithecanthropinen und der Neandertaloiden gewesen sein müssen.

Schema gleicht in etwa einem Baum, der immer höher emporsteigen würde. Nach allen Seiten und auf jeder Höhe setzen sich Zweige von dem Stamm ab. Der von der Endknospe gekrönte Haupttrieb ist sozusagen holzig, fibrös. Beständig brechen neue seitliche Knospen auf, und doch kann man in statistischer Weise sagen, der Baum steige in eine bestimmte Richtung empor. So umfaßt Teilhard also nicht nur Asien und Afrika mit einem einzigen Blick, vielmehr erhebt er sich zu Überlegungen der allgemeinen Biologie. Sein Geist der Synthese findet ganz natürlich seine Entfaltung in einer biologischen Philosophie.

Er geht sogar noch weiter. Am 30. Juli 1953 denkt er einen Artikel über den «*Quartärnarismus*» durch. Letzterer kann legitimerweise die Regierungen nur interessieren, wenn er aufzeigt, inwiefern er ökonomisch, dynamisch vital ist. Er ist aber vital in dem Sinne, daß er den Menschen mit der evolutiven Hauptströmung zusammenbringt, d.h., daß er ihn aufwertet und dynamisiert [ihn als in Bewegung befindlich aufzeigt oder zumindest «suggeriert»]. Afrika birgt in sich die Lösung eines Problems von allgemeinmenschlicher Bedeutung: «Unsere Ursprünge». Keine Frage des Gefühls [«Die Wiege»], sondern der Energie und des Wertes:

W – «Welches ist unser nicht statistischer, sondern dynamischer Ort im Universum?»

Kurz, Afrika beweist die Notwendigkeit, eine Anthropodynamik zu konstruieren, die in Gott einmündet, – indem sie die axiale Kontinuität der Hominisation mit dem evolutiven Strom aufweist [Werk der Geologie, der Paläontologie, der Physik...]. Für die so ausgeprägte Einheitshaltung P. Teilhards sehr charakteristische Überlegungen. Wir sehen in vollem Licht die Schritte seines Denkens, das in konzentrischen Wellen vorgeht, wie eine Wasserfläche, die ein Vogelflügel gestreift hätte. Er steht vor positiven [wissenschaftlichen und finanziellen] auf Afrika begrenzten Problemen: Er träumt zunächst von einer panafrikanischen Synthese, dann gelangt er, sie ausweitend, zur Skizze einer afro-asiatischen Synthese. Dann geht er zur biologischen Philosophie über. Doch der Radius des Kreises wächst unaufhörlich: Der Pater erreicht die Zone einer Anthropodynamik, die in einer letzten Ausweitung zur Erfüllung des Universums in Gott führt. Man begreift, weshalb er am 8. September 1953 an einen Freund schrieb:

Perioden			Zeit in Jahrtausenden	Vereisungen nördliche Hemisphäre	Afrikanische Regenzeiten	Werkzeuge		
QUARTÄR	Holozän					Neolithikum Metalle		
	Pleistozän	oberes	50	IV Würm 3	Gamblien	Paläolithikum	junges	Magdalénie
				2				Solutréen
			100	1				Aurignacie
		mittleres	150				mittleres	Moustérien Levalloisien
			200	III Riss 2	Kanjérien		altes	Tayacien
			250	1				Spät-Acheuléen
			300					
			350					
			400	II Mindel 2	Kamasien			Clactonien
			450	1				Früh-Acheuléen
		unteres	500					
			550	I Günz 2	Kaguérien			Chelléen
				1				[Abbevillie
			600					Oldowayen Kafouen
TERTIÄR	Pliozän							
	Miozän		20.000					
	Oligozän		40.000					
	Eozän		60.000					

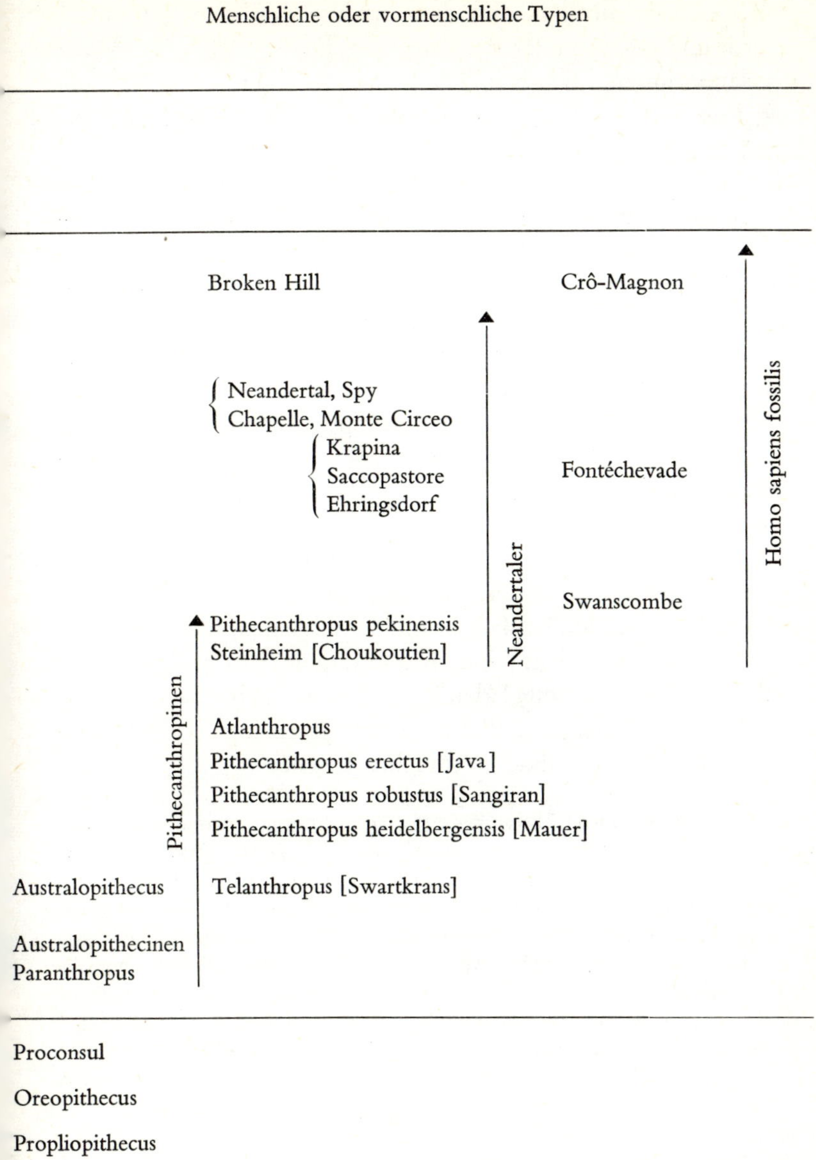

22. Versuch einer Synthese der Evolution der prähistorischen Menschheit [nach Ed. Boné, SJ, *La question de l'homme fossile*, Revue du Clergé Africain, novembre 1956]

B – «Insgesamt hat mich diese erneute Kontaktnahme mit der Erde und sogar mit der Vergangenheit [in dem Maße, wie letztere erlaubt, unsere „Flugbahn" besser auszumessen] wie gewöhnlich geistig – oder sogar, wenn ich so sagen darf, „mystisch" – gestärkt.»[47]

Diese Überlegungen werden uns erlauben, die Tragweite der beiden folgenden Texte mit größerer Genauigkeit zu beurteilen. Einem großen französischen Paläontologen, der ihn für ein Symposium um eine Mitteilung bat, schickt er einen Text biologischer Philosophie[48], wofür er sich gleichzeitig mit folgenden Worten entschuldigt:

B – «Im Grunde fürchte ich, etwas zu faseln; und ich hätte eine technische Mitteilung vorgezogen. Leider habe ich, seitdem ich China verlassen habe, kein mir gehöriges Gelände mehr [in Afrika bin ich „bei den anderen"].»[49]

Einem Freund schreibt er:

B – «Ich freue mich darüber, daß Sie mein „Geplauder" über Afrika und die menschlichen Ursprünge interessiert hat. Ich habe tatsächlich eine gewisse Zahl recht neuer Anschauungen hineingleiten lassen. Doch würde es mir schwerfallen, über all das eine dokumentierte Arbeit [eine „Monographie"] zu veröffentlichen. Ich bin in Afrika „eingeladen" gewesen, um zu beobachten. Doch habe ich keinerlei persönliche Forschungsarbeit geleistet. Ich muß also vor allem die anderen sprechen lassen.»[50]

[47] Vgl. den Brief vom 11. November 1953: «*Afrika ist ganz entschieden ein wunderbares Land; und ich habe eine Art von Leben in der Berührung mit seinem Boden wiedergefunden. Doch all das ist für mich, wie Sie wissen, nur eine Weise, durch die „Materie" hindurch zum „geistigen Herzen" der Evolution zu gelangen.*» Der Beweis für diese Euphorie ist, daß Teilhard mit fünf Projekten zurückkommt, einer Mitteilung vor der Akademie, dem Projekt eines Artikels über ‹L'activation de l'énergie humaine› [‹Die Aktivation der menschlichen Energie›], dem Projekt zu einem Aufsatz über ‹Le Dieu de l'évolution› [‹Der Gott der Evolution›], einem Artikel für die ‹Annales de Paléontologie› und einem anderen für ‹L'Anthropologie›. Er hat die Freude, «*das klare und stärkende Gefühl*» zu verspüren, «*daß von Kapstadt bis Livingstone und Nairobi alle Welt Hand in Hand in einem einzigen Team arbeitet*» [Brief vom 9. April 1954].

[48] Es handelt sich um ‹Une défense de l'orthogénèse› [‹Eine Verteidigung der Orthogenese›], wo er mit Schwung die neodarwinistischen Konzeptionen kritisiert [deutsch in ‹Blick in die Vergangenheit›].

[49] Brief vom 24. Januar 1955.

[50] Brief vom 8. Februar 1955.

Das stimmt, doch hat Teilhard zur Interpretation der afrikanischen Daten eine doppelte Kompetenz mitgebracht: eine außergewöhnliche Erfahrung in den asiatischen Fakten, die fruchtbare Vergleiche erlauben, und eine seltene Fähigkeit, den exemplarischen Wert der afrikanischen Fakten auf der theoretischen Ebene wahrzunehmen. Doch wie in Birma ist Teilhard unter einer etwas bedauerlichen Hintanstellung seiner selbst in den Hintergrund getreten.

... Etwa am 26./27. September 1953 schifft er sich in Kapstadt ein, um am 2. November in New York anzukommen. Weshalb diese ungewöhnlich lange Reise? Er hat es für gut gehalten, einen erneuten Umweg über Südamerika zu machen:

B – «Und ich spüre das Bedürfnis, eine klarere Vorstellung [d.h. eine gute visuelle Erfahrung][51], sei es der Böden der Pampa, sei es der Struktur der Anden in der Nähe ihres Endpunktes, zu gewinnen. Immer um zu versuchen, gewisse liebe Vorstellungen über die Genese der Kontinente zu verifizieren...»[52]

Tatsächlich führt er am 14. Oktober ein neues Gespräch mit Oswald Menghin in Buenos Aires. Doch kann er sich leider nicht nach Valparaiso begeben:

B – «Schließlich habe ich den Plan meiner Rückreise beschneiden müssen. Bei der Ankunft in Buenos Aires [auf meinem kleinen holländischen Tramp[53], der „Tjisedame", die mich früher einmal – 1936 – von Batavia nach Schanghai gebracht hatte – und die jetzt voller Ehrgeiz die Linie Tokio–Südamerika befährt: chinesische Mannschaft und Boys, Wang, Chang usw. ...] – bei der Ankunft in Buenos Aires also [nachdem wir 18 Tage lang nur grauen Himmel und Albatrosse gesehen hatten] haben wir festgestellt, daß die Eisenbahnlinie Buenos Aires–Valparaiso unterbrochen war [Brücke in den Anden collapsed[54]] und unser Schiff [Grace Line] infolge des Streiks der Hafenarbeiter vom Fahrplan gestrichen

[51] Das Wort ist wichtig: Teilhard ist ganz offensichtlich ein visueller, genauer, ein taktilo-visueller Typ. Seine Variationen über das Wort *sehen* zu Beginn des ‹Menschlichen Phänomens› sind bereits klassisch. Doch ist noch interessanter, die Rolle des Sehens in seinem Wirken als Geologe festzuhalten.

[52] Brief vom 8. September 1953.

[53] Frachtdampfer ohne festen Fahrplan. Er diente den Exerzitien des Paters vom 27. September bis zum 6. Oktober 1953 als Rahmen.

[54] zusammengebrochen.

war... Wir haben uns also zu einem Shift[55] auf die Mac-Cornack ultra-catholic Line entschlossen [ich hätte als „Pfarrer" eine Ermäßigung haben können, doch kann ich das nicht leiden...]. Etwas monoton [den Reiseweg kannte ich bereits]. Doch war das eine vernünftige Entscheidung. Ich werde also nicht die Pampa und weder die Anden noch Guayaquil sehen... Auch nicht schlimm. In Buenos Aires habe ich bei Dr. Menghin die letzten Ergebnisse der Forschungen über den Early Man in Patagonien gesehen [ein zugleich enttäuschendes und eigenartiges Ganzes: man möchte sagen, das Verlaufen der großen, einige hunderttausend Jahre früher in Afrika emporgestiegenen paläolithischen Welle an ihrem Zielpunkt, dem Kap Horn, vor einigen 6000 Jahren].»[56]

Teilhard gewinnt den Eindruck einer sich verlaufenden kulturellen Welle mit einer unscharfen und degenerierten Morphologie. Das «Lithikum» am Ende und Ziel des Laufes, die «Antipoden» Südafrikas[57].

Wohlgemerkt verfolgte P. Teilhard weiterhin bis zu seinem Tode die Entdeckungen in Südafrika:

B – «[...] Man hat den Unterkiefer des Menschen von Saldanha [Nähe von Kapstadt] gefunden: typisch „neandertaloid"; – und auch Pebble Industry oberhalb [in Schottern] von Breccien mit Australopithecus in derselben Spalte [in Makapan, im Norden von Pretoria]. Aber noch nicht in denselben Schichten: und man vermag noch nicht sehr genau zu sagen, welche Zeiträume, in der Spalte von Makapan, die Breccien mit Australopithecus von den darüberliegenden Schottern mit Werkzeugen trennen...»[58]

Ein vorausliegender Brief gab über die Pebble Industry von Makapan folgende Erläuterungen:

B – «Die kürzlich in Makapan gefundene „Pebble Industry" hat eine mehrfache Bedeutung:

1. Bestätigung der Tatsache, daß es wirklich in Afrika [von Kenia

[55] Umsteigen auf eine andere Linie.

[56] Brief vom 21. Oktober 1953.

[57] Diese Strenge dem Paläolithikum Patagoniens gegenüber hinderte ihn übrigens nicht daran, die Bitten von Menghin um Geld für seine Veröffentlichungen und Ausgrabungen [Höhlen von Los Toledos] zu prüfen.

[58] Brief vom 5. März 1955.

bis Transvaal] ein prä„chelléenisches“ Niveau „zerbrochener Kiesel“ gibt.

2. Der Hinweis, daß [zumindest in Transvaal] die ersten menschlichen Industrien: a] unmittelbar, b] später als die Australopithecinen sind [zumindest später als die ersten, als bestimmte Australopithecinen: Robinson glaubt ebenso wie Oakley, gewisse andere Australopithecinen hätten noch lange Zeit nach der Ankunft des Menschen gelebt: ich bezweifle das stark – bis auf weiteres].

3. Die schrittweise Erstellung einer stratigraphischen Reihe in Makapan, die die ganze menschliche Geschichte übergreift: das „Chelléen“ ist noch nicht in Makapan in Höhlen gefunden worden, doch muß es sich dort finden [denn 1953 hat man gerolltes „Chelléen“ am Fuße der lateritisierten „acheuléenischen“ Terrasse am Eingang des Tales gefunden]. –

Das ist fast „zu schön“ und „regelmäßig“, um *wahr* zu sein...»[59]

...Wir greifen aus einem oben zitierten Briefauszug einen Satz heraus, der unsere Aufmerksamkeit verdient:

B – «Immer um zu versuchen, gewisse liebe Vorstellungen über die Genese der Kontinente zu verifizieren [...]».

Dies ist ein anderer Aspekt des wissenschaftlichen Lebens Teilhards, der weit weniger bekannt, weit weniger spektakulär und vielleicht wichtiger ist: seine Gedanken über die Megatektonik[60]. Auch viel schwieriger zu behandeln, denn Teilhard hat zu diesem Thema keine Synthese hinterlassen, sondern nur Notizen, Abschnitte aus der Korrespondenz, und all das muß in einer Synthese vereinigt werden.

In einem Vortragsentwurf mit dem Titel ‹Comparative Observations on South Africa and East Asia [Northern China]›[61] lesen wir folgende Hinweise:

W – «1. *Der Ursprung der Kontinente.*

Als ich mein Examen in Geologie ablegte [Haug, Termier], war

[59] Brief vom 6. Februar 1955.

[60] Vgl. den Brief vom 9. Juli 1954: «*[...] Meine alte Leidenschaft für die kontinentale Geologie und die Genese der Kontinente findet im alten afrikanischen Sockel einen großartigen Gegenstand.*»

[61] ‹Vergleichende Beobachtungen über Südafrika und Ostasien [Nordchina]›, in Kapstadt im Oktober 1951 vor der *South African Archaeological Society* gehaltener Vortrag.

die klassische Theorie „das Einbrechen der Kontinente“ [Atlantik, sogar der Pazifik!...].

– Dann kam Wegener „Die Trift“...

Theorien, die alle beide ein teilweise verfestigtes oder aber dehiszentes ursprüngliches *Quantum* postulieren.

– Nunmehr als Ergebnis meiner persönlichen Beobachtungen eine *dritte* Vorstellung, *[Faktor!]* „das Wachstum“ der Kontinente auf der Grundlage zweier Phänomene:

a] *graduelle Erhöhung* der kontinentalen Plattform [mehr oder weniger oszillatorisch, aber in positiver Richtung] = *Kontinentalisation.*

b] *noch graduellere Expansion* durch Randanlagerung granitisierter Flexuren...»

Diese Theorie war bereits in China aufgestellt worden, und Teilhard versucht, sie auf Afrika anzuwenden. Am 4. September 1951 schreibt er an Théodore Monod:

B – «Bleibt, daß aufgrund des Spiels der Analogien und Kontraste zum östlichen Asien Ihr Afrika mich fasziniert. – Und ich gelange immer mehr zu der Überzeugung, daß es – weit mehr als eine Trift[62] – eine Genese der Kontinente gibt. Die silizifizierten und „*collenia*[63]-isierten“ Dolomite von Transvaal sind mit dem Sinien Chinas identisch [mit einer übertriebenen und fast lächerlichen Identität]: hier ist, so scheint mir, mehr als eine Konvergenz von Fazies – ich meine eine kontinentale „Jahreszeit“, „Phase“...»

Und der oben zitierte Vortrag greift dieselben Aussagen wieder auf:

W – «Es ist für mich eine große Freude gewesen, zu spüren, daß diese Konzeption[64] in meinem Geist kraftvoller wurde – aufgrund

[62] Er hat Zeit gebraucht, um sich von den Konzeptionen Wegeners zu befreien. Am 16. September 1951 spricht er von einem «*berechtigten Wegenerismus*». Ein aus Buenos Aires vom 8. November 1951 datierter Brief erklärt: «*Es versetzt einem einen Schock, wenn man hier eine Permeiszeit und Devonsande wiederfindet, die denen gleichen, die ich gerade in Durban und am Kap verlassen hatte [ein Punkt für Wegener...].*» Am 29. Juli 1953 spricht er von einem «*Neo-Wegenerismus*», doch glaubt er nicht mehr an die Trift der Kontinente [vgl. unten].

[63] Die Collenia sind Schizophyten – Blaualgen – von fast ebenso einfacher Organisation wie die Bakterien [kein Zellkern, diffuses Chlorophyll], deren Ausscheidungen im Präkambrium die Urkalke hervorgebracht haben.

[64] vom Wachstum der Kontinente.

einer ganzen Gruppe von Fakten: insbesondere aufgrund des Studiums Ihres Präkambriums und besonders auch bei Betrachtung der *dolomitischen Phase* Ihres Systems von Transvaal: „Überraschende Analogie der silizifizierten *Collenia.*“ Mehr als eine einfache Fazies! [unwiderstehliche Evidenz...]. Sondern eine *Jahreszeit*, eine Etappe, eine *Phase* im Aufbau des Kontinentes: vgl. eine Wachstumslinie auf dem Querschnitt eines Baumes...»

Zwei Gedanken aus diesem Text sind festzuhalten: 1. Es gibt eine irreversible Genese der Kontinente; 2. die Formation der Collenia stellt in Asien wie in Afrika eine der Phasen dieses Wachstums dar, von woher sich eine gewisse Analogie zwischen den beiden Kontinenten ergibt, welches auch ansonsten die örtlichen Unterschiede sein mögen. Im Grunde genommen hat Afrika P. Teilhard als Gegenprüfung für die langsam in den grauen Unermeßlichkeiten Nordchinas gereiften Ideen gedient.

Diese allgemeine Theorie der Kontinentalisation erklärt das Interesse, das P. Teilhard den Collenia entgegenbringt, einem der seltenen technischen Punkte der Geologie, die ihn noch gegen Ende seines Lebens beschäftigten und so von seinem Bemühen zeugen, sich von seinem «Quartärnarismus» frei zu machen. Das ist auch einer der Gründe, die ihn drängen, 1952 in seinen Ferien eine Fahrt in den 1952
amerikanischen Westen zu machen:

B – «Ich habe vor, New York am 3. Juli zu verlassen, 24 Stunden bei Simpson in New Mexico Aufenthalt zu machen und zum 10. in Berkeley anzukommen. Es ist immer noch mein Plan, am 1. September nach New York über den Glacial Park [Montana] zurückzukommen, wo ich mir Präkambrium mit *Collenia* ansehen möchte: um zu vervollständigen, was ich in dieser Richtung [deren Interesse für die Genese der Kontinente ich spüre] von China und Südafrika gelernt habe.»[65]

Diese Reise lohnt eine eingehendere Darstellung. Zunächst die Etappen: Abreise von New York am 3. Juli nach Berkeley mit Chicago als Zwischenstation: einige Stunden, Santa Fe [New Mexico], Albuquerque [New Mexico]: 3 Tage, Los Angeles: 1 Tag und 1 Nacht. Am 10. Juli besucht er das Museum der zuletzt genannten Stadt, und am selben Tage kommt er in Berkeley an. Am

[65] Brief vom 27. Juni 1952.

8. August verläßt er diese Universität, um 8 Tage im Glacial Park[66] zu verbringen. Vom 17. bis zum 19. August durchquert er den Kontinent in östlicher Richtung. Am 21. August hält er sich mit Gewißheit im Staate Maine [Gegend von Bar Harbor] auf. Dort ist er noch am 28. August. Doch am 5. September ist er mit Gewißheit wieder in seinem «Office» von New York[67]. Der dreitägige Aufenthalt in Albuquerque hat zum Ziel, Simpson zu sehen:

B – «Der Aufenthalt bei den Simpsons [George Gaylord, der Paläontologe] ist sehr sympathisch und pittoresk gewesen. Sie, er und sie, haben sich in 8000 Fuß[68] Höhe am Rande eines Staatswaldes, drei Autostunden von Albuquerque, niedergelassen, mit dem weiten Blick auf die Bad Lands des Beckens von San Juan [in diesem Winter sind die wilden Puten am Haus entlang picken gekommen]. Ich logierte in einem Zelt [...]. In wenigen Stunden habe ich viel Geologie gelernt, und meine Freundschaft mit den beiden Simpsons hat kräftige Wurzeln geschlagen [was für die Geburt der „Neoanthropologie", von der ich träume, Folgen haben könnte].»[69]

Der Aufenthalt in Berkeley seinerseits ist von höchstem Interesse:

B – «Von meinem Fenster sehe ich unter einer schönen Sonne den Golf von San Francisco, The Golden Gate [und seine Brücke]: zum erstenmal wird sich dieses Goldene Tor vor mir nicht öffnen, um mich in den Pazifik einfahren zu lassen...»[70]

Er findet eine Reihe lieber Freunde wieder; neue Beziehungen knüpfen sich an, einbegriffen den Musiker Darius Milhaud, der sagt,

B – «er arbeite ununterbrochen am Werk seines Lebens: eine lyrische Komposition, die von Israel für den dreitausendsten [?] Geburtstag Davids und die Gründung Jerusalems bestellt wurde»[71].

[66] Im Grenzbereich von Montana und Alberta in den Rocky Mountains.

[67] Er ist sicher am 1. zurückgekehrt. Vom 13. bis zum 16. November nahm er in Boston an dem Treffen der *Geological Society of America* teil: «*Ein ziemlicher Wirbel [3000 Teilnehmer!]; doch ist es mir gelungen, einige interessante Kontakte aufzunehmen. Simpson hat die Penrose Gold Medal erhalten*» [Brief vom 26. November 1952].

[68] etwas weniger als 2700 Meter.

[69] Brief vom 12. Juli 1952.

[70] Brief vom 12. Juli 1952.

[71] Brief vom 30. Juli 1952.

Die Einladungen häufen sich, und Teilhard bekennt:

B – «Ich besuche [jawohl, ich...] die chinesischen Restaurants von San Francisco, die mich unmittelbar wieder in die Atmosphäre von Peking oder Schanghai versetzen.»

Doch wenn er auch in Ferien ist, zerstreut P. Teilhard sich nur zur Hälfte. Alle Morgen begibt er sich zur Paläontologischen Abteilung der Universität von Berkeley, wo er in vielen Punkten sein Wissen auffrischt, denn unter dem Einfluß von Stirton wird Berkeley, das ein umfangreiches, 1947 aus Südafrika mitgebrachtes Material besitzt, zum besten Zentrum für paläontologische Stratigraphie der Welt. Am 23. Juli wird ihm der Besuch der großen Zyklotrone der Universität ermöglicht. Ein tiefer Eindruck:

B – «Gestern wurde mir der Besuch der großen Zyklotrone von Berkeley ermöglicht [des alten und des neuen (Betatrons) im Bau]. Sie müßten das sehen! Natürlich habe ich nicht alles begriffen. Mich hat jedoch das Gefühl beeindruckt, eine Bekundung [oder ein Organ] eines für den Menschen absolut neuen Typs zu betrachten: etwas, wo die Spekulation, die Industrie, die Politik, der Krieg, die Medizin und bis zu einem gewissen Grade das, was man die Philosophie nannte [die ganze verifizierte und effiziente Konzeption der Materie], ineinander verschmelzen. Eine Art Knospe eines neuen Zustandes der Menschheit, die um so lebendiger ist, als sie aus einer natürlichen Konvergenz unwiderstehlicher Ursachen emergiert. Und welche Komplexität miteinander verbundener mannigfaltiger Theorien und Techniken in dieser Knospe, ohne von der außerordentlichen, in diesem besonderen Punkte unter einem guten Hundert „Gehirnen" geschaffenen Einmütigkeit zu sprechen – Gehirnen, die die Verwirklichung eines Werkes anstreben, von dem man fast alles erwarten kann... Eine Zelle [Neuron], wie man sie noch niemals gesehen hat.»[72] – «Eine andere Menschheit entsteht aus der natürlichen Notwendigkeit der Dinge [...]. Wenn ich diese außerordentlichen Erzeugnisse der „Noosphäre" betrachte, kann ich mich nicht hindern, daran zu denken, daß wahrscheinlich morgen Mittel dieser Größenordnung verwendet werden, um das Leben, die neue Biologie, zu kontrollieren. Und wahrscheinlich in Weiterführung derselben Bewe-

[72] Brief vom 24. Juli 1952.

gung des Neugusses und des allgemeinen Neudenkens der Welt von ihrer Grundlage her wird sich endlich eine weniger lächerliche Wissenschaft vom Menschen konstituieren als jene, mit der man uns derzeit abspeist.»[73]

Aus dieser Erfahrung Berkeleys sind die Seiten mit dem Titel ‹Beim Anblick eines Zyklotrons – Gedanken über die Einknospung der menschlichen Energie in sich selbst›[74] entstanden, aus der wir einige Auszüge zitieren müssen:

W – «In dem Maße, wie ich weiter in das Innere des Ungeheuers vordrang[75], hat sich, wie aufgrund einer Art graduellen Wechsels der Ebene, eine andere Gruppe von Bildern nach und nach im Geiste an die Stelle der Gestalt des atomaren Beschleunigers gestellt, den ich vor Augen hatte. Mein Führer sprach weiter zu mir über sich einrollende Felder. Und zur selben Zeit konnte ich mich nicht daran hindern, jenseits und um diesen elektromagnetischen Strudel herum den konzentrischen Andrang einer anderen und nicht weniger großartigen Strahlung zu spüren und wahrzunehmen: die des wie in einer Windhose aus den vier Himmelsrichtungen über mir angesaugten Humanen [...].

Vor meinen zerstreuten Augen war das Zyklotron von Berkeley endgültig verschwunden. Und an seiner Stelle bildete für meine Vorstellung die ganze Noosphäre, die sich unter dem Atem der Forschung in sich selbst wand, nur mehr einen einzigen und riesigen Zyklon, dessen spezifischer Effekt war, anstelle und anstatt nuklearer Energie psychische Energie in einem immer reflektierteren Zustand, d.h. identisch Ultrahumanes, hervorzubringen.

Doch, das ist bemerkenswert, angesichts dieser kolossalen Wirklichkeit, die mir Schwindel hätte erregen müssen, verspürte ich im Gegenteil nur Ruhe und Freude, eine grundlegende Ruhe und Freude, eine Ruhe und Freude *im Grunde meiner selbst* [...].

Und je mehr ich versuchte, den Gang der unermeßlichen physisch-psychischen Spirale, in die ich durch die Geschichte hineingenommen war, nach vorn zu verlängern und zu erahnen, um so

[73] Brief vom 20. Juli 1952.

[74] ‹En regardant un cyclotron. Réflexions sur le reploiement sur soi de l'énergie humaine› in ‹Recherches et débats›, April 1953, Éd. Fayard.

[75] Man konnte damals gefahrlos in das Innere der Zyklotrone eindringen, weil sie sich zur Zeit in Revision beziehungsweise kurz vor Abschluß des Baus befanden.

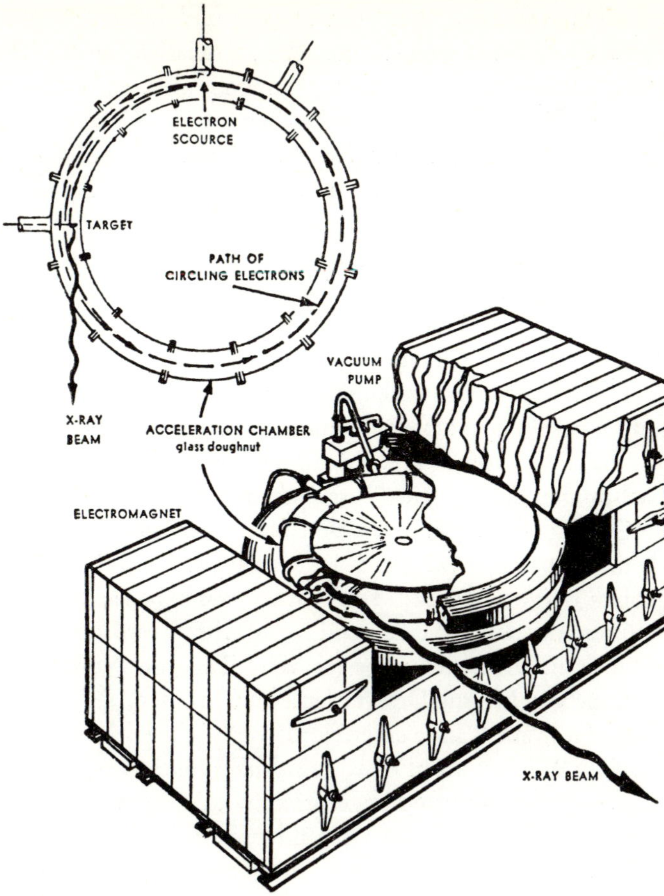

23. Schema des Betatrons, das Teilhard an der Universität von Berkeley, Kalifornien, besuchte.

mehr lud, färbte, erhitzte sich in meinen Augen das, was wir noch allzu einfach „die Forschung" nennen, mit gewissen Kräften [Glaube, Anbetung], die bisher als der Wissenschaft fremd angesehen wurden...
Denn je aufmerksamer ich diese Forschung betrachtete, um so mehr sah ich sie mit innerer Notwendigkeit gezwungen, ihr Bemühen und ihre Hoffnungen zuletzt in Richtung irgendeines göttlichen Zentrums zu konzentrieren.»

Diese schöne Betrachtung, in der der spiralige und immer schnellere Fluß der Partikeln [Protonen, Deuteronen, Alphateilchen] die Einrollung der Noosphäre in immer beschleunigterem Rhythmus symbolisiert, diese Schau einer noosphärischen, auf das Göttliche ausmündenden Wissenschaft ist einer der Höhepunkte des Teilhardschen Denkens, wo Wissenschaft und Anbetung eins geworden sind.

Der Abschluß der Reise mit dem Aufenthalt im Glacial Park und im Staate Maine ist ein ebensolcher Erfolg:

> B – «Im Glacial Park [Montana, an der Grenze von Kanada] habe ich dank der Freundlichkeit des leitenden Naturwissenschaftlers und der glücklichen Anwesenheit eines jungen Geologen vom National Survey, der sich eben gerade mit der Frage der *Collenia* befaßt, alle *Collenia* sehen können, die ich wollte. Ich werde einige Beobachtungen darüber [im Vergleich zu China und Transvaal] an die Geologische Gesellschaft von Frankreich und ans Institut schicken. Großartiges Wetter, glückliche Reise – und Landschaft der großen Berge und der großen Wälder: wir haben acht Tage in den Hütten des Lake Macdonald verbracht. Touristenströme, natürlich. Zum Abschluß habe ich zehn Tage im Norden von Maine, nahe von Mount-Desert Island [...], in einer „Kabine" aus massivem Holz am Rande eines Fjords verbracht [...]. Ein durch seine weiten Wälder, Seen, Fjorde eindrucksvolles Land, das von den Moränen nivelliert und abgerundet wurde. Es war für mich sehr interessant, daß ich im Abstand von wenigen Tagen die Küsten des Westens und des Ostens der Vereinigten Staaten vergleichen konnte: geologisch Tag und Nacht.»[76]

Die Masse seiner Beobachtungen über die Collenia zeigt, mit welcher Sorgfalt der Pater gearbeitet hat dank dem Entgegenkommen des Chief Park Naturalist, M. E. Beatty, und Richard Rozaks vom Geologischen Landesamt der Vereinigten Staaten. Das Problem, auf dessen in den Augen des Paters sehr umfassende Bedeutung wir hingewiesen haben, verlockt ihn um so mehr, als sich hier drei Elemente kreuzen, das Biologische, das Chemische und die mechanischen Effekte [gewundene Schichten], und der gelehrte Jesuit darin eine Art «*Reagens für die kontinentalen Kerne*» sieht. Aus diesem Aufent-

[76] Brief vom 9. September 1952.

halt im Glacial Park ergab sich ein sehr technischer Aufsatz über die Natur und die Bedeutung der präkambrischen Collenia[77], der im November 1952 die freundschaftliche Kritik Théodore Monods hervorrief, der die Existenz kambrischer Collenia vertrat und an das Vorhandensein von Collenia in Australien erinnerte, was zu einer ebenso freundschaftlichen Antwort Teilhards führte, der seine Ansichten in dem ersten Punkt verteidigte, im zweiten Punkte aber eine Lücke in seiner Information einräumte.

Die Rückreise vom Glacial Park bis Bar Harbor ist für den Geologen nicht verloren. Teilhard schreibt:

> W – «Gewaltigkeit des Eiszeitphänomens!... Seit Oregon nicht aus den Moränen herausgekommen... Notwendigkeit, es *einzuwurzeln;* kritischer Effekt der Epirogenese? des Klimawechsels?»

Und als er das Ziel seiner Reise erreicht:

> W – «Maine. Vgl. ein „Karbon"-Kanada oder -Finnland [an Stelle des „Präkambrium"?] [paläozoische Granite?... – Euflexuren...]. Bisher hat noch niemand ‹Die Granitisation Amerikas› geschrieben.»

Tatsächlich haben alle seine Exkursionen nach Maine [Mount-Desert Island, Bar Harbor[78], Mont Cadillac, das Nordufer der French Bay, Beaver's Bay und darüber hinaus Porcupine Island vom 24. bis zum 28. August] zum Ziel, die Moränen und vor allem die granitenen Massen und Einschlüsse zu studieren, wie der Pater es in China getan hatte. Gut ausgefüllte Ferien. Am 21. August schreibt er:

> B – «[...] die letzten Wochen haben mich sehr viel gelehrt – haben mich verjüngt, indem sie mich wieder mit „meiner" Materie Kontakt nehmen ließen. Sehr anregend insbesondere in wenigen Tagen Abstand die Vergleichsmöglichkeit des Pazifikufers und des Atlantikufers der Vereinigten Staaten: ich begreife nicht, daß die Geologen den Begriff der Genese der Kontinente noch nicht weiterentwickelt haben.»

Tatsächlich notierte der Pater, nachdem er seine Reise von Küste zu Küste beendet hatte:

[77] ‹Sur la nature et la signification des collenia précambriennes› in ‹C. R. Académie des Sciences› [1952].

[78] Dort befindet sich das berühmte Laboratorium für Genetik. Nach den großen Laboratorien für das Atom die für das Leben.

W – «Den Wegenerismus durch die [bio-geo-physische] *Parallelität* der Genese der Kontinente ersetzen
das Austrocknen* der Kontinente mit dem Auftreten der Eiszeiten** verbinden
Pleistozän [verschieden von der paläozoischen Eiszeit??]
* unterscheiden: Tide: Epirogenese, Klima...
Waves: Klima
kulturelle...
** [Transformation der Pluvialzeit into Eiszeit...].»

Die Megatektonik der Zukunft wird also nach P. Teilhard das Programm des Geobiologischen Instituts mit der Ausweitung auf alle Kontinente wiederaufnehmen: Es geht darum, in einer umfassenden, zugleich geophysischen und biologischen Synthese ihr paralleles und vergleichendes Studium anzugehen, zu versuchen, hinter den Zyklen, hinter den Wellen [Waves] die tiefe Trift, die Flut [Tide] mit ihren irreversiblen Phänomenen, wie der Erhöhung, der Austrocknung und der Granitisation der Kontinente, zu erkennen und zu versuchen, die Eiszeiten mit irgendeinem allgemeineren Phänomen zu verknüpfen:

B – «Seltsam, daß es mir nicht gelingt, mich über die Eiszeit zu beunruhigen, solange letztere nicht mit irgendeinem pangeologischen Prozeß verknüpft worden ist und ihr gegenwärtiges Gesicht einer quartären Anomalie bewahrt [der Mensch seinerseits hat seine tiefen Wurzeln!]. Ich weiß wohl, daß es die ganzen karbonischen und präkambrischen Vereisungen gibt, und ich habe sie in Afrika gesehen [nicht die präkambrischen, von denen ich nicht absolut überzeugt bin...]. Doch all das bildet separate Blöcke. Allzu häufig machen die „Quartärnaristen" auf mich den Eindruck von „Anthropologisten": gewissermaßen mit dem Fallschirm in eine kleine, selbstgenügsame Sphäre abgesprungen, wo sie sich wie in einem Absoluten einrichten. Offensichtlich arbeiten die Quartärnaristen in einer von den anderen Geologen verschiedenen Größenordnung: doch muß man versuchen, die Phänomene zu verknüpfen [oder das Gesetz ihres Verschwindens für unsere Augen herauszustellen], wenn man die Größenordnung wechselt.»[79]

[79] Brief vom 14. Dezember 1953.

Es ist gesagt worden, die zukünftigen Denker müßten die Vorstellung der Zyklen in die Teilhardsche Schau einer irreversiblen und gerichteten Dauer reintegrieren. Offen gesagt, ist das ein Widersinn[80]. Das ganze Bemühen der Teilhardschen Wissenschaft und Philosophie besteht im Gegenteil darin, gegen die Aristotelische Konzeption einer zyklischen Zeit zu reagieren, indem die Wellen der Flut, die Schwankungen der orthogenetischen Trift streng untergeordnet werden. Auf der geologischen Ebene ist dieses Bemühen bereits evident:

B – «Unter diesen Bedingungen frage ich mich immer mehr, ob die quartäre Eiszeit nicht gerade eben in der Geschichte der Erde, zumindest aufgrund ihrer Intensität, ein Phänomen absolut neuen Typs wäre: das gerade eben an einen kritischen, gegen Ende des Tertiärs von der planetaren Kontinentalisation erreichten Wert gebunden ist... Unter diesem Gesichtspunkt müßten die permokarbonischen „gondwanianischen" und präkambrischen Vereisungen verstanden werden als Folgen von „vorankündigenden" Stößen in der Kontinentalisation; doch sie hätten bei weitem nicht die Intensität [noch den Charakter „des herrschenden Regimes"] der quartären Vereisungen gehabt. Und es hätte zwischen dem Perm und dem Quartär keine wirklichen Eiszeiten gegeben.»[81]

Und dieser „Antizyklismus" P. Teilhards bricht auch in seinen Geschichtskonzeptionen durch:

B – «Ich habe mich trotz allem nicht daran hindern können, kurz wider den sterilisierenden Zyklismus zu reagieren, in dem nicht nur die Geologen, sondern auch die Theoretiker der menschlichen Geschichte [von Spengler bis Toynbee] uns einzuschließen streben. Im Universum sind die Triften wichtig und nicht die Rhythmen. Nur ist es so: die Triften sind viel langsamer als die Rhythmen und also viel schwieriger aufzudecken.»[82]

Wohlgemerkt, wenn Teilhard nach Afrika zurückkehrt, treten seine

[80] Aus dem sehr einfachen Grunde, daß Teilhard diese Vorstellung der Zyklen in eine evolutionistische Konzeption hineinnimmt und sie in ihr übersteigt, was man graphisch durch eine aufsteigende Spirale schematisieren könnte, die sich auf ihr Zentrum hin zusammenzieht.

[81] Brief vom 11. November 1954.

[82] Brief vom 31. Januar 1953.

Anliegen als Geologe weiterhin zutage, zum Beispiel zwischen dem 25. und dem 28. Juli 1953. Im großen und ganzen stellt er sich die Genese Afrikas wie folgt vor: ein anfängliches Archipel[83], ein Erhöhungsprozeß[84], der mit durch die differentielle Expansion der Erde hervorgerufenen Spaltungen einhergeht, da der Wachstumsprozeß ungleichmäßig ist, je nach der Stelle. Über all das hinweg Vereisungsphänomene. Und zu dem Buch von Rachel Carson ‹The Sea Around Us› notiert er immer noch 1953:

> W – «Eindruck: Meer = unermeßlicher Tiegel [unermeßliches Holokauston] [...]. Unermeßliche biologische Masse mit schwachem Conscience-Average[85]. „KONTINENTALISATION UND BEWUSSTHEITUNG“[86]. [Mensch: Funktion der Kontinente, der Granitisation...].»

Das Meer spielt sowohl die Rolle eines Thermostaten als auch eines Laboratoriums [eines Reservoirs] des Lebens, das ist allgemein bekannt. Sehr viel wichtiger und charakteristischer für die Teilhardsche Synthese ist die Verbindung, die er zwischen dem Wachstum der Kontinente und der fortschreitenden Entwicklung des Bewußtseins herstellt, also daß letzten Endes das Auftreten des Menschen indirekte Funktion der Granitisation ist. Das wissenschaftliche Weltbild P. Teilhards ist wesentlich einheitlich, weil er an die enge Solidarität der kosmischen Phänomene glaubt. Ein berühmter Physiologe behauptete, er finde die Seele nicht unter seinem Skalpell. P. Teilhard seinerseits vernimmt unter seinem Geologenhammer die ersten Vibrationen der Bewußtseinswellen[87].

Wir bedauern zutiefst, daß P. Teilhard auf dem Gebiet der Megatektonik es nicht für nützlich gehalten hat, zumindest einige Dutzend

[83] Die amerikanischen Geologen neigen sogar dazu, die Antillen als einen in Erhöhung begriffenen Kontinent zu betrachten.

[84] Teilhard sagt Growth [Wachstum] oder Swelling [Schwellen].

[85] Englisches Wort: Bewußtseinsdurchschnitt, Bewußtseinsmittel.

[86] Der Text stellt hier alliterierend «Kontinentalisation» und «Konszientisation» einander gegenüber. «Konszientisation» vom lateinischen «conscientia», das Bewußtsein. [Anm. d. Übers.]

[87] In ‹Blick in die Vergangenheit› [‹La Vision du passé›, Éd. du Seuil] finden sich sehr wichtige Auszüge aus der Korrespondenz zwischen P. Teilhard und dem Neffen Pierre Termiers, Henri Termier, der zunächst Professor für Geologie an der Naturwissenschaftlichen Fakultät von Algier war und heute in Paris ist. Diese Texte fassen in packender Weise die letzten Gedanken des Paters zusammen.

Seiten als eine Art wissenschaftliches Testament abzufassen, womit bewiesen würde, daß er vom gleichen Range eines Pierre Termier, Süess[88], Haug oder Wegener war. Weshalb hat er es nicht getan? Ein Übermaß an Bescheidenheit eines Gelehrten, der, wenn er sich auch von seinem Quartärnarismus gelöst hatte, sich weder in Afrika noch in den Vereinigten Staaten ganz zu Hause fühlte und der trotz in Asien erworbener präziser Kenntnisse und tiefer Einsichten in ein wenig zu bescheidener Weise dafürhielt, daß die Petrologie und die Megatektonik nicht zu seiner Spezialität gehörten? Vielleicht.[89] – Einem anderen Anliegen zugewandter Geist? Gewiß.

In einem seiner Briefe verwendet der Pater, da er eine Meinung über ein technisches Problem äußert, das Adverb «instinktiv». Damit wird eine Frage aufgeworfen. Sind die großen allgemeinen Theorien P. Teilhards in der Geologie aus Fakten entstanden, oder entsprechen sie vorgefaßten Ideen oder vielmehr einer geistigen Struktur? In Wirklichkeit ein falsches Problem. Im Kontakt mit den Tatsachen, zum Beispiel bei der Betrachtung der chinesischen Geologie und insbesondere der Struktur der *Western Hills*, ist Teilhard sich gewisser tiefer Erfordernisse seines Geistes bewußt geworden. Er war nicht der Mann, den Fakten zu widersprechen oder über eine unzulängliche Zahl von gegebenen Daten zu brüten. Die Daten, die er zusammenbringen konnte, kohärieren mit seiner Theorie, und Afrika hat, ebenso wie in einem geringeren Grade die Vereinigten Staaten, als Gegenprüfung gedient. Der sehr große Gelehrte ist zugleich ein Mann, der das Maximum kontrollierter Fakten sammelt und sie in einem harmonischen Bündel unter der Einwirkung einer ganz persönlichen Weltanschauung vereinigt, die allein fähig ist, sie zu interpretieren und zu erhellen. Das ist der Fall eines Pierre Teilhard de Chardin, und deswegen verlangt jedes Studium der Teilhardschen Philosophie als Propyläen eine eingehende Untersuchung des Tuns

[88] Das Denken Teilhards zeigt eine gewisse Verwandtschaft mit dem des Wiener Gelehrten. Der Begriff Biosphäre findet sich bereits in dem großen Werk des letzteren, ‹Das Antlitz der Erde› [1909, Bd. 3, Teil 2, S. 739], doch mit einem vor allem lokalen Wert. P. Teilhard hat diesen Begriff vertieft: Die Biosphäre ist für ihn eine strukturelle und strukturierte Schicht der Erde.

[89] Erinnern wir daran, daß der amerikanische Geologe Bailey Willis die Priorität hatte [vgl. Brief vom 20. Dezember 1939, hier zitiert im 5. Teil, 1. Kap.]. P. Teilhard war nicht der Mann, der anderen ins Gehege kam.

des Geologen und Paläontologen, denn die Widerstandsfähigkeit eines Gebäudes liegt zunächst in der Festigkeit und der Tiefe seiner Fundamente. Das fundamentale Thema des Teilhardschen Denkens ist die Existenz einer Evolution, einer irreversiblen Dauer des Universums, einer gerichteten Zeit, die beständig Neues bringt. Die Teilhardsche Weltanschauung aber hat als verborgene Grundmauern die unerschütterlichen Wellenbrecher Asiens und Afrikas.

ACHTES KAPITEL
DIE AMERIKANISCHE EPOCHE [1951–1955]: VON DER ANTHROPOLOGIE ZUR ANTHROPOGENESE

In seinem Bericht über den Besuch bei Simpson in der Nähe von Albuquerque macht Teilhard eine Anspielung auf die «Neoanthropologie», von der er träumt und die durch vertieftes Nachdenken über die Probleme der allgemeinen Biologie und insbesondere über die Orthogenese vorbereitet wird [1]. Worum geht es eigentlich genau? P. Teilhard verhält sich der heutigen Anthropologie gegenüber ablehnend:

B – «[...] immer mehr bin ich von der evidenten Notwendigkeit überzeugt, eine neue Anthropologie zu entwerfen und aufzubauen. Seit der Zeit Darwins hat die Evolution die engen Grenzen

[1] Wir müssen den entscheidend wichtigen Brief vom 16. März 1952 zitieren, wenn er auch über den dieser Biographie gesetzten Rahmen hinausgeht:
B – «*Einige ergänzende Anmerkungen zu meinem letzten Brief über die Frage der Orthogenese, die Sie zur Zeit [wegen Ihrer Dissertation] interessiert – und zu der, wie ich noch [letzten Dienstag im Seminar von Shapiro mit den Schülern der Columbia] feststellen konnte, die denkenden Menschen sich Fragen stellen.*
Meines Erachtens findet sich hier [in konzentrierterer und lebendigerer Form] genau der Fall des Problems der Evolution wieder, wie es vor einem Jahrhundert [oder weniger] in einer verworrenen Mischung von Fakten, Erklärungen dieser Fakten [als wissenschaftlicher Mechanismen] und Metaphysik gestellt wurde. Das Wort Orthogenese erregt oder erschreckt, weil man es mit besonderen Formen oder Interpretationen [zum Beispiel in wunderbarer Weise lineare Orthogenesen; Gigantismen...] identifiziert und vor allem weil man darin einen Einbruch des Philosophischen [Finalität, und insbesondere durch eine Schöpferidee gelenkte Finalität] sieht oder weil das Phänomen genetisch nicht leicht zu interpretieren ist. – All das aber [ich meine: diese Vorurteile] hält nicht stand. An sich bezeichnet, wie ich Ihnen sagte, Orthogenese [das Wort ist ausgezeichnet und muß beibehalten werden, selbst wenn es schlecht angewandt wurde wie auch die Worte Evolution und Sozialismus...] einfach die Tatsache, daß das Leben sich historisch additiv entwickelt hat und weiterentwickelt [in uns selbst zum Beispiel] [oder, was auf dasselbe hinausläuft, sich entwickelt hat, indem es sich beständig entsprechend gewissen Richtungen akzentuiert hat]. Das gehört in den Bereich der reinen Erfahrung.
Faktisch ist aus diesem oder jenem Grunde, je nach dem Fall, alles, was in der Zeit steht, additiv. Die Entropie ist ein additiver Prozeß in Richtung des Wahrscheinlicheren. Das Leben ist „transversal" zur Entropie etwas Ähnliches:
sowohl im Detail: Hypsodontie usw. [alle Phyla; ohne das gäbe es keine Phyla; und es kommt dabei wenig darauf an, daß das allgemeine Phänomen – zum Beispiel die Equiden –

der Zoologie überschritten und ist ein allgemeiner Prozeß geworden, der das Atom ebensogut wie die Zellen übergreift. Und während derselben Zeit hat der Mensch [da es ihm gelang, auf die Hebel der nuklearen und zellularen Evolution einzuwirken] gleichfalls begriffen, daß er zugleich der Faktor und das Subjekt irgendeiner Ultraevolution sei.

Aus diesen beiden wesentlichen Gründen kann die Wissenschaft vom Menschen nicht länger mehr in den Händen der „Literaten" oder „Humanisten" gelassen werden, für die die Menschheit eine Art isolierter und selbstgenügsamer Mikrokosmos im Universum ist, – noch auch in den Händen reiner Anatomisten, deren einziges Interesse dahin geht, die osteologischen Unterschiede zwischen dem Menschen und den Anthropoiden zu erforschen, – ohne sich

in Bündel von mehr oder weniger fixierten Subphyla unterteilt werden kann: Statistisch wird das Phänomen sichtbar];

als auch im Ganzen: allgemeines Anwachsen der organischen und funktionellen „Komplexität" auf der ganzen Front der Biogenese.

[NB. Ich weiß nicht, ob die Physiker im Falle der Evolution des Atoms in der Bildung der Stufenleiter Wasserstoff–Uranium Additivität sehen – oder einfach eine Streuung auf gleich mögliche Felder. Es wäre interessant, das zu wissen. Wahrscheinlich wissen sie es noch nicht recht.]

Die Frage wird Gegenstand der Diskussion [über einen wissenschaftlich „vitalen" Punkt, das kann man hier wirklich sagen], wenn es darum geht, zu entscheiden, ob diese additive Trift der lebenden Substanz in Richtung immer komplizierterer Zustände ihre [eine] der Kephalisation und Zerebration der evolviertesten Tiere jeder Gruppe der Systematik entsprechende Hauptachse hat [oder nicht hat]. Persönlich sehe ich, abgesehen von aller „Philosophie", keine Möglichkeit, anders [innerhalb der Wissenschaft] die menschliche „Explosion" der Biosphäre zu rechtfertigen – so das eigenartige Faktum, daß wir eindeutig immer dieser Zerebrationstrift unterworfen sind: Unmöglichkeit, nicht immer mehr zu denken und keine Zivilisation zu entwickeln, die faktisch zur Schaffung von Kombinationsmaschinen führt [und vielleicht morgen zur Schaffung eines Überwertes unserer eigenen Gehirne]…

Darüber kann [und muß] man noch diskutieren. Doch bleibt innerhalb des Lebensphänomens das allgemeine Faktum der Existenz nicht unmittelbar einer Finalität [letztere tritt experimentell erst mit der Reflexion, d.h. im Menschen, in Erscheinung], wohl aber einer POLARITÄT *gültig. Angesichts des Spiels des Zufalls ist der Weltstoff nicht „isotrop": vielmehr ordnet er sich entsprechend zweier Hauptachsen [der größeren und der geringeren Wahrscheinlichkeit: Entropie und Leben] kraft gewisser kosmischer Grundkrümmungen oder -eigenschaften an, die zu erkennen und festzuhalten wir versuchen können – ohne sie jedoch besser erklären zu können als die Existenz der drei räumlichen Dimensionen oder der Lichtgeschwindigkeit… Man kann wahrscheinlich gewisse Orthogenesen des Details erklären, zum Beispiel die Hypsodontie, jedoch nicht die allgemeine kosmische Orthogenese.»*

auch nur des plötzlich in einem pliozänen Primaten emergierten erschreckenden Vermögens bewußt zu sein, im Laufe von einer Million Jahren das gesamte Antlitz der Erde zu ändern... Auf die eine oder andere Weise kann die Anthropologie nicht umhin, eine Weiterführung der Physik zu werden: keine Abteilung der Medizin oder der Philosophie.»[2]

An anderer Stelle findet man dieselben Kritiken:

B – «Es ist unbegreiflich, zu sehen, daß heute noch die Direktoren und Päpste einer gewissen [kulturellen, sozialen, psychologischen] „Anthropologie" [um nichts von den in Mode stehenden „phänomenologistischen" oder „existentialistischen" Philosophen zu sagen] den Menschen als eine Welt für sich innerhalb der übrigen großen Welt behandeln: geradenwegs, wenn nicht im Ausgang von ethischen, ästhetischen oder ontologischen Postulaten a priori. – In unserem Zeitalter der Wissenschaft ist man noch nicht dahin gelangt, eine Wissenschaft vom Menschen zu definieren [...].»[3]

Tatsächlich befindet sich die Anthropologie in Händen von sehr verschiedenen, in zwei Kategorien einzuteilenden Leuten. Auf der einen Seite unterscheidet man die Welt der Philosophen, der Psychologen und Soziologen. Für sie ist die Kenntnis des Menschen eine deduktive Wissenschaft im Ausgang von Prinzipien a priori[4]. Das Erbe des alten Humanismus, der aus dem Menschen ein Reich in einem Reich macht. Der Existenzialismus ist ein gutes Beispiel für letztere Einstellung: Der Mensch, der frei ist, der allein das Vermögen hat, sich selbst gegenüber Abstand zu nehmen, ist ein Für-sich, d.h. ein Sein, das Bewußtsein seiner selbst hat, und eben dadurch tritt er im Gegensatz zum An-sich, zum massiven Sein der Dinge, deren Wesen das Dasein ist und nichts anderes. – Auf der anderen Seite sind die Mediziner oder, genauer, die Anatomisten zu unterscheiden: jene, die sich nur mit vergleichender Anatomie und Osteologie beschäftigen, und ihre enge Spezialwissenschaft, ob es sich nun um Ana-

[2] Brief vom 1. Februar 1952; vgl. bereits! den Brief vom 23. April 1929: «*[...] Man muß die Menschheit mit dem Blick eines Geologen und Paläontologen betrachten.*»

[3] Brief vom 18. April 1953.

[4] Wir fassen das Denken Teilhards zusammen. Doch hätte er in einer Diskussion VIVA VOCE gewiß sein Denken nuanciert, denn er übersah keineswegs die Existenz einer positiven Psychologie und Soziologie.

logien oder um Unterschiede handle, hindert sie daran, das wesentliche Faktum zu sehen, daß nämlich die Menschheit, deren Ankunft das Anlitz der Erde geändert hat, ein neues Reich darstellt, das über eine Schwelle die vorhergehenden weiterführt und krönt. Weshalb schlägt Teilhard nach rechts und nach links? Aus zwei Gründen, scheint es. Einmal lehnt sein Geist der Synthese alle Scheidewände ab – Trennung von Physik und Anthropologie, Zersplitterung der Anthropologie in verschiedene Disziplinen. Ferner, und das ist eines der beständigen Themen seines Denkens, ist durchaus evident, daß der Begriff der Evolution, die ursprünglich eine einfache Hypothese der Biologie war, alle Wissenschaften erobert hat: Es gibt eine Genese der Atome, wie es eine Genese des Menschen gibt. Die verschiedenen anthropologischen Disziplinen müssen also in einer Wissenschaft der Anthropogenese zusammengefaßt werden.

Diese neue Wissenschaft, dieses *«anzugehende Scharnier, damit alles sich öffne»*[5], IN EXTENSO darzulegen, würde für sich allein Gegenstand eines Buches sein und würde nur die bereits klassischen Seiten des ‹Menschlichen Phänomens› nachahmen. Wir werden uns damit zufriedengeben, einen einzigen Punkt zu betonen, die Konvergenz[6]. Die Menschheit weist nämlich ein doppeltes Charakteristikum auf, das ihre Eigenständigkeit ausmacht. Auf der einen Seite verhält sie sich, da sie eine noch junge Art ist, weiterhin artbildend [und diese Speziation gewinnt in der Noosphäre vor allem einen kulturellen Aspekt]. Andererseits weist sie diese eigenartige Besonderheit auf, nicht nur allgemein kreuzungsfähig zu sein, sondern auch in sich selbst zu konvergieren, d.h. sich in sich selbst zusammenzudrängen und eine gemeinsame Zivilisation zu erarbeiten, von der die Infrastrukturen und gewisse Grundlinien [z.B. unter wissenschaftlichem Gesichtspunkt[7]] bereits gut sichtbar sind. Mit anderen Worten, die kulturelle Totalisation der Menschheit ist biologischer Natur, denn diese Menschheit ist nichts anderes als ein Durchbruch des Lebens ins Reflektierte. Dies ist einer der charakteristischen Züge der Teilhardschen Geschichtsphilosophie: sie verwirft nicht nur diese pessimistische Konzeption der zyklischen Evolution, vielmehr bejaht sie

[5] Brief vom 2. Januar 1953.

[6] Die erste Intuition von dieser Konvergenz geht auf den 29. Dezember 1919 zurück!

[7] Man denke an das Geophysikalische Jahr [1957]; vgl. den Brief vom 12. Dezember 1954.

nachdrücklich den biologischen Charakter der Geschichte der Zivilisationen.

Diese Konvergenz ist für P. Teilhard der wesentliche, ins Licht zu rückende Punkt. Bereits bei seiner Ankunft in Kapstadt schreibt er[8]:

W – «Ganz offensichtlich sind wir unwiderruflich [das sieht alle Welt] derzeit in einen rasch beschleunigten Prozeß der menschlichen Totalisation hineingenommen. Aufgrund des vereinten Effekts der Vermehrung [der Zahl nach] und der Expansion [dem Aktionsradius nach] der menschlichen Individuen auf der Oberfläche der Erde hat die Noosphäre seit einem Jahrhundert plötzlich begonnen, sich zu verdichten und sich organisch allseitig zu durchdringen. – Das ist auf der Erde unzweifelhaft das gewaltigste und zentralste der modernen Ereignisse.»

Und die Briefe sind eine Bestätigung dieser Position:

B – «[...] Es ist heute noch vital, einige Punkte *am Ursprung* der Kurve der „Hominisation" zu bestimmen. Das wahrhaft und allein für unsere Generation Wesentliche ist jedoch, das *derzeitige* Verhalten dieser Bahn in uns und um uns herum zu bestimmen. Toter Punkt? Oder Neuaufbruch? Darin liegt die ganze Frage.»[9] – «[...] Der Mensch, eine Art, die in das Reflektierte durchgebrochen ist und die von dieser neuen Existenzbedingung gezwungen wird, in sich zu konvergieren. – Sofern man nur auf diesen Nagel schlägt, kann man, davon bin ich überzeugt, das ganze System zur Explosion bringen.»[10] – «Über diese grundlegende Frage [die doch noch nicht explizit gestellt ist]:
– nicht mehr der Wirklichkeit einer allgemeinen Evolution des Universums;
– ebensowenig der Wirklichkeit einer sekundären oder partiellen kosmischen Strömung in Richtung der größeren Komplexität und des größeren Bewußtseins;
– sondern der Konvergenz dieser Bewußtseinsströmung [in ihrer reflektierten Form] in sich selbst[11],

[8] ‹La convergence de l'univers›, 23. Juli 1951, S. 6 [‹Die Konvergenz des Universums›].

[9] Brief vom 10. September 1951.

[10] Brief vom 10. Januar 1953.

[11] Diese Konvergenz erlaubt ein für allemal, die ewige Verwechslung zwischen Werden und Genese zu vermeiden [Genese = konvergentes Werden].

wird in Kürze, so glaube ich, die große Schlacht ausgetragen werden, aus der für unsere Nachkommen die Schau eines strukturellen, in seinen großen Linien und seinen Energien vom Atomaren bis zum Humanen [einschließlich] eins gewordenen Universums hervorgehen wird: kein „gelöstes" und vollendetes Universum wohlgemerkt, sondern ein genügend kohärentes Universum, um eine solide Grundlage für das Denken und das Tun zu liefern.»[12]

Und welches ist nun die Natur dieser Konvergenz? P. Teilhard weicht vor der Antwort nicht zurück: biologisches, also physisches Phänomen. Er zögert nicht,

B – «wissenschaftlich Position zu der *physischen Natur* des unwiderstehlichen [unbestreitbaren und unbestrittenen] Phänomens der „rassisch-sozial-wirtschaftlich-geistigen" *menschlichen* Konvergenz zu beziehen, die sich vor unseren Augen beschleunigt. *Ja oder nein*, ist dieses Phänomen eu-biologisch oder epi-biologisch? ...»[13]

Ein anderer Brief gebraucht diese noch energischere Formulierung:

B – «Gegenwärtig und für das Jahr bin ich in New York – und mein Hauptanliegen ist die Dringlichkeit, mit der eine „Reform" der Anthropologie zu vollziehen wäre, indem man letztere endlich von den „schönen Wissenschaften" oder der „Philosophie" trennt, um aus ihr, ihrem Wesen nach [Analyse und Studium des Humanen] – so wie man sagen würde: „des Wasserstoffs" oder „des Urans" –, eine authentische Weiterführung der Physik und der Biologie zu machen.»[14]

Von hier her ergibt sich ein wichtiger Punkt der Methode:

B – «Der Mensch kann nur begriffen werden, indem man von der Physik, der Chemie, der Biologie und der Geologie wieder emporsteigt. Mit anderen Worten, er ist zunächst ein kosmisches Phänomen [...].»[15]

[12] Brief vom 13. Februar 1953.

[13] Brief vom 6. April 1952; vgl. den Brief vom 23. Dezember 1952: «*[...] man müßte sich entschließen, ganz offen im „Sozialen" und „Kulturellen" die biologische Weiterführung der „Speziation" zu erkennen.*»

[14] Brief vom 21. September 1952.

[15] Vgl. auch den Brief vom 1. April 1952: «*Um jeden Preis muß endlich eine wirkliche Disziplin herausgearbeitet werden, die den Menschen als eine „Naturkraft" studiert [die das „Reflektierte" studiert, wie man das „Nukleare" studiert].*»

Kurz, der Mensch wird PER ASCENSUM und nicht PER DESCENSUM begriffen[16]. Anstatt ein Baum zu sein, den irgendein Taifun in die Lüfte davontrüge, taucht er seine Wurzeln in den Boden ein, d.h. ins Atomare, ins Molekulare, ins Biologische, während er sein Blattwerk durchaus dem Himmel zuwendet. Und aus diesem Grunde fühlt sich Teilhard, wenn er vom Menschen sprechen soll, sehr viel wohler bei einem Astrophysiker als in Gesellschaft eines Juristen.

Die Konsequenzen dieser von P. Teilhard in die Konzeption der Anthropologie hineingetragenen Revolution sind von sehr großer Tragweite. Wie soll man diese Disziplin aus ihrem gegenwärtigen «Inselzustand» herausführen und sie mit dem Rest der Naturwissenschaft verbinden? Es wird mittels einer Brücke energetischer Natur geschehen:

B – «Ich bin überrascht, wie wenig Anstrengungen bisher gemacht worden sind, um über das Niveau der „Verbalanalogien" beim vergleichenden Studium der physischen und psychischen Energie hinauszugelangen. Offensichtlich brauchen wir den Typus einer allgemeinen „Energetik" [...], *die die eine wie die andere übergreift.*»[17]

Teilhard will folgendes sagen. In der Physik ist der Grundbegriff der der Energie. Auf der anderen Seite spricht man metaphorisch von moralischer [geistiger] Energie. Die Idee des Paters geht dahin, zu versuchen, ein wirkliches Band zwischen den beiden Energieformen zu finden. Zitieren wir die Schlußfolgerung von ‹Die Reflexion der Energie›[18], die einen Lösungsversuch darstellt:

W – «Ihrer Substanz nach kann man die verschiedenen vorausgehenden Überlegungen auf folgende Punkte zurückführen:

1. In ihrem Ursprung, in jedem menschlichen Element genommen, entspricht die Reflexion [oder der Übergang für ein Seiendes vom bewußten Zustand zum selbstbewußten Zustand] einem kritischen Punkt, der zwei Arten von Leben voneinander trennt.

[16] Vgl. den Brief vom 3. Dezember 1954: «*[...] Ich glaube, die alte Metaphysik* [PER DESCENSUM] *hat ihre Zeit gehabt; und sie ist dabei, der Entwicklung einer [zur Durchsetzung einer Weltanschauung* „PER ASCENSUM" *führenden] Hyperphysik durch allgemeine und fortgesetzte Ko-Reflexion der Menschheit [die über das „Phänomen" koreflektiert] Platz zu machen.*»

[17] Brief vom 31. Dezember 1952.

[18] ‹La réflexion de l'énergie› in ‹Revue des Questions scientifiques›, 20. Oktober 1952, S. 496–497.

2. Ist das reflektierte Leben elementar im Inneren der Individuen einmal im Ansatz vorhanden, hört es [unter Weiterführung und Transponierung der Bewegung des nicht reflektierten Lebens in einen neuen Bereich] nicht auf, sich entsprechend einem kollektiven, eng an die technisch-kulturell-menschliche Konvergenz gebundenen Prozeß zu vermannigfaltigen und zu intensivieren.

3. Am Zielpunkt dieses Prozesses der Ultrareflexion [die sich auf einem begrenzten planetaren „Quantum" vollzieht] zeichnet sich ein Pol maximaler Konvergenz ab – der infolge des dem reflektierten Leben inhärenten Erfordernisses der Irreversibilität nicht als ein vorübergehender Zustand [oder „Blitz"], sondern eher als ein oberer kritischer Punkt [der Reflexion] betrachtet werden kann, jenseits dessen die evolutive Kurve von Komplexität-Bewußtsein für unsere Erfahrung den Raum und die Zeit verläßt.

4. Alles vollzieht sich also letzten Endes unter energetischem Gesichtspunkt so, als ob das Universum sich nicht nur entsprechend einer einzigen, sondern entsprechend zweier, miteinander verbundener Achsen ausbreitete: die eine [Entropie] der größeren Wahrscheinlichkeit – die andere [Leben] der größeren Komplexität, – und das Bewußtsein entwickelt sich auf dem ganzen Wege [entsprechend den Erfordernissen der Thermodynamik] in Funktion der Entropie, jedoch entzieht es sich schließlich der „Desorganisation" durch spezifischen Effekt der Reflexion, sei es als eine besondere Energie „zweiter Art", sei es als ein verinnerlichter Bruchteil der gemeinen Energie.

5. Das läuft darauf hinaus, zu sagen, daß man, um die evolutive Ökonomie des Universums [einschließlich des Lebens] ganz zu übergreifen, ein drittes Prinzip, nämlich das der Reflexion der Energie, ergänzend mit den bereits anerkannten der Erhaltung und der Degradation der Energie verbinden muß.»

Wir wollen diesen Text kommentieren. In der Physik gleitet die Materie unwiderstehlich längs einer Linie des geringsten Widerstandes in Richtung der wahrscheinlichsten Verteilungszustände: Das nennt man Entropie. In der Biologie triftet dieselbe Materie in Richtung immer unwahrscheinlicherer Zustände bei komplizierteren Anordnungen, was bereits eine Antinomie zwischen der physikalischen Entropie und der biologischen «Orthogenese» schafft, da das Leben sich in Gegenströmung zu der gewaltigen Flut der Entropie zu entwickeln scheint. Eine allgemeine Energetik muß also notwendig nicht auf der alleinigen Achse der Entropie, sondern auf zwei miteinander verbundenen Achsen aufgebaut werden, deren eine die der größeren Wahrscheinlichkeit und deren andere die der größeren Komplexität ist. Dem Anschein nach kommt die Entropie schließlich auf ihre Rechnung, da die komplexen Gebäude des Lebens sterben und zerfallen. Doch die reflektiert gewordene Evolution ist mit der Hypothese eines totalen Todes nicht vereinbar, dessen Perspektive, wenn sie zur Gewißheit würde, die Evolution in ihrem Schwung lähmen würde. Die Komplexifikation ist also nicht ein einfacher momentaner Nebeneffekt des allgemeinen Falls der Welt. Tatsächlich findet Trennung statt. Auf der einen Seite haben wir den Rückfall in die Entropie. Auf der anderen Seite vollzieht sich eine Art Entweichen. Infolge der Reflexion findet der verinnerlichte Teil der gemeinen Energie eine neue Konsistenz, nicht mehr in der Infrastruktur des Organismus, sondern in dem wirklichen Punkt der Konvergenz der reflektierten Menschheit, d.h., er gleitet in die Ewigkeit hinüber.

Es ist unmöglich, auf die Einzelheiten der Spekulationen des Paters einzugehen und zu zeigen, weshalb er über die im ‹Menschlichen Phänomen› dargelegte, klassisch gewordene Unterscheidung zwischen tangentieller Energie [die meßbare Energie der Physiker, der Bereich der materiell genannten Reaktionen] und radialer oder zentrischer Energie [Bereich der unwägbaren Wirkungen der Anordnung und der Vereinigung, psychische Energie, die sich in dem Maße der Komplexifikation der Materie herausstellt und die, indem sie sich den ersten, rein mechanischen «Anordnungen» aufpfropft, die beseelte Materie in Richtung immer höherer Synthesen lenkt] hinausgegangen ist. Noch weniger ist es uns möglich, zu erklären, aus welchem Grunde Teilhard in der Kybernetik [diesen mit «Gedächtnis» begabten Maschinen, die mit wunderbarer Geschwindigkeit gewisse Schritte des menschlichen Gehirns nachahmen]

B – «einige Klarheit über die Natur und die Mechanik der „Kräfte der Anordnung“ in der uns umgebenden Welt»[19]

[19] Brief vom 29. Februar 1952; vgl. den Brief vom 15. Mai 1953: «*Bei dieser Sache der Kybernetik interessiert mich im wesentlichen diese von ihr nahegelegte Transformation des Materialismus. Eine Maschine ist nicht [mehr] vor allem eine Angelegenheit in Gang gesetzter Energie; sondern die Information, die konstituiert und übertragen wird.*» Wirklich,

zu finden hoffte. Tatsächlich, und das ist zutiefst zu bedauern, ist Teilhard uns durch den Tod entrissen worden, bevor es ihm gelungen war, diese Gesichtspunkte auszuarbeiten. Zumindest wissen wir, in welcher Richtung er suchte – in einem großen Wagnis die meßbare Energie als ein Nebenprodukt oder genauer als einen Sonderfall der psychischen Energie betrachten, in etwa wie die Newtonsche Schwerkraft oder der euklidische Raum nur Annäherungen der Einsteinschen Schwerkraft oder des gekrümmten Raumes sind.

Abschließend wollen wir einen wesentlichen Auszug aus einem Brief [New York, 29. Mai 1953] zitieren, der nützliche Erläuterungen gibt:

B – «Ich begreife und freue mich, daß Sie sich von den von der Kybernetik gestellten Problemen gefesselt fühlen. Doch scheint mir, daß wir, nachdem wir eine ganze Physik einzig auf dem Terminus „Energie" aufgebaut haben, Schritt um Schritt dahin geführt werden, ein komplizierteres System zu konzipieren, das drei Termini umgreift:

1. Energie [im thermodynamischen Sinne]
2. Anordnung [oder „Information"]
3. Anziehung [oder psychische „Triebfeder" der Erregung der Energie]; „die Anordnung" stellt dabei die Verbindung zwischen der „Energie" und der „Erregung" her.

[Wie ich Ihnen bereits gesagt habe, glaube ich, daß der Terminus 1 dem entspricht, was ich versuchsweise „tangentielle Energie" genannt habe – und der Terminus 2 entspricht meiner „radialen" oder „zentrischen Energie"]. Hat das einen Sinn?...»

Wir haben hier wertvolle Hinweise. Offensichtlich hatte Pater

wie L. de Broglie [‹Nouvelles Perspectives en Microphysique›, Paris, A. Michel, 1956, S. 78] gesagt hat: «Die Theorie der Rechenmaschinen, die der Übertragung der Signale, und allgemeiner all jene Theorien, deren Bündel die gegenwärtige Kybernetik bildet, scheinen uns zahlreiche Auskünfte über das normale oder pathologische Funktionieren des Nervensystems und insbesondere über die Mechanik der Reflexe bringen zu sollen» [Vortrag vom 5. Oktober 1951]. – Die Rechenmaschinen und die verwandten Maschinen haben tatsächlich dies mit dem Nervensystem gemeinsam, daß eine gewisse Zahl von Signalen um den Preis eines geringen Energieverbrauchs eine Information schaffen und übertragen können, die fähig ist, energetische Phänomene von einem unendlich viel größeren Umfang hervorzurufen oder zu modifizieren.

Teilhard, als er sich bemühte, die tangentielle Energie und die radiale Energie zu definieren und einander entgegenzustellen, weit mehr als nur Zukunftsahnungen.

Ein Vergleich mit der Philosophie von Leibniz wäre zu versuchen [und zu vertiefen]: Nach Ansicht des letzteren sind die materiellen Punkte, die von der Physik untersuchten Energiezentren, nur das Außen von Monaden, die, von innen her gesehen, denkende geistige Substanzen sind. Für Leibniz wie für Teilhard, der den Terminus Monade ebenso geläufig verwendet wie der Verfasser der ‹Monadologie›, ist das Universum der physischen Kräfte nur ein Außen, dessen Innen Psyche ist. Doch darf man die Analogien nicht zu sehr pressen, denn Leibniz kannte die Evolution nicht, noch weniger das Gesetz von Komplexität und Bewußtsein und die Solidarität in der Raumzeit. Wichtiger ist vielleicht, die Bedeutung dieser Anthropogenese und dieser allgemeinen Energetik in der inneren Evolution P. Teilhards herauszustellen. Der Begriff Anthropogenese zeugt von einem neuen Fortschritt in der Synthese des Humanen und des Kosmischen, da das Humane am kosmischen Werden teilhat und in ihm einwurzelt. Andererseits sagt dieses Bemühen um Unterordnung der physischen Energie unter die psychische Energie, diese außergewöhnliche dialektische Umkehr, durch die der Geist, nachdem er sich aus der Materie herausgelöst hat, sich als das verborgene Grundgewebe des Weltstoffs und als wahrhafte Konsistenz der Dinge erweist, in verständlicher Sprache eine Art Emergenz der Teilhardschen Seele aus, die immer weniger die Anziehung ihres Leibes erfährt, um die immer mächtigere Gottes zu erfahren.

So entfaltet sich also die Teilhardsche Anthropogenese in einer allgemeinen Energetik, die fähig ist, in sich eine Anthropodynamik zu integrieren[20]. Letztere ihrerseits mündet in eine Philosophie des Tuns[21] und eine Eschatologie ein, wobei diese beiden Aspekte eng miteinander verbunden sind:

[20] Es gibt bereits ein amerikanisches Vorhaben [John Stewart, P. Bridgman], eine Soziometrie [durch mathematische Erforschung der statistischen Regelmäßigkeiten im menschlichen Phänomen] zu konstituieren. Nach Auffassung Teilhards «*müßte dieser Versuch durch das Bemühen ergänzt werden, eine Soziodynamik zu schaffen, die die Bedingungen des Funktionierens und der Aktivation der menschlichen Energien erforscht*» [‹Das menschliche Phänomen›, Notizen für J. Rueff, 1954].

[21] Vgl. den Brief vom 8. Februar 1955: «*[...] Eine eigenartig der Blondelschen Meta-*

B – «[...] es erscheint mir immer evidenter [und zwar außerhalb jeden konfessionellen Bemühens oder Einflusses], daß die reflektiert gewordene Evolution biologisch nicht mehr funktionieren kann, es sei denn in einem Universum, das der organischen, menschlichen Konvergenz ein *irreversibles* Zentrum der Super-[Ultra-] Personalisation bietet – d.h. in einem Universum, das allgemein als von „liebenswerter und liebender" Natur definierbar ist. [Denken Sie ein wenig darüber nach, und Sie werden sehen, daß es sich hier nicht um „Gefühl", sondern um reine Energetik handelt...]»[22] – «[...] Ich bin immer mehr davon überzeugt, um einen Neohumanismus begründen zu können, muß die Evolution nicht nur konvergenter Natur sein [wie die Ko-Reflexion beweist], vielmehr muß sie in Richtung eines wirklichen [d.h. nicht nur „virtuellen"] Zentrums konvergieren. Und zwar, ich sage das noch einmal, nicht aus philosophischen Gründen, sondern aus dem reinen Grunde der „psychologischen Energetik". – Es muß in Richtung des Voran eine Integration des ganzen Evolutiven in sich selbst in irgendeiner superbewußten Gestalt geben [Integration, wo ich in gewisser Weise selbst integriert werde]. Andernfalls fehlt mir der Stimulus [das fühle ich] – *würde* mir, will ich sagen, der Stimulus fehlen –, um weiter zu gehen.»[23]

Erklären wir kurz diese Texte. Der Mensch ist die reflektiert gewordene Evolution, die immer mehr dahin tendiert, sich ihrer eigenen Triebkräfte zu bemächtigen. Sie ist also fähig geworden, sich über sich selbst und über ihren Zielpunkt zu befragen. Was

physik des Tuns verwandte Energetik.» Es wird der Tag kommen, da man der Teilhardschen Metaphysik Ehre erweisen wird. Der Pater glaubte nicht, ohne die Existenz des Noumenon zu leugnen, an die Möglichkeit einer deduktiven Metaphysik. Tatsächlich scheint seit der Kantschen Kritik und dem Triumph der Wissenschaft diese alte Weise des Philosophierens, deren vollendetste Form ‹Die Ethik› darstellt, durchaus überholt zu sein. Es macht die Originalität Teilhards aus, daß er den Mut gehabt hat, im Ausgang sowohl von seiner Phänomenologie [seiner Zentrologie] als auch von Postulaten nicht der praktischen Vernunft, sondern der menschlichen Energetik, die metaphysische Spekulation wiederherzustellen, die von den meisten Berufsphilosophen unter verschiedenen Vorwänden aufgegeben wurde, deren letzter der Zeit nach die Unterordnung der Vernunft unter eine existenzielle Konzeption des Mythos ist, was erlaubt, die grundlegenden Probleme, ich meine die letzten Ziele des Menschen, zu verdecken.

[22] Brief vom 8. September 1952.

[23] Brief vom 31. Januar 1955.

würde geschehen, wenn sie allen Glauben an sich selbst verlöre? Sie braucht also außer ihren biologischen Triebkräften einen weiteren Stimulus[24], um weiterhin zu «evolvieren» und zu «self-evolvieren», um sie kraft der Anordnung in Richtung eines suprahumanen Zustandes der Reflexion zu drängen. Der Mensch aber braucht einen Glauben, und er muß in der Ewigkeit bauen – einer Ewigkeit, die ihm das Überleben seiner Werke und vor allem seiner Person gewährleistet, die sehr viel wertvoller ist als seine Werke. Es ist also notwendig, aus einer keineswegs sentimentalen, sondern rein energetischen Notwendigkeit, daß der Punkt der Konvergenz der Menschheit kein virtueller, sondern ein bereits existierender Punkt sei, was uns in große Ferne von dem Renanschen Werdenden Gott rückt.

Da die Menschheit unter dem Effekt der Sozialisation und der Ko-Reflexion eine neue kritische Schwelle überschreiten muß, sind die Perspektiven, die P. Teilhard ihr aufzeigt, natürlich eschatologisch. Und dort deckt er sich wie Johann der Gute in der Schlacht von Poitiers nach rechts und nach links. Rechts stehen die Apokalyptiker, die nur von Katastrophengesichten träumen, links die Millenaristen oder die Marxisten, deren Sehnsucht auf ein Goldenes Zeitalter geht:

B – «Und ich habe die Absicht [...], auch einige Seiten über ‹Das Ende der Art› [der menschlichen Art][25] zu schreiben: eine verkappte Kritik der Apokalyptismen und ein offener Angriff auf die [marxistischen usw.] Mythen von einem vor uns liegenden Goldenen Zeitalter. Ein kritischer Punkt der Ultraspeziation: das scheint mir das wissenschaftlich Wahrscheinliche für das Ende der Menschheit zu sein [vorausgesetzt, daß man sich entschließt, die Brücke zwischen dem Physischen und Psychischen zu schlagen].»[26]

Er sieht also das Ende der Menschheit als einen Zustand äußerster psychischer Spannung[27], der einem kritischen Punkt vorausgeht, in dem das Pleroma in Christus erfüllt werden muß. Nichts ist in dieser

[24] Teilhard verwendet häufig das englische Wort *Incentive*.

[25] ‹La fin de l'espèce›, erschienen 1953 in der Zeitschrift ‹Psyché›, deutsch in ‹Die Zukunft des Menschen›, S. 391 ff.

[26] Brief vom 26. November 1952.

[27] ohne daß ein Altern der Art vorläge.

Periode auffallender als dieser unmittelbar auf Überlegungen wissenschaftlicher oder zumindest phänomenologischer Ordnung aufgepfropfte Prophetismus.

Es geht also darum, das Auftreten einer wirklichen Wissenschaft vom Menschen und der menschlichen Energie hervorzurufen, es geht darum, wissenschaftlich die Wirklichkeit einer Evolution konvergenten Typs aufzuzeigen, und zu diesem Zweck ist es notwendig, die Kontakte und den Ideenaustausch zu vervielfachen. Am 7. Dezember
1951 1951 ist Paul Fejos gewonnen:

B – «Der Forschungsdirektor der Stiftung [Dr. Fejos] interessiert sich für meine Idee und ist entschlossen, alle notwendigen Treffen mit allen entscheidenden Leuten zu veranlassen. Wir werden sehen.»

Tatsächlich verwendet Teilhard alle Mittel. Die *Wenner-Gren* bildet eine hervorragende Drehscheibe:

B – «In der Stiftung macht es den Vorteil meiner Position aus, daß ich mit jedwedem, der in Amerika interessante Gedanken oder eine interessante geistige Position hat, leicht „kontaktieren" kann. Mein unmittelbares Ziel ist, [mit Hilfe dieser Kontakte] meine Ideen über die wahre „phänomenale" [oder „wissenschaftliche"] Natur des Menschen zu klären und zu verbreiten, die darin liegt, daß er [trotz naher anatomischer Bindungen zu den anderen Primaten] eine neue Art von Leben darstellt, die eine spezifische und neue ‚wissenschaftliche Annäherung" verlangt.»[28]

Teilhard setzt also seine Korrespondenz mit Julian Huxley weiter fort und tritt in briefliche Verbindung mit den Denkern und Gelehrten, die in den Vereinigten Staaten oder anderswo sich mit dem Menschen befassen[29].

B – «[...] in der Zwischenzeit beginne ich, mit am Menschen unter nicht humanistischem noch anthropologischem Gesichtswinkel interessierten Männern Beziehungen anzuknüpfen; zum Beispiel John Stuart – Direktor des Observatoriums von Princeton – und ein gewisser Professor Roger Williams, Direktor des Biochemischen Instituts von Austin [Texas]. Ich weiß noch nicht, was das geben wird. Doch gibt es eine Abwechslung von der

[28] Brief vom 1. März 1952.

[29] Zitieren wir als Beispiele Birks, Bull, Dodds, Hirschfeld, Margaret Mead, Needham, Northrop, Pendray, Redfield, Stewart.

drückenden Atmosphäre der „machabées“[30] und der Ethnologie ...»[31]

Teilhard führt private Gespräche, und es ist nicht notwendig er derjenige, der darum bittet, denn sein Name beginnt in immer weiteren Kreisen bekannt zu sein. Wir wissen zum Beispiel, daß zwischen dem 26. und 29. September 1952 Gerhard Hirschfeld, der Direktor des «Forschungsrates für die wirtschaftliche Sicherheit» in Chicago, einen Aufenthalt in New York ausnutzt, um ihn aufzusuchen, nicht ohne ihm zuvor einen Aufsatz über den Begriff der Menschheit geschickt zu haben. P. Teilhard sucht den Kontakt mit den am menschlichen Problem interessierten Gruppen:

B – «Habe gestern mit einer Gruppe [die einen Professor für Astronomie in Harvard und Margaret Mead, die Ethnographin, umfaßt] Kontakt aufgenommen, die das menschliche Problem in etwa in dem von mir gewünschten Sinne anzugehen scheint: als Studium einer physischen Energie.»[32]

Er hält Vorträge, um zu versuchen, seine Ideen zu verbreiten:

B – «In Harvard habe ich vor zehn Tagen meine Batterien [Beziehungen zwischen Soziologie und Biologie] vor einer ausgewählten Gruppe von fünfzehn Professoren ausprobiert. Ich glaube, es gibt die Möglichkeit, voranzukommen.»[33]

Schließlich nimmt er an Symposien[34] teil, oder er bemüht sich, sie zu veranlassen. Sein erstes Meeting begeistert ihn nicht sehr:

B – «Um den 20. März fand ein Meeting [drei Tage] über Physical-Anthropology in der *Academy of Sciences* von New York statt: reizende Leute – aber im Saal, in dem die Mitteilungen vorgetragen wurden, eine nicht zu atmende intellektuelle Atmosphäre. Endlose Diskussionen über Deformationen der Wirbelsäule – usw. Anthropologie oder Orthopädie?... Um jeden Preis müssen wir eine wirkliche Wissenschaft vom menschlichen Phänomen eröffnen. – Nicht leicht.»[35]

30 In den familiären Sprachgebrauch eingegangener französischer Rotwelschausdruck mit der Bedeutung «Leiche». [Anm. d. Übers.]

31 Brief vom 6. März 1952.

32 Brief vom 19. Januar 1952.

33 Brief vom 5. Juni 1952. [Der von Movius veranlaßte Vortrag ‹On the biological meaning of human Socialization› fand am Montag, dem 26. Mai 1952, statt.]

34 Sie erklären die recht zahlreichen «Papiere», die er auf englisch verfaßte.

35 Brief vom 6. April 1952.

Es ist begreiflich, daß Teilhard für eine medizinische Konzeption der Anthropologie nicht sehr eingenommen war. Andererseits hat er ein gewisses Unverständnis von seiten gewisser Juristen gefunden. Das erklärt seine vertrauliche Anfrage vom 1. April 1952 an Huxley:

B – «Ich würde von einem „informal"[36] und eingeschränkten „Symposium" träumen, in dem ein Dutzend angemessen ausgewählter Leute [Sie, Needham, Grassé, weiter einige Chemiker, Physiker und Astrophysiker – aber niemand von seiten der „schönen Wissenschaften" oder der „Philosophie"] sich träfen, um zu sehen, in welchen Termini das physische Problem des Humanums wissenschaftlich zu stellen ist und von welcher Seite man es angreifen soll. Und ich glaube, Fejos ist für die Idee eingenommen. Sagen Sie mir, was Sie davon halten.»

1952 Vom 9. bis zum 20. Juni 1952 großes anthropologisches Symposium in der *Wenner-Gren Foundation*. Ein Bericht über dieses Treffen[37] gibt die Atmosphäre gut wieder:

W – «Als solcher [d.h. so unklar die Atmosphäre auch gewesen sein mag, in der er sich entwickelt hat] scheint der Test vom letzten Juni mir wertvoll und erhellend gewesen zu sein, weil es ihm gelungen ist, sichtbar zu machen, daß für die Mehrheit der anwesenden Kongreßteilnehmer die Menschheit leider weiterhin innerhalb des Universums eine Art selbstgenügsamen und in sich geschlossenen Inselchens darstellt, eine Art von Neoplasma – das auf legitime und mögliche Weise in sich selbst, ohne Bezug auf die allgemeinen Prozesse der kosmischen Evolution, wie sie derzeit die Physik und die Biologie entdecken, studiert werden kann.
Die meisten im letzten Sommer in der *Wenner-Gren Foundation* versammelten Anthropologen haben als Amerikanisten oder als Archäologen, als Logiker oder als Legisten gesprochen – aber nicht als „Naturwissenschaftler"; sie haben wie Humanisten und nicht wie Gelehrte gesprochen; und zwar *weil für sie das Soziale nicht wirklich zur allgemeinen Evolution der Materie und des Lebens gehört.*»

[36] offiziös.

[37] ‹Le dernier Symposium de la Wenner-Gren Foundation [Juin 1952]. Quelques réflexions personnelles sur l'opération› [datiert vom September 1952] [‹Das letzte Symposium der Wenner-Gren Foundation› (Juni 1952). Einige persönliche Bemerkungen über die Durchführung›]. Es versteht sich von selbst, daß das Beiwort «letzte» durchaus relativ ist.

Und Teilhard zieht daraus folgende Schlußfolgerung:

W – «[...] die natürliche Weiterführung des Symposiums vom Juni müßte die Konstituierung eines begrenzten Komitees sein, das den Auftrag hat, [in erster Annäherung] zu untersuchen, wie die objektive Wirklichkeit einer endlich als Weiterführung der Biogenese [und nicht einfach als etwas Danebentretendes] behandelten Anthropogenese aufzuzeigen und wie deren wissenschaftliches Studium anzugehen ist.»

Kurz, er will im Laufe des Jahres 1953 das Projekt eines [ausgewählten und begrenzten] Symposiums über die Definition einer neuen und wahrhaft wissenschaftlichen Anthropologie in Gang bringen[38]. Der Anblick der großen Zyklotrone von Berkeley, wo er den Eindruck hatte, greifbar den Flux einer «Energie der Ko-Reflexion» zu spüren, ist für ihn eine weitere Anregung. Er denkt daran[39], eine Art Fragebogen aufzustellen. Er schreibt an Huxley, um ihn zu bitten, ihm bei seinen Bemühungen zu helfen, den Anschluß des Studiums des Menschen an die Biologie herzustellen, und Huxley schlägt ihm am 6. Oktober 1952 die Schaffung eines «Komitees für den evolutionistischen Humanismus» unter den Auspizien der *Wenner-Gren* [auf einer amerikanischen Grundlage] vor und fügt diese ermutigenden Worte hinzu:

B – «Je mehr ich es bedenke, um so mehr spüre ich die Bedeutung Ihres Projektes.»

Doch das Jahr 1953[40] bringt keinerlei Verwirklichung, außer daß 1953
Teilhard am 17. Dezember langsam mit der Abfassung von ‹Die Besonderheiten der menschlichen Art› [vollendet am 25. März 1954] beginnt, da er es müde ist zu sehen, wie die Fachleute das Humanum unterschätzen:

[38] Vgl. den Brief vom 20. Dezember 1952: «*Zu Beginn bedürfte es eines Manifestbuches [wir sind Biologen...], das die ultra- [und weder para- noch epi-] biologische Natur des menschlichen Phänomens [Sozialisation, Kultur, Technik eingeschlossen] bejaht*», und eine handgeschriebene Anmerkung auf einem Exemplar des Berichts über ‹Das letzte Symposium der W.-G. F.›: «*Dringlichkeit einer Reform der Anthropologie – eine auf der Anerkennung der Tatsache gegründete Reform, daß der Mensch [trotz der besonderen Eigenschaften, die ihm die psychische Emergenz in das Reflektierte verleiht] nur in Weiterführung der allgemeinen Gesetze der Speziation begriffen und studiert werden kann.*»

[39] Nach einem Brief vom 21. August 1952.

[40] Das zum Teil von Südafrika in Anspruch genommen wird.

B – «Es wäre an der Zeit, daß man sogar unter wissenschaftlichem Gesichtspunkt zeigt, daß es möglich ist, in den Tatsachen etwas anderes – etwas Mitreißenderes zu lesen.»

1954 Dagegen bringt das Jahr 1954 Neues. Ein Freund kündigt ihm das Projekt eines Pariser Symposiums an, von dem im Laufe eines Gesprächs mit Robert Courrier[41] die Rede war, und der Pater reagiert mit diesen Worten:

B – «1. Ich denke, es handelt sich um ein Symposium mit einer *begrenzten* Zahl von Teilnehmern [...]. In der Sache ist meine [endgültige] Auffassung, daß man *nur* Biologen, Geologen und Physiker [d.h. jene, aus denen sich die *Académie des sciences* rekrutiert] zulassen darf. Weder Historiker noch Soziologen noch „kulturelle" Anthropologen. Sondern Menschen, die fähig sind, den Menschen zu studieren, indem sie vom Atom, vom Protein, von der Zelle, von der Art an *aufsteigen*... Sie sehen, was ich sagen will. Die Sache erscheint mir wesentlich.

2. Dann müßte man das Problem „menschliches Phänomen" in einem bezeichnenden und zentralen Punkt umschreiben – der dahin führt, „Position zu beziehen" –, und soweit wie möglich gewisse konkrete Forschungen einleitet – oder zumindest eine praktische Einstellung bei den Teilnehmern determiniert.

Auf den ersten Blick scheint dieser entscheidende Punkt irgendwo in der Nähe folgender Frage zu liegen: „Welches ist [oder ist nicht] *der biologische Wert* der evidenten menschlichen ‚Totalisation' [Planetisation]?" – Ich meine: „Hat diese technisch-geistige Totalisation der Menschheit, an der wir teilnehmen, einen biologischen Wert oder nicht, d.h., führt sie, ja oder nein, den Prozeß der Anordnung weiter, der in aller Evidenz vom Wasserstoffatom zum individuellen menschlichen Organismus führt – über all die Zickzackwege und durch all die Stufen hindurch, die allgemein bekannt sind?"

Wenn man anerkennt, daß diese Frage „makes sense"[42] und daß sie eine bejahende Antwort enthält, stellt sich eine Reihe von subsidiären Problemen – zum Beispiel:

a] Sozialisation und Speziation. Führt die Menschheit innerhalb

[41] Professor am Collège de France und ständiger Sekretär der Académie des sciences [Akademie der Naturwissenschaften].

[42] einen Sinn hat.

ihrer globalen Totalisation weiter fort, sich [zumindest potentiell] zu verzweigen?

b] Sozialisation und Zerebration. Mechanik und Fortschritt der „Ko-Reflexion" [neue geistige Dimensionen, „kybernetischer" Zuwachs der Denkgeschwindigkeit, Möglichkeit für den Menschen, *sich* durch Self-Transformation zerebral *selbst evolvieren zu machen*...].

c] Erhaltung und Entwicklung des „Drive"[43] der Evolution beim Menschen [die ganze Frage – die ebenso schnell wie die der *Totalisation* an Umfang gewinnt – der „*Aktivation*" der menschlichen Energie...].

Man müßte natürlich Ordnung in all das bringen [und ich vergesse die Frage der – wirklichen oder anscheinenden – Herausbildung eines gewissen Wissens – eines menschlichen, zugleich technischen Additivums (*kein Rückstand*, sondern ein aktiver Kern! ein Keim!), das *zumindest* durch Erziehung in *irreversibler* Weise weitergegeben und vermehrt wird (das Problem einer „noosphärischen Vererbung", wie ich es bereits genannt habe)].

3. Wohlbemerkt, ein auf ein derartiges Thema festgelegtes Symposium müßte in weitgehendem Maße als „vorbereitend" angesehen werden: eher den Boden frei machen und die Probleme präzisieren als sie lösen. Ein allererster Versuch der wissenschaftlichen Bewertung des Humanums [des Reflektierten] in der Welt der Materie und des Lebens: nicht mehr für den Anfang.»[44]

Im Denken Teilhards ist nichts utopisch. Gewagte Ideen gewiß, aber keine Prophezeiungen: ein klares und präzises Forschungsprojekt, ein sehr progressiver und sehr gut dosierter Verwirklichungsplan.

Der vorhergehende Brief spielt auf zwei andere sich ankündigende Symposien an; an eines von ihnen dachte Professor Jean Piveteau, das andere bereitete Jacques Rueff vom Institut vor[45]. Und das ist einer

[43] Triebkraft, Antrieb.

[44] Brief vom 15. Januar 1954.

[45] Rueff hatte sich mit Teilhard im Laufe eines Aufenthaltes in New York unterhalten, und letzterer hatte sich lebhaft für das Projekt interessiert. Es existiert sogar ein Aufsatz Teilhards mit dem Titel ‹Das menschliche Phänomen [Wie läßt sich jenseits einer philosophisch-juridisch-literarischen ‚Anthropologie' eine wahre Wissenschaft vom Menschen errichten, – d.h. eine Anthropodynamik und eine Anthropogenese?]›, [‹Le Phénomène humain (Comment, au-delà d'une ‚anthropologie' philosophico-juridico-littéraire, établir une vraie Science de l'Homme, – c'est-à-dire

der Gründe, aus denen Teilhard am 28. April 1954 Paul Fejos seine Absicht mitteilt, sich [zum Nutzen der Stiftung] über verschiedene «Symposien über den Menschen» zu informieren, die sich für eine recht nahe Zukunft anzubahnen scheinen.

Dank der Großzügigkeit der *Wenner-Gren Foundation* konnte Teilhard sich im Juni 1954 nach Frankreich begeben. Nach einem Brief vom 21. Juli 1954 an eine hohe Persönlichkeit der Universität, den leider verstorbenen Edmond Faral, scheint es, daß er versuchte, die verschiedenen Projekte in einem einzigen zu vereinen[46]:

B – «Mit Jacques Rueff [vom Institut], Auger [Unesco], Grassé [dem Biologen], Piveteau [Sorbonne] und Théodore Monod [Museum Dakar] denken wir seit mehreren Monaten daran, welches Interesse einem Kolloquium zukommen würde, auf dem das zur Entstehung angeordneter Systeme führende sogenannte „Integrations"-Phänomen oder der „Integrations"-Prozeß vom Atom bis zum Menschen sowohl in der Physik als auch in der Biologie und in der Soziologie untersucht würde; das einzige Mittel, so scheint es, wissenschaftlich die entscheidende Bedeutung des menschlichen Phänomens im Universum sichtbar zu machen[47].

Mit Unterstützung von Grassé habe ich kürzlich mit Courrier darüber diskutiert, wie man am besten diesen ehrgeizigen Plan zum Ziel gelangen lassen könnte. Und der Vorschlag Courriers geht dahin, daß vielleicht die Singer-Polignac-Stiftung an dem Projekt interessiert sein könnte – und es sich zu eigen machte...»[48]

Dieses Jahr 1954 ist ganz entschieden reich an Projekten, denn die Vereinigten Staaten und insbesondere die *Wenner-Gren* mischen sich auch ein:

une anthropodynamique et une anthropogénèse?)›], der die handgeschriebene Bleistiftnotiz trägt «*Für Rueff Juni 1954 vorbereitet.*»

[46] Er hatte an einer kurzen informativen Sitzung teilgenommen.

[47] In einem Brief vom 14. August 1956 hat Jacques Rueff uns bereitwillig das Thema der Tagesordnung bestätigt: ‹Die Integration in der Physik, in der Biologie und in der Soziologie›, das er mit folgenden Worten kommentiert: «Es handelte sich darum, die absolute Gegenstände hervorbringenden Prozesse zu diskutieren. Das heißt letzten Endes, die Mechanismen der Assoziation.»

[48] Das Kolloquium fand tatsächlich im März 1955 statt, doch konnte Teilhard nicht daran teilnehmen. Nicht zu verwechseln mit dem Internationalen paläontologischen Kongreß, der am 12. April 1955, zwei Tage nach dem Tode P. Teilhards, in Paris eröffnet wurde.

B – «In der Stiftung hat man sich [trotz der Lehre von 1952] auf ein neues Symposium [Juni 1955] eingelassen[49]. Thema: Die Modifikation der Erde unter dem menschlichen Einfluß. Ich weiß noch nicht, wer für das Thema und das Programm verantwortlich ist. Meines Erachtens sind die Fehler dieselben wie vor zwei Jahren: zuviel Teilnehmer [mehr als fünfzig] – verworrenes Programm – viel zu viel „Humanisten" und Literaten. – Ich werde trotzdem versuchen, das Bestmögliche aus der Situation zu machen.»[50]

Und das versuchte er zu tun, wie ein anderer Brief beweist:

B – «Im Juni Teilnahme an einem anderen Kolloquium, das seinerseits von der *Wenner-Gren Foundation* aufgezogen wird. Über die „vom Menschen eingeführten Änderungen auf dem Antlitz der Erde". Unter die vorbereitenden Abhandlungen zu diesem Kolloquium möchte ich eine [nicht vorgesehene] Studie über die „Noosphäre"[51] einfügen lassen, der, was seltsam ist, in einer Liste von fünfzig vorgesehenen Themen keinerlei Platz eingeräumt ist. Toynbee wird da sein. – Die Noosphäre führt mich natürlich dahin, auch die Frage des Punktes Omega aufzuwerfen.»[52]

Wenn Teilhard nicht die Freude hat, irgendeinem dieser Symposien, sei es in Paris oder in Princeton, beizuwohnen, so konnte er zumindest an einem von der Columbia-Universität organisierten Kolloquium teilnehmen:

B – «Ende Oktober Teilnahme an einem Kolloquium über den Menschen, aufgezogen von der *Columbia University*, gelegentlich ihrer 200-Jahr-Feier. Julian Huxley wird da sein [und auch Gilson]. Ich möchte es nutzen, um die „energetische und wissenschaftliche" Notwendigkeit zu betonen, die Existenz irgendeines Emergenzpunktes im „Superbewußten" am natürlichen Zielpunkt der menschlichen Ko-Reflexion ins Auge zu fassen.»[53] –

49 Es fand vom 16. bis 22. Juni 1955 in Princeton Inn, Princeton, New Jersey, statt.

50 Brief vom 26. August 1954.

51 Anspielung auf die Schrift ‹The antiquity and planetary significance of human culture› [Oktober 1954] [‹Das Alter und die planetare Bedeutung der menschlichen Kultur›].

52 Brief vom 22. September 1954.

53 Brief vom 22. September 1954.

«Unterdessen erscheint mir immer wichtiger, daß sich beim Menschen von heute *der Sinn* für seine planetare biologische Konvergenz entwickelt und verbreitet; d.h. der Sinn dafür, daß in ihm [aufgrund der Konvergenz] die Art sich noch in Bewegung befindet. Im Laufe eines dreitägigen Symposiums [geschlossene Sitzung, siebzig Teilnehmer, fast alles bekannte und wichtige Leute], das unter den Auspizien der *Columbia University* [200-Jahr-Feier] Ende Oktober stattfand[54], bin ich im Laufe lebhafter Diskussionen darüber betroffen gewesen, festzustellen, daß jene, die sich am meisten weigern, für morgen die Existenz eines *irdischen Ultrahumanen* ins Auge zu fassen, gerade eben die Christen [aller Denominationen] waren.»[55]

Doch fand er die Genugtuung, daß er in seiner Position von Julian Huxley und der Gruppe der Psychobiologen kräftig unterstützt wurde.

Es ist nicht überflüssig, schließlich an eine letzte Aktivität Teilhards zu erinnern, die durchaus einen Bezug auf seine Gedanken über die menschliche Konvergenz hat:

B – «Übrigens hat Fejos mich gebeten, Mitglied des Direktionskomitees einer anderen [noch stärkeren als der jetzigen] *Wenner-Gren*-Stiftung zu werden, die [in Termini, die ich noch dunkel finde] auf einen wechselseitigen Zusammenhang der Wissenschaften untereinander ausgerichtet ist. Ich habe angenommen. Das Projekt wird mit der Erfahrung Gestalt gewinnen. Von dem Augenblick an, wo es sich unmittelbar um „Konvergenz“ und Ko-Reflexion handelt, fühle ich mich angesprochen.»[56]

Es wäre stark verfrüht, wollte man ein Urteil über die Teilhardsche Anthropogenese abgeben. Wahrscheinlich ist Teilhard gestorben, bevor es ihm gelungen ist, anderen Köpfen seine neuen Konzeptionen einzuprägen, und zwar trotz der unbezwinglichen Ausdauer,

[54] Vom 27. bis 30. Oktober. Das Thema lautete: ‹Die Einheit des menschlichen Wissens›.

[55] Siehe auch die Briefe vom 30. Oktober und vom 25. November 1954 in Pierre Teilhard de Chardin, ‹Pilger der Zukunft›, ‹Neue Reisebriefe›, Alber, 1959. Teilhard beschreibt in pittoresker Weise den Rahmen des Kolloquiums, eine Art prachtvollen Royaumonts: «*Auf dem Gipfel eines hohen Hügels, einen See beherrschend, in einem Ozean von rotgoldenen Ahornbäumen.*»

[56] Brief vom 5. Dezember 1954.

mit der er versuchte, Paul Fejos und Julian Huxley den Weg zu weisen, wie auch wirkungsvolle Symposien oder noch besser: einen seinen Anschauungen konformen permanenten Organismus, anzuregen. Doch kann man die Bedeutung der Teilhardschen Reform der Anthropologie nicht unterschätzen, die als Anthropogenese begriffen wird, die ihrerseits selbst als Weiterführung der Kosmogenese erscheint, – eine der schönsten Illustrationen für den Geist der Synthese, der beständig Teilhard beseelte. Von nun an würde eine Geschichte der Wissenschaften vom Menschen, die nicht zumindest einen Abschnitt dem Denken P. Teilhards widmete, mit Recht der gewollten Auslassung bezichtigt. Bereits jetzt [und ohne daß die analytischen Studien ebensowenig wie die Monographien oder die Einzelerklärungen im geringsten darunter leiden müßten] herrscht in der Wissenschaft vom Menschen in Zusammenhang mit der Wissenschaft von der Natur eine gewisse globale, organisch-synthetische Weise, die Einwurzelung und den wechselseitigen Zusammenhang der Phänomene ins Auge zu fassen, die für immer die Teilhardsche Prägung aufweisen wird[57].

[57] Im Anschluß an sein bewundernswertes Buch ‹Introduction aux Sciences humaines›, Publications de la Faculté des lettres de Strasbourg, 1960, Nr. 140, ist der große französische Philosoph Georges Gusdorf von der Unesco aufgefordert worden, ein ‹Projet de Recherche interdisciplinaire dans les Sciences humaines› [‹Projekt zur interdisziplinaren Forschung innerhalb der Humanwissenschaften›] vorzulegen [1961]; ohne irgendwie zu plagiieren, greift Gusdorf in angemessener Weise die Ideen P. Teilhards wieder auf.
Gusdorf wird bei dem Verlag Payot, Paris, dieses Werk in vier Bänden neu herausbringen und weiterentwickeln, und zwar unter dem allgemeinen Titel ‹Les Sciences humaines et la pensée occidentale› [T. I: ‹De l'histoire des sciences à l'histoire de la pensée›, 1966].
1963 wurde in Frankfurt am Main die Werner-Reimers-Stiftung gegründet, deren Hauptziel ist, die anthropogenetische Forschung zu fördern unter dem Leitgedanken, ein Gesamtbild des Menschen zu erarbeiten. Diese von Helmut de Terra geleitete Stiftung bemüht sich also, das Teilhardsche Projekt einer einheitlichen Wissenschaft von der Anthropogenese zu verwirklichen.

NEUNTES KAPITEL

DIE AMERIKANISCHE EPOCHE [1951–1955]: MYSTISCHES TESTAMENT

Die Zusammenhänge zwischen den anthropologischen und christologischen Überlegungen Teilhards sind evident. Ein Brief vom 28. April 1954 betont sie mit großer Energie:

B – «[...] da wir, wie feststeht, aus dem aristotelischen statischen Kosmos herausgedrängt und [durch das gesamte System der modernen Physik–Chemie–Biologie] in ein im Zustand der Kosmogenese befindliches Universum eingeführt werden, müssen wir von nun an unsere ganze Christologie in Termini der Christogenese neu denken [zur gleichen Zeit wie unsere ganze Anthropologie in Termini der Anthropogenese]. Und eine derartige Operation ist nicht die Angelegenheit einfacher, örtlich begrenzter Berichtigungen. Infolge der Einführung einer weiteren Dimension muß *alles* neu gegossen werden [so, wie wenn man in der Geometrie vom Kreis zur Kugel übergeht]. – Ein großartiges Bemühen, aus dem, das kann ich Ihnen garantieren, Christus wahrhaft triumphierend und als Retter der Anthropogenese emergiert.»

Wirklich, wer menschliche Ko-Reflexion sagt, sagt auch universelles Zentrum der Konvergenz und des Bewußtseins,

B – «wobei dieses Zentrum nicht gewissermaßen durch die auf dem Wege der Reflexion in sich selbst befindliche Energie *erzeugt* wird, – sondern ein Zentrum, das das erzeugende *Prinzip* [Beweger] eben dieser Reflexion bildet. Wirklich, das Phänomen der *dritten* Reflexion, – durch die „Omega“ sich in einem Universum reflektiert [„sich offenbart“], das *[durch Reflexion 1 und 2]*[1] fähig geworden ist, es zu reflektieren...»[2]

Omega nicht virtuelles, sondern wirkliches, bereits existierendes Zentrum. Aber nur ein genügend hoher Grad von Sozialisation macht die Menschheit fähig, es zu reflektieren. Weshalb wirklich? Keineswegs aus affektiven Gründen noch auch nur um rationale Erfordernisse zu befriedigen, sondern um den energetischen Erfordernissen zu gehorchen:

[1] d.h. die individuelle Reflexion und die kollektive Reflexion.

[2] Brief vom 16. September 1951.

B – «[...] Sie wissen auch, daß ich am Ursprung dieser dritten Reflexion[3] einen grundlegenden Platz dem einräume, was ich das [energetische] Erfordernis der Irreversibilität nenne: die Abwesenheit des Göttlichen [d.h. ein *totaler* Tod] scheint mir notwendig der auf die reflektierte Stufe gelangten Evolution „die Luft abzulassen“ [wenn ich so sagen darf].»[4]

Um unser evolutives Bemühen voll zu aktivieren, muß dieses Zentrum nicht nur «*einsichtig*», sondern auch «*liebenswert und liebend*» sein. Die Reform der Anthropologie bildet, so wichtig sie sein mag, also nur ein Prolegomenon zu der der Christologie.

Bevor wir letztere darlegen, dürfte es gut sein, daran zu erinnern, in welcher religiöser Atmosphäre Teilhard gelebt hat und welcherart seine Beziehungen zu Rom waren. P. Teilhard scheint einige Vorbehalte seinen Glaubensgenossen jenseits des Atlantiks gegenüber gemacht zu haben:

B – «Wie kommt es, daß der Katholizismus so viel Mühe hat, aus der „Sekte“ herauszutreten und aus seinen Gläubigen die aktivsten Wirkkräfte einer Hominisation zu machen, die das notwendige Vorspiel jeder „Christifikation“ ist? Mit anderen Worten, wie ist es möglich, daß in neun von zehn Fällen der gläubige Christ menschlich ein „Skeptiker“ ist? ... Das ist das große Ärgernis der Gentiles [...].»[5]

Das ist der allgemeine Vorwurf, den Teilhard den amerikanischen Katholiken macht. Daß sie nicht immer sehr evolviert sind, beweist die Bemerkung eines braven Redemptoristen über die fliegenden Untertassen[6]:

B – «Wenn diese vernünftigen Wesen [Passagiere der Untertassen] der Erbsünde entgangen sind, d.h., wenn sie die Unsterblichkeit des Leibes besitzen sollten, deren sich Adam und Eva erfreuten, würde es für unsere Piloten närrisch sein, zu versuchen, sie zu töten! Sie würden untötbar sein.»

... SALVA CARITATE, man möchte annehmen, daß es sich um einen Theologenwitz handelt.

[3] d.h. der Offenbarung, im weitesten Sinne des Wortes.

[4] Brief vom 17. September 1952.

[5] Brief vom 10. Januar 1953.

[6] Erschienen im ‹Time Magazine› vom 15. August 1952 und zitiert im Postskriptum des Briefes vom 9. September 1952.

Immerhin darf man nicht dramatisieren und noch weniger übertrieben ironisieren. Teilhard war für den Mangel an Reife der amerikanischen Katholiken empfindlich, doch letztere folgten ganz unvermeidlich den Schwankungen der Politik der Vereinigten Staaten. Und außerdem stellt die Kirche Frankreichs einen Sonderfall dar. Wie sehr richtig ein Artikel des ‹Bulletin Saint-Louis des Français›[7] aufzeigt:

W – «Die auf dem Marsch befindliche Kirche Frankreichs ist von einer hellsichtigen und loyalen Schau der wahren Situation ausgegangen [...]. Die Kirche Frankreichs ist die erste gewesen, sich in einer positiven und konkreten Weise dieser Art bewußt zu werden [...]. Indem sie sich vom täuschenden Anschein frei machte, die Illusionen hinwegfegte, die Starre abschüttelte, hat die Kirche Frankreichs vielleicht sogenannte katholische Länder erstaunt, und sie erstaunt sie weiterhin [...], und jetzt, wenn die Jugend der Kirche Frankreichs mit ihrer Ungeduld und ihren Unvorsichtigkeiten einen traditionellen und überalterten Katholizismus überrascht, der mit seinen alten Herrlichkeiten geschmückt ist, die jedoch einen müden und schwachen Körper bedecken und verbergen, der unfähig ist, die Gegenwart voll zu leben und ohne Unruhe und Angst in die Zukunft zu blicken, diese Jugend der Kirche Frankreichs ist ein Stimulans für viele, die beginnen, sich über den Wert ihres Katholizismus und seine Wirksamkeit Fragen zu stellen.»

Als hervorragender und wagemutiger Vertreter einer Kirche, die selbst ihren Platz an der Spitze hat, konnte P. Teilhard sich nur bei seinen französischen Freunden wirklich wohl fühlen.

Zu Beginn bemüht er sich vor allem, in den Hintergrund zu treten:

B – «Mit den Patres hier habe ich erst sehr wenige auch nur etwas persönliche Kontakte. Doch das wird vielleicht kommen. Auf jeden Fall ist man freundlich; und ich versuche, freundlich zu sein [...] und vor allem nicht lästig zu fallen [wie im Regiment: nicht auffallen].»[8]

Doch die Situation wird, so scheint es, rasch besser:

B – «Bin neulich abends zur ‹America›[9] zum Abendessen ge-

[7] 11. Jahrgang [1956], Nr. 6, S. 17 [veröffentlicht in Lissabon].

[8] Brief vom 13. Januar 1952.

[9] Amerikanische Jesuitenzeitschrift, das Gegenstück zu den ‹Études› oder den ‹Stimmen der Zeit›.

gangen, wo das neue Team [...] mich *sehr* freundlich empfangen und im übrigen einen ausgezeichneten Eindruck auf mich gemacht hat.»[10]

Ein günstiges Zeichen: um den 28. Februar/1. März 1953 lädt die Fordham University[11] ihn ein, an einer offiziösen Diskussion über den gegenwärtigen Zustand der Idee der Evolution in der Wissenschaft teilzunehmen[12]. P. Teilhard konnte sich gleichfalls zu seinem Oberen von New York, dem Rektor der Saint Ignatius Loyola Residence, Park Avenue, nur beglückwünschen.

Interessanter sind seine Beziehungen zu Rom. Soweit man die Wahrheit erahnen kann, läßt sich nacheinander eine Zeit der Entspannung und eine Zeit der Spannung unterscheiden. Einer der Gründe, die ihn gedrängt hatten, sich 1951 nach Afrika zu begeben, war der Wunsch, gewisse Geister zu beruhigen. Schließlich wurde ihm ein großer Trost zuteil:

B – «Einen äußerst freundlichen und verständnisvollen Brief von meinem Provinzial [...] erhalten. Das erstemal, daß ein Oberer mich bittet, frei und konstruktiv mit ihm gemeinsam zu denken... Derartige Gesten helfen mehr als alle Dekrete, um mich enger an den Orden zu bringen [...].»[13]

Noch kein grünes Licht in Richtung Paris für ihn. Doch die Entspannung wurde 1953 noch deutlicher:

B – «Ich verkehre in freundschaftlichstem Ton mit meinem Orden [sogar mit Rom].»[14]

1954 erhält er sogar die Erlaubnis, sich nach Paris zu begeben.

[10] Brief vom 10. Dezember 1951.

[11] Die berühmte Jesuitenuniversität in New York. Sie ist P. Teilhard gegenüber sehr positiv eingestellt geblieben und hat sogar ein *Human Energetics Research Institute* gegründet, das eines der aktivsten Teilhard-Studienzentren ist.

[12] P. Teilhard war vorher von den Kanadiern «vergessen» worden: «*Morgen jedoch [so glaube ich] werden sich die Leuchten der Universität Laval [Quebec] versammeln, um zu erfahren, ob sich „die Erde dreht“ [d. h. ob es eine Evolution gibt]. Aus Koketterie [oder um zu bluffen] hat man bekannte nichtkatholische Leute eingeladen – darunter Simpson [der mit einem Lächeln in seinem Spitzbart angenommen hat, „to see the dope“ ‹um sich den Schwindel anzusehen›]*» [Brief vom 29. September 1952]. – Gerechterweise muß man hinzufügen, daß das erste offizielle Symposium über P. Teilhard am 2. November 1956 in Montreal stattfand.

[13] Brief vom 21. August 1952.

[14] Brief vom 8. August 1953.

1954 Am 3. Juni 1954 verläßt er New York an Bord der «Flandre». Am 9. Juni ist er in Paris. Am 21. Juni unterhält er sich mit dem augustinischen und newmanschen Philosophen Jean Guitton über die Wahrscheinlichkeit einer Pluralität der belebten Welten:

W – «[...] Je mehr wir die Welt und die Möglichkeiten der Biosphäre vergrößern, um so disproportionierter [und also Gottes unwürdiger] erscheint es, daß derart viel an Energie, Materie und Verbindungen im unermeßlichen Universum für die gegenwärtige Menschheit allein vertan wird.»[15]

Am 28. Juni hält er im Haus der Gelehrtengesellschaften einen Vortrag über ‹Afrika und die menschlichen Ursprünge›. Große Versammlung, viele Jesuiten im schwarzen Anzug. Der Vortragsredner ist physisch gealtert. Doch ist sein Wort gewiß immer noch klar, der Plan immer noch fest, das Denken immer noch kraftvoll[16]. Doch ist die Art und Weise, wie er die Lichtbilder kommentiert, ziemlich mittelmäßig, und man spürt, daß der Pater verkrampft ist. Der Beifall ist nicht sehr stark[17]. Tatsächlich hatte man bereits begonnen, seine Anwesenheit zu kritisieren, und diese Kampagne schmerzte ihn sehr. Er war darüber hinaus ermüdet, von allzu vielen Besuchen und Begegnungen überbeansprucht.

Es ist überflüssig, die Chronik dieses Monats Juli und des Anfangs des Monats August zu schreiben, den er noch auf dem Boden Frankreichs verbrachte. Es waren ganz besonders unruhige Wochen: Kolloquium über den Tierinstinkt [Anfang Juli], Gespräche mit sehr verschiedenen Geistern, Untersuchung der fossilen, aus den Breccien von Angola stammenden Pavianschädel bei Arambourg im Museum, die beiden «white spots» waren der Aufenthalt in Lyon und Lascaux[18]. In Lyon begegnete Teilhard seinem Provinzial, der ihm Trost brachte und voller Verständnis war. Im Scholastikat der Montée de Fourvière nahm er sein Zimmer. Die sympathische Atmosphäre des Hauses – Rektor, Professoren, Scholastiker – gab P. Teilhard Frieden und Freude zurück, denn er wurde von allen geliebt und geachtet. Mehrere Scholastiker suchten ihn sogar auf, um die Teilhardsche Philosophie zu diskutieren. In Lyon äußerte er den

15 Jean Guitton, ‹Journal›, Paris, Plon, 1959, S. 235.

16 Es sollte bis zu seinem letzten Tage klar und kraftvoll bleiben.

17 Präzisieren wir dazu, daß seine Freunde nach dem Vortrag ihn sehr umdrängten.

18 Der treue P. Leroy brachte ihn im Auto hin.

Wunsch, den Familiensitz von Sarcenat wiederzusehen: Er bestand darauf, das Haus, den Park allein zu besuchen. Dann begab er sich zur Kirche von Orcines, wo alle Teilhards getauft worden sind. Quer durch den Wald hindurch über den schmalen Weg, den seine Mutter immer ging, kam er erschöpft, aber strahlend zurück. «*Ich werde nicht mehr nach Sarcenat zurückkommen*», vertraute er P. Leroy in dem Augenblick an, da er sich von seiner Schwägerin verabschiedete. Von dort aus wünschte er, Lascaux zu besuchen[19]. Die Wiege, die ersten Zeugnisse des Genies des Menschen, war das nicht ein letzter Kontakt mit der TERRA MATER?

Doch diese Entspannung war von kurzer Dauer. Am 5. August verläßt Teilhard Paris, um sich nach London zu begeben, wo er vom 6. bis zum 10.[20] verweilt und von wo er wieder in die Vereinigten Staaten fahren wird. Schmerzlicher Aufenthalt, denn er bildete eine Unterbrechung der Reise in das Land des Exils. Glücklicherweise vermochte Dr. René Loriot[21] ihm diese Londoner Tage zu erleichtern:

B – «Ich gehörte zu jenen, denen Teilhard viel Zuneigung schenkte, und zufällig bin ich vielleicht der letzte Franzose, der ihn vor seiner letzten Abreise in die Vereinigten Staaten gesehen hat. Meine Frau und ich haben in London sein letztes europäisches Mittagessen geteilt. Da ich sah, wie traurig er angesichts des Befehls war, in die Vereinigten Staaten zurückzukehren, wollte ich ihm ein Zeichen der Freundschaft geben und ihn spüren lassen, wie teuer er mir war. Ich sehe ihn noch auf dem Bürgersteig des „Strand" im August 1954, wie ich ihm ein letztes Mal die Hände drückte; es war schmerzlich, seine Traurigkeit zu sehen, und wir haben uns rasch getrennt.»[22]

Zweimal hat Teilhard seine Eindrücke von Frankreich zusammengefaßt:

B – «Ich bin von diesen bewegten Wochen in Paris – von dieser Vielfalt allzu rascher Kontakte – von diesem hectic[23] Rhythmus

[19] Lascaux war 1940 entdeckt worden. Der Pater hatte, wie es scheint, die Höhle noch nicht gesehen.

[20] Das Pech, Desmond Clark zu verfehlen, wurde durch die Freude ausgeglichen, Oakley zu begegnen.

[21] Schatzmeister des *World Congress of Faiths*.

[22] Brief an Claude Cuénot vom 6. Dezember 1956.

[23] hektisch, fieberhaft.

des Anknüpfens und Sich-Losreißens noch etwas verwirrt... Und doch bin ich on the whole von diesem neuen Kontakt mit Frankreich befriedigt [geklärt und gestärkt].»[24] – «Und von diesem allzu raschen Aufenthalt in Paris bleibt mir nur mehr ein Haufen von ein wenig chaotischen Eindrücken, aus denen sich nichtsdestoweniger eine gewisse Zahl von klaren oder geklärten Punkten herausstellt wie diese: 1. daß ich mich im Kern meiner selbst immer mehr berufen fühle, mein Leben [was mir von meinem Leben bleibt] der Entdeckung und dem Dienst des Christus Universalis zu weihen – und dies in absoluter Treue zur Kirche; 2. daß ich – zumindest in der unmittelbaren Zukunft – ganz entschieden im Schatten und in der Ferne arbeiten muß.»[25]

P. Teilhard erfuhr in New York noch schreckliche Augenblicke der Trostlosigkeit, er sehnte sich danach, Frankreich wiederzusehen, und sei es auch nur für einige Augenblicke; doch an Weihnachten 1954, als P. Leroy ihn in der großen amerikanischen Stadt wiedersah, war er sehr viel fröhlicher, gelassener, er trug sich mit großen Plänen und dachte an das nächste Symposium der *Wenner-Gren Foundation*. Doch mußte er leider noch eine andere Prüfung auf sich nehmen. Am 22. Dezember 1954 wird er, wie wir erfahren, offiziell von der Recherche scientifique[26] zu einem paläontologischen Kolloquium eingeladen, das Professor Jean Piveteau von der Sorbonne für April 1955 vorbereitete[27]. Wir hoffen also, daß er nach Paris kommt, doch einige Tage später schreibt er:

B – «Und auch einen Brief von Pater Ravier erhalten, äußerst freundschaftlich, rät mir jedoch davon ab, darum zu bitten, zum Kolloquium im April an der Sorbonne [Paläontologie] zu kommen – Kolloquium, zu dem mich Piveteau und die Recherche scientifique einluden.»[28]

Außerdem[29] wird ihm verboten, eine deutsche Übersetzung seiner Artikel in den ‹Études› veröffentlichen zu lassen. Dieses Verbot, an einem wissenschaftlichen Kolloquium teilzunehmen, ging nicht vor-

[24] Brief vom 26. August 1954.
[25] Brief vom 22. September 1954.
[26] *Wissenschaftliche Forschung*, eine wissenschaftliche Institution in Paris.
[27] Es handelt sich um den Internationalen paläontologischen Kongreß.
[28] Brief vom 1. März 1955.
[29] Vgl. den Brief vom 4. April 1955.

über, ohne bei den Pariser Freunden Teilhards eine gewisse Erregung zu verursachen... Pharisäismus[30]: Man ließ den Pater spüren, daß er in New York im Exil war, man wollte ihn vom Pariser Milieu, das am stärksten in Gärung steht und wo man seinen Einfluß fürchtete, abschneiden. Und doch wagte man nicht, öffentlich zu sagen, daß er exiliert sei, und tat so, als ließe man ihn um seiner wissenschaftlichen Arbeit willen nach New York gehen.

Allerdings ist die zweite Reaktion, die durch die Angelegenheit des Kolloquiums vom April 1955 geweckt wird, weit nuancierter. Zunächst darf man nie die schönen Bemerkungen P. Henri de Lubacs vergessen:

W – «Die Beschreibung dieser Erbärmlichkeit [der Kirche] in den Einzelheiten, die Ausbreitung dieser Wundstellen bringt unsere Kenntnis des Geheimnisses der Kirche in nichts weiter. Wir müssen diese Mühe also in dem Maß, wie ihre besondere Aufgabe das erfordert, sei es für die Vergangenheit den Historikern, sei es für die Gegenwart den Predigern, wenn sie es für nützlich halten, oder den Meinungsforschern oder den „Soziologen" oder den Reformatoren überlassen. Weit mehr noch den guten geistlichen Ratgebern, – die nicht die Gewohnheit haben, alles in die Öffentlichkeit herauszuschreien. Alles übrige wäre nur allzu leicht üble Nachrede und unüberlegte Kritik. Und dann sind wir die Kirche. Also auch ich. Mit welchem Recht stellte ich mich außerhalb des Bildes? Ich habe aber keinerlei Lust, ein öffentliches Bekenntnis abzulegen.»[31]

Vor allem aber braucht man nur die Korrespondenz P. Teilhards nachzulesen, um aus ihr eine Lehre für die Treue unserer Mutter Kirche gegenüber zu ziehen:

B – «Ich spüre immer, daß die Kirche für die Vollendung des Menschseins phyletisch wesentlich ist.»[32] – «Wie Sie wissen, erzeugt diese Situation in mir keinerlei Bitterkeit, sondern nur einen soliden Optimismus, der gerade eben auf die unermeßlichen und einzigartigen Möglichkeiten des Gottes des Evangeliums ge-

[30] Vgl. den Brief vom 26. September 1952: «*Ich leide letzten Endes nicht darunter, daß ich im Christentum beengt bin; vielmehr darunter, daß das Christentum momentan in den Händen derer beengt ist, die es offiziell in Händen haben. Dasselbe Problem, vor dem vor 2000 Jahren Jesus gestanden hatte...*»

[31] ‹Nouveaux Paradoxes›, Éd. du Seuil, S. 123.

[32] Brief vom 16. August 1951.

gründet ist.»[33] – «Recht begriffen, erweist das Christentum [und es allein] sich als fähig, die menschliche Energie *zutiefst* ***und*** *voll und ganz* zu wecken...»[34] – «[...] stellen Sie mich nicht als einen Geheimbündler und auch nicht als einen Verfolgten dar. Höchstens als einen Mann, der versucht, treuherzig auszusagen, was seiner Generation am Herzen liegt: nämlich das nicht zu unterdrückende Bedürfnis, die Wärme eines ultrapersonalen Gottes und die unermeßliche Organizität der phantastischen Kosmogenese, die sich derzeit unseren Augen enthüllt, zu retten und zu intensivieren, und zwar die eine durch die andere. – Tatsächlich fühle ich mich, je mehr ich mich dem Ende meines Lebens nähere, um so unauflösbarer an eine christliche Strömung gebunden, außerhalb deren ich keine vollständige Aufwertung [und vor allem keine mögliche Amorisation] für die, wie wir sie nennen, „Evolution" sehe.»[35]

Noch einmal, wenn Teilhard offen gesprochen hat, wenn er bis zum Ende für eine Form der Anbetung gekämpft hat, die den Bedürfnissen eines Menschen des 20. Jahrhunderts entspricht, so weil er zur Kirche gehörte. Der folgende grundlegende Text löst alle anscheinenden Widersprüche:

B – «Indes ist nur der hundertfach erprobten Grundlinie des Verhaltens weiter zu folgen: weiterkämpfen ohne Bitterkeit und mit unermeßlichem Vertrauen *von innen her* – nichts widersteht einer Liebe des immer größeren „christischen Phylums".»[36]

Und sagte nicht er zu P. Bergounioux: «*Wenn die Kirche fällt, ist alles verloren*»[37]? Und das Ergebnis ist ein großer Friede:

B – «Nichts wird den Menschen daran zu hindern vermögen, *im Höchstmaß anzubeten* [...]. In dieser Evidenz bewahre ich leicht den Frieden und finde ich sogar eine tiefe Freude.»[38]

Der Friede muß erobert werden. Es ist gesagt worden, ohne daß übrigens darin die geringste unfreundliche Absicht läge, Teilhard habe die Verfolgungen sehr gut auf sich genommen, er habe sich

[33] Brief vom 16. August 1951.

[34] Brief vom 15. November 1953.

[35] Brief vom 25. Januar 1955.

[36] Brief vom 14. März 1954.

[37] ‹L'âme sacerdotale du Père Teilhard de Chardin›, S. 11.

[38] Brief vom 20. Juni 1953.

absolut an alles angepaßt, er habe nicht unter den Schwierigkeiten gelitten, die ihm sein Orden verursachte, und das sei ihm einfach lästig und ärgerlich gewesen. Es stimmt, er nahm die Dinge so, wie sie kamen, und er erfreute sich einer sehr großen Anpassungsfähigkeit. Doch ohne ihn irgendwie als einen Märtyrer zu betrachten, litt er doch unter den Verfolgungen. Es gibt darüber ein formelles Zeugnis, das von P. Bergounioux:

W – «Die Prüfung, die sein schwerstes Kreuz war, lag darin, daß er nicht begriffen wurde, daß er verschrien, fast aufgegeben wurde. Welche Traurigkeit lag manchmal in seinem im allgemeinen so klaren, so vertrauenden Blick. Ich werde nie die letzten Worte vergessen, die er an mich richtete; ich war ihm im Februar 1953 in New York begegnet, und wir hatten lange Stunden damit verbracht, über sein einziges Problem zu diskutieren. Er war von einer köstlichen Heiterkeit; in dem Augenblick, da wir uns trennten, legte er seine Hände auf meine Schultern, beugte sich zu mir und [etwas, was er niemals getan hatte] küßte mich mit den Worten: „*Bete gut für mich, damit ich nicht verbittert sterbe.*" Ich verließ ihn bestürzt, und in dem Flugzeug, das mich nach Montreal brachte, rief ich mir all die immer diskreten, aber doch so ergreifenden, vertraulichen Aussagen ins Gedächtnis.»[39]

Leiden angesichts gewisser disziplinarer Starrheiten und auch Furcht vor dem Alter: All das ist durchaus wirklich, doch scheint es, wenn man noch etwas tiefer grübe, würde man den Tuff erreichen, einen geheimnisvollen Zustand, der aufgrund einer einzigartigen, sich bereits in der Jugend, wie es scheint, zeigenden Erwählung den Pater mit dem Christus der Agonie verband.

In dieser Atmosphäre, zugleich der Spannung und des Friedens, formulierte der Pater also den letzten Zustand seines religiösen Denkens. Um letzteres recht zu begreifen, wollen wir von denselben Prämissen wie P. Teilhard ausgehen. Zwei grundlegende Tatsachen regen sein Nachdenken an. Zunächst einmal stehen wir nicht mehr unter den Gesetzen des Kosmos, sondern der Kosmogenese. Die erste Pflicht des gelehrten Priesters ist also, die Evolution «zu christifizieren»:

B – «Die Angriffsfront ist bereits viel weiter, nicht mehr in der

[39] Op. cit., S. 7.

Existenz einer Evolution, sondern in dem, was ich „die Christifikation der Evolution“ [d.h. der Kosmogenese (...)] nenne.»[40] – Tatsächlich, «was immer man auch sagt, unser Jahrhundert ist religiös, – wahrscheinlich religiöser als alle anderen [und wie könnte es anders sein bei den Horizonten, die sich ihm enthüllen, und den Problemen, die sich stellen?]. Nur hat es noch nicht den Gott gefunden, den es anbeten könnte.»[41]

Die Tragik liegt darin, daß gerade eben die neuen Anbetungsbedürfnisse der Menschheit von einem neuen Glauben eingefangen wurden, dem Marxismus, der sich als die Religion der Evolution und der Menschheit darstellt, während er das Christentum anklagt, den Glauben an den Menschen zu lähmen:

B – «[...] die einzige Möglichkeit, den Kommunismus zu überwinden, liegt darin, Christus so darzustellen, wie Er sein muß: kein Opium [oder Derivativum], sondern wesentliche Triebkraft einer Hominisation, die sich energetisch nur in einer am Gipfel geöffneten und „amorisierten“ Welt vollenden kann.»[42] – «[...] was die Ansteckungskraft des Marxismus ausmacht, ist die [ungerechtfertigte] *Monopolisierung* des *Sinns für das Evolutive* [des menschlichen Sinns für die Art...] durch ihn.»[43]

Welche Schlußfolgerungen zieht Teilhard daraus? Zunächst das Aufgeben der Metaphysik der Wesenheiten, der traditionellen Ontologie:

B – «Sie haben sich mit Recht mit der Frage der „Wesenheiten“ befaßt. Doch begreifen Sie recht, daß es, da es sich von nun an für uns darum handelt, von einer „Metaphysik des Kosmos“ zu „einer Metaphysik der Kosmogenese“ zu gelangen – begreifen Sie recht, so sage ich, daß es nicht genau um die Frage geht, wie man den Begriff der *Fixiertheit* der Wesenheiten *bewahren*, sondern wie man ihn [in eine weitere Dimension] *transponieren* muß. In der Kosmogenese wird „essentia“ zu „Genese“. Fixiert ist also die *Richtung* – diese konstante Richtung geht ihrerseits mit einer *Akzentuierung* gewisser Charakteristika einher, – und diese Akzentuierung vollzieht sich *durch* gewisse *Stufen* oder Schwellen hin-

[40] Brief vom 7. Februar 1954.

[41] Brief vom 10. Dezember 1952.

[42] Brief vom 14. Oktober 1952.

[43] Brief vom 25. April 1954.

durch [die „essentiell" verschiedene Bereiche trennen: zum Beispiel das Vorlebendige und das Lebendige, das einfache Lebendige und das reflektierte Lebendige...: die Physik ist voller derartiger „Stufen"].»[44]

Enthalten diese wenigen Zeilen nicht in sich den Keim einer ganzen philosophischen Revolution von einer ebenso großen Tragweite wie jene, durch die der Existentialismus der Existenz den Vorrang vor der Essenz gab?

Die geniale Idee Teilhards, auf die wir bereits hingewiesen haben und die aus ihm den Apostel der Evolution, d.h. den Apostel der modernen Welt, machen sollte, ist sein Bemühen um die Synthese des transzendenten Gottes der traditionellen Theologie mit dem immanenten [und verborgenen] Gott der Religionen der Evolution:

B – «Wie ich gern sage, ist die Synthese des [christlichen] „Gottes" des Empor und des [marxistischen] „Gottes" des Voran gerade der einzige Gott, den wir von nun an „im Geiste und in der Wahrheit" anbeten können.»[45]

Wie wird diese Synthese vollzogen? Der folgende Text erscheint uns als der expliziteste:

B – «1. Wenn wir wirklich [wie mir unbestreitbar scheint] nicht unter der Norm des Kosmos, sondern der *Kosmogenese* stehen, kann der christliche Gott nichts anderes denn ein Gott der Kosmogenese sein – d.h. ein „Gott der Evolution".

2. Andererseits kann, wenn man [in Übereinstimmung mit der Erfahrung, wie ich behaupte] einräumt, daß die Kosmogenese wesentlich eine „Noogenese" ist [was sich aus dem Studium des „menschlichen Phänomens" ergibt], der Gott der Evolution die Evolution nur bis ans Ende beseelen [wie Er es seiner Definition nach zu tun vermögen muß], wenn Er superpersonal ist [wenn Er sich dem *reflektiert* gewordenen Bewußtsein superpersonal darstellt] – d.h. in höchster Weise liebt und liebenswert ist: und wir finden den christlichen Gott wieder.»[46]

Der Zusammenhang zwischen der Teilhardschen Energetik und dieser neuen Entdeckung Gottes ist ohne weiteres ersichtlich. Durch den Gott der Naturforscher wird der Dialog mit dem Marxismus

[44] Brief vom 18. Mai 1954.
[45] Brief vom Mai/Juni 1952.
[46] Brief vom 26. Januar 1954.

möglich, der nach P. Teilhard nicht radikal atheistisch ist und verborgen religiös bleibt. – Wiegte der Pater sich in irgendwelchen Illusionen? Zumindest haben die Tatsachen bewiesen, daß der christliche Evolutionismus P. Teilhards allein fähig ist, auf der theoretischen Ebene die Marxisten zu verwirren, wir meinen die denkenden Marxisten[47].

Dieser ganze Gedankenfluß mündet in die letzte große Synthese
1955 P. Teilhards, ‹Das Christische›[48] [März 1955], das ein kurzer Essay: ‹Der Gott der Evolution›[49], von dem wir hier den Schluß zitieren, bereits deutlich erahnen läßt:

W – «Es ist wohlgemerkt immer gefährlich, vorauszusagen und zu extrapolieren.

Wie soll man aber trotz allem unter den gegenwärtigen Umständen nicht dafürhalten, daß der schrittweise Aufstieg Christi im menschlichen Bewußtsein nicht mehr sehr lange weitergehen könnte, ohne daß in unserem Himmel sich das revolutionäre Ereignis der Konjunktion mit dem nunmehr voraussehbaren Zentrum einer irdischen Ko-Reflexion vollziehe [und allgemeiner mit dem angenommenen Zentrum aller Reflexion innerhalb des Universums]?

Da sie durch die Fortschritte der Hominisation immer enger zueinander gedrängt werden und infolge einer Grundidentität noch mehr zueinander hingezogen werden, schicken die beiden Omegas, ich wiederhole das [das der Erfahrung und das des Glaubens], sich mit Gewißheit an, aufeinander im menschlichen Bewußtsein zu reagieren und *sich* schließlich *zu synthetisieren:* das Kosmische ist im Begriffe, das Christische phantastisch auszuweiten; und das Christische ist im Begriffe [etwas Unwahrscheinliches!], das gesamte Kosmische ganz zu amorisieren [d.h. im Höchstmaße zu energifizieren].

[47] Es genügt, hier auf das Buch von Roger Garaudy ‹De l'anathème au dialogue. Un marxiste s'adresse au Concile› zu verweisen [Paris, Plon, 1965, 127 S., Coll. ‹Les Débats de notre temps›]. Während er durchaus seinen marxistischen Überzeugungen treu bleibt, hat der führende Marxist Garaudy seinen Marxismus im Lichte P. Teilhards von Grund auf neu gedacht. Hat er nicht seinen Zuhörern anvertraut, er habe sich bei der Lektüre des ‹Göttlichen Bereichs› so wohl gefühlt wie ein Fisch im Wasser? Damit sind wir weit von den atheistischen Museen entfernt.

[48] ‹Le Christique›.

[49] ‹Le Dieu de l'évolution›, 25. Oktober 1953.

Wahrlich ein unvermeidliches und „implosives“ Zusammentreffen, das wahrscheinlich zur Wirkung hat, morgen inmitten eines Stroms befreiter evolutiver Kraft Wissenschaft und Mystik miteinander zu verschweißen – um einen durch die Arbeit der Jahrhunderte, 2000 Jahre nach dem Bekenntnis Petri, endlich als den letzten Gipfel [d.h. als den einzig möglichen Gott] einer entschieden als eine Bewegung konvergenten Typs erkannten Evolution identifizierten Christus.

Das sehe ich voraus.

Und das erwarte ich.»

Die allgemeine Vorstellung ist folgende: Es gibt einerseits den Christus der christlichen Mystik, den «Vollender», den der heilige Paulus leidenschaftlich beschreibt. Auf der anderen Seite den kosmischen Pol, der von der modernen Wissenschaft postuliert wird und für unsere neuen Kenntnisse der Welt erforderlich ist, um die in Gang befindliche Evolution in ihrem Gipfel zu verknüpfen. Das Denken P. Teilhards geht dahin, daß es zwischen diesen beiden Polen eine Entsprechung, Gleichheit und letzten Endes eine grundlegende Identität gibt. Ihre zukünftige Koinzidenz, deren sich die Menschheit bewußt werden wird und die sich in der Parusie vollenden wird, wird Wissenschaft und Mystik miteinander verbünden und den beiden Polen erlauben, aufeinander einzuwirken, ihre Attribute auszutauschen, indem Christus kosmisch wird, während der christifizierte Kosmos Gegenstand der Liebe wird.

Die Schrift ‹Das Christische› ihrerseits kann als das geistige Testament, als die ULTIMA VERBA P. Teilhards angesehen werden:

W – «Vor langer Zeit bereits habe ich in ‹Die Messe über die Welt› und ‹Der Göttliche Bereich› versucht, angesichts dieser in mir erst kaum ausgeformten Perspektiven meine Bewunderung und mein Erstaunen festzuhalten.

Heute, nach vierzig Jahren dauernden Nachdenkens, spüre ich noch das Bedürfnis, genau dieselbe grundlegende Schau darzustellen und mitzuteilen in gereifterer Form – ein letztes Mal.

Und zwar mit weniger Frische und weniger überquellender Lebendigkeit im Ausdruck als im Augenblick der ersten Begegnung.

Jedoch immer noch mit demselben Erstaunen – und derselben Leidenschaft.»

Zwei vitale Hoffnungen: auf eine *kosmische Konvergenz* und auf eine *christische Emergenz:*

W – «Hier die unwiderstehliche Annäherung meines individuellen Denkens mit allem übrigen, was auf der Erde denkt – und folglich Schritt um Schritt mit allem, was, wo immer und in welchem Grade es geschehe, in den Unermeßlichkeiten der Zeit und des Raumes dabei ist, sich „anzuordnen".

Und dort die fortdauernde Individualisation, im Zentrum selbst meines kleinen *Ego*, eines Ultrazentrums des Denkens und des Tuns: in der Tiefe meines Bewußtseins der unaufhaltbare Aufstieg einer Art Anderen, der noch mehr ich wäre, als ich ich selbst bin.»[50]

Die Erfahrung des Teams, die jeder Gelehrte kennt, und das für jeden Schöpfer vitale Bedürfnis, ein *κτῆμα εἰς ἀεί*[51] zu erarbeiten, finden ihren Ausdruck in der Erfahrungsformulierung der Konvergenz des Universums:

W – «Experimentell in seinen äußersten Bereichen in Richtung des Unwahrscheinlichen beobachtet, *konvergiert das Universum in sich selbst...*

Meines Erachtens ist es unmöglich, richtig und voll Evolutionist zu sein, ohne diese „psychogene" Sammlung der Welt in sich selbst zu erkennen und einzuräumen.

Und es ist, so werde ich hinzufügen, unmöglich, zu der Wahrnehmung einer derartigen „zentripetalen" Form der Kosmogenese zu erwachen, ohne dahin geführt zu werden, anzuerkennen und zu entscheiden [aus zahlreichen sowohl physischen als psychologischen Gründen], daß das Universum notwendig in der Richtung, in der es sich in sich selbst einrollt [und nicht in der entgegengesetzten Richtung], zugleich Konsistenz und Wert gewinnt.

So erscheint und bekräftigt sich – während er die Welt verklärt, die er erhellt, erwärmt und festigt – ein *universeller Flux der Einswerdung und Irreversibilisation*, von dem wir umspült werden.»

Die Formel der christischen Emergenz ihrerseits faßt die wachsende Intimität P. Teilhards mit Christus zusammen[52]. Um eine Formu-

[50] Vgl. Augustinus: «INTERIOR INTIMUS MEO».

[51] KTÊMA EIS AÉI = ein Gut für immer.

[52] Wenn P. Teilhard im ‹Göttlichen Bereich› den unitiven Weg beschreibt, erahnt man, vor allem wenn man ‹Das mystische Milieu› noch einmal gelesen hat, mühe-

lierung von Théodore Monod zu übernehmen: Teilhard ist einer der sehr seltenen Gläubigen, von denen das Christentum wahrhaft «versucht» worden ist. Und aus diesem Grunde hat der große Ordensmann so tief darüber gesprochen:

W – «*Praktisch* strömt kein religiöser Glaube eine höhere Wärme, eine intensivere Dynamik der Einswerdung aus [und zu keinem Zeitpunkt der Geschichte hat irgendein anderer Glaube sie jemals ausgeströmt] wie das Christentum in diesem Augenblick [und zwar je katholischer es ist]. Und *theoretisch* ist es durchaus natürlich, daß es sich so verhält; denn in keinem anderen existierenden oder vergangenen Credo finden sich, um uns zu überzeugen und gefangenzunehmen, so „wunderbar" und wirksam die folgenden drei Charakteristika des inkarnierten christlichen Gottes miteinander verbunden:

a] Greifbarkeit in der experimentellen Ordnung, die auf die historische Einfügung [durch Geburt] Jesu Christi in den eigentlichen Prozeß der Evolution zurückgeht.

b] Ausweitbarkeit universeller Ordnung, die dem christischen Zentrum aufgrund der „Auferstehung" verliehen wird.

c] Schließlich Assimilationsvermögen organischer Ordnung, das potentiell die Totalität des Menschengeschlechts in die Einheit eines einzigen „Leibes" integriert.

[...]

Letzten Endes macht die unschlagbare Überlegenheit des *Christentums* über alle anderen Glaubensarten die Tatsache aus, daß es immer bewußter mit einer *Christogenese* identifiziert wird, d. h. mit dem kollektiv wahrgenommenen Aufstieg einer *gewissen universellen*, zugleich *unsterblich machenden und vereinigenden Gegenwart.*»

Eine einzigartige Komplementarität zwischen dem ‹Menschlichen Phänomen› und dem ‹Christischen›:

W – «Hier [im Falle des Christen] ein in Expansion befindliches Zentrum, das sich eine Sphäre sucht.
Und dort [im Menschlichen] eine auf dem Wege der Vertiefung befindliche Sphäre, die nach einem Zentrum ruft.»

los, daß er aus dem Wissen um die Sache spricht. Hat er nicht in der Zeit nach dem Zweiten Weltkrieg P. Pierre Leroy anvertraut: «*Jetzt, das darf ich Ihnen versichern, lebe ich in der beständigen Gegenwart Gottes*» [vgl. J. C., ‹Au Colloque de l'Unesco, Science et Synthèse› in ‹Le Monde›, 17. Dezember 1965, S. 13, Sp. 2].

Wie sollte zwischen der Anode und der Kathode der Funke nicht überspringen?:

W – «Denn schließlich wird, wie überzeugt wir auch sein mögen [...], daß ein höherer Pol der Ergänzung und Konsolidation [nennen wir ihn Omega] uns am oberen Zielpunkt der Hominisation erwartet, dieser Pol Omega letzten Endes nur durch Extrapolation erreicht; er bleibt konjektureller und postulierter Natur.

Ohne zu berücksichtigen, daß, selbst wenn er als „in seiner zukünftigen Existenz gewährleistet" anerkannt würde, er sich unserer Erwartung nur unter verschwommenen und nebelhaften Zügen darstellt, unter denen das Kollektive und das Virtuelle sich gefährlich mit dem Personalen und dem Wirklichen vermischen...

Was geschieht dagegen, wenn [...] unser Geist zunächst zu der Ahnung und dann zu der Evidenz erwacht, daß *der Christus der Offenbarung* nichts anderes denn *das Omega der Evolution* ist?

Dann vollendet und aktiviert sich mit demselben Schlage das erfahrbare Universum vor unseren Augen und für unser Herz endgültig.

Einerseits beginnt nämlich über uns ein *Ausgang* positiv am höchsten Punkt der Zukunft aufzuleuchten. In einer gewiß in ihrem Gipfel in Christo Jesu geöffneten Welt laufen wir also nicht mehr Gefahr, erstickt zu sterben.

Und andererseits, von diesen Höhen hinabsteigend, kommt nicht nur die Luft, sondern die Strahlung einer Liebe herab. Die Welt ist also nicht nur für ein zur Vorausschau der Zukunft erwachtes Leben atembar. Vielmehr enthüllt sie sich in ihrem evolutiven Gipfel als in Leidenschaft entfachender Weise anziehend.»

Und P. Teilhard bleibt trotz seiner Demut, trotz seiner intellektuellen Skrupel von dieser Schau des verheißenen Landes geblendet:

W – «Die Energie wird zur Gegenwart.

Und folglich enthüllt sich, eröffnet sich dem Menschen die Möglichkeit, nicht nur zu glauben und zu hoffen, sondern [etwas noch viel Unerwarteteres und Wertvolleres!] ko-extensiv und ko-organisch mit der ganzen Vergangenheit, Gegenwart und Zukunft eines auf dem Wege der Konzentration in sich selbst befindlichen Universums *zu lieben*...

Es möchte scheinen, ein einziger Strahl eines derartigen Lichtes, der, wo immer es sei, wie ein Funke auf die Noosphäre fällt, müsse eine genügend starke Explosion hervorrufen, um fast augenblicklich das Antlitz der Erde zu entflammen und zu erneuern.

Wie kommt es, daß, blicke ich noch ganz von dem, was mir erschienen ist, berauscht um mich, ich mich sozusagen als einzigen meiner Art vorfinde? Als einzigen, der gesehen hat?... Unfähig also, wenn man mich danach fragt, einen einzigen Autor, eine einzige Schrift zu zitieren, wo klar ausgesagt die wunderbare „Diaphanie" erkennbar wäre, die für meinen Blick alles verklärt hat?

[...]

Evidenz *der Kohärenz*, die dieses unsagbare Element [oder Milieu] in den tiefsten Tiefen meines Denkens und meines Herzens schafft [...].

Dann Evidenz der *Ansteckungskraft* einer Form der Liebe, in der es möglich wird, Gott „nicht nur mit seinem ganzen Leib und mit seiner ganzen Seele" zu lieben, sondern mit dem ganzen in Evolution befindlichen Universum [...].

Evidenz schließlich *der Überlegenheit* [wenn auch zur gleichen Zeit *der Identität*] dessen, was ich sehe in bezug auf das, was man mir beigebracht hatte [...].

Ein neuer Beweis dafür, daß es für die Wahrheit genug ist, ein einziges Mal in einem einzigen Geist aufzutauchen, damit nichts sie jemals mehr daran hindern könnte, alles zu erobern und alles zu entflammen.»

Man wird vielleicht sagen: Versuch einer Synthese, die über die Grenzen des menschlichen Verstandes hinausgeht. Tatsächlich handelt es sich um die Aussage der tiefsten und innigsten Überzeugung der Teilhardschen Seele, die Aussage einer gelebten mystischen Erfahrung, die die geringsten Einzelheiten eines priesterlichen Lebens, der Existenz eines Priesters durchtränkte, der ganz im Herrn Jesus lebte:

W – «DOMINE, FAC UT VIDEAM, UT TE VIDEAM, UT TE OMNIPRAESENTEM ET OMNI-ANIMANTEM VIDEAM ET SENTIAM[53] [...].

Jesus, hilf mir, die Wahrnehmung und die Aussage meiner Schau

[53] Herr, mach, daß ich *sehe*, daß ich *Dich* sehe, daß ich Dich *allgegenwärtig* und *allbeseelend* sehe und *fühle*.

zu vollenden – meiner Schau Deiner verborgenen und universellen Wesenheit, o Golden Glow[54]. Hilf mir, die Geste zu tun, das Wort zu finden, das Beispiel zu geben, das Dich am besten offenbaren wird – ohne Ärgernis zu erregen, ohne zu brechen – durch Konvergenz...»

Einheit und Diaphanie von sich zu sich und von sich zum Kosmos, Epiphanie des Christus Alpha und Omega, welches Gelingen in der Demut!

Aus dieser religiösen Haltung ergibt sich eine ganze Spiritualität der Forschung und der Arbeit[55]. Die Wissenschaft und die Technik besitzen nicht nur eine *unersetzliche* spiritualisierende Potenz und Funktion, vielmehr stellen sie in einer konvergenten Welt eine höhere Form der Anbetung dar. Der Glaube an einen [dieses Namens würdigen!] Gott kann den Menschen nicht zur «Passivität» neigen lassen. Und die Forschung aufwerten[56] heißt in allgemeinerer Weise die Arbeit preisen. Wie P. Teilhard sagt:

B – «Eine christliche Aufwertung der Arbeit erscheint mir nur voll möglich im Ausgang von einer Perspektive [Weltanschauung], die die Beziehung zwischen Anordnung der Materie und Christifikation aufzeigt – oder, wenn Ihnen das lieber ist, im Ausgang von einer gewissen, zwischen der Kosmogenese, Anthropogenese und Christogenese aufgewiesenen Beziehung.»[57]

Was ist die Arbeit, wenn nicht ein Bemühen, der Natur die menschlichen Normen aufzuzwingen, also die Erde zu vergeistigen, d.h. zu verchristlichen? Hatten wir nicht bereits, als wir von der gelben Kreuzfahrt sprachen, darauf hingewiesen, daß P. Teilhard den Arbeitersinn[58] hatte? Es ist also in keiner Weise erstaunlich, daß er, während er durchaus anerkannte, daß die Sache nicht einfach zu

[54] Die Glut mit goldenen Strahlen. Die Epiphanie war für P. Teilhard das Fest des Golden Glow, denn sie ist die erste wahrnehmbare Bekundung der Gottheit Jesu.

[55] Ist nicht die letzte Schrift P. Teilhards ‹Forschung, Arbeit und Anbetung› [März 1955, ‹Recherche, travail et adoration›] betitelt?

[56] Diese Spiritualität, dieses Feuer der Forschung, zu der P. Teilhard in so großem Maße beigetragen hat, liegt durchaus auf der Linie der Gesellschaft Jesu. Vgl. auch den schönen Artikel von P. Leroy ‹Moi qui suis Prêtre...› in ‹Études›, März 1954.

[57] Brief vom 9. Mai 1953.

[58] Seine aristokratische – ein Marxist würde sagen feudalistische – Herkunft hat ihn leider daran gehindert, sich den marxistischen Sinn für die politisch-soziale Entfremdung und den Klassenkampf anzueignen.

beurteilen war und sehr viele schlecht bekannte Seiten aufwies, über die schwierige Frage der Arbeiterpriester einige recht harte Wahrheiten ausgesprochen und dazu die letzte Schlußfolgerung gezogen hat. Wenn gewisse Arbeiterpriester sich vom Marxismus haben röten lassen, anstatt letzteren zu zerstäuben, so weil

B – «es immer größere Teile der Menschheit gibt [und zwar gerade die fortschrittlichsten], auf die das Christentum keinen Eindruck mehr macht, weil es *menschlich lau geworden ist*»[59].

URERE AUT URI[60], in diese kurze Formel faßt P. Teilhard die Entscheidung zusammen, die sich der Kirche heute aufzwingt.

[59] Brief vom 15. Januar 1954. – Man hält P. Teilhard manchmal für einen Vertreter des «Progressismus», d. h. einer Tendenz, die versucht, den Marxismus und das Christentum zur Synthese zu bringen. Teilhard hat tatsächlich versucht, die Ursachen des Kommunismus und seiner Fortschritte in dem, was am tiefsten an ihnen ist, zu analysieren, um seinen Irrtümern besser abzuhelfen. Er hat begriffen, daß man dem Marxismus ein Christentum entgegenstellen muß, das alle menschlichen Werte übernommen hat, um sie zu überhöhen und zu verklären [ohne sie aufzuheben] – eben jenes, das er seit ‹Die geistige Potenz der Materie› erahnt hatte. Doch hat Teilhard im eigentlichen Sinne nichts vom kommunistischen Ideal «übernommen». Auf der rein philosophischen und mystischen Ebene verfügte er über Besseres. Zu den Beziehungen zwischen marxistischem und Teilhardschem Denken vgl. C. Cuénot, ‹Teilhard et le marxisme› in ‹Europe› [Paris], März–April 1965, 43. Jahrgang, Nr. 431–432, S. 164–185; eine gründlichere Arbeit, die Dissertation von Pierre-Louis Mathieu, ‹Essai sur la pensée politique et économique de Teilhard de Chardin›, ist zur Zeit in Vorbereitung.

[60] Die Flamme tragen oder erleiden; vgl. den Brief vom 15. Juni 1953: «*Wenn das Christentum nicht die Spitze der Bewegung in allen Punkten einnimmt, wird eine neue Weltanschauung und eine neue Moral ohne uns aufgebaut werden. Und die Welt wird daran vielleicht sterben. Aber wir auch...*» – Wohlbemerkt, die Kirche wird als solche nicht zugrunde gehen können, und der von Walter Jens erdachte Mythos in ‹Die Welt der Angeklagten› kann nicht Wirklichkeit werden. Es wird immer eine Ecke guten Bodens geben, wo das Korn, d. h. das Wort Christi, keimen kann. Doch Millionen von Seelen laufen Gefahr, unter den Dornen zugrunde zu gehen: eine unerträgliche Perspektive.

ZEHNTES KAPITEL

OMEGA ODER DIE ENDGÜLTIGE SYNTHESE

Erinnern wir noch ein letztes Mal daran: Die Jahre von 1932 bis 1955 stellen tatsächlich nur eine gewaltige Periode dar, trotz der Einschnitte des äußeren Lebens und der unbestreitbaren inneren Entwicklungen. Es ist also an der Zeit, sich über das Ganze zu erheben, um einen Überblick jenseits des Details der Fakten zu gewinnen. Am 4. Dezember 1947 schrieb Teilhard:

> W – «Der große Wandel in meiner Schau seit 1927: Die Konjunktion Kosmos–Christus ist nicht mehr nur eine innere Freude und Fülle: *es ist die Neodynamis* [G+g][1] eines im Neuaufbruch stehenden Universums – d.h. nicht nur *Versöhnung*, sondern *Sprung* nach vorn [empor].»

Doch vor allem im ‹Herz der Materie›[2], dieser außergewöhnlichen intellektuellen und spirituellen Autobiographie, zieht Teilhard selbst die Bilanz der Zeit, die wir «Das Gold des Geistes» genannt haben:

> W – «Wenn ich heute die so treuherzig begeisterten Seiten des ‹Göttlichen Bereichs› nachlese, stelle ich erstaunt fest, wie sehr bereits zu dieser Zeit alle wesentlichen Grundzüge meiner christokosmischen Schau fixiert waren. Doch umgekehrt sehe ich überrascht, in welchem Maße zu dieser Zeit das Antlitz meines Universums noch verschwommen und fließend war.
>
> [...]
>
> Es sollte das Werk und die beständige Freude der folgenden zwanzig Jahre sein, zu sehen, wie sich – Schritt um Schritt und mit demselben Schritt – um mich herum die christische Dichte und die kosmische Dichte der Welt gegenseitig, die eine durch die andere, verstärkten, einer Welt, deren „kommunizierendes Vermögen" vor meinen Augen unaufhörlich zusammen mit dem „konvergenten Vermögen" aufstieg.
>
> [...]
>
> Das Herz des universalisierten Christus fällt mit einem Herzen der amorisierten[3] Materie zusammen.»

[1] G = Glaube an Gott; g = Glaube an den Menschen.

[2] ‹Le cœur de la matière› [1950].

[3] d.h. von Liebe durchtränkt.

Die große Entdeckung nach den dreißiger Jahren war die positive Erkenntnis eines kosmischen Zentrums der Evolution mit all den Konsequenzen, die der Begriff der kosmischen Konvergenz nach sich zieht: das Gesetz von Komplexität und Bewußtsein, Konfluenz der menschlichen Zweige, Existenz eines Punktes Omega an der Spitze der Noogenese, Neuaufbruch der menschlichen Evolution dank der von der Konjunktion Kosmos–Christus freigesetzten Energie, d.h. dank der Entdeckung des kosmischen Christus. Die Teilhardsche Schau des Kosmos ist also von nun an fest strukturiert, und das macht dank der Entdeckung einer eigenständigen Phänomenologie eines der Hauptcharakteristika dieser letzten großen Epoche aus. Einer der genialen Würfe des Paters war nämlich die Erarbeitung einer Apologetik für Biologen und Anthropologen. Eine Apologetik aber, selbst wenn sie, wie die P. Teilhards, eine Reihe von Glaubensakten vornimmt, die immer höher stehen und notwendig sind, damit die bewußt gewordene Evolution sich weiterhin nach vorne bewegt, eine Apologetik also setzt unausweichlich die Methode der Immanenz voraus, d.h., sie bemüht sich, Gott als bereits im Universum gegenwärtig zu zeigen, sofern die positive, angemessen interpretierte Wirklichkeit bereits vorchristlich oder perichristlich ist. Mit anderen Worten, auf dem Ton des Wirklichen hat der Bildhauer die Spur seines Daumens hinterlassen, so daß das Universum den Abdruck seines Gottes trägt. CAELI ENARRANT GLORIAM DEI. Es geht also für P. Teilhard darum, nicht mehr eine Metaphysik, eine Quelle des Widerspruchs – PHILOSOPHI CERTANT –[4], zu erarbeiten, sondern eine Art von «Ultraphysik», die so harmonisch wie möglich die Summe der positiven Erfahrungen des Gelehrten verknüpft. Die Schranke muß ohne jeden unangemessenen Rückgriff auf irgendeine Philosophie und ohne Verlassen des Bereichs der wissenschaftlichen Fakten überwunden werden. Es geht darum, den Sinn der Evolution, wenn es ihn gibt, zu entdecken. Teilhard erarbeitet seinerseits auch eine Phänomenologie, die aller-

[4] Wir hatten weiter oben auf die Bedeutung und den Fortbestand der Teilhardschen Metaphysik hingewiesen. Tatsächlich steht das nicht im Widerspruch zu den vorliegenden Ausführungen. Teilhard schrieb in seinem Brief vom 21. August 1952: *«[...] unsere alten Kategorien [Gegensätze] sind dabei [ohne daß es zu Verwirrungen käme], in der Atmosphäre der Kosmogenese zu weichen: Geist/Materie, Transzendenz/Immanenz, Phänomen/Sein...»*

dings wenig mit der Husserls und seiner Schüler und noch weniger mit der Hegels gemeinsam hat. Der philosophische Weg Teilhards ist das Gegenteil des reflexiven Weges wie etwa der Husserlschen Phänomenologie: Anstelle einer Reflexion über das Wiederaufnehmen der vor-objektiven Welt in die Reflexion des *Cogito* tritt ein Teilhaben an der objektiven Totalität, sofern sie als konstituiert gegeben ist. Die Phänomenologen Husserlscher Obödienz vergessen seiner Meinung nach, daß die Wissenschaft ein gemeinsamer Akt der Wahrnehmung ist, die Bekundung eines kollektiven Bewußtseins, und daß eines der wesentlichen Charakteristika des Phänomens ist, konvergent zu sein: Da er von einem ganz besonders geweckten Sinn für die universellen wechselseitigen Abhängigkeiten beseelt war, spürte Teilhard die Welt als ein Ganzes, und über die Gesamtheit der miteinander verbundenen Wesen und Phänomene hinaus erahnte er eine globale Wirklichkeit, die dadurch gekennzeichnet ist, daß sie notwendiger ist als irgendeines von den Einzeldingen, die sie einschließt, genauso wie das Organ weniger Wirklichkeit hat als der Organismus, der allein seine Existenz rechtfertigt.

Im Rahmen dieser gut strukturierten, von einer Energetik gekrönten Phänomenologie existieren die drei Komponenten des Teilhardschen Denkens, das «*Kosmische*», das «*Humane*» und das «*Christische*», immer noch, wenn man so will, weiter, doch leben sie von nun an in Symbiose, sie sind sozusagen aufeinander rückführbar oder auseinander ableitbar, oder auch man gelangt von einem zum anderen ohne Übergang in einer einzigen Bewegung, wie ein Schnellzug, der durch die Station hindurchfährt. Der Begriff des Christus-Universalis[5] hat die endgültige Synthese zwischen dem «*Kosmischen*» und dem «*Christischen*» bewirkt. Mit einem genialen Wurf ist der Pantheismus in einen Panchristismus – Gott alles in allem – aufgesogen und verklärt worden, der die menschlichen Personen rettet, während er sie gleichzeitig in Richtung eines «*Personal-Universalen*» des Christus-Omega konvergieren läßt. Doch diese Synthese zwischen dem «*Gott des Empor*» [der klassische, transzendente Gott] und dem «*Gott des Voran*» [der immanente Gott, dessen Antlitz in der Evolution erschienen ist] ist keine auf dem Papier stehende Synthese. Wenn Teilhard zunächst die kosmische Funktion Christi entdeckt

[5] Dieses Wort bezeichnet ganz einfach den Christus-König [den Pantokrator der Griechen].

hat, wäre diese Erklärung des Realismus der Inkarnation, so großartig sie auch sein mag, in den Augen eines Ungläubigen durchaus unnütz geblieben, wenn er, da er die Evolution als Phänomenologe studierte, nicht sozusagen die christische Funktion des Universums entdeckt hätte, nämlich diesen Aufstieg der Welt in Richtung des Christus-Königs wie der Ozean, der unter der Anziehung des Mondes aufschwillt. Das «*Humane*» seinerseits, dessen Natur und Funktion der Pater definiert hat, ist der erste bewußte Spiegel, durch den Gott sich im Universum reflektieren kann, das «*Humane*» ist das notwendige Band zwischen dem «*Kosmischen*» und dem «*Christischen*», da die Noosphäre das unumgängliche Stadium zwischen der Biosphäre und dem «*Ultrahumanen*» ist. Die Kosmogenese, die ihre Achse in der Anthropogenese hat, kulminiert in einer Christogenese.

In einem der letzten Briefe[6] Teilhards ist zu lesen:

B – «[...] Im Augenblick lasse ich mir im Anschluß an einen über meinen sehr großen Freund Auguste Valensin erschienenen Artikel verschwommen irgend etwas über „Humanismus und Humanismus" durch den Kopf gehen. Sogar P. Blanchet scheint in seinem bemerkenswerten Artikel der ‹Études› [über P. Valensin] den Humanismus nur „nach griechischer Art" [Platon, Renaissance] als ein ästhetisches Sich-Entfalten zu begreifen, während wir bereits in einen von der Überzeugung, daß es ein „Ultrahumanes" gibt, beherrschten [definierten] evolutiven Neohumanismus hineingenommen sind. Humanismus des altmodischen, überholten Kosmos, – der dabei ist, durch einen Humanismus der Kosmogenese[7] ersetzt zu werden [dem, so fürchte ich, tatsächlich Valensin fremd geblieben ist (...)].»

Das letzte Wort Teilhards scheint wohl eine auf einem dynamischen und progressiven Neohumanismus gegründete Mystik gewesen zu sein.

...Wir könnten hier stehenbleiben, nachdem wir uns bemüht haben, das erstaunliche und komplexe Spiel der Synthese zwischen den drei grundlegenden Komponenten ins Licht zu rücken. Doch P. Teilhard macht eben in ‹Das Herz der Materie› eine Anspielung auf einen an-

[6] 30. März 1955.

[7] «*Nicht nur der voll entfaltete Mensch [Griechen], sondern der voll evolvierte Mensch [wir]*» [Anm. Teilhards].

fänglichen Zündpunkt. Läßt sich die Teilhardsche Philosophie auf eine zentrale Auseinandersetzung, auf ein grundlegendes Thema zurückführen? Vielleicht, doch begeben wir uns hier in den Bereich der Hypothese. Es will uns scheinen, daß P. Teilhard für sich das Problem wieder aufgegriffen hatte, auf das Parmenides Antwort zu geben bemüht war: die Beziehungen des Einen und des Vielen[8]. Er erkennt das selbst in seiner ‹Skizze eines personalen Universums›[9] an:

W – «Pluralität und Einheit: das einzige Problem, auf das sich im Grunde die ganze Physik, die ganze Philosophie und die ganze Religion zurückführen lassen.»

Bereits im April 1923 schrieb er:

B – «Das große und einzige Problem – des Einen und des Vielfachen – ist bei mir im Begriffe, rasch die ein wenig zu metaphysischen Zonen zu verlassen, wohin ich es verlegt hatte und wo ich es zu lösen versuchte. In der realen Menschheit sehe ich klarer seine Dringlichkeit und seine Schwierigkeiten.»[10]

Wir wollen gleich betonen: P. Teilhard ist ein Mystiker, genauer, ein Kosmomystiker, wahrscheinlich einer der größten der universellen Mystik und der katholischen Kirche insbesondere. Die Mystik[11] besteht wesentlich darin, sich von aller Vielheit zu befreien und nichts mehr außerhalb des Milieus, in dem alles nur eins ist, sehen oder atmen zu können. Wenn Teilhard sehr zu Recht zwei Klassen von Geistern unterscheidet, die Pluralisten [die das Bedürfnis, über die Wahrnehmung des Vielen hinaus zu gelangen, weder

[8] Des Vielen oder der Vielheit oder auch des teilhabenden Seins im Gegensatz zum ENS A SE.

[9] ‹Esquisse d'un univers personnel›, 1936, in Pierre Teilhard de Chardin, ‹Œuvres›, Paris, Éd. du Seuil, T. VI, S. 73.

[10] ‹Geheimnis und Verheißung der Erde›, S. 21. Man könnte die Verweise vermehren: «*Je weiter ich komme, um so mehr denke ich, daß die einzige Wissenschaft – jene, die sich inmitten all der Schwächen und all der Unwissenheit erwerben läßt – die Schau der Einheit im Werden unter und aufgrund der inkohärenten Vielheit der Dinge ist*» [Brief vom 27. Mai 1923]. – «*[...] ich bin seit einigen Monaten dahin gelangt, eine Art Skizze der großen, von der Mystik versuchten Wege aufzuzeichnen, um zu einer Lösung des intellektuellen und geistigen Grundproblems zu kommen: „Wie das Viele erklären und dann überwinden und zur Einheit gelangen?“*» [Brief vom 22. Mai 1932].

[11] Wir sprechen von «natürlicher» Mystik. Im «religiösen» Sinne ist die Mystik Vereinigung mit Gott, die durch die verschiedenen Fähigkeiten des Menschen erfahren wird.

überwinden noch spüren] und die Monisten, für die die Wahrnehmung desselben Vielen sich notwendig in irgendeiner Einheit vollendet, stellt er sich von vorneherein in die zweite Kategorie und ist der ersten gegenüber sehr hart, indem er sie einer Weigerung gleichstellt, zu sehen und zu erklären. Bereits in der ersten Blüte des Teilhardschen Genies, d.h. während des Krieges 1914–1918, schreibt er, als wäre er von der entmutigenden Vielheit der Menschen angefallen, einen Essay mit dem bezeichnenden Titel ‹Der Kampf gegen die Vielheit›[12]. Diese gärende Vielheit, deren Unermeßlichkeit ihn erschreckt, bringt Unruhe in sein Herz. In seinen Augen ist die Vielheit eine Macht der Zerstreuung, also der Vernichtung. Nicht die Vermehrung vergrößert die Dinge. Ihm, der die Welt aufmerksam betrachtet, verursacht die «*Pulverulenz*» der Seienden eine dauernde Enttäuschung, denn die Monaden sind bis jetzt in beklagenswerter Weise trennbar, einander äußerlich und indifferent. Teilhard bekennt sogar eine instinktive Feindschaft gegenüber dem gemeinen Mann unter denen, die der Herr zu lieben befiehlt[13]. Der Plural ist das X des Denkers, und für alle Menschen ist die Pluralität die offensichtlichste Mühsal. Pascal erschrak vor dem ewigen

[12] Vgl. die ‹Von P. Pierre Teilhard de Chardin gehaltene Ansprache anläßlich der Trauung von Herrn und Frau de la Goublaye de Ménorval› [15.Juni 1935] [‹Allocution prononcée par le R. P. Pierre Teilhard de Chardin à l'occasion de la bénédiction nuptiale de Monsieur et Madame de la Goublaye de Ménorval...›]: «*Einheit: vielleicht ein abstrakter Ausdruck, in dem sich die Philosophen gefallen; doch vor allem eine ganz konkrete Eigenschaft, mit der wir alle unsere Werke und die Welt um uns herum zu schmücken träumen [...]. Glück, Macht, Reichtum, Weisheit, Heiligkeit: alles Synonyme eines Sieges über die Vielheit. Im Grund träumt jedes Sein der Schöpfung von dem Prinzip, das eines Tages seine zerstreuten Schätze organisieren [d.h. organisch ordnen] wird. Gott ist Einheit. Mit welcher Geste aber diese göttliche Einheit anstreben und erreichen? [...] Ihr habt Euch für die Einheit der Vereinigung entschieden [...]. Die wahrhafte Vereinigung differenziert in eben dem Maße, wie sie annähert. Sie ist ein unaufhörliches Entdecken und ein dauerndes Erobern.*»

[13] «*Das grundlegende Hindernis für die Liebe ist nämlich die Vielheit*» [‹Les fondements et le fond de l'idée d'évolution›, Himmelfahrt 1926, in ‹La Vision du passé›, Éd. du Seuil, S. 192] [deutsch: ‹Die Grundlagen und der Kern des Evolutionsgedankens› in ‹Schau in die Vergangenheit›, S. 171, Walter, 1965; vgl. auch ‹Le Milieu divin›, Éd. du Seuil, S. 184/85, deutsch: ‹Der Göttliche Bereich›, S. 178]. Teilhard weiß sehr wohl, daß die Nächstenliebe keine affektive Regung, sondern ein aus Verpflichtung erworbener Habitus der Seele ist. Hätte Teilhard nicht diesen Widerwillen gekannt, den jeder von uns seinem Etagennachbarn gegenüber nachempfinden kann, hätte er sich dem Andern nicht wirklich gestellt; er hätte mit Begriffen jongliert. Weit

Schweigen der unendlichen Räume; der Pater spürte über sich die wesentliche Trostlosigkeit des im Universum, d.h. in der erschrekkenden Menge der Atome, verlorenen Atoms.

Darf man sich wundern, daß er einen Augenblick lang die Versuchung verspürte, die Straße des Ostens einzuschlagen, d.h. die Straße Indiens, wo die mystische Einheit durch unmittelbare Unterdrückung des Vielen sichtbar wird und erzielt wird, d.h. durch Erschlaffung des kosmischen Bemühens um Differenzierung in uns und um uns? Doch sehr schnell schlägt er wieder die Straße des Westens ein, für die das Eine aus dem Vielen entsteht.

Christus wird siegreich über die anfängliche Vielheit der Leiber und der Seelen sein, denn Er gibt uns dieses unwiderstehliche und heiligende Verlangen ein, das uns alle, vom Gottlosesten bis zum Gläubigsten, rufen läßt: «Herr, mache uns eins!» Der glorreiche Christus offenbart sich, wie wir gesehen haben, den Augen P. Teilhards als das blendende Zentrum, in dem sich die zahllosen Fasern des Vielen verbinden, die Er durch seine Allgegenwart belebt. Damit gewinnt diese bedrückende Vielheit einen einzigartigen Wert, denn durch sie belagert das Göttliche uns, gleitet der Geist Gottes überall ein und arbeitet in allen Bereichen. Wie könnte ohne die Menge der demütigsten Wurzeln der große Baum Gottes die Säfte aus der Erde herausziehen? Die konkrete Unermeßlichkeit des Universums erlaubte, Gott zu erfahren und zu berühren, und die Sonne spiegelt sich in gleicher Weise in allen Splittern eines zerbrochenen Spiegels. Wer wird also der Menschheit die unermeßliche geistige Macht offenbaren, die am Grunde unserer Vielheit dahindämmert? Sie ist zunächst die Mannigfaltigkeit einander ergänzender Gesichtspunkte, die Vielheit tastender Bemühungen, suchender Antennen. Jenseits aber dieser Mannigfaltigkeit läßt der Sinn für die Erde, indem er jedem offenbart, daß ein Teil seiner selbst in den anderen existiert, gerade eben in der Masse der Lebenden ein Prinzip universeller und neuer Zuneigung sichtbar werden: die Lust und die Hingabe des Elements zum Element im Herzen der im Fortschritt befindlichen Welt selbst, denn in einer Welt, in der, sagen wir das noch einmal, die Kosmogenese, deren Achse die Anthropogenese ist, in einer

davon entfernt, von der Empfindungslosigkeit Teilhards zu sprechen, bekundet dieser Text des ‹Göttlichen Bereichs› im Gegenteil seine extreme Sensibilität und seine unerbittliche Selbstforderung, die nicht mit sich selbst mogelt.

Christogenese kulminiert, leuchtet jedes Element auf und wird in anbetungswürdiger Weise liebenswert, nicht direkt in sich, aber tiefer als es, d.h. am äußersten und einzigen Zielpunkt seiner Entwicklung.

Ebenso wie der Begriff der Noosphäre unaufhörlich an Präzision gewonnen hat, hat auch der scharfe und meditative Geist Teilhards unermüdlich die Beziehungen des Einen zum Vielen vertieft. In der Bewegung der Konvergenz, die alle Dinge solidarisch macht, hört das letztere auf, sich ersterem entgegenzustellen, denn das Eine entsteht aus der Konzentration des Vielen, und diese Konvergenz verwirklicht sich in Schritten, denn das evolutive Faktum erinnert uns daran, daß die Hauptbewegung des Wirklichen eine Synthese ist, in deren Verlauf der Plural sich in immer komplexeren und organisierteren Formen auf allen aufeinander folgenden Stufen des Bewußtseins bekundet, – eine neue Pluralität bildet sich heraus, um eine höhere Synthese zu ermöglichen. Die Synthese aber sublimiert die Elemente, ohne sie zu vernichten: Eines der grundlegenden Themen Teilhards, das er unaufhörlich wieder aufgreift, lautet: Die Vereinigung differenziert, denn das Christentum rettet das wesentliche Streben aller Mystik, sich zu vereinigen [d.h. der Andere zu werden], indem man selbst bleibt[14], und wir können uns in Gott nur verlieren, indem wir die individuellsten Bestimmungen des Seins über sie selbst hinaus weiterführen. Nicht nur synthetisiert die Konvergenz das Eine und die Vielheit, vielmehr ultrapersonalisiert auch die Liebe, indem sie vereint. So werden in einem höchsten, letzten Gelingen der Teilhardschen Fähigkeit zur Synthese nicht nur das Eine und das Viele in einer evolutiven Bewegung der Konvergenz, der Personalisation und der Ultrapersonalisation synthetisiert, vielmehr hat P. Teilhard es auch verstanden, mit seiner Kosmomystik die Imperative der orthodoxesten Mystik zu versöhnen. Das war das Wesentlichste seines geistigen Lebens, dieses Lebens eines Mannes, der mit Recht schreiben durfte:

> W – «Das ganze Abenteuer meiner inneren Existenz... Ein großes und herrliches Abenteuer.»[15]

[14] Genauer: in einem individuellen Zuwachs an Personalisation.

[15] ‹Le cœur de la matière›, S. 25 [‹Das Herz der Materie›].

SECHSTER TEIL
DIE METAMORPHOSE

ERSTES UND EINZIGES KAPITEL
O BEATA ALTITUDO! –
«ICH GEHE ZU DEM, DER KOMMT»

O BEATA ALTITUDO!

Bevor wir uns für immer von P. Teilhard trennen, möchte ich versuchen, ein letztes Mal sein Bild zu beschwören, wie es für immer in meinem Gedächtnis eingegraben bleibt.
Ein frommes Hauptquartier – eine weiße, frisch gestrichene Fassade mit mehreren Stockwerken in einem wohlhabenden und ruhigen Viertel. Mit klopfendem Herzen – ich bin immer erregt, wenn ich ihn besuche – gehe ich an dem verglasten Käfig vorbei, eine Art von Aquarium, wo ein alter Pförtner mit einem schwarzen Käppchen ungewisse Bewegungen andeutet, außer wenn ihn das Telefon erstarren läßt. Eine nach Wachs riechende Treppe, eine kleine Klausurschranke, die in keiner Weise symbolisch ist, denn die Hauptquartiere sind keine Marktplätze. Alles ist klerikal, unpersönlich und gründlich entstaubt. Ich komme an einer Reihe von Türen mit Namen und dem unvermeidlichen, mit dem Stecker und dem Kettchen ausgerüsteten Täfelchen vorbei. Ich klopfe an und trete in ein Zimmer, das ebenso unpersönlich ist wie alles übrige: Eine blitzende Sauberkeit herrscht triumphierend über die dunklen Möbel und die vergilbten Tapeten. Ein gepolsterter Betstuhl, ein Kruzifix. Ein kleines Radio spielt leise einen Auszug aus Parzival. Alles ist mehr oder weniger mit Papieren, Büchern bedeckt, darunter einige englische Romane mit dem bunten Rücken der Penguin-Reihe. Einer Schreibmaschine ist es gelungen, sich auf dem Schreibtisch ihren notwendigen Lebensraum zu schaffen: Teilhard hat offensichtlich seine Arbeitsmethoden beibehalten, einige hingeworfene Notizen [einfache Fetzen von Sätzen], dann eine erste, sehr stark gestrichene Niederschrift mit einem Bleistift, wobei er eine Glasplatte als Unterlage benutzt[1], dann eine maschinengeschriebene Abfassung, die schließlich durch handgeschriebene Anmerkungen ergänzt und mit jenen geometrischen Figuren ausgeschmückt wurde, mit denen der

[1] Im allgemeinen bewahrt er seine Entwürfe selten auf, er mißt nur seinen Ideen Bedeutung bei. Das Gegenteil gilt für Romain Rolland, der, von seiner Geisteshaltung des Historikers getrieben, alles aufbewahrte.

Pater, ein ausgesprochen visueller Typ, die abstraktesten Ideen schematisierte[2].

In meinen Notizen finde ich folgende Angaben, die ich in ihrer Banalität wiedergebe:

W – «Groß[3], hager, weiße, etwas dünn gesäte Haare, hellgraue Augen[4], Scheitel links, Adlernase.»

Und vor meinen Augen wird das inniggeliebte Gesicht mit seinem sehr langen Oval und seinen tiefen Falten wieder lebendig, – drei Falten quer über die Stirn, andere in Form eines sehr spitzwinkligen V krümmen sich in die Wangen und graben sich in sie ein, die drei geringfügigen Keratome, von denen er eines auf der linken Wange und die anderen über und unter dem linken Auge hatte, der Mund, dessen Schmalheit von dem gütigen und klugen Blick neutralisiert wird, der schalkhaft über die beiden Halbgläser des Kneifers blinzelt. Die Stimme ist aristokratisch, warm, wohlklingend und nuanciert[5]. Diese Stimme, die wir nie mehr hören werden und die nur auf amerikanischen Schallplatten festgehalten ist. Diesmal trägt der Priester Pierre Teilhard de Chardin die kanadische Soutane[6] mit dem unvermeidlichen runden Kragen, unter dem er nicht zu leiden scheint. Der Leib scheint kaum geschwächt. Von der doppelten Warnung von 1947 und 1949 ist etwas Nervosität, eine gewisse Beklemmung zurückgeblieben, die kardiologischen Ursprungs ist[7]. Doch das Genie ist in keiner Weise angegriffen worden, und die Seele bleibt auf dem Höhepunkt ihrer geistigen Entfaltung unversehrt. Bevor wir ihn für immer verlassen, wollen wir uns bemühen, uns bis in die Tiefen unseres Gedächtnisses mit dieser unauflöslich

[2] Häufig machte er im Laufe seiner Diskussionen auf kleinen Zetteln mit dem Bleistift kurze Notizen. – Auf diese erste Niederschrift mit der Maschine folgte im allgemeinen eine zweite, sehr viel weniger korrigierte Niederschrift.

[3] Angabe des letzten Passes: Größe: 1,81 m.

[4] Angabe des letzten Passes: Farbe der Augen: graublau. Ein glaubwürdiger Zeuge sah sie braun mit einer unermeßlichen Tiefe. Es ist möglich, daß die Farbe der Augen entsprechend der Beleuchtung oder der Jahreszeit wechselte, denn der Wehrpaß erwähnt 1919: Augen braun, Haare dunkelblond.

[5] Vgl. ‹Synthèses›, Mai-Juni 1955, S. 30: «In seiner Stimme lag nichts Salbungsvolles, vielmehr hatte sie einen wenn auch leicht gedämpften Wohlklang, wie man ihn bei den Italienern der Lombardei findet.»

[6] Als kleines Kind hatte er dieses Gewand wegen seiner dunklen Farbe nicht gern, und er wechselte sogar den Bürgersteig, wenn er einen Priester in Soutane sah.

[7] Er hat heftige Diskussionen immer verabscheut.

menschlichen und übernatürlichen Gegenwart zu durchtränken. Wir hatten sein Bild beschworen, wie er auf dem «Piraten» segelte. Auf den ersten Blick finden wir fast einen anderen Mann wieder: Sein Lächeln ist feiner und beherrschter geworden. Ja, so ein rauher Lanzenbrecher er auch geblieben sein mag, wie groß auch die Unabhängigkeit des Denkens sein mag, die er wider und gegen alles bewahrt hat[8], er macht einen «klerikaleren» Eindruck. Nein! Er hat das schöne Licht seiner Augen, diese tiefe Güte bewahrt, durch die er sich von gewissen Mitgliedern des Klerus unterschied. Doch dieses Bild ist der Widerschein einer triumphierenden Unterwerfung, die ihm einen außergewöhnlichen Wert verleiht, – wenn mir die Hagiographie nicht zuwider wäre, möchte ich fast sagen: eine Vor-Seligkeit.
Niemand ist ein großer Mann vor seinem Diener. P. Teilhard blieb trotz seiner Einfachheit für seine engen Freunde ein großer Mann. Er hat Sinn für Humor: Einer seiner alten Freunde erlaubte sich eines Tages den Spaß, in einer bereits sehr alten Nummer einer Zeitschrift einen Aufsatz von ihm wiederzufinden..., in dem er die Evolution heftig bekämpfte[9]. Der Galilei der Kosmogenese lachte als erster über diese Jugendsünde. Er ist ein Mann von Welt, ein Aristokrat, «a fine Gentleman», doch bedient er sich nicht seines Charmes, denn er hat den Sinn für die notwendige Zurückhaltung. Er flieht nicht die Welt, in der er sich wohl fühlt unter seinesgleichen, er versteht als Grandseigneur zu empfangen, doch ist er nicht mondän. Übrigens raucht er nicht mehr[10], und seine Nüchternheit zeugt von seiner Selbstbeherrschung[11].
Die ihm nahekommen, erkennen mühelos eine außergewöhnlich schöpferische Intelligenz. Er hat seine Synthese geschaffen, und er ist zu einem vollen Bewußtsein seiner selbst gelangt. Er lebt zutiefst, zuinnerst seine Ideen, während er durchaus für die Welt und die Zukunft offen bleibt. Sicheres Urteil, kurze und treffende Formulie-

[8] Nicht gegen die vom Heiligen Geist beseelte Kirche! – Tatsächlich hat er das Privileg gehabt, jung zu bleiben, und angesichts jener Meditation über ein Zyklotron dürfte niemand wagen, als Epigraph ANTIQUAE VESTIGIA FLAMMAE zu schreiben. Wir finden immer, wie zahlreiche Anekdoten beweisen könnten, den Abenteurer Christi, dieselbe Freiheit der Kinder Gottes.

[9] In einem allerdings sehr besonderen Kontext, nämlich dem der religiösen Ethnologie.

[10] Selbstverständlich richtete er sich hierin nach den Vorschriften seines Arztes.

[11] Ein Zeuge hat ihn anläßlich eines «verlockenden» Empfangs bewundert.

rung. Er geht immer geradewegs auf das Wesentliche und besitzt immer die Gabe des Ausdrucks, des erhellenden Bildes. Wenn er auch energisch jede nutzlose Lektüre verwirft, bleibt er über alles auf dem laufenden. Da er sich niemals selbst betrachtete, scheint er sein Genie nicht zu bemerken. Er hält sich keineswegs für besser oder wichtiger als irgendeinen anderen. Einfach um einer Reihe akzidenteller Gründe willen – glückliche chromosomale Verbindung, Erziehung, Milieu – hält er seinen Fall für bezeichnend, und deswegen verdient er, festgehalten zu werden. Er spürt, daß ihm eine prophetische Gabe zu eigen ist. Kurz, er hatte das Glück, ein Mensch zu sein, der leidenschaftlich mit seiner Zeit lebte.

... Er hat mit seltener Schärfe die geistigen Bedürfnisse seiner Zeit erfahren, und doch entdeckt er sich gewissermaßen als einzigen seiner Art, als einzigen, der gesehen hat, der klar die wunderbare «Diaphanie» ausgesagt hat, die für seinen Blick alles verklärt hat. Ehrlich gesagt, er muß zumindest in der unmittelbaren Zukunft ganz entschieden im Dunkel und in der Ferne arbeiten. Wenige Menschen sind so ohne jeden Stolz. Er bekennt einfach: «*Ich kenne meine Fehler und meine Schwächen.*» Wenn er erklärt: «*Ich habe keinen anderen Ehrgeiz, als in die Fundamente dessen geworfen zu werden, was wachsen kann*», so meint er das durchaus ernst. Man versuche nicht, ihm zu schmeicheln: Er verachtet den Weihrauchduft und den Geschmack des Weihwassers, wenn es sich um leere Floskeln handelt. Im übrigen hören, wenn man diesen einfachen und den andern so natürlich überlegenen Priester sieht, die Komplimente spontan auf, selbst wenn sie wahr sind.

Er ist zunächst ein Apostel, der sein Leben der Entdeckung und dem Dienste Christi geweiht hat, der sich unaufhörlich neu der Berufung des «evangelizare» weiht: der Apostel der Evolution sein, die Kosmogenese in Christus einverleiben durch Christifizierung der Evolution. Wie ehedem ist sein großes Verlangen, sich dem Apostolat bei den Heiden und den Ungläubigen zu widmen. Da er intensiv an den Hoffnungen seiner Zeit teilhat, hat er sich zum Ziel gemacht, die Welt Christus zu geben, denn die moderne Welt kann nur durch Jesus Christus gerettet werden. Durch seine Kühnheit, durch die ansteckende Kraft seines Glaubens ist er eine Macht, die von dem Siege Christi zeugt, die den Eindruck erweckt, eine gerettete Seele zu sein, die eine Gegenwart bezeugt, die ihn zum Träger des Wortes von jemandem macht, der größer ist als er. Da er vor allem auf den Christus der Verklärung und ganz besonders auf den des Ostertages ausgerichtet ist, ist seine Frömmigkeit die Frömmigkeit eines Erwachsenen, ohne Spur von Infantilismus, die Frömmigkeit eines Gottesmannes, des aufrechten Menschen. Seine unveränderliche Güte hat ihresgleichen nur in dem Vergessen seiner selbst[12]. Die Entdeckung des Leidens beim Nächsten bestürzt ihn. Er gibt alles hin. Dieses Herz aus Gold, das von der Leidenschaft für den Menschen beseelt ist, ist niemals gewalttätig oder haßerfüllt. Er beklagt sich niemals, er greift niemanden an[13]. Er entzieht sich niemals den Seelen, er ist bereit, Stunden hinzugeben, er erträgt sogar die Schwätzer, die Aufdringlinge und die lästigen Bittsteller. Er läßt sich manchmal mit Leichtigkeit Geschichten aufbinden, weil er die «Boshaftigkeit» gewisser Leute nicht begreift. Da er von dem verstockten Optimismus jener seltenen Menschen getrieben ist, deren Leben fleckenlos war, verzweifelt er an niemandem, richtet er sich spontan an das, was jeder an Besserem in sich trägt[14], wirkt er immer auf seine Möglichkeiten der Entfaltung ein und hilft ihm, entlang seiner persönlichen Linie emporzusteigen; denn dieser Priester, der doch den Ort und die Formulierung zu finden versteht[15], dieser Priester versucht niemals, sich aufzudrängen und noch weniger zu herrschen. Seine Dialektik wird dadurch unüberwindlich, daß dieser Mann, dem seine Synthese gelungen ist, die Fähigkeit hat, mit den meisten Typen des Geistes, den meisten philosophischen und religiösen Haltungen in Resonanz zu treten, und daß er niemals irgendeiner Schwierigkeit

[12] Vgl. den Brief vom 28. Juli 1939: «*[...] mich leitet folgende Regel: es ist kein wesentlicher Irrtum zu befürchten, wenn meine innere Haltung zum Ergebnis hat, mich den Menschen und der menschlichen Aufgabe gegenüber getreuer, aufmerksamer, leidenschaftlicher interessiert zu machen – und zugleich weniger um mich selbst egoistisch besorgt*», und den Brief vom 8. August 1944: «*[...] nichts widersteht der Zuneigung und der Güte – vor allem, wenn letztere demütig in der göttlichen Quelle gesucht wird.*»

[13] Abbé Breuil, der nach 1946 der Beichtvater Teilhards war, hat erklären können, daß ihm niemals zu Ohren gekommen war, daß letzterer gegen die Liebe verstieß.

[14] P. Leroy sagte ihm eines Tages spaßend: «Wenn Sie dem Teufel begegnen würden, wären Sie in der Lage zu sagen: „Er ist gar nicht so böse.“»

[15] Einem Amateurfotografen, der an ihn die Frage richtete, was Gott sei, antwortete Teilhard in etwa mit diesen Worten: «*Nehmen Sie an, Sie wären in einer Camera obscura. Durch einen Spalt würden Sie einen winzigen Schimmer wahrnehmen. Nun, das ist Gott.*»

ausweicht, vielmehr spontan mit seinem Unterredner vom Nullpunkt ausgeht, mit ihm zweifelt, mit ihm sucht und ihm eben dadurch die Wege des Zugangs zum Glauben erleichtert.
Dieser Gelehrte, der getreu den Regeln der Kirche folgt, der jedoch durch seine wissenschaftlichen Aufgaben vom regelmäßigen Seelsorgdienst ausgeschlossen war, ist ein Seelenführer erster Ordnung, der die Worte zu finden versteht, die heilen[16], der einzige, der, ohne es angestrebt zu haben, es verstand, den Stolz und den Geist der Auflehnung einer Seele, die ich gut kenne, zum Zerschmelzen zu bringen. Die Liebe, die Caritas im wahren Sinne dieses Wortes, ist die beherrschende Kraft dieses großartigen Charakters. Er weiß, die wahre Freude liegt darin, sich einem Größeren als man selbst hinzugeben, ohne sich allzusehr darum zu kümmern, was man selbst fühlt. Alle in Gott lieben[17]. Er widmet sich ganz allen, weil er leidenschaftlich für Christus begeistert ist und er jenseits von jedem Menschen Christus sieht, weil er für jedes geschaffene Sein eine unendliche, durchaus franziskanische Zärtlichkeit fühlt. «*Man möchte glauben, er habe in Adam nicht gesündigt*», sagte in humorvoller Weise ein anderer Geistlicher von ihm.
Er ist Priester bis ins Innerste seines Wesens. In ihm erreichen die göttlichen Tugenden des Glaubens, der Hoffnung und der Liebe häufig die Heldenhaftigkeit. Aufgrund seiner Demut, seiner absoluten Achtung vor den Seelen, weil er das Universum Gott weiht und von einer Gegenwart Zeugnis gibt, die ihn übersteigt, trägt er das Zeichen dessen, von dem man sagen darf: «TU ES SACERDOS IN AETERNUM.» Er ist einer der Kanäle, durch die die Gnade in den mystischen Leib einströmt. Ist er ein Jesuit? Der Ruhm der Gesell-

[16] Anscheinend ist Teilhard ein mittelmäßiger Seelenführer gewesen: ihm fehlte der zu dieser heiklen Aufgabe notwendige psychologische Sinn, und im übrigen trieb seine extreme Zurückhaltung, seine Achtung des anderen bis ins etwas Übertriebene. Er fühlte sich häufig gehemmt angesichts eines im Bereich des individuellen inneren Lebens zu erteilenden Rates, vor allem wenn er eine Ordensfrau vor sich hatte. Seine Freiheit Marguerite Teillard-Chambon gegenüber hat er nur selten bei anderen wiedergefunden, außer vielleicht bei Frau Haardt, der eine bewundernswerte, sich in Briefen niederschlagende Seelenführung zuteil wurde.

[17] Vgl. seine schöne Bemerkung: «*Der Luxus des Priesters: die ganze Welt lieben zu können.*» Wenn er die «*Unmöglichkeit*» feststellt, «*die Zahl individuell zu lieben*», verspürt er doch leidenschaftlich die «*Liebe zur Evolution*», die gleichzeitig die «*höhere Form der Liebe-Caritas*» und die «*höhere Form des Lebensschwungs*» ist.

schaft Jesu gehört offensichtlich zur hohen Aristokratie dieses Ordens, in dem er bis zu seinem Ende hat bleiben wollen. Er hat alles von dem Jesuiten großen Formats an sich[18], das Wissen und den Verstand, das aristokratische Temperament, die missionarische Leidenschaft und den pädagogischen Sinn, die Liebe zur Jugend Europas, die mit einer absoluten Treue zur Kirche und zum Papsttum verbundene Unerbittlichkeit. Er ist einer von jenen, die wie P. de Lubac am besten von der Kirche gesprochen haben, von diesem reflexiv christifizierten Teil der Welt, und wenn er im Hinblick auf den römischen Primat von der notwendigen Kephalisation der Kirche spricht, so ist das weder ein verbales Zugeständnis noch eine einfache Metapher. Und gerade weil er zur Kirche gehörte, durfte er sich gewisse Kritiken erlauben.

Dieser gelehrte Jesuit ist ein Greis mit leuchtenden Augen. Ebensowenig wie unter den Schrapnells der Jahre 1915–1918 fürchtet er den Tod. Er verkennt nicht das unheilvolle Vermögen des Zerfalls und der Auflösung, welches letzterer besitzt, doch er weiß auch, daß dieser körperliche Rückfall in die Pluralität in jeder menschlichen Existenz Fülle und Einheit in Gott werden kann. Der Tod, dieses Tor, erscheint ihm geradeso wie ein Schlaf, nach dem er unzweifelhaft den Aufgang eines glorreichen Morgens sehen wird. Daran ist kaum zu zweifeln:

> W – «Wir geben uns hier unten mit der Hilfe Gottes die Augen und das Herz, aus denen eine endgültige Transfiguration die Organe einer für jeden von uns besonderen Anbetungskraft und Fähigkeit der Beseligung machen wird.»[19]

Wenn ein Freund stirbt, sagt er von ihm: «*Jetzt sieht er.*»

Um am Kreuz teilzuhaben, machte Teilhard es sich zu Pflicht, über den Niedergang, über die Vergreisung und über den Tod zu meditieren:

> B – «Mein großes Gebet [das ich auch für alle jene sage, die ich liebe] bittet darum, „gut zu enden"; ich verstehe darunter, auf die eine oder die andere Weise durch meinen Tod „zu besiegeln", wofür ich immer gelebt habe: nämlich für die Überzeugung, daß es uns voraus zugleich ein Ultrahumanes und ein Ultrachristisches

[18] Wir werden den Aspekt in unserem Schlußteil weiter ausführen.

[19] ‹Der Göttliche Bereich›, Walter, Olten, S. 42.

gibt – in einem im Zustand beschleunigter Evolution befindlichen Universum.»[20]

Der Tod ängstigt ihn nicht, doch fürchtet er das Alter. Er macht es sich zur Pflicht, den Niedergang und trotz des Niedergangs das Leben zu lieben. Während er diese Bitte an Jesus richtet: «USQUE AD SENECTUTEM NE ME DERELINQUAS, DOMINE»[21], machte er sich zur Pflicht, die innere Gebrechlichkeit und das Alter mit seinen langen Schatten und seinen immer kürzeren Räumen nach vorn anzunehmen, zu lieben. Er übt sich darin, in Christo das Mittel zu finden, jung [froh, begeistert, unternehmungslustig] zu bleiben, während er sich verbietet, all das mit einer «Weisheit» zu verwechseln, was nur Melancholie, Gleichgültigkeit, Enttäuschung wäre. Er will dem sich nähernden Ende und dem Niedergang in den Grenzen, die Gott will, einen Platz, und zwar einen erbauenden Platz, schaffen. Während er durchaus die Gnade eines raschen Endes wünscht, bereitet er sich darauf vor, den Tod so, wie er kommt, in Christo anzunehmen. Während er sich immer wieder sagte: «APPROPINQUAT HORA, APPROPINQUAT CHRISTUS»[22], bemüht er sich, die Bedingungen der maximalen «Kommunianz» zu analysieren und zu vertiefen, versucht er, an der Mühsal der Welt, dank der «Exzentration», teilzuhaben, die das Alter und der Tod bringen. Das Mysterium Christi entdecken, verkünden, verwirklichen läßt sich in zwei Worten zusammenfassen: Christifizieren, CHRISTIFIERI[23]. Auf der Ebene des Geistes und des Gefühls christifizieren heißt die Christifikation der Evolution vorantreiben. CHRISTIFIERI heißt sich von Christus assimilieren lassen, d.h., an allem, was kommt, kommunizieren, einschließlich des physischen Verfalls, wenn er unvermeidlich ist, weil die Kräfte der Minderung erlauben, sich Christus zu überlassen. Mit dem, was kommt [Werden und Zukunft], aktiv und passiv auf die beiden Weisen des «OPORTET ILLUM CRESCERE»[24] [spirituelles Tun] und des «ME MINUI»[25] [den Niedergang lieben] superkommuni-

[20] Vom 8. Januar 1955 aus New York datierter Brief. Unter ultrachristisch versteht Teilhard die kosmische Dimension des auferstandenen Christus, des Bewegers der Kosmogenese.

[21] Bis ins Alter verlasse mich nicht, o Herr.

[22] Es naht die Stunde, es naht Christus.

[23] Lateinisches Verb, im Infinitiv Präsens, Passiv.

[24] Er muß wachsen.

[25] Ich aber abnehmen.

zieren, denn die christische Gegenwart ist exzentrierend und abtötend, denn das Höchstwichtige ist nicht nur, das Mysterium «offenbaren», sondern es praktizieren, verwirklichen, in ihm Wohnung nehmen. Nicht nur Flugzeugpläne konstruieren, sondern fliegen – das Barometer und das Prinzip der Ausstrahlung ist das [innere und äußere] Lächeln, die Sanftmut angesichts dessen, was kommt: «CIBUM HABEO»[26], «HAEC DIES QUAM FECIT DOMINUS.»[27] Auf dem Grabstein eines Kardinalerzbischofs von Toledo, des Primas von Spanien, ist folgende Inschrift zu lesen: «INGENIO PRAESTANS, CARITATE PRAESTANTIOR, HOMO TAMEN, ORATE PRO EO.»[28] Gewiß war er einer der machtvollsten christlichen Denker, und aufgrund der Kraft seiner Synthese kann man nicht umhin, ihn mit dem heiligen Thomas zu vergleichen[29]. Gelehrter, Denker, Dichter, Prophet, Mystiker, er hatte alles für sich, einbegriffen die Heiligkeit. Doch macht es die P. Teilhard eigene Größe aus, daß er für Christus die Fülle des Menschlichen angenommen hat.

«ICH GEHE ZU DEM, DER KOMMT»

Kurze Zeit vor dem 10. April, dem Ostertage, an dem ihm die Gnade zuteil wurde, plötzlich zu sterben[30], hatte der Pater erklärt: *«Ich gehe zu dem, der kommt.»*[31] Hier in seiner Nacktheit der Bericht von seinem Tod und über gewisse Tatsachen der vorhergehenden Tage. Ist der Tod nicht etwas sehr Einfaches?

[26] Nahrung habe ich.

[27] Dies ist der Tag, den der Herr gemacht hat.

[28] Aufgrund seiner natürlichen Gaben überragend; aufgrund seiner Liebe noch überragender; jedoch ein Mensch: Betet für ihn.

[29] Als Mensch erinnert er durch sein Brodeln, durch sein Bedürfnis nach Freundschaft in seiner Umgebung viel mehr an den hl. Augustinus als den hl. Thomas. Doch die gegenwärtige Situation der katholischen Kirche ist MUTATIS MUTANDIS der des 13. Jahrhunderts recht vergleichbar. Zu dieser Zeit hatte der [zu Unrecht als der eigentliche Ausdruck der menschlichen Vernunft betrachtete] Aristotelismus eben seinen Einbruch in die traditionelle Theologie gemacht und sie durcheinandergeworfen. Heute wird die Rolle des Aristotelismus von der Wissenschaft übernommen, deren Einbruch dazu zwingt, das ganze religiöse Problem in einer Kosmogeneseschau neu zu denken und von den traditionellen Kategorien zu den Konstruktionen der Synthese überzugehen.

[30] Ein Bruch der Herzschlagader [Kranzarterie].

[31] Er hatte bereits am 15. März vor Neffen im Laufe eines Diners im Französischen Konsulat von New York gesagt: *«Ich möchte gern am Tage der Auferstehung sterben.»*

Uns sind glücklicherweise die letzten Notizen des Paters mitgeteilt worden:

W – «7. April

Gründonnerstag *Was ich glaube*

Synthesen

[Theologische Bestätigung. Offenbarung befriedigt.]

1\. Der hl. Paulus... die drei Verse[32]: ἐν πᾶσι πάντα θεός

2\. Kosmos = Kosmogenese → Biogenese → Noogenese → Christogenese

<table>
<tr><td>3.</td><td rowspan="2">Das Universum ist evolutiv zentriert</td><td rowspan="2">nach</td><td>oben</td></tr>
<tr><td></td><td>vorn</td></tr>
<tr><td>Die beiden Artikel meines Credo</td><td>Christus ist sein Zentrum</td><td></td><td>[christliches Phänomen] Noogenese = Christogenese</td></tr>
</table>

[...]»

In Verbindung mit dem Brief an P. Janssens, den verstorbenen General der Jesuiten[33], graben diese Notizen jeder mißbräuchlichen oder tendenziösen Interpretation das Wasser ab und rechtfertigen voll unsere Arbeitshypothese, die in dieser Formulierung des Paters zusammengefaßt ist:

B – «Man muß in aller Ehrlichkeit das „Phylum" von innen her vorantreiben.»[34]

Seine letzten Gesten bezeugen deutlich diese bedingungslose Bejahung des «Phylums» der Kirche – diese Bejahung, die immer sein war. Acht Tage vor seiner Rückkehr zu Gott hatte er P. Gannon, Rektor von St. Ignatius, gesehen, und letzterer faßte später seinen Eindruck in folgenden Worten zusammen:

B – «Er hatte sich mit einer solchen Spontaneität, einem solchen Charme geöffnet, daß ich glaubte, ein Kind zu sehen.»[35]

[32] Die drei Verse des hl. Paulus stehen in 1 Kor 15, 26, 27 und 28. Der Text ist in ‹L'Avenir de l'Homme›, Éd. du Seuil, veröffentlicht, deutsch in ‹Die Zukunft des Menschen›, Walter-Verlag, Olten 1963, S. 405.

[33] Cape Town, 12. Oktober 1951; vgl. Bibliographie, Briefe, Nr. 502.

[34] Brief aus New York vom 3. Mai 1953.

[35] Diese evangelienhafte «Kindlichkeit», diese jugendliche Frische zählen zu den grundlegenden Charakterzügen P. Teilhards; wenn auch eine Grundstimmung der Traurigkeit überwog, konnte er doch lachen wie ein Kind.

Am Tage vor seinem Tode hatte P. Teilhard bei P. de Breuvery, einem befreundeten französischen Jesuiten, gebeichtet. Er hatte sich also religiös sehr auf den Ostertag vorbereitet.
Hier der Bericht von seinen letzten Augenblicken nach den Worten des Briefes selbst, den einer seiner getreuesten Freunde, P. Leroy, nach Europa schrieb:
B – «Es ging ihm sehr gut. Am Morgen des Ostertages hatte er dem Hochamt in der Saint-Patrick-Kathedrale beigewohnt[36]; am Nachmittag war er im Konzert[37] gewesen. Von dort zu Freunden heimkehrend, beglückwünschte er sich zu diesem „*großartigen Tage*" und fühlte sich glücklich. Er war im Begriffe, sich zum Tee zu setzen und hatte gerade ein Papier auf ein Fensterbrett gelegt, als er plötzlich seiner ganzen Länge nach hinschlug, wie ein Baum, der gefällt wird. Als man sah, daß er das Bewußtsein verloren hatte, glaubte man zunächst an eine Ohnmacht und legte ihm ein Kopfkissen unter den Kopf. Nach einigen Minuten öffnete er die Augen und sagte: „*Wo bin ich? Was ist mit mir?*" – „Sie sind bei uns, erkennen Sie mich?" sagte ihm seine Gastgeberin. – „*Ja, doch was ist mit mir geschehen?*" – „Eine Ohnmacht." – „*Ich erinnere mich an nichts: Dieses Mal ist es schrecklich!*" Was, so nimmt man an, sagen wollte, „*dieses Mal ist es schlimm und ernst*". Man rief seinen Arzt: Er war nicht da. Ein anderer kam einige Minuten später und riet, da er den sehr ernsten Zustand des Paters feststellte, einen Priester zu rufen. P. de Breuvery, der auch abwesend war, wurde durch einen amerikanischen Pater der Residenz St. Ignatius von der Park Avenue ersetzt. Als er kam, war der Pater gerade gestorben: Er gab ihm jedoch die Lossprechung und die Letzte Ölung.»[38]
Der Zeuge des österlichen Christus wurde in einem mit weißem Satin ausgeschlagenen Sarg, gekleidet in violette Gewänder, mit dem Kruzifix und einem Rosenkranz in den Händen, in der Kapelle der Park Avenue ausgestellt. Nach der Einbalsamierung[39] hatte das

[36] Er hatte bereits seine eigene Messe gelesen.
[37] Tatsächlich handelte es sich um den Bajazzo [I Pagliacci] von Leoncavallo. Es ist ganz klar, daß seine Freunde die Initiative ergriffen hatten, seine Karte zugleich mit den ihren zu kaufen, und Teilhard hatte, ohne sich zu orientieren, keinerlei Einwände gemacht.
[38] Brief vom 17. April 1955.
[39] Die Einbalsamierung ist in den Vereinigten Staaten üblich.

Gesicht des Verstorbenen eine bestürzende Ähnlichkeit mit der Maske Pascals gewonnen, eine sehr hohe Stirn, nach hinten gezogene Wangen, hervorstechende Nase und Backenknochen, zusammengekniffene Lippen. Am Dienstag, dem 12. April, um neun Uhr wurde das Totenamt gefeiert – P. de Breuvery las die Messe. – Wenige Leute, alles in allem etwa zehn Personen, darunter Hoppenot, der französische Botschafter bei den Vereinten Nationen, und Paul Fejos[40]. Die Zeremonie vollzog sich in aller Einfachheit und sogar in großer Armut. Keinerlei Ehrenbezeugung, keinerlei Gesang während dieser stillen Messe, nicht einmal das In Paradisum noch das Libera, die mit leiser Stimme rezitiert wurden. Es regnete. Eine der anwesenden Personen schrieb später:

B – «Mein Herz war so schwer, daß ich dem nicht allzuviel Aufmerksamkeit schenkte, – alles schien unglaubwürdig und fast zu plötzlich, um Wirklichkeit zu sein.»[41]

Nur P. Leroy [der am Vortage mit dem Flugzeug angekommen war] und der P. Minister folgten P. Teilhard bis nach Saint-Andrews-on-Hudson, wo sich das Noviziat der Jesuiten befindet. Der Sarg wurde vor der endgültigen Beerdigung vorläufig in ein Grabgewölbe gestellt, mit einem von Malvina Hoffman geschickten Blütenkranz als einzigem Schmuck. Heute birgt immer noch in fremder Erde ein einfacher erhabener Stein mit einer kurzen Inschrift die sterbliche Hülle des Priesters Pierre Teilhard de Chardin.

[40] Weisen wir im Hinblick auf das Totenamt Teilhards in New York darauf hin, daß die sehr geringe Teilnahme ganz einfach auf die Tatsache zurückzuführen ist, daß die Freunde und Bekannten des Verstorbenen, die zum Wochenende weggefahren waren, weder am Ostersonntag noch am Ostermontag benachrichtigt werden konnten.

[41] Möge sie in diesem Satz P. Teilhards einigen Trost finden: «*Herr, weil ich mit dem ganzen Instinkt und mit allen Chancen meines Lebens Dich unaufhörlich gesucht und ins Herz der universellen Materie gestellt habe, werde ich die Freude haben, in der blendenden Helle einer universellen Transparenz und eines universellen Aufloderns die Augen zu schließen.*»

SCHLUSS

Die ganze Philosophie P. Teilhards kann in folgenden Termini charakterisiert werden:

1. Teilhard ist ein authentischer Philosoph, denn als ein Mann, der überzeugt ist, daß er etwas Wesentliches über die Welt und über den Menschen entdeckt hat, weist er eine Gesamtschau der Welt auf, die Stoßkraft besitzt. Um ihn zu begreifen, muß man die Vorstellung beiseite schieben, die sich die Leute von der Philosophie machen. Die Teilhardsche Weltanschauung ist keine thomistische Ontologie noch eine deduktive Metaphysik im Ausgang von Prinzipien noch eine rein reflexive Philosophie noch eine Philosophie der abgelösten Existenz. Sie ist vielmehr die Philosophie eines «Physikers» in dem Sinne des Wortes, wie es von den alten Griechen verwandt wurde, ein Physiker, der eine Theorie von der auf dem Wege befindlichen Natur aufzeigt. Die Philosophie P. Teilhards ist die Verwirklichung eines gewissen Typs der Philosophie, der im Dialog unter den Philosophen wesentlich ist.

2. Teilhard geht von einer gewissen positiven Wissenschaft, von dem durch eine gewisse Wissenschaft enthüllten Wirklichen aus, dann weitet er es aus und extrapoliert es als Philosoph. Es gibt eine Meta-Mathematik. Es gibt eine Meta-Physik. Die Philosophie P. Teilhards ist eine Meta-Biologie, denn die Biologie bringt ihm die grundlegende Offenbarung: Die Welt ist im Werden, und dieses Werden ist, weit davon entfernt, ein Chaos zu sein, ausgerichtet: die Grundintuition des Paters ist also wissenschaftlichen Ursprungs – jedoch einer ausgeweiteten Wissenschaft.

3. P. Teilhard stellt der Wirklichkeit kein Ideal oder Werte entgegen. Für ihn geht es darum, die Welt in ihrem Werden zu befragen, man muß in Richtung des Wirklichen gehen: «SEQUI NATURAM». Er stellt nicht das ideale Sein-Müssen in Gegensatz zur Wirklichkeit. Er sieht keine Antithese zwischen dem Sein-Müssen und dem Sein, oder genauer, er vollzieht die Synthese zwischen dem Sein und dem Werden. Zwischen dem allgemeinen Sinn der Dinge und dem Sinn des Lebens herrscht nach ihm eine tiefe Komplizität.

4. Da diese Philosophie von der Intuition einer Kosmogenese, einer totalen Einheit der Welt, in bezug auf die der Mensch seinen Ort

findet, beherrscht ist, ist der Typus dieser Philosophie kosmologisch eine Philosophie der Einheit und der Totalität: ἓν καὶ πᾶν würden die Griechen sagen.

Das ganze Leben P. Teilhards läßt sich in dieser gerafften Wiedergabe von ‹Das Herz der Materie›[1] zusammenfassen:

1. Suche nach der unverderblichen Materie, die in der Kindheit eine unwiderstehliche Anziehungskraft besitzt, Berufung zur Wissenschaft, fortschreitende Entdeckung des Universums, dessen Einheit der Konvergenz er feststellt [unter der Bedingung, vom Kosmos zur Kosmogenese überzugehen] und dessen Irreversibilität er entdeckt [unter der Bedingung, daß es auf einen inkarnierten Gott zentriert ist].

2. Verbindung seiner Wissenschaft und seines Glaubens im Pleroma des heiligen Paulus, das er in den Dimensionen unseres Universums des 20. Jahrhunderts sieht: das Wort übergreift mit seiner Macht, seiner Heiligkeit und seiner Unendlichkeit die Schöpfung, die es sich auf dem Wege der Inkarnation bis in die äußersten Milchstraßen einverleibt.

3. Um dieses geschaffene Universum auf seine Erfüllung hin evolvieren zu lassen, gibt es nur eine einzige mögliche Energie, die Liebe Gottes, die sich im Herzen Christi begründet hat und wirkt, dieses Herzens, das auch das Herz der Welt, die Ursache und die Seele der universellen Energie ist [von den einfachsten Anziehungen, den Taxismen, den Instinkten bis zur menschlichen Liebe].

Doch ist es schwierig, bei P. Teilhard zu einem Schluß zu kommen. Einen Schlußstrich ziehen heißt urteilen. Wenn man ein «UOMO QUALUNQUE» ist – und wir befinden uns etwa alle in dieser Situation –, hat ein Urteil über Teilhard etwas Vermessenes an sich. Und doch liebte P. Teilhard die Diskussion und in weitgehendem Maße den Gegenredner[2]. Auf jeden Fall versuchte er nicht, Schule zu machen. So erweist sich also unser Tun, einen gewissen «Abstand» gegenüber dem Pater zu gewinnen, als ein Akt der Treue dem Teilhardschen Geist gegenüber, der nichts anderes als der Geist der Wahrheit ist – CREDO QUIA VERUM –. Versuchen wir, einige persön-

[1] ‹Le cœur de la matière›.

[2] Wenn letzterer nicht von einem vollständigen und hartnäckigen Unverständnis zeugte. In diesem Falle ließ Teilhard, der für Polemik nichts übrig hatte, die Sache «fallen»: «*Wir müssen daneben bauen*», sagte er.

liche Gedanken über P. Teilhard anzuführen, die aber vielleicht eine gewisse Zustimmung finden könnten.

Das «Faktum» Pierre Teilhard de Chardin ist von einer Bedeutung, die man kaum überschätzen kann. An einem Wendepunkt der geistigen Geschichte Frankreichs, der katholischen Kirche und der Welt ist hier zum erstenmal der «UOMO UNIVERSALE», der erste authentische, auf dem Boden Frankreichs geborene «Weltgeist» gelungen[3]. Großer Dichter und großer Prosaist, ohne es zu wollen, Gelehrter aus Liebe zur Wissenschaft und aus Hingabe an Christus, Denker[4], Mystiker, seine gewaltige Gestalt überragt eine in einzigartiger Weise reiche und verworrene Zeit.

Zu einem Zeitpunkt zum Beispiel, da die afro-asiatischen Völker, von eigennützigen Anschauungen ermutigt, zum Sturm auf die europäischen Positionen aufbrechen, beruhigt uns die große gelassene Stimme P. Teilhards. Die Rassen sind keineswegs gleich und werden es biologisch niemals sein. Um das zu glauben und zu erhoffen, dürfte man die Wirklichkeit nicht in Rechnung stellen. Sind die Kinder ein und derselben Familie alle gleich stark oder gleich klug? Der Chinese ist kein Franzose. Doch wird das Auge der Hand sagen, daß es sie verachtet? Doch vermöchte die Hand ohne das Auge zu wirken? Die Rassen sind nicht gleich, sondern komplementär, und darin liegt ihre wirkliche Würde, weil jede ihre eigenständige Note hinzufügt, die in den endgültigen Akkord einer endlich ihrer Einheit bewußt gewordenen und auf ein und dasselbe Zentrum der Liebe und der Anbetung konvergierenden Menschheit eingehen wird[5].

[3] Nach verschiedenen Karikaturen vom Typ Voltaires oder Victor Hugos.

[4] Bereits vor der Dissertation von Madeleine Barthélemy-Madaule, ‹Bergson et Teilhard de Chardin›, Paris, Éd. du Seuil, 1963, war Teilhard in die Geschichte der Philosophie eingegangen, zum Beispiel bei Roger Garaudy, ‹Perspectives de l'homme – Existentialisme, Pensée catholique, Marxisme›, Paris, Presses universitaires de France, 1959. Doch besteht nichtsdestoweniger heute noch [1966] in Frankreich ein starker Widerstand gegen Teilhard innerhalb der Universität. Der große französische Philosoph Paul Ricœur soll erklärt haben: «Teilhard interessiert mich nicht.» Dieser Widerstand hat seine Erklärung in sehr komplexen Motiven: 1. Widerstreben angesichts des Teilhard-Snobismus und der dogmatischen und unkritischen Darlegungen des Teilhardschen Denkens; 2. Idealismus der Universitäten [rein reflexive Philosophie]; 3. Trägheit angesichts der Notwendigkeit, die ganze Philosophie neu zu denken.

[5] Vgl. den Brief vom 4. August 1950: «*[...] Diese Position ist die einzige, die dem*

Während er dem Abendland durchaus seinen Stolz und den Sinn für seine Sendung zurückgibt, ist P. Teilhard für eine immer mehr zerrissene Welt eine Verheißung der Ökumenizität: «*Alles, was aufsteigt, konvergiert.*»[6]
Es wäre wahrscheinlich ein leichtes Spiel, aufzuzeigen, daß die Erscheinungsformen sich nicht mit den Hoffnungen decken, die Teilhard in die Zukunft der Noosphäre setzte. Man kann wirklich mit großer Wahrscheinlichkeit die Ansicht vertreten, die Entstehung eines immer komplexeren Kommunikationsnetzes, die allgemeine Annahme der abendländischen Techniken, das evidente ökonomisch-politische Aufeinander-Einwirken aller Ereignisse auf dem Erdball hätten in keiner Weise die Annäherung der Völker begünstigt und für den Augenblick würden die Menschen immer mehr widereinander stehen. Doch P. Teilhard verkannte keineswegs die Krise, durch die wir hindurchgehen, und sein Optimismus war in keiner Weise harmlos. Einer seiner Freunde schrieb sehr richtig:
B – «Ich meinerseits würde den „grundlegenden Optimismus“ nuancieren, nicht um ihn herabzusetzen, sondern um zu sagen, daß er nicht mit so vielen mehr oder weniger selbstzufriedenen Optimismen ohne Tiefe und ohne menschliche oder geistige Erfahrung verwechselt werden darf; er ist durch einen Sieg errungen worden: wahrhaft ein Sieg zunächst des großartigen menschlichen Temperaments Teilhards, aber auch seiner Reflexion und noch mehr letzten Endes[7] seines Glaubens. Es handelt sich keineswegs um ein kritikloses Festhalten an den Erscheinungen – ebensowenig um einen

Menschen seine ganze Größe gibt [man malt nicht mit einer einzigen Farbe auf der Palette ...].»

[6] Das erklärt seine außerordentliche Resonanz in gewissen muselmanischen und marxistischen Kreisen Marokkos und Französisch-Westafrikas. Jener altgediente Nationalist des Istiqlal besitzt seit langem seine vervielfältigten Schriften. Schwarze sagten 1958 zu einem Freund Teilhards: «Monsieur, Sie sind der erste Weiße, der uns sagt, daß die Neger zum Aufbau der Welt von morgen beitragen können!» Teilhard gibt Besseres als die Rückkehr zu irgendeiner unbestimmten «Negritüde», denn er verpflichtet jeden, [gemäß seiner Linie] emporzusteigen. Vielleicht wird durch Teilhard der Dialog zwischen der Christenheit und dem Islam möglich gemacht und die Möglichkeit gegeben, letzteren dem marxistischen Zugriff zu entreißen.

[7] Wir würden eher sagen: im Wesentlichen. Angesichts der unüberwindlichsten Hindernisse sagte er immer wieder mit absolutem Vertrauen: «*Gott ist groß.*»

naiven Glauben an den „Fortschritt“. Er will die Erscheinungen durchstoßen[8]. Und er weiß sehr wohl, daß das gesamte Universum wie der Mensch sterben muß, um in Gott verklärt wiedergeboren zu werden. Er hat das unaufhörlich gesagt. Unter diesem entscheidenden Gesichtspunkt kann er als zutiefst traditionelles Gegenmittel gegen die „temporalistische“ Krankheit dienen, die heute unter uns wütet...»

Renouvier sagt sehr richtig: «Diese Welt wird zu Ende gehen, wie sie will.» P. Teilhard verkannte nicht, daß der Mensch ist, was er sein will. Und deshalb hat er der Menschheit dieses großartige Ideal der Konvergenz vorgeschlagen: um sie zu verpflichten, aufzusteigen – und über sich hinaus zu steigen.

Es unterliegt keinem Zweifel, daß die Strahlungskraft P. Teilhards außergewöhnlich ist und daß kein Hindernis, nicht einmal eine bis ins letzte ausgeklügelte Kampagne, in der Lage zu sein scheint, sie in ihrer Kraft oder in ihrer Dauer oder in ihrer Ausbreitung zu beschränken. Auf ihn könnte man seine eigenen Worte anwenden:

W – «Der geistige Wert eines Menschen, sein Einfluß, seine Strahlkraft, hängen von dem *Grad der Wirklichkeit* ab, den Gott für ihn gewonnen hat: nicht der Grad spekulativer oder sogar affektiver Vollkommenheit – vielmehr, ich wiederhole es, der Grad der Wirklichkeit. Gott in seinem Leben von der Vorstellungs-

[8] Vgl. die in ‹Synthèses›, Oktober 1957, S. 78 und 80, berichteten Worte P. Teilhards: «*In der Freude sein! Diese Freude finden, das bleibt die göttlichste der Pflichten. Eine bedingungslose Freude aller irdischen Wirklichkeit gegenüber. [...] Freude! Sie allein trägt empor und nährt, entfaltet und reißt mit, schafft mutigen Optimismus, hat wahrhaft am menschlichen Tun teil [...]. Für mich gibt es nur ein Mittel zu leben: Höhe gewinnen und hoch genug emporsteigen, damit sich jenseits der oberflächlichen Unordnung der Einzelheiten, so schmerzlich letztere auch sein mögen, die bezeichnende Regelmäßigkeit irgendeiner großen menschlichen Bestimmung entdecken läßt. Emergieren, um klar zu sehen: das zu tun, habe ich persönlich immer versucht.*» Also eine auf eine absolute Hoffnung gegründete Freude, ein Optimismus, der mit dem Mut zusammenfällt. – Es macht eines der Elemente des Dramas Paule Régniers [vgl. ‹Lettres›, Desclée de Brouwer, 1955, S. 98–100, 102–103, 122, 125, 128, 185, 227] aus, daß sie die wirkliche Quelle des Teilhardschen Optimismus verkannt hat. Ebensowenig darf man bei P. Teilhard dieses Bedürfnis vergessen, den Menschen zu lieben, um dahin zu gelangen, ihn zu retten, diesen Willen, ihm Vertrauen zu schenken, um ihm zu helfen, Vertrauen zu gewinnen. Teilhard wußte sehr wohl, daß er, schenkte er dieses Vertrauen, sich Gefahren aussetzte und sich sogar opferte. Doch er nahm dieses Risiko auf sich.

ebene [von der imaginären Ebene] auf die Ebene des Wirklichen treten lassen: Stärkung und Wahrheitsprobe für all jene, die glauben möchten – für die jedoch die göttliche Welt verzweifelt unwirklich – imaginär ist...»

Er ist auch ein Seelenfänger, ob es sich um Intellektuelle, Unternehmer, Arbeiter oder kleine Leute handelt. Er zieht die Intellektuellen unwiderstehlich an, weil er ein suchender, gewissenhafter Geist ist, der das Bedürfnis hat, sein Tun zu rechtfertigen, weil sein inneres Leben sich als das Zeugnis eines Menschen darstellt, der seine Fülle nur in einer Einheitskonzeption von der Welt finden konnte[9]. Er zieht die Seelen der Unternehmer an, denn die einzige Sünde, der gegenüber er trotz seiner ihm eigenen Nachsicht schonungslos war, war die Furcht vor der Anstrengung, der Mangel an Vertrauen in die menschliche Effikazität[10]. Er zieht die einfacheren Seelen durch seine

[9] P. Boné hat präzisiert: «Er hat dazu beigetragen, einer ganzen vom Szientismus unterminierten Generation zu helfen, der Glaubensbotschaft Gehör zu schenken» [‹Revue des Questions scientifiques›, 20. Januar 1956, S. 102]. Durch seinen Einfluß im Museum und in den wissenschaftlichen Kreisen hat er den Evolutionismus vergeistigt [wir hätten beinahe gesagt: «getauft»], indem er ihn von jeder Zweideutigkeit reinigte, indem er mit der traditionellen Verwechslung von Evolutionismus und dieser oder jener transformistischen Theorie mechanistischer oder materialistischer Grundhaltung Schluß machte. Auf einer sehr viel positiveren Ebene führen Gelehrte von der Spannweite eines Jean Piveteau gewisse Teilhardsche Konzeptionen [Verschwinden der Stiele, Begriff der Konvergenz] in die rein technischen Abhandlungen ein. Seit Teilhard ist die Paläontologie eine «offene» Wissenschaft.

Dem Gelehrten Teilhard gegenüber gibt es drei absurde Einstellungen. Die dümmste ist jene der dogmatischen Integristen, die, um Teilhard herabzusetzen, den Gelehrten und obendrein noch den Evolutionismus angreifen. Sie sind weit weniger widerwärtig als lächerlich. Doch ist es sehr unvernünftig, aus Teilhard *den* Gelehrten Chinas zu machen, während er ganz einfach «UNUS INTER PARES» war, mit den anderen auf gleichem Fuße stand und kein Vorgesetzter war. Was den jüngsten Zank mit Jean Rostand angeht, der Teilhard vorgehalten hat, er habe die biochemischen und molekularen Mechanismen der Evolution nicht auseinandergehalten, so redet er an der Sache vorbei, und zwar aus dem einfachen Grunde, weil die Paläontologie [die übrigens zur experimentellen Wissenschaft geworden ist] von der Genetik und der Biochemie verschieden bleibt.

Genau genommen hatte Teilhard gegen Ende seines Lebens die Fortschritte der Biochemie vorausgeahnt und erklärt, wenn er seine Laufbahn noch einmal zu beginnen hätte, würde er sich in dieser letzten Wissenschaft spezialisiert haben.

[10] Um die Menschheit zu ihrem Ziel zu führen. – Müssen wir an die «Kettenbekehrungen» in den hohen Kreisen der französischen Eisenbahn erinnern, die er hervorgerufen hat? Ein Geschäftsmann und Mann der Tat, Max-H. Bégouën,

Güte, durch seinen Glauben an den universellen Wert der Schöpfung an, durch diese Spiritualität der Arbeit, die ihm eingeboren ist, diese Spiritualität, die das bescheidenste Mitwirken an dem kollektiven Wert der Christenheit teilhaben läßt: jeder Arbeiter, auf welcher Stufe er auch stehen mag, ist für die Totalität verantwortlich. «Eine strahlende Seele, die keine Grenzen kennt», hat man von ihm gesagt.

Da er in seiner doppelten Eigenschaft als Priester und Mann der Wissenschaft an einen privilegierten Kreuzungspunkt gestellt war, da er mit einer seltenen Hellsichtigkeit begabt war, um die unbewußten Übereinstimmungen und die instinktiven Ablehnungen unserer Zeitgenossen im Hinblick auf das Christentum aufzudecken, hat er die Gabe, die verschiedensten Geister und insbesondere die jungen zu polarisieren. Diejenigen der Marxisten, die ihre geistige Unabhängigkeit bewahren, finden bei ihm einen eine höhere Dynamik erzeugenden Sinn für die Totalität und die Zukunft: Unmöglich, noch von der Religion als dem «Opium für das Volk» zu sprechen[11]. Die Freimaurer erkennen in ihm deutlich den katholischen Priester, doch verneigen sie sich vor seinem Sinn für das Universelle, der die Annäherung aller Menschen guten Willens ermöglicht: Beim Pater findet sich die menschliche Basis, in der die hochgemuten Ungläubigen einen gemeinsamen Ausgangspunkt finden. Einer der besten zeitgenössischen französischen Philosophen, Maurice Merleau-Ponty, erklärte zum Abschluß einer Vorlesung am *Collège de France* am 16. März 1957 über ihn:

«Bei P. Teilhard findet man ein Gefühl für das Wahre, das höchst selten ist in der Kirche [und auch außerhalb der Kirche], in der man immer den Eindruck erweckt, man frage sich, bevor man etwas be-

schrieb uns am 3. Mai 1958: «Sie scheinen von der schöpferischen und Verwirklichungsenergie überrascht zu sein, die das Denken P. Teilhards enthält. Das liegt daran, daß gerade dieses Denken das Leben ist, und dieses Denken in sich „tragen" heißt notwendig gebieterisch dahin gedrängt werden, es auszubreiten. Es besitzt aus sich selbst eine eigene, grundlegende, ursprüngliche Energie – die aufbricht und ausstrahlt. Es kann nicht eingefaßt werden, und es wird alle Barrieren sprengen, davon bin ich absolut überzeugt, weil es auf einer Stufe – einer kosmischen Stufe – steht, die nichts mit den Konformismen gemein hat, welche es auch immer seien.»

[11] Wir betonen: Teilhard stand über allen Parteien, denn er liebte jeden Fortschritt. Da er in keiner Weise wollte, daß man die Linie Christi verließ, hat er dem Marxismus keinerlei spirituelle Zugeständnisse gemacht.

jaht, ob das opportun, klug wäre, ob das nicht irgendwelchen Ärger verursache... Bei P. Teilhard findet sich ein bemerkenswertes Vertrauen in die Wahrheit, eine bemerkenswerte Unerschrockenheit.»[12]

Die Juden neigen dazu, in ihm einen Propheten Israels, den biblischen Hauch eines Isaias zu erkennen[13]. Die Protestanten waren zunächst aufgrund ihres Fundamentalismus und ihres Augustinismus häufig recht zurückhaltend. Doch einer von ihnen schrieb ihm[14]:

B – «Im Grund sind wir voller Unlogik: die „positive" Wissenschaft ist, nachdem sie alles darangesetzt hatte, den Menschen von dem Platz zu entthronen, auf den ihn die Orthodoxie erhoben hatte, nachdem sie ihn mit „den anderen Tieren" in dieselbe Reihe hat treten lassen, in diesem Bereich nicht über die einfache materielle, anatomische Ebene hinausgegangen. Alles übrige ist theoretisch SUI GENERIS natürlich geblieben, zum größten Vorteil der juridischliterarischen, selbst der ungläubigen Anthropologie. Es bedürfte eines HOMO DUPLEX, zugleich „Sohn der Erde" und „Kind des Himmels", um uns zu zwingen zu entdecken, daß das „Übrige" auch unter den Gesetzen der kosmischen Evolution steht. Ich weiß sehr wohl, daß viele Kinder des Himmels erschrecken und denken werden, das hieße die Gottheit aus ihrer letzten Verteidigungsstellung verjagen. Sie glauben wie ich, daß das im Gegenteil heißt, ihr [...] die Totalität des Wirklichen zurückgeben...»[15]

[12] Vgl. den Brief vom 20. Oktober 1932: «*Wir sterben daran, daß wir niemanden haben, der verstünde, sich für die Wahrheit töten zu lassen.*» – In dieser Hinsicht ist zu betonen, daß bei P. Teilhard keinerlei Widerspruch zwischen der Unterwerfung seiner Seele und der Kühnheit seines Denkens bestand.

[13] Tatsächlich besteht ein enger Zusammenhang in Teilhard zwischen dem Mann der Wissenschaft und dem Propheten. Darüber hinaus gewinnt er durch seinen konstruktiven Geist den Anschluß an die soziale Inspiration des Alten Testaments. Es ist in keiner Weise erstaunlich, daß der Großrabbiner von Frankreich erklärt hat, seit Jahrhunderten sei kein Buch wie ‹Der Göttliche Bereich› erschienen.

[14] Brief vom 3. Dezember 1952.

[15] Vgl. den Brief von Pastor B. Château an Claude Cuénot [4. März 1958]: «Mir scheint, die große Originalität Teilhard de Chardins auf der religiösen Ebene *[...]* liegt darin, daß er die Christenheit wieder vor die Schau des Christus-Universalis, des kosmischen Christus, gestellt hat. Dieser spirituelle Schritt liegt in der Verlängerung der Gipfel des Johanneischen und Paulinischen Denkens. Auf diesen Gipfeln gewinnt die Lehre von der Erlösung endlich ihre wahrhaft religiöse Dimension; sie sagt sich nicht mehr in einem juridischen, allzu menschlichen und begrenz-

Eine tiefgreifende Wende scheint sich in der protestantischen Welt abzuzeichnen. Gewiß, man stößt immer noch auf Widerstreben, Besorgnisse und Einwendungen. Die Teilhardsche Schau hat den Kierkegaardismus eines Georges Gusdorf nicht angetastet, der im übrigen ein eifriger Vertreter einer verallgemeinerten Anthropologie ist. Die Exegeten stellen noch Fragen zu den Beziehungen zwischen dem Denken Teilhards und dem neutestamentlichen Kerygma. Die Protestanten neigen dazu, bei Teilhard das «Ephapax» der Offenbarung wiederzufinden und bei ihm die Autonomie der Ethik und der Metaphysik zu bagatellisieren, kurz, der katholische Humanismus Teilhards schafft bei ihnen ein gewisses Gefühl des Unwohlseins. Andererseits aber sind sie nicht weit davon entfernt. die Führung bei den religiösen Studien über Teilhard zu übernehmen. Die Angelsachsen und in etwa auch die Deutschen mußten sich geradezu in dieser Versöhnung zwischen dem Evolutionismus und dem Christentum wohl fühlen, die, ohne es zu wissen, eine Vielzahl protestantischer Schriften krönte, die sich bemühten, den Glauben und den Darwinismus miteinander zu versöhnen, und manchmal sehr weit vorangetriebene Entwürfe des ‹Menschlichen Phänomens› darstellen. Auf jeden Fall ist die erste theologische Dissertation über Teilhard von Pastor Georges Crespy geschrieben worden[16]. Zwei reformierte Theologen arbeiten sehr eifrig an ihren Dissertationen über Teilhard, der aus Genf stammende Schweizer Marc Faessler und der Deutsche Sigurd Daecke. Zutiefst werden die Protestanten von der Christozentrik Teilhards und dem Primat Christi in seiner Theologie angezogen. Der niederländische Pastor A. Szekeres ist, was die Beziehungen zwischen dem Teilhardschen Denken und der Bibel angeht, für das bei Teilhard wie auch in der Bibel enge Bündnis zwischen dem kosmischen Sinn und der Soteriologie ganz besonders ansprechbar. Da sie weniger durch Rücksichtnahmen auf eine enge Orthodoxie gebunden sind, stellen die Reformierten die tiefgrei-

ten Vokabular aus, sondern in einer Liebe, die die Totalität der Menschen und die Totalität der Welten auf sich nimmt; diese Liebe, eine Liebe nach dem Maße Gottes, erhellt mit ihrer zugleich großartigen und beruhigenden Klarheit eine wahrhaft eschatologische Schau des Sinns für das Sein und das Leben.»

[16] Seine 1961 in Montpellier vorgelegte Dissertation [Habilitationsschrift] ist bereits unter dem Titel ‹Das theologische Denken Teilhard de Chardins›, Schwabenverlag, Stuttgart 1963, 343 S., ins Deutsche übersetzt worden.

fenden Kühnheiten des Teilhardschen Denkens und die entscheidenden Transformationen heraus, die er der theologischen Spekulation bringen muß. Bereits jetzt kann man ihrem Beitrag eine entscheidende Bedeutung beimessen.

Die katholische Elite ihrerseits fühlt sich in Frankreich wie auch in Belgien[17] in den verschiedenen Milieus zutiefst gepackt[18], wie mehrere ergreifende Texte bezeugen:

B – «[...] Es gibt eine Schuld, die ich allzu unvollständig bezahlt habe. Nämlich all das, was ich dem Denken P. Teilhard de Chardins verdanke [...]. Die Manuskripte P. Teilhard de Chardins haben mir die Augen für neue Wahrheiten geöffnet, sie haben einer vom Schmerz verdunkelten Seele eine Flamme zurückgegeben, sie haben den fast zu Boden gedrückten geistigen Kräften neues Leben gegeben. Vier Zeilen Anmerkungen unten auf einer Seite sind eine recht geringe Dankbarkeit für die geistige Wohltat, die ich von diesen Manuskripten empfangen habe, die in ihrem Format so be-

[17] Die Gesamtheit der katholischen Welt tendiert dahin, sich für Teilhard zu interessieren, zunächst in Kanada [die jungen Generationen in der Reaktion auf den Traditionalismus der alten Generationen], dann in Deutschland [unter dem Anstoß der Jesuiten und des Redemptoristen Guggenberger, und zwar trotz eines starken thomistischen Widerstandes], dann in Spanien [unter dem Antrieb des ausgezeichneten Paläontologen Barcelonas, Professor Crusafont-Pairó, und aus dem Bedürfnis heraus, sich von einer gewissen klerikalen Tyrannei zu befreien], in Lateinamerika [in Argentinien und kurze Zeit später auch in Brasilien], in Italien [unter dem Einfluß von Professor Dr. Ormea und der Jesuiten], schließlich auch in Portugal [1965: die Universität bleibt Teilhard gegenüber feindlich gesinnt, während die Kirche ihm wohlgesinnt ist].

[18] Um objektiv zu bleiben, darf man die Lage nicht in einem allzu freundlichen Licht darstellen. Selbst wenn man von den wütigen Äußerungen der rechts stehenden dogmatischen Integristen gegen Teilhard absieht, stößt sein Einfluß auf handfeste Feindschaften wie der der Thomisten der strengen Observanz [zu denen die links stehenden dogmatischen Integristen von der Art Claude Tresmontants gehören] und der der kleinen Kapelle des ‹Esprit›, die in einer bastardisierten und politisierten Form die Tradition des Personalismus Emmanuel Mouniers weiterführt. Doch ist gewiß, daß die Gesellschaft Jesu im großen und ganzen eine Kehrtwendung zugunsten Teilhards vollzogen hat, allerdings unter Beibehaltung einer kritischen Einstellung, die sowohl von dem Wunsch diktiert wird, das Teilhard-Studium zu fördern, als auch vielleicht von dem Bedürfnis, dieses Denken zu entschärfen, ihm etwas von seiner Durchschlagskraft zu nehmen, so daß die Assimilierung ermöglicht wird. Sie sehen noch nicht oder tun so, als sähen sie noch nicht, daß, wenn es auch Teilhards Geschick ist, daß man über ihn hinausgehen wird, doch zunächst alles im Ausgang von ihm neu gedacht werden muß.

scheiden und doch so voll, so sieghaft an geistigen Reichtümern sind. Als ich sie las, schien es mir, daß alles, was in meinem Denken noch zusammenhanglose Ansätze waren, Gestalt und Kohäsion gewann, und ein Beben ging davon aus. Als ich dann meinen alten Essay wieder vornahm, schien er mir durchaus an das Credo meiner Kindheit zu erinnern. Die weit voran, bis in ihre letzte Logik vorangetriebene Wissenschaft gewann in diesem Credo des Christen Sinn und Leben. Die Inkarnation, die Erlösung, die Auferstehung, die Kommunion haben die ganze Welt auf sich genommen. Dieser neue Geist wehte in diesen abgegriffenen Manuskripten. Als ich sie las, begann ich die Süffisanz zu verachten, mit der ich als Autor Vertrauen in mein unvollkommenes Werk hatte. Ich werde wahrscheinlich niemals die Ehre und die Freude haben, P. Teilhard de Chardin zu begegnen. Doch wäre ich glücklich, wenn irgend jemand ihm sagen würde, wie groß seine moralische Hilfe für mich war und daß ich getreu zu seinem Gefolge gehöre [...].»[19]

W – «Als Mann dieser Zeit und als Mann der Parusie lebte P. Teilhard mit einer wunderbaren Intensität die Koinzidenz der menschlichen Geschichte und der göttlichen Geschichte der Welt. Das Genie verabscheut es, die Größe zu teilen. Dieser Art ist das Genie P. Teilhards, der aus dem positiven Wissen und der prophetischen Ungeduld eine unteilbare Größe gemacht hat.»[20]

– «Der Historiker weiß [...], wie sehr dieser Sinn für die kosmische Tragweite des christischen Heils in der abendländischen Theologie in fortschreitender Weise verblaßt, verkümmert ist; hier muß man [ich weiß, wovon ich spreche] den Einfluß des heiligen Augustinus anschuldigen, dessen Reichtum und psychologische Tiefe sich auf Kosten seines Interesses für die Welt entfalten.

Und in paradoxer Weise prägte sich diese Verkümmerung sogar noch mehr aus, als die ganze Entwicklung der modernen Zivilisation sich immer mehr um die Kenntnis und die Beherrschung der Kräfte der Natur organisierte. Von hier her erklärt sich dieser unaufhörlich ausgeweitete Sprung zwischen dieser modernen Zivilisation und der christischen Botschaft, die sich dem Anschein nach für sie nicht interessierte, ihr nichts mehr zu sagen, ihr nichts mehr zu geben hatte – während sie es doch so sehr notwendig hatte, beseelt in die

[19] Gaston Roupnel, Brief vom 17. Januar 1946.
[20] Étienne Borne, ‹Le Monde›, 13. April 1955.

Hand genommen, exorziert, getauft, gefirmt zu werden... Von hier her erklärt sich, wie wir unmittelbar gespürt und von Jahr zu Jahr immer besser begriffen haben, die außerordentliche Tragweite der Lektion, die sich aus der Lehre Pierre Teilhard de Chardins ergibt.»[21]

Und immer gewinnt man den Eindruck einer staunenden Entdeckung. Dieser spricht von einem «umstürzenden Einbruch», der in Gesellschaft Teilhards vollzogen wurde. Jener schreibt im Hinblick auf ‹Das menschliche Phänomen›:

B – «Dieses umstürzende Buch aber habe ich verschlungen. Ich habe es gelesen und wieder gelesen – und es war geradezu eine Offenbarung: ein großer frischer Wind, der Staub und Anachronismen hinwegfegt; ein großes Licht, das plötzlich das dunkle Schiff einer dahindämmernden Kirche erhellt.»[22]

Kurz, weil er seiner geistigen Sendung treu geblieben ist, «*die letzten Endes darin besteht, die in der einheitlichen Entwicklung der greifbaren Welt eingeschlossene göttlich-christliche Kraft zu bekunden oder zu preisen*», hat Teilhard den Christen den authentischen Sinn für die Erde, den Sinn für das männliche und aufbauende Bemühen zurückgegeben. Wohlgemerkt, selbst wenn man die Menge derer beiseite läßt, die niemals irgend etwas begreifen, stößt man bei einigen klugen Köpfen auf eine ziemlich bedeutende Zurückhaltung dem Teilhardschen Denken gegenüber[23]. Es ist absolut unmöglich, sie darzulegen und zu diskutieren. Um an Teilhard eine brauchbare Kritik zu üben, müßte man über eine erschöpfende und vertiefte Kenntnis seines Denkens verfügen, müßte man die Kompetenzen des Gelehr-

[21] H. I. Marrou [‹Témoignage chrétien›], 22. April 1955. Der Artikel verdient, ganz zitiert oder als eigene Schrift herausgegeben zu werden.

[22] Brief von Jean Simard an Jean Le Moyne [Montreal, 19. Juni 1956]. J. Simard ist ein kanadischer Romanschriftsteller, Jean Le Moyne ein Essayist, einer der tiefsten Denker des französischen Kanada.

[23] Man spürt zum Beispiel eine zurückhaltende Einstellung bei Gabriel Marcel, der dem technischen Fortschritt gegenüber sehr widerstrebend und dem tragischen Christentum der Linie Pascal–Kierkegaard–Jaspers sehr verhaftet ist. Die Marxisten wundern sich mit Recht darüber, daß Teilhard dem Problem der Entfremdung keinen größeren Platz eingeräumt hat. Die Naturphilosophen, deren Denkgrundlagen in der Mathematik zu suchen sind, werfen ihm, wie P. Russo SJ, vor, die Mathematik und die Relativität nicht genügend berücksichtigt zu haben. Doch ist bisher letzten Endes keine ausführliche und konstruktive Kritik zu finden.

ten, des Philosophen und des Theologen vereinigen, müßte man vor allem diese Syntheseschau, diesen kosmischen Sinn, diese Panchristik sich zu eigen machen, die aus ihm einen Vorläufer machen, der seiner Zeit ein gutes halbes Jahrhundert voraus ist. Doch bisher ist noch niemand soweit.

Die Teilhardsche Philosophie birgt unbestreitbare Schwierigkeiten. Das ist das Los aller großen Denker: Kant ist vom ganzen 19. Jahrhundert diskutiert worden, und aus diesem Grunde ist sein Kritizismus fruchtbar gewesen und in gewisser Hinsicht noch geblieben. Doch erhebt man eine ganze Reihe von Einwänden, die von selbst zusammenfallen, wenn man das Denken Teilhards vertieft[24]. Es ist zum Beispiel gesagt worden, es führe zu einem allgemeinen Konkordismus. Diese Behauptung übersieht den wichtigen Brief vom 14. April 1953:

B – «Meiden Sie wie das Feuer jede Art von „Konkordismus", der versuchte, eine möglicherweise nur vorübergehende Darstellung des Dogmas, was möglicherweise auch nur eine vorübergehende Phase der wissenschaftlichen Sicht ist, anzunehmen und das eine durch das andere zu rechtfertigen [...]. Bemühen Sie sich vielmehr [...], die grundlegende *Kohärenz* zwischen dem, was bereits als endgültige Leitlinie der Wissenschaft und des Glaubens angesehen werden kann, respectively herauszustellen und zu entwickeln. Und hier denke ich vor allem [um nicht zu sagen einzig] an das gegenwärtig durch das Auftreten des allgemeinen Begriffs der organischen Zeit [einer wirklichen weiteren Dimension], d.h. der Evolution [im allgemeinsten Sinne des Wortes], im menschlichen Bewußtsein [auf dem Weg über die Wissenschaft], gestellte Problem. Kein „Gelehrter" sieht im Universum noch etwas anderes als eine „Kosmogenese" [er vermöchte anders weder zu arbeiten noch zu denken!]. Nun ist tatsächlich das Dogma noch in Termini des „Kosmos" ausgesagt [ich sage nicht „gelebt"!]... Hier stehen wir vor einer grundlegenden und schwerwiegenden

[24] Das gilt ganz besonders für den Personalismus Teilhards. Die Texte sind bisher schlecht begriffen und schlecht studiert worden. M. Barthélemy-Madaule ist im Begriffe, mit ihrer Studie ‹La personne et le drame humain chez Teilhard de Chardin› diese Lücke glücklich zu füllen. Es sei noch hinzugefügt, daß viele Schriften noch unveröffentlicht sind, insbesondere das ‹Tagebuch› und drei Fünftel der Korrespondenz, denen noch eine entscheidende Bedeutung zukommt.

„Diskohärenz“ [...]. [Doch] a] Das Universum der Wissenschaft [d.h. einer Welt im Zustand der Kosmo-Bio-Noogenese] ist ein für die christliche Anbetung und Schau außergewöhnlich günstiges Milieu [unendlich viel günstiger als der griechische Kosmos!]; b] Indessen zeigt sich das Christentum umgekehrt, da es einen präzisen und außergewöhnlich lebendigen Ausdruck des höheren, von der Naturwissenschaft postulierten Pols der Kosmogenese liefert [d.h. in dem Maße, wie es die Evolution „amorisiert“], als die am erstaunlichsten geeignete „Religion“, um „die Religion der Evolution“ zu werden, die allein in der Menschheit von morgen überleben kann.»

Ein Vorläufer? Ja, es ist häufig gesagt worden, Teilhard sei ein Pionier[25]. Wie mit einem Buschmesser hat er Wege durch unerforschte Wälder gebahnt. Um durchzukommen, mußte er hacken, schneiden, schlagen, und er ließ den anderen die Aufgabe, Asphaltstraßen anzulegen, die von Bäumen gesäumt sind, die das Beil nicht mehr zu fürchten haben. Man kann ihn auch mit einem Fallschirmspringer oder dem Führer eines Kommandos vergleichen: Es geht darum, rasch eine Stellung zu besetzen, während das Gros der Armee landet und vielleicht weniger vorgeschobene, aber für eine langdauernde Schlacht günstigere Stellungen bezieht. Allerdings, das dürfen wir nie vergessen, ist Teilhard auch ein Organisator und ein Ideenbauer, und es wird lange Jahre der Arbeit brauchen, um diese wunderbaren und fast vollendeten Kathedralen bis auf den Grund zu studieren, die er mitten «*in wilder Erde*» gebaut hat.

Als einziges läßt sich im Augenblick sagen, daß Teilhard sozusagen das Lösegeld für seine Eroberung bezahlt hat. Die absolute Loyalität, mit der er zu seinen intimen Freunden über sein Leben sprach, erlaubt uns zu sagen, daß die einzige Lebensregel für ihn der Wille und das Interesse Christi war und daß das gewollte Böse ihm fremd war. Und infolgedessen könnte seine Weltanschauung, die in unseren Augen zutiefst wahr ist, weil in ihr der Wind der hohen Gipfel weht, vielleicht einer gewissen tragischen Schwingung entraten. Man hat die Ansicht vertreten, die Teilhardsche Philosophie wäre notwendig ein Optimismus: da der Lauf der Dinge auf das Bessere ausgerichtet sei und die Evolution in Richtung einer wachsenden Komplika-

[25] Vgl. den Brief vom 15. August 1936: «*Ich werde immer mit dem offensten und am meisten voranschreitenden Teil der Menschheit sein.*»

tion ginge, erlaube eine derartige Bewegung, einen radikalen Optimismus zu bejahen. Sieht man jedoch näher zu, und zwar ohne auch nur daran zu erinnern, daß die Formulierung «*die grundlegende Tragik des Hineinragens in die Ungewißheit – der fehlenden Antwort...*» sich am 16. Februar 1948 aus seiner Feder kommend findet, und ohne sich auf seine Notiz vom 29. November 1947 zu berufen «*eine Todsünde: to be obtuse to evil [and absorbed in one's own part]*[26], *die Kräfte des Bösen zu unterschätzen [= gleich Gefahren des Scheiterns für die irdische Evolution]*» noch auf den Brief vom 2. Januar 1952, wo er von

B – «der wachsenden Bedeutung, die in meinem Denken die explizite Betrachtung des Bösen einnimmt»,

spricht, zeigt sich, daß P. Teilhard das Dämonische gewiß nicht in seinem Herzen, jedoch in dem entfesselten und grundlosen Haß gekannt hat, der ihn verfolgte[27], und er hat die Tragik des Vorläufers erlebt: Er hat gesehen, er hat gewußt, daß es bei der Frage, ob man ihm folgte, um «die größere Herrlichkeit Christi» ging, er hat die [für bestimmte Menschen tödlichen] Folgen des Hinauszögerns erwogen, – und man hat ihn allein leben und sterben lassen. Welches auch immer die Schrecken der gegenwärtigen Welt sein mögen, die völlig aus der Fassung geraten zu sein scheint, man darf trotzdem nicht vergessen, daß der Höhepunkt der menschlichen Tragik der Gottesmord von Golgotha war, d.h. hinter uns liegt, und daß auf ihn der Triumph der Auferstehung folgte. Der Pater hat an letztere geglaubt, er hat sie bis in die tiefsten Tiefen seiner Seele gelebt. Die wirkliche Tragik, die verneinende Tragik, die Tragik der Leere ist also für jene, denen der Glaube an die Wirkung dieser Auferstehung fehlt und die sich schmerzhaft darüber wundern, daß sie keine Eroberer sind. Wird man jemals einen Marxisten sehen, der durch die Schriften eines Bernanos bekehrt wurde? – Kurz, weil Teilhard selbst geschrieben hat, daß die Versuchung der Auflehnung nur zu wachsen vermag mit der Intelligenz, muß der Teilhardsche Optimismus als ein dramatischer Optimismus oder eine überwundene

[26] = dem Übel gegenüber stumpf [und ganz mit seinem eigenen Teil beschäftigt] sein.

[27] Genauer gesagt war der Pater sozusagen unbesieglich, mit dem auferstandenen Christus gewappnet. Die von Vergil entliehene Familiendevise [Aen. VI, 730] läßt sich gut auf ihn anwenden: «IGNEUS EST OLLIS VIGOR...»

Tragik angesehen werden. Gewiß findet man bei ihm keinen Radikalismus der Angst, doch ist für ihn die Angst eines der Glieder einer brennenden Dialektik, deren anderes Glied die Hoffnung ist.

Auf dem CCIF[28] hat Étienne Borne am 23. Mai 1955 Worte gesprochen, die sich uns einprägten[29]:

B – «[...] es gibt gewissermaßen zwei Pole im christlichen Denken, zwischen denen eine Spannung herrscht, ein Dialog abläuft. Einer von ihnen ist der Jansenismus, die Pascalsche Schau einer personalen und unmittelbaren Beziehung zwischen der Seele und dem göttlichen Absoluten, einer Gegenwart der Einzelseele einem personalen Gott gegenüber, – eine Schau, die an einen gewissen Pessimismus gebunden ist und ein dramatisch persönliches Gespräch weckt. In dieser Ausrichtung fällt die Geschichte kaum ins Gewicht; die kosmische Dimension bleibt vernachlässigt, denn die Welt, die Geschichte sind etwas Unwesentliches oder eher ein Hindernis, eine absolut undurchsichtige Wirklichkeit, in der dieses Schweigen herrscht, das Pascal erschreckte. Das Denken P. Teilhards ist die sehr bewußte Verneinung des jansenistischen Denkens. In seinen Augen ist gerade eben grundlegend diese Perspektive der Evolution; denn für P. Teilhard, der zutiefst für die Einheit begeistert ist, ist die Evolution immer mehr als die positive wissenschaftliche Evolution: sie ist Aufstieg, Emporsteigen, Wachstum, und es ist notwendig, daß sich für diese Evolution ein göttlicher Sinn findet[30]. Die Teilhardsche Kosmologie ist grundlegend optimistisch mit dieser Welt, die immer emporsteigt, mit diesem restlosen Vertrauen in die Zukunft des Lebens und des Universums. Kurz, um das Göttliche zu finden, darf man den Kosmos nicht umgehen[31], vielmehr muß man durch ihn hindurchgehen. Und darin steht P. Teilhard am Ende einer langen Tradition, die durch das ganze christliche Denken hindurch Zeugen

[28] Centre catholique des intellectuels français.

[29] Die endgültige Fassung findet sich in ‹Recherches et Débats›, Arthème Fayard, Heft Nr. 12, August 1955, S. 159–164 [der Text ist bewundernswert].

[30] Die universelle Evolution ist an das Wachsen des mystischen Leibes und an die Vorbereitung der Parusie gebunden.

[31] Genauer, «sich vom Kosmos abwenden». In einem entscheidenden Brief vom 12. Dezember 1919 hat P. Teilhard seine Konzeption der Askese definiert: «*Ich räume grundlegend ein, daß die Vollendung der Welt nur durch einen Tod, eine „Nacht“, eine Umkehr, eine Exzentration und eine Quasi-Entpersonalisation der Monaden hindurch zur Erfüllung gelangt. Die Eingliederung einer Monade in Christus setzt bei letzterer*

hinterlassen hat. Ist das nicht bereits der Fall des heiligen Thomas, der sich wider den Augustinismus aufrichtet, indem er sagt, daß die Welt ihre eigene Konsistenz hat, indem er sie mit heidnischen Begriffen und in vollem Vertrauen in die Gutheit des Universums interpretiert[32]? Es herrscht also ein dem christlichen Denken wesentlicher Dialog, und nur auf die Gefahr hin, ihn zu unterbrechen, könnte man das Denken P. Teilhards von ihm ausschließen.»[33]

Genaugenommen üben diese beiden Pole nicht dieselbe Anziehung aus. Der Jansenismus stellt eine Art Unterschlupf, einen Felsen dar, an dem man sich verzweifelt in den Stürmen klammert. Er kann großartige Beispiele der Strenge geben, doch er erobert nicht oder nur recht wenig. Für den Fortschritt des Katholizismus spielt Teilhard die Hauptrolle, und er stellt einen der entscheidenden Trümpfe dar; denn er erobert in ebenso breitem Maße innerhalb wie außerhalb. Und eine der grundlegenden Ursachen für diese Expansionskraft ist recht deutlich. In der sehr schönen Schrift des Protestanten Georges Gusdorf ‹Wissenschaft und Glauben in der Mitte des 20. Jahrhunderts›[34] stehen in einem Abschnitt mit dem Titel ‹Der Moderne oder der Mensch, der seinen Ort verloren hat› folgende Zeilen:

eine Art inneren Zerfalls, d.h. eine Umgestaltung ihres ganzen Seins, voraus als Bedingung ihrer Neuschöpfung und Integration in das Pleroma.»

Das vollständige christliche Bemühen besteht seiner Ansicht nach in folgenden drei Dingen:

«– *1. Leidenschaftlich am menschlichen Bemühen mit dem Bewußtsein mitwirken, daß wir nicht nur durch die Treue im Gehorsam, sondern durch das verwirklichte Werk an der Vollendung Christi arbeiten, indem wir die mehr oder weniger nahe Materie des Pleroma vorbereiten.*

– *2. Aus dieser mühseligen Arbeit und aus der Verfolgung eines immer mehr ausgeweiteten Ideals eine erste Art von Entsagung und Sieg über den engen und trägen Egoismus schöpfen.*

– *3. Parallel zu den „Gipfeln" des Lebens seine Tiefstellen lieben – d.h. die providentiellen Passivitäten und Minderungen, durch die Christus in überragender Weise die Elemente, die Personalität, die wir für Ihn zu entwickeln uns bemüht haben, in unmittelbarer Weise in sich transformiert.»*

[32] Fügen wir noch hinzu, daß der hl. Thomas bereits eine Vorahnung der Evolution hatte, da er erklärt hat, es gefalle ihm mehr, daß Gott den Menschen «EX LIMO IAM INFORMATO» hervorgezogen habe.

[33] Mit anderen Worten, der Gott der Geschichte und der Gott der Person ist auch der Gott des Universums, wie die Psalmen bereits erahnt hatten.

[34] ‹Science et foi au milieu du XXe Siècle› in ‹La Revue de l'Évangélisation›, September-Oktober 1956, S. 352–355.

W – «Die Entdeckung neuer Himmel und neuer Erden, ein Triumph des abendländischen Genies, hat zur notwendigen Folge eine Neubekehrung des Menschen selbst gehabt. Denn der Mensch und die Landschaft existieren nicht unabhängig voneinander [...]. Der Kosmos der Alten, den die mittelalterliche Christenheit für ihren Gebrauch neu eingerichtet hatte, ist jetzt nur mehr eine leere Schale [...]. Der moderne Mensch sieht sich vom Ausgang des 16. Jahrhunderts an ähnlich Adam nach dem Sündenfall immer mehr aus dem wunderbaren Garten verjagt, in dem alles so wohl für seinen Gebrauch organisiert zu sein schien. Er wohnt von nun an nicht mehr an einem privilegierten Ort; er kann nicht mehr glauben, im Zentrum der kosmischen Welt und nicht einmal im Zentrum der menschlichen Welt zu stehen. Immer mehr entdeckt er sich in einer unheimlichen Welt als eine verschleppte Person auf der Suche nach einem erneuten Fußfassen, das unmöglich zu verwirklichen ist [...]. Der Mensch entdeckt, daß er allein und dezentriert ist in einem maßlos ausgeweiteten Bereich, in den sich nicht mehr, wie ehedem, die beruhigende Gegenwart Gottes einschreibt. Von hier her erklärt sich das berühmte Wort Pascals, des ersten Zeugen der zeitgenössischen Angst: „Das ewige Schweigen dieser endlosen Räume erschreckt mich..." [...] Der mittelalterliche göttliche Schöpfungsplan ist zerstört worden, doch gelingt es dem Menschen weder auf der Ebene der Erkenntnis noch auf der des technischen Vollzuges, die Kontrolle über die Totalität zu gewinnen. Es ist ihm bis in unsere Tage nicht gelungen, nachdem er seinen Ort verloren hatte, seinen Platz zu finden, indem er alles übrige an seinen Platz stellte.»

Es macht die Größe P. Teilhards aus, daß er inmitten dieser der Neurasthenie verfallenen Welt auf die zeitgenössische Angst die Antwort gegeben hat und den Menschen mit dem Kosmos und mit sich selbst ausgesöhnt hat, indem er ihm

W – «ein Ideal des Menschseins vorschlug, auf das sich aufgrund einer höheren und bewußt gewollten Synthese dieses instinktive Gleichgewicht bezog, das die Zeitalter der primitiven Naivität gekannt hatten»[35],

und indem er eben dadurch die romantische Angst und das Elend des Bewußtseins überwand. Noch genauer besteht sie darin, daß er den

[35] M. Boucher in ‹Stefan George, Choix de Poèmes›, Paris, Aubier, 1951, Bd. 2, S. 15.

Menschen an die Spitze nicht mehr eines Kosmos, sondern einer Kosmogenese gestellt hat und daß er so der im Lichte des auferstandenen Christus[36] mit der kosmischen Evolution identifizierten «Christogenese» ihre vollen Dimensionen gegeben hat. Weder eine Geozentrik noch einen Monogeismus[37] noch einen immobilen und hierarchisierten Kosmos noch eine Anthropozentrik der Position gibt es mehr: das stimmt. Doch der Mensch, der an die Spitze der Evolution gestellt wird, findet wieder seinen Platz im Universum. Er hört auf, ein Rätsel zwischen den beiden Unendlichen des Winzigen und des Großen zu sein, denn er stellt ein drittes Unendliches dar, das der Komplexität, das die Synthese der beiden vorhergehenden bildet. Gewiß weiß der Kosmos, da er unbewußt, oder genauer, vorbewußt, ist, nicht darum; doch dem Christus-Evolutor, der im Herzen der Kosmogenese wohnt, ist der Mensch nicht unbekannt, die noch unvollendete Art, die über die vielfältigen Leidensstationen ihrer Wege in Richtung einer transzendenten Zukunft geht. Und mit einem meisterhaften Griff versöhnt P. Teilhard, indem er das Universum zu einem Tempel macht, indem er den Menschen des 20. Jahrhunderts mit sich selbst versöhnt, das Christentum mit der modernen Welt, d. h. mit der evolutionistischen Wissenschaft, und eben damit setzt er an die Stelle des statischen Pessimismus[38] den Fortschrittsoptimismus und findet einen seit dem heiligen Paulus und dem heiligen Irenäus vergrabenen Schatz,
W – «den Sinn für die kosmische Komponente des Heils»[39], für Christus, den Rekapitulator aller Dinge, wieder.

Das dreifache Paradox P. Teilhards: einmal ein Alleinstehender, zum

[36] Ursache und Gipfel dieser Christogenese. Christus ist als das Wort vollendet, doch da Er mit seinem mystischen Leib eins ist, hat Er auf geheimnisvolle Weise an dem Werden dieses Leibes teil, der Seine Fülle erst in der Parusie erreichen wird.

[37] Monogeismus [nach dem Griechischen μόνος = allein und γή = Erde] nennt man die Theorie, nach der die Existenz eines bewohnten Planeten ein in allen Milchstraßen einmaliges Phänomen sei.

[38] Der seinen Ausdruck ebenso wie die zeitgenössische Angst in den christlichen Existentialismen findet. Letztere werden wahrscheinlich nicht reduzierbar sein und die Rolle eines Gegengewichts spielen. Ihre Kritiken bringen den Vorteil mit sich, daß sie jede simplistische Darlegung des Teilhardschen Denkens verbieten.

[39] H. I. Marrou, op. cit.: siehe den interessanten Artikel von M. Spanneut ‹La Rédemption cosmique autour des années 200› in ‹La Table Ronde›, Dezember 1957, S. 53–60. P. Teilhard hat einen der Grundwerte des alten Christentums wiedergefunden.

anderen eine Resurgenz und ein tönendes Echo von seltener Ansprechbarkeit. Die französische Philosophie ist ein schöner Garten im Stile von Le Nôtre, doch in ihre schön geharkten Beete ist ein Meteor gefallen, der einen tiefen Krater gegraben hat. Ein «Free-Lance Thinker»? Der Pater hat sich zu Recht so qualifiziert. Leibniz, Spinoza, Karl Marx, Cournot, Nietzsche, Bergson, Édouard Le Roy, Maurice Blondel, Spengler, Toynbee, Julian Huxley, Alexis Carrel haben eher als Katalysatoren, als Anreger, als Beschleuniger gedient, selten als unmittelbare Quelle[40]. Georges Gusdorf schrieb uns:

B – «[...] Tatsächlich kann Teilhard sich trotz allem in die Linie einer philosophischen Tradition stellen. Wenn er auch in der Gegenwart allein steht, knüpft er doch an die Tradition der Philosophie der Natur an, die in der Renaissance deutlich zutage tritt.»[41]

Doch diese Renaissancephilosophie ist ausschließlich heidnisch, während die Liebe Teilhards zur Natur, zur Welt christlichen Ursprungs ist. P. Teilhard liebt das Universum, indem er an der Liebe des Schöpfers teilhat. In dieser Tatsache liegt ein radikaler Gegensatz. Sehr viel umfassender und expliziter knüpft die kosmische Liebe Teilhards an die des heiligen Franz von Assisi an. Wir sind also aufgefordert, sehr viel weiter zurückzugehen als bis ins 16. Jahrhundert: wir sollen die thomistischen Scholastiker, Duns Scotus[42], den heiligen Irenäus und über die ersten Väter hinaus sogar die Ionier befragen. Der kosmologische Optimismus P. Teilhards erinnert an gewisse mittelalterliche und patristische Traditionen, die Ersetzung der traditionellen Metaphysik durch eine Hyperphysik erinnert weitläufig an die ionischen Spekulationen, diese Denkweise, in der Naturwissenschaft und Philosophie eins waren. Und doch ist dieser Restaurator einer «Physik», wie sie von den Griechen verstanden wurde, sich bewußt, ein tönendes Echo zu sein, das auf die Rufe seiner Zeitgenossen antwortet. Er hat es häufig gesagt:

B – «Natürlich bin ich mir bei alldem bewußt [und es ist

[40] Blondel und Le Roy bilden eine Ausnahme.

[41] Und die durch Schelling und Lachelier weitergeführt wurde. Allerdings blieb das Denken Schellings, das der Romantik eng verwandt war, der Naturwissenschaft seiner Zeit fremd. Das Denken P. Teilhards bewegt sich in der Wissenschaft und sogar in der Wissenschaft, die sich in der Entwicklung befindet.

[42] Als erster hat P. Wildiers, der einer der besten Spezialisten des Teilhardschen Denkens ist, auf diese Nähe zu Duns Scotus hingewiesen.

wichtig, daß ich nicht aufhöre], für das, was Sie zu sagen haben, eher ein Beispiel denn ein Modell oder Vorbild zu sein. Ich sehe sehr deutlich, daß meine Stärke [oder, wenn Sie es vorziehen, die Ursache für den Einfluß, den ich haben mag] keineswegs darin liegt, daß ich irgend etwas „erfunden" hätte, – sondern ganz einfach in der Tatsache, daß ich in angemessener Weise den „Resonanzboden" zu einer bestimmten Schwingung, zu einer bestimmten menschlichen und religiösen Note bildete, die derzeit überall in der Luft liegt und in der die Leute sich wiedererkannt und gefunden haben.»[43] – «Ich bin mir bei allen meinen Arbeiten bewußt, ein einfacher Resonanzboden zu sein, der vergrößert, was die Leute in meiner Umgebung denken. Ich bin nicht, ich will nicht und ich kann nicht „ein Meister" sein. Nehmen Sie bei mir, was Ihnen paßt, und bauen Sie sich *Ihr* Gebäude.»[44]

Ganz gewiß darf man sich nicht von der Demut Teilhards täuschen lassen: Wir alle wären durchaus unfähig gewesen, das ohne ihn zu finden. In Wirklichkeit hat er die Richtung angegeben, der zu folgen ist, damit der Katholizismus, nachdem er von allem, was in ihm das Auftreten der Häresien zurückgelassen hat, entgiftet und von allen Exzessen in jeder Richtung befreit ist, deutlich das Ziel und die zu ihm führenden Mittel erkennen kann. Es bleibt um nichts weniger wahr, daß dieser Meister, der keine Jünger wollte, Hunderte und Tausende unter all den begeisterten Lesern des ‹Göttlichen Bereichs› gefunden hat.

Wie sollen wir dieses dreifache Paradox auflösen? P. Henri de Lubac hat zu diesem Problem folgende durchdringende Bemerkungen gemacht:

W – «Weil ein N. für sich selbst gedacht hat, für sich selbst gesucht hat, sich bemüht hat, sich selbst gegenüber mit aller möglichen Strenge und Ehrlichkeit das auszusagen, was er dachte, was er glaubte – deswegen hat er, ohne es darauf abgesehen zu haben, eine so breite Zuhörerschaft gefunden. Er hat sich mit seinem ganzen christlichen Glauben, seiner ganzen mystischen Seele, seiner ganzen Kultur eines Gelehrten, mit all seinen Forderungen eines unbefriedigten Intellektuellen in sein Werk hineinbegeben. Er lebte, er hat Lebendige erreicht. Mehr noch, er hat Leben geweckt. Er hat

[43] Brief vom 10. Dezember 1952.

[44] Brief vom 1. Januar 1954.

über seine Wege Geister gehen lassen, die noch an der Kreuzung wohnten. Und weil er so zunächst eine Handvoll seiner Zeitgenossen gewonnen hat, deren Geist von vornherein verborgen mit dem seinen in Einklang stand, hallte – und zwar sehr schnell – das Echo seiner Stimme in dem wider, was man die tiefe Masse nennen darf. Er ist auf das gestoßen, was er keineswegs gesucht hatte. Das besagt aber nicht, daß am Ursprung seines Denkbemühens der apostolische Eifer keine große Rolle gespielt habe. Der Christ, der in seinem innersten Bemühen sucht, sucht mit allen und für alle.»[45]

Teilhard hat nämlich auf einer einzigartig hohen Ebene und ohne den geringsten Egoismus genau das berühmte Programm Victor Hugos verwirklicht[46]: «*[...] Wenn ich zu euch von mir spreche, spreche ich zu euch von euch. Wieso spürt ihr das nicht? O du Narr! Du glaubst, daß ich nicht du bin!*» P. Teilhard hat sein Ich nicht ausgebreitet, er hat sich nicht bemüht, sich ein Publikum zu schaffen, und noch weniger, ihm zu gefallen, doch ist er gemäß seinen höchsten Werten im Schweigen und in der Demut er selbst gewesen, und deswegen vermochte er an die Herzen der Menschen zu rühren. Er ist isoliert gewesen, weil er sich jeder Mode und allen philosophischen Obödienzen verweigert hat, doch stellte sich niemals zwischen das Wirkliche und den Blick Teilhards ein ideologischer Schild, und trüge er auch die angesehenen Farben eines Hegel, eines Nietzsche, eines Husserl oder eines Heidegger. P. Teilhard hat immer im direkten Ringen mit dem Kosmos und mit Gott gelebt, und das hat seinem Zeugnis diesen einzigartigen Charakter der Authentizität verliehen – der Authentizität eines Mannes, der von dem spricht, was er gesehen und berührt hat. Er ist zugleich aktuell und inaktuell, seltsam neuernd und eigenartig traditionell, weil jede Verteidigung und Darstellung des Christentums unauflöslich eine doppelte Geste beinhaltet, Brücke zu den Quellen und Bewußtwerdung der kategorischen Imperative der zeitgenössischsten, am meisten up to date seienden Wissenschaft, Philosophie und Spiritualität. Das ist möglich mit einem Glauben, dessen Werte ewig sind und folglich das Werden des Menschen informieren können. Das ist verwirklichbar mit einem Evangelium, dessen Reichtümer die Kirche erst am Ende der Zeiten erschöpfen wird.

[45] ‹Paradoxes›, 1949, Éd. du Seuil, S. 98–99.
[46] Vorwort der ‹Contemplations›.

Es gibt unter den Verächtern des Christentums nur drei Menschen, die man ernst nehmen kann, weil sie bis auf den Grund der Dinge gegangen sind und an den Kern gerührt haben: Spinoza, Karl Marx und Nietzsche. P. Teilhard jedoch, ich weiß nicht durch welches Charisma, geht über diese drei Denkformen mit der ganzen Spannweite seines Glaubens hinaus und entfasziniert eben dadurch für immer den christlichen Intellektuellen. Es kann wirklich keinerlei Zweifel über den radikalen und authentisch christlichen Charakter der Teilhardschen Weltanschauung geben. Aus zahllosen Gründen – niemals versagende Liebe zu Christus, Teilhabe am Geheimnis des Kreuzes, mystische Prüfungen, Verurteilung zum Schweigen, häufig asketisches und aufreibendes Leben, Erinnerung an das Opfer seiner Schwester Françoise, der Anblick des langen Martyriums seiner Schwester Marguerite-Marie – haben wenige Menschen einen so geschärften Sinn für das menschliche Leiden und das Kreuz[47]:

W – «Das menschliche Leiden, die Totalität des in jedem Augenblick über die ganze Erde ausgegossenen Leidens, welcher unermeßliche Ozean! Doch was bildet diese Masse? Schwärze? Lücken? Abfälle? ... Nein, sondern, sagen wir es noch einmal, mögliche Energie. Im Leiden ist mit extremer Intensität die Aufsteigekraft der Welt verborgen. Die ganze Schwierigkeit liegt darin, sie freizusetzen, indem man ihr das Bewußtsein dessen gibt, was sie bedeutet und was sie vermag. Welchen Sprung nach vorn in Richtung auf Gott wird die Welt nicht tun, wenn alle Kranken zugleich ihre Mühsal in ein gemeinsames Verlangen verwandelten, daß das Reich Gottes rascher durch die Eroberung und Organisation der Erde hindurch reife! Wenn alle Leidenden der Erde ihre Leiden vereinten, damit die Mühsal der Welt ein großer und einzigartiger Akt des Bewußtseins, der Sublimation und der Vereinigung werde! Sollte das nicht eine der höchsten Formen sein, die in unseren Augen das geheimnisvolle Werk der Schöpfung annehmen könnte?

Und erfüllt sich nicht gerade deswegen die Schöpfung in den

[47] Wer vermöchte die Schuld P. Teilhards dem ‹Göttlichen Bereich› der Familie und vor allem seinen Schwestern gegenüber zu ermessen? Da sie sich gewissermaßen auf die «Schattenseite» der Mystik spezialisierten, da sie sich als Brandopfer aufopferten, haben sie ihrem so sehr geliebten Pierre erlaubt, in blendendem Licht den Christus des Berges Tabor und der Auferstehung zu betrachten.

Augen des Christen im Leiden Jesu? Wir laufen vielleicht Gefahr, am Kreuze nur ein individuelles Leiden und eine einfache Sühne zu sehen. Die schöpferische Potenz dieses Todes entgeht uns. Schauen wir mit einem umfassenderen Blick hin: und wir werden wahrnehmen, daß das Kreuz das Symbol und das Zentrum eines Wirkens ist, dessen Intensität unaussagbar ist. Selbst vom irdischen Standpunkt aus gesehen, sofern er in umfassendem Sinne verstanden wird, ist der gekreuzigte Jesus kein Verworfener oder Überwundener. Er ist im Gegenteil jener, der das Gewicht trägt und die Fortschritte des universellen Marsches immer höher zu Gott hin mitreißt. Tun wir es Ihm gleich, um mit unserer ganzen Existenz mit Ihm vereint zu sein.»[48]

Gewiß hat er der Askese, der Mystik, der Kontemplation eine größere Fülle gegeben, doch ist er dabei in ganz klarer Weise auf der katholischen Linie geblieben:

B – «Es ist nicht zu bezweifeln, daß das Christentum aufgrund seines wagemutig aufrecht gehaltenen [und wagemutig modernisierten] Glaubens an eine Totalisation des Universums in Richtung eines und in einem Personalen [durch die Kräfte der Liebe] die einzige sich zeigende Moral und Mystik ist, die fähig ist, das Phänomen der Superhominisation [wie wir es erahnen] zu beseelen. Doch darüber ist noch sehr viel nachzudenken und vor allem viel zu experimentieren und zu leben. Ich habe häufig den Eindruck, daß die Menschen derzeit in der Erwartung eines neuen „Heiligen“ vegetieren, der käme, ihnen die gelebte Formel und das Musterbeispiel einer Form der Anbetung und Vollkommenheit zu geben, die sie erahnen, ohne daß es ihnen gelänge, sie zu formulieren.»[49]

[48] ‹La signification et la valeur constructrice de la souffrance› in ‹Le Trait d'union›, Nr. 45, 1. April 1933 [Zeitschrift der Union catholique des malades (UCM)], S. 10–11.

[49] Brief vom 25. August 1947. – Derselbe Ruf erscholl bereits in einem Brief vom 21. Juni 1921: «*Um uns herum häuft sich, davon bin ich überzeugt, eine gewaltige religiöse Potentialität auf, doch gelingt es ihr nicht, sich zu verdichten. Aus dem einen oder dem anderen Grunde – und zum erstenmal seit der christlichen Ära – hat sich eine zivilisierte Menschheit außerhalb des expliziten Bewußtseins Christi konstituiert. Es bedürfte also einer Art von „Reinkarnation“, um diesen großen Leib zu beseelen, und diese Reinkarnation [...] muß im Grunde von alldem gefördert werden, was wir seit Jahrhunderten an Wahrem und Schönem aufgebaut haben. – Wie wird die Bewegung ausgelöst werden?... Ich träume von einem neuen Franziskus oder einem neuen Ignatius, die uns die neue Art*

P. Teilhard hat mit einer Demut, die der des heiligen Johannes des Täufers vergleichbar ist, geglaubt, seine Rolle beschränke sich darauf, das Kommen dieses neuen «Heiligen», des Herolds der Inkarnation und der Pleromation, anzukünden, dieses «Heiligen», den die zeitgenössische Menschheit seit Fogazzaro und Bergson mit allen ihren Kräften herbeiruft. Tatsächlich, und alle, die ihn gekannt haben, geben ausnahmslos dasselbe Zeugnis, finden wir bei Teilhard viel mehr als nur die Grundrisse dieser neuen Form der Heiligkeit[50].

Bereits vor dem Ersten Weltkrieg war Teilhard entschlossen, sowohl Christus zu dienen als auch an der Welt teilzuhaben: das Kreuz zuzüglich die Konstruktion des Universums. Paradox? Keineswegs. Wir verweisen auf die tiefe Mystik des ‹Göttlichen Bereichs›, mit dieser Vereinigung der Kontemplation und des Tuns in Christus, der «*nur tut, was Er den Vater tun sieht*», der unaufhörlich wirkt. Festgelegtsein der Liebe, des Blicks und der Gebärde. Teilhard glaubt also an den universellen Wert der Schöpfung. Er kennt die Phasen, durch die die menschliche Gruppe hindurchgehen muß, er ist sich der wachsenden spirituellen Notwendigkeit bewußt, und gerade deswegen drängt er auf die materielle Entwicklung der Welt:

> B – «Halten Sie dies gut fest: den verschiedenen menschlichen Konstruktionen messe ich keinerlei endgültigen und absoluten Wert bei. Ich glaube, sie werden verschwinden, eingeschmolzen in ein neues, unvorstellbares Ganzes. Doch räume ich ein, daß sie eine wesentliche vorläufige Rolle haben – daß sie unersetzliche, unvermeidliche *Phasen* sind, durch die wir [wir oder die Rasse] im Laufe unserer Metamorphose hindurchgehen müssen. Ich liebe an ihnen nicht ihre besondere Form, sondern ihre Funktion, die darin besteht, geheimnisvoll zunächst Vergöttlichbares – und

des christlichen Lebens zeigen würden [enger in die Welt hineingegeben und zugleich losgelöster], dessen wir bedürfen. Könnte zumindest unser Verlangen der Staub sein, aus dem dieser Mensch hervorgehen wird!» [Siehe auch den Brief vom 31. Dezember 1926.]

[50] Eine Mutter Oberin hat, nachdem sie den ‹Göttlichen Bereich› gelesen und das Buch ihrer Mutter Generalin angeboten hatte, geschrieben: «Es ist nicht daran zu zweifeln: P. Teilhard ist einer der Leuchttürme der Heiligkeit, der seine ganze Generation zu den Gipfeln hin mitreißen wird.» Auf jeden Fall verdanken wir ihm eine der treffendsten Definitionen des Heiligen: «*Der Heilige ist jener, der in sich das gesamte Menschliche seiner Zeit christianisiert*» [Brief vom 28. September 1950].

dann, durch die Gnade Christi, die sich über unser Bemühen legt, Göttliches aufzubauen.»[51]

Die vollständige Spiritualität ist für P. Teilhard, was die wahre Philosophie für Karl Marx ist, nämlich eine Praxis. Und die [mit der Forschung verbundene] Arbeit ist in der Fülle des Wortes ein Gebet, wenn sie auf den im Herzen der Materie wohnenden Christus ausgerichtet ist. P. Teilhard sagte eines Tages: «*Die Rückkehr zum Vater ist alles.*» Doch diese Rückkehr ist nur möglich, wenn die Menschheit im Höchstmaß die «Form» Christi annimmt, wenn sie sich von Ihm assimilieren läßt. Wenn man P. Teilhard liest, ist man überrascht, wie sehr er in die Erforschung der wirksamsten Askese, der authentischsten Mystik vorgedrungen ist. Diese neue Askese auf der Grundlage des Hindurchgehens und der Überwindung des Kosmos erlaubt den technischen Menschen, sich bereits jetzt als Vorchristen [in Übereinstimmung mit den Plänen Gottes] zu fühlen, anstatt die Diener einer verfluchten und entmenschlichten Welt zu sein: die moderne Welt der Technik gewinnt ihren Wert als Zeichen der unsichtbaren Welt zurück.

Bei diesem Christen von einem außergewöhnlichen Guß sind die spezifisch katholischen[52] und jesuitischen Charakterzüge offensichtlich. Diese sichtbar eucharistische Frömmigkeit, diese Vorstellung, daß die Inkarnation weitergeht und daß die Offenbarung sich in und durch die Kirche explizitiert, diese Furcht zu erleben, daß das Dogma sich in Symbolismus auflöst, dieser Sinn für den mystischen Leib und das Pleroma, diese Bindung an das Mariale, diese konstante Hingabe an das Herz Jesu, all das ist Zeugnis eines eindeutigen Katholizismus. Es gab sogar bei diesem Denker mit Anschauungen von wunderbarer Kühnheit eine Art von Naivität, von Harmlosigkeit im Glauben, die ihm den Geist der Kindheit bewahrten, den der Herr verlangt, um in das Himmelreich einzugehen. Und tatsächlich hat die Kirche ihn immer als den Ihren anerkannt, denn wenn der Pater wie die Propheten und die Heiligen die Rechte der Berufung verteidigt hat, wenn er gesagt und geschrieben hat, was er dachte, hat er es doch niemals an Respekt fehlen lassen, hat er niemals eines dieser beiden

[51] Brief vom 12. Dezember 1919.

[52] Bereits jetzt hat er seinen Platz in den apologetischen Handbüchern; vgl. Msgr. Cristiani, ‹Nos Raisons de Croire, Sens et Vertu de l'Apologétique›, Paris, Arthème Fayard, Coll. «Je sais, je crois», S. 95–99.

Bänder zerrissen: «*Die Loyalität uns selbst gegenüber und die Bindung an die Kirche.*» Wie hat er bis zum Ende in ihr aushalten können? P. Teilhard war kein «Reformator» im Sinne des 16. Jahrhunderts. Die wie die Kirche vom Heiligen Geist[53] inspirierten katholischen Genies haben keinerlei Mühe, im Schoße der Kirche zu bleiben: der heilige Augustinus, Albert der Große, der heilige Thomas, der heilige Ignatius, die heilige Theresia, Bérulle, der heilige Johannes vom Kreuz usw. Deshalb hat der Pater niemals die Möglichkeit eines Bruchs ins Auge gefaßt, und die Kirche hat schließlich die Wahrhaftigkeit des Geistes, der ihn führte, anerkannt. Hat nicht er die beste Definition der Gnade und des Übernatürlichen gegeben:

> W – «Sogar Ting scheint mir die Erforschung einer Religion als ein umfassendes wissenschaftliches Unternehmen aufzufassen, während doch das Absolute, das ist allzu klar, sich nicht „mit Gewalt *nehmen lassen*" kann, sondern sich den Menschen, die es erwarten, „schenken" [bekunden] muß.»[54]

Die eindeutig jesuitischen Charakteristika der Spiritualität Teilhards fallen sogar den Uneingeweihtesten auf. Als man das Jubiläum seiner fünfzigjährigen Zugehörigkeit zur Gesellschaft feierte, erklärte er: «*Wenn das von neuem zu tun wäre, ich würde es noch einmal tun.*» Um zu begreifen, muß man lieben, und Teilhard lieben heißt die Gesellschaft Jesu lieben[55], allerdings, das ist selbstverständlich, unter Beiseiteschiebung der absurden Legenden, die über sie im Umlauf sind, und indem man aufhört, das allzu berühmte «PERINDE AC CADAVER» wiederzukäuen, eine Formel, die übrigens auf den heiligen Franz von Assisi zurückgeht[56]. Ein sehr kluger Mann hat uns geschrieben:

53 Der wohlgemerkt seine Gaben keinem Menschen guten Willens verweigert.

54 Brief vom 25. Januar 1924.

55 Es versteht sich von selbst, daß zwischen dem «Entwurf» der Gesellschaft Jesu und ihren Verwirklichungen ein weiter Abstand liegt. Es wäre leicht, eine lange Kette erdrückender Tatsachen aufzuzählen – 1932 in Löwen angeordnete Vernichtung der zweiten Fassung des ‹Göttlichen Bereichs› [ein Jesuit hat die Ehre gerettet, indem er sich des Gehorsams enthielt], 1945 angeordnete massive Vernichtung aller in Händen der jungen Jesuiten befindlichen Schriften Teilhards [ein Jesuit in Lyon hat gleichfalls die Ehre gerettet]. Doch in allem Menschlichen findet man diesen selben Abgrund zwischen dem «Entwurf» und der Verwirklichung. Ist Marx für die von Stalin geschaffenen Todeslager verantwortlich?

56 Was die Jesuiten nicht daran hindert, stolz auf diesen Gehorsam zu sein, der ihnen

B – «Sie haben sehr richtig begriffen, daß P. Teilhard zutiefst jesuitisch war trotz aller Prüfungen, die Ihnen bekannt sind [und die er selbst um so stärker spürte]; doch das erklärt diese Treue. Das Wesentliche ist in sehr einfachen Worten gesagt. Er war Apostel: seine Spiritualität war wesentlich *apostolisch;* er war menschlich: sein *Humanismus* war von vollkommener Authentizität; er liebte leidenschaftlich seine Zeit: er hatte das Genie der *Anpassung;* er hatte gelernt, *Jesus Christus* in bedingungsloser Weise zu lieben, in diese Liebe das ganze dem Menschen eigene Bedürfnis des Absoluten und das ganze Absolute der Hingabe zu legen, in der der Mensch sich selbst schenkt. Das sind charakteristische Züge des Geistes der Gesellschaft Jesu.»[57]

Es genügt wirklich, die Konstitutionen des Ordens der Jesuiten[58] durchzugehen, um in ihnen die Grundlinien der Teilhardschen Spiritualität wiederzufinden. Primat des Göttlichen [MAJOR DEI GLORIA, MAJUS DEI OBSEQUIUM]: P. Teilhard hat nur für Christus gelebt. *Apostolisches Ziel:* P. Teilhard hat, da er eine christologische Schau der Evolution hatte, auf sie sein apostolisches Bemühen zentriert. *Unterordnung der natürlichen Mittel unter die übernatürlichen, aber Achtung und Gebrauch der natürlichen Mittel:* Für Teilhard ist die Kosmogenese vor allem ein Streben [göttlichen Ursprungs] zur Übernatur, aber normalerweise wirkt der Geist Gottes durch die Vermittlung der Kosmogenese. *Theozentrisches Kultur- und Humanismusideal*[59]*:* Das ganze Streben Teilhards ist darauf gerichtet, einen neuen Humanismus zu schaffen, dessen Zentrum der Christus-Evolutor ist. *Diskrete und heroische Liebe* [DISCRETA CARITAS], *d.h. eine Liebe, die zu unterscheiden vermag, eine kluge Liebe, eine Liebe, die Maß zu halten weiß:* Es ist nicht notwendig, den Teilhardschen Heroismus zu betonen, denn er hatte es sozusagen zu seiner Spezialität gemacht, das Evangelium in die unzugänglichsten Bereiche

erlaubt, an dem Gehorsam des ans Kreuz genagelten und am Kreuze sterbenden Jesus teilzuhaben.

57 Brief vom 29. Juni 1957.

58 Paul de Chastonay, ‹Les Constitutions de l'Ordre des Jésuites›, Paris, Aubier, 1941.

59 Die Erarbeitung eines christlichen Humanismus ist eines der großen Verdienste der Gesellschaft Jesu. Es macht nicht die Lebensweise des ausgebildeten Jesuiten aus, daß er seine Zeit in langen Frömmigkeitsübungen verbringt, sondern daß er «Gott in allen Dingen sucht», sogar in den profansten Beschäftigungen.

zu tragen. Der andere Aspekt existiert auch, selbst wenn er weniger bekannt ist. P. Teilhard sprach sich mit einer verwirrenden Offenheit aus. Doch man täusche sich hierin nicht: Dieser die Seelen vollkommen achtende Priester, der bekehrte, ohne danach zu streben, zu bekehren, wahrte zutiefst Distanz[60], sagte nur das, was ihm nützlich erschien, und trotz seiner mündlichen oder brieflichen Kühnheiten bewahrte er diese für den Jesuitengeist so charakteristische Klugheit und Unnachgiebigkeit. Im Wesentlichen niemals Abweichungen oder gefährliche Zugeständnisse. *Beweglichkeit und Geschmeidigkeit im Gehorsam, der bewirkt, daß der Jesuit immer bereit ist, überall hinzugehen:* P. Teilhard ist immer ein «PERPETUUM MOBILE»[61] gewesen, und er hat keine Reise ohne die Erlaubnis seiner Oberen unternommen. Wenige Menschen sind fügsamer und disziplinierter gewesen. «AGERE CONTRA»: P. Teilhard hat nie auf sich Rücksicht genommen. Schließlich *Gemeinschaftsbewußtsein:* Die Gedanken P. Teilhards über die notwendige menschliche Sozialisation und über die Bewußtseinsverstärkung, die letztere nach sich ziehen muß, sind einerseits auf der Erfahrung des Teams, der wissenschaftlichen Gruppe, gegründet und zum anderen auf der des Gemeinschaftslebens der Jesuiten. Der Block ist bei den Jesuiten, welches auch die Mannigfaltigkeit ihrer Ausrichtung sein mag, unangreifbar, und das macht neben ihrer langen Vorbereitung, ihrer Kultur und ihrem apostolischen Sinn eines der Geheimnisse ihrer Stärke aus.

Niemals wird bei Teilhard der Priester vergehen. Wenn der Philosoph die Menschheit die Schwelle des neuen Seins überschreiten lassen und sie in das Zeitalter der Synthese eingeführt haben wird, wenn aus dem «Propheten», dem Autor des ‹Menschlichen Phänomens›, ein «Klassiker» geworden sein wird, wird die Frömmigkeit immer noch ihre Nahrung erhalten von dem Priester der ‹Messe über die Welt›, von dem Konsekrator des Pleromas, in dem er bis in

[60] Führen wir zwei charakteristische Zeugnisse an: «Der Pater verstand, sich der Zuhörerschaft anzupassen. Vor einigen von ihnen hielt er sich zurück.» – «Teilhard war mit aller Welt liebenswürdig, jedoch zurückhaltend; der Untergrund seines Denkens entging den Leuten, denen er begegnete.» In gewissen Fällen hat seine Weigerung einzugreifen erstaunt. Geschah es aus Angst, sich zu kompromittieren? Eher die Angst, das Werkzeug Gottes wegen einer Lappalie unbrauchbar zu machen, Weigerung, sich in geringfügigen Dingen zu verschleißen.

[61] Vgl. den Brief vom 12. September 1933: «*Ich glaube, ich werde irgendeines Tages an einem großen Wege wie der Ewige Jude enden. Doch wünsche ich nichts Besseres.*»

die äußersten Partikeln die sakrale Einwirkung der Inkarnation wahrzunehmen vermochte, und schließlich von dem, der die katholische Konzeption einer Evolution belebt hat, die fortschreitend im Hinblick auf die letzte Rückkehr zu ihrem Haupt das unermeßliche geistige Bemühen, die erschreckende materielle Mühsal des Universums auf dem Wege zu seiner christischen Vollendung assimiliert:

W – «Jetzt, Herr, gewinnen durch die Konsekration der Welt der im Universum schwebende Schein und Duft für mich Leib und Gesicht in Dir. Was mein zauderndes Denken erahnte, was mein Herz in einem unwahrscheinlichen Verlangen forderte, gibst Du mir großartig: daß nämlich die Geschöpfe nicht nur derart untereinander solidarisch seien, daß keines existieren könnte ohne alle die anderen, die es umgeben, daß sie vielmehr derart von ein und demselben wirklichen Zentrum abhängen, daß ein wahrhaftes Leben, dem sie gemeinsam unterworfen sind, ihnen endgültig ihre Konsistenz und ihre Vereinigung gibt.

Sprenge, mein Gott, durch die Kühnheit der Offenbarung die Zaghaftigkeit eines knabenhaften Denkens, das sich in der Welt nichts Größeres und nichts Lebendigeres vorzustellen wagt als die erbärmliche Vollkommenheit unseres menschlichen Organismus! Auf dem Wege eines kühneren Begreifens des Universums lassen die Kinder der Welt jeden Tag die Lehre Israels weiter hinter sich zurück. Herr Jesus, „in dem alle Dinge ihren Bestand finden", offenbare Du Dich endlich denen, die Dich lieben, als die höhere Seele und das physische Zentrum der Schöpfung. Es geht um unser Leben, siehst Du das nicht? Würde ich nicht, wenn ich nicht glauben könnte, daß Deine wirkliche Gegenwart die geringsten der mich durchdringenden oder mich berührenden Energien beseelt, geschmeidig macht und erwärmt, bis in das Mark meines Seins erstarrt, vor Kälte sterben?

[...]

In diesem Augenblick, da Dein Leben mit einem Übermaß an Kraft in das Sakrament der Welt eingeht, will ich mit einem vermehrten Bewußtsein die starke und ruhige Trunkenheit einer Schau kosten, deren Kohärenz und Harmonien zu erschöpfen mir nicht gelingt.»[62]

[62] ‹La messe sur le monde›, S. 4 und 5, ‹Die Messe über die Welt›, deutsch in ‹Lobgesang des Alls›, S. 22–24.

... Wir haben versucht, den Ort P. Teilhards auf der philosophischen und religiösen Ebene zu bestimmen. Doch das ist noch nicht das Wesentliche. In einer aus dem Jahre 1919 datierten Schrift ‹Die geistige Potenz der Materie›[63] versuchte P. Teilhard in der Form einer Dichtung von seltener Schönheit die philosophische und mystische Bedeutung der Materie herauszustellen. Er vergleicht den Kampf des Menschen mit der Materie dem Ringen Jakobs mit dem Engel, denn sie ist ambivalent, zweideutig, und um ihre geistige Potenz herauszustellen, muß man zunächst hart wider sie ringen. All das gehört in ein frühes Stadium, ‹*Die Rotglut der Materie*›, und betrifft nicht unmittelbar unsere Frage. Doch gegen Ende des Textes fühlt der Mann – d. h. P. Teilhard – sich von der Materie wie von einem Wirbelwind hinweggetragen gleich dem in die Himmel fortgetragenen Propheten Elias, und er beschreibt seine Eindrücke:

W – «– Da machte das Fieber des Kampfes in seinem Herzen einer unwiderstehlichen *Erleidens*leidenschaft Platz; er entdeckte blitzhaft – überall in ihm gegenwärtig – das *Einzige Notwendige*.

[...]

Er hatte Mitleid mit denen, die angesichts eines Jahrhunderts erschrecken oder die nicht über ein Land hinaus zu lieben vermögen.

So viele Dinge, die ehedem ihn verwirrt hatten oder ihn sich auflehnen ließen, die Reden und die Urteile der Doktoren, ihre Behauptungen und ihre Verbote, ihr Verbot für das Universum, sich zu bewegen...

... All das erschien ihm lächerlich, unwirklich im Vergleich zu der majestätischen, von Energie überströmenden Wirklichkeit, die sich ihm offenbarte, universell in ihrer Gegenwart, – unveränderlich in ihrer Wahrheit, – unbarmherzig in ihrer Entwicklung, – unabänderlich in ihrer Gelassenheit, – mütterlich und sicher in ihrem Schutz...

Er hatte also, endlich!, *einen Stützpunkt* und eine Zuflucht *außerhalb der Gesellschaft gefunden*! –

Ein schwerer Mantel fiel von seinen Schultern und glitt hinter ihn: das Gewicht dessen, was falsch, eng, tyrannisch, *künstlich*, *menschlich* in der Menschheit ist.

Eine Woge des Triumphs befreite seine Seele.

[63] ‹La puissance spirituelle de la matière›, deutsch in ‹Lobgesang des Alls›; die zitierte Stelle befindet sich S. 83–85.

Und er spürte, daß von nun an nichts mehr auf der Welt sein Herz von der höheren Wirklichkeit lösen könnte, die sich ihm zeigte – nichts: weder die Menschen in dem, was sie an sich Eindrängendem und Individuellem haben [denn so verachtete er sie] – noch der Himmel und die Erde in ihrer Höhe, ihrer Breite, ihrer Tiefe, ihrer Macht [denn gerade ihnen weihte er sich für immer].

– Eine tiefe Erneuerung hatte sich in ihm vollzogen, so daß es ihm nicht mehr möglich war, Mensch zu sein, *es sei denn auf einer anderen Ebene.*

Selbst wenn er jetzt auf die gemeine Erde wieder hinabstiege – und wäre es zu dem getreuen Begleiter, der dort unten auf den Wüstensand hingestreckt geblieben war –: er würde von nun an *ein Fremdling* sein.

Ja, er war sich dessen bewußt: Selbst für seine Brüder in Gott, die besser als er, würde er unbezwinglich von nun an eine unbegreifliche Sprache sprechen, er, dem der Herr bestimmt hatte, die Straße des Feuers zu nehmen. – Selbst für jene, die er am meisten liebte, würde seine Zuneigung eine Last sein, denn sie würden spüren, wie er unbezwinglich *etwas hinter ihnen* sucht.»

Das ist *im Wesentlichen* die Persönlichkeit P. Teilhards.

Er erweckt den Eindruck, er stehe mit seiner Umgebung auf dem gleichen Fuße, er nehme an ihren Freuden, ihren Traurigkeiten, ihren Unruhen, ihren Forschungen teil, doch in der belebtesten, geistigsten oder mittelmäßigen Unterrednern angepaßtesten Unterhaltung bleibt er der Mann der *Vision*, der Mann des Herzens Christi, das für ihn durch die Totalität des Universums hindurch erscheint. Er wird für jeglichen Einfluß undurchdringlich sein, weil seine Schau ihn absolut ausfüllt, und er weiß, daß sie wahr ist. Er sieht, und er besitzt.

Für den, der ihn beobachtete, war er der Adler, der sich einen Augenblick in Reichweite der Hand niederließ. Mit einem Flügelschlag gewann er wieder die Gipfelhöhen, zu denen keiner seiner Freunde ihm zu folgen vermochte.

Der wahre Teilhard ist absolut allein geblieben mit dem auferstandenen Christus.

Hinweggenommen von dem Feuerwagen.

ANHANG

BIBLIOGRAPHIE DER WERKE VON PIERRE TEILHARD DE CHARDIN

[Bibliographie des Œuvres]

VORBEMERKUNG

Die Bibliographie, für die deutsche Ausgabe auf den neuesten Stand gebracht, wurde in der französischen Fassung übernommen. Eine Übersetzung aller Details drängte sich nicht auf, weil ein spezialisiertes wissenschaftliches Quellenstudium ohnehin nicht auskommen kann ohne Berücksichtigung der Originalwerke.

Die Titel der Schriften von Pierre Teilhard de Chardin, zu denen auch die von anderen übermittelten Vorträge, Notizen, Aussagen usw. gehören, sind grundsätzlich durch KAPITÄLCHEN hervorgehoben.

Die Titel von Werken und Aufsätzen anderer Autoren sowie Zeitschriften-, Reihentitel usw. sind durch *Kursivschrift* gekennzeichnet.

Um den Gebrauch für diejenigen, die die entsprechenden Sprachen nicht beherrschen, zu erleichtern, wurden sämtliche Titel der Schriften neben der Originalfassung in deutscher Übersetzung [in *Kursivschrift*] beigefügt.

Die Zeichen vor den deutschen Titeln bedeuten folgendes:

o Wörtliche Übersetzung ohne Hinblick auf deutsche Ausgaben
oo Vorgesehene Titelfassungen für kommende deutsche Übersetzungen
ooo Titel von Werken, die bereits deutsch veröffentlicht wurden

ABKÜRZUNGSVERZEICHNIS

M.	manuscrit / Handschrift
D.	dactylographié / Schreibmaschinenschrift
R.	ronéotypie / Vervielfältigung
d.i.	double interligne / doppelte Schaltung
s.i.	simple interligne / einfache Schaltung
s.l.	sans indication de lieu / ohne Angabe des Ortes
s.d.	sans indication de date / ohne Angabe des Datums
s.l.n.d.	sans lieu, ni date / weder Ort noch Datum
T	purement technique / rein technisch
Sc	scientifique [au sens le plus large] / wissenschaftlich [im weitesten Sinne]
Ph	philosophique / philosophisch
R	religieux / religiös
B	biographique / biographisch
Pal. Sin.	Palaeontologia Sinica
Œ	Œuvres de Pierre Teilhard de Chardin / die von den Editions du Seuil herausgegebenen gesammelten Werke Pierre Teilhard de Chardins:

	t. I: Le Phénomène humain [1955]
	t. II: L'Apparition de l'Homme [1956]
	t. III: La Vision du Passé [1957]
	t. IV: Le Milieu divin [1957]
	t. V: L'Avenir de l'Homme [1959]
	t. VI: L'Energie humaine [1962]
	t. VII: L'Activation de l'Energie [1963]
	t. VIII: La Place de l'Homme dans la Nature [1963]
	t. IX: Science et Christ [1965]
	t. X: Le Cœur de la Matière [noch nicht erschienen]
	t. XI: Christianisme et Evolution [noch nicht erschienen]
ETG	Ecrits du Temps de la Guerre [1965]

ABKÜRZUNGEN DER DEUTSCHEN SAMMELBÄNDE

Werkausgabe des Walter-Verlags:

DGB	Der Göttliche Bereich [Band 2]
AdM	Das Auftreten des Menschen [Band 3]
SdV	Die Schau in die Vergangenheit [Band 4]
ZdM	Die Zukunft des Menschen [Band 5]
DME	Die Menschliche Energie [Band 6]
AdE	Aktivation der Energie [Band 7, in Vorbereitung]
WuC	Wissenschaft und Christus [Band 9, in Vorbereitung]

Sonderausgaben:

LdA	Lobgesang des Alls [Walter-Verlag]
AdW	Auswahl aus dem Werk [Walter-Verlag, dms und Fischer-Bücherei Nr. 793]
FS	Frühe Schriften [noch nicht erschienen]

ALLGEMEINE BEMERKUNGEN

1. Die arabischen Zahlen (in runden Klammern), die am Schlusse der meisten Arbeiten aufgeführt sind, beziehen sich auf die Nummern der französischen Bibliographie [Edition Plon], die überarbeitet, revidiert und ergänzt wurde.
2. Mit einem Stern [*] sind jene Texte gekennzeichnet, die zu Lebzeiten des Paters unveröffentlicht blieben [oder nicht für die Öffentlichkeit bestimmt waren].
3. Die systematische Herstellung von Vervielfältigungen hat erst 1935 begonnen. Diese entstammen deshalb nicht unbedingt den gleichen Jahren wie die Originalwerke. Im weiteren konnten die gleichen Vervielfältigungsmatrizen für mehrere, über einen längeren Zeitraum verteilte Auflagen benutzt werden.

I. NOTES, MÉMOIRES ET OPUSCULES BIEN DATÉS

[Gut datierte Notizen, Aufzeichnungen und Kleinschriften]

*1905 De l'arbitraire dans les lois, théories et principes de la physique — ° *Über das Willkürliche in den Gesetzen, Theorien und Prinzipien der Physik*
Quodlibeta [revue jésuite manuscrite], juin, n° 2, pp. 247-274 [Sc Ph] (1).

1907 Huit jours au Fayoum — ° *Acht Tage in Fayum*
Relations d'Orient, Bruxelles, déc., pp. 274-281; extr. sous le titre fictif Le Lac Mœris, in: *Livres de France*, avril 1966, 17e année, n° 4, p. 22; Œ, t. X [T B] (2).

1909 L'éocène des environs de Minieh — ° *Das Eozän in der Umgebung von Minieh*
Bull. de l'Institut égyptien, Alexandrie, 1909 [séance du 18 mai 1908], 5e série, t. II, fasc. I, pp. 116-121, 2 fig. [T] (3).

1909 Les miracles de Lourdes et les enquêtes canoniques — ° *Die Wunder von Lourdes und die kanonischen Ermittlungen*
Etudes, 20 janv., t. CXVIII, pp. 161-183 [analyse et extr. in: *La nation française*, 9 avril 1958] [R] (4).

1909-1912 Homme: IV: L'homme devant les enseignements de l'Eglise et devant la philosophie spiritualiste — ° *Mensch: IV: Der Mensch angesichts der Lehren der Kirche und angesichts der spiritualistischen Philosophie*
Dict. apolog. de la foi cathol., Paris, Beauchesne [imprimatur 11 janv. 1909, copyright 1911, date de public. 1912], t. II, fasc. 8, col. 510-514 [Ph R] (5).

1910 Belle défense d'un Acridien — ° *Eine schöne Verteidigung einer Wanderheuschrecke*
Bull. Soc. Entom. d'Egypte, avril-juin, 2e fasc., pp. 56-57 [communication] [T] (6).

1910 Notes complémentaires sur les roches éruptives de l'île de Jersey — ° *Ergänzende Aufzeichnungen über die Eruptivgesteine der Insel Jersey*
in: F. Pelletier, *Notes minéralogiques et géologiques sur l'île de Jersey, Soc. Jersiaise, Bull. annuel*, Jersey, Labey et fils impr., vol. VII, bull. 25, pp. 108-111 [T] (7).

1911 L'évolution — °° *Die Evolution*
Le Courrier des Cercles d'Etudes [Paris], pp. 227-232, signé T. de C. [sûrement postérieur au 1er juillet] [plan communiqué par l'*Action Populaire* de Reims, où il avait paru dans la série des *Plans et Documents pour Cercles d'Etudes*, sous le n° 38, 4 pp.] [Sc Ph].

1912 Pour fixer les traits d'un monde qui s'efface – La semaine d'ethnologie religieuse de Louvain — ° *Um die Züge einer verschwundenen Welt festzuhalten – Die religiös-ethnologische Woche von Löwen*
Le Correspondant, 10 nov., t. CCXIII de la nouv. série, CCLIX de la coll., pp. 553-560 [Sc R] (8).

1913 Le préhistoire et ses progrès — °°° *Die Vorgeschichte und ihre Fortschritte*, in: AdM, S. 23–39
Etudes, 5 janv., t. CXXXIV, pp. 40-53, Œ, t. II, pp. 23-38 [T Sc] (9).

1913 Sur une formation de carbono-phosphate de chaux d'âge paléolithique — ° *Über eine Kalzium-Karbon-Formation paläolithischen Alters*
C. R. Acad. Sc., 1er déc., t. CLVII, pp. 1077-1079 [T] (10).

1914 Présentation d'échantillons de quercyte [phospho-carbonate de chaux] — ° *Darstellung von Quercyte-Beispielstücken [Kalziumphosphorkarbonat]*
C. R. somm. Séances Soc. Géol. France, t. XIV, pp. 9-10 [T] (11).

1914-1915 Les Carnassiers des phosphorites du Quercy — ° *Die Raubtiere der Phosphorite Quercys*
Ann. de Pal., t. IX, fasc. 3 et 4, pp. 103-192, 13 fig., 9 pl., 8 tableaux [T] (12).

1916-1921 Sur quelques primates des phosphorites du Quercy — *Über einige Primaten der Phosphorite Quercys*
Ann. de Pal., t. X, pp. 1-20, 6 fig., 2 pl. [T] (13).

1916 La vie cosmique — °° *Das kosmische Leben*, in: FS
M., 40 pp. [cahier écolier, mais écrit dans les lignes et interlignes], D.d.i., 74 ou 64 pp. selon les éd., s.i., 38 pp. – Intr. datée de Nieuport, 24 mars 1916, à la fin le manuscrit est daté de Fort-Mardik [Dunkerque] 24 avril 1916, lundi de Pâques [rédaction commencée le 15 mars d'après une lettre à Victor Fontoynont], fragm. impr. in: Œ, t. V, pp. 396-397; *Cahiers Sainte Jeanne*, nov. 1959, p. 258; Ernest Kahane, *Teilhard de Chardin*, Paris, Publications de l'Union rationaliste, 1960, p. 116; Hymne de l'univers, 1961: Pensées choisies par Fernande Tardivel, I, LVIII, LXXXI; C. Cuénot, *Teilhard de Chardin*, Paris, Ed. du Seuil, coll. *Ecrivains de toujours*, 1962, p. 18; C. Tresmontant, *Le Père Teilhard de Chardin et la théologie*, *Lettre*, Paris, sept.-oct. 1962, n°s 49-50, p. 12; J. Madaule, *La saisie de l'univers chez Teilhard de Chardin et Claudel*, *Cahiers de vie franciscaine*, Paris, 1963, 4e trim., n° 40, p. 56; *Foi vivante*, Paris et Bruxelles, avril-juin 1964, 5e année, n° 19, pp. 73-77; brèves cit. in: H. de Lubac, *La prière du Père Teilhard de Chardin*, Paris, Fayard, 1964, pp. 2, 74 [n. 2], 117 [n. 4]; cit. en angl. in: *Theological Studies*, USA, déc. 1964, vol. 25, n° 4, p. 579; ETG, photo h.t. et pp. 1-61 [Ph R] (14).

*1916 La maîtrise du monde et le règne de Dieu — °° *Die Meisterung der Welt und die Herrschaft Gottes*, in: FS
M., 13 pp., D.s.i., 12 pp., s.l., 15-20 sept.; en projet le 4 août 1916, pas encore en voie de rédaction le 8 sept.; brève cit. in: *L'homme devant Dieu. Mélanges offerts au Père de Lubac*, Paris, Aubier, Ed. Montaigne, 1964, t. III, p. 125; ETG, pp. 63-84 [R] (15).

*1916 Le Christ dans la matière. Trois histoires comme Benson — °°° *Christus in der Materie. Drei Geschichten nach Benson*, in: LdA, S. 43–69; Neudruck in FS
M., 12 pp., D.d.i., 17 pp. Nant-le-Grand, 14 oct. [l'idée du conte La

CUSTODE remonte au 14 juillet; conception générale des 3 contes le 9 oct.]; début reproduit in: LE CŒUR DE LA MATIÈRE, 1950; impr. in: HYMNE DE L'UNIVERS, 1961, pp. 39-58; réimpr. in: ETG, pp. 85-107 [R] (16).

*1917 LA LUTTE CONTRE LA MULTITUDE. INTERPRÉTATION POSSIBLE DE LA FIGURE DU MONDE — °° *Der Kampf wider das Viele*, in: FS
M., 27 pp., D.s.i., 14 pp., s.l., 26 févr.-22 mars [en projet le 6 févr. 1917 sous le titre provisoire LA PEINE DE L'ISOLEMENT; le 12 mars 1917 rédaction commencée sous le titre LE MAL DE LA MULTITUDE]; extr. in: HYMNE DE L'UNIVERS, 1961: PENSÉES CHOISIES PAR FERNANDE TARDIVEL, XLVI, XLIX, LXXIV; in: C. Tresmontant, *Le Père Teilhard de Chardin et la théologie*, *Lettre*, Paris, sept.-oct. 1962, n°s 49-50, pp. 13-14; in: H. de Lubac, *La prière du Père Teilhard de Chardin*, Paris, Fayard, 1964, pp. 76-77; ETG, pp. 109-132 [R] (17).

*1917 LE MILIEU MYSTIQUE — °° *Das mystische Milieu*, in: FS
M., 43 pp., D.d.i., 30 pp. Beaulieu-les-Fontaines, Oise, 13 août [en projet le 10 juin, non terminé le 5 août]; extr. in: HYMNE DE L'UNIVERS, 1961: PENSÉES CHOISIES PAR FERNANDE TARDIVEL, IV, V, XI, XVIII, XXII, XXV, XXXVI, XLIII, XLV, LXXX; in: H. de Lubac, *La pensée religieuse du Père Teilhard de Chardin*, Paris, Aubier, Ed. Montaigne, 1962, pp. 355-358; in: *Essais sur Teilhard de Chardin*, *Recherches et débats du centre catholique des intellectuels français*, Paris, Fayard, oct. 1962, cahier n° 40, pp. 68-69; in: JE M'EXPLIQUE; ETG, pp. 133-167 [R] (18).

*1917 L'UNION CRÉATRICE — ° *Die schöpferische Vereinigung;* °° *Unio creatrix*, in: FS
M., 38 pp., D.s.i., 16 pp., s.l.n.d. [Champigneul, Marne, 10 nov. 1917, d'après L'ÂME DU MONDE, 1918, et Mlle M. Teillard-Chambon citée par Madeleine Barthélemy-Madaule in: *Introduction à un rapprochement entre Henri Bergson et Pierre Teilhard de Chardin;* en projet le 8 oct. 1917]; extr. in: C. Tresmontant, *Le Père Teilhard de Chardin et la théologie*, *Lettre*, Paris, sept.-oct. 1962, n°s 49-50, pp. 14-15, 15-16; ETG, pp. 169-197 [Ph R] (19).

1917 LA NOSTALGIE DU FRONT — °° *Die Sehnsucht nach der Front*
Etudes, 20 nov., t. CLIII, pp. 458-467, première conception le 14 août 1917, argument tracé le 23 sept., projet précisé le 25 sept.; M. original de 10 pp.; fragm. in: *La Table ronde*, juin 1955, n° 90, pp. 64-67, dern. § inédit reproduit in: LE CŒUR DE LA MATIÈRE, 1950, p. 14, n° 3, et publié in: *Cahiers Pierre Teilhard de Chardin*, 2, Paris, Ed. du Seuil, 1960, pp. 39-40, et P. Gernet, *Teilhard de Chardin*, Paris, Seghers, 1961, pp. 161-162; ETG, pp. 199-214; Œ, t. X [B] (20).

*1918 L'ÂME DU MONDE — °° *Die Seele der Welt*, in: FS
M., 20 pp., D.s.i., 9 pp. Mourmelon-le-Grand, Epiphanie; au texte sont adjointes une note de 3 pp. du 21 déc. 1917, et une note d'une p., s.d.: «La considération d'astres habités autres que la terre, confirme grandement l'hypothèse qu'il y a une âme du monde...» [inachevée]; extr. in:

Henri Duquaire, *Si les astres sont habités*, Paris-Genève, La Palatine, 1963, pp. 127-128; ETG, pp. 215-232 [Ph R] (21).

*1918 La grande monade — °° *Die große Monade*

[Manuscrit trouvé dans une tranchée.] M., 14 pp., D.s.i., 7 pp., 15 févr. [et non janv.], impr. in: *Cahiers Pierre Teilhard de Chardin*, 2, Paris, Ed. du Seuil, 1960, pp. 39-48; ETG, pp. 233-248 [Ph R] (22).

*1918 L'Éternel féminin — °° *Das ewig Weibliche*

M., 15 pp. [cahier écolier, mais écrit seulement sur les lignes]. Verzy, commencé le 19, terminé le 25 mars; ETG, pp. 249-262 [Ph R].

*1918 Mon univers — °° *Mein Universum*, in: FS

M., 20 pp. en 2 fasc. ou 22 pp. en 1 cahier, D.d.i., 13 pp., s.l., 14 avril. Photocopie des pp. 3 et 4 [manuscrit Marcel Légaut] in: C. Cuénot, *Pierre Teilhard de Chardin*, Paris, Plon, 1958, entre la p. 74 et la p. 75; brève cit. in: Le cœur de la matière, 1950, p. 3, extr. in: C. Cuénot, *Teilhard de Chardin*, Paris, Ed. du Seuil, coll. *Ecrivains de toujours*, 1962, pp. 25-26; brève cit. in: *L'homme devant Dieu. Mélanges offerts au Père de Lubac*, Aubier, Ed. Montaigne, 1964, t. III, pp. 338-339 [différent de Mon univers, 25 mars 1924]; ETG, pp. 263-279 [Ph R] (23).

*1918 Le prêtre — °° *Der Priester*, in: FS

M., 20 pp., D.s.i., 11 pp., s.l., 1918 [conçu vers le 26 mai, daté des «grands vœux» prononcés à Sainte-Foy-lès-Lyon, rédigé vers le 4 juillet, sûrement achevé le 8 juillet] [fragm. in: Œ, t. IV, 1957, p. 120]; Hymne de l'univers, 1961: Pensées choisies par Fernande Tardivel, XLI, XLVIII, LII, LX, LXI, LXXIII, LXXIX; *Le Père Teilhard de Chardin, Apôtre du Christ dans l'univers*, plaquette [cf. Progr. vendu le 11 mai 1962 au concert de gala européen à Bruxelles], pp. 1-2; brève cit. in: *Cahiers Pierre Teilhard de Chardin*, 4, Paris, Ed. du Seuil, 1963, p. 39; extr. in: P. Smulders, *La vision de Teilhard de Chardin*, Paris, Desclée, 1964, pp. 254-255, et in: Je m'explique; 2e version abrégée et récrite sous le titre Le Christ et l'univers, D.d.i., 10 pp., s.i., 6 pp., dont la frappe remonterait aux années 1933-1934 ou 1934-1936, la 2e vers. datant elle-même des années 1920-1923 [?], publiée sous le titre Le Christ dans l'univers in: *Christus*, Paris, 1964, t. XI, pp. 393-401, avec note critique de M. de Certeau, S.J., pp. 402-403; cf. lettre du P. Christian d'Armagnac, S.J., à Claude Cuénot [Chantilly, 24 oct. 1964]: «Puisque vous remettez au point votre Bibliographie, j'ajoute ceci: je viens de trouver un troisième exemplaire dactylographié [D.s.i., 6 pp.] du texte intitulé Le Christ dans l'univers extrait un peu remanié de Le Prêtre, texte que *Christus* a publié en juillet [...]. Le 1er exemplaire était dans les papiers du Père Bidard, mort à Franklin, le second était avec les autres inédits du fonds de la Bibliothèque venant d'Enghien qui est maintenant ici; et le troisième appartenait au Père Desqueyrat, qui m'a légué ses inédits avant de mourir. Il est donc prouvé que ce texte circulait comme étant de Teilhard et avec les autres textes de Teilhard, parmi les Jésuites, vers 1934. De plus, je suis moralement sûr que c'est Teilhard qui l'a ainsi extrait du

PRÊTRE, et légèrement remanié, car les remaniements sont d'un style absolument teilhardien, parfois plus que le texte original du Prêtre. Puisque j'en ai un autre ici, je vous communique ci-joint l'exemplaire qui me venait du P. Desqueyrat. C'est lui qui a mis en tête une date [1933-1934] avec ? [...]. J'ajoute que la dactylographie de cet exemplaire ci-joint est identique à celle des autres textes de T., que possédait le P. Desqueyrat. Les 3 dactylographies que j'en ai vues sont de frappes différentes», 1re version impr. in: ETG, pp. 281-302 [R] (24).

*1918 LA FOI QUI OPÈRE — °° *Der wirkende Glaube*, in: FS
M., 37 pp., D.s.i., 14 pp., s.l., oct., peut-être en projet dès le 17 août, plan élaboré le 12 sept., brouillon achevé le 27 sept.; extr. in: HYMNE DE L'UNIVERS, 1961: PENSÉES CHOISIES PAR FERNANDE TARDIVEL, XXIII, LVI, LXIV, LXX; cit. in: Maryse Choisy, *Teilhard et l'Inde*, Paris, Ed. universitaires, *Carnets Teilhard*, 11, pp. 5-6; brève cit. in: *L'homme devant Dieu. Mélanges offerts au Père de Lubac*, Paris, Aubier, Ed. Montaigne, 1964, t. III, p. 127, n° 11; ETG, pp. 303-329 [R] (26).

*1918 FORMA CHRISTI — °° *Forma Christi*, in: FS
M., 25 pp., D.s.i., 17 pp., comportant: I. l'essai proprement dit, daté du 9 déc. [peut-être en projet dès le 17 août, plan construit le 4 nov., en voie de rédaction le 8 déc.]; II. un appendice de 4 pp. NOTE SUR L'«ÉLÉMENT UNIVERSEL» DU MONDE, daté du 22 déc.; III. une note d'une page: «ce paragraphe est sans doute trop simpliste et systématique...», datée du 23 déc., s.l.; extr. in: H. de Lubac, *La pensée religieuse du Père Pierre Teilhard de Chardin*, Paris, Aubier, Ed. Montaigne, 1962, pp. 358-359; cit. in: L. Barjon, *Fidélité du Père Teilhard de Chardin*, *Foi vivante*, Paris, juin 1963, 4e année, n° 15, pp. 74-75; in: H. de Lubac, *La prière du Père Teilhard de Chardin*, Paris, Fayard, 1964, pp. 7 et 173; cit. en angl. in: *Theological Studies*, USA, déc. 1964, vol. 25, n° 4, p. 586; ETG, pp. 331-353 [R] (26).

*1918 NOTE SUR L'«ÉLÉMENT UNIVERSEL» DU MONDE — °° *Über das ‹universelle Element› der Welt*, in: FS
cf. supra: FORMA CHRISTI; ETG, pp. 355-362 [R] (26).

*1919 NOTE POUR SERVIR À L'ÉVANGÉLISATION DES TEMPS NOUVEAUX — ° *Aufsatz im Dienste der Evangelisierung der Neuen Zeiten;* °° *Im Dienste der Evangelisierung der Neuen Zeiten*, in: FS
M., 15 pp., D.d.i., 20 ou 19 pp. selon les éd., R.s.i., 8 pp. Strasbourg, Epiphanie [en voie de rédaction le 15 janv., presque fini le 8 janv.; texte revu en 1920]; *Cahiers Pierre Teilhard de Chardin*, n° 4, 1963, pp. 11-21 [texte de 1920]; ETG, pp. 363-381 [texte de 1919]; Œ, t. XI [R] (28).

*1919 TERRE PROMISE — °° *Verheißenes Land*, in: FS
M., 14 pp., D.s.i., 7 pp. Goldscheuer, Bade, conception antérieure au 12 févr., en voie de rédaction le 15 févr., terminé avant le 19 févr.; ETG, pp. 383-396 [Ph R B] (29).

*1919 L'ÉLÉMENT UNIVERSEL — ° *Das universelle Element;* °° *Elementum universale*, in: FS

M., 15 pp., D.d.i., 17 pp. Goldscheuer, Bade, 21 févr. [en voie de rédaction le 19 janv.], brève cit in: H. de Lubac, *La prière du Père Teilhard de Chardin*, Paris, Fayard, p. 198, nº 1; ETG, pp. 397-413 [Ph R] (30).

*1919 LES NOMS DE LA MATIÈRE — °° *Die Namen der Materie*, in: FS
M., 17 pp., D.s.i., 10 pp., Paris, Pâques [en voie de rédaction le 20 avril]; ETG, pp. 415-432 [Ph] (31).

*1919 LA PUISSANCE SPIRITUELLE DE LA MATIÈRE — °°° *Die geistige Potenz der Materie*, in: LdA, S. 71-92; Neudruck in: FS
M., 19 pp., D.d.i., 12 pp., s.i., 6 pp. Jersey, 8 août [en projet le 14 avril, en voie de rédaction le 2 août, terminé le 8 août]; reproduit in: LE CŒUR DE LA MATIÈRE, 1950; cit. par: A. Billy, *Le Père Teilhard de Chardin, Le Figaro littéraire*, 16 avril 1955, p. 4; M. Gex, *Vers un humanisme cosmologique, Rev. de théol. et de phil.*, Lausanne, 1957, fasc. 3, pp. 198-199; cit. in extenso ou partielle de L'HYMNE À LA MATIÈRE: I. avec trad. allem. par L. Boros in: *Wort und Wahrheit*, Vienne, janv. 1958, pp. 25-26; II. in: *Lettre*, Paris, mai 1959, pp. 18-19, revue ronéotypée; III. in: *Morale chrétienne et morale marxiste*, La Palatine, 1960, pp. 121-122; IV. in: *Points et contrepoints*, Paris, nº 55, déc. 1960, pp. 3-4; impr. in: HYMNE DE L'UNIVERS, 1960, pp. 59-75; réimpr. in: ETG, pp. 433-446 [R] (32).

*1919 et 1961 MAURICE BLONDEL ET P. TEILHARD DE CHARDIN, MÉMOIRES ÉCHANGÉS EN DÉCEMBRE 1919 — ° *Maurice Blondel und Pater Teilhard de Chardin, im Dezember 1919 ausgetauschte Abhandlungen*
présentés par H. de Lubac, *Archives de Phil.*, janv.-mars 1961, t. XXIV, pp. 123-156; réimpr. in: *Blondel et Teilhard de Chardin, Correspondance commentée par Henri de Lubac*, Paris, Beauchesne, 1965, 165 pp., *Bibl. des Archives de philosophie*, nouv. série, I, cf. aussi VII. Correspondance, *Valensin [Ph R].

*1920 NOTE SUR LE CHRIST UNIVERSEL — °° *Über den Christus Universalis*, in: WuC
D.s.i., 3 ou 4 pp. selon les cop.; d.i., 7 pp.; exempl. impr., 4 pp. in-4°; s.l.n.d. [dans le cahier 7 des NOTES ET ESQUISSES, à la date du 23 sept. 1919, on relève 3 pp. sous le titre NOTE SUR LE CHRIST UNIVERSEL (plan-étude préparatoire) et à la suite, la rédaction des pp. 39-40 du t. IX des ŒUVRES, jusqu'à «même à vous», p. 40, ligne 22] [daté de janv. 1920 -?- dans l'exempl. du R. P. Henri de Lubac]; Œ, t. IX, pp. 37-44 [R] (35).

1920 SUR LA STRUCTURE DE L'ÎLE DE JERSEY — ° *Über die Struktur der Insel Jersey*
Bull. Soc. Géol. France, 4ᵉ série, t. XIX, pp. 273-278, 1 coupe géol. et 1 carte géol. et tect., note présentée à la séance du 17 nov. 1919 et publiée en 1920 [cf. NOTE SUR LA STRUCTURE DE L'ÎLE DE JERSEY, *C. R. somm. Soc. Géol. France*, pp. 130-131] [T] (27).

1920 SUR LA SUCCESSION DES FAUNES DE MAMMIFÈRES DANS L'EOCÈNE INFÉRIEUR EUROPÉEN — ° *Über die Abfolge der Säugetierfaunen im unteren europäischen Eozän*
C. R. Acad. Sc., 6 déc., t. CLXXI, pp. 1161-1162 [T] (33).

1920 Le cas de l'Homme de Piltdown — ° *Der Fall des Menschen von Piltdown*
Rev. quest. scientif., t. LXXVII, pp. 149-155 [T] (34).

*1920 Note sur les modes de l'action divine dans l'univers — °° *Über die Weisen des göttlichen Wirkens im Universum*
M., 9 pp., D.d.i., 14 pp., s.l., janv.; Œ, t. XI [R] (36).

*1920 Chute, rédemption et géocentrie — °° *Sündenfall, Erlösung und Geozentrie*
M., 12 pp., D.s.i., 6 pp., s.l., 20 juillet; Œ, t. XI [R] (37).

*1920 Note sur le progrès — °°° *Bemerkung zum Fortschritt*, in: ZdM, S. 23–40
1re vers., D.d.i., 13 pp., 2e vers., D.d.i., 17 ou 19 pp. selon les éd., s.l., 10 août; Œ, t. V, pp. 23-37 [Ph] (38).

1921 Sur la présence d'un tarsier dans les phosphorites du Quercy et sur l'origine tarsienne de l'homme — ° *Über das Vorhandensein eines Tarsiers in den Phosphoriten Quercys und über den Ursprung des Menschen beim Tarsier*
L'anthrop., 16 mars, t. XXXI, pp. 329-330 [T] (40).

1921 Note sur la présence dans le Tertiaire inférieur de Belgique d'un Condylarthré appartenant au groupe des Hyopsodus — ° *Bericht über das Vorhandensein eines zu der Gruppe der Hyopsodus gehörenden Condylarthrum im Alttertiär Belgiens*
en collab. avec Ch. Fraipont, *Bull. Ac. Royale de Belgique*, classe des Sc., séance du 4 juin 1921, 5e série, vol. VII, pp. 357-360, 3 fig. [T] (39).

1921 Comment se pose aujourd'hui la question du transformisme — °°° *Wie stellt sich heute die Frage des Transformismus?*, in: SdV, S. 15–41
Etudes, 5-20 juin, t. CLXVII, pp. 524-544; Œ, t. III, pp. 17-40; extr. in: R. de Sinéty, *La vie de la biosphère*, *Archives de Phil.*, Paris, Beauchesne, 1936, vol. VI, cahier I; cit. in: E. Le Roy, *L'exigence idéaliste et le fait de l'évolution*, Paris, Boivin, 1927, pp. 128-129, 149, 155-156, et *Essai d'une philosophie première*, Paris, P.U.F., t. I, 1956, pp. 339, 343, 354, 373 [Sc Ph] (41).

1921 Bulletin scientifique. La face de la terre — ° *Wissenschaftliches Bulletin;* °°° *Das Antlitz der Erde*, in: SdV, S. 43–73
Etudes, déc., t. CLXIX, pp. 585-602; Œ, t. III, pp. 43-74 [Sc] (42).

*1921 Science et Christ [ou analyse et synthèse]. Remarques sur la manière dont l'étude scientifique de la matière peut et doit servir à remonter jusqu'au centre divin — °° *Wissenschaft und Christus [oder Analyse und Synthese]. Bemerkungen zu der Weise, in der das wissenschaftliche Studium der Materie dazu dienen kann und muß, bis zum göttlichen Zentrum emporzusteigen*, in: WuC
D.d.i., 15 pp., s.i., 11 pp., s.l., 27 févr. [conférence]; Œ, t. IX, pp. 45-62 [Ph R] (43).

*1921 Sur le progrès — °° *Über den Fortschritt*
M., 14 + 1 pp., s.l., 24 avril [Ph] (44).

1921-1922 Les Mammifères de l'Eocène inférieur français et leurs gisements — ° *Die Säugetiere des frühen französischen Eozäns und ihre Fundstellen*

Ann. de Pal., t. X, fasc. 3 et 4, pp. 171-176, 2 fig., et t. XI, fasc. 1 et 2, pp. 9-116, 40 fig., 8 pl. [thèse de doctorat] [T] (45).

1922 SUR UNE FAUNE DE MAMMIFÈRES PONTIENS PROVENANT DE LA CHINE SEPTENTRIONALE — ° *Über eine aus dem nördlichen China stammende pontische Säugetierfauna*
C. R. Acad. Sc., 20 nov., t. CLXXV, pp. 979-981 [T] (46).

1922 OBSERVATIONS SUR LE CALCAIRE PISOLITHIQUE DE VERTUS ET DU MONT AIMÉ [MARNE] — ° *Beobachtungen an den pisolithischen Kalken von Vertus und vom Mont Aimé [Marne]*
en collab. avec P. Jodot, L. Joleaud et P. Lemoine, *Bull. Soc. Géol. France*, note présentée à la séance du 8 mai, 4e série, t. XXII, pp. 164-176, 6 fig. [discuss. avec observat. du P. Teilhard, pp. 174-175] [T] (47).

*1922 NOTE SUR QUELQUES REPRÉSENTATIONS HISTORIQUES POSSIBLES DU PÉCHÉ ORIGINEL — ° *Über einige geschichtlich mögliche Darstellungen der Erbsünde*
D.d.i., 11 pp., s.i., 7 pp., s.l. [Paris] n.d. [correspond à l'écrit dont parle Teilhard à Auguste Valensin dans la lettre du 14 mai 1922]; à la suite de cet écrit Teilhard fut invité, le 2 nov. 1924, à signer un ENGAGEMENT SUR LE PÉCHÉ ORIGINEL, dont il existe une copie D.d.i., 1 p., s.l.; brève cit. in: C. Tresmontant, *Le Père Teilhard de Chardin et la théologie*, *Lettre*, Paris, sept.-oct. 1962, nos 49-50, p. 50; Œ, t. XI [R] (452).

1923 CENOZOIC VERTEBRATE FOSSILS OF E. KANSU AND INNER MONGOLIA — ° *Känozoische Wirbeltier-Fossilien des östlichen Kansu und der Inneren Mongolei*
Bull. Geol. Soc. China, vol. II, pp. 1-3, avec abstract [T] (49).

1923 LES GROS BLOCS QUATERNAIRES DU PORT DE BONNEUIL — ° *Die großen quarternären Blöcke des Hafens von Bonneuil*
en collab. avec P. Lemoine, *La Nature*, n° 2560, 28 avril, p. 272, 2 fig. [T].

1923 LA LOI D'IRRÉVERSIBILITÉ EN ÉVOLUTION — ° *Das Gesetz der Irreversibilität in der Evolution;* °°° *Über das Gesetz der Irreversibilität in der Evolution*, in: SdV, S. 75–76
L'anthrop., communicat. du 21 mars, t. XXXIII, pp. 183-184; Œ, t. III, pp. 73-74 [Sc Ph] (50).

1923 LA PALÉONTOLOGIE ET L'APPARITION DE L'HOMME — °°° *Die Paläontologie und das Auftreten des Menschen*, in: AdM, S. 51–83; AdW, S. 7–46
Rev. de philosophie, Paris, Marcel Rivière, mars-avril, t. XXX, pp. 144-173 [tiré à part, paginé de 3 à 31]; Œ, t. II, pp. 53-81 [larges cit. par R. de Sinéty, art. *Transformisme* du *Dict. apolog. de la foi cathol.*, 4e édit., fasc. 24, Paris, Beauchesne, 1928, col. 1838-1841; cit. in: E. Le Roy, *Les origines humaines et l'évolution de l'intelligence*, Paris, Boivin, 1928, pp. 84, 152-153, 161, 176, 177, 178, 219, 220] [Sc Ph] (51).

*1923 PANTHÉISME ET CHRISTIANISME — °° *Pantheismus und Christentum*
D.s.i., 13 ou 14 pp. selon les éd., s.l., 17 janv.; Œ, t. XI [Ph R] (52).

*1923 LA MESSE SUR LE MONDE — °°° *Die Messe über die Welt*, in: LdA, S. 13–42

R.s.i., 10 pp. [rééd. 1957]; la première conception remonte à juin 1918 sous le titre MESSE SUR TOUTES CHOSES, cf. lettre du 28 août 1918; œuvre attestée par la lettre à Léontine Zanta du 7 août 1923, lendemain de la fête de la Transfiguration, et présentée comme une œuvre déjà connue du correspondant; rédigée à Tientsin en déc., cf. lettre à H. Breuil du 30 déc. 1923; extr. impr. in: I. *La messe sur le monde d'après le R. P. Teilhard de Chardin*, plaquette d'une p., ornée d'un bois, exécutée en Chine à la demande de Madame Cosme; II. *Textes mystiques d'Orient et d'Occident*, choisis et présentés par Solange Lemaître, Paris, Plon, 1955, t. III, pp. 295-300 [les lignes d'introd. sont du P. Teilhard]; III. *La Table ronde*, juin 1955, n° 90, pp. 29-30; IV. *L'étudiant catholique*, Aix-en-Provence, 2e année, n° 3, 1955, p. 1; V. *Jésuites de l'Assistance de France*, 1956, n° 4, p. 17; VI. P. Chauchard, *La science détruit-elle la religion?*, Paris, Fayard, 1958, p. 121; VII. Jean Peyrade, *Jeunes hommes*, Paris, Spes, 1959, sous le titre: TOUT ESPÉRER POUR LE CHRIST!, pp. 365-367; VIII. *Mission de l'Eglise*, t. XV, n° 5, déc. 1959, pp. 199-200, sous le titre: LA MESSE SUR LE MONDE, L'OFFRANDE; IX. 12 lignes traduites par Claire Bishop, in: *Pierre Teilhard de Chardin [1881-1955], The Third Hour*, New York, issue VII, 1956, p. 51; impr. in extenso A. sur les presses de la Légion étrangère, Algérie, Sidi-Bel-Abbès, entre oct.-nov. 1960 et le début 1961 [avant le 21 avril 1961], gr. in-4° broché, couverture grise, 11 pp. [100 ex. environ], s.l.n.d.; B. in: *La Messe sur le monde, Pierre Teilhard de Chardin, Messa della domenica Girolamo Frescobaldi*, église Saint-Jacques, Anvers, 12 mai 1961 [festival organisé par la Société Pierre Teilhard de Chardin, programme pp. 15-26]; C. in: HYMNE DE L'UNIVERS, 1961, pp. 17-37; D. in: LA MESSE SUR LE MONDE, Bruges, Desclée de Brouwer, 1962, 39 pp., coll. *Les carnets DDB;* E. in: LA MESSE SUR LE MONDE, éd. de poche, par les Ed. du Seuil, 1965, 61 pp.; F. Œ, t. X [R] (53).

*1923 et 1956 CHOSES MONGOLES — °°° *Mongolisches*, in: GEHEIMNIS UND VERHEISSUNG DER ERDE. REISEBRIEFE 1923–1939, S. 51–65, bei K. Alber, Freiburg/München
D.s.i., 7 pp., s.l., juin-oct. 1923, impr. in: LETTRES DE VOYAGE, Paris, Grasset, 1956, pp. 52-62; P. Grenet, *Teilhard de Chardin*, 1956, Seghers, 1961, pp. 167-177, et *Cahiers Pierre Teilhard de Chardin*, 6 [B] (55).

1924 NOTE SUR LA STRUCTURE DES MONTAGNES À L'OUEST DE LINNMINGKWAN [CHIHLI MÉRIDIONAL] — ° *Aufsatz über die Struktur der Gebirge im Westen von Linnmingkwan [südliches Chihli]*
Bull. Geol. Soc. China, vol. III, nos 3-4, pp. 393-397, 2 fig. [T] (56).

1924 ON THE GEOLOGY OF THE NORTHERN, WESTERN AND SOUTHERN BORDERS OF THE ORDOS, CHINA — ° *Über die Geologie des Nord-, West- und Südrandes des Ordos, China*
en collab. avec E. Licent, *Bull. Geol. Soc. China*, vol. III, n° 1, pp. 37-44, 5 coupes [T] (57).

1924 ON THE DISCOVERY OF A PALAEOLITHIC INDUSTRY IN NORTHERN CHINA — ° *Über die Entdeckung einer paläolithischen Industrie in Nordchina* en collab. avec E. Licent, *Bull. Geol. Soc. China*, vol. III, n° 1, pp. 45-50, 2 coupes [T] (58).

1924 GEOLOGY OF NORTHERN CHIHLI AND EASTERN MONGOLIA — ° *Geologie von Nordchihli und der Ostmongolei*
Bull. Geol. Soc. China, vol. III, n°s 3-4, pp. 399-407, 1 fig., 1 pl., 1 carte géol. [T] (59).

1924 OBSERVATIONS GÉOLOGIQUES SUR LA BORDURE OCCIDENTALE ET MÉRIDIONALE DE L'ORDOS — ° *Geologische Beobachtungen über den West- und Südrand des Ordos*
en collab. avec E. Licent, *Bull. Soc. Géol. France*, 4e série, t. XXIV, pp. 49-91, 2 croquis et 14 coupes géol. [cf. *Comptes-rendus sommaires*, p. 20] [T] (60).

1924 OBSERVATIONS COMPLÉMENTAIRES SUR LA GÉOLOGIE DE L'ORDOS — ° *Ergänzende Beobachtungen über die Geologie des Ordos*
en collab. avec E. Licent, *Bull. Soc. Géol. France*, 4e série, t. XXIV, pp. 462-464, 2 pl. h.t. comportant 16 photogravures en tout [T] (61).

1924 COMMUNICATION RELATIVE À DES OBSERVATIONS COMPLÉMENTAIRES SUR LA GÉOLOGIE DE L'ORDOS [CHINE] — ° *Mitteilung bezüglich der ergänzenden Beobachtungen über die Geologie des Ordos [China]*
C. R. somm. Soc. Géol. France, séance du 17 nov., pp. 162-163 [T] (62).

1924 LES GISEMENTS DE MAMMIFÈRES PALÉOCÈNES DE LA BELGIQUE — ° *Die Fundstellen der paleozänen Säugetiere Belgiens*
en collab. avec L. Dollo, *Quarterly Journ. Geol. Soc. of London*, 17 mars, vol. LXXX, 1re partie, n° 317, pp. 12-16; cf. 1923, THE DEPOSITS OF PALEOCENE MAMMALIA IN BELGIUM, en collab. avec L. Dollo, *Proc. Geol. Soc. of London*, p. 103, abstract [T] (63).

1924 et 1926 CONFÉRENCE [titre fictif]. [CONFÉRENCE DONNÉE AU CERCLE D'ESCRIME, À TIENTSIN, LE 4 AVRIL 1924, LORS DE L'INAUGURATION DU MUSÉE HOANG-HO PAI-HO ET PORTANT SUR L'EXPÉDITION DES ORDOS 1923] — ° *Vortrag. [Zur Eröffnung des Hoang-ho-Pai-ho-Museums über die Expedition in den Ordos 1923]*
A. *L'Echo de Tientsin*, 5 avril 1924, 8 col. ½ [résumé et analyse avec des cit. littérales]; les 2 col. ½ qui précèdent sont consacrées au discours d'Emile Licent, S.J., fondateur du Musée; B. brèves cit. de la conférence de Teilhard sous le titre LES RÉSULTATS DE LA MISSION FRANÇAISE DE PALÉONTOLOGIE EN MONGOLIE [*L'Echo de Tientsin*, 5 avril] in: *Changhaï Nouvelles de la Mission* [hors commerce], 16 avril 1924, n° 829, pas de pagination [feuilles volantes], 1 p.; C. brève analyse in: Augustin Bernard, S.J., *L'ouverture du Musée Hoang-ho-Pai-ho à Tientsin*, *Chine-Ceylan-Madagascar*, Lille, sept. 1924, n° 65, pp. 163-165; D. extr. in: Henri Bernard, S.J., Hautes-Etudes de Tientsin, *Dix années de séjour et d'exploration dans le bassin du fleuve Jaune, du Pai-ho, du Loan-ho et des autres tributaires du golfe du Pe-tche-ly*, *Rev. quest. scientif.*, Bruxelles, 20 janv. 1926, 4e série, t. IX, 1er fasc. [45e année, t. LXXXIX de la coll.], pp. 118-119 et 121-123 [T].

*1924 Mon univers — °° *Mein Universum*

D.d.i., 58 pp., s.i., 34 pp. Tientsin, 25 mars [différent de Mon univers, 14 avril 1918], fragm. in: Œ, t. V, pp. 401-403, et Hymne de l'univers, 1961: Pensées choisies par Fernande Tardivel, II; extr. in: *Le Père Teilhard de Chardin, apôtre du Christ dans l'univers*, plaquette [cf. le Progr. vendu le 11 mai 1962 au concert de gala européen à Bruxelles], pp. 4-5; cit. in: L. Barjon, *Fidélité du Père Teilhard, Foi vivante*, Paris et Bruxelles, juin 1963, 4e année, n° 15, p. 73; C. Cuénot, *Situation de Teilhard de Chardin, Bull. Soc. industr. Mulhouse*, 1963, n° 3, p. 16; L. Barjon, *L'appel de Pâques, Rev. Teilhard de Chardin*, Bruxelles, déc. 1963, 4e année, n° 17, p. 15; H. de Lubac, *La prière du Père Teilhard de Chardin*, Paris, Fayard, 1964, p. 69; cit. en angl. in: *Theological Studies*, USA, déc. 1964, vol. 25, n° 4, pp. 595-596; Je m'explique; Œ, t. IX, pp. 63-114 [Ph R] (64).

1925 Le paradoxe transformiste. A propos de la dernière critique du transformisme par M. Vialleton — °°° *Das transformistische Paradoxon. Zur jüngsten Kritik des Transformismus von M. Vialleton*, in: SdV, S. 119-151

Rev. quest. scientif., janv., 4e série, t. VII, fasc. 1, pp. 53-80; Œ, t. III, pp. 115-142 [cit. in: E. Le Roy, *L'exigence idéaliste et le fait de l'évolution*, Paris, Boivin, 1927, pp. 120-121 et 122, et *Essai d'une philosophie première*, Paris, P.U.F., t. I, 1956, pp. 357-358 et 359; R. de Sinéty, art. *Transformisme* du *Dict. apolog. de la foi cathol.*, 4e éd., fasc. 24, Paris, Beauchesne, 1928, col. 1835]; extr. in: R. de Sinéty, *La vie de la biosphère, Archives de Phil.*, Paris, Beauchesne, 1936, vol. VI, cahier I [Sc Ph] (65).

1925 L'histoire naturelle du monde. Réflexions sur la valeur et l'avenir de la systématique — °°° *Die Naturgeschichte der Welt. Gedanken über den Wert und die Zukunft der Systematik*, in: SdV, S. 153-167

D.d.i., 14 pp., Paris, Institut catholique, Laboratoire de géologie, s.d.; *Scientia*, janv., pp. 15-24; Œ, t. III, pp. 145-157; extr. in: R. de Sinéty, *La vie de la biosphère, Archives de Phil.*, Paris, Beauchesne, 1936, vol. VI, cahier I [Sc Ph] (66).

1925 Observations nouvelles sur les Mammifères du Tertiaire inférieur de Belgique — ° *Neue Beobachtungen über die Säugetiere des frühen Tertiärs Belgiens*

Bull. Ac. Royale de Belgique, classe des Sc., séance du 7 févr., 5e série, vol. XI, n° 3, pp. 48-50 [T] (67).

1925 Note sur deux instruments agricoles du Néolithique de Chine — ° *Aufsatz über zwei Landwirtschaftswerkzeuge des Neolithikums Chinas*

en collab. avec E. Licent, *L'anthrop.*, t. XXXV, n° 1, pp. 62-74, 3 fig. [photos d'outils] [T] (68).

1925 Le Paléolithique de la Chine — ° *Das Paläolithikum Chinas*

en collab. avec E. Licent, *L'anthrop.*, t. XXXV, nos 3-4, pp. 201-234, 16 fig. [1 carte, 4 coupes, 11 pl.: 10 de photos, 1 de dessins d'outils] [T] (69).

1925 Le massif volcanique du Dalai-Noor [Gobi oriental] — ° *Das vulkanische Massiv des Dalai-Noor [östliche Gobi]*
Bull. volcanologique, Naples, 1er et 2e trim., nos 3-4, pp. 100-108, 1 carte [T] (70).

1925 Note sur quelques grès Mézozoïques à plantes de la Chine septentrionale — ° *Aufsatz über einige mesozoische Sandsteine mit Pflanzeneinschlüssen aus Nordchina*
en collab. avec P. H. Fritel, *Bull. Soc. Géol. France*, 4e série, t. XXV, fasc. 6, pp. 523-540, 7 fig., 2 pl. – Les observations géologiques, pp. 523-528, 1 carte, sont du P. Teilhard – note présentée à la séance du 8 juin [T] (72).

1925 M. Teilhard de Chardin présente une communication sur l'ancienneté de certains éléments des faunes continentales — ° *Teilhard de Chardin legt eine Mitteilung über das Alter gewisser Elemente der kontinentalen Faunen vor*
C. R. somm. Soc. de Biogéographie, séance du 20 nov., 2e année, n° 15, pp. 111-113 [T] (71).

*1925 L'hominisation. Introduction à une étude scientifique du phénomène humain — °°° *Die Hominisation. Einführung zu einem wissenschaftlichen Studium des menschlichen Phänomens*, in: SdV, S. 77–117; AdW, S. 47–97
D.d.i., 46 pp., s.i., 22 pp., Paris, 6 mai 1925 [la date proposée dans l'éd. Plon est erronée; la conclusion présente 2 vers. diff.; «l'opuscule» Les propriétés expérimentales de l'humanité constitue simplement le noyau de L'hominisation]; extr. et adapt. in: E. Le Roy, *Les origines humaines et l'évolution de l'intelligence*, Paris, Boivin, 1928, pp. 9, [24], 35, 39-40, 54-55, 118, 119, 134, et *Essai d'une philosophie première*, Paris, P.U.F., t. I, 1956, pp. 346-347, 407; Œ, t. III, pp. 77-111 [Sc Ph] (54).

1926 Etude géologique sur la région du Dalai-Noor — ° *Geologische Studie über das Gebiet des Dalai-Noor*
Mém. Soc. Géol. France, nouv. série, t. III, fasc. 3, mém. n° 7, pp. 1-56, 2 pl. [24 fig.], 3 cartes géol. en couleurs [T] (73).

1926 Le massif volcanique du Dalai-Noor [Gobi oriental] — ° *Das vulkanische Massiv des Dalai-Noor [Ost-Gobi]*
C. R. du Congrès des Soc. Sav. et des départements tenu à Paris en 1925, sect. des Sc., Paris, pp. 460-463 [T] (74).

1926 Description de Mammifères tertiaires de Chine et de Mongolie — ° *Beschreibung tertiärer Säugetiere Chinas und der Mongolei*
Ann. de Pal., t. XV, fasc. I, pp. 3-52, 25 fig., 5 pl. [T] (75).

1926 Sur quelques Mammifères nouveaux du Tertiaire de la Belgique — ° *Über einige neue Säugetiere des Tertiärs Belgiens*
Bull. Ac. Royale de Belgique, classe des Sc., 5e série, t. XII, nos 4-5, pp. 210-215, 2 fig. [T] (77).

1926 Palaeontological Notes — ° *Paläontologische Notizen*
Bull. Geol. Soc. China, vol. V, n° 1, pp. 57-59 [T] (77).

1926 How and Where to Search [for] the Oldest Man in China — ⁰ *Wie und Wo nach dem Ältesten Menschen in China suchen*
Bull. Geol. Soc. China, vol. V, nos 3-4, pp. 201-206 [T] (78).

1926 Geological Study of the Deposits of the Sang-kan-ho Basin — ⁰ *Geologische Untersuchung der Ablagerungen des Sang-kan-ho-Beckens*
en collab. avec G. B. Barbour et E. Licent, *Bull. Geol. Soc. China*, vol. V, nos 3-4, pp. 263-280, 1 carte, 3 coupes, paru réellement en 1927; cf. lettre de Barbour à C. Cuénot du 4 mai 1958: "I wrote the introductory section [I recognize my own use of words and the style on pages 263-265] and also sections 3 and 4. Teilhard wrote sections 2 and 5 with the determination and description of the fauna. Then we wrote section 6 together and at Teilhard's request I added a statement as a Note on the Correlation. I also drew all the illustrations and diagrams. Licent did not contribute a word, as far as I know!!" – Textes de Teilhard traduits par Barbour; originaux perdus [T] (79).

1926 On a Presumably Pleistocene Human Tooth from the Sjara-Osso-Gol [South-eastern Ordos] Deposits — ⁰ *Über einen vermutlich pleistozänen menschlichen Zahn von den Sjara-Osso-Gol-Ablagerungen [Südost-Ordos]*
en collab. avec E. Licent et P. Davidson Black, *Bull. Geol. Soc. China*, vol. V, nos 3-4, pp. 285-290, 1 fig., 1 pl. formant la p. 291 [T] (80).

1926 Le Néolithique de la Chine d'après les découvertes du Dr Andersson — ⁰ *Das Neolithikum Chinas nach den Entdeckungen Dr. Anderssons*
L'anthrop., t. XXXVI, nos 1-2, pp. 117-124 [T] (81).

1926 Sur l'apparence nécessairement discontinue de toute série évolutive — ⁰⁰⁰ *Über das notwendig diskontinuierliche Erscheinungsbild jeder evolutiven Reihe*, in: SdV, S. 169–170
L'anthrop., séance du 17 mars, t. XXXVI, pp. 320-321; Œ, t. III, pp. 161-162 [Sc Ph] (82).

1926 Fossil Man in China and Mongolia — ⁰ *Der fossile Mensch in China und der Mongolei*
Natural History, New York, vol. XXVI, n⁰ 3, pp. 238-245, 10 fig. [trad. C. D. Matthew, texte original franç. perdu] [T] (83).

*1926 Les fondements et le fond de l'idée d'évolution — ⁰⁰⁰ *Die Grundlagen und der Kern des Evolutionsgedankens*, in: SdV, S. 171–208
2 éd. avec var. 1⁰ D.d.i., 36 pp. 2⁰ D.s.i., 23 pp. Golfe du Bengale, Ascension 1926; Œ, t. III, pp. 165-197 [Sc Ph] (84).

*1926-1927 et 1957 Le milieu divin — ⁰⁰ *Das göttliche Milieu;* ⁰⁰⁰ *Der Göttliche Bereich*, bei Walter-Verlag, Olten 1962 [eine Neufassung der Übersetzung ist in Vorbereitung]
Tientsin, nov. 1926-mars 1927. Nombreuses éd. – Citons entre autres: I. 1re vers. [a] sans l'Avertissement, R.s.i., 74 pp.; [b] avec l'Avertissement, R.d.i., 152 pp., s.i., 65 pp.; II. 2e vers. D.d.i., 128 pp. + 1 p. non numérotée contenant l'épigraphe et la dédicace et 1 p. non numérotée en fin de vol. contenant le sommaire, vers. dont il ne subsiste que 2 exempl.;

environ 150 variantes, mais peu de changements profonds sauf quelques remaniements de § et des notes supplémentaires apportant des précisions théologiques, cf. lettre de Pékin, 20 mars 1932: «Je vais, pour commencer, chercher à faire les retouches qu'on me demande d'apporter au «Milieu Divin», pour une publication éventuelle [?]»; III. Copies et réimpr. de la 1re vers., p. ex. [a] Pékin, 1942, [b] par un groupe de la S.N.C.F. après 1955 [?]; IV. éd. de luxe in-fol. de 56 pp. sur la 1re vers. sans lieu ni date ni nom d'éditeur [tirage privé à l'imprim. Cathol. de Beyrouth par le R. P. Coron, S.J., vers 1943-1944 (30 ex.)]; V. Œ, t. IV, Paris, Ed. du Seuil, 203 pp., photos h. t., brèves cit. de lettres à A. Valensin et à M. Teillard-Chambon, et d'opuscules: LE PRÊTRE, 1918, LA MESSE SUR LE MONDE, 1923, LE CŒUR DE LA MATIÈRE, 1950, LE CHRISTIQUE, 1955. Cette édition représente la 2e vers., prêtée par Mgr Bruno de Solages et préparée pour l'impression, d'où les différences avec le texte courant; VI. 5 prières du MILIEU DIVIN in: Pierre Bernard, *Devant Dieu*, Le Puy, Ed. Xavier Mappus, 1er trim. 1948, pp. 213-219; extr. in: *La Table ronde*, juin 1955, nº 90, pp. 74-75, et *Jeune Ingénieur*, USIC-MICIAC, Liaison nº 51, sept. 1957, pp. 25-30 [R] (85).

1927 LES MAMMIFÈRES DE L'EOCÈNE INFÉRIEUR DE LA BELGIQUE — ° *Die Säugetiere des frühen Eozäns Belgiens*
Mém. du Mus. royal d'hist. nat. de Belgique, nº 36, pp. 1-33, 31 fig., 6 pl. [T] (86).

1927 ON THE BASAL BEDS OF THE SEDIMENTARY SERIES IN SOUTH-WESTERN SHANSI — ° *Über die Grundschichten der Sedimentreihen in Südwest-Shansi*
en collab. avec E. Licent, *Bull. Geol. Soc. China*, vol. VI, nº 1, pp. 61-65, 1 croquis et 3 coupes [T] (87).

1927 ON THE RECENT MARINE BEDS, AND THE UNDERLYING FRESH-WATER DEPOSITS IN TIENTSIN — ° *Über die jüngeren marinen Schichten und die darunterliegenden Süßwasserablagerungen in Tientsin*
en collab. avec E. Licent, *Bull. Geol. Soc. China*, vol. VI, nº 2, pp. 127-128, pas de fig. [T] (88).

1927 OBSERVATIONS SUR LES FORMATIONS QUATERNAIRES ET TERTIAIRES SUPÉRIEURES DU HONAN SEPTENTRIONAL ET DU CHANSI MÉRIDIONAL — ° *Beobachtungen über die quartären und spättertiären Formationen Nord-Honans und des südlichen Shansi*
en collab. avec E. Licent, *Bull. Geol. Soc. China*, vol. VI, nº 2, pp. 129-148, 1 carte et 8 coupes [résumé chinois p. 149] [T] (89).

1928 QUELQUES DONNÉES NOUVELLES SUR LA MISE EN PLACE DE LA FAUNE MODERNE [MAMMIFÈRES] EN CHINE SEPTENTRIONALE — ° *Einige neue Angaben über die Einordnung der modernen Fauna [Säugetiere] in Nordchina*
C. R. somm. des séances de la Soc. de Biogéographie, 20 janv., 5e année, nº 34, pp. 1-3 [T] (90).

1928 COMMUNICATION SUR: «LES COUCHES DE PASSAGE ENTRE LE TERTIAIRE ET LE QUATERNAIRE EN CHINE SEPTENTRIONALE» — ° *Mitteilung über: ‹Die*

Übergangsschichten zwischen dem Tertiär und dem Quartär in Nordchina›
C. R. somm. Soc. Géol. France, 23 janv., pp. 12-14 [T] (91).

1928 Observations sur la lenteur d'évolution des faunes de Mammifères continentales — ° *Beobachtungen über die Langsamkeit der Evolution der kontinentalen Säugetierfaunen*
Palaeobiologica, Vienne et Leipzig, vol. I, pp. 55-60, 1 fig. [T] (92).

1928 La nature et la succession des éruptions post-paléozoïques en Chine septentrionale — ° *Die Natur und die Abfolge der nachpaläozoischen Eruptionen in Nordchina*
C. R. Acad. Sc., séance du 2 avril, t. CLXXXVI, pp. 960-961 [T] (93).

1928 Note complémentaire sur la faune de Mammifères du Tertiaire inférieur d'Orsmael — ° *Ergänzende Bemerkung über die Säugetierfauna des frühen Tertiärs von Orsmael*
Bull. Ac. Royale de Belgique, classe des Sc., 5e série, t. XIV, n° 6, pp. 471-474, 2 fig. [T] (94).

1928 Les roches éruptives post-paléozoïques du nord de la Chine — ° *Die nachpaläozoischen Eruptivgesteine Nordchinas*
Bull. Geol. Soc. China, vol. VII, n° 1, pp. 1-11, 1 fig. [T] (95).

1928 Le Paléolithique de la Chine — ° *Das Paläolithikum Chinas*
en collab. avec M. Boule, H. Breuil et E. Licent, *Arch. de l'Inst. de Pal. Hum.*, Paris, juillet, Mém. 4, VIII et 139 pp., 53 fig., 30 pl. h.t. [cf. 1re partie Stratigraphie, par Teilhard de Chardin et Licent, pp. 1-26] [T] (96).

1928 Les tendances intellectuelles de la Chine moderne — ° *Die intellektuellen Tendenzen des modernen China*
Dossiers de la Commission synodale, Pékin, juillet, vol. I, n° 2, pp. 127-130. – Anonyme, mais réimpr. in: *Chine – Ceylan – Madagascar* [Lille], oct. 1930, sous le titre Les tendances intellectuelles de la Chine moderne – Un cas particulier: les groupements de recherche scientifique et avec la signature «P. Teilhard de Chardin, S.J.»; extr. in: H. Bernard, *Sagesse chinoise et philosophie chrétienne*, Tientsin, 1935, pp. 228-229 [Sc].

*1928 Le phénomène humain — °° *Das menschliche Phänomen*
D.d.i., 15 pp., s.i., 8 pp. Montesquieu-Avantès, Ariège, début sept., ronéo datée de Paris [différent du Phénomène humain, *Rev. quest. scientif.*, nov. 1930]; Œ, t. IX, pp. 115-128 [Sc Ph] (97).

*1928 Les mouvements de la vie — °°° *Die Bewegungen des Lebens*, in: SdV, S. 209–219
D.d.i., 13 pp., s.i., 7 pp., s.l., avril 1928; Œ, t. III, pp. 201-210 [Sc Ph] (98).

1929 On Some Traces of Vertebrate Life in the Jurassic and Triassic Beds of Shansi and Shensi — ° *Über einige Spuren von Wirbeltierformen des Lebens in den Jura- und Trias-Schichten von Shansi und Shensi*
en collab. avec C. C. Young, *Bull. Geol. Soc. China*, vol. VIII, n° 2, pp. 131-133, 1 fig., 1 pl. [T] (99).

1929 Preliminary Report on the Chou-kou-tien Fossiliferous Depo-

SITS — ° *Vorläufiger Bericht über die fossiliferen Ablagerungen von Choukoutien*
en collab. avec C. C. Young, *Bull. Geol. Soc. China*, vol. VIII, n° 3, pp. 173-202, 10 fig., 1 pl. [T] (100).

1929 THE TIMES OF THE LOESS AND EARLY MAN IN CHINA — ° *Die Zeiten des Löß und der Frühe Mensch in China*
in: *Some Problems of Earth History, Contributions of the Department of Geography and Geology*, Yenching University, Peiping, n° 27, pp. 14-16 [English version by George B. Barbour, texte franç. perdu] [T] (101).

1929 THE EARLY MAN IN CHINA. KEY TO HIS APPEARANCE AND DISAPPEARANCE IS FOUND IN LOESS — ° *Der frühe Mensch in China. Der Schlüssel zu seinem Auftreten und Verschwinden ist im Löß gefunden*
Dossiers de la Commission synodale, Peiping, déc., vol. II, n° 12, pp. 904-906 [T].

*1929 LE SENS HUMAIN — °° *Der menschliche Sinn*
D.s.i., 13 pp.; D.d.i., pp. 1-22, s.i., p. 23. Ceylan, 12 févr. [l'ex. dactylographié de 23 pp. porte l'indication autographe suivante «Océan Indien. Février-Mars 1929»]; extr. in: *Europe*, mars-avril 1965, 43e année, n° 431-432, pp. 97-105; Œ, t. XI [Ph R] (102).

1929 et 1930 QUE FAUT-IL PENSER DU TRANSFORMISME? — °°° *Was soll man vom Transformismus halten?*, in: SdV, S. 221-233
Dossiers de la Commission synodale, Peiping, juin-juillet 1929, vol. II, n° 6-7, pp. 462-469 [cf. R.s.i., 6 pp.]; trad. chinoise in: *Tientsin University [Hautes Etudes]*, 1929, n° 3, pp. 61-66; cf. *Dossiers...* mai 1930, vol. III, n° 5, pp. 259-264, *De transformismo*, par G. Amedeo Cracco, O.F.M.; texte franç. réimpr. in: *Rev. quest. scientif.*, janv. 1930, 4e série, t. XVII, fasc. I, pp. 89-99 [écrit à Pékin les 14 et 15 avril 1929, cf. lettre du 15 avril à L. Zanta]; Œ, t. III, pp. 213-223 [Sc Ph] (103).

1930 SINANTHROPUS PEKINENSIS — ° *Sinanthropus pekinensis*
Primitive man, t. III, pp. 46-48 [référence non contrôlée] [T].

1930 PALAEONTOLOGY OF MAMMIFERS IN CHINA — ° *Paläontologie der Säugetiere in China*
Irish Ecclesiastical Record, t. XXXVI, pp. 363-369 [T].

1930 LE PALÉOLITHIQUE EN SOMALIE FRANÇAISE ET EN ABYSSINIE — ° *Das Paläolithikum in Französisch-Somaliland und in Abessinien*
L'anthrop., t. XL, pp. 331-334 [T] (104).

1930 LE PHÉNOMÈNE HUMAIN — °°° *Das menschliche Phänomen*, in: SdV, S. 235–254
Rev. quest. scientif., nov., 4e série, t. XVIII, pp. 390-406 [différent du PHÉNOMÈNE HUMAIN, sept. 1928], écrit à Tientsin vers janv. 1930; Œ, t. III, pp. 227-243 [Sc Ph] (105).

1930 PRELIMINARY OBSERVATIONS ON THE PRELOESSIC AND POSTPONTIAN FORMATIONS IN WESTERN SHANSI AND NORTHERN SHENSI — ° *Vorläufige Beobachtungen über die vorlössischen und nachpontischen Formationen von West-Shansi und Nord-Shensi* en collab. avec C.C. Young, *Geological Memoirs*, mai, série A, nº 8, Peiping, suite des *Memoirs of the Geological Survey*, pp. 1-54, 13 fig., 9 pl. [T] (106).

1930 ON THE OCCURRENCE OF A MONGOLIAN EOCENE PERISSODACTYLE IN THE RED SANDSTONE OF SICHUAN, S.W. HONAN — º *Über das gelegentliche Auffinden eines mongolischen eozänen Unpaarhufers im roten Sandstein von Sichuan, Südwest-Honan*
Bull. Geol. Soc. China, vol. IX, nº 4, pp. 331-332, 1 fig. [T] (107).

1930 QUELQUES OBSERVATIONS SUR LES TERRES JAUNES [LOESS] DE CHINE ET DE MONGOLIE — º *Einige Beobachtungen über die gelben Erden [Löß] Chinas und der Mongolei*
Soc. Géol. France, livre jubilaire 1830-1930, t. II, pp. 605-612, 5 fig. [T] (108).

1930 LES MAMMIFÈRES FOSSILES DE NIHOWAN [CHINE] — º *Die fossilen Säugetiere von Nihowan [China]*
en collab. avec J. Piveteau, *Ann. de Pal.*, t. XIX, fasc. 1-4, 134 pp., 42 fig., 23 pl. dont 1 double [T] (109).

1930 P. TEILHARD DE CHARDIN ET J. PIVETEAU OFFRENT LEUR MÉMOIRE: LES MAMMIFÈRES FOSSILES DE NIHOWAN [CHINE] — º *P. Teilhard de Chardin und J. Piveteau legen ihre Abhandlung vor: Die fossilen Säugetiere von Nihowan [China]*
C. R. somm. Soc. Géol. France, pp. 182-183 [T] (110).

1930 GEOLOGICAL OBSERVATIONS IN NORTHERN MANCHURIA AND BARGA [HAILAR] — º *Geologische Beobachtungen in der Nordmandschurei und in Barga [Hailar]*
en collab. avec E. Licent, *Bull. Geol. Soc. China*, vol. IX, nº 1, pp. 23-35, 1 carte et 3 coupes [T] (111).

1930 SOME CORRELATIONS BETWEEN THE GEOLOGY OF CHINA PROPER AND THE GEOLOGY OF MONGOLIA — º *Einige Wechselbeziehungen zwischen der Geologie des eigentlichen Chinas und der Geologie der Mongolei*
en collab. avec C. C. Young, *Bull. Geol. Soc. China*, vol. IX, nº 2, pp. 119-125, 1 carte en noir [T] (112).

1930 OBSERVATIONS GÉOLOGIQUES EN SOMALIE FRANÇAISE ET AU HARRAR — º *Geologische Beobachtungen in Französisch-Somaliland und in Harrar*
in: *Etudes géologiques en Ethiopie, Somalie et Arabie méridionale, Mém. Soc. Géol. France*, nouv. série, t. IV, fasc. 3-4, mém. nº 14, pp. 5-12, fig. 1 à 3, et pl. 1 [fig. 1 et 2] [T] (113).

1930 LE CAÑON DE L'AOUACHE ET LE VOLCAN FANTALÉ — º *Der Cañon der Aouache und der Vulkan Fantalé*
en collab. avec P. Lamare, ibid., pp. 13-20, fig. 4 à 9, et pl. 1 [fig. 3 à 8] [T] (115).

1930 OBSERVATIONS SUR LES ROCHES MÉTAMORPHIQUES DU PLATEAU SOMALI PRÈS DE HARRAR — º *Beobachtungen über die metamorphen Gesteine der Somali-Hochfläche in der Nähe von Harrar*
ibid., p. 103 [T] (114).

1930 La paléontologie des Mammifères en Chine et l'œuvre du Musée Hoangho-Paiho — ° *Die Paläontologie der Säugetiere in China und das Werk des Hoang-ho-Pai-ho-Museums*
Rev. Scientif., 28 juin, t. LXVIII, n° 12, pp. 360-362 [T] (116).

1930 Quelques observations biogéographiques en Chine — ° *Einige biogeographische Beobachtungen in China*
Soc. de Biogéographie, C. R. somm. des séances, 7e année, n° 60, pp. 94-96 [T] (117).

1930 Une importante découverte en paléontologie humaine: Le Sinanthropus pekinensis — °°° *Eine wichtige Entdeckung in der menschlichen Paläontologie: Der Sinanthropus pekinensis*, in: AdM, S. 84–96
Rev. quest. scientif., juillet, 4e série, t. XVIII, fasc. 1, pp. 5-16, 1 fig.; Œ, t. II, pp. 85-95 [T] (118).

1930 Conférence avec projections sur la géologie de la Chine et le Sinanthropus pekinensis — ° *Vortrag mit Lichtbildern über die Geologie Chinas und den Sinanthropus pekinensis*
C. R. somm. Soc. Géol. France, 15 déc., pp. 207-208 [T] (119).

*1930 Essai d'intégration de l'homme dans l'univers — °° *Versuch der Integration des Menschen in das Universum*
4 conférences prononcées à Chadefaud pour le groupe Marcel Légaut: 1re confér. [19 nov.]: D.d.i., 24 pp.; 2e confér. [27 nov.]: D.d.i., 14 pp., cit. in: *Morale chrétienne et morale marxiste*, La Palatine, 1960, p. 140; 3e confér. [3 déc.]: texte perdu dont il ne subsiste que [a] le résumé au début de la 4e confér., [b] la discuss. consécutive: D.d.i., 14 pp.; 4e confér. [10 déc.]: D.d.i., 24 pp. [Ph R] (120).

1931 L'Homme de Pékin — ° *Der Pekingmensch*
Echo de l'U.S.I.C., Paris, janv., 22e année, n° 1, pp. 51-52 [résumé d'une confér.] [T] (121).

1931 Le Sinanthropus de Péking. Etat actuel de nos connaissances sur le fossile et son gisement — ° *Der Sinanthropus von Peking. Derzeitiger Stand unseres Wissens über das Fossil und seine Fundstelle*
L'anthrop., t. XLI, nos 1-2, pp. 1-11, 3 fig. [T] (122).

1931 On an Enigmatic Pteropod-like Fossil from the Lower Cambrian of Southern Shansi, Binoculites Grabaui, nov. gen., nov. sp. — ° *Über ein rätselhaftes Pteropoden-ähnliches Fossil aus dem Unterkambrium von Süd-Shansi, Binoculites Grabaui, nov. gen., nov. sp.*
Bull. Geol. Soc. China, vol. X, pp. 179-184, 2 fig., 2 pl. [T] (123).

1931 Some Observations on the Archaeological Material Collected by Mr. A. S. Lukashkin near Tsitsikar — ° *Einige Bemerkungen über das von A. S. Lukashkin in der Nähe von Tsitsikar gesammelte archäologische Material*
Bull. Geol. Soc. China, vol. XI, pp. 183-200, 8 fig., 3 pl. [T] (124).

1931 Fossil Mammals from the Late Cenozoic of Northern China — ° *Fossile Säugetiere aus dem späten Känozoikum Nordchinas*
en collab. avec C. C. Young, *Pal. Sin.*, déc., série C, vol. 9, fasc. 1, pp. 1-88, 23 fig., 10 pl., 1 carte [T] (125).

1931 et 1937-1938 OBSERVATIONS SUR LA FLORE ET LA FAUNE ENTRE URUMCHI ET AKSU [SEPT. 1931] — ° *Beobachtungen über die Flora und die Fauna zwischen Urumchi und Aksu [Sept. 1931]*

M., s.l.n.d., 4 pp., et in: A. Raymond, *Résultats scientifiques d'un voyage en Asie centrale*, Paris, *Rev. de géogr. phys.*, 1938, pp. 71-73 [thèse de doctorat parue d'abord in: *Rev. de géogr. phys. et de géol. dyn.*, vol. X, fasc. 3, 1937] [T] (127).

*1931 L'ESPRIT DE LA TERRE — °°° *Der Geist der Erde*, in: AdW, S. 97-143; DME R.d.i., 46 ou 49 pp. selon les éd. [le total de 50 étant dû à une erreur de pagination], s.i., 21 pp. [couverture beige avec titre imprimé] ou 18 pp., D.d.i., 39 pp. Pacifique, 9 mars; brève cit. in: *Le Moncelet*, 28 nov. 1938, p. 4; larges cit. in: Mgr B. de Solages, *La pensée chrétienne face à l'évolution*, extr. du *Bull. de litt. ecclés.*, oct.-déc. 1947, p. 14; id., *Le livre de l'espérance: l'âme, Dieu, la destinée: éternelles questions sous la lumière de ce temps*, Paris, Spes, 1954, pp. 171-172; NOUVELLES LETTRES DE VOYAGE, pp. 184-185, et *L'Age nouveau*, 13e année, nº 106, juillet-sept. 1959, pp. 7-12; cit. in: *Morale chrétienne et morale marxiste*, La Palatine, 1960, pp. 135-136, 137; Œ, t. VI, 1962, pp. 23-57 avec photocopie de la 1re p. man. [Ph R] (128).

1932 NEW OBSERVATIONS ON THE KHANGAI SERIES OF MONGOLIA AND SOME OTHER ALLIED FORMATIONS — ° *Neue Beobachtungen über die Khangai-Reihen der Mongolei und einige andere damit verbundene Formationen*

Bull. Geol. Soc. China, vol. XI, nº 4, pp. 395-409, 1 fig., 1 carte en noir [T] (129).

1932 THE GEOLOGY OF THE WEICH'ANG AREA — ° *Die Geologie des Weitschang-Gebietes*

Bull. Geol. Soc. China, vol. XI, nº 19, pp. 1-46, 22 coupes et 1 carte géol. itinéraire en couleurs [T] (130).

1932 OBSERVATIONS SUR LES CHANGEMENTS DE NIVEAU MARIN DANS LA RÉGION D'OBOCK — ° *Beobachtungen über die Wechsel in der Meereshöhe in der Gegend von Obock*

C. R. somm. Soc. Géol. France, 7 nov., pp. 180-181 [T] (131).

1932 LES RÉSULTATS SCIENTIFIQUES DE L'EXPÉDITION CITROËN-CENTRE ASIE — ° *Die wissenschaftlichen Ergebnisse der Zentralasien-Expedition Citroëns*

La Géographie [Terre, Air, Mer], Paris, déc., t. LVIII, pp. 379-390, 8 fig. [T] (132).

1932 NOUVELLE ÉTUDE SUR LE CERVUS ERTBORNI DUB. DES ARGILES DE LA CAMPINE — ° *Neue Studie über den Cervus Ertborni Dub. der Tone von Kempen*

en collab. avec J. Piveteau, *Bull. du Mus. royal d'hist. nat. de Belgique*, mai, vol. VIII, nº 5, pp. 1-12, 5 fig. [T] (133).

1932 THE LITHIC INDUSTRY OF THE SINANTHROPUS DEPOSITS IN CHOUKOUTIEN — ° *Die lithische Industrie der Sinanthropus-Ablagerungen in Choukoutien*

en collab. avec W.C. Pei, *Bull. Geol. Soc. China*, vol. XI, nº 4, pp. 315-364, 36 fig., 3 pl. [T] (134).

1932 On Some Neolithic and Possibly Palaeolithic Finds in Mongolia, Sinkiang and West China — ° *Über einige neolithische und möglicherweise paläolithische Funde in der Mongolei, in Sinkiang und Westchina*
en collab. avec C. C. Young, *Bull. Geol. Soc. China*, vol. XII, n° 1, pp. 83-104, 21 fig. dont 1 carte dépl. [T] (135).

1932 Observations géologiques à travers les déserts d'Asie centrale de Kalgan à Hami — ° *Geologische Beobachtungen quer durch die Wüsten Zentralasiens von Kalgan bis Hami*
apud: *Résultats scientifiques de l'expédition Citroën-centre Asie. IIIe Mission Haardt-Audouin-Dubreuil, 1931-1932, Rev. de géogr. phys. et de géol. dyn.*, vol. V, fasc. 4, pp. 365-396, 15 fig. dans le texte, 4 pl. et 2 cartes géol. en couleurs h.t. [T] (136).

1932 Les Graviers plissés de Chine — ° *Die gefalteten Schotter Chinas*
Bull. Soc. Géol. France, séance du 19 déc., 5e série, t. II, fasc. 8-9, pp. 527-531, 1 fig., 4 pl. [T] (137).

*1932 Les collections paléontologiques du Musée Hoang-ho-Pai-ho. Vertébrés — ° *Die paläontologischen Sammlungen des Hoang-ho-Pai-ho-Museums. Vertebraten-Wirbeltiere*
D.d.i., 8 pp., s.l., mai [schéma d'un art. qui n'a jamais paru] [T].

1932 La place de l'homme dans la nature — °°° *Der Ort des Menschen in der Natur*, in: SdV, S. 255-265
Rev. des étudiants de l'univ. nat. de Peiping, 9 pp.; Œ, t. III, pp. 247-256 [Sc Ph] (138).

*1932 La route de l'Ouest. Vers une mystique nouvelle — °° *Die Straße des Westens. Auf dem Wege zu einer neuen Mystik*
D.d.i., 20 pp. Pénang, 8 sept.; extr. in: C. Cuénot, *Teilhard de Chardin*, Paris, Ed. du Seuil, 1962, coll. *Ecrivains de toujours*, pp. 136-137; Œ, t. XI [Ph R] (139).

1933 The Base of the Palaeozoic in Shansi: Metamorphism and Cycles — ° *Die Grundlage des Paläozoikums in Shansi: Metamorphismus und Zyklen*
Bull. Geol. Soc. China, vol. XIII, n° 1, pp. 149-153, 2 fig. [coupes géol.] [T] (140).

1933 Les cycles sédimentaires [Pliocènes et plus récents] dans la Chine du nord — ° *Die [pliozänen und jüngeren] sedimentären Zyklen in Nordchina*
Bull. Ass. Géogr. Française, n° 65, pp. 3-7, 1 fig. [T] (141).

1933 Les Bovinés fossiles en Chine du nord — ° *Die fossilen Bovinen in Nordchina*
C. R. somm. Soc. de Biogéographie, 10e année, n° 79, pp. 1-2 [T] (142).

1933 The Late Cenozoic Formations of South-Eastern Shansi — ° *Die spätkänozoischen Formationen von Südost-Shansi*
en collab. avec C. C. Young, *Bull. Geol. Soc. China*, vol. XII, n° 2, pp. 207-248, 15 fig., 3 pl., 1 carte [T] (143).

1933 Fossil Man in China. The Choukoutien Cave Deposits with a Synopsis of Our Present Knowledge of the Late Cenozoic in

CHINA — ° *Der fossile Mensch in China. Die Höhlenablagerungen Choukoutiens mit einer Synopse unseres gegenwärtigen Wissens über das späte Känozoikum in China*
en collab. avec P. Davidson Black, C.C. Young et W.C. Pei, *Mem. Geol. Surv. China*, série A, n° 11, pp. I-XI et 1-166, 82 fig., 3 tableaux et 6 cartes [préface, 1re et 3e parties du P. Teilhard, 2e partie de D. Black] [T] (144).

1933 SUR LA DÉCOUVERTE D'UN RONGEUR DU GENRE PARAMYS DANS L'EOCÈNE INFÉRIEUR DE PROVENCE — ° *Über die Entdeckung eines Nagetiers von der Gattung Paramys im unteren Eozän der Provence*
en collab. avec A. de Lapparent, *C. R. somm. Soc. Géol. France*, séance du 6 févr., pp. 26-27 [T] (145).

1933 APPENDICE: [I] OBSERVATIONS GÉOLOGIQUES EN CHINE. [II] LA PRÉHISTOIRE DE L'ASIE CENTRALE — ° *Anhang: [I] Geologische Beobachtungen in China. [II] Die Vorgeschichte Zentralasiens*
in: Georges Le Fèvre, *La Croisière Jaune. Troisième Mission Haardt-Audouin-Debreuil*, Paris, Plon, 1er tirage 1933, nouv. tirage 1952, pp. 357-366 [T] (146).

1933 LA SIGNIFICATION ET LA VALEUR CONSTRUCTRICE DE LA SOUFFRANCE — °°° *Die Bedeutung und der konstruktive Wert des Leidens*, in: DME
Le Trait d'union, bull. de l'U.C.M., 1er avril, n° 45, pp. 6-11; extr. apud: HYMNE DE L'UNIVERS, 1961: PENSÉES CHOISIES PAR FERNANDE TARDIVEL, Ed. du Seuil, 1961, XX, XXI, XLII; Œ, t. VI, pp. 59-66, 1962 [R] (147).

1933 LE CHRISTIANISME DANS LE MONDE — °° *Das Christentum in der Welt*
D.d.i., 17 ou 13 pp. selon les éd. Pékin, mai; extr. in: JE M'EXPLIQUE; Œ, t. IX, pp. 129-145 [R] (149).

1933 L'INCROYANCE MODERNE. CAUSE PROFONDE ET REMÈDE — °° *Der moderne Unglaube. Tiefe Ursache und Heilmittel*
Vie intell., 25 oct., pp. 218-222 [n° spécial: *Enquête sur les raisons actuelles de l'incroyance*]; Œ, t. IX, pp. 147-153 [R] (148).

*1933 et 1957 PROFESSION DE FOI [titre fictif; incipit: "We cannot be fundamentally..."] — °° *Glaubensbekenntnis*
M., 2 pp., daté du 23 sept. 1933, impr. in: *Extraits et fragments de lettres à Lucile Swan*, plaquette hors commerce, New York, 1957, et apud: Lucile Swan, *Memories and Letters, The Wind and the Rain, An Easter Book for 1962*, London, pp. 41-49; trad. in: C. Cuénot, *Teilhard de Chardin*, Paris, Ed. du Seuil, coll. *Ecrivains de toujours*, 1962, pp. 48-49 [Ph R] (150).

*1933 CHRISTOLOGIE ET EVOLUTION — °° *Christologie und Evolution*
D.d.i., 22 pp., s.i., 12 pp. Tien-Tsin, Noël, courte cit. apud Viallet, *Le dépassement*, Fischbacher, 1961, p. 197; cit. in: R. Garaudy, *Après l'encyclique «Pacem in Terris» communistes et catholiques*, supplément aux *Cahiers du Communisme*, juillet-août 1963, n°s 7-8, pp. 8-10, cit. reproduite in: *Civitec Nouvelles de Chrétienté*, Paris, 19 sept. 1963, n° 407, pp. 8-9, et in: R. Garaudy, *De l'anathème au dialogue. Un marxiste*

s'adresse au concil, Paris, Plon, 1965, pp. 34-37; cit in: Abel Jeannière, *Teilhard dix ans après, Cahiers d'action religieuse et sociale*, Paris, 1er avril 1965, nº 407, p. 233, et in: *Europe*, mars-avril 1965, 43e année, nº 431-432, p. 191; court extr. in: JE M'EXPLIQUE; Œ, t. XI [R] (151).

1933 et 1935 THE SIGNIFICANCE OF PIEDMONT GRAVELS IN CONTINENTAL GEOLOGY [WITH AN APPLICATION TO NORTHERN AND WESTERN CHINA] — º *Die Bedeutung von Piedmont-Schottern in der Kontinentalgeologie [mit einer Anwendung auf Nord- und Westchina]*
from: *Report of XVI International Geological Congress*, Washington, 1933 preprint; issued July, 1935; vol. II, pp. 1031-1039, 3 fig., 1 carte [T] (152).

1934 NEW DISCOVERIES IN CHOUKOUTIEN 1933–1934 — º *Neue Entdeckungen in Choukoutien 1933–1934*
en collab. avec W. C. Pei, *Bull. Geol. Soc. China*, vol. XIII, nº 3, pp. 369-394, 9 fig., 3 pl., 1 carte [T] (153).

1934 A CORRELATION OF SOME MIOCENE AND PLIOCENE MAMMALIAN ASSEMBLAGES IN NORTH AMERICA AND ASIA WITH A DISCUSSION OF THE MIO-PLIOCENE BOUNDARY — º *Eine Wechselbeziehung einiger miozäner und pliozäner Säugetiergruppierungen in Nordamerika und Asien mit einer Diskussion der Mio-Pliozän-Grenze*
en collab. avec R. A. Stirton, *Publ. Univ. Calif., Bull. Dept. Geol. Sci.*, Berkeley, vol. XXIII, nº 8, pp. 277-290, 3 pl. [T] (154).

1934 LES FOUILLES PRÉHISTORIQUES DE PÉKING — ººº *Die prähistorischen Ausgrabungen von Peking*, in: AdM, S. 97–111
Rev. quest. scientif., 4e série, t. XXV, fasc. 2, pp. 181-193; Œ, t. II, pp. 99-110 [T] (155).

*1934 L'ÉVOLUTION DE LA CHASTETÉ — ºº *Die Evolution der Keuschheit*
D.d.i., 26 pp., s.i., 16 pp. Pékin, févr.; extr. in: P. Chauchard, *La pensée scientifique de Teilhard*, Paris, Ed. universitaires, 1965, pp. 160-162; 2 très brèves cit. en notes in: C. Cuénot, *Pierre Teilhard de Chardin: ébauche d'un portrait, Livres de France*, avril 1966, 17e année, nº 4, p. 8, n. 2 et 3; Œ, t. XI [R] (156).

*1934 COMMENT JE CROIS — º *Wie ich glaube;* ºº *Mein Glaube*
D.d.i., 40 pp., R.d.i., 49 ou 45 pp. selon les éd., s.i., 26 pp. Pékin, 28 oct.; en projet dès le 24 juin sous le titre MA CROYANCE; large cit. in Mgr B. de Solages, *Le livre de l'espérance: l'âme, Dieu, la destinée: éternelles questions sous la lumière de ce temps*, Paris, Spes, 1954, pp. 58-60; cit. in: E. Kahane, *Teilhard de Chardin*, Paris, Public. de l'Union rationaliste, 1960, pp. 68, 110, 114; cit. de l'Avant-propos in: J. P. Blanchard, *Méthodes et principes du P. Teilhard de Chardin*, Paris, La Colombe, 1961, pp. 92-93; extr. in: *L'équation du phénomène humain*, apud: *Planète* [Paris], nº 5, 1962, p. 10; P. Chauchard, *Teilhard témoin de l'amour*, Paris, Ed. universitaires, 1962, *Carnets Teilhard*, 2, pp. 52-53 [conclus. de l'opuscule]; A. Monestier, etc., *Pour comprendre Teilhard*, Paris, Minard, *Lettres modernes*, 1962, pp. 101-104; *Rencontre*, Besançon, nº spécial Teilhard de Chardin, 1962,

p. 2; L. Barjon, *Fidélité du Père Teilhard de Chardin, Foi vivante*, Paris, juin 1963, 4e année, nº 15, p. 75; C. Cuénot, *Situation de Teilhard de Chardin, Bull. Soc. industr. Mulhouse*, 1963, nº 3, p. 39 [extr. de l'Avant-propos]; Dom G. Frénaud, *Pensée philosophique et religieuse du Père Teilhard de Chardin*, Le Chesnay, oct., et Paris, Club du livre civique, 1963, pp. 23, 24, 25, 29; devise initiale in: P. Smulders, *La vision de Teilhard de Chardin*, Paris, Desclée, 1964, p. 129; extr. in: H. de Lubac, *La prière du Père Teilhard de Chardin*, Paris, Fayard, 1964, p. 148; Abel Jeannière, *Teilhard dix ans après, Cahiers d'action religieuse et sociale*, Paris, 1er avril 1965, nº 407, pp. 234-236; JE M'EXPLIQUE; brève cit. de l'Avant-propos in: ETG, p. 367, n. 1; Œ, t. X [Ph R] (157).

1935 LA FAUNE PLÉISTOCÈNE ET L'ANCIENNETÉ DE L'HOMME EN AMÉRIQUE DU NORD — ººº *Die Fauna des Pleistozäns und das Alter des Menschen in Nordamerika*, in: AdM, S. 112–118
L'anthrop., t. XLV, pp. 483-487; Œ, t. II, pp. 113-118 [T] (158).

1935 CHRONOLOGIE DES ALLUVIONS PLÉISTOCÈNES DE JAVA — º *Chronologie der pleistozänen Alluvionen Javas*
L'anthrop., t. XLV, pp. 707-708 [T] (159).

1935 LE CÉNOZOÏQUE DE CHINE CENTRALE ET MÉRIDIONALE — º *Das Känozoikum Zentral- und Südchinas*
C. R. somm. Soc. Géol. France, 3 juin, pp. 150-152 [T] (160).

1935 A GEOLOGICAL RECONNAISSANCE ACROSS THE EASTERN TSINLING [BETWEEN LOYANG AND HSICHUAN, HONAN] — º *Eine geologische Erkundungsfahrt quer durch den Ost-Tsinling [zwischen Loyang und Hsichuan, Honan]*
en collab. avec G. B. Barbour et M. N. Bien, *Bull. Geol. Surv. China*, nº 25, pp. 9-37, 16 fig., 2 pl., 1 carte en couleurs [T] (161).

1935 THE CENOZOIC SEQUENCE IN THE YANGTZE VALLEY — º *Die känozoische Abfolge im Yang-tse-Tal*
en collab. avec C. C. Young, *Bull. Geol. Soc. China*, vol. XIV, nº 2, pp. 161-178, 12 fig. [T] (162).

1935 ON THE CENOZOIC FORMATIONS OF KWANGSI AND KWANGTUNG — º *Über die känozoischen Formationen von Kwangsi und Kwangtung*
en collab. avec C. C. Young, W. C. Pei et H. C. Chang, *Bull. Geol. Soc. China*, vol. XIV, nº 2, pp. 179-210, 14 fig., 2 pl. [T] (163).

1935 GEOLOGICAL OBSERVATIONS IN THE TURFAN AREA — º *Geologische Beobachtungen in der Gegend von Turfan*
Hyllningsskrift tillagnad Sven Hedin, *Geografiska Annaler*, Stockholm, pp. 446-452, 4 fig. – les 3 dernières lignes de la p. 451 et la p. 452 commentent en suédois les 4 fig. et ne sont pas de Teilhard [T] (164).

1935 LA DÉCOUVERTE DU PASSÉ — ººº *Die Entdeckung der Vergangenheit*, in: SdV, S. 267–279
Etudes, 20 nov., t. CCXXV, pp. 469-478, pages écrites pour le t. II, resté inédit, du *Livre Jubilaire de Comte Bégouën* [l'original: D.s.i., 9 pp., ou R.d.i., 14 pp., est daté de: Mer Rouge, 15 sept. 1935]; Œ, t. III, pp. 259-269 [Sc Ph] (165).

1935 Les récents progrès de la préhistoire en Chine — ° *Die jüngsten Fortschritte der Vorgeschichte in China*
L'anthrop., t. XLV, nos 5-6, pp. 735-740, 2 fig. [T] (166).

1936 Fossil Mammals from Locality 9 of Choukoutien — ° *Fossile Säugetiere von der Lokalität 9 in Choukoutien*
Pal. Sin., série C, vol. VII, fasc. 4, pp. 5-70, 30 fig., bibl., 4 pl., 3 pages en chinois non numérotées [T] (168).

1936 On the Mammalian Remains from the Archaeological Site of Anyang — ° *Über die Säugetierreste von der archäologischen Fundstelle von Anyang*
en collab. avec C. C. Young, *Pal. Sin.*, juin, série C, vol. XII, fasc. 1, pp. 5-78, 26 fig., 8 pl. [T] (169).

1936 A Mongolian Amblypod in the Red Beds of Ichang [Hupeh] — ° *Ein mongolischer Amblypode in den Roten Schichten von Ichang [Hupeh]*
en collab. avec C. C. Young, *Bull. Geol. Soc. China*, vol. XV, n° 2, pp. 217-223, 3 fig. [T] (170).

1936 New Remains of Postschizotherium from S. E. Shansi — ° *Neue Reste des Postschizotherium aus Südost-Shansi*
en collab. avec E. Licent, *Bull. Geol. Soc. China*, vol. XV, n° 3, pp. 421-427, 2 fig. [T] (171).

1936 Observations on the Upper Siwalik Formation and Later Pleistocene Deposits in India — ° *Beobachtungen über die obere Siwalik-Formation und spätpleistozäne Ablagerungen in Indien*
en collab. avec H. de Terra, *Proc. Amer. Philosophical Soc.*, Philadelphia, vol. LXXVI, n° 6, pp. 791-882, 14 fig. [T] (172).

1936 Joint Geological and Prehistoric Studies in the Late Cenozoic in India — ° *Zusammengefaßte geologische und prähistorische Studien über das späte Känozoikum in Indien*
Science, Changhaï, nouv. série, t. LXXXIII, pp. 233-236 [T] (173).

1936 Sur la découverte de couches mésozoïques à poissons dans la région de Hailar — ° *Über die Entdeckung Fische enthaltender mesozoischer Schichten in der Gegend von Hailar*
Publ. Mus. Hoangho-Paiho, Tientsin, n° 33, 36 pp. [T] (174).

1936 Témoignage fraternel — ° *Brüderliches Zeugnis*
Le Trait d'union, bull. de l'U.C.M., oct. 1936, n° 66, pp. 6-9 [n° nécrologique consacré à Marguerite-Marie Teilhard de Chardin] [B] (175).

*1936 Esquisse d'un univers personnel — °°° *Entwurf eines personalen Universums*, in: DME
R.d.i., 56 pp. Pékin, 4 mai; fragm. impr. in: *Présences*, 6e année, n° 2, printemps 1956, pp. 53-54; cit. in: *Morale chrétienne et morale marxiste*, La Palatine, 1960, pp. 135 et 145; Œ, t. VI., 1962, pp. 67-114 [Ph R] (176).
N.B. L'opuscule *Essai sur la personne*, D.d.i., 8 pp., s.l.n.d. (365), n'est qu'un résumé de l'*Esquisse*. Dépourvu d'originalité, ce travail n'est pas de Teilhard mais d'un confrère.

*1936 QUELQUES RÉFLEXIONS SUR LA CONVERSION DU MONDE — °° *Einige Bemerkungen über die Bekehrung der Welt*
R.d.i., 14 pp. Pékin, 9 oct.; cit. in: *Synthèses* [Bruxelles], 15e année, n° 172, sept. 1960, pp. 203-204; cit., en trad. angl., in: *The Harvard Theological Review*, janv. 1965, vol. 58, n° 1, pp. 91-92; Œ, t. IX, pp. 155-166 [R] (177).

1936, 1937 et 1940 SAUVONS L'HUMANITÉ — °° *Die Menschheit retten - Gedanken über die gegenwärtige Krise*
I. Vers. intégrale, sous le titre: SAUVONS L'HUMANITÉ. RÉFLEXIONS SUR LA CRISE PRÉSENTE. R.d.i., 34 pp. Pékin, 11 nov. 1936; II. Vers. abrégée avec var. sous le titre: LA CRISE PRÉSENTE. RÉFLEXIONS D'UN NATURALISTE, *Etudes*, 20 oct. 1937, t. CCXXXIII, pp. 145-165 [extr. in: H. de Lubac, *Catholicisme. Les aspects sociaux du dogme*, Paris, Ed. du Cerf, 1938, pp. 163-164]; III. Réimpr. de la vers. abrégée en opuscule sous le titre: SAUVONS L'HUMANITÉ, imprimerie G. Durassié, Malakoff [Seine], pp. 5-29, préface de M. H. Bégouën datée du 11 févr. 1940; IV. fragm. réimpr. in: *La Table ronde*, juin 1955, n° 90, pp. 55-59, sous le titre: UN FRONT HUMAIN SPIRITUEL, et *Pensée française*, 15 nov. 1956, n° 1, pp. 7-11, sous le titre: LES COLONNES DE L'AVENIR; extr. in: Paul Chauchard, *L'humanisme et la science*, Paris, Spes, 1960, pp. 180-182; extr. présentés par Mlle Jeanne Mortier apud: *Les entretiens de Royaumont. Quel avenir attend l'homme?, Rencontre internationale de Royaumont* [17-20 mai 1961], Paris, P.U.F., 1961, pp. 221-229; *Cahiers Pierre Teilhard de Chardin*, n° 3, pp. 69-97; Œ, t. IX, pp. 167-191 [Ph R] (178).

1936 NOTES ON CONTINENTAL GEOLOGY — ° *Notizen zur Kontinentalgeologie*
Bull. Geol. Soc. China, vol. XVI, pp. 195-220, 9 cartes en noir dans le texte [T] (179).

1937 EPARCHAEAN AND EPI-SINIAN INTERVALS IN CHINA — ° *Eparchaische und epi-sinische Zwischenzeiten in China*
Bull. Geol. Soc. China, vol. XVII, n° 1, pp. 65-82, 3 fig., 1 pl., 1 carte [T] (180).

1937 THE POST-VILLAFRANCHIAN INTERVAL IN NORTH CHINA — ° *Die Nach-Villafranchien-Zwischenzeit in Nordchina*
Bull. Geol. Soc. China, vol. XVII, n° 1, pp. 169-176, 1 fig. [T] (181).

1937 NOTES SUR LA PALÉONTOLOGIE HUMAINE EN ASIE MÉRIDIONALE — ° *Notizen über die menschliche Paläontologie in Südasien*
L'anthrop., t. XLVII, nos 1-2, pp. 22-33, 6 fig. [T] (182).

1937 THE PLEISTOCENE OF CHINA: STRATIGRAPHY AND CORRELATIONS — ° *Das Pleistozän Chinas: Stratigraphie und Wechselbeziehungen*
in: G. G. MacCurdy, *Early Man*, London, Philadelphia and New York, J. B. Lippincott, pp. 211-230, 2 fig. [T] (183).

1937 THE STRUCTURAL GEOLOGY OF EASTERN SHANTUNG [BETWEEN TSINGTAO AND YUNG CH'ENG] — ° *Die strukturelle Geologie von Ost-Shantung [zwischen Tsingtau und Yung Ch'eng]*
en collab. avec Yang Kieh, *Bull. Geol. Surv. China*, n° 29, pp. 85-108, 2 pl. [T] (184).

1937 The Proboscidians of South-Eastern Shansi [Yushê Basin] — ° *Die Rüsseltiere von Südost-Shansi [Yushê-Becken]*
en collab. avec M. Trassaert, *Pal. Sin.*, mars, série C, vol. XIII, fasc. 1, pp. 1-58, 6 fig., 13 pl. [T] (185).

1937 The Pliocene Camelidae, Giraffidae and Cervidae of South-Eastern Shansi — ° *Die pliozänen Camelidae, Giraffidae und Cervidae von Südost-Shansi*
en collab. avec M. Trassaert, *Pal. Sin.*, whole series, n° 102, new series C, n° 1, pp. 1-56, 19 fig., 6 pl. [T] (186).

1937 A Map of the Younger Eruptive Rocks in China — ° *Eine Karte der jüngeren Eruptivgesteine in China*
Bull. Geol. Surv. China, vol. XXX, pp. 1-52, 1 fig., 2 cartes en couleurs [T] (187).

1937 La découverte du Sinanthrope — °°° *Die Entdeckung des Sinanthropus*, in: AdM, S. 119–130
Etudes, 5 juillet, t. CCXXXII, pp. 5-13; Œ, t. II, pp. 121-131; réimpr. apud: P. Grenet, *Teilhard de Chardin*, Seghers, 1961, pp. 180-190 [T] (188).

1937 Peking Man: Our Most Apelike Relative — ° *Der Pekingmensch: unser affenähnlichster Verwandter*
Natural History, New York, vol. XL, n° 2, pp. 514-517, 8 fig. [T] (189).

*1937 Le phénomène spirituel — °°° *Das geistige Phänomen*, in: DME
R.d.i., 29 pp. Pacifique, mars; Œ, t. VI, 1962, pp. 115-139 [Ph] (190).

*1937 L'énergie humaine — °°° *Die Menschliche Energie*, in: DME
R.d.i., 68, 69 ou 73 pp. selon les éd. Marseille-Changhaï, 6 août-8 sept., avec Appendice, daté de: Pékin, 20 oct., opuscule en projet dès le 3 juillet d'après la lettre à H. de Terra; analyse in: *Le Moncelet*, 21 mai 1939, n° 14, p. 6; cit. in: *Morale chrétienne et morale marxiste*, La Palatine, 1960, pp. 140-141 et 143; Œ, t. VI, 1962, pp. 141-200 [Ph] (191).

*1937 Rapport en vue d'obtenir un laboratoire des Hautes-Etudes pour des recherches de «géologie continentale» [considérée dans ses rapports avec la paléontologie humaine] — ° *Bericht im Hinblick auf die Bewilligung eines Hochschullaboratoriums für ‹kontinental-geologische› Forschungen*
D.s.i., 5 pp., rapp. annexé à une lettre de candidature datée de Paris [lieu fictif], 1er oct. 1937; large cit. in: L. Barjon et P. Leroy, *La carrière scientifique de Pierre Teilhard de Chardin*, Monaco, Ed. du Rocher, 1964, pp. 44-46 [T] (192).

1938 Deuxièmes notes sur la paléontologie humaine en Asie Méridionale — ° *Zweite Notizen über die menschliche Paläontologie in Südasien*
L'anthrop., t. XLVIII, nos 5-6, pp. 449-456, 3 fig. [T] (193).

1938 The Fossils from Locality 12 of Choukoutien — ° *Die Fossilien von Lokalität 12 in Choukoutien*
Pal. Sin., août, whole series, n° 114, new series C, n° 5, pp. 1-47, 36 fig., 1 pl. [T] (194).

1938 Cavicornia of South-Eastern Shansi — ° *Cavicornia aus Südost-Shansi*
en collab. avec M. Trassaert, *Pal. Sin.*, août, whole series, nº 115, new series C, nº 6, pp. 1-106, 65 fig., 4 pl. [T] (195).

1938 Le Villafranchien d'Asie et la question du Villafranchien — ° *Das Villafranchien Asiens und die Frage des Villafranchiens*
C. R. somm. Soc. Géol. France, nº 17, pp. 325-327, 1 fig. [T] (196).

1938 La formation des déserts en Chine et Mongolie — ° *Die Bildung der Wüsten in China und der Mongolei*
in: *La vie dans les régions désertiques nord tropicales de l'ancien monde. Mém. Soc. de Biogéographie*, t. VI, pp. 15-20 [T] (197).

1938 Geological and Archaeological Aspects of South-Eastern Asia — ° *Geologische und archäologische Aspekte von Südostasien*
en collab. avec H. de Terra et H. L. Movius, *Nature*, London, vol. CXLII, nº 3591, pp. 275-278 [T] (198).

*1938 et 1965 Late Cenozoic Gravels and Soils in Upper Burma — ° *Spätkänozoische Schotter und Böden in Oberburma*
D.s.i., 28 pp., 20 fig., 1 carte, s.l., mai; trad. publiée sous le titre fictif Comparaisons de formations plio-pleistocènes de Birmanie et des contrées avoisinantes, *L'Anthropologie*, t. 69, nos 3-4, 1965, pp. 209-218 [T] (199).

1938 et 1945 Hérédité sociale et éducation. Notes sur la valeur humano-chrétienne de l'enseignement — °°° *Soziale Vererbung und Erziehung. Bemerkungen zum menschlich-christlichen Wert der Erziehung*, in: ZdM, S. 41–55
Etudes, avril 1945, t. CCXLV, pp. 84-94 [écrit en 1938]; Œ, t. V, pp. 41-53 [Ph R] (247).

1938-1940 et 1955 Le phénomène humain — °° *Das menschliche Phänomen;* °°° *Der Mensch im Kosmos*, bei C. H. Beck, München 1959
R.s.i., pp. I-II et 1-174, 4 fig. Pékin, juin 1938-juin 1940 [Appendice: Quelques remarques sur la place et la part du mal dans un monde en évolution, daté de Rome, 28 oct. 1948], 3 vers. succ. avec var., cf. lettre de Mgr B. de Solages du 17 nov. 195 à C. Cuénot: «[...] Je vous précise que les 3 éditions successives du P. H. que je possède [2 dactylographiées, la 3e ronéotypée] sont en gros semblables. La 1re se reconnaît à ce qu'il n'y a pas d'avertissement en tête, la seconde à ce qu'il y en a un, la 3e à ce qu'il y a une postface. La 1re est antérieure, la 2e postérieure aux observations multiples mais de détail que nous lui avions faites viva voce avec le P. de Lubac. Dans la 3e il y a une simplification de l'exposé du début du livre [c'est le P. Teilhard qui me l'a dit] et des modifications aux notes, dues sans doute aux demandes de censeurs, plus la postface et l'appendice.» Œ, t. I, Ed. du Seuil, 1955, 348 pp., 4 fig., préface de M. N. Wildiers, fragm. de lettre à Jeanne Mortier [Pékin, 13 avril 1940], extr. de l'éd. de 1955 in: Gaëtan Picon, *Panorama des idées contemporaines*, Paris, Gallimard, 1957, pp. 501-506 [Sc Ph R] (200).

1939 ON TWO SKULLS OF MACHAIRODUS FROM THE LOWER PLEISTOCENE BEDS OF CHOUKOUTIEN — ° *Über zwei Machairodus-Schädel aus den Schichten des unteren Pleistozän von Choukoutien*
Bull. Geol. Soc. China, déc., vol. XIX, n° 3, pp. 235-256, 7 fig. [T] (201).

1939 NEW OBSERVATIONS ON THE GENUS POSTSCHIZOTHERIUM, VON KOENIGSWALD — ° *Neue Beobachtungen über die Gattung Postschizotherium, von Koenigswald*
Bull. Geol. Soc. China, déc., vol. XIX, n° 3, pp. 257-267, 4 fig. [T] (202).

1939 THE MIOCENE CERVIDS FROM SHANTUNG — ° *Die miozänen Cerviden von Shantung*
Bull. Geol. Soc. China, déc., vol. XIX, n° 3, pp. 269-278, 5 fig. [T] (203).

1939 ON THE PRESUMABLE EXISTENCE OF A WORLD-WIDE SUBARCTIC SHEET OF HUMAN CULTURE AT THE DAWN OF THE NEOLITHIC — ° *Über die zu vermutende Existenz einer weltweiten subarktischen menschlichen Kulturschicht in der ersten Dämmerung des Neolithikums*
Bull. Geol. Soc. China, déc., vol. XIX, n° 3, pp. 333-339, 3 fig. [T] (204).

1939 LES INDUSTRIES LITHIQUES DE SOMALIE FRANÇAISE — ° *Die lithischen Industrien von Französisch-Somaliland*
en collab. avec H. Breuil et P. Wernert, *L'anthrop.*, t. XLIX, n° 5, pp. 497-522, 13 fig. [la 1re section: STRATIGRAPHIE ET FAITS ARCHÉOLOGIQUES, pp. 497-510, 7 fig., est du P. Teilhard] [T] (205).

1939 LA SUCCESSION DES FAUNES DE MAMMIFÈRES EN CHINE DEPUIS LE TERTIAIRE — ° *Die Abfolge der Säugetierfaunen in China seit dem Tertiär*
C. R. somm. Soc. de Biogéographie, 17 mars, 16e année, n° 134, pp. 27-29 [T] (206).

1939 LA MYSTIQUE DE LA SCIENCE — °°° *Die Mystik der Wissenschaft*, in: DME
Etudes, 20 mars, t. CCXXXVIII, pp. 725-742; Œ, t. VI, 1962, pp. 201-223 [Sc Ph] (207).

1939 et 1948 COMMENT COMPRENDRE ET UTILISER L'ART DANS LA LIGNE DE L'ÉNERGIE HUMAINE — °° *Wie soll man die Kunst auf der Linie der menschlichen Energie begreifen und nutzen*
impr. sous le titre fictif: *Une opinion du R. P. Teilhard de Chardin: «Sur l'inquiétude dans l'art d'aujourd'hui»* in: *Le transhumanisme, la semaine céphéenne* [C.E.P.H. = Centre d'études des problèmes humains], Paris, R.s.i., n° 1, 1er juin 1931, p. 3 [début du texte avec la mention «Extrait de l'intervention du R. P. Teilhard de Chardin au cours du déjeuner du 13 mars»; les autres numéros sont introuvables]; réimpr. sans titre [moins le préambule] in: *Idées et forces*, Paris, nov.-déc. 1948, 1re année, cahier 1, pp. 32-34, et sous son véritable titre in: *Cahiers Pierre Teilhard de Chardin*, n° 3, Paris, Ed. du Seuil, 1962, pp. 101-103 [Ph] (208).

1939 OBSERVATIONS SUR LA SIGNIFICATION ET LES CONDITIONS BIOLOGIQUES DE LA RECHERCHE — ° *Bemerkungen über die biologische Bedeutung und die biologischen Voraussetzungen der Forschung*

Le Moncelet, 2 juillet, n° 17, p. 4, R. s. i. [notes prises par l'Abbé C. Gaudefroy au cours d'une conférence du P. Teilhard, en févr., et revues par le Père] [Sc Ph R] (209).

1939 Les unités humaines naturelles. Essai d'une biologie et d'une morale des races — °°° *Die natürlichen menschlichen Einheiten. Versuch einer Biologie und einer Moral der Rassen*, in: SdV, S. 281–314
Etudes, 5 juillet, t. CCXL, pp. 6-30 [trad. par A. C. Blanc, in: *L'avvenire dell'uomo*, 1947]; Œ, t. III, pp. 273-301 [Sc Ph] (210).

*1939 Quelques vues générales sur l'essence du christianisme — °° *Einige allgemeine Einsichten über das Wesen des Christentums*
D. s. i., 4 pp., s. l., mai; Œ, t. XI [R] (211).

*1939 L'heure de choisir – un sens possible de la guerre — °°° *Die Stunde der Entscheidung – ein möglicher Sinn des Krieges*, in: DME
D. s. i., 9 pp. Pékin, Noël; Œ, t. VII, 1963, pp. 17-26 [Ph] (212).

1939-1940 The Past Climates of North China Since the Lower Cretaceous — ° *Die vergangenen Klimata Nordchinas seit der unteren Kreide*
Proc. 6th Pan-Pacific Sci. Congr. [California, 1939], vol. III, pp. 627-629 [T] (213).

1939-1940 The Movements of the Fauna Between Asia and North America Since the Lower Cretaceous — ° *Die Bewegungen der Fauna zwischen Asien und Nordamerika seit der unteren Kreide*
Proc. 6th Pan-Pacific Sci. Congr. [California, 1939], vol. III, pp. 647-649 [T] (214).

1939 et 1945 La grande option — °°° *Die große Entscheidung*, in: ZdM, S. 57–85
Cahiers du monde nouv., 1945, vol. I, n° 3, pp. 247-263 [texte daté de Paris, 3 mars 1939]; fragm. réimpr. in: *L'actualité dans le monde*, 1er mai 1955, n° 51, pp. 26-28; Œ, t. V, pp. 57-81 [Ph R] (215).

1940 The Fossils from Locality 18, near Peking — ° *Die Fossilien von Lokalität 18, in der Nähe von Peking*
Pal. Sin., déc., whole series n° 124, new series C, n° 9, pp. 1-100, 51 fig., 3 pl., 1 carte [T] (216).

1940 The Granitisation of China — ° *Die Granitisierung Chinas*
Bull. Geol. Soc. China, 1940, vol. XIX, n° 4, pp. 341-377, 10 fig., 1 carte dépliante; réimpr. par l'Institut de Géobiologie, Pékin, sept. 1940, n° 1 [T] (217).

*1940 La parole attendue — °° *Das erwartete Wort*
D. s. i., 8 pp. Pékin, 31 oct.; *Cahiers Pierre Teilhard de Chardin*, n° 4, pp. 22-29; Œ, t. XI [R] (218).

1941 Early Man in China — ° *Der frühe Mensch in China*
Publ. Inst. de Géobiol. Pékin, déc., n° 7, pp. V-XL et 1-100, 51 fig., 5 cartes dépliantes h. t. [T] (219).

1941 The Fossil Mammals from Locality 13 of Choukoutien — ° *Die fossilen Säugetiere von Lokalität 13 in Choukoutien*
en collab. avec W. C. Pei, *Pal. Sin.*, sept., whole series n° 126, new series C, n° 11, pp. 1-106, 78 fig., 6 pl. [T] (220).

1941 Réflexions sur le progrès — ⁰⁰⁰ *Gedanken über den Fortschritt*, in: ZdM, S. 87-111
Pékin, mai 1941, plaquette impr. de 27 pp. comprenant: I. L'avenir de l'homme vu par un paléontologiste, pp. 3-20, Pékin, 1er mars 1941 [ms. daté du 22 févr.] – réimpr. sans l'introd. in: *Cité nouvelle*, Ed. Pays de France, 10 juin 1941, n° 11, pp. 1107-1119, et trad. avec l'introd. par A. C. Blanc in: *L'avvenire dell'uomo*, 1947; II. Sur les bases possibles d'un credo humain commun, pp. 21-27, Pékin, 30 mars 1941; large cit. in: Nouvelles lettres de voyage, pp. 58-59; Œ, t. V, pp. 85-106 [Ph R] (221).

*1941 L'atomisme de l'esprit. Un essai pour comprendre la structure de l'étoffe de l'univers — ⁰⁰⁰ *Der Atomismus des Geistes. Ein Versuch, die Struktur des Stoffes des Universums zu begreifen*, in: DME
D.d.i., 39 pp., Pékin, 13 sept.; extr. in: C. Cuénot, *Teilhard de Chardin*, Paris, Ed. du Seuil, coll. *Ecrivains de toujours*, 1962, pp. 98-99, et *Informations catholiques internationales*, Paris, 1er oct. 1963, n° 201, p. 36, sous le titre fictif C'est de l'essence qu'il nous faut; Œ, t. VII, 1963, pp. 27-63 [Ph] (222).

*1941 Eclaircissements à l'usage de ceux qui auront la charité de réviser ce livre — ⁰ *Erhellende Bemerkungen zum Nutzen derer, die die christliche Liebe haben werden, dieses Buch zu revidieren*
D.s.i., 1 p., Pékin, févr. [à propos de la 1re rédaction du Phénomène humain] [Ph].

1942 Chinese Fossil Mammals. A Complete Bibliography Analysed, Tabulated, Annotated and Indexed — ⁰ *Chinesische Fossile Säugetiere. Eine vollständige analysierte, tabellarisierte, mit Anmerkungen und Registern versehene Bibliographie*
en collab. avec P. Leroy, *Publ. Inst. de Géobiol. Pékin*, juillet, n° 8, pp. 1-142, 1 pl., 1 carte dépliante h.t. [T] (223).

1942 New Rodents of the Pliocene and Lower Pleistocene of North China — ⁰ *Neue Nagetiere des Pliozäns und des unteren Pleistozäns Nordchinas*
Publ. Inst. de Géobiol. Pékin, nov., n° 9, pp. V-XIII et 1-101, 61 fig., [T] (224).

*1942 Note sur la notion de perfection chrétienne — ⁰⁰ *Über den Begriff der christlichen Vollkommenheit*
pp. 1-3: D.d.i., p. 4: D.s.i., Pékin; Œ, t. XI [R] (225).

*1942 La Montée de l'autre — ⁰⁰⁰ *Der Aufstieg des Anderen*, in: DME
D.d.i., 16 pp. Pékin, 20 janv.; Œ, t. VII, 1963, pp. 65-81 [Ph] (226).

1942 et 1946 L'esprit nouveau — ⁰⁰⁰ *Der neue Geist*, in: ZdM, S. 113-131
D.d.i., 17 pp. Pékin, 15 févr. 1942; impr. sous le titre: L'esprit nouveau et le cône du temps, in: *Psyché*, nov. 1946, pp. 27-37 et 171-179, et réimpr. in: *Psyché*, janv.-févr. 1955, 10e année, n°s 99-100, pp. 48-61; Œ, t. V, pp. 109-126 [Sc Ph] (227).

*1942 Universalisation et union: un effort pour voir clair — °°° *Universalisation und Vereinigung: ein Bemühen, um klar zu sehen*, in: DME
D.d.i., 19 pp. Pékin, 20 mars; Œ, t. VII, 1963, pp. 83-101 [Ph] (228).

*1942 Le Christ Evoluteur ou Un développement logique de la notion de rédemption — °° *Christus Evolutor oder Eine logische Entwicklung des Begriffs der Erlösung*
D.d.i., 13 pp. Pékin, 8 oct.; impr. sans l'appendice in: *Cahiers de la Fondation Teilhard de Chardin*, n° 5, Ed. du Seuil, 1965, pp. 17-27; Œ, t. XI [R] (229).

*1942 et 1957 La place de l'homme dans l'univers. Réflexions sur la complexité — °°° *Der Ort des Menschen im Universum. Gedanken über die Komplexität*, in: AdW, S. 145-175; SdV, S. 315-339
R.s.i., 14 pp., 1 fig. Pékin, 15 nov.; Œ, t. III, pp. 305-326 [d'abord conférence à Changhaï, nov. 1942, sous le titre *Un troisième infini. La loi de complexité-conscience:* analyse, 4 pp. D.d.i., par Mme Claude Rivière in: *Lettres inédites de Teilhard de Chardin. Avec Teilhard de Chardin*, livre en préparation pour les Ed. du Seuil] [Ph] (230).

1943 Géobiologie et Geobiologia — ° *Geobiologie und Geobiologia*
Geobiologia, Pékin, t. I, pp. 1-5; cit. in: C. Cuénot, *Pierre Teilhard de Chardin*, Paris, Plon, 1958, pp. 282-283, et J. Piveteau, *Le Père Teilhard de Chardin savant*, Paris, Fayard, 1964, pp. 45-46 [T Sc Ph] (231).

1943 The Genesis of the Western Hills of Peking — ° *Die Genesis der Western Hills von Peking*
Geobiologia, t. I, pp. 17-49, 12 fig., 1 carte dépliante h.t. [T] (232).

1943 Contorted Structures in the Sinian Limestone — ° *Verzerrte Strukturen im sinischen Kalkstein*
Geobiologia, t. I, pp. 53-55, 1 fig., 1 pl. [T] (233).

1943 The Lycoptera Beds and Sungari Series in Manchuria According to the Japanese Geologists — ° *Die Lycoptera-Schichten und Sungari-Reihen in der Mandschurei. Nach den japanischen Geologen*
Geobiologia, t. I, pp. 78-81 [T] (234).

1943 New Continental Formations in Yunnan According to M.N. Bien and C.C. Young — ° *Neue kontinentale Formationen in Yunnan, nach M. N. Bien und C. C. Young*
Geobiologia, t. I, pp. 82-85, 1 fig. [T] (235).

1943 Fossil Men. Recent Discoveries and Present Problems — ° *Fossile Menschen. Jüngste Entdeckungen und gegenwärtige Probleme;* deutsche Übersetzung nach der französischen Werkausgabe: °°° *Die Frage des fossilen Menschen. Jüngste Entdeckungen und aktuelle Probleme*, in: AdM, S. 131-172
Pékin, Henri Vetch, 15 sept. 1943, pp. V-VI et 1-28, 12 fig.; trad. franç. par Maryse Choisy, revue par l'auteur, sous le titre: La question de l'homme fossile. Découvertes récentes et problèmes actuels: I. art. parus en févr. [pp. 126-134], mars [pp. 254-260] et avril [pp. 423-433] 1947 dans la revue *Psyché;* II. opuscule paru aux Ed. Psyché, Paris,

1948, pp. 3-34, 12 fig.; III. réimpr. dans la revue *Psyché*, janv.-févr. 1955, 10e année, nos 99-100, pp. 12-47; IV. Œ, t. II, pp. 135-174 [T] (236).

*1943 SUPER-HUMANITÉ, SUPER-CHRIST, SUPER-CHARITÉ. DE NOUVELLES DIMENSIONS POUR L'AVENIR — °° *Super-Menschheit, Super-Christus, Super-Liebe [= Caritas]. Neue Dimensionen für die Zukunft*
R.d.i., 24 pp., s.i., 14 pp. Pékin, août; extr. in: JE M'EXPLIQUE; cit. en angl. in: *Theological Studies*, USA, déc. 1964, vol. 25, n° 4, pp. 585-586; Œ, t. IX, pp. 193-218 [R] (237).

*1943 RÉFLEXIONS SUR LE BONHEUR — °° *Gedanken über das Glück*
D.d.i., 18 ou 28 pp. selon les éd. R.s.i., 13 pp. Pékin, 28 déc.; fragm. impr. in: *La Table ronde*, juin 1955, n° 90, pp. 81-86; impr. in extenso in: *Cahiers Pierre Teilhard de Chardin*, n° 2, Ed. du Seuil, 1960, pp. 53-70 [Ph R] (238).

1944 LE NÉOLITHIQUE DE LA CHINE — ° *Das Neolithikum Chinas*
en collab. avec W.C. Pei, *Publ. Inst. de Géobiol. Pékin*, août, n° 10, pp. IX-XIV et 1-100, 48 fig., 2 cartes; analyse et larges cit. in: *Le Bull. cathol. de Pékin*, impr. des Lazaristes, Pékin, nov. 1944, n° 375, pp. 556-564, où il est également rendu compte de FOSSIL MEN; résumé in: *L'anthrop.*, 1950, t. LIV, pp. 300-301 [T] (239).

*1944 INTRODUCTION À LA VIE CHRÉTIENNE [à la p. suivante, Teilhard propose le titre INTRODUCTION AU CHRISTIANISME] — °° *Einführung in das christliche Leben [Einführung in das Christentum]*
R.d.i., 20 pp., s.i., 13 pp. Pékin, 29 juin; brève cit. in: Dom Charles Massabki, *Le Christ, rencontre de deux amours*, Paris, Ed. de la Source, 1958, p. 139, n° 1; courtes cit. in: Viallet, *Le dépassement*, Fischbacher, 1961, p. 162 et pp. 105-106; H. de Lubac, *La prière du Père Teilhard de Chardin*, Paris, Fayard, 1964, p. 102, n. 4; JE M'EXPLIQUE; brèves cit. en angl. in: *Theological Studies*, USA, déc. 1964, vol. 25, n° 4, p. 581 et pp. 592-593; Œ, t. XI [R] (240).

*1944 LA CENTROLOGIE. ESSAI D'UNE DIALECTIQUE DE L'UNION — °°° *Die Zentrologie. Versuch einer Dialektik der Vereinigung*, in: DME
D.d.i., 31 pp., 4 fig. Pékin, 13 déc.; fig. liminaire in: Madeleine Barthélemy-Madaule, *Bergson et Teilhard de Chardin*, Paris, Ed. du Seuil, 1963, p. 110; Œ, t. VII, 1963, pp. 103-134 [Ph R] (241).

1945 UN PROBLÈME DE GÉOLOGIE ASIATIQUE; LE FACIÈS MONGOL — ° *Ein Problem der asiatischen Geologie; die mongolische Fazies*
Geobiologia, Pékin, t. II, pp. 1-12, 5 fig., English Summary, p. 12, texte antérieur au 29 mai 1944; une note précise: "The above article was originally written for and published by the Central Asian Society [...], Peking, June 1944, with a Chinese translation by Dr. W. C. Pei" [T] (242).

1945 THE GEOLOGY OF THE WESTERN HILLS – ADDITIONAL NOTES — ° *Die Geologie der Western Hills – Zusätzliche Bemerkungen*
Geobiologia, t. II, pp. 13-19, 2 fig. [T] (243).

1945 The Geological Structure of the Shihmenchai Basin, near Shanhaikwan [North Hopei] — ° *Die geologische Struktur des Shihmenchai-Beckens in der Nähe von Shanhaikwan [Nord-Hopei]*
Geobiologia, t. II, pp. 19-26, 3 fig. [T] (244).

1945 Les Félidés de Chine — ° *Die Felidae Chinas*
en collab. avec P. Leroy, *Publ. Inst. de Géobiol. Pékin*, févr., n° 11, pp. V-VII et 1-58, 22 fig. dont 2 cartes in texte en noir [T] (245).

1945 Les Mustélidés de Chine — ° *Die Mustelidae Chinas*
en collab. avec P. Leroy, *Publ. Inst. de Géobiol. Pékin*, mars, n° 12, pp. V-VIII et 1-56, 24 fig., 2 cartes [T] (246).

*1945 La morale peut-elle se passer de soubassements métaphysiques avoués ou inavoués? — °° *Kann die Moral ohne eingestandene oder uneingestandene metaphysische Grundfesten auskommen?*
D.s.i., 2 pp. Pékin, 23 avril; Je m'explique; Œ, t. XI [Ph] (248).

*1945 L'analyse de la vie — °°° *Die Analyse des Lebens*, in: AdE
D.d.i., 9 pp., s.l. [Pékin], 10 juin; Œ, t. VII, 1963, pp. 135-146 [Sc Ph] (249).

*1945 Action et activation — °°° *Aktion und Aktivation*, in: AdE
D.d.i., 12 pp. Pékin, 9 août; Œ, t. IX, pp. 219-233 [Ph] (250).

*1945 Christianisme et évolution [Suggestions pour servir à une théologie nouvelle] — °° *Christentum und Evolution [Vorschläge im Dienste einer neuen Theologie]*
D.d.i., 16 pp. ou 13 pp., s.i., 10 pp. ou 7 pp. selon les éd. Pékin, 10 nov. [en préparation – ? – le 4 oct. sous le titre La mystique de l'évolution]; extr. in: M. L. Guérard des Lauriers, *La démarche du Père Teilhard de Chardin, Divinitas*, 1959, t. III, p. 246; C. Cuénot, *Teilhard de Chardin*, Paris, Ed. du Seuil, 1962, coll. *Ecrivains de toujours*, pp. 139-142 et 144; Œ, t. XI [Ph R] (251).

1945 et 1946 Vie et planètes. Que se passe-t-il en ce moment sur la terre? — °°° *Leben und Planeten. Was geschieht in diesem Augenblick auf der Erde?*, in: ZdM, S. 133-165; AdW, S. 177-216
Pékin, Catholic Univ. Press, juin 1945, 32 pp.; réimpr. in: *Etudes*, mai 1946, t. CCXLIX, pp. 145-169; Œ, t. V, pp. 129-156 [d'abord conférence donnée à l'Ambassade de France à Pékin, le 10 mars 1945] [Sc Ph] (252).

1945-1946 Un grand événement qui se dessine: la planétisation humaine — °°° *Ein großes Ereignis zeichnet sich ab: die menschliche Planetisation*, in: ZdM, S. 167-185
Cahiers du monde nouveau, août-sept., 2e année, n° 7, pp. 1-14 [daté de Pékin, 25 déc. 1945, en projet dès le 4 août], trad. par A. C. Blanc in: *L'avvenire dell'uomo*, 1947; Œ, t. V, pp. 159-175 [Sc Ph] (253).

1946 Remarques sur les flexures continentales de Chine — ° *Bemerkungen über die kontinentalen Flexuren Chinas*
Bull. Soc. Géol. France, 5e série, t. XVI, pp. 497-502, 2 fig., note présentée à la séance du 18 nov. [T] (254).

1946 La géologie en Extrême-Orient pendant la guerre — ° *Die Geologie im Fernen Osten während des Krieges*
C. R. somm. Soc. Géol. France, 3 juin, n° 11, pp. 200-202 [T] (255).

1946 Le christianisme et la science: P. Teilhard de Chardin [titre élaboré par le périodique] — ° *Das Christentum und die Wissenschaft: P. Teilhard de Chardin;* °° *Katholizismus und Wissenschaft*
Esprit, août-sept., 14e année, n° 125, fasc. 8-9, pp. 253-256 [cf. D.d.i., 4 pp., Paris, 25 juillet 1946]; sous le titre: Catholicisme et Sience in: Œ, t. IX, pp. 235-241 [Sc R] (256).

1946 Quelques réflexions sur le retentissement spirituel de la bombe atomique — °°° *Einige Bemerkungen über den geistigen Widerhall der Atombombe*, in: ZdM, S. 187–197
Etudes, sept., t. CCL, pp. 223-230; Œ, t. V, pp. 179-187 [Sc Ph] (257).

1946 et 1948 Sur les degrés de certitude scientifique de l'idée d'évolution — ° *Über die Grade wissenschaftlicher Gewißheit des Evolutionsgedankens;* °° *Über den wissenschaftlichen Gewißheitsgrad des Evolutionsgedankens*
Atti del Congresso internazionale di filosofia promosso dall'istituto di studi filosofici, Roma, 15-20 nov. 1946, Castellani [Milan], 1948, t. II, pp. 537-539; Œ, t. IX, pp. 243-244 [Sc Ph] (269).

*1946 Esquisse d'une dialectique de l'esprit — °°° *Entwurf einer Dialektik des Geistes*, in: AdE
D.d.i., 9 pp., 1 fig. Paris, 25 nov.; Œ, t. VII, 1963, pp. 147-158 [Ph] (258).

*1946 Œcuménisme — ° *Ökumenismus;* °° *Die ökumenische Bewegung*
D.d.i., 2 pp., s.l., 15 déc.; Œ, t. IX, pp. 251-254 [R] (259).

1947 Une interprétation biologique plausible de l'histoire humaine: la formation de la «noosphère» — °°° *Eine biologisch einleuchtende Deutung der menschlichen Geschichte: Die Bildung der ‹Noosphäre›*, in: ZdM, S. 207–241
Rev. quest. scientif., janv., pp. 7-37; Œ, t. V, pp. 201-231 [Sc Ph] (260).

1947 La foi en la paix — °°° *Der Glaube an den Frieden*, in: ZdM, S. 199–206
Cahiers du monde nouv., janv., 3e année, n° 1, pp. 1-5; Œ, t. V, pp. 191-197 [Ph] (261).

1947 L'Asie centrale, vue par le Dr Erik Norin — ° *Zentralasien, wie Dr. Erik Norin es sieht*
Rev. Scientif., 15 août, t. LXXXV, pp. 891-892, 1 fig. [carte schématique de l'Asie centrale] [T] (262).

1947 Sur une mandibule de Meganthropus — ° *Über einen Meganthropus-Kiefer*
C. R. somm. Soc. Géol. France, 1er déc., pp. 309-310 [T] (263).

*1947 Place de la technique dans une biologie générale de l'humanité — °°° *Der Ort der Technik in einer allgemeinen Biologie der Menschheit*, in: AdE
D.s.i., 6 pp., s.l., 16 janv.; notes prises par Louis Roinet le 16 janv. 1947

à la Soc. de géographie [2 pp. de colefin]; Œ, t. VII, 1963, pp. 159-169 [Sc Ph] (264).

*1947 LA FOI EN L'HOMME [World Congress of Faiths. Branche française, Musée Guimet] — °°° *Der Glaube an den Menschen*, in: ZdM, S. 243–252
R.d.i., 9 pp. Paris, févr.; allocution prononcée le 8 mars comme l'indiquent 1] un correction à l'encre, mais non autographe, sur la ronéo, 2] l'opuscule ronéotypé composé par Mme Solange Lemaître *Le Congrès universel des croyants. Historique 1946-1962*, cf. p. 6 et p. 10 [extr. de l'allocution pp. 10-11]; Œ, t. V, pp. 235-243 [Ph R] (265).

*1947 RÉFLEXIONS SUR LE PÉCHÉ ORIGINEL — °° *Gedanken über die Erbsünde*
D.d.i., 9 pp., R.d.i., 11 pp., 2 fig. Paris, 15 nov.; cit, in: C. Tresmontant, *Le Père Teilhard de Chardin et la théologie*, *Lettre*, Paris, sept.-oct. 1962, nos 49-50, p. 50; Œ, t. XI [R] (477).

*1947 RÉPONSE AUX CRITIQUES DU R. P. GARRIGOU-LAGRANGE, O. P. [titre fictif] — °° *Antwort auf die kritischen Äußerungen von P.Garrigou-Lagrange OP*
D.d.i., 2 pp., s.l.n.d. [porte sur COMMENT JE CROIS, 1934]; extr. in: H. de Lubac, *La prière du Père Teilhard de Chardin*, Paris, Fayard, 1964, p. 205 et p. 207 [Ph].

1947 et 1949 QUELQUES RÉFLEXIONS SUR LES DROITS DE L'HOMME — °°° *Einige Bemerkungen über die Menschenrechte*, in: ZdM, S. 253–256
in: *Autour de la nouvelle Déclaration Universelle des Droits de l'Homme.* Textes réunis par l'U.N.E.S.C.O., Paris, Sagittaire, 1949, pp. 88-89 [art. daté de: Paris, 22 mars 1947]; Œ, t. V, pp. 247-249 [Ph] (283).

1947 et 1950 L'APPORT SPIRITUEL DE L'EXTRÊME-ORIENT. QUELQUES RÉFLEXIONS PERSONNELLES — °° *Der geistige Beitrag des Fernen Ostens. Einige persönliche Bemerkungen*
R.s.i., 8 pp., s.l., 10 févr. 1947; impr. in: *Rev. de la pensée juive*, oct. 1950, 2e année, no 5, pp. 105-113, réimpr. in: *Monumenta nipponica*, Tokyo, Sophia University, avril-juillet 1956, vol. XII, nos 1-2, pp. 2-11; Œ, XI [Ph R] (266).

1947 et 1950 *Paléontologie et transformisme*, Paris, Albin Michel, 1950. Rapports et discussions du colloque intern. de Paléontologie tenu à Paris sous les auspices du C.N.R.S. en avril 1947; cf. p. 112 et surtout pp. 169-173: SUR UN CAS REMARQUABLE D'ORTHOGENÈSE DE GROUPE: L'ÉVOLUTION DES SIPHNÉIDÉS *[° Über einen bemerkenswerten Fall von Orthogenese in der Gruppe: die Evolution der Siphneiden]*, et pp. 233-235: ÉVOLUTION ZOOLOGIQUE ET INVENTION [°°° *Zoologische Evolution und Erfindung*, in: SdV, S. 341–343], réimpr. in: Œ, t. III, pp. 329-331 [T Sc Ph] (292).

1947 et 1948 LE REBONDISSEMENT HUMAIN DE L'ÉVOLUTION ET SES CONSÉQUENCES — °°° *Der menschliche Neuaufbruch der Evolution und seine Folgen*, in: ZdM, S. 257–278
Rev. quest. scientif., CXIX, 20 avril, pp. 166-185, daté de Saint-Germain-en-Laye, 23 sept. 1947; extr. in: C. Cuénot, *Teilhard de Chardin*, Paris, Ed. du Seuil, 1962, coll. *Ecrivains de toujours*, pp. 127-128; Œ, t. V, pp. 253-271 [Sc Ph] (267).

1948 Position de l'homme et signification de la socialisation humaine dans la nature — ° *Stellung des Menschen und Bedeutung der menschlichen Sozialisation in der Natur*

L'anthrop., sept., t. LII, nos 3-4, pp. 209-219. La dactyl. est intitulée: Agitation ou genèse? Y a-t-il dans l'univers un axe principal d'évolution? [Un effort pour voir clair] [°°° *Gärung oder Genese? Gibt es im Universum eine Hauptachse der Evolution (Ein Bemühen um Klärung)*, in: ZdM, S. 279-295], et porte la mention: Paris, 20 déc. 1947; Œ, t. V, pp. 275-289 [Sc Ph] (268).

1948 Les directions et les conditions de l'avenir — °°° *Die Richtungen und die Voraussetzungen der Zukunft*, in: ZdM, S. 297-311

Psyché, oct. 1948, nos 23-24, pp. 981-991 [daté de Paris, 30 juin]; réimpr. in: *Psyché*, janv.-févr. 1955, 10e année, nos 99-100, pp. 62-72; fragm. impr. par *Peuple du monde*, Paris, 19 févr. 1949, et *L'Arc-en-ciel*, Bruxelles, mai 1955; Œ, t. V, pp. 293-305 [Sc Ph] (270).

*1948 Trois choses que je vois ou: Une Weltanschauung en trois points — ° *Drei Dinge, die ich sehe oder: Eine Weltanschauung in drei Punkten;* °° *Drei von mir gesehene Dinge, oder eine Weltanschauung in drei Punkten*

D.d.i., 13 pp., 1 fig. Paris, févr.; rédaction d'une causerie intitulée Trois avenues ouvertes vers l'avenir; Œ, t. X [Ph] (272).

*1948 Mise en place et structure du groupe humain — ° *Die Einordnung und Struktur der menschlichen Gruppe*

D.s.i., 3 pp., févr., conférence à l'Ecole Supérieure de Guerre, dont il subsiste un sommaire par Teilhard [Sc].

*1948 On the Trend and Significance of Human Socialisation — ° *Über den Trend und die Bedeutung der menschlichen Sozialisation*

D.d.i., 7 pp., s.i., 5 pp. *Supper-conference for anthropologists, The Viking Fund*, New York, 9 avril [diff. de l'opuscule daté de févr. 1951]; abstract: R.d.i., 3 pp. [Sc Ph] (273).

*1948 Titres et travaux de Pierre Teilhard de Chardin — °° *Titel und Arbeiten Pierre Teilhard de Chardins*

R., 25 pp. [pp. 1-10, d.i.: Carrière scientifique; pp. 11-25: Bibliographie], Paris, avril; extr. in: *Journal of Oriental Studies*, vol. III, n° 2, juillet 1956, pp. 318-321; *Cahiers de la Fondation Teilhard de Chardin*, 5, 1965, pp. 159-167 [Carrière scientifique seulement]; Œ, t. X [T] (274).

*1948 et 1955 Ma position intellectuelle [réponse à une «enquête», et qui n'a jamais paru] — °° *Meine geistige Position [Antwort auf eine ‹Rundfrage›, die nie erschienen ist]*

D.s.i., 1 p. New York, avril 1948; impr. in: *Les études philosophiques*, oct.-déc. 1955, nouv. série, 10e année, n° 4, P.U.F., pp. 580-581, sous le titre: La pensée du Père Teilhard de Chardin par lui-même, pour un article qui devait lui être consacré; P. Grenet, *Teilhard de Chardin*, Seghers, 1961, pp. 191-193; Je m'explique; Œ, t. X [Ph] (275).

*1948 Sur la nature du phénomène social humain, et ses relations

CACHÉES AVEC LA GRAVITÉ — ººº *Über die Natur des menschlichen sozialen Phänomens und seine verborgenen Beziehungen zur Schwerkraft*
D.s.i., 1 p., s.l. [New York], 23 avril; Œ, t. VII, 1963, pp. 171-174 [Ph] (276).

*1948 NOTE-MÉMENTO SUR LA STRUCTURE BIOLOGIQUE DE L'HUMANITÉ — º *Kurzgefaßte Bemerkungen über die biologische Struktur der Menschheit*
D.s.i., 2 pp. ou 3 pp. selon les éd.; Galluis [Seine-et-Oise], 3 août; Œ, t. IX, pp. 265-271 [Sc Ph] (277).

*1948 COMMENT JE VOIS — º *Wie ich es sehe;* ºº *Meine Weltschau*
R.s.i., 26 pp. Paris, 12 août [l'Appendice, pp. 25-26, est daté d'Auvergne, Les Moulins par Neuville, 26 août]; extr. in: G. Crespy, *La Pensée théologique de Teilhard de Chardin*, Paris, Ed. universitaires, 1961, pp. 227-231, et Au Club du Livre chrétien, 1961, sub fine [extr. différ.]; C. Tresmontant, *Le Père Teilhard de Chardin et la théologie, Lettre*, Paris, sept.-oct. 1962, nºˢ 49-50: cit. du § 25 p. 22, du § 26 p. 23, du § 27 p. 24, du § 28 p. 28, du § 29 pp. 29-30 et p. 39, du § 30 p. 41; C. Cuénot, *Situation de Teilhard de Chardin, Bull. Soc. industr. Mulhouse*, 1963, nº 3, p. 7 [brève cit. de l'Avertissement]; Maryse Choisy, *Teilhard et l'Inde*, Paris, Ed. universitaires, 1964, *Carnets Teilhard*, 11, cit. du § 28 pp. 19-20, du § 30 pp. 21-23; H. de Lubac, *La prière du Teilhard de Chardin*, Paris, Desclée, 1964, cit. de l'Avertissement p. 34, du § 20 pp. 122-123, p. 129, du § 24 p. 134, n. 35, et p. 252, du § 26 p. 90, du § 27 p. 91 et p. 95, n. 17, du § 28 p. 92, du § 29 p. 93, du § 30 pp. 162-163, du § 31 p. 144 et p. 246, n. 6, de la n. 32 p. 174 [cf. aussi M.-M. Labourdette, *L'œuvre du Père Teilhard de Chardin, Rev. thomiste*, Toulouse, juillet-sept. 1964, pp. 431, 433-434]; JE M'EXPLIQUE, extr. des § 1, 2, 19, 20, 21, 24, 32, 33, 35, 37; Œ, t. X [Ph R] (278).

*1948 CE QUE LA SCIENCE NOUS APPREND DE L'ÉVOLUTION; CONSÉQUENCES POUR NOTRE APOSTOLAT [titre du programme officiel de la session]; alias: LE NÉO-HUMANISME SCIENTIFIQUE MODERNE ET SES RÉACTIONS SUR LE CHRISTIANISME DE LA MASSE OUVRIÈRE — º *Was die Wissenschaft uns über die Evolution lehrt; Konsequenzen für unser Apostolat;* alias: *Der moderne wissenschaftliche Neuhumanismus und seine Auswirkungen auf das Christentum der Arbeitermasse*
Conférence donnée à la Session d'études des Aumôniers fédéraux de l'Action catholique ouvrière, Versailles, 21 sept.; 2 vers.: I. Résumé analytique par A. Millard [?], D.s.i., 5 pp. [sans résumé de la discussion]; II. Notes prises par l'Abbé Pihan, D.s.i., 8 pp. [avec résumé de la discussion]; Œ, t. XI [Ph R].

*1948 OBSERVATIONS SUR L'ENSEIGNEMENT DE LA PRÉHISTOIRE — º *Bemerkungen über den Unterricht der Vorgeschichte*
D.d.i., 1 p. Paris, 23 sept.; extr. in: C. Cuénot, *Pierre Teilhard de Chardin*, Paris, Plon, 1958, p. 333 [Sc] (279).

1948 et 1949 LES CONDITIONS PSYCHOLOGIQUES DE L'UNIFICATION HUMAINE — ººº *Die psychologischen Voraussetzungen der menschlichen Einswerdung*, in: AdE

Psyché, déc. 1948 [paru réellement en févr. 1949], 3e année, nº 26, pp. 1325-1332 [daté de Paris, 6 janv. 1949]; réimpr. in: *Psyché*, janv.-févr. 1955, 10e année, nºs 99-100, pp. 73-80; Œ, t. VII, 1963, pp. 175-185 [publié en angl. sous le titre *The Psychological Conditions of Human Unification*, Cross Currents, Fall, 1952, pp. 1-5] [Sc Ph] (281).

1949 LES CHLORITOÏDES DES WESTERN HILLS PRÈS PÉKIN — º *Die Chloritoiden der Western Hills in der Nähe von Peking*
Ann. Hébert et Haug, t. VII, livre jubilaire Charles Jacob, pp. 381-387, 3 fig. [T] (282).

1949 PRÉ-HUMAIN, HUMAIN, ULTRA-HUMAIN — º *Vor-menschlich, menschlich, ultra-menschlich;* ºº *Prae-Humanum, Humanum, Ultra-Humanum*
Idées et forces, Paris, oct.-déc., 2e année, nº 5, pp. 59-69 [d'après divers art. impr. depuis 1946] [Sc Ph] (284).

1949 L'HUMANITÉ SE MEUT-ELLE BIOLOGIQUEMENT SUR ELLE-MÊME ? — ººº *Eine neue galileische Frage: Bewegt sich die Menschheit biologisch in sich selbst oder nicht?*, in: ZdM, S. 321-341
Rev. quest. scientif., CXX, 20 oct., pp. 498-516 [titre complété à l'encre comme suit: «UNE NOUVELLE QUESTION DE GALILÉE: OUI OU NON L'HUMANITÉ», etc...], daté de Saint-Germain-en-Laye, 4 mai; Œ, t. V, pp. 319-336 [Sc Ph] (285).

*1949 UN PHÉNOMÈNE DE CONTRE-ÉVOLUTION EN BIOLOGIE HUMAINE OU LA PEUR DE L'EXISTENCE — ººº *Ein Phänomen der Konterevolution in der Humanbiologie oder die Existenzangst*, in: AdE
D.d.i., 15 pp., s.i., 11 pp. Paris, 26 janv., 1er titre: LA PEUR EXISTENTIELLE [OU: UN ASPECT DE LA BIOLOGIE HUMAINE]; fragm. in: *Cahiers Pierre Teilhard de Chardin*, nº 2, Ed. du Seuil, 1960; Œ, t. VII, 1963, pp. 187-202 [Sc Ph] (286).

*1949 L'ESSENCE DE L'IDÉE DE DÉMOCRATIE. APPROCHE BIOLOGIQUE DU PROBLÈME — ººº *Das Wesen der Idee der Demokratie. Ein biologischer Zugang zu dem Problem*, in: ZdM, S. 313-320
D.d.i., 8 pp., s.i., 5 pp. Paris, 2 févr. [sous-titre: «Pour l'U.N.E.S.C.O., en réponse à une enquête»]; Œ, t. V, pp. 309-315 [Ph] (287).

*1949 LE SENS DE L'ESPÈCE CHEZ L'HOMME — ººº *Der Sinn für die Art beim Menschen*, in: AdE
D.s.i., 4 pp. Saint-Germain-en-Laye, 31 mai [en projet dès le 22 juin 1948]; discussion subséquente. D.d.i., 6 pp., Maison de la paix, 9 juin 1949, notes prises par Mme Edith Bricon; Œ, t. VII, 1963, pp. 203-210 [sans la discussion] [Sc Ph] (288).

*1949 et 1956 LE GROUPE ZOOLOGIQUE HUMAIN. STRUCTURE ET DIRECTIONS ÉVOLUTIVES — º *Die menschliche zoologische Gruppe. Evolutive Struktur und Richtungen*
R.s.i., pp. I-III et 1-63, 6 fig. Paris, 4 août 1949; paru en 1956 chez Albin-Michel, 172 pp., préface de Jean Piveteau, coll. *Les savants et le monde*, repris sous le titre fictif: LA PLACE DE L'HOMME DANS LA NATURE. LE GROUPE ZOOLOGIQUE HUMAIN [ºº *Der Ort des Menschen in der Natur.*

Die menschliche zoologische Gruppe; ⁰⁰⁰ *Die Entstehung des Menschen,* C.H. Beck, München 1959]: I. Paris, Union générale d'éditions, 8, rue Garancière, coll. *Le monde en 10/18,* nº 33, 188 pp., 1962; II. Paris, Ed. du Seuil, 173 pp., 1963; Œ, t. VIII; titre primitif: OBSERVATIONS GÉOBIOLOGIQUES SUR LA MISE EN PLACE, LA STRUCTURE ET L'ULTRA-DÉVELOPPEMENT POSSIBLE DE L'HUMANITÉ [ESQUISSE D'UN TRAITÉ OU COURS D'ANTHROPOGENÈSE]; La Confér. I: PLACE ET SIGNIFICATION DE LA VIE DANS L'UNIVERS. UN MONDE QUI S'ENROULE, D.d.i., 15 pp., est datée de Paris, déc. 1948; fragm. in: *Les nouvelles litt.,* nº 1487, 1er mars 1956, pp. 1 et 5; extr. apud: P. Grenet, *Teilhard de Chardin,* Seghers, 1961, pp. 194-212 [Sc Ph] (289).

*1949 LE CŒUR DU PROBLÈME — ⁰⁰⁰ *Der Kern des Problems,* in: ZdM, S. 345-355; AdW, S. 217-231
R.d.i., 11 pp., s.i., 7 pp., 1 fig. Les Moulins, Puy-de-Dôme, 8 sept.; Œ, t. V, pp. 339-349 [Ph R] (290).

*1949 L'AVENIR ZOOLOGIQUE PROBABLE DU GROUPE HUMAIN — ⁰ *Die wahrscheinliche zoologische Zukunft der menschlichen Gruppe*
D.s.i., 5 pp., conférence donnée le 24 oct., au C.I.E.F.R., Bruxelles, notes prises par E. Boné, S.J. [Sc].

1949 et 1951 LA VISION DU PASSÉ. CE QU'ELLE APPORTE À LA SCIENCE ET CE QU'ELLE LUI ÔTE — ⁰⁰⁰ *Die Schau in die Vergangenheit. Was sie zur Wissenschaft beiträgt und was sie ihr nimmt,* in: SdV, S. 345-355
Commun. faite au 2e Congrès intern. de philos. des Sc. [VII: Sc. de la Terre], tenu à Paris du 17 au 22 oct. 1949, *Etudes,* CCLXIII, déc. 1949, pp. 308-315; réimpr. avec des var. sous le titre: LA VISION DU PASSÉ: CE QU'ELLE NOUS APPORTE, ET CE QU'ELLE NOUS ENLÈVE, in: *Actualités scient. et industr.,* Paris, Hermann, 1951, nº 1156, pp. 71-74; Œ, t. III, pp. 335-343 [Sc Ph] (291).

1950 QU'EST-CE QUE LA VIE? — ⁰⁰ *Was ist das Leben?*
Les nouvelles litt., 2 mars, 29e année, nº 1174, p. 1, col. 1 [réponse à une enquête d'André George]; réimpr. in: Gaëtan Picon, *Panorama des idées contemporaines,* Paris, Gallimard, 1957, p. 632; Œ, t. IX, pp. 273-276 [Sc Ph] (293).

1950 LA PENSÉE RELIGIEUSE DEVANT LE FAIT DE L'ÉVOLUTION, DÉBAT ORGANISÉ PAR L'U.C.S.F. EN FÉVRIER 1950 [titre général d'une suite d'interventions, dont celle de Teilhard] — ⁰ *Das religiöse Denken angesichts des Faktums der Evolution, von der U.C.S.F. im Februar 1950 organisierte Diskussion*
Bull. de l'U.C.S.F., juin-juillet, nº 12, pp. 19-20, R.s.i.; Œ, t. III, pp. 347-349 [Sc Ph] (294).

1950 LA CARRIÈRE SCIENTIFIQUE DU P. TEILHARD DE CHARDIN — ⁰⁰ *Die wissenschaftliche Laufbahn Pater Teilhard de Chardins*
Etudes, juillet-août, t. CCXVI, pp. 126-128; original: D.d.i., 3 pp., s.d. [printemps 1950]; art. non signé du P. Teilhard sur lui-même; Œ, t. X [T Sc] (295).

1950 LE PALÉOLITHIQUE DU SIAM — ⁰ *Das Paläolithikum Siams*

L'anthrop., t. LIV, nos 5-6, pp. 547-549 [T] (307).

*1950 MONOGÉNISME ET MONOPHYLÉTISME — °° *Monogenismus und Monophyletismus*

R. s. i., 2 pp., s. l. n. d. [à propos de l'encyclique *Humani generis*, 1950]; Œ, t. XI [R] (296).

*1950 SUR L'EXISTENCE PROBABLE, EN AVANT DE NOUS, D'UN «ULTRA-HUMAIN» [RÉFLEXIONS D'UN BIOLOGISTE] — °°° *Über die wahrscheinliche Existenz eines ‹Ultra-Humanen› im uns Vorausliegenden [Überlegungen eines Biologen]*, in: ZdM, S. 357–370

D. d. i., 13 pp. Paris, 6 janv.; Œ, t. V, pp. 353-364 [Sc Ph] (297).

*1950 COMMENT CONCEVOIR ET ESPÉRER QUE SE RÉALISE SUR TERRE L'UNANIMISATION HUMAINE? — °°° *Wie können wir uns vorstellen und hoffen, daß sich auf Erden die menschliche Einmütigung verwirklicht?*, in: ZdM, S. 371–379; AdW, S. 233–243

D. d. i., 9 pp., s. i., 6 pp. Paris, 18 janv.; Œ, t. V, pp. 367-374 [Ph] (298).

*1950 RÉFLEXIONS SUR L'ULTRA-HUMAIN OU «LES PHASES D'UNE PLANÈTE VIVANTE» — ° *Gedanken über das Ultra-Humane oder ‹die Phasen eines lebenden Planeten›*

R. d. i., 17 pp., s. i., 10 pp. Paris, 27 avril; texte abrégé sous le titre DU PRÉHUMAIN À L'ULTRAHUMAIN, *Almanach des Sc.*, 1951, Pierre Moray, Ed. de Flore, pp. 149-155; Œ, t. V, pp. 377-385, sous le titre: DU PRÉHUMAIN À L'ULTRA-HUMAIN OU «LES PHASES D'UNE PLANÈTE VIVANTE» [°°° *Vom Prä-Humanen zum Ultra-Humanen, oder ‹die Phasen eines lebenden Planeten›*, in: ZdM, S. 381–390] [Ph] (299 et 309).

*1950 LE PHÉNOMÈNE CHRÉTIEN — ° *Das christliche Phänomen*

R. s. i., 6 pp. Paris, 10 mai; Œ, t. XI [R] (300).

*1950 et 1955 POUR Y VOIR CLAIR. RÉFLEXIONS SUR DEUX FORMES INVERSES D'ESPRIT — °°° *Um klar zu sehen. Gedanken über zwei einander entgegengesetzte Formen des Geistes*, in: AdW, S. 257–272; AdE

R. s. i., 7 pp., s. l., 25 juillet; extr. impr. in: *Les études philosophiques*, oct.-déc. 1955, nouv. série, 10e année, no 4, P. U. F., pp. 572-579; Œ, t. VII, 1963, pp. 223-236 [Ph] (301).

*1950 LE CŒUR DE LA MATIÈRE — °° *Das Herz der Materie*

R. s. i., 46 pp. Les Moulins, Puy-de-Dôme, 15 août, Paris, 30 oct. 1950 [l'Appendice, pp. 35-46, contient le début de: LE CHRIST DANS LA MATIÈRE. TROIS HISTOIRES COMME BENSON, 1916, et: LA PUISSANCE SPIRITUELLE DE LA MATIÈRE, 1919]; rééd. légèrement abrégée en 1957, R. s. i., 44 pp.; cit. in: F. A. Viallet, *L'univers personnel de Teilhard de Chardin*, Paris, Amiot-Dumot, 1956, passim; courtes cit. apud: Viallet, *Le dépassement*, Fischbacher, 1961, p. 163; L'HYMNE À LA MATIÈRE est cité in: *Points et Contrepoints*, Paris, déc. 1960, no 55, pp. 3-4, et par Maurice Gex, *Vers un humanisme cosmologique [III], La synthèse de Teilhard de Chardin*, *Evoluer* [Yverdon], 3e année, no 7, 2e trim. 1961, pp. 2 et 4; extr. in: HYMNE DE L'UNIVERS, 1961: PENSÉES CHOISIES PAR FERNANDE TARDIVEL, XLV, LXXVIII; extr. de la PRIÈRE AU CHRIST TOUJOURS PLUS GRAND in:

Le Père Teilhard de Chardin, Apôtre du Christ dans l'univers, plaquette [cf. Progr. vendu le 11 mai 1962 au concert de gala européen à Bruxelles, 1962], pp. 9-10; extr. in: C. Cuénot, *Teilhard de Chardin*, Paris, Ed. du Seuil, coll. *Ecrivains de toujours*, 1962, pp. 6-7, pp. 60-61, pp. 64-65; brève cit. in: C. Tresmontant, *Le Père Teilhard de Chardin et la théologie, Lettre*, Paris, sept.-oct. 1962, n°s 49-50, p. 33; L. Barjon, *Fidélité du Père Teilhard de Chardin, Foi vivante*, Paris et Bruxelles, juin 1963, 4e année, n° 15, pp. 75-76; F. Ferrier, *La convergence dans le «Milieu divin», Cahiers de vie franciscaine*, Paris, 1963, 4e trim., n° 40, pp. 33, 34, 55; Maryse Choisy, *Teilhard et l'Inde*, Paris, Ed. universitaires, 1964, *Carnets Teilhard*, 11, pp. 16 et 35; *L'avenir, Recherches et Débats du Centre Catholique des Intellectuels Français*, Paris, Fayard, 1964, p. 135; P. Smulders, *La vision de Teilhard de Chardin*, Paris, Desclée, 1964, p. 15, p. 232 [n. 6], p. 240; extr. de la PRIÈRE AU CHRIST TOUJOURS PLUS GRAND in: H. de Lubac, *La prière du Père Teilhard de Chardin*, Paris, Fayard, 1964, pp. 55-56, et in: JE M'EXPLIQUE; texte in extenso in: *Livres de France*, avril 1966, 17e année, n° 4, pp. 23-24; extr. de la CLAUSULE – LE FÉMININ OU L'UNITIF in: *Europe*, mars-avril 1965, 43e année, n° 431-432, p. 17 [cf. ibid., cit. de L'HUMAIN OU LE CONVERGENT, pp. 105-114]; Œ, t. X [Ph R B] (302).

*1950 LE CONGRÈS UNIVERSEL DES CROYANTS — ° *Der universelle Kongreß der Gläubigen;* °° *Der Weltkongreß der Gläubigen*
D.s.i., 1 p., s.l., sept. [anonyme, mais attrib. cert.: style, idées, témoignage de Mme Solange Lemaître] [Ph R] (303).

*1950 LE GOÛT DE VIVRE — °°° *Die Lebenslust*, in: AdE
D.d.i., 11 pp. Paris, nov.: Œ, t. VII, 1963, pp. 237-251 [Ph] (304).

*1950 et 1951 ENQUÊTE: NLLES LITTÉRAIRES, 1951- [sic] — ° *Rundfrage: Nouvelles littéraires, 1951–*
D.s.i., 2 pp., s.l., 2 déc.; cf. Marcel Brion: *Rencontre avec le Père Teilhard de Chardin, Les nouvelles litt.*, 11 janv. 1951, pp. 1 et 4 [Sc Ph B] (305).

1951 LA STRUCTURE PHYLÉTIQUE DU GROUPE HUMAIN — °°° *Die phyletische Struktur der menschlichen Gruppe*, in: AdM, S. 180–231
Ann. de Pal., févr., t. XXXVII, pp. 49-79, 2 fig.; Œ, t. II, pp. 187-234 [T Sc Ph] (306).

1951 LE PALÉOLITHIQUE DU HARRAR — ° *Das Paläolithikum des Harrar*
en collab. avec H. Breuil et P. Wernert, *L'anthrop.*, t. LV, n°s 3-4, pp. 219-230, 8 fig. [T] (308).

1951 L'ÉVOLUTION DE LA RESPONSABILITÉ DANS LE MONDE — °°° *Die Evolution der Verantwortung in der Welt*, in: AdW, S. 245–255
Psyché, juillet-août, n^o^ double spéc. 57-58, pp. 416-424, daté du 5 juin 1950 avec un abstract en angl. daté de juillet 1950; réimpr. in: *Psyché*, janv.-févr. 1955, 10e année, n°s 99-100, pp. 81-88; cit. in: *Morale chrétienne et morale marxiste*, La Palatine, 1960, p. 136; Œ, t. VII, pp. 211-221 [Ph] (310).

*1951 ON THE SIGNIFICANCE AND TREND OF HUMAN SOCIALISATION — ° *Über die Bedeutung und den Trend der menschlichen Sozialisation*

D.d.i., 2 pp., s.l., févr. [diff. de l'opuscule daté d'avril 1948] [Sc Ph] (311).

*1951 UN SEUIL MENTAL SOUS NOS PAS: DU COSMOS À LA COSMOGENÈSE — °°° *Eine geistige Schwelle unter unseren Füßen: vom Kosmos zur Kosmogenese*, in: AdE

R.s.i., 10 pp. + 1 p. non numérotée [Plan de l'essai], Paris, 15 mars 1951; extr. in: C. Cuénot, *Teilhard de Chardin*, Paris, Ed. du Seuil, coll. *Ecrivains de toujours*, 1962, pp. 83-84; Œ, t. VII, 1963, pp. 259-277; cf. aussi conférence de Paris du 8 avril *Cosmos et cosmogenèse*, 14 pp. de notes prises par C. Cuénot, reproduite [avec quelques changements] in: C. Cuénot, *Teilhard de Chardin, Plaisir de France*, Paris, janv. 1963, n° 291, pp. 3-5 [jusqu'à *Teilhard est à la philosophie ce que Copernic fut à l'astronomie*] [Ph R] (312).

*1951 RÉFLEXIONS SUR LA PROBABILITÉ SCIENTIFIQUE ET LES CONSÉQUENCES RELIGIEUSES D'UN ULTRA-HUMAIN — °°° *Bemerkungen über die wissenschaftliche Wahrscheinlichkeit und die religiösen Konsequenzen eines Ultra-Humanen*, in: AdE

R.s.i. [ronéotypé à la suite de l'opuscule UN SEUIL MENTAL...], pp. 11-16, Paris, Pâques, 25 mars 1951; Œ, t. VII, 1963, pp. 279-291 [Ph R] (312, même numéro que l'opuscule précédent).

*1951 MÉMORANDUM AU DR J. HUXLEY [À PROPOS DE SON PROJET DU 6 MARS 51] — ° *Memorandum an Dr. J. Huxley [zu seinem Projekt vom 6. März 1951]*

D.s.i., 1 p. [1re vers.], 1½ p. [2e vers.], annot. autogr., Paris, 22 mars [Sc Ph] (313).

*1951 NOTE SUR LA RÉALITÉ ACTUELLE ET LA SIGNIFICATION ÉVOLUTIVE D'UNE ORTHOGENÈSE HUMAINE — °°° *Aufzeichnung über die aktuelle Wirklichkeit und die evolutive Bedeutung einer menschlichen Orthogenese*, in: SdV, S. 361–371

D.d.i., 9 pp. Paris, 5 mai; Œ, t. III, pp. 353-362 [Sc Ph] (314).

*1951 LA CONVERGENCE DE L'UNIVERS — °°° *Die Konvergenz des Universums*, in: AdE

R.s.i., 9 pp. Capetown, 23 juillet; 2 types d'éd.: I. papier blanc ordin., encre noire, anonyme, daté de Capetown, 23 juillet 1951; II. papier blanc glacé, encre violette, signé «P. Teilhard de Chardin», s.l.n.d.; Œ, t. VII, 1963, pp. 293-309 [Sc Ph] (315).

*1951 OBSERVATIONS ON THE ELANDSFONTEIN SITE NEAR HOPEFIELD — ° *Beobachtungen über die Fundstelle von Elandsfontein in der Nähe von Hopefield*

D.s.i., 2 pp. Capetown, après le 12 oct. [T] (316).

*1951 SOUTH AFRICAN ARCHAEOLOGICAL SOCIETY – [sic] — ° *Südafrikanische archäologische Gesellschaft* –

incipit: "Father Teilhard said that during his too short visit to South Africa he learned a great deal..."; D.s.i., 2 pp. Capetown, oct. [T] (317).

*1951 Quelques remarques «pour y voir clair» sur l'essence du sentiment mystique — ° *Einige Bemerkungen, um über das Wesen des mystischen Gefühls ‹klar zu sehen›*
D.s.i., 2 pp., 2 fig., s.l., hiver; Œ, t. XI [R] (318).

*1951 Transformation et prolongement en l'homme du mécanisme de l'évolution — °°° *Transformation und Weiterführung des Evolutionsmechanismus im Menschen*, in: AdE
D.s.i., 7 pp., s.l., 19 nov.; Œ, t. VII, 1963, pp. 311-323 [Sc Ph] (319).

*1951 Un problème majeur pour l'anthropologie: y a-t-il, oui ou non, chez l'homme, prolongation et transformation du processus biologique de l'évolution? — °°° *Ein Hauptproblem für die Anthropologie: Gibt es beim Menschen eine Weiterführung und Transformation des biologischen Prozesses der Evolution oder nicht?*
D.s.i., 5 pp., s.l., 30 déc.; Œ, t. VII, 1963, pp. 325-332; trad. amér. sous le titre A Mayor Problem for the Anthropologist "Yes" or "No", Does Man represent a Prolongation and Transformation of the Biological Process of Evolution, New York, s.d., D.d.i., 6 pp. [Sc Ph] (320).

*1951 [ou 1952?] Notes de préhistoire Sud-africaine — °°° *Kurzer Abriß der südafrikanischen Vorgeschichte*, in: AdM, S. 232–237
D.d.i., 4 pp., s.l.n.d.; Œ, t. II, pp. 237-242 [T] (321).

*1952 Observations sur les Australopithécinés — °°° *Bemerkungen über die Australopithecinen*, in: AdM, S. 243–248
D.d.i., 4 pp., s.l.n.d. [exposé fait à l'Acad. des Sc. de New York, mars 1952]; Œ, t. II, 251-255 [T] (322).

1952 La Réflexion de l'énergie — °°° *Die Reflexion der Energie*, in: AdE
Rev. quest. scientif., 20 oct., 65e année, XIIIe vol. de la 5e série, t. CXXIII de la coll., pp. 481-497, 2 fig.; cf. R.s.i., 13 pp., datée de New York, 27 avril 1952, en projet, probablement, dès le 14 août 1951, sous le titre La Triple Réflexion [cf. lettre de Johannesburg à J. Mortier], sûrement le 1er mars 1952 [cf. lettre à Mme Pesson-Depret]; Œ, t. VII, 1963, pp. 333-353 [Sc Ph] (323).

1952 Hominisation et spéciation — °°° *Hominisation und Speziation*, in: SdV, S. 373–383
Rev. Scientif., nov.-déc., 90e année, fasc. 6, n° 3320, pp. 434-438; Œ, t. III, pp. 365-379 [T Sc Ph] (324).

1952 Australopithèques, Pithécanthropes et structure phylétique des Hominiens — °°° *Australopithecinen, Pithecanthropinen und phyletische Struktur der Homininen*, in: AdM, S. 239–242
C. R. Acad. Sc., 21 janv., t. CCXXXIV, n° 4, pp. 377-379; Œ, t. II, pp. 245-248 [T] (325).

1952 Sur la nature et la signification des Collenia précambriennes — ° *Über die Natur und die Bedeutung der präkambrischen Collenia*
C. R. Acad. Sc., 20 oct., t. CCXXXV, n° 16, pp. 845-847 [T] (326).

1952 et On the Zoological Position and the Evolutionary Significance of

1954 AUSTRALOPITHECINES — ° *Über die zoologische Stellung und die evolutive Bedeutung der Australopithecinen*
Transactions New York Ac. Sc., mars, 2e série, vol. XIV, nº 5, pp. 208-210, 1 fig.; réimpr. dans le *Yearbook of Physical Anthropology for 1952*, Wenner-Gren Foundation, New York, 1954, vol. VIII, pp. 37-39 [T] (327).

*1952 Abstract of Paper THE NEW ADVANCES MADE BY PREHISTORY IN SOUTH AFRICA — Knappe Zusammenfassung von ° *Die von der Vorgeschichte in Südafrika gemachten neuen Fortschritte*
Supper-conference for Anthropologists. R.s.i., 4 pp. New York [Wenner-Gren Foundation for Anthropological Research], 14 mars [le texte in extenso n'existe plus] [T] (328).

*1952 ON THE BIOLOGICAL MEANING OF HUMAN SOCIALISATION — ° *Über die biologische Bedeutung der menschlichen Sozialisation*
D.d.i., 7 pp., R.s.i., 5 pp. New York, 15 mai [Sc Ph] (329).

1952 et 1953 FOSSIL MAN. ON THE BIRTH, GROWTH AND PRESENT STATUS OF OUR IDEA OF FOSSIL MAN — ° *Der fossile Mensch. Über die Entstehung, das Wachsen und den gegenwärtigen Stand unserer Vorstellung vom fossilen Menschen*
Inventory paper for the Wenner-Gren Foundation Intern. Symp. on Anthrop., New York, 9-20 juin 1952, nº 5. R.s.i., 11 pp. [Summary, D.d.i., 1 p.]; impr. in: A. L. Krober, *Anthropology Today*, Chicago, University of Chicago Press, 1953, pp. 93-100, sous le titre: THE IDEA OF FOSSIL MAN [T] (330).

*1952 CE QUE LE MONDE ATTEND EN CE MOMENT DE L'EGLISE DE DIEU: UNE GÉNÉRALISATION ET UN APPROFONDISSEMENT DU SENS DE LA CROIX — °° *Was erwartet die Welt in diesem Augenblick von der Kirche Gottes: eine Verallgemeinerung und eine Vertiefung des Sinnes des Kreuzes*
R.s.i., 5 pp. New York [Purchase], 14 sept.; Œ, t. XI [R] (331).

1953 LA FIN DE L'ESPÈCE — °°° *Das Ende der Art*, in: ZdM, S. 391–400
Psyché, févr. 1953, 8e année, nº 76, pp. 81-87; daté de New York, 9 déc. 1952; réimpr. in: *Psyché*, janv.-févr. 1955, 10e année, nºs 99-100, pp. 89-95; Œ, t. V, pp. 389-395 [Sc Ph] (332).

1953 EN REGARDANT UN CYCLOTRON. RÉFLEXIONS SUR LE REPLOIEMENT SUR SOI DE L'ÉNERGIE HUMAINE — °°° *Beim Anblick eines Zyklotrons. Gedanken über die Einknospung der menschlichen Energie in sich selbst*, in: AdE
Recherches et Débats, Paris, Fayard, avril, nº 4, pp. 123-130; cf. R.s.i., 7 pp.; extr. in: *Signes du temps*, Paris, oct. 1963, nº 1, nouv. série, pp. 34-36; Œ, t. VII, 1963, pp. 365-377 [Sc Ph] (333).

1953 RÉFLEXIONS SUR LA COMPRESSION HUMAINE — °°° *Gedanken über die menschliche Kompression*, in: AdE
Psyché, sept., 8e année, nº 83, pp. 1-6, daté de New York, 18 janv.; Œ, t. VII, 1963, pp. 355-363 [Sc Ph] (334).

1953 SUR LA PROBABILITÉ D'UNE BIFURCATION PRÉCOCE DU PHYLUM HUMAIN AU VOISINAGE IMMÉDIAT DE SES ORIGINES — °°° *Über die Wahrscheinlichkeit einer frühzeitigen Gabelung des menschlichen Phylums in der unmittelbaren Nachbarschaft seiner Ursprünge*, in: AdM, S. 249–251

C. R. Acad. Sc., 16-23 nov., t. CCXXXVII, nº 21, pp. 1293-1294; Œ, t. II, pp. 259-261 [T] (335).

*1953 CONTINGENCE DE L'UNIVERS ET GOÛT HUMAIN DE SURVIVRE, OU COMMENT REPENSER, EN CONFORMITÉ AVEC LES LOIS DE L'ÉNERGÉTIQUE, LA NOTION CHRÉTIENNE DE CRÉATION — °° *Die Kontingenz des Universums und das menschliche Verlangen zu überleben, oder: Wie muß man in Übereinstimmung mit den Gesetzen der Energetik den christlichen Begriff der Schöpfung neudenken*
D.d.i., 6 pp. New York, 1er mai; cit. in: C. Tresmontant, *Le Père Teilhard de Chardin et la théologie*, *Lettre*, Paris, sept.-oct. 1962, nos 49-50, pp. 31 et 32; Œ, t. XI [Ph R] (336).

*1953 L'ÉNERGIE D'ÉVOLUTION — °°° *Die Energie der Evolution*, in: AdE
D.d.i., 11 pp. New York, 24 mai [en projet dès le 19 déc. 1952, cf. lettre de New York (même date) à A. C. Blanc: «J'aurais tout de même quelques pages à écrire (il me semble) sur ce qu'on pourrait appeler «l'énergie (psychique) d'évolution»]; Œ, t. VII, 1963, pp. 379-393 [Sc Ph] (337).

*1953 UNE SUITE AU PROBLÈME DES ORIGINES HUMAINES – LA MULTIPLICITÉ DES MONDES HABITÉS — °° *Eine Weiterung des Problems der menschlichen Ursprünge – Die Vielheit der bewohnten Welten*
D.d.i., 6 pp., s.i., 5 pp. New York, 5 juin; Œ, t. XI [Sc Ph] (338).

*1953 L'ÉTOFFE DE L'UNIVERS — °°° *Der Stoff des Universums*, in: AdE
D.s.i., 6 pp. En vue de Sainte-Hélène [traversée de New York au Cap], 14 juillet; Œ, t. VII, 1963, pp. 395-406 [Ph] (339).

*1953 LE DIEU DE L'ÉVOLUTION — °° *Der Gott der Evolution*
D.s.i., 6 pp. Sous l'Equateur, 25 oct. [Christ-Roi]; Œ, t. XI [Ph R] (340).

*1953 L'ACTIVATION DE L'ÉNERGIE HUMAINE — °°° *Die Aktivation der menschlichen Energie*, in: AdE
D.d.i., 10 pp. ou 7 pp. selon les éd. New York, 6 déc.; Œ, t. VII, 1963, pp. 407-416 [Ph] (341).

1954 LES RECHERCHES POUR LA DÉCOUVERTE DES ORIGINES HUMAINES EN AFRIQUE, AU SUD DU SAHARA — °°° *Die Forschungen zur Entdeckung der menschlichen Ursprünge in Afrika südlich der Sahara*, in: AdM, S. 252–261
L'anthrop., juin, t. LVIII, nos 1-2, pp. 74-78; Œ, t. II, pp. 265-275 [T] (342).

*1954 et 1955 UN SOMMAIRE DE MA PERSPECTIVE «PHÉNOMÉNOLOGIQUE» DU MONDE — °° *Eine Zusammenfassung meiner ‹phänomenologischen› Sicht der Welt*
D.s.i., 2 pp. New York, 14 janv. 1954; impr. in: *Les études philosophiques*, oct.-déc. 1955, nouv. série, 10e année, nº 4, P.U.F., pp. 569-571, et apud: P. Grenet, *Teilhard de Chardin*, Seghers, 1961, pp. 216-219; JE M'EXPLIQUE, pp. 99-104; Œ, t. X [Ph] (343).

1954, 1955 et 1956 LES SINGULARITÉS DE L'ESPÈCE HUMAINE — °° *Die Besonderheiten der Spezies Mensch*; °°° *Die Besonderheiten der menschlichen Art*, in: AdM, S. 277–364
New York, fini à Pâques 1954, *Ann. de Pal.*, 1955, t. XLI, pp. 1-54 [le

texte est diminué de son Appendice, REMARQUES COMPLÉMENTAIRES SUR LA NATURE DU POINT OMÉGA OU: DE LA SINGULARITÉ DU PHÉNOMÈNE CHRÉTIEN, R.s.i., 3 pp. New York, 25 mars 1954]; Œ, t. II, pp. 295-375, avec l'Appendice [T Sc Ph] (344).

*1954 LE PHÉNOMÈNE HUMAIN [COMMENT, AU-DELÀ D'UNE «ANTHROPOLOGIE» PHILOSOPHICO-JURIDICO-LITTÉRAIRE, ÉTABLIR UNE VRAIE SCIENCE DE L'HOMME, C'EST-À-DIRE UNE ANTHROPODYNAMIQUE ET UNE ANTHROPOGÉNÈSE?] — ° *Das menschliche Phänomen [Wie kann man jenseits einer philosophisch-juridisch-literarischen ‹Anthropologie› eine wahre Wissenschaft vom Menschen aufbauen, das heißt eine Anthropodynamik und Anthropogenese?]*
D.d.i., 1 p., s.l., antérieur à juin 1954 [préparé pour Jacques Rueff] [Sc Ph] (345).

*1954, 1955 et 1956 THE ANTIQUITY AND PLANETARY SIGNIFICANCE OF HUMAN CULTURE — ° *Das Alter und die planetare Bedeutung der menschlichen Kultur*
D.d.i., 13 pp. New York, oct. 1954; repris, transformé et augmenté in: THE ANTIQUITY AND WORLD EXPANSION OF HUMAN CULTURE [° *Das Alter und die weltweite Ausdehnung der menschlichen Kultur]*: I. D.d.i., 22 p., 1 fig. New York, 26 oct. 1954; II. R.d.i., 23 pp., 1 fig., 16-22 juin 1955. Background paper n° 6 prepared for the Wenner-Gren Foundation International Symposium "Man's role in changing the face of the earth", Princeton Inn, Princeton, N.J.; III. impr. in: William L. Thomas, Jr. [éd.], *Man's Role in Changing the Face of the Earth*, University of Chicago Press, 1956, pp. 103-112 [Sc Ph] (346).

1955 L'AFRIQUE ET LES ORIGINES HUMAINES — °°° *Afrika und die menschlichen Ursprünge*, in: AdM, S. 262–276
Rev. quest. scientif., 20 janv., 68e année, XVIe vol. de la 5e série, t. CXXVI de la coll., pp. 5-17, daté de sept. 1954; cf. confér. du 28 juin 1954, notes prises par Claude Cuénot, D.d.i., 5 pp.; Œ, t. II, pp. 277-291 [T] (347).

*1955 et 1956 UNE DÉFENSE DE L'ORTHOGENÈSE — °°° *Eine Verteidigung der Orthogenese im Zusammenhang mit den Speziationsfiguren*, in: SdV, S. 389–398
D.d.i., 7 pp., s.i., 6 pp., s.l.n.d. [janv. 1955]; impr. sous le titre: UNE DÉFENSE DE L'ORTHOGENÈSE. A PROPOS DES FIGURES DE SPÉCIATION in: *Colloques internationaux du Centre National de la Recherche Scientifique – LX. Problèmes actuels de paléontologie.* Paris, Ed. du C.N.R.S., 1956, pp. 109-113; Œ, t. III, pp. 381-391 [Sc Ph] (348).

*1955 BARRIÈRE DE LA MORT ET CO-RÉFLEXION, OU DE L'ÉVEIL IMMINENT DE LA CONSCIENCE HUMAINE AU SENS DE SON IRRÉVERSION — °°° *Todesmauer und Koreflexion, oder das unmittelbar bevorstehende Erwachen des menschlichen Bewußtseins zum Sinn für seine Irreversion*, in: AdE
D.d.i., 9 pp., s.i., 7 pp. New York, 1er et 5 janv.; Œ, t. VII, 1963, pp. 417-429 [Ph R] (349).

*1955 A PROPOS DE «LA NOUVELLE EPOQUE», MME BERTRAND DE JOUVENEL — ° *Bemerkung zur ‹Neuen Epoche›, Mme Bertrand de Jouvenel*
D.d.i., 1 p., s.l. [New York], 20 janv., à l'attention du Dr Loriot [Ph].

*1955 LE CHRISTIQUE — °° *Das Christische*

D.d.i., 19 pp., s.i., 14 pp. New York, mars 1955 [en préparation dès le 13 juillet 1952, cf. lettre de Berkeley, Californie, à J. Mortier (même date); une lettre du 13 mars le qualifie d'«à peine terminé»]; rééd. 1957, R.s.i., 15 pp.; larges extr. in: *Nova et Vetera*, Fribourg et Genève, XXXIe année, n° 3, juillet-sept. 1956, pp. 221-224; in: HYMNE DE L'UNIVERS, 1961: PENSÉES CHOISIES PAR FERNANDE TARDIVEL, LXXXI; extr. du final in: C. Cuénot, *Teilhard de Chardin*, Paris, Ed. du Seuil, 1962, coll. *Ecrivains de toujours*, pp. 66-67; brève cit. in: *Cahiers Pierre Teilhard de Chardin*, n° 4, Paris, Ed. du Seuil, 1963, pp. 31-32; *L'avenir, Recherches et Débats du Centre Catholique des Intellectuels Français*, Paris, Fayard, 1964, p. 136; P. Smulders, *La vision de Teilhard de Chardin*, Paris, Desclée, 1964, p. 213 et p. 246, n. 6; H. de Lubac, *La prière du Père Teilhard de Chardin*, Paris, Fayard, 1964, p. 98; cit. en angl. in: *Theological Studies*, déc. 1964, vol. 25, n° 4, p. 593; brève cit. de l'Avant-propos in: ETG, p. 367, n. 1, cit. de la conclusion ibid. p. 84, n. 13; extr. in: *Europe*, mars-avril 1965, 43e année, n° 431-432, pp. 116-118; JE M'EXPLIQUE; Œ, t. X [Ph R B] (350).

*1955 RECHERCHE, TRAVAIL ET ADORATION — °° *Forschung, Arbeit und Anbetung*
D.d.i., 6 pp. New York, mars; Œ, t. IX, pp. 281-289 [Ph R] (351).

II. NOTES, MÉMOIRES ET OPUSCULES MAL DATÉES

[Ungenau datierte Notizen, Aufzeichnungen und Kleinschriften]

*1917 ou 1918 NOTE SUR LA NOTION DE TRANSFORMATION CRÉATRICE — °° *Zu dem Begriff der schöpferischen Transformation [transformatio creatrix]*
M., 6 pp., D.d.i., 4 pp., s.i., 2 pp., s.l.n.d. [de peu postérieur à L'UNION CRÉATRICE, semble-t-il]; Œ, t. XI [Ph] (362).

*1919 [?] EN QUOI CONSISTE LE CORPS HUMAIN? [titre fictif] — °° *Worin besteht der menschliche Leib?*
M., 4 pp., D.d.i., 3 pp., s.l.n.d. [probablement avant le 5 sept. 1919, cf. GENÈSE D'UNE PENSÉE, p. 402, lettre de Jersey, 5 sept. 1919: «Enfin, j'ai écrit dernièrement huit pages sur la manière dont il convient de comprendre les limites du corps humain.» – Mais la brièveté de ce texte (peut-être un résumé ou une première ébauche) fait difficulté. La version en 8 pp. semble perdue]; Œ, t. IX, pp. 31-35 [Sc Ph] (364).

*1921 [?] NOTE SUR L'ESSENCE DU TRANSFORMISME — °° *Über das Wesen des Transformismus*
D.d.i., 8 pp., s.l.n.d. [la date 1935 paraît fausse; les analogies avec le n° 41: COMMENT SE POSE AUJOURD'HUI LA QUESTION DU TRANSFORMISME, rendent assez probable l'année 1921] [Sc Ph] (167).

III. NOTES, MÉMOIRES ET OPUSCULES NON DATÉS

[Nicht datierte Notizen, Aufzeichnungen und Kleinschriften]

*s.d. A PROPOS DU SPIRITISME: OBSERVATIONS SUR LA SYNTHÈSE EXPÉRIMENTALE DE L'ESPRIT — °° *Zur Frage des Spiritismus: Beobachtungen über die experimentelle Synthese des Geistes*
D.d.i., 4 pp., s.l.n.d. [probablement ancien, vers 1920]; Œ, t. XI [Ph] (363).

N.B. Cf. aussi Section X. Varia, sub fine.

IV. ALLOCUTIONS ET DISCOURS

[Ansprachen und Reden]

1922 *C. R. somm. Soc. Géol. France*, t. XXII, pp. 129-131: Séance générale du 9 juin 1922: M. Marcellin Boule donne lecture de son rapport sur l'attribution du prix Viquesnel à M. l'abbé Teilhard de Chardin: REMERCIEMENTS DE M. TEILHARD DE CHARDIN *[° Danksagung P. Teilhard de Chardins]* [p. 131] (366).

1926 ALLOCUTION PRÉSIDENTIELLE — ° *Ansprache des Präsidenten*
C. R. somm. Soc. Géol. France, t. XXVI, pp. 5-7. Séance du 18 janv. 1926 (367).

*1928 POUR ODETTE ET POUR JEAN — ° *Für Odette und für Jean*
Plaquette impr. de 8 pp., s.l., 14 juin [allocution pour le mariage d'Odette Bacot et Jean Teilhard d'Eyry]; cit. in: *Cahiers Pierre Teilhard de Chardin*, n° 2, Ed. du Seuil, 1960, pp. 144-145 [Ph R] (368).

1932 et 1935 ALLOCUTION PRONONCÉE DEVANT LES MEMBRES DE LA CROISIÈRE JAUNE À LA MISSION DE LIAN TCHÉOU [1er JANV. 1932] [titre fictif] — ° *Vor den Mitgliedern der Gelben Kreuzfahrt in der Missionsstation von Lian Tcheou gehaltene Ansprache*
impr. in: L. Audouin-Debreuil, *Sur la route de la soie*, Paris, Plon, 1935, p. 225; fragm. cité in: *Paris-presse-l'Intransigeant*, 14 juin 1957, p. 2 [R] (369).

*1935 ALLOCUTION PRONONCÉE PAR LE R. P. TEILHARD DE CHARDIN À L'OCCASION DE LA BÉNÉDICTION NUPTIALE DE MONSIEUR ET MADAME DE LA GOUBLAYE DE MÉNORVAL EN L'ÉGLISE DE SAINT-LOUIS DES INVALIDES LE 15 JUIN 1935 — ° *Von Pater Teilhard de Chardin anläßlich der Trauung von Herrn und Frau de la Goublaye de Ménorval in der Kirche Saint-Louis des Invalides am 15. Juni 1935 gehaltene Ansprache*
Plaquette impr. de 4 pp. [Ph R] (370).

*1937 et SPIRITUALISTIC EVOLUTION [titre fictif] — ° *Geistgeprägte Evolution*

1958 allocution prononcée à la Villanova University à l'occasion de la réception par le P. Teilhard de la Mendel medal, Woodstock College Library, Chapbook I, avril 1958, R.d.i., pp. 16-19.

1937 Jubilé de M. Marcellin Boule, 27 mai 1937. ALLOCUTION DE M. P. TEILHARD DE CHARDIN, CONSEILLER DU SERVICE GÉOLOGIQUE DE CHINE — ° *Ansprache P. Teilhard de Chardins, Berater des Geologischen Landesamtes von China*
L'anthrop., t. XLVII, pp. 599-600 [B] (371).

*1947 AU COLLOQUE DE VERSAILLES: IMPORTANCE DE LA RECHERCHE [titre fictif] — ° *Kolloquium von Versailles: Bedeutung der Forschung*
D.d.i., 6 pp., s.l., 20 août [Réunion Internationale S.J. à Versailles, conférence du P. Teilhard]; très brève cit. in: ETG, p. 149, n. 18; brève cit. ibid., p. 247, n. 20; publié sous le titre fictif SUR LA VALEUR RELIGIEUSE DE LA RECHERCHE in: Œ, t. IX, pp. 255-263 [R] (372).

*1948 ALLOCUTION POUR LE MARIAGE DE CLAUDE-MARIE HAARDT ET DE MLLE CHRISTINE DRESCH EN L'ÉGLISE NOTRE-DAME D'AUTEUIL [titre fictif] — ° *Ansprache bei der Hochzeit von Claude-Marie Haardt und Mlle Christine Dresch in der Kirche Notre-Dame d'Auteuil*
D.s.i., 2 pp., s.l., 21 déc. [Ph R] (373).

*1949 ALLOCUTION POUR SON CINQUANTENAIRE DE VIE RELIGIEUSE [titre fictif] — ° *Ansprache beim Jubiläum seines fünfzigjährigen Ordenslebens*
Paris, 19 mars [?], les 4 dern. lignes sont citées par Auguste Demoment in: *Jeunesse et vocation de Pierre Teilhard de Chardin*, D., 1961, p. 97 [ouvrage inédit].

*1950 Discours prononcé ou devant être prononcé à Cahors DEPUIS QUE L'HOMME EST HOMME... — ° *Seitdem der Mensch Mensch ist...*
D.d.i., 1 p., s.l., 21 juin [Sc Ph] (374).

V. CHRONIQUES

[Chroniken]

1929 HOMO PEKINENSIS: 1. UNE DÉCOUVERTE CHINOISE, EN PRÉHISTOIRE — ° *Homo pekinensis: 1. Eine chinesische vorgeschichtliche Entdeckung*
Dossiers de la Commission synodale, Pékin, déc., vol. II, n° 12, pp. 938-939 [chronique signée «Pierre Teilhard de Chardin, S.J.»; la seconde partie: *2. L'Homme de Pékin* est signée «Kuo Wen»] [Sc].

1930 A GREAT REWARD FOR HARD WORK — ° *Eine großartige Belohnung für harte Arbeit*
The Leader Reprints, n° 51, pp. 13-14, Peiping, The Leaderpress [n° spécial sur Chou Kou Tien] [Sc] (380).

1947 UN COLLOQUE SCIENTIFIQUE SUR L'ÉVOLUTION — ° *Ein wissenschaftliches Kolloquium über die Evolution*
Etudes, mai, t. CCLIII, pp. 257-259 [Sc] (381).

1949 Congrès internationaux de philos. des Sc.: Colloque organisé par l'Association intern. de philos. des Sc., et tenu dans les locaux de l'U.N.E.S.C.O., sur l'évolution biologique, les 17-22 oct. 1949 — Internationale naturphilosophische Kongresse: Vom internationalen Verband der Naturphilosophen organisiertes und in den Räumen der UNESCO abgehaltenes Kolloquium über die biologische Evolution, vom 17. bis 22. Okt. 1949
Etudes, déc., t. CCLXIII, pp. 391-392 [anonyme, le 2e § seulement est du P. Teilhard, depuis «Juste une semaine avant...»] [Sc Ph] (382).

1950 MACHINES À COMBINER ET SUPER-CERVAUX — ° *Kombinationsmaschinen und Supergehirne*
Etudes, mars, t. CCLXIV, pp. 403-404 [Sc Ph] (383).

1950 L'INVASION DE LA TÉLÉVISION — ° *Die Invasion des Fernsehens*
Etudes, mai, t. CCLXV, pp. 251-252 [Sc Ph] (384).

*1952 LE DERNIER SYMPOSIUM DE LA WENNER-GREN FOUNDATION [JUIN 1952]. QUELQUES RÉFLEXIONS PERSONNELLES SUR L'OPÉRATION — ° *Das letzte Symposion der Wenner-Gren Foundation [Juni 1952]. Einige persönliche Bemerkungen über das Unternehmen*
D.d.i., 3 pp. New York, sept. [Sc Ph] (385).

VI. COMPTES RENDUS
[Buchbesprechungen]

1921 *Über einen bei Ehringsdorf in der Nähe von Weimar gefundenen Unterkiefer des Homo primigenius*, par G. Schwalbe
L'anthrop., t. XXXI, pp. 531-533 [T] (386).

1921 *Diluviale Menschenfunde in Obercassel bei Bonn*, par Max Verworn, R. Bonnet et G. Steinmann
L'anthrop., t. XXXI, pp. 533-536 [T] (387).

1921 LES HOMMES FOSSILES. A PROPOS D'UN LIVRE RÉCENT — °°° *Die fossilen Menschen. Zu einem jüngst erschienenen Buch*, in: AdM, S. 40-50
Etudes, 20 mars, t. CLXVI, pp. 570-577; C. R. de: *Les hommes fossiles, éléments de paléontologie humaine*, par Marcellin Boule; Œ, t. II, pp. 41-50 [T] (388).

1922 FOSSIL MAN — ° *Der fossile Mensch*
The Living Age, Boston, vol. CCXXL, pp. 415-419 [trad. de: LES HOMMES FOSSILES. A PROPOS D'UN LIVRE RÉCENT] [T] (48).

1922 *Die menschlichen Skelettreste aus dem Kampfe'schen Bruch im Travertin von Ehringsdorf bei Weimar*, par Hans Virchow
L'anthrop., t. XXXII, pp. 129-132 [T] (389).

1922 *The Origin and Evolution of the Human Dentition. A Palaeontological Review*, par William K. Gregory
L'anthrop., t. XXXII, pp. 285-288 [T] (390).

1922 *Les religions de la préhistoire. L'âge paléolithique*, par Th. Mainage
L'anthrop., t. XXXII, pp. 525-526 [T] (391).

1922 *The Status of the Dingo*, par F. Wood-Jones
L'anthrop., t. XXXII, pp. 546-547 [T] (392).

1922 *On the Occurrence of Aboriginal Stone Implements of Unusual Types in the Tablelands of Central Australia*, par W. Howchin
L'anthrop., t. XXXII, pp. 547-548 [T] (393).

1923 *Der diluviale Menschenfund von Obercassel bei Bonn*, par M. Verworn, R. Bonnet, G. Steinmann
L'anthrop., t. XXXIII, pp. 206-208 [T] (394).

1928 *La Grotte de l'Observatoire à Monaco*, par M. Boule et L. de Villeneuve
L'anthrop., t. XXXVIII, pp. 150-153 [T] (395).

1928 *L'exigence idéaliste et le fait de l'évolution*, par Edouard Le Roy
La Vie Cathol. en France et à l'Etranger, 5e année, no 203, samedi 18 août, p. 5, sous le titre: LA PENSÉE DANS LA SCIENCE et le pseud. de Max Bégouën, attribution garantie par une lettre du 1er sept. 1928 [Sc Ph] (396).

1939 *La préhistoire*, par A. Vayson de Pradenne
Etudes, 20 févr., t. CCXXXVIII, pp. 564-565, extr. du C. R. in: *Le Moncelet*, 5 mars 1939, no 9, p. 8 [Sc] (397).

1939-1940 *Note préliminaire sur les formations cénozoïques et plus récentes de la chaîne annamitique septentrionale et du Haut-Laos [stratigéographie, préhistoire, anthropologie]*, par J. Fromaget et E. Saurin
L'anthrop., t. XLIX, pp. 137-138 [T] (398).

1939-1940 *Etudes sur l'époque glaciaire dans l'Inde et sur les cultures humaines trouvées en association [Studies on the Ice Age in India and Associated Human Cultures]*, par H. de Terra et T. T. Paterson
L'anthrop., t. XLIX, pp. 729-731 [T] 399. Trad. et adapt. angl. sous le titre: THE QUATERNARY SEQUENCE IN NORTH INDIA ACCORDING TO DR. DE TERRA, *Geobiologia*, Pékin, 1943, t. I, pp. 97-101 (430).

1943 THE GENESIS OF THE JAPANESE ISLANDS AS SEEN BY DR. T. KOBAYASHI
Geobiologia, t. I, pp. 63-72, 2 cartes in texte [T] (400).

1943 THE CONTINENTAL BASEMENT OF THE WESTERN TARIM BASIN ACCORDING TO DR. ERIK NORIN
Geobiologia, t. I, pp. 73-77, 1 carte in texte [T] (401).

1943 THE FLORA AND CLIMATE OF NORTHEASTERN CHINA DURING THE MIOCENE ACCORDING TO DR. RALPH W. CHANEY
Geobiologia, t. I, pp. 86-91, 1 carte in texte [T] (402).

1943 THE PLEISTOCENE OF HSIKANG ACCORDING TO DR. J. G. ANDERSSON
Geobiologia, t. I, pp. 92-94 [T] (403).

1943 THE PLEISTOCENE SEQUENCE OF TAIWAN [FORMOSA] ACCORDING TO DR. HAYASAKA
Geobiologia, t. I, pp. 95-96 [T] (404).

1943 QUANTITATIVE ZOOLOGY ACCORDING TO G. G. SIMPSON
Geobiologia, t. I, pp. 139-141 [T] (405).

*1944 *History of the Conflict Between Religion and Science*, par J. W. Draper

D.s.i., 1 p. Pékin, 1944 [et non 1940, cf. ligne 13]; brève cit. in: C. Cuénot, *Situation de Teilhard de Chardin*, *Bull. Soc. industr. Mulhouse*, 1963, n° 3, p. 21 [Ph R] (406).

1947 *Les hommes fossiles, éléments de paléontologie humaine*, par M. Boule et H. Vallois
Etudes, janv., t. CCLII, pp. 122-123 [T] (407).

1949 *La planète au pillage*, par F. Osborn
Etudes, déc., t. CCLXIII, pp. 402-403 [T] (408).

*1950 *Catalyse et biologie*, par Frédéric Gillot
D.s.i., 1 p., 10 févr. [T] (409).

1950 *La Genèse des montagnes*, par M. Roubault
Etudes, févr., t. CCLXIV, pp. 279-280 [T] (410).

1950 *Rythme et modalités de l'évolution*, par G. G. Simpson
Etudes, mai, CCLXV, p. 278 [Sc Ph] (411).

1950 LES AUSTRALOPITHÈQUES ET LE CHAÎNON MANQUANT [OU «MISSING LINK»] DE L'ÉVOLUTION, C. R. de *Finding the Missing Link*, par R. Broom
Etudes, juin, t. CCLXV, pp. 340-345; Œ, t. II, pp. 177-183 [T] (412).

1950 *Sa Majesté le pétrole*, par Georges Le Fèvre
Etudes, juillet-août, t. CCLXVI, p. 130 [T].

1950 *Géologie de l'Afrique*, par Raymond Furon
Etudes, juillet-août, t. CCLXVI, pp. 132-133 [T].

1950 *L'évolution rédemptrice du P. Teilhard de Chardin*, par ***
Etudes, sept., t. CCLXVI, p. 284 [R] (413).

1950 *Essai sur la théorie psychologique de la vie*, par Docteur Tilicheef
Etudes, sept., t. CCLXVI, p. 285 [Sc Ph].

1951 *Rythme et modalités de l'évolution*, par G. G. Simpson
L'anthrop., janv., t. LIV, n°s 5-6, pp. 460-461 [Sc Ph] (414).

1951 *Qu'est-ce que la vie?*, par E. Schrödinger
Etudes, févr., t. CCLXVIII, pp. 275-276 [Sc Ph] (415).

1953 *Histoire géologique de la biosphère*, par H. et G. Termier
Etudes, juin, t. CCLXXVII, pp. 425-426 [T] (416).

1955 *Formation des continents et progression de la vie*, par H. et G. Termier
Etudes, mars, t. CCLXXXIV, p. 419 [T] (417).

1955 *Problématique de l'évolution*, par François Meyer
Observations du P. Teilhard de Chardin, *Bull. de l'U.C.S.F.*, nouv. série, n° 25, mars-avril, R.s.i., pp. 15-17 [Sc Ph] (418).

1955 *Problématique de l'évolution*, par François Meyer
Etudes, mai, t. CCLXXXV, p. 279 [Sc Ph] (419).

VII. CORRESPONDANCE[1]

[Korrespondenz]

*Arsène-Henry [Lettres à Madame]

Pékin, 24 nov. 1943, 20 déc. 1943, dimanche matin [janv. ou févr. 1946] in: *Rev. Teilhard de Chardin*, Bruxelles, 1er sept. 1962, n° 12, pp. 4-5 [Ph R].

*Barbour [Lettres à George Brown]

I. Fragment s.l.n.d. [avant le 10 août 1950] in: George B. Barbour, *Obituary of P. Teilhard de Chardin, Proc. Geol. Soc. of London*, 20 sept. 1955, n° 1529, p. 133, et *Memorial to Pierre Teilhard de Chardin, S.J. [1881-1955], Proc. Vol. Geol. Soc. America*, juillet 1956, p. 170, col. 2 [B] (484).

II. Correspondance complète, du 17 juin 1932 au 6 déc. 1954 in: George B. Barbour, *Sur le terrain avec Teilhard de Chardin*, Paris, Ed. du Seuil, 1965 [T Sc Ph R B].

*Bégouën [Lettres au Comte Max-Henri]

I. Extr. [1926-1930] in: Max-H. Bégouën, *Témoignage, Cahiers Pierre Teilhard de Chardin*, n° 2, Paris, Ed. du Seuil, 1960, pp. 15-27 [Ph R].

II. Voir aussi LETTRES DE VOYAGE [cf. infra].

*Beuve-Méry [Lettre à Hubert]

Paris, après le 25 mars 1950, in: *Le Monde*, Paris, 9-10 avril 1950, 7e année, n° 1619, p. 4, col. 5 [Ph].

*Blanc [Lettre à Alberto Carlo]

Paris, 18 juillet 1946 [et non 1945] in: *Notizie sull'operosità scientifica e didattica di Alberto Carlo Blanc*, Rome, 1961, p. 28 [Sc].

*Bordet [Lettre à M. l'Abbé, Aumônier de la J.O.C.]

Paris, 21 févr. 1951, D.s.i., 2 pp. [sur l'immortalité des âmes individuelles] [Ph R] (486).

*Breuil [Lettres à M. l'Abbé Henri]

I. Tientsin, 30 déc. 1923, brève cit. in: ETG, p. 285, n: 1.

II. Cf. infra, Teillard-Chambon.

*Burdo [Lettre au P. Christian, S.J.]

New York, 15 févr. 1953; brève cit. in: L. Barjon, *L'Appel de Pâques, Rev. Teilhard de Chardin*, Bruxelles, déc. 1963, 4e année, n° 17, p. 13; H. de Lubac, *La prière du Père Teilhard de Chardin*, Paris, Fayard, 1964, p. 125 [R B].

*Carlhian [Lettre à Madame Jean]

New York, 19 juin 1953:

I. Cit. in: C. Tresmontant, *Le Père Teilhard de Chardin et la théologie, Lettre*, Paris, sept.-oct. 1962, n° 49-50, p. 51.

II. Texte répandu sous le titre fictif: *Mal évolutif et péché originel*, D.s.i., 2 pp. [Ph R] (495).

[1] Voir aussi infra, XIII, 1958, C. Cuénot, *Pierre Teilhard de Chardin.*

*Choisy [Lettres à Madame Maryse]

I. Trois lettres inédites de P. Teilhard de Chardin, fac-similé de la lettre du 15 mai 1953, extr. de la dern. lettre, écrite quelques jours avant le 10 avril 1955, extr. avec fac-similé de la lettre datée de New York, 13 mars 1954, in: *Psyché*, janv.-févr. 1955 [mois fictifs, éd. posthume], 10e année, nos 99-100, pp. 9-10; fragm. déjà publié in: Maryse Choisy, *Mon grand ami Teilhard de Chardin n'est plus*, *Combat*, Paris, 18 avril 1955 [Ph R].

II. Lettre de Pékin, 25 déc. 1939, très brève cit. in: Maryse Choisy, *Teilhard et l'Inde*, Paris, Ed. universitaires, 1964, *Carnets Teilhard*, no 11, p. 60 [ibid., cit. de la lettre datée de New York, quelques jours avant le 10 avril 1955, pp. 36-39, et de la lettre de New York, 13 mars 1954, pp. 17-18].

*Cuénot [Lettres à Claude]

I. New York, 11 avril 1953; fragm. sur la phénoménologie in: *La Table ronde*, Paris, juin 1955, no 90, p. 39, et P. Chauchard, *L'être humain selon Teilhard de Chardin*, Paris, Gabalda, 1959, pp. 35-36 [Ph] (494).

II. New York, 30 nov. 1952, photocopie, moins le dernier §, in: C. Cuénot, *Teilhard de Chardin*, Paris, Ed. du Seuil, coll. *Ecrivains de toujours*, 1962, p. 2 [Ph].

III. New York, 21 mai 1953; fragm. in: C. Cuénot, *Situation de Teilhard de Chardin*, *Bull. Soc. industr. Mulhouse*, 1963, no 3, p. 28 [Ph].

IV. New York, 15 févr. 1955, cit. ibid., p. 9, n. 1, et pp. 28-29 [Ph].

V. New York, 25 avril 1954, in extenso in: C. Cuénot, *Plauderei über Teilhard de Chardin*, apud: *Die Zukunft des Menschen in der Welt – eine Tagung über die Zukunftserwartung bei Pierre Teilhard de Chardin*, Evangelische Akademie, Bad Boll, 12.–14. Juni 1964. R.s.i., pp. 42-43 [trad. allemande] [Ph R].

*Dallaire [Lettres au P. Jean-Paul, S.J.]

I. Pékin, 10 oct. 1942; publiée in: *Rev. Teilhard de Chardin*, Bruxelles, juin 1964, 5e année, no 19, pp. 29-31 [en réponse à la lettre du P. Dallaire, Sienhsien, 11 sept. 1942, pp. 26-29].

II. Pékin, 30 oct. 1942; ibid., pp. 33-34 [en réponse à la lettre du P. Dallaire, 19 oct. 1942, impr. pp. 32-33; cf. aussi, p. 34, les annotations de Teilhard à cette lettre] [Sc Ph].

*Décizier [Lettre au P. Auguste, S.J.]

s.l., 23 déc. 1917; cit. in: C. Cuénot, *Situation de Teilhard de Chardin*, *Bull. Soc. industr. Mulhouse*, 1963, no 3, p. 30 [R].

*Delmas [Lettre à Claude]

s.l., mars 1951; fragm. in: Claude Delmas, *In memoriam, le Père Teilhard de Chardin*, *Combat*, Paris, 13 avril 1955 [Ph].

*Directeur du C.N.R.S. [Lettre à M. le]

Paris, 18 mars 1950, D.s.i., 1 p. sous le titre RAPPORT SUR LES RECHERCHES DU PÈRE TEILHARD DE CHARDIN [1949-1950] [T Sc B].

*Fejos [Lettres à Paul, Director of Research of the Wenner-Gren Foundation]

I. Paris, 10 nov. 1950. Original angl. in: George B. Barbour, *In the Field with Teilhard de Chardin*, New York, Herder and Herder, pp. 132-133; trad. in: George B. Barbour, *Teilhard de Chardin sur le terrain*, Paris, Ed. du Seuil, pp. 153-154 [T].

II. Johannesburg, 1er août 1951, D.s.i., 1 p., désignée sous le titre fictif de MY FIRST IMPRESSIONS CONCERNING THE POSSIBILITIES FOR FUTURE WORK IN AFRICA et adressée le 21 sept. 1951 par P. Fejos sous forme de copie circulaire aux membres de l'American Institute of Human Paleontology [T] (490).

*Fleming [Lettres au P. T. V., S.J.]

I. New York, 28 avril 1954; cit. in: T. V. Fleming, *Two unpublished letters of Teilhard, The Heythrop Journal*, Oxford, janv. 1965, vol. VI, nº 1, pp. 36-37 [Sc Ph R].

II. New York, 18 mai 1954; ibid., pp. 41-42 [Ph].

*Fontoynont [Lettre au P. Victor, S.J.]

I. 15 mars 1916; extr. in: C. Cuénot, *Teilhard de Chardin*, Paris, Ed. du Seuil, coll. *Ecrivains de toujours*, 1962, p. 27-29 [R].

II. 15 mars 1916, 22 juillet 1916, 26 juillet 1917, in: H. de Lubac, *La pensée religieuse du Père Pierre Teilhard de Chardin*, Paris, Aubier, Ed. Montaigne, 1962, pp. 347-354 [Ph R B].

Gaudefroy [Lettres à l'Abbé Christophe]

I. Lettres de Chine, 1923-1924, in: C. Gaudefroy, *Les missions géologiques du Père Teilhard de Chardin*, Semur, impr. H. Canat, 1926, pp. 3-8 [passim], tiré à part du *Bull. de l'Institut Catholique* [T] (456).

* II. Tientsin, 12 oct. 1926; cit. in: H. de Lubac, *La pensée religieuse du Père Pierre Teilhard de Chardin*, Paris, Aubier, Ed. Montaigne, 1962, p. 70-71, et Maryse Choisy, *Teilhard et l'Inde*, Paris, Ed. universitaires, *Carnets Teilhard*, nº 11, pp. 7-8 [Ph].

* III. Tientsin, 27 févr. 1927; brève cit. in: Abbé J. Augier, *Recherche scientifique et sacerdoce, Cathol. Journal*, Paris, févr., nº 7, p. 18 [R].

* IV. Tientsin, 16 juin 1929; très brève cit in: ETG, p. 241, n. 7 [R].

V. Pékin, 14 juillet 1934; brève cit. in: H. de Lubac, *La prière du Père Teilhard de Chardin*, Paris, Fayard, 1964, p. 75, n. 2 [R].

VI. Avant Changhaï, 14 févr. 1935; photocopie de la dernière p. in: *Europe*, mars-avril 1965, 43e année, nos 431-432, en face de la p. 129 [T Sc Ph].

* VII. Voir aussi: H. de Lubac, *La pensée religieuse du Père Pierre Teilhard de Chardin*, Paris, Aubier, Ed. Montaigne, 1962, passim [Ph R].

*Gorce [Lettre à Maxime]

Paris, 4 oct. 1950; fragm. in: C. Cuénot, *Pierre Teilhard de Chardin*, Paris, Plon, 1958, p. 331; publiée in: M. Gorce, *Le Concile et Teilhard, l'Eternel et l'Humain*, Neuchâtel, Ed. Henri Meisseiller, 1963, pp. 196-198, et in: *Itinéraires, chroniques et documents*, Paris, mars 1965, nº 91, pp. 123, 125, 129-130, 133-134 [R].

*Haardt [Lettres à Madame Georges-Marie]

Rawalpindi, 29 oct. 1935, in: *Livres de France*, avril 1966, 17e année, no 4, p. 21 [R B].

Voir aussi C. Cuénot, *Pierre Teilhard de Chardin*, Paris, Plon, 1958, pp. 136-138, extr. des lettres des 1er janv. 1934, 3 févr. 1936, 5 avril 1936 [R].

*Janssens [Lettres au T.R.P. Jean-Baptiste, Général des Jésuites]

I. Paris, 25 sept. 1947, in: R. d'Ouince, *L'épreuve de l'obéissance dans la vie du Père Teilhard de Chardin*, apud: *L'homme devant Dieu. Mélanges offerts au Père de Lubac*, Paris, Aubier, Ed. Montaigne, 1964, t. III, pp. 341-342 [R].

II. Capetown, 12 oct. 1951, in: R. P. Pierre Leroy, S.J., *Pierre Teilhard de Chardin tel que je l'ai connu*, Paris, Plon, 1958, pp. 55-60, et P. Grenet, *Teilhard de Chardin*, Paris, Seghers, 1961, pp. 213-215; extr. in: *Europe*, mars-avril 1965, 43e année, nos 431-432, pp. 23-24 [R].

III. Paris, 8 janv. 1949; très courts fragm. in: H. de Lubac, *La prière du Père Teilhard de Chardin*, Paris, Fayard, 1964, p. 213 [B].

*Jodot [Lettre à Paul]

Pékin, 6 avril 1932; cit. in: C. Cuénot, *Le Père Teilhard de Chardin entre l'Orient et l'Occident, Le Ruban Rouge*, Paris, sept. 1960, pp. 8-9 [art. rédigé d'après les lettres, alors inédites, à Léontine Zanta] [T B].

*Joliot-Curie [Lettre à Frédéric]

Paris, 10 juin 1950; extr. in: *Europe*, mars-avril 1965, 43e année, nos 431-432, pp. 87-88 [Ph].

*Jouve [Lettre au P. Raymond]

Pékin, 6 juillet 1934; brève cit. in: H. de Lubac, *La pensée religieuse du Père Pierre Teilhard de Chardin*, Paris, Aubier, Ed. Montaigne, 1962 [R].

*Kœnigswald [Lettre à Ralph von]

Peiping, 11 févr. 1936; extr. du texte original angl. in: Helmut de Terra, *Memories of Teilhard de Chardin*, London, Collins, 1964, p. 109 [Sc].

*Lacroix [Lettre à Alfred]

Araoui [près Harrar], 28 déc. 1928; reprod. des fig. 1 et 2 in: *Livres de France*, avril 1966, 17e année, no 4, p. 15.

Cf. aussi C. Cuénot, *Pierre Teilhard de Chardin*, Paris, Plon, 1958, p. 68 et p. 117 [T].

*Lecomte du Noüy [Lettre à Pierre]

Paris, 15 sept. 1947; publ. in: *Rev. de Paris*, déc. 1964, 71e année, p. 149, col. 2, et p. 150, col. 1 [Ph R B].

*Lecomte du Noüy [Lettre à Mrs Mary, épouse de Pierre]

Paris, 15 oct. 1947; publ. ibid., p. 150, col. 1 et 2 [B].

*Lemaître [Lettres à Madame Solange]

New York, 21 sept. 1952; cit. in: Mme S. Lemaître, *In memoriam, Cahiers Pierre Teilhard de Chardin*, no 2, Paris, Ed. du Seuil, 1960, p. 155 [B].

New York, 2 mars 1955; brève cit. ibid., p. 157 [R].

*Leroy [Lettre au P. Pierre, S.J.]

Buenos Aires, 8 nov. 1951, extr. in: Teilhard de Chardin, LA VISION DU PASSÉ, Paris, Ed. du Seuil, 1957, p. 59 [T].

Voir aussi infra, Barjon [L.] et Leroy [P].

*Licent [Lettres au P. Emile S.J.], cf. infra Barjon [L.] et Leroy [P.]

Cit. du télégramme de fin févr. 1923 et d'un bref extr. de la carte postale de Changhaï, 17 mai 1923, in: R.P. Emile Licent, S.J., *Comptes-rendus de dix années [1914-1923] de séjour et d'exploration dans le bassin du Fleuve Jaune, du Pai-ho et des autres tributaires du golfe du Pei Tcheu Ly*, Tientsin, La Librairie franç., 1924, t. III, p. 1559; extr. de la lettre de Paris, 12 oct. 1921, in: ETG, p. 207, n. 3; extr. de la corresp. Teilhard-Licent in: C. Cuénot, *Le Révérend Père Emile Licent, S.J.*, à paraître en 1966 dans le *Bull. de la Société des Etudes Indo-Chinoises* [T B].

*Lubac [Lettres au P. Henri de, S.J.]

I. Tientsin, 31 juillet 1930, in: Louis Barjon, *Mondes d'écrivains, destinées d'hommes*, Paris, Casterman, 1960 [Sc Ph].

II. Tientsin, 31 juillet 1930, in: H. de Lubac, *La prière du Père Teilhard de Chardin*, Paris, Fayard, 1964, p. 86 et p. 87 [«Il me semble... dans le monde»];

Pékin, 27 juin 1932, ibid., p. 131, n. 4;

Tientsin, 8 oct. 1933, ibid., p. 158, n. 1, p. 208, n. 2;

Pékin, 7 janv. 1934, ibid., p. 199, n. 1;

Pékin, 29 avril 1934, ibid., p. 169 [jusqu'à «de la Durée»] et p. 190;

Pékin, 15 sept. 1934, ibid., p. 154, n. 2;

Paris, 23 juin 1935, ibid., p. 191;

Pékin, 15 août 1936, ibid., p. 30;

Paris, 18 sept. 1948, ibid., pp. 124-125;

Paris, 29 oct. 1949, ibid., p. 81, n. 2, et p. 190 [depuis «Dans un Univers...»];

cit. brèves ou très brèves [Ph R].

III. Pékin, 29 avril 1934, et Paris, 29 oct. 1949, brèves cit. in: ETG, p. 76, n. 7 [Ph].

IV. Pékin, 29 avril 1934, in: *Choisir, revue culturelle*, Genève, avril 1965, 6e année, no 66, p. 18 [½ p.] [Ph R].

V. Voir aussi: H. de Lubac, *La pensée religieuse du Père Pierre Teilhard de Chardin*, Paris, Aubier, Ed. Montaigne, 1962, passim [Ph R].

*Lutaud [Lettre à Léon]

Pékin, 19 févr. 1936; photocopie in: *Rev. Teilhard de Chardin*, Bruxelles, déc. 1964, 5e année, nos 20-21, p. 52 [T Sc].

*Monod [Lettre à Théodore]

New York, 26 juin 1952, cit. in: *Christianisme social*, Paris, janv.-févr. 1960, 68e année, nos 1-2, p. 23, et Th. Monod, *Perspectives et prospectives en écoutant Teilhard de Chardin et Gaston Berger, Cahiers Pierre Teilhard de Chardin*, no 4, Paris, Ed. du Seuil, 1963, p. 79 [R].

*Mortier [Lettres à Mademoiselle Jeanne]

I. Berkeley [Californie], 27 juillet 1939; photocopie d'une p. in: P. Grenet, *Teilhard de Chardin*, Paris, Seghers, 1961, pp. 208-209 [R].

II. Pékin, 13 avril 1940; fragm. en fac-similé et transcription h.t. in: Teilhard de Chardin, LE PHÉNOMÈNE HUMAIN, Paris, Ed. du Seuil, 1955, pp. 44-45 [B].

III. Rome, 30 oct. 1948; cit. en ital. in: Massimo Olmi, *Il mio amico Teilhard, L'Europeo*, 8 sept. 1963, XIXe année, n° 36, p. 65 [B].

IV. Johannesburg, 14 août 1951, in: *Europe*, mars-avril 1965, 43e année, n°s 431-432, pp. 28-29 [Sc Ph B].

V. Berkeley, 13 juillet 1952, ibid., pp. 30-31 [Sc Ph R B].

*Mounier [Lettres à Emmanuel]

I. Paris, 29 août 1947; cit. in: C. Cuénot, *Situation de Teilhard de Chardin, Bull. Soc. industr. Mulhouse*, 1963, n° 3, p. 10 [Ph R].

II. Toussaint [1er nov.] 1947, publiée sous le titre: *Pour une théologie de la science moderne* in: *Esprit*, n° spécial ronéotypé sur: Les entretiens de Châtenay, 1er-2 nov., pp. 10-11; Œ, t. IX, pp. 291-293 [R] (476).

III. Paris, 29 août 1947, Paris, 12 oct. 1947, Toussaint [1er nov.] 1947, publiées sous le titre: *Trois lettres de Teilhard de Chardin à Mounier, Bull. des amis d'E. Mounier*, Paris, janv. 1966, n° 27, pp. 29-32 [Ph R B].

*Needham [Lettre à Joseph]

New York, 25 oct. 1952; fragm. in: J. Needham, *Cosmologist of the Future, New Statesman*, U.S.A., 7 nov. 1960 [7 lignes; texte franç. trad. en angl. et légèrement adapté] [Ph].

*Oakley [Lettre à K.P.]

New York, 28 nov. 1953; très brefs fragm. in: J.S. Weiner, *The Piltdown Forgery*, Oxford, 1955, p. 93 [T].

*Ouince [Lettres au P. René d', S.J.]

I. 21 déc. 1950, in: R. d'Ouince, *L'épreuve de l'obéissance dans la vie du Père Teilhard de Chardin*, apud: *L'homme devant Dieu. Mélanges offerts au Père Henri de Lubac. III. Perspectives d'aujourd'hui*, Paris, Aubier, Ed. Montaigne, 1964, p. 343, n. 16, et in: *Itinéraires, chroniques et documents*, Paris, mars 1965, n° 91, p. 137 [R].

II. Saint-Germain-en-Laye [et non Paris], 25 juillet 1947; reproduction en photocopie de la p. 2 [moins le postscriptum] sur la couverture de: P. Smulders, *La vision de Teilhard de Chardin*, Paris, Desclée, 1964 [Ph R B].

*Parents [Lettres à ses parents, Berthe-Adèle ou Emmanuel Teilhard de Chardin, ou les deux à la fois]

I. Laval, vers le 25 mars 1901; fragm. in: *Cité fraternelle*, Besançon, 12e année, n° 716, 25 janv. 1959, p. 4 [R B].

II. 25 juillet 1918, in: *Rev. Teilhard de Chardin*, 30 juin 1960, n°s 1 et 2, pp. 9-10 [B].

III. Nombreux extr. in: Auguste Demoment, S.J., *Jeunesse et vocation de Pierre Teilhard de Chardin*, D., 1961, 100 pp. env. [inédit].

IV. Hastings, 7 juin 1911; Hastings, 2 juillet 1911, sous le titre: *Lettres du Père Teilhard sur la mort de sa sœur Françoise*, in: H. de Lubac, *La pensée religieuse du Père Pierre Teilhard de Chardin*, Paris, Aubier, Ed. Montaigne, 1962, p. 360-361 [R].

V. Depuis Mongré, avril 1892, jusqu'à: Cantorbéry, 20 nov. 1914; 8 extr. de lettres sous le titre: *Lettres inédites du Père Teilhard de Chardin, enfance et jeunesse*, in: *Jésuites de l'Assistance de France*, Lyon, 1962, n° 3, pp. 16-30 [R B].

VI. Pierre Teilhard de Chardin, LETTRES D'EGYPTE, 1905-1908 [°°° *Briefe aus Ägypten, 1905-1908*, Karl Alber, Freiburg, 1965], Paris, Aubier, Ed. Montaigne, 1963, 287 pp. [Avant-propos du R. P. Henri de Lubac, pp. 7-10] [lettres s'échelonnant du 18 août 1905 au 6 août 1908] [Sc B].

VII. 6 mars 1905, in: H. de Lubac, *La pensée religieuse du Père Pierre Teilhard de Chardin*, Paris, Aubier, Ed. Montaigne, 1962, p. 115, n. 3;
23 avril 1910, ibid., p. 15, n. 3;
8 mai 1911, ibid., pp. 40-41 [n. 8 et suite];
16 juin 1912, ibid., p. 318, n. 3 [brève cit.] [R B].

VIII. Pierre Teilhard de Chardin, LETTRES D'HASTINGS ET DE PARIS, 1908-1914 [° *Briefe aus Hastings und Paris, 1908-1914*], Paris, Aubier, Ed. Montaigne, 1965, 464 pp.

*Pelletier [Lettre au P. Félix, S.J.]

Paris, 2 juillet 1950; fragm. in: *Figaro littéraire*, 17 sept. 1960, 15e année, n° 752, p. 10 [attribué par erreur au P. François Russo, S.J.]; brève cit. in: L. Barjon, *L'Appel de Pâques*, apud: *Rev. Teilhard de Chardin*, Bruxelles, déc. 1963, 4e année, n° 17, p. 15 [R B].

*Ravier [Lettres au P. André, S.J.]

I. s.l.n.d., in: H. de Lubac, *La prière du Père Teilhard de Chardin*, Paris, Fayard, 1964, pp. 84-85;
17 nov. 1947, ibid., p. 54;
New York, 1951 ou après, ibid., p. 84;
New York, 5 janv. 1952, ibid., p. 84, n. 5;
New York, 3 août 1952, ibid., p. 38, n. 1;
7 juin 1953, ibid., p. 179, n. 1;
New York, 14 janv. 1955, ibid., pp. 53-54 [Ph R B].

II. New York, Vendredi Saint [8 avril] 1955, cit. du début in: *Janus l'Homme, son Histoire et son Avenir*, Paris, déc. 1964-janv. 1965, n° 4, p. 32, réimpr. in: *Schweizer Monatshefte*, Zürich, avril 1965, 45e année, fasc. 1, p. 91 [Ph R].

*Rivière [Lettres à Madame Claude]

I. Pékin, 14 déc. 1942; cit. in: C. Rivière, *Une grande figure de foi et d'espérance: le Père Teilhard de Chardin tel que je l'ai connu*, apud: *Faits et idées*, Rabat, 5 oct. 1956, n° 55, p. 34 [R].

II. Pékin, 14 déc. 1942, 30 mai 1943, 20 oct. 1943; courts fragm. in: Jean Onimus, *Pierre Teilhard de Chardin ou la foi au monde*, Paris, Plon, 1963, pp. 138, 139 et 154 [Ph R].

N. B. Un recueil des lettres à Madame C. Rivière est en préparation pour les Ed. du Seuil.

*Russo [Lettres au P. François, S.J.]

I. New York, 21 nov. 1952, 31 janv. 1953, 14 janv. 1954; trad. ital. de courts extr. in: Massimo Olmi, *Il mio amico Teilhard*, *L'Europeo*, 8 sept. 1963, XIXe année, nº 36, p. 60 [B].

II. New York, 8 déc. 1953; fragm. in: Teilhard de Chardin, L'APPARITION DE L'HOMME, Paris, Ed. du Seuil, 1956, p. 17, n. 1 [T].

III. Berkeley [Californie], 25 juillet 1952; fragm. in: H. de Lubac, *La pensée religieuse du Père Pierre Teilhard de Chardin*, Paris, Aubier, Ed. Montaigne, 1962, p. 98, n. 2;

New York, 21 nov. 1952; fragm. ibid., p. 54, p. 191, n. 3 [Ph R].

*Sahni [Lettre au Dr M. R.]

New York, 18 nov. 1953, publiée sous le titre *Message au Dr M. R. Sahni* in:

I. *Journal of the Pal. Soc. of India*, 1956, vol. I, nº 1, p. XXXII [vers. abrégée].

II. Ibid., *D. N. Wadia Jubilee Nr.*, 1957, vol. II, p. 23 [vers. in extenso] [T].

*Sauvage [Lettres à André]

Très courts fragm. in: André Sauvage, *La Croisière Jaune, souvenirs*, in: *Cahiers Pierre Teilhard de Chardin*, nº 2, Paris, Ed. du Seuil, 1960, p. 162 [fragm. datant de juillet-août 1952] et p. 164 [date inconnue] [R].

*Schurmans [Lettre au P. Maurice, Vicaire général de la Compagnie de Jésus]

1940; très brève cit. in: H. de Lubac, *La prière du Père Teilhard de Chardin*, Paris, Fayard, 1964, p. 30 [R].

*Sertillanges [Lettre au P. Antonin-Gilbert, en religion le P. Delmace, O.P.]

Peiping, 4 févr. 1934, sous le titre *Lettre du P. Teilhard de Chardin au P. Sertillanges après lecture de son ouvrage «Dieu ou rien»*, in: *Rev. Teilhard de Chardin*, Bruxelles, 30 juin 1960, nos 1 et 2, p. 12, et P. Grenet, *Teilhard de Chardin*, Paris, Seghers, 1961, pp. 178-179 [R].

*Solages [Lettres à Mgr Bruno de]

I. s.l.n.d., très brève cit. in: H. de Lubac, *La pensée religieuse du Père Pierre Teilhard de Chardin*, Paris, Aubier, Ed. Montaigne, 1962, p. 34 [R].

II. 8 févr. 1955, très bref extr. in: *Blondel et Teilhard de Chardin. Correspondance commentée par Henri de Lubac*, Paris, Beauchesne, 1965, *Bibl. des Archives de philosophie*, nouv. série, I, p. 105, n. 27 [Ph].

*Swan [Lettres à Mrs Lucile]

I. Extr. de lettres échelonnés de 1933 à 1951, signalés sous le titre fictif *Fragments de lettres à Lucile Swan*, plaquette hors commerce, impr. de 8 p., avec introd. par Lucile Swan, New York, 1957, texte original angl.; comporte en outre la PROFESSION DE FOI du 23 sept. 1933 [Ph R B] (501).

II. Extr. de lettres échelonnés de juillet 1933 à 1949, texte original angl., in: L. Swan, *Memories and Letters. – The Wind and the Rain. An Easterbook for 1962*, London, pp. 41-49; reprennent en grande partie le texte précédent [Ph R B].

III. Extr. de lettres échelonnés de 1935 à 1954, texte original angl. in: L. Swan, *With Teilhard de Chardin in Peking, The Month*, London, juillet 1962, vol. CCXIV, nº 1139 [new series vol. XXVIII, nº 1], pp. 8-9, 12-15 [Ph R B].

IV. Brève cit. d'une lettre de Paris, 1937 ou 1939, in: C. Cuénot, *Teilhard et le marxisme*, *Europe*, mars-avril 1965, 43e année, nos 431-432, p. 24 [texte original angl. n. 1] [Ph].

*Teilhard de Chardin [Lettres à Berthe-Adèle et Emmanuel] of. supra, Parents.

*Teilhard de Chardin [Lettres à Joseph] cf. infra, Teillard-Chambon.

*Teillard-Chambon [Lettres à Mademoiselle Marguerite]

I. Lettres échelonnées du 15 avril 1923 au 25 [?] juillet 1939; s'adressant à Marguerite Teillard-Chambon, Max-Henri et Simone Bégouën, Henri Breuil, Joseph Teilhard de Chardin, in: Pierre Teilhard de Chardin, LETTRES DE VOYAGE [1923-1939] [° *Reisebriefe (1923-1939)*; °°° *Geheimnis und Verheißung der Erde – Reisebriefe*, Karl Alber, Freiburg 1964⁴], Paris, Grasset, 1956, 228 pp., avec Introduction de Claude Aragonnès [pseud. de Marguerite Teillard-Chambon], pp. 11-22 [Ph R B].

II. Lettres échelonnées de Pékin, 24 sept. 1939, à New York, 1er avril 1955; s'adressant à Marguerite Teillard-Chambon, Max-Henri et Simone Bégouën, Henri Breuil, Joseph Teilhard de Chardin, in: Pierre Teilhard de Chardin, NOUVELLES LETTRES DE VOYAGE [1939-1955] [° *Neue Reisebriefe (1939-1955)*; °°° *Pilger der Zukunft – Neue Reisebriefe*, Karl Alber, Freiburg 1965⁴], Paris, Grasset, 1957, 195 pp., avec Introduction de Claude Aragonnès [pseud. de Marguerite Teillard-Chambon], pp. 9-14 [Sc Ph R B].

III. Lettres échelonnées du 15 avril 1923 au 1er avril 1955, rassemblant les 2 vol. précédents, in: Pierre Teilhard de Chardin, LETTRES DE VOYAGE [1923-55], Paris, Grasset, 1961, 370 pp.

IV. Lettres s'échelonnant de 1915 à 1918 publiées sous le titre: LETTRES DU FRONT [1914-1918] ANNOTÉES PAR CLAUDE ARAGONNÈS, in: *Rev. Teilhard de Chardin*, 30 juin 1960, nos 1 et 2, pp. 2-10; à relever une lettre à Marguerite Teillard-Chambon, du 30 sept. 1917, non reproduite dans GENÈSE D'UNE PENSÉE [B].

V. Lettres échelonnées de Clermont, 13 déc. 1914 à Jersey, 17 sept. 1919, s'adressant exclusivement à Marguerite Teillard-Chambon, in: Pierre Teilhard de Chardin, GENÈSE D'UNE PENSÉE. LETTRES 1914-19 [° *Genese eines Denkens. Briefe 1914-19*; °°° *Entwurf und Entfaltung – Briefe aus den Jahren 1914-1919*, Karl Alber, Freiburg 1963], Paris, Grasset, 1961, 404 pp., introductions diverses jusqu'à la p. 52 [Ph R B].

VI. Lettre à Marguerite Teillard-Chambon du 13 nov. 1916, in: Teilhard de Chardin, HYMNE DE L'UNIVERS, 1961: PENSÉES CHOISIES PAR FERNANDE TARDIVEL, XL, LXXVII;

Lettre à la même, du 23 nov. 1916, ibid., LIX [R B].

*Termier [Lettres à Henri]

Lettres de New York, 25 janv. 1953, 17 mars 1954 et 11 nov. 1954; extr. in: Teilhard de Chardin, LA VISION DU PASSÉ, Paris, Ed. du Seuil, 1957, pp. 67-69 [T Sc] (493).

*Terra [Lettres à Helmut de]

I. Moulins, 3 juillet 1937; extr. du texte original angl. in: H. de Terra, *Memories of Teilhard de Chardin*, London, Collins, 1964, pp. 76-78 [Sc].

II. Saint-Germain-en-Laye, 12 août 1947; fragm. in: C. Cuénot, Préface à: H. de Terra, *Mes voyages avec Teilhard*, Paris, Ed. du Seuil, 1964, texte original angl. en note et trad. franç. dans le texte [Ph].

*Tresmontant [Lettres à Claude]

Cit. in: C. Tresmontant, *Le Père Teilhard de Chardin et la théologie, Lettre*, Paris, sept.-oct. 1962, n°s 49-50;
New York, 14 janv. 1954, p. 35;
New York, 20 janv. 1954, p. 35;
New York, 8 févr. 1954, pp. 37-38;
New York, 10 févr. 1955, p. 35 [Ph R].

*Valensin [Lettres au P. Auguste, S.J.]

I. Paris, 12 déc. 1919; cit. in: Pierre Teilhard de Chardin, LE MILIEU DIVIN, Paris, Ed. du Seuil, 1957, pp. 100-102 [R] (450).

II. Extr. de lettres in: C. Tresmontant, *Le Père Teilhard de Chardin et la théologie*, *Lettre*, Paris, sept.-oct. 1962, n°s 49-50;
Paris, 19 nov. 1917 [et non 1919], pp. 18-19;
Paris, 20 oct. 1919, p. 21;
Paris, 17 déc. 1922, p. 36;
Tientsin, 13 oct. 1933, p. 26 [Ph R].

III. Courtes cit. de lettres in: L. Barjon, *Fidélité du Père Teilhard de Chardin*, *Foi vivante*, juin 1963, 4e année, n° 15, notamment:
Paris, 28 févr. 1920, p. 74;
Paris, Samedi Saint 1922, p. 75;
Paris, 16 mai 1925, p. 78;
Paris, 19 mai 1925, pp. 78-79;
Paris, 26 mai 1925, p. 79;
Tientsin, 31 déc. 1926, p. 77;
Sur l'*André-Lebon* [avant Hong-Kong], 25 févr. 1929, pp. 79;
Paris, 29 sept. 1929, p. 79 [R].

IV. Courtes cit. de lettres in: R. d'Ouince, *L'épreuve de l'obéissance dans la vie du Père Teilhard de Chardin*, apud: *L'homme devant Dieu. Mélanges offerts au Père Henri de Lubac. III. Perspectives d'aujourd'hui*, Paris, Aubier, Ed. Montaigne, 1964;
Paris, 13 nov. 1924, p. 335, n. 5;
Tientsin, 19 mai 1925, p. 337;
Tientsin, 31 déc. 1926, p. 336, n° 9;
Pao-Te [Shansi], 15 juillet [et non juin] 1929, p. 343, n. 17, et p. 344, n. 18 [R].

V. Courtes cit. de lettres in: H. de Lubac, *La prière du Père Teilhard de Chardin*, Paris, Fayard, 1964;
Paris, 21 déc. 1919, pp. 192-193 et p. 193, n. 1;
Paris, 29 déc. 1919, pp. 130-131;
Paris, 10 janv. 1920, p. 171 [suite de la n. 4 de la p. 170];
Paris, 2 févr. 1920, p. 70;
Tientsin, 27 mai 1923, p. 156;
Paris, 4 juillet 1920, p. 156, n. 1;
Paris, Samedi Saint 1922, p. 124;
Paris, 17 déc. 1922, p. 86;
Paris, 13 nov. 1924, p. 88;
Paris, 19 mai 1925, p. 82 et p. 83;
Paris, 12 juin 1925, p. 209, n. 1;
Tientsin, 31 déc. 1926, p. 83 [depuis «réaction» jusqu'à «détente intérieure»], p. 174;
Tientsin, 5 avril 1927, p. 168, n. 1;
Paris, 29 sept. 1928, p. 168, n. 1;
Sur l'*André-Lebon* [avant Hong-Kong], 25 févr. 1929, pp. 167-168;
Pao-te [Shansi], 15 juillet 1929, p. 26, n. 2;
Tientsin, 30 déc. 1929, p. 87 [depuis «Toutes les petitesses...»];
Tientsin, 13 oct. 1933, pp. 81-82, p. 169, n. 2;
S.S. Tjinagara, 18 janv. 1936, p. 81, n. 1;
Pékin, 22 nov. 1936, p. 179 [R].
VI. Paris, 30 mai 1925, très brève cit. in: ETG, p. 161, n. 29 [R].
Tientsin, 30 déc. 1929, brève cit. ibid., p. 207, n. 3 [B].
VII. *Blondel et Teilhard de Chardin. Correspondance commentée par Henri de Lubac*, Paris, Beauchesne, 1965, *Bibl. des Archives de philosophie*, nouv. série, I;
Paris, 8 déc. 1919, pp. 26-27;
Paris, 12 déc. 1919, pp. 27-34: Premier Mémoire du Père Teilhard de Chardin. Au Père Auguste Valensin [en réponse au: Premier Mémoire de Maurice Blondel];
Paris, 29 déc. 1919, pp. 42-48: Second Mémoire du Père Teilhard de Chardin. Au Père Auguste Valensin [en réponse au: Second Mémoire de Maurice Blondel];
Paris, 10 janv. 1920, p. 105 [extr.];
Tientsin, 31 déc. 1926, p. 74, n. 23 [très bref cit.] [Ph R].
Voir aussi H. de Lubac, *La pensée religieuse du Père Pierre Teilhard de Chardin*, Paris, Aubier, Ed. Montaigne, 1962, passim [Ph R], et L. Barjon et P. Leroy, *La carrière scientifique de Pierre Teilhard de Chardin*, Monaco, Ed. du Rocher [Sc].

Vaufrey [Lettres à Madame Marthe]
I. Déc. 1929; extr. de lettre sur le premier crâne trouvé à Chou-kou-tien [avec le texte du télégramme de Pierre Teilhard de Chardin et Davidson Black, 28 août 1929], *L'anthrop.*, t. XXXIX, pp. 456-458 [Sc B] (457).

II. 21 nov. 1936; extr. imprimé sous le titre: DEUX NOUVEAUX CRÂNES DE SINANTHROPE [° *Zwei neue Sinanthropus-Schädel*], *L'anthrop.*, t. XLVI, p. 716 [T] (462).

III. 1937, sous le titre: EXTRAITS DE LETTRES DE M. P. TEILHARD DE CHARDIN [TROUVAILLES ANTHROPOLOGIQUES EN CHINE] [° *Auszüge aus Briefen von P. Teilhard de Chardin (anthropologische Funde in China)*], *L'anthrop.*, t. XLVII, pp. 655-656 [T] (463).

*Viallet [Lettres à François-Albert]

I. Afrique du Sud, août-sept. 1951 [ou 1953?]; fragm. en photocopie et trad. allem. in: F.-A. Viallet, *Zwischen Alpha und Omega. Teilhard de Chardin*, Nürnberg, Glock und Lutz, 1958, p. 144 [R].

II. Fragm. de lettres des 2 avril 1952, 26 sept. 1952, 15 déc. 1953, 5 févr. 1954, 9 févr. 1954, in: F.-A. Viallet, *Le Dépassement*, Paris, Fischbacher, 1961, pp. 10, 164-165, 194-195-196, 200-201 [Ph R].

*Wespin [Lettres à Madame Dominique de] [Si les renseignements communiqués sont exacts, son nom de jeune fille serait Georgette Mathieu; elle aurait épousé successivement un baron de Wespin (Belge), un M. Wang (Chinois), puis un Polonais du nom de Barrant (?); le nom de Georges Magloire est un pseudonyme littéraire]

I. Pékin, 1944; photocopie d'une p., s.l.n.d., in: *Synthèses*, Bruxelles, oct. 1957, n° 137, p. 80 [Sc] (467);

photocopie de la même p., Pékin, 1944, in: *Rev. Teilhard de Chardin*, Bruxelles, 25 déc. 1960, nos 3 et 4, p. 14; photocopie de la même p., ibid., mars 1964, 5e année, n° 18, p. 21;

II. 1945 ou 1946, fragm. in: *Synthèses*, déc. 1957, n° 139, p. 451 [Ph] (472).

III. Paris, 28 déc. 1946, 2 brèves cit. in: *Rev. Teilhard de Chardin*, Bruxelles, 1er déc. 1962, n° 13, p. 36 [avec des logia de Teilhard, pp. 36-37]; photocopie de la dern. p. in: Georges Magloire, *Album Teilhard*, Paris, Ed. universitaires, 1962, *Carnets Teilhard*, n° 1 [B].

*Wiley [Lettre à Mrs Irena]

Pékin, 2 févr. 1941, in: Irena Wiley, *Around the globe in twenty years*, New York, David Mc Kay Company, 1962, pp. 126-127 [en angl.] [B].

*Zanta [Lettres à Mademoiselle Léontine]

I. Aux bords du Chara-ousso-gol, Ordos oriental, 7 août 1923; extr. in: C. Cuénot, *Teilhard de Chardin*, Paris, Ed. du Seuil, coll. *Ecrivains de toujours*, 1962, pp. 45-46 [R].

II. Brèves cit. in: H. de Lubac, *La prière du Père Teilhard de Chardin*, Paris, Fayard, 1964;

Tientsin, 25 janv. 1924, p. 92, n. 6, p. 197, n. 2;

Mongolie orientale, 20 mai 1924, p. 84, n. 2;

Le Chambon, 22 août 1928, p. 86, n. 2;

Obock, 24 janv. 1929, p. 152, n. 1;

Pékin, 15 avril 1929, p. 168, p. 171, n. 3 [R].

III. Brèves cit. in: H. de Lubac, *La pensée religieuse du Père Pierre Teilhard de Chardin*, Paris, Aubier, Ed. Montaigne, 1962, passim [Ph R].

IV. Pierre Teilhard de Chardin, S.J., LETTRES À LÉONTINE ZANTA, Paris, Desclée de Brouwer, 1965, 142 pp. [Préfaces diverses jusqu'à la p. 48], coll. *Christus*, n° 19, Textes [Sc Ph R B].

Destinataires inconnus ou non identifiés

Extr. de deux lettres du 24 oct. 1907 et du 12 mars 1908, in: *Relations d'Orient*, Bruxelles, mai 1908, pp. 178-179 [T] (448).

LETTRE À UN AMI [titre fictif], s.l. [Paris], 10 nov. 1924, D.d.i., 2 pp. [le destinataire, probablement un canoniste de Lyon, n'a pu être identifié] [R] (453).

Large extr. d'une lettre datée de Ho-Kinn-Shien [Shansi], 30 juillet 1926, imprimée sous le titre: EXPÉDITION SCIENTIFIQUE EN CHINE *[° Wissenschaftliche Expedition in China]*, in: *Lettres de Jersey*, 1926-1927, vol. XL [nouv. série, t. VII], impr. polyglotte Jules de Meester et Fils, Wetteren [Belgique], pp. 89-90 [B].

Analyse d'une lettre postérieure [?] à janv. 1929 in: *Chine-Ceylan-Madagascar*, Lille, mars 1930, n° 87, *L'Année apostolique 1928-1929*, p. 43 [T B].

*Pékin, 10 mars 1945:

I. Sous le titre: LETTRE INÉDITE EN GUISE D'ÉDITORIAL, PÉKIN, 1945, in: *Rev. Teilhard de Chardin*, Bruxelles, 25 déc. 1960, n°s 3 et 4, p. 2;

II. in: Dominique de Wespin, *Le Père Teilhard de Chardin m'a dit...*, Balisage, Louvain, mars-avril 1961, n° spécial 16-17, p. 36; texte repris avec quelques paragraphes supplémentaires in: *Le Phare dimanche*, Bruxelles, 2 avril 1961;

III. Sous le titre: EN GUISE D'ÉDITORIAL, EXTRAIT D'UNE LETTRE À UN AMI, 10 MAI 1945, in: *Rev. Teilhard de Chardin*, Bruxelles, 20 avril 1961, n° 5, p. 2;

IV. Photocopie d'une p. in: *La Messe sur le monde, Pierre Teilhard de Chardin, Messa della domenica Girolamo Frescobaldi*, église Saint-Jacques, Anvers, 12 mai 1961, festival organisé par la Société Pierre Teilhard de Chardin, progr., p. 5;

V. Photocopie d'une p. in: *Rev. Teilhard de Chardin*, Bruxelles, 1er sept. 1962, p. 2 [Ph B].

*Lettre du 21 mai 1953, fragm. in: C. Tresmontant, *Le Père Teilhard de Chardin et la théologie*, *Lettre*, Paris, sept.-oct. 1962, n°s 49-50, p. 44 [R].

*Très brefs fragm. de lettres in: H. de Lubac, *La prière du Père Teilhard de Chardin*, Paris, Fayard, 1964: 1924 [?], p. 172, n. 1; 17 oct. 1932, p. 150; 7 août 1950, p. 138; 5 janv. 1954, p. 19, n. 1; été 1954, p. 19, n. 1 [R B].

*20 oct. 1924, extr. in: ETG, p. 102, n. 14 [Ph R].

*s.d. LE PROBLÈME DU MAL, RÉPONSE À UN AMI *[° Das Problem des Übels, Antwort an einen Freund]*. D.d.i., 4 p., s.l.n.d. [Ph R] (505).

Abondantes citations de lettres

1958 C. Cuénot, *Pierre Teilhard de Chardin. Les grandes étapes de son évolution* [*Pierre Teilhard de Chardin. Die großen Abschnitte seiner Evolution*, Walter-

Verlag, Olten 1966; verbesserte und stark vermehrte Auflage mit zahlreichen Zitaten aus bisher unveröffentlichten Briefen], Paris:
I. Club des éditeurs, coll. *Hommes et faits de l'histoire* [relié], 473 et XLI pp., 6 portraits en tête, 4 cartes en fin de vol., bibliogr. des œuvres de Teilhard;
II. Ed. Plon [brochée], 489 et XLIX pp., 45 illustr. h. t., 22 illustr. en texte dont 6 cartes, bibliogr., index nominum, addenda et corrigenda; cit. d'opuscules, photocopies de manuscrits et nombreux extr. de la correspondance; l'éd. Plon présente un texte revu, amélioré et légèrement augmenté [T Sc Ph R B].

1964 L. Barjon et P. Leroy, *La carrière scientifique de Pierre Teilhard de Chardin [Die wissenschaftliche Laufbahn Pierre Teilhard de Chardins]*, Monaco, Ed. du Rocher, 141 pp. [extr. de lettres à Pierre Leroy, Emile Licent, Auguste Valensin, etc.] [T Sc].

VIII. NÉCROLOGIES
[Nachrufe]

1934 Davidson Black, 1885-1934, *L'anthrop.*, t. XLIV, pp. 424-426 [Sc] (420).

1936 Henry Fairfield Osborn, 1857-1935, *L'anthrop.*, t. XLVI, pp. 704-706 [Sc] (421).

1949 Franz Weidenreich, *L'anthrop.*, t. LIII, pp. 328-330 [Sc] (422).

1951 Lucien Cuénot, 1867-1951, *Etudes*, févr., t. CCLXVIII, pp. 255-256 [Sc] (423).

IX. PRÉFACES
[Vorworte]

1943 Avertissement de *Geobiologia*, en collab. avec Pierre Leroy et Henri Vetch, Pékin, t. I, p. V [Sc].

*1947 Préface du R. P. Teilhard de Chardin aux lettres de Romain Rolland à «une amie catholique» [Jeanne Mortier]. D.d.i., 2 pp., Saint-Germain-en-Laye, 15 août; fragm. impr. in: *Bull. de l'Assoc. des Amis de Romain Rolland*, juin 1955, 10e année, no 32, p. 14; publié in extenso in: *Europe*, mars-avril 1965, 43e année, nos 431-432, pp. 114-115 [B] (424).

*1948 Préface de: *Evolution et finalité*, livre inédit de Jean Montassey [pseud. d'Olivier Costa de Beauregard]. D.d.i., 3 pp., s.l., 12 févr. [Sc Ph] (425).

1951 Préface de: Marguerite-Marie Teilhard de Chardin, L'ÉNERGIE SPIRITUELLE DE LA SOUFFRANCE [°°° *Die geistige Energie des Leidens*, in: AdE], Paris, Ed. du Seuil, 1er trimestre 1951, pp. 9-12, préface datée de Paris, 8 janv. 1950, large cit. in: NOUVELLES LETTRES DE VOYAGE, pp. 136-137; Œ, t. VII, pp. 253-257 [R B] (426).

X. VARIA

*1896 COMPTES RENDUS DE LA CONGRÉGATION DES GRANDS DU COLLÈGE NOTRE-DAME DE MONGRÉ, VILLEFRANCHE [RHÔNE] — ° *Rechenschaftsberichte der Kongregation der Älteren des Kollegs Notre-Dame de Mongré, Villefranche [Rhône]*

Cahier manuscrit, archives de la province des RR. PP. Jésuites de Lyon, pp. 220-226 [oct.-déc.] [R B] (447).

*1915-1925 NOTES ET ESQUISSES — ° *Notizen und Entwürfe*

M., 9 cahiers. Nous transcrivons purement et simplement la description bibliographique que Mgr B. de Solages a bien voulu nous adresser le 20 nov. 1964: «Cahiers manuscrits dont plusieurs portent, de la main du P. Teilhard, «Notes et Esquisses». Ces cahiers se suivent, les interruptions qu'il y a entre eux ne dépassent guère celles qu'il y a à l'intérieur d'un même cahier. Tout ceci est naturel chez un homme en guerre. Ce sont des cahiers d'écolier de même dimension, mais pas toujours les mêmes, 17 cm × 22 cm, 5 [à quelque chose près]. Le 4e et le 6e n'ont pas [ou plus] de couverture. La couverture des 3 premiers et du 5e porte «Teilhard», «Pierre Teilhard» ou «Teilhard de Chardin caporal brancardier 4ème mixte T.Z. 1ère Cie S.P. 131».

Le 1er cahier du 26 août 1915 au 22 sept. 1916, 75 pp. écrites.
Le 2e cahier du 5 oct. 1916 au 2 déc. 1916, 20 pp. écrites.
Le 3e cahier du 2 déc. 1916 au 10 nov. 1917, 18 pp. écrites.
Le 4e cahier du 6 déc. 1917 au 13 mai 1918, 66 pp. écrites.
Le 5e cahier du 18 sept. 1918 au 6 janv. 1919, 56 pp. écrites, précédées de 5 pp. détachées du 14 mai 1918 au 7 juillet 1918.
Le 6e cahier du 5 janv. 1919 au 21 mai 1919, 64 pp. écrites.
Le 7e cahier du 20 mai 1919 au 25 févr. 1920, 72 pp. écrites.
Le 8e cahier du 28 févr. 1920 au 26 févr. 1922, 113 pp. écrites.
Le 9e cahier du 12 févr. 1922 au 17 juillet 1925, 99 pp. écrites.

Ces cahiers ont été laissés [abandonnés] par le Père Teilhard à Mlle M. Teillard-Chambon en 1925, en partant pour la Chine. Il ne les lui a jamais redemandés.

Brèves cit. allant du 15 sept. 1916 au 27 avril 1918 in: Madeleine Barthélemy-Madaule, *Bergson et Teilhard de Chardin*, Paris, Ed. du Seuil, 1963, passim [Ph].

*1917 LE SENS DE LA CROIX [brouillon] — ° *Der Sinn des Kreuzes*
M., 2 p., s.l., 24 déc. [R] (449).

*1917 NOTE SUR LA NATURE SYNTHÉTIQUE DE L'ESPRIT ET LA RÉALITÉ D'UN CENTRE D'UNION DES MONADES [titre fictif] — ° *Über die synthetische Natur des Geistes und die Wirklichkeit eines Zentrums der Vereinigung der Monaden*
M. de quelques pp., Champigneul [Marne], 10 nov. [Ph].

*1921 UN MOT D'EXPLICATION SUR MON ATTITUDE VIS-À-VIS DE L'EGLISE OFFICIELLE — ° *Ein Wort der Erklärung über meine Haltung der offiziellen Kirche gegenüber*
D.d.i., 4 p., s.l., 5 janv. [R] (451).

*1921-1922 NOTES DE COURS [titre fictif] — ° *Vorlesungsnotizen*
Notes prises par Jean Cuvillier à l'Institut Catholique de Paris pendant l'année scolaire 1921-1922 [T].

1925 Bref résumé d'une ALLOCUTION À L'OUVERTURE DE LA RÉUNION EXTRAORDINAIRE DE 1925, EN ALSACE — ° *Ansprache zur Eröffnung der außerordentlichen Sitzung von 1925 im Elsaß*
C.R. somm. Soc. Géol. France, Séance d'ouverture du vendredi 11 sept., p. 182 [B] (454).

1928 CANIS SINENSIS SCHLOSSER ET CANIS PROCYONIDES [titre fictif]
C. R. somm. Soc. Biogéographie, 17 févr., 5e année, n° 35, p. 10 [T].

*1931 LA SEULE TACTIQUE DIGNE DES PLUS HAUTES TRADITIONS DE LA COMPAGNIE [titre fictif] — ° *Die einzige der erhabensten Traditionen der Gesellschaft würdige Taktik*
extr. d'une brève note confidentielle, 9 lignes, s.l., janv. [R].

1931 MAMMALIAN PALAEONTOLOGY. SURVEY OF PLIOCENE FORMATIONS IN NORTH CHINA [informal address before the Osborn Research Club on February 10] — ° *Säugetier-Paläontologie. Überblick über die pliozänen Formationen in Nordchina*
Natural History. The Journal of the American Museum of Natural History, New York, mai-juin, t. XXXI, n° 3, pp. 338, col. 2, et 339, col. 1, avec 1 photo d'Henri Breuil et de Teilhard; reproduit par H. F. Osborn, *Explorations, Researches and Publications of Pierre Teilhard de Chardin, 1911-1931*, *American Museum Novitates*, New York, 25 août, n° 485, p. 7 [avec la photo p. 8; le résumé de l'allocution de Teilhard commence au 3e §, "A good deal of work had been done..." [T] (126 et 458).

1931 TWENTY-THREE OF THE CHIEF FOSSIL COLLECTING AREAS OF CHINA, 1885-1931, AS INDICATED BY TEILHARD — ° *Dreiundzwanzig der wichtigsten Fundgebiete von Fossilien in China, 1885-1931, wie sie von Teilhard angegeben werden*
in: H. F. Osborn, *Explorations...*, pp. 12-13, 1 carte h. t. en noir [T].

*1932 ou 1933 ORIENT ET OCCIDENT OU LA MYSTIQUE DE LA PERSONNALITÉ — ° *Orient und Okzident, oder die Mystik der Persönlichkeit*
M., 3 pp., confér. à l'Ec. Norm. Sup.; notes prises par Claude Cuénot; impr. in: C. Cuénot, *Pierre Teilhard de Chardin*, Paris, Plon, 1958, pp. 174-175 [Ph R] (459).

1933-1934 Note of Editor in: Gordon T. Bowles, A PRELIMINARY REPORT OF ARCHAEOLOGICAL INVESTIGATIONS ON THE SINO-TIBETAN BORDER OF SZECHWAN — ° *Ein vorläufiger Bericht über archäologische Forschungen an der chinesisch-tibetanischen Grenze von Szechwan*
Bull. Geol. Soc. China, vol. XIII, n° 1, p. 123 [cf. lettre à H. Breuil datée de: Tientsin, 25 juin 1934] [T] (460).

1934 Bref résumé d'une ALLOCUTION EN SOUVENIR DE DAVIDSON BLACK — ° *Ansprache zum Gedenken Davidson Blacks*
Proceedings of the Special Meeting on May 11, 1934, *Bull. Geol. Soc. China*, vol. XIII, n° 3, p. 322 [Sc] (461).

*1934-1948 CONVERSATIONS AVEC GEORGE B. BARBOUR [titre fictif] — ° *Gespräche mit George B. Barbour* [deutsche Ausgabe in Vorbereitung im Walter-Verlag]
in: George B. Barbour, *Teilhard de Chardin sur le terrain*, Paris, Ed. du Seuil, 1965, s.d. [1934?], pp. 34-36; 1934, p. 36; 1948, p. 140 [textes franç.], et *In the field with Teilhard de Chardin*, New York, Herder and Herder, 1965, s.d. [1934?], pp. 38-40; 1934, p. 40; 1948, p. 122 [textes angl.] [Ph R].

*1937 CHINA GAVE A LEAD TO "MISSING LINK" — ° *China lieferte einen Fingerzeig zum ‹Fehlenden Glied›*
New York Times, 19 mars, 1 col. + 1 début de col., interview de Teilhard par William L. Laurence; les déclarations de Teilhard sont déformées; autre interview, rectifiant le précédent, de peu postérieur dans le *Toronto Star* [Canada] [Sc].

1938–1939 CONFÉRENCE DU P. TEILHARD DE CHARDIN SUR LA CHINE, LA BIRMANIE ET JAVA — ° *Vortrag P. Teilhard de Chardins über China, Birma und Java*
17 déc. 1938; analyse in: *Le Moncelet*, 12 janv. 1939, n° 6, pp. 4-5, R.s.i. [T] (464).

1939 LE FÉMININ ET L'UNIVERS — ° *Das Weibliche und das Universum*
R.s.i., 3 p., avril ou mai, conférence devant «L'Union spirituelle des femmes», notes prises par Mme Pellé-Douel [Ph].

*1939-1943 CARNET DE RETRAITES — ° *Hefte mit Exerzitien-Notizen*
M., comprenant sûrement les retraites de 1939, de 1940 [oct.], de 1942, de 1943 [à Pékin]. Nous n'avons pu obtenir jusqu'ici aucune description bibliographique de ce texte sûrement manuscrit et dont l'existence a été brusquement révélée par H. de Lubac, *La prière du Père Teilhard de Chardin*, Paris, Fayard, 1964, qui contient de très brèves cit.:
1939, pp. 94, 95, 99;
1940, pp. 48, n. 2, 84 [cf. n. 3], 89, 90, n. 1 et 3, 94-95, 96, n. 3, 96-97, 99, 107, 124, 129-130;
1942, pp. 90, n. 1;
1943, pp. 89, 99 [R].
Autres cit. in:
I. ETG, p. 143, n. 13 [retraite de 1939], et p. 299, n. 24 [retraite de 1940, 4e jour] [très brèves cit.] [R].

II. *Blondel et Teilhard de Chardin. Correspondance commentée par Henri de Lubac*, Paris, Beauchesne, 1965, *Bibl. des Archives de philosophie*, nouv. série, I, p. 74, n. 23 [très brève cit.] [R].

1939- ENTRETIENS ET PROPOS DE P. TEILHARD DE CHARDIN — º *Gespräche und*
1946 et *Äußerungen P. Teilhard de Chardins*
1957 in: Georges Magloire, *Teilhard de Chardin tel que je l'ai connu*, *Synthèses*, 12e année, nº 132, mai 1957, pp. 422-429; nº 134, juillet 1957, pp. 193-200; nº 137, oct. 1957, pp. 77-83; nº 139, déc. 1957, pp. 450-455 [art. rassemblés en 1 vol. par les Ed. Synthèses, Bruxelles, 1958]; voir aussi Raoul Crubbe, *Une conférence de Mme Dominique de Wespin: P. Teilhard tel que je l'ai connu*, in: *Le Phare dimanche*, Bruxelles, le 14 févr. 1960, 15e année, nº 737, p. 5 [Sc Ph R] (468).

*1939- SOUVENIRS D'ENFANCE [titre fictif] — º *Kindheitserinnerungen*
1946 et in: Georges Magloire, *Le Monologue de Sarcenat*, *Le Phare dimanche*,
1959 Bruxelles, 13 sept., 1 p. [R B].

*1939- NOUVEAUX SOUVENIRS D'ENFANCE [titre fictif] — º *Neue Kindheitserinne-*
1946 et *rungen*
1959 in: Georges Magloire, *Sarcenat, berceau des Teilhard de Chardin*, extr. de *Synthèses*, Bruxelles, sept., nº 160, 8 pp., 5 photos h.t. [B R].

*1939-1946-1950, publié en 1960 INSTANTANÉS DU P. TEILHARD — º *Momentaufnahmen P. Teilhards*
in: *Dernière heure*, Bruxelles, 28 avril 1960, 1 vol., 3 relations d'entretiens [Pékin, 1939 et 1946, Paris, 1950] rédigées par Mme Dominique de Wespin [Ph R].

1940 THE INSTITUTE OF GEO-BIOLOGY IN PEKING
non paginé [3 pp. impr.], en collab. avec P. Leroy et J. Roi; Institut de Géo-Biologie, rue Labrousse, Pékin; encart placé dans P. Teilhard de Chardin, THE GRANITISATION OF CHINA, sept. 1940 [la collab. de M. Trassaert, en congé, est fictive] [T].

*1943 et LOGIA [titre fictif] — º *Logia*
1962 in: Dominique de Wespin, *Aimons-nous les uns les autres*, *Rev. Teilhard de Chardin*, Bruxelles, 1er déc. 1962, nº 13, p. 2 [Ph B].

*1944- Cahiers manuscrits constituant un JOURNAL — º *Tagebuch*
1955 XIII [sic, = nº 1] [17 × 22], 18 juillet 1944-27 oct. 1945 [Pékin, rue Labrousse], pp. 1-162 +, en tête, une p. non numérotée;
XIV [= nº 2] [17 × 22], 27 oct. 1945-6 avril 1947 [ibid.], 151 pp. +, en tête, 2 pp. non numérotées;
XV [= nº 3] [17 × 22], 6 avril 1947-31 déc. 1948 [Paris, *Etudes*], pp. 1 à 183 avec numérotation continue, pp. 184-185 blanches, pp. 186-189 avec des notes + 1 p. en tête non numérotée avec l'inscription «Paris. Rue Monsieur 1947»;
XVI [= nº 4] [17 × 22], 30 sept.-5 nov. 1948 [Rome], 1er janv.-6 août 1949 [Paris, *Etudes*], p. 1 à 77 inclus; à partir de la fin, numérotation à l'envers de 1 à 19 inclus + 1 p. de couverture à la fin;
XVII [= nº 5] [17 × 22], 10 août 1949-31 oct. 1950 [Paris, *Etudes*], en

tête 2 pp. non numérotées, puis pagination 1 à 68 inclus. Par erreur la pagination reprend à 59 [au lieu de 69] jusqu'à 173 inclus. Sont blanches les pages 163 et 165;
XVIII [= n° 6] [17 × 22], 1er nov. 1950 [Paris, *Etudes*], le 19 juin 1952 [Purchase], 168 pp.;
XIX [= n° 7] [17 × 22], 23 juin 1952 [Purchase], 18 juin 1953 [Park Avenue, New York], pp. 1-73 + 4 pp. paginées 76, 77, 78, 80;
XX [= n° 8] [17 × 22], Retraite 1952 [Purchase] puis notes: 24 juin 1953-8 oct. 1954, 72 pp. + 3 pp. numérotées 3, 2, 1 + 1 p. non numérotée;
XXI [= n° 9] [19 × 25], 10 oct. 1954-7 avril 1955 [Hotel Fourteen, New York], 35 pp. continues de 1 à 35 + p. 120 + p. 121 + p. 123 [et quelques notes au crayon sur la p. de gauche]. La dernière p. [p. 35; 7 avril 1955] a été publiée in: L'AVENIR DE L'HOMME, 1959, p. 404;
Brèves cit. du JOURNAL in: C. Cuénot, *Teilhard de Chardin*, Paris, Ed. du Seuil, 1962, coll. *Ecrivains de toujours* [s.d. p. 61, 1947 et 1948 p. 159, 1950 p. 163]; Madeleine Barthélemy-Madaule, *Bergson et Teilhard de Chardin*, Paris, Ed. du Seuil, 1963, passim [du 15 févr. 1945 au 24 déc. 1947]; C. Cuénot, *Situation de Teilhard de Chardin, Bull. Soc. industr. Mulhouse*, 1963, n° 3, pp. 11 et 12; in: C. Cuénot, *Brief an meine evangelischen Freunde*, apud: *Die Zukunft des Menschen in der Welt – eine Tagung über die Zukunftserwartung bei Pierre Teilhard de Chardin;* Evangelische Akademie, Bad Boll, 12.–14. Juni 1964. R.s.i., p. 49 [notes des 29 janv. 1946 et 15 févr. 1948 en trad. allem.]; C. Cuénot, *Teilhard et le marxisme*, *Europe*, mars-avril 1965, 43e année, nos 431-432, pp. 17-18 [note du 12 janv. 1949]; Madeleine Barthélemy-Madaule, *Bergson adversaire de Kant*, Paris, Presses universitaires de France, 1966, p. 110, n. 5 [note du 19 févr. 1947].
N.B. La numérotation de 1 à 9 est posthume. Les cahiers antérieurs, laissés à Pékin, sont probablement perdus [Sc Ph R B] (469).

*1944-1954 CARNET DE RETRAITES [couverture noire] — ° *Heft mit Exerzitien-Notizen*
M. à double entrée: notes de retraites pp. 1-42, et notes diverses [extr. du Nouveau Testament pp. 1-14] – la pagination n'est pas autographe –, comprenant:
Retraite 21-29 oct. 1944 [Pékin, rue Labrousse];
Retraite 20-28 oct. 1945 [ibid.];
Retraite 17-24 août 1946 [Le Châtelard, Rhône];
Retraite 30 août-7 sept. 1948 [Les Moulins];
Retraite 25 août-2 sept. 1949 [ibid.];
Retraite 27 sept.-4 oct. 1950 [ibid.];
Retraite 28 sept.-8 oct. 1953 [*S.S. Tjisedane*, South Atlantic];
Retraite 19-26 août 1954 [Purchase].
N.B. La retraite du 23 au 30 juin 1952 [Purchase, près de New York] est consignée dans le JOURNAL, Cahier 8, pp. 1-5.

Extr. des notes de retraites apud: HYMNE DE L'UNIVERS, 1961: PENSÉES CHOISIES PAR FERNANDE TARDIVEL, XXVI; brèves cit. in:
I. L. Barjon, *L'appel de Pâques*, *Rev. Teilhard de Chardin*, Bruxelles, déc. 1963, 4e année, nº 17 [Pékin, 1944: pp. 13, 14, 15; Le Châtelard, 1946, Les Moulins, 1948: p. 15];
II. H. de Lubac, *La prière du Père Teilhard de Chardin*, Paris, Fayard, 1964:
1944, pp. 90, 94, 96, 98, 100;
1945, pp. 94-95, 95, 96, 99, n. 1, 100;
1946, p. 100;
1948, pp. 95, 99, 124, 126, n. 1;
1950, p. 93, n. 2;
1954, pp. 94, 100;
III. ETG:
20 oct. 1945, p. 141, n. 10;
1945, p. 143, n. 13;
1945, p. 309, n. 2;
1948, p. 309, n. 2
[R] (470).

1945 EDITOR'S COMMENT OF THE PREVIOUS TWO PAPERS
Geobiologia, 1945, vol. II, fasc. 1, p. 42 [½ p.] [réflexions anonymes, sans doute attribuables à Teilhard, sur deux art. G. B. Mathews and George A. Ho, *On the occurrence of Protopiceoxylon in China*, pp. 27-35, *A new fossil wood from China*, pp. 36-42; le paléobotaniste J. Roi avait en effet déjà quitté l'Institut de Géobiologie] [T].

*1945 et après 1952 Cahiers manuscrits NOTES DE LECTURES — º *Notizen über gelesene Bücher:*
I [17 × 22], 1945, 105 pp.;
II [17 × 22], 1945, 93 pp.;
III [19 × 25], s.d. [postérieur à 1952], 51 pp. [T Sc Ph R] (471).

*1945-1946 CONVERSATIONS AVEC GROOTAERS [titre fictif] — º *Gespräche mit Grootaers*
in: *Journal de Willem A. Grootaers*, D.s.i., cf. 27 mars, 1er avril, 10 mai, 28 juin, 27 août, 4 oct., 19 oct., 27 oct., 4 nov., 7 nov., 1er déc. 1945, 2 janv., 16 janv. 1946, pp. 6 à 15 [y compris des résumés de conférences et d'art.] [Ph R].

*1946 SOMMAIRE DES TITRES SCIENTIFIQUES DE P. TEILHARD DE CHARDIN — º *Zusammenstellung der wissenschaftlichen Titel P. Teilhard de Chardins*
D.s.i., 1 p., s.l.n.d. [sans doute Paris, 1er oct.] – rédigé pour le C.N.R.S. [T B].

*1946 OBJET DE RECHERCHE — º *Forschungsgegenstand*
D.s.i., ½ p. Paris, 1er oct., figure à la p. 3 de la Notice individuelle remplie pour le C.N.R.S. [T].

*1946 NOTES PRISES AU COURS D'UNE CONFÉRENCE DU R. P. TEILHARD DE CHARDIN SUR LE RÈGNE DE DIEU DANS LE CADRE DES EXERCICES DE S. IGNACE — º *Aufzeichnungen gemacht während eines Vortrages von*

P. Teilhard de Chardin über das Reich Gottes im Rahmen der Exerzitien des hl. Ignatius
D.s.i., 3 pp. Le Châtelard, juillet-août 1946, notes prises par M. l'Abbé A. Lahogue [R].

1946 L'HOMME ET LA PALÉONTOLOGIE — ° *Der Mensch und die Paläontologie*
Congrès de l'Union Française Universitaire, Besançon, 14 août 1946: 1] Résumé par R. R. sous le titre: *Au Congrès de l'Union Française Universitaire, Une heure avec le R. P. Teilhard de Chardin*, Le Franc-Comtois, Besançon, 16 août 1946, p. 1, 2 col.;
2] Notes prises par Jean Orcel, 2 pp., D.s.i., sous le titre: *Quelques notes prises pendant la conférence faite par le Père Teilhard au cours des vacances de l'U.F.U. à Besançon, 14 août 1946* [Sc Ph].

*1946–1947 CONVERSATIONS AVEC ROGER LÉVY — ° *Gespräche mit Roger Lévy*
M., 5 pp., notes prises par Roger Lévy et extr. de ses carnets [conversations des 22 mai et 4 juin 1946, du 25 janv. 1947] [B].

*1947 COSMOLOGIE ET THÉOLOGIE — ° *Kosmologie und Theologie*
D.d.i., 1 p. Paris, 19 janv., in: *Bull. de liaison entre scientifiques s.j.*, débat entre le P. Teilhard de Chardin, le P. Dominique Dubarle et l'abbé Semat, après un exposé du P. Dubarle [Ph R].

*1947 EQUIPE «SCIENCE ET CONSCIENCE»: DÉBAT ENTRE LE PÈRE TEILHARD DE CHARDIN ET GABRIEL MARCEL — ° *Gruppe ‹Wissenschaft und Gewissen›: Diskussion zwischen Pater Teilhard de Chardin und Gabriel Marcel*
D.s.i., 6 pp. Paris, 21 janv., sténogr. comportant: I. un Exposé du P. Teilhard de Chardin sur la question: DANS QUELLE MESURE L'ORGANISATION MATÉRIELLE DE L'HUMANITÉ L'ENTRAÎNE-T-ELLE VERS UN POINT DE MATURATION SPIRITUELLE? *[In welchem Maße reißt die materielle Organisation der Menschheit letztere mit sich in Richtung eines Punktes der geistigen Reifung?;* II. des Considérations de Gabriel Marcel autour de cette donnée, suivies d'une discussion entre le Père Teilhard, le P. Dominique Dubarle, O.P., et Gabriel Marcel; cf. aussi notes prises par L. Roinet, M., 2 p., et par le P. Teilhard, M., 2 p., fragm. [Ph] (473).

*1947 ? COMMUNICATION. ANTHROPOLOGIE? SUR LA PLACE À DONNER EN BIOLOGIE AU PHÉNOMÈNE HUMAIN [sic] — ° *Mitteilung. Anthropologie? Über den dem menschlichen Phänomen in der Biologie einzuräumenden Platz*
M., 2 pp., s.l.n.d. [6 avril? 1947]; photocopie in: C. Cuénot, *Pierre Teilhard de Chardin*, Paris, Plon, 1958, pp. 346-347 [Sc Ph] (474).

*1947 L'APPORT SPIRITUEL DE L'EXTRÊME-ORIENT [titre fictif] — ° *Der geistige Beitrag des Fernen Ostens*
D.d.i., 1 p., avant juin, confér. à l'Institut catholique de Paris, notes prises par M. l'Abbé R. Girault [Ph].

*1947 POINT DE VUE DU P. TEILHARD DE CHARDIN À PROPOS D'UNE CONFÉRENCE DE LOUIS LAVELLE AU CENTRE CATHOLIQUE DES INTELLECTUELS FRANÇAIS «POURQUOI UN MONDE?» — ° *Der Standpunkt Pater Teilhards im Hinblick auf einen Vortrag von Louis Lavelle im Centre Catholique des Intellectuels Français ‹Weshalb eine Welt?›*

D.d.i., 2 pp. Paris, mai, résumé en quelques lignes in: *Bull. de liaison entre scientifiques s.j.*, juin, n° 4, p. 12 [dactylographié]; les précisions manuscrites [janv. 1947, hiver 1947] consignées par le P. Teilhard sur le texte in extenso sont probablement tardives et en tout cas erronées [Ph] (475).

*Entre 1947 et 1951, publié en 1961 Schéma [l'évolution vers Oméga] apud: Viallet, *Le dépassement*, Fischbacher, p. 215 [photogravure d'un dessin de Teilhard].

*1948 FOI HUMAINE – FOI SPIRITUELLE — ° *Menschlicher Glaube – geistiger Glaube* confér. prononcée à Paris, 12, rue de l'Abbé-Grégoire, le 18 janv.: 1° M., 1 p. [notes prises par L. Roinet]; 2° M., 13 pp. [carnet couverture rose, notes prises par Mme Solange Lemaître, texte plus complet et très différent] [Ph R] (478).

*1948 MYSTIQUE ORIENTALE ET MYSTIQUE DE L'OUEST — ° *Östliche Mystik und Mystik des Westens*
M., 1 p., confér. prononcée à Paris, 19, rue Brey, le 4 juillet [notes prises par L. Roinet; publ. in: C. Cuénot, *Pierre Teilhard de Chardin*, Paris, Plon, 1958, p. 361] [Ph R] (479).

*1948 NOTRE ENQUÊTE SUR LES LECTURES SPIRITUELLES — ° *Unsere Befragung über den spirituellen Lesestoff*
D.d.i., 7 pp., s.l.n.d. [sept.?], interview de Teilhard par Robert Barrat [Ph R].

*1948-1949-1950-1951-1952 RÉPONSES AUX QUESTIONNAIRES DU C.N.R.S. — ° *Antworten auf die Fragebogen des C.N.R.S.* [C.N.R.S. = Französisches Landesamt für Forschung]
R.s.i. et M., ½ p. [questionnaires ronéotypés, réponses manuscrites] [T Sc B].

*1949 LA PEUR EXISTENTIELLE — ° *Die existentielle Angst*
M., 1 p., confér. prononcée à Paris, 20, place des Vosges, le 29 janv. [notes prises par L. Roinet] [Ph] (480).

*1949 L'ULTRA-HUMAIN — ° *Das Ultra-Humanum*
M., 1 p., confér. prononcée à Paris, 61, rue Madame, le 16 oct. [notes prises par L. Roinet] [Ph R] (481).

*1950 L'AVENIR ZOOLOGIQUE PROBABLE DU GROUPE HUMAIN — ° *Die wahrscheinliche zoologische Zukunft der menschlichen Gruppe*
D.s.i., 5 pp., confér. donnée le 24 oct. 1950 au C.I.E.F.R. [Bruxelles] [notes prises par Edouard Boné, S.J.] [Sc].

*après 1950 CONVERSATION AVEC MARGUERITE TEILLARD-CHAMBON [titre fictif] — ° *Gespräch mit Marguerite Teillard-Chambon*
3 pp. environ, date incertaine, mais probablement après 1950 [Ph].

*1950-1954 ENTRETIENS AVEC CLAUDE CUÉNOT [titre fictif] — ° *Gespräche mit Claude Cuénot*
Paris, 3 avril, 12 juillet, 25 déc. 1950, 17 avril, 6 juin 1951, 29 juin, 7 juillet 1954. M., 17 pp. [notes prises par C. Cuénot]; extr. in: C. Cuénot, *Teilhard de Chardin*, Paris, Ed. du Seuil, 1962, coll. *Ecrivains de toujours*, pp. 147-148 [entretien du 23 sept. 1950]; Massimo Olmi, *Il mio amico*

Teilhard, L'Europeo, 8 sept. 1963, XIXe année, n° 36, p. 62 [entretiens du 3 avril 1950 et du 7 juillet 1954, trad. ital.]; C. Cuénot, *Situation de Teilhard de Chardin, Bull. Soc. industr. Mulhouse*, 1963, n° 3, p. 30 [entretien du 7 juillet 1954]; C. Cuénot, *Plauderei über Teilhard de Chardin*, in: *Die Zukunft des Menschen in der Welt – eine Tagung über die Zukunftserwartung bei Pierre Teilhard de Chardin;* Evangelische Akademie, Bad Boll, 12.–14. Juni 1964. R.s.i., pp. 41–42 [entretiens du 3 avril 1950 et du 7 juillet 1954, trad. allem.] [Sc Ph R] (482).

*1951 Notes pour la Semaine des Intellectuels Catholiques Français [séance préparatoire du 8 mai?] BIOLOGIE ET TRANSCENDANCE [titre fictif] — ° *Biologie und Transzendenz*
D.s.i., ½ p., s.l.n.d., sûrement antérieur à la séance inaugurale du 24 mai 1951. – N'a pas été imprimé dans *Espoir humain et espérance chrétienne*, Paris, Pierre Horay, Ed. de Flore; impr. sous le titre fictif LA BIOLOGIE, POUSSÉE À FOND, PEUT-ELLE NOUS CONDUIRE À ÉMERGER DANS LE TRANSCENDANT? in: Œ, t. IX, pp. 277–280 [Sc Ph] (483).

*1951 L'AMOUR [titre fictif] — ° *Die Liebe*
D.d.i., 1 p. ½, s.l.n.d. [Paris, avant le 5 juillet 1951, date du départ de Teilhard pour l'Afrique du Sud; dicté à Mme Solange Lemaître] [R].

*1951 TEILHARD 1951 [S.A.] [sic] — ° *Teilhard 1951 [S.A.]* [= Südafrika]
M., 90 pp., carnet de notes scientifiques, 1er voyage en Afrique du Sud, South Africa, couverture bleue, oblong, 12 × 18 [T Sc Ph] (487).

*1951 COMMISSION CHARGÉE DE RÉUNIR ET DE PRÉSENTER [FAIRE VALOIR] LES PREUVES OU INDICES D'UN DÉPLACEMENT BIOLOGIQUE DE L'HUMANITÉ SUR ELLE-MÊME — ° *Mit der Sammlung und Darstellung [Herausstellung] der Beweise oder Anzeichen für eine biologische Verschiebung der Menschheit in sich selbst beauftragte Kommission*
M., 1 p., s.l.n.d. [écrit à bord du *Carnavon Castle*, postérieur au 12 juillet 1951] [Sc Ph] (488).

*1951 TEILHARD DE CHARDIN'S NOTE ON A DISCOVERY HE MADE IN THE ANCIENT DEPOSITS OF THE VAAL RIVER AT HARRISDALE NEAR BARKLY WEST — ° *Teilhard de Chardins Notiz über eine Entdeckung, die er in den alten Ablagerungen des Flusses Vaal in Harrisdale in der Nähe von Barkly West machte*
August 25th, 1951 [5 lignes autographes, avec figures et légendes autographes] [T].

*1951 COMPARATIVE OBSERVATIONS ON SOUTH AFRICA AND EASTERN ASIA [NORTHERN CHINA] — ° *Vergleichende Beobachtungen über Südafrika und Ostasien [Nordchina]*
M., 4 pp., s.l.n.d. [brouillon de confér. à la South African Archaeological Society, Capetown, oct.] [T Sc] (491).

*1951 ou après 1951? FAIRE UN «LEXIQUE» DE MES TERMES [NOTIONS] [sic] — ° *Ein ‹Lexikon› meiner Termini [Begriffe] anfertigen*
M., 1 p., s.l.n.d. [1951 ou de peu postérieur à 1951] [liste de concepts teilhardiens]. Photocopie in: C. Cuénot, *Pierre Teilhard de Chardin*, Plon,

1958, p. 353, et C. Cuénot, *Lexique Teilhard de Chardin*, Ed. du Seuil, 1963 [avec transcription] [Ph] (485).

*1952 NOTES SCIENTIF. [sic] — ° *Wissenschaftliche Notizen*
M., 31 pp. [cahiers de notes scientifiques: voyage à travers les Etats-Unis, couverture bleue] [T] (492).

*1953 AFRIQUE DU SUD, 1953 [sic] — ° *Südafrika, 1953*
M., 69 pp. [carnet de notes scientifiques, 2e voyage en Afrique du Sud, couverture brune, oblong, 13,5 × 21,5] [photocopie d'une p. in: C. Cuénot, *Pierre Teilhard de Chardin*, Paris, Plon, 1958, p. 408] [T Sc Ph] (496).

*1954 NOTES MANUSCRITES
sur H. et G. Termier, *Formation des continents et progression de la vie*, Paris, Masson. M., 1 p., recto-verso [simple brouillon] [T] (497).

*1954 et 1955 LE ROYAUME DE DIEU [titre fictif] — ° *Das Reich Gottes*
Propos tenus en juin ou juillet 1954 à Monique Galy, in: M. Galy, *Pour le R. P. Teilhard de Chardin la doctrine de Saint Paul s'applique à l'ère atomique*, *Samedi-Soir*, 21 avril 1955, n° 512, p. 2 [1 §] [R].

*1954 et 1959 PROPOS DU PÈRE TEILHARD DE CHARDIN [titre fictif] — ° *Äußerung Pater Teilhard de Chardins*
Paris, 21 juin 1954, in: Jean Guitton, *Journal*, Paris, Plon, 1959, pp. 235-236 [R].

*1954 ENTRETIENS AVEC FERNAND LAFARGUE [titre fictif] — ° *Gespräche mit Fernand Lafargue*
Paris, juillet 1954. Notes prises par F. Lafargue et schéma autographe de la philosophie teilhardienne par le Père [Ph R] (498).

*1954 INSCRIPTION
sur le livre d'or de l'Hostellerie Chavant, Uzerche [Corrèze], juillet [quelques lignes] (499).

*s.d. et 1955 LE PEUPLEMENT DE L'ASIE — ° *Die Bevölkerung Asiens*
D.s.i., 2 pp., s.l.n.d. [brouillon datant des dernières années du Père], impr. in: *Bull. Soc. Etudes Indochinoises*, 4e trim. 1955, nouv. série, t. XXX, n° 4, pp. 351-353 [nombreuses coquilles] [T] (500).

*s.d. et 1961-1964 LOGIA ET CITATIONS DIVERSES [titre fictif] — ° *Logia und verschiedene Zitate*
in: Georges Magloire [pseud. de Dominique de Wespin] et Hubert Cuypers, *Présence de Pierre Teilhard de Chardin – l'homme, la pensée*, Paris, Ed. universitaires, 1961, et Nouvel Office d'Edition, 1964 [cf. notamment les souvenirs de jeunesse, pp. 13-20 de l'éd. de 1964] [B].

*s.d. L'ÉDUCATION DE L'AMOUR — ° *Die Erziehung der Liebe*
D.d.i., 5 p., s.l.n.d. [la 1re p. manque; incipit de la 2e p.: «Mais l'un des points essentiels...»] [Ph] (503).

*s.d. NOTE SUR L'UNION PHYSIQUE ENTRE L'HUMANITÉ DU CHRIST ET LES FIDÈLES, AU COURS DE LA SANCTIFICATION — °° *Über die physische Vereinigung zwischen der Menschheit Christi und der Gläubigen im Laufe der Heiligung*

D.d.i., 7 p., s.l.n.d. [probablement ancien: 1919?; texte incomplet de la dern. p.]; Œ, t. XI [R] (504).

*s.d. RÉFLEXIONS SUR LA GRAVITÉ — ° *Gedanken über die Schwerkraft*
M., 2 p., s.l.n.d. [probablement ancien] [Ph R] (506).

*s.d. [dernières années] et 1961 LITANIES AU SACRÉ-CŒUR [titre fictif] — ° *Litanei zum Heiligsten Herzen Jesu*
M., 2 p.; litanies écrites sur l'image du Sacré-Cœur qui a été trouvée à la mort de Teilhard sur sa table de travail; publié en photocopie et en transcription in: Georges Crespy, *La pensée théologique de Teilhard de Chardin*, Paris, Au Club du Livre chrétien, 1961, sub fine [R].

XI. OUVRAGES INSPIRÉS, OU RÉCRITS ET REFONDUS, OU SIMPLEMENT REVUS PAR TEILHARD DE CHARDIN

[Von Teilhard de Chardin inspirierte, oder neugeschriebene und überarbeitete, oder einfach durchgesehene Werke]

1932 Young [Chung-chien], *On the Artiodactyla from the Sinanthropus Site at Chouk'outien [Über die Artiodactyla von der Sinanthropusfundstelle in Choukoutien]*
Pal. Sin., 30 juin, série C, vol. VIII, fasc. 2, pp. 1-158, 32 fig. dans le texte, pl. I-XXIX; cf. p. 2: "I am also especially indebted to Père Teilhard de Chardin, the Honorary Adviser to the Survey, with whom I have had many profitable discussions and who has helped me over many difficulties during the present study. Dr. Black also kindly went over my manuscript and made many interesting improvements"; cf. lettres de Teilhard à H. Breuil, Peiping, 8 mai 1932, p. 4: «J'ai dû récrire entièrement un mémoire de Young sur les Artiodactyles de C K T, prêt maintenant, – et intéressant: on va imprimer»; et à Stehlin, Peiping, 5 mai 1932: «Young va publier les Artiodactyles de Choukoutien dans un Mémoire [sous presse] qui vous intéressera [je l'ai très sérieusement revu et refondu]» [T] (507).

1936 Pei [Wen-chung], *On the Mammalian Remains from Locality 3 at Choukoutien [Über die Säugetierreste von der Lokalität 3 in Choukoutien]*
Pal. Sin., série C, vol. VII, fasc. 5, 120 pp., 59 fig. in texte et VI pl.; cf. lettre de Teilhard à C. C. Young, Rawalpindi, 4 oct. 1935: "I bring back with me his [Pei's] memoir on Locality 3. I had no time for finishing the revision [...]"; et à H. Breuil, Peiping, avril 1936: «Moi je suis occupé par la révision du mémoire de Pei sur la localité 3» [T].

1939 Bergounioux [F.M.], *Recherches préhistoriques en Extrême-Orient d'après le R. P. Teilhard de Chardin [Vorgeschichtliche Forschungen im Fernen Osten, nach P. Teilhard de Chardin]*
Bull. de litt. eccles., Toulouse, avril-juin, n° 2, pp. 92-99 [mise au point des

questions de préhistoire exposées par le P. Teilhard le 27 févr., à la Faculté des lettres: cours de préhistoire sur les fouilles de Chou-Kou-Tien et le Sinanthropus; le 28 févr., à l'Institut cathol.: cours de géologie sur le Quaternaire de Chine et d'Extrême-Orient; le 29 févr., à l'Institut cathol.: confér. sur les recherches préhistoriques en Birmanie] [T] (466).

1939 Pei [Wen-chung], *New Fossils Material and Artifacts Collected from the Choukoutien Region During the Years 1937 to 1939 [Neue, im Gebiet von Choukoutien während der Jahre 1937 bis 1939 gesammelte fossile Materialien und Artefakte]*
Bull. Geol. Soc. China, déc., vol. XIX, nº 3, pp. 207-234, 1 pl. [6 fig.]; cf. lettre de Teilhard à H. Breuil, Peiping, 16 févr. 1940: «Nous venons de sortir un numéro du Bulletin entièrement écrit [ou ré-écrit] par moi: surtout paléontologique, sauf le dernier article sur le Méso- ou Néolithique, qui vous intéressera» [T].

1939 Young [Chung-chien], *On a new sauropoda, with notes on other fragmentary reptiles from Szechuan [Über eine neue Sauropoda, mit Anmerkungen über andere fragmentarische Reptilien aus Szechuan]*
ibid., pp. 279-315, 25 fig.; cf. même lettre [T].

1939 Young [Chung-chien], *New Fossils from Wanhsien [Szechuan] [Neue Fossilien von Wanhsien (Szechuan)]*
ibid., pp. 317-331, 7 fig.; cf. même lettre [T].

1939 Breuil [Henri], *Bone and Antler Industry of the Choukoutien Sinanthropus Site [Knochen- und Geweihindustrie der Sinanthropus-Fundstelle von Choukoutien]*
Pal. Sin., new series D, nº 6: Préface [pp. I-IV] revue et mise à jour par P. Teilhard de Chardin; cf. lettre de W.C. Pei à H. Breuil, datée de Peiping, 19 avril 1939 [T] (465).

1939 Terra [Helmut de] et Paterson [T.T.], *Studies on the Ice Age in India and Associated Human Cultures [Studien über die Eiszeit in Indien und die mit ihr zusammenhängenden menschlichen Kulturen]*
Carnegie Institution of Washington, nº 493, 354 pp.; cf. Teilhard in: SOMMAIRE DES TITRES SCIENTIFIQUES DU P. TEILHARD DE CHARDIN, 1946: «En ce qui concerne l'Inde septentrionale et centrale, et la Birmanie mes observations ont été incorporées dans les mémoires publiés en Amérique par le Dr de Terra» [T].

1943 Terra [Helmut de], *The Pleistocene of Burma [Das Pleistozän von Burma]*
pp. 239-271, in: Helmut de Terra et Hallam L. Movius, Jr., *Research on Early Man in Burma*, Transactions of the American Philosophical Society, Philadelphia, new series, vol. XXXII, 3e partie; cf. p. 267, col. 2: "As on a previous occasion, Père Teilhard has given generously of his time and energy by joining this party for a duration of five months. It is difficult to express in words the admiration and gratitude which the expedition members entertain toward their distinguished associate and friend whose encouragement and vision has been felt as a never-failing source of inspiration. He placed a brief summary of his observations at the dispo-

sal of the expedition leader which he felt should be incorporated in any form in this volume. This was done in the first part where some of the sections are to be regarded as the joint outcome of our cooperation in the field"; cf. aussi Teilhard in: SOMMAIRE DES TITRES SCIENTIFIQUES DU P. TEILHARD DE CHARDIN, 1946, loc. cit. [T].

*1945 *Foreword [Vorwort von Geobiologia II]*
D.d.i., 2 pp., quelques corr. autogr. par Teilhard, s.l.n.d., projet de préface inédit à *Geobiologia*, Pékin, t. II [incipit: "Owing to the difficulties of the times, this second number of Geobiologia can hardly compare with the first..."]; cf. lettre de Pierre Leroy à Claude Cuénot du 14 juin 1960: «Le Foreword du tome II, de *Geobiologia* [1945] n'a pas été imprimé. Il a été composé et rédigé par Henri Vetch, notre éditeur: revu et corrigé et annoté par Teilhard» [T].

*1950 Lejay [Pierre], *Rapport sur les titres du P. Pierre Teilhard de Chardin [Bericht über die Titel P. Pierre Teilhard de Chardins]*
D.d.i., 7 pp., corr. autogr. de Teilhard, s.l.n.d. [Paris avant le 22 mai 1950] [Sc B].

XII. PUBLICATION POSTHUME DES ŒUVRES

[Postume Veröffentlichung der Werke]

Die deutschen Ausgaben werden S. 797 systematisch aufgeführt.

Albin Michel:
LE GROUPE ZOOLOGIQUE HUMAIN. STRUCTURE ET DIRECTIONS ÉVOLUTIVES [Coll. *Les Savants et le Monde*], 1956 [éd. de poche aux Ed. Plon, coll. 10-18, nº 33, 1962; éd. reliée aux Ed. du Seuil, d'abord hors série, 1963, puis t. VIII des Œuvres, 1965].

Aubier, Ed. Montaigne:
LETTRES D'EGYPTE [1905-1908], 1963 [cf. VII. Correspondance].
LETTRES D'HASTINGS ET DE PARIS 1908-1914, 1965 [id.].

Beauchesne:
BLONDEL ET TEILHARD DE CHARDIN. CORRESPONDANCE COMMENTÉE PAR HENRI DE LUBAC [Bibl. des Archives de philosophie, nouv. série, I], 1965 [id.].

Desclée de Brouwer:
LA MESSE SUR LE MONDE [Coll. *Les carnets DDB*], 1962.
LETTRES À LÉONTINE ZANTA [Coll. *Christus*, 19, Textes], 1965 [cf. VII. Correspondance].

Grasset:
GENÈSE D'UNE PENSÉE. LETTRES [1914-1919], 1961 [id.].
LETTRES DE VOYAGE [1923-1955], 1961 [id.].
ECRITS DU TEMPS DE LA GUERRE [1916-1919], 1965.
[Editions reliées à paraître aux Ed. du Seuil.]

Du Seuil:
a] Œuvres de Pierre Teilhard de Chardin:
1955 LE PHÉNOMÈNE HUMAIN [t. I].
1956 L'APPARITION DE L'HOMME [t. II].
1957 LA VISION DU PASSÉ [t. III].
1957 LE MILIEU DIVIN [t. IV].
1959 L'AVENIR DE L'HOMME [t. V].
1962 L'ENERGIE HUMAINE [t. VI].
1963 L'ACTIVATION DE L'ENERGIE [t. VII].
1963 LA PLACE DE L'HOMME DANS LA NATURE [LE GROUPE ZOOLOGIQUE HUMAIN] [classé primitivement hors série, puis t. VIII].
1965 SCIENCE ET CHRIST [t. IX].
? LE CŒUR DE LA MATIÈRE [t. X].
? CHRISTIANISME ET EVOLUTION [t. XI].
b] Hors série:
1961 HYMNE DE L'UNIVERS [republiée en 1966 dans la coll. *Livre de Vie*].
1966 JE M'EXPLIQUE. Textes choisis et ordonnés par Jean-Pierre Demoulin.
1966 IMAGES ET PAROLES DE TEILHARD DE CHARDIN [album].
? ELÉVATIONS ET PRIÈRES [à paraître].
c] *Cahiers Pierre Teilhard de Chardin* [à partir du n° 5: *Cahiers de la Fondation Teilhard de Chardin*]:
1958 CONSTRUIRE LA TERRE.
1960 RÉFLEXIONS SUR LE BONHEUR.
1962 PIERRE TEILHARD DE CHARDIN ET LA POLITIQUE AFRICAINE.
1963 LA PAROLE ATTENDUE.
1965 LE CHRIST ÉVOLUTEUR. SOCIALISATION ET RELIGION. CARRIÈRE SCIENTIFIQUE.
? CHOSES MONGOLES. ACTIVITÉS EN CHINE [à paraître].
d] Barbour [George B.], *Teilhard de Chardin sur le terrain*, 1965 [lettres de Teilhard à Barbour cf. VII. Correspondance].

XIII. ANTHOLOGIES, MORCEAUX CHOISIS, RECUEILS DE TEXTES

[Anthologien, ausgewählte Stücke, Textsammlungen]

1936 Sinéty [R. de], *La vie de la biosphère* in: *La vie et l'évolution. Etudes de philosophie biologique*, Archives de philosophie, vol. VII, cahier 1, Paris, Beauchesne, pp. 110-132 [cf. en particulier *II. La vie de la biosphère d'après le P. Teilhard de Chardin*, pp. 125-132, avec de nombreuses cit. de Teilhard] [Sc].

1955 Numéro spécial: Textes de Pierre Teilhard de Chardin, *Psyché*, Paris, janv.-févr. [mois fictifs: éd. posthume], 10e année, nos 99-100; 3 lettres inédites et réimpression de LA QUESTION DE L'HOMME FOSSILE, 1948; L'ESPRIT NOUVEAU ET LE CÔNE DU TEMPS, 1946; LES DIRECTIONS ET LES CONDITIONS DE L'AVENIR, 1948; LES CONDITIONS PSYCHOLOGIQUES DE L'UNIFICATION HUMAINE, 1948-1949; L'ÉVOLUTION DE LA RESPONSABILITÉ DANS LE MONDE, 1951; LA FIN DE L'ESPÈCE, 1953 [T Sc Ph] (353).

1955 Numéro spécial: Textes de Pierre Teilhard de Chardin et études sur lui, *Les études philosophiques*, oct.-déc., nouv. série, 10e année, no 4; UN SOMMAIRE DE MA PERSPECTIVE PHÉNOMÉNOLOGIQUE DU MONDE, 1954 [in extenso]; POUR Y VOIR CLAIR. RÉFLEXIONS SUR DEUX FORMES INVERSES D'ESPRIT, 1950 [extr.]; «MA POSITION INTELLECTUELLE», RÉPONSE À UNE «ENQUÊTE», ET QUI N'A JAMAIS PARU, 1948 [in extenso] [Ph] (354).

1955 Nombreuses citations d'imprimés in: Claude Tresmontant, *Etudes de métaphysique biblique*, Paris, Gabalda, pp. 91-126 [Ph] (376).

1955 Numéro spécial: Textes de Pierre Teilhard de Chardin et études sur lui, *La Table ronde*, Paris, juin, no 90; fragm. de: LA NOSTALGIE DU FRONT, 1917; LA MESSE SUR LE MONDE, 1923; LE MILIEU DIVIN, 1926; SAUVONS L'HUMANITÉ, 1936; RÉFLEXIONS SUR LE BONHEUR, 1943 [Ph R B] (352).

*1956 Nombreuses cit. d'imprimés et d'inédits [opuscules et correspondance] in: Louis Barjon, S.J., *Le Père Teilhard de Chardin*, Paris, D.d.i. et s.i., 500 pp. en 2 vol. [demeuré inédit] [T Sc Ph R B].

1956 Nombreuses cit. d'imprimés et d'inédits in: Claude Tresmontant, *Introduction à la pensée de Teilhard de Chardin*, Paris, Ed. du Seuil, 134 pp.; cf. R. P. Philippe de la Trinité, O.C.D., *Teilhard de Chardin: Synthèses ou confusion*, in: *Divinitas*, Rome, 1959, 3e année, fasc. 2, pp. 285-329 [Ph R] (377).

1957 Textes choisis in: Gaëtan Picon, *Panorama des idées contemporaines*, Paris, Gallimard, 1957; extr. du PHÉNOMÈNE HUMAIN, pp. 501-506; de QU'EST-CE QUE LA VIE?, p. 632 [Ph].

1958 Nombreuses cit. d'imprimés et d'inédits [opuscules et correspondance] in: C. Cuénot, *Pierre Teilhard de Chardin. Les grandes étapes de son évolution*, Paris, Plon, 489 pp.; cf. supra, Section VII. Correspondance [T Sc Ph R B].

1958 *Construire la terre – Cahiers Pierre Teilhard de Chardin*, no 1; extr. et adapt.

de: SAUVONS L'HUMANITÉ, 1936; L'ESPRIT DE LA TERRE, 1931; L'ÉNERGIE HUMAINE, 1937; RÉFLEXIONS SUR LE PROGRÈS, 1941; SUR LES BASES POSSIBLES D'UN CREDO HUMAIN COMMUN, 1941; intr. de Max-H. Bégouën, texte en 5 langues [franç., angl., allem., russe, arabe], Paris, Ed. du Seuil, déc. 1958, 187 pp. [Ph] (379).

N.B. Les *Cahiers Pierre Teilhard de Chardin* contiennent des inédits de Teilhard [2, RÉFLEXIONS SUR LE BONHEUR, 1960; 3, PIERRE TEILHARD DE CHARDIN ET LA POLITIQUE AFRICAINE, 1962; 4, LA PAROLE ATTENDUE, 1963; 5, LE CHRIST ÉVOLUTEUR. SOCIALISATION ET RELIGION. CARRIÈRE SCIENTIFIQUE, 1965].

1959 *Quelques pages choisies de Teilhard de Chardin*, in: Edouard Lescaze, *De l'étoile à l'homme. Introduction à la pensée de Teilhard de Chardin*, Genève, *Les Cahiers de «Foi et Vérité»*, fasc. 35 [série 10, nº 1], pp. 25-30 [extr. de L'APPARITION DE L'HOMME et du MILIEU DIVIN] [Ph R].

1960 Nombreuses cit. d'opuscules in: C. Cuénot, *La morale et l'homme selon Pierre Teilhard de Chardin*, apud: *Morale chrétienne et morale marxiste*, Paris et Genève, La Palatine, coll. *Christianisme et actualité*, nº 6, pp. 117-147 [Ph R].

1960 Jean Laloup, *Anthologie de littérature scientifique*, Paris, Casterman [extr. des œuvres de Teilhard, pp. 66-67, 70-71, 72, 101-102, 120, 190, 205-206] [Sc Ph].

1961 Textes choisis in: Abbé Paul Grenet, *Teilhard de Chardin, un évolutionniste chrétien*, Paris, Seghers, coll. *Savants du monde entier*, pp. 161-219 [Sc Ph R].

1962 Diverses cit. d'inédits in: Anonyme [P. Philippe de la Trinité], *Pierre Teilhard de Chardin e il suo pensiero sul piano filosofico e religioso*, *L'Osservatore romano*, Città del Vaticano, 30 juin-1er juillet 1962, CIIe année, nº 148 [31022], p. 2; cf. *La Croix*, Paris, 13 juillet 1962 [Ph R].

1962 Nombreuses cit. d'inédits [opuscules et correspondance] in: C. Tresmontant, *Le Père Teilhard de Chardin et la théologie*, *Lettre*, Paris, sept.-oct., nos 49-50, pp. 1-53 [Ph R].

1962 Nombreuses cit. d'imprimés et d'inédits [opuscules et correspondance] in: C. Cuénot, *Teilhard de Chardin*, Paris, Ed. du Seuil, 1962, coll. *Ecrivains de toujours*, 192 pp.

1962 «Anthologie» en appendice à: Henri Fesquet, *Le catholicisme religion de demain*, Paris, Grasset, coll. *Eglise et temps présent*, pp. 278-294.

1962 Nombreuses mais brèves cit. d'imprimés et d'inédits [opuscules et correspondance] in: Henri de Lubac, *La pensée religieuse du Père Teilhard de Chardin*, Paris, Aubier, Ed. Montaigne, 1962, 375 pp. [cit. beaucoup plus longues dans les Appendices I, II, III, pp. 347-361].

1963 Cit. d'inédits [opuscules et correspondance] in: Louis Barjon, *Fidélité chrétienne et religieuse du Père Teilhard de Chardin*, *Foi vivante*, Bruxelles et Paris, avril-juin 1963, IVe année, nº 15, pp. 70-82.

1963 Nombreuses cit. d'imprimés et d'inédits [opuscules et correspondance] in: C. Cuénot, *Maximum de l'homme, maximum de Dieu ou la spiritualité de*

Teilhard de Chardin, Rencontre, Besançon, nº 1, pp. 13-17, nº 2, p. 9 et pp. 12-15.

1963 «Appendice» in: Monique Périgord, *Evolution et temporalité chez Teilhard*, Paris, Ed. universitaires, *Carnets Teilhard*, nº 9, pp. 48-62 [extr. d'œuvres, portant sur le temps et l'instant].

1963 Anthologie des textes majeurs de Teilhard concernant Marie in: *La Vierge Marie dans la montée humaine, Cahiers marials*, avril 1963, pp. 149-153.

1964 Nombreuses cit. d'imprimés et d'inédits [opuscules] in: Pierre Smulders, S.J., *La vision de Teilhard de Chardin. Essai de réflexion théologique*, Paris, Desclée de Brouwer, 275 pp.

1964 Nombreuses mais brèves cit. d'inédits [opuscules et correspondance] in: Henri de Lubac, S.J., *La prière du Père Teilhard de Chardin*, Paris, Fayard, coll. *Le Signe*, 223 pp.

1964 Philippe de la Trinité, O.C.D., *Rome et Teilhard de Chardin*, Paris, Fayard, 212 pp., coll. *Le Signe* [nombreuses cit. de lettres, cf. surtout pp. 39-60, et d'opuscules].

1964 Nombreuses cit. d'imprimés et d'inédits [opuscules] in: Jean-Pierre Demoulin, *Teilhard de Chardin*, Centre belge Teilhard de Chardin, 32, rue Berckmans, Bruxelles 6, 32 pp.

1965 Rideau [R. P. Emile, S.J.], *La pensée du Père Teilhard de Chardin*, Paris, Ed. du Seuil, 602 pp. [choix de textes à la fin; nombreuses cit. dans le texte].

Voir aussi Section XII, Hymne de l'univers et Teilhard de Chardin, Je m'explique.

XIV. DEUTSCHE ÜBERSETZUNGEN

1958-1959 Geheimnis und Verheissung der Erde. Reisebriefe 1923–1939. – Pilger der Zukunft. Neue Reisebriefe 1939–1955 [Lettres de voyage (1923-1939). – Nouvelles lettres de voyage (1939-1955)], K. Alber, Freiburg/München.

1959 Der Mensch im Kosmos [Le Phénomène humain], C. H. Beck, München.

1960 Die Entstehung des Menschen [Le Groupe zoologique humain], C. H. Beck, München.

1963 Entwurf und Entfaltung. Briefe aus den Jahren 1914–1919 [Genèse d'une pensée. Lettres 1914-1919], K. Alber, Freiburg/München.

1965 Briefe aus Ägypten, 1905–1908 [Lettres d'Egypte, 1905-1908], K. Alber, Freiburg/München.

? Frühe Schriften [Ecrits du Temps de la Guerre (1916-1919)] [in Vorbereitung].

Werkausgabe im Walter-Verlag:

1962 Bd. 2: DER GÖTTLICHE BEREICH [LE MILIEU DIVIN, t. IV der von den Ed. du Seuil herausgegebenen gesammelten Werke Pierre Teilhard de Chardins; eine Neufassung der Übersetzung ist in Vorbereitung].

1964 Bd. 3: DAS AUFTRETEN DES MENSCHEN [L'APPARITION DE L'HOMME, t. II].

1965 Bd. 4: DIE SCHAU IN DIE VERGANGENHEIT [LA VISION DU PASSÉ, t. III].

1963 Bd. 5: DIE ZUKUNFT DES MENSCHEN [L'AVENIR DE L'HOMME, t. V].

1966 Bd. 6: DIE MENSCHLICHE ENERGIE [L'ENERGIE HUMAINE, t. VI, und Teile aus L'ACTIVATION DE L'ENERGIE, t. VII].

? Bd. 7: DIE AKTIVATION DER ENERGIE [L'ACTIVATION DE L'ENERGIE, t. VII] [in Vorbereitung].

? Bd. 9: WISSENSCHAFT UND CHRISTUS [SCIENCE ET CHRIST, t. IX] [in Vorbereitung].

Sonderausgabe des Walter-Verlags:

1964 LOBGESANG DES ALLS [HYMNE DE L'UNIVERS, ohne Pensées choisies].

1964 AUSWAHL AUS DEM WERK, mit einem Nachwort von Karl Schmitz-Moormann [dms-Band 25, vergriffen; erscheint als Band 793 in der Fischer-Bücherei].

XV. ŒUVRE ATTRIBUÉE À TEILHARD

[Teilhard zugeschriebene Werke]

*1925 [?] CARNET DE ROUTE [titre fictif] — ° *Reisetagebuch*
15 pp. dactylographiées sur du papier à en-tête des Messageries maritimes, format 22 cm × 16 cm, s.l.n.d., avec la mention, à la machine, de l'auteur [récit en style télégraphique d'un voyage de Marseille – départ 23 oct. 1925 – à Tientsin – arrivée 9 déc. 1925 – via la Corse, les îles Lipari, la Sicile, Suez, l'Erythrée, le golfe d'Aden, l'Arabie, l'Océan Indien, la Malaisie, Saïgon, Hong-Kong, Changhaï, le Cap Alceste [?], Taikou, sur le bateau *Paul Lecoat*, récit limité à de simples observations de fait, point, dans une chemise de carton, à quelques textes dactylographiés de physique classique dans le style du début du siècle] [nous ne décrivons ce document que d'après une lettre du Professeur Georges Corroy, Doyen de la Faculté des sciences de l'université d'Aix-Marseille, adressée à Mlle Jeanne Mortier et signalant que la pièce a été achetée à l'Hôtel des Ventes de Marseille; les dates soulèvent une grave difficulté, car en 1925 Teilhard ne s'est pas embarqué pour la Chine, et aucune date de départ ne coïncide avec ce 23 oct.] [B].

NAMENREGISTER

Abel O. 316
Adler Alfred 548
Aeschylos 30
Ahnert E.E. 199, 268
Alacoque Marguerite-Marie 22
Alain [Pseudonym für Emile Chartier] 172
Albert der Große 423, 705
Alfieri Anastase 34
Alimen Henriette 488
Allee W.C. 501
Aloysius von Gonzaga 27
Andersen Christian 153
Andersson Gunnar J. 147, 149, 156, 166, 167, 194, 279, 306
Andrews Roy Chapman 146, 150, 155, 204, 281, 282, 300
Antäus 49
Aragonnès Claude [Teillard-Chambon Marguerite] 18, 325, 400
Arambourg Camille 570, 589, 640
Ardrey R. 570
Aristophanes 30
Aristoteles 43, 469, 675
Armand Marcel 25
Aron Raymond 421
Aron Robert 524
Arsène-Henry Charles 430
Arsène-Henry Charles Mme 398, 431
Ashurst [Oberst] 402
Audouin-Dubreuil Louis 239, 251, 342
Auger Pierre 632
Augustinus 650, 675, 686, 689, 695, 705

Bachelard Gaston 419
Bacot Jacques 519
Bacot Odette 173
Barbour George B. 102, 124, 137, 138, 139, 140, 148, 149, 153, 158, 178, 194, 200, 202, 206, 268, 283, 285, 288, 290, 295, 296, 305, 310, 326, 328, 330, 331, 342, 359, 384, 465, 491, 497, 499, 505, 506, 542, 557, 558, 564, 566, 589
Barjon Louis 539
Barrès Maurice 75
Barrière J.B. 459
Barron de Chardin Victoire 17
Barth Karl 419
Barthélemy-Madaule Madeleine 84, 444, 681, 691
Basse de Ménorval Eliane 268
Bastide Roger 419
Baudelaire Charles 66
Baudrillart A. 80, 81, 112, 130
Bazin Hervé 50
Beatty M.E. 606
Béchamp 101
Bégouën Max 206
Bégouën Max-Henri 18, 66, 77, 174, 175, 176, 213, 439, 470, 478, 684
Bellarmin R. 234
Belon P. 20
Berchmans Johannes 28
Berdjajev Nicolas 74, 444, 447, 458, 461
Bergounioux Frédéric-Marie 392, 547, 644, 645
Bergson Henri 9, 84, 85, 384, 419, 450, 534, 681, 698, 703
de Bermond de Vaulx Henri 25
Bernanos Georges 693
Bertrand-Serret R. 113
de Bérulle P. 705
Beuve-Méry 479
Bien M.N. 305, 309, 330, 354, 370, 393
Birks G.A. 626
Black Davidson P. 148, 151, 152, 153, 166, 167, 192, 194, 219, 255, 257, 261, 287, 288, 289, 290, 296, 301, 302, 311, 313, 314, 316, 317, 319, 320, 321, 328, 330, 336, 363

Blanc Albert 25
Blanc Alberto Carlo 393, 472, 547
Blanchard Marcel 424
Blanchet A. 32, 659
Blondel Maurice 32, 419, 623, 698
Bloy Léon 273, 492
Bohlin B. 167, 306
Boné Edouard 197, 569, 570, 589, 595, 684
Bonnet 28
Borgé-Lagarde Mme 459
Borne Etienne 172, 423, 689, 694
Bottu de la Barmondière Marie-Thérèse 24f.
Boucher Henri 442
Boucher Maurice 696
Boule Marcellin 17, 55, 56, 57, 60, 62, 75, 76, 78, 99, 100, 104, 105, 108, 112, 122, 141, 162, 163, 164, 165, 171, 174, 180, 192, 205, 258, 268, 308, 316, 322, 345, 369, 371, 392, 444, 477, 556
Bounoure Louis 113, 455
Bourcart J. 410
Boussac Jean 55
Bouyssonie 58, 122
Bovier-Lapierre Paul 33
Brain C.K. 569, 579
Bremond Henri 26, 27, 75, 76, 225
Breuil Henri 57, 58, 77, 79, 81, 82, 108, 122, 123, 150, 159, 171, 174, 196, 213, 219, 256, 257, 258, 261, 266, 267, 278, 291, 292, 295, 299, 301, 308, 320, 321, 322, 323, 340, 369, 370, 392, 470, 490, 491, 553, 557, 671
de Breuvery 677, 678
Brew J.O. 545
Bridgman P. 623
Brisbois 77
de Broglie Louis 622
de Broglie Maurice 441
Broom R. 490, 505, 551, 556, 579
Buddha 111
Buffon G.L. Leclerc 169
Bull Nina 626
Burdo Ch. 31
Burkitt Miles C. 58, 59
Burnham James 424
Bussière 401
Byrd Richard-Evelyn 216

Calmet Augustin 41
Camp Charles 304, 491
Campbell B.G. 571
Camus Albert 418
Carlhian 478
Carrel Alexis 298, 299, 698
Carson Rachel 610
Cassou Jean 399
Caulléry Maurice 484, 486
Cayeux Lucien 55, 213, 261
Charles Pierre 32, 42, 43, 74, 77, 78, 170, 227, 545
Charvet 306, 342, 432, 433
de Chastonay Paul 706
Château B. 686
Chauvin 80
Chia Lan-Po 304, 309, 315
Chouard Pierre 547
Chubb A. 558
Clainpanain Joseph 34
Clark Desmond J. 569, 570, 579, 580, 582, 583, 586, 587, 588, 589, 590, 641
Claudel Paul 215, 216
Colbert 282, 300
Collings 292, 343, 362
Combes Emile 30, 384
de Condé Louis 322
de Condorcet 419, 422
Connolly F. 496
Cooke Basil 558, 563, 579, 586, 587
Coon Carleton S. 570
Coopers F. 496
Coppens Y. 569, 570, 571
Corbett Charles H. 148
Corneloup J. 494
Cosme Henry 404, 430
Cosme Henry Mme 431
Cotton 485

Coudrot Jean 394
Cournot A.A. 419, 698
Courrier Robert 630, 632
Courtiaux 67, 68
Couyat Jules 36
Crespy Georges 687
Cristiani L. 704
Croze M. 29
Crusafont-Pairó Miguel 688
Cuénot Claude 59, 63, 68, 80, 81, 172, 184, 212, 285, 306, 342, 419, 432, 433, 444, 449, 450, 480, 544, 549, 641, 655, 686
Cuénot Lucien 154, 481, 488
de Cugnac A. 80, 81
Curtis G.H. 569, 572
Cuvillier J. 80

Daecke Sigurd 687
Dart R.A. 489, 490, 553, 556, 558, 569, 570, 571, 572, 579, 580, 586, 589
Darwin Charles 423, 479, 613
Davis P.R. 570
Davis W.W. 138
Dawson Charles 60, 61, 62
Day M.H. 570
Dayras 442
Delamarre Raymond 42
Delastre 266
Delhomme Mme 449
Demoment Auguste 23
Demoré 31
Descartes René 43, 231
Describes 26
Detœuf Jean-François 442
Dewey John 424
de Divonne Bernard 25
Dobzhansky Theodosius 570
Dodds John W. 626
Dollo Louis 83, 122
de Dompierre d'Hornoy Berthe-Adèle 17, 20, 39, 254
Doncœur Paul 31, 81
de Dorlodot M. 47
Dostojewski Fedor 418
Draper John William 419
Drennan 558, 589
Dreyer T.F. 579
Dubarle Dominique 445, 452, 453, 454, 459
Dubois 316, 345
Duhamel Georges 216
Duhem Pierre 31
Duns Scotus 698
Dürer Albrecht 376

Edwards Dwight 148
Einstein Albert 455
El Greco 247
Elias 709
Emerson 501
Engel Charlotte 398
Engels Friedrich 307
Evans Arthur 419
Evernden J.K. 569, 572

Faeßler Marc 687
Faral Edmond 632
Fejos Paul 499, 506, 507, 509, 545, 574, 575, 581, 583, 587, 588, 590, 626, 628, 632, 634, 635, 678
Feng 107
Fenneman Nevin 158
Fessard 375, 469
Field Henry 212, 216, 296, 300, 399
Flaubert Gustave 143, 494
Fletcher 40
Foerster F. 319
Fogazzaro Antonio 703
Fontoynont Victor 31
Fortau René 36
Francœur R.J. 495
Franquet R. 81
Franz von Assisi 421, 698, 702, 705
Franz von Sales 145
Franz Xaver 38
Freud Sigmund 548
Frick Childs 282, 401, 493, 551
Fromaget Jacques 354

Galilei Galileo 460, 669
Galt 148
Galton-Darwin Charles 533, 534, 535
Ganne 212
Gannon Fr. 497
Gannon Robert I. 544, 676
Garaudy Roger 648, 681
Garrigou-Lagrange 468, 472
Garrod Dorothy 77, 122, 298
Gaudefroy C. 79, 80, 81, 125, 256, 260, 360, 393, 396
de Gaulles Charles 440
van Genechten Edmond 398, 416
Geoffroy-St. Hilaire Etienne 169
George André 501
George Stefan 696
Germain Gabriel 128
Gex Maurice 538
Gide André 127, 128, 129, 416, 419
Gilson Etienne 633
Girardon Henri 25
Givelet Monique 21
de Gobineau Arthur 419
Goerger 266
Goethe Johann Wolfgang 219
de Goldschmidt-Rothschild Marianne 441
Goodwin John 553, 558, 589
Gouhier Henri 486
Grabau A.W. 147, 148, 151, 157, 202, 285, 286, 287, 290, 296, 303, 307, 315, 429
Graham 202, 290, 296
de Grandmaison Léonce 43
Granger Walter 78, 113, 150, 204, 281, 282, 300, 391, 393, 493
Grassé Pierre P. 488, 501, 628, 632
Gratry 215
Greene Graham 418, 466
Greene Roger 313
Gregory William King 217, 283
Grew 546
Grognier Charles 28
Grousset René 265, 519, 520, 521, 522, 524
Guggenberger Alois 688
Guillaume [Botschafter] 531
Guillaume [Paläontologe] 488
Guitton Jean 640
Gusdorf Georges 635, 687, 695, 698
Guyénot E. 484
Guyot de Salins 63, 69

Haardt Claude 206, 207, 208, 243, 443
Haardt Georges-Marie 206, 207, 208, 216, 243, 244, 248, 251, 254, 266, 279
Haardt Georges-Marie Mme 206, 249, 251, 672
Hackin Joseph 245, 261
Haldane J. B. S. 449, 488
Haug E. 55, 76, 599, 611
Haughton S.H. 556, 558, 563, 579, 588
de Hauteville 460
Hay R. 570
Heard Gerald 419, 424
Hedin Sven 146, 150, 155, 202, 245, 279, 280, 402
Hegel Georg Wilhelm Friedrich 449, 469, 658, 700
Heidegger Martin 448, 524, 700
Helbing Hermann 327
Hemmer H. 170, 571
Hempel Mrs. 309
Herakles 49
Herdlička 316
Hérouard Edgar 74
Hervé 547
Hirschfeld Gerhard 626, 627
Hoffman Malvina 398, 678
Hoffstetter R. 570
Hofman 579
Homer 456
Hooton E. A. 499
Hopkins Gerard Manley 96
Höppeli 496
Hoppenot 678
Hopwood 268
Horney 548

van der Horst J.C. 497
Howell F. Clark 569
d'Huart 170
Hugo Victor 96, 681, 700
Hundhausen 416
Husserl Edmund 450, 658, 700
Huxley Aldous 394, 419
Huxley Julian 295, 498, 510, 526, 531, 532, 533, 534, 535, 536, 537, 538, 573, 626, 628, 629, 633, 634, 635, 698
Hyppolite Jean 448, 449, 450

Ignatius von Loyola 26, 45, 46, 86, 145, 372, 459, 471, 540, 702, 705
Innès Bey 36
Irenäus 697, 698
Isaias 686
Isambert 442

Jackson 558
Jacob Charles 213, 261, 369, 484, 500
Jacquemot 68, 70
Jakob 41, 51, 709
Janssens 267, 676
Jaspers Karl 161, 690
Jeffrey 579
Jens Walter 655
Joachim von Fiore 451
Johann der Gute 625
Johannes 42, 222, 516, 686
Johannes der Täufer 703
Johannes vom Kreuz 705
Johans 419
Jolly Keith 576, 579
Jourdan 266
Jouve R. 442, 539, 545, 568
Jung Carl Gustav 548
Juvet 421

Kant Immanuel 232, 457, 624, 691
Keane 579
Kierkegaard Sören 687, 690
King 242, 243, 267
Kitching J. 553
von Koenigswald Ralph G.H. 198, 289, 290, 292, 293, 298, 299, 343, 345, 352, 360, 361, 362, 363, 393, 490, 493, 570, 571
Koestler Arthur 418

Laberthonnière L. 81, 262
de Labriolle P. 419
Lachelier Jules 698
Lacroix Alfred 56, 75, 107, 112, 158, 162, 163, 164, 165, 170, 180, 205, 213, 261, 351
Laënnec 360
La Farge John 495
de La Fontaine Jean 477
de La Goublaye de Ménorval 268
Lamarck Jean 479
Lamare Pierre 74, 175, 180, 183, 184, 205
Lamy 215
de Lapparent Albert 80
de La Rochefoucauld Edmée 441
Latimer 558, 560
Lauffrey Jean Mme 500
Laurand L. 30
Lauras 30
Laval Louis 25
Lavelle Louis 447, 448, 452
Leakey L.S.B. 489, 564, 569, 570, 571, 572, 586
Le Corbeiller 439
Lee J.S. 288, 328
Le Fèvre Georges 178, 239, 240, 266 359
Légaut Marcel 171, 172, 213, 214, 215, 217, 367, 396
Leibniz Gottfried Wilhelm 230, 265, 419, 623, 698
Leiris Pierre 261
Lejay 157, 168, 258, 266, 281, 452, 459
Lemaître Solange 462, 519, 520, 521
Lemoine Paul 163
Lemoine Victor 76
Le Moyne Jean 234, 690

Le Nôtre A. 698
Leoncavallo Ruggiero 677
Leprince-Ringuet Louis 441 f.
Leriche J. 193, 197
Le Roy Édouard 81, 82, 125, 126, 127, 131, 169, 259, 260, 698
Le Roy Georges 169
Leroy Pierre 109, 154, 194, 195, 309, 371, 372, 391, 401, 403, 404, 416, 428, 433, 640, 641, 642, 651, 654, 671, 677, 678
Lévigne Henri 25
Lévy Roger 137, 442, 463, 547
Lévy-Bruhl L. 259
Lewis Sinclair 418
Licent Emile 99, 100, 101, 102, 103, 104, 105, 106, 107, 109, 117, 123, 124, 135, 136, 138, 139, 141, 142, 154, 155, 163, 171, 191, 193, 195, 198, 205, 219, 280, 370, 371, 372, 401, 403
von Linné Karl 456
Livingstone David 579, 583
Loisy A. 226
de Loriol P. 36
Loriot René 641
Lossky Vladimir 461
de Lubac Henri 44, 264, 643, 673, 699
Lukrez 96

Mabbut 579
Magloire Georges 18, 400, 402
Magnin 262
Maire 484
Malan 558
Malinowsky B. 424
Malraux André 190, 547
Manare 540
Manes 86
Marcel Gabriel 396, 442, 445, 446, 447, 453, 459, 461, 521, 690
Marchand André 399
Maréchal 419
de Margerie Emmanuel 80, 545
de Margerie Roland 430
Marrou Henri-Irénée 172, 690, 697
Martindale 261
Marx Karl 419, 424, 479, 698, 701, 704, 705
Mason R.J. 569, 570
Massignon André 519, 547
Mathieu Pierre-Louis 655
Matthew C.D. 150, 281
McMahon 544
Mead Margaret 626, 627
Means P.A. 424
Meillet Antoine 197
Meinecke 421
Mendel Gregor 298
Menghin Oswald 568, 597, 598
Menschikow 488
Merell 391
Merleau-Ponty Maurice 450, 685
Merriam J.C. 293
Mersch P.E. 44
Mignot Louis 25
Milhaud Darius 602
Millot 563
Monchanin 264
Mond [Edmond van Genechten] 398
de Monfreid Daniel 184
de Monfreid Henri 132, 133, 175, 176, 180, 181, 184, 266
Monod Théodore 74, 477, 503, 505, 563, 586, 600, 607, 632, 651
Montaigne [Msgr.] 427, 432
Montel 171
Moré Marcel 461
Mortelmans Georges 589
Mortier Jeanne 459
Mostaert 107, 109
Mounier Emmanuel 442, 459, 463, 688
Mouta Fernando 585, 586, 587
Movius Hallam J. jun. 258, 290, 291, 293, 299, 354, 355, 356, 357, 360, 362, 363, 391, 393, 439, 499, 589, 627
Murphy J. 424
Mussolini Benito 529
Myres J.L. 419

Napier J.R. 570, 571
Nédoncelle Maurice 420
Needham Joseph 626, 628
Nelson Nels C. 58, 150, 216, 282, 300
Nichols John S. 282, 549
Nichols Rachel H. 282, 549
Nietzsche Friedrich 96, 219, 415, 419, 420, 421, 530, 698, 700, 701
Nirgedma de Torhout 250
Nordenskjöld E. 424
Norin Erik 245, 261, 279, 280, 328, 402
Northrop Filmer S.C. 626
du Noüy 395
Novalis 419
Nyström E.T. 202

Oakley Kenneth B. 62, 557, 571, 574, 579, 588, 589, 599, 641
Obermaier Hugo 58, 59
Ormea 688
Osborn Henry Fairfield 150f., 153, 204, 215, 216, 282

Pallary Paul 35
Parmenides 660
Parodi Dominique 442
Pascal Blaise 96, 210, 378, 414, 662, 678, 690, 694, 696
Patterson T.T. 338, 340, 343, 391
Paulus 42, 130, 222, 233, 263, 404, 475, 479, 516, 517, 649, 676, 680, 686, 697
Pei Wen-Chung 154, 194, 195, 196, 257, 272, 292, 302, 303, 304, 306, 307, 308, 309, 311, 312, 315, 318, 319, 320, 321, 323, 334, 370, 403, 416, 428
Pelletier Félix 33, 40
Penaud Maurice 359
Pendray 626
Peppercorn 589
Perret Jacques 129, 171
Perrin Francis 442, 471
Petrus 130, 649
Pierre Abbé, 444, 458
Pinkley 300
Piveteau Jean 76, 80, 258, 268, 454, 488, 502, 503, 569, 571, 572, 631, 632, 642, 684
Platon 43, 457, 659
Plymen H. 79
Pobers Michel 547
Poincaré Henri 31
Point Victor 211, 226, 243, 266
de Polignac 96
Pons R. 172
Portal M. 81, 82, 127, 128, 170, 171, 214
Pouhy 416
Prat Henri 547
Priem Fernand 36
Prometheus 197
Proust Marcel 466
Pupey-Girard 81, 127

Racine Louis 96
Ract-Madoux René 27
Ramel Ernest 25
Ravier 642
Read 558
Redfield Robert 626
Régnier Paule 395, 683
Reid Moir 122
Renan Ernest 226, 625
Renouvier Charles 683
Reymond André 226, 239, 241, 245, 246, 249, 250, 266
Rhine J.B. 548
Ricœur Paul 681
van Riet Lowe Peter 497, 552, 553, 554, 555, 558, 563, 569, 575, 579, 580, 586, 588, 589
Rimbaud Arthur 373
Rivet Paul 75, 259, 442, 471
Rivière Claude 400
Robert 74
Robinson J.T. 551, 553, 556, 558, 563, 569, 570, 571, 572, 579, 580, 583, 585, 586, 587, 589, 599

Rocroi 322
Roinet Louis 458, 525
Rolland Romain 667
Rolland Romain Mme 448
Roosevelt Franklin Delano 430
Rostand Jean 423f., 455, 684
de Rougemont Denis 547
Rougier 419
Roupnel Gaston 689
Rozak Richard 606
Rueff Jacques 547, 623, 631, 632
Russo 690

de Saint-Martin 460, 521
Salzes E. 63, 64, 68, 409
Santayana George 418
Sartre Jean-Paul 418
Sauvage André 242, 247, 249
Sauvage M. 39
Sauvy Alfred 442
Schaube Samuel 327
von Schelling Friedrich Wilhelm Joseph 374, 698
Scheuer 42
Schiller Friedrich 397
Schlosser Max 66, 304
Schönland 558
Schopenhauer Arthur 219, 421
Semat 453
Serruys Paul L.M. 433
de Sertillanges A.D. 470
Seward Albert Charles 40
Shapiro 613
Simard Jean 690
Simpson George Gaylord 282, 300, 399, 488, 492, 538, 601, 602, 613, 639
Singer R. 579, 589
Smith Elliot 257
Smith-Woodward Arthur 40, 60, 61, 62
Smuts 491, 556
Soal S.G. 548
de Solages Bruno 173, 384, 392, 419, 469, 470
Sollas W.J. 77
Soulages Gérard 172, 384
Spanneut M. 697
Spencer Herbert 85
Spengler Oswald 421, 424, 609, 698
Spinoza Baruch 74, 419, 698, 701
Stalin Josef 705
Stehlin H.G. 78, 327
Steward John Q. 623, 626
Stirner Max 415
Stirton R.A. 603
Stranford Edward V. 298
Straus Roger 544
Stuart John 626
Süeß Eduard 611
Swan Lucile 290, 312, 384, 398, 440
Szekeres A. 687

Tanaka 430
de Tarde Guillaume 442
Teilhard Pierre-Cirice 17
Teilhard de Chardin Albéric 22, 47, 170
Teilhard de Chardin Alexandre-Victor-Emmanuel 19, 20, 21, 39, 254
Teilhard de Chardin Astorg-Joseph 86, 464, 465
Teilhard de Chardin Françoise [Sœur Marie-Albéric] 31, 32f., 39, 120, 398, 701
Teilhard de Chardin Gabriel 255
Teilhard de Chardin Gonzague 86
Teilhard de Chardin Marguerite-Marie 19, 21, 22, 120, 255, 256, 273, 701
Teilhard de Chardin Olivier 86
Teilhard de Chardin Victor 255
Teilhard d'Eyry Jean 173
Teillard Astorg 17
Teillard-Chambon Alice 18
Teillard-Chambon Marguerite [Claude Aragonnès] 18, 672
Termier Henri 610
Termier Pierre 55, 75, 77, 108, 273, 492, 599, 610, 611

de Terra Helmut 258, 289, 290, 291, 292, 296, 298, 299, 336, 338, 339, 340, 342, 343, 346, 352, 354, 355, 356, 357, 358, 359, 360, 363, 392, 635
Theresia von Avila 705
Thévenin Armand 55
Thomas von Aquin 42, 43, 423, 470, 512, 675, 695, 705
Thomson 300
Tichy Herbert 416
Ting V.K. 138, 147, 206, 288, 296, 301, 313, 705
Tintant H. 454
Tobias P.V. 570, 571, 572
Tolstoi Leo 418
Torrès-Bodet Jaime 526, 528, 529, 531
Toynbee Arnold S. 419, 421, 609, 633, 698
Trassaert Mauriel 294, 327, 365, 393
Treat Ida 444
Tresmontant Claude 42, 688
Troeltsch E. 419
Troussard Paul 32
Tschang Mary Chobin 416
Tschiang Kai-scheck 307, 331, 402
Tuparles François [François-Albert Viallet] 480

d'Urbal Paul 25

Vaillant-Couturier Paul 444
Valensin Auguste 30, 31, 32, 74, 91, 122, 477, 545, 659
Valéry Paul 170, 441, 442
Vallois H.R. 569, 570, 571
Vaufrey Marthe 291, 292
Vaufrey Roger 258, 340, 486
Vaussard Maurice 173
Vergil 693
Verlaine Paul 209, 551
Vernadsky Wladimir 125
Vernois 67
Vetch Henri 404
Viallet François-Albert 479, 480
Vialleton Louis 112, 113, 170, 455
Vincent 138
Vinogradoff 445
Viret Jean 124, 488
Voltaire 17, 681
Vossius 41

Wagner Richard 399, 421
Wang H.S. 200
Wanschok [Wansjock] 108
Watson Davis M.S. 488, 491, 570
Wegener Alfred Lothar 567, 600, 611
Weidenreich Franz 289, 290, 293, 303, 305, 312, 313, 315, 316, 317, 319, 393, 399, 402, 428, 490, 493, 496, 499
Weiner J.S. 61
Wells H.G. 449
Wenner-Gren 543
Wernert Paul 58
de Wespin Dominique [Georges Magloire] 18
Whitehead 421
de Wilde 109
Wildiers N.M. 44, 698
Williams Maynard Owen 217, 359
Williams Roger 626
Willis Bailey 158, 399, 611
Wong Wen-Hao 78, 100, 106, 147, 167, 191, 199, 200, 272, 288, 289, 301, 302, 303, 304, 307, 313, 334

Young [Yang] Chung-Chien 154, 191, 194, 199, 201, 203, 246, 304, 305, 306, 309, 318, 325, 327, 328, 329, 332, 370, 393

Zanin 434
Zay Jean 369
Zdansky O. 166, 167, 194, 268
Zola Emile 59

VERZEICHNIS DER ABBILDUNGEN

Im Text

Seite 24	1. Auszug aus dem Verzeichnis prämiierter Schüler 1897
Seite 25	2. Auszug aus dem Verzeichnis prämiierter Schüler 1897
Seite 107	3. Brief Teilhards an Alfred Lacroix über die Expedition im Ordos
Seite 115	4. Karte von China
Seite 179	5. Geologische Skizze des Harrar in Abessinien. Zeichnung von Teilhard
Seite 193	6. Der Sinanthropus. Schädel I. Nach einer Zeichnung von J. Leriche
Seite 197	7. Steinwerkzeug von Choukoutien. Nach einer Zeichnung von J. Leriche
Seite 240	8. Karte mit der Route der gelben Kreuzfahrt
Seite 251	9. Letzter Brief von G.-M. Haardt an seine Frau. 1932
Seite 337	10. Karte von Indien
Seite 344	11. Schematische Karte von Ostjava
Seite 353	12. Karte von Birma
Seite 465	13. Schloß ‹Le Mauzun›. Zeichnung von G. B. Barbour
Seite 491	14. Beckenknochen und Schädel des Australopithecus, verglichen mit dem Menschen und dem Schimpansen. Nach D. M. S. Watson, ‹Africa and the Origin of Man›, in: ‹American Scientist›
Seite 504	15. Teil eines Originalmanuskripts von Teilhard aus dem Jahre 1947
Seite 513	16. ‹Faire un lexique de mes termes›. Originalmanuskript von Teilhard. 1951
Seite 552	17. Die Höhle der Herde [Cave of Hearths]. Makapan. Zeichnung von van Riet Lowe. 1951
Seite 555	18. Geologischer Schnitt durch die Höhle der Herde. Zeichnung von van Riet Lowe. 1951
Seite 557	19. Karte des Fundorts des Australopithecus. Nach ‹Dawn of Man in South Africa›
Seite 584	20. Evolution der Hominiden in Afrika. Nach ‹Dawn of Man in South Africa›
Seite 591	21. Teilhard, Handschrift. 1953
Seite 594/95	22. Versuch einer Synthese der Evolution der prähistorischen Menschheit. Nach Ed. Boné SJ, ‹La Question de l'homme fossile›
Seite 605	23. Schema des Betatron

Bildtafeln

Frontispiz		Pierre Teilhard de Chardin im Gespräch
Bei Seite 16	Tafel 1	oben: Teilhard, etwa fünf Jahre alt unten: Schloß Sarcenat

Bei Seite 17	Tafel 2	Teilhard, vierzehnjährig
Bei Seite 64	Tafel 3	oben: Teilhard als Lehrer in Kairo unten: In der Castillo-Höhle in Spanien
Bei Seite 65	Tafel 4	Teilhard als Sanitätsoffizier. 1914–1918
Bei Seite 240	Tafel 5	Manuskriptseite zu ‹Mon Univers›. 1918
Bei Seite 241	Tafel 6	oben: Teilhard mit den Teilnehmern an der Croisière Jaune. 1932–1938 unten: Teilhard mit Helmut de Terra auf Java. 1936
Bei Seite 512	Tafel 7	oben: Teilhard auf einem Kongreß für Paläontologie. 1947 unten: Teilhard mit Lucien Cuénot. 1947
Bei Seite 513	Tafel 8	Teilhard in Albuquerque. 1952

Sfr 29,–